叢書・ウニベルシタス　908

王　神話と象徴

ジャン＝ポール・ルー
浜崎設夫 訳

法政大学出版局

Jean-Paul Roux
LE ROI
Mythes et symboles

This book is published in Japan by arrangement with la Librairie Arthème Fayard, Paris, through le Bureau des Copyrights Français, Tokyo.

第六章　王の御物　245

第七章　キリスト―王　287

第八章　キリスト教徒の王　317

スペイン国王ドン・フアン・カルロス一世陛下に

陛下は本書の献辞をお受けになることをお認め下さいました。ゆえに私は陛下の御名以上によく本書の巻頭を飾り得るものはないと思いまして、私が本書を著すために注いだ全情熱と共に、この献辞を陛下に捧げます。私としましては、本書が陛下に余りにも似つかわしくないということがないように願いつつ、ルイ十四世の偉大な時代にならって、私も陛下の非常に忠実で敬慕の念篤き僕であると申し上げたいと思います。

J‐P・ルー

「ピラトは彼に尋ねた。『それではお前は王なのか。』イエスは答えられた。『わたしが王だとは、あなたが言っていることです。』」

ヨハネによる福音書、第十八章、第三十七節

「天が彼に帝国〔天下〕を与え、人民もまた彼に帝国〔天下〕を与えた。(一)」

『孟子』第二巻、Ⅲ、五

「神は、正義のために、正義が実現され、不正が取り除かれるように、諸王を創造した。」

〔フィルドゥーシー著〕『王の書《シャー・ナーメ》』、ササン朝ペルシャ時代

「この荒れ狂う海原の水をすべて使っても、王の身に注がれた神の香油を洗い落とすことはできないのだ。」

シェークスピア『リチャード二世』第三幕、第二場

〔テキストでは第三場とされている〕

序　文

本書は、私が『血〔――神話と象徴と実態〕』〔ファイヤール社、一九八八年〕と共に始め、女性、山、水といった他のテーマにも取り組みつつ続行したいと思っている、神話と象徴の研究に捧げたシリーズの第二作目に当たる。

血と同様、王も社会的、政治的、宗教的な一つの実在である。つまり君主制ははるか昔から――開闢以来今日まで――最も好ましいと思われてきた政体である。周知のように、これは依然として現代の多くの国家の政体であり、西ヨーロッパ諸国のほぼ半数の政体である。血と同様、王も様々な神話、たとえば起源と終末論の神話、宇宙神話、更新〔・復活〕と永劫回帰の神話等々を生み出した。要するに、血と同様、王は力の象徴、何よりもまず国家の象徴、さらには統一、持続、豊饒多産、安泰その他の象徴であったし、今もそうである。

しかしながら、血や大部分の宗教的な事物とは違って、王は、善良であると同時に性悪であるとか、吉であると同時に不吉であるとか、純粋であると同時に不純であるとかいった両義性を持っていない。人間としてどうであれ、王は、神聖なものとして、全く明白なただ一つの価値を持っている。この価値を留保条件なしに王に与える際に、彼の欠陥ないし欠点が余りにも大きいという場合には、それを改善するために、急いであらゆる手が尽くされる。そしてもしも彼がその価値を失えば、彼はもう王とは見なされず、一人の僭主ないし王位簒奪者と見なされて、すぐに打倒される。言うなれば、王と共にいるのは神と共にいるのと事情が同じなのだ。王は国民が彼に対して抱く信仰の中に自らの有り様を見出すのである。したがって君主対非君主制主義者の関係は、神対無神論者の関係と同じということになる。

　しかしながら、神と君主との間には著しい相違が一つある。信じる者にとって、神は唯一の本性しか持っていない。神は、稀な例外を除いて、意地悪な神ではあり得ないのである。これに対して、王は、神に属しているにもかかわらず、一人の人間であり、非常に意地悪な王であり得る。これは周知の事実である。とはいえ、概してそのようなことが政体の権威を失わせなかったのは、注目に値する。たぶん聖なるものは最も強力だったということなのだろう。そしてまたたぶんそれゆえに人々は、悪い君主というものは、藪医者が医学の欠陥を証明したり、無能な大統領が共和制の欠陥を証明したりするほどには、君主制の欠陥を証明しないということが分かっていたのだろう。ところが今日、我々はもう君主制をこのようには判断せずに、王としての務めを果たす術を心得ていなかった者たちに過度の注意を払いすぎる。しかしながら、歴史をよくよく見れば、最も多大な欠陥を持っていた王たちも、ほとんど常に自分たちの役割と責任について自覚を持っていたことや、彼らが、ラテン語の諺にあるように、「統治することとは奉仕することである(一)」ということを忘れなかったことや、さらには彼らが自分たちに期待されていることに精一杯応えようと試みたことが明らかになる。

　今から数十年前には、フランスでは、まだこのような見方はたぶん受け入れられなかっただろう。大革命の成果を讃える*だけで満足することができた共和主義イデオロギーの二世紀は、旧体制《アンシャン・レジーム》の記憶を貶めたいと思うと同時に、我々の遺産から我々を遠ざけた。その間、君主制主義者たちは、新体制を体系的に批判したり、あらゆる種類の過激な行動に身を委ねたり、君主制の実態を非常に誤解したりしながら、政治的一分派として、彼らなりに姿を現していた。しかしそれ以後、我々は成熟した。我々はあらゆる事をより適切に考慮に入れるようになったし、善悪二元論がたわいないものだったことにも気がついている。そのことは、今日、我々が「王崇拝」の偉大なる時代であった中世に対して抱いている関心や、我々がロマネスク芸術とゴシック芸術に対して持っている情熱が立証している。意識的にであれ無意識的にであれ、我々が我々のルーツを熱心に捜し求めるようになった今の時代、それらの中で最も強固なものの一つに被いかぶさっていた茨を取り除くのは、時宜にかなっているように思われる。

＊　一例を挙げると、一九〇六年、国立図書館の管理職にあったA・フランクランは、『フランスの諸王と政府』という当然のことながらひどい小冊子で、カペー朝を「いささかなりとも値打ちのある人物を一人か二人しか出していない［……］信じがたいほど凡庸な一族」と定義した。

私の資料は民族誌学的なものである以上に歴史学的なものであるが、本書は先例以上に一つの歴史を物語るのを意図するわけではない。本書の目的は、一つの体制――君主制――と一人の人物――王――の誕生と発展と衰退を詳細に述べることではなく、歴史すなわち過去の想起に、換言すれば、原因と結果の連繋にページを割きつつ、その重要性が血の重要性にいかなる点でも勝るとも劣らず、いつの時代でも、すべての民族の関心事であり、完全に同一でなくても、少なくとも非常に類似した表象を絶えず至る所で生み出した一つの対象を明らかにすることである。

私は、とにかく今もなお複雑であり続ける諸現象に、統一化しようという意図を持って臨むことの危険性をよく知っている。共通点と完全に普遍の領域に属するものとの探究に力を入れすぎれば、一つひとつの物事の個別的で独自の性格を形成しているものを見失いかねないのだ。私は様々な君主制の深い独創性を否定するつもりはない。フランス文化の中枢で両者を結び付ける家系があるにもかかわらず、ルイ十四世とクロヴィスを同じ絵筆で描くのは不可能だということは、誰にでもすぐに分かるだろう。したがって、単に生活環境だけでなく、宗教や思想や文明までも異なる世界各地の君主たちを描写したければ、画家はもっと多様な色の絵の具を使う必要があるだろう。たとえば、中国の天子がローマ皇帝やブラック・アフリカのある部族の首長よりもインカ皇帝に似ているということはないのである。それゆえ本書では、目鼻だちがきわめてはっきりとしたこれらの顔を、同一化のベールで覆い隠すのではなく、逆に、それらをみんなによく見えるようにしたい。そうすれば、彼らの顔の下に隠れている、そして、人類に属するがゆえに明白な類似を呈している彼らの人格をとらえることが可能になるはずである。王というものは、黒人であれ、白人であれ、黄色人であれ、赤色人〔アメリカ・インディアン〕であれ、また、百年の歴史を持っていようが、五千年の歴史を持っていようが、何よりもまず王なのである。

王を一言で定義してみる必要があるだろうか。数多くの簡潔な定義が考えられるが、たぶんそれらはいずれもいろいろと論議を呼ぶに違いない。ただ、それらの中で唯一是非とも必要と思われるのは次のような定義であろう。王は一つの宗教的なものであり、人間社会で最も重要なものの一つである。ファン・デル・レーヴも言っているように、王は人類が作り上げた最も重要な形態の一つである(1)。私は、もし同義反復を犯す恐れさえなかったならば、喜んで本書の題名を『神聖な王』としただろう。宗教を免れる、言い換えれば、宗教なしで自分を正当化することのできる君主はいない。もともと王は霊的な懸念から生まれた。人間にとって霊性が心配の種であった以上、人間は宗教なしですませることはできなかった、というか、そうすることに奇妙なとまどいを感じた。いまだ見ぬ地上の楽園の探究が天上の楽園の探究に取って代わった時、すなわち、唯物主義と無宗教がその心配の種を持ち去った時、王は死んだ。王のおそらく唯一の真に重要な役割は、超自然的なものと人間との間の絆であることだった。王としてはその役割を果たすために努力した。しかし人々は王が負える以上の責任を王に負わせた。人々は王に神の性格を与えたいという思いを強めていき、ある極度の緊張の中で、ついに王に神と人間との融合を見た。

歴史的展望が完全に開けてくるのは、その時である。王の中に二つの本性を持った一つの存在を見出したいと切望する人類に対して、その期待に応えるものをキリスト教がついに与えたのである。聖なる王はイエス・キリストを予示していた。つまり王はイエス・キリストの準備過程だったのだ。人類救済のために地上に降り立ったイエスこそは、人々が諸王の中に探し求めていた――そして非キリスト教世界では、その後も長く探し求めることになる――待望の救世主であった。彼こそはまさにその王であった。彼は真の神であり、真の人間であり、同時にそして完全に両者であった――このことはキリスト教徒が全員一致で宣言していることであり、キリスト教徒の信仰の基礎はそこにある。

この確信は結果として聖なる君主を、換言すれば、神と人間から――イエスと同じように、しかし彼よりも不完全に――発出する人物たちに頼ることを、時代遅れで無用なものにすることができただろう。しかし聖なる君主は、その影響を受けはしたが、姿を消しはしなかった。キリスト教徒が、自分たちは君主なしですますことはできない、と判断したからである。キリスト教徒は、君主を存続させた以上、その存続を正当化するものを王に見出さなければならなかった。この分野では、他のすべての分野同様、キリスト教の到来が一つの時代を閉じ、次の時代の幕を開けた。私が本書でキリスト教徒の君主を別にして取り扱わなければならなかった理由は、これである。私は間違っているだろうか。私自身は、王イデオロギーがキリストの降臨によってほとんど変わらなかったことが分かって、驚いている。

私は先に帝政と首長制についても言及した。たしかに私は皇帝と部族長を本書の主題に加えるが、それは両者がどういう点で王と違っているのか（その区別は必ずしも適切ではないのだが）よく承知したうえでのことである。差異を明確にする場合以外は、君主の二つの類型である皇帝と部族長の様々な特徴を考慮する必要はないだろう。私としては、彼らがまさしく君主である限りにおいてしか、言い換えれば、彼らが王と同じ精神世界に属し、王としての役割を果たす限りにおいてしか、彼らを受け入れないつもりである。彼らを研究対象から除外したならば、私の研究は非常に不十分なものになっていただろう。王の像はきわめて普遍的なので、私は人為的なものでしかあり得ない境界に固執したくない。ただしそのことは、私が完全性を、もっと具体的に言えば、事実についての多少なりとも完全な目録の作成を熱望していることを意味しない。資料は非常にたくさんあるので、それらに何巻充てても足りないくらいである。そのうえそれらはかなり繰り返しが多く、しばしば微細な異文しか提示しない大量の注解はすぐに飽きられるだろう。それで私は一つの選択を行った。しかしこれは、ハーモニーになっているものだけを取り上げて、調子外れの音を出すものは排除するということのない、客観的な選択である。私は非常に代表的であると思われる文例だけを提示した。

もし私が逸話や派手な催し物や表面的な物事に引きずられていたなら、本書はもっと画趣に富んだものになっていただろう。しかし加入儀礼や王の年代記や宮廷生活や戴冠式や葬儀を細部まで描写するのは、別の主題だろう。それはさておき、王の人格とそれについて人々が抱いた概念を定義することを目指したこの研究の枠内で、私は、古代から近代までの、そして西洋、東洋、アメリカ、アフリカのほとんどすべての型の文明を調査した。私は、きわめて強烈な影響力を持った文明（シナ、インド、イスラム以前のイラン、メソポタミア、エジプト、ミタンニおよびヒッタイトのアナトリア、ギリシャ、ローマ）により多くのページを割いた。しかし影響力がさほど大きくない諸民族（アステカ、インカ、東南アジア、日本）や「未開民族」とか「蛮族」とか言われている諸民族（まず、ブラック・アフリカとオセアニアの諸民族、それから、ケルト人、ゲルマン人、スキタイ（スキュティア）人、トルコ人、モンゴル人といったステップと森の諸民族）もなおざりにはしなかった。私は、簡潔にではあるが、大宗教——仏教、ユダヤ教、ヒンドゥー教、イスラム教、そしてもちろんキリスト教も——がどんなふうに古代の地域宗教を受け入れたり変えたりしていったかを叙述した。キリスト教諸国に関して言えば、フランスを重視したのは事実だが、しかし私はフランスだけで満足しようとは思わなかった。それで神聖ローマ帝国やスペインやビザンティン帝国やエチオピアも調査した。

長すぎるとか難解すぎるとかいう理由から、原文を常に引用しているわけではないが、私は可能な限り原文を参照した。そして原文が難解な場合は、それらを解説し、それらから教訓を引き出したいろいろな分野の専門家に頼らざるを得なかった。彼らのおかげで、我々は、王というものについてではないにしても、少なくとも諸王のことをほぼ完全に理解することができる。そういうわけで、ファラオや天皇やカリフやインカ皇帝やビザンティン皇帝といえども、もはや明らかにすべき秘密は大して持っていないのである。しかしながら、彼らを結び付ける共通点についてはあまり研究されてこなかった。ファン・デル・レーヴからエリアーデに至るほとんどすべての現象学者たちがその重要性を指摘しているにもかかわらず、王の類型学に関する研究論文は、J・G・フレイザー卿の『金枝篇』(3)（彼はこの主題にかなりのページを割いている。(2)）、エジプト学者フランクフォートの研究論文(4)、当時の最も偉大な学者たちが参加した第八回国際宗教史学会（ローマ、一九五五年）の発表論文を除いて、ほとんど引用されることはない。

本書では、研究対象を、我々の文明とは無縁の、そして読者が必ずしも慣れていない多くの文明にまで広げなければならなかったが、希望する場合は、読者が自ら原資料を確かめ、不足部分を補うことができるように、注記を増やすことにした。それとは逆に、よく知られていると思われるヨーロッパ史に関する章では、注記を少なくした。私一人で研究を進めるのがためらわれた時は、ごく限られた数の現代の著者たちの協力をお願いした。彼らを選ぶに当たっては、私が彼らに抱いている敬意だけでなく、論述の明晰さ、君主制の問題に対する特別な関心、彼らの著作の取り付きやすさも考慮した。彼らのほかにも、彼らと同じくらい、いや、それ以上に私が高く評価しているにもかかわらず、すでに有り余るほどになっていた文献目録をこれ以上増やさないために、私が引用しなかった——その点で心残りや後悔がなかったわけではない——数多くの歴史学者がいる。お分かりのことと思うが、フランス国王に関する文献を列記するだけでも膨大な数のページが必要になるだろう。

私が名前を記載した君主の在位期間は括弧の中に入れることにした。しかし私がしばしば引用する王たちについて言えば、その都度それを示しはしなかった。確認が必要な時は、巻末の君主索引を参照していただきたい。君主以外の人名には、生没年を付けた。また、原典、民族、参考文献目録に載っている著者名も索引で確認することができる。

本書は政治や論争や護教学の著作ではなく、考古学の著作である。読者諸賢には、私が現在についていかにわずかしか語っていないか、追い追い分かってくるだろう。しかしながら、私の他の著作におけると同様、私はよりよく理解してもらうための努力をしたつもりである。具体的に言えば、私は君主制らしく見える彩色を本書のそこここに施した。もし本書にこの彩色がなかったなら、本書が真実を映し出すことはなかっただろう。というのは、まず第一に、当然のことながら、人は法律を扱えば法学的であり、植物を扱えば植物学的であるからである。そして次に、私が取り扱う民族と国が君主制を是としていたからであり、それらの民族と国家にとって、この彩色を忘れることは侮辱的なことだったからである。悪い王たちや王崇拝がもたらした錯誤——これは君主自身の錯誤よりも、一般的には人々の、そして時代精神の錯誤である——にもかかわらず、体制はその影響を受けずに、存続した。しかしそれは、我々の先祖が我々よりも扱いにくくなかったからでも、知性が劣っていたからでも、開化されていなかったからでもない。

諸民族は人類の歴史を通してずっと絶望と反乱の時代を体験した。しかし彼らは何はさておき、自分たちの運命を委ねている者、神によって選ばれた者、自分たちの代表者と見なしている者に対して深い信頼と尊敬と畏敬の念を抱いていた。本書では、こうした感情についても説明しなければならなかった。

結局のところ、君主制の歴史は王と臣民との間の大いなる相互の愛の歴史なのである。

第一章　君主制

きわめて古い時代に根ざしている君主制は、たとえ諸民族がそれに独特の特徴を付与して、それを固有の標章で飾ることがあったとしても、例外なく、すべての民族共通の財産であった。君主制は、文学や宗教の素養の中で存在し続けたので、一時的にそれを廃止した社会のただ中でさえ、決して消え去りはしなかった。また君主制は、最近の数世紀間にこうむった多様な変質にもかかわらず、依然として、古来の正当性を十分に保持している。

君主制がいつ、なぜ、どのようにして制定されたかを知ろうとすることは、たぶん当然の好奇心なのだろうが、しかしそれが満たされる可能性はあまりない。とはいえ、過去に表明された仮説がいずれも我々を納得させるに至っていないにもかかわらず、我々はその好奇心を拒絶することはできない。私としては、今のところ、君主制は人間が集まって共同社会を形成した至る所で出現したと指摘して、君主制は明らかに心理学で言う元型であると結論づけたロシュディ・ユーの説（1）に強い関心を持っている。

1　王–家父

王の起源、または結局は同じことになる君主制の起源についての長い議論は、まだ全員の合意を得るに至っていない。始原の探究はいずれも不正確な復元に基礎を置いており、科学の現状では、何一つ成果をあげることができないのである。我々は、かつてどのような熱狂が宗教の起源の探究に人々を駆り立てたか、そして今なお駆り立てているかを知っている。それよりも熱中させる度合いが低かった他の分野の起源の探究は、さほど良い成果をもたらさなかった。

ある古い説——それはボシュエ[二]の説だった[2]——は、君主制は家族に対する父親の自然な権威の部族への延長から生まれた、と主張している。「普通の父親の指導下にある多数の家族からなる一つの連合体に王国のイメージを思い描き、その生活に喜びを見出していた人々は、自分たちの父親代わりをする王の下に、家族共同体を容易に形成した。」このモーの司祭よりはるか昔に、古代中国の儒教思想家孟子[三]はいみじくも次のように言っている。「帝国〔天下〕の基礎は王国にあり、王国の基礎は家族にあり、家族の基礎は個人にある[3][四]。」

王政は、我々がこの語に一般的に与えている意味では、少なくとも相対的な豊かさとコミュニケーションの容易さがあるところでしかあり得ない。住民が、通行不可能な密林によって（熱帯アフリカ）または横断不可能な砂漠によって（中国の新疆または〔東〕トルキスタン）、散在を余儀なくされているかまたは孤立している場合には、王国ではなく、首長領と公国が形成されることになる。ブッシュマンの社会では、単位は狩猟者の一団であり、最大でも五十人ぐらいで、安定した唯一の集団は家族単位のものである[4]。

これらの君主制は大きくなった家族である、と言っても良いだろう。もっともそれらは必ずしも地理的条件に依存しているわけではない。それらは、たとえば封建制の残滓である場合は、歴史的状況の結果でもあり得るのである。今日でも、ルクセンブルクとモナコは君主制を維持しているが、一方は大公国であり、他方は公国である。アラブ首長国連邦にいるのは、王ではなく、首長である。

しかしながら、我々は従来の我々の用語を放棄しなければならない。そしてたとえどんなに小さくても、一つの都市とそれを取り巻く領土によって、または一つの野営地によって、国家が形成され、一人の人間つまり君主によって統治されるやいなや、それを王国と呼ばなければならない。ボシュエは自説の裏付けとして、族長アブラハムが王でも君主でもないことを知っていながら、彼を「わが主」と呼んで支配者扱いしたヘテの人々[五]の言葉「あなたはわれわれのうちにおられて、神のような主君です[5]」を引用した。「彼〔アブラハム〕の王国は彼の家族であり、彼はただ単に、祖先たちを手本にして、一家の父親としての絶対権力を振るっていたにすぎない[6]。」この父親の絶対権力は、古代ローマ時代まで、大きく変わることはなかった。ローマでは、家族は家父 *pater familias* の権力の下にあり、ゲンス *gens* すなわち一つの〔父系の〕固有名詞によって親戚として結び付けられた単系的な親族集団に属していた。トインビーも考えていたように、権力のこのような分散化は、歴史の初期においては、普通のことだったらしい。彼は、大部分の社会は極小国家のモザイクのように誕生した、と断言している[7]。創世記では、五つの王国に対して戦いをしかけた四つの王国のことが語られている[8]。またユダヤ人が征服したごく狭い地域には、それまで三十一の国があった[9]。そして古代ギリシャは、農業区域に取り囲まれた、市民の数はわずかしかいない――一万人以上は稀だった――多数のポリスから成っていた。これらの事実とその他の類似した事実から、父親が王の原型であったらしいと結論づけることはたしかに可能である。が、しかし、父親と王の性格は余りにも違うので、一方の中に他方の単純な拡大を見ることには、多少の危険がないわけではない。

2　一人の幸運な兵士？

ボシュエは、このような王の生じ方以外に、野心から生じるもう一つの方法がある、と考えていた。この司祭は、「この世で最初に権力を持ち、まず最初に四つの都市を征服して自らの王国を創った[七]、粗暴で好戦的な男」[10]ニムロデ[六]がそのことを証明している、と言っている。この考えはヴォルテールの有名な言葉「最初に王になったのは一人の幸運な兵士だった」[11]からそう離れていない。雄弁家〔ボシュエ〕の方は王と独裁者――ニムロデは確かにその原型である[八]――を混同しているが、哲学者〔ヴォルテール〕の方は非常に表面的な、そして歴史分析よりもはるかにイデオロギーに基づいているがゆえに――真実を含んでいるにもかかわらず――根本的に間違っている見解を述べている。王は兵士や征服者であり得るが、彼を王にするのは戦争でも征服でもない。それは代表としての資質である。今日では、君主制が本質的に宗教的な側面を持っていることを誰も疑わないだろう。重要なのは君主の世上での権力ではなく、まさに神聖な力である[12]。

〔ホメーロス[九]の〕『イーリアス』はこの点については、少なくともギリシャ人の考え方に関する限り、我々に疑問を残さない。ヘレネ[一〇]はアガメムノン[一一]を偉大な王であると同時に勇敢な戦士であると形容している[13]。つまり彼女は軍人の役割と王の役割を分けているのである。ファン・デル・レーヴは、ヴォルテールの考えを尊重して、彼を徹底的に批判しようとしなかった。そして彼に譲歩して、原初の王たちは「こん棒の上手な使い方を知っている頑健でたくましい男たち」だったに違いない――これは証明されていることではない――と認めたが、しかしそれでも、いずれにせよこの王たちの力は「ほかからやって来た力」と思われていた、と付け加えている(14)。これに比べて、チェスタートンはもっと断固たる態度を取った。彼は、もし君主をつくる神秘的な要素を考慮に入れるのを拒むのであれば、我らが哲学者は馬鹿げたことしか述べなかったことになる、と考えている(15)。

3　祭司‐呪術師としての王

王の祭司的機能は否定できるものではないし、王がより一般的に祭司的機能を果たす者との明白な類似性を示しているにもかかわらず、これまでのところ、誰一人として、王位は祭司職に由来する、と主張したことはない。せいぜいのところ、もともと「王は祭司でもあった(16)」とか、王は「理想的な祭司(17)」、典型的な祭司であるとか、王だけに「自然と神々との間の仲介者という本性の結果として、祭司としての完全性がある(18)」とか考えることができただけだった。この問題についてはもっと議論を進めることが可能であり、これから追い追い明らかにしていきたい。

これとは逆に、呪術師に王の原型を見出そうとするのはほとんど一般的になっている。これは、一つは、フレイザーと彼の呪術師としての王についての広範な調査のおかげであり(19)、もう一つは、いろいろな情報提供者たちの曖昧な説明――これらがしばしばスケールの大きい学者たちによって引き継がれ、その結果、彼らの考えが歪曲されることになった――のおかげである。エリアーデは王権を「呪術の華々しさと威力の表出」として説明し(20)、それだけで十分だと思っている。『ラルース大百科事典』は「フレイザーによると、原初の王は呪医や奇蹟を起こす人の役職に由来する」と断定しているが、これは看過してはならないだろう。このイギリスの民族学者はそのようなことは何一つ主張していない。それどころか彼は、念のため、自分が分析する諸事実についての完全に行き過ぎた解釈に対する警戒を呼びかけている。「私は呪術が王座への唯一の近道だったなどということはもちろん、たぶん主な近道だっただろうとさえ言うつもりはない。[二二]」「私には、[……]諸王が一般的に呪術師の子孫ないし後継者であるとはとても思えない。それでもしも——これはあり得ることなので言っておくが——後で誰かがそのような理論を唱えるかまたは私に帰するかするようであれば、私はそれに対してはあらかじめ私の否認の言で応じておきたい。[21]」フレイザーはただありのままに「呪術師はしばしば酋長や王になったようだ[22]」と述べているだけなのである。もっとも、彼が提示している最初の方の例（オーストラリアとニューギニアの部族[23]）は無価値である。と言うのは、彼が酋長たちが持っていたと言っている呪力（雨を降らせ、風を呼び、雷を生じさせ、病を癒す）は、一般的には王の力であり、彼は「王者の重荷」と題した章の始めで、そのことを次のように明確に認めているからである。「王は超自然的な力の所有者である[……]。自然の運行は多かれ少なかれ彼しだいである。」また別のところでは、彼はこう明言している。「自然の周期性と植物の生長を保証するのは、つまり雨を降らせるのは王の役割である。」「さらに付け加えると、もし酋長にそれができなければ、彼はそうする力を持っている者に助けを求める。[24][二三]」ユベールとモースが、呪術師は「共同体の一役人であり、しばしば共同体によってその地位に就けられた。それで呪術師は」、王と違って、「自分の権力の源を決して自分自身に見出すことはない[25]」と指摘したのはもっともである。ちなみに、呪術師はしばしば特別な一つの技術に精通した人であって、すべての技術に長けているわけではない。王は呪術師であり得る。しかし王は呪力を持っているから王になったのではない。呪術師は王になり得る。しかし彼の呪力は彼を王座に就かせるには十分ではない。

4　天上の君主制

もう一つの理論によると、地上の君主制は天国の君主制を手本にしてつくられた。しかしこの理論自体には注意を引くだけの価値はない。なぜなら、むしろ人間の方が神々の世界を人間世界と同じように組織されているものとして思い描いたのだ、と容易に反駁することができるからである。この理論に少しでも信憑性を与えるためには、P・W・シュミットとその学派と共に、「原初の啓示」を容認するという純粋な信仰の業を行うことが必要だろう。(26) しかし福音書の読者にはよく知られている——そしてキリストについて語る時、いずれ我々が再会することになる——神の王国、天上の王国は、君主制の歴史にとって最も意義のあるものである。

もし新約聖書ではこれら二つの表現が——旧約聖書の参照が必要不可欠ではあるが——隠喩と見なされることが可能で、神と天使と聖人からなるあの世の君主制の構成を必ずしも仮定しているわけではないのだとしても、ユダヤ人の間でも、彼らが異邦人と呼ぶ非ユダヤ人の間でも、実情はそれと同じではない。至る所で、またはほとんどのところで、唯一神は王だと思われており、八百万の神々は彼らの中の最強の者、すなわち神々の君主に従属している。そして唯一神または神々を中心にして、その周りを地上の君主の宮廷と見紛うくらいよく似た宮廷が取り巻いているのである。これについて説明することは、結局は宗教史のかなりの部分を再びたどり直すことになる。それで本書では、手短に幾つかのことを喚起するに止めたい。*

* ヤハウェの王国については、本書一一二一—一一七ページでまた言及する。

ギリシャ・ローマ神話はあまりにもよく知られているので、ゼウス[一四]またはユピテルとオリュンポス山についてここで改めて述べる必要はないだろう。とりわけ天候制御の任にある（『オデュッセイア』では、彼は「風をもたらすもの」と呼ばれている）この高貴な姿は、典型的な最高神のそれである。スパルタでは、ゼウス礼拝はもっぱら二人の王の管轄下にあった[27]。ヘシオドス[二五]以来、人々は「諸王がゼウスを元祖とする」ことを知っていた。なぜならば、とカリマコス[二六]は自らの注釈で述べている。「すべての王の中で、ゼウスよりも神聖なものは誰もいないからである。」

エジプトの万神殿で、他の神々の上に君臨する一柱の神の王政を特定するのはもっと難しい。とはいえ、これも時代が下るにつれて徐々に明確になり、曖昧さから解放され、〔新王国時代には〕アメン－ラー[二七]が最高の地位を占めたようだ――中でも有名なライデン文書で[28]。アメン－ラーは他の文書でも王として描かれており、王らしく振る舞っている。この神は他の神々に対して自分の臣下であるかのように気配りをする。ファラオが自分の臣民を支援するように、他の神々を養うために供物となるものを成長させるのである[29]。彼は王座に座っており、人々は彼をホルスの中のホルスと呼んでいるが、これは王の中の王と直訳できる呼称[30][二八]である。

紀元前一二〇〇年頃のものとされる、フッリ語から翻訳されたボガズ・キョイのヒッタイト文書に見られるアナトリアのある物語[二九]は、当時天上界を支配した神－王がどのようにして前任者から王座を奪い取ることに成功していたかを述べている（ゼウスの場合とよく似ている。ゼウスはギリシャ神話の中で、それとは別の大波瀾の果てに、前任者のウラノスを倒すのに成功した）。「はるか昔、アラルは天の王だった。彼が王座に就いている間、神々の中で第一位を占める力強きアヌが彼の前にいて、彼の足元にひれ伏し、彼に杯を差し出していた。九年間、アラルは天上界の王だった。九年目に、アヌが彼に戦いを挑み、彼を打ち負かした。彼はアラルの前から逃げ、薄暗き地下界へ向かった。こうしてアヌが王座に就いた。力強き者クマルビが彼に食物を供し、彼の足元にひれ伏し、彼に杯を差し出した。アヌは九年間天上界の王だった……。」テキストでは、この後、クマルビの反逆と彼に係わる神話が語られている。[31]

バビロンの天地創造神話（『エヌマ・エリシュ』）[二〇]も、自分の支配者に対するある神の反逆の勝利と最高権力の獲得を主題にしている。この叙事詩は、地上の王権がどの程度まで天上の王権を反映しているかを示しているという点で、先の物語よりも革新的である。戦いの後、勝利者となったマルドゥク神は、バビロンを建設し、そこに「自分の王座を据えつける」ための寺院〔エサギラ〕、「自分の幸福の住まい、住居」を建てて、自分の事業を完成した。[32]その経緯を略述すると、若くてみずみずしい神マルドゥクは、神々の集会で——総員同意のもと、適切な礼式に則って——、「最古の神権の受諾者」だが世界を混沌から脱却させる能力のないティアマト[二一]に対する反乱の先頭に立つ者として選ばれた。そこでマルドゥクは、もはや生殖能力を持たない老女神ティアマトを打倒し、自らその地位に就いて、急いで世界の秩序を確立した。彼はすべての神に天上における位置を割り当て、その落ち着き場所を星々に定め、一年を十二カ月とした。その時、神々は彼こそが主権を有する王であると宣言した。神々は彼に敬意を表して、贈り物を差し出し、彼の足に口づけし、平伏して彼を礼拝し、それから立ち上がって、「王よ、万歳」と叫んだ。彼の母も彼を「すべての細部が現実のものであるかのような印象を抱かせる」、つまり、バビロンの宮廷で実際に行われていたものと同一の「礼式に則って」[33]、祝福した。[二二]

「神々の父」、「天地万物の父」[34]と呼ばれるゲルマン人の最高神オーディンまたはヴォータン[二三]も、バビロンにおけると同様に、地上の君主制と緊密な関係を持っている。地上の君主制は彼の君主制を真似て創られたものであり、地上の君主たちは人身御供が大好きな彼のために、お気に入りの生け贄を捧げていた。[35]

戦いと死の神である彼が、最終的に「天の支配者」となるために、神の階級制の段階を登り詰めるのは、たぶん徐々にであろう。ともあれ、それ以後、人々は「彼こそ王だ。主権は彼のものだ[36]」と言うようになった。

天上の神々（テン then〔天〕）が主神に服従させられるラオス人の神話[37]、天上の二柱の神のうちの片方が、時々、「天と地を創造した力強き偉大な王にして主[38]」と呼ばれるボルネオのダヤク族[二四]の神話などに見られる天上の宮廷を、さらに次々と訪れることは可能である。しかしながら、結論を先取りする危険性があるとしても、詩篇の次の宣言で締めくくることにしよう。「国は主のものであって、主はもろもろの国民《くにたみ》を統《す》べ治められます[39]。」、「神《エロヒム》は全地の王である[40]。」

5　王は王である

学術研究のすべての誤りは、進化が必ずあるという考えと、一人の人物は、一つの体制同様、別の人物からしか生じ得ないという考えから起こるようだ。我々は、呪術が先か宗教が先かという、昔から繰り返されてきた論争があるのを知っている。いつの日か、先史学がこの問題について我々によりいっそう正確な情報を与えてくれるかも知れない。しかしだからといって、そのことによって我々が先史学の発見の先を越すように促されるということはない。今我々がしなければならないのは、非常に特殊な様々な役割が古代には共存していたことを確認することである。もっともそれらの領分は様々な理由で——たとえば権力の乱用によって——互いにはみ出すことがあり得た。ブレーケルは、形態という観点から見れば、王は「呪術師、祭司、苦業者、預言者、神がかり状態の人と共通点を持つ[41]」と書いている。ところで、これらすべての個体を特徴づけているもの、それは有無を言わせぬ、そして非常に多岐にわたる性質——好戦的、呪術的、宗教的、預言的、道徳的、知的性質——であるかも知れない彼らの力の存在である。その力は、時として単なる美しさから発出することもあれば、また逆に、極度の醜悪さや奇妙さや特異性から発出することもある。要するに、それは各個体が持つ他者とのいずれの差異からも発出する可能性がある。

王は家父や呪術師や祭司や幸運な兵士ではない。なぜなら、まさしく王は王であり、独自の人格と機能を与えられ、演ずべき役を持ち、他のいかなる者も演じたり占めたりすることのできない地位を占めている、自立した一人の人物だからである。* たしかに王は、これらのすべての人物たち同様、ブレーケルが「並外れた聖性」——この表現は適切とはとうてい言えないもので、「神霊性」«numinosité» という言葉に置き換えた方がよいだろう——と呼ぶ力を持っているが、その一方で、最高の権力を持っている。つまり権力というものは、人々の間での合意や強制の行使から生じるのではなく、「権力自体に基礎を置いており、明白なものなのである[42]」。

＊ 私はこの後の二つの章でこれらの基本概念のすべてを詳述するつもりである。

王は神そのものや神の子、さらには神の代理人、代行者、使者といった神聖な者たちと密接に結び付いている。しかし王はいわば人類全体を一身に集中する、またはそれを体現する人間そのものでもある。どの程度であれ、人間と神の両方に同時に関与しているがゆえに、王は一つの接点であり、天を地に結び付ける一種の世界軸 *axis mundi* であり、どれほど狭かろうとも、世界のすべてである彼の世界の精神的中心である。王はすべての方向に光を放ち、自分の方にすべてを集中する。王は宇宙の秩序、時間、自然現象、被造物の周期的更新、豊饒、肥沃、健康の統御者にして責任者である。王は、結局のところ、救世主のようなものである。王だけが、過去に——時として世界の起源にまで——自分の根を下ろし、生命の木さながらに、未来の最も遠い世代にまで自分の枝を伸ばすことによって、連続性を確保し、世襲君主制では王自身とその先祖および子孫によって、選挙君主制では王の存続または復活によって、つまり後継者たちに王の尊厳を伝達することによって、不死なのである。

宗教なくして、王はない。そこでほぼ次のように言うことができるだろう。王なくして、宗教はない。なぜなら王だけが、祭司や預言者や聖者がいてもなお、人間と神の連結点だからである。連続性なくして、王はない。なぜなら、君主たちの途切れることのない連鎖だけが君主制の本だからである。本書の読者はこの後、新しい王朝が自らが取って代わった先の王朝に自らを結び付けるための巧妙な手段（もっともそれは我々にとってのみそうなのだが）、あるいはさらに、一方から他方への移行を正当化するための理論があることに気がつくだろう。

神聖と連続性への〔王の〕帰属はいろいろな方法で具体化されている。そのことは、神としての王や神の息子としての王について、そしてまた世襲と選挙について、私が今ここで述べたことによって、認識していただけたことと思う。その他の王の性格——私はそれらは二次的なものであると言いたい。なぜなら、それらの多くは一次的なものから生じているからである——はさらに多くのバリアントを呈している。ある君主は奇蹟を行う人であるかも知れないが、別の君主はそうではない。またある君主は過ちを犯しやすいと思われており、罰も受けるが、別の君主は過ちを犯さず、糾弾できないと思われている。さらにある君主は自分を犠牲にすることができるし、そうする運命にあるが、別の君主はそうではない。

一連の表象、神話、祭式が一体となって各文明特有の君主制度を形成する。あるところでは、君主制度は最古の時代に起源を持ち、別のところでは、王イデオロギーの強固な保守主義にもかかわらず、長い歳月を経るうちに、時々豊かになったり、稀に豊かさを失ったりしながら、徐々に変化する。君主制度を破壊する危険を冒さずに君主制度から離脱することは決してあり得ない。と言うのも君主制度は、人々が完全な状態にあると見る限り、変えることも揺るがすこともできないが、人々がごくわずかな一撃を加えただけで一挙に崩れてしまう可能性がある神聖な建造物だからである。いろいろな王権の間に存在する相違に惑わされないようにしよう。ある特殊な文化における幾つかの特徴の欠如も、別の文化における幾つかの非定型のものの存在も、宗教的ないし哲学的思索も、王イデオロギーを大きく変質させることはない。要するに、王たちはいろいろな服装を身にまとっているが、奇妙な類似を示している。表現においては無限に変化しているが根底においては驚くほど統一されている人間の思考の主要な対象についても、事情は同じである。

6　専制政治と民主主義

私がこれまでに注意を促してきたあの進化論イデオロギーは、専制政治が先か民主主義が先かという問題を提起した。しかしこれは問題の立て方が悪く、間違っている。[43] この問題は二つの暗黙の前提の上に成り立っている。一つ目の前提によると、君主制は専制政治であって、全権を掌握するただ一人の人物によって運営される統治形態である。が、君主制は断じてそういうものではない。二つ目の前提によると、君主制と民主制は対立する。しかしながら君主は、神（授）権的なものでさえ、非常にしばしば、国民に代わって行使する権限を与えられた国民の代表と見なされる――時として一時的に選挙で選ばれる王たちについては言うまでもないことだが、君主はフランスの共和国大統領と（神聖なものを介する以外は）ほとんど違わない。しばしば共和制よりも王制のほうに真の民主主義がある。それゆえに問題は、君主制が先か、それとも集団によって選ばれるか任命されるかした重要人物たちによって構成される合議制内閣が先かという問題に帰着する。私としてはとうてい認められるものではないが、それでもとりあえずここでは民主主義と君主制の対立と君主制と専制政治の間の方程式を残[二五]しておくことにしよう。

一般的に、君主制は、社会的変化全体を通して見れば、ホルドの後の必然的な段階であった、と思われるようになった。そしてまた、[二六]遊牧民は君主制を知らない、君主制は農業と共に生まれた、と断言された。しかしこれはほとんど論点先取であり、聖書だけではないが、特に聖書によって覆されることになる。と言うのも、羊飼いとしての王の姿が聖書の中でははっきりと目につくからである。イスラエルの民人《たみびと》がダビデに言った[二七]。「わが民イスラエルを牧するのはあなただ。あなたがイスラエルの首長となる。[44]」詩篇〔のダビデの詩〕でも、こう歌われている。「主はわたしの牧者である。わたしには何も欠けることがない。主はわたしを青草の原に休ませ、憩いの水のほとりに伴い[45]、〔魂を生き返らせて下さる。〕」

すべての文化段階、すべての活動、すべての社会構造が君主制と調和することができるし、実際、君主制は、狩猟民、畜産遊牧民、定住農耕民、商人および職人、戦士氏族、経済的自由主義体制、統制経済体制、（少し新しすぎる言葉を使うと）右寄りの体制、中道の体制、左寄りの体制といった国民や体制をすべて持ったことがある。それゆえ、たとえば君主制を社会主義に対立させるのは、インカ帝国が証明しているように、誤りである。この帝国は私的な生産方法をいっさい認めずに[46]、この最新の主義をとうに実践していたが、しかし王には絶対的で神（受）権的な権力を認めていた。

共和主義イデオロギーのせいであれ、誤ってであれ、植民地保有大国の行政の要求に応えるためであれ、民族学者たちはいわゆる「原始的な」社会には多くの「民主主義」があると思った。しかしそれらの民主主義は彼らによって考え出されたものであって、そのような推定上の民主主義の存在は、客観的な分析に抵抗できるはずがない。

P・ブシュリはインド北東部のナガ族の場合を例に挙げて、そのことを明確に示している(47)。イギリス人研究者たちはこの民族が占めていた地域で、「民主主義的な」村々と「専制的な」村々とに分けていた。彼らによると、前者では、権力は様々な系族《リニジ》の代表者たちの間で振り分けられ、要人たちは評議会に席を持っていた。そして後者では、ただ一人の首長が父系内で世襲され、そのまま共同体の人々によって認められており、それゆえ彼は、各共同体が自らの征服権を行使する際は、それらの共同体間の仲裁役を務めることができた。ところがその後、現地調査をさらに進めた結果、「民主主義的」であると見られていたすべての共同体に、「それぞれの村で実際の権力を行使する(48)」世襲的な首長が伝統的に存在することが分かった。彼らはいずれも「評議会議長、戦争の準備、条約や同盟の締結といった任務を負っており、共同体の主要な儀式の日取りを決めていた。そこでブシュリはこう結論する。「この世襲の首長たちの存在は、民主主義的なグループ対専制的なグループという古典的な二分法を無効にするのに十分である。首長の権力はナガ丘陵の中では空間と時間を変える一つの与件だが、しかし世襲首長制は社会構造の一般的傾向として至る所で見られる(49)。」

ごくわずかな証拠が明示されたにすぎない。しかし再調査が行われなかったところでも、どう見ても、同じ結果が導き出されることになりそうだ。フレイザーはオーストラリアの原住民について、まず始めに、「酋長によっても王によっても統治されていない［……］民主政治、あるいはむしろ会議に集まる老齢の有力者たちの寡頭政治」と述べたものの、そのすぐ後で、この長老たちは「ほとんどがトーテム氏族の族長たち」であると率直に認め、さらに、オーストラリア南東部の族長たちのことを詳述して、「実際、彼らは部族の中で権力を持っている」と付け加えることによって、先に述べた自説の誤りを認めている(50)。

農業も牧畜も行わず、それゆえ最古の社会構造の中で生活していると見られている、ブラック・アフリカの狩猟採集民族の文明、いわゆる弓の文明においては、いかなる権力も政府も存在しないとこれまで言われてきた。しかし狩りをする時は、腕のいい男が主導権を取り、他の者たちは彼に従って獲物を追う。このような狩猟採集民族に属するブッシュマンたちの間では、集団の構成員の一人に決定権が認められており、時として彼がそれを世襲によって伝えることも容認されることがある。(51) このように、団結を重視する集団の圧力が強くても、首長制は至る所で出現する。社会の原初の状態としての「民主主義」(すなわち合議制指導)が証明される見込みはまずないだろう。太古、王はたとえまだこの称号を持っていなくても、どこにでもいたように思われる。

7 絶対王政と独裁政治

一般的に絶対王政と立憲王政は区別されている。この区別は妥当だが、しかし用語は不適切である。と言うのは、立憲王政は国家における君主(souverain)の役割を法によって確立する、と理解された場合、絶対王政は君主(monarque)に何一つ制限されることのない自由裁量権を与える、という誤った確信を人々に与えてしまうからである。歴史を見れば、王政が、ギリシャ人が僭主政治《ティラニ》と呼び、ローマ人が専制的統治《ドミナツィオ》(独裁政治)と呼んでいたもの——これらは倫理的ないし宗教的基盤のない、それゆえ、まさにこうした基盤のおかげでのみ存在する君主制に真っ向から対立しさえする全体主義である——に短期間変わることはあったかも知れないが、いわゆる絶対王政なるものは、特に専制的な君主(prince)たちの下でさえ、決して存在しなかったということは十分に証明されている。君主制は、自らの基盤とする諸原則によって、独裁政治に似る可能性のあるものはすべて拒否しているのである。

独裁者は、周知のように、権力を自分一人のために握っている。彼は全体として、盲目的に、無批判に、誰の前でも無責任に、精神的基準もなく、しかしもちろんいささかのイデオロギーを持って従おうと決めている役人を介して、権力を行使する。君主（monarque）たちの中には、すでに述べたように、独裁政治の誘惑に負けた者たちもいた。とはいえ、それでも彼らは長期間それに溺れたことは決してない。一方、独裁者たちは逆に君主制を樹立したがった。たとえばナポレオン[三〇]のことを考えると、独裁者たちは完全にはそれに成功したことがないように思えるが、もう一つの例、アレクサンドロス大王[三一]の場合は、そうした見方が不正確であることを証明している。もっとも、独裁者たちがそれに成功したとしても、そのことが王制を危うくすることにはならない。なぜならば、その過程で、彼らは王の地位を手に入れるために、それまで自分たちが就いていた地位を放棄するからである。独裁権力は所詮永続することができないものなのだ。

ロシュディユーは今私が言及した二通りの首長のイメージを、彼らを要請する危機の時代における彼らの出現を仮定しつつ、的確に対比させている。彼によると、その際、二つの可能性がある。一つは建設的で、有益であり、もう一つは非建設的で、破滅的である。前者は神聖なる王政で、そこでは王は大衆との間に距離を保つ。後者は独裁政治で、そこでは首長が行動を起こす無分別な集団勢力である大衆を代表する。そしてロシュディユーはいみじくも次のように付け加えている。神聖な性格なき首長はそれだけになおのこと威信を必要とする。彼はおもねり、征服し、歓呼の声で迎えられ、大衆と一体化する[52]。

どのような君主制でも習慣、宗教、道徳、そしてその政体を律しかつ正当化する哲学によって制限されている。そのことは、個々の君主制——特にフランスの君主制ではそうだった——を見ていくことによって、証明することが可能であろう。が、ここではオスマン帝国研究の二人の偉大な専門家、G・ヴァンスタンとN・ベルディスアニュの結論に言及するに止めよう。彼らは一つの作品を共同で執筆しているにもかかわらず、お互い独自に、我々の目には最も完全な専制による統治を具現し、ただ一人の人物への権力の完全な集中を実現しているように見えるオスマン帝国の形成を検討した。そしてG・ヴァンスタンは、トルコ皇帝《パディシャ》は「その権力の行使においては、単にシャリア［イスラム法］のみならず、服従させられた諸民族の慣習法によっても制限されている君主である」と断言し(53)、N・ベルディスアニュは、トルコ皇帝《パディシャ》は「君主の理想像を描いている皇帝イデオロギーを尊重しなければならず［……］、その振る舞い方を定め、ごく些細な行為や言葉までも指図する規範伝統網の中に組み込まれている」と断言した(54)。

8 王と皇帝

オスマン帝国の君主は皇帝であるが、我々にはすべての皇帝が、この皇帝同様、独裁者に近づくように思われる。しかしながら皇帝と独裁者の差異は、皇帝と王の差異よりも大きい。ある意味では、王と皇帝は異なるし、王政と帝政は異なるが、しかしそれらを区別するものはしばしば定義するのが困難である。それでも語源学は我々に一つの出発点を与えてくれる。皇帝とは総司令官である(三二)——このことは皇帝の権力が何よりもまず軍事力と彼が勝ち取った勝利に立脚していると言おうとしているわけではない。一方、王というものは征服者である可能性はあるが、しかし結局のところ、その可能性を持っているというだけのことであって、実際には、征服者では全然ないはずである(三三)。王が理想とする計画は、自国の平和と防衛であって、征服ではない。

王政は国家的で、しばしばかなり小さな一集団から、それと一体となって発出したものである。それだけに王は、たとえ余所者であっても、同化する。これに対して、帝政は超国家的で、その目的は、君主〔主権者〕への服従さえなければ、一つにまとまる必然性は何もない、相異なる諸民族を帝国内で統合することである。換言すれば、帝政の基本は領土の拡張主義である。帝政は自らの物質的精神的支配の受容を強要すると同時に、自らの理想を広く伝えようとする。このことは、フランス植民地帝国やソヴィエト帝国のような皇帝なき帝政を見れば、よく分かる。たしかに帝政は普遍性を目指すが、しかしそれは帝政のみが持つ特徴ではない[三四]。なぜなら、すべての君主制〔王政〕もそれを目指しているからである。君主制〔王政〕にとって、世界はより狭く、王国に限定されているというだけのことである。トインビーは、帝国はしばしば異邦人や周辺地域の人々によって建設されたと強調した[55]。これはアレクサンドロス大王やインドのムガール帝国の皇帝たちや満州族の清王朝が示す明白な事実である[三五]。トインビーによると、皇帝が選挙で選ばれる場合には、皇帝の座はどこにでもいるような人間の手に落ちる可能性がある。ローマ帝国はその例を数多く示している。しかしながら、このイギリス人歴史学者の論証にはいくつか留保条件を付けざるを得ない。と言うのは、帝国の基礎を築き、自らの支配を他の諸民族の上に確立した民族は、必ずしも民族主義を免れるというわけではないからである。そのような民族は一般的に高い地位を占め、同じ行政単位の中で征服者と被征服者を融合させようとする場合でも、他民族を押し退けて、自民族の一部の人々に特権を与えるからである。

さらにトインビーは、帝国と皇帝は、どちらも抽象的で国民との間に距離がありすぎるという理由と、どちらも危機または無秩序の時代に生まれて、その後自らの有用性を失う[56]という理由から、「間違った崇拝の対象」であると断言しているが、これにも留保条件を付けざる得ない。かつてローマ皇帝崇拝、アレクサンドロス大王崇拝、チンギス・カン崇拝、(三六)ティムール崇拝、(三七)ナポレオン崇拝等々があった。歴史的現実においては、帝国を消滅へと追い込むのはしばしばその極端さであるが、しかし帝国は、崩壊する時に、いつまでも消えない思い出を残すことができ、諸民族はその時から帝国の復活をいつまでも夢見続けることになる。パクス・ロマーナ(「ローマの平和」)もパクス・モンゴロールム(「モンゴルの平和」)も懐旧の念と共に語られた。前者の恩恵を受けたのは、ビザンティン帝国、シャルルマーニュ〔カール大帝〕(三八)およびび神聖ローマ帝国、もっと後では、ロシアのツァーリ〔皇帝〕とドイツのカイザーであり、後者の恩恵を受けたのは、ティムール、インドのムガール帝国の皇帝たち、中国の清王朝の建設者である満州族である。

諸王は、国民との間に保つ関係——これについては後でまた言及する——ゆえに、無益な血を流さない。たしかに王の中には殺戮者もいるが、住民の消滅は決して彼らの視野に入っていない。これとは逆に、皇帝は暴力を全く抑制しないし、皇帝にとって、人の命など物の数には入っていない。皇帝は自ら設定した目的だけを目指して突き進み、時として、古代ローマでそうだったように、この上ないおぞましさの中に自分の絶対権力の確証を見出すように思われる。われわれの記憶に今もなお重くのしかかっているあの桁外れに大きな人物たち、アッティラ(三九)やチンギス・カンやティムールやナポレオン等々のような者たちを今ここで取り上げる必要はないだろう。(四〇)しかしアレクサンドロス大王と古代ローマについては是非とも触れておきたい。タキトゥスはローマの征服者たちについて、次のように言っている。「彼らは一つの地域を無人の荒野に変えた時、ここは平定されたと言う。」«*ubi solitudinem faciunt, pacem appelant.*»(57) アレクサンドロス大王の伝記作者ポール・フォールは、「流血趣味、熱狂的な殺人癖、アレクサンドロス大王の性格の恒常的な特徴の一つである残酷さ(58)」について述べた後、ザラフシャン峡谷からサマルカンド、次いでブハラまでの間に派遣された鎮圧部隊の通り道に「果てしなく点々と続く血の跡」と、この征服者が、休戦協定を結んで我が身の安全を保証させた後、妻子を伴うインド人傭兵部隊に奇襲をかけてそれを殲滅した、紀元前三二七年のマッサガの裏切り(四一)に言及している(59)*。

＊　プルタルコス(四二)がアレクサンドロス大王のこの振る舞いを、その当時の「王にふさわしい」振る舞いと対置しているのは注目に値する(四三)。

王は自らの尊厳を自覚しており、自らの情念の抑制の仕方を知っている。もちろん王も悪徳を持つ可能性はある。しかし王はそれを制御する方法を知っている。少なくとも、それを助長しようとはしない。しかし皇帝というものは自分は何をしてもよいのだと思う可能性がある。つまり皇帝の傲慢さ、権力の乱用、放蕩、残虐行為、突飛な言動は極端なところまで行く可能性があるのである。スエトニウス(四四)を読んでみるとよい。彼が描いた十二人の皇帝《カエサル》たちは、ごくわずかな例外を除いて、いずれも怪物である。彼が誇張していると思われる幾つかの理由があるのは事実だが、それにしても……。

ともあれ、以上のような留保条件——その重大さを軽視してはならない——付きではあるが、帝政は、一人の君主によって統治される——ほとんどの場合そうである——時、王政のように機能する。相違点は、たとえいかに大きくても、類似点の前では霞むものであり、語彙の面で、私が「王」と「皇帝」という語をやや恣意的に用いるのも、そうした理由からである。イランとエチオピアは「王の中の王」（イランはシャー・ハン・シャー *Chah-in-chah*、エチオピアはネグス *négus*）*によって統治されていたが、我々はこの言葉を皇帝という意味に解している。「ミカド」、「スルタン」、「ファラオ」のような言葉はどのように訳すべきだろうか。中国で文字通り「天の子」を意味する「天子」が君主の称号となったのは、たぶんこの国の広大さゆえであろう(四五)。

＊　正式な称号はネグサ－ナガスト *Negousa-nagast* であり、これはイランのシャー・ハン・シャー同様、「王の中の王」を意味する。«négus»（negous）とは「王」の意味である。

幾つかの帝国は数世紀の間に形成されている（たとえば古代ローマ帝国）。より多くの他の帝国はきわめて短期間に形成されている（たとえばナポレオン、ティムール、チンギス・カン、アレクサンドロスの帝国）。私がここで関心があるのは、これらの帝国の発展や崩壊ではなく、世界に対する帝国自身の位置づけ方である。それを見れば、帝国を統治する者たちが、たとえその表情に王たちより（王だったルイ十四世には傲慢さがなかっただろうか）少し多くの傲慢さが感じ取られても、王の表情を見せ、王たちと同じ価値基準を持ち、王たちと同じように抽象的な理想網によってがんじがらめに拘束されていることがよく分かる。皇帝たちが軍事力だけで自らの権力を維持しようとせずに、超自然的な力も用いること、すなわち、彼らが叙任された後でしか皇帝にならないということは、意味がないことではない。皇帝は、王よりも独裁者である蓋然性は高いが、独裁者ではない、またはいつまでも独裁者であり続けることはない。

9　君主制と共和制

全体的に見て、世界の歴史は、一七八三年のアメリカの独立と一七八九年のフランス革命まで、君主制が支配的であった。しかしながら、後者からは皇帝ナポレオンとその王朝を生み、束の間の王政復古とナポレオン三世の第二帝政がそれに続いた。フランスの共和制は、人類の歴史からすれば、最近のもので、大部分の他の国の共和制はもっと新しい。すべての大文明とそれに付随する小文明は、どの大陸でも、そしてまた、それらの宗教や哲学やそれらが王政に与えることができた様々な形態がどうであれ、君主制であった。たしかに、時代の流れと文明のかくも広大な伝播圏の中では、王たちは必ずしも同じ顔つきをしているわけではない。天子はローマのパラティヌスの丘では自分の宮殿にいる気がしなかっただろうし、アステカ人がシャルルマーニュの服を着るのは容易なことではなかっただろう。それでも王たちが順応するのにさほど時間をかけなかったのも事実である。たとえばマケドニア出身のアレクサンドロス大王は、エジプトではファラオになり、ペルシャでは王の中の王《シャー・ハン・シャー》になっている。

しかしながら歴史上、君主制の一般法則には、幾つか例外がある。それらはいろいろな理由で、何よりもまず並外れた成功と後世に及ぼした影響ゆえに、我々の目を見張らせる。ギリシャの民主制とローマの共和制はもちろんよく知られている。が、これらは今しばらくここで検討する価値がある。

二つの予備的考察が是非とも必要である。まず第一に、民主制と共和制は同義語ではない。そのことは、イギリスの民主制のように一人の王を持つ現代の民主制と、たとえば単一候補者名簿が有権者に示される場合のように、権力が虚構によってしか人民に依存しない共和制が、同時に立証している。共和制はより本質的な点で民主制とは異なる。なぜならば、共和制では権力者たちは、往々にして住民の大きな部分を排除することもある、一つの社会的集団から与えられた権限によって権力を行使することができるが、民主制の方は、少なくとも理論上は、各個人に、性や社会的地位や資産や教育水準とは関係なく、自分の意見を表明する権利を認めているからである。そうした意味で、古代ローマは共和制の下で栄えたのであって、ローマ市民が自分たちの政治指導者を指名したと言っても、それは決して民主主義体制の下ではなかった。というのも、ローマ帝国の人口の圧倒的多数はローマの市民権を享受していなかったからである（ローマ建国七二五年、紀元前二八年には、市民は四百万人しかいなかった）――無数の奴隷たちについては言うまでもない。古代ギリシャの民主制について言えば、これはきわめて限定的な共和制でしかなかった。プラトンは『法律』の中で、「素晴らしい都市」つまり理想的な都市国家《ポリス》の市民の数を五千四十人に限定している（四六）が、実際には、その数は稀に一万人を越えていた。スパルタは君主制だったが、市民の実働人員は、紀元前四八〇年には八千人以上いたのに、その後は減少し続けて、紀元前三七一年には二千人、同三三一年には千人になった。他の都市国家と同じように、スパルタにも、市民の側で、権利を持たず、ほとんど価値がなく、自由にこき使われ、時にはごく些細なことを口実にして虐殺される農奴なしい奴隷いわゆるスパルタの奴隷《ヘロット》、ひどい貧乏人と見なされていた日雇い農民、アテナイでの政治生活から締め出されていた——紀元前五世紀を除いて——第四市民階級《テートス》（四七）の人々、国籍と諸権利を認められていなかった居留外国人《メトイコイ》が生活していた。

　今日ではもう誰も望まないだろうが、かつて我々に尊敬の念を抱かせずにはいなかったのは、このような体制であった。我々にあれほど夢見させたのは、もともと不平等と排斥を基礎にして築き上げられたこのような社会だったのである。しかしながら、古代ギリシャ人たちが非常に長い期間、いや、今日でなお我々を啓蒙するところを見ると、彼らの影響力は偉大で、徳は深くて、才能は計り知れないものだったに違いない。それとも、我々はただ単に彼らのことを誤解していただけなのだろうか。

　ここで第二の考察を付け加えなければならない。一般に行われている君主制と共和制の対比は、語源学にも伝統にも立脚していない。それで、対比自体が本来ほとんど馬鹿げたことであるとさえ言えるだろう。今日では、「君主制の共和制」について語る者は誰もいない。しかしフランスでは、このような言い方は、二つの語の意味がよく知られていた時代に、ごく普通に行われていた。カペー朝は共和制（ラテン語の *res publica* は「公ないし民衆の物事」の意、〔*res*（四八）（物、事）*publicus*（公の、民衆（四九）の）〕）に非常（五〇）に敏感だった。この語は中世の文書、たとえばユーグ・カペー治下のアボン・ド・フルーリやリシェールやジェルベール(五一)の著書に絶えず現れる。(60) ジャン・ファヴィエは、この語がフィリップ四世美王(五二)の治下に、「『神の国』のアウグスティヌス(五三)の見方から導き出された階級制の外に王位を置くために」(61) 再び出現したことについて考察している。ジャン・ボダン(五四)が一五七六年に、「すべての党派を超越する絶対君主」(62) の弁護を行ったのが『共和制(五五)についての六巻』〔一般的な邦訳は『国家論』〕の中でだったことは、刺激的ではないだろうか。少し皮肉な言い方をすれば、共和制はフランスが国王の統治下にあった時ほど関心を持たれたことはなかったと言えるだろう。

10　ギリシャの民主制

ギリシャはミノス文化期のクレタ島出身の王たちによる統治を経験し、その後彼らを排除した〔前二〇〇〇―前一二〇〇〕。が、ギリシャ人の才能は彼らの統治中に芽生え、発達した。ギリシャ人はかなり早く、紀元前八世紀以後、まず小アジアで、ついでヨーロッパで、貴族たち――彼らは歴史を通して君主への奉仕者であると同時に対抗者であり続けるだろう――の圧力を受けて、王制を放棄した。この貴族たちは君主たちの特権を徐々に解体して、わが物にしていった。スパルタだけは、同時に二人の王を認めるという形で、旧体制を保持していたが、彼らは避けがたい競合のために力を殺がれていた〔前五五〇年頃〕し、それに、もはや宗教的役割と軍事的役割しか持っていなかった――不十分ながら、それでも依然としてかなり持っていた。アテナイでは、財産と家柄に恵まれた貴族階級《エウパトリデス》(五六)と商取引で豊かになった新興階級との間の、もっと後では平民《プレブス》との間の敵対行為が、評議会《ブーレー》〔元の〔王直属の〕国務諮問会議が毎年更新される高官〔執政官、法務官〕会議になった〕の権力、当時、民会《エクレシア》の実際の監督なしで行使されていたこの権力をたちまち無力化した。その結果、アテナイは民衆に愛される要因を持っていたことで有名な独裁者である僭主《ティラノス》*の手に落ちた。その中には、ドラコン（前七世紀末）（五七）やペイシストラトス（在位、前五六〇—前五二七）（五八）とその息子たちのように、真価を発揮した者が何人かいた。真の民主制は紀元前五〇八—五〇七年になってようやく実施された（五九）。それは紀元前四〇五年まで、わずか一世紀間しか続かなかった。これが「ペリクレスの世紀」（六〇）と言われる繁栄の時代である。そして紀元前四二九年の彼の死後まもなく、内紛に陥っていたアテナイはスパルタとの戦いに敗北した〔前四〇四年〕（六一）。小アジアはさほど長く「民主制」を維持することはできなかった。この地の民主制は、ギュゲス（前六八五頃—前六四一頃）（六二）の家系の最後の子孫で、アケメネス朝ペルシャに滅ぼされる運命にあった、サルディスを首都とするリュディアの王クロイソス（前五六一—前五四七）（六三）の野望によって一掃された。

＊　ギリシャ語の《tyrannos》という語の意味は《basileus》という語の意味すなわち王と大きく隔たっているわけではない。

イソクラテス（六四）、クセノポン（六五）、プラトンといった哲学者たちはみな改革の必要性が分かっていたし、君主制への回帰が唯一の可能な解決法だという考えが芽生えていた。それは、ギリシャの共和制では、神々から切り離すことができなかった王は、絶えず思考の中心そのものにいたからである。老ホメーロスの叙事詩は彼が記憶していたものを保持する唯一のものだったのではない。ホメーロスは言うなれば遍在していたのである。ギリシャの諸都市国家がそれぞれの起源神話——常に王の神話——を創り出したのは、共和主義体制の下でだった（六六）。ミレトスの人々は自分たちの都市《ポリス》はアテナイのある君主の息子によって建設されたと思っていたし、エペソスの人々は自分たちの都市は同様に全く伝説上のある君主の息子アンドクレス（六七）によって建設されたと思っていた。長大な文学的物語《サガ》〔一族に関する系譜物語〕——アトレウスの子孫たち《アトレイデス》、オデュッセウス、オイディプス、テセウス、イアソンとアルゴナウタイ等の物語（六八）――は、『イーリアス』と『オデュッセイア』から生まれたものであれ、そうでないものであれ、絶えず発展増幅していって、詩人たちや芸術家たちに尽きることのない霊感の泉を提供し続けた。アテナイの絶頂期でも、ギリシャ悲劇（エウリピデス、ソポクレス、アイスキュロス（六九））の主人公たちは、アガメムノンとクリュタイムネストラ（七〇）、イピゲネイア（七一）、オレステス（七二）、ヒッポリュトス（七三）とアンドロマケ（七四）、アンティゴネ（七五）とエレクトラ（七六）、美女ヘレネ、オイディプスに限らず、すべてが常に――そしてたぶんなにはさておき――王や王妃や王子や王女であった。それにまた政治生活の日常的現実においてさえ、君主制への憧憬は幾度となく出現した。たとえばペイシストラトスのような男の伝記は王権神話の無意志的記憶《レミニサンス》で満ち溢れている。この独裁者は、自分の権力を息子たちに委譲した時、王政復古を企んでいたと思われる。

それゆえ、人々がもはや政治家を信頼せず、衆愚政治《デマゴギー》に――これが何をもたらしているかを知りながら――どっぷりと浸かっていて、精神的落ち込みが深刻だった紀元前四世紀に、無政府状態がしだいに強まる中で、一人の人物が突然現れて、のし上がっていったのは、全然驚くに当たらない。状況が彼を呼んだのだ。マケドニアのピリッポス（前三五六―前三三六）（七七）は自分がもらった小さな遺産を中央集権化された強力な王国にする術を心得ていた。未来は彼のもの、より正確に言えば、彼の息子のものだった。紀元前三三八年以後、アテナイは彼の主権下に移行することになる。こうして古代ギリシャの偉大な歴史は、それが始まった時と同じように、王の下で終焉を迎えつつあった。

今や、ウゴー・ビアンキが（63）、王イデオロギーは単なる神話的ないし儀典的な現象、時代遅れの象徴主義の永続ではない、と言っているのがどの程度まで正しいかよく分かるだろう。そこで私は彼の言葉に「風俗の進化によって追い越される運命にある凝固した懐古趣味の社会状況」という言葉を追加したい。なぜならば、王イデオロギーは依然として究極の解決策であり、常に活性化されているからである。ともあれ、歴史上最も大きな「共和制の」成果はすべて王政復古に通じたのである[七八]。

11　ローマの共和制

ギリシャの後で、ローマが共和制の二番目の例を見せてくれる。確実に間違っていると思うが、伝承によると、この都市はロムルス[七九]によって紀元前七五三年に建設され、一連の王たちが彼の後に続いた。もっとも、初期の王たち――彼らは明らかに神話に属し、キケロ[八〇]のような哲学的探究精神の持ち主たちは彼らに神慮のしるしを認めることになる――は後で創り出されたらしい。デュメジルは彼らに関して「歴史化された神話[64]」という言い方をしている。紀元前五七五年頃、よく分からない理由で（資料はローマ人が自分たちの恥と思っていたらしいある出来事にほとんど言及していない）、ローマはエトルリア人の支配下に入った[八一]。一部の歴史家の見解では、この隷属状態が君主制の下での発展の原因となり、国民をそこから脱却させるのに寄与した――しかしながら王からのこの離反を他の要因に帰している歴史家たちもいる。いずれにせよ、ローマの君主制は、正史によると、紀元前五〇九年頃に廃止された。しかしながら実際には、たぶんもう少し後のことと思われる。と言うのも、エトルリア人の支配は紀元前四七五年頃まで続いており、その終了が共和国宣言を誘発したからである[八二]。ギリシャの場合と同様、ローマでもたぶん世襲貴族《パトリキ》が君主制崩壊の立役者であり、また間違いなくその受益者であった。「王たちの追放の後、」とモンテスキュー[八三]はティトゥス・リウィウス[八四]に基づいて言っている。「政体は貴族《パトリキ》制になった。貴族の諸家族がすべての行政官職、すべての顕職［……］を占有した[65]*。」

＊　十八世紀の西洋の貴族階級が夢見ていたのもまさにそのような状況だった。彼らにはそのような状況が自分たちの願望を満たしてくれそうに思われた。

体制の変化が摩擦もなく徐々に行われたということはあり得ない。まず始めに一種の選挙君主制があったと考えられる幾つかの理由がある。この時期の「君主たち」――複数の最高位の行政官、次いで、同等の権限を持った二人の執政官《コンスル》――は一定の期限付きで選ばれた。X型の脚を持つ象牙椅子《セラ・クルリス》は王座以外の何物でもない。

　勝利を収め、それを自分たちだけで享受するつもりだったこの貴族階級は、長期間にわたる貴族《パトリキ》と平民《プレブス》との間の抗争にもかかわらず、民衆をのけ者にするのにさほど苦労しなかった。それはこの抗争が、一般的に想像されがちな有産階級と貧困階級との間の対立ではなくて、裕福な二つの階級である貴族階級と平民階級――もしまだ時代遅れにさえなっていなければ、これらの語を使ってよいだろう――の間の競合だったからである。(八五) 紀元前三世紀(八六)には、二つの階級がついに対等になり、ローマは自らの帝国を建設し始めた（ローマは紀元前二五〇年頃までにイタリア半島全域を支配した）にもかかわらず、その政体は依然として寡頭制のままであった。民衆は権力の幻影しか持っていなかった。では、民衆とはどのようなものだったのだろうか。それは大多数の非市民とそれよりはるかに膨大な数の奴隷たちのただ中にいる一握りの市民たちであった。(八七)

　もちろん貴族階級は、全体的に見れば、ローマの民衆〔市民〕と同じように、君主制主義的な感情と宗教感情を抱いていた。貴族たちは自分たちの家系、出自、歴史を大変自慢に思っていた。また、彼らは世界はローマ共和国と共に始まったなどとは思っていなかったし、ローマにおける自分たちの過去を認めていた。たとえばサルスティウス（前八六―前三五頃）(八八)は次のように書いて、最も重要なものを救おうとした。「自由を守り、国土を広げることを目的としていた王権が、傲慢や横暴ゆえに堕落した時、政体が変わった。」[66]しかも、ギリシャ人が文学を通して覚えていたように、この貴族階級は諸王のことを覚えていた。国家の生活の中心地であったフォルム・ロマーヌム（フォロ・ロマーノ）には、一本の聖なる無花果、あのロムルスの無花果があって、人々は帝政時代までそれを崇めていた。そしてその幹が枯れた時、人々の悲嘆はローマ全市に広がった。[八九]また、人々はパラティヌスの丘にあったいわゆるローマの建国者の家の保存に努めた。

ローマ人は非常に宗教的だったので、君主制の廃止はユピテルの王政の下で暮らす神々の怒りを呼び覚ますことしかできない反宗教的な行為だったと固く信じていた。そこで彼らは、神々のこの怒りを鎮めるために、狡猾なオリュンポスの神々が特にあまり純粋無垢とは言えない自分たちの愛のために大いに好むような、一つの術策を弄した。彼らは、古代の諸王の典礼における役目の継承者である聖王 *rex sacrorum* すなわち大神官 *pontifex maximus* によって演じられたまやかしの君主制を存続させたのである。[67][九〇]〔君主としての〕最小限の役割さえ果たす能力がなく、「もはやタブーの重荷以外はほとんど何も自分の栄光を保持していない」[68]、そして一部の研究者たちの間では「化石化した」と形容されている「共和制の君主」は、それでもいかなる重要性からも切り離されることはなかった。と言うのは、この「神官君主」は宗教を管理し続けて、国家と国民に対して彼らに課せられている責務を教示したからである。彼は、宗教が生活のすべてを律している社会において、宗教の分野では、歴史を通じて裁定者であり続けた。[69]そしてそのことは彼の重要性を、少なくとも彼の威信を意味していた（しかし〔君主としての政治上の〕役割を持たない者が威信を持ち得るだろうか）。神官君主の称号は皇帝たちによって、次いで、今日までそれを保持することになる教皇位によって、再び取得されることになる。

共和主義体制は、まだ限られた領土で、少人数の選挙人と共に運営される間は、うまく機能した。ローマ人たちは投票箱に心躍らせて自分たちの百人隊長を選出しさえした。しかしながら、帝国が拡大し、市民の数が増え、富が蓄積され、飢えていてしばしば仕事のない人々が首都にひしめき合うようになると、ローマ人にはこの体制の弱点が見えてきた。そしてやがて、多かれ少なかれ軍隊の支持を得た「救世主たち」の出現が、この体制の終焉を告げた。まず最初に、紀元前一〇七年から紀元前八六年の間に――法に反して――七回も執政官になったマリウス(九一)のような人物が現れ、それにスッラ(九二)が続き、彼らがポンペイウス(九三)やカエサル(九四)のような人物の出現を予告した。

ローマ共和国は公式には*オクタウィアヌス(九五)が〔初代ローマ皇帝〕アウグストゥスとして即位した紀元前二七年に消滅した。しかし実際には、カエサル、ポンペイウス、クラッスス(九六)による第一次三頭政治が始まった紀元前六〇年から、ローマ共和国は存在しなくなっていた。共和国は、西ローマが存続した一二世紀間〔ローマ建国から西ローマ帝国の滅亡まで〕のうち、四世紀以上も続いた。これは圧倒的な記録である。その間に君主制の復活が論じられたことはなかった。「貴族階級の専横にもかかわらず(70)」、ローマ人たちは自分たちが自由に対する情熱に取り憑かれていると思っていたし、たぶんそうだったのだろう――ただしそれは彼らから見ればの話であって、他者から見ればそうではなかった。新しい体制は凱旋将軍であり最高司令官《インペラートル》である皇帝たちの体制であった。これは一種のギリシャ風僭主政治であり、自らの名称を告げたがらない君主制であった。とはいえ、これは新しい形の伝統への回帰であり、時代を越えて実現された真の王政復古であった。すでにユリウス・カエサルは、自分をロムルス、アエネーアス(九七)、トロイア、そしてさらにローマ人の意識の中に根を下ろしていたすべてのものと関係づけて、自分の権力を正当化しようと努めていた**。そうすることによって、彼は彼流に、王は死なないと主張していたのである。

＊　歴史学的には、ローマ人にとって、帝政すなわち元首政《プリンキパトス》は、君主制であるにもかかわらず、ことさらに共和制の外観を呈していた。カリグラ（九八）は自分こそ王だと言おうとしたが、「あなたは世のすべての君主たちや王たちを越えていると教え諭された」（スエトニウス、『皇帝伝』Ⅳ、22）。

＊＊　カエサルはある演説で次のように言っている。「それゆえ、我々の家族において、王の尊厳と［……］神々の神聖さが結合しているのだ」（スエトニウス、Ⅰ、6）。（九九）

12　キリスト教徒の共和制国家

ローマ共和国についての記憶はその滅亡と共に失われたわけではなかった。カエサルやアウグストゥスのような人物の大勝利にもかかわらず、共和主義的であるよりもはるかに君主主義的であったローマの平和《パクス・ロマーナ》にもかかわらず、後世の人々の目には、美徳は共和制にのみ属する排他的特性のように思われた。人々は常に好んで臣民と市民とを、すなわち一方の卑屈さと他方の高潔さとを比較した。人々がそのような見方をするようになったのは、すでに中世からのことであり、したがってルネッサンスよりも、啓蒙の世紀――この呼び方はかなりおかしい（一〇〇）――と呼ばれる時代〔フランスの十八世紀〕よりもはるかに以前からである。

フランスでは、時として、一種の極端な愛国主義が、人間の自然な性向の代わりに、共和主義精神をケルトの伝統の遺産にしようとした（これは支持しがたい主張である。と言うのは、人の気持ちはいつも君主制の方に傾いたからである）。それは純然たる空想に基づいた思考方法である。たしかに紀元前一世紀には、ガリアとブリタニアでは、王国は危機に陥っていた、もっと正確に言えば、消滅しつつあった。それでユリウス・カエサルの時代には、王国はわずかしか残っていなかった。が、それは当時起きたばかりの真新しい現象であって、誰一人としてそれらの王国を君主制以外のものに替えようとはしなかった。(71) 当時の〔ブリタニアの〕政治状況は非常に混乱しており、タキトゥスは次のように書いている。「かつてブリトン人は王に従っていた。現在、彼らは集団と情熱の赴くままに、いろいろな首長に付いて、分裂している。それで、共同で事に当たるための団結のこの欠如ほど、非常に強力な民族と敵対している我々の役に立ったものはない。(72)」

もし、ギリシャ・ローマ世界の外に是非とも共和主義体制の形跡を見出したいと言うのであれば、ケルト人に目を向けるよりも、古代スラヴ人、幾つかのアフリカ人社会、オーストラリア、あるいはさらにコロンブス以前のアメリカ大陸の文明等を調べた方がよいだろう。もっとも、インドのナガ族について我々が検討した結果は、このような調査研究の成功を保証してはくれるものではない。逆に、西洋の中世が、その「自由都市」、「自由州」、そして特にイタリアにおいて〔イタリアはローマ帝国の他のどの地域よりもしっかりとしかも深くローマ精神によって陶冶され、ゲルマンの侵入の影響も比較的小さかった〕、共和国と同様の光景を呈していたことは明白である。

ドイツの年代記作者オットー・フォン・フライジンク(一〇)は、一一七五年のものと推定される文献で、有名な描写をしている。「この国は都市毎に分割されていて、古代のローマ人を真似て、共和制を維持している。と言うのも、イタリア人は自由が好きなので、権力の横暴を拒絶して、君主よりも執政官の政府によって統治されているのである。(73)」しかしながら、この説明の細かなニュアンスを伝えなければならない。十二世紀には、市民議会によって統治された独立都市が、政治の表舞台でそれぞれの地位を占めていた。しかしこれらの都市の自治は、公爵や侯爵といった特権的支配勢力によって脅かされていて、結局のところ、しばしば領主を介してなされた帝冠〔神聖ローマ皇帝〕に対する忠誠に立脚していた。君主が諸都市を援助し、それらが「王のもの」であったフランスの場合と違って、これらの都市は団結することができず、そのため、特に市場としては、支配者が望む限りにおいてしか発展することができなかった。たしかに、これらの都市の並外れた富は各都市に徐々に自由を与えていったが、しかし中央権力の圧力が弱い場合は、これらは大公 prince と結び付き、大公を助けることを義務づけられる一方で、その保護を必要とした。

これらの都市の一つで、しかもかなり有力な都市、「商人の共和国(74)」と形容されたフィレンツェが良い例になるだろう。ここでは少数の特権者が指導的地位を占めていた。市民階級出身の執政官は神聖ローマ帝国の間接的な封臣であるトスカーナ伯爵に対して責任を負っていた。また、司教や伯爵や近辺の田舎貴族たちの間に起きる紛争に裁定を下すために、局外者の調停人である総督《ポデスタ》が任命された。そしてフィレンツェもその他の都市も、結局のところ、それとあまりはっきり分からないような形で、この封臣の身分がなるべく煩わしいものにならないことを願いつつ、多かれ少なかれ封臣であることを受け入れた。

中世ヨーロッパに共和主義的感情はあったのだろうか。たしかにそれはあった。しかし少し後で、同じこのイタリアの同じこのフィレンツェで、ダンテ（一二六五―一三二一）〔一〇二〕が自分の『帝政論』と『書簡』で、神聖ローマ皇帝が奉じる原則と、彼には活動的すぎるように思えた教皇からの世俗権の自立を称揚している。彼は奈落の底の最も深いところに、彼の神であるキリストを裏切ったイスカリオテのユダと、皇帝の祖先であり原型であるカエサルを裏切ったブルートゥス〔一〇三〕とカッシウス〔一〇四〕の二人組を置いている(75)。あるダンテ学者によると、「ダンテにとって、カエサルは、自分の嫡出相続人をローマ人と見ていたにせよ、ゲルマン人と見ていたにせよ、神に選ばれた人であった。つまり、カエサルは神から使命を授かっていた。そして神聖ローマ帝国は神からの授かり物だった。したがって、神聖ローマ帝国と戦うことは、神の意志に逆らうことであった」[76]が、それにもかかわらず、フィレンツェは、十三世紀と十四世紀の変わり目に、「君主制の中央集権化も厳格な封建的階級制も免れた」、自由で、繁栄した都市の完璧なイメージを提供していなかっただろうか。

第二章　王－人間

生来のエゴイズムを別にしても、人は誰しも自分と他者がいるという意識を持っている。生涯を通して、人は他者との関連で自分を定義しようとし、社会の中に自分の場所を捜し求め、自分を取り巻く人々との関係を作り上げる。愛、友情、同情、敵意、憎しみは、どれもが人が孤立から抜け出すために発達させる感情である。幼児期の依存、兄弟や姉妹、時には伯（叔）父や伯（叔）母や従兄弟姉妹たちとの共有と同居は、自分の外側にある、そしてそれなしでは生きていけない世界の最初の経験である。もし自分が生まれ育った社会の基本単位である家族が、地理的にも精神的にも他の家族と離れているならば、その人は自分の世界を家族だけに限定するだろう。もしその人がどこかの部族か村で生活するならば、彼はすぐにそれらを自分の世界観に組み入れるだろう。彼にとって視野を地域に広げるのはもう難しいことではない。人生のどの時期に達していようと、彼が生まれ育った場所、彼が生活している場所は、彼にとって本当に重要な唯一の場所である。つまりそこが世界の中心なのである。周りには、彼のものでない土地、見知らぬ、敵の、危険な、そして当然のことながら、天頂の真下に位置していないので、彼の土地より恵まれていない土地が広がっている。彼の直観がそのことを彼に示し、彼は一目でそのことを確認する。天の極みは彼の真上にあり、また地平線の広大な輪も同じように彼の周りに広がっている。

彼の家から遠く離れて生活している人々は当然野蛮人《バルバール》である。(一) 古代ギリシャ人は耳に心地よい自分たちの言語を話さない者たちをすべてそう呼んでいた。古代中国《シナ》人は漢民族以外のすべての民族を同じように蛮族(二)と呼んでいた。野蛮人の野蛮人たる所以は、ただ単に彼らが攻撃的だからというのではなくて、彼らが世界との関連で、天との関連で、良い位置にいないからである。極限すれば、彼らは天の下にさえいないかも知れないのである。と言うのも、天は四角い大地の上に乗っている半球であり、それゆえ、大地の四角には天が覆いきれない地域が残っているとしばしば想像されていたからである。

　ほとんどすべての民族が、個人と同じように反応して、自分たちは宇宙の中心を占めているという確信を持った。(三) 古代中国《シナ》人は中国(四)を建設した。チベット人は、仏教を受け入れてインドの影響下に入るまで、自分たちの国は世界のへそであると思っていたし(1)、マダガスカルのホヴァ族(五)という名前の意味は「天の下にいる者たち」(2)であり、ゲルマン人から見れば、人——ゲルマン人自身を指すと考えてよいだろう——は周囲を大洋に取り囲まれた「〔世界の〕中心の国」*Midgardr*(3)に神々によって住まわされたのであった。最も優秀なインドネシア学者の一人であるストゥールは、ヌガジュ族(六)（ボルネオのダヤク族）の表象に取り組んでいるうちに、実に驚くべきことを知った。「ヌガジュ族の世界は彼らの村であり、そこが宇宙の中心である〔……〕。この村の家族の枠から出て行く者はすべて気掛かりな存在であり、不幸な状態にある。当然、ヌガジュ族は他の村、他の部族がいるのを知っている。しかしそれらは本当の世界の周辺地域にあって、自分たちとは無関係な世界である。他所の民族と土地は天地創造の付帯事項なのである。(4)」つまりヌガジュ族は、イスラエルの慣用語法を使えば、自分たちを選民と考えているのである。そして他のすべての民族も同じ考えを持っている。

1 他国の王たち

人は他民族へ向ける視線をそれらの王にも向けるが、しかしそのやり方はそんなに単純なものではない。自分たちが君主制について持っているのと同じ考えと共に、他民族にも君主が存在するということが問題なのである。どうして異邦人も神への愛のこの明白なしるしである王を持っているのだろうか。この疑問に対して、ヘブライ人は幾つかの答えを出している。始めのうちは、彼らは異邦人の王たちをこの世を支配する邪悪な力、「神の聖人たちに対する迫害の道具」と見なしていた。もう一つの見方によると、この王たちは異教徒を「救い」、多くのヘブライ人のために行動する責任がある「神の代理人」である。(5)(七) 三番目の解答はさらに巧妙なものであることが分かる。それは地上のすべての王は自分たち選民の王によって代表されるというものである。なぜなら、ただ一人彼のみが王の完全性を所有しており、他の王たちはその一部しか持たず、その不完全な投影でしかないからである。

ところで、高名なカニシカ王の碑文(一世紀)(八)と推定されているものがあるが、これは「全世界から借りた」、より正確には、東洋の四つの地域の君主から借りた称号でこの王を飾っている。それによると、彼はインドすなわち南のマハーラージャ〔大王〕、北の中世ペルシャ語のラージャーティラージャー〔王の中の王〕、中国の「天子」の翻訳である東方のデーヴァプトラ、そしてたぶん西のカエサルという四つの称号を持っていた。(6)(九) しかしながらこれを〔王の完全性を体現した例として〕そのまま無条件で受け取るべきではない。この四通りの称号には、カニシカ王の威光を四方の世界に示す狙いがあったということも考えられないわけではないからである。

2　ただ一人の世界の王

一神教は世界支配と唯一の君主制という考え方の練成とたぶん無関係ではないだろう。モンゴル人はこう断言している。「天に唯一の神しかいないように、地上にはただ一人の君主しかいるべきではない。(一〇)」そして中国の儒教思想家で、観念論的先入観の少ない孟子（前三七二―前二八九）も次のように明言している。「天に二日なく、地に二王なし。(7)(一一)」しかしながら、多神教社会でも、おそらく神々が序列化されていて、その頂点に立つ一柱の大神がいたからであろう、人々は指揮権の一元化が絶対に必要であることに気がついていた。オデュッセウスは『イーリアス』でギリシャ人たちに次のように語りかけた。「我々アカイア人のすべてがここで王であることはできない。長がたくさんいるのは良いことではない。ただ一人の長、ただ一人の王がいればよいのだ。(8)」メソポタミアでは、君主は本来神々に充てられた称号である「国の王」とか「世界の四つの地域の王」とか呼ばれていた。(9)インドでは、戦いに勝った時、王のみが行い得る馬の供犠が彼に王としての資格を与えていた。(10)ヘブライ人にとって、唯一の神ヤハウェが世界の唯一の主である。イスラエルの王は地の果てまで支配するであろう。神は彼らの王に世界支配を認めている。(11)「王が海から海まで、大河から地の果てまで治めますように、［……］すべての王が彼の前にひれ伏し、すべての国民が彼に仕えますように。(12)」ヘブライ人はこれらの言葉によって、モンゴル人が行動によってしたように、拡張主義的ないし帝国主義的野心を説明する。もっとも、自分は世界の王であると宣言するすべての君主を征服者だと考えてはならないだろう。と言うのも、たいていの場合、世界というものは各民族にとって自分たちが占めている地帯、唯一重要で、全体を意味する地帯を指すからである。

本来、王国の大きさに世界を縮小することは、拡張主義にとって好都合でも不都合でもなかった。人々は他民族に注意を払うことなく、それらを無視するか軽蔑することができたし、また、野蛮人と彼らの「意地悪な」王は彼らに光明をもたらし得る「善良な」人々によって全滅させられるか服従させられるはずである、と考えることもできた。この「善良な」人々が歴史上名声を獲得した結果、その出現を待望した諸民族のことが大いに語られた。

世界の支配権を主張するのが十八番《おはこ》だったトルコ人とモンゴル人は、自分たちは世界支配を実現しなければならず、自分たちの信念はほとんどの場合敵に伝えてさえあるとしばしば確信していた。このメッセージはアッティラ（四三四頃―四五三）からチンギス・カン、ティムール（一三七〇―一四〇五）、メフメット二世（一四五一―一四八一）(一一)を経て、スレイマン一世（大帝）（一五二〇―一五六六）(一二)まで、千年以上もの間に幾度も布告された。チンギス・カン（一二〇六―一二二七）は、たとえば西洋に送られたある書簡の中で、自分のことをラテン語で《*omnium hominum imperator*》「万人の皇帝」[13]と言っている。(一四)十六世紀には、オスマン・トルコの皇帝《スルタン》たちが「自分たちの管轄下にある土地を越えた、神によって望まれた世界支配」の達成を熱望した。G・ヴァンスタンはローマとイスラムの二つの帝政の伝統がオスマン・トルコで結合したと考えている。と言うのは、一四五三年のコンスタンティノープルの占領がイスラム教徒のリーダーをビザンティン皇帝の後継者と考えたがる人々を生み出したからである。[14]ちなみに、第三番目の伝統、すなわちステップの諸民族の伝統がこの二つの伝統に強い刺激を与えることなく加わった(一五)ということも明記しておかなければならない。

しかしながら、トルコ人とモンゴル人だけが世界支配を主張し続けたわけではない。彼ら同様、すべての帝国が地上における絶対的支配を当然の権利として要求した。ローマももちろん同じことをして、皇帝たちにそれを実現するという使命を課した。たとえば『アエネーイス』で、ユピテルの演説は次のように断言している。「私はこの者たち［ローマ人］の支配力も持続期間も定めていない。私は彼らに終わりなき帝国を与えたのだ。[15]」ダンテにとって、神聖ローマ帝国の鷲は世界の象徴であった。この詩人は自分が思い描いた世界帝国と単一の君主〔神聖ローマ帝国とその皇帝〕（教皇派《グエルフィ》はこれに「フランス王家の金色の百合」を対置した）を人類を幸福へと導く案内人にした。[16] 神聖ローマ皇帝フリードリヒ三世[一六]によって作られた傲慢なスローガン *AEIOU*（*Austriae est imperare orbi universo*）「全世界に指図するのはオーストリアの権利である」もよく知られている。

3　王国の中心で

王国が世界の中心であるように、王は王国の中心にいて、そこを宇宙軸が通っている。それゆえに王は宇宙の絶対的中心である。中国人《シナ》は完璧に厳密で神秘的な地理学をこのように練成した。すでに述べたように、彼らの国は世界の中心にある。そして首都は国の中心にあり、宮殿は首都の中心にあり、君主は宮殿の中心にいる。[一七] 現実には事情が違っていても、そんなことは問題ではない。古代の首都長安（西安）はまだあまり大きくなかった時代の国土のほぼ中心に位置していた（宮殿は首都の中央を占めていなかった）が、北の都、北京は非常に変わっていて、二つの区域——「韃靼人〔女真人〕市街区」または「立ち入り禁止市街区」（内市）と「漢人市街区」（外市）——に分割されていた。[一八]

こうした概念は他の地域ではたぶんもう少し明確さを欠くだろうが、しかし基本的にはみな同じである。アフリカの赤道地帯では、王は世界の中心であり、彼の封臣である他のすべての王たちに取り囲まれた状態で描かれる。[17] ネパールを見ると、一七六八年までこの国を支配した民族であるカトマンズ地方のネワール族[一九]の居住区域では、社会は経済的・政治的秩序を保証する王という中軸の周囲で徐々に組織化された。[18]

王は、自らが占める中心的位置ゆえに、しばしば宇宙軸と見なされる。古代中国の哲学はそのことを明確に示している。孔子[二〇]から見れば、皇帝はすべてがその周囲を回っている北極星の下に鎮座している。[19] もう一つの原典はこう明言している。[二一]「徳と必要な権力を持って自らの国を治めるのは、すべての星がその周囲を回り、それを案内役と見なしているが、自らは同じところにいて動かずにいる北極星に似ている。[20]」古代中国の馬車（青銅製の模型が現存する）は四角い床部分と傘蓋とそれを支える柄からなっているが、これはそれぞれ、君主の足が乗っている大地、君主と同一視されている軸、皇帝の頭がかすめる天を表している。[二二] エジプト人にとって、ファラオは中心、とりわけ宗教の中心にいて、人々はそこで神々と出会っていた。[21]

4　生命の木

直立しているものはすべて宇宙軸を象徴することができる。柱、天幕、旗の支柱、山、人、木……。特に木は最も表情豊かなものの一つで、君主の観点に最もしばしば取り入れられているものの一つである。木は生長する。木は常により高く伸びると同時に、幹の周りに冠状に枝を広げる。そして木は秋には死に、春には新たにしかし常に同じものとして、再生し続ける。天と地を結び付ける王もこのようにして家臣たちの上に輝きわたり、自分の後継者の中にただちに蘇るために死ぬ。それゆえ、木が非常にしばしば王を象徴したことはなんら驚くに当たらない。

ダビデの父で、すべてのユダヤの王の祖であるエッサイの木[二三]——極めつけの子孫キリストはこの家系に位置づけられている——のかなり普遍的な主題は、トルコ人たちの間で大いにもてはやされた。この手の家系樹は幾つもあることが分かっている。十四世紀に、セルジューク族やオスマン族の祖先に当たる西方のトルコ系部族であるオグズ群[二四]の強力な同盟について述べているペルシャ人歴史家ラシッド・ウッ・ディーン[二五]は、彼らの君主の一人が、ある日、自分のへそから三本の木の幹が伸びていき、とてつもなく大きくなり、八方に影を広げ、その梢が天に触れるのを夢に見た、と語っている。[22] アフガニスタンのガズナ朝[二六]のトルコ人たちのことが書かれている『タバカート・イ・ナースィリー』[二七]が伝えているところによると、大マフムード（九九八―一〇三〇）[二八]の父親〔スブクティギーン（九七六―九九七）〕は、自分の息子が生まれる一時間前、自宅で眠っていて、一本の木が火鉢から伸びていき、全世界を自らの影で覆うのを夢に見た。[23]

オスマン族の起源伝説も同種の話を引き継いでいる。オスマン帝国の建設者オスマン（一二八一―一三二六）[二九]は、まだ若い時、ある長老の娘を妻にしたいと思っていた。しかし彼は強固な拒絶に直面した。そんなある夜、彼がその長老の家で眠っていると、次のような夢を見た。宿の主の胸から昇っていた月が彼の胸の中に入ったかと思うと、まもなく彼のへそから一本の木が生え、たちまちその影を全世界に広げたのであった。オスマンにはこの幻影が何を意味するのか理解できなかったが、長老の方はすぐに理解した。それはオスマン家が世界を支配することになるだろうということだったのだ。[24] 幻影はいずれもこれらに係わる一族の将来の繁栄と普遍性を明確に予告していたのである。

5　王の威光

天を支えることができる宇宙軸には、宇宙の二つの層——人間が地下界（「地獄」）を考えついた時、三つの層になる——を結び付け、それらの間の交信を可能にする役割がある。天から地上へ降りてくるもの（地上への恩恵と影響）も、地上から天へ昇るもの（天への誓願、祈願、祈禱、奉納）も、すべて宇宙軸ないしそれと同じところに位置づけられているもの——王——を経由する。古代エジプト人はファラオをいったん彼の中に集中した後そこから発出する神聖で確かな力の集まるところだと思っていた。[25]「王」という漢字は三本の平行した横線——これは他の文化では、さしずめ宇宙の三つの層といったところだろうが、中国では、天と地と人間という現に実在する三つのものを指す——とそれらを連結する一本の垂直線すなわち軸からなっている[三〇]。儒学者董仲舒（前一七九頃—前一〇四[三一]）は次のように問いかけている。「それらの絆となり、それらの働きを連携させるためにそれらの間に置かれたこの仲介役を、君主以外にいったい誰が果たせるだろうか。」エジプト人同様、古代中国人も王の徳が「主要な四方に輝きわたるにつれ、服従と貢物が同じ軸に向かって集中する」[26][三二]と考えていた。

この威光が王に比類なき輝きを賦与する。この輝きは、仏教伝来以前のチベットでは、権力を保証し、勝利を与えていた。[27]ケルト人やゲルマン人の世界でも同様だった。中世アイルランドの警句はこう明言している。「王がいなくては、戦いに勝てない。[28]」フレデグンデ（五四五—五九七）が生後五カ月のクロタール〔二世〕を戦場に連れて行った[三三]のは、彼の出陣のみが敵の敗北を決定するに違いないと思ったからであった。[29]

6　オーラ

どの民族も何か霊的なものが聖なる物や人間、特に王に入り込み、それらから光を放っていると考えた。たとえばフワルナフ *khvarenah*[三四]――ササン朝時代にはフワル *kvar* になった――がそれに当たる。これに対してはイラン学者たちが大いに興味を持ったが、しかし彼らはこれに対応するものが他の文化にあるかどうか調べようとはしなかった。この語には「生命の放射」、「超自然的な恩寵[30]」、「栄光」、あるいはH・コルバンが言うように、「勝利の力、栄誉の光[31]」といった一連の意味が読み取れる。文献では、フワルナフは太陽からの放射物として現れるが、栄養を運ぶ水分の中に存在して、そこから植物と動物と人間の中に上がり、それらの頭部に集中し、輝く光を放出する。ゆえに王に個別にそなわっている属性は問題ではない。フワルナフは王において最も完全な表象を見出すのである。ヴィデングレンによると、〔イランの〕王の本性は火であり、王は火の姿で天から降りてきた。したがって、王の頭を取り巻く後光すなわち王のフワルナフはこの火を象徴するものである[32]。偉大なる神アフラ・マズダ[三五]によって創造されたフワルナフはすべての人に賦与されているが、とりわけカヤニ朝（フィルドゥーシー[三六]によって語られている神話上の王朝[33]）の君主たちにより多く賦与されている。フワルナフは神話の中に介入する。ササン朝の創始者アルダシール〔一世〕（二二四頃―二四一[三七]）が、自分はフワルナフをしっかりと持っており、ゆえにアルサケス朝〔パルティア〕の最後の王からその地位を奪うのだという確信を持ったのは、彼が南の方へ逃れて、海に達した時だった。伝承によると、イーラジュはフワルナフを父親から受け継いだ。「フレードーンは〔……〕自分の頭から王冠を持ち上げると、『わがフワルナフはイーラジュの頭に据えられるぞ』と言いながら、イーラジュの頭に王冠を載せた。[34][三八]」フワルナフはこのように人から人へ、王朝から王朝へと伝えられるものなのである。

かつて私は数人の仲間と共同で、一般的には「幸福」とか「幸運」と訳される同等値の概念を包含するトルコ語のクト *qut*[三九] とモンゴル語のス *su [çu]* がイラン語のフワルナフに対応していることを示そうと試みた。[35]この世のすべてのものが――「野原の一匹の動物」であれ、一人の「神の奴隷」であれ――ク（またはス）を持っているが、しかし天がそれを君主に与えるのは、彼に深く係わるためであり、生命と勝利を彼に保証するためである。もっとも、人はそれを失う可能性があり、まだ自分にそれがあるかどうか確認する必要がある。ヨルダネス[四〇]がフン族のたぶんそれと同様のものについて語っているように、もしそれが自分に欠けていると思ったら、人は死の危険に身をさらすことになるので、自分の幸福、自分の「至福」を諦める。[36]

文化と時代によってその形は様々に変化しても、フワルナフやクやスは方々にある。そして方々で同じ語彙の問題が翻訳者や注釈者たちを悩ませた。すでに述べたように、彼らはそれに対応するものとして、いずれも曖昧で不確かな用語――「幸運」、「幸福」――を採用した。エリアーデは「つき」chance がそれによく対応しているのではないかと考えた。しかし彼は間違っている。つきは別の概念を示すもので、しばしば別の語によって表現されるからである。とはいえ、彼は今ここで問題にしている概念と確実に係わっている。なぜなら彼は「王のつきは王の神聖の典型的な証であった[37]」と書いているからである。

私にはこうすべきだと断定する権限はないが、しかし私は〔同一概念を表す〕この語群に古代エジプト人のカー *ka* またはハカ *haka*[四一] を加えたい。これは「神の息、それなしでは独自の個性がない神の意識の一部分[38]」、あるいは「宇宙の活動的なエネルギー」、「神のエネルギーそのものである放射物[39]」で、このエネルギーの量は個人によって異なるが、ファラオが受け取る量が最大である。[40] ある神話は、原初期の王たち――彼らは死後天に押し入って、神々と同じように自分たちを認めさせなければならなかった――が、神に含まれているハカを自分の中に取り込むために、何らかの神をどのようにして食べていたかを物語っている。[41]

イラン人や文化的には彼らに類似したところが少なくなかった古代ゲルマン人のようなインド・ヨーロッパ語系民族は、運命の神ノルンやディース[四二]が子供の誕生の際、「成功（や勝利）の能力」*mettr ok megen*（この二つの語は「……する能力がある」という意味の *mega* から派生したものである）を吹き込むのだと考えていた。*mettr* は各人に成功と勝利の能力を保証する人間存在固有の力である。メーゲン *megen* は、R・ボワイエによると、「宇宙の諸要素にも人間にも神々にも宿っていて、それらに自らの運命を実現するための固有な力と可能性を与える内在的な力」である。すべてのもの――神、人間、物、要素――がメーゲンを与えられているが、しかし王は、彼の勝利する力と季節や収穫に及ぼす彼の即位の影響力に顕現する、ある特殊なメーゲンを享受する。[42] この最初の賜物は、イランでは継承することができたし、エジプトでは暴力を使って奪い取ることも可能だった。ランゴバルド族の歴史のあるエピソードによると、一人の男がアギルモルド王の槍を素早く摑んだが、このことが彼に王の地位を奪うのを可能にしたという。[四三]

類似の概念はブラック・アフリカ、インドネシア、メラネシア、チベット、インカにも存在する。ドゴン族[四四]の間では、ニャマ *nyama* が血の中に宿る生命力であるが、これは言うなれば生命、運動、言葉、瞬間毎のエネルギーであり、非個人的かつ無意識的なもので、動物や野菜や物にも配分されており、分割や譲渡が可能で、質的にも量的にも変化し得る。[43] マダガスカルでは、新しい王は家臣たちに聞く。「私にはハシナ *hasina* があるか。」そこで家臣たちが答える。「あなたにはたしかにハシナがあります。[44]」ボルネオのバタク族（四五）の間では、他の者たちよりも大酋長により多く集中するサハラ *sahala* が「尊厳、光輝、威厳、権威」を意味する。[45] インドネシアのニアス族（四六）の間では、エヘラ *ehela* は父から息子に受け継がれる威厳を伴った気力で、これが息子を賢くて、有能で、影響力のある男にする。[46] メラネシアでは、王は、単に主権だけでなく、王に威厳を与えるもの、すなわち王のマナ *mana* も遺産として息子に譲渡する。[47] チベットでは、王の特質の最上位に、力と勝利を保証する輝かしさを意味するリイイン *liyin* がある。[48] ボン教（四七）では、「力、威厳」に相当するムナータン *mna'tan* について語られているが、これは消滅することもあり得る。[49] インカ族の世界では、ファカ *huaca* は誰にでも何にでも入り込むことができる神秘的で超自然的な力であり、相続によって継承される。太陽をファカとする一族は特によく保護されていた。[50]

当然のことながら、ローマで君主政体の権力を行使するための元首の素質である至福 *felicitas* と、誰もが自分の誕生だけでなく、一生涯その恩恵をこうむる、一族の多産性と繁栄の原理である守護神 *genius* も、同類の表象に属すると考えてよいだろう。[51] 有名な中国の徳も同様だろう。皇帝に関しては、常に徳が問題になる。と言うのも、皇帝が天命を受けるためには、必ず徳を持っていなければならないからである。中国の皇帝の徳とは、言い換えれば、その地位から発出する一種の権力であり、これが彼に秩序と平和のうちに国土を保持することを、つまり、宇宙の法則に則って社会を統御することを可能にするのである。

7　人民と王の同化

王は力ずくでではなく、合意によって、人々が彼に対して抱き、彼も人々に対して抱いている愛情によって、自分の権力を認めさせる。王は人民と自分に反対して立ち上がった祭司や呪術師や貴族に対してのみ、必要とあらば、強制力を行使する。プルタルコスによると、アレクサンドロス大王は部下たちにとって「法律であると同時に、なすべき物事の決定そのものでなければならなかった［……］それで彼は無意味な意見には奴隷のように服従してはならなかった(52)(四八)」。孟子はさらに明確な態度を示している。「天下を得るにはそれ相当の道がある。すなわち、まずその民を得れば、ここに天下を得ることができる。次にその民を得るにはまたそれ相当の道がある。まずその民の信頼心を得れば、ここにその民を得ることができる。そしてまたその信頼心を得るにもやはりそれ相当の道がある。すなわち民の好み欲するところのものはそれを与えたり、集めたりしてやり、民の悪《にく》み嫌がるところのものはこれを施さないようにするだけでよい(53)のだ(四九)。」「民の情愛を得よ。そうすれば汝は帝国〔天下〕を得るであろう。しかし民の情愛を失えば、汝は帝国〔天下〕を失うであろう(54)(五〇)。」

人民と王を結び付け、しばしば完全な同化にまで達する緊密な関係は、本書で研究を進めるにつれて明らかになるだろうが、しかしこれが存在するということを知るために、特別に気を張って臨む必要は全然ない。これは君主制哲学に入るのを可能にする鍵である。これはきわめて完全に認知され、立証され、肯定されているので、民族誌学者と歴史学者はこれについて改めて見直す必要をほとんど感じていない。このことは、ヒッタイトやギリシャやイスラエル等についてと同様、ブラック・アフリカについても、「王は王国と同一と見なされている」、「王座、国民、領土は同一である(55)」、と飽くことなく繰り返し言われている。

いつものことながら、古代の中国人がこのことを言い表したのは、高度な叙法によってであった。朝廷の宗教でも儒教でも、覆い尽くし、万物を創り出す天の力、保持し、育てる地の力、思考力と明確な意志を持つ人の力という三つの力の理論が、紀元前二世紀以降に発達した——多数性ではなく、一体性と見なされているこの第三の力は、全人類を一身に引き受けて生きていて、自然と運命がその周りを回っている要とも言うべき「皇帝すなわち一人《いちじん》《yi-jen》[五一]において表象され、体現されている[56]」。

　カシミールの中世の法学者メーダーティティ（九世紀）[五二]は、王の権力を人民と主権者〔君主〕との間の暗黙の契約の結果として示している。彼によると、王は人々を外敵の侵略から守り、生活するうえでの市民の諸権利を保証しなければならない。税はこの保護の代償である。中世後期の（たぶん）『シュクランイーティサーラ』[五三]はこれと同じ考えを示している。「王は人民に奉仕するために統治する〔……〕。王は給与生活者である。国の収入が王の給金である。[57]」王は、人民を抑圧する顔の見えない国家機構を構成する「貪欲なハゲタカ」とも言うべき役人たちに、自分の権力の一部を譲渡しなければならない。しかし王は、道徳と権利の代わりであり、神の啓示の理想的な状態を示すダルマ〔法〕[五四]には責任を持ち続ける。ゆえに王は役人たちから、すなわち政府の暴政から、臣民を保護しなければならない。王は、他の法的手続きが無力であることが明らかになった時、人々が頼る最高の決定機関なのである[58]。仏教は、王は寛大で、慈悲深くて、高徳を持っていて、人民の幸福のために自分を犠牲にすることができて、誠実で、優しくて、質素で、禁欲的な生活を送り、憎しみも悪意も持たず、我慢強くて、寛容でなければならないと明言しているが[59]、これは今後も変わることがないだろう。

　『蠅』[五五]の中で、サルトルは王とその人民の同化を見事に明らかにした。オレステスが大罪を犯した後、群衆が彼を殺そうと彼のところに押しかけてきた時、彼は群衆をこう説得する。「おお、我が臣民よ、今や、私はお前たちの仲間だ。私たちは血で繋がっている。私はお前たちの王に値する。お前たちの過ちと後悔、お前たちの夜毎の不安、アイギストスの罪、これらはすべて私のものだ。私はすべてを責任をもって引き受ける[60]。」しかしたとえこのフランスの劇作家が、オレステスがどのようにみんなの罪を責任をもって引き受けるかを、つまりあらゆる罪が王と人民の問題であるということを完全に理解していたとしても、それでも彼が罪だけが両者の同化を創り出すと思ったのは間違いである。なぜなら、この同化は罪の有無とは全く関係なく存在するからである。

古代のトルコ〔突厥〕人は、「天、神－天、神」を意味するテングリ〔täŋri〕という名詞を、たぶん形容詞の形で君主と人民と国に付けて、「神の《テングリ》・毗伽《ビルゲ》・可汗《カガン》（七一六―七三四）(五六)」、「神の《テングリ》人民」、「神の《テングリ》国」[61]というふうに言っていた。君主を打倒するか殺すかすることは、結局は人民を打倒するか殺すかすることになる。「私がトルコ〔突厥〕人の可汗《カガン》を殺しても、」と敵が言った。「その結果、トルコの人民も死んだので、なにもならなかった(五七)。」古代エジプトでは、集団は王の中の集団として生き、王の中で生き続けた。[62]

王と人民の同化はきわめて完全なので、少なくとも古代文明では、王に害を与えるものは人民にも害を与えるとか、逆に、またはさらに、人民は王のように振る舞わなければならないとさえ考えられていた。王が病気だったり、年老いて衰弱したりすると、その国の者がみな活気を失うといったようなことはあちこちで見ることができる。たとえばバントゥー族(五八)は、王が睡眠中に寝返りを打てば、国中が上下逆さまになり、王が膝を曲げれば、国が縮み、王が死ねば、すべての生命活動が停止する、と言っている。[63]赤道アフリカのバルバ帝国とバクバ帝国(五九)では、王に対する無礼はそっくりそのまま民族に対する無礼になる。[64]ダルフール(六〇)では、君主が咳をすれば、国中の者が咳をし、君主がくしゃみをすれば、国中の者がくしゃみをする。[65]ウガンダ(六一)では、王が笑えば、みんなも笑わなければならず、王が風邪をひけば、みんなも風邪をひき、王が髪を切れば、みんなも髪を切る。[66]ダホメー(六二)では、王がくしゃみをすれば、国中の者が身をかがめて額を地面にこすりつける。王が国外に旅に出ると、国は無政府状態に陥って、安全が保障されなくなり、人々の行動も仕事も止む。そして王が帰るかまたは帰国が知らされるかすると、人々の生活はもと通りになる(67)。このように国王と人民は完全に同化しているという見方は、なにもダホメーに限ったことでもなければ、アフリカに限ったことでもない。それはすべての「原始的な」文明に広まっていて、セレベス島〔六三〕でも確かに観察されている。また、大文明の哲学者たちも、もっと抽象的にではあるが、人民と王の反応の類似性を示している。たとえば孟子はこう言っている。「君たる者が、民の楽しみを自分の楽しみのように思って、民と共に楽しむならば、民の方でもまた君の楽しみを自分たちの楽しみのように思って、喜び楽しむ。また君たる者が、民の心配事を自分の心配事のように思って心配すると、民の方でもまた、君の心配事を自分たちの心配事のように思って、いっしょに心配するものである(68)〔六四〕。」

8　宇宙的な王

誰もが認めていることだが、この宇宙で不変なものは何一つない。世代は受け継がれ、天は地の周りを——天文学の知識がある人から見れば、北極星の周りを——絶えず回っている。昼の後には夜が来て、一つの季節の後には別の季節がやって来る。地上のすべての変化は天の変化に反応しており、一方を活気づけるリズムは他方をも活気づける。太陽が天頂にある時は最も暑く、最も地平線に近い時は最も寒く、姿を消すと夜になり、昇ってくれれば昼になる。こうした客観的事実の確認から、地上で起きることはすべて、良いことも悪いことも、天上で起きることによって決まる、という考え方が生じた。車輪が輪心の周りを回るように、宇宙は宇宙軸すなわち王の周りを——王が天の抗しがたい動きを反映させるにせよ、伝達するにせよ——回る。もし軸が動かなくなると、宇宙の仕組みが止まる。それゆえ、軸と軸が連動させている二枚の板〔天と地〕の順調な動きが重要になる。中国では、天体が自らの規則正しい運行によって統治の交代や君主の行動を是認しているかどうかを知るために、天体を調べていた。

最もはっきりと目につく二つの自然現象として、昼と夜の交代と季節の交代があるが、後者は区切りを付けるのが最も難しい。当然、年代および時代の暦法を確立する必要があった。これが王の最初の宇宙的役割である。ゴルドン・シルドの考察によると、メソポタミアやエジプトの君主たちの威信の一部は、彼らがすでに先史時代に太陽年を測定していたことから生じていた(69)。中国と日本の文化、あるいはエジプトとローマの文化と同じくらい相異なる文化においても、暦の作成は共通して王の任務であり、先取特権であった。ローマでは、王が祝祭日を定め、吉日と忌み日を決めていた。日本では、帝《みかど》が年号を選んでいた(六五)。たとえば〔昭和天皇〕裕仁《ひろひと》（一九二六―一九八九）は、即位する時、年号を昭和にした。ともあれ、時代の一新を図り、世界を創り直す君主については、いずれ別の主題で述べることにしたい。

一般的には、君主は宇宙のリズムの正常な連続、すなわち宇宙と社会の順調な動きに責任がある。ブラック・アフリカのフォン族(六六)の王もそうである。彼は、虹が世界を支えているように(六七)、社会を支えているので、天上の蛇と比較されている(70)。エジプトでは、ファラオはラーの娘マアトの化身、または、ラーの後継者として、マアトを護持する者である。ところで、理論的原則であり、かつその適用であるマアトは、法律、儀礼、社会的義務、道徳規範――世界を順調に作動させるすべてのもの――を包含している。この女神は、言うなれば、ファラオの体制と一体となっているのである。寺院での宗教儀礼と政治上の仕事に責任があるファラオの二つの側面はここで交差する。世界を再び作動させるための神の朝の目覚めから囚人たち（ファラオが全地に秩序を広げる際に打ち負かされた民族）の公開までの宇宙の運行のための儀礼は、寺院での儀礼に属する。最も重要な儀式は、常に至聖所の奥に像が祀られているマアトへの奉納である(71)。広義には、ファラオは政治的・社会的秩序の維持と、その秩序の抽象的な発現を法令と教令を通して生み出す能力との、目に見えるしるしである。[72] 宇宙のすべての無秩序は社会の無秩序と戦争を招く。同様に、イランの王の宇宙の統御者という役割は、繁栄と幸福と富をもたらす平和を保障する。[73]

中国では、君主の有り様は、自然のリズムに合致するよう、細部に至るまで規定されていた。君主の「突飛な行動はいずれも」「天体の運行」と自然現象「に混乱を」もたらす「天の反動を招く」恐れがあった。[74] 伝説上の天子、舜に帰する者もいる古い伝承[75]によると、天子は毎年季節の移り変わりと調和を保ちつつ、周期的な国内の巡回すなわち、春分には国の東部に、夏至には南部に、秋分には西部に、冬至には北部にいるという形の巡幸を、さらに換言すれば、宇宙の旅をしなければならなかった。明らかに困難なこのような毎年の移動を、歴史上の皇帝たちは、宮殿を離れることなく、明堂の小宇宙の中で実現[76][六八]した。そのため、中国の皇帝たちは「季節と月を開始する[77]」、すなわち季節と月を到来させる、と結論づけられたこともある。しかしこれは間違いである。中国では、春分、秋分、夏至、冬至は季節の始まりではなく、真ん中を指す。皇帝たちは、それぞれの季節が盛りに達する時、ただ季節と調和するためだけに巡幸していたのである。ケトゥー[六九]のダホメー人の王（正しくは「ヨルバ族のケトゥーの王」）は、自分の叙任の際、枢要な四つの地点に向かって歩いたが、たぶんこれも同じような意味合いを持っていたと思われる。[78]

9　豊饒と多産性

宇宙の天変地異は稀である。しかし天候不順と悪疫と家畜の伝染病はそれほど稀ではない。それだからこそ王の豊饒多産にする機能は、彼の宇宙的機能に付属するものではあるが、最もしばしば論じられる。当然のことながら、これまでにも多くの人がこの機能の起源をあれこれと推察した。その中から一人の権威だけを引き合いに出すと、ブレーケルは、先史時代、ファラオはたぶん最初の農耕者であって、後に、彼の営みそのものが信仰および祭式の形態で記念・祝賀された、と結論づけた[79]。これは興味深い見解である。しかしエジプトの場合も、それ以外のところの場合も、事実を確認すべきだろう。王のこの機能の起源は、メソポタミアでも同じようなものだった。と言うのも、ここでは王の権力はもともと、君主たちが生命の木が育ち、生気を与える水が湧き出る神話上の庭園で、神と仲良く暮らしていたことと、彼らがその庭園を管理していたことに由来する、と思われていたからである[80]。これが合理的な説明ではないということを示すものは何もない。

王に特に期待されるのは、適当な時期に十分な量の降雨を保証すること、ちょうどよい時期に太陽を輝かせること、植物が育つこと、家畜が殖えること、女たちが多産であること、洪水が土壌を荒廃させないこと、豊饒と多産がもたらしたものを病気が危うくしないことである。もう一つの軸である山から、大地を潤し、そこに生命を与える川が流れるのと同じように、宇宙王からも国土に豊饒と多産が流れ出るのである。

至る所で、常に、同じような言葉で、同じようなことが言われている。マダガスカルのアンタイモロナ族[七〇]の酋長は自然の順調な動きに対する責任を義務づけられている[81]。チベットのボン教徒の王は土壌の肥沃度に責任を持つ。もし王の「威厳」が消えたら、草は枯れ、万事が悪化する[82]。ヒッタイトでも、住民の幸福は王しだいである。朝鮮、日本、マレーシア、イギリスのケルト、ブラック・アフリカでも事情は同じである[83]。デシャンによると、アフリカのスワジ族[七一]には、キリスト教に改宗した後も、「雨を降らせるのを責務とする支配者が残っていて、この責務が王権を正当化する主たる要因となっている」[84]。十三世紀のノルウェーの王、ホーコン・ホーコンソン（一二六三年没）[七二]は、即位の年に鳥たちが何度も卵をかえし、果実が大量になったことで、特に注目された(85)。ホメーロスとヘシオドスの作品では、大地と家畜と女たちの豊饒多産は、ゼウスの後裔である王しだいである。「王が非の打ち所のない君主にふさわしい正義を示せば、国中の者が繁栄する。逆に、王が自分を見失えば、国全体がそのつけを払うことになる(86)。」初期のイスラム教はカリフ(七三)に「雨を降らせる」《*istisqa*》力を与えており、アッバース朝(七四)について、この王朝は地上に豊饒と繁栄をもたらし、囚人を自由の身にし、雨を降らせる、ゆえに、カリフが殺されれば、宇宙は破壊されるだろう、と述べている(87)。

インド人にとって、王特有の権力は家臣たちの生活の糧を保証し、また、食糧難の場合には、彼らを救済する義務を王に課している。これからも、このような考え方は君主制を維持するすべての大文明の考え方であり続けるだろう。王の寛大さは少しでも欠けたところがあってはならない。そのことが王を誇示と浪費の道へ導くことがあっても、それは、言わば、物事の裏面というものである。インド各地の王たち《ラージャ》や〔ムガール朝時代の〕総督《ナバブ》たちの桁外れの贅沢さや、必ずしも適切に配分されない彼らの贈り物の豪華さはよく知られている(88)。オスマン帝国の皇帝《パディシャー》は、散財をしてでも、家臣たちや同盟者たちに厚情と浪費の恩恵を受けさせた(89)。これらはきわめてイスラム教徒らしい態度である。彼らはたとえ最小の族長であっても大守《スルタン》のように振る舞い。時には破産する。ヤズィード(七五)派の共同体では、族長《アガ》は食卓を常に人々に開放し、贈り物をしなければならず、その結果、自分に課せられた重荷で背が曲がってしまうこともあるという(90)。これは他にも幾つかあるうちの一つにすぎない。〔首長の〕このような態度はきわめてイスラム教徒的であるが、しかしかつてはキリスト教徒的でもあった。「王の統治によって、臣民は幸福で豊かになり、意気が上がる」という中世初期のゲルマン人の論説がそのことを示している(91)。

方々で、諸国民は自分たちの幸福は君主のおかげであると言って、君主を褒め讃えている。『オデュッセイア』では、賢い王が次のように讃えられている。「肥沃な丘と谷では小麦と大麦が波打ち、木々には果実がたわわになり、家畜は大いに数を増し、海は魚で満ち溢れ、民はその下《もと》に富み栄える。[92][七六]」マヌ法典[七七]では、優れた君主が治める国が次のように称賛されている。「この国では、人々は好ましい時に生まれ、長生きし、農夫たちの作物は種まきされたものがすべて生育し、子供たちは死ぬことがなく、いかなる奇形児も生まれてこない。[93]」カンダハル（アフガニスタン）の近くにあるギリシャ語とアラム語で書かれた碑文は[七九]「この世に繁栄をもたらした」アショーカ王（前二七四頃―前二三六）[七八]を称賛している。[94]聖パトリックの作と見なされているアイルランドの教会法令集《キャノン》は、義にかなった王の統治に伴って起こる天恵の中には、「好天、おだやかな海、豊かな収穫、果実がたわわになった木々」があると述べている。ラメセス四世（前一一六六―前一一六〇）[八〇]は次のような良い知らせ（福音）を公表させた。「なんという好天でしょう。天と地が喜んでいます。と言うのも、あなたがエジプトの君主になったからなのです。喉が渇いていた者たちは喉を潤します。着る物がなかった者たちは亜麻で身を飾ります。牢獄にいた者たちは自由の身にされます。[八一]隷属させられていた者たちは喜びに満ちます。[95]*」

＊ マタイによる福音書、第二十五章、第三十五―三十六節と比較すること。「あなたがたはわたしが空腹の時に食べさせ、喉がかわいていた時に飲ませ、〔……〕裸であった時に着せ、〔……〕獄にいた時に尋ねてくれたからである。」

他の文献、特にヘブライ語の文献には祈願を述べたものがある。詩篇、第七十二はメシア待望の祈禱文に書き換えられているが、次のように歌っている。「彼〔王〕が牧草の上に降る雨のごとく、地を潤す驟雨のごとく臨みますように。〔……〕地には麦が豊かに実り、山々の頂は〔レバノンと同じように〕果実で揺れ動き、〔……〕町々は〔……〕繁栄しますように。[96]」別のところでは、君主は賛辞や祈禱文の域から前に踏み出して、宣誓という形で自ら約束する。たとえばアステカの王は、太陽を輝かせ、果実を豊かに実らせることを誓うのである(97)。

失望して、怒りをあらわにする者はざらにいる。しかしながら、最も立派で、最も敬虔で、たぶん最も論理的でさえある人々、すなわち、彼らの信仰をそれの最終的な帰結に至るまで生きる人々が、自分たちを見舞う災禍のことで王を非難することはめったにない。カフィル族(八二)は、自分たちの首長は自分たちが必要とするもの、望むもののすべて――雨、収穫に適した天気等々――を与えてくれるので、自分たちは失敗することがない、と信じている。それで、失敗が明らかになった場合でも、彼らはそのことを否定しさえする。エジプト人から見れば、ファラオは絶対に無謬《むびゅう》である。彼らの長い歴史の中で、彼らがファラオに厳しい評価を下したのはせいぜい二度か三度である。第十一王朝(八三)の到来と共に紀元前二〇五〇年頃に終わる最初の空位時代〔第一中間期〕に、預言者イ・プ・ウェル(八四)は自分の君主が民人の牧者ではないと嘆き、彼を非難した。「権力と正義はあなたと共にあるのに、あなたが国中にもたらすのは混乱です。このことは、あなたの行為がこのような状況を創り出したことと、あなたが嘘をついたことを意味しています。」自らに非があると感じたファラオは、次のように自分の罪を認識した。「国の不幸は私の行いが原因で起きた。しかも私はそうなった後でしかそのことに気がつかなかった(98)。」〔王に対する〕この完全無欠の愛、この留保なき信仰は人を深く感動させるものであり、他所で聞かれる非難や不平に対する非常に大きな抑止力になっている。しかし非難や不平の方が強すぎることはないのだろうか。

ダビデの治世に三年続いた飢餓があった。ダビデが主に尋ねたところ、主は言われた。「血を流したサウルとその家に責任がある(99)(八五)。」ニコラウス（ダマスカスの）(八六)の指摘によると、ある悪い君主の治世に、リユディアは旱魃に苦しんだ。またカナンでは、家族と王位継承者の死と共に王を襲った残酷な不幸が、国中に災いをもたらし、社会を危地に陥れた。この騒乱を鎮めるためには、神託が君主と全国民を慰めなければならなかった[100]。極東アジアの高麗人は、農作物が収穫期になっても熟さないと、その責任を自分たちの君主に負わせていた。ある者たちは王は退位すべきだと言い、別の者たちは王を死刑にすべきだと言っていた[101]。王に対して定められている罰については後述する。

豊饒・多産と自然現象の規則性は必ずしも特別な儀式を要求するわけではない。義にかなった王の存在がそれらを保証するのである。しかし王は過ちを犯すことがあり、そのために、あるいはその他の理由で、秩序は掻き乱されることがある。いつでもそうである、またはそうであると思われている。これまでに気候条件に満足している農民を見た人がいるだろうか。日本人が力を込めて述べているように、無秩序は、夜が昼にとってそうであるのと同様、秩序の必然的補足ではないだろうか[102]。そこで王の自然の次元に属する力に何かを付け加える必要があった。すなわち祈禱や犠牲や呪術も用いなければならなかった。規則正しい降水特性——明らかに第一の心配事である——は、呪術の行使と同様、宗教的行為によっても促進される可能性がある。それで雨乞い用の石やその他の似たような道具と同様に、祈願行列も用いられた。こうして君主たちは祭司や専門の呪術師さながらに、宗教的行為を司ったり、呪術用の道具を使ったりすることができるようになった[八七]。金では、一一六五年の初夏、旱魃のため農村部が荒廃していた[八八]。そこで王は雨乞いの儀式に従って、北方の山の上で生け贄を捧げるよう命じた[103]。東アフリカのナンディ族、一般的に高地ナイルの諸部族、時としてトルコ族やモンゴル族の間では、天気に影響を及ぼす石は君主によつて取り扱われたが、君主はそのような石を専門職である呪術師〔雨司〕から——多くの他の民族におけると同様、これらの民族の間でも、ほとんどの場合、それを使用する権限を与えられていたのは呪術師であった——

前もって盗んでおかなければならなかった。[八九]

　王によって執り行われた豊饒多産の儀式はあまたある。エジプトでは、少なくとも第二十王朝〔前一一八六／八五―前一〇七〇／六九〕[九〇]以来、メディネト・ハブで挙行された収穫祭は、神官と収穫者の役を同時に受け持つファラオによって司られていたが、この祭典は結局ファラオ崇拝に結び付けられた。[104]ファラオと妃と白い雄牛が行列に加わっていた。ファラオは小麦を一束刈り取り、それを子牛に与え、それからファラオと妃は、何人かの著作者によると、儀礼に従って結合した。[105]中国には、首都の南郊の天壇の側に、国王〔皇帝〕が、春に、豊作祈願のために出向いてくる祈穀壇があった。[九一]また、王〔皇帝〕は農夫たちの家々を訪れて、必要な物を持っていない者たちを援助した。[106][九二]チベットでは、王の生命、王の権力の安定、豊作、家畜の繁殖は、態度の曖昧な神々―生命原理の山々であると同時に支えでもある――にかかっていた。それゆえ、神々が好意的な態度を示してくれるように、適切な儀式によって神々を喜ばせなければならなかった。もし適切な儀式が履行されないと、王は死に、収穫はなくなり、家畜は死滅する[107]〔と考えられていた〕。日本では、天皇が初物の儀式〔新嘗祭〕を執り行っていた。農業と係わりが深い帝は、収穫の終了が祝われる時に即位していた。[九三]帝は皇室の祭壇（名古屋近くの）で、初物の果実と新米と新酒を賞味し、神と食事を共にしていた。[108][九四]カンボジアでは、国王は四、五月に最初の農作業を自ら行い、最初の畝を作っていた。王がそれをするまでは、誰も稲田に入ることはできなかった。仏教以前の伝統は今後も廃れないだろう。プノンペンでは、農業大臣（または米穀店の代表）が二人の従者を従えて、〔牛の引く〕装飾された犂を押す。[109]マダガスカルでは、大祭司でもある王が新年祭に参加するが、その際、国の繁栄を確かなものにするために、牛を一頭生け贄に捧げる。[110]ガリアと同じようにアイルランド・ケルトでも、一年で最も大きな祭りの一つはルフ Lug〔ルグ、ルーとも〕の祭り（ルーナサァ Lugnasad）[九五]で、大陸では、ルグドゥヌム Lugdunum 〔〔ガロ＝ロマン期の〕リヨン Lyon の古名。〔「ルフの砦」の意〕〕で八月一日に行われたが、ローマ人たちはそれを「ガリア人の祭り」《*Concilium Galliarum*》と呼んでいた。この祭りは恵みの大地だけでなく、寛大で、豊かさの分配者である現職の王をも刺激していた[111]。なぜなら王は、成長させせたり繁殖させせたりする、生命の創造者である神の霊を持っていたからである。少なくともアイルランドでは、君主は守護女神〔地母神〕と結婚しなければならなかった。それが自分の統治する王国の運命を確固たるものにする唯一の方法であった。十二世紀に、奉献の儀式の際も、王は依然として家臣たちの目の前で大地を意味する白い雌馬と番っていた。事が済むと、その馬は殺されて、肉は王と列席者の間で分配されていた[112]。

恩恵の王、善行の王、調和の王、繁栄の王。諸国民が王をこのようなものとして認めていることは、すべての事柄から明らかである。そのイメージは戦士としての王とはかなり違っている。戦争？　もちろん人々は戦争の話をする。人々は戦争を知っており、恐れており、時には望みさえする。と言うのも、暴力を押さえ込むものは何もないからである。しかし自国の社会集団や領土や富の不可避的な防衛の場合を除いて、王が無条件で暴力に訴えることはない。ただ、もしそういうことがあっても、人々は王の征服計画と折り合いをつけざるを得ない。王－兵士は平和の王のずっと後を歩いていく。デュメジルによつて分析されたスキタイの神話がそのことを立証している。スキタイの神話に相次いで登場する三人の王――彼らは明白な三つの機能的価値を持っている――のうち、最初の王は、デュメジルが祭司王ないし呪術王と呼んでいる、国土を肥沃にする能力に恵まれた王の類型に属する。この王は「前に置かれる者」と言う意味のアヴェスター語によってその性格が定義されている[九六]。後の二人はそれぞれ戦士王、繁栄王と形容されている[113]。

10　過ちを犯しやすくて弱い王

王も人間だから、過ちを犯す可能性はある。トインビーは、君主が人々から求められている高い理想に少しも対応できない場合、彼の欠点は顰蹙を買うことになる、と考えた(114)。しかしこの歴史学者の話は聞かないようにしよう。国民が君主に対して非常に厳しい態度を示す文明は稀だからである。王が過ちを犯すことも、まあ、あるだろう。しかし彼の欠点が他者を困らせることはない、と言うか、その影響はさほど遠くへは至らないのである。国民は君主に、普通の人間より徳が高くて、長所が多くて、欠点が少ないことを期待するが、しかし君主の限界も知っている。王をたぶん最も尊敬した国民であるエジプト人でさえ、ファラオのアマシス（前五七〇―前五二六）(九七)の酩酊に関する面白い話を語り伝えている。また、アンティゴノス(九八)という王は、自分のことを「太陽にして神」と呼んだ者を馬鹿にして、こう答えた。「俺の溲瓶《しびん》係の者は俺がそんな者だとは思っておらんぞ(115)。」

王は咎められる可能性がある。しかし創世記が示しているように、王は咎められることなく、責任を取らされるという可能性もある。アブラハム(九九)がゲラルに留まっていた時、不安に駆られた彼は、王のアビメレクに自分の妻サラを妹として紹介した。彼女に魅せられた王は、人を遣わして、彼女を召し入れた。ところが神は夜の夢にアビメレクに臨んで言われた。「あなたは召し入れたあの女のゆえに死ぬ。彼女は夫のある身である。」アビメレクはひどく驚き恐れて、自分は事実を知らなかったと主張し、まだ彼女には接していないと断言した。神はまた夢の中でアビメレクに言われた。「すぐに彼の妻を返しなさい(一〇〇)。〔……〕もし返さないなら、あなたもあなたの身内の者もみな、必ず死ぬことを覚悟しなければならない。」

翌朝、アビメレクは家来たちをすべて呼び集めて、いっさいの出来事を語り聞かせた。それで「人々は非常に恐れた」。次いで王はアブラハムが嘘をついたことを非難して、「あなたは私と私の国とに大きな罪を負わせました」と言った。そこでアブラハムはアビメレクのためにヤハウェに執り成しの祈りをし、ヤハウェがアビメレクとその妻および侍女たちを癒されたので、「再び子を産めるようになった」(116)。この話の教えは、幾つかの理由で、典型的である。アビメレクは責任はあるが、罪はない。彼は事実を見極めたうえで行動しなかった。彼はサラには触れていない。彼の過ちは事実を見抜けなかったこと、王としてしなければならないことをしなかったことだけである。彼は密通はしなかった。が、彼の意図だけでも「彼の家のすべての者の胎を閉ざし」、王国を破滅の淵へと導くのに十分であった。

これは典型的な教訓であって、少しも特異なものではない。神はダビデの過ち、特に、国民が気に入らなかった人口調査を彼が命じた罪を罰するために、イスラエルに疫病を下された(117)(一〇二)。古代のトルコ〔突厥〕人の間では、「無知な」河汗《カガン》は〔「無知な」〕酋長や君主と同じような死に方で死んでいた(118)。

王は単に過ちを犯しやすいだけでなく、弱くもある。あまたの危険が王を脅かし、また、王を通して国民をも脅かす。フロイトは、王の絶対権力と、その絶対権力はそれを脅かすあまたの危険から注意深く守られる必要があるという信仰との間には、明白な矛盾があると考えた。彼は、「未開人」は自分たちの君主の善意や誠意を信用していない、と判断した(119)。王が裏切るというあまりありそうにない可能性を完全に否定することはできないが、しかし〔ほとんどの場合、〕危険性は特に王の外部にあることは確かである。もし王の脅威が云々されるようなことがあるならば、それは必要に応じて「王の絶対権力」が机上の空論であることを立証するだろう。

11　良い選択

王の過ちを犯しやすさと弱さは必然的に幾つかの予防措置をもたらす。まず第一の措置は、王を良く選ぶことである。ブラック・アフリカでは、〔王または酋長に〕選ばれた者は本人のリーダー・シップとその祖先を参考にして選ばれたことになっており、もしも誤った選択がなされていた場合は、「雨は降るのを止め、土地は物を産み出すのを止め、その集団は急速に破滅へと向かう」[120]。すべての文化において、賢明さ、慎重さ、善良さ、さらには美しさといった選択基準が必要不可欠である。美的特質がしばしば高い評価を得る。それは完全さの外面的な、目に見えるしるしなのである。神は美しい。王もまた美しい。詩篇では次のように歌われている。「あなたはアダムの子孫の中で最も美しい。気品があなたの唇に溢れている。それゆえに神はとこしえにあなたを祝福されたのだ。」[121] 七世紀に書かれたインドの有名な物語、『王女と王国』〔一〇二〕は――インド人の一般的な考え方に従って――「王の肉体的な完全さが王の統治能力として機能する」ことをよく物語っている。王女は新しく王に選ばれた人の似姿を見て、こう言っている。「宇宙にはきっと一柱の神様がいるに違いないわ。だって、こんなに美しい殿方が本当にいるんですもの。」[122]

すべての奇形、すべての身体障害は、それが超自然的なしるしと思われない時には、それを負った者を王座から引き離す。アフリカの下サハラでは、王は完全な体格の持ち主であって、いかなる肉体的欠陥も持たないことが要求される。[123] ケルト人の間では、片目や手や腕のない障害者は王になる資格を失う。[124] チベットでは、皇太子が生まれつきの盲目である場合、視力を回復しない限り、王座に登れない。[125] 数多くの民族が割礼を嫌っているのは、陰茎の包皮の切除は人からすべての力を失わせる身体の損傷である、という理由からである。[126]

12 王への補佐

王は非常に重い責務を負っている。だから王が責務を果たすのを補佐しなければならない。王の補佐に努めることによって人々が助けるのは、自分たち自身である。人々は聖地詣で、祈禱、供犠を増やし、それらを介して世界の動きに参加する。[一〇三]ガンダ族は人身供儀は王にさらなる精気を得させると確信している。[127]マダガスカルでは、王家の墓、いわゆる「神聖な小屋」へみんなで詣でる時、人々は現王朝との連帯を確信し、国民と王とを結び付けている社会契約を確認していた。[128]人々はこの墓参りに参加することによって、国の安全と繁栄を確かなものにしていたのである。ヒッタイトでは、祭司たちが王に神の恵みがあるように祈っていた。[129]イスラエルでは、人々が王のために神に祈願した。「彼のために人々が絶えず祈り、日々、彼を祝福しますように」〔詩篇、第七十二篇、第十五節〕。「〔主よ、あなたは〕彼を迎えて豊かな祝福を与え、黄金の冠をその頭に置かれた。彼がいのちを求めると、あなたはそれを彼に授けられた」[130][一〇四]〔詩篇、第二十一篇、第三―四節〕。寺院で捧げられる公的な祈りは、王のため、王の栄光と勝利のため、平和と繁栄を国民に保証する裁きの確実な遂行のためであった。

王が過ちを犯しやすいことを説明するのに、人はしばしば、王は悪霊に襲われたのだとか、敵に買収された呪術師の犠牲になったのだとか言う。そしてそういう場合は、同じやり方で復讐する。エジプトでは、呪術師のある特別な団体が外国の攻撃からファラオを守る責任を負っていた。[131]古代アナトリアでは、ミタンニとヒッタイトの王室文書が王権を標的にした呪術に繰り返し言及している。ムルシリ二世〔前一三四

（一〇五）三年頃）の妃は呪いによって殺された。王の清めの儀式に関する幾つかの呪術的な典礼定式書は、王や王妃や寺院に対して発せられた呪いがあることを暗に示している[132]。

王の死は国と国民を危地に陥れるので、モンゴル人たちは「彼が一万回も一万歳になりますように」と祈った。また他のところでは、人々は「彼が永遠に生き続けますように」と祈った。私は自分で研究したことがあるので、トルコ－モンゴル人の祈願や祈禱をよく知っているが、これらが他の地域、特に中国と日本のものに相通じることも知っている。これらはいずれも同じ慣用語法、同じ希望である。今日でも〔京都〕御所には、天皇および皇室の長寿の儀式のための建物がある[133]（一〇六）。チンギス・カン王朝の君主たちは、すべての宗派の修道士のために、数多くの「寛容令」を発しているが、それらは、修道士たちが皇帝の長寿を祈るように、または祈るから、彼らに税と徴用を免除し、彼らに特権を与える、というものであった[134]。

13　禁止事項

君主を適切に選び、彼に精神的な補佐をするだけでは十分ではない。君主を守るためには、単にその自由を限定するだけではなく、その生活をとても辛いものにする可能性すらあるこまごまとした規定や禁止事項の網の中に彼を閉じ込める必要がある。この制約があるので、君主に選ばれた者やその後継者は、時として、これを耐え忍ぶよりも君臨するのを拒否する方を選ぶことがある。

このような逃避反応はいろいろな地域で見られたが、アフリカ、とりわけケトゥのダホメー人の王国〔正しくは「ヨルバ族のケトゥー王国」〕で頻繁に起きている[135]。逃避する者たちはしばしば誠実であり、彼らに示された新たな運命が彼らに恐怖を抱かせると思われる。彼らは自分たちに新たな運命を押し付けないよう懇願し、なんとかしてそれから逃れようということだけを考え、身を隠し、逃走する。もっとも、時には、まるで刑場に引き立てられるようにして、彼らが無理やり王座へ導かれることもあるという。また、しばしば彼らの抵抗は、それがどんなに強くても、ただ単に儀礼的なものでしかない場合もある。アジアの草原地帯の諸民族の国では、一人の汗《カン》が選ばれると、彼は自分に与えられた栄誉を幾度も辞退した後、心ならずも自分の支持者たちの切なる願いに負けるということが行われていた。すでに力ずくで権力を手に入れていたチンギス・カンも、モンゴル族の上級貴族のうちの幾人かの名前を汗《カン》の候補者として挙げた。長期間の抵抗の後でしか汗位の指名を受け入れないという慣例に従ったのである。スエトニウスが「ありとあらゆることをして奪い取った権力を滑稽なまでの用心深さから長期間拒否し続けた」と言っているティベリウス[一〇七]の不可解な態度も、このローマの歴史家が我々同様に知らなかったかまたは忘れてしまっていた、何らかの掟に従っていた可能性がある。フレイザーは君主制にはほとんど好意を持っていなかったが、そんな彼が、最高位の役職〔王位〕に就かなければならないアフリカ人たちの感激の欠如について、人民は君主のためにしか存在しないという考え方は原始社会においては間違っている、という結論を下している。「君主はここでは人民のためにしか存在しない。[136]」どこでも事情は同じである。家臣たちへのこの服従が君主制の神髄そのものなのである。

古代後期のエジプトの王について、ディオドロス[一〇八]はこう書いている。「王の生活は他の国の君主の生活と似ていない〔……〕。王は単に公務だけでなく、日常生活のこまごました点に至るまで、すべてが規則によって定められていた〔……〕。王は自分の好むことではなく、規定されていることをしなければならなかった〔……〕。王の散歩の時間、沐浴の時間、妃との就寝の時間までも定められていた。慣例として、王は質素な食事しか取れなかった。[137]」ディオドロスはどうして驚いているのだろう。もっとも彼は、ローマでは、王のタブーの継承者であるユピテルの祭司 *flamen dialis* が、馬に触れることも、〔紐または帯を用いて〕自分の服の（二〇九）どこかに結び目を付けることも、葡萄の木の前を通ることもできない（二一〇）ことは知っていた[138]。彼はヘロドトスを読まなかったのだろうか。ヘロドトスによると、メディアのデイオケスは王に選ばれると、何人も王に直に接することを許されず、王は何人にも姿を見せないという思慮深い儀礼法を制定した[139]。これらの幸福な国々についての言及はこれだけにして、ダホメーに目を向けてみると、王は〔人に見られるような形では絶対に〕（二一一）食事をしないし、飲まないし、決して爪を切られることがない[140]。

　王を守るために定められたタブーと、王から守るのを目的としたタブーを区別することが重要である。両方が存在しているが、区別するのは必ずしも容易ではない。フロイトのように、すべてのタブーが王の特権の代償であると考えることも可能だろう。「誰もが王や酋長をその特権ゆえにうらやみ、誰もがたぶん王になりたがる。」そこでタブーがこの羨望に水をさす。「欲望を掻き立てるのは好ましいことではない[141]」というわけである。どうして学者たちは想像力をもっとよく働かせようとしないのだろう。ミシェル・メスランはもっと理にかなっている。彼は、私などがとても自分のものにはできない語彙を使って（特に、彼が呪術の才能について語る時はそうである）、王の不死身は王に課せられる禁止事項に由来しており、それを破ることは王を不死身でなくすることになるのではないかと言っている[142]。

　災禍の伝播は謎である。それが王に及び、肉体的ないし精神的に完全である王を襲うのを防ぐためには、どれだけ用心してもしすぎることはない。ニヤサランド（二一二）では、王の健康に大変な注意が払われており、また、王が戦争で傷つかないように十分な気配りがなされていた。それは王の病気や王の血の流出が王国全体に衰弱をもたらすと考えられていたからである。そのため、王は病気になると、隠されていた。王は隔離された小屋に住み、彼の食事は（精液と女性の血によって汚されていない）思春期の少年によって用意された。そして王の妻たちは閉じ込められ、厳重に監視された。なぜなら、彼女たちのうちの誰か一人でも約束を破ると、そのことが王の病気を重くし、国全体が王と共に衰弱するからである。[143] 王を宮殿に閉じ込めておくのは、王を多くの危険にさらさないためだった。これは朝鮮、ベニン[二一三]、ロアンゴ[二一四]、エチオピアその他の地域で慣例になっていた。もっとも、君主は、衰退期の多くのローマ皇帝やオスマン・トルコ皇帝が示しているように、個人的な性向として、閉じ籠もりきりになる傾向を十分すぎるほど持っていた。ディオクレティアヌス帝（二八四—三〇五）[二一五] 以後、ローマ皇帝は人々の中から連れ去られて、広大な宮殿に隠れ住んでいたが、そこでは高級官僚とお気に入りの者たちだけが皇帝に直接会う特権を持っていた。とはいえ、彼らは皇帝の前で跪拝し、その足にキスをした後で視線を落としていた。これが東洋の影響であったことは大した問題ではない。皇帝のために配慮すべきことが三つあった。一つ目は、頻繁に迫ってくる暗殺者たちから皇帝を守ること。二つ目は、好ましくない影響から皇帝を守ること。そして三つ目は、ウェルナーも言っているように、皇帝を聖なるものと同一視すること（これはキリスト教受容の前後から[144][二一六]行われた）。かつてスパルタでは、王を汚さないために、王に触れることは禁じられていた。[145] 君主に食事をさせるのもまた複雑微妙な事柄であった。君主と君主が食べる物とは同一であり、それに毒は——物質的なものであれ、呪術的なものであれ——君主の命を奪うからである。フレイザーによると、日本では天皇のために用意される食事は〔鍋や皿も〕常に新しいものであった。サカラヴァ族[二一七]の王は温かい食事を取ってはならなかった。[146] アフリカの多くの地域で、王は人の目に触れるところで食事をするのを禁じられていた。[147] アステカの王が食事をする時は、妻たちと彼に仕える召使い以外は王を見ることはできなかった。

　王から身を守ることとはいったいどういうことなのだろう。太陽を真正面から見れば、目をやられる恐れがある。王の場合も事情は同じである。ギリシャ人たちにとって、王は畏怖《アイドス》*aidos*（相手との間に距離を置かせる恐れ）の対象であった。たいていの場合、細心の注意を払わない限り、人は王に近づくことができないが、王に全く近づかない方がより賢明だろう。クセノポンは塔に閉じ込められていたポントスのある王について語っている(148)(一一八)。ドゴン族の酋長は、生者から切り離され、人里離れた彼の家から、部族の宗教生活と社会生活を支配する(149)。ニヤサランドでは、家臣たちの大部分が王を遠くから、しかも震えながら、礼拝する。貴族と老人だけが時として王の居所に入ることを許される(150)。我々の目には、インカの王は輿に乗って、国民から歓呼して迎えられる際も、垂れ布の後ろに隠れていたように見える(151)。アルダシール一世（二二四—二四一）からヤズデギルド三世（六三二—六五一）(一一九)までのササン朝ペルシャのすべての王は、人の目に触れないように姿を隠されていたので、家臣たちはカーテン越しにしか話しかけることができなかった(152)。ヘロドトスによると、同じようなことがすでにメディアで行われていた。ニューカレドニアでは、男たちは酋長の側を通り過ぎる時、必ず身をかがめなければならないし、女たちは酋長が来ると、道路脇に退いて、視線を上げて酋長を見るようなことはせずに、うずくまっていなければならない(153)。フレイザー(154)は、王に対する畏怖によって生じるこうした平伏、跪拝、身をかがめながらの歩行の例を数多く示している(一二〇)。

多くの地域——中国、日本、シャム（タイ王国の旧称）、ペルシャ、アメリカ、ブラック・アフリカ——で、恒常的にまたはある状況で、王が一瞬たりとも土に触れることは禁じられていた。王が移動する時は、輿に乗せられた。他の者たちが裸足で歩くところでも、王は靴をはいた(155)。王が大地を燃やすのではないかとか、王が自分の力の一部を（それを失うという形で？）大地に伝え、王の後では大地に触れることができなくなるのではないかとか危惧されたのだろう。フレイザーは神秘的な力の喪失またはエネルギーの流出の恐れについて語っている(156)(一二一)。日本では、天皇は外気や太陽に身をさらすことが禁じられていたが、しかしこれはたぶん天皇を〔神聖性の喪失から〕守るための配慮によるものであった。

14　王を見ること

王を見ることの禁止と王に自分の姿を見せる義務との間には、矛盾がある。神聖なものの両義性を知らなければ、誰もがこの矛盾に驚かされるだろう。しかしながら、禁じられていることが義務になり、義務になっていることが禁じられるということがあり得るのである。王は国民と同一視されているので、王が国民から遠ざかるのを国民は納得しないだろう。国民の前に姿を見せることは王の職務である。最高裁定者という王の役割だけでも、請願者たちの前に王が出席することを要求するのに十分であろう。そして国民は誰もがいつの日かこの請願者になる可能性を持っている。神聖な者にとって、群衆の歓呼は実際なくてはならない儀礼である。王の祭司としての職務は王に公衆の面前で祭式を司宰することを強いる。物事を極限まで押し進める『マハーバーラタ』(一二二)は、王は毎日姿を見せなければならなかったと断言している。たぶんそのことを知っていたベルニエ（一六二〇—一六八八）(一二三)は、インドのムガール帝国に存在する貧困は国民が皇帝《シャー》に助けを求めることができないことにある、ということを明らかにしようとした。そのようなことはヒンドゥー教世界の伝統でも、イスラム教世界の伝統でも、ムガール王朝の伝統でもなかったのである。この頃の王《シャー》たちはデリーやアグラやファテプル・スィークリー(一二四)の豪華な王宮のいずれにもある二つの法廷、すなわち非公式法廷と公判廷に出席するのをすでに放棄していたのだろうか(157)。往々にしてイスラムの風習を非難する傾向にあるインド学者たちは間違っているようだ。アラブ人であれ、トルコ人であれ、イラン人であれ、君主たちは特定の日に接見する（グリニャスキが言っているように、これはたぶん古代ペルシャの影響を受けたものであろう）[158]だけでなく、市場を見て回るなどして――これはもっぱら調査のためであったと思われる。それがいろいろな説話で面白おかしく語られた――、国民と交わってもいたのである。

15　王の病気と老い

若くて、美しくて、元気いっぱいの王を選んでも、彼が年を取り、醜くなり、病気になるのを止めることはできないし、彼が王としての徳や道徳的資質を失うのも止められない。つまり、彼が変化して、王としてふさわしくなくなるのを止めることはできないのである。その場合、理屈として最も簡単なことは、神聖性が彼から奪われていることを、より正確に言えば、彼が神聖性を失ったことを認めることであった。チベットでは、即位の際、君主は清められるので、その結果、彼はすべての汚れから守られていると信じられていたが、しかし人々は彼の徳が徐々に減少してなくなっていく可能性があることを――彼の徳が彼の若さ同様、一時的なもの、時としてごく束の間のものでしかないことを――当然知っていた[159]。たぶん彼の美しさが衰えていくのはさほど人々の注意を引かなかっただろうが、しかし彼の老いと病気はどうしようもなく強く感じ取られたに違いない。老いさらばえて、不治の病に冒された王には、もはや存在理由はない。そのような王は良いことにはまったく役に立たなくて、悪いことをもたらす可能性すらある[160]。

老いは汚れであるというのはとても広く知られた考え方である。それについては、フレイザーが飽きるほど数多くの調査結果を報告している、あの自ら命を絶ったり進んで死を受け入れたりするきわめて多数の老人〔王〕たちを分かりやすく説明している[161]（一二五）。この考え方は、情報提供者たち（昔の、プリニウス、（一二六）

ポンポニウス・メラ[一二七]、アミアヌス・マルケリヌス[一二八]の言うことを信じるならば、ユーラシア大陸の草原の民の間で熟知されていた。しかし彼らは誇張しているのかも知れない。私自身はこの考えに基づいて自殺したどのような歴史上の人物にも出会ったことがなく、逆に老人たちが高齢ゆえに非常に尊敬されていた事例に数多く出会っている。これは〔古代の〕歴史家と昨今の民族学者の記録との間に存在する数多くの食い違いの一つである。

スキタイ人やトルコ人やモンゴル人はその問題については特別な情報を持っていなかった。しかしながら、ティマイオス（ロクリスの）[一二九]によると、サルディニア島の人々は、自分たちの父親が七十歳を越すと、クロノス神[一三〇]に生け贄として捧げていた。バスク人の祖先に当たるカタブル人は、老年になると、自ら命を絶っていた[162]。〔ギリシャの〕キオス島の王は、六十歳代の人々は毒人参によって除去される、と定めていた[163]。古代ブリテン島では、王の霊魂は宿っている身体の生理的条件によって悪影響を受けると思われていたので、王に病気か老いの最初の兆候が見えるとすぐに、彼の霊魂が若くてたくましい身体に移れるように、彼は大変おごそかなやり方で殺された[164]。

病気もやはり受け入れられなかった。チベットでは、王が癩病〔ハンセン病〕にかかると、生き埋めにされた[165]。ベニンの第九代目の王は――我々に与えられている詳報は尋常なものではない[一三一]――、足が麻痺していることがみんなに知られた時、殺されたらしい[166]。シルック族[一三二]の間では、王の老衰が明らかになったり精力が弱くなったりすると、すぐに窒息死させられた[167]。フレイザーが詳細に伝えているこの部族に関する記録は注目に値する[168]。当時、シルック族は〔首都〕ファショダに住む王によって支配されていた。臣民は王を崇拝しており、王のためにあらゆる配慮を怠らなかった。彼らは王をその王朝の創始者〔半神的英雄であったニャカングまたはニイカング〕の霊の受肉すなわち神であると考えていた。とはいえ彼らは、王の精力の減少ゆえに家畜の体力が衰えて、繁殖能力を失ったり、畑の作物が腐ったり、大勢の人間が病気で死んだりすることのないように、王たる者は病気にかかったり老衰したりすることを許されるべきではない、という確信を持っていた。それゆえ彼らは、王の身に不健康や老衰の兆しが現れると、すぐに王を殺していた。このこと自体は、これまでに述べてきたように、よくある話である。それ以上に興味深いのは、王の衰弱の最も著しい兆候の一つが、数多くの妻たちの性的欲望を満足させてやる力がなくなるということであった。そういう事態が起きると、妻たちは長老たちにそのことを知らせ、長老たちは王に彼の運命を知らせていた。かつては〔妙齢の娘と共に土の小屋に閉じ込めて、入口を密封し、〕時間をかけて〔窒息死かまたは〕餓死させていたが、後に絞殺するようになった。このように、人間や家畜や土地の豊饒多産性が王の生殖力に依存しているということを今一度確認することは、民族学者から見れば意外なことではない。

16　統治の期間

すでに述べたように、王は必ずしも生涯統治していたわけではない。選挙で選ばれた王は一定の期間だけ統治することになっていたようだし、世襲で王位に就いた者も、特定の状況下では、存命中に自分の地位を後継者に譲るよう要求されることもあった。理由は、今し方確認したように、王の徳も、すべてのものと同様、徐々に失われ、小さくなっていくと思われていたからである。このような見方はたしかにあちこちで支配的だったが、しかし実際は例外に属すると言ってよいだろう。より一般的には、王が聖別されるかまたはごく単純に承認されるかした時から、いかなるものも王の性格を弱めることはできないと思われていた。聖書にも王の永遠性が歌われている。「〔イスラエルの王〔ダビデ〕にヤハウェが言った。〕わたしはとこしえにわが慈《いつく》しみを彼のために保ち、わが契約を彼に対して固く守る。(169)」

もっともフレイザーは、倦むことのない好奇心を持って、一時的な王〔一三三〕に非常に興味を抱いた。彼がこの王の存在を明らかにしたことは評価できるが、しかし彼はこの王が実際に持っていた以上の価値をこの王に認めたように思える。たしかに彼は非常に様々な文明――スカンジナヴィアやギリシャやインドのマラバル海岸等――から一時的な王を探し出している。(170)しかし彼がそれについて行った分析を検討することが重要だろう。私が指摘したいのは、王権とそれに伴う世界を更新するために実際に催された在位五十周年記念祝典や諸記念祭は、王が無事に任期の終わりを迎えたことを意味しない、ということである。たとえば、クノッソスの君主が母胎のイメージがある〔イダ山の神託の〕洞窟に八年毎に退いていたのは、ゼウスに自分の統治について報告し、(171)〔一三四〕さらに来るべき歳月のためにその指導を受けるためであって、在位期間があらかじめ限定されていたからではない。

それゆえに、即位の際、王が自分の統治期間を予言するよう要求する奇妙な習慣を数多くの民族が持っていたのは、忌まわしい老いを避けるためであるとか、王の在位期間が限定された君主制の名残であるとかいうことは確かなことではないのである。たぶん人々が確信を持っていたのは、王には先見の明があるので、王は自分の将来、とりわけ自分がこの地上で過ごさなければならない歳月を知っているということと、王はそのことを言うべきであるということだったのだろう。好奇心は飽くことを知らないのである。君主が自分の思っていることを言ってはならないところでは、神託が求められた。ベニンでは、王の統治〔一三四〕期間を告げていたのは祭司だった。(172)トルコ人は、というか彼らのうちの幾つかの部族――特にハザール族、そして突厥族も――は王が話すことを望む民族に属していた。彼らは王に口を開かせるために、奇妙な方法を用いていた。王が承認されたその日に、彼らは王の首に紐を巻き、王が苦しくなるまでそれを締めた。そこでこの哀れな君主が、半ば窒息した状態で、幾つかの語を発するか、またはぜいぜいとあえぎ声を漏らすかすると、その場にいた者たちは、その声を、王が人民を統治し続けることになりそうな年数についての予告として解釈していた（一三六）。絞首は彼らの間で貴人を処刑するのに最もよく用いられた方法だったが、この場合の絞首は言うなれば死刑の模擬行為、将来起こり得ることの予示であり、たぶん警告ないし威嚇の意味合いを持っていた[173]。

アイルランドでは、空位時代に、聖地タラ（一三七）で興味深い「牛祭り」が催されていた。この祭りでは、一人の男が屠《ほふ》られたばかりの雄牛の肉をたらふく食って、眠った。そして目覚めた時、彼は未来の王を指名しなければならなかった[174]。しかしながらこの話はどうやら今ここで取り上げている主題とは関係がなく、姿を消してまた発見される王、すなわち死んでまた復活する王の主題と関係があるようだ。『幽霊の恍惚』という話では、食べる人――王――がやがて統治することになる者の名とその在位期間を教える[175]が、この資料の内容は伝説に属する。

17　王の自己懲罰

王は自然の順調な歩みに責任があるので、旱魃や洪水が起きたり、自ら社会秩序を掻き乱すような失策をしたりすると、咎めるべき存在となる。王は自らの罪を自覚し、告白し、神に赦しを乞い、さらには自ら自分を罰しさえする。啓示宗教では、王は自分の臣民の幸福に責任があり、そのことを説明しなければならないことも知っている。死後の審判を信じる宗教では、神は王にどのような幸福を臣民に与えることができたか尋問することになっている。セルジューク・トルコの中世の有名な大宰相ニザーム・アル・ムルク（一〇一八—一〇九二）（一三八）は自著の『統治論』でこう指摘している。「王たる者は〔死後の世界における〕この偉大なる復活の日に、自分の権力を受け入れたすべての被造物について、〔神に〕尋問されるということを本当に知ってもらいたいものだ[176]。」

　中国では、天候不順が生じると、皇帝は贖罪の断食を行った。帝国と人民が不幸に見舞われた時、災禍を恐れていた天子が自らの不徳を認めたことは、長い歴史の中で幾度もあった[177]。ヒッタイト王ムルシリ二世（前一三五〇頃—前一三二〇）は悪疫が広まった時、神に祈った。「我々は何をしたのでしょうか。［……］人間が罪を犯しやすいことはまぎれもない事実です。私の父は罪を犯しました。私は罪を犯していませんが、しかし父親の罪の報いが息子に来るというのは本当です。どうか私をお赦し下さい。私は父の過ちを告白しました［……］。私は心からお願い申し上げます。どうか私の命をお救い下さい[178]。」

　ムルシリと同じように、ダビデも泣いて祈願した。〔ダビデは、神の御使いが民を打つのを見て、主に言った。〕「わたしが罪を犯しました。悪いのはわたしです。これらの羊たちは何をしたのですか。どうかあなたの御手がわたしとわたしの父の家に下りますように[179]。」コルテスによって征服されたアステカの王モクテスマ二世（一五〇二—一五二〇）（一三九）は気掛かりな前兆に十七年間悩まされ続けた。と言うのも、王は常に未来の大異変の責任者として見られていたので、自分が赦されるように、長期にわたって贖罪を果たした[180]。

　フレイザーによると、古代プロイセンの王は、弱くなったり病気になったりすると、死後に誉れ高い名を残すために、火葬台を組み立てさせ、それから〔人民を前にして、神に仕えるよう長々と説教を試みた後、〕神聖なカシワの樹の前に燃え続ける消えない火を取って、積薪に火を付け、その炎の中に身を投じていた。[181] この自己犠牲、極端な自己懲罰は、習慣によってまたは民衆の力によって強いられていたもので、王たちは喜々としてそれを行っていたわけではないらしい。中央アジアの幾つかの民族[一四〇]の間では、年老いたり病気になったりした王は、自ら毒を飲まなければならなかった。王がそれを拒否した場合には、妃が毒入りの飲み物を飲ませていた。

　王の殺害は、それなりの正当性や必然性がある場合は、必ずしも罪に問われない。数多くの文化では、君主が王であることを止めて暴君になった場合、あるいは単純に自らの権力を乱用した場合、〔殺害は〕正当であると判断されていたらしい。中国の非常に興味深い天命の理論を調べる前に、先走ることになるが、ここで孟子の言を引用しておかなければならない。「もし君主が人民に対して行う暴政が極端ならば、その君主は死刑であり、彼の王国は崩壊する。」「三つの王朝の創始者たち〔夏の禹王、殷の湯王、周の文王・武王〕は彼らの人間性によって帝国〔天下〕を得、彼らの後継者たちは非人間性と暴政によって帝国を失った。」[182][一四二]

　王を処刑した例は歴史上たしかにあるが、しかし自発的な反乱または煽動者や策士によってそそのかされた反乱を除けば、王の処刑は結局のところかなり稀である——実践的であるよりも理論的なものだったと思われる規則の実用例はあるとしても。スウェーデンではドマルデ王とオラフ王[一四一]の事例が挙げられる。彼らは凶作に責任があると判断され、処刑された。ゲルマニアでは、「王が自ら物質的な繁栄をもたらさない場合、王は生け贄にされていた」[183]と言われている。ニアサランドでは、王が病気になると、人々は彼の墓を掘り、「これは酋長だ、酋長は病気になることを禁じられている」と言いながら、彼を墓穴に入れる。それで彼は観念する。上コンゴでは、[一四三]キバンガの王の最期が来ると、呪術師たちが王の首に縄を巻き付け、絞め殺す。[184]〔西アフリカの〕ヨルバ族の間では、一八八四年に〔カトリックの宣教師によって〕書かれたものによると、〔一四四〕王を審判にかける習慣があり、もし王が越権行為をして人民の恨みを買った場合には、評定官たちは王に「眠りにつく」よう示唆していた。これは服毒死の婉曲表現であった。(185)

18 血を流さない処刑

流血の禁忌《タブー》――訳の分からない、または宗教上の確信、特に霊魂を宿しているという信仰によって正当化された(186)――は、多くの地方で、王は、すべての神聖なる存在（たとえば犠牲の動物）と同様、その血を流すことなく処刑されなければならなかったということを示している。フレイザーはすでにそのことを示している。〔一四五〕〔西アフリカの〕アシャンティー族（彼らの王は溺死させられるかまたは絞殺されていた）、ウガンダ（ここでは焚殺されるか餓死させられた）、ダホメー族（彼らの王は溺死させられていた）、〔一四六〕トンキン（ここでは王は絞殺された）、ビルマ（ここには一八七八年の歴史上の実例が一つある）〔一四七〕に関する記述で指摘している。このイギリス人民族誌学者によると、シャム〔タイ王国の旧称〕でも同じような習慣があり、大地が王の血を吸うことがないよう、王は鍋の中で処刑されていた。このように王はあるところでは餓死させられ、あるところでは袋の中に縫い込められ、またあるところでは水の中に投げ込まれた。(187)これ以外にも数多くの事例を挙げることができる。パロ・マルティ氏は、王の血を流さないというベニンの慣習は、王の完全さを保持しようという意志がもたらした結果である、と考えている。(188)ケルト人たちもまた血を流さずにすむ様々な処刑方法――絞殺、窒息等――を用いていた。もっとも彼らは、血は必ず地面に流れ落ちなければならないというわけで、その直後に死体をばらばらに切り裂いていた。(189)〔一四八〕私はこれまでに集められた数多くの資料に、私がトルコ－モンゴル族の間で見つけた、この禁忌《タブー》と関係のある、反論の余地のない数多くの報告と、よりいっそう重要な歴史上の実例を付け加えることができる。その中で最も有名なものは、一二五八年に行われたバグダッドのカリフの(一四九)処刑であろう。これについては数多くの様々な話が伝わっているが、いずれの話もそれが血を流さない処刑だったということでは一致している[190]。

19　象徴的な処刑

王の処刑は過激で危険な解決方法なので、人々はそれなしですませたいと思うものらしい。そのために人々は、イメージはモデルと同じ価値があり、模擬行為は実際の行為と同じ価値があると思うことにしている。しかしながら君主の象徴的な処刑は慎重に着手されなければならない。と言うのは人々は、王を聖化して、王の死と再生を時や自然や世界の死と再生として表象するためだけでなく、王を罰するためにも、王の処刑という手段に出ることがあるからである。王の象徴的な死には様々な動機づけがあるが、それらの間には〔基本的には〕大きな違いはない。供儀は常に贖罪の意味を持っており、また、生命を再び与えることを目的としているからである。

供儀のこの二面性の良い例をルワンダが提示している。ラッジェによると、「時として王と王妃は、自分たちの過ちと共同体の過ちのための贖罪の儀式で、死刑を宣告された捕虜のように縛られて、公衆の前に現れた。それから彼らの身代わりである一頭の雄牛と雌牛がこん棒でなぐられ、生け贄にされた。王がその動物の背に上がると、人々は両者の一体化をできる限り押し進めるために、王を生け贄の血でびしょ濡れにした[191]」。

イギリスでは、身代わりはまず王自身によって選ばれ、ついで国務諮問会議によって選ばれたが、その条件として、彼は王と親戚関係にあり、非常に若くて、頑健で、しかも純真無垢でなければならなかった。彼の死は大変な悲嘆を引き起こし、彼の墓の上では幾つもの奇蹟が起きていた。この慣習は長く続き、一六〇一年にエセックス伯(一五〇)が刑死し、女王エリザベス一世（一五五八―一六〇三）(一五一)の四十四年間の治世が終わった十七世紀初頭まで残っていた。にもかかわらず、五人の英国王が犠牲にされており、そのうちの四人は流血を伴った方法で殺され、一人は吊るし首によって殺された(192)(一五二)。

20　身代わり・代理人

身代わりが存在していたということは、死の模擬行為では十分ではなかったということらしい。ルワンダの雄牛と雌牛の事例についてはすでに述べた通りだが、しかしヴェルナンは、「困難な状況から抜け出すために、王の犠牲が必要なことが明らかになった場合、一つの便法が用いられることがある」と指摘する。それは、非難すべき王の役割を引き受けるために、換言すれば、王が自らの責任を転嫁する完全に否定すべき王の生き写し、王の分身になるために、共同体の者が一人指名され、彼が王からすべてのものを引き出して、王に代わって罪を償うという方法である。それでヴェルナンはこの身代わりを「秩序がめちゃくちゃになり、階級制度が逆転するある祭り〔カーニバル〕の期間中に選任される、あのカーニバルの王様」と比較する。彼は最も下卑た、最も汚い、最も馬鹿げた、最も罪の重い死刑囚かまたは被追放者であり、「自分が体現している無秩序をそっくりそのまま引き連れて歩き、同時に、共同体全体からその無秩序を一掃する(193)」。

この贖罪の山羊はとても役に立つことを証明しているので、パラドックスとスキャンダルに類する状況では、王の身代わりは王が罪を犯す前に殺されることがある。アンゴラでは、即位の際、王の血筋でない者を犠牲として一人選び、彼が望むものは何でも与えた後、王の前に連れて行く。そこで王は彼の腹を切り裂き、彼の血で入念に全身を濡らしながら、彼の心臓をもぎ取る。(194) 私はこの事例に関しては贖罪を論じることが可能だとは思わない。

代理人は宗教史ではよく知られた存在である。フレイザーは西アフリカのエウェ（またはエーヴェ）語族(一五三)の中にこの代理人を見出しているが、彼はこれを「王者の過度の重荷」からその負担を軽減する責務を負った目に見える王であると認定した。(195)(一五四) メソポタミアでは、時々、王は自ら死ぬことによって臣民の過ちを償わなければならなかったが、そのため、王に取って代わる能力のある者を常に養っておかなければならなかった。(196)(一五五) バビロンのサカイア〔サカエアとも〕祭は毎年行われ、五日間続いた。その間は、主人と従者がその位置を逆転した。また、一人の死刑囚が王の服を着せられ、玉座に就けられたが、彼は何でも好き勝手な命令を発し、王の妻妾と寝ることも含めて、自分の気に入ることをすべてすることができた。しかし五日の終わりには、王の衣を剝ぎ取られ、鞭打たれ、絞殺されるか刺し殺されていた。(197)(一五六)

理想的な身代わりは王の息子だった。特にセム族はその慣習を大事にしていたようである——たぶん、と言うのも、聖書にも見られるように、長男はヤハウェに捧げられていたからである。しかしながらアブラハムがイサクを犠牲に捧げようとするのを主の御使いが止めた時、この慣習は本質的な進化を遂げた。神はイサクの死を拒否し、その身代わりにすべきものとして「樹の茂みに角を取られた一頭の雄羊」を与えた。(一五七) 時代の特徴なのだろうか。ギリシャ史にもアブラハムの犠牲の話と同じような人身供犠の話がある。しかし興味深いことに、こちらの場合、生け贄にされるのはイピゲネイアという娘であって、男の子ではない。儀式を人間的なものにするための努力がなされたが、無駄だった。なぜなら、人身供犠の慣習はその後も長く続いたからである。モアブ（人）の王はイスラエル人《びと》によって攻囲された時、「異邦人の憎むべき慣習にならって、自分の位を継ぐべきその長子を連れて来て、城壁の上で燔祭の生け贄にした（一五八）」。この慣習を持ち続けたのは異邦人だけだったのだろうか。残念ながら、アハズ（一五九）もマナセ（一六〇）も「その子らを火に焼いて供え物とした[198]」。

21　王の処刑の正当化

王の処刑の理由についてはいろいろなことが考えられる。少なくとも三通りの考え方がありそうだ。第一の解釈に従えば、王は失敗したから死ななければならない。周知のように、人は失敗を容認せず、敗者を軽蔑する。これまでの歴史で、どれほど多くの例があることか。ブロンデルはいみじくもこう指摘している。「不幸であるということは危険である。不幸は摩訶不思議な力によって発せられた呪いの言葉であり、［……］それゆえ未開人［彼らだけだろうか］の間では、不幸に直面した時、人を狼狽させるような過酷さと残忍性に基づく行動様式が生まれた[199]」。そしてモースも失敗というものはいずれも有罪性を示すと説明する。つまり「もし私が負けたら、それは私が有罪であるということだ[200]」。神明裁判（一六一）、火による試練、決闘裁判はそのことを我々に認めさせるのに十分である。罰が怒りの表れでない場合、罰は贖罪を目的として、理想的にはあたかも自発的な犠牲であるかのように、科されなければならない。人々は新しい王の下でなら物事はうまくいくだろうと考えるかも知れない。しかし過ちを犯した者は死去したからすべての権力を失ったのだろうか。トインビーは、死んだ神（殺された王）は雷《いかずち》で打つことはできない、殺される可能性のある神はまさにそのことによって復讐する力を奪われているが[201]、それは間違いである。私としては、君主は徳を失った、彼はもはや王ではない、神々は彼から離れたのだ、と結論せざるを得なかった。この結論は中国の天命理論の基礎でもある。またフレイザーの見解も妥当と思われる。彼によると、王の弑殺〔の慣習〕は王に対する人々の深い尊崇の念と王――と言うより、王を活動させている〔神的な〕霊魂――をその活力が最も完全な状態のまま保持しようという配慮から生じたのであり、それゆえ〔この慣習があるところでは〕、人々は「王は死んだ」とは言わずに、「王は去った」〔身罷《みまか》った〕と言うのである。(202)

第二の解釈は、豊饒多産とその他すべてのものを保証する能力が王を生み出している〔薬が医者を生み出しているように〕のだから、その能力が欠けたら、王はもはや王ではなくなって、一人の王位簒奪者か山師になり、そのような者として死に値する、というものである。

第三の解釈は、これとは正反対で、王は――王であるがゆえに、または任命式によって王になり、現在も王であるがゆえに――過ちを犯すはずがなく、自分の過ちに対する責任もない、という考え方に帰着する。この考え方は王を死によって罰するのを拒否したすべての民族が共有している。聖書は、流された血は必然的に殺害者とその子供たちにふりかかる、犠牲者が王の場合はなおさらそうである、と繰り返し述べている。(203)(一六二)一人のアマレク人がダビデのところに来て、自分は〔戦場で深手を負ってペリシテ人に囲まれたイスラエルの王〕サウルの強い要望に応えて、彼を殺したと告げた時、ダビデは「主が油を注がれた方を、恐れもせずに手にかけて、殺害するとは何事か」と叫んだ。そして一人の若者を呼んで、「近寄って、この者を討て」と命じた。その若者はアマレク人を打ち殺した(204)(一六三)。

古代ギリシャは、限りない豊かさを持つある話の中で、王殺し――この場合、〔父殺しと〕近親相姦によっていっそう罪が重くなっている――はあがなわれることがないという確信を示している。〔実の父親とも知らずに〕先王ライオスを殺したオイディプスは〔スフィンクスを退治した後、〕テーバイを統治する。しかし彼の罪に対する罰として、ペストがテーバイを襲う。そこで神官が言上する。「御自身も御覧の通り、町は今恐ろしい大波に揺り動かされていて、町を飲み込む死の波濤の谷間から頭をもたげることができませぬ。この地の実りの蕾は枯れ、家畜の群れは滅び、子供たちは母親の胎内で死に〔……〕。忌まわしい疫病《えやみ》が町に襲いかかり〔……〕。私とこの子供らが〔……〕のは、あなたを神に等しい者と考えているからではなく、〔……〕、人の中で一番の者と考えているからです。〔スフィンクスを退治して〕あなたが私どもの命を救われたのは、人は言い、かつそう信じていますが、神の御加護を得てのことあって〔……〕。さあ、この町をお救い下さい。今日、この地はあなたを救世主とお呼び申しているのですから。」オイディプスは答える。「そなたたちがみな苦しんでいるのは分かっている〔……〕。だが、それでも私ほど苦しんでいる者は一人もいないのだ。そなたたちの苦悩はおのおのただ一人だけの、ほかに及ばぬものであるが、私の魂はこの国とそなたたちと私自身のために苦しんでいるからだ」と、その時、神託を聞いてデルポイから帰ってきたクレオンが登場する。そして彼はオイディプスに、アポロンが王殺しの下手人〔すなわちオイディプス自身〕の処罰を命じたことを知らせる。[205]

第三章　神聖な王

本書では、これまで視線を地上だけに向けてきた。そろそろ視線を天に向ける時だろう。王という宇宙軸が我々をそこに招いているからだ。私は神々を考慮に入れなかったわけでは決してない——折りを見ては、王から臣民の上に輝きわたる「神聖なエネルギーを含んだ神秘的な力」や、ファラオは超自然的な力が集積し、かつまたそれを発出する者であるという、ファラオについてのエジプト人の概念について言及した——が、神秘には軽く触れただけである。我々はオリュンポス山〔神々の世界〕の入口にいる。今やその扉を開けなければならない。誰もがそこを一瞥しただけで、王は人間界と同様に神々の世界でもしかるべく位置づけられているということを納得するだろう。いずれにせよ、程度の差こそあれ、神と結び付けられていない君主はいない。たぶん宗教的でないいかなる存在も、いかなる事物も、いかなる体制もないからだろうが、宗教と無関係な君主、神聖視されない君主、純粋に一人の人間である君主というものは存在しないのである。とにかく、聖なるものの集中度が——たぶん聖職者以外では——王より勝る者は決していない。母なる大地、清めと破壊の火、生命の源である水、魂の媒体である血、象徴性に富んだ木、これらが王との比較に辛うじて耐えるだけである。

1　王の神聖性

すべての宗教史家が王の神聖性を認めたが、中には、必要以上のことを言って、王のスケールを過度に大きなものにしてしまった人たちもいる。「王は神である」とファン・デル・レーヴは書いている。「王は［……］最高にして最古の神々の一柱でさえあるが、化石化した神ではなく、生きていて、活動していて、運んで行くことのできる絶大な権力者であり、［……］人々の中を巡回する神である。もちろん、周知のように、王は［……］他の人々と同じく一人の人間であるが、しかし崇拝されるのは王の人となりではなくて、その機能であり、権力なのである。(1)」

ファン・デル・レーヴは才能のある人だが、この場合、事実を少し軽んじている。王は必ずしも神ではないが、それは我々に王が神であることを認識する能力がないからではない。たしかに、マヌ法典はインド人に王のことで無分別に陥ることがないよう次のように呼びかけている。「たとえ王が子供であっても、彼は一人の人間なのだという考えのもとに、軽蔑されるようなことがあってはならない。なぜなら王は人の姿をした一柱の偉大なる神だからである。(2)」しかしそれはマヌ法典がまさにそのような文明に立脚していたということであって、そこに示されている王観念は必ずしも他の文明でも通用していたわけではないだろう。王が最古の神々のうちの一柱であるということは、当てにならない起源の探究に再度出発するということであり、これはきわめて無謀であると言わざるを得ない。なぜなら、この主題に関しては信頼度の高いいかなる情報もないからである。多くの場合、王の像は定かではなく、王の本性は複雑である。王が神々と係わりが深く、神性を持っていることは明白だが、しかしその関係と神性の度合いを定義するのはしばしば困難である。

　この点について我々が明確にし得ないのは、我々よりもよく準備ができていなかった古代の情報提供者たちの情報が不確実であるということだけでなく、王政を体験していた諸民族がそれを必ずしもよく分析していなかったことにも原因がある。言葉が素早く使われる。するとそれに賦与すべき正確な意味は離れていく。神話は神聖な物語だが、しかしそれは生活形態および政治的・経済的条件の変動しだいでいろいろなふうに読まれる可能性があり、さらにまた、数多くの神秘的な解釈や公教的な解釈を受け入れる可能性もある。長い年月が経つうちに、ある神話は豊かになり、ある神話は衰え、外部からの影響がその土地固有の表現を変えていく。アジアにおける仏教の伝播は、この宗教が定着したところでは必ずと言ってよいほど――なにがしかのものを残しつつではあるが――、土着の信仰を大きく変えた。古代の宗教思想史を再建するのは容易なことではなく、君主制の歴史の再建はなおさら容易なことではない。

　神としての王が神の子としての王に置き換えられた変化について議論することは可能である。しかしその前に神の受肉の本質を明確にしておく必要があるだろう。我々はこの理念がキリスト教に引き起こした諸問題をよく知っている。ギリシャ神話は神と人間の結合の結果として半神または英雄を創ったが、生物学も、もし介入が求められたならば、これを混血であると断定するだろう。しかしキリスト教にとって、神の子は真の神であり、父と同質同体である。我々が王を天から地上へ降りてきた者と見なさなければならない時にも、同じ問題がある。王は神なのだろうか。王は神の使者か代理人なのだろうか。王は唯一神または万神殿の主神とどのような関係を持っているのだろうか。同様に、人が人間から神へ変わる、つまり人間である王が在世中に――時として聖別式〔戴冠式〕によって――または死後に神格化されるというようなこともある。しかしその場合は、プロセスがよりいっそう曖昧になる。神になるためには何か素質とでも言えるようなものを持っている必要はないのだろうか。この種の疑問はいくらでも追加することができる。が、いずれにせよ、確かなことは、王は人間の条件を超越して、少なくとも神の使命を与えられ、神々の世界と、たとえ緩い絆によってであれ、常に結ばれていようとしている、ということである。

私は、神としての王、神の子としての王、神の代理としての王等々といったふうに、合理的で明確な分類に基づいた一種の王の目録を作成したかった。しかしそれを遂行するには、この分野の地盤は余りにも軟弱である。それゆえに、まず幾つかの主題を検討し、次に幾つかの大文明を調査するに止めたい。

2 啓示のしるし

王の超人性はほとんど常に啓示のしるしとなって現れる。少なくとも王のスケールが並外れて大きい時は、それは王自身や王朝に関係するしるしとなって現れる。それらのしるしは王の全生涯を通じて付随するかも知れないし、逆にたった一度だけ、王が生まれた時にしか――ほとんどの場合そうである――現れないかも知れない。それらは預言者や大神秘家や宗教の開祖を特徴づけるものと大差はない。メスランはそのことについていみじくも次のように述べている（これは彼がローマについて語っていることだが、彼の意見は他の地域についても当てはまる）。「驚かされるのは、君主と神を結び付ける特別な関係を示すためのきわめて適切なその表現方法である。首長たちが神から得ている権力は当然のことながら並外れた超人的行動となって現れる。[3]」これらのしるしは非常に様々である。たとえば、引き延ばされた妊娠期間というのもある。母親が二十四カ月間も胎内で育んだ中国の伝説上の帝王黄帝[一]の場合がこれに当たる。[4] しかしながら二つのタイプのしるし、すなわち洞窟での誕生と新生児の川への放棄が特に好まれているらしい。

洞窟ははるか昔の先史時代から「啓示や出現〔超自然的幻視〕に適した場所、じめじめしていて人を不安にさせる薄暗がりの中で、超自然的なものとの接触が容易に体験される場所(5)」であり、また「人類が知っている最古の聖なる場所(6)」、「すべての人間の無意識の中で活動している原型(7)」でもある。洞窟での誕生で最もよく知られているのはベツレヘムにおけるキリストの誕生だろう(二)。しかし道教の開祖老子も同じように洞窟で誕生した(三)。王の神話伝説に関するものとしては、イランの神話を挙げよう。それによると、ミトラ神(四)の化身である君主は、ミトラ神同様、光に包まれた洞穴の中で生まれた(8)。中央アジアの古代突厥人《トルコ》について言えば、彼らの祖先はある洞穴の中で雌狼が産んだ子供で、そのため彼らは後に毎年そこへ記念の巡礼をするようになった(五)。

母胎のイメージがある洞窟と同様、すべての生命の源であり、芽生えをもたらすものである水は、奇蹟的な誕生や再生の象徴として最もふさわしいものの一つである。水中に沈むことは、キリスト教の洗礼が非常に適正に教えているように、新たな存在になることである。それゆえに、川や湖への新生児の放棄とその後の幸福な結果を語り伝える物語群があることは驚くに当たらない。その中で最も有名なのはモーセの物語だろう(六)。彼は生後まもなくナイル川に棄てられたが、ファラオの娘に拾われ、育てられた。モーセはエジプトの王にもヘブライ人の王にもならなかったが、しかし出エジプト記では王の役割、少なくとも誰の目にも明らかな部族長の役割を果たした。もっとも他の物語もこれに劣らず有名である。たとえば、殺されてナイル川へ棄てられたオシリス神の物語(七)や、ウェスタ女神に仕える巫女(八)だった母親によってティベレ川に棄てられたが、後にローマの建国者となったレムスとロムルスの話などがそうである。こうした周知の神や人物たちのグループに、チベット王のほとんど怪物に近い王子も加えてよいだろう。彼はきわめて聖なる川ガンジスに王自身の手で棄てられたのだが、彼については後でまた言及しよう。

新しい星の出現は、もしこれが聖職者や宗教の開祖とよりいっそう深い関係がなかったならば、第三番目に重要な主題になるだろう。東方の三博士〔ゾロアスター教のマゴス僧〕を確実にイエスの秣桶へと導いた星のことはよく知られている。中国ではブッダが誕生した時、新星が見られたという。『バガヴァッド・ギーター』には、クリシュナ神の誕生の際に新星が現れたと書かれている。このほかにも、ポントスの王ミトリダテス〔六世〕やカエサルが誕生した時も新星が現れた。* 自分の幸運な星回りを信じない者がいるだろうか。(9)

(九) (一〇)

* そしてカエサルが死んだ時は、「一つの新星が〔……〕一週間輝いたが、人々はそれを天に迎えられたカエサルの魂だと思った」（スエトニウス、八十八）。

3 同衾なき受胎

母となった処女という主題が世界各地にきわめて広い範囲にわたって伝播したのは、処女性という理想が受け入れやすかったからであって、いかなる男も女性を妊娠させるために介入していないということをこの主題が証明していたからではない。人々は、受胎の自然的原因は二義的な重要性しか持っていないことと、ブロンデルも言っているように、「女性が身ごもるために最も重要なことは、霊魂がその体内に入ることである」(10)ということを知っていたのである。

いずれにせよ、処女性は肉体関係のない出産の必要不可欠な条件ではなかった。神話や民間伝承でも、この種のいわゆる奇蹟的な誕生ほどありふれたものはない。ゼウスが黄金の雨に姿を変えてダナエと結ばれたこと、マルスが一輪の花に触れられたユノーから生まれたこと、ナナがざくろを食べてアッティスを

(一一)

身ごもった[一二]ことは誰も忘れていないだろう。我々にあまりなじみのない文明のこの種の話はさほど知られていないが、しかしその数はほとんど数えきれないほど多く、キリスト教以外の啓示宗教の中にも——たとえばイスラム教シーア派に——その痕跡以上のものが認められている——シーア派にはキリスト教の影響があるのではないかと考えられたことがあり[一三]、たしかにその可能性もあるが、証明は全然なされていない[11]。これらの話は国を創建した英雄や偉大な宗教家や王の現世を越えた起源を確立するという目的を常に持っている。もっとも、奇蹟的な誕生はあの世の介在を明らかにすることしかできないということは明白である。ここでは中国とその周辺を調べるだけに止めたい。

黄帝は大熊座を取り囲んで彼の母親を感動させた光から生まれた[12][一四]。中国最初の王朝、夏の伝説上の創建者禹は種に姿を変えた流星を飲み込んだ女性から生まれた[13]。一説によると、禹はある人が割った石の中から生まれた[14][一五]。二番目の王朝である商または殷の祖先は燕の卵を飲み込んだ女性である[15][一六]。歴史に属する第三王朝〔周〕の祖先は、ある神の足跡の上を歩いていて身ごもった女性である[16][一七]。清王朝の起源は、その話の内容から、殷王朝の起源を思い起こさせる。天から舞い降りた天女の三姉妹がある湖で泳いでいると、一羽のかささぎが嘴にくわえていた一個の赤い実を姉妹のうちの一人の上に落とした。彼女がそれを食べると、すぐにその効果が分かった。「この妊娠は天からあなたに与えられたのよ」と姉妹の一人が彼女に言った。彼女は体格容貌共に優れた男の子を産み、彼に告げた。「天は秩序のある強大な帝国〔天下〕を建設するためにお前を産んだのですよ。」後にその子は、道で人に出会うたびに、こう言明した[17][一八]。「私は［……］女神〔天女〕から生まれた神聖な人間です。天は私を紛争を終結させるために送りました。」

〔古代〕満州では、長い間留守にしていた「北夷」の王が帰ってみると、妃が身ごもっていた[18][一九]。彼女は自分は天から降って来た卵くらいの大きさの精気によって妊娠したのだと言って、無実を主張した。嫉妬心にさいなまれていた高句麗のある王は、妃を宮中のある建物に閉じ込めることにした。しかし妃は一筋の日の光に触れられて一個の卵を産み、その中から一人の男の子が誕生した。(19)(二〇)鮮卑族のある女性は夫の留守中に一粒の雹を飲み込んで妊娠した。(20)(二一)

4　動物だった祖先

神々は人間の女性と結合するために、もちろん彼らがもともと動物の姿形をしていない場合の話だが、好んで動物に変身する。たとえば、ゼウスはレダを誘惑するために白鳥に姿を変え、エウロペを愛するために雄牛に姿を変えた。周知のように、トーテミズムは自分たちの一族が特定の動物を祖先に持つという信仰に一部〔――と言うのは、植物も氏族のトーテムになっている場合も少なくないから――〕立脚している。〔かつては〕トーテム崇拝の社会は無数にあり、部族の祖先と見なされている動物の種類もきわめて多かった。しかし〔今では〕、それらの動物たちに出会うのは、かつて大いに流行していたこの現象が生み出すタイプの社会構造のうちだけではない。それらの動物は、自分たちが慣れ親しんだかつての文脈から離れたことで、よりいっそう浮き彫りにされるのである。

ブラック・アフリカには、動物と人間の女性の――ごく稀に人間の男性と動物の――結合の結果生まれたと言われる動物の姿をした王を指導者に持つ君主制が多数あった。(21)これは与件がきわめて自然なので、それを正当化するのが有益だと判断されなかったことを意味する――もっとも、正当化は非常にしばしば神話によってなされている。たぶん十六世紀か十七世紀初頭に建国されたアボメー王国の創始者は、遠方からやって来た豹がサドの王の娘と結合して産ませた男の子である。この結合は、王を豹の霊的な息子(22)」

にする象徴的な結婚のことしか語らないことによって、後に理想化されたが、この結合そのものには最初から具体的な意味がきちんと与えられていたことは間違いないだろう。[二二]

インドの影響を受けたある伝説によると、クメール王朝は太陽族の女性と蛇神の結婚から生まれた。[23][二三] ここでは神話は最初からかなり抽象的でいささか天上的な形式を持っているが、しかしそれでもこの神秘的な結合はアンコールで〔浮き彫りによって〕数世紀にわたって表象された。[24][二四] ヴェトナムのフン王朝の伝説上の祖先は、龍と北部の山から来た女神である。[25]

レムスとロムルスは厳密に言えば動物の祖先を持っていない。しかしそれでも彼らに授乳したのは雌狼だったので、彼らはその狼の子ということになる。この古代神話が形を変えて古突厥人の間にもある。たぶん突厥人はインド・ヨーロッパ語族の世界からそれを取り入れたのだろう。たしかにそれは早くから匈奴族の間で知られていた。[二五] 最も共通した話の筋は、一人の幼い匈奴がある沼に棄てられた。そこへ一匹の雌狼がやって来て、彼を育て、そして彼と結合した。この性的結合から多くの子供が生まれたが、そのうちの一人が突厥族の王になった。その後、突厥族によって草原の諸民族に与えられた影響力がきわめて大きかったので、この狼神話はほとんどの民族に知られることになった。やがてこの神話は、一連の複雑な表現を帯びた状態で、十三世紀のモンゴル族の間で再び見出された。彼らも狼をチンギス・カンの先祖の一人としたのである。この神話は大変人気があり、元の話に対する忠実さに程度の差はあるが、多くの情報提供者によって語られた。その中で、当然のことながら、チンギス・カンの死後まもなく編纂された『モンゴル秘史』が提供している話が最も本来の形を保っていると思われる。

チンギス・カン王朝の起源神話は二つの逸話を含んでいる。一つ目の逸話はきわめて簡潔に紹介される。「チンギス・カンの祖先は任務のために上にいる天から生まれた蒼い狼（ボルテ・チノ）である。狼の妻は黄褐色の雌鹿（コアイ・マラル）であった。」注目すべきことは、ここにあるのは動物と人間の結婚ではなく、捕食者と獲物の関係にある二匹の動物だということである。これはたぶん二人の人間でもあるのだろう。この動物のカップルは、ステップ美術のいわゆる戦いの（実は交尾の）金属版に、他の様々な動物たちといっしょに描かれている[26]。

二つ目の逸話は、テキストのうえでも時間のうえでも、もっと後に位置づけられている。狼と雌鹿の子孫アラン・コアは、夫を亡くした後、「一人の光り輝く黄色い男」の訪問を頻繁に受けた。彼はいつもテントの上方の開口部から入って来て、自分の腹を彼女にこすりつけ、輝かしい光で彼女を指し貫き、それから「太陽と月の光線の中を、黄色い犬のように」、這って出て行った。人間であると同時に動物であり、光でもあるこの訪問者によって、彼女は三人の男の子をもうけたが、明らかに彼らは天の息子たちであり」、「世界の王」になるよう運命づけられていた[27]。

5　月―太陽の父性

アラン・コアの神話は、それとなくではあるが、太陽と月の父性を示している。この父性は最も一般的なものである。これらの神は王たちの幼児期に、と言うより、王たちが母親の胎内に宿る時の寝床に必ずと言ってよいほど介在した。王位に就いたこの二柱の神の息子たちの数は余りにも多くて[二六]、数えきれないくらいである。たとえば、日本の歴代の天皇もそうである。この王朝は、紀元前六六〇年に帝国が建設されて――しかし歴史資料によると、それはずっと後のことである――以来、一度も断絶することなく続いてきたと見なされている。日本の最初の歴史書『古事記』は八世紀になってようやく書かれるが、その目的の一つは太陽女神〔天照大御神〕[二七]の息子神武天皇の血統を確立することであった。その結果——今日まで——神道は、民衆のものであれ教養人のものであれ、天皇が持つ神聖な統治権を、天皇が政治生命を失っている時（この状態はしばしば起きた）でさえ、決して疑わなくなった。

天皇と同様、インカの王たちも太陽から生まれたが、彼らの妃は月の子孫であった。しかも彼らは彼らの父、大地の上にいる太陽、受肉した神と同一であった。コロンブスによるアメリカ大陸発見以前の〔南〕アメリカで唯一の君主であった彼らは、民事上、軍事上、宗教上のすべての権限を保持していただけでなく、崇拝の中心的存在でもあった。[28] 彼らが死ぬと、彼らのミイラはペルーの神殿で最も壮麗なクスコの太陽——これは彼らの父であり、「彼らのもう一つの自己」である——神殿に保存された。[29]

もう一つの偉大な文化を持つエジプトでも、王は太陽と結び付けられていた。太陽とファラオの間の絆は、たしかに第一王朝が成立した時から出来ていたが、しかしファラオが自分の父親は太陽であり、自分は〔太陽神〕ラーの肉体を持った息子であると強調するのは、第五王朝からである。ファラオの誕生神話は、民衆的なものも貴族的なものもすべて、彼の父親である王の体内に入ったラー神と王妃——第五王朝の時代には、神官たちの娘の一人だったと言われている——との性的結合を明らかにしている。ずっと後の第十八王朝で、ラー神はアメン神に取って代わられたが、それはアメン神がラー神の機能と属性の最も重要な点を引き継いだにすぎない。

数多くのインドの神話は、太陽（神）と月（神）がどのようにして人間の女性を誘惑し、彼女たちから生まれた子供たちをしかるべき地位に就けたかを物語っている。最も重要な神話の一つがターラー（またはタラ）[二八]の物語である。* 彼女は月（神）によって誘拐され、「火のように光り輝く」[二九]男の子を産む。彼は父親によってブダと名づけられ、月の子孫にしてインド初代の王となるプルーラヴァスをもうけるよう運命づけられている。[30] インドの二大叙事詩『ラーマーヤナ』と『マハーバーラタ』が称賛しているのは太陽と月を始祖とする王朝であるが、しかしこれらが意図したのは、王が神を祖先に持つことを強調することでは少しもなく、良き君主であらねばならないことを知らせることであった。ここでは『ラーマーヤナ』だけを見ておこう（たしかにこれは本章の枠から出ることになる。しかしこの作品は、めったに崩壊することがなく、インド人の考え方、特に民族主義者たちの運動に対して影響力を少しも失わなかった君主制の哲学をすべて提示している。またこの作品はガンジーにとってもしばしば価値基準の役目を果たした）。[三〇]

＊ ブダ Buddha〔「智慧」〕とブッダ Buddha〔原義は「目覚めた、真理に達した」の意〕を混同しないこと。

人類の第三時代の開始者であるラーマは、王〔ダシャラタ〕の息子で、太陽（神）の子孫で、自らも王で、国家創建の英雄であり、それゆえ彼のカーストはクシャトリアである。作品の最も新しい部分でヴィシュヌ神の〔第七の〕化身として示されているラーマは、自分の神性が古参の権威たちによって十分に議論されるのを目の当たりにするが、彼らはラーマを目に見える神、神性の集まるところ、神の本質とも言うべき微粒子から創られた存在、さらには役割が神々のものに似ていて、死後は神々の中の一柱となるべく運命づけられている人間にした。[31] ラーマは不思議な出来事を機に、とはいえ特に騒がれることもなく、生まれた。アヨーディヤーのダシャラタ王が生け贄を捧げていた時、世にも不思議な者が火から出てきて、〔第一の〕王妃が男の子を受胎するようにこれを彼女に渡しなさいと言って、魔法の小瓶を王に差し出した。王妃はそのガラス瓶に入っていた水薬を飲んで、ラーマを産んだ。王は彼を王国の正当な王位継承者にした。しかしながらダシャラタ王の他の〔二人の〕妃たちも神聖な飲み物を飲んで、すぐに子供を産んだので、王子の数は全部で四人になった。[三一] 彼らはみなヴィシュヌ神の一部を浸透させられており、いずれそれなりの役割を果たすよう運命づけられていた。ラーマは成人の年に達すると、美しいシーターを妻にした。シーターとは「畝」〔女性性器のシンボル〕を意味するが、彼女は父王が一つの偉業をなし遂げた時〔田（または畑）を耕した時〕、まさに畝〔女性性器〕から生まれたため、そしてまた——王家の血を引くすべての姫たちがそうであるように、そして我々はそのことを折りにふれて思い出させられているように——王国と豊饒を象徴していたために、そのように名づけられたのであった。それゆえラーマとシーターの結合は王と大地の結合である（三二）。ラーマは血筋によっても、結婚によっても、王になったのである。ところでラーマは、自分の即位の日に、父親に立てていた誓いに応えるために、弟のバラタに自分の権限を託して、流浪の旅に出た（三三）。その間にダシャラタ王が死に、「王国は王なしでは存続し得ないので、」バラタが故人の地位に就くよう人々から要請された。しかしバラタはラーマが正当な王位継承者であると主張して、その要請を拒否し、自らラーマを探しに出かけた。やがてバラタは隠遁生活を送っているラーマを見つけ出したが、ラーマは王家の者として近隣に住む隠者たちを守ることを余儀なくされていた。父親の逝去は自分を誓いから解放するわけではないと考えるラーマに、バラタはどうしても帰国を決心させることができなかった。そのためバラタは一種の摂政の遂行を引き受けざるを得なかったが、しかし玉座にラーマのサンダルを置き、毎日そのサンダルの命を受けに行くことで、真の王に対する自らの従属を強調した。シーターの誘拐が物語の展開を加速した。ラーマにとって妻がいなくなったということは、同時に、自分の王国を失ったということなので、彼は両方とも奪回しなければならなかった。ラーマはその奪回に成功したが、彼の妻は確固として貞操を守っていた。こうして放浪の時は終わり、ラーマはアヨーディヤーへ帰り、王位に就いた（32）。

6　聖職者が来た

物と動物の次に聖職者が来る。しかしこれは頻繁にあることではない。聖職者が王の〔神との〕神秘的な親子関係においておのずと一定の役割を果たしていることは、私がすでに指摘した聖職者階級と君主制の関係に不鮮明ながら一筋の光を投射せずにはいない。聖職者の関与は主として聖職者の共同体で、または聖職者が一定の政治的役割を果たしたいと願っている社会で、生じたと思われる。聖職者は時として現地人であるが、しばしば別のところから来た余所者である。幾つかの場合、聖職者はやすやすと現地の王女を妻にする。また聖職者の結婚が複雑な儀式を伴うこともある。

アフリカのロアンゴ王国では、人々の間で語り継がれているところによると、最初の支配王朝は権力の乱用と搾取の後で打倒された。人々は誰が統治者となる運命にあるかを知りたくて、祭司に相談した。[三四] 祭司は自分のところに聖女〔汚れを知らない女〕を一人連れて来るよう要求した。そこで人々がピグミー族の少女を買って与えると、祭司は彼女の処女を奪った。この結合によって一人の男児と一人の女児が生まれ、彼らから新しい王の家系が出た。[33] カンボジアの王朝の起源神話には、中国やインドの影響力の強さを示す幾通りかの変形説話《バリアント》と土着の伝承があるが、結局あらましは次のようなものになる。一人のバラモンが海路でカンボジアにやって来て、女王または王女と結婚し、* 王朝の創建者の父親になる。

＊　王女との結婚の主題については、本書二一五―二二〇ページを参照のこと。

バントゥー族の間では、聖職者〔呪術師〕はもはや問題ではなく、彼に代わって猟師がその役割をきちんと果たしたので、猟師が聖職者〔呪術師〕と同一視されることになった。[三五] 話によると、この猟師はある日遠い国からやって来て、首長の家を訪れた。首長は彼の訪問に敬意を表して、自分の二人の娘〔「妹」とするのが正しい〕を彼と（一時的に）結婚させた。するとそのうちの一人が彼の子を宿し、彼が立ち去った後で、素晴らしい男の子を産んだ。しかし彼は母方の伯父〔首長〕に妬まれたので、まもなく逃亡して父親のところへ行き、自分の意のままになる強力な軍隊を引き連れて帰ってきた。そして伯父を打ち負かして、「世界の主」となり、十九世紀にベルギー人が来るまでその地を支配した王朝の創始者となった。この君主とその子孫には、（彼に神聖な君主制の料理儀礼を教える）天上の父親と、大地を象徴する王の娘〔首長の妹〕と対になっている、政治権力の保持者である母方の伯父の財産との合併——彼を完全に天と地の間の執り成し役にするために必要な合併——が認められる[34][三六]。

7　地上に降りた神の子

外国から来る聖職者は当然得体が知れず、人を不安にさせるが、彼は一種の神の化身ではないのだろうか。人々は、神々の子らが神と同じ役割を果たすために非常にしばしば天から降りてくるのを見ると、そのような疑問を抱きがちである。君主制の起源神話と関係のある日本の神話〔『古事記』〕によると、世界が創造された後、天照大御神〔伊弉諾尊《いざなぎのみこと》の女《むすめ》〕は葦原の中つ國（日本）を平定し支配するために、孫の瓊瓊杵尊《ににぎのみこと》を送った。しかし瓊瓊杵尊《ににぎのみこと》の父親〔天忍穂耳命《あめのおしほみみのみこと》〕は子供が権力を握ってしまうと、自分に対抗するのではないかと恐れて、宗教上の権限は自分のために取っておき、政権だけを譲渡した[35]。

十二世紀または十三世紀に一人の高麗人によって書かれた漢字の文献によると[三七]、天の神〔桓因（帝釈をいう）〕の若い息子たちの一人〔天神の庶子、桓雄〕は地上に降りたくてじりじりしていたが、やがて父親から人間たちの幸福を保証することを可能にするある山〔太伯山〕の頂に居を構える許可を得た。彼はそこを「神市」と名づけ、自分の名を「天王」とした。彼は若い雌熊と〔熊が人間の女性に変じた後に、桓雄天王もしばらく人間に身を変えて〕結婚し、彼女との間に、後の高麗〔古朝鮮＝王儉朝鮮〕の都開城〔平壌城が正しい〕の創建者となる息子〔壇君王儉〕をもうけた。彼は十五年間統治した。その時以来、毎年、高麗人〔朝鮮人〕は天上の王が降臨した「開天節《ケチョンジョル》」〔建国記念日〕を祝っている。[36]

　非常にシャーマン的な物の見方をするタイ人は、天と地は昔は非常に近くて、一つの竹橋で繋がっていると思っていた。その頃、天は地がおだやかにまとまることを望んでいて、天の王は自分が満足できる政治体制を確立しようと無駄な試みを繰り返していた。度重なる失敗に疲れた天の王は、自分が長い時間を費やしても達成できなかったことを現地で実現するために、息子のクーナ・ブトムを送り出すことにした。王のもとを発ったクーナ・ブトムは、まもなく途中で一人の蛇娘と結婚して、天の国すなわちタイの国に到着した。そのように名づけられたのは、「それが天の神々によって創造されたから」である。彼の賢明な統治の下、無秩序は止み、王国は繁栄して非常に広大になったので、やがて彼の三人の子供たちの間で分割しなければならなくなった。この子供たちがこの国を統治したすべての君主と首長の祖先である。[37]

　チベットのすべての古代神話およびその変形説話《バリアント》が共通して認めているところによると、チベット――これはその清浄さと天との近さゆえにすべての国の中から選ばれた国である――の最初の君主は、天からある山または山の頂に降りてきて、高い山々の地下に住む女神と結婚し、ボン教の創始者となった。本書では、天の王が怪物じみた自分の息子を箱に閉じ込めてガンジス川に流したという説話にすでに言及しているが、それによると、この捨て子は一人の農民に引き取られて育てられ、成人するまで教育され、その後、ヒマラヤを越えて北の方へ逃れた。彼はチベットの平原に達した時、ボン教徒たちと出会った。〔彼が上の方から降りてくるところを見ていた〕彼らは「この人は綱〔または梯子〕を伝ってやって来たから、神様に違いない」と考え、彼に尋ねた。「あなたは誰ですか。」それに対して彼は「王です」と答えた。彼らは再び尋ねた。「あなたはどこから来たのですか。」彼はその時〔ヒマラヤがそびえ立つ〕天空を指し示した。「彼らは彼の言葉の意味を正確に理解できなかったので、彼を木製の玉座〔輿〕に座らせた。」これが多くの王の中で最古の王である。(38)

王がインドで生まれたという説話とガンジス川への幼児放棄の説話は、チベットの最初の王たち〔仏教徒〕は天から叙任された神々に属していたという信仰と全く同様に、チベットの仏教化に由来するが、(39)しかしこれらの話の内容はそれ以前のものである。ボン教時代の神話はすべて天と地を結び付けている綱または梯子を主題にしており、最初の七人の王たちは、地上に降りてくる時も、〔地上での〕生涯の終わりに自分たちの天上の家に帰って行く時も、これを利用していたのだが、ある日突然切れるか崩れるかしたため、宇宙の相異なる層の間の良い関係と歴史の幸福な時代は終わってしまったのだという。(40)

チベットやタイや高麗や日本のこのような神話は、地上に天降った神の子という概念は絶対に極東のものだと思わせるかも知れない。しかしもちろん事実はそうではない。たとえばルワンダで語り継がれている話によると、雷〔神〕が壺の中で一人の男の子を創ったが、それを自分の後継者とは認めずに、彼の妹といっしょに地上に放り投げた。そこで彼らは近親相姦による結婚をして、王座に就いた。(41)

8　神なる父

これまでに挙げた幾つかの例のうち、物、動物、天体、異邦人、特に聖職者〔呪術師〕、それから地上に天降った神の子は、いずれも唯一のそして同じ実在しか表していない。それはすなわち、一人の女において自らを受肉させ、王を産ませる何か神聖なものである。この具体的な受肉は、王が神の子または神性の発出であることを示すための最も決定的な方法であるが、しかしこれは必要不可欠というわけではない。と言うのも、神話は言及されなくなり、忘れられ、存在していないと思われる可能性があるからだ。言い換えれば、単純な信仰告白だけで十分なのである。中国人の考えでは、皇帝は天子であるという幾度となく繰り返された断言、深い感情、魂の中に根を下ろした確信は、どのような作り話にも勝っていた。明らかに中国の影響下にあるトンキンでも、事情は同じである。神話の有る無しに関係なく、天子は王国のすべての神霊を家臣と同じように支配し、それらに称号と階級を与え、それらと緊密な関係を結び、それらから様々な情報を——夢で——もらい、王座の防衛のための恒久的な援助を受ける[42]。

　王の中の王という称号が記されているクシャン朝のコインの前では少しとまどわされるが、アフガニスタンのスルク・コタル寺院に「王、神［一柱の神または複数の神］の子、カニシカの至聖所[43]」と書かれていることも、ヨルバ族[三八]が「天の神の子供たちが全人類の祖先であり、すべての王の父親である[44]」と明言していることも、聖書に言及されているアラム人〔古代シリア人〕の君主がベン・ハダドすなわち「ハダド［神］[三九]の息子〔長男〕という意味であることも、さらにドイツのほとんどの王が自分はヴォータンまたはオーディンに由来すると主張している[四〇]（〔古代〕イギリスの八つの王国のうち七つ[四一]がこの神と関係がある[45]）こともただちに納得がいく。

　聖書のベン・ハダドには驚かされる人がいるかも知れない。と言うのは、セム族が神の父性〔王との親子関係〕を信じていると思いにくいからである。しかしながら、この点においてユダヤ人とアラブ人ほど厳格な民族はどこにもいない。フラウィウス・ヨセフス[四二]は、ダマスカスの君主たちは国民から神と見なされている、と報告している。[46]〔旧約聖書によると〕テュロス〔現レバノンのティール、ツロとも〕の王たちは自分たちのルーツをバアル〔またはバール〕神にまで遡らせ、本質的に自分たちが神聖であることを自慢している。[47][四三] ダビデはアンモンを征服した時、アンモン人の神の[四四]冠を取って、自分の頭に置いた。[48]

9　父なる神と御物

こうした王の神聖な血統の明示には、たとえそれがどれほど明確なものであろうとも、君主制の構造を起源神話以上に明らかにしてくれる重要な神話的コンテキストがたいてい付随しているものである。ヘロドトスによると、[49] ダレイオス大王[四五]〔のスキュティア（スキタイ）遠征（前五一四年頃）〕より千年以上も前に、スキュティア人はゼウス（ヘロドトスは彼らの最高神という意味で用いている）とボリュステネス河の娘から生まれたタルギタオスという名の（最初の？）王を持った。タルギタオスは三人の息子をもうけた。〔この三人が支配していた時代に、〕天から三種の黄金製の物——鋤に軛《くびき》、戦斧、そして盃——がスキュティアの地に落ちてきた。二人の兄がそれらを取ろうとした時は、その黄金が燃えた。しかし末弟が側へ行くと、火が消えた。それで彼はそれらの所有権を得、〔二人の兄が彼に王権をことごとく譲ることに同意したので、〕王になった。その後、王国が広大になると、彼（コラクサイス）はそれを三つの地方に分割して、自分の子供たちに委ねた。[四六]

この話は比較的ありきたりのものに見えるかも知れないが、実は逆に非常に豊かな内容を持っていることが分かり、研究者、特にバンヴェニストやデュメジルのように重要な学者たちの心をとらえた。ここでは彼らの講義の一部を取り上げるだけである。彼らによると、この話が真っ先に示しているのは、王国が誕生するためには王をつくるだけでは十分ではないということ、そしてまた、天は神聖な御物——この場合、王家の金属である黄金の——は君主制の象徴であると認めなければならないということである。三種の御物——鋤と軛は、バンヴェニストが認定したように、一つの物でしかない[50]——を明らかにすることによって、この話がインド・ヨーロッパ語族社会における三つの機能、すなわち宗教的機能と戦士的機能と農業的機能を明らかにしていることも、デュメジルの見事な研究によって分かった[51][四七]。この三つの機能説は必ずしも十分に人々の注意を引かなかったが、結局のところこの話は、三種の御物が一人の手の中に納まらなければならない以上、王国というものは、三人の王子の間で三分割されても、一つのものであり続けるし、これが君主制の大原則であるということを強調しているのである。

かなり興味深いことに、王と権力の行使に必要な物との間の本来の絆は、インド・ヨーロッパ語族系世界から非常に遠く離れた日本にも存在する。こちらの御物は勾玉と鏡と剣である。これら〔三種の神器〕は、世襲される限り、天皇の神聖な起源と権力を保証するものと考えられている。

10　ファラオのエジプト

テーマ研究からしばらく離れて、幾つかの文明を検討し、それらが自らの起源という唯一の観点からどのように君主と神との絆を考え出したのかを見ておく必要がある。ここでも私は幾つかの例しか示さないし、十幾つかの文化を調べるだけに止めて、その他の多くの文化は側に放っておくことにする。それには幾つか理由がないわけではない。たとえば、インドや中国にここで言及しないのは、これらの国はすでに注意を引いてきたし、今後もしばしば言及される機会があると思われるからである。

すでに先史時代の黎明期から、エジプト人は、ファラオは自分たちより高位の本質を持つ[52]一柱の神[53]また は地上における一柱の神の顕現である[54]、と認めていた。そして後に、エジプト人は「彼〔ファラオ〕はその行動によって我々を生かしている[55]」と言うようになった——これは現人神《あらひとがみ》であり、人間どもの中にいる神である。人々は〔太陽神〕ラーの話をする時と同じような言葉づかいでファラオの話をした。ファラオの宇宙進化論的業績は次のように要約された。「彼は無秩序の場に秩序（マアト *mat*）を置いた。」また、天地創造の時や毎日の夜明けの時の太陽の出現を描写するために用いられる動詞カイ *khay*（「光り輝く」の意）が、戴冠式や祭典やいろいろな諮問会議にファラオが姿を表す様を描写する際にも用いられた[56]。

古代エジプトの代表的な神話は死者たちの神オシリスの神話だろう。これは非常に古いもので、ナイルデルタで生まれ、〔中流域の〕アビュドスで完全な形にまとめられた。ヨーロッパは古代ローマを介してこの神話を知ったが、ローマでは、紀元前二世紀から引き合いに出されるようになり、紀元一九年のティベリウス帝〔一四—三七〕の弾圧の後、カリグラ帝（三七—四一）から市民権を得た。プルタルコスは有名な著作の中でこの神話を研究した[57]。たぶん伝説上の王だったオシリスは、正しくて強力だったが、悪の権化である弟のセトによって殺された。しかしオシリスは自分の死後に純粋で絶対的な愛の象徴である妃のイシスを妊娠させた（四八）。オシリスの体は棺に入れられて、復活の水であるナイル川に棄てられた後、フェニキアの浜辺に打ち上げられた。イシスがその遺骸をエジプトに持ち帰ると、セトはそれを今度は十四に切断して、エジプト各地にばらまいた。イシスは息子のホルスの助けを借りてそれらを集め、オシリスに再び生命を与えるのに成功した。オシリスはホルスに自分の王国を残して、天に昇った。ピラミッドの文献には、若い王が父親に捧げた次のような歌が書かれている。「さあ、オシリスよ、立ち上がれ、息を吹き返せ。あなたは世を去ったが、また帰ってきた。あなたは眠りに落ちたが、また目覚めた。あなたは死んだが、また生き返ったのだ。」オシリスの神話は死んだ王がその息子である後継者の身において蘇ることを示しているので、始めのうちはたぶん世襲君主制を正当化するものとして考えられたのだろうが、いくらも経たないうちに、死後に不死なる神オシリスそのものに変貌して、自分たちの来世を明示することによってすべての臣民の来世も明示する、ファラオたちの典型的な話として理解されるようになったと思われる。(58)

紀元前三二三年のプトレマイオス朝の出現は、エジプト人がファラオについて持っていた基本的なイメージに影響を与えはしなかった。(四九)ラゴス朝〔プトレマイオス朝〕が自分たちの一族はヘラクレスとディオニュソスの血を引いていると主張しているにもかかわらず、エジプト人は相変わらずこの王朝のファラオ〔王〕をラー神の息子と見なしたのである。(五〇)プトレマイオス一世「救世主」(前三〇五—前二八二)に敬意を表して、アレクサンドリアでは、四年毎に様々な娯楽を伴うプトレマイオス祭が催されたが、この君主の治世の終わり頃に、現人神《あらひとがみ》崇拝が始まるか復活するかして、彼の後継者たちの下で発展することになった。(五一)プトレマイオス二世とその妃アルシノエは、アレクサンドロス大王崇拝の影響を受けることなく、共に崇拝され、妃の方は、死んだ時、多少なりともアプロディテと同一視された。もっとも、即位の際、自分の父と母は神であったと宣言して、両親のために神殿を建てさせ、皇帝崇拝をついに公のものにしたのはプトレマイオス三世だった。(五二)

11 メソポタミア人

メソポタミアの専門家たちはこの地域の王たちの神的性格を完全には否定しなかったが、たぶん古代エジプトと自分たちの研究分野を比較して、それが弱いということを強調した。二つの河の間《メソポタミア》では、君主は何よりもまず一人の人間、一人の死すべき者であったことは間違いない。不死になることは人間どもにとって魅力的な企てであったが、しかし最も偉大な人物たちでさえそれに失敗した。ギルガメシュ[五三]も、大叙事詩群の中で、その企てに自分の命を捧げたが、しかし、結局彼はそれを断念せざるを得ず、他の者と同じように、死すべき者として止まった[59]。

メソポタミアの王の彫像は、たとえばアケメネス朝の諸王の彫像とは逆に、他の人々の彫像より大きいということは決してない。人々は決して王に祈らずに、王のために祈り、王のために神の加護[五四]を求めた。しかしながら何人かの君主は神性を切望することができた。征服者ナラム・シン（前二十四世紀）は自分の名前の下に「神」という文字を書かせたかまたは書かれ[五五]たし、彼の彫像〔浮き彫り〕は、神の冠をかぶることによって、彼が神であることを示している。ウルには王に捧げられた寺院はなく、ウルで王がいかなる崇拝の対象になったこともないが、しかし地方では、そのような寺院が建てられており、昔の君主は人間でしかなかったということが少し忘れられていた[60]。サルゴン一世（前二〇四八―前二〇二〇[五六]）の後、バビロニアの王たちは生きている自分自身を神格化する傾向が時としてあった[五七]。しかしこうした態度は例外的なものであり、一般的にはメソポタミアの君主は、神の子としてではなく、むしろ神の補佐役または僕《しもべ》として見られていた[61]。たとえば、ウルの人々はナラム・シンのことを、彼は自分たちの都市の守護神に仕える者であると明言している[62][五八]。どうやら王は彼が守るべき民族のもとへ神によって送り込まれた者、正義を行い、平和をもたらすために神によって選ばれた者であり[63]、月神シン[五九]が王杖を彼に与えて王に任命していたらしい。ある年代記は「新月のように輝かしく[六〇]、頭を燦然たる輝きで冠状に囲まれた」王について言及している[64]。ハンムラビ王（前一七三〇頃―前一六八七）は、自分は月神シンの子孫であると宣言しはしたが、受肉した神としてではなく、伝統に従って、神の副王として統治した。彼は月神シンを「私の創造者」と呼び、自分は「シンが王の記章を付けてくれた者[六一]」であると断言した。[65] あるテキストでは、彼は自分の国民に対するエンリル神の権威を与えられている。別のテキストでは、彼は「私はエンリル神が私に託し、マルドゥク神[六二]が私に与えた私の国民のことを気にかけた」と言っている。[66]

トインビーは、ハンムラビ王はこうしてアケメネス朝、ウマイヤ朝、とりわけアッバース朝といった西アジアのすべての「世界的な」国家のための先例を作ったということを論証しようとした。たしかに、アケメネス朝ペルシャに対する影響は是認できる。しかし神が非常に超越的で、自分たち独自の様式を考案するだけの優れた哲学を持ったイスラム世界への影響は全く認められない。

12　ペルシャの王

アケメネス朝の王の丈の高い浮き彫りの像は、王の神性を示しているのではなく、単に王の支配的地位を示しているにすぎない。メソポタミアの王の像は人をとまどわせることがあるが、ペルシャの王の像には不確実なものは全くあり得ない。これは神によって選ばれた者である。神は彼を探した。神は彼を見出した。神は彼を王にした。神は彼に王国を与えた。神は好意で彼を保護し、彼を守った。この王朝の最古の文献であるハマダーンの黄金のタブレット（前七世紀）[六三]には次のような言葉がある。「余が所有する、素晴らしい馬と善良なる臣民に恵まれた［……］この国を、アフラ・マズダは余に与え給うた。[六四]［……］余はこの国の王である。[67]」バビロンのテキストでは、キュロス大王（前五五九―前五三〇）は自分自身のことをこう言っている。「マルドゥク神は国中を尋ねまわって、正義の王、汚れなき心に従う王となるべき者、神御自身が手を取って導くことになる者を見出された。神はその者の名を発せられた。それはアンシャンのキュロスであった。そして神は王国のために万人に対してその者の名を示された。[68]」スーサの宮殿の基壇の刻文には次のような言葉が読み取れる。「この大地を創造し、ダレイオスを多くの者どものただ一人の王、多くの者どもの立法者にした偉大なる神アフラ・マズダは〔……〕。そこで、王である余ダレイオスは宣言する。神々の中で最も偉大なアフラ・マズダが余を創造し、余を王にし、余に〔……〕王国を与えた。アフラ・マズダは余を援助した。余はアフラ・マズダのおかげで余のなすことを完全になし遂げるのである。[69]」ペルセポリスの基壇にもこれと似たような文言が刻んである。「余ダリウスは偉大なる(六五)王、王の中の王、〔……〕神々の中で最も偉大なアフラ・マズダが余に与え給うた(六七)〔……〕これらの国々の王である。アフラ・マズダが余ならびに余の家を守り給わんことを。[70]」アルタクセルクセス二世（前四〇五―前三五九）(六六)はある碑文の中で、自分はアフラ・マズダとミトラとアナーヒターから守られている者だと自負している。[71]

プルタルコスはアケメネス朝の王の――と言っても、アルタクセルクセス二世のみの――叙任式について述べているただ一人の著作家だが、彼によると、叙任式はパサルガダエにある大女神アナーヒターの神殿の中で行われ、王はそこでペルシャの祭司〔ゾロアスター教の僧侶マゴス〕によって叙任された。[72](六八)M・L・ショーモンの判断では、マゴス僧の関与は、儀式を君主制の正統性を保証する聖なる性格を王に与えるための「宗教儀礼」すなわち真の戴冠式にした。[73]

アケメネス朝の王は、宗教的な地位は低かったにもかかわらず、比類のない威信を持っていた。玉座に就いた威厳のある王の像は、幾世代にもわたって、芸術家たちに取り憑いた。その像は東洋にも西洋にも、千年以上もの間影響を与え続けた。ロマネスク様式やゴチック様式の教会のタンパン〔開口部のアーチと楣《まぐさ》で囲まれた半円形の小壁〕のいわゆるゆる「荘厳《しょうごん》のキリスト」〔や「荘厳の聖母」〕にもそのイメージが見出される(74)(六九)。この点でのキリスト教的な理解は議論の余地のない価値を帯びる。と言うのも、諸王の王であるイエスのことを言い表すのに、古代ペルシャの諸王の王《シャー・ハン・シャー》を真似ること以上に素晴らしい表現は見つかりそうにないからである。そういうわけでこの表現は、ササン朝の有名な王権神受の場面に起源を持つと思われる神の輪〔王権の象徴、王冠〕の授与の図(七〇)と同様、「王を地上における神の発出として称揚する」(75)(七一)。

ササン朝の君主たちは自分たちはアケメネス朝の後継者であると称した。したがって、彼らによってアルダシール一世〔二二六—二四一〕の叙任図（三世紀の第二四半期）がアケメネス朝の宗教と葬儀の中心地だったナクシュ・イ・ルスタムに刻まれたのは、決して偶然ではない。ある意味では、彼らはたしかにアケメネス朝の後裔である。しかしそれはアルサケス朝パルティアを介してのことである。パルティアの〔最初の〕首都ニーサでは、パルティア王の神格化された祖先を表す数体の男女の小像が発見されている(76)。この死後の神格化は、まもなく生前から行われるようになる神格化の予告である。アルサケス朝の君主たちは「自分の地位の特別な性格を強調するために」(77)神を自称し、ササン朝の君主たちもそれに続いた。ササンの子パーパク(七二)は神《ボグ》の称号を持っており、彼の後継者たちは自分たちのことを「神、本質的に神聖な者」と自称していた。ホスロー一世（五三一—五七九）は「不滅の魂を持つ（者）《アノーシルワーン》」と称された(七三)。

13　イスラエルの王

キリスト教徒の君主制の基準としての役目を大いに果たすことになるイスラエルの君主制は、我々がその起源と発展過程と機構を最もよく知ることができるものの一つである。君主制の制度が確立する前、サムエル〔七四〕の時代には、ヘブライ民族はヤハウェ以外には君主〔主権者〕を持っていなかった。士師記は、たぶん牧歌的生活の理想化に起因する誇張された叙情的な調子がなくもないが、次のように明言している。「そのころイスラエルに王はなく、人々はおのおの自分の目に正しいと思うことを行った。(78)」とはいえ、諸部族は無秩序の中で暮らしていたわけではなく、必要な時は指導者――アブラハムやモーセやサムエルのような人物たち――を得る術を心得ていた。しかしこれらの指導者たちは全面的に神に導かれていた。言うなれば、彼らは神によってのみ存在していた。彼らは、他の神を受け入れないようにというきわめてセム的な気配りからではあったが、ヤハウェとヘブライ民族の仲介者だった。ギデオン〔七五〕のようなひとかどの人物も、同国人から自分たちの王になってくれと頼まれた時、「わたしはあなたがたを治めない。〔わたしの息子もあなたたちを治めない。〕あなたがたを治めるのは主だ(79)」と答えた。ヤハウェあるのみ。まさしく創造者の唯一絶対で完全な主権だが、たぶんこれは一般に考えられているほど古くはなく、士師の時代の終わり頃になってようやく確立したと思われる。(80)詩篇ではこう歌われている。「王権は主《ヤハウェ》にあり、主は国々を治められる。」「神《エロヒム》は全治の王である。(81)」そういうわけで、もともとは目に見えない神性の単なる台座を表していた可能性がある契約の箱が王座に変わった。(82)それゆえ、神の古いイメージはイスラエルが十分すぎるほど知っているあの地上の王たちの一人のイメージになった。世界の王であり、自分の民の王であるヤハウェは、自分を褒め讃え、諮問会議を構成する側近たち――彼らの下には告発者や通報者や使者や軍人や死刑執行人もいる――に囲まれて、天上で暮らしている。(83)このような見方は、結局のところ、神に対する驚くべき信頼と――神の超越性を強く自覚している社会で――神が近くにいるというもっと驚くべき意識を表していた。

しかしながら神はイスラエルもやがて王を立てることになると予告した。「その時は必ずあなたの神、主が選ばれる者をあなたの上に立てて王としなければならない。[84]」ある人々〔イスラエルの長老たち〕は王を望んで〔サムエルに〕言った。「今こそ、他の国々のように、我々を裁く王を、われわれのために立てて下さい。」サムエルは不安だった。ユダヤの君主制の創始者は君主制主義者ではなかったのである。「サムエルの目には、裁きを行う王を与えよという民の言い分は、悪と映った。そこでサムエルは主に祈った。主はサムエルに言われた。『民の声に従いなさい。彼らが退けるのはあなたではなく、わたしなのだ。彼らはわたしが彼らの上に王として君臨しないように、わたしを退けているのだ。〔……〕だから今は、彼らの声に従いなさい。ただし彼らにははっきりと警告し、彼らの上に君臨する王の権能を教えておきなさい。[85]』」大いに悲観的な見方をしていたサムエルは、王政よりも専制政治を勢いづかせることになる――彼の話によればそうである――君主制の確立と共に民を待っているものについて説明した。しかし民は自分たちの考えに固執して言った。「いいえ、われわれにはどうしても王が必要なのです。そうして初めてわれわれも他のすべての国民と同じようになり、〔……〕[86]。」では、君主は国民の意志によってその権力を持つと断言してよいのだろうか。いや、そうではない。君主を選ぶのは神である。君主を任命しなければならないのは神である。サムエルの手を介して「聖油を」君主の頭に注ぎ、塗油によって君主に自らの聖性を与えるのは神なのである。[87]この時以後、保守的な抵抗は無力化した。王とシオニズムの神学は信じられないような飛躍を遂げ、君主制は比類のない威信を享受し始めた。そしてこの君主制の威信は政体が崩壊した後も生き続け、メシア信仰すなわち救世主としての王の到来への期待の中で開花した。[88]イスラエルでは、その後も時として幾つかの古い気質の信徒たちのグループが、神権政体への忠誠の名の下に、人間の君主政体の確立に対して強固に反対した。地上で君臨する王を持つことは、天上界で君臨する王を拒絶することにならないのだろうか。[89]この反抗的な動きは特にホセア[七六]と共に現れた。彼は腐敗や悪習や神に対する不実を告発した。こうして預言は、神の威光を忘れる傾向の強い君主に対抗して、それを救うことを本質的な役割として持つようになった。

ともあれ、神はまず始めにサウル（前一〇二五―前一〇〇五？）[七七]に聖油を注がれた。彼は王になった。ゆえに彼は神によって油が注がれた者すなわちメシアの称号を持つことができ、神からその霊を受け取った。しかしながら彼は過ちを犯した。どうやら彼を王として受け入れていなかった者たちの方が正しかったらしい。彼は神に背き、神は自らの選択を悔やまれた。〔そこでサムエルはサウルに言った。〕「あなたが主の御言葉《みことば》を退けたので、主もまたあなたを王の位から退けられるのだ。[90]」神は新たにダビデ（前一〇〇〇頃―前九七二）を王に選ばれた。そして彼に聖油を塗る以上のことをした。神は彼と固い絆を結び、彼の一族を決して見捨てないと約束した。[七八]「わたしはわたしの選んだ者と契約を結び、わたしの僕《しもべ》ダビデに誓った。[91]」決定的な瞬間である。ヘブライ民族を選民にしていた、主とこの民族との古い契約が、今後はダビデという一人の王を経ることになり、やがてダビデのみならず、ダビデ家との間でも確認されることになった。その結果、ダビデ家は譲渡不可能なイスラエルの財産になった。[92]こうして神の意志によって世襲の原理が確立された。

ダビデの後をソロモン[七九]が継いだ。主はダビデに与えていた恩寵をその子ソロモンにも与えた。そのことを知ったソロモンは主にこう言った。「わが神、主よ、あなたは父ダビデに代わる王[八〇]としてこの僕《しもべ》をお立てになりました。[93]」ソロモンの名は全世界が知るところとなり、彼と会ったシバの女王も自分の思いを率直に彼に告げた。「あなたを知ったことを喜ばれ、あなたを王位に就けられたあなたの神、主は讃えられますように。あなたの神はイスラエルを愛されて、とこしえにこれを続くものにされ、公正と正義を行うために、あなたをその王とされたからです。[94]」

血縁という形を取ったこの契約の古い——しかし稀な——表明の仕方は保持された[95]。イスラエルはかつて神の子だったので、その王は——旧約聖書には、王は神から生まれたという*、セム族にとっては〔本来〕受け入れることのできない〔はずの〕主張を明確に述べた条[八一]があるにもかかわらず——象徴的ないし隠喩的な意味で、換言すれば、「比喩的ないし精神的な意味で[96]」、〔神の〕息子になり、また、この世のすべての王が主に従属していて、ヘブライ人に君臨する王もすべての王の中で第一位でしかあり得ない[97]という理由から、〔神の〕「長子[98]」になった。しかしそれは父なる神の管理下にある、過ちを犯しやすい、未成年とさえ言える息子である。「もし彼の行いが悪ければ、と神は言った、わたしは彼を人々の杖と人々が与える打撃で〔par les coups que donnent les humains〕罰するであろう[八二]。」

＊ 王を「神の子」と呼んでいる有名な詩篇は、キリスト教徒からはイエスの到来の予告として理解されているが、ユダヤ人たちはその呼称は単に待望のメシアだけでなく、〔現実に〕統治する君主にも適用されると見なしている。

神と選民との契約とそれに伴う明白な奇蹟——紅海徒渉[八三]が最も顕著なものである——がユダヤ民族を他の民族のはるか上位に置いたのと同じように、神と王との契約が王をユダヤ民族の上だけでなく、他民族の君主たちの上にも位置づけた[99]。しかしすべての契約がそうであるように、この契約も相互性を前提にしていた。政治体制が神権政治である以上、王位は、有効であるためには、聖職であり続けなければならなかったのである。イスラエルは、権力は指揮権にあるのではなく、〔神への〕奉仕にあるということを理解したとして称賛された[100]。しかしながら、同じようにそのことを知っていたどの民族にも勝って、イスラエルが明瞭にそのことを示したということを称賛した方がもっとよかった。ただ、イスラエルが確立[101]した神権政治体制はちょっと変わっている。主と歴代の王との関係は、たとえば会話や二つの王座の並置によって強調されているように、非常に親密であるにもかかわらず、王は主の計画のためにだけ存在する。エ

リアーデが数えたところによると、ダビデは聖書の中で六十回も神の僕《しもべ》と呼ばれている。(102)

14　ヒッタイトの王

イスラエル人は、君主制を選ぶ時、他の民族の政治体制を取り入れるつもりだと言った。たしかに彼らは、イスラエルに隣接し、絶えず影響を与え続けたシリア諸都市にのみモデルを捜し求めがちだったようだが、しかし、強力なヒッタイト文明がよりいっそう決定的なモデルをイスラエルに提供しなかったかどうか考えてみる理由がある。実際、ヘブライとアナトリアの王の概念には多くの類似点がある。どちらの文化にも、王権の源は神にある、王を――王たちの中の誰かをというのではなく、すべての王を一様に、すなわち王朝の歴代の王を――王たらしめているのは神である、信頼と何か愛に非常に近いと思われるものに基づいた特別な関係が、権力を与える神とそれを受け取る王との間で確立し、やがて王を――隠喩を使ってまたは養子縁組によって――神の子にする、という意識がある。あるテキストによると、「ヒッタイトの雷神はラブナ*すなわち王を自分の代理とし、彼にヒッタイトのすべての国土を与えた(103)」。ある粘土板からは、「王である余に、雷神と太陽神が［……］この国を任せた。神々は王である余に、あまたの年、限りなき年を認めた(104)」という言葉が読み取れた。また別の粘土板には、君主の心を示す次のような美しい祈禱文(八四)が刻んであった。「雷神よ、わが神よ、私は一人の人間でしかありません。しかしながら私の父はアリンナの太陽の女神およびすべての神々の祭司でした。私の父は私をもうけましたが、あなたは私を母から奪い、私を育てました。あなたは私を［……］祭司にしました。ヒッタイトの国で、あなたは私を王にしました(105)」。

＊　ラブナ Labuna はファラオや帝《みかど》がエジプトや日本の君主の総称であるように、ヒッタイトの君主の総称である。

15　アレクサンドロス大王とギリシャ

アレクサンドロス大王〔前三五五―前三二三〕〔在位、前三三六―前三二三〕の個性は古代文明に強大な影響を及ぼしたので、そしてまた彼のことで白熱した議論が引き起こされてきただけになおさら、この君主には他の君主以上の重要性を認めるべきだと思う。エリアーデは、アレクサンドロスは側近の者たちが〔東方風の〕跪拝礼に抵抗する前に自分の帝国の神になろうという考えを放棄した、と断言して、これでこの問題[八五]に決着をつけたと思った[106]。ターンによると、この跪拝礼――神の前でする跪拝礼であって、人の前でするものではない――は、バクトラ〔バルク〕で催された儀式〔饗宴〕で行われた際は、たしかにアレクサンドロスの神格化のための準備となるはずであった[107]。しかしながらこれほど不確かなことはない。フィッセルは、ペルセポリスの跪拝礼の浮き彫りとバクトラでの饗宴の記述を比較研究しても、この語 proskynesis が〔神の前でする〕真の跪拝礼を指していたのか、それとも単に挨拶を意味していた分からないということ、そしてまた、いずれにせよ、ギリシャ人たちが跪拝礼をすることに対して感じていた嫌悪感は、宗教的小心に起因していたのではなく、跪拝礼が蛮族《バルバール》のしぐさであるということに起因していたということを十分に明らかにしている。「バクトラで跪拝礼が行われたことはアレクサンドロス大王の神性の問題を解き明かしはしないのである[108]。」

不和が再び起きたにせよ、マケドニア人の内心がどんなものであったにせよ、ともかく次のようなことがあったのは確かである。アレクサンドロスは神としての礼遇を拒否しなかった。彼はエジプトにいる間、少なくともエジプト人の家臣に対しては、自分を神格化した。そして彼の後継者たちも、ナイル川流域やその他のところで、この点では躊躇せずに彼を見習った。さらに、彼の短くて強烈な人生から生み出された叙事詩群や神話群では、彼は神のように見える。伝説によると、アレクサンドロスはアキレウス[八六]の家系に連なるオリュンピアスと蛇の姿になって彼女に巻き付いたゼウスとの間に生まれた[109]。あるいはまた、これもプルタルコスが伝えていることだが、〔彼女が婚礼の前の晩に見た夢の中で〕雷となって彼女の腹の上に落ち、そこから火を燃え上がらせ、一面に燃え広がらせたゼウスとの間に生まれた[110]。アレクサンドロスは体格容貌共に優れていた。彼は若くして死んだが、人々は彼の死を認めようとはしなかった。このような人物が普通の運命に従うはずはないというわけだ。人々は彼はグリフィンに引かれた小舟で天へ連れて行かれたなどと語って楽しんだ。彼の肖像を刻んだローマのブロンズのメダルには、神の子 *Filius Dei* という語が書かれることになった[111]。本書では、救世主としての神という観点から再度彼を見てみたい。

　アレクサンドロスの物語は、あらゆる点できわめて特異なので、ギリシャの王神話を分かりやすく説明するのには役立たない。古代の君主制がかなり早く姿を消したことと、ギリシャ人がオリュンポス山の神々を事有るごとに介入させたがったことから、ギリシャの王神話はかなり雑然としたものになっている。ホメーロスは何のためらいもなく、王たちをゼウスの子と呼び、彼らのことを「神々のように讃えられた」と形容する[112]。彼はまたいつも「神々しいアキレウス」、「神々しいアガメムノン」、「神々しいヘクトール[八七]」等々と言っている。しかしながらローズは、この詩人に忠実に付いて行かなければならないということと、ギリシャの君主の神性はヘレニズム時代以前に受け入れられていたということに、強い疑問を抱いている。ソポクレスは君主の神性をはっきりと否定しており、ギリシャの王たちが生前から崇拝された痕跡は全くないのである。万事が明らかにしている通り、彼らは執政官であって、すべての執政官がそうであるように、彼らも神聖な務めを持っていたが、しかしそれ以上の何者でもなかった。その代わりに、すべての都市国家が君主たちを神々へと結び付ける君主の血統を考え出して楽しんでいた。〔そのギリシャ神話によると、〕ペロプス（エリスの王）[八八]、アイネイアス〔アエネーアス〕[八九]、テュエステス[九〇]、アトレイデス〔アガメムノンとメネラオス〕のような傑出した諸人物の祖先であるタンタロス〔リュディア王〕[九一]はゼウスとプルートス[九二]から生まれた。アテナイの王たちは職人の神へパイストスとアテナに結び付けられ[113][九三]、スパルタの王たちは――たぶん常に二人で統治したからであろう――双生神カストルとポリュデウケスに結び付けられた[114][九四]。それゆえにギリシャ世界の王像は漠然としており、「最高主権者は」、姿を現す時、「人間どもの中の一柱の神となるであろう[115][九五]」と明言するアリストテレスの素晴らしい黙示録的ビジョンも揺るがすことのできない、慎重なうえにも慎重な態度を保持せざるを得ないのである。

16 ローマ

ローマ人は長期にわたる共和制時代によって分断された非常に異なる二つの君主制を経験した。しかしそれらは、二番目の君主制の君主たちの意志と、君主制の復活を準備した彼らのすぐ前の先駆者たちの意志によって、かなり人為的に結び付けられた。

伝承によると、ローマは紀元前七五三年頃ロムルスによって建国された。この年代は明らかに間違っており、初期の王たちに関することはすべてもっぱら伝説である。つまり歴史ではなく、「歴史化された神話」[116]なのである。ロムルスは神の子であり、異説によると、彼も死後は神になる定めであった。元老院議員〔長老〕たちをないがしろにして自分の権力を確立するのは、野心家であり、気配りの行き届いた人である。ヌマ(九六)は賢明だったが、他の事に関しては他の人々と変わらなかった。「王権の二つの側面は継承の際に明らかになるが、それらは重なり合う必要がある。必然的にこの概念は同時性を前提とする。神学はこの同時性を難なく受け入れかつ表現するが、歴史はこれを継承に変えることしかできない(117)。」

〔実際は〕人知れず生まれ、栄光とは無縁のエピソードがないわけではないローマ人が、自分たちはトロイア人の末裔であり、トロイアの君主たちを介して、神を始祖とすると主張した。その結果、英雄と神の系譜が実はローマ人の王の系譜であるということになり、ローマ人がトロイア人と混同されていった。アンキセス(九七)とアプロディテの息子アイネイアス〔アエネーアス〕はトロイアの王プリアモス(九八)の婿になるが、トロイアがアカイア人によって滅ぼされると、若い息子アスカニウス〔ユリウス(九九)〕と共に故国を離れ、安住の地を求めてイタリアへ渡った。ラティウムの王〔ラティヌス、彼の父はファウヌス〕が自分の娘ラウイニアをアスカニウスに与えて、彼にアルバ・ロンガ市の建設を許可したので、彼はそこに王朝を築いた。後に、彼を熱烈に崇拝するローマ人によって、彼はユピテル(一〇〇)と同一視された(118)。彼の子孫の一人、ヌミトル(一〇一)はある日、自分の娘シルウィアを〔竈の女神〕ウェスタ(一〇二)の巫女にして、処女を通すよう定めた。しかし軍神マルス(一〇三)がシルウィアを見初めた。誰が神に抵抗できるだろうか。少女はマルスに口説き落とされ、この神の子を身ごもり、レムスとロムルスという双生児を産んだ。〔このことを知られるのを〕恐れた彼女は、二人を〔槽《かいばおけ》に入れて〕ティベレ川に捨てた。波は彼らを浮かべて、パラティウムの丘の麓まで運び下った(一〇四)。すると嬰児の泣き声を聞きつけた雌狼がそこへやって来て、彼らに乳を飲ませた。やがて羊飼い(一〇五)が二人を見つけ、彼らを育てた。その結果、彼らは二重の神の祖先――ウェヌス〔アプロディテ〕とユピテルという二柱の遠い祖先とマルスという近い祖先――に続いて、新たに一匹の動物と一人の羊飼いを祖先に持つことになった。つまり乳母の雌狼が真の母親で、養父の羊飼いが養育の徳行によって真の父親なのである。

ロムルスとレムスは成人すると、ティベレ川の波が自分たちを運んで行ったところに新しい都市を建設することにした。〔ところがいよいよ都市集住を押し進める段になると、場所のことで争いが起こった。ロムルスはパラティウム丘を中心とする場所に移住したいと言い、レムスはアウェンティヌス丘の堅固な場所がいいと言った。〕二人はこの名誉がどちらのものになるかを決めるため、鳥占いをした。鳥〔禿鷹〕はロムルスの方に数多く飛来した。〔占いに勝った〕ロムルスは、豊饒のための仕事であり、市域を画するものともなる溝〔＝畝〕を作ろうとした。(一〇六) すると、レムスはその仕事を嘲笑したり邪魔したりした。そしてついに溝を飛び越した。それは許しがたい侮辱だった。ロムルスはレムスに死の懲罰を科すよりほかにどうしようもなかった。こうしてロムルスは自分の王座を揺るぎないものにした。〔ロムルスは五十四歳の時、王として君臨して三十八年目に、人間の間から姿を消したが、〕彼は死んだのではなくて、天へ連れて行かれ、そこでクィリヌス〔「槍を振るう戦士」〕という名の神になったと言われた。(一〇七)

ローマの二番目の君主制は、数世紀を経て、ユリウス・カエサルと共に練成された。この男は貴族だった。彼はアエネーイスの息子ユリウス（またはアスカニウス）の血を引くユリウス一族の出身である。自分の主張を正当化するために、彼は名門貴族の出であることを利用した。古代の王たちは忘れられていなかった。彼らを再び生き返らせるには、まだ熱い灰を吹きやりさえすればよかった。(一〇八) ユリウス・カエサルはそのために努力した。(一〇九) 紀元前四四年のルペルカーリア祭で、彼が歓呼して迎えられ、王者ロムルスと結び付けた賛辞を受けた時、人々は彼の王位への熱望を察知した。「君主制に敵対していた数多くの者がそのことで憤慨した。(119)」結局、彼は自分の計画を実現する前に暗殺された。*

＊「彼は神々の列に加えられた。元老院が彼の神格化を決定し、民衆も彼の神聖性を信じて疑わなかった」（スエトニウス、八十八）。

カエサルの計画を受け継いだのは、彼が養子にしていた義理の甥オクタウィアヌスだった。オクタウィアヌスはよりいっそう慎重に実行した。養子縁組によって、彼はユリウス一族の一員になっていた。つまり、彼の血管の中をユピテルとウェヌスとマルスの血が流れていたのである。『アエネーイス』は彼をトロイア人と呼ぶのを躊躇しなかった。「その時輝かしい血統から、偉大なる〔ガイウス・〕ユリウス〔・カエサル〕の名を受け継いだトロイア人カエサル〔・アウグストゥス〕・ユリウスが生まれるであろう」と詩人はユピテル〔アンキセスとするべきである〕に言わせている[一一〇]。彼はアウグストゥス〔崇高なる者〕になり、「神の子」«*Divi Filius*»と呼ばれるようになった。

彼は慎重だった、と私は言った。実際、彼は生きているうちから神であると言われるのを拒絶した。が、そのことは人々が彼に敬意を表して神殿を建てるのを妨げはしなかった——アンカラに今も残るアウグストゥス神殿[一一一]には、その事実を我々に知らせる唯一の文献である彼の遺言の写しが彫られている。彼が死後神格化され、彼を賛美するために皇帝の神格化が始まったのは、至極当然のことだった。大衆が彼を熱狂的に賛美したのである。

アウグストゥスの後継者たちは、初期ローマ帝国〔アウグストゥスからコンスタンティヌスまで〕の間は、一般的にもっと慎重だった[120]。カリグラ（三七—四一）が〔即位によって〕神の威厳をわがものにして、臣民にはカストルとポリュデウケスの間にいる自分を崇めさせ[一二二]、自分に生け贄を捧げることを要求した時、スエトニウスも含めて、誰もがカリグラを九分通り狂人だと思った。ウェスパシアヌス（六九—七九）[一二三]は死期が間近に迫った時、「やれやれ、どうやら私は神になるらしい」と辛辣な皮肉を言った。しかしながら、皇帝は地上で生きている神であるという考え方は、結局認められた。そのような考え方が、それを要求し、同時に、他のすべての宗教感情のかなりの部分を失っていた人民にとって、つまるところ必要だと思われたのである。とてつもなく広大で、多民族からなり、しだいに物質主義的になっていく帝国では、ますます高まる皇帝崇拝は「宗教の最も堅固な土台」になっていた。アントニヌス朝[一一四]はこのような皇帝崇拝を助長しなければならないことを理解していて、君主の超自然的な徳をますます声高に叫ぶ宣伝活動を通して、皇帝崇拝の助長を行った。[121]カエサルの神性を承認することが公民精神の証になり、皇帝崇拝がローマのすべての宗教の中で最も力強い言葉の一つになった。アウレリアヌス（二七〇―二七五）[一一五]の治下、万神殿《パンテオン》で首席を占めたのは敗れざる太陽（神）*Sol invictus* で、この新しい神は、守護神として、帝国および皇帝といわば不可分であった。「地上のすべての土地を統べるのは神の摂理である」ということが証明されたのである。ディオクレティアヌス（二八四―三〇五）[一一六]の即位以後、敗れざる太陽（神）はすべての皇帝の即位と密接に結び付けられた。コンスタンティヌス一世が三〇七年の十二月二十五日、すなわち「敗れざる神の誕生日」に正皇帝《アウグストゥス》の名乗りを挙げて、統治を始めたのも、この神のしるしの下においてであった。[122][一一七]しかしこれ以後はキリスト教徒の歴史になる。

17　トルコ―モンゴルの神聖なる王

いわば従兄弟の民族であるトルコ（突厥）人とモンゴル人については、狼とアラン・コアの神話を紹介した際、すでに言及した。しかし両民族の歴史的重要性を考えれば、再度彼らに言及するのは無駄ではないだろう。

私が「八百万の神々のいる一神教」と定義した彼らの宗教は、神々の最上位に天《テングリ》〔神〕[一一八]を置く。これは他のすべての神々が集まるところであり、少なくとも支配階級が頼るのはこの天《テングリ》〔神〕である。トルコ

〔突厥〕最古の一連の文献〔八世紀初頭〕には、次のような主張が読み取れる。「天《テングリ》が帝国〔天下〕を与える。」「天《テングリ》が私を可汗《カガン》〔大王〕にする。」さらに、可汗《カガン》は「天《テングリ》から来て、天《テングリ》によって任命され、天《テングリ》に似ている。」マニ教に改宗した新疆ウイグル族も折りある毎に、可汗は神聖であるとか、天の住人であるとか述べている。その曖昧さと外見上の矛盾にもかかわらず、これらの言葉は、紀元一世紀に匈奴と関係のあった中国人たち〔漢族〕の次のような言葉と一致する。「匈奴の王は神の意志によって国を統治する。(一一九)」天《テングリ》は突厥の君主たちに秩序を与え、使者を送り、時には心理的な性質の「圧力」によって、自らの意志を伝える。もし君主たちが従わなければ、天《テングリ》はもはや彼らを愛さずに、見放し、彼らを国民も巻き添えにするような死によって罰するのである。

　チンギス・カン王朝の拡大の時期で、その宗教概念が八世紀の突厥のものと同じだった十三世紀に、モンゴル人が王を思い描く方法は進化したように思われる。彼らもまた、天《テングリ》が自国民のために世界支配を望んでおり、天《テングリ》が権力の源にいる、と考えていた。イランの副王フラグ（一二五八―一二六五）(一二〇)はラテン語の手紙の中で次のように明言している。「我々は現人神《あらひとがみ》〔チンギス・カン〕が我々に託した使命を遂行するだろうということをここにお知らせする〔……〕。我々の権力は永遠なる天自身によって我々に託された〔……〕と思っていただきたい。」しかしこの時代、モンゴルの君主はもはや単に「天に似ていて、天から来ている」存在ではなく、天の子である。このことは長い間否定されてきた。が、最近の発見はこれを疑うのを許さない。それはシモン・ド・サン－カンタン(一二一)やその他の人々の主張の正しさを認めている。モンゴルのある文献では、チンギス・カンのことがラテン語で「神の子」«*Filis Dei*»と書かれているのである。ただしいずれにせよ、キリスト教に通じていたモンゴル人が、キリスト教徒に語りかける際に、キリスト教徒の言葉を好んで用いたという可能性はある。(123)

18　仏教の王

最初期、仏教は君主制度にほとんど関心を持たなかった。称賛も非難もしていないようだ。せいぜい、仏陀が王家の出だったので、ある種の好意を持っていたという程度である。しかし君主たちが仏教の主義主張を受け入れ、さらには自らを仏教の熱心な守護者として示した時は、仏教は決まってそのことを喜び、君主たちを祝福した。ともあれ、君主たちの保護が仏教の伝播に非常に大きな役割を果たしたことは確かである。徐々にではあるが、文学が王を他者が見習うべき理想的な模範にして、統治する王を讃える習慣を身につけたのは、たぶんセイロン〔現スリランカ〕においてである[124][一二二]。

仏教の熱心な伝播者だったマウリア朝のアショーカ王（前二七三頃―前二三六）[一二三]の高貴な姿は信徒たちの共感を呼び覚ますことと、アショーカ王と高貴な騎士階級《クシャトリア》の出である仏陀、ゴータマ・シッダルタとの比較を確立するよう信徒たちに促すことしかできなかった。ともあれ信徒たちは、態度をはっきりさせないまま、統治する王ないし神話上の王へのいっさいの言及を拒否していた。彼らは菩薩以上に最高に完成された存在を認めたくなかったのだ[125]。仏教は普遍宗教になる段階では、たしかに君主制思想の外側にいた[一二四]。

歴史の変動局面が仏教と君主制の関係を創造し、ついでそれを強化した。王が望んだために仏教が国家宗教の役割を果たしていた多くの国で、仏教の運命は体制しだいだったように見える。この状況は、中央に集中された唯一の権力および同一の儀礼を確立しようという配慮の下で、自然な動きとして、君主制度と王という人格の再評価を誘発した[126]。君主は法の守護者にして国家の一体性の保証人と見なされ、言うなれば、神聖化されたのであった。カンボジアの民話には、自分の徳のおかげで王座に就く貧乏人や奴隷の話が少なくないが、王の地位はしばしば涅槃の前の最終段階と見なされていたので、それらの民話はいずれも、王たる者の素質は仏教的な意味での功徳ないし良き業《カルマ》であることを示すことによって、王の再評価という同じプロセスを促進させていた。(127) ラオスでは、王の神聖化はその基礎をたぶん仏教伝来以前の文化の基盤により多く依拠していたと思われる。と言うのも、たしかに人々は権力の源は神であると断言していたが、君主は神々の種族の出であるとも断言していたからである。最も重要な神話の一つが語り伝えるところによると、天〔下位の神々〕の〔大〕王は、自分たちの君主に不満を持つ人間どもを満足させるために、「自分の息子である有徳の君主クン・ボロム」を任命した。(128)(一二五)

19　イスラム教

イスラム教はこの点については、他の多くの点についてと同様に、聖書の伝統に立ち返って神に絶対主権を認める。どのような方法でそれを手に入れても、人間はその所有者ではない。人間は神の代理人および代執行者としてそれを所有しているにすぎないのである。(129)『コーラン』は言っている。「おお神よ、王国の王なるものよ。御身は御心のままに誰でも王国を授け、また御心のままに誰からでも王国を取り上げ給う。(130)」(井筒俊彦訳、岩波文庫) 君主が行動するのは自らではなく、神の意志によって、神の指導の下になのである。「アッラーは彼〔ダビデ〕に〔王権と〕知恵をお授けになり、かついろいろとお気に召すままにお教えになった。(131)」このようにかつて神はダビデを地上における自分の代理人に任命した。(132)『コーラン』のこの明瞭なメッセージに、『ハディース』——預言者ムハンマド〔と初期の主要信徒たち〕の言行についての伝承の集成。口伝の律法スンナはこれに基づいて出来たとされる——が法学者たちの役に立つ詳細を付け加えていく。それによると、ムハンマドは次のように宣言した。「私に従う者は神に従う者であり、私に逆らう者は神に逆らう者である。[133]」そしてさらに「すべてのイスラム教徒は、反逆を命じられない限り、何を是認し、何を非難するかについて、服従と従順が義務とされる」[134]（一二六）。神の自由意志が制限されることはあり得ない。神から来た権力はあくまでも神のものであり、神は人間という道具を介して権力を行使する、神は全能である、と言うことは、権力を行使する者は誰でも神によって望まれるか容認されるかしており、それゆえ正統である、と言うことに等しい。成功は神がそれを望み、祝福する場合にのみあるのだから、大成功を収める力は尊重されるべきである。逆に、失敗と不幸は神の不同意を示している可能性がある。[135]

スンナ派教徒の信仰告白によると、君主を超人にするのに役立つものは何一つないが、しかしすべてのものが君主がその性格を神聖な状態に保つのを可能にする。実際、イスラム世界の数多くの文明が君主の神聖な性格を強調し、より普遍的な見地から王をとらえ直し、幾つかの極端な場合は、王をほとんど神格化することになった。イスラム教徒のいかなる権力も『コーラン』とムハンマドを標榜することを拒否することはできない[136]が、しかしイスラム教以前の各地域の伝統や様々な民族の特性や政治の要請の影響を受けている。六二二年から六三二年まで、メディナで国家元首の役割を果たしたムハンマドは、揺るぎない権力を享受していたが、〔自分と妻の出身部族である〕クライシュ族に属する十人の委員からなる評議会に囲まれていた。[137] 彼の後継者である最初期の四人の〔正統〕カリフ〔ハリーファとも。「後継者」の意〕はいずれも、たぶん他のイスラム教徒による協議の後、この評議会で選ばれた（一二七）。神の啓示に基づく法の地上における保証人であるカリフだけが教権と俗権を併せ持つ。[138] 彼らの選出は純粋に実際的な理由に基づいたものであり、神や預言者ムハンマドの威光に頼ることも、戴冠式を連想させるような何らかの儀式を執り行うこともなく、彼らは「最もよく導かれた者」と言われた。これは彼らの神への依存を示す言葉である。

すべてはもう少し後、ウマイヤ朝（六六一―七五〇）がダマスカスに遷都し、カリフを世襲制にした時[128]、変わった。カリフの権力は、少なくとも理論上は、依然として信徒の共同体ウンマ〔民族、社会の意〕に属していた。しかしこの頃になると、イスラム教の精神に反する君主制の宣言がしばしばされるようになり[139]、実際、この王朝の新たな願望は実現した。王はアッラーの剣を持ち、アッラーの名において勝利した。王朝は幸運に恵まれていた。カリフたちは指導者すなわちイマームになり、地上における神の代理、すなわちハリーファ〔カリフ〕・アッラー・フィル・アルドになった。バグダッドにアッバース朝（七五〇―一二五八）〔テキストには（七五〇―一二四六）とあったので訂正した〕が勃興すると、ウマイヤ朝によってすでに着実に実行されていたプロセスはさらに推進された。この王朝の君主たちは、前の王朝の君主たちのようにただ単に世襲君主であるというだけではなくて、その存在がもはや信徒の共同体に従属せず、神にも敬虔なる虚構によってしか従属しない、正真正銘の皇帝であった。それは彼らが敬虔でなかったからではなくて、彼らの宗教感情が神が一度だけ彼らに託した使命を彼らに疑わせなかったからである。彼らは神のために神に代わって統治した[140]。彼らは自分たちの権力が神聖なものであることを強調し、地上における自分たちの役割が神の庇護を受けて果たされていることを力説した[141]。彼らは神の僕《しもべ》にふさわしい謙虚さを失い、自分たちと神との直接的な関係を示すために、豪華な儀式や仰々しい称号を使って、自分たちの威厳を目に見えるものにした[142]。

理論家たちが非常に明確に意見を述べたのはこの時代である[129]。もっとも彼らの意見には食い違いはほとんどない。哲学者アル・ファーラービー（八七二―九五〇）はプラトンの影響を受けて、完全な（都市）

国家《シテ》の構想を展開したが。その中で、「預言者ムハンマドの外套を着たプラトン」[143]のように、人間的かつ哲学的なすべての徳を併せ持つ模範的な君主を描いている。セルジューク朝のイラン人大宰相ニザーム・アル・ムルクはこう述べている。「各時代に、神は諸民族の中から一人の男を選び、王にふさわしいすべての徳を授与する。神は彼をあらゆる称賛に値するようにし、世界統治の政務と共に、神の僕《しもべ》たちの平安のための気配りを彼に託するのである。[144]」

アッバース朝がモンゴル軍によって滅ぼされると（一二五八年）[一三〇]、一部のイスラム法学者は、バグダッドのカリフとは別に他のカリフたち――コルドヴァのウマイヤ朝のカリフ、カイロのファーティマ朝のカリフ――が並立していた時代を思い出して、そのような普遍的な制度は必要なかったし、独立した各君主は自分の国でカリフとしての役割を果たすことができたと述べた。[145]これは現実に即した見解であった。実際、イスラム世界は非常にしばしばライバル関係になる一連の独立国家に分裂した。しかしその主張は無駄だった。オスマン・トルコ王朝が自分たちを利する形で権威を失ったカリフの位を立て直した。アラビアの聖都の主で、カイロからもたらされた預言者ムハンマドの聖遺物の所有者となったオスマン・トルコ王朝は、アッバース朝の後で、その勢力の絶頂期に、一種の神権政治の創始者として現れた。しかしよく見ると、この王朝の体制は神権政治の幻影でしかなく、むしろそれとは逆のものである。この王朝は国家を神のために役立てるどころか、宗教を国家に役立てるために用いた。イスラム世界とビザンティン帝国と中央アジアのトルコ〔突厥〕の影響の合流点にあって（前二者は君主を讃える習慣を身につけ、三番目の突厥は自分たちは神の名においてしか行動しないと主張した）、オスマン王朝はイスラム教徒の君主のイメージをそれがこれまでに達したことがないと思われる高みに押し上げた。この王朝に支配権を与えたのはアッラーである。王朝の名祖《なおや》となったオスマン（一二八一――一三二六）[一三一]はそのことをよく心得たうえでこう宣言した。「神は聖戦《ジハード》を通して、私にカン〔汗〕[一三二]の位を授けられた。[146]」古い年代記が伝えるところによると、オスマンの一族は最古の名門の出で、ノアの直系である。[147]彼らはただ単に預言者の後継者、アッラーの代理であるだけでなく、地上におけるアッラーの影でもある——影が人間の投影ないし分身であることを考えれば、これはきわめて意味深長である。彼らはすべての権力とすべての正統性の根源である。彼らの命令《フィルマン》は「尊敬すべき《フマユン》」ものであり、神聖《ケリフ》なものである。大宰相リュトフィ・パシャ[一三三]の言によると、彼らは「彼らの時代の指導者」[148]である。とにかくすべてが彼らは本質的に宗教的であるという考えを臣民に権威づけるのに貢献した。

オスマン王朝と同時代の——とはいえ、それより後に興って、それより早く消滅した——スンナ派のもう一つの大君主国、インドのムガール帝国の君主政体は、もっと先まで進んだ。ティムールと、彼を通して——間接的[一三四]に、女性たちを通してだが——チンギス・カンの後裔であるムガール王朝は、狼と光という形での神の顕現によって奇蹟的に身ごもった女性、アラン・コアのあのモンゴル神話を持ち続けた。しかしながら良きイスラム教徒であるこの王朝は、余りにも異教的な動物の関与を忘れ、単にイスラム教に受け入れられるからというだけでなく、この宗教によってすでに高い評価を得ていた光の関与だけを守った。明確に述べているわけではないが、これはまさに自分たちは神を始祖としていると主張していることにほかならない。もし光が神聖でないのなら、光とはいったい何なのだろう。光こそが、とムガール王朝は言う、我々[一三六]に霊感を与え、我々が臣民を幸福と霊的実現[一三五]へと導くのを可能にし、アクバル大帝（一五五六—一六〇五）に彼がその教理を作った無謬性を与えたのである。

これまで述べてきたスンナ派と比べて、シーア派[一三七]はいささか異なった観点に立つ。シーア派にとって、地上の唯一の権威は信徒団の〔最高〕指導者イマームの権威である。このイマームは当然のことながら預言者ムハンマドの氏族〔クライシュ族〕に属し、預言者の愛娘ファーティマとその夫アリー〔預言者の従弟〕の子孫であり、神と人間との間の典型的な仲介者である。イマームの地位に関しては世襲の原則が美徳として認められており、その選出は、さほど判然としているわけではないがアリーとファーティマの子孫の間で、選挙か長子相続かまたは神の啓示によって行われなければならない。イマームは決して間違いを犯さないし、罪を犯すことがない。イマームは超人的な特権を持っており、目に見えないものを直観的に認識することができる。神の助けを得て、イマームは至高の認識を持っている。イマームの決定は間違っているはずがなく、絶対的な価値を持つ。イマームの教えは授けられることが許される唯一のものである。

イマームの存在は、〔時として〕それにベールが掛けられることがある（イマームのお隠れ〔＝隠れイマーム〕という理論[一三八]）のでなおのこと、王の存在を妨げはしなかった。〔シーア派の教義では、〕イマームの位は王位との共存の可能性を認めていないように見えるのだが、実際にはこの問題でシーア派教徒は少し融通をきかせていた。イマームは神ではないので、王は自らの存在を主張することができるというわけである。神の絶対的な超越性について断固たる態度を取っているスンナ派と違って、シーア派の幾つかの派は神の内在性と受肉の理論を受け入れた[一三九]。それでこの理論に基づいて、カイロのファーティマ朝のカリフ、アル・ハーキム（九九六—一〇二一）は自分の神性についての教義を布告したし、イランのサファヴィー朝の創始者シャー・イスマイール（一五〇二—一五二四）[一四〇]は自分の『詩集』の中で、自分自身を神格化されたアリーの実体として歌い上げた。我々は目撃者たちの証言によって、アリーの信奉者たち〔イランのシーア派教徒〕がこのシャー〔王〕を神の受肉として崇拝していたことを知っている[149]。

20　トルテカ人とアステカ族

比較的後から現れたアステカ族は様々な影響を受け、その結果、自分たちがもともと持っていた物の見方を進展させもしたし、それを少々混乱させもした。彼らはまず最初に狩猟集団を形成し――伝承によると一人の女呪術師に率いられていた[一四一]――、十一世紀の初めにメキシコ高原に出た。そしてその地方の古い文化を決定づけていた規範に合った父権制社会を形成した[150]。アステカ族は一三二五年に建設されたテノチティトラン――「神々の都市」の意。たぶんそこに埋葬されていた君主たちは神になると考えられていたからこのように名づけられたのだろう[151][一四二]――で、彼らの先住民族トルテカ〔文化〕人の〔社会・文化〕基盤を自分たちのものにし、それ以来、スペイン人によってそこが破壊されるまで、〔トルテカ人から受け継いだ〕遺産を自分たちのものとして保持し続けた[一四三]。

トルテカ人〔「テオティワカン（人）」が正しい〕は少なくとも紀元前一世紀頃から国家を形成し、紀元五世紀末には中央アメリカの統一をなし遂げていた。〔そして〕彼ら〔「トルテカ人」とすべきである〕は後継者であるアステカ族に多くの宗教上の特徴を残したが、その中には、アステカ族の間できわめて重要な役割を果たすことになったケツァルコアトル（「羽毛のある蛇」の意）も含まれていた。このケツァルコアトルはおそらく歴史上の酋長か王であり、トルテカ人はこの神を人間の創造者と聖職の創始者にした[一四四]。アステカ族はすでに十分に練り上げられていたように見えるトルテカ人の神話をさらに豊かにした。アステカ族の神話によると、ケツァルコアトルは絶対的な純粋性を持つ君主で、性行為を最悪の堕落と見なしていたが、彼自身も自分がすべての人間に与えたその悪い楽しみを免れていなかった。そこで彼は自分を死によって罰することにした。彼は退位し、火刑台を作らせ、炎の中に身を投じた。彼の肉体は燃え尽きたが、彼の心は天に昇り、羊飼いの星、金星になった[一四五]。

神話はこの主人公の出自については何も語っていないが、しかし彼を介して王を神と同一視しようとしている。初期の情報提供者〔ヨーロッパ人〕たちは、彼は神になった人間と思われている、と考えたようで、この解釈を支持する専門家たちは現在もいる。しかしラディンは、彼らとは逆に、ケツァルコアトルは少なくとも始めは王－神だったと考えている[152]。とはいえ、最も広く知られている見方は、アステカ族は王を存命中に神格化していなかったし、王の祖先が神だったとも考えていなかった、というものである。しかしアステカ族の最後の王〔モクテスマ二世〕の生活はこの見方と矛盾する。なぜなら彼は「太陽と国家の権化[153]」だったと言われているからである[一四六]。アステカの太陽神の神学によると、太陽神は年の終わりに力を失い、人間の血が捧げられない限り、翌年の春に力を取り戻すことができない。そこで毎年一人の王の仮の即位式が催されたが、この王は最大限の敬意を払ってもてなされ、彼が望むものは何でも与えられた後、新しく来る王と交代させるために、犠牲に供された。この凄惨なカーニバルの王は太陽と本物の王を同時に象徴していて、天を支配する神と地上を統治する君主の緊密な結合を示している[一四七]。

21　ブラック・アフリカ

王－神の存在は、ブラック・アフリカの至る所でというわけではないが、少なくともアフリカ大陸とマダガスカルの多くの文明で、すべての人によって認められている。ベニンでは、王はまさにそのような存在であって、王が神と呼ばれていることが余りにも重要性を帯びていたので、その点をこの文明の最も顕著な特徴と見ることも可能であった。[154] フレイザーは、アフリカだけでなく、ポリネシアやシャムその他にも王－神が存在していたことを、幾つも例を挙げて示している。[155] 王は神、目に見える神であり、人間どもの前に常時姿を現すことを認める唯一の神である。マダガスカルのホヴァ族は、キリスト教に改宗するまでは、自分たちの君主をこのように定義していた。[156] サカラヴァ族も君主について同じような定義をしていたが、彼らは、王の祖先が被造物だったので、王は「地上の神」と呼ばれるのだと付け加えている。[157] 高地〔白〕ナイルのシルック族は王に神性を与えるものについてたぶん教えてくれるだろう。彼らの間では、君主は一つの霊（神霊）によって活かされていると信じられているが、それはある者から他の者へ、代々、生得の権利としてではなく、儀式を通して、もっと具体的に言えば、王位継承の際に催される即位の儀式を通して、譲渡されるのである。[158] 王－神についてのこのような教えは受け入れることができるが、しかしそこには明らかに別の問題も含まれていた。

王－神の概念はブラック・アフリカの下部構造と無関係ではなかったかどうか、そしてまた、この概念のアフリカ大陸への浸透は近東の影響によるものではなかったかどうかということが問題になり得たのである。[159] その点について、G・ディーテルランは、逆にブラック・アフリカの宗教概念が神聖な王の性格を決定していたのだと答えた。[160] 私もこの観点を共有したいと思っている。

第四章　人間─神

大多数の国民の見るところでは、緊密さに程度の差こそあれ、人間性と神性の融合が王において実現している。その場合、人間性が神性によって抑圧されることはきわめて稀であり、たとえそうなっていると主張する人がいても、それは信用できる話ではない。次のバントゥー語のテキストは十七世紀末の詩であるが、詩というジャンルが持ち得るすべての叙情性を備えている。「彼は一人の人間であることを止めて、王になる。王はまさに神であり、人間どもを支配する。私は王に私の哀願を聞き入れて下さる神を見出す。王は国全体を引き受けるただ一人の責任者だ[1]。」しかしながら、たとえ唯一の神と同一視されても、君主はやはり一人の人間である。

逆に、君主に神聖なところが全然ないということもきわめて稀である。君主は完全に人間であると言われようと、古代の中国人が君主〔天子〕を「一人《いちにん（いちじん）》[二]」と呼んでいようとも、それでもなお君主は神と──中国では家系によって──結びついている。少なくとも、君主は霊界と物質界の接点に位置していて、双方の性質を持っている。そして最大限では、君主は人間であると同時に神なのである。

1　対立するものの整合

観察力に富んだ人々はこの二重の本性から生じる困難──それを生きることの困難と理解することの困難──に気がつかなかったわけではない。人が王について抱くイメージは、すでにエジプトに関する言説で述べたことだが、「完全に理念のレベルにある」。王は生身の人間であり、責任ある存在であり、世俗文学は王の弱点を強調するが、しかしながら王はホルス（神）であり、「生者の玉座にいる君主制の神」、常に良い状態の神であり、ラー（神）の息子すなわち「表象された力、宇宙を構成した理念の力(2)」なのである。

モンセラ・パロ－マルティはベニンの王－神の像を的確に分析したが、彼の分析は普遍的な価値を持っている。「人間の選択がどれほど注意深いものであっても、完璧な人間と完璧な神との間には矛盾がある。しかしその矛盾は表面的なものでしかない(3)。」パロ－マルティはこうも言っている。「人間は死すべき者であり、神は不死なる者である。しかし王は一者であるがゆえに二重である。王の二重性は王の一体性の一つの表現方法でしかない。王は二つのものであるがゆえに二重である。王は両者の関係を正確に示し、その共存を確固たるものにするがゆえに一人である。王は対立を克服する。もっと大まかな言い方をすれば、王は相対立するものを自分自身において結合する。すなわち、王は賛成と反対であり、右と左なのである(4)。」ジラールも、王は嫡出の息子であると同時に異邦人であり、法であると同時に法に敵対する者であり得ること、あるいはまた、すでに本書で用いた日本の慣用語法〔?・〕を再度持ち出すなら、王は秩序と無秩序を一つにまとめる〔「清濁あわせ呑む」（『後漢書』酈炎伝《れきえん》）か〕ということに気づいており、この時点では、パロ‐マルティと同じ方向を向いていると言えるだろう。しかしながらジラールが、王は自分が制定して守らせるすべての規則の上に、それらを越えたところにいる、と結論づけたのは間違っている。(5)王が一人であり、多数であるからこそ、王国は一つであり、分割できるのである。

非常に宗教的な伝統的社会では――私が言わんとしているのは、近代より前の社会のことだが――、ただ単に人間である王には人間的な行為しかなし遂げることができず、聖なるものへのアプローチは禁じられただろう。王は人間であると同時に神であるからこそ、礼拝の司式をしたり、処刑したり、裁判を行ったり、戦争をしたり、人を救済したり、さらにまた、神の意思と人間の意思を同時に伝えたり、神の恵みと国民の意思によって統治したりするといったような神聖な行為をなし遂げることができるのである。

2 天命

たとえどのように隠してみたところで、ほとんど必然的に、王は国民の意思によって王である場合にのみ神の恵みによる王である、というのは確かな事実である。中国の思想はそのことをきわめて正確に示している。中国思想は紀元前一世紀中に完成されたが、天の委任すなわち天命の教えはまぎれもなく非常に古い表現の一つである。中国人が判で押したように「三王五帝」(二)の時代と呼ぶはるか昔は、人間は完全であり、人間と自然との間には調和があった。君主である天子は自分の徳のおかげで父親〔天〕の同意を得ており、地は今ではもう想像もつかない素晴らしいものや動物や植物を生み出していた。(6)しかしながら時代が進むにつれて、王たちは天に背き、天の声を聞こうとしなくなった。それで天下に乱れが生じた。天は不満であり、地は不幸だった。王たちの過ちはますます重大になり、混乱はさらにひどくなったので、彼らは天の同意を失った。そこで天は自分の別の子を選んで、昔の調和を復活させるという責務を課し、天命を与えた。この時以来、天命は玉座に就くすべての者にとって必要になった。

どんなものでもそうだが、この天命も徐々に弱まる可能性があった。人々は天命が君主から君主へと受け継がれていくうちに弱まっていき、遅かれ早かれ消え去ってしまうのを見た。別の言い方をすれば、天〔帝〕は〔必要に応じて〕天命を取り上げ、誰か他の者に、社会的出自がどのようなものであれ、良き秩序と人間性を確立し、徳を持つことができる者なら誰にでも与えていた。「天命は一カ所にいつも固定しているものではない。[7]」〔「天命は常なし」（『孟子』離婁章句　上）〕と孟子は言っている。「天命はおのずと消滅する。[8]」〔「峻命《しゅんめい》は易《やす》からず」（『大学』第六段、第二節、および大学章句伝十章）〕幾つかのしるしが天命の衰弱すなわち天帝の不満を告げた。すると、始めはうまくいっていて、成功や勝利や幸福をもたらしていたものがすべて悲惨、失敗、敗戦、不幸へと変わった。[9]統治するためには、天命を得ているかどうか確かめなければならなかった。新しい王朝になる毎に、統治が変わる毎に、天命が要求されるか、その更新が請願された。天命がなければ、いかなる正統性もなかったのである。天子は天命を受け取ると、そのことを天帝に感謝して、言うなれば、自分が天命を所有していることを証明した。その目的のために、天子は神聖な山として知られる泰山の麓と頂上でそれぞれ犠牲を捧げることになっていた。[10]しかし実際には、この犠牲はごく稀にしか行われなかった。年代記〔『史記』[三]封禅書その他〕によると、この犠牲の起源は非常に古いことになっているが、紀元前一一〇年、漢の武帝によって行われたのが最初らしく、それ以後は、紀元五六年、五六五年〔六六六年が正しい〕、七二六年〔七二五年が正しい〕、そして一〇〇八年に行われたにすぎない。[四]にもかかわらず、これらの犠牲はいつまでも消えない思い出を残し、それぞれが中国人にとって彼らの文明の最高の時代を画したのである。[11]七二六年のある文献にはこう述べられている。

「古代より、統治する者たちは天と地に訴えかけるためにこの場に来た〔……〕。家臣である我々は彼〔王〕が千年も万年も長生きされることを願う〔……〕。ああ、幸いなる時代かな。〔……〕天と地は調和を保ってそれぞれの動きを続けている。(12)(五)」

調和、幸いなる時代。天と地と王の間で成立し、その結果自然界と人間界に良い秩序が生じる完全なる合意が依拠するのは、感謝のための供儀ではなく、天命、換言すれば、王の徳を確認し、承認するあの天命なのである。そしてこの（王の）徳は仁――人間的な思いやりの心、愛他心――と義――正義、公正――の最大限の所有にあり、また、厳格に定められた宗教的義務、すなわち皇室の祖先崇拝や季節毎の祭礼の遂行を前提にする。徳は王に天と地の間の仲介者としての役割を負う能力を与える。徳は王から国民の上に輝きわたるが、それは王が示す模範によってではなく、王が儀式の神聖な道徳原理に則って統治するからである。そういうわけで、暑さと雨は適当な時に、適当な状態でやって来るので、国民は不満を持つことがなく、暴動も起きることがない。もし不幸にして王が祭礼を十分に行わなければ、もし王が仁と義すなわち徳を失えば、王はもはや天と調和を保っていることにはならず、天は王から天命を取り戻す。そうなると自然の秩序は乱れ、暑気と雨は来てほしくない時にやって来て、絶望した国民は従うことを拒否して蜂起する。天命は「人間的思いやりと公正さを持つ王に対してなされた恵み(13)」以外の何ものでもない。

すべての物事が結びついているのは誰の目にも明らかである。徳がなくなれば、天命もなくなる。天命がなくなれば、自然と人間の無秩序が生じ、暴動が起きる。天と同様、地と国民は徳すなわち仁と義のない君主を受け入れず、自らの意思を表明する。天は彼らの願いに応えるだけである。

孟子は神話上の君主である堯とその後継者舜の話を持ち出して、弟子の万章と次のような対話をしている。

万章「堯は天下を舜に与えたと言われていますが、こういうことはあったのでしょうか。」
孟子「いや、天子は天下を人に与えることはできない。」
万章「誰が舜に天下を与えたのでしょうか。」
孟子「それは天が与えたのだ〔……〕。天子は天に人を推薦することができるだけであって、天をしてその人物に天下を与えるように仕向けることはできない。昔は堯が舜を天に推薦して、天もこれを受け入れたのだ。そしてまた、舜を民の上に置いていろいろな仕事をさせたところ、民は舜の行うところを喜び、天子とすることを受け入れた。〔……〕」
万章「しいてお尋ねしますが、堯帝が舜を天に推薦したところ、天もこれを受け入れ、さらに舜を民の上に置いて仕事をやらせたところ、民もまたこれを受け入れたというのは、どのようなことを指しているのですか。」
孟子「堯帝が舜に命じて、天地の神々を祭ることをさせたところ、神々はみなその祭りを受け入れて、祭りがつつがなく行われた。これは天が舜を天子として受け入れたということである。また舜にいろいろ政治上の事をさせてみたところ、政治上の事はよく治まり、人民たちはみな安心し、満足した。このことは民が舜を受け入れたということである。つまり天が舜に天下を与え、人民もまた天下を舜に与えたのである。」(14)(六)

これ以上に明確な説明はないだろう。が、孟子は『書経』〔泰誓篇〕から次の句を引用して、補足する。

「天の視るのはわが民の視るのに従い、天の聞くのはわが民の聴くのに従う。」[七]また、ある有名な警句は「民の好意を得れば、汝は天下を得るだろう。民の好意を失えば、汝は天下を失うだろう」[15][八]と明言する。この教えを作ったのは儒教だが、しかし万人によって受け入れられた。この教えがその後の中国人の考えの確固たる基盤となった。この教えは庶民の知性と心情を非常に深く貫いたのである。

3　正当な革命

すべての結果を受け入れなければならない。反逆の権利は公然と宣言され、承認され、風習化されている。ダンステイマーの見解では、中国は革命が正当と見なされ、国民の権利の一部をなしていると思える唯一の国である。[16]実際は革命思想は他の国にもあるが、それらは中国のものほど極端ではなく、突出してもいない。また反乱の正当性の承認が誘発する恐れがある不安定さをよりいっそう強く警戒しており、実践というより思想のレベルにある。

中国では、孟子が、家臣が主君を殺してよいかどうかと尋ねたある封建君主〔斉の宣王〕に、こう答えた。「仁を損なうような者を賊と言い、〔義を損なうような者を残と言う。〕この残賊の人はもう王でも君主でもなく、単なる一人の卑賤な男にすぎない。[九]」一人の大臣〔祖伊〕が殷の最後の王〔帝辛（紂王）〕に告げた。「陛下は余りにも酒色にふけっており、〔人民に対して〕冷酷です。陛下はご自分のそのような行いによって、自ら天命を絶たれるのです。だから天も陛下を見捨てられるのです。陛下は天が陛下に与えられた天生〔与えられた命。フランス語訳は la nature 天性〕を尊重せず、国の法律に従っていません。[一〇]」王は何一つ聞き入れようとせず、結局、この大臣は火の中に放り込まれた。[17]こうして前一〇二八年、商

〔殷〕王は周侯〔武王〕に打ち負かされ、周王朝（前一〇二八―前二五六）が成立した。『書経』に載っている宣言文〔牧誓〕で、武王は自分が天から受けた命令、すなわち、腐敗堕落した忌むべき帝辛の支配を終わらせよという命令によって、自分の反逆を正当化している。エリアーデはここに天命思想の最初の表明を見た。[18]（二）

中国語圏とアルタイ語圏は相互に影響を及ぼし合っていた。そのため草原の遊牧民たちの間にも天命思想の要点が見て取れる。もちろんこちらでは誰か理論家が天命思想を論述しているわけではない。しかしその理念は、「彼はもはや天に愛されていなかった」とか、もし我々がそれを行わなければ、「我々はもはや天から愛されないだろう」といった類の数多くの宣言や、人民を破滅に導く「悪逆で愚かな可汗」といった表現から読み取れる。[19]

中国の影響が及ばなかった国々でも事情は同じである。反逆の権力の正統性と反逆の義務の問題については、インド人の考え方も中国人のものと大差がない。王が職務上の義務を果たさない場合、王を打倒するのは伝統的に認められている。法学者たちの中には、説得または恐怖によって君主の行いを改めさせる努力をした後でという条件付きでだが、悪い君主に対する家臣の反逆を正当と見なす者たちもいる。[20]「悪王の打倒は、それが万人の救済に貢献する場合は、合法であると言われている。[21]」

本書では、君主を得たいというヘブライ人の意志がどのようにしてヤハウェの意志になったか、また、サウルが犯す過ちのため、ヤハウェが彼に油を注いでイスラエルの王としたことをどのように後悔したかをすでに見た。神の決定に曖昧さはない。サムエルはサウルに言った。「あなたが主《ヤハウエ》の御言葉《みことば》を退けたので、主もまたあなたを王位から退けられた。[22]」

イスラム世界では、主権はアッラーに属するが、しかしイスラム教徒の共同体ウンマの共通の意思は神の意思を示しているということがよく知られている。[23] 預言者ムハンマドの時代以来、伝統として、君主はその国で最も取るに足りない外国人居住者のためにさえ裁判所に出頭させられることがあった。[24]

ローマでは、王は、実は選挙で選ばれるのではなく、ユピテルに受け入れられることが求められていた。このことは王の候補者がこの天の支配者の意にかなうかどうかが何よりも問題とされていたことを意味する。ラテン語の *rex*〔王〕という語は、君主が「君臨する」のではなく、「統治し」、国民から解任されたり、追放されたり、暗殺されたりしないよう、順当な手順を踏んで、「正しい」ことを言いかつ行うことを示している。

もっと続ける必要があるだろうか。王がいわば国民の意思の発現である以上、〔天と君主と国民との関係について〕古代中国人が説明したのとは別に、いったいどんなふうに説明できるだろうか。ボルネオのダヤク族は、生命の木から生まれた最初の人間の子孫たちは完全な神性からなる聖なる民族であり、聖なる民族は完全な神性そのものである、と言っている。[25]

4 王の聖職

君主制の原点が神聖なものである以上、君主制は当然のことながら宗教的である。宗教なくして、真の君主制はない。一方は他方なしではうまくいかないのである。アルダシール一世（二二六頃—二四一）の遺書は自分の後継者たちに宛てたササン朝の君主としてのメッセージである。「よいか、王国と宗教は片方なしでは存在することができない双子であるぞ。なぜならば、宗教は王国の基礎であり、王たる者は宗教の守護者であるからだ。王国は、宗教がその保護者を絶対に必要とするように、王国の基礎を絶対に必要とする。なぜならば、保護されないものは滅び、基礎のないものは倒壊するからだ〔……〕。よいか、宗教の秘密の最高指導者が王国の正式の主であるぞ[26]。」インドでは、紀元前のはるか昔からミトラとヴァルナは主権の最高の発現であると見なされており、聖職と帝国の相補的な二つの側面を表していた[27][一二]。聖職的機能と政治的機能はバラモンと王というはっきりと異なる二つの役割において具現されていたが、『マハーバーラタ』が述べているように、王が完璧である場合、王はバラモンに非常に献身的であった。

権力の行使はそれ自体典礼行為である。王は「現実世界と想像の世界の接点に」いるので、王のすべての活動は典礼的性格を持つ[28]。中世の日本では、王〔天皇〕と神官は政治‐宗教的な領域を、王〔天皇〕は抽象的なものとして、神官はそれが具体的な場に現れたものとして、分有していた。統治するためには、地の支配者たちの助けが必要だったが、神官とその侍祭である地域のリーダーたちがふるっていたのは、地の支配者たちの権力であった[29][一三]。王〔天皇〕は、「ただ単に祭式を執り行い、犠牲を捧げることだけでなく、」統治することによっても、聖職の務めを遂行していた。と言うのも、「王〔天皇〕は」、神性と人間性の双方と絆を持っていたため、「仲介者《とりなしびと》の役目を果たしていた[30]」からである。換言すれば、霊的威光は王〔天皇〕を介して人間界に広く伝わる一方で、人間の考えや行為もやはり王〔天皇〕を介して神々の世界に達すると思われていた。グラネによると、中国では、天、地、人という三つの要素は、君主という唯一無二の人間の徳のおかげで、神聖な瞬間を通してのみ、意思の疎通が可能だった[31]。聖職者階級が存在せず、信者とアッラーの間にいかなる仲介者も認めないイスラム教のような宗教においてすら、シーア派はアリー[一四]――彼はまるで王のように見られていた――を仲介者にし、彼以後、彼の血を引く後継者を最高指導者《イマーム》にした。伝承によると、預言者ムハンマドはアリーにこう言ったという。「お前とお前の子孫は人類のための仲介者である。なぜならば、人類はお前たちの仲介なしでは神を知ることができないからである。[32]」

アテナイでは、君主制が廃止された後、供犠王〔という肩書きを持つ祭司〕が任命されていた。なぜならば、とフレイザーは断言している、それ以前は、供犠の儀式は王だけが持つ特権だったからであり、このことは祭司王がギリシャ諸都市を統治していたことを物語っている。[33]

ヒッタイトでもメソポタミアでも、王は神の前で国民を代表していたが、[34]エジプトでは、王は「神々の世界で」国民を代表していた。なぜなら、死ねば完全に神々の世界に達していたからである。[35]ゲルマン人の間では、「王は国民と神の間のカリスマ的な仲介者であった」。[36]社会が共和制を選択したために王が政治権力を失ったギリシャでも、王はオリュンポスの神々と人間たちとの仲介者であり続けた。[37]

多くの地域で、王は盛大な礼拝に出席するかまたは礼拝を司式する。アステカでは、王は自ら幾つかの儀式を行った。インカでは、王は最高の祭式執行者だったので、聖職者階級の頂点にいた。[38]アケメネス朝の図像には、ただ一つの宗教的テーマしか存在しない。それはアフラ・マズダ神の下の拝火壇の前で生け贄を捧げる君主というテーマである。[39]ヒッタイトでは、王と王妃はほぼ必然的に一年で最も重要な祭りを執り行っており、君主の典礼義務はしばしば政治的責務より重かった。君主の祈禱文は典礼を行う際の君主の怠慢について言及している。[40]エジプトでは、儀式の概念はファラオの概念と切り離せない。ファラオは、ファラオの代理人によって厳かにその役割が遂行されていた。と言うのは、ファラオがすべての聖域はただ一人の祭式執行者であり、祭式を執り行う者はすべてファラオの代理人であった。[41]つまり各寺院で祭式を執り行うことになっていたからである。[42]ファラオは奉納物を持ってきて、神に捧げ、きわめて多様な儀式を執り行ったが、いずれにせよ、彼は神と向き合って活動するただ一人の人間であった。もちろんファラオが同時にエジプト全土にいることは不可能なので、ファラオの職務は各寺院の大神官たちによって遂行されていた。それでファラオのこの形式的な存在が実際の存在の代わりになった[43]。こうしてファラオはもはや全然必要とされなくなり、その結果、ファラオの代理をするために典礼を「根分け」させなければならなかった。寺院は「現実の向こう側にいる王を称賛する一つのイメージ[44]」を提示した。王は自分が血を引いている神の生活の糧を保証することによって、孝心に基づく自分の義務を果たしているにすぎない、という指摘もある[45]。

中国では、各家族の長が祖先を礼拝するから、そして皇帝が天の子〔天子〕だからであろう、皇帝だけが天または天帝に捧げる生け贄の儀式を執り行うことができた。もし誰か他の者がしかるべき場所でそれを行えば、彼は皇帝の役割を果たす権利を自分のものだと主張したことになるので、反逆の態度を明らかにしたことを意味した[46]。数千年前に始まり、最終回は北京で一九一一年に催された（しかし〔ヴェトナムの〕トンキンでは、バオ・ダイ（二五）が一九四三年まで行った）荘厳華麗なこの儀式は――ごく稀な例を除いて――もっぱら首都の南郊に築かれた天壇（二六）という円丘の上で執り行われた。皇帝は聖域の側の「節制の家」〔斎宮《さいきゅう》〕にこもって、六日間の厳しい節制をしてそのための準備を整え、〔天帝のために〕一頭の雄牛を殺し、それから王朝の祖先たちにも生け贄を捧げた。この同時性は本書で強調したばかりの天崇拝と祖先崇拝の結びつきを証明している[47]。君主はまた地に生け贄を捧げ、冬季の休眠期間後の地の聖性の剝奪を行い、新たに神々を任命しなければならなかった[48]。

ほとんどの宗教現象学者にとって、多くの文明、特に原初期の文明では、王と祭司を区別することは不可能である[49]。と言うのは、双方の機能がしばしば同一人物の中で結合しているからである[50]。イスラム教スンナ派は今日でも聖職者を持たない唯一の近代宗教だが、これと同じように、かつては聖職者階級が存在していたとは思われない社会が数多くあった。すべての聖務はギリシャのアカイアとミノス文化期の王たちに帰せられるらしい。ピロスの王は basileus〔王〕の称号を持たず、wanax の称号を持っていた。この語は神を意味するが、しかし人間に付けられたものであり、畏敬の念を含んでいる。このことから古代ギリシャ文明研究者たちは、王およびそれと同等の者たちは王と大祭司の機能を兼ねていたが、後に切り離され、二つの機能は二つの血統——王の血統と聖職者の血統——によって分担された、と結論づけた。これと同じような進化は日本でも起きたに違いない。豪族時代、族長たちは自分たちの祖先とする部族の神々〔氏神〕に感謝の祈りを捧げていて、聖職者階級と貴族階級が専門化する前は、祭司の姿と君主の姿を同時に持っていた。(51) チベットでも同様のことが起きたと思われる。ここではボン教の発展期に、主権を有する一派——彼らはモンゴル人によって一三五一年に承認された——が二つに分裂し、一方は教権を掌握し、他方は俗権を掌握した。スキタイ人、スラヴ人、ゲルマン人の間では、占い(これは宗教的行為だろうか)を除いて、宗教的行為は王から家父に至る権力を有するすべての者によって、しかも彼らのみによって、遂行されていたらしい。(52)

祭司と王のそれぞれの状況はしばしば不安定で、変化を免れ得なかった。君主制に由来すると思われる、そして君主制がそれに立脚して自らの支配力を維持しようとした聖職者階級の形成については、すでに瞥見したところだが、祭司はその際王の単なる発出または王の代理人だった可能性がある。ポリネシアでは、傑出した酋長は王‐祭司ではなくて、彼の職務と威厳が当然のこととして彼に祭司たちに対する権限を与えていた。(53) インカでは、最高位の聖職者と大寺院の祭式執行者たちは皇帝の一族に属していた。(54)

しかしながら他の幾つかの社会を見れば、逆に、君主制は聖職に由来するように思われる。(一八) アケメネス朝ペルシャは〔ゾロアスター教の〕教会における君主の位置についてははっきりと教えてくれないが、しかし〔ササン朝ペルシャの〕アルダシール一世の遺訓はこの点をある程度明らかにしている。それによると、ササン朝の王は、少なくとも理論上は、教義の分野において権限を持っていたが、ペルセポリスの大祭司であった祖先から譲り受けていた宗教の分野におけるすべての権利を少しずつ放棄してしまっていたことが分かる。〔一説によると、〕王朝の創始者ササン（紀元二世紀末（生没年不詳））は〔ペルセポリスの〕アナーヒター神殿の大祭司で、この女神信仰の第一人者としての地位を継承した彼の息子パーパクは、その分、世俗権力だけを持つ君主たち以上に人気と威信を持っていたらしく、そのおかげでパーパクと彼の後継者たちは征服を押し進めることができた。当時、マゴス僧たちは社会の外側にいた。* それで宗教上の職務は「パルティアの体制が特権集団にしていた貴族たちのものになっており」(55)、他方、「儀式を執り行う際のこまごまとした仕事は取るに足りない者たちのものになっていたに違いない」。

* しかしながらキリストの時代、マゴス僧は、少なくとも異邦人からは、王と同一視されていた（誕生したイエス・キリストのところに赴く「王＝マゴス僧たち」を参照）。（一九）

5　王と聖職者の対立

教権と俗権の対立は、それらがもともと一人の人間の手の中で結び付いていた場合はなおのこと、軋轢を引き起こす恐れがあった。王と祭司は聖職の務めを果たす。王と祭司は当然のことながら神々との特別な関係をわがものと主張することができるし、また、国民の信頼を得ることもできる。したがって、一方が他方に規約に基づいて従属しない場合、両者は遅かれ早かれ対立せざるを得ない。一方が服従を強いられた状態にある場合、他方に対して逆らう可能性があるのである。すでに引用したアルダシール一世の遺言は彼の並外れた洞察力を示している。王は未来の自分の後継者たちにこう言い残した。「よいか、王国の公式な首長と宗教の非公式な首長は一つの王国の中で決して共存することはなく、宗教の非公式な首長は王国の首長が持っている権力をめぐって王国の首長と必ず争うことと心得よ(56)。」

古代のイスラエルは聖職者と王の曖昧な関係とその絶え間ない変動の典型的な例を示している(二〇)。預言者サムエルが神の命により、民衆の要求に応えて、サウル（前一〇三〇―前一〇一〇）を王として聖別した時、サムエルは軍事面での権限のみを与えたつもりだったが、サウルがそれ以上のものを要求したので、彼と対立した(二一)。しかしダビデとソロモンの時代に、君主制の影響力は増大した。絶対権力に対するダビデの熱望は明白であり、カナンの諸王の場合とほとんど違っていなかった。ソロモンの治世の初め、大石のある「重要な聖なる高台」ギブオン(57)は王が神に犠牲を捧げる場所であり、その祭壇は神殿が建設されるまで用いられた(58)。王が聖職に係わったのである(二二)。王〔ダビデ〕は祭司の儀式用の服を着、民を祝福し(59)、犠牲を献《ささ》げ、神と人間との執《と》り成《な》し人《びと》をもって任じた。王〔ダビデ〕は主の箱の前で踊った(60)。王はその時聖職者だったのだろうか。たぶんそうだった。が、フレーヌも言っている(61)ように、いついかなる時でも王が大祭司と同一視される可能性があると思うのは間違いであろう。と言うのは、しっかりと確立された聖職者階級によって取り囲まれたユダヤ王国の時代でさえ、王は何よりもまず国家の元首だったからである(62)。

しかしながら軋轢は起きた。大祭司は王座との間に距離を置き、それから王座に対する優位を確立した。王の埋葬場所の問題が両者の確執を決定的なものにした。より正確に言えば、確執の重大さを明らかにした。王国の初期は、歴代の王は神殿〔と王宮〕の側に埋葬されていたが(63)、誰もそのことに文句をつける者はいなかった。ところが大きな声があがったのである。「王たちが死ぬ時、彼らの敷居をわが敷居の側に置いて、イスラエルは王たちの死でわが聖なる名を汚すことを止めよ〔……〕。彼らは彼らが犯した憎むべきことによってわが名を汚したので、私は怒りをもってこれを滅ぼした(64)(二三)。」

イランに戻ってみよう。情報が不足しているということはすでに述べたが、実際、ゾロアスター教の聖職者階級とアケメネス朝の関係はほとんど分かっていない。しかしササン朝が先祖が聖職者であったことから得ていた教権の維持を気に掛けていたのはかなり明白である。アルダシール一世とその後継者たちは、絶対主義と貴族階級の大勝利の時代、たしかにゾロアスター教を国家宗教にした〔二二〇年〕。が、彼らは聖職者の社会的地位の向上と階級の形成を抑制したようだ。シャープール一世（二四一―二七二）(二四)の三カ国語で書かれた碑文には、七十人の待臣の名が記載されているが、祭司の名は一人しか含まれておらず、このことが教会の長は君主自身だったに違いないと推測するのを可能にした。シャープール二世（三一〇―三七九）(二五)の治世には、マゴス僧の階級は厚遇を得た。こうしてこの階級は一定の役割を果たし、一定の地位を占め、由緒正しい家柄の貴族に比肩する特権集団を形成するようになった。(65)マゴス僧たちが後に諸王の王〔ペルシャ大王〕と対等になる最高指導者《モバタム・モバド》 *mopatam mobado* に導かれるようになったのも、この前後からである。

政治権力を握ろうとする聖職者の試みはしばしば失敗した。アクエンアテン〔アメンヘテプ四世〕（前一三七二―前一三五四）(二六)の治世のアメン神殿の神官たちの試みは挫折した。ローマによる征服直前の、諸王国がまさに崩壊し消滅しようとする時のケルト世界におけるドルイド僧たちの試みは、当然、長期間の成功を収めるはずがなかった。ディオン・クリュソストモス(二七)によると、この試みはそれでもやはり典型的なものだった。「ドルイド僧たちの治下では、すべての指揮権が彼らの手に握られていたため、王たちには自ら行動することも決定することも許されていなかった。王たちはドルイド僧たちの僕《しもべ》、ドルイド僧たちの意思の遂行者でしかなかった。(66)」君主制が生き残っていて、聖職者階級と民衆との仲介者の役割を果たしていたところでは、「家臣は誰一人として王より先に話をしなかったが、しかし王は決してドルイド僧たちより先に話をしなかった。不幸にしてこの規則を犯した者には、死が待ち受けていた」。ドルイド僧たちは、王権をあえて要求することなく、王の候補者および王の選出と統治の実権を握っていた。(67) 彼らは王たちが権力によって腐敗堕落したことが分かれば、王たちに死を宣告しさえしていたのである。

チベットでも、十六世紀半ばにダライ・ラマが出現して、修道僧たちが目覚ましい勝利を得たが、それはむしろ教権と俗権の神権政治体制における合体であった。(二八) と言うのも、その合体は「古来の王権と観世音菩薩《アヴァローキテーシュヴァラ》の永遠の生まれ変わり」という二重の意味を持っていたからである。(68)

いずれにしても、一つの和解手段が最良の解決方法であった。すなわち、一方では、何でもすることができるわけでもなく、すべての宗教的権限を持っているわけでもない王が聖職者を必要とし、他方では、単に自分たちの身を守るためだけでなく、既存の宗教の保護のためにも、聖職者が王を必要としていた。もっともそのことは必ずしも両者の軋轢を妨げはしなかったのだが……。

インド思想は一貫して暴力に反対したが、多くの人々から見れば、暴力は騎士階級《クシャトリア》の一員である王によって体現されていた。それでインド思想では、バラモンによる王の排除ないし厳しい制御が切望されていた。十八世紀の観察者たちは、〔インドのヒンドゥー教諸国では、〕バラモンが藩王《ラージャ》に主導的影響力を行使していると断言しただけでなく、君主の権力は責任あるすべての地位を占めている聖職者の権力を十分に隠しきれていないとまで言っている。さらにまた、バラモンが幾つかの特権と〔その言動には常に〕道徳的な意図があるのだろうという〔他の階級からの〕推定を享受していたことも知られている。しかしながらインド人は、君主制の廃止による暴力の廃止という考え方は無意味で、実現不可能で、したがって有害であると説明する。(69)『マハーバーラタ』が、騎士を自滅へ導くという理由で、統治方法としての暴力の愚かさを明らかにすることと、騎士たちの絶滅が可能であると考えることとは別なのである。パラシュラーマ（斧を持つラーマ）の神話は、神〔ヴィシュヌ〕の化身〔ラーマ〕と同盟を結んだバラモンたちが、彼らの主導権を認めようとしないクシャトリア族を滅ぼすためにどのようなことを試みたかを物語っている（二九）。しかしそれは本来あり得べからざる任務だった。だから騎士階級は、もはや存在してはならないように思われるにもかかわらず、彼らの未亡人たちと若いバラモンたちとの結婚によってすぐに蘇ったである（70）。

現実を直視しなければならない。バラモンには政権を批判する永遠の権利と、全体的に見れば有効な政権に対する強制手段（示威運動および特に断食）が残っている。君主の権力は、権限の分離についてあえて語られるほど、限定されている。すなわち、王は執行権と裁判権を有し、聖職者は教権を有する。立法権は、制定すべき法律がないので、誰にも帰属しない。神を起源とする前もって定められた聖法《ダルマ》（三〇）は新たに法を作ることを許さず、もっぱら既存の法を知りかつ的確に解釈することだけを要求する。王は聖法《ダルマ》の受託者であって、聖法《ダルマ》に従属する（71）。君主には政治を、聖職者には宗教をというわけだ。王座が空位のままになるというようなことは頻繁に起きるものではない。しかし、かつてカシミールであったように、もしそんなことが起きた場合は、バラモンに助けを求めることになる。もっとも、歴史は皮肉なもので、カシミールでは、バラモンは議論に没頭して、結局は成り行きに任せてしまった。

6　王と呪術師

王と、常に非常に人気があって、聖職者や君主と同じ価値観に依拠しない呪術師との間では、軋轢の可能性はさらに大きい。ファン・デル・レーヴは賢明にも、王の権力と同じくらい強くて、それと容易に競争し得る呪術師の権力に注意を促した（72）。君主には、雨を降らせ、夢判断をし、将来や戦争を占うといった、呪術師たちを無関心にさせておかない特権が転がり込む。しかし極小国家の場合を除いて、王は人々から遠く離れたところにいるが、呪術師は身近にいる。王は唯一無二の存在であるが、呪術師は同時にいくらでも生み出される可能性があり、さらにまた、日常のすべての問題に取り組む――これが支持者の獲得を保証する――可能性がある。したがって、もし呪術師が抜け目がなければ、彼の名声は途方もなく高まる可能性がある。その事例はメラネシアとオーストラリアで確認されているが、そこでは呪術師は酋長も含むすべての人の服従を要求することに成功したという[73]。

モンゴル帝国が誕生した時は、呪術師たち――この場合はシャーマン――と、チンギス・カンの名の下に非常に強大な力を獲得したばかりの帝国との間の最も有名な衝突の一つが起きた。十三世紀の初頭、シャーマンの高位者ベキ[三一]たちは、シベリアの森林地帯でもステップの一部でも、あちこちで〔神権的〕首長制を達成したかまたは達成したいと切望していた。それまで幾世紀もの間、彼らは高地アジアを支配した強力な諸帝国によって呪術-宗教的役割の中だけに押さえ込まれ、しっかりと監督されていた。おそらくそのために、現地人の記録はシャーマニズムに言及しておらず、したがって、もし我々が、簡潔にではあるが、異邦人の資料によって知らされていなかったならば、シャーマニズムの存在すら疑われていただろう。反動は遅れた分だけ、そしてシャーマンたちの成功が、政治的空白が明らかに存在したほど、華々しかっただけに、よりいっそう暴力的だった。

テブ・テンゲリ（「天《あま》つ神巫《かんなぎ》」）[三二]はモンゴル族の大シャーマンだった。彼の父は未来のチンギス・カンの少年期にすでに相当な役割を果たしていたが、彼はそれよりもっと大きな役割を果たした。と言うのも、彼は、天はチンギス・カンに「私はお前を民人と王国の頭にした」と言うために、彼を代弁者として選んだのだ、と周囲に宣言して、チンギス・カンの即位〔一二〇六年〕を準備したからである。それでチンギス・カンの即位後、テブ・テンゲリは自分をほとんど必要不可欠な存在だと思い込んだ。いわゆる汗《カン》メーカーとなった彼は、未来の征服者が神の子であるというのは彼を通してであり、彼に依存しており、彼がそのことを改めて問題にすることができる、と主張した。彼の傲慢さは幾らも時を経ぬうちに限度を知らなくなった。彼は汗家の問題に介入し、不和の種をまき、君主の兄弟たちを誹謗中傷し、そのうちの一人を君主に逮捕させた。チンギス・カンは君主であるにもかかわらず、すべての者を自分の前に服従させているこの大シャーマンに抵抗しなかった。チンギス・カンは恐れていた。彼は気弱になって、譲歩した。彼は自分の才覚によって得たものを、この敬意、神の名において話していると主張するすべての者〔シャーマン〕に対してモンゴル人が生来持っているこの敬意によって、失おうとしていた。女たちが注意を喚起した。彼ほどは気弱にならなかった彼の母と妻が、戦う必要がある、と彼を説得した。彼はついに決心した。ドラマチックな対話の後で、彼は自分のライバルを殺すよう命令した。それで彼の部下たちが彼のライバルの背骨を打ち砕いた。

制度を気にしたのか、返された職務に感謝したのか、あるいは死んだシャーマンの力をまだ恐れていたのか、チンギス・カンは彼に礼を尽くし、彼は身ぐるみ天へ昇っていったと宣言して〔――この大シャーマンの屍は、見張りを立てていたにもかかわらず、帳房《コシリク》の中から死後三日目に忽然と消え去ったことになっている――〕、彼の遺徳が忘れ去られるのを防いだ。はたして、彼の遺徳は帝国が存続する間中称揚された。その後、チンギス・カンは新任の大シャーマンを完全に自分の支配下に置き、多くの称号を与え、優遇した[74]。

7　神の命令

王の神聖な出自または神性への関与は、王が常に神の力と完全に調和を保って行動するのを、少なくとも、神の意思を躊躇なく認識するのを可能にするように思われる。が、それは全く事実ではない。王はどのように行動したらよいのか分からない。王は導く必要があるし、命令する必要もある。神々が要求し、決定し、期待するものは、すべて必ず王を通して伝えられる。なぜならば、王は執り成し人であり、立法者であり、執行人であり、国民の代表だからである。古突厥の碑文が述べているように、天は王に「圧力をかけ」、他の神々は王と共にいる。この圧力はかなり心理的なものに見える。とはいえ神秘的な状態は、冷静さを保っている君主たちにおいては、稀である。それは、たとえばアクエンアテン〔前一三五一―前一三三四〕のような、非常に信心深い人物たちにおいて見られるだけである。彼はこう宣言した。「〔おお、神よ、〕あなたは常に私の心の中にいます。あなたの息子以外に、あなたを知る者はほかにいません〔……〕。なぜならあなたはあなたの息子にあなたの思し召しと権能を教えたのですから(75)。」

このようなテキストはきわめて例外的なものであり、たいていの場合、我々は神がどのようにして自分の指示を伝えるのか分からないということを認めざるを得ない。「神託が至聖所から来るのが聞こえた」、「神自身の命令が聞こえた(76)」と解読されるエジプトの資料から、我々は何を理解すべきなのだろう。メソポタミアの王はきわめて重要な任務の一つである神の命令を解釈するという行為をどのようにして行っていたのだろうか(77)。時折り、天使、霊、鷲等の使者について語られることがある。しかしたいていの場合、何も語られない。とはいえ、神が〔命令を〕王と――王を介してだが――国民に知らせるために用いる夢が最も使用頻度の高い手段であることは間違いない。メソポタミアで、そしてたぶんカナンでも、人々に勝利が予告されたのは王の夢のお告げという手段によってである[78]。また、どうしたら神々を満足させられるかと心配していたヒッタイトの王と王妃が一つの解答を見出したのも、やはり王の夢のお告げによってであった[79]。

啓示《メッセージ》は明確に伝わることもある。しかしたいていの場合、それは夢占い師でない者には漠然としていて、分かりにくい。こうして専門家に助けを求めざるを得ない状況に陥ると、王はある程度まで専門家を頼る。ケルト人〔の王〕がドルイド僧や詩人の意見を聴くことが義務づけられていたのは、たぶん偶然ではあるまい[80]。ファラオは、たぶん最も有名な夢で七年間の飢饉が告げられた時、ヘブライ人のヨセフという専門のまたは臨時の夢占い師に助けを求めた[三三]。

ヘブライ人もエジプト人も夢占いが最も重要な位置を占める民族に入る。聖書ではヤハウェは族長たちや後の王たちの睡眠中にしばしば現れた。たとえばソロモンの夢の中で、ヤハウェは「何事でも願うがよい。あなたに与えよう[81]」と言った。エジプトでは、王や大貴族に義務づけられていた（たぶん）「夢の中での神の顕現」は、特にそれが昼間に起きた場合、「神聖な予告」であった。我々が知っている最も古い夢〔のお告げ〕は新王国時代（前一五八〇年から[三四]）のものであるが、それ以前にはそんなことがなかったというわけではない。夢のお告げはしばしばあった。ある時は、神は戦いの成り行きを心配する王の夢の中に現れて、彼に勇気を吹き込んだ。またある時は、神は「自分の息子」に命令を下し[三五]、自分の寺院や像の状態が悪い、と不満を言った。未来のトトメス四世（前一四二五頃—前一四〇五）がメンフィスのスフィンクスの近くの砂漠で狩りをしたある日の昼、彼は疲れて、横になり、眠りに落ちた。すると夢の中で、神が彼にお前は王になるだろうと予告し、スフィンクスを砂の中から掘り出すよう要求した[82]。アメンヘテプ二世（前一四五〇―前一四二五）[三六]は単純で典型的な夢のお告げを受けた。陛下《ファラオ》は横になって眠った。すると夢の中で、アメン神が陛下の前に現れて、陛下に強い体力を与えた。このことはエジプト人のイデオロギーと合致する。と言うのも、アメン‐ラー神は「ファラオの四肢の魔法のような保護と君主としてのファラオの保護を保証するもの」[83]だからである。

中国では、夢占いは戦国時代（前四〇三―前二二一）に流行になり、夢は神々が自分たちの意図を人間に伝えるために用いた長自然的な方法の一つと見なされていた[84]。中国の夢幻は一つのかなり際立った特徴を示している。夢の中で起きたことと目覚めている時に起きたことは、特に王の受胎の問題では、同じ価値を持つのである。実際、未来の王の奇蹟的な受精が夢の中で実現されたことも稀ではない。晋王朝の祖先は、天〔帝〕が〔周の〕武王の愛妾の睡眠中に、「私はお前の息子に禹帝≪Yu le Grand≫〔正しくは虞（晋王朝の祖）〕の名を与えよう」と語りかけたその言葉によって受胎された[三七]。漢以後、それまで例外だったこの手法が〔王朝の神聖化の〕通例に、少なくとも正史に付きものの決まり文句に、ほぼなっていく。太陽か月、強烈な光か龍、または王の像《イメージ》が一人の女性の体内に入り込むか彼女を包み込むかして、彼女に受胎させるのは、万人が眠る夜の間であった[85]。

8　殺す権利

私はこれまでに書いた幾つかの著作で、人間や動物の血、特に「最初の血」――まだ何も殺していない時に、すなわち狩猟シーズンの始めや開戦の時に、一人の生娘の処女を奪うことによって流した血――を振りまく際に冒す危険を大いに強調した。すべての行動は、それが初めての時、危険が増加する。特定の殺人者集団——戦士、犠牲を捧げる祭司、猟師、屠殺業者——が存在するのはそのためである。彼らは必要不可欠な儀式を知っているし、殺す責務を負っている。今日、我々は暗殺者と兵士、密猟者と許可証を持つ猟師を区別することができる。また、人はすべてのことに——最悪のものにも——どの程度まで慣れるかということや、暴力は伝染しやすいということも分かっている。こうした認識は、聖なるものがあらゆる存在をまだ包み込んでいた頃は、よりいっそう人々の心に残っていた。人を殺すことは、通常、本人が殺されることを受け入れる場合にしかあってはならないことである。「人の血を流す者は、人によって自分の血を流される」と旧約聖書は言っており、イエスも「剣《つるぎ》を取る者はみな、剣《つるぎ》によって滅びる」(86)と言っている。

私はこの主題について私が最近書いたことを何一つ変更しないし、今後この主題を取り上げるつもりもない(87)。その代わりに、私は血への恐れが殺害を禁じる唯一の理由ではないということを十分に強調しなかったような気がする。と言うのも、もう一つの理由も全く同じくらい重要だと思えるからである。その理由とは、唯一、生命を与えることができる神だけが死を与える資格がある、ということである。そういうわけで、人間一人ひとりの前には、ヒンドゥー教やジャイナ教の試み(三八)にもかかわらず、より一般的に言えば、非暴力の教えにもかかわらず、食べていくために、または攻撃者から身を守るために、人を殺す必要に迫られることが今なおあるとしても、各人にそうすることを思い止まらせるほとんど越えられない二つの障害が立ちはだかっているのである。人を殺す権利は無制限に誰にでも与えられることはあり得ず、それを享受することによって、自分がどのような危険に身をさらすことになるか分かるので、専門家でない者が血を振りまく時は、自分に任務や許可を与える権威者を盾に取らなければならないが、権威者自身は、神との絆によって人を殺す権利を有するがゆえにこうむる危険を、常に負っている。その権威者とは部族段階の族長であり、国家段階の王である。

9　戦争と王の狩り

狩りは個人的なもの（「小規模の狩り」）でもあり得るし、集団的なもの（「大規模なもの」）でもあり得る[88]。それに対して、戦争は決して一個人の行動ではない。双方には、今日では我々が見落としているが、しかし我々の祖先の目には明らかに見えていた幾つかの類似点がある。彼らは、狩りも戦争も同一の手段を必要とし、同じような成果を得ることをよく知っていた。また彼らは我々以上に動物の世界に敬意と注意を払っていた。蛮族〔ギリシャ人以外の民族〕と獣を同一視していたギリシャ人[89]たちは、「最も良くて、最も有益な戦争は、獣の残酷さとは概して対極にいる人間同士の戦争である」と言っていたが、アレクサンドロス大王もこの同一視を行っていた。そしてそんな彼にとって、狩りと戦争との間には、本質の差異ではなく、程度の差異しか存在しなかった[90]。それから千八百年後に、イラン人たちがモンゴル人について語る際、同じような考えを述べている。「狩りは軍隊の指揮官に適した仕事である。なぜなら、狩りには軍事にも通じる教訓が数多くあり、獣を殺すこと、獲物の全数調査、生き残ったものへの容赦〔狩りでは、種を絶やさないために〕など、一つひとつ細かい点で実によく戦争に似ており、類似しているのである[91]。」

狩りと戦争は、正当防衛の状態にある場合以外は、どのようなケースを取っても、組織されたものである。今日でも、戦争は布告され、条約によって終結し、その際に決められたことが尊重されている。一方、狩りは定められた日に開始され、幾つかの禁止事項に従う。動物を存続させること、これが何よりも大事なことである。かつては誰が、どこで、いつ、どのように殺すのかを知っておく必要があった。若い動物だけでなく、時には雌も殺すことができなかった。狩猟区に追い込まれた動物のうちの一部は生かしておかなければならなかった。動物保護区（狩猟鳥獣保護区）と狩猟禁止期間（祝日、動物の妊娠および出産の時期）があった。敵と狩猟（鳥）獣への接近、それらの打ち殺し方、皮の剝ぎ方、死骸の処理の仕方は定めに従っていた。狩りと戦争のための儀礼は至る所にそして常におびただしく存在した。それらの儀礼はよく知り、尊重しなければならなかった。犠牲（者）について言えば、人々は犠牲（者）が属していた集団の復讐だけでなく、あの世から犠牲（者）自身が必ずする復讐も恐れていた。獲物〔犠牲（者）〕の生活共同体すなわち群れまたは部族のすべての構成員は、その死によって、自分たちの力が弱くなったと感じ、一方、捕食者たちの生活共同体のすべての構成員は、たとえそのうちの一人がしたことであっても、彼の行動に対して責任があった。それゆえに、殺害の規則を定め、殺害を可とする決定を下す義務と権利は集団にある。そのことはフロイトが明確に述べている。「犠牲者の処刑は個人には禁じられている行為であり、部族がその責任を負う場合にしか正当ではなかった(92)。」

　紀元前四世紀のギリシャでは、暴力は有害であると見なされ、猟師は社会の枠からはみ出た危機的状況にある人物と見なされていたが、プラトンは「追跡が認められている獣、追跡の仕方、猟師（一人または複数）の年齢は各都市国家《ポリス》によって定められた社会の規則に従っている(93)」ことを知っていた(三九)。プラトンの都市国家《ポリス》やフロイトの部族は、殺害者の身はより直接的に危険にさらされている、と思っているので、確信はないものの、一応安心していられた。つまりどちらも、犠牲を捧げる者（自分のために犠牲を捧げる当事者）の方が儀式で犠牲を捧げる祭司よりはるかに責任がある、ということを知っていた。実際、イピゲネイアの死の責任を負うのは、〔祭司の〕カルカスではなく、彼女の父アガメムノンと彼の背後にいる彼の仲間たちである(四〇)。狩りや戦争で恩恵を受けるのは、猟師や兵士ではなく、狩りによって食料を供給される者たちであり、戦争〔勝ち戦〕によって裕福になる者たちである。猟師や兵士は極度の不安と危険の中にいる。彼らをそこから解放するために王がいる。王とは救世主であり、猟師や兵士と神から発出した者であり、言い換えると、神の名において殺害することが許された者である。王には、味方の者を守り、彼らの生活を支え、彼らを繁栄させる義務がある。王は典礼に誰よりも精通しており、王だけが、自分と出来事との間に置いている距離によって、暴力の伝染を抑制することができる。

人々が是が非でも忘れてすっきりしたかった殺害の非常に重い責任をすべて王に負わせた以上、それと同時に、殺害を行う独占権を王に託するよりほかにしようがなかったのだ。その時から、行動させるものは王にある。古代中国人によると、戦闘が続く間、太鼓を叩いて自分自身の熱意のこもったリズムを送り続ける司令官の気息は、全兵士に伝わっていたという。(94)(四一) ゲルマン人の見方も、タキトゥス〔の『ゲルマーニア』〕に基づいて判断すると、これとほとんど違っていなかったに違いない。タキトゥスは情報通だったが、その内容をよく理解しないまま、次のように述べている。「戦場では、〔従士に〕引けを取るのは〔郷の〕首長《プリンケプス》の恥辱であり、〔……〕。首長を守り、首長を庇い、自らの勇敢さによる戦功さえ首長の名誉に帰するのが、従士の第一の誓いである。まことに首長は勝利のために戦うし、従士は首長のために戦う。(95)(四二)」

君主にとって、狩りと戦争は宗教行為に属し、王者の行為となる。宗教行為。たとえば、歴史はササン朝の祖ササンをアナーヒター女神の祭司にし、その子パーパクを狩人兼戦士にしているが、神学なら同時的なものとすることを、歴史はこのように連続的なものとしているのである。(96) 王者の行為。ギリシャの英雄は、素手で戦い、一つの偉業をなし遂げた狩人である。『オデュッセイア』には、〔若き〕オデュッセウスがすべての野獣、すべての蛮族のイメージである大猪狩りに一人で出かけたという話が紹介されている。(97)(四三)

ヘロドトスはこの種の大猪狩りを〔リュディアの〕クロイソス王（前五六一―前五四七）の息子〔アテュス〕がなし遂げた時のことを描いているが、ここでもやはり王の役割と狩りの等価性の確立が見られる。この挿話は劇的である。王は野獣から国民を守る義務がある。それで王は、〔大猪退治をミュシア人が請願した時、〕王子〔アテュス〕を派遣することに決めた。王子はより抜きの青年たちを連れて、現地に赴いた。しかし王子はそこで命を落とした。彼は国民を保護するために、父王の身代わりとなって、いわば野蛮さに犠牲に捧げられたのである。(98)(四四) ペルセポリスの百柱の間の東と西の戸口にあるアケメネス朝の浮き彫りには、写実的だが複数の様式が混在している、一匹の猛獣を打ち倒すペルシャ大王の雄姿が圧倒的な表現力で描かれているが、それはペルシャ大王の力が敵の力を見事に破壊する時のやり方を想い起こさせる。ギルシュマンから見れば、弓を引く王の表象には、王が神意の協力者であるという意味合いがあるが、(99)(四五) しかし動物に対する勝利は王の特権である。(100)

ある程度重要な国では、王は自らすべての狩りを行うことも、すべての戦線で戦うことも不可能である。そこで王は祭司としての自分の役割を委任すると同様に、全軍の最高指揮官および狩り出しの最高責任者としての自分の権限を将軍たちや狩猟係に委譲した。正当な権力を初めて与えられる者がいる場合、権力の委譲には、権力を神聖化する儀式がしばしば伴った。地方の要求や社会の構造しだいで、程度の差こそあれ、狩猟権や戦争権の所有者は多かった。王の権力は、順を追って、より下級の封建領主、族長、さらには家父にまで降っていくことが可能だった。逆に、生態学的配慮からも、王国内の平和を維持したいという願望からも、王の権力は再び原点に立ち戻り、それ以後は、君主にしか属さなくなる可能性もあった。そのためモンゴル帝国には、たとえばマルコ・ポーロが次のように指摘している状況があった。「どのような高級貴族、騎士、貴人であれ、鷹匠の頭の指揮の下に入らずに狩りをしたり、狩りの正当な特権を手に入れたりすることはないと思われる。」[101][四六] このような例はほかにも多数引用することができるだろう。

10　初夜権

生娘の処女を奪うことは暴力を前提とする。この時、彼女は中性的存在である若い娘から、不浄の存在である女に変貌する。彼女は強姦者を自分の処女膜の血に触れさせる。これは彼女にとって初めて経験する行為である。それだけに、これを特に危険な行為と見なす四つの典型的な理由がある。[四七] 処女性という理想が、もっと不純な気持ちを起こさせないように、一つの特権を我々に見せつけているところに、圧倒的多数の民族――古代人だけではない――が試練と危険しか見出していない。この試練と危険から免れるためには何をしてもいい。そこで人は自分で処女を奪うことが義務づけられると、結婚によってその行為を神聖化し、初夜すなわち「トビアの夜」[四八]またはそれに続く幾晩かの禁欲によって、それを延期した。その際、配偶者同士は同じ床に就くが、二人の体の間に一本の棒（『ヴェーダ』時代のインドで）または一振りの剣（古代ゲルマン人の間で）を置き、そのうえ一人の証人によって二人を見晴らせた。そしてそのようなやり方が義務づけられていない場合は、第三者――超自然的存在〔天使、妖精など〕、祭司、通りすがりの人、何らかの物――にその代役を頼んだ。[102] ヘロドトスによると、リビアのシルテ湾岸〔のナサモン人の間〕では、〔「男が初めて婚礼を挙げる時、」〕結婚式の夜、宴席に招かれたすべての客が花嫁と交わることができたし、バビロンでは、年に一度、結婚適齢期のすべての処女が集められ、競売にかけられていたが、家に戻った後は、彼女たちは固く操を守っていた。[103][四九]

最良の参加者は、私が狩猟と戦争に関して述べたすべての理由で、王であったが、しかしそれだけではなく、王が誰にとっても他者であり、また王との交合から子供が生まれたら、家族が名誉を得られるからでもあった。もちろん、我々が俗に「太股《ふともも》の権利」と呼んでいるこの初夜権も、狩猟権や戦争権同様、王から最も取るに足りない田舎貴族に渡る可能性があった。かつては初夜権は大いに行使されていたと言われていたが、しかし実際は、処女とその婚約者の抵抗の結果ではなく、王や貴族たちが気乗りしなかったために、ほとんど行使されていなかったらしい。

11 フランス革命の偉大なる成果

君主の狩猟権と戦争権に関する史実ほど我々が思い違いをしている、と言うよりむしろだまされているものはない。〔近世になると、〕君主の特権が負担によって正当であると証明されていることと、それなりの存在理由を持っている――または持っていた――ことが忘れられて、君主がそのような特権を持つのは言語道断だと思われた（君主の特権は、見方によっては、言語道断であったか、または言語道断なものになったということは認めなければならない）。それで狩猟がすべての人に許された時、そのことはフランス大革命の偉大な成果の一つと見なされた。*確かに、大衆への狩猟の許可は大革命の成果の一つであるが、しかし人々が言ったほどには偉大なものではない。御多分に洩れず、それには難点があった。生態学的危機を招いたのである。たしかに、人口が大幅に増加したからでもあるのだが、この狩猟許可は幾種類もの動物の消滅とその他の種類の動物の希少化という現象を引き起こした。そしてまた、いわば衝動的な殺害者を育み、人が動物に対する愛着を失うのに貢献し、自然を俗化した。狩猟と戦争は同じものであるということが忘れられ、両者は部分的に切り離されてしまった。戦争がしょっちゅう勃発するというようなことがあってはならないし、戦争のことは誰か一人が決定しなければならないという意識があったからこそ、戦争を開始する役割と集結する役割が国家元首に委ねられたのであった。しかしながら〔大革命以後、〕国民が戦争に参加させられた。そして誰もが戦う権利――すなわち義務――を持った。換言すれば、しばしば非常に長期にわたって国民の肉体と精神の自由を奪う兵役期間中に、誰もが人を殺し、自分も殺される権利（義務）と人の殺し方を学ぶ権利（義務）を持った。

＊　一七八九年八月四日の夜に廃止された最初の特権が、狩猟、ハーフティンバー〔柱、梁、斜材などの木材を外部に露出させ、その間を石材、土壁、煉瓦などで埋める家屋の構造〕、穴うさぎの生息する森等の諸権利であった。

当然、それ以前にも、外国軍の侵略から祖国を防衛するための国家総動員はあった。が、それは重大な危機が起きた時にしか行われなかった。通常は、特にキリスト教世界とイスラム教世界の君主国は、軍隊を外国人傭兵と職業軍人だけに限定していた。これとは逆に、蛮族と呼ばれていた諸民族は、自分たちはみな戦うのを職業としていると考えていて、世界を荒廃させずにはおかない戦いを喜び勇んで行っていた。新しいイデオロギーはこの蛮族の水準に後退して、敵対する民族同士を全面的に戦争に駆り立て、十九世紀と二十世紀のとてつもない大殺戮を引き起こした。かつては非常につましく制限されていて、君主と君主がその責務を与えていた者たちにしか認められていなかった殺す権利は、狩猟権同様、そして狩猟権が民主化された結果必然的に、民主化された。これがフランス大革命の偉大なる成果である。(五〇)

12　王は裁く

人間は本質的に不公平である。しかし人間は正義感に燃えている。人間が死者たちの審判というものを理解して――人によっては、思いついて、と言うだろう――、慈悲深くて厳しい自分たちの神が結局正義であると考えたのは、それは正義、人間が地上で見出せるとは思っていなかったあの正義への渇望によるものだ。君主が裁判を行うのを第一の務めとするのは、神の裁きをある意味で先取りするただ一人の人間として、すなわち神を代理する者としてなのである。「あなたは正義を愛し、〔……〕。このゆえに神、あなたの神は喜びの油を〔、あなたのともがらに勝って、〕あなたに注がれた[104]。」また箴言には、「悪を行う者たちは、王の前では、憎むべき者たちである。なぜなら王の位は正義によって堅く立っているからである[105]」と述べられている。正義は王権の基礎にある。『王の書《シャー・ナーメ》』は一人の高官に次のように語らせている[106]。「神は〔……〕正義のために王を作ったのです、その正義が実現するように、そして不正が廃されるように。」すると大宰相がこう付け加えた。「正義が行われると、耕作は増え、地租の収入は安定し、臣民の心は落ち着いて、物事に動じなくなる[107]。」セルジューク・トルコのイラン人大宰相、ニザーム・アル・ムルクは自分の遠い先人が述べたことを忘れていなかった。「王は、と彼は言ったものだ、神の満足を維持することに専念しなければならない。真理そのものである神の満足は、君主が人類に施す善行によって得られるが、そうなるためには、人類に帰すべき正義を人類に適合させさえすればよい[108]。」さらに後に、オスマン帝国で法としての力を持つ「公正の輪」と呼ばれたものが再び同じような考えを述べている。「軍隊なくして国家はなし。金なくして軍隊はなし。満ち足りた臣民なくして金はなし。正義なくして満ち足りた臣民はなし。国家なくして正義はなし[109]。」

　王に存在理由、と言うよりむしろ存在理由の一つを与えるのは、正義である。正義は王と共に生まれたり再生したりする。アヌ神とエンリル神は正義を確立するためにリピトイシュタル（前一九三四―前一九二三）[五一]を招いて、〔メソポタミアのイシンの〕王位に就けた。「そこで、余、リピトイシュタルは〔……〕、シュメールとアッカドに正義を確立する。」[110]正義は名誉を救い、復讐の仲裁をする、とゲルマン人たちは言っている。[111]正義は王から自発的に発出する。正義は王にある。アブラハムを祝福したいと高き神〔ヤハウェ〕の祭司、謎のメルキゼデク[(五二)]は、その名が示す通り、「正義の王」(*Melik* は王、*sadek* は正義のの意)[112]であった。ローマでは、皇帝が存在しているだけで、正義がおのずから明らかになった。コンスタンティヌス大帝(三〇六—三三七)[(五三)]が近東遠征から帰ると、かつて評判を落とした一人の将官が宮廷に姿を見せて、みなから大いに顰蹙を買った。しかし大帝は彼を捕らえるのを拒否し、「彼が有罪なら、自ら自分を罰するだろう」と宣言した。はたして翌日、その将官は円形競技場で皇帝の演壇の正面に座り、皇帝と視線を合わせた。と突然、彼が寄り掛かっていた手すりが崩れて、彼は死んだ。メスランが言うように、「君主の視線によって、神の裁きが行われる」[113]のである。

王は裁き、そして正しい。正しくなければ、王にはなれない。詩篇は歌っている。〔「神よ、〕「彼〔王〕が正義をもってあなたの民を裁きますように。もろもろの山は民に平和をもたらし、もろもろの丘は正義をもたらしますように。彼は民の中の不幸な者たちの訴えを認め、貧しい者たちに救いを与え、虐げる者を打ち砕きますように。」[114][(五四)]エジプト人は言っている。アメン神は真実と正義で生きている。人々は自分たちが生きている間に知りかつ実行した真実と正義をアメン神に捧げて、アメン神と共存しなければならない。その代わり、アメン神は人々に至福と富の分配をもたらす。[115]

王は正しい。しかし王は慈悲深い。王がどちらか一方だけであるということはあり得ない。なぜなら王は恩恵の主権者であり、命の賦与者であり、保護者であるからだ。少なくとも、王が受刑者の最後の頼みの綱、最後の希望であることは、最後の瞬間まで受刑者の苦悩を和らげてくれる心理的な必要事である。そういうわけで、我々は少なくともこの要素を忘れていなかったから、〔フランス〕共和国大統領に恩赦の権限を残したのである。しかし正義と寛大さは矛盾しており、大統領を矛盾した立場に置く。大統領は対等だがしかし対立する二つの義務の間に挟まれている。とはいえ、実は、これら相容れないものが宗教史を当惑させたことは決してない。ダレイオス一世（前五二一—前四八六）（五五）の碑文は、正義と寛大さを兼ね備えた帝国主義を冷静に称揚する一種の信条《クレド》〔の披瀝〕である[116]。

至高の裁判官である王は全知であり、間違いを犯すことはあり得ない。カンボジアでは、王は争い事を正しい判断に従って解決することを第一の務めとしており、王の審判は人間がするどのような裁きにも勝っていた。それで人々は最後は王に訴えた。王が下した裁定は常に双方にとって完全に満足のいくものであった[117]。

王の正義は万人に平等に行き渡らなければならない。これは国民と君主の本当の近さを前提にしている。誰でも君主に声をかけ、話をし、自分の提訴事由を説明することができなければならない。尊大なローマでは吉日（五六）に、ペルシャではもっと頻繁に、そのようなことを行っていた。ササン朝では、不正に苦しめられている者は誰でも大王に訴えることができた。大王の正義は単に理論上のものではなかった。大王は、国民が容易に自分のところへ来られるように、特定の日に、平原で待つ国民の前に赴き、その場で、大貴族の権力の濫用や暴力行為を裁いていた。そして裁定を下す際、大王は自分の約束がいつまでも生きていることを示すために、告訴人に自分の指輪の印で封をした小さな塩袋を与えていた[118]。

東洋学者たちは、過度のイランびいきから、大王によるこのような裁判をしばしば実際以上に古代ペルシャに認めているが、かつてそれが大いに行われていたことは事実である。彼らは、ササン朝の君主たちによって行われた公判は、後にイスラム社会で見られるものと同じである、と考えている。たぶん、直接的な影響はあり得るだろう。しかしこのような形の裁判は普遍的なものなので、イスラム社会の裁判は複数の源を持っている可能性がある。イスラム教徒は、自分たちの原則を認めてはいても、このような公判を頻繁には行わなかった、という主張もある。それはそうかも知れない。理論と実践の間には常に隔たりがあるものである。もう少し続けるが、理論で満足しよう。オスマン・トルコでは、皇帝《パーディシャー》（五七）に委ねられた部下たちの間に正義を行き渡らせるのは、まさしく皇帝の責任であり、そのために皇帝は至高の裁判官の権限と義務を持っていた。したがって、臣下の誰もが、皇帝がモスクに赴いた時や全く別の状況で、訴状によって直接皇帝に訴えることができたし、さらに、皇帝に近づいて話しかけることもできた[119]。

13　奇蹟を行う王

肥沃にする者、繁殖させる者、秩序を支える者であるにもかかわらず、王は自分の臣民の生命を不安定な状態にしたままである。マヌ法典は「良い君主の下では、子供たちは死ぬことはない」と、誰も異論のない考えを表明している。しかしながら、君主の完全さや力やオーラがどうであろうと、その君主の治世に、たとえ死亡率が飢饉や疫病や戦争がないために減少しても、臣民が他界し、子供たちが死ぬことは厳然たる事実である。これはあってはならないことだろうか。いや、そうではない。生と死は自然界の秩序の中に入っているということを忘れないようにしよう。それゆえ君主に求められるのは、物事の展開を損なうことではなく、その展開が正常になり、病気や死亡が増加しないようにすることである。

しかし王は愛する。王は他者の苦しみに胸を痛める。正義の王は害悪や不当な他界を憤慨することしかできない。正義の王は寛容の王、善行の王、恩恵の王でもある。メスランが地中海の諸民族について（しかし他所についても同様である）指摘していることだが、彼らにとって、世界の救済は何よりもまず肉体の健康であった。[120]ゆえに、人々が王に期待したのも肉体の健康であった。王は命であり、力であった。王は病気を治すことができたし、そうしなければならなかった。奇蹟を起こす力は、身分の低い人々にとっては、たぶん心に最も強く訴えかけるものであった。そのことは中世フランスを見ればよく分かる。群衆は、王が「瘰癧《るいれき》患者に触れる」(五八)ように、王の手が病気から救い出してくれるように、多大なる信頼と希望を抱いて、王の周りでひしめいていた。

このような考え方に従って王に触れることは、危険を伴っていたし、禁じられていたが、これに対しては際立った反論がある。フロイトは、王に触れることと王から触れられることは同じではない、と述べて、それを一掃した。王の行為は望まれており、「望まれているから、治す力を持つ」[121]のである。手から伝わる力に、手段としての言葉の力が加わる。最高位の者だけがこの二つの力を十分に行使することができる。「ペテロとヨハネが手を彼ら〔サマリア人〕の上に置いたところ、彼らは聖霊を受けた。[122](五九)」しかし言葉がしばしば必要である。「イエスは手を伸ばして、彼〔癩病患者〕にさわり、そうしてあげよう、清くなれ、と言われた。〔すると癩病はたちまち清くなった。[123]〕」イエスは、ヘブライ人の反感を買い、しばしば彼らから拒絶されたが、しかし他の諸民族も共有していた古い信仰を継承していたのである。(六一)ゲルマンの首長たちは、子供や種に触れるのと同じように、病人にも触れていた。[124](六〇)キリスト教論的視野に立つと、フランスの王たち、ついでイギリスの王たちが、彼らの手と言葉によって奇蹟を行う君主になった。ほとんどの人がそのことに驚いていなかった。奇蹟は日常的な事柄に属するものではないが、しかし慣れ親しまれていたのである。そういうわけで、タキトゥスとスエトニウスは一人の盲目の男と一人の足の不自由な男をウェスパシアヌス帝(六二)(六九—七九)が癒したことを平然と報告している。彼らによると、二人の男は、夢の中で、セラピス神から皇帝の治療を受けるよう教えられたのだという。[125]

力が足から伝わるというのはもっと奇妙だが、しかし足と係わりのある様々な信仰によって、とりわけ、すでに見たように、足から力が流出するとして、君主が地上を歩くことをしばしば禁じていた信仰の存在によって、説明がつく。フレイザーがその実例を発見したのは、ただ単にブラック・アフリカ（セネガルのワロ人）とポリネシア（トンガ人）[六三]においてだけである。しかしこのことは他に同じような例がないことを意味するわけではない、私はフレイザー以上にその実例を知ってはいないのだが[126]*。

＊　フレイザーは奇蹟を行うというイギリスとフランスの王たちの主張をからかっており、また、彼らの主張に未開時代の名残を指摘するのに一所懸命になっていたので、彼がよく探さなかったことは明らかである。[六四]

14　救世主王

王は、存在するというまさにそのことによって、言うなれば、救世主である。王は生命を吹き込む。王がいなければ、誰一人生き続ける術を知らない。しかしながら我々が救世主について語る時、対象となるのは、あの豊饒にする王、宇宙の秩序の維持者ではなく、世界の救済のためにやって来た——そして何よりも待ち望まれていた——特別な人物である。救世主の到来が大いに待望された幾つかの時代、古代世界では、自分は救世主《ソーテール》 *säutor*[六五]であると宣言する者は多かった。ディアドコイ[六六]〔継承者（アレクサンドロス大王の）〕と呼ばれる君主たち、すなわち、マケドニアのアンティゴノス、スミュルナのアンティオコス一世[六七]、セレウコス一世[六八]、プトレマイオス朝の〔同一名の〕諸王。その後は、ローマ帝国が危機を乗り切った後、アウグストゥスが東方でそういう者として褒め讃えられ、カリグラ（三七—四一）は、暗殺される少し前に、自分はユダヤ人たちが待ち望んでいた救世主《メシア》であると主張して、自分の像をエルサレムの神殿に置くよう命じた。

弱体化した政権の復興者、混乱の後に来る平安の再興者は、みな等しく救世主と見なされる可能性があった。モンゴル高原のトルコ〔突厥〕人たちも、七世紀の軍事的敗北の後、自分たちの君主に対してほぼそのような見方をした。君主の一人はこう叫んだ。「トルコ民族の名と名声が失われないよう〔……〕、天が私を可汗《カガン》に任命した。」[127] それに対して、臣民は「もしキョル・テギン(六九)がいなかったなら、多数のトルコ人が死んでいただろう」と断言した。

しかしながら真の救世主王は、わが身を犠牲にする――現実にであれ、想像上であれ――王を対象として、別のところに探し求めるべきである。いずれにせよ、人々に愛された君主の苦しみと死がより高い価値を持つことは驚くに当たらない。なぜならば、他者のために責任を負い、自己を放棄することが王の務めだからである。王の苦しみと死が自己犠牲として受け止められるのはなおさら驚くに当たらない。なぜならば、自己犠牲は愛の証、無私無欲の全人生に続く究極の献身だからであり、また王の苦しみと死は国民と王の神秘的な一体化をその限界までひたすら押し進めるからである。人身供犠は贖罪行為である。どのような行為でも効果がないということはないが、人身供犠はもう一つの犠牲よりも効果が小さい。これは、とスーステルは言っている、「変換であり、人はこれによって死と共に生を獲得する」[128]。カトー(七〇)〔大〕は、次のように宣言した（少なくともルカヌス(七一)がこれらの言葉を彼に貸した）時、王者然とした態度を示していた。「私の血が国民の罪をあがなわんことを。私の血こそがローマ人の風紀〔の頽廃〕が支払うべき代価であらんことを[129]。」

救世主王の概念が最も明確に現れているのはエジプトにおいてである。なぜならここでは、宗教の最も重要な基礎の一つが、ファラオは自分の死と死後の生によって国民に来世を開放しているという信仰だからである。「臣民の間で生きた神－人間のこの死、この苦しみを伴った死は、救世主の歴史的に知られた最初の例の一つである。[130]」オシリス神は自分の弟〔セト〕によって殺された。オシリス[七二]は、蘇り、そして自分と共に蘇らせるために、進んで死を受け入れたのではないだろうか。アプレイウスもこのことに気がついていたに違いない。と言うのも、『黄金のロバ』の中で、イシスの秘儀に加入した主人公は、「霊的新生を得るために」進んで犠牲になる[七三]からである。アレクサンドロス大王神話の誕生にエジプトの影響があると考えることは可能である。彼の最初の崇拝者たちの神学的見地から見れば、あのような生き方をした後の彼の非常に若い死は、「模範的で、みんなから認められ、望まれ、幾度も盛大に予告された」死、「彼が血を引く天の神に対する自分の肉体の崇高な犠牲」でしかあり得なかった。[131]

しかしそれでは人々の救済のために他界するのは神なのだろうか、王なのだろうか。それは王－神である。もし彼が神でないのなら、彼は生き返ることができない。もし彼が王でないのなら、彼の逝去は人々と関係がなく、人々は彼の他界で得をすることも、彼によって蘇ることもできないだろう。古代には、道を開いた神々は無数にいた――オシリスの側にいたウガリット（現シリアのラス－シャムラ）の神バアル、アッティス、ミトラ、オルペウス、ディオニュソス等々――し、さらに中国、ビルマ（現ミャンマー）、チベット、インドその他の地域にも、様々な姿形をした神々が数限りなくいる。[七四]

インド哲学の範囲内では、王は難しい立場にあった。バラモンは修道者の態度を取るかまたは非暴力 *ahimsa* の教義に同意することによって、最悪の汚れを避けることができるのに、騎士階級に属し、戦争――これは防衛を考慮したものでしかなかったようだが――をすることを義務づけられている王の方は、その手段を持っていない。それで王〔の存在を〕を正当化するために、戦争は「騎士にふさわしい一種の犠牲の儀式になる必要があり、戦闘の間中、王は敵の身代わりとなることを期待して、進んで犠牲になる」。結局、王が勝利者となった時は、王の代理人（敵）の死が、王が打ち負かされた時は王の死が、王をすべての人の利益のために自分の命を捧げた人間にするのである。[132] もっと単純な話をすれば、幾つかのアフリカ文明、たとえばルワンダでは、王は死ぬことによって自分の王国のために自分を犠牲にすると確信されており、それで王には「救世主王」の名が与えられている。[133]

15　再来への期待

救済は行われなかったかまたはあくまでも一時的なものであった。たしかに、国は解放され、敵は逃走し、ペストは止み、数年来の旱魃は終わった。王の統治は無駄ではなかったのだ。しかし人生は続き、依然として喪の悲しみと不幸に付きまとわれている。いったい、幸福がみんなで共有され、正義が踏みにじられず、もはや悲惨なことがなく、死（神）が打ち負かされる日は決して来ないのだろうか。人々はその日を待っている、その日が来るのを待ち望んでいる。それはまるで神に祝福された日々の、来るべき地上の楽園の自然発生的な約束のようだ。その日の到来は、完全な王の、これまで地上に存在したことがないか、またはなすべき使命を完遂することなく死に、誰が彼を追い立てたのか、誰が彼を殺したのかをみんなが正しく認識しようとしなかった王の到来とぴたりと一致するだろう。

ウェルギリウスはそのような王をアウグストゥスに見出したと思ったか、または思ったふりをした。〔『アエネーイス』には次のような記述がある。〕「ここなる英雄彼こそは、その出現の約束を、常々汝が耳にする、かのアウグストゥス・カエサルぞ。(七五) 神とせられる〔神の御子〕ユリウスの、あと継ぐ彼はその昔、サトゥルヌスの統治した、土地ラティウムに黄金の、時代を再び建設する。[134]」エリアーデが完璧に見抜いたように、イスラエルの救世主《メシア》到来の希望は、たしかに理想的な君主としての救世主《メシア》の到来の希望であり、「王イデオロギーと関連している。[135]」彼は来るだろう・彼は来る。ダニエルは〔夜の〕幻のうちに見る。「彼は前に進み出る。彼に支配と光栄と権力が与えられた。もろもろの人種のもろもろの民族が彼に仕える。彼の支配権は永遠なるもので、彼の統治に終わりはない。[136]（七六）」ミカは彼の出現を約束する。「彼は現れる。そして神の力によって支配する。〔……〕、彼は地の果てまで讃えられる。彼こそは平和である。[137]（七七）」ゼカリアも彼の到来をこう歌う。「見よ、あなた〔エルサレム〕の王があなたのところに来る。彼は義なる者であり、勝利者である。[138]（七八）」

期待。希望。イスラエルは自らの偉大な対神徳（七九）である希望を他の宗教と共有する。イスラム教、特にシーア派は、ユダヤ教と同じように、時代の終末期に現れる人物を〔救世主ではないかと〕注目する。実際、イランのシャー・イスマイール（一五〇二―一五二四）のように、自分は救世主だと宣言した者は少なくない。[139]もっとも、十一世紀には、敬虔なスンナ派であったニザーム・アル・ムルク（一〇一八―一〇九二）がそのような人物の出現を予告している。「政権が一つの王朝から別の王朝に移る混乱と騒擾の時期〔の後〕、神は義なる君主を出現させ、すべてのものをしかるべき場所、しかるべき位置に戻すのに必要な知性を彼に与えるだろう〔……〕。神は彼に力と幸福を与えるだろう。[140]」

エジプト人は、一人の良い王の下での歴史の到達点を示す幸多き究極の一時代が現れるのを見たい、と切望した。「一人の王が南から来るだろう〔……〕。このホルス神の息子の時代には、人々は喜び、不幸から離れたところにいるだろう。不信心な者たちは彼を恐れて、言葉を慎むだろう。[141]」エジプト人にとって、新しい王は、昔のある王の再来というより、ホルス神の息子、ホルス神そのものであり、代々生まれ変わった王、死ぬことのない王なのである。言い換えれば、エジプトの王座には、現在と過去と未来のすべての君主がいる。各王は自分の後継者の中に生き続ける。しかしながら最も偉大な君主たちは忘れられはしない。彼らは人々の記憶の中に生きており、この記憶によって、彼らは未来に投影されている。彼らが姿を消してしまうことは絶対にない。彼らは再び現れるだろう。チベット人は自分たちの英雄ケサル（八〇）の再来を待っている。ケサルは「平和と正義の治世を確立するために（142）」かつて存在したし、再び存在するだろうと思われている。人々は長い間、常に終末論的見地から、アレクサンドロス大王、シャルルマーニュ、フリードリヒ一世赤髯帝（八一）、ティムール、チンギス・カンを待った——だから、彼らの再来を待っている人々がいないとは言えないのである……。

第五章　王の生と死

しっかりした君主制では、王座に就くには三つの方法しかない。一番目と二番目の方法、選挙と世襲は普通である。三番目の方法は規範から外れた、すなわち例外的なものである。これには支配王朝の打倒、または誰か人格、成功、素質、そして最もしばしば暴力によって頭角を現した者による選挙制度への侵害がある。この新参者は独裁者とは異なる。なぜなら、権力を簒奪したにもかかわらず、彼は定められた規則を尊重し、連続の一環となることを望み、最高行政官の職を、自ら進んで得るのではなく、神または国民から授かりたいと思っているからである。選挙と世襲は、明確な相続上の順位がなく、何らかの国家機関が王家の構成員の中から王を選出する責任を持っている場合、結び付く可能性がある。

原始社会を調査すると、そこでは選挙制度が優先されていて、王朝の原理が容認されはしても、王位の継承法がまだ確立されていないと思いたくなる。しかしこの印象が偽りであることはたぶん明らかになるだろう。ところで、高度な文化を考察すると、フランスや中国やファラオ時代のエジプトその他の場合がそうであったように、諸王朝が継起する可能性があるとしても、そこでは世襲制度が選ばれたと思いたくなる。が、まず間違いなく、この見方は留保条件なしではすまないだろう。

実際になされた選択がどんなものであれ、これは何度言っても言い足りないことだが、すべての君主制社会は継続性に立脚している。相続の際、大騒動が支配するように見えるところでも、新しく即位した者は前任者の仕事を継続するし、そして多くの場合、前任者の威厳、精神は新任者に伝わるものである。日付はないが、十二世紀の写本によって知られるイランの文献（本書ですでに引用した）には、君臨する王のものと見なされている次のような意味深長な宣言がある。「よいか、もし自分の次に統治する者のことを考えないようであれば、お前たちは誰一人として［真の］王にはなれないぞ。(1)」

1 選挙

歴史が明示しているように、世襲制は個人的な野心が抑制され、王朝の正統性に誰も異議を唱えない、しっかりと確立された君主制においてしかよく機能しない。王権が弱体化するとすぐに、それに取って代わりたいという気持ちが強くなる。常々自分たちには特権があると固く信じ込んでおり、また、自分たちは当然ピラミッド社会の底辺ではなく頂点に近いところにいると思っていて、現に君主の補佐をしている大貴族たちは、自分たちのうちの一人が君主の地位を奪取することを望んでのことであれ（彼らは彼をうまく監督するつもりなのである）、自分たちの州、自分たちの封地で事実上の独立を勝ち取るためであれ、君主を葬り去ろうとする。このような場合、国家に重大な不安定が生じないのは稀である。たとえば、ローマ人が征服を企てている時に、ガリアとブリテン島では古代君主制の崩壊が突然起きて、ローマ人を喜ばせた。

今日、我々は得てして、世襲制とは逆に、選挙制は民主的であると思いがちである。しかしこれは間違っている。そこには民主主義は全然ない。王を選出するのは、ごく稀な特例を除いて、特権階級の人々であり、説明の便宜上、貴族と呼ばれる、狭くて閉鎖的な社会階級の構成員である。どれほど強調しようと、一般国民の参加〔があったということ〕ほど信憑性に乏しいものはない。国民の役割は、すべての社会階級を代表したという議会によって行われた、パルティアとササン朝の王の選出において評価すべきだろう。しかし私は、仮に国民が果たした役割があったとしても、それが大きかったとは思えない。ゲルマン人の間でも、(2)ケルト人の間でも、君主は貴族の名門という狭い範囲から選ばれており、その際の選挙人は族長たちだけだった――ガリアでは、族長たちはドルイド僧の厳しい監督下に置かれていた。(3)君主の選出で最も肝心なこととされたのは、貴族だけが投票し、彼らのうちの一部だけが選出される可能性があり、無秩序へと導く恐れのある権威無視のあらゆる行動――何よりも危惧されること――を避けるための用心を強くするということである。ダホメーのイフェ王国〔一〕では、王は全員一致でしか選出されることはなかった。(4)一方、ベニンでは、キング・メーカーの会は七人で構成されており、彼らは全員その役職を父から息子へと世襲していた。(5)ブラック・アフリカの多くの地域と同様、ベニンでも、王の候補者は王族または少なくとも王の家系に属していなければならなかった。ダホメー〔「ヨルバ族」とするのが適切〕のケトゥの王は王家の七つの(後には五つの)系族から一人ずつ代わるがわる選ばれた。(6)

そのうえ、選挙は、たいていの場合、正規の手続きを経ていなかった。それは群衆の――しばしば兵士の――歓呼だけで決まることがよくあった。多くのローマ皇帝はそのようにして選ばれた。アレクサンドロス大王の伝記は、マケドニアの君主たちの選挙が見せていた危機をはらんだ茶番劇を明らかにしている。兵士‐農民議会と武装した国民の歓呼による、功績と軍人としての能力で抜きん出た一人の男の選出であるかのように見せてはいても、(7)実はその選挙は恐ろしい陰謀の結果にほかならなかった。紀元前三五六年秋、アレクサンドロスは国民――〔殺された〕彼の父ピリッポス〔二世〕の顧問団と将校たちによって熱心に説得された、せいぜい一万人の成人男性——の意志によって政権の座に就かされたように見えるが、実は絶え間ない陰謀によって、「血の海の中で、」そうなったのである[二]。これは新しいことではなく、この一族の伝統であった。ピリッポス二世は、兄弟の皆殺しの中で、ただ一人生き残っており[三]、アルケラオス一世（前四一三—前三九九）は「現在占めている王の位に就く資格が全然なかった。それでまだ七歳くらいの弟が正嫡だったにもかかわらず、彼を溺死させた」[8][四]。吠えまくる声や足を踏み鳴らす音で満たされた、あの有名な兵士たちの集会は、立法機関でも国家の機構でもなかった。「その役割は、歓呼によって王を選び、王の作戦を確認または拒否し、国家反逆罪を裁くことであった。」それは実際には求められていたことをしていただけであり、王のすることに干渉することは稀だった。アレクサンドロス大王の生涯で、「それはたったの七回しか開かれなかったらしい」[9]。「王は選挙に基づく（またはそのようなものと考えられていた）君主制を個人的で絶対的な君主制に変化させた［……］。要するに、彼は典型的な専制君主になった、と言うか、始めのうちは国民の象徴だったが、後にはもっと単純に国家の象徴になった[10][五]。」

　アレクサンドロス大王が征服したあのアケメネス朝ペルシャは、ギリシャよりも野蛮ではなかったが、同じように選挙制があまり意味がないことをはっきりと示している。ヴィデングレン[11]は、ペルシャの君主制を特徴づける諸事実の中で、一つのしるしによってその地位が承認された唯一の同じ家族の中での選挙を最上位に置かなければならないと考えているが、重要なのは選挙だろうか、それともそのしるしなのだろうか。答えは、ヘロドトスが物語るダレイオス一世（前五二二—前四八六）の即位の逸話にあるが、今日、彼の話の信憑性はインドの同種の話によって立証されている。［ヘロドトスはこう語る。］誰が王になるか決めなければならなくなった。志願者は二人いた。そこで彼らは、翌日、日の出と共に騎乗して城外に遠乗りをし、最初にいななないた馬の持ち主が王位に就く、ということにした。ダレイオスは策を弄した。

彼は自分の馬がすぐにいななくよう計略を立て、その結果、彼が王に選ばれた(12)(六)。

ダレイオスを王に指名したようなしるしは、馬のいななきという表現によって特殊であるにすぎない。どのような形でであれ、しるしは多くの文明で神々の意思を啓示する。共和制末期のローマでは、前兆（ローマの歴史を通して常に数多く現れた）は、権力の座を目指す主だった指導者たちに対する神の恩寵のしるしとして解釈された。なぜなら、彼らは君主の権力を行使する能力を持っているという幸《フェリキタス》せをそれによって確認していたからである(13)*。ドゴン族の間では、首長はその同輩衆〔長老会議〕や超自然的な出来事によって任命される。ボルネオのダヤク族の間では、彼らの始祖は彼らの社会にとって何かある重要なもの、すなわちあるしるしによって特徴づけられた。以来、そのしるしは継承者たちに代々受け継がれている(14)。

* スエトニウスの著作〔『ローマ皇帝伝』〕に見られる、ティベリウス、ガルバ、ウェスパシアヌス等々の即位を予告する様々な前兆を参照されたい。

2 世襲

たぶん人間の本性が王に遺産を自分の家族に譲渡するよう促すので、たぶん継続性は選挙によってよりも世襲によってよりよく保証されるので、そしてさらに、たぶん王は自分の後継者を選ぶのに誰よりもいい立場にいるので、ごく自然に世襲制が定着したのだろう。とはいえ、世襲制が採用されるのに抵抗がなかったわけではない。以前にその伝統を持っていなかったイスラエルでは、当初、世襲制は嫌われたようだ。それでサムエル記と列王記は、ヤハウェの意思と働きかけによって、この制度の正当化に努めている。

そして一度受け入れられると、それをもっと称揚しなければならなくなった——その責任を詩篇が負った。「あなたの子らは父祖に代わって立つであろう。」また預言者ナタン(七)はダビデ家の者が代々王位を継承しなければならないと力を込めて断言した。彼らの過ちがどうであれ、「ダビデの家系から後継者が断たれることは決してないだろう」(15)。そこにある種の美辞麗句があるとしても、それがイデオロギーを包含し、「著者の王政主義を彼が仕える主家に示している」(16)ことに変わりはない。幾つもの時代に見舞ったありとあらゆる苦難——ソロモンの王国のイスラエルとユダという二つの国家への分裂、紀元前七二一年のアッシリアによる災禍、紀元前五九七年の〔バビロニアの〕ネブカドネツァル(八)の〔第一次〕侵略——にもかかわらず、ダビデ家の君主制は、預言者が約束した通り、「永遠に」存続することになった。

中国では、戦国時代（前五—前三世紀）に、堯、舜、禹の神話が伝説的な歴史と同時に整えられたが、この神話の目的は、王権は必ず賢者に移譲されなければならないこと、しかし賢明さは結局のところ世襲にあることを示すことにあった(17)。孟子もそのことを確信していた。「親から世を受け継いで天下を有《たも》つ者を天が天子の位から退けようとするのは、必ず桀《けつ》や紂《ちゅう》のような暴君の場合である。(18)*(九)」神話にはたしかに説得力がある。堯が死んだ時、摂政としてその政事を補佐していた舜は引退した。しかし天下の諸侯の朝覲《ちょうきん》する者〔国王直属の封臣〕たちは堯の子〔丹朱〕の方へ行かずに、舜の方へ行き、裁判を願う者は堯の子の方へ行かずに、舜の方へ行き、徳を讃えて歌う者は堯の子の徳を讃えないで、舜の徳を歌った。それで舜は都に戻り、天子の位を践《ふ》んだ。このことについて孟子はこう説明している。「これが始めから堯の宮廷に残っていて、堯の子に逼《せま》って、自分が無理に天子の位に即《つ》いたのなら、それは天子の位を奪ったというもので、天が与えたものとすることはできない。」やがて舜が死ぬと、〔摂政となっていた〕賢者禹が帝位を継いだ。舜が彼を天に推薦していたのである。ところで、禹が死んだ時、最良の後継者は彼の息子

〔啓〕だった。禹は生前彼を天に推薦しており（一〇）、彼は賢明だったので、諸侯〔や裁判を願う者たち〕は「啓こそは我が君の子である」と言って、彼の下に集まった。孟子の結論。「匹夫でありながら天下を有《たも》つようになる者は、その徳が必ず舜や禹のようであり、また天子によって天に推薦される者である。」そしてさらに「天子の位〔仏文テキストでは「帝国」すなわち「天下」になっている〕などというものは、もし天が賢者に与えようとすれば、帝王は賢者に与えるし、もし天が帝王の子に与えようとすれば、帝王は自分の子に与える（一一）。〔すべては天意によるのである〕」。

＊　桀は夏（神話中の）の最後の王、紂は殷（半歴史上の）の最後の王だが、彼らは最も破廉恥で最も恐ろしい王の代表である。（一二）

3　王位継承の順位

幾つかの王朝は王位継承の順位を確立するのに成功しなかった。その結果、王家の者同士で時々のっぴきならない闘争を繰り広げ、王家が破滅することさえあった。どんな民族も中央アジアの草原地帯のトルコ族とモンゴル族ほどこの無能に悩まされたことはなかった。その状態は、彼らが高度な文明の地に移住して、強大な帝国を建設した後も、長く続いた。彼らの間には、長男は独立して親元から遠くに離れ、末子が父親の所帯を継承するという伝統があった。その伝統に従うならば、末子が王朝の首長になるのが当然なのだろうが、しかしそうはならなかった。そのため兄弟間の争いが相次いで起きた。チンギス・カンの大帝国は幾つかの親王領地に分割され、それらが互いに相対立した。こうしてこの帝国は力を失い、すぐに消滅した。華美を極めたインドのムガール帝国も王位継承戦争で絶えず血に染まったが、そのことが帝国の威信を失墜させ、西洋列強の脅威に対する抵抗力を失わせた。一方、オスマン・トルコ帝国が危機を克服できたのは、まず最初に兄弟殺しの法を、ついで、後にだが、王子監禁の法——これもまた悲惨なものである——と老人支配〔複数の宰相と一人の大宰相〕の法を制定したことによってであり、その結果、長子が正統の王位継承者になっていたからである[一三]。

このような様相を呈したのはトルコ－モンゴル族の王朝だけではない。ザンベジ川〔モザンビーク〕の北側には、王位継承の習慣はなく、王が逝去すると、王子たちの間で必ず戦いが起きていた。そしてそれは彼らのうちの一人が勝利し、他の者たちが死ぬか隔離されるかすることによって終結した[19]。しかしながら、長子による王位継承の法が確立していたところでも、なかなか死にそうにない父王に対して、我慢できなくなった王子たちが時として蜂起するというようなことがなかったわけではない[一四]。が、それはきわめて例外的なことである。

我々には長男が王位継承権を持つのが最も理にかなっているように見える。しかしそれはたぶん我々がそれに最も慣れているからだろう。王位継承の仕方には、ほかにもなるほどと思わせるようなものがいろいろとある。中央アフリカ全域と西アフリカの幾つかの地域では[一五]、兄弟間で王位継承が行われていた[20]し、〔同じ西アフリカでも、〕ウォロフ族、非イスラム教徒のプール族、アシャンティ族、およびその他の幾つかの部族の間では、母方の伯（叔）父から甥へ継承されていた[21]。また、コロンビアのチブチャ族[一六]の間でも、これと同じ形の継承が行われていた[22]。血族関係が母系制であっても、そのことは王の息子が王になるのを必ずしも妨げはしなかった[23]。

理論上は、君主が女性であることを妨げるものは何もなかった[一七]。タキトゥスはブリトン人について、「指揮権に関しては、彼らは性によって差別しない[24]」と述べているが、それは一般的なことであると言えるだろう。幾人かの女王は広く知られている。古代では、シバの女王、セミラミス、クレオパトラ、パルミラのゼノビア、近代では、カトリック(女)王イザベル、ロシアのエカテリーナ、イギリスのヴィクトリア女王を思い浮かべない者はいないだろう。[一八] むろん、王(帝)位に就いた女性はほかにもいる。しかしながら王国の玉座に女性が座るということは、非常に多くの場合、一種の普遍的な意識にぶつかることになるようだ。本当に王国は女性の手に渡るには余りにも高貴なのだろうか。

4　長子相続へ

一般的に、長子相続の制度は王国の永続性を保証するのに最適であると見なされた。この制度を支持するうえで有利だったのは、(妻たちの貞節は注意深く見守られていたのに) 結婚直後の数カ月内に身ごもった長子はそれだけ不義の子である可能性が低いとか、*妻の非不妊性を証明する長子の誕生は神の祝福のしるしであるとか、平均余命が今日とは違っていた時代にはしばしば普通より早かった父親の死に直面しても、長子は支配する年齢に達しているかまたは後から生まれた弟たちよりもその年齢に近いとか主張できたことであった。本当に重要なのは、長子は息子であったということであり、万一の場合その代理となる彼の弟たちはすべてその分身ないし代理になり得る者でしかなかった。長子が生まれると共に、新しい生活、今後を担う世代の生活が始まり、長子が生まれると共に、一つの生活、現在の世代の生活が終わっていた。ポリネシアでは、王は息子が生まれるとすぐに譲位して、摂政の地位に退かなければならなかった。[25]

＊〔フランスでは、広義の〕カペー朝の王たちのみの死亡平均年齢は約四十八歳であった。〔ブルボン家の〕ルイ十

四世だけが七十年以上生き、六十歳代まで生きた王は〔全体で〕わずかに四人だけだった。

とはいえ長子相続は、多くの優れた点を持つにもかかわらず、認められるまでに長い時間がかかった。秩序の樹立に熱心だったギリシャは長子相続という継承制度に秩序を見出したが、幾つもの大変な困難と胸が張り裂けるような思いを代価にした後、ようやくこの制度の確立に成功した。最近の解釈によると、いずれもプルートス〔「ゼウスとプルートー」が正しい〕を出自とする、ミュケナイのアトレイデス〔アトレウスの子供たち、一般的にはアガメムノンとメネラオスを指す〕とテーバイのラゴス家〔「ラブダコス家」が正しい〕[一九]の巨大なギリシャ神話は、長子相続の追求とその最終的な大勝利を分かりやすく説明するのを主要な目的としていたらしい。

ペロプスは尊敬に値しないあのタンタロス——盗人で、神々の食事仲間で、忌まわしい料理人——の子で、エリス〔地方のピサ〕の王オイノマオスとの馬車競走に、王の馬車に細工をすることによって勝利して、王女〔ヒッポダメイア〕を妻にかち得たが、その際、王が死去したために、彼が玉座に就いた。この二人の間に、ピッテウス、アトレウス、テュエステスらが次々と生まれた。ピッテウスはトロイゼンの賢明なる王となり、娘〔アイトラ〕にアテナイ王アイゲウスと契りを結ばせ、〔自分の宮殿で生まれた〕孫のテセウスを〔成人するまで〕養育した。このテセウスは後にアテナイの非の打ち所のない王朝の起源となった。ペロプスはまたニンフとの間に庶子クリュシッポスをもうけたが、彼はやがてアトレウスとテュエステスによって暗殺される[二〇]。これはテーバイのラゴス朝〔「ラブダコス朝」が正しい〕の創始期に起きたことである。

祖先の人間の本性に反した行為によって汚され、自らの君主政体を整えることができないラゴス朝〔ラブダコス朝が正しい〕は無秩序な家族である。この王朝では、三つの系譜が錯綜し、妻の親族が悲惨な役割を演じ、王位継承者には、息子、甥、従兄弟、母方の祖父、孫、甥や叔父でもある義理の兄弟、甥の息子、さらにどのような親戚関係にある者でもなり得た。そのうちの一人、オイディプス王——彼が最も不運だったというわけではない——はイオカステの息子であると同時に夫であり、エテオクレスとポリュネイケスの父親であると同時に兄弟であり、ラオダマスの伯父であると同時に祖父であり、クレオンの甥であると同時に義理の兄弟である。これはこれは不幸のしるしそのものである。はたして、秩序を確立する術を知らなかったテーバイ市は混乱に陥り、壊滅した[二一]。

一方、ミュケナイでも、同様の無秩序が支配的だった。王はもはや存在せず、権力は神々と民衆に左右されていた。しかし君主の必要が明らかになり、〔神託に従って〕ペロプスの息子たちのうちの一人を王位に就けることが決まる[二二]。兄弟殺しの後、父親から憎まれたアトレウスとテュエステスは実はミュケナイに亡命していたのである。どちらを選ぶべきだろう。どちらも資格に不足はない。アトレウスは年長である。彼は金羊毛[二三]を持ってきており、「クレタ島における君主政体の原型の創始者」であるミノス王[二四]の孫娘アエロペを娶っている。テュエステスは弟である。が、彼は不正なやり方で権利を獲得した。彼は兄の美しい妻アエロペを誘惑し、有名な金羊毛を盗ませ、その結果、彼が金羊毛の所有者になった。これは不正である。しかしテュエステスが王に選ばれた[二五]。ゼウスが憤慨した。ゼウスはアトレウスの側に付き、そのことを太陽を東に沈ませることで明示した。このしるしを見て、テュエステスは退位した。アトレウスはこの機会を逃さずに、〔アポロドーロスによると、即位後、妻の姦通を知ったため、追放されていたテュエステスを和睦の使者を送って呼び戻し、〕テュエステスが水のニンフより得た三人の息子たちを殺して、〔煮て、〕彼に食べさせた。自分がどんなに恐ろしい宴に招かれたかを知って、テュエステスはアトレウスを呪った。彼は〔復讐者となるべき〕息子を得るために、自分の娘ペロピアと交わった〔または犯した〕。

彼女は父のためにアイギストスを産み（二六）、それからミュケナイに帰って、自分の伯父であり、三人の兄の殺害者であるアトレウスと結婚した。このような状況で、誰が後継者になるのかが問題になる。アエロペから生まれた嫡出子で長子のアガメムノンか、それとも年下で、養子で（二七）、近親相姦によって生まれたアイギストスか。ギリシャは秩序を、長子相続権を選択し、非嫡出子を排除し、近親相姦を非難した。しかし、ああ、何ということか。アトレウス王の度を越した行動が再び混乱を招くことになる。王はアガメムノンと美女ヘレネの夫になるメネラオスに命じて、テュエステスを連れ戻させ、彼を殺すことにした。そして処刑を命じられたアイギストスがまさに執行しようとしたその時、〔彼の剣は、かつてテュエステスが顔を隠してペロピアを犯した時、彼女に抜き取られたものであることをテュエステス自身から告げられたため〕目の前に引き据えられている犠牲者が自分の父親であることが分かり、剣をアトレウスに向けた。こうして、次男で、人食いで、近親相姦者で、兄殺しでもあるテュエステスがミュケナイの王座に返り咲いた。父親の申し分のない後継者であったアガメムノンはこのことを受け入れることができない。彼は蜂起し、簒奪者を最終的に追放して、王権を取り戻す――こうして再び秩序が勝利する。

　とはいえ、アガメムノンにはもうなすべき仕事がないわけではない。彼はスパルタ王の娘クリュタイムネストラの夫〔テュエステスの息子タンタロス〕を〔その子もろとも〕殺して、彼女と結婚する（二八）。しかしこの結婚は実り多いものとなり、そのことが罪が赦されたことを示した。ところで、アガメムノン王は野心家だったが、たぶん少し臆病で、神官たちの圧力に抵抗することができなかった。逆風で〔または凪で〕足止めをくらった艦隊がトロイアへ出航できるように、王は自分の娘イピゲネイアを生け贄に捧げた＊。胸が裂けんばかりに嘆き悲しみ怒り狂ったクリュタイムネストラは、夫のこの行為を決して赦そうとしなかった。彼女はアイギストスを愛人にし、彼と謀って、トロイアから凱旋してきた夫を殺害する。そこで今度は、〔七年後に、〕アガメムノンの息子のオレステスが〔姉のエレクトラの助けを借りて、〕アイギストスと、彼と臥所《ふしど》を共にしている情婦で、自分をその胎から産み落とした母親のクリュタイムネストラを殺害する。その結果、オレステスは復讐の女神エリニュエスたちの激しい攻撃を受けて、逃亡する。結局、デルポイのアポロンの裁決によって彼の正しさが証明され、アテナイ人のアレオパゴス〔「アレスの丘（の法廷）」〕、最高評議所〕も彼の味方をして、物語が終わる。秩序は、母親に対する父親の優位と、血統の父系制的性格と、長子相続権の確立と相俟って、決定的に勝利した。(26)

＊　一説によると、この少女の代わりに雄羊〔子鹿とも〕が殺されたのだという。

5　即　位

どのようにして玉座に到達しようと、王は即位によってしか真に王になることはない。嫡出相続人であれ、選ばれた打って付けの君主であれ、〔正式に即位するまでは、〕これはまだ可能性でしかない。王家の者は誰でも敬意を払ってもらえるだろうが、しかし彼らを包んでいる敬意は、王に対する敬意とは異なる。正式な即位だけが社会的地位を変えさせる。それだけが平凡なまたは傑出した存在を他と異なる人物に変え、彼に権威を啓示する。式典が地味であろうと豪華であろうと、即位の儀式が一人の新しい人間、正確に言えば、一人の神聖な人間を創造するがゆえに、この儀式に神聖なものを認めることができる。そのことについて、聖書はこう言っている。「〔その時、〕主の霊があなた〔サウル〕に激しく下って〔……〕、あなたは別人のようになるでしょう。(27)」キリスト教徒の、特にカペー朝の君主たちはヘブライのこうした見方を保持していたが、ヘブライとは何の関係もない国の君主たちも、即位について同じような見方をしていた。ナイル人[三一]の間では、即位した者はまさしく即位そのものによって王朝を創始した後、かつてある時突然姿を消してしまった半神の霊を獲得することができる[28]。イランでは、即位が王を新たなる存在にしたということである[29]。完全に地位が変化するので、王になる者は時には秘儀伝授を要求する。その方法と場所は様々で、クレタの宮殿の中庭で催されていた闘牛[三二]にも秘儀伝授の意味合いがあったのではないかと考える人もいる[30]。秘儀伝授はしばしばある程度まで人の目に触れる形で行われる。ブラック・アフリカのオヨ[三三]の王の秘儀伝授は三カ月間続き、その間、秘儀加入者である王は黒い服を着ていて、どの門からも外に出ることは許されなかった[31]。

6　新たなる誕生

即位によって一人の新しい人間が創造されていたので、即位はしばしば新生と見なされており、即位式で死と再生の儀式が行われることがあった。ベニン〔王国、現在のナイジェリアのベニン・シティー〕の即位式では、王になる者は儀礼的に死んだ。と言うのは、それまで彼の人格を形成していた者は消え去ったからである。要するに、即位前の人間と即位後の人間は両立しないというわけである[32]。ポルト・ノヴォ〔十六世紀後半に成立したフォン族の王国〕の王の即位式では、一人の女性が出産したふりをして、「ああ、男の子だ」と叫んだ[33]*。それからその「新生児」は彼女の側にひざまずいて彼女が祈りを唱えるのを聴いた。二十世紀になってからも、東コンゴのバントゥー系の首長領では、王になる者は子宮を連想させる非常に小さい穴がある小屋に入れられた。彼はそこで水の精と一体化した。そしてその小屋から引きずり出されると、生まれたばかりの赤ん坊のように全身を洗われた[34]。

＊　契丹人[三四]の間でも同じようなことが行われていた。君主が横になると、一人の老人が「息子が生まれた」と叫んだ。

7　改　名

新しい人間には新しい名前が付けられる。名前がどれほど人格と結び付いているかはよく知られていることである。つまり人を他者から分かつもの、それが名前なのである。したがって、君主が統治名——時としてそれだけが知られるようになる——を用いるのは、一般的とまではいかないにしても、少なくともよくあることである。オクタウィアヌスはアウグストゥスになり、テムジンはチンギス・カンになり、ツタンカーメン（前一三六五頃—前一三四八）はネフェルケペルウラー〔「美しきはラー神の出現」、またはネブケペルウラー「出現の主はラー」〕になった[三五]。後になると、ボナパルトという姓を省いたナポレオンのように、君主が名前しか保持しないということも起きた。ローマ教皇を始め、古代ペルシャ人[35]、ヒッタイト人[36]、ヨルバ族およびズールー族[37][三六]、ポリネシア人、シャム人、ビルマ人、高麗人[三七]の王たちが統治名を用いていたが[38]、エチオピアでも同様であった。中世には、ラリベラがゲブラ・マスカになり、近代では、カッサがテオドロス二世[三八]に、ラス・タファリ・カダナウィがハイレ・セラシエ[三九]に——一九二八年十月九日——なった[39]。これらの民族は改名の重要性を強く感じていた。ダホメーでは、王は自分が選んだ名を国民におごそかに発表しなければならなかった[40]。名前が存在そのもの、または存在の本質であり、名前を口にすることができる者は名前の持ち主に影響力を持つ恐れがあるということが知られていたので、王の名は時として秘密にされたり、口にするのをタブーにされたりした。王の名は王の人格と同様に神聖なもの、神聖な言葉であった。それで、たとえばエジプトでは、人々は神の前で誓うのと同じやり方でファラオの名にかけて誓っていたが、その誓いに背いた者は時々死刑に処せられていた(41)。

二度目の改名が逝去の際に行われることもあった。死せる王は再度人格が変わっていたからである。彼はあの世の王、永遠なる王、「天国の住人」になっていた。このような表現は、一定の形を取っていたかどうかは別として、ティムール（一三七〇―一四〇五）の時以来、彼の後継者であるティムール朝、そして特にインドのムガール朝によって用いられた。これは征服者〔ティムール〕が、死後名の存在がたしかに証明されている中国の古い伝統――日本にも同じ伝統がある*――を採用した結果とも考えられるし、中央アジアの遊牧民の伝統を受け継いだ結果とも考えられる。中央アジアには、死後名〔諡《おくりな》〕の伝統はあまりないが、古代の匈奴はかつてそれを持っていたからである(42)(四〇)。

＊　裕仁《ひろひと》の死後名〔諡〕は昭和天皇である。

8　時代の一新

王には宇宙的機能、生き物を多産にする機能、土地を肥沃にする機能があるため、王の即位はただ単に王の新生だけでなく、世界の新生でもあると考えられている。毎年、自然が冬に死に春に再生するように、太陽が力を失った後再び取り戻すように、すべてのものが衰弱した後再び再生する。天地創造の時、世界は美しくて力強かったし、生活は調和が取れていて安楽だったが、それ以来、すべてのものは劣悪化し続けた。失われた楽園を再び取り戻すことはできないのだろうか。ある意味では、それは可能である。と言うのも、一つひとつの始まりは再開だからである。つまり過去の忘却ではなく、始原への回帰であり、衰弱によって不幸をもたらしたものと今なおもたらし続けているものの廃止だからである。「新しい時代の条件は特に過去のすべての時代の過ちの廃止を前提にしている。[43]」このような考え方は、我らがフランス共和国大統領の選出の際、必ずと言ってよいほど大赦[四二]が行われていることからも分かるように、世俗化した形でではあるが、今なお我々の間で受け継がれている。

この再生にとって、王の即位以上に良い機会があるだろうか。エジプトでも、ギリシャでも、インドでも、日本でも、即位と共に新しい時代が始まっていた。それで人々は即位に基づいて出来事の年代を推定していた。「元首政《プリンキパトス》下のローマでは、元首の承認の年は世界の始まりを指すと見なされていた〔……〕。新しい元首の良い知らせ *evangelium*〔福音〕は広大無辺に影響力がある。[44]」エジプトでも、玉座の主の交代はやはり同様の影響力を持っていた。たとえ、ファラオの死と共に、混乱が宇宙の秩序を脅かすようなことがあるとしても、新しいファラオの即位と共に、原初の世界が再生し、自然の秩序と安定が再び確立する。[45]「それは社会と自然の間の危険な断絶の後の新しい時代の出発点であり、それゆえまさに宇宙の生成に関与する状況なのである。[46]」フィジー諸島では、王の叙位式は「世界の創造」とか「天地の創造」とか呼ばれており、それを具体的に示すために、象徴的にではあるが、宇宙発生論が繰り返し述べられた。[47]チベットのボン教世界では、各王は、即位の際、必ず一族の祖先の地上への降臨物語を語り、そのことによって、彼はまさしく王家の血筋を引く者と見なされた。[48]そして彼は誕生の象徴である清浄な水で体を清められた。彼はすべての物事の変化を引き起こした。彼は父親の城に居住するのを拒否し、彼自身の宮殿を建築した。彼の即位は言うなれば一つの新たな天体 *orbis novis* を出現させたのである。[49]アイルランドの叙事詩には、自分の家を燃やす火から逃れるために、大桶の水の中に身を沈める王の話が語られている。エリアーデはこの話に人身供儀の名残を見ており、[50]ラムヌーは、これは「古くなった時代の再生を実現させるために、統治の終わりまたは一定の統治期間の終わりに捧げられる犠牲[51]」であると明言している。当然のことながら、火は年老いた王の破壊を象徴し、水は王の再生を象徴する。中国では、周が殷（商）を倒したが、殷の最後の王〔紂〕は冷酷非道の暴君だった。周王朝は二度創建された[四二]。最初は文明化の促進者文〔王〕によって、次に戦士武〔王〕によって[52]。記録によると、武〔王〕は統治する王としての役割を果たし、文〔王〕は従者すなわち武〔王〕の将軍の役割を果たした[四三]。彼らは共に王朝の誕生、創建者の勝利、新しい時代の再建を繰り返し唱えた。インドでは、最近の解釈によると、王（*rajasuya*）の聖別式は宇宙の再創造を表していた。式典の第一段階は、宇宙の創造主（*cosmocrator*）としての王の胎児状態への退行、一年間の懐胎、誕生、より正確に言えば、再生を現実化することを目的としていた。王の再生には危険が伴うというわけで、王から羊膜を取り除き、害をなす力を遠ざける儀式が執り行われていた。第二段階は君主の新しい肉体の完成の段階であった。この神聖な肉体は、バラモン階級との、またはそれが再生するための母体である国民、換言すれば、王の母であり、妻である国民との神秘的な結婚によって、または男性の水と女性の水の、あるいは金と水の結合によって得られていた。第三段階には一連の儀式があった。国王は大地をしっかと踏みしめて、自分を宇宙と同一視させるような動作で腕を上げ、天にそっと触れた。この姿勢で王が受けていたのは水による灌頂《かんじょう》で、その水は地面にしたたり落ちていた[四四]。こうして聖別されると、王は四方に向かって一歩前に出て、それから象徴的に天へ昇って行った[53]。

9　王の再生（復活）

即位による再生がどれほど必要であったとしても、それだけでは十分ではなかった。毎年、自然は死に、そして生き返っていた。王もそのようにしなければならなかった。すべてのものが、長い時間の経過と共に、古くなり、衰弱していた。君主も同じように力を失っていたので、彼に再び力を与える必要があった。多くの文明が、一人の君主の治世に、その君主の象徴的な他界と再生を引き起こすこうした周期があるのを知った。思うに、当初は、すべての君主国で、王は一時的に支配していて、王が自分に与えられた時間を越えて統治する場合は、王を改めて即位させなければならないと考えられていた。それで後に、こうした考え方の名残が君主の逝去と再生を真似る儀式に――たとえそれが毎年行われないとしても――表れることになったのではなかろうか。契丹族の帝国〔遼〕では、王の〔再〕即位式は七年毎に行われ、その際の儀式は王の死去と現世への帰還という非常に分かりやすいものだった。[54] チベットでは、三年毎に行われた。式典は犠牲の奉献と王権保持者の新たな宣誓によって構成されていたが、王の再生という意味合いはあまり明確に示されていなかった。[55] エジプトでは（しかしジェイムズはファラオの〔再〕即位式の重要性を軽く見たがった）、原則として、在位三十年後に初めてのファラオの記念式典（セド祭）が執り行われ、その後はもっと短い間隔で行われた。祝典はそのために用意された小さな建物――ファラオはそこに堂々と座っていた――の前で繰り広げられた。その際、王国の象徴を手に持ったファラオが儀礼的に神の方に歩いていくということが行われた。[56]

季節の自然な周期と関連した年毎の式典は、よりいっそう広い範囲で催されていた。〔古代フェニキアの都市〕テュロス〔現ティール〕では、老い衰えた神が毎年秋に死に、春分に再生していたように、王は例年の式典で神の役割を演じ、身代わりの人形《ひとがた》または代用動物を介して、たぶん象徴的に死んでいた。その当時、テュロスの王は西部セム人の諸都市国家の君主たちによってローマ時代にもたらされた顕在神の称号〔添え名〕を持っていた。と言うのは、神が人間の姿形を受け入れて現れるのは王においてだったたからである。[57]メソポタミアでは、王にとっての贖罪の日は、世界が混沌に返る逆進の日であった。その日、マルドゥク神殿では、大神官がまず王から王権の象徴〔王笏、指輪、剣〕を奪い、服を剝ぎ取り、王の頰を叩いた。その後で、王は深々とひざまずき、「私は罪を犯しませんでした」と、自分の無罪を宣言した。[58]見かけに反して、これはまさに死と再生の筋書きそのものである。[四五]バビロンでは、王は〔実際は〕生涯統治していなかった。それで王は、毎年大神殿でマルドゥク神の手を戴くことによって、自分の王権を更新しなければならなかった。バビロンがアッシリア人の手に落ちた時、アッシリア人の王たちも自分たちの権利を合法化するために、毎年、春に大神殿に赴いていたのは、それが慣習としてしっかり根を下ろしていたからである。[四六]マダガスカルでは、王とその家臣たちは年の更新と君主の再聖別のための祝典を催し、王朝の発祥の地への聖地詣でをしていた。[59]ベニンでは、毎年の大祭の間に、聖職者たちが王に薬を飲ませて、新年に立ち向かう力を与えていた。[60]ザイール〔「スワジランド」が正しい〕のバントゥー族の間では、冬至に、〔スワジの〕諸氏族の代表者たちが王の周りに集まって、〔太陽と結び付けられている〕王に再び力を取り戻させることを目的とした重要な儀式を執り行っていた。この儀式はなかなか複雑で、新月に始まり、満月後六日目まで続いた。その際、重要な役割を受け持たされたのは、王と同一視された一頭の黒牛だった。〔二頭目の黒い去勢牛が生け贄にされた——王の象徴的な死を意味するか——後、〕王は素裸で、動かないようにしっかりと押さえられた牛〔二頭目の黒い去勢牛で、これは生け贄にされない〕の背に座った〔「国民の雄牛」としての王の蘇り〕。その翌日、王は植物の精霊に扮装させられた〔植物の全般的再生〕。そしてそのすぐ後で、彼は「右手の妃」か「左手の妃」と交わらなければならなかったが、〔その夜〕性行為をする権利は彼以外の者にはなかった。最後に、王の汚れを燃やすという方法で清めの儀式が行われた。「こうしたことすべてが、〔冬至によって〕危機に瀕した王政は、近親相姦の跡を留めている神々の二重の結婚によって蘇るという信念を表している。(61)(四七)」

10　一時的な王

様々な事情から、一時的な王——もちろん擬《まが》いの王——が必要になることがある。この王はどのような場合でも摂政と比べられるようなことはなく、ある時は単なる端役的存在であり、ある時は真実の君主であるが、いずれにせよ、その地位にいる期間は常に束の間である。彼が必要とされたのは、死と再生の儀式が幾日にもわたって行われて、その間空位のままにしておくことができないと判断された場合である。カンボジアでは、王は六月(四八)〔二月が正しい〕に三日間譲位していた。(62)タイでは、やはり三日間、王はまるで死んだかのように宮殿に閉じ込められ、その間、王の代理人が統治していたが、彼はこの端役を務めることを代々義務づけられているある家族から選ばれていた。(四九)フレイザーは、〔モロッコの〕フェズや〔イギリス南西部の〕コーンウォールなどの他の場所には、一日限りの一時的な王を立てる習慣があったことを指摘している。(63)

このほかにも、君主の死から継承者が選出されるまでの期間、一時的な王が立てられることがあった。ベニンでは、それには社会的地位のない者——時には奴隷——がなり、真の王のすべての特権を享受した。しかしながら、彼が玉座に就いている期間が長くなることもあったので、周囲の者たちは彼が国を危険な企てに引きずり込まないよう気をつけていた。そして彼の統治が終わると、彼を排除する必要に迫られた。というのも、一度獲得された王の徳性はいつまでも残り続けるものだからである。結局、彼は殺されるか、または永久に姿をくらましていた。(64)

11　叙任

叙任の式典は実に様々である。時には簡単で簡素であるが、たいていの場合、複雑で凝ったものである。しかしそれらのほとんどすべてに明白な意味を持つ一連の行為、すなわち即位、戴冠、王が持つべき特別な物の授与、そして特に聖別が含まれている。中でも聖別は、塗油によってであれ、それに代わるもの〔たとえば灌頂〕によってであれ、地位の変更（これについてはすでに述べた）や神性や祖霊や恩寵が王位取得者に到来するのを可能にするものである。[65] それゆえほとんど常に、式典は、伝統のある場所で、一人の祭式執行者――これはしばしば聖職者である――の関与の下に行われる。さて、そこで聖職と君主制の関係が問題になってくる。

一口に聖別（式）と言っても、やり方はいろいろある。王の人格に何かかなり曖昧なもの〔祖先から来る霊、祖先の力、祖先の威厳〕を入らせる必要がある場合、その方法は様々である。そのために、アシャンティ族は新しい王を前任者の座席に続けて三度座らせるが、新しい王はこれによって前任者の化身になれるのである。[66] シルック族の間では、模擬戦闘の後、新しい王は叙位のためにファショダ〔王宮〕に連れて行かれる。そこでは、〔黄金の〕スツール（床几）に、王朝の創建者〔半神的英雄ニャカング〕を示すと思われる円筒形の物が置かれ、一頭の雄牛が生け贄として捧げられ、円筒形の物が至聖所に運ばれる。それから王はスツールに座らされるが、その時、〔前任者にも入っていたニャカングの〕霊が王に入る。式典に参加していた王子たち、貴族たち、母方の叔（伯）母たち、王の姉妹たちは王を新しく建てた三棟の小屋に連れて行く。王はそこに三日三晩留まり、その後、王の住居に住む。[67]

しかしながら、ありとあらゆる典礼で、塗油〔または灌頂〕の儀式は常に重要な意味を持つ。塗油〔または灌頂〕はその古さ―すでにヒッタイト人が行っていた[68][五一]――によって、そして塗油がヘブライ人の間やキリスト教世界で果たした役割によって、我々の興味を引く。聖書では、塗油は聖油で行われ、単に王だけでなく、聖職者や預言者たちをも聖別する。塗油はそれを受ける者すべてに永遠の生命を与える。それゆえ、〔その場にいた〕人々は「王万歳」«Vive le roi !»[五二]という叫び声を発するのである。その時から人々は、祝杯の挨拶などとは全然違った、この歓呼に付与すべき真の意味が分かっている。生きることは「活力に満ちていること」を意味し、家臣たちの願いは、聖油の効果が十分に出ること、聖油が塗油された者に効き目があることである。今日では、塗油の際、「アーメン」「かくあらしめ給え」[五三]と言われているようだ。ヘブライ人やキリスト教徒以外でも、多くの民族が、王を強くするため、王に彼がまだ持っていない力を付与するために、様々な方法を用いている。インカ人たちは、美しい少女たちを〔神への〕生け贄にすることによって、王の活力を回復させ、その統治を揺るぎないものにしようとした[69]。しかしながら人民の祝福も必要である。塗油〔または灌頂〕だけでは十分ではない。ほぼ全世界で、ほとんどの文明で――スペインの西ゴート族の間でも、ナイルのシルック族や古代マケドニア人の間でも――必要不可欠なものとして受け取られていた群衆の歓呼は、王の即位の承認と同意を意味し[70]、神と人民の意思の一致――中国の場合が良い例だが、これだけが君主を生み出し、君主に正統性を与えることが可能であった――を示していた。

歓呼は跪拝と交互に行われたり、――東洋やビザンティン帝国やイランやその他のイスラム教諸国でその傾向が強いが、アフリカ、特にポルト・ノヴォでもそうである[71]――、跪拝と対になったりする。跪拝礼は正真正銘の対神崇拝の様相を示すということをイスラム教徒はよく理解したので、彼らは王に対する跪拝礼の習慣をビザンティン帝国から継承しながらも、それを嫌悪した。ただしイスラムの法学者たちはこれに反対することができなかった(72)。

塗油は古代ユダヤ教世界では、一人の男——最後の士師サムエル(五四)（彼は初めて王を立てた者であるがゆえに彼以前の士師たちとは異なる）によって、イスラエルの最初の王〔サウル〕のために初めて行われ、それ以後は祭司によって行われた。しかし当然のことながら、塗油を行わせたのは神である。サムエルはそのことをよく認識しており、聖書では繰り返し次のように述べられている。「ヤハウェは言った。聖なる山シオンで王〔ダビデ〕に油を注いだのは私である。」「あなた〔ダビデ〕に油を注いでイスラエルの王としたのは私である(73)。」サムエルは「聖油の瓶を取った。そしてそれを彼〔ダビデ〕の頭に注いで、彼に口づけして言った。主の民の長としてお前に油を注いだのはヤハウェでなくて誰であろう。この後、神の霊は激しくダビデの上に下った(74)(五五)」。これだけで十分である。しかしその後、神の行為から生じる塗油の完全性にもかかわらず、イスラエルは叙位の式典に戴冠の儀式と小さな鎖を手と足に付ける儀式を補足する。「そこで祭司〔エホヤダ〕は王の子〔ヨアシ〕を連れだして、冠をかぶらせ、小さな鎖(五六)を付けさせた。人々は拍手して、彼を王とし、油を注ぎ、『王万歳』と言った(75)。」

ササン朝ペルシャにとって、王の叙位は最大の関心事だった。だからそれを表象するために、この王朝は最も素晴らしい彫刻作品のうちの幾つかを作った（フィルザバードのアルダシール一世の叙位場面——三世紀の第二四半期——、ナクシュ・イ・ルスタムの同王の騎乗の叙位場面、ビシャプールのワフラーム一世(五七)の叙位式の場面——三世紀後半——等々）。これらの浮き彫りは、碑文と共に、最高神アフラ・マズダ自身によって叙任された諸王の王《シャー・ハン・シャー》を示している。どうやら〔ササン朝の〕君主の承認は、即位の際にマズダ教徒〔ゾロアスター教徒〕の君主が行う典型的な宗教行為、すなわち聖火祭壇とその付属物の設置によって示されていたらしい。これらの王権神授の図では、神と王の像は同じ大きさであり、両者は向き合っている。そして城壁冠をかぶった神は、コリュンボス*付きの頭蓋帽をかぶった王に、権力の象徴である王冠《キャロット》〔天上の輪＝光輪＝フワルナフ〕を差し出している。払子《ほっす》持ちを含む補佐たちの像は小さめに彫られており、彼らは神と王を取り巻いている。(76) 幾つかの浮き彫りには、重要なバリアントが提示されている。ナルセ[五八]（フ）の王権神授図（三世紀末—四世紀初め）では、女神アナーヒターがアフラ・マズダに取って代わっている。フィールーズ（ペーローズ）[五九]の王権神授図（五世紀、ターク・イ・ブスタン）では、製作者は王がアフラ・マズダとアナーヒターからそれぞれに[六〇]、つまり二つの王冠〔天上の輪〕を同時に受け取ろうとしている様を描いている。アルダシール二世の王権神授図（四世紀、ターク・イ・ブスタン）の場合、製作者はアフラ・マズダの側に小さめに彫ったミトラ神を置いている。この像は放射状の頭光で飾られていることからすぐそれと分かる。(77)

＊　ササン朝の王帽の上に付いている球体状の飾り物。軽い絹の布で包まれた髪の毛で作られていた。[六一]

ヘブライ人の間でヤハウェが一人の祭司の手を介して行っていたのと同様に、マズダ教のイランでも、アフラ・マズダは一人の祭式執行者の手を介して王に王権を授けていたに違いないのだが、しかし誰がその役割を務めたのかよく分かっていない。とはいえ教会の長であった王が部下の一人に依頼したはずだから、それは聖職者〔マゴス僧〕だったのだろうと考えられている。[六二] たとえばエルドマンは、君主が神聖な権利を放棄したくない限り、祭式執行者が俗人だったということはあり得ない、と思っている。(78) 後に、たぶん五世紀の初め、ゾロアスター教の聖職者たちは王に従属することを止め、モパタム・モーバッド〔「聖職者の中の聖職者」の意〕に統治された。[六三] モパタム・モーバッド〔モーバダーン・モーバドとも〕は王とほとんど対等になり、それ以後、戴冠の役目を持つようになった。(79) フィルドゥーシーによると、モパタム・モーバッドは三人の賢者の補佐を受けて、新王を王座に就け、その王位に祝福の言葉を述べた後、王の頭に王冠とティアラ[六四]を載せ、左右の頬を王の胸に押しつけた[80]。

ササン朝の即位式が行われていた場所の確定は何人かの研究者が試みている。クリステンセンの考えでは、アルダシール一世（二二四—二四一）は、祖先が祭司長をしていたシュトール〔ペルセポリス〕のアナーヒター神殿[六五]か、それともその近くの、彼と後継者シャープール一世（二四一—二七二）の叙任式を記念して岸壁に彫られた浮き彫り〔王権神授図〕があるナクシュ・イ・ラジャーブのどちらか、いずれにせよ彼の一家の発祥の地で戴冠式を行った[81]。タキザデの考えでは、ササン朝の王は二度戴冠式を行った。最初はペルシャの王として、どこか未知のところで、二度目は諸王の王《シャー・ハン・シャー》として、〔首都の〕クテシフォンかどこかで、たぶんバビロン暦の元旦に[82]。これらの不確実な推測から唯一ほぼ確かなことが分かってきた。それは即位の式典が、ほとんど内輪のものと、マゴス僧たちが出席して聖火壇の前で行われる荘厳なものとが一対となった、二重の式典であったということである。

聖職者または呪術師の関与は、ペルシャの場合はもう一つよく分からないし、他所でも、たとえばアステカのように、君主の即位式が神殿で行われる場合でもやはり定かではない[83][六六]。とはいえ、聖職者の関与は非常にしばしば証明されている。〔現〕ザイール南部のロアンゴ王国では、即位の式典を司るのは天上の大神霊に仕える聖職者であり、それで彼は、豊饒を保証する儀式的交流によって、王と永久に結び付けられている。コンゴ東部の複数の首長領では、二十世紀になってからも、聖職者または呪術師と見なされている鍛冶師が新しく即位する首長を鉄床《かなどこ》に立たせた後、彼の腕に腕輪を付けている[84][六七]。

鉄床に立つことは、注意を引かないかも知れないが、きわめて重要なことらしい。高位への就任を実現し、人々の目に誰が王であるかを示し、王を神々に紹介するのは鉄床に立つという行為であり、その行為の聖性が鉄床の聖性によって強調されるのである。これと似た即位の儀式は他所でも見られた。ベニンでは、まず擬似王を立てて、みんなで彼を取り囲んだ。彼は豪華に着飾らされ、タカラガイの冠をかぶらされた奴隷なのだが、王座に座らされ、祝福に訪れた貴人たちを迎えさせられ、その後で永久に姿を消し去られた。しかし翌日に行われることも重要であった。真の王はとある塚に登った。人々はそこで彼に白い腰巻きをかぶらせ、行列をなして彼を宮殿へ連れて行った。その後、彼は宮殿で貴人たちを迎え、群衆に玉座を示した(85)。アフリカの新王が鉄床や塚に登らされたのは、ケルト人やゲルマン人の新首長が大盾に乗せられ〔て陣を巡っ〕たり、トルコ〔突厥〕やモンゴルの新しい君主が人々が頭上に高く差し上げるフェルトの織物に載せられたりしたのと全く同じ理由によるものだった。

12　王の妻と娘

王の妻の地位は、様々な社会における妻の位置によって変わるかも知れないが、一般的には、程度の差こそあれ、王妃は王の生命と直結しており、王の威厳に寄与し、そのうえ、王以上の威厳を持つ。一夫多妻または君主の婚姻外の行き過ぎた行動は、妃のこの卓越を減じるどころか、かえって際立たせるのに貢献する。〔ヨルバ族の〕ケトゥ王国では、王は理論上は国のすべての女性の夫であり、実際は一つの広いハーレムの主である。しかしその中でただ一人の妻が正妻すなわち王妃であり、彼女は王の生命を糧にして生き、墓の中まで王に付いて行かなければならない(86)*。

＊　愛妾である「右手の妻」も同じ運命にあった。

古代エジプトは妻が最も高い地位を享受した国の一つであるが、ブレーケルがファラオの妃についていみじくも次のように述べていることは、すべての地域の妻についても当てはまる。「神殿の〔浮き彫りの〕諸人物像は〔未来の〕ファラオの誕生を示して、女王が王子の父である神の神性を確実に運ぶ運搬手段であったことを理解させてくれる。神‐父は目に見えない。が、妃は目に見える。それゆえに妃は最高の役割を果たす定めになっていた。妃の公式の〔女神官としての〕称号は「神の妻」であり（第十八王朝―第二十王朝では）、それで死後、妃は神から賛辞を呈された。テーベの王妃の墓はファラオたちの墓と比べてほんの少ししか劣っていない(87)。」もっとも、君主は王妃から生まれていなければならなかったとはいえ、この原則は、申し合わせによって、またはそのための措置を講じることによって、拒否されることもあった。ベニンでは、王は唯一無二の人の子、人の父と見られていた(六八)。王の生母は、後に価値を持ち得ないように、平民の女性でなければならなかったが、このことは王朝の血を新しくしたうえに、国民が君主を身近な存在と感じるのに貢献した。そういうわけで、王妃は子供を産むことができなかったのである(88)。

ブレーケルの分析は真実を含んでいるが、もっと押し進める必要がある。王妃が卓越した地位を保っていられるのは王の娘の資格でか、それとも王の配偶者の資格でか(六九)、と考えてみるべきであろう。このような問いは幾つかの場合、たとえばサクソ・グラマティクスがスコットランドの王妃について次のように述べている場合には、可能である。「〔女王である〕彼女がベッドを共にするのにふさわしいと判断した者がただちに王になり、彼女は彼に自分の地位と体を与えていた(89)。」しかしこの主題に関しては(七〇)、ここではパルティアの場合から検証していきたい。パルティアの君主たち、とりわけハトラの君主たちは、一般的には王妃たちに認められていた神聖な名誉を、王女たちのために――つまり少し早めにということだ――要求した。王女たちはアナーヒター神殿の大祭司であったが(七一)、その資格で、神聖なものである特別な玉座を持っていた。一一七年、ローマのトラヤヌス帝〔九八―一一七〕は〔パルティア皇帝〕ホスロー〔一〇六

—一三〇または一〇九—一一二八〕[七二]の王女の玉座をクテシフォンから持ち去った。ウォロゲセス三世〔一四八—一九二〕[七三]は一六一年にもそれを要求したが、マルクス・アウレリウス・アントニヌス帝〔一六一—一八〇〕[七四]はその返還を拒否した。彼はそれが持つ宗教的価値を知っていたのである。バグダッドの国立博物館には、アナーヒター女神に仕える女祭司の服を着たハトラの王女ドシュタリ（一～二世紀）の像があるが、彼女は右手で祝福を与えるしぐさをしている。[90]もう躊躇しないようにしよう。重要なのは娘であって、妻ではないのだ。そしてもし王妃が重要になることがあるとすれば、それは彼女が人の妻である前に王から生まれているということなのだ。[七五]

それは創始期のローマについても言えることである。アエネーアス〔アイネイアス〕はアルバの王の娘ラウィニアを妻にし、そのことによって王になった。ロムルスを産んだのは別のアルバの王ヌミトルの娘だった。〔ローマの王たちのうち、〕タティウスとタルクイニウス〔初代〕とセルウィウス・トゥリウスの後継者はいずれも娘婿だった。[91][七六]スコットランドでは、君主の系図によると、五八三年から八四〇年までの間、王の父親が〔つまり王が二代続けて〕統治したことはない。そのことから、この王国は妻たちによって継承されていたと結論づけることができる。ギリシャ人〔の王たち〕は息子たちをどこか他所で妻と王国を捜し求めるように送り出す習慣を持っていた。ギリシャ人〔著作家〕たちは、王子たちが送り出されたわけを想造力を駆使して——それだけに美しくはあるが、無駄でもある——数多く述べている。フレイザーはギリシャ人がこのような習慣を持っていたことに気づき、その例証にかなりのページを割いている。[92]それゆえここでは簡潔に何人かの重要人物だけを紹介しよう。

スパルタの王〔「リュディアまたはプリュギアの王」が正しい〕タンタロスは息子のペロプスを、本書ですでに紹介した有名な戦車競走に挑戦させた。ペロプスはそれに勝って、エリス〔地方のピサの〕王女

〔ヒッポダメイア〕を得た。ペロプスの子アトレウスはミュケナイへ妻を探し求めに行き[七七]、〔彼の子〕メネラオスはスパルタで王座に就いたが、それは〔彼の妻となった〕美しき王女ヘレネが彼に与えたものだった。アガメムノンは最初彼の妻クリュタイムネストラの都市を統治した[七八]。ペルセウスは、アイティオピア王ケペウスの娘アンドロメダを解放する時、彼の王座を手に入れられるという希望を持っていた[七九]。アンキセスがアプロディテの誘惑に応じたのは、たぶんこの女神が自分はプリュギア王の娘だと言ったからだろう[八〇]。アイネイアスはこの愛から生まれた。ベレロポントスはリュキア王〔イオバテス〕がしかけた罠に落ちたが、そこから抜け出したので、当のリュキア王から娘と王国の半分を与えられた[八一]。オイディプスの神話も大部分はこの主題の探究に基礎を置いている。と言うのは、この悲劇全体が主人公が父親を殺してテーバイの王妃である母親と結婚することから生じているからである。しかしギリシャ人は、オイディプスの王座の獲得を彼の結婚によるものとはせずに、彼がスフィンクスの謎を解くことによって果たした功績によるものとしている。この主題に属するものとしては、サルディス王カンダウレス〔前七三五—前七〇八〕の不思議な運命も挙げておこう。彼はヘラクレス——すなわちギリシャ人たちによって彼らの英雄に同化されたフェニキアの神[八二]——の息子アルカイオスの後裔である。彼のことはヘロドトスとプラトンとプルタルコスが三人三様の語り口で詳細に述べている[八三]。ヘロドトスによると、カンダウレスは近習の中で特にギュゲスという男を気に入っていて、彼に自分の妃の美しさを自慢していた。そしてある日、カンダウレスは〔ギュゲスが自分の言うことを信じていないと思って、〕ギュゲスに妃の裸体を見るよう強要した。そのことに気づいた妃は動揺したが、覗き見した男に恋心を抱いたので[八四]、彼に宣告した。「カンダウレスを殺して、私とリュディアの王国をわが物にしなさい。さもなくばそなたはこの場でただちに死なねばならぬ。」そこでギュゲスはカンダウレスを殺し、彼の妃を妻にして、王になった[93]。

妻探しの旅はオリエントのセム族の間にもたぶん存在した。と言うのも、彼らも少なくともその痕跡を示す物語を持っていたらしいからである。王ケレトは夢のお告げに従って、ウドゥムの王のところへ行き、その娘を妻にした。[94][八五] 同様に、『ハ〔ア〕ムレット』では、主人公のおじのフェンクはデンマークへ自分の妻となるべき女性を探しに行った。[八六] アフリカの数多くの神話も同じ主題に基づいて組み立てられている。そのうちの幾つかについては、別の主題のところですでに言及した。たとえばルダ族〔「ルバ族」が正しい〕[八七] の神話によると、一人の猟師が他部族の酋長の妹を妻にした（興味深い変形、王の妹も王女と同じなのである）し、アボメー〔ダホメー王国の旧称〕の神話はヒョウと土着の酋長の娘との結合に基礎を置いている。アルバート湖〔現モブツセセセ湖〕とヴィクトリア湖の間〔ウガンダ南部〕に住んでいるブニヨロ族[八八]はバチュウェジ王朝の起源について次のように語っている。簒奪者バククが統治していたら、神々が、彼の娘の息子が彼を殺して王位を継ぐだろう、と予言した。この危機を回避するために、彼は娘を戸のない小さな囲いの中に閉じ込めて、目と耳を片方ずつ奪い取った。ある日、一人の遍歴者がそんな彼女を発見して、はらませた。彼女が産んだ子は一人の陶工に引き取られたが、やがてバククを殺して、その後継者になった。[95]

七世紀のインドの有名な物語『十王子物語』[八九]は、王国を獲得させてくれる他所の国の王女との結婚を主題にしている。そのうえ、これは君主制の諸問題を提起し、妃と王国（または妻と土地）は同一視されるものだということを明らかにしている――そもそもこのような同一視はインド人の考え方の一般的傾向であり、他の地域でも少し調べればすぐ分かることである。たとえばギリシャ世界でもイスラム世界でも、その傾向は非常に顕著である。『コーラン』も「女というものは汝らの畑だ。だから好きなだけ耕すがよい」[96]と言っている。

『十王子物語』は、王国探しの旅に出た一人の王子と九人の同伴者の物語である。彼らは全員、該博な知識と人の心を魅了する力以外には、いかなる武器も身につけていない。暴力も二枚舌も用いずに、もっぱら自分たちの魅力だけで、彼らは一人の王女または王妃の情熱を呼び覚まし、彼女を妻にし、王座を獲得して、完全なる幸福の状態で暮らす。しかしながらこの物語で重要なのは、結婚よりも、むしろ一人の高徳の王と国土との結合を示す官能的な抱擁の方である。つまり女性の愛と官能的な抱擁は若者たちにとって必要なのである。「それらは彼らの統治能力のしるしとして光り輝く」(97)というわけだ。この物語を研究しているインド学者が、この物語は王女を得るために次々とやって来る試練に打ち克たなければならない一人の若者を登場させる無数の物語よりも一歩進んでいる、と言ったのはもちろん正しいが、しかしそれらの物語も、逸話風な側面と他の主題——克服すべき試練の主題——の導入にもかかわらず、同じ背景を持っている。それらは王の娘が王座を与えることを示しており、それらのもとになっている神話——すなわち自然の力の支配と宇宙の秩序の確立——と係わっている。平和的な『十王子物語』とは逆に、それらは妻を獲得するのに必要な暴力を強調するが、しかしその暴力は、擬似誘拐が結婚式の一部をなしている社会生活におけると同様に、女性に対して行われるものではなく、女性を取り巻いて保護している、そして称賛または感謝の念によって同意された愛というフィクションを受け入れながらも、なお強姦というフィクションを維持することを許すような者に対する暴力である。

13 王の近親相姦

オイディプスを打ちのめした不幸は、父親殺しだけでなく、母親との近親相姦関係から生じていた。理由がどうであれ——それについては民族学者の間で大いに議論された——、近親相姦は人が犯し得る最も重い罪の一つと見られており、一般的には禁止されている。ところが王は、ある種の人々——ある時は神であり、ある時は呪術師や聖職者である——と共に、それを認められるだけでなく、強制されることもあるということが分かっている。近親相姦は支配者の家族では決まり事になっていたと言うのは言いすぎだろうが、しかしそれは非常に多くの地域で実際に行われたかまたはその痕跡を残している。

　聖書の創世記はアダムとイヴおよび彼らの子供たちの近親相姦に基づいているが、それはつまり人間はアダムから生まれたということになる。たぶんそのような理由から、聖書は彼に対してさほど厳しくない。ロトは娘たちを知り、彼女たちにモアブ人《びと》の先祖とアンモン人《びと》の先祖をはらませた。(98)(九〇)アブラハムは異母妹サラと結婚し……。ギリシャ世界では、近親相姦は嫌悪されていて、オイディプスのほかには、自分の娘ペロピアを犯したテュエステスと、自分の姪に当たるそのペロピアを妻にしたアトレウスが知られているだけである。王と特に重要なパートナーとしての妹との近親相姦は、ペルシャとファラオ時代のエジプトではきわめてありふれていて、めずらしいことではなかった。(九一)ラメセス二世（前一三〇一頃—前一二三五）(九二)は三人の妹を妻にし、ツタンカーメンは姪であると同時に義妹でもある女性を妻にした。この幼いファラオの結婚には高貴さがあったのに対して、アメンヘテプ三世（前一四一〇頃—前一三七五）(九三)の結婚は低劣なものだった。彼は自分の一族の女性とではなく、聖職者の家系から出た気高い女性と結婚した。このような場合は、神の血筋の王女をはらませるために、受胎の際、神が王の代わりとなった、と言うことはできない。ずっと後になるが、プトレマイオス朝では、十三人の君主のうち九人が近親婚をする。そのうちの六人が妹と（プトレマイオス九世救世主(九四)は二人の妹と）、一人が妹と姪と、もう一人が従妹と結婚している。

ブラック・アフリカでは、近親相姦は非常にしばしば王権取得の秘儀の伝授方法になっていて、ある場合は叙任の時――実際にであれ、象徴的にであれ――それを実行させていたが、しかしそのようなことが王の結婚において制度化されていたわけではない。ジラールは、王の配偶者はほとんどすべてが一般的には禁じられている女性である、といささかも迷わずに断言している。[99] 一方、ヴァン・ビュルクは、彼が研究しているアフリカ社会では、（姉）妹または娘との結合が王の行為にのみ見られる特徴であること、[100] そしてウガンダからザンベジの南部にかけて広がる地域全体では、王妃は君主の異母妹であることを確認した。[101]

ルバ族の間では、近親相姦は偶発的にそして社会的な基盤もないままに行われる。即位の際、彼らの君主は、特別に建てられた小屋「不幸の家」で、自分の母親や娘と性的関係を持つことを義務づけられている。[102] この違反が文化的秩序以前の、そして文化的秩序を越えた絶対的な孤独圏に君主を投げ入れる。したがって、ベニンで行われているように、新王とその母親を完全に隔離することは、両者の間にあった以前の性的関係の義務に対するきわめて強烈な反発であるに違いない。[103]

一族の純粋性を保持しようという意志による王の近親相姦という古典的な解釈は明らかに遅れていて、合理論的であり、その点では、私もジラールと見解を同じくする。しかし、一見非常に魅力的だが実は検討に耐えない、この著者の全くの机上の空論は断固として非難しないわけにはいかない。第一に、近親相姦は王を最も重大な不道徳の権化にはしない。なぜなら王は純粋だからである。次に、王が非難され、こき下ろされ、馬鹿にされるのは――王がそのようなものであり得るとしての話だが[104]――、近親相姦のせいではない。また、王に早死にを余儀なくさせ、そのためだけに統治させるのは近親相姦ではない。* そしてさらに、近親相姦が王に王としての性格を与えるわけではなく、王は罪人の死を要求することによってのみそれを獲得する。[105][九五] フレイザーは、たとえ間違っているとしても——もっともそれは確かではない——もっと賢明である。彼はこの主題について次のように述べている。権力の継承が女たちを介して行われる国々では、王は結婚によってしか権力の座に就けなかった。王は自分の（姉）妹と結婚することによって余所者が君臨するのを避けていたし、妃が死んでも、王はその後継者である自分の娘と結婚することによって王権を保持していた。[106][九六] フレイザー以後、専門家たちは彼が始めたばかりの研究をさらに精密なものにしたのだが、ジラールがそれを尊重しなかったのは残念である。タイラーはすでに族内婚は孤立させると断言していた。バスティドは呪術師によって行われていた近親相姦に言及して、呪術師は呪術を使うためには人間の条件の外に身を置かなければならないと述べた。ゴルドンは、呪術師は超自然的な力を作用させ、「その時点から、その力と連絡を取る手段となる」[107]と言った。ブレーケルは、エジプトのファラオは、自分の王権を強固なものにし、自分が正統な継承を確保するために、しばしば自分の血筋の女性を妃としたが、そのことは神の配偶者としての女性の役割から生じていた、ということを理解するに至った。[108] そしてレーマンはインカ族についてほとんど同じような意見を述べている。「王は神だったので、女性たちと普通の接触を持つことはできなかった。それゆえに、王の正式な配偶者は彼自身の（姉）妹であり、もし王が妻以外の女性たちと性的関係を持っていたとしても、その対象は、主として、太陽に捧げられ、修道院のようなところで生活していた処女たちであった。[109][九七]」さらにレーマンはチムー人[九八]について語りつつ、次のように付け加えている。「普通の男たちには禁じられていたこれらの女性たちは、神々や王に近づくことができた。彼ら〔チムー人〕の主神である月に捧げられた神殿では、一定の数の処女たちが生活しており、王だけが彼女たちを妻にする権利を持っていた。[110]」

＊「近親相姦が〔まず最初に〕犠牲的行為を正当化しているように見えても、〔最も基本的な段階では、〕近親相姦を

正当化しているのは犠牲的行為〔の方なの〕である」(ジラール、〔『暴力と聖なるもの』、古田幸男訳、法政大学出版局、一九八二年、〕一七一ページ)。

14 宮廷

ごく少数の古代社会を除けば、王が一人で生活することはなかった。そうすることができなかったのである。何よりもまず王の性的な力強さは大地の豊饒を保証したし、それにまた、近隣の君主たちと縁組したり、封臣たちの虚栄心を満足させたりする必要から、王は、たとえそのような性向がなくても、否応なく一人または多数の妻を娶って、自分のハーレムを形成しなければならなかった。そして王を脅かす肉体的または精神的な危険は、王の周りに兵士や呪術師からなる保護障壁を設けるよう促した。単独では負いきれない王の聖職者としての務めは、王の側に聖職者たちを連れて来た。王が従っている食事や服装や衛生に関する諸規則は専門の侍者たちを要求した。王が示さなければならなかった寛大さは嘆願者たち——彼らは必ずしも非常に貧しかったわけではない——を王の周りに引き寄せた。王は目に見える神である限りにおいて、崇拝の対象になった。それに、王は国を具現しているので、自分の偉大さと共に国民の偉大さを示すために、富を誇示しなければならなかった。我々が宮廷と言っているものに抵抗するためには、王はよほどしっかりした頭を持つ必要があった。宮廷は必要ではあったが、すぐに有害になった。誇示、財産の蓄積、お追従から生じた慢心が王を本来あるべき姿とは全く別のものにした。そうなると、国民はもはや王に自分たちの姿を重ね合わせないし、王も国民に自分の姿を重ね合わせない。

宮廷は、語の本来の意味においては、聖職者や護衛兵や召使いによってではなく、貴族たちによって構成されている。彼らの存在は不可避である。コンゴの西部では、王権を制限するものは何もないが、それでも有力者たちの意見を尊重することが義務づけられていた。[111] ニューカレドニアでは、首長たちは自分たちの意向を有力者たちすなわち「長老団」に知らせたり、彼らに相談したりする。[112] ギリシャでは、ブーレーテリオン〔ポリスの評議会（の間）〕が王政時代の諮問会議であり、ローマでは、元老院が最初そのような役割を果たしていた。非常に異端的なイスラム教徒の政治・宗教団体であるシリアのヤズィード派の間では、大守《アミール》が最高位を占めており、理論上は教権でも俗権でも絶対的な権力を持ち、彼の決定に逆らう信者を彼の思う通りに破門することができるが、しかしそれでも、彼の居住地から遠く離れた共同体に対してはいかなる権威もなく、族長である彼の封臣たちとは必要に応じて話し合わなければならなかった。また族長たちにしてみても、その権力は原則としてより下の階級に対しては絶対的なものだったが、有力者たちによって王族の中から選ばれていることもあって、有力者たちの意見を聞くことなしには決して何一つ行わなかった。[113]

　王が同輩衆の中の第一人者であり、彼らもそのことを忘れていなかった〔わが国フランスの〕政治体制[九九]については語るまい。しかし諸王の王は、ヤズィード派の大守《アミール》と同様に、他の君主たちの上に君臨しても、彼らを尊重しなければならない君主であり、ペルシャやエチオピアにおけると同様に、連邦の主導者である。マヤ帝国はギリシャのポリスに似たところがある数多くの都市国家によって構成されていたが、それらは主だった族長と聖職者からなる顧問団が補佐する一人の正統の「真の人間」によって統治されていた。[114] アステカの「民主制」においては、各部族はテノティティトランの議会に一人ずつ「話す人」と呼ばれる代表者を送り出していたが、彼らは四つの軍隊を指揮する任務を持っていた。[115] 君主制では、たとえそれがいかに専制的なものであろうとも、王は必ず大臣や顧問や上級役人たちに取り囲まれている。彼らの影響力は、王が強ければ弱くなり、王が弱ければ強くなるが、いずれにせよ皆無ということはない。これは正統の君主制において、精神薄弱の君主の偶発的な誕生に対する保証（相対的なものではあるが）になっている。

大臣や役人たちには少なくとも一つの長所がある。国民は自分たちに降りかかるすべての不幸を彼らのせいにし、それによって自分たちの君主の潔白を証明することができるのである。これらすべての行政官、〔国王と国民の間の〕すべての仲介者たちは、国王が愛されているのと同じくらい憎まれているが、彼らが大いに職権を濫用しているのも事実である。中国では、長い間ずっと、国民は役人たちに不満を抱いては、この横暴から逃れたいと天子に訴えていた。もしすべての国民が中国人のようにしていたならば、あれほどの暴力と要領の良さでもって横暴さを発揮できる役人はほとんどいなかったであろう[一〇〇]。

王に訴えることだ。歴史が証明しているように、暴政はほとんどの場合王が直接行ったものではない。独裁者は王国からはさほど多く生まれずに、むしろ革命や共和制から多く生まれている。それはスッラ、マリウス、カティリーナ[一〇一]、ロベスピエール[一〇二]、ボナパルト、レーニン[一〇三]のような人物たちが証明していることである。

15　首　都

君主制には首都が必要だったのだろうか。君主が首都の外にある王宮で暮らすことは考えられないのだろうか。力のある王たちはそうした。たとえば〔フランスの〕カペー朝の王たちはロワール川流域に城を次々と造ったし、ヴェルサイユ宮殿も建設した[一〇四]。しかしながら、どうやら本能が君主たちを——遊牧民出身の君主たちでさえも——都市に居住し、都市を建設するように駆り立てるらしい。アラブ人たちは四人の選出された〔正統〕カリフの下で暮らした後、ウマイヤ朝〔六六一—七五〇〕と共に君主制を採用した時、ダマスカスに移り住み、その後継者であるアッバース朝〔七五〇—一二五八〕はバグダッドを建設し〔七六二年開始〕、ここを首都とした。モンゴル人は、チンギス・カンの死後、モンゴル平原の奥地にカラコルムを建設し〔一二三五年に開始〕、その後中国に大都（北京）を建設した〔一二七一年〕。

　歴史をはるか昔まで遡れば、ギリシャ、ペルシャ、ローマ、ヘブライ王国の創始期において、君主たちの最初で最大の行動はまさしく首都の建設であったが、当時、首都は、たぶん王の聖性を反映していたからであろう、しばしば神聖な都市と見なされていた。テセウスがミノタウロス討伐のための遠征から帰国して、王国を継承した時、彼はそれまでアッティカの村々に散らばって住んでいた住民をアテナイ市に集住させ、憲法を公布し、貨幣を鋳造し、記念建造物を建てさせた。[一〇五] ロムルスの最初の仕事は未来のローマ市の境界を画定する溝を掘ることであった。ユダヤの王たちは〔「ダビデは」とするべきである〕エルサレムに身を落ち着け、契約の箱をそこに運び込み、ソロモン（前九七〇頃—前九三一）は本来それが持っている聖性を増すために、神殿の建設を始めた。ダレイオス大王（前五二二—前四八六）は純然たる王の都市、何よりもまず一大聖域である儀式のための首都が欲しかった。それがペルセポリスである。しかしその壮麗さはまもなく忘れ去られ、古代の人々の間でも全く語られなくなる運命にあった。[一〇六] と言うのは、アレクサンドロス大王がこの首都を破壊して、自らの反道徳性を実現することになるからである。その後、同じくペルシャで、ササン朝の創始者アルダシール一世（二二六—二四一）は即位するとすぐに、完全な円形の都市計画に基づいて、フィルザバードを建設した。[一〇七] このような都市計画はパルティアから継承したもので、アッバース朝〔七五〇—一二五八、最初の首都はクーファ〕が再び採用することになる。[一〇八] この円形都市の円は明らかに天のイメージであり、[116][一〇九]〔天球の〕半球の地上への投影である。すでに述べたことだが、王が世界の中心にいるように、首都は王国の中心にある。一九三〇年に非常な高齢で亡くなったアデミリュイイ王は、わが国の古都イフェは世界の中心であり、白人や黒人の祖先たちが出現した場所である、と語っていた[117][一一〇]。

16 王宮

首都が王国の中心にある——少なくとも象徴的に——のと同じように、宮殿は象徴的にであれ、現実的にであれ、首都の中心にある。象徴的にそうである場合には、経済的または戦略的な理由から、王宮は城壁の中かまたは〔首都の〕周辺地区に置かれているのである。そして現実にそうである場合には、王宮から四つの城門に通じる四本の道路が四方へ放射線状に延びている。とはいえ、規則には例外が認められている。一人の聖職者によって創建された王朝の首都フィルザバードの円形都市では、市の中心にあったのは聖火の神殿〔と拝火壇〕で、宮殿は市外にあった。しかしこのことは非常に意味深く[一一一]、我々はこの事例からただちにより古典的な考え方に立ち返る。それは、パルティアにおけると同様に、宮殿が神殿の代わりになり、その宮殿に向かって市の枢要な道路が集中して、それ以後、宮殿は「天」と呼ばれるようになった、というものである[118]。名称もまた規範に合致させる。ダホメーの王のために住居が建設されるのは、王が地上で生きていくのにそれが必要不可欠だからである。つまりダホメーの王の住居は地上に移された天の一部分のようなものである[119]。王は「宮殿の主」になる。ブラック・アフリカのオヨ王国では、これが王の公式の称号である[120]。

宮殿と神殿の間に混同が生じるのはもっともなことなのである。ネパールのネワール族の間では、両方とも社会構造全体がそこを中心にして展開するきわめて重要な軸になっている。[121] 王が自分のための楽園を建設するためには、神々の領域の一部を神々から取り上げることによって神々から略奪することになったり、神々のライバルとして存在することになったりしないように、神々の許可が必要である。ウガリット（現シリアのラス・シャムラ）では、ヤム（海、原初の水）〔神〕を打ち負かしたバアル〔神〕は王になったが、その結果、自分の館を持たなければならないことに気がついた。そこで彼は、館を建てる前に、大御神エルにそのための許可を求めた。[122]（一一二）

祭式がまだ初期段階だった時代には、王国のレベルでは宮殿が、家族のレベルでは家が、神々のために祭式を執り行う唯一の場であった。日本では、豪族時代には、族長の屋敷「御屋」[123]——みや〔後に宮の字が当てられた〕、聖域を指すためにも使われる語——が宗教儀式遂行の場であった。ヴェーダ期のインドでは、五世紀以前、消えざる〔聖〕火が赤々と燃えていた特に神聖な場所は各家族の住居であり、そこでは父親がただ一人の祭司として彼と彼の家族のために犠牲を捧げていた。[124] 儀式の発展およびさらなる複雑化が専門化された聖職者階級——ブラーフマン〔バラモン〕、おのずと一つのカーストになった——の形成と神殿の必要を徐々に誘発していった。ミノス文化期のクレタには、これといった特別な神殿は存在していなかった。個人的な宗教儀式は普通各家族の住居で行われ、公の宗教儀式は宮殿の中の狭い部屋で行われていた。クノッソスでは、中期ミノス文化期（前二〇〇〇—前一八五〇）になっても、公の宗教儀式にほとんど進展は見られなかった。それは宗教感情が衰退したからではなく、宮殿全体が神聖で、守護女神と、その祭司として女神と人間たちとの間の仲介者の役割を果たしていた王の住居になっていたからである。[125]（一一三） アテナイでは、女神ヘスティア（一一四）の火は、筆頭執政官《アルコン》〔任期一年〕たちが代々受け継いだかつての王の邸宅プリュタネイアで保持されていた(126)。ローマでは、ユピテルとマルスと豊饒の女神〔クゥイリヌス〕のための三つの儀式が執り行われたのは王の家《レギア》 *regia* においてであり、デュメジルの指摘によると、そこで三つの基本的な機能の統合が行われていた(127)(二一五)。

17　王の死

これは了解済みのことだが、多くの文明で、王は死なない。王の天からの降下と並行した、天空への飛翔・昇天を語り伝える神話には――アレクサンドロス大王の神話からチベットのボン教世界の王の神話まで――事欠かない。王の死という現実をはっきりと認めることを拒否して、アフリカの黒人たちのように、「王は眠っている」とか、ニューカレドニア人のように、「太陽が寝た」としか言わない民族にもまた事欠かないが、これらの表現は君主を宇宙の運動の中に導き入れ、君主の未来の出現を告げるのにぴったりである(128)。

しかしながらこのようなイデオロギーにも冷厳な事実を対置させせなければならない。王は横たわってい て、生気がない。彼は死んだかまたは死んでいるように見える。このような出来事は破局の様相を帯びる。なぜなら君主の生命は国民の生命であり、国は王なしでは生きていくことができないからだ。もちろん人々は、後継者を即位させ、外見上は死んでも、王は生き続けていること、制度は人間を凌駕すること、そして王が逝っても、別の者が王の務めを継続することを断言することによって、この事態に可能な限り素早く対処する。しかしそのことは至る所で人々が悲しむのを妨げるものではない。哀悼は表さなければならない。そして遺体を片づけなければならない。

喪は、相対的に安上がりに、逝去の悲しみを分かち合うための試みでしかない。喪は集団で、すなわち自分は関係があると思う者たちや共同社会を代表して何人かずつ派遣された——スパルタへは各部族から男女一名ずつ派遣された——者たちが大勢集まって行われることがある。ケトゥー王国の中のダホメー〔傍点（訳者による）部分を単に「ダホメー王国」とするのが正しい〕では、すべての火が消され、古代イランでは、君主の火だけが消された。[129] ベニン〔「ダホメー王国」が正しい〕では、王の葬式後一週間、市場は人がいなくなるかまたは閉められた。[130]（一一六）アボメー王国では、首都〔傍点部分を「そして首都アボメー」とするのが適切〕は完全な混乱状態に陥った。[131] ベニン〔「オヨ王国」が正しい〕では、人々は宮殿の出入口を塞ぎ、城壁に通路のための穴を開け、新しい王の即位までは、その通路だけが使われた。[132]

逝去の発表は、政治的理由（後継者の選択、公共の秩序維持のための対策）や宗教的理由（死者の魂が体から離脱する時間を与える必要があること）のために——時として長時間、ベニン〔王国〕では三カ月間[133]——据え置かれることがある。スパルタでは、王の逝去を広く知らせるために、すべての方角に早馬を送り出したし、[134] ニューカレドニアでは、そのための使者たちが最も辺鄙な村へも行った。

ほとんど常に、逝去後すぐに死者の浄めが行われる。王は体を洗われ、髭を剃られ、生前と全く同じように服を着せられる。もし王が闘いで死んだら、血を栄光の象徴と見る場合以外は、血はきれいに拭き取られる。イスラム教徒たちにとって、死者の浄めは重要な儀式であるが、聖戦《ジハード》で倒れた犠牲者だけは体が洗われない。それは殉教者がアッラーのために流した血で汚れたままアッラーの前に姿を現すようにとの配慮からである。完璧な防腐保存は限られた幾つかの国でしか行われていないとしても——エジプトとインカでは、王の体はミイラにされ、〔インカでは〕神殿に保存された——、他の国々でも、方法が簡単なために肉の腐敗を防ぐことこそできないが、それぞれに防腐保存を行っている。たとえば、よく知られているヘブライ人の処理方法は次のようなものである。まず死体を特別な油か香水に漬け、それから経帷子で包み、包帯を巻き付ける(135)。

18　葬式

葬式は逝去後ほぼただちに執り行われることがある。セム族の場合、死者を翌朝から埋葬していたが、イスラム教もその習慣を継承している。より一般的には、葬儀は、招待客がまにあうよう、魂が死体から抜け出して旅立つだけの時間を持てるよう、そしてすべての死体が持つ危険性——これは死後時間が経っていなければそれだけいっそう高い——が減じるように、数日後に行われる。幾つかの地域では、我々が二段階葬と呼んでいる葬儀が行われている。まず、死体を壇上または樹上に置いて、腐敗させ、それから骨を拾い集めるのである。古代トルコ人〔突厥族〕もこの二段階葬を必ず行っていたが、彼らの場合、骨は、木々が葉を失っている間または再び葉に覆われる頃、埋葬されていた(136)(一一七)。オーストラリアの幾つかの部族では、死体を樹上に置き、一年後に、骨をその近くに埋葬していた(137)。ボルネオのダヤク族の間では、死者はまず仮の墓に埋葬され、その後正式な葬儀が行われていた(138)。

我々は得てしてこのような葬儀がすべての人のために行われていたと思いがちである。しかしたぶんこれは各民族の非常に高貴な人々のために行われていたことであろう(一一八)。本書で採用する資料は特に貴人に関するものであることを忘れてはならない。ニューカレドニアでは、酋長の死体だけが山の上や木の上や岩の上や筵《むしろ》で覆ったつる植物の棚の上にさらされたが(139)、その方法と同様、場所も明らかにされなかったに違いない。王の葬儀にだけは、豪奢さの誇示と群衆の参加が許されていた。とりわけそれが幾日も続く場合、特別で、非常に多様で、限りなく多くの式典が行われていた。ヒッタイトでは、王の葬儀は二週間続いたと言われている[140]。敦煌文書によると、古代チベットでは、儀式の最初の行事が少なくとも三日間続き、別の行事が四日間、それから夜の儀式が十一、十三、十七または十九夜行われれていた[141]。神聖で象徴的な行為からなるこれらの複雑な行事の中の幾つかは、他の行事よりも重要性を帯びており、行事全体を支える一種の要となっていた。エジプトでは、死者のために心掛けるべきことはイシスが夫〔オシリス〕を生き返らせる時に使われていた密儀を再現することを目的としており、その際最も重要な作業は死者とその彫像の目と口を開けることだった。と言うのは、ラー神は、これらの器官で世界を考え出しかつ見ることによって、世界を創造したと思われていたし、また、死せるファラオはラー神とオシリス神の両方と同一視されていて、そのことがこの二柱の神の間に生じた混同をより容易にしていたからである[142](一一九)。

王の葬儀には大勢の人が集まっていた。なぜなら全国民、あらゆる階級が王の葬儀と関係があったし、また、周辺諸国が王の葬儀と無関係であることはふつう認められず、特使の派遣が期待されていたからである。スパルタでは、国を挙げて葬儀が行われた。スパルタの市民、奴隷《ヘイロース》、他の都市国家の代表者たちが集まって、その数は数千人に達していた。八世紀の記録によると、トルコ〔突厥〕族の王の葬儀には、砂漠の民や森の民、中国《シナ》人(一二〇)、チベット人、ギリシャ人等が出席した[143]。しばしば、誰でも死せる王の前に来て別れを告げることができるように、王の遺骸は一つ所に安置されるか、またはスキタイ族、突厥族、モンゴル族におけるように、村から村へと運ばれた。すべての出席者はただ単に涙を流して悲嘆の声をあげるだけでなく、自分の髪や髭を切ったり、体を叩いたり傷つけたりして、悲しみを表明し、哀悼を分かち合わなければならなかった。スパルタでは、人々は自分の額に打ち傷を付け、長い叫び声をあげていた[144]。ダホメーでは、群衆は地面に体を投げ出し、自分の胸を叩いていた[145]。チベットでは、人々は嘆き悲しみ、自分の体を傷つけていた(146)。スキタイ族、フン族、突厥族、エフタル族(二二一)の間では、国民の悲嘆は自分の耳の端を切ったり、腕に切り傷を付けたり、額や鼻に引っかき傷を付けたり、右手を矢で指し貫いたりすることによって表されていた(147)。

19　葬儀の犠牲

人々が犠牲を捧げるのは、たぶん故人となった王の悲しみを明示するためではなく、王があの世での生活で必要としているものを供給するためであった。実際、ほとんどの場合、墓の中には日用品——武器、杯、皿、鏡——や菓子類が埋められた。これらのほかに、妃、愛妾たち、召使いたち、乗用馬、家畜がいっしょに埋葬されたのは、明らかに、王がそれらを持ち続けることができるように、そしてそうすることによって他者がそれらを享受しないようにするためであった。しかしながら、おそらく仏教やキリスト教のような宗教の影響を受けて、葬儀の風習が進化したのに伴い、こうした大量の犠牲は中止されるに至った(二二二)。ただヒンドゥー教世界では、夫の死体を焼く薪の上に寡婦が自らの意志で身を投じる習慣〔サティ〕はその後も長く残った(二二三)。古代中国では、王の葬儀には人身供犠が行われていたが、西安の近くにある秦の始皇帝（前二二一—前二一〇）の墓の前に埋葬された数千体の兵馬俑は葬制の変革を示しており、それ以後人や動物を殺すことなく——しかしそれが安上がりだったわけではない——、犠牲の代わりに、像を皇帝に供することを可能にしたと思われる(二二四)。多数のトルコ語系民族は（匈奴族の間ですでに行われていたことだが）君主の未亡人を殺さなくてすむ他の便法をかなり早くから採用した。未亡人を義理の兄弟または義理の息子の一人と結婚させ、新しい夫が故人に代わって彼女の寿命が尽きるまで彼女を所有し続け

ることができるようにしたのである。[148]（一二五）

人身供犠が続いたところでは、しばしばそれらが非常に残酷なやり方で行われたことが知られている。特にブラック・アフリカでそうだったようだ。しかしその残酷さは一種のイデオロギーに応えたものだった。ベニンでは、王は活力に富む高官たちと共に埋葬されたが、彼らが死ぬまで毎日食べ物が運ばれた。これについてすでに情報を提供しているフレイザーは、王の妻たちと召使いたちがその〔殉死の〕特権を奪い合ったことと、毎日、誰がまだ生きていて、誰がすでに死んでいるかを見るために、墓の蓋が開けられたということを付け加えている。[150]（一二六）同様の習慣は古代ブルガリア人（ブルガル族）の間にも存在した。王の妻たちや召使いたちが生きたまま墓穴に入れられ、そこで餓死させられていた。[151]ベニンに支配されてもいたオヨ王国では、妃を含めて、王に同伴しなければならない者たちを毒を飲ませて殺しただけだった。[152]アボメー王国では、百人の犠牲者が首を切られ、集められた彼らの血で土がこねられ、棺が作られた。[153]古代ペルシャでは、皇帝の逝去には、大量の動物の犠牲がつきものだったが、そのことは多数の王家の者の自殺をくい止めはしなかった。[154]インカでは、皇帝の寵臣や召使いたちが同じように進んで犠牲になっていた。[155]ヘロドトスは、スキュティア（スキタイ）人の間では、故王と共に妃や召使いたちが埋葬されていたこと、そして一周忌の儀式では、新たに五十人の若者が犠牲にされたことを伝えている。[156]（一二七）

その他の供儀は純粋に文化的なものだった。それらは動物だけを対象にしたもので、人々は犠牲の肉を故王や神々と分かち合い、食べていた。こうした葬儀のそういう食事はしばしば正確に把握するのが困難だが（と言うのも、招待客には〔他にも〕たくさん料理を出さなければならないからである）、アフリカの下サハラや中央アジアには確実に存在した。中央アジアでは、葬儀の宴会は非常に大きな役割を果たしていて、本来はそれを意味していたヨグ yog という語がごく一般的に葬儀という意味を持つようになった。またこの宴会には、我々がギリシャ人を介してよく知っているスポーツ競技——レスリング、競馬、投げ槍——と故王の墓の周りの散策がつきものだった。仏教以前のチベットと古代トルコ〔突厥〕族の間では、葬儀の宴は国王というものの宇宙的な立場を強化し、彼の宇宙への統合または再統合を容易にするという目的を持っていた。

20 王墓

数多くの王の墓が全世界の建築物の中で最も典型的な記念建造物の中に入ることは注目に値する。かつて古代〔ギリシャ、ローマ〕の人々は世界の七不思議のうちの二つに王の墓——エジプトのピラミッドとハリカルナッソスのマウソレイオン*——を入れていた。イスラム教の法律は砂漠への埋葬と無銘の墓石を要求しているが、墳墓の建築技術が著しく進歩した結果、幾つもの傑作が生まれた。サマルカンドのグーリア・ミール(二二八)、アグラのタージ・マハール(二二九)、そして他にも多数ある。たしかに、その後の時代にも、個人〔富者、聖者、詩人〕のために建造された大きな墓は存在した。しかしそれらはいずれの場合にも王の墓に比肩し得るものではない。陵墓建築の優れた技術は君主制のおかげなのである。ギリシャやローマでは、王墓は王権と共に消滅した。今では石棺しか残っていない。しかしながらいったいどれだけの王墓がよく分からない理由で、または盗掘者や瀆聖者たちを恐れて、内密にされたことか。これまでに考古学者たちは我々に墳墓の建築技術の豊富さを認識させるために実に多くの仕事をしてくれた。少年王ツタンカーメンの墓が発見されたように、いつの日かアレクサンドロス大王やチンギス・カンの墓も発見されるのだろうか(二三〇)。

＊〔小アジアの〕カリアのマウソロス（前三七七―前三五三）[一三一]の墓。

一般的には、王墓は墓としてではなく、宮殿または神殿の役目を果たすように建設されている。それは一柱の神、王―神、死ぬことがなく、家臣たちの中に留まり、生前にも増して崇拝されなければならない王の居所である。故王は自分の永遠《とわ》の住処《すみか》として建立されたその住居にいることを好むはずであり、そこから国民を守護し、国民の上に輝きわたり、国民に好い影響を与え続けるのである。王は墓の中に存在する。ユーラシア大陸のステップの遊牧民たちはわざわざ亡き君主を掘り出して、残っていた骨を荼毘に付し、骨と土との関係を消し去っていたが、彼らの念の入った葬制はまさにそのことを示すものである[157][一三二]。サン・ドニにおける冒瀆も、はっきりと自覚されたものではなかったにせよ、同様の考え方が根底にあってなされたことであると見てはいけないだろうか[一三三]。

古代チベットでは、王墓は巨大な山形の塚――「世界の不思議な投影」――で覆われていた。その中心にいる王は太古の昔から世界の軸と見なされていた[158]。メディア王国時代およびアケメネス朝時代のイランでは、ナクシュ・イ・ルスタムのダレイオス〔一世〕の墓が常に模倣される原型となっていたが、墓の正面の入口は宮殿の入口をなしており、アフラ・マズダ神と王を結び付けている[159][一三四]。〔ヨルダンの〕ペトラのナバテア人の磨崖墓も同じように宮殿の入口を模している[一三五]。インドのムガール朝の皇帝の墓を取り囲む庭園はイスラム教の天国《パラダイス》の庭園にほかならない。

埋葬品の豪華さは埋葬用の宮殿としての王墓の重要性を物語っている。テーベ〔エジプトの〕やスキタイの王墓から発掘された物を想い起こしてみよう。この際、例外を云々するのは間違っている[一三六]。マヤのパレンケの王パカル（六〇三―六八三）〔在位六一五―六八三〕の翡翠と螺鈿と黒曜石で出来た仮面、宝石、太陽神の小像を証拠として示すこともできるだろう。そしてまた丘の上に造営された楕円形の蜜蜂の巣の形をした、紀元前十四世紀と十三世紀のミュケナイ人の墓も、そこで発見された彼らの家具調度類が非常に豪華だったために、「宝庫」と呼ばれているではないか。

21　あの世（来世、彼岸）

今見た通り、王は死なない。王は戴冠式によって付与されたものすなわち「荘厳さ」を失わない。王は特別な存在、比類なき存在であり続ける。が、たぶんメソポタミアにおいてだけは、死はすべての相違を無にし、王も冥界で臣下たちと面白みのない運命を共にすると見られていた。メソポタミアでは、人々はあの世のことなどほとんど気にかけていなかった。シュメール語のある文献はウル・ナンム（前三千年紀末）（一三七）の悲しい運命を語り伝えている。彼は偉大な建国者であり立法者であったが、地獄にいて、嘆き悲しみつつ、自分に対して好意を持たせるために冥界の神々にした贈り物を数え上げているのだという。(160)

状況を理解するためにしかるべき〔霊魂の〕表現法を持っていない我々は、我々の霊魂観を放棄して、君主の方が数多くの表現法を持っていることを認めなければならない。つまり君主は来世でも数多くの場所で同時に存在することができるのである。場合によっては、君主は自分の後継者に転生することがあるが、そのことは君主が自分の墓に住んでいないということを意味しない。また、君主が墓の中にいるということは、君主が天へ行かないということを意味しない。〔死せる〕ファラオは墓所で生活するが、それでもラー神やアメン神と一体となる。中国の皇帝は天へ昇って神となるが、しかし〔祖先を祀る〕太廟にも彼の墓所にも住む。(161)トルコ〔突厥〕族とモンゴル族の河汗は天でも、〔支配権の象徴である〕幟《のぼり》にも、墓石の像にも、祖先の「トーテムの」地〔故地〕にも、彼の骸骨にも、同時に生き続ける。

神話は正確にはそうではないことを単純に表現する傾向がしばしばある。昇天説話は長大な論文よりも雄弁である。しばしば単純明快に、君主は「天に赴いた」とだけ宣言される。これは『モンゴル秘史』がチンギス・カンの死について語っていることなのだが、この『秘史』が一つの言い方を生み出したのかも知れない。[162]（一三八）八世紀の突厥の君主についても、同様の簡潔さで、「彼は世を去った」と断言されており、その後、仏教の影響を受けて、「彼は神になった」と述べられている。[163]『アエネーイス』で、ユピテルはウェヌスに次のように語りかけている。「汝はいつの日か〔……〕トロイアの〔後裔〕カエサル〔・アウグストゥス〕を天上に迎え入れるに違いない。そして彼もまた神として尊崇を受ける身となろう。[164]（一三九）」ネロ（五四—六八）（一四〇）の熱烈な賛美者であるコルドバのルカヌスは次のように歌っている。「カエサルよ、あなたはあなたの使命が果たされた時、天に昇るでしょう。そしてもしあなたが望むなら、あなたは〔天の〕支配権を握るでしょう。また太陽という燃え盛る車駕を意のままに乗りこなすでしょう。自然があなたが望む通りの神になることを許可してくれますように。[165]」

君主の昇天の諸様相はほとんどの場合よく知られていないようだが、その昇天は時として具体的に描写されている。ローマの文献は、アレクサンドロス大王は複数のグリフィンが運ぶ小舟に乗って昇天した、と語っている。[166]ボン教徒の王たちは死ぬということがなく、彼らは自分たちが天から降臨する時に用いた綱を伝って、天に昇っていくのだという。[167]中国の神話上の皇帝である黄帝の昇天についても〔比較的〕長い話が伝えられている。黄帝は銅を用いて鼎を鋳らせた。鼎が出来上がった時、一匹の龍が黄帝を迎えにやって来た。黄帝は大臣たちや妃や従者たちと共に龍の背に乗った。龍が大空に飛び上がる時、黄帝は弓を落とした。大空を見上げていた人々は黄帝の姿が完全に見えなくなった後、弓を拾い上げた。[168]（一四一）

君主は天界でも地上での生活を維持し続ける。トルコ〔突厥〕人は、王は天上でも「生者たちの中にいた時と同じように」存在している、と言っている。また優れた観察者であったジョバンニ・デル・プラノ・カルピニはモンゴル人の死後の世界観について——たぶん君主にのみ関することを一般化して[一四二]——次のように明言している。「彼らは天上でも家畜を飼い、食事をし、酒を飲み、生前していたのと全く同じことをする〔と信じている〕[169]。」マダガスカルでは、死せる王は守護神となって王家を守り、各氏族の祖先たちを支配する[170]。ファラオは玉座に座り、家臣たち——神々と精霊たち——の臣従礼を受け、裁き、命令する。人々はファラオによって永遠に生きることを約束されている。しかしファラオの生命は言うなればその特質が他の人々のものを超越している。ファラオの魂は、〔死後、〕ただ単に一つの霊魂になるのではなく、神々の霊魂に似たものであり、その肉体は腐敗を知らない[171]。エリアーデが指摘しているように、ファラオの霊魂の生存とミイラにされた肉体の生存は、始めは明確に異なるが、後に同化する二つの概念なのである[172]。ファラオはナイル川の水または神話上の湖の水によって再生し、死者たちを目覚めさせるトランペットの音を聴き、太陽と同化して、第二のホルスとなった[173]。紀元前二四〇〇年頃のピラミッドの中に見られる定型表現は、もともとは葬儀で朗唱されるために作成されたものだった。「それらは本来例外的存在〔ファラオ〕のためのものだった〔……〕。それらの大部分は、言葉の魔力によって天上の楽園へのファラオの到着を保証するという目的を持っているが、ファラオはそこでは多かれ少なかれ太陽と一体化し、太陽の栄光を共にした[174]。」

もう一つのアプローチは君主の死を失踪と見ることにある。イランの聖性に包まれた伝説上の王カイ・ホスローは、摩訶不思議な方法で山中に姿を消した[一四三]。彼の家臣たちは長い間彼の帰還を待ったが、やがて、王は隠れ場で生きていて、いつかそこから出てくるだろうという結論に達した[175]。この原型的な説話はフランスの中世においてもしばしば持ち出されることになる。

君主制の哲学にとって最も興味深い信仰は、王が継承者の中で生き続けるというものである。その信仰の最も確固たる表現はたぶんエジプト神話に見出されるだろう。そこでは、故ファラオは地上に君臨する新ホルスであると同時に天上の神新オシリスであると見なされている。シルック族の間では、嵐の中で姿を消した半神の建国者の霊魂が歴代の君主に再び宿ると思われている。したがって、別人の姿になっていても、統治しているのは常にその半神の建国者なのである。[176] フォン族の故王も継承者の中で生きているので、王は死の外観しか見せない。[177] ルンダ族(一四四)の王は故王の名前を、すなわちその本質を継承する。[178]〔フォン族の〕ダホメー〔王国〕とヨルバ族の〔諸王国の〕新国王は、王権を代表する様々な人間を通して伝わるその王権の連続性を具体的に表すために、前任者の器官の一部――心臓や舌等――を食べて、それを自分自身の中に組み入れていた。[179] バントゥー諸族の間では、統治している君主と彼が〔自分を介して〕復位させている前任者との絆は、前任者のミイラと臍帯《さいたい》〔へその緒〕と下顎の保存によって示されていた。[180] 私が思うに、ダホメーの王の息子が葬儀の十八日後に父親の頭蓋骨を掘り出して人々に見せるという習慣は、父親の霊魂の所有開始を表している。[181] イギリスのケルト族の間では、君主に衰えが見えてきて、彼の処刑が必要となった時、彼の肉体がだめになったのだから、彼の霊魂を頑健な別の肉体に移しさえすればよいと考えられていた。[182]

22　故王崇拝

故王の効果的な生存に対する信仰と故王のためにわざわざ壮大な霊廟を築くことは、必然的に、王国または王朝の開祖と見なされている君主に対する崇拝とセットになっている。王崇拝は常にある。祖先崇拝は——特に中国のような祖先崇拝者社会では——しばしばある。ローマとエジプトの祖先崇拝はすでに瞥見した。ヒッタイト族の祖先崇拝について言えば、ヒッタイトでは、故王の彫像が神殿に安置され、そこへ統治している王が供物を運んでいた[183]。中国では身罷った神聖な父親と開祖を一定のやり方で結び付けていた。八世紀の突厥族の間では、故王を祠る寺院が墓の側に建立されていた。ベニンでは、統治している王は前任者に敬意を表して、大量の人身供儀を伴う例祭を催していた。全員再犯者だったが、時には四、五百人の囚人がこの祭りで殺されていた。王は彼らを殺す前に一人ひとりと向き合って、「非常に優しい声で、彼らに自分の父親への伝言を託していた[184]。」

故王崇拝が時として見せていた特別な側面の一つが、故王を王国の現在の生活に参加させることであった。インカ族の間では、故皇帝たちはミイラにされ、皇帝の威厳を象徴する物で頭を飾られ、太陽神殿の中で黄金の椅子に座らされていた。インカの皇帝たちは、死後もなお、自分たちの継承者や廷臣たちの周りを囲む神殿内の壁に沿って一列に並んだ状態で、公的な宗教儀式に参加していたのである[185]（一四五）。

死は〔この世から〕排除しない。このような考え方はブラック・アフリカで重視されている。この地域では、他界した人々は彼らが生前に属していた集団に属し続け、死者と生者は互いに相手のために貢献し合っており、古代の王たちが真の首長であり、習慣と伝統の保護者であり、子孫の行動に気を配っている、と思われている。これらの昔の君主たちは階級制の最上位にいる。つまり彼らは他の死者たちや生者たちより上位にいて、地上にいる者たちともうそこにいない者たちとの仲介者である族長の背後に席を占めている。そして豊饒はすべて故王崇拝の如何にかかっている[186]。マダガスカルでは、王の遺品が崇拝されていた。十八世紀の終わり頃、イメリナ（一四六）（タナナリヴ高原）の王は故王崇拝を制定したが、これはこの国がキリスト教に改宗する一八六九年まで存続した。当時、人々は周囲の山々に作られた墓「聖なる家」に集まって、祖先に捧げる儀式を大変盛大に行っていた。人々は王－神〔王国の開祖〕を崇拝し、彼に恩恵と特別な計らいを祈願していたが、これが彼と統治している王朝との連帯を明示し、君主を国民に結び付けている社会契約を確認する方法になっていた。人々は牛を生け贄に捧げ、祖先たちや故王たちと食事を共にしていた。そして七年毎に王の遺品のために行われる盛大な祭りの間、「聖なる家」を開けていた。この行事は体制にとって義務のようなものだったのかも知れないと言われている。[187] たしかにこれは一種の義務だった。君主制の現在は過去と未来によってしか存在しない。故王崇拝は、ひどい形で行われる時でさえ、〔人々の〕心の中に潜むもの、すなわち永遠の意味を表しているのである。

第六章　王の御物

王の威厳だけでも王と他の人々を区別するのに十分ではあるが、王のために使用されたり王が使用したりするすべての物も王の地位を際立たせる。王の御物の中には、その美しさ、豪華さ、細工の丁寧さにおいて、庶民の物より優れていない物は一つもない。それらにはすべて王の神聖性が浸透していて、王はそれらを特別に使用する。

それらはどれ一つとしてどうでもよい物や取るに足りない物ではない。しかしながら、それらのうちの幾つかは、王の神聖性が特に集中しているから、神々の物だから、象徴として優れているから、あるいはまた、君主制に不可欠な物だからという理由で、特別な重要性を帯びており、当然我々の注意を引く。もっとも、盗まれたため、あるいは特に王にのみふさわしい物ではなく、呪術的、宗教的、さらには貴族的な物でもあるために、王だけが例外的に用いるのではなく、貴族や聖職者や呪術師も用いる物もある。王の御物のうちの幾つかは特定の民族によってしか知られていない。また幾つかは、たとえ唯一の発生源から世界中へ伝播したと想像するのがほぼ不可能に見えても、万国共通である。王の御物は、たぶん普遍的な必要に応えて、至る所でなくてはならないものとなったのだろう。

1　必要不可欠な標章

ある文化の普遍的なものであれ特別なものであれ、我々が君主制の標章*と呼ぶこともある王の御物は、君主制と密接に結び付いている。私がすでに述べたように、しばしば王はそれらなしですませることはできなかった。というのも、それらを手に入れることは同時に王としての威厳を身につけさせるのに十分であり、逆に、それらを失うことは王の威厳を失わせ、王を平凡な地位に引き下げるかまたは王の死を招くのに十分であり得たからである。標章が王をつくるのである。

＊　数多くの著作者たちが *regalia* という語〔中世ラテン語〕を用いていた。これはフランス語の辞書には載っていないが、中世では「王の権利」（régale）を意味していた。

しばしば神々は自ら標章を作ったりそれらを使用する権利を保留したりした。神々はそれらに自分たちの権力を染み込ませて、それらを王たちに貸したり与えたりする場合でも、それらの主であり続ける。フレイザーは、それらに存在する力と同様に、君主とそれらとの関係ついても、次のように強調している。「マレー人の間では、それらはただ単に宝石で飾られたありきたりのがらくたではない［……］。それらは奇蹟を起こし得る護符と見なされており、それらの所有には王の権利が含まれている。もし王がそれらを失えば、それと同時に、臣下から服従を受ける権利を失う。(1)」それらには超自然的な力があり、それらに触れる者は死ぬ。(2)南部セレベスでは、王の権力はそれらに溶け込んでおり、王は権力をそれらから得ている。それらを持つ者が正統と見なされている。「人々は生きている人間のためにするのと同様に、それらのために家を建てる。(3)」カンボジアでは、それらは「王国の存続がかかっている守護神のようなもの(4)」である。リュディアでは、カンダウレス（前七三五―前六八五？）のように、〔標章として、父祖伝来の〕両刃の斧を持つのを怠る君主は王朝を破滅へと導いていた。彼の後継者ギュゲスはそのことを知っていたので、斧をゼウスに献じ、その祭壇に安置した[5][一]。フレイザーおよび彼と同系統の著作者たちのこれらの記録は現代の研究者たちのものと一致している。たとえばエリアーデは、シュメールでは王権は天から来たが、同時に、王冠や玉座といった王の所有品からも来たこと、そしてそれらは（大）洪水[二]による破壊の後に地上にもたらされたに違いないことを指摘し[6]、ゴンダは、インドでは王権の標章が君主の権威を表していることを強調し[7]、ミークスは、「君主の権力は、とりわけ、それが帯びていた属性、換言すれば、王権を象徴する持ち物がかつて地上で自ら統治していた神々によって君主に預けられたものであったがゆえに、神聖であった[8]」と述べており、さらにある研究者は「ファラオはその標章によって神々と同一視されていた[9]」と言っている。

2　王の服装

王の服装が神が身に付けていたと思われる物であるとか、神像を飾る物であるとかいうことは、必要でもないし、よくあることでもない。王の服装はそれ自体としては王権の標章ではないが、しかし明らかに聖職者や貴族や平民の服ではない。それにしても、王を服装によって識別するのは容易ではない。というのも、王は戦争をする時は士官の、犠牲を捧げる時は聖職者の、狩りをする時は狩人の服を着て、正装は持ってはいても、おごそかに法廷が開かれたり華々しく姿を表す必要がある場合にしか着ないからである。

しかしながら、特定の王の服装――これらは聖職者の服装でもあり得る――はイメージを強く喚起する力を持っている。とりわけ、ただ一枚の布地で作られ、首を通すための穴が開けられている服はそうである。〔この種の服で〕最もしばしば見られる円い形は天の形であり、やや稀に見られる四角い形は地の形である。いずれの場合も、頭を通すために設けられた中央の開口部は宇宙軸——この場合は王——を通す穴である。中国では、古代のある時期からそのような服が用いられており、(三) キリスト教世界でも、たとえばフランス王の戴冠式ではカズラやダルマティカが用いられていた。(四) メッス博物館のシャルルマーニュのコープ(袖無し外套)と言われている物は特に暗示的である。と言うのは、飛び立とうとして半ば翼を広げた複数の鷲の図柄によって装飾が施されたこのコープは、上昇の象徴表現を示しているからである。(10) ちなみにこのような上昇の象徴表現はイスラム教徒の工房で生産された数多くの布地にも見られる。

王の外衣の神秘的な重要性は、即位の日に、君主の着衣に伴う儀式によって強調される。幾つかの文化では、古代ペルシャでそうだったように、適切なやり方で服を着せることが儀式のきわめて重要な行為となっていたらしい。アルサケス朝の王の即位式について記述してあるアルメニアの作者不詳の文献によると、その行為は、重要性と意義について言えば、戴冠と同じ価値を持っていたようだ。(11) そしてそれはヘブライ人の間でも、中世ヨーロッパの君主たちの間でも、なおざりにできるものではなかった。

3 靴(鞋《くつ》)

王が身に帯びる幾つかの物、たとえば靴、羽根飾り、ベルト、武具(これを服装の一部と見るならばだが)、そしてもちろん王冠は特に注意を引く。

キリスト教の図像では、聖者たちは裸足で歩く特権を持っている。が、世界の大部分のところでは、人々が気候の厳しさや地面のでこぼこに自分の足をさらすのはごく当たり前のことだった。ホメーロスの英雄たちは靴を履いていなかったし、質実剛健を尊ぶスパルタ市民もそうだった[五]。ギリシャ人、ローマ人、メソポタミア人、エジプト人、インド人も足に何も履いていなかった。氷塊に覆われた北方から赤道直下の森林地帯までの広い範囲で、実に多くの人々が地面に直に触れて歩きたがったかまたは歩かなければならなかった。そのような状況で、王は靴を履かなければならなかった。すでに見たように、王は地面に触れることを禁じられることが多かった。場合によっては、靴を履くことによって、王は地上を歩くことが許された。M・パロ＝マルティは次のように指摘する。「非常に普遍的な一つの規則が［ベニンの］王が地に触れるのを禁じており、それゆえ、靴は本来王の物であると結論づけることができる[12]。」君主だけが靴を履くに値するという状況でない場合、君主の靴はしばしば形と色によって区別される。歴代のローマ教皇は一つの十字架が縫い取られた白いスリッパ mules を履いていたが、そのルーツはローマ皇帝のサンダル靴 *mulleus* である。遊牧民の騎士たちの長靴は、歩くのに不便だったにもかかわらず、長い間、支配と征服のしるしとして、定住した後でも履き続けられた。

　靴は王の足から伝わる力の大部分を獲得し、ある時は苦痛を与え、ある時は病を治した。インドでは、ラーマが追放されている間、彼の鞋《くつ》が代わりに統治するように、彼は都で鞋《くつ》によって表象されていた[六]。民俗学は『ラーマーヤナ』の主張をそっくりそのまま受け入れるだろう。この学問では、王の靴がいかに不動であったか、逆に、判定が不公正だった時には、王の靴がどのように立ち上がってそれに抗議したかといったようなことが語られている[13]。

4　羽根

幾つかの民族が持っている頭髪や被り物に羽根を付けるという習慣はまだ完全には解明されていない。この習慣はアメリカ・インディアンを通してよく知られている。しかしこれは彼らだけのものではない。私はユーラシア大陸でこの習慣を研究する機会を得たが、こちらの方は断然東洋起源と思われる(14)。これはたぶんチンギス・カン王朝の拡大と共に極東から西部へ広まり、近東のイスラム上流社会で日常よく使われるようになった(七)。

もともと羽根はこれを付ける者を鳥に変えることを目的とする貴人やシャーマンの標章だったに違いない。やがて羽根は一般化し、自分たちを特権者だと思うモンゴル族全体の、少なくともその指導者階級の、共有財産になった。そしてモンゴル族によって世界の一部が支配された結果、今度は羽根は新たな形の〔他民族に属する者たちへの〕叙爵の際に用いられることになった。羽根はモンゴル以前の満州の契丹族の間ですでに使用されていた。当時の満州では、皇帝にしか——それも狩りに行く時にだけ——認められていなかったようだ。文字通りすべてのモンゴル人が羽根を付けたのは、羽根がただちに彼らを支配階級と規定したからであり、そのことが、トルコ人であれ、イラン人であれ、チベット人——彼らは伝説的な英雄ケサルの頭を飾るためだった——であれ、モンゴル帝国の直属の封臣たちが急いで羽根を独占した理由であろう。モンゴルの君主たちが羽根を使用したことは幾つかの文献で述べられている。たとえばラシッド・ウッ・ディーンによると、イラン〔イル汗国〕の副王フラグ（一二五一—一二五五）はいつも一本の鷲の羽根を付けていた。ハイトン(八)のアルメニア語文献でも、チンギス・カンとモンケ(九)の頭には羽根が付けられていたと確かに書いてある。十四世紀初頭には、羽根はイスラム教徒の細密画に徐々に現れ始め、十五世紀には、ごく普通に見られるようになった。一四三四年に描かれたティムールのサマルカンドにおける凱旋入場の図では、ティムールの頭に羽根が付けてあるのが見えるし、一四六九年の作であるティムール朝のホサイン・バイカラ（一四六九—一五〇六）[一〇]の凱旋入場の図でも、同様である。以上のようなことから、一三三〇年の有名な『シャー・ナーメ・デモット』[一一]（『王の書《シャー・ナーメ》』デモット本）中のアレクサンドロス〔イスカンダル〕、〔叙事詩に挿し絵が描かれた時期が〕十五世紀末のニザーミー作[一二]『ハムセ（「五部作」の意）』中のセルジュク・トルコ皇帝《スルタン》サンジャール（一一一七—一一五七）[一三]、〔同じく、描かれたのが〕一三九五年頃から一四〇〇年までかもう少し後の伝説的な〔英雄〕ロスタム[一四]、〔同じく、描かれたのが〕十六世紀半ばのやはり伝説的な〔王〕ホスロー[一五]等の君主ないし昔の英雄たちも羽根を付けていたと思われる。オスマン帝国は、少なくとも図像学によると、十六世紀初頭に羽根を使うようになった。画家ニガーリー[一六]はスレイマン大帝（一五二〇—一五六六）の頭を羽根で飾っており、他の芸術家たちも大帝の後継者たちに対して同じことをしている。イランのサファヴィー朝では、同時期か少し後に、アッバース一世（一五八七—一六二九）[一七]ほか数人の王《シャー》が、私生活でではなく、公的な場で、羽根を付けた姿で描かれている。インドのムガール朝では、バーブル（一五二六—一五三〇）[一八]とフマーユーン（一五三〇—一五五六）[一九]の治世以来、羽根が用いられた。[二〇]羽根の使用をラジープトやその他の地域へ広めたのも彼らであった。しかしながら一五三〇年以後、羽根は徐々に支配者である君主たちの占有物ではなくなっていく。彼らの家族、召使い、馬、そしてまもなく兵士たちも——しかし文官は除外されていた——羽根を付ける権利を持つようになったからである。[15]

5 帯（ベルト）

帯（ベルト）は服を固定したり、武器や箙《えびら》を吊るしたりするのに用いられる実用品だが、しかし「腰に」巻かれる帯の位置とその結び目は、性的支配、従属、あるいは逆に、生殖能力、自由、そして帯と帯を巻いている者とを結び付けたと見なされている神聖で政治的または霊的な超越者との絆のイメージを呼び覚ました。(16)(二一) 帯を授かる権利を有するためには、時として天の許しないし命令が必要である。ヘロドトスは、〔後に〕スキュティア（スキタイ）人の住む土地〔となったところ〕で、ヘラクレスが一人の蛇女に三人の男の子をはらませた後、一張りの弓と結び目の端に黄金の盃《コップ》の付いた帯を託した話を伝えている。それによると、ヘラクレスは蛇女に〔独特の〕弓の引き方と帯の締め方を示してから、その弓を息子たちに渡すように命じたが、それは引くのが難しく、長じた三人の子供のうち末子だけが成功した。そういうわけで、スキュティア（スキタイ）の王の血統はこの末子スキュテスを祖としている、とヘロドトスはこの話を締めくくっている。(17)(二二)

ゾロアスター教イランとたぶんその影響を受けている後代のイスラム教中東では、スキュティア（スキタイ）人にまつわる話と同じ背景の中で、師匠は一定の精神的成熟に達した弟子の腰に帯を巻きつけていた。(18)(二三) しかしフィルドゥーシー（九三〇頃—一〇二〇）によると、すでにアケメネス朝時代、即位式で最も重要な儀式の一つは諸王の王《シャー・ハン・シャー》の腰に帯を巻きつけることだった。(19) タヒチでは、即位式で、王は赤い葉と黄色い葉で出来た帯を受け取っていたが、この帯はただ単に王に最高位を与えるだけでなく、王を神と同一視させるものであった。(20) 中央アジアでは、すべての民族の間で、人々が征服者に降伏する時、さらには天に祈る時、帯（ベルト）を解くことが（またその際、被り物を取ることも）必要であった。この儀式は九世紀にアッバース朝治下のメソポタミアでも実施され、その後急速にイスラム世界に広まった[21]。

6　様々な御物

私は、中央アジアを研究している間に私が慣れ親しんだ服装や装身具の中から、御物の例として三つを取り上げた。これらほど広く伝播・普及してはいないだろうが、場所によっては、たぶん他の物も注意を引いただろう。幾つかの君主政体をざっと見ただけでも、ブラック・アフリカにおける着色真珠、特定の石、イスラム教国におけるタオルまたはハンカチーフなどをそのようなものとして挙げることが可能である。

また多くの文明で、王にしか認められない特定の色があった。緋色は、たぶん希少価値ゆえに、人々の想像の領域で自然に権力と一体化した[二四]。他の状況では、そのような色として、黒や緑、そしてたぶんそれ以上にしばしば白[二五]——これは特に教皇庁によって用いられた色である——があるだろう。

紀元前二千年紀のメソポタミアで、戦車が「王の類型学の必要不可欠な用具」[22]になったのは、戦車が目新しいものであり、技術の最新の進展を示していたからである。

払子《ほっす》と輿《こし》が王の御物となったのは、その使用に一人または多数の僕《しもべ》が必要だったからである。すでにファラオ時代のエジプトで用いられていた払子[23]はアケメネス朝ペルシャでも非常に重要なものとなり、諸王の王《シャー・ハン・シャー》がいる場面ないしその肖像では、ほとんど欠かさず描かれている[24]。ブラック・アフリカでは、牛または馬の尻尾で作られた払子が広く使用されており、払子を動かすために、女たちが王の側に付き添っている。[25] 君主が足で地を踏まずに通行するのを可能にする輿については、くどくどと説明する必要はないだろう。君主の輿の使用はほとんど普遍的であり、中国、ダホメー、[26] コロンビア、ペルー[27]の君主たちがこれを用いていた。コロンビアとペルーの場合、輿の護衛はすでに王座の護衛の任を負っていた高官たちに託されていた。

7 王の武器

神話には、武器と武器の開発・考案と製造の話が含まれている。武器が金属の場合、不気味な人物で、火と鉄の技術者という、その才能ゆえにいささか魔術師のようでもある鍛冶職人が関与することによって、しばしば武器に驚異的な性能が付与される。そしてこの性能は、武器がそれを十分発揮するように執り行われる儀式によって、さらに強化されることになる。君主政体の象徴としては、弓矢に優位を認める国と剣に優位を認める国があるが、その根拠は、それぞれの国で、弓の射手が優位に立っているか、剣士が優位に立っているかということ以外には何もないようだ。

我々が知る限り、剣を帯びた王の図像の中で最も美しいのは、ササン朝ペルシャのものだろう。君主は正面を向いて座り、交脚して、[二六] 膝の間または前面に、大剣を垂直に立てて持っている。このペルシャ大王の図像が及ぼした影響についてはすでに述べた通りである。剣に軍事的な象徴を見るだけでは、剣が持つ意味を歪めることになるだろう。たしかに、一度威厳ある君主の身に付けられると、剣は君主に王国の防衛をするように促す。フランスの歴代の王の聖別式では、儀式の執行者は新しい君主に剣を差し出して、次のように言った。「陛下、神の恩寵によって陛下に与えられたこの剣をお取り下さい。陛下はこの剣によって、聖霊の御名おいて、すべての敵と、聖なるカトリック教会のすべての反対者と戦い、追い払うことができるでしょうし、また、陛下に託された王国を護ることができるでしょう。」しかし剣(二七)は裁きの武器、罪人を罰し、生と死の間、善と悪の間、真実と虚偽の間を断ち切る武器でもある。フィロンはエデンの園の生命の木(28)の側に置かれたケルビム〔智天使《ケルブ》たち〕が持つ二振りの剣を、神の二つの超越的属性である全善と力の象徴として理解した(二八)。また、ヨハネの黙示録では、神の御言葉《ロゴス》〔と呼ばれる方(二九)〕の口から出る両刃の剣が記述されている(29)。

言葉が剣に命を与える。剣は名前を持っている。ロランの剣はデュランダル(三〇)、シャルルマーニュの剣はジョワイユーズ〔「喜びを与える」の意〕、アーサー王(三一)の剣はエクスカリバー〔「鋼を断つ」の意〕であった。命名することは命を与えることであり、剣の命は所有者の命であり得るがゆえに、剣はその名によって生きるのである。オリュンポス山では、神の剣は神そのものであり得るが、それと全く同様に、地上では、王の剣は王そのものであり得る。「剣と緊密に結ばれている」（そしてデュメジルが研究に精力を注いだ）〔叙事詩〕『ナルト〔族〕』の〔神話上の英雄〕バトラズ(三二)が「一種の自然法によって、ワグナー風の演出で、まさに死のうとする時に、」彼の剣も海に投じられる。彼の死後は、剣が彼の代理となって、「生前彼がしていたように、精霊たちに逆らって、海から天へ飛び上がる(30)」。スキュティア〔スキタイ〕人の間では、各地区で〔軍神〕アレスのイメージである〔「アレスの神体である」〔ヘロドトス〕〕一本の古い鉄製の短剣が〔薪の束を積み上げて作った聖所の上の四角い〕台に置かれていた。「スキュティア人はこの短剣に、毎年、家畜や馬や人間——敵の捕虜の中から百人に一人の割合で選ばれた——を犠牲に捧げていたが、人間を犠牲にする時は、まずその血を器に受け、それから短剣にかけていた(31)」このような武器の所有は英雄たちの野望と成功の保証を示していると思われる。アッティラ〔四三四頃—四五三〕は一人の羊飼いが奇蹟的に発見したマルスの剣を本人から贈られたが、それゆえに、自分を確固たる全世界の君主、戦争における優位を与えられた者と考えた[32]。

武器に宿った霊はもう武器から離れない。言い換えれば、武器は決してその聖性を失わない。それゆえ、武器は王朝の遺産として保存し、歴代の王は、少なくとも即位式の日には、それを帯びるのが望ましい。剣が力を象徴する中国では、〔王の〕剣ははるか古代の祖先のものと見なされていたが[三三]、他の国についてもほぼ同じことが言えそうだ。たとえばフランスでは、〔歴代の王が即位する際に、〕シャルルマーニュの剣が使われていると思っているふりをしていたし[三四]、オスマン・トルコでは、皇帝は王朝の創始者オスマン（一二八一―一三二六）のものとされる剣を帯びて聖別されていた。

弓はしばしば剣以上に王の典型的な武器である。それはたぶんその形が虹〔l'arc-en-ciel「天の弓」の意〕、またはもっと単純に天を連想させるからであり[三五]、また弓が、ちょうど君主がその政治的影響力と代理官を放つように、矢を放つからである。国民なき王、王なき国民が何の価値もないのと同様に、矢なき弓、弓なき矢には何の価値もない。

一三〇〇年頃にトルファンのオグズ語で書かれた『オグズ・ナーメ』〔『オグズの書』〕[三六]の一節に、弓の夢を見た長老のことが述べられているが、その弓の両端は日の出るところと日の入るところに接していた。そこで彼は主君に言った。「ああ、わが皇帝陛下よ、碧き天が陛下の民に広大な領土を与えまするぞ[33]。」この一節の象徴表現は明解で、同じテキストの別の一節でも同様である。とにかくそこでは、射手と発射物のそれぞれの役割を認識させている。話はこのようなものである。君主の六人の息子たちが狩りに行き、すべて金で出来ている一本の弓と三本の矢を見つけ、父親のところに持ってきた。彼は年長の三人の息子に弓を与え、年少の三人の息子に三本の矢を与えた[34]。

アッティラはマルスの剣を身に付けていたにもかかわらず、彼を表象するのは弓だった。このフン族の王が死ぬ時、彼の敵である東ローマ皇帝マルキアヌス（四五〇―四五七）[三七]は折れているアッティラの弓を夢に見るが、これは「アッティラの国が滅亡の辛酸をなめようとしていたことを示している」[35]。アッティラの出自であるトルコ－イラン世界[三八]では、弓が王の力の標章であったことは事実だから、皇帝の夢がビザンティン帝国の一方的な見方を示していると考えることはできない。ギルシュマンはアケメネス朝における弓の象徴的な重要性を強調している[36]。アルサケス朝パルティアのミスラダテス二世（前一二三頃―前八八）[三九]の銀貨に刻まれた浮き彫りでは、この君主は弓を手にして「荘厳に」玉座に座っている[37]。これと同様の荘厳《しょうごん》の王の表現様式は、他の表現様式――これらについてはもう少し後で述べることにしている――によって競争を強いられてはいるものの、十三世紀初頭以降のイスラム世界でも、たとえば、一二一八―一二一九年にイランで描かれ、現在イスタンブールの国立博物館が所蔵する『キタブ・アル・アガニ』（『歌の書』）[四〇]の細密画や、コンヤのメヴラーナ博物館とルーヴル美術館の十四世紀の二つの素晴らしいブロンズ製の大皿に見られる。この表現様式は長く保持された。それには我々が考えがちな進化というものはなく、変形《バリアント》があるのみである。たとえば、ニガーリーによって描かれた肖像画で、オスマン・トルコ皇帝セリム二世（一五六六―一五七四）は左手に弓を持っているが[四一]、矢は従者が持っている。それ以前は、矢は常に弓につがえられていた。と言うのも、一人の人物の中で二つの物を結合させるのが、ごく当たり前の造形上の慣例だからである。我々はそのことをバル・ヘブラエウス（十三世紀）[四二]のシリア語の年代記によって知っている。それによると、セルジューク・トルコのトゥグリル・ベク（一〇三八―一〇六三）[四三]には「もてあそぶための二本の矢を手に持ち、一張りの光り輝く黄金の弓と向かい合って玉座に座る習慣があった」[38]。イスラム教がこの主題を直接古代イランからではなく、中央アジアの遊牧トルコ人から得たということもあり得ないわけではない。

天または宇宙樹に向けて矢を射るかなり普遍的な儀式――アメリカでも確認されている(39)――は特に王のものとは見られていないが、しかしその可能性はある。聖書ではニムロデがこの儀式を行っているので(四四)、この儀式の執行者は誰でもいいというわけではない。また、金人や満州系の女真人または女直人の間では、天子自身が行っていた(四五)。

8　神の玉座

王の御物の中で玉座ほど普遍的で重要なものはない。玉座は、歴史始まって以来、原始的な文明におけると同様に、すべての大文明で見られる。どう見ても世界最古の〔共同体の〕遺跡であるアナトリアのチャタル・フユック（前六五〇〇―前五六五〇）(四六)からは、たぶん出産中の女神の小像〔前六〇〇〇年代前半〕が発見されているが、彼女は豹と思われる二匹のネコ科の動物によって支えられた玉座に座っている(40)。少し先走って言っておくと、この種の動物の像が時として玉座から姿を消すことはあっても、近代の初頭まで、あまたの文化で見られるということには唖然とさせられる。チャタル・フユック以来、玉座が神の座であり、数千年後も依然としてそのように考えられている以上、地上の王たちが天上の王たちを真似て玉座を用いたのではないかと思われる。ユピテルは星をちりばめた玉座を持っている(41)(四七)。インドでは、パドマサナ型の玉座――蓮華《パドマ》座または蓮華台――はヴシュヌ神、さらには仏陀の玉座であり、シンハーサナ型の玉座〔獅子《シンハー》座〕(四八)はシーターの玉座である。多神教の神人同形論は我々がこのような考え方を受け入れるのに役立つ。しかしイスラエル〔ユダヤ教〕やイスラム教やキリスト教でも、事情は同じである。「神は裁きのために玉座を設けられた。神は正義をもって世界を裁かれる」と詩篇が歌い、イザヤが「天は〔神の〕御座《みざ》であり、地は神の足台である(42)(四九)」と答えている。ボシュエも認めているように、「イスラエルの王の玉座は神の御座《みざ》と呼ばれている(43)(五〇)」。またキリスト教〔新約聖書〕は「御座に座っていられる方《かた》〔父なる神〕の右手〔イエス・キリスト〕」の加護を求めて、「天を指して誓うな。そこは神の玉座であるから(44)(五二)」と命じている。

イスラム教はアッラーに御座を認めるだけでなく、アッラーについて非常に深く掘り下げた記述をしている。秘教的観点からすれば、これは明確な形をなさない思考と神の超越性を支える台である(五二)。「玉座には、神が創られた万物の表象がある。〔……〕そのまばゆい光のために、誰一人玉座を見ることはできない(45)。」「それ〔玉座〕は言葉で言い表せないほど広大無辺で、あまねく光り輝く緑色の物質で作られており〔……〕、七万の言語を持ち、そのどれもが〔……〕神を讃えている(46)。」コーランでは、神の玉座は水上にあるが(47)、これはとりもなおさず、神が宇宙の総体的な潜在能力と第一質量である海を支配していることを意味する。「神は天と地を六日間で創造した。そして神の玉座は水上にあった(48)(五三)。」神アッラーに対して最も頻繁に冠される名辞は「玉座の主」である(49)。

9　玉座の霊

神の御座である玉座には、神の力が浸透している。ダホメーでは、玉座には人々が「精霊」と呼ぶある力が宿っていた。同様に、インドでは、玉座に神々が宿っていた。玉座は単独で神々の存在を想い起こさせる。仏教の非聖画像時代には、玉座は、仏足跡や火炎と同様に、仏陀の存在を示すのに十分だった。ミノア期のクレタでは、玉座は、そこに就くことによって女神と神秘的な結合をする君主のためにあったというよりむしろ、宮殿[五四]のうちに女神が儀礼的に顕現するためにあった、と推測した専門家もいる[50]。古代アナトリア人、ハッティ人、フッリ人、ヒッタイト人の間では、玉座は神格化されていた[51]。ダホメーでは、十八世紀初頭、神々がオセイ・トゥトゥ[五五]王に玉座を与えた時、依然としてそのように思われていた[52]。時は玉座に宿る力を弱めさせはしなかった。エチオピア皇帝ラリベラ（一一九〇―一二二五）が裁判を行うために自分が座るダビデの玉座を要求したのは、明らかに、このイスラエルの王の正義と威厳が自分に移行したことを示したかったからにほかならない[53]。足や手によってと同様、椅子によっても、そこに座っていた者の力が――良き力であれ悪しき力であれ――〔そこに座る者に〕伝わるということは知られていた。私は他の著書である男の逸話を紹介したことがあるが、彼は月のものが下りたばかりの妻が座った長椅子に寝てしまい、彼女の血で汚染されるのではという非常に激しい恐怖を抱いたため、それがもとで死んだということであった[54]。ナイル人の間では、即位式の最も重要な行為は、王朝の創始者の肖像をかつて彼のものであった背のない《スツール》椅子の上に少しの間置き、その後で新王をそこに座らせることであった。このようにすることによって、先祖の命が子孫に伝わると考えられていたのである[55]。

　このように玉座に神が存在することから、玉座に就いている者に対する崇拝とは別に、玉座そのものが崇拝されることになる。ダホメーの場合は、玉座が王の特別な代理と見られていたために、玉座崇拝が行われていた[56]。アシャンティ族は玉座に犠牲を捧げていた。ミノス文化期のクレタでは、クノッソスとピュロスの玉座の左右の側面を守る象徴的なグリュプス（グリフィン）が示すように[57]、玉座は崇拝の対象であった。アナトリアでは、たぶん太古の時代から人々は玉座を介して神と出会っていたので、玉座を崇拝していた。有名なヒッタイト最古の文献であるアニッタ文書は、玉座に奉じられた寺院に言及している[58][五六]。ある場合には、玉座は群衆に示され、またある場合には、人々が礼拝できるように、展示された。イフェの歴代の王も即位の際にそのようなことをした(59)。日本では、天皇は毎朝自分の玉座に〔一定の時間不動の姿勢で〕座っていなければならなかったが、それは天皇以上に玉座が崇敬されるようにするためであった。と言うのは、最後には天皇の代わりに冠だけが玉座の上に置かれるようになったからである(60)(五七)。

10 宇宙の玉座

しばしば玉座が王を生み出す。我々は王の叙任のことを話す時、即位式や戴冠式について話す。アシャンティ族の間でも、おごそかに即位した後でしか、王は王たり得ず、酋長は酋長たり得なかった(61)。玉座は権力の象徴だったので、玉座を押収するのは王を逮捕するようなものである。J・オボワイエがインドについていみじくも述べているように、「相次いで玉座を占める者たちの命ははかないが、玉座は不変であり、君主制と支配権を伝達する力を持っている。玉座は言うなれば王以上のものである(62)」。それゆえ、不当に玉座に就くことは厳しく禁じられている。また、同じ理由で、ある者がその権利を有する場合、玉座に就くことは彼が全権を持つ資格を十分なものにし、彼に秘蹟のように影響を及ぼして、彼を王にする(63)。古代宗教では、とビアンキは言っている。「表象するシンボルとシンボルが示すものとの間には、相同性ないし同一実体性がある(64)」。インドでは、数多くの文学的資料と聖画像資料がインドにおける宇宙的な象徴表現を明らかにする。日傘〔宝蓋、天〕と仏足跡〔地〕の間に置かれた悟りの木〔菩提樹〕の根元にある仏陀の金剛座はまさしく中間界を象徴している。ドームに関係する資料は、メール山によって支えられている神々の世界を象徴している(五八)。中間界を含む宇宙の中心に座っている王は中間界の支配者であり、それゆえに自分が統治する者たちの利益のために、中間界を所有している。[65] 世界の中心にいる、したがって、宇宙軸と相関関係にある王は、太陽神話と宇宙の王の神話と結び付く。宇宙は王だけのものであるという。神の台座付きの玉座と君主制の脚付きの玉座との間では、混同が意図的に行われ、そのことがこの家具に神と王の御座としての混合的性格を与えている。

11　玉座の脚

国民は、言うまでもなく、玉座の脚である。イランのアケメネス朝時代の浮き彫りがそのことをよく示している。ペルセポリスの百柱の間の浮き彫りでは、アルタクセルクセス〔一世〕が座っている[66]玉座は、二列の男たちの手の先で支えられており、もう一つの玉座は二十八の諸民族によって支えられている。[五九] とはいえ、〔多くの場合〕実際の玉座の支え手は、チャタル・フユックやミノア文化期のクレタにおけるように、動物であり、中でも最も多いのはライオンである。[六〇] わが国の国立図書館所蔵の「ソロモンの杯」と呼ばれているイランのグラス[六一]には、ホスロー〔二世〕[六二] が「〔側に〕何枚ものクッションが積み重ねられた」大きな長椅子に正面を向いて座っている姿が描かれているが、その脚は横向きの有翼の天馬である。もう一つの銀製グラスでは、孔雀であり、三つ目のグラスでは、二匹のライオンと二匹の犬である。[67]

中世イスラム芸術では、動物が玉座の脚になるのはやや稀である。しかし背中合わせになったライオンたちが玉座の下または前にうずくまっているのが見られる。十四世紀前半のエジプトかシリアの銅製大皿「聖ルイ王の洗礼堂」（ルーヴル美術館蔵）、十三世紀末イランの複数の優れたストッコ製の作品、コルドバで九六八年に製作されたアル＝ムギーラ〔王子〕所用の象牙製宝石箱（ルーヴル美術館蔵）[六三] などがある。

もっとも後者の彫刻からは、表象された動物の種類を確実に判別することは不可能である。オリエントのキリスト教徒は、明らかにイスラム教の影響を受けて、この主題を再び取り上げた。このことはマル・アフデマーのシリア教会（十一――十二世紀）で確かめることができる。[68]

インドでは、玉座の脚はかなりしばしばライオンの形をしている。この野獣は肘掛けを飾るためにも用いられるが、その場合は後ろ足で立ち、時として龍の顔を持っている。[六四]

古代文明によって十分すぎるほど明らかにされているため、我々はライオンを常に護衛と見なしている。しかしライオンは出入口の警護以外の役割を持つこともある。少なくともイスラム教では、ライオンは水（泉や橋〔川〕の）と結び付けられており、このことは海の上に据えられたアッラーの玉座を想い起こさせる。[六五] 方々でライオンの存在を正当化する様々な理由が提示されている。しかしそれらはしばしば民衆起源である。もっと的を射た理由が見つかるかも知れないが、私の心によぎる最も単純な理由はたぶん最悪のものではないだろう。すなわち、ライオンはあまねく百獣の王として認められており、それゆえ、ライオンを人間どもの王や神々の王と結び付けるのは至極当然のことなのである。

12　玉座の豪華さ

玉座の形状と装飾はきわめて多様で、最も簡素で飾り気のないものから最も豪華で複雑なものまである。とはいえ、いずれも象徴を明確に示し、王の輝かしさを際立たせようとする。この家具のインドにおける歴史はよく知られており、我々はそれによってヴェーダ時代から今日までのこの家具の進化をたどることができる。[69] 始めは、そしてポスト・ヴェーダ期においても、それは簡素な板石でしかなく、御座であると同時に祭壇であり、神聖な場所の構成要素の一つだった。時代が少し下って、仏教が支配的になると、それは舎利や彫像の台の役目を果たすようになるが、やはり台座や祭壇とほとんど違っていなかった。そしてそれが正真正銘の御座になっても、その名残は保たれた。しかしながら形状は多様化した。しかもただ単に場所毎にまた時代毎に変わるだけでなく、同じ時代、同じ場所でも変化した。ここではそれは依然として祭壇であるが、しかし彼処《かしこ》では蓮華台、板状《タブレット》の台、背もたれ椅子、肘掛け椅子、またはほとんど演壇に近いものだった。そしてそれを支える四匹の動物は、当時は、人生の四つの時期または宇宙の四本柱と解釈されていた(六六)。

　他の地域でも、同じような進化と大いなる多様化を見出すことができるだろう。エジプトの玉座は背もたれ付きの立方体を原型としているが、これは——その両側にある王の神聖な鳥〔隼〕のイメージである羽根が証明しているように——〔本来、〕ホルスの御座であり、神々と歴代のファラオは、宗教的な儀式の間、そこに姿を現すと見なされていた。この形状の玉座はその後も存続した。しかしよりいっそう入念に手を加えた肘掛け椅子が現れると、これとの競争にさらされるようになった(70)。現在、我々はカフラー王の時代（前二十六世紀）(六七)からハトシェプスト女王（前一五〇八—前一四八一）(六八)やツタンカーメン王（前一三六一—前一三四八）の時代へと続くこの玉座の歴史をたどることができる。ツタンカーメン王の墓からは、背もたれがなく、腰を下ろす平らな部分が少しへこみ、四隅が高くなっている椅子、交脚の折り畳み椅子、先端が猫の足になっている真っ直ぐな脚が付いているスツールなどが多数発見されている(71)。

　非常に簡素なこれらの家具は、イスラム諸国では、背もたれがなく、二人掛けができるくらいかなり幅の広い、十世紀のコルドバの象牙細工〔の意匠〕で目立っている低い台形の椅子と交互に入れ替わった。これらの原始的な玉座がすべて非常に表象性に乏しかったというわけではない。その立方体は、円弧ないし環状の背もたれと繋がっている場合、天と地の合体したイメージを表している。[六九] そして背もたれがない場合、それは四本柱に支えられた大地のイメージを表している。非常に興味深い変形を示そう。立方体ではあるが五本の脚が付いている玉座は、「神のシンボル、宇宙のシンボル、世界の王のシンボル」[72]と見なされている。中央の脚は宇宙軸であり、角の四脚は世界の四つの基点、四本柱である。腰を下ろす部分が平らな椅子またはへこんでいる椅子は、逆さになった天空を表している。しかし全体としては、玉座は神が下りて来たり王がよじ登ったりする山である。フロベニウスは一九〇九年にトーゴで発見された昔の玉座について、この玉座の古さと高さと優美さだけは、一つの広大な地域で、形状に幾通りかの変形があるものの、ここでは神の御座、彼処では王の御座として発見されている非常に数多くの他の玉座と比べて、際立っている、と述べている。[73] また彼は、この玉座はクレタやエトルリアやエジプトで祭壇や供儀用の盤として使われていた物にとても似ている、と指摘している。簡素な形状の昔の玉座はいずれもこの家具のミクロ社会における意味を明らかにしており、それゆえに、玉座はもともとは裁判の際、裁判官が当然地べたに座っていたすべての観衆に見えるように、裁判官のために考案された、という説にはほとんど信憑性が認められない。玉座が法廷に持ち込まれたのは、玉座が法廷に似つかわしかったからであるが、後のことである。

　玉座の豪華さは、装飾が増えるにつれて、シンボルをぼかす。〔豪華な〕玉座は王国で最も威光を放つものになったが、図像によるその表象は必ずしもシンボルを明確に示していない。幾つか有名な例を挙げると、死者を審判中のオシリスが描かれているパピルス文書（死者の書）も、コンスタンティヌス大帝が教皇に三重冠を差し出している聖シルヴェストル小礼拝堂のフレスコ画（ローマ、十三世紀）も、即位するシャルル禿頭王[七〇]が描かれている八四六年のヴィヴィアーノ版聖書（国立図書館、パリ）の写本画も、あまり示唆的ではない[74]。たぶんこれらは、紀元前五〇〇年頃にとりわけ小アジアのクサントスで作られたハルピ人[七一]の墓に見られる、多数のアケメネス朝の諸王の王の肖像〔浮き彫り〕（大英博物館）よりも示唆的ではないだろう[75]。それらの浮き彫りには、君主が足台の上に足を置くことができるように、椅子を十分に高くすることによって、玉座を際立たせようという気配りが感じられる[76]。このような気配りは、玉座の外観が完全に変わったササン朝時代[七二]には、あまり表面に出てこない。玉座は有翼の馬に支えられているものの、ほとんど長椅子に近いものになり、君主はその上でクッション───数多くの工芸品や、「ソロモンの杯」と呼ばれているホスロエス〔ホスローに同じ〕二世の黄金〔と色ガラスと水晶〕の杯（六世紀）や、王と王妃が並んで座っている様が描かれているボルティモア〔博物館〕所蔵の杯に見られるような[七三]───にもたれて、無造作にくつろいでいる[77]。たぶん中央アジアで考案されたこれらの広い長椅子〔床座〕は国王夫妻が並んで座るのを可能にするという目的を持っているが、同時に、王の玉座と平行して、王妃の玉座が存在するという問題を引き起こす。このことはまさに今言及したばかりの古代イランと聖書で確認されている。王妃の玉座は古代イランでは至高の価値を持っており、聖書では王の右側に据えられている[78][七四]。イスラム教徒の東洋の玉座を生み出したのはこの種の長椅子〔床座〕であろう。つまり、〔イスラム教徒の〕妃は公の場では玉座を持つことができないが、〔玉座としての〕長椅子〔床座〕そのものは伝統への執着によって保持されたのである。

　非常に雄弁な文学的な叙述は信頼できるものだろうか。ヘブライ人たちは、ソロモンの玉座のこの上ない素晴らしさを叙述する時、彼が語っている物を〔実際に〕知っていたに違いない。「王はさらに*象牙の玉座を作り、これを精錬した金で覆った。玉座には六つの段があり、玉座の背もたれの上部は丸かった。また座席の両側には肘掛けがあり、その脇に二頭のライオンが立っていた。六つの段の左右にも十二頭のライオンが立っていた。これほどのものが作られた国はどこにもなかった。[79]」イスラム教徒が伝説的なホスローの玉座として想像したのは、「金とラピスラズリで出来た天蓋で覆われ、様々な姿勢の王〔像〕、天、天体、黄道十二宮、および七つの気候〔図〕によって飾られた御座と、四季を象徴する四枚の絨毯[80]〔以下略〕」であった。私は現実はフィクションを越えたことがないとは思っていない。現代にまで伝わる非常に古い玉座や最近の玉座は幾らでもある。古代の玉座としては、思いつくままに例を挙げれば、まず、アメンヘテプ三世（前一四一〇頃—前一三七五）の娘にして妻であったサトアメン王妃の玉座。これは木製の優雅な肘掛け椅子で、勾配があって湾曲した背もたれと高い肘掛けは石膏で覆われ、その上から金泥が塗られており、また物の形をかたどった五枚の画板と女性たちの胸像で飾られている。次に、ツタンカーメン（前一三六一—前一三四八）の玉座。これは古代物の傑作の一つである。やはり木製で、象嵌細工を施した銀盤を被せてあり、〔前面の〕脚の上部は非常に写実的な二頭のライオンの鼻面で飾られており、天蓋の下に座すファラオの姿が描かれている……[81]。近代物では、何よりもまず北京の紫禁城の玉座に言及したい。これは金で覆われ、貴石がはめ込まれ、肘掛けには皇帝のシンボルである龍が巻きついている。泰奉殿の玉座は二三〇〇平方メートルにも及ぶ即位その他の盛大な公式行事の間の小さな壇の上に置かれている。イスタンブールのトプカプ宮殿所蔵の玉座。これらはトルコ皇帝ムラト三世（一五四六—一五九五）[七五]〔在位、一五七四—一五九五〕、ムラト四世（一六一二—一六四〇）[七六]、アフメット一世（一六〇三—一六一七）[七七]のために考案された肘掛け付きの長大な床座で、象牙と真珠とエメラルドとルビーの象嵌で飾られている。エメラルドとルビーも装飾に使われているにもかかわらず、「真珠の」玉座と言われているものは、イランの君主たちが用いていたものを、一五一四年、オスマン・トルコ軍が奪い取ってきたものである。

＊　ここの部分は『七十人訳』に従うべきではない。「頭の後ろに」とあるのは誤訳である。ドルム訳のプレイアッド版聖書、第一巻、一〇七五ページを参照のこと。
〔旧共同訳では、「玉座の後ろに子牛の頭があり、」となっている。〕

13　〔王〕冠

冠は神と王の占有物ではない。冠は他の少なからぬ人々、たとえば特定の分野における優越、優秀さ、成功、華々しい勝利を顕彰してやりたいと周囲から思われているすべての人々にも、与えられる可能性がある。それゆえ冠が王を生み出すということはないし、叙任式や即位式や、もちろんそれらの一種としてだが、聖別式と言う代わりに、戴冠式と言うのは言葉の誤用である。幾つかの文化は、イスラム教の文化と同じように、これまで決して冠を有したことがない。とはいえ、そのような文化は稀であり、それらのうちの幾つかは別の被り物の下から冠をちらちらとのぞかせている。チベットのボン教世界では、王の象徴である兜の下や、たぶん本来はシャーマンのものであったと思われる、角で飾られた様々な縁なし帽の下に、冠が見える。(82) 冠はしばしば必要不可欠で、それなくしては、王位は十分に認知されない――詩人についても、月桂冠をかぶせられない限り、詩人ではない、と言えるだろう。

一時的に認知された優越はやがて消えるものなので、(七八) 冠はもっぱら木の葉で作られた――アポロンの冠は月桂樹、ゼウスの冠は樫、他の神々の冠はギンバイカの葉で出来ていた――が、ギリシャでは、木の葉の冠は宗教的な機能（祭司、生け贄を捧げる祭司、生け贄は冠をかぶった）のほかに、特定の競技の勝者に褒美を与えるために使われ、ローマでは、軍人と公民の功績を讃えるために使われた。しばしば金属で模造された公民冠[七九]と月桂冠がローマ皇帝の標章になるのはアウグストゥスの代からで、皇帝たちがヘレニズム様式の王冠《ディアデム》や黄金の神冠を誇らしげにかぶるようになるのは、彼らがユピテルの属性を帯びた四世紀からのことである。周知のように、ヨーロッパのキリスト教世界には、王冠とは別に、男爵や伯爵や公爵の冠があったし、さらに、象徴的なものではあるが、死に対する勝利の、とりわけ殉教者の冠があった[八〇]。このようなことは他に例がないわけではない。たとえばダホメーでは、王の被り物は彩色された玉模様で飾られた司教冠《ミトラ》の形をしていて、縁飾りは厚いカーテン状になっているが、王国の長老たちの被り物と比べて、縁飾りが最も豪華であるという点が違うだけである[83]。とはいえ、ほとんどの場合、冠をかぶる特権を持っているのが神々と王たちのみであることは事実である。

　頭の上に載るすべての物がそうであるように、冠は体のこの部分に認められている価値に与かっているが、頭蓋骨の形からくる冠の環状の形もまた意味を持っている。環は完全な形状であり、全体性の形状である。ゆえに冠は完全性と全体性を同時に表している。特に冠が王の金属である金で出来ている場合、そしてよりいっそう明瞭に、ミトラ神を想起させる可能性があるアフラ・マズダ神の[八一]冠のように、冠が鋸牙状ないし光芒〔＝放光〕状になっている場合、冠は天または空のイメージなのである[84]。

　たとえ冠と頭光〔後光、光輪とも〕が同じ系統の象徴と見なされることがあったとしても――なぜならいずれも太陽神への同じような同一化の試みと、その結果としての特別な権力形態を表象していると思われるので[85]――、実は両者はむしろ正反対のものである。一方は頭からの〔光の〕放射、発出であり、他方は頭の外側にある何かの頭上への集中であり、包囲である。エジプトでは、豊饒の女神ヘカト〔またはヘキト〕[八二]は冠の中に席を占めていた。雌ライオンまたは蛇の姿で表されているこの女神は神授権的な王権を体現していた[86]。ヨルバ族の間では、王権には精霊が住んでいるとか、精霊は王権を自分の聖域にしているとか言われている。この精霊には、ダホメーで一般的に行われているように、生け贄が捧げられるが、祭式を司宰するのは王である。(87) イスラエルの預言者たちは王国の中に彼らの神の冠を、すなわち、人間に好意を持つ彼らの神の全能の力のしるしを見る。エゼキエルとイザヤは、至高のヤハウェは御自分が好意を持っておられる者および民に冠をかぶせることができる、と断言している。(88) ヘブライ人は、王冠の宗教的性格を強調するために、王冠を時として祭司長の冠《ディアデム》と同一視していた。(89)(八三)

ササン朝のイランでは、叙任の日、神が王〔皇帝〕に、王冠と呼ばれがちだが、しかし正確には世界の環と言うべきものを授けていた。この環は〔通常のいわゆる〕神聖な王冠とは異なっていて、君主が生涯決してかぶることのないものであった。叙任の場面を表す数多くの浮き彫りを見ると、これらの様々な冠の間には差異があることが分かる。三世紀〔の浮き彫りでは〕(八四)、アフラ・マズダ神は縁が凹凸になっている冠〔城壁冠〕をかぶり、王は上にコリュンボス*〔球体装飾〕を載せた頭蓋帽《キャロット》や、上に地球〔または天体〕を載せた鋸牙状冠〔旭光状頭光付きの冠、あるいは城壁冠とも〕をかぶっていて(90)アフラ・マズダ神が王に「王権のイメージ」である環《ディアデム》〔冠＝「天上の輪」＝フワルナフ（光輪）〕を授けている。さらに時代が下って、五世紀後半か六世紀末から七世紀初頭の浮き彫りでは(八五)、ペーローズまたはホスロー二世は、一つではなく、二つの環《ディアデム》をアフラ・マズダと水の女神アナーヒターから受け取っている。(91)

＊〔ササン朝の〕王の被り物の上に載っている球体。本書二一三ページ参照。

神から授けられたこの世界の環は、今度は、王から王の代理人へと委ねられることがある。パルティア時代（二〇〇年頃）のタング・イ・サルワークの浮き彫りでは(八六)、君主がイラン風に座って、つまり玉座――三羽〔両側で六羽〕の鷲が支える床座――にほとんど横になって、左肘を長枕につき、右手に「権力の象徴」である環を持ち、それを二人の臣下に差し出している。(92) これだけは強調しなければならない。この円環《ディアデム》は王が〔実際に〕かぶった王冠ではなく、王国の冠、君主に授けられた世界のイメージである。たとえ叙任式がいずれも同じくらい重要に見える三つの行為、すなわち外衣《チュニーク》の譲渡、即位、戴冠を含んでいたとしても(93)——王笏の授与が即位の代わりになるということを別にすれば、アステカでもほぼ同じような叙任式が行われていた——、王を真に王たらしめるのはこの円環《ディアデム》である(94)。

チベットの王たち同様、ササン朝の君主たちもめいめい自分の冠を持っていた(95)。貨幣で見られるものだけでも、三十以上はある(96)。世界の環はすべて同じ形状をしているが、王冠には何か各王の個性を際立たせるものが認められる。王冠を付ける必要がないと思われる私生活の場にいる君主を表すササン朝の平杯〔の図像〕から判断すると、王冠はいわば生命の一部になっているので、その所有者から離れることはない。ササン朝の王冠には常に頭蓋帽《キャロット》とコリュンボス〔球体装飾〕（当初。後にこれは地球、または三日月の上に載せられた一つの星に取って代わられる）が付いているが、その冠帯《ディアデム》には凹凸の縁〔城壁〕か翼か光芒がある。光芒は太陽の光線、翼はたぶん勝利を象徴する鷲の翼、そしてパルティアを介して（紀元前一世紀末のフラーテス四世の妃の大理石の頭像(八七)）アケメネス朝から受け継いだ凹凸の縁は王国のびくともしない防衛を表している(97)。

〔古代イランの〕世界の環の非常に単純な形状は、太古のエジプトやミュケナイで、そしてさらに昔の紀元前五千年紀のウルの王墓(八八)で、王たちがかぶっていた環冠《ディアデム》の形状にほかならない。完璧な円に対するこの忠実な愛着は、冠自体がはなはだ複雑な仕事の所産であるにもかかわらず、円が表すイメージの力によって説明がつく。人々が自分たちの中心に人または神である宇宙の支配者を仮定することしかできなかった先史時代に由来するこれらの環冠《ディアデム》と、冠ではないがまさしく世界の環であり、東ローマ皇帝が世界の主、新しい太陽、宇宙の支配者であることを意味するための皇帝の証印のあるビザンティンの盾との間には、たしかに連続性がある。[98] 数多くの冠、とりわけ、四つの東天に四つの小アーチがあるシャルルマーニュの冠——少なくとも、ミュステールのスイス教会所蔵の像に見られるような〔冠〕[99]——、あるいは、カペー家の象徴である百合の花四本で飾られた聖ルイ王[八九]、シャルル五世[九〇]、シャルル六世[九一]、フィリップ・ド・ヴァロワ[九二]等の冠は明確に宇宙の概念を内包している。三、四層の天まで生長しつつある生命の樹（たぶん）の三、四段の枝が付いている〔古代〕朝鮮[九三]の冠も同様である。

他の形状の冠も、もっと複雑な仕方で、同様の完全性の概念、宇宙支配の概念を表すことが可能である。最もよく用いられる冠の中に、いわゆる帽子型の冠がある。これは一つのドームを形成する複数のアーチを戴いた冠で、古代イランでも用いられ、ヨーロッパでは、ずっと遅れて、十四世紀から用いられるようになった。ローマ教皇の教皇冠《ティアラ》も、実際は先の尖ったボンネットを戴く三つの冠、すなわち教皇の教権と俗権と政権の冠の重ね合わせであるにもかかわらず、この系列に属する。[九四] 別の意味で、イランの三重冠は国を構成する三つの王国と王権の全体性を表している。[九五] 下ナイルの赤色冠に上ナイルの白色冠帽《ミトラ》をはめ込んだエジプトの二重冠は、帝国全体に対するファラオの支配を明示するものだった。トトメス四世（前一四二五—前一四四八）は、すでに言及した夢の中で、スフィンクスが次のように告げるのを聞いた。「お前は赤い冠と白い冠をかぶるがよい〔……〕。長くて広い国土はすべてお前ものになるだろう。[100]」

エジプトのこの二重冠には、イランの三重冠同様、王のすべての御物の中で、神と宇宙（*heka*）のエネルギーそのものが最も多く詰まっていた。冠に宿る力は、他の国同様、この国でも〔冠に対する〕崇拝の念を生じさせ、冠を王と同じように遇させた。キリスト教でも同じようなことが起きた。ハンガリーの聖〔王〕イシュトバーン[九六]の冠、いわゆる「ハンガリーの聖冠」もまた二重冠で、一〇〇〇年〔正確には一〇〇二年〕にローマ教皇から贈られた上の部分と、後にビザンティン皇帝ミカエル七世ドゥカス（一〇七一―一〇七八)[九七] によって授与された下の部分とが組み合わされたものだが、この冠は自分の召使いと固有財産と衛兵を持っていた。
冠には計り知れない商品価値があった(たとえば中国の皇后の鳳凰冠と呼ばれている冠は、五百個の真珠と百五十個の貴石で満ちていた)が、しかし冠が護衛されるのはそのためではなかった。要するに、たとえ冠がどれほど豪華なものであったとしても、冠の宗教的価値はそれを飾っている宝石の価値よりはるかに勝っていたのである。言い換えれば、冠を馬鹿ばかしいほど贅を尽くして飾り立てたとしても、それはただ単に、人々がもともと冠に認めていた崇高さを、さらに確実に冠に獲得させようとしただけのことであった。

14 頭光《ずこう》〔後光、光輪、光背[九八]〕

頭光はしばしば頭に、そして頭によって人物全体に、より高い価値を生じさせるための試みの結果として定義されている。頭光は頭を大きく見せ、頭に発光させる。頭から放たれるのはまさしく光なのである。特にインドには、火と関係があるか、または頭頂から火炎が立ち昇っている王や英雄たちが数多くいる。エリアーデが強調しているように、メソポタミアの王たちの頭は超自然的な光で包まれていたし、[101] ローマでは、セルウィウス・トゥリウスがまだ赤ん坊だった頃、幾つもの炎が彼の周りを旋回して、王となるべき彼の将来を予告した、と言われていた。[102] それからずっと後に、おそらく敗れざる太陽(神) *Sol invictice* 崇拝が支配的だったために、ササン朝やクシャン朝の一部の君主たちのように、あるいはまたルーヴル美術館所蔵のパルミラ〔シリア〕の三位一体像(一世紀頃)[九九]―〔この三体の像を〕アルサケス朝の君主たちの服装をした神々と見るべきか、君主たちそのものと見るべきか、分からない——のように、時として頭光を付けた姿で表象されている。

　これらの例にもかかわらず——これらにあまり重要性を認めるべきではないだろう。と言うのも、これらは通例と言うより、明らかに例外に属するからである——、頭光が王の表象であることはほとんどない。東洋および西洋のキリスト教世界の聖王たち（彼らは王としてではなく、常に聖者として尊敬されていた）や、インドや極東の何人かの王には、たしかに頭光が付けられているが、しかしそれらは大変控えめなものである。イスラム教世界では、頭光は、中世、特にミナイ派[一〇〇]（具象的な絵を描いて、弱火で焼いた）[一〇一]の陶工たちによってしばしば描かれているが、しかしそれが主流になることはなかった。古典時代のイランもオスマン・トルコ帝国も頭光の使用を知らず、わずかにインドのムガール帝国だけが、特に十七世紀に、頭光を体系的に使用した。逆に、宗教上の重要人物たちにはほとんど常に頭光が付けられた。まずキリスト、次に西洋の聖人たち、そしてインドや極東の仏陀と菩薩たちがいずれもそうである。どうやら頭光は、インドでは一世紀に（二世紀のアマラーヴァティー芸術[一〇二]）、そして極東では六、七世紀に、それぞれ付けられるようになったらしい[一〇三]。

　一般的に考えられている限りでは、頭に光輪を付ける習慣は〔比較的〕新しく、たぶん太陽崇拝を持っている文明から生まれた。ローマのことを考えてみるといい。ウェルナーは、「ローマの皇帝たちにオーラを、頭光を与え」させたのは敗れざる太陽 *Sol invictus* であり、「このモデルに従って、キリストの図像に頭光が付けられ、聖人たちの図像にも同様のことがなされた[103]」ことを疑っていない。ベグベデールはローマの帝国主義がこの〔頭光の〕イメージをオリエントに押し付けたのかも知れないと思っているようだが、彼が幾つかの確かな論拠を挙げていることは言うまでもない[104][一〇四]。

象徴のレベルでは、王杖は完全に王冠に属する。と言うのは、王杖は冠と共に宇宙のイメージを明示しているからである。十六世紀のある木彫作品は、四本の百合の花の付いた大きな環冠《ディアデム》と、その中心を垂直に貫いている長い棒——先端には同じ型の冠が載っている——を表しているが、この図像が見事に示しているもの、それは宇宙とその軸である(105)。

15　王杖、王笏

王杖は必ずしも普遍的なものとは言えないが、たぶん近東の牧畜を生計とする遊牧民の間で生まれ、すでに古代世界においてきわめて広大な地域に広がった。そしてこれとは別に、コロンブス以前のアメリカ大陸にも——少なくともアステカには——あった。ほぼ全員一致の意見によると、王杖は羊飼いが歩くため、あるいは自分の羊の群れを連れて行くために用いる棒に由来する。語源学がそのことを証明している。ギリシャ語では「棒」はスケプトロン *skeptron* と言う。これは一般的には非常に長いものだが、しかし槍よりも短いもので、荘厳に玉座に座っているアケメネス朝の君主(106)、たとえばペルセポリスの三門宮《トリピュロン》〔中央殿とも〕のダレイオス〔一世〕像や百柱の間のアルタクセルクセス〔一世〕(107)像の手に握られているのがまさにそれである（一〇五）。要するに、スケプトロン（棒）という語は、人がもたれかかるもの、あるいは指揮する際に使われるもののすべてを言い表すのに用いられたと思われる。かくしてそれは元帥杖や弁護士の杖（弁護士会会長《バトニエ》（一〇六）を見よ）、オーケストラの指揮棒、司教杖、裁きの杖〔司法権の象徴〕、王杖、それにたぶん呪術師の杖にもなったのだろう。もっともゴルドン・シルドは、論点先取によって、呪術師の杖から王杖やその他様々な棒、杖が生まれたという説を展開しているのだが(108)。

羊飼いの棒は全くの垂直線であり、「そのことが棒にまず最初に人間を人間として象徴する資格を与え、次に、長として確立されたその人間の優越を象徴する資格を与え、最後に、天から授けられた権力を象徴する資格を与えた」(109)。そのうえ、真っ直ぐな棒は中軸、宇宙の中軸を表すのにも適している——ただしこれは他の様々な棒、たとえばテントの支柱、特に包《パオ（ゲル）》のそれ、旗や軍旗や隊旗の竿によっても表される。*これらの最初の価値に、ファラオ時代のエジプトが明らかにしているもう一つの価値が加わる。それは王杖が腕すなわち人を捕らえ、方向を指示する四肢の一部の延長だということである。はるか昔から、エジプト人は様々な形の指揮棒を使っていたが、それらの中で最も格が高かったのは、動物を統御する時の道具である連杖《ネケク》〔棒の先に皮紐を付けた鞭〕の柄と、家畜を捕まえる際に脚にひっかけるのに使う曲杖《ヘカ》(一〇七)である(110)。連杖《ネケク》と曲杖《ヘカ》はオシリス神が〔日の出の光線を受けて、または復活の時が来て〕死衣から出る時の象徴的な持ち物《アトリビュート》で、この神は死衣から露出した手でそれらを持ち、腕を胸の上で組んでいる。アメン－ラー神自身またはプタハ神(一〇八)がそれらをファラオに与えたのだが、ファラオはそれらを受け取ると、時には二つのうちのどちらかを重視し、時には両方を同程度に重視しつつ、自分の権力の標章として、それらを保持した。

＊　旗や軍旗は王の代わりに国を象徴するものになったが、しかし本来は王の御物ではない。幟《のぼり》は布告を出せる者の持ち物であった。ブヴィーヌ〔の戦い〕(一〇九)でフランス軍四角旗を持っていたのは平民であった。

王杖の実用的であると同時に象徴的でもある二つの機能は、ホメーロスのギリシャでも、同じくらい明確に知られていた。王杖はそこでは依然として一つの武器、一種の槌矛《ハンマー》であり、詩人のフィルドゥシー（九三〇頃—一〇二〇）が、環冠《ティアラ》、冠、帯《ベルト》と共に、至上権のイラン的な標章の一つと見なすことになるものとたぶん同類だろう(111)。それは、人が怒りにまかせて反対者またはライバルを叩きたいと思った時、ためらうことなく使われた。オデュッセウスは、「大声をあげて叫んでいる一人の兵卒を見かけると、その男を（王）杖でたたいて追い立てた」。『イーリアス』ではさらにこう語られている。「そして（王）杖で、彼はその男〔テルシーテース〕の背中や肩を打ちたたいた。[一一〇]」しかしながらこの記述にだまされないようにしよう。御物にはただの棍棒は決して含まれていない。王杖は貴重で、神聖で、崇拝の対象となっている。貴重なのは、それが「黄金の鋲を幾つも打ちつけた」「黄金の〔金板を巻き付けた〕」杖だからである。たとえば「クリュセス[一一一]は〔アポロンの神聖なしるしである〕毛総《けふさ》を上に付けた黄金の王杖を右手で持っている」。崇拝されていると言うのは、それが父から子へと譲渡されるものだからであるが、それが大王に由来する場合、「それは比類がなく、」「永久に腐らない[112]」。『アンティゴネ』で、ソポクレスはクレオンに次のように言わせている。「私は皆さん方がライオス王の王杖をいつも変わらずどれほど崇め尊んで来られたか知っている〔……〕」。しかし権力と王位は、血筋によって私のものになったのだ[一一二]。」これは神々の[一一三]象徴的な持ち物《アトリビュート》、神々の王ゼウスのアトリビュートである。オリュンピアの神殿では、フェイディアス作のオリュンピアの支配者〔ゼウス〕の像が、先端に鷲を戴く王杖を左手で持って、そのことを示している。神々が王杖を作って、王たちに与えた。そして王たちは代々それを伝え、それを介して真の紋章系図を描いた。「ヘパイストスはそれ〔王杖〕を苦労して作ったが、彼はそれをゼウスに与え、ゼウスはそれをアルゴスの支配者にしてお使い神〔ヘルメス〕に授け、王ヘルメスはそれをペロプスに与え、〔……〕ペロプスはそれを〔……〕アトレウスに伝えた。アトレウスは死の間際にそれをテュエステスへ伝え、テュエステスはさらにそれを、数多くの島々とアルゴス全土を支配するためのしるしとして、〔甥の〕アガメムノンに残した[113]。」〔同じく、ギリシャの〕カイロネイアでは、王杖は長い間崇められていて、毎日犠牲が捧げられていた[114]。王杖は生きている。ソポクレスの『エレクトラ』では、ある夜、アガメムノンの亡霊が寡婦のクリュタイムネストラの夢に現れる。彼は彼の殺害者であるアイギストスが彼から奪った王杖の方に歩み寄り、それを手に取って、棒のように地面に突き立てる。するとその王杖から若枝がすくすくと伸び出して、ミュケナイの国全体がその枝に覆われてしまう。[二一四] 今や我々は、すでに出会ったことがあり、きわめて示唆的であることが明らかな——なぜなら乾いた木が生命力を保持していると言うわけだから——主題を再発見しているのである。この主題が非常に示唆的であることを我々に認識させるのは、一度死んだ木が再び緑になるという神話・伝説上の大きなサイクルである。

ギリシャの伝統では、王杖は政治的または軍事的な権力の象徴であるよりも、むしろ裁判を行う権利の象徴である。「あなた〔神〕の〔下さった〕王の杖は公平〔な裁き〕の杖である」[115]と詩篇も言っている。それゆえ、フランスの王政が大いに用いた裁きの杖〔原語は「裁きの手」〕は第二の王杖とも見なされている。手は捕らえる（「叩きのめす」「逮捕する」）ものであり、支配と統治の道具である。しかし同時に、手は祝福するもの、癒すもの、優しく愛撫するもの、与えるものでもある。[二一五]

王杖（「杖」）と蛇を関連づけている聖書の逸話は、もしアステカの王杖が蛇の形をしていなかったならば、そしてこの逸話が容易に理解されるものでなかったならば、定型の枠外にあると判断されるかも知れない。「主はモーセとアロンに言われた。『もし、ファラオがあなたたちに向かって、奇蹟を行ってみよ、と求めるならば［……］、あなた〔モーセ〕は〔アロンの〕杖を取ってファラオの前に投げなさい。杖は蛇になるであろう。』しかし［……］エジプトの魔術師たちもまた、秘術を用いて同じことを行った。それぞれ自分の杖を投げると、蛇になったが、アロンの杖は彼らの杖を飲み込んだ。[116]」この奇蹟に続いて、すぐに他の幾つかの奇蹟が起きた。ヘブライ人の杖は水を血に変え、「蛙をエジプトの国に這い上がらせ」、土〔の塵〕をぶよに変えた。蛇は謎めいた人物であり、とても裕福である。少なくとも、この人物が木

（創世記の楽園の木）および超越的な知恵と緊密な関係があることを知る必要がある。（二一六）聖書の逸話は取るに足りないものなどでは決してなく、二重の、そして深い意味を持っている。それは爬虫類〔蛇〕を介して、王杖（「杖」）を木——王杖は木で出来ていて、木の生命力を保持している——と裁き——これは完璧な知恵の必然的な結果である——に同時に引き合わせているのである。（二一七）

16　日傘と天蓋

日傘は、天蓋や移動天蓋同様、太陽の炎熱から保護するために考案されたと考えられがちである。しかし日傘が提示する非常に明確なイメージは、ただちに日傘を宗教的なシンボルとして認めさせ、それを一つの神聖な御物にせずにはいなかった。天蓋 dais（語源はラテン語の *discus*、すなわち〔フランス語の〕disque「円盤」）は支えられるかまたは吊り下げられ、移動天蓋は四本の柱に載せられるのに対して、日傘は長い柄の先に覆いを形成するドーム〔傘蓋〕を戴いているだけだが、その柄の一本一本が宇宙および天空の軸のミクロコスモス的表象となっている。ふくらんだ円盤〔傘蓋〕を支える柱〔柄〕が四角い床の中央に刺してある皇帝用の馬車〔大輅《たいろ》〕についての中国の非常に古い解釈はきわめて示唆に富んでいる。なぜなら、周知の通り、軸は脚が土の上に立っていて、頭は天空に達している王〔皇帝〕自身だからである。（二一八）

それゆえに、日傘は、宗教界の大人物たちも大いに使用してはいるが、とりわけ王〔皇帝〕の御物なのである。仏陀の非図像的表現においては、仏足跡（または仏陀の履物）と日傘が仏陀の存在を十分に暗示していたが、それは玉座が王の存在を暗示するのと全く同じである。日傘はしばしば天の庇護、神々の賜物であると言われていた。インドでは、日傘はヴィシュヌ神を象徴しているが、同時に、王政の重要な標章でもあった。中世フランスでは、日傘は、君主が地上における神のイメージであり、その権力は神聖である、ということを万人に示していた[117]。一四九七年、ミラノ公が日傘の下を歩いてジェノヴァに入城した時、彼はまるで「この都市のもともとの領主」であるかのように振る舞っているつもりだった[118]（一一九）。

動く御物である日傘は、歩行する君主を守るためのものである。ゆえに日傘は一人の従者によって支えられており、聖画では、彼は絶対的に必要不可欠な存在ではないものの、ほとんど常に存在する。日傘はコンスタンティヌス大帝が教皇に円錐台形の教皇冠《ティアラ》〔兜形の司教冠〕を授けたローマの聖シルベストル洗礼堂のフレスコ画にも見えるし[119]、釈迦出城を表す十八世紀のものと一応見なされているタイの絵（ギメ美術館〔パリ〕所蔵）にも見える。しかしながら釈迦出城図では――もし、我々が非常に時代の下った現代にいなければ、これは不可解に見えるだろう――、日傘の柄がくの字形〔逆くの字形？〕に曲がっており、そのことが日傘から本来その柄が持っている意味をほとんどすべて奪っているのである[120]（一二〇）。アケメネス朝時代と特にササン朝時代のイランほど日傘を用いた国はあまりないだろう（一二一）。ペルセポリスの〔クセルクセス宮殿の〕北門〔扉口〕、〔ダレイオス宮殿の〕南門、および三門宮《トリピュロン》の浮き彫り[121]、さらにはターク・イ・ブスタンの大王狩猟図浮き彫り（五世紀〔六―七世紀とも〕）――ここでは大王の行動が日傘〔の使用〕に合致しているとは思えない（一二二）――に、日傘持ちを従えた王の姿が見られる[122]。

〔中世〕イランで日傘が盛んに絵に描かれるようになったのは、イスラム教の影響によるものだと思われているかも知れない。イランで日傘が初めて絵の中に現れたのは、私の知る限り、一四三〇年の日付のある、バーイソンゴルの（一二三）『王の書《シャー・ナーメ》』の口絵より前ではない。日傘はそれ以後、特にティムール朝（十五世紀）の画家たちとムガール朝（十六―十八世紀）の画家たちによって、頻繁に描かれた。日傘が描かれた絵の中で最も古いもののほとんどすべてがティムール朝とムガール朝のものであり、そこに描かれている人物のほとんどすべてがチンギス・カンの血族またはそうだと自称している者から選ばれていることから、イスラム教徒の芸術家たちは一般に思われ(一二四)ているよりはるかに史実に忠実で、チンギス・カンの征服によって流行になり、トランスオクシアナやインドといった遠方の後継者たちによって強固にされた習慣に従っていると推察される(一二五)。我々の最後の迷いは、フランシスコ会修道士ジョバンニ・デル・プラノ・カルピニの公式証言の前に、消滅する。彼は一二四六年から一二四七年にかけてモンゴル人のもとに派遣されたローマ教皇の使節で、当時はまだイスラム教徒の風俗はこの征服者たちに影響を与えていなかった。チンギス・カンの孫で(一二六)、黄金の部族（ロシアのモンゴル人〔キプチャク汗国の異称〕）の首長だったバトゥ（一二二七―一二五六）について、カルピニは次のように述べている。「彼が馬に乗って行く時は、必ず従者が一本の竿の先に付けた小天蓋を彼の頭上に差しかけるが、タタール人〔モンゴル人〕の大首長たちとその妻たちはすべてこのようにしている。[123]」

プラノ・カルピニおよび細密画家たちによると、モンゴル人の間では、日傘は王の特権であり、旅行中にのみ使用されたが、しかし時として重臣たちの名誉を讃えるために、または彼らに権威(一二七)を与えるために、日傘が授与されることもあった。それでネストリウス派の総首教マール・ヤワアラー三世(一二八)も、解放奴隷で、一二九三年にエジプトへ使節として派遣されるまでに昇進したアブダル・ラーマンも日傘を授与された。もっともこのアブダル・ラーマンは相手国の外交儀礼に従うことをよしとせずに、「私は、昼間に、日傘の下を進むという形でしか貴国へは戻ってこないでしょう[124]」と宣言したために、彼が責任を負っていた和平交渉を失敗に終わらせたというお粗末な話のある人物である。ちなみに、君主による重要人物への日傘の授与は、特にモンゴルだけで行われていたことではない。他の国々でもそれは行われていた。たとえばダホメーでは、王は神から授かった日傘を自分が顕彰したい者たちに与えている。[125]（移動）（一二九）天蓋は、ヨーロッパでも、行列で使用されることがあるが、それ以上にしばしば玉座に就いている君主を守るために用いられているようだ。天蓋の穹窿の形は一般的に長方形を基本としており、天の象徴表現に申し分なく適しているわけではない（〔方形の〕天蓋が円形（移動）天蓋へと形を変えたのは、そのためである）が、しかし我々がそこに天を見るのを妨げはしない。ローマ人たちは紺碧の湾曲した布〔天〕を広げる役割をケレス女神に与えていた。（一三〇）アケメネス朝ペルシャは天蓋を、羽根を広げて、天蓋の上を〔正面を向いて〕飛んでいるアフラ・マズダと関連づけたが、[126] その代わり、天蓋を支える四本の柱は世界の四本柱の申し分のない表象である。

天蓋は側近の貴族と同じ役割を持っている。ワイルドは、天蓋はそれ自体で玉座の上のファラオを守っている、と指摘した。[127] 我々はその有名な証拠をツタンカーメンの玉座の背もたれを飾っている情景に見ることができる。（一三一）古代文明は天蓋を大いに用いて、その習慣をアラブ世界へも伝えた。ウマイヤ朝のクサイル・アムラ城（八世紀）にある絵に天蓋が描かれている。しかしながらアラブ世界は、少なくとも十六世紀以降、たぶんもっと早くから、天蓋に対してしだいに関心を持たなくなり、その後再び天蓋の使用が流行することはなかった。[128]

17　杯（盃）

杯はこの章で取り扱う最後の特別な御物である。（一三二）デュメジルは、たぶんスキタイ社会における角杯〔リュトン〕の役割を見出していたからであろう、杯は力と君主制のよく知られたシンボルの一つである、と明言した。[129] しかしながら杯は、『アヴェスター』で明らかなように、王のものである以上に、聖職者のものであるらしい。[130] もっとも、このことは杯が君主制の宗教〔王崇拝〕の道具一式に属していないとか、王に直接結び付いていないとかいうことを意味しない。幾つかの文化に〔一三三〕おいては、杯の取り扱い方が玉座や王冠や王杖の取り扱い方を想起させる。ペルーとコロンビアのチムー人の間では、杯をしっかりと保管するために、二人の高位の者がその任務に当てられた。[131]

古代アジアでは、全域で、遊牧民であれ、半遊牧民であれ、ケルト人から女真人まで、スキタイ人、トルコ人、モンゴル人も含めて、慣習として、杯は——時には笛やゴブレット〔脚のないカップ〕も——君主にとって、少なくとも死後の世界のために、必要不可欠なものと見なされていた。もちろん、現世での王の生活のためにも杯はすでにそうであったと思われる。ヘロドトスが伝えているスキュティア（スキタイ）のある伝説——すでに本書で引用した——によると、ヘラクレスは自分がはらませたある女〔蛇女〕に「一張りの弓と留め金に黄金の盃《カップ》の付いたベルトを」与えた。「今日、スキュティア人がベルトに盃《カップ》を付けているのは、」とヘロドトスは結論を下している。「このヘラクレスの盃《カップ》の故事にちなんでいるのである。[132]」

スキタイの図像集には、飲むための容器を胸に抱きしめている一つの人物像——これは時代が下ると、一般的になる——が紹介されている。が、これは王というよりむしろ女神と見られているようだ。紀元前三ないし二世紀と紀元五世紀の〔二枚の〕装飾板を飾っているのは女神である。彼女は玉座に座って、胸の上に盃《カップ》を手で持っている。[133] 他方、ウクライナからモンゴリアまで、トルコ－モンゴルの支配下のステップ全域で、石製または木製の丸彫りによって、飽くことなく、同じ姿勢で表現されているのは、逆に、まさしく王である。この種の王像は、もっと後の、たぶん十六世紀の、チンギス・カンを表すオルドス（黄河の湾曲部〔内モンゴル自治区南部〕の供儀の図像にも見られる。立っているかまたは座っている君主たちのこうした埋葬用の像は、多数知られているが、七世紀から十三世紀までのものであって、盃《カップ》を手で持っているということ以外は、特に目立ったところは何もない。(134) 一二五三年から一二五五年にかけてキプチャク＝クマン（ウクライナ）のステップを旅行した、ギヨーム・ド・ルブルク(一二三四)もそれを見た。「彼ら〔クマン人〕は盃《カップ》を手で臍の高さに持っている像を東向きに立てている。(135)(一二三五)」イスラム教世界が荘厳《しょうごん》の君主を表現するためにこの図像を取り入れたのは、ほぼ間違いなくトルコ人から、アッバース朝カリフのトルコ人傭兵（マムルークたち）(一二三六)を介してである。この図像は九世紀に採用され、十六世紀初頭になってようやく廃れたが、しかしながら完全に消滅することはなく（十七世紀初頭の証例が幾つか見つかっている）、画家や陶芸家や真鍮鋳物師たちの関心を引いていた。古代イランもまたこの図像を中央アジアのステップから取り入れて、控えめに、そして少し遅れて使用し始めた。フランスにあるこのテーマに関する幾つかの作品は、ササン朝後期やササン朝以降のものである。(136)

特定の杯は頭蓋冠《とうがいかん》で作られていた。君主のところに持参される〔敵の〕首級がどの時点で杯にされていたのかはよく分からないが、それらは眉弓《びきゅう》の上から鋸で切られ、加工され、金で覆われていた。この風習はスキタイ（スキュティア）人の間で流行していた（ヘロドトスがそのことを明確に報告している(137)(一二三七)）だけでなく、ゴール〔ケルト〕人（ティトス・リウィウスは、ゴール人によって首を切られたローマのある将軍の頭蓋骨が金を張られた後、杯として使われていたことを知っている(138)(一二三八)）、ブルガル人（テオファネス(一二三九)は、八一一年のことについて、彼らはビザンティン皇帝ニケフォロス〔一世〕(一二四〇)の頭蓋冠を〔杯として〕使っている、と述べている）の間でも流行っていた。(139) さらに後に、中世のモルダヴィア人(一二四一)やタントラの儀式を行う特定の寺院(一二四二)も〔長い間〕この風習を失わなかった。(140)

これまでに真実性について、少なくとも一定の真実性について、いろいろな説明や示唆がなされてきた。しかし私としては、杯が与えた最初のイメージはひっくり返された天の穹窿のイメージであり、それに続いて他のイメージ――月のイメージ、母胎のイメージ、豊饒の源であるすべてのイメージ――が最初のイメージの上に重なり合った、と一貫して考えている。また、少なくともそうしたことと同じように重要と思われるのは、杯は人が飲むために使う容器であり、水や酒や血を飲むためのものであるということである。その水は命を与え、芽生えをもたらし、その葡萄酒は酔いと共に容易に恍惚感を得させ、その血は人を引きつけたり拒絶したりする一方、神々に捧げられる。最後の晩餐の部屋で、聖木曜日に、〔弟子たちにパンを与えた後に、〕杯を取り、感謝の祈りを唱え、杯を弟子たちに与えて、「これは、罪が赦されるように、多くの人のために流される私の血、新しい契約の血である」(141)と言った、キリストの言葉以上に気高い表現をどこに見出し得るだろうか。

杯は神の恵みを容れる物であり、同時に、神の愛を容れる物でもある。それでそのことを、イスラム教は――この宗教だけではないが、しかし他の宗教よりも――歌っている。「私は彼〔神〕の愛の杯で、非常に長い間飲んだので、酔っている。」(142)(一四三)杯が王の象徴としてたぶん最適となるのは、それはまさしく寛容と愛によってである。

杯は、たぶんはるか古代から、少なくともフッリ人以来、(143)神々への奉献物の中で重要な役割を果たしているので、王‐神への奉献物の中でも同じ役割を果たすよう要請された。王‐神に奉献されるのは、極東アジアでよく見られるように、持続性、連続性、不死性という飲み物である。極東やケルト世界では、即位式の日に、一人の処女が新しい王に蜂蜜酒か葡萄酒をなみなみと注いだ杯を〔君主権の象徴として〕差し出した。アイルランド王コンに、ルフ神の前で、その杯を渡した処女はとても美しかった。それでルフ神は、コンの一族が幾世代にもわたって統治し続けるだろう、とこの新王に告げた。[144][一四四] 家族的なやり方としては、日本の新しい夫婦は、非常に詩的に、貞節のしるしに〔三三九度の〕盃を交わす。悲劇的なやり方としては、スキタイ人は大杯に酒と血を混ぜて、誓約を交わしていた。[145][一四五] インドの『ヴェーダ』ではソーマと言い、イランの『アヴェスター』ではハオマという飲み物〔神酒〕[一四六]は、「神々の命に必要であり、神々はいつまでも生きるために、それを飲み続ける」。つまりソーマやハオマはそれを飲む者たちに不死性を与えるのである。[146]

そういうわけで、モンゴルの君主の即位式における杯の役割――これは数多くのこの種の物語で描写されはしても、説明されることはなかった――についてのほぼ確実な見解が明らかになる。[147] モンゴルでは、高位の選挙人たちが皇帝一族の中から次の皇帝を選出すると、〔慣例として、〕彼は拒絶するふりをした。そこで全参会者が立ち上がり、自分たちの帯《ベルト》を外し、選出された者を玉座に導き、一つの杯を捧げて、ひざまずいた。彼らが、[一四七]この恭順の姿勢で、大汗《カン》に命という飲み物と忠誠という飲み物を献上していることは疑いようがないだろう。

第七章　キリスト－王

人間は長い間、一人の人物において、天と地の間の一地点であり、人間にとって救世主であるという、ある意味で二つの本性──人間と神──を同時に引き受けることが可能な人物を認めるかまたは創り出してきた。人間が思考体系の要に置いた人物は特別な成功を収めていた。彼は一定の人間の望みをすべてかなえていた。が、その一方で、彼は人間が望んでいたもののうちの半分しかもたらしていなかった。彼は人間にとって必要だったが、しかし満足できるものではなく、人間は漠然とながらますます待ち望んでいた。

1　しかし彼は本当に王なのだろうか

そこでイエスがやって来た。多くの人々がただちに彼をそれと認めたのはもっともである。また、多くの人々が、自分たちはこのナザレの大工の中に自分たちが待ち望んでいた神と人間をついに見出したのだろうか、と自問したのももっともである。イエスは王の姿をしていなかった。彼は職人であり、今や遍歴する一説教者であった。彼は民衆の言葉で語っていた。彼は宮廷生活のことなど全く知らなかったので、それについて語る際も、村人にふさわしい言葉、上流階級では笑いを誘う言葉を使っていた。* もっとも、彼は家族のごくありふれた情景を伴う日々の生活についてよく語っていた。雛を寄せ集める雌鳥、烏の群れ、収穫直前の白く熟れた〔小麦〕畑、井戸に落ちた動物……。彼には王らしいところが何もない。人を感動させ、一語で人の魂を刺し貫き、権力者や金持ちや聖職者に対する見事なまでの無関心を示す、君主の威厳を除いては。

* イエスは、民衆に話す時は、民衆のように話していた。身分の高い者に対して語られた彼の言葉はほとんど知られていない。福音史家たちは貴人ではなかった。ただし、ニコデモ〔二〕との対話はある程度「知的」である。

彼には王らしいところが何もない。しかし彼は王である。彼自身そうだと思っているし、気をつけて調べるまでもなく、彼の生涯がそのことを証明している。教会もそのことを認知した。教会は、彼のことを語る時、彼を「主」と呼び、毎日の祈禱で、彼に祈願する。「どうかあなたの治世が来ますように」――しかし私はこのような表現が、それを用いる人々にとって、それ以上の何かを意味しているとは思えない。彼はこのようにして褒め讃えられている。キリスト－王の祝祭はたぶん一年のうちで最大のものではないだろうが、しかしそれは存続しているし、民衆によって選ばれたイエスのような人物を好ましいと思っている人たちは、そのことを不快には思っていない。と言うのも、イエスは栄光を約束されることもなく、社会からはみ出した一人の放浪者、イザヤ〔二〕が来るべき救世主についての奇妙な解釈を示しつつ、語っているように、「見るべき面影はなく、輝かしい風格も、好ましい容姿もない」(1)、ぼろをまとった一人の煽動者、いずれにせよ、一人の貧者だったからである。歴史的現実においては、王はしばしば黄金で履われ、絹の衣服を身にまとっているが、しかし王というものは貧しくもなければ豊かでもない。彼は王である。それで十分だ。

人々は非常にしばしば失望させられていた。それで異端が存在した。アリウス派[三]は御言葉《ロゴス》〔キリストの意も〕は創造されたものであるから、キリストは本当は神ではない、と主張した。キリストに、単に結合しただけで、はっきりと異なる二つの位格を見たネストリウス派[四]は、キリストはマリアと女性の胎を経ていない神によって創られた人間である、と唱えた。次にキリスト単性説[五]。これは受肉した御言葉《ロゴス》〔キリスト〕における二元性を否定していた……。

非常に長い間の待望の後に、非常に長い間の君主制体験の後に〔現れた〕、真の神にして真の人間であると思われる者が、王でしかあり得なかったのは、言うまでもない。

私は今ここでイエスの生涯を語りさえすればよい。私はすでにそうしている[2]。私の唯一の目的は、王政を浮き彫りにする彼の生涯の数々の逸話に注目し、彼が君主制の枠内で自分のメッセージをどの程度まで書き残しているかを示し、この世では一度も玉座に座ったことのない彼が、どのように王になろうとし、王そのものと見なされたかを説明することである。

贖罪がなされるために、キリストが王である必要は、たぶんなかっただろう。しかし彼は、王制に洗礼を授け、やがて生まれるキリスト教世界において、王制に最高の価値を与えるために、換言すれば、信仰告白がどのようなものであれ、すべての信者が知っていること、すなわち、権力は神に属しており、神から来ているということ、したがって当然の帰結として、君主制は神聖な制度であるということを再度思い出させるために、たぶん王である必要があったのであろう。そしてまた、人間に語りかけ、彼らから理解されるように、彼らが理解できる言葉を用いたのも、神のこうした細やかな心づかいの一つだったのである。

2　待望の救世主《メシア》

ユダヤ人たちは救世主を待ち望んでいた。彼らの間では、救世主到来の願望は早くからあったが、ローマの支配下に入ってからは、激しさを増していた。それは〔ヘブル語の〕メシア *meschiah* すなわち「主によって塗油された者」、ギリシャ語ではキリスト *christos* と呼ばれている者でなければならなかった。神は彼に言うだろう。「お前はわたしの子、〔……〕わたしは遺産としてお前に国々を与え、地の果てまで、お前の領土とする。(3)」「鉄の塊で国々を打ち砕く」のも、敵の頭を打つのも、「敵の心臓を鋭い矢で射る(4)」のも彼であろう。地上の諸国の民が仕えるのも、「権威、威光、王権」、「永遠《とわ》なる支配」を授けられるのも彼であり、その統治は滅びることはないであろう。(5)彼に対して、人々はこう宣言するだろう。「神はあなたをとこしえに祝福された。勇士よ、腰に剣を帯びよ、〔……〕あなたの栄光と名誉のために。」「征服者たれ。戦車に乗れ。真実と謙虚さと正義を守れ。どうかあなたの右手が驚くべき武勲で轟きわたりますように。(6)(六)」これこそが勝利する者、征服する者、力強き者、永遠に統治する者であろう。たしかに、これはヘブライ人が待望していた戦士であるが、しかし人々の財産と正義と平和のためにのみ戦い、勝つ戦士であろう。彼は幸福な時代の福音 *evangelium*〔「よい知らせ」の意〕をもたらすだろう。「平和を告げるよい知らせを伝える者が、山々を行き巡る。(7)」「娘シオンよ、歓喜せよ、見よ、あなたの王が来る。彼は神に従い、〔義なる者〕、勝利を与えられた者〔……〕。彼は諸国の民に平和を告げる。彼の支配は海から海へ、〔大河から地の果てまで〕及ぶだろう。(8)」

たしかに、これらの預言および他の類似の預言では、君主はイエス・キリストの表情も、国民から最も慕われた君主たちの表情も見せてはいない。我々は君主－戦士が民衆からこの上なく愛されたわけではないということをすでによく知っている。暴力は正義の王も平和の王も消し去りはしないのだ。そこでイスラエルはさらに求め、期待する。真の王は、その国民の支持の下でしか王とならない者、国民の苦しみと過ちを自ら引き受ける者、それらをなくするために死ぬる者である。イザヤの預言は限りなく感動的にこう述べている。「彼が担ったのはわたしたちの病、彼が負ったのはわたしたちの痛み［……］。彼はわたしたちの背教の罪のために傷つけられ、わたしたちの咎《とが》のために打ち砕かれた[9]。」

3　ダビデの息子

彼はダビデの血筋の者だろう。それ以外はあり得なかった。なぜなら、神がダビデに永遠の王国を約束されたからである。「エッサイの木の幹から一つの芽が萌え出で、その根から一つの若枝が育つであろ[七]う[10]。」「褒め讃えよ、イスラエルの神である主を。主はその民を訪れて解放し、われらのために一つの力を、主の僕ダビデの家から起こされた[11]。」祖先になされたこの約束に加えて、天使がマリアに会いに来て、「あなたは身ごもって男の子を産むが、その子をイエスと名づけなさい［……］。神である主は、彼に父ダビデの玉座を下さる。［……］その支配は終わることがない[12]」と言って、彼女を祝福し、再びした約束がある。さらにまた、天使が、自分の婚約者がすでに妊娠していることを知って、困惑し、思い悩んでいた時期のヨセフに対し、次のように言って、した約束がある。「ダビデの子ヨセフよ、恐れず［……］マリアを娶りなさい。マリアの胎の子は精霊によって宿ったからである。マリアは男の子を産むが、その子をイエスと名づけなさい[13]。」

これで最高の条件が満たされた。イエスは正当な継承権による王である。彼はダビデの血筋の者なのだ。しかし、と誰かが言う、ダビデの子ヨセフはキリストの父ではない、キリストは精霊の御業によって宿ったのだから。この反論に答えるために、誰もが認めるある非常に古い伝承によると、マリアがヨセフの遠い親戚で、ダビデ一族の女であることと、ユダヤ人の間では、血は女性を介して継承されることが指摘された。それはたぶん本当だろうが、しかしかなり無益であり、少し素朴すぎる。と言うのは、福音書は、おおまかで簡略なものではあるが、ヨセフを大王〔ダビデ〕の子孫にする家系図を確立するのに苦心惨憺だったからである。ヨセフはイエスの自然子〔非嫡出子〕の親ではないが、しかし育ての親である。反対の主張をするイスラム教には気に入らなくとも、養子は私生児と同じ権利を持つ。すなわちイエスは、実子同様、真の息子である。子供を養子にしたどのような親が、この子は自分たちの子ではないとか、自分たちの腹と種から生まれた子と同じようにはこの子を愛していないとか言うだろうか。養子が真の息子であるということは福音書の中で非常に明らかなので、今日、そのことが昔よりもしばしば聞かれないのは、意外である。ヨセフはマリアを妻にした。ヨセフは子供にイエス（「ヤハウェは救いである」の意）という名を与えたが、そうすることによって、ヨセフはイエスにいわば命を与えたのである。と言うのも、現代の民族学者が言っているように、「名前は存在の本質的な部分である(14)」からだ。「名前（ラテン語では *nomen*）はそれを持っている存在を占有するのを可能にする。(15)」そしてさらに、「それは一つの単語、一つの音の結合でさえない。それは存在の何かであり、本質的な何かでさえある(16)」。ヨセフは、さほど強固でない魂にとっては苦悶のもとであったものを、婚約者の純潔に関して彼の中に残っていたかもしれない不安を、多くの他の状況下では擬娩（父親に子供を認知し、その子を自分のものとし、妻を母親にする分娩と結び付けることを可能にする出産の擬似行為）(17)(八)に代わるこの精神的苦悩を克服した。ヨセフはイエスを育て、彼に自分の仕事を教えた。イエスは、養子縁組によって、ダビデの遠い孫であるヨセフの息子になった。そのことは誰も疑うことはできないだろう。

そして、なんという知らせだ。十字架の下で、イエスの地上での生涯を締めくくるのは、驚くべき類似を持つ新たなる養子縁組である。キリストは自分を見捨てなかった何人かの弟子たちに視線を落とし、マリアにはヨハネを示して、「婦人よ、ご覧なさい。あなたの息子です」と言い、ヨハネにはマリアを示して、「見なさい。あなたの母です」と言った。この時キリストは、自分の弟子を介して、全人類を聖母マリアに託したのである。(18)(九) 誕生する前からイエスが王であることを待望していた人々を喜ばせるために、信仰と愛の沸き上がる中で、イエスがヘブライ人の君主たちの後継者になったことは素晴らしいことである。

4　王の誕生

ダビデの子、ナザレのイエスは、ユダヤのベツレヘムというダビデの町でまもなく生まれようとしていた。救世主《メシア》の到来はこのごく小さな町で待ち望まれていた。「ユダの地、ベツレヘムよ、お前はユダの指導者たちの中で決して一番小さいものではない。お前から指導者が現れ、わたしの民イスラエルの牧者となるからである。(19)」

その頃、皇帝アウグストゥスから、「全領土の住民に、登録をせよ」との勅令が出た。「それで人々はみな登録するためにおのおの自分の町へ旅立った。ヨセフもダビデの家に属し、その血筋であったので、身ごもっていた許嫁《いいなずけ》のマリアといっしょに登録するために、ダビデの町へ上って行った。」「そして彼らがベツレヘムにいるうちに、マリアは月が満ちて［……］」、［しかし］宿屋には、彼らの泊まる場所がなかった。[20]」二人は洞窟に身を落ち着けたが、男の子が生まれた時、彼は産着に包まれ、秣桶《まぐさおけ》に寝かされた。このように屈辱的な状況での王の誕生があるものだろうか。もし、イエスが王でなかったならば、彼は洞窟という、啓示や超自然的幻視〔出現 apparitions〕や瞑想に適したこの場所で、人が死者たちを蘇らせるために子宮に返すつもりで、彼らを置いて行きたがるこの場所（エルサレムの聖墳墓の洞窟〔もその一つである〕）で、生まれる必要はたぶんなかっただろう。[21]（一〇）さらに、羊飼いたちの到来がそのことを証明する。彼らは野原で夜を過ごしつつ、羊の群れを見張っていた。すると、天使が彼らに現れて、こう言った。「今日、ダビデの町で、あなたがたのために救い主がお生まれになった。この方こそ主キリストである。[22]」イスラエルはもはやかつてのような牧畜民ではなく、多くの町を創っている。（一一）しかし遊牧はこの民族の基準である。「神はイスラエルの牧者である」と、詩篇やイザヤやエレミヤや十二人の小預言者たちが言っている。[23]「主は羊飼いとして守るように、御自分の群れを養われる。[24]」主はナタンに言われた。「わたしの僕ダビデに告げよ。万軍の主はこう言われる。わたしは牧場《まきば》の羊の群れの後からあなたを取って、わたしの民イスラエルの指導者にした。[25]」この時から、羊飼いは王である、と言うより、王は羊飼い、その群れの唯一の所有者である神によって選ばれた羊飼いである。これは案内人であり、責任者である。〔御使いが民を打つのを見て、〕ダビデは〔主に〕こう言っている。「ご覧下さい、罪を犯したのはわたしです。わたしが悪かったのです。この羊の群れが何をしたのでしょうか。どうか御手がわたしとわたしの家に下りますように。[26]」王であるがゆえに、イエスはダビデと同じように羊飼いになるだろうし、遊牧民だったアブラハムの偉大な姿が地平の彼方にはっきりと見えている限り、イエスは良い羊飼いであるだろう。「わたしは良い羊飼いである。良い羊飼いは羊のために命を捨てる。〔……〕わたしは良い羊飼いである。わたしは自分の羊を知っており、羊もわたしを知っている。それは父がわたしを知っておられ、わたしが父を知っているのと同じである。(27)」羊飼い、これは王の呼び名である。首長、聖職者、預言者、そして特に王は、牧畜民の間では、羊飼いにたとえられる。ゾロアスター〔ザラスシュトラ〕(一二)は羊飼いと呼ばれていたし、インドでは、首長は羊飼いで、民人《たみびと》は群れと呼ばれていた……。ところで、イエスは王であるがゆえに、同時に、子羊になるだろう。王がその民人と同一視されるように、イエスも自分が率いる群れと同一視されるからである。しかしながらこれは特に優れた子羊であり、やがて犠牲に捧げられる子羊である。彼は人の子 le Fils de l'Homme〔イエス・キリスト〕、特に優れた人、中国人は天子のことを「一人《いちにん（いちじん）》」とも呼ぶが、まさにそのような人になるだろう。そういうわけで、クリスマスの夜は、羊飼いたちが、生まれたばかりで辛《かろ》うじて産声をあげているもう一人の羊飼いのいる厩を訪れたことによって、晴れやかなものになる。「見よ、世の罪を取り除く神の子羊だ。」後に、洗礼者ヨハネは、キリストが水の中で洗礼を受けるために自分の方に来るのを見て、このように言う。(28)

しばらくして——ローマ・カトリック教会の決定によると、キリスト誕生から二週間後であるが、しかしそれは信仰心に基づいた伝承でしかない——マゴス〔マギーとも〕たちがやって来た。彼らはゾロアスター教の僧侶であり、東方の賢者で、占星術師でもあり、我々が東方の三博士〔フランス語では les Rois Mages「王－マゴスたち」〕と呼んでいる者たちである。このマゴス僧たちは、彼らが見つけた一つの新しい星を追って、やって来て、ヘロデ王に(一三)尋ねた。「ユダヤ人の王としてお生まれになった方は、どこにおられますか。わたしたちは東方でその方の星を見たので、拝みに来たのです。(29)」その方の星、これは王のしるしでもあった。東方の三博士は躊躇していなかった。彼らはその新生児が王であることを疑っていなかった。彼らは、メシアはどこですかとも預言者はどこですかとも聞かずに、即座にその子に王の称号を与えた。それでヘロデ王はそのことを大変深刻に受け止め、ひどくおびえた。〔それより前に、〕彼は君主としての自分の地位を長く確保するために、〔すでに〕自分の実の子供たちを死に追いやっていた。彼はその子のことを調べてみたが、何一つ分からなかった。それで怒り狂った彼は、用心のために、「二歳以下の[30]」ベツレヘムの男の子をすべて殺させた[一四]。

しかしながら、〔この大虐殺より前に、〕マゴスたちは幼子《おさなご》のいる家にたどり着いていた（もちろん、聖家族はそれまでに洞窟を出て、宿屋に移っていた）。彼らは大喜びをして、ひれ伏し、その幼子を拝んだ。それから宝の箱を開けて、黄金、乳香、没薬を贈り物として捧げた[31]。王〔－マゴス〕たちの贈り物、王〔－マゴス〕たちの平伏――しかしこの時は、彼らがイエスに唯一の神を見ることを可能にするものは何一つとして存在しなかった。せいぜい彼らは一人の王－神を漠然と判別することができただけである。

5　荒野での誘惑

イエスの少年期と青年期のことは全く、またはほとんど全く、分かっていない。我々が再びイエスの姿を見るのは、彼がヨルダン川――川の清流は芽生えさせ、生命を与える――の中で洗礼を受けるために、〔洗礼者ヨハネの前に〕現れた時からである。この儀式が公的生活の開始となっているので、私は彼の洗礼を一種の塗油と見なしたい。なぜなら、〔この時〕主によって塗油〔聖別〕された者〔イエス〕は〔この後再び〕聖職者の手から塗油されることがないからである。いずれにせよ、これは何か王の叙任式に相当するようなことであろう。エビオン派*[二五]が、この時だけは精霊が現れて、神の子〔イエス〕を受洗者にした、と考えているのは、たぶんそのためであろう。たしかにエビオン派は異端である。しかしその日は、神の霊が現れ、イエスの神聖な出自を宣言する神の声が聞こえたのだから、まさに啓示の日であった。

＊　きわめていろいろと変化した原始キリスト教の一分派で、特に小アジアに広まった。

洗礼を受けるとすぐに、イエスは荒れ野に行って、断食した。彼は、叙任式の翌日、王たちが非常にしばしば体験する――しかしあまり長期間ではない――あの隔絶状態のまま、荒れ野に四十日間留まった。彼はそこで悪魔から誘惑を受けた。(32) 神が誘惑されたとは。その光景は多くの人々にとって信じがたいものに思われた。しかし私には、これは福音書の中でも最も味わい深い、最も有意義な場面の一つに見える。キリスト教徒がキリストの人間性を完全に理解するのに障害となるのは、彼があらゆる点で罪とは無縁の人間であったということを望む教義《ドグマ》である。そもそも罪を犯さない人間を想像することができるだろうか。古代文明は、時としてそのような人間を思い描いていたが、しかし全般的に言えば、王にも聖者にもその特権を拒否していた。イエスは罪の汚れがなかったから、少なくとも彼が誘惑されるということは、あるはずがなかったのだろうか。たしかに、悪魔《サタン》はイエスをくじけさせてやろうと苛立つが、しかし〔一度決意したことを〕諦めるのはイエスの性格にそぐわないし、また、悪魔《サタン》が生来持っている狂気に基づく主張から身を守るのは難しくないだろう。悪魔《サタン》は人類の始祖アダムを堕落させた。悪魔《サタン》は第二の始祖を打倒することはできなかったのだろうか。悪魔《サタン》は、キリストの魂の代わりに、その肉体を実に自由自在に取り扱った。悪魔《サタン》はイエスをあちこちに、たとえばエルサレムの神殿の屋根の上や非常に高い山の上に連れて行った。イエスはうわべは悪魔《サタン》のするがままにされていたが、しかし何一つ譲歩しなかった。ところで、悪魔《サタン》はイエスに何を持ちかけたのだろう。それは空腹を覚えていたイエスが石をパンに変えること、すなわち自然の法則から逃れることだった。(二六) 悪魔《サタン》らしくない、子供じみた誘惑だが、しかしこれらは悪魔《サタン》が最後に持ち出すもの、すなわち世界の王座の前置きでしかない。悪霊はおとぎ話や叙事詩におけると同様に行動する。そこでは主人公は立て続けに三つの試練を克服しなければならず、最初の二つはしばしば三つ目の唯一真に重要な試練へ導くために出されているにすぎない。それで悪魔《サタン》は〔イエスに〕ユダヤ人が待望している者にならないかと持ちかけた。それはイスラエルに主権を取り戻させて、イスラエルに「一つの海からもう一つの海まで」支配させてくれる救世主《メシア》のような人物であった。〔しかしイエスは悪魔《サタン》の誘惑を退けた。〕この時すでに、イエスが後にポンス・ピラト(一七)に断言すること、すなわち「彼の国はこの世には属していない」(一八)ということが明らかになっている。つまりイエスとユダヤ人との重大な確執の理由の一つがすでに現れている。さらにまた、〔やがて生まれる〕各派のキリスト教会も、自分たちの支配を現世で打ち立てようという誘惑に対して十分注意するよう、すでに呼びかけられている。こうしてキリストが教えを説き始める日の直前に、キリスト教徒の君主制の諸問題がすべて提起されたのである。

6　天の王国(天国)

イエスは町から町へ、地方から地方へと巡り歩いて、福音を説いた。それで、福音を聞こうとして彼のもとにやって来る群衆はしだいに数を増した。彼の話には「神の国」と「天の王国(天国)」という表現が繰り返し出てくるが、そのことは、神の名を口にするのをはばかって、ヤハウェ〔すなわち〕「彼はある」(一九)と言っていた民衆が、婉曲語法として、「天」という語を用いていたのと全く同じことであった。天の王国(天国)の定義も、徐々に、多少の幅を持ちつつ、繰り返し出てくるが、それらは実際には何一つ定義していないし、むしろ天の王国(天国)は定義できないものであるということを示しているように見える。しかしながら一つのことが明確に浮き彫りになってくる。それはこの王国が、ユダヤ人たちが待ち望んでいるものでも、「鉄の塊で国々を打ち砕き」、「〔敵の〕頭に穴を開け」、「敵の心臓を矢で貫く」ローマ人の征服者－君主のものでもないということであった。そのことについて話してまもないある日、熱狂に取り憑かれた群衆がイエスを王にするために連れて行こうとした時、イエスはそのことを明確に示して見せた。すなわち、イエスは熱狂的な群衆に連れて行かれるのを拒否し、また一人で山に退いた(33)。翌日、彼は再び群衆の前に現れて、彼が天から降《くだ》ってきたことや、みんなは彼の体を食べ、彼の血を飲まなければならないということを、詳しく述べた。要するに彼は、彼が与えようとしているものとは全く別のものを人々は彼に期待している、ということを分からせようとした。しかし群衆は彼の言うことを理解できなかった。群衆はひどく失望し、ヨハネ〔福音書、第六章、第六十六節〕によると、〔十二使徒以外の〕「弟子たちの多くが離れ去り、もはやイエスと共に歩まなくなった」。

イエスはメシアではなかったのだろうか。イエスはメシアだった。クリスマスの夜に、天使はそのことを羊飼いたちに告げていた。イエス自身、まず最初に、罪深いサマリアの女に、「メシアは、あなたと話をしているこのわたしである(34)」と打ち明け、それから十二使徒に改めてそのことを明言し、続いてペテロが声高にそのことを宣言した。しかし〔イエス・〕キリストはあくまでも彼の王国の到来を予告しているのであって、人々が想像しているような王国の到来を予告しているわけではなかった。このことはよく理解しておく必要がある。

それでは彼の言う神の〔王〕国とはどのようなものだったのだろうか。これには幾つかの特徴があることが知られていた。この王国が要求していたのは、魂の根本的な変化、新しい人間の出現、〔考え、思想の〕変化 *metanoia*、すなわちそれまでの世界の廃止、かつてノアの大洪水と共に到来したような新しい世界に取って代わられるべき使い古された旧世界の廃止であった。換言すれば、それは死と復活であり、〔魂の〕救済であった。つまりこの王国は〔完全に神の至高の〕正義のしるしの下にあった——したがってそれは〔後に〕ヨハネの黙示録の王の到来について人々が考えるものと完全に合致していた。しかしこの王国は〔人々にとって〕依然として理解しがたいものだった。イエスはこれを種が発芽し、生長して、実が熟するまでの過程、〔最も小さい種だが、芽を出し、生長すると、どんな野菜よりも大きくなる〕カラシナの種、生地をふくらませるパン種、〔畑に〕秘されている宝、海に投げ降ろされる網、〔一人の王がその王子のために催す〕婚宴等々にたとえた。またイエスは、大金持ちがこの王国に入るのは難しい、王国は子供たちのものである、王国はまもなく到来するだろう、王国は近い、王国はそこにある、と言った。[35]人々は、イエスが絶えず神の（王）国のことを語るので、それがイエスの思想の核心を占めていることは感じ取っていたが、しかしそれを正確に理解することはできなかった。イエスの最も近くにいて、最も多くの知識を与えられていたと思われる十二使徒でさえも、精霊降臨《ペンテコステ》の日までは、神の（王）国が現世の王国の一つの形態を取って、地上で現実のものとなるだろうという錯覚を持ち続けることになった。もっとも、死んで復活したイエスが使徒たちの究極の質問に対して答えた内容からすれば、彼らが完全に間違っていたかどうか明らかではない。彼らはイエスにこう尋ねた。「主よ、イスラエルのために国を建て直して下さるのは、この時ですか。」それでイエスは答えた。「父が〔ご自分の権威を持って〕お定めになった時や時期は、あなたがたの知るところではない。」[36][二〇]昇天する直前のイエスの最後の言葉はこのようなものであった。

7　王の奇蹟

イエスは教えを説いてまわりながら、奇蹟を行った。群衆はイエスの教えと同じくらい彼の奇蹟に引き付けられていたと言うのは、ユダヤ人を侮辱することにはならない。奇蹟を行う王は、歴史全体を通して見ても、諸王の中で最も評価が低いわけではない。いずれにせよ、イエスは福音書が語っている以上に、数多くの奇蹟を行った。ヨハネは「このほかにも、イエスは、弟子たちの前で、この書物に書かれていない多くの奇蹟をなさった[37]」と明言している。しかし一般的に、奇蹟の教えを十分にくみ取る術は知られていないようだ。たとえば、奇蹟で盲人の目が開き、聞こえなかった耳が聞こえるようになった時、奇蹟は明白な象徴的意味を持っている。また、むごい打ち明け話をしたある女が奇蹟によって不浄から救われた時[二一]、その奇蹟には〔キリストの〕教えが内に含まれている。奇蹟はキリストの深い哀れみを表している。奇蹟は信仰心を目覚めさせるのに役立つかも知れない……。奇蹟の中に王特有の行為を見て取るのは度を越しているだろうか。イエスは、彼の全能を行使する時、いかなる君主も真似のできないような卓越した王として振る舞っていないだろうか。イエスは彼がその正常な作動を保証している自然の力の支配者、豊かさと至福と祝福の賦与者、彼の家族の生存の保証人ではないのだろうか。福音書の作者たちは、選択をして、約四十の奇蹟を伝えている。自然の秩序を回復させるのを目的とする奇蹟――おびただしい病人(盲人、耳が聞こえない人、聾唖者、中風患者、癩病患者、浮腫性患者、痔疾患者)の治癒、デーモン(病気の原因になっている可能性があるものとないものがいる)の放逐に関する奇蹟――を別にすれば、三つが死者たちの蘇生であり[二二]、そのうちの二人は子供(ヤイロの娘とナイン〔という町〕の寡婦の息子)である。また、五つは豊かさをもたらす奇蹟(パンと魚の二度の増加、カナの婚礼における水の葡萄酒への変化、奇蹟的な二度の漁)で、三つは自然を支配する奇蹟(湖の上の歩行と二度にわたる嵐の鎮静)である。

カナの葡萄酒と尽きることのないパンはきわめて明確に聖体を暗示している。これらはすでに永遠の命

〔神－キリスト〕の食べ物と飲み物であり、その後では「決して飢えることがなく、渇くこともない」(38)

王－キリストの食事への参加である。湖の上の〔キリストの〕歩行は、この世の始まりにおいて、「神の霊が水の面を動いていた」(39)時の神の歩みそのものである。鎮められた嵐は原初の諸要素を支配する者の至高の権威を示す。「その時、イエスは起き上がって、風と湖とをお叱りになると、すっかり凪になった」(40)。これは神の、完全に人間になられたあの神の、あの神－王の力についての、明白で、誰の目にも明らかな教えなのだ。この教えは、あり得べからざるその外観ゆえに、枯れた無花果の木の逸話が明らかにするよりもなおいっそう雄弁に神の力を明らかにしている。私は、この逸話と意味深長なこの木が現れる福音書の他の箇所とを比較することによって、この教えを理解するのが可能であるのを知っている。しかし私はこの逸話についていろいろと語りすぎるという過ちを犯したかも知れない(41)。と言うのも、逸話が示しているのは簡単明瞭なことだからである。イエスは生と死の、まず今ここで問題になっている自然の死の、次に三人の蘇生によって証明されているように、人の死の、絶対的な支配者なのである。イエスの言葉を聞こう。ある日、イエスは空腹を覚えている時、すぐ近くに無花果の木を目にした。イエスは近寄ってみたが、葉のほかは何もなかった。無花果の季節ではなかったからである。そこでイエスはその木に向かって、「今から後いつまでも、お前から実を食べる者がないように」と言った。マタイはその後をこう続けている。「無花果の木はたちまち枯れてしまった(42)」

8　王としてのエルサレム入城

クリスマスの夜にまず天使によって、次いで羊飼いとマゴス僧によって告知され、イエスの全生涯および彼の発言においてしばしば露出しつつ地下水脈のように流れ続けていた王権の主題は、特別な力と共に突然白日の下に明らかになり、我々が聖週間と呼ぶ枝の主日(二三)から磔刑の金曜日までの間続く。

イエスは、敵から逃れるために前もって立ち去ることもできたが、今や堂々と敵に立ち向かう。イエスの時はまだ来ていなかったが、今まさに来ようとしている。イエスは自分の意志で自分の時を選ぶ。イエスは進んで敵の前に出るのである。イエスは間違いなく辛い目にあうだろう(二四)。しかしそれはイエスが望むからである。イエスは自分を脅かすすべての危険を物ともせずに、過越祭《すぎこしさい》のためにエルサレムに上京しようと決心する。途中、イエスはベタニアに泊まる。そこはかつてイエスがラザロを生き返らせたところである。イエスのために夕食が用意され、〔ラザロの姉妹〕マルタが給仕をしていた。その時、彼女の姉妹のマリアが、純粋で非常に高価なナルドの香油を一リトラ持ってきて、イエスの足に塗り、自分の髪の毛でその足を拭った(43)(二五)。それは大変な散財だった。その石膏の壺の中には、一財産分の――ほぼ三百デナリオン分で、ユダがイエスを売って手にする額〔銀貨三十枚〕より多かった――香油が入っていた。ゆえにそれはイエスが救っていた貧しい人々への侮辱、明らかな富の誇示〔と映る行為〕であったが、しかしそれはかつて馬小屋の秣桶に黄金と乳香と没薬《もつやく》を持って来たマゴス僧たちの富の誇示を思い出させる。生まれて数日後と死ぬ数日前〔の同じような出来事〕。それは妥当性や思いやりの域を越えた絶対的な至高の愛ゆえの散財であった。それでイエスは、女が最も低劣な忠告(二六)によって苦しめられないように、香油の奉献を受け入れた。そして〔金の無駄遣いだと〕憤慨する人々に、「なぜこの人を困らせるのか」と言った。イエスがそう言ったのは、死の予感、墓への埋葬の予感があったからである。「この人は私の体に香油を塗って、私を葬る準備をしてくれたのだ」とイエスは言っている(二七)。しかしベタニアでの素晴らしくて感動的な塗油、大祭司によってなされたものではない塗油、〔イエスの足に塗った香油を拭うために〕束ねていた髪を崩してしゃがみこんだ一人の女、少し前にイエスが自分はメシアであると打ち明けたサマリア[二八]の女に非常によく似た女によって代表される民衆に由来する、他の塗油に勝るこの塗油は、王としての塗油でもあるのではなかろうか。メシア、塗油、王[二九]。これらの観念は互いに呼応し合っている。キリストは翌日王としてのエルサレム入城を果たすことになる。

一方、イエスがエルサレムに近づく間に、ユダヤ人たちは不安になる。彼らは集まって討議をする。議論が始まると、大祭司のカイアファ〔カヤパ〕が言う。「あなたがたは何も分かっていない。一人の人間が民の代わりに死に、国民全体が滅びないですむ方が、あなたがたに好都合だとは考えないのか[三〇]。」聖ヨハネはこの言葉に真の預言を見て取った。イエスは国民を救うためだけではなく、「散らされているすべての神の子たち[44]」を救うためにも、死ななければならなかったのである。ところで、これは歴史が我々に教えていることだが、王以外に誰がみんなの救済のために死ぬだろうか。誰が国民を救おうと進んで犠牲になるだろうか。カイアファは、これらの言葉によって、受難劇——すなわち王の受難劇——の背景となるものを明確に描いて見せたのである[三一]

たぶん三〇年四月二日の土曜日に、イエスがエルサレムに上るという知らせが広まった。安息日〔——ユダヤ教では金曜日の日没から土曜日の日没まで——〕が終わると、群衆は、熱気と好奇心に駆られて、急いでイエスを迎えに出る。ラザロの復活が大変な評判になっていたのである。日曜日の朝、一行がエルサレムに近づいて、オリーブ山沿いのベトファゲ（「無花果の家」）まで来た時、イエスは二人の弟子にこう言った。「目の前にあるこの村へ行きなさい。そうするとすぐ、ろばがつないであり、それといっしょに、まだ誰も乗ったことがない子ろばが見つかるだろう。それらを綱をほどいて連れて来なさい。もし誰かが、『なぜほどくのか』と尋ねたら、『主がお入り用なのです』と答えなさい。それらをすぐ渡してくれるでしょう。」〔実際、イエスが言った通りのことがあった後、〕二人は子ろばをイエスのところに引いてきて、その上に服をかけ、イエスを乗せた。(45)(三二)こうしてイエスはろばに乗ってエルサレムに入ったのである。

今日、我々はろばに乗せられることを光栄だとは思わない。それでこのことが、この動物にキリストの貧しさのまぎれもないしるしを見出すのに長けた人々を弁護するのを、部分的に可能にしている。しかし私は、そのような人々は物事を正面から見ようとはせず、イエスは貧しい人であったという自分たちの考えに固執して、聖都への到着の場面を――たとえそれをほとんど整合性のないものにすることになっても――歪曲しているのではないかと思っている。今日の文献調査をもってすれば、現代人のイメージの中にいるおとなしい小形のろばに、かつて、特に古代オリエントで、この動物が持っていた地位を再び与えるのは、そう難しいことではない。ろばに関する文献・記録は、時として、たしかに否定的なものであるが、しかしほとんどが肯定的なものである。馬がろばに取って代わったとはいえ、それには長い時間が必要だった。定住農民にとって、馬は、飼い馴らされてからもおよそ六百年間は、遊牧民、異邦人、征服者と結び付いているように思われており、農民たち自身はろばの用心深さ、足取りの確かさ、忍耐力を讃えている。中国では、神々は好んでろばの背に乗ってやって来る。(三三)インドでは、ろばは冥界の神々、特に死者の王国の番人〔ナイルリタ〕の乗物である。メソポタミアでは、神々はろばに乗ったり、ろばを並列四頭立て二輪戦車に繋いだりした。ギリシャでは、ろばは外来の神であるディオニュソスの揺籃〔代わりの箱〕を背負ったとされている。しかしそんな遠くまで探しにいく必要はない。デボラの歌が「白い雌ろば(三四)に乗り、その背に敷物を置いて座り、〔道を行く者よ、〕歌え(46)」と歌っている。それゆえ、メシアの到来を告げる「ゼカリア書」の有名な次の詩句――これは福音書にも採録されている――は、ろばを貶める翻訳者たちによってなされた誤訳である。「娘シオンよ、大いに踊れ、娘エルサレム、歓呼の声をあげよ。見よ、あなたの王が来る。謙虚で柔和な彼は救いをもたらす。貧しい彼は雌ろばとその子ろばに乗っている。[47]」〔この場合、〕「貧しい」という形容詞は「ろば」という語によって引き付けられているどころか、それと対比されており、それゆえここは、「彼は貧しいが、しかし雌ろばとその子ろばに乗っている」と読むべきである。[三五]

群衆[三六]はその点で思い違いをしていなかった。群衆は、ろばに乗っているイエスを、聖地詣でに来る一貧者ではなく、メシアすなわち主によって塗油された者、王と見なしていた。群衆が熱狂したのはそのためである。多くの人が自分の服を道に敷いたのも、〔なつめやしの〕枝を手に持って振ったのも、そのためであった。群衆はすぐに自分たちの王に、彼を王座に上らせることになる公の場での宣言を、イスラエル王国の復活を期待した。もっとも、群衆の失望はまもなく非常に大きくなる。[三七]そしてその失望ゆえに、イエスの死に立ち会うすべての人々が、押し黙ったまま、イエスを見捨てることになる。

イエスは斜面の上にあるエルサレムに近づき、その都を見上げて、少し前にラザロのために泣いたように、都のために泣いた。「やがて時が来て、敵が周りに堡塁《ほうるい》を築き、お前を取り巻いて四方から攻め寄せ、お前とそこにいるお前の子らを地に叩きつけ、お前の中の石を残らず崩してしまうだろう。[48]」しかしティトゥス[三八]〔率いるローマ軍〕が〔暴動鎮圧のために〕聖都に入って来る七〇年に起きるあの破壊のことが、イエスが王として都入りする直前のこの時期に、どうして予告されたのだろうか。たぶんその理由はきわめて単純で、王がまもなく死ぬことになっており、王が死ねば必然的に王の民人の死を招くことになるからであろう。

群衆――と言うからには、たぶん数千人はいただろう――は、喜び、歌った。「ホサナ。主の名によって来られる方に、祝福があるように。我らの父ダビデの来《きた》るべき国に、祝福があるように。いと高きところにホサナ。[49]」群衆は、自分たちが讃えたいと思う人に対して伝統的にしているように、イエスが行く道に自分たちの服を敷いた。また、木の枝を、オリーブ（ギリシャ語でクラドス *Klados*）の[三九]小枝を切ってきて、道に敷きつめた[50]が、これは再生の象徴、まもなく復活するキリストの象徴である——死者の国へ旅立たなければならない者は誰でもこれを手に持った。たとえば、エウリュディーケを探しにいくオルペウス[四〇]、地獄へ降りていくウェルギリウス、墓の彼方への危険な旅を始めるアエネーアス……。しかしイエスが二度目[四一]に神殿から商人たちを追い出した時は、もはや何事も起こらず、夕方には、イエスは夜を過ごすためにベタニアへ下りていった。そして翌日、イエスが再び聖都へ戻ると、「枝の主日」の出来事を思い出させるものは何もなく、人々は無関心を装っていた。春の初めのあの日曜日の凱旋入城、メシアの、王の入城は一瞬間しか続かなかった。ろばに乗った王は、永久に忘れ去られ、殺される一時的な君主でしかなかった。五日後に、人々は彼にその事実をはっきりと見せつけた。

9　聖週間

「枝の主日」〔日曜日〕から最後の晩餐が行われた聖木曜日までの五日間は、王国について論議するのに費やされた、と言うのは言いすぎだろうが、しかしそれでも、〔真の〕王がエルサレムにこれまでになく明確に姿を現した以上、エルサレムの君主制の強烈な表出が人々の心に十分に刻み込まれたという印象は受ける。聖月曜日に、イエスは三つのたとえ話をした。一つは、葡萄園を持つ男の二人の息子のたとえであり、もう一つは、王国〔プレイアッド版も共同訳も「神の（王）国」〕の想起で終わる、葡萄園と農夫のたとえであり、三つ目は、ある王が友人たちを〔王子のための〕婚宴に招いても来なかったというたとえゆる婚宴のたとえである。火曜日に、イエスは、「〔天の〕王国を閉ざす」立法学者とパリサイ派[四二]の人々を、珍しく激しい口調で、延々と非難した。そして改めてエルサレムのために嘆き、〔人の子の〕降臨の日という永遠の問題を繰り返し提起する。これに対して、時間的な前後関係は定かではないが、王族や聖職者や長老たちからはキリストの権威の根拠について、そしてヘロデ党[四三]の人々からはローマ皇帝に支払うよう義務づけられていた税金について、質問があった。またサドカイ派[四四]の人々も、復活した時の寡婦の運命〔――生前、子なくして夫と死別したために、次々と複数の夫の兄弟と結婚したが、ついに子供に恵まれないままに死んだ寡婦は、復活の時、誰の妻になるかという問題――〕について質問したが、彼はイエスの答えを聞いて、あっさりと引き下がった。実は、この間に、ユダは時の権力者たちと通じて、イエスを売り渡した。

　最後の晩餐の日、聖餐の秘蹟が授けられたが、食事を始める前に、イエスは弟子たちと共に食卓に着くと、弟子たちに言った。「わたしは、〔苦しみを受ける前に、〕あなたがたと共にこの過越《すぎこし》の食事をしたいと、切に願っていた。」そして杯を取り上げ、弟子たちに示して言った。「これを取り、互いに回して飲みなさい。言っておくが、神の〔王〕国が来るまで、わたしは今後葡萄の実から作ったものを飲むことは決してないだろう。[51]」この杯、天上の至福の杯は、イスラエルでは伝統的に食事の始めに飲まれるものではあるが、この後の二つの杯を予告している。一つは、食事の後の、キリストの血となった葡萄酒の入った杯――「イエスは次に〔パンを与えた後に〕、杯を取り上げ、〔再び〕感謝の祈りを唱え、弟子たちに渡してから言った。さあ、皆、この杯から飲みなさい。これは、罪が赦されるように、多くの人のために流されるわたしの血、新しい契約の血である[52]」――であり、そしてもう一つは、オリーブ山の〔ゲッセマネの〕園で悲しみ悶えるイエスの苦難の杯――「父よ、できることなら、この杯をわたしから過ぎ去らせて下さい[53]」――である。ここで大事なことを見失ってはいけない。それはこの三つの杯の〔間に成り立っている〕神秘的な遠近法である。これらはそれぞれ独自の意味を持ちながら、相互に結び付いており、犠牲として捧げられたイエスの血は、犠牲であると同時に幸福であり、解放であることを示している。しかしいかにも王にふさわしいものとして描かれたこの雰囲気では、君主制という主題についても考えないわけにはいかないだろう。

10　イエスの有罪判決

イエスは、彼の十二人の弟子の一人、イスカリオテのユダ（四五）が連れて来た〔大祭司や長老たちの〕手先の一団〔神殿警備員とローマ兵〕によって捕らえられ、日が昇る前の出頭はすべて禁じられていたので、まず、大祭司のカイアファ〔カヤパ〕の舅アンナスのところへ連行された（四六）。アンナスはイエスに聞いた。「お前は神の子、キリストか。」それでイエスは答えた。「それはあなたが言ったことです。わたしはそうです[54]。」言い伝えを知るユダヤ人に対して、イエスは自分こそまさしくイスラエルが待望している者であると断言した。

日が昇ると、イエスはユダヤ人の大会議サンヘドリンへ連行された。この大会議《サンヘドリン》はローマによる占領以来、ほとんどの権利を失っていたが、しかし宗教上の問題を裁く権利は依然として持っていた。大会議はイエスをローマ総督ピラトの前に出頭させることに決めた。ピラトはどのような罪でこの男を訴えるのかと尋ねた。人々はちょっと口ごもった後、「この男は皇帝に税を納めるのを禁じ、また自分が王〔たるメシア〕だと言っています[55]」と答えた。そこでピラトは尋問したが、イエスは黙っていた。驚いたピラトは、

「お前を釈放する権限も、十字架につける権限も、このわたしにあることを知らないのか」、とイエスに言った。イエスは答えた。「もし、あなたが神から与えられていないのであれば、あなたはわたしに対して何の権限もないはずだ[56]。」〔そこでピラトはイエスを釈放しようと努めた。〕しかし群衆がわめきたてた。「もし、この男を釈放するのなら、あなたは皇帝の友でない。王と自称する者はみな皇帝に背いています[57]。」ピラトは再びイエスに尋ねた。「お前がユダヤ人の王だというのは、本当か。」〔中略〕「わたしの王国はこの世には属していない。〔もし、わたしの王国がこの世に属していれば、〕わたしがユダヤ人に引き渡されないように、部下が戦ったことだろう。」ピラトは理解できなかった。「それでは、お前はやはり王なのか。」「わたしが王だとは、あなたが言っていることです。」イエスの答えには、気負いも挑発もなく、ただ真理についての、この直後に示されたあの真理についての確信だけがあった。「わたしは真理について証《あかし》をするために生まれ、そのためにこの世に来た。〔真理に属する人はみな、わたしの声を聞く。〕」「真理とは何か。」ピラトはこう言って少し考えた後、審問の間から出て、ユダヤ人たちに明言した。「わたしはあの男に何の罪も見出せない[58]。」

しかしながら群衆は、目を覚まして新たに駆けつけた者たちも加わって、興奮した人々でふくれ上がっていた。群衆は叫んだ。「この男はガリラヤから始めてこの都に至るまで、〔ユダヤ全土で教えながら、〕民衆を煽動しています[59]。」ピラトは暴君ヘロデにイエスの件を任せようとした。しかしイエスはヘロデには何も言わなかった。イエスは再びピラトのもとへ連れて来られた。その時、ポンス・ピラトの妻が――女性たちはイエスの生涯で非常に重要な役割を果たしている――夢を見た。一般的に、ローマ人たちは夢によって強く心を動かされていた[60]。彼女は総督である夫にイエスを救出するよう説得した。総督はたぶん真剣にそれを試みた。私が〔別の著作で〕、ピラトは何とかしてイエスを救いたいという気持ちをほとんど持っていなかったはずだ、と述べたのは間違いだった。私は聖金曜日のピラトの最後の調停をもっと正確に理解しなければならなかった。ピラトは自分の責任を軽減しようとしたし、それに、イエスが助かるように、彼ができる限りのことをしたことは明らかである。

ところで、過越《すぎこし》の祭りに一人の囚人を釈放するのが慣例になっていた。当時、牢獄には二人の悪党――たぶん彼らは、イスラエルの独立を望んで、ローマの政府当局〔総督とその軍隊〕を襲撃していた反乱者（*lastes*）の一味であろう――がいて、そのうちの一人、バラバ[四七]という男は特に凶暴であった。ピラトは聞いた。「お前たちはどちらを釈放してほしいのか。〔イエス・〕バラバかそれともメシアと言われるイエスか。」それで群衆は叫んだ。「バラバを。[61]」群衆は王が死ぬのを望んでいた。群衆はわめいていた。「イエスを十字架につけろ。十字架につけろ。」それにしても、歴史は不思議なものである。と言うのも、バラバという名が「神の子」を意味している可能性があるからである。翻訳は確かではないが、しかし信憑性がある。それに心理的にもその意味が真実らしく見える。それに、父親の代わりにしばしば犠牲にされるのは、息子である。たしかにバラバは罪人である。しかし罪人が王の格好をして死ぬのはよくあることだった。だからバラバが犠牲の代役を果たすこともあり得ただろう。しかし群衆はそれを拒絶した。今、群衆は、偽りの王ではなく、真の王を犠牲にすることによって、彼を完全に救世主《メシア》にしようとしているのである。これまで長い間、王は、自分の身代わりを犠牲にすることによって、自分の運命を最後まで受け入れずに、ごまかしていた。ルイ十六世[四八]が自分を救出しようとする王党派のすべての試みを拒んだのも、そのことをよく理解していたからであろう。

こうしてバラバが解放されることになった。

群衆の怒号の前で、ピラトはなす術を失った。やむなく、ピラトは〔水を持ってこさせ、群衆の前で手を洗って見せ、」これから流される血によって自分が汚されることがないということを、前もって示した。彼は手を挙げて言った。「わたしにはこの義なる者の血について責任がない。それはお前たちの問題だ。」それで群衆はこぞって叫んだ。「その血の責任は我々と子孫にある。」(四九)(62) この叫びは後にユダヤ人に恐ろしい結果をもたらす。と言うのも、それはユダヤ人に対して屈辱的な形で利用されることになるからである。しかしながら実はそれは唯一無二のこと、すなわち、生け贄の血、清めの血、王の血は、イエスが属していた民族を介して全人類に広がるべき贖罪の洗礼のために、我々の上に、子々孫々に至るまで、くまなく降り注ぐ運命になっているということを表明しているにすぎない。

そこでピラトはローマ兵に命じて、イエスを鞭打たせた。(63) 裁判は終わった。裁判はせいぜい数時間続けられただけだった。それはヘブライ人によって認められたいかなる法律にも基づいていなかった。そこには立法主義者たちの主張があっただけである。また、それはローマ法のいかなる法令にも基づいていなかった。そこには残酷な出来事に対して傲慢な態度で臨む人々がいただけである。メシアの死は処刑ではなくて、犠牲《いけにえ》である。キリスト教徒は毎日ミサでその犠牲《いけにえ》の儀式を新たに行っている。それでピラトは、そのことを示して、「見よ、あなたたちの王だ(64)」と言ったのである。

11　侮辱される王

イエスは「わたしは王である」と言った。ピラトは最後にそのことを確認した。もしイエスが王でなかったとしたら、イエスには有罪判決を下されるいかなる理由もないだろう。唯一の告訴箇条はイエスの主権の主張だった。この主権は、おごそかに宣言された時、必ず嘲弄されることになっていた。イエスは王として死ぬのではなく、祭りの性格上、王に仕立てられた罪人として死ななければならなかった。

　枝の主日には、イエスは一時的な王だった。彼は謝肉祭《カーニバル》の王になろうとしていた。はるか昔から、殺す前に君主として扱われるこの種の人物の存在は知られていた。四世紀まで、十二月に、ローマ兵はサトゥルヌス祭を催していた。メソポタミアでは、サカイア祭が行われていたし、他所でも、類似の儀式が行われていた。これらの祭りはいずれも、一定期間――メソポタミアでは二、三日間――、したいことは何でもすることができる仮装した君主が登場することで、ひときわ注目されていた。祭りの終わりには、彼はそれまで着ていた王の服装をすべて脱がされて、殺された。今日我々が行っている謝肉祭にもまだ古代の祭りの名残がある。わらや布地やボール紙で作られた謝肉祭の王は民衆の歓喜の真っただ中に連れて行かれ、燃やされる。「間違いなく古代ローマから受け継いだと思われる、短期間の栄光と放縦の後、公の場で殺されるこの滑稽な人物」は、毎年行われるこのお祭りの最も注目すべき特徴の一つである(65)。これ以外のモデルを探す必要はないだろう(五〇)。

　イエスは十字架につけられるために、ローマ兵に引き渡された。兵士たちはイエスを総督官邸に連れて行き、部隊の全員をイエスの周りに集めた。そしてイエスの着ている物を剝ぎ取り、代わりに、緋色の外套を着せ、茨で冠を編んで頭に載せ、右手に葦の棒を持たせて、イエスの前にひざまずき、「ユダヤ人の王、万歳」(66)と言って、侮辱した。また、イエスの頭に唾を吐きかけ、葦の棒を取り上げて、それで頭を叩き続けた。すべてがここにある。皇帝が着る外套《トーガ》を意味する緋色の外套、冠、王杖の代わりの葦の棒、跪拝、敬礼、――それ以上の侮辱と殴打。遊びが終わると、兵士たちは、イエスに着せていた緋色の外套を脱がせて、元の服を着せ、彼を十字架につけるために引いて行った(67)。

12 I.N.R.I.（「ユダヤ人の王、ナザレのイエス」）

イエスはゴルゴタ（〔アラム語で「頭蓋骨」の意〕、ラテン語では *calvarium*「はげの」、フランス語では calvaire「干からびた頭蓋骨のようなはげ上がった丘」の意）という名の丘で、十字架につけられた。そこがイエスが登った最後の山だった[五一]。イエスの十字架は二人の盗賊の十字架の間に立てられた。片方の盗賊がイエスに声をかけた。「主よ、あなたの王国においでになる時には、わたしを思い出して下さい。」するとイエスは、「はっきり言っておくが、実は、あなたは今日わたしといっしょに楽園にいる」と言った[68]。

有罪判決の理由を公示しなければならなかった。どうやらそれがローマの慣習であって、最上流の貴人たちもそれをはねつけることはなかったらしい。ポンス・ピラトはこの慣習に、自分の管轄下の住民に対する恨みを晴らす手段と、これは私が確信していることだが、自分の〔イエス・キリスト〕信仰を宣言する手段を見出した[五二]。ピラトは罪状書き *titulus* に、誰も知らない者がいないように、ラテン語、ギリシャ語、アラム語〔古代シリア語〕で、「ユダヤ人の王、ナザレのイエス」（ラテン語では *«Iesu Nazarenius rex Iudeorum»* ――略号では、*I.N.R.I.*）と書かせ[五三]〔て、十字架の上に掛けさせ〕た[69]。

ユダヤ人たちはその文章を読んで、抗議した。「『ユダヤ人の王』としないで、『わたしはユダヤ人の王である、と自称した』と書いて下さい。」しかしピラトは答えた。「書かれたものは、書かれたままにしておけ[五四]。」死刑の道具、贖罪の道具を見下ろしつつ、ユダヤ人‐イエス、王‐イエスを宣言する文章が堂々と座を占めている。イエスは永遠にユダヤ人の王であり、そしてまた、ユダヤ民族を介して、世界の王であり続ける。

当時は、死刑に処せられた者の遺体を遺族に返す習慣はなかったが、ピラトは、イエスの遺体を十字架から取り降ろしたいと願い出たアリマタヤのヨセフ（五五）にそれを許した。こうしてイエスの亡骸《なきがら》は、かつてベタニアでマグダラのマリア（五六）が生前のイエスに香油を注いだように、香料を振りかけられた後、丘に掘られた洞窟に葬られた（五七）。このようにして埋葬されるのは金持ちと権力者だけだった。誕生の洞窟から埋葬の洞窟まで、王権の主題はイエス・キリストの全生涯を通じて流れている。

第八章　キリスト教徒の王

キリスト以後も、人々は君主たちがいたと思うことができただろうか。すべてのキリスト教徒にとって、もはやキリスト以外のいかなる権威も存在しなかった。キリストは王だった。完璧な王で、絶対的な王、唯一無二の王だった。彼こそは人々が待ち望んでいた王、人類がそれまでに敬ってきたすべての君主たちを通してなんとしてでも見出したいと思い続けていた王だった。彼こそは最初の完全に真正の神にして真正の人間であった。

長いこと、人々はキリストの再来を、世界の終わりをじっと待った。人々は自分たちが歴史が途絶える日の前夜にいると思っていた。あの世のことで心を砕くのに比べれば、この世のことで心を砕くのは大した問題ではなかった。都市の政治機構の問題が提起されることはほとんどなかったのである。信仰生活ないし精神生活に係わるすべてのことのために、共同体の人々は司教たちすなわちキリストの弟子たちに従っていた。そのほかのことに関しては、少数派時代のキリスト教徒は現存の権威を打破する手段も希求も持っていなかったので、それに耐えざるを得なかった。

キリスト教が、ほとんど至る所で同時に、多数派の宗教とまではいかなくとも、少なくとも文化的に支配的な宗教、そして公式にそれなりに認知された宗教となったのは、ようやく四世紀の初めになってからのことである。まず最初にアルメニアで三〇一年に公認され、次いでローマ帝国で三一三年頃にコンスタンティヌス大帝が公認し、それからエチオピアで三二〇年頃公認された。

1　キリスト教徒の王の地位

どのような政体にするかで議論があってもおかしくなかったが、しかしそれはなかった。なぜなら、まず第一に、キリスト–王が君主制を聖化していたからであり、次に、政治の枠組みが君主制であって、君主たちは、キリスト教に改宗することによって、キリスト教を政権の座に導いていたからである。ところで、王は、キリスト教徒になっても、ほとんど変わらなかった。我々はキリスト教徒になった王にも、少なくとも、他の文明において王を特徴づけているものの大部分を、再び見出すのである。もちろん、キリスト教は観念や礼拝や典礼をキリスト教化した。しかしわずかな例を除けば、キリスト教はそれらを廃止しなかった。時として、キリスト教はそれらに付け足した。たしかにキリスト教世界は、自らの物の見方を突き詰めて、異教徒たちのように、王を神または神の子にすることはできなかった。もっとも、ビザンティン帝国はそうするのをあまり嫌わずに、ある程度まではその路線を行った。キリスト教は君主の宇宙的側面、受精・受粉させる者、豊饒・肥沃にする者としての責任を軽減しなければならなかったが、しかし完全に消滅させはしなかった。キリスト教は一方で失ったものを、他方から補うことになった。

キリスト教世界は、その信仰心がいかに強くとも、同じくらい強力な三つの流れの合流点にいた。すなわち、ローマ人の伝統の流れとゲルマン人の伝統の流れ（いわゆる蛮族の侵入以後これが主流となったが、しかしまず間違いなくこれは過度に重要視された(1)）と旧約聖書の伝統の流れである。これら三つの伝統は、融合できないほど厳しく対立していたわけではない。明らかに、これらはキリスト教の王の観念――福音書の中には、世俗的な分野における王の観念はほんのわずかしか見当たらなかった――を著しく変えたし、また、非常に古い数々の観念形態《イデオロギー》の維持も本質的にこれらのおかげをこうむっている――もっとも、それらは非常に古いものだったからこそ人々の心に深くしっかりとはめ込まれていたのである。

コンスタンティヌス大帝がローマで創始した王国は、イエスが告知した王国、神または天の王国以外の何物でもあり得なかった。コンスタンティヌスはこの王国を創始する際に、奇蹟を見た。「このしるしにて、汝は勝つ」*«In hoc signo vinces»*。キリストは彼に十字架を指し示しながら、このように約束した(1)。真の信仰の勝利を確固たるものにし、「ダビデの再来」という呼び名を受け入れた正統のローマ皇帝としての威信を手に入れたコンスタンティヌス大帝は、聖書の王国の継承者、神から派遣された君主として、いきなり現れた(2)。しかしながら、皇帝の神格化は異教時代のローマがずっと以前から行っていて、コンスタンティヌス大帝の神格化の準備はすでにできていた。二世紀以降、法学者たちは主権をローマ国民 *populus romanus* から皇帝という人間へ移転するという考え方を押し進めていた。神聖化されたのはもはや人間ではなくて、敗れざる太陽（神）*Sol invictus* の発出としての制度であり、このことがその制度の正統性の唯一の源となっていた。したがって、異教徒の皇帝崇拝が変更されると同時に昇華されるように、太陽神をキリスト教徒の神に置き換えさえすればよかった（これは、三二五年または三五九年に、太陽（神）の誕生日として祝われていた日をイエスの誕生日に定めることによって実現された）。こうして異教徒の皇帝崇拝は、「神によって選ばれ、護《まも》られている(3)」〔ローマ〕帝国の支配者崇拝になった。

君主制の問題は解決したかに見えた。しかしそれは、二つの理由で、新たな展開を見せた。第一の理由（これについては後で再度言及する）は、西洋が、キリストは西洋人の指導を聖ペテロとその後継者たちすなわち歴代のローマ教皇に託した、とすぐに信じたことである。「〔シモン・バルヨナ、あなたは幸いだ。(中略)〕あなたはペテロ〔岩〕(二)であり、わたしはこの岩の上にわたしの教会を立てる。(4)」キリストはこの弟子にそう言い渡し、また、「わたしの子羊を飼いなさい。わたしの羊を飼いなさい」と命じてもいる。これは、わたしのように「良き羊飼い」になれ、ということである。(5)キリストはペテロに霊的指導の責任だけを負わせたと理解すべきだったのだろうか。このことについて決定を下すことが重要だったのは、西ローマ帝国がまもなく消滅して、東ローマ帝国だけが存続したから、そしてまた、後者がペテロの後継者たちに宗教的主導権を認めようとしなかったからである。

第二の理由は、蛮族の君主制――そのうちの幾つかは異教徒のもので、他は異端者たち(アリウス派)のものとカトリック教徒のものだった――が、ローマ帝国の廃墟のいたる所から、いわば向こう見ずな若者の有り余る活力を持って芽生えてきたことである。それらの君主制は、その多様性によって、神の〔王〕国を危機的状況に陥れはしなかったのだろうか。実は、神の〔王〕国があるにもかかわらず、人々は地上の王政を不当なものと見なすことができなかった。(6)と言うのも、〔地上の〕あらゆる権力は神に由来することが確かだったからである。

2　権力は神に由来する

キリスト教は、誕生した時から、あらゆる権力は神に属し、神に由来するということを認めた。聖ペテロは、ローマの信徒への手紙の中で、こう述べている。「〔人はみな、上に立つ権威に従うべきです。〕神に由来しない権威はなく、今ある権威はすべて神によって立てられたものだからです。したがって、神が立てた権威に逆らう者は、神に逆らう者になり、〔逆らう者は自分の身に裁きを招くでしょう。〕[7]」また、キリスト自身も自分の使徒たちに[三]こう命じた。「皇帝《カエサル》のものは皇帝《カエサル》に、神のものは神に返しなさい。」この言葉は、非常に様々な解釈が加えられているが、ただ単に、人は君主の権限に属するものについてはすべて君主に従わなければならないが、信仰と霊的生活では各自の自由を守らなければならない、ということを意味していた[8]。

　これらの宣言に立脚していたので、キリスト教徒は権力の神聖な起源を問題にすることはできなかった。権力は神から君主へ、そして段階的にだが、君主がその一部を委譲した者たちへ降りていた。権力を握っている君主の力や行動範囲の広さは重要ではなかった。弱小国の王も皇帝と同じだけの価値があった。家長も家庭では王であった。神は自分の権威や権限を自分が与えたいと思う者に与えていた。神は自分の正しさを証明する必要はなかった。イエスは自分の十二使徒と弟子たちを選んだが、彼らを招命するに当たって、表立っては、何一つ自分の人選の根拠を説明しなかった。イエスは彼らに自分の愛を与え、伝導の使命を授けた。彼らは民人のものであるが、しかし民人によって選ばれたわけではない。彼らは選ばれたのではなく、任命されたのだ。そのことでは、ローマ人も蛮族も不愉快になる理由はなかった。なぜなら、どちらも神聖な主権の存在を信じていたからである。ローマ人は皇帝を神格化していたし、蛮族は、王の力は、宇宙秩序の基盤であると同時に保証でもある、現世を超越した力に依拠している、と考えていた[9]。それでも、選挙がないことだけは両者にとって不愉快なことだったらしい。ローマでは、頻繁にしかもすべての社会階級レベルで投票が行われていたし、ゲルマン人も自分たちの首長を選挙するのが好きだった。そしてまた、初期の教会も、自殺した裏切り者のユダを使徒の中に再び戻さなければならなかった時、選挙制度を採用した。この制度は今日に至るまで放棄されることなく続いており、〔歴代の〕ローマ教皇の名は教皇選挙会議《コンクラーヴェ》の投票箱の中から出てくることになっている。

権力は神聖な起源を持つという表明の仕方は様々に変化するが、しかしその表明自体は途絶えることがない。ユスティノス二世（五六五―五七八）（四）の発言は、テオフィラクト・シモカッタ（五）が不明確ながら伝えているように、そのことについてまだ漠然とした定義しかしていない。ユスティヌスは神が彼の地位を与えてくれたと宣言しているだけである。(10)それから二世紀後、カロリング朝では、諸観念が大いに正確さを増した。シャルルマーニュはたしかに皇帝であり、その称号にふさわしく、征服者、統合者、改宗させる者であるが、伝説によると、彼が皇帝冠を授かったことは、彼にとって全く思いがけないことだった。(11)それは彼が、自分は何よりもまず王である、と考えており、王の機能に皇帝の機能より上位の至高の価値を認めていたからである。彼は教会と民衆によって示された神の意志に従って即位したキリスト教徒の王である。(12)彼に続くルートヴィヒ〔ルイ〕一世敬虔王（八一四―八四〇）（六）は「神の摂理の命により、皇帝アウグストゥス」という称号だけを持った（そしてその称号を変えることはなかった）。

フランク族が、当時、早くから自分たちの神聖な使命をすでに自覚していたことは明らかである。広く認知されているフランスの伝承がクロヴィスを初代の王にし、ランスの大聖堂で行われた――と言われる*（それでこの大聖堂は歴代の王の聖別式（即位式）のための聖域となった）――彼の洗礼を素晴らしい出来事でいっぱいにしているのは、彼の権力を天から直接授からせたかったからである。実際、伝承によると、お供の一団が神聖な場所〔大聖堂〕に到着した時、「雪より白い」一羽の鳩（これはイエスの洗礼の時に現れた神霊の鳩である）が聖香油で満たされた小瓶を嘴でくわえて飛んできて、「比類なきよい香りを一同の上にまき散らした(13)（七）」という。この香油は、神による聖別、キリストによってなされた選出の明白なしるしである。西ゴート王国で催された第六回トレド公会議〔六三八年〕は次のように宣言した。「神の決定によっていっさいの統治を任命された〔王の〕権力を問題視するのは罪である。(14)」

＊　ルートヴィヒ〔一世〕敬虔王のある文書がそう断言しているが、しかし六世紀のある記録によると、この時の儀式はむしろ聖マルタン〔マルティヌス（トゥールの）〕(八)に捧げられた教会で行われたと思われる。

3　神の恵みによる王

最初、神の「命令」、「意志」と呼ばれていたものが、恵みという概念がキリスト教思想の中で発展すると、「恵み」になった。それ以後、君主たちは「神の恵みによって」君主になった。この定型表現は十一世紀にカロリング朝によって初めて用いられた――このことはそれがカロリング朝の拡大に応じて広まっていったことを示している――が、王にふさわしいものだったので、取るに足りない小国の君主たちによっても用いられ、数多くの田舎貴族たちの気をもそそった。十一世紀末、アンリ・ド・ブルゴーニュ(九)は「神の恵みにより、伯にして全ポルトガルの領主」と称した。この定型表現は東方のキリスト教世界にも浸透し、特にロシアでは、十六世紀によく使われていた。初めてツァーリ（皇帝）と称したイヴァン四世恐怖帝（一五三三―一五八四）(一〇)は、一五七七年にクールプスキー公(一一)に宛てた書簡で、次のように名乗っている。「朕はイヴァン、ワシリー〔三世〕の息子、神の恵みにより、全ロシアの主権を有する皇帝《ツァーリ》にして大公。(15)」また同公へ宛てた別の複数の書簡と〔ポーランド王〕ステファン・バトーリ(一二)へ宛てた書簡（一五八一年）では、それぞれ、「彼〔神〕によって、諸王は支配する(16)」ことと、自分〔イヴァン〕は「神の授権によって皇帝の地位にあるのであって、常軌を逸した人間の欲望によってではない(17)」ことを強調している。

ファン・デル・レーヴは、この定型表現はキリスト教徒のある種の謙虚さを示しているが、しかしいわば超自然的な権力を与えている以上、明白な誇りをも示している、と指摘した[18]。即位した王を盾やフェルトの上に乗せるというような古い習慣が示したのも、まさにこの誇りであった。なぜならその習慣では、王は天に提示されると同時に、他の人間たちの上に位置づけられていたからである。その習慣はキリスト教以前のスペインの西ゴート族や七世紀初頭までのビザンティン人の間で保持された。ビザンティン人たちは、専門家の意見が分かれるある時期――カズダン説では十一世紀[19]、オストロゴルスキー説では十三世紀――、ニカイア〔帝国〕の宮廷で、東洋の影響を受けて、それを復活させている[20]。

　用いられている語彙がどのようなものであれ、王は、キリスト教的観点からとらえると、地上における神の代理人であり、補佐役である。カロリング朝は、そのうえ――君主制を弱体化する危険を冒して――、必要不可欠なものとして王の人徳にこだわったが、しかしそれでも、「ローマ・カトリック教という背景の中で、神によってフランスの王権に託された使命という考えに支配されて[21]」いた。ピピン〔ペパン〕[二三]もシャルルマーニュも、自分はこの世における神の道具であると確信していた[22]。カペー朝もそうだった。ジャンヌ・ダルク[二四]は、彼女が聴罪司祭にした話によると、即位する前のシャルル七世[二五]にこう言って、それと同じような考えを表明した。「気高い心の王太子殿下、わたくし〔オルレアンの〕聖処女ジャンヌは、天の王の名において、わたくしよりあなたに命じます。あなたはランスの町で聖別され、戴冠すべきです。あなたはフランスの王であるところの天上の王の補佐役になりなさい。」この言葉が発せられた状況が示す意義と、この言葉が天と地の二つの王国の間に確立した照応関係を別にすれば、ジャンヌは普通の考えを述べたにすぎない。「君主《プリンケプス》」*princeps*、「主人《ドミヌス》」*dominus* と称され、「神の栄光にあずかった《グロリオスス》」*gloriosus*、「敬虔な《ピウス》」*pius*、「静謐この上なき《セレニッシムス》」*serenissimus* と呼ばれたカスティーリャの王は、アルフォンソ〔十世〕

賢王（一二五四―一二八四）[一六]によると、地上における神の代理であり、代理官である。ビザンティン帝国では、皇帝は常に神の副王であり、帝国は天上を模したものであり、その予示であった。[23] さらに、ケンブリッジ大学は、チャールズ一世（一六二五―一六四九）[一七]にこう言っている。「我々が常に信じていて、強く主張していることは、我々の王はその称号を国民から得ているのではなく、神から得ているということです。[24]」

しかしながらカペー朝の戴冠式は、神の恵みは必要条件だが、十分条件ではないということを強調する。ミサ執行司祭は冠を王の頭に載せる時、「父と子と精霊の御名において冠を受けなさい」と言うが、しかし王を玉座に座らせる時は、こう宣言する。「神が御身をこの玉座に就かせられますように〔……〕。玉座は継承権と全能の神の権能と我々の伝統によって、御身に委ねられる。[25]」

つまり伝統と継承権が神の意志に貢献するのである。が、それだけではない。キリスト教は、王には神の意志を認めさせる何かがある、という考えを持っている。ピピン短躯王〔七五一―七六八〕は、メロヴィング朝最後の王を廃位する準備段階で、王の出自は統治権を授与するのに十分ではなく、それと同時に、そのための適性を持っていること、換言すれば、良い王を特徴づける道徳的資質と政治的能力を備えていることが必要である、と主張した。[26][一八] この命題は昔からあったものである。しかしピピンは、自分が王に選ばれたらすぐに放棄する腹であったにせよ、機に乗じてこの命題を改めて提示したのである。「王は、王自身の正統継承権をはじめ、力、王自身の値打ち、自らの行為と自らの役割の社会的・宗教的合目的性との一致、自国民をあらゆる危険から守る能力を持っている。[27]」さらに付け加えると、国民は王が美麗であることを期待していた。王が本当に美しかった場合、そのことは必ず広く知らされた。たとえば、フィリップ〔四世〕美王（Philippe le Bel）、シャルル四世美王[一九]、フィリップ五世〔長身王«le Long»〕[二〇]（フロワサール〔一三三三／一三三七―一四〇五／一四一〇[二二]〕は《le Biau》と呼んでいる）。サシエはいみじくも次のように述べている。「大昔から、そして十九世紀でも依然として、王の尊厳を具現するためには、王たる者は肉体的に美しくなければならなかった。」醜い王を好きになるには、その王をよほど崇拝する必要があるだろう。ともあれ、王は賢明で博学でなければならないが、場合によっては、この点が強調されることになる。たとえば、アルフォンソ賢王（Alphonse le Sage）、シャルル五世賢王等々。十二世紀には、「教養のない王は冠をかぶったろばである[28]」という格言のようなものが流行っていた。

4　神と王の契約

神が王を選ぶか、または人間が行った王の選出を認証するかしても、それはその後神が王から離れていくことを意味しない。神は王との間に、ヤハウェと選ばれた民との間に存在していたものに非常に近い、真の契約を結ぶ。君主政治の理想の衰退期にあったユーグ・カペー〔九八七―九九五（九九六とも）〕の治下で、アボン・ド・フルーリ〔九四五頃―一〇〇四〕は王の役割について論文を書いているが、その中で、彼は自分に常に霊感を与え続けたものの核心を述べている。彼によると、神とその民との間には契約というものがあり、〔教会が聖別する〕国王の戴冠式はそのしるしである。神の恵みは一種の無謬性《むびゅうせい》を賦与する霊感である。「諸王は神を通して統治するが、神は正しい統治の仕方を何一つ忘れずに諸王に教える[29]。」神は諸王を助けてくれる。シャルルマーニュは、帝位に就く前、七九四年に、自分は主の助けを得て統治するということを認めており、それで良きフランス国民は、武勲詩の中でシャルルマーニュのために神が奇蹟による介入をする話を聞いて、感嘆する。神の手がシャルルマーニュを困難な状況から抜け出

させるために、太陽の動きを止めたのである。[30][二二]

王に対する、そしてまた王を通してその国民に対する神の好意の明白なしるしは、王国が所有する神聖な御物である。フランスにはこれがたくさんある。王旗、百合の花（これはむしろアイリスに似ている）、クロヴィスの洗礼の時に天から来た聖油瓶。これらはいずれも意味と逸話を持っている。

「金色の炎」を意味する王旗は、多数の尖光を放つ金色の星をちりばめた赤い絹製の旗で、最初のものは時の闇の中に消え去っている。サン・ドニ修道院が認めているところによると、それはたぶん小領主の幟《のぼり》であったものを、王がもらい受けた。しかしやがてそれはシャルルマーニュの旗、特別な時に掲げる神聖な御物とされ、しばしば王の軍旗と見なされるようになった。この王旗が最初に歴史に登場するのは、一一二四年、ルイ六世[二三]の治世においてであり、ついで一二一四年、ブヴィーヌ〔の戦い〕、〔一三五六年〕ポワティエ〔の戦い〕[二四]、〔一四一五年〕アザンクール〔の戦い〕[二五]と続き、そして一四六五年、ルイ十一世[二六]の治世に見られたのが間違いなく最後だった。

百合の花は、国民の間で信じられているところによると、神がクロヴィスに授けたものであり、初期カロリング朝で用いられ、次いでカペー朝に受け継がれたことが分かっている。カペー朝はこの百合の花をフランス王政の標章にし、象徴としての意味を持たせた、三枚の花弁は次のようなことを示している。「信仰、知恵、勇敢さは、神の恵みによって、この王国では他の国よりも豊富にある。」

聖油瓶はフランスのすべての神聖な御物の中で最も貴重なものである。この瓶の香油がなければ、聖別式は不完全なものであり、たぶん遂行されたことにならないだろう。百年戦争の最中、ヘンリ六世[二七]は、一四二二年九月一日に、ウエストミンスター大聖堂（当時の）で英国王として戴冠したが、一四三一年十二月十六日にはパリのノートルダム大聖堂で、群衆の歓喜に包まれ、厳密に式次第に則って、フランス王として聖別された。それでフランスには同時に二人の王がいることになった。なぜなら、すでに一四二九年七月十七日、ジャンヌ・ダルクがシャルル七世をランスで戴冠させていたからである。しかし「保守的な」精神、すなわち教養があって、明晰な精神を持つ者はみな、イギリス人の聖別式がうわべだけの真似事で、まやかしでしかないということがすぐに分かった。その理由は、まず第一に、すでに聖別された王がいたからであり、次に、式典がランスで行われなかったからであり（ただしユーグ・カペーはノワイヨンで、ルイ六世肥満王はオルレアンで即位している）、そして何よりも、異邦人のヘンリ六世があの聖油瓶の香油で聖別されなかったからである。ジャンヌは逸早くはっきりとそのことに気づいたが、異邦人の戴冠に歓喜を表明した諸都市と、十九歳のこの少女を激しく責めて、ルーアンで彼女を火あぶりの刑に処したすべての人々も同様に気づいていた。もう一人の人物は、彼なりのやり方で、フランスにとってこの聖油瓶がどのような意味を持っていたかを立証した。国民公会議員ルール[二八]は、一七九三年、ルイ十六世が処刑されたその年に、ランスの公共広場で、「迷信と狂信の対象」であるとして、この聖油瓶を破壊したのである。

　聖ルイ王は、これらの純粋にフランス的な聖遺物に、純粋にキリスト教的な聖遺物を付け加えた。ビザンティン帝国はキリスト以来人から人へと伝わった聖遺物を集めて、保存していた。十字架の破片、キリストの脇腹を刺し貫いた槍の穂先、渇いた喉を潤すためにイエスに差し出された海綿、そしてとりわけキリストの頭にかぶせられた茨の聖冠がそうである。ところで、ボードワン二世[二九]は、一二二九年、金に困って、聖棘《せいきょく》をヴェネツィア人に担保に入れたが、それが売られるという話が広まった。この恥ずべき出来事を解決するために、フランス国王〔聖ルイ九世〕は聖棘を獲得する手だてを整えた。彼は自分の宮殿から遠くないところに、「きわめて重要な宝物[31]」を納めるのにふさわしい、素晴らしく美しい礼拝堂すなわちサント・シャペル〔三〇〕を建設するよう命じた（建設期間は一二四二―一二四七）。聖冠は一二三四年にパリに到着し、人々のこの上ない熱狂の中で迎えられた。それは王冠ではなかったし、金だけで出来ているものだったが、しかし神の冠であり、それがフランス国民の冠になったのである。フランス国民はこの冠から計り知れない威信を得ることになる。

この神聖な御物探しは、フランスでも盛んだったが、他の数多くのキリスト教諸国民の間でも大きな関心事となった。すでに述べたように、まずビザンティン帝国でそうであったが、しかし教会の中心からかなり離れたところにいるエチオピア人という非常に古いキリスト教徒たちの間でも、聖遺物探しは、ビザンティン帝国とほとんど同じ程度に、重大な関心事となった。自分たちを旧約聖書と結び付け、ヘブライ人の子孫にしたいと思っていたエチオピア人は、モーセの「十戒」(33)を刻んだ立法の石板が入っている契約の箱(32)と、ソロモン自身の玉座を所有しているのを誇りに思っていた。

5　王の卓越

神によって選ばれ、導かれ、保護されているという神との神秘的な関係を持つ王は、いずこの地においても、他の人々よりはるかに抜きん出ていた。ビザンティン帝国では特にそうで、歴代の皇帝はほぼ神格化されていた。皇帝には、「使徒に等しい」*iapostolos*、「聖なる」*hagios*、「神の（ごとき）」*theios*（これは九世紀まで使われていた）という尊称が付けられ、皇帝の典礼は教会の典礼に酷似していた(34)。

西ローマ帝国は宗教的にはもっと謙虚だった。フリードリヒ一世赤髯帝（一一五二―一一九〇）は、並外れた背丈を持ちながら、「最も神聖な優しさ」*sanctissima benignitas* という尊称は受け入れたが、「神聖な」*sanctus* と呼ばれるのは望まなかった。(35) しかしながら神聖さ〔または聖性〕はいろいろな王朝内で開花する。それらの王朝は、貴族や民衆、そして聖職者と比べても、より多くの聖人を輩出する。それというのも、各王朝に託された神聖な使命に対する高い意識が、キリスト教徒の君主というその地位と同様、各王朝に、他の階級の者たち以上に、完璧へと向かう努力を促すからである。教会が君主を聖別する際のへつらいについては何も語るまい。教会は、心の高揚した国民が承認したことを、しばしば遅まきながら確認しているにすぎない。キリスト教徒の熱情は、異教徒の熱情がコンスタンティヌス大帝を神にしたように、彼を聖人にした。〔聖王〕ルイ九世は存命中から完璧で申し分のない王だと信じられていた〔聖人に列せられたのは一二九二年〕。カペー朝系のブルゴーニュ公家出身の君主、カスティーリャ王フェルナンド(三二)〔三世〕は一二五二年に没した直後から世間一般の見解では聖人として通っていたが、実際に聖人に列せられたのは一六七七年〔一六七一年が正しい〕になってからのことであった。当然のことながら、ローマ教皇の君主政体〔ローマ・カトリック教会〕では、非常に悪い教皇が存在したにもかかわらず、このペテロの後継者たちを理論的には聖人と見なし、彼らを聖ペテロと呼んでいる。このことは特定の人々の列福や列聖を妨げないし、他の人々の罪を暗に示している。神聖なのは役割であって、人間ではない。それゆえ、同様に、神聖な王〔聖王〕たちと言うこともできたのだろう。

　神聖であろうとなかろうと、フランスの王たちは自らの非常に高い尊厳を自覚しており、フランス人は王たちが自ら持っている主張を凌ぐ主張をした。その結果、少なくとも十二世紀以降、カペー朝は、フランスとイギリスの王を臣下と見なしがちだったフリードリヒ一世赤髯帝《バルバロッサ》時代の神聖ローマ帝国に対して、両国の完全な独立を主張し、(36) 神以外の者への臣従の誓いを拒否することができたのである。〔ローマ教皇〕インノケンティウス三世(三三)(一一九八―一二一六)は、フィリップ二世オーギュスト〔一一八〇―一二二二三〕[三三]が王位にあった時、一二〇二年の教皇勅書[三四]に、「フランス王は世俗の領域ではいかなる上位者も持たない」と書いた。そしてゲラルドゥス（アブヴィルの）[三五]は、聖王ルイ九世（一二二六―一二七〇）の治世に、「フランス王はいかなる上位者も持たない」[37]と述べた。謙虚さに満ちていた聖ルイは「自分たちと同じように、王国の首長を輩出するために選ばれた家系に属していながら、自分の家臣になっている者たちから王と王妃を区別する差異」[38]を明確にすることに大変な注意を払った。フランス王は、神聖ローマ帝国と争っている間、皇帝に全然服従しようとしなかったし、皇帝の下位に位置づけられるのを認めるつもりもなかった。図像がそのことを入念に強調している。神聖ローマ皇帝[三六]がパリを訪問した時の入城の場面を描いた絵では、皇帝の馬は黒で、シャルル五世の馬は真っ白である。別の絵では、百合の花をあしらったフランス王の天蓋は、皇帝の天蓋と高さが同じである。

　フランス王は本質的に卓越しているという考えは発展し続けた。シャルル五世が一三四七年に発した王令は、王は法を越えた存在であり、王子は年齢を越えた存在である、ということを明確にした。王になれる年齢は、聖書の諸王にならって、十四歳からと定められているが、しかしそれは伝統としてはそうなっているということでしかない。ヒルデリヒ〔一世（四五七―四八一）〕[三七]は四歳で王になり、フィリップ・オーギュストは十四歳で、聖ルイは十二歳で王になった。塗油がフランス王に――他の誰にも行われない――ダビデの資質を伝達したがゆえに、そして塗油が天から来たあの聖油瓶を用いてなされる*がゆえに、フランス王は自分が神聖ローマ皇帝と対等であると判断することができたのである。やがてフランス王は、理の当然として、自分の方が神聖ローマ皇帝より上位であると結論するに至った。すでに書簡でそのことがひそかに語られていたが、シャルル七世（一四八三―一四九八）もそのことを理解した。王 *rex* は、キリストに似て、君臨する至高の主権者であり、主君の中の主君であるから、皇帝 *imperator* より上位にいるのである。[39]

＊　君主をダビデ的な王にするには簡単な塗油で十分である。しかしフランスではあの聖油瓶を用いた塗油が要求されていて、それによってのみ神の恵みが最大限に与えられると考えられていた。

そういうわけで、たぶん原初期の君主制におけるほどではないが、王の生活は規則通りに行われた。換言すれば、王の生活は典礼というか、公式儀礼というか、要するに、発展するにつれて、結局は馬鹿ばかしい宮廷の礼式になる制度に全面的に従っていた。とりわけ、君主の性生活は監視されていた。「王の床に寝かせるのは誰でもいいわけではない〔……〕。王家の血と混ぜるのはどんな血でもいいわけではない。[40]」もし〔先に〕王の愛妾たちが黙認されるようなことになると――人々はある時はそのことに憤慨し、ある時は面白がったり喜んだりする――、王の結婚が人々の大きな関心事となり、政治家の介入を招き、結局、それは全く打算的な結婚になる。

6　救世主王

改宗したコンスタンティヌス大帝は、長い間迫害されてきたキリスト教徒の目には、救世主のように見えた。本書で、私はすでにある奇蹟について述べた。コンスタンティヌス帝はキリスト教徒を狂喜させたが、それは紅海の徒歩による横断がヘブライ人を狂喜させたのに少し似ている。ある種の狂気は必要である。ソポクレスはすでに『バッカスの巫女』で、ギリシャのように秩序に対する情熱に取り憑かれている社会でも、人はわが身の置き所を狂熱に任せる必要があることを示している。キリスト教徒は自分たちの心の奥底に、神は御自分の民人を見捨てることはない、それゆえ神は、必要と思われた時に、御自分の民人を救うために執り成されるだろう、という考えを持ち続けることになった。そしてこの考えをフランス人以上に確信している者はいなかった。この考えがフランス人の生活を導いた。この考えは、消え去ったと思われていた二十世紀の真っただ中でも、湧出した。(三八)「神は、聖油瓶、王族、百合の花、聖処女ジャンヌのような驚くべきしるしや奇蹟を通して、フランスに絶えず現れた」と、ピエール・ル・グロは一四六四年に書いている。(三九)神によって確立され称揚されたフランスの君主制は、比類なき価値を有し、救済する力を持っている、という確信に基づいたフランス自身が持つ信念は、フランス人一人ひとりの中で生きており、少数の優れた魂では一目瞭然となる。ジャンヌ・ダルクを導いたのもまさにこの信念であった。

この超自然的な執り成しは他の地域でもある。(四〇)聖ソフィア教会で矢を放ってイサキオス二世天使帝(一一八五—一一九五および一二〇三—一二〇四)を暗殺しようとしたアンドロニコス一世コムネノス朝(一一八三—一一八五)(四一)の試みにさりげなく触れながら、ロベール・ド・クラリ(一一七一頃—一二一六)(四二)はイサキオス二世——ロベール・ド・クラリはこの皇帝をクリラードと呼んでいる——は奇蹟によって皇帝になったと語っているが、彼が根拠にしている教会の入口の絵はその時の逸話を表しており、「われらの主[イエス]がイサキオスの頭の上に聖母マリアと共に左右から冠を載せている様と、今まさにアンドロニコスがイサキオスを射ようとして引き絞るその弓の弦を天使たちが断ち切る様が描かれている。(41)」

シャルル六世(一三八〇—一四二二)(四三)を通して概略が示された、臣下の救済のために遂行された王の自己犠牲という主題は、西洋では、ずっと後の時代、自ら受け入れた自己犠牲であったルイ十六世の死を通して、初めて明確な形で現れた。逆に、この主題は、ビザンティン帝国の完全な影響下にない東方のキリスト教[スラヴ諸国]では、ごく普通であることが分かっている。そのような東方のキリスト教は、政治的な殺害によって犠牲となった君主への崇拝を押し進めたが、君主たちの死が神聖であると見なされたのは、彼らが暗殺されたからではなく、彼らの他界が、自発的な犠牲として、換言すれば、キリストのように、無実であるにもかかわらず、何の抵抗もせずに、死ぬことを決然と選択した結果として理解されているからである。中世のスカンジナヴィアにも同じような例が幾つかあり、またスラヴ諸国にも、九二九年に死んだベーメン〔ボヘミア〕大公聖ヴェンツェスラウス（ワクラフ）[四四]のような最も有名な殉教者たちを始め、多数の例があるが、聖ヴラジーミル一世（九八〇〔頃〕―一〇一五）[四五]の治世以降のロシアには特に多い[42]。

しかしながら、救世主王たちによってもたらされた救済は全く一時的なものであって、決定的なものではなかった。唯一の救世主はキリストなのだから、キリスト教徒はそのことに驚くべきではなかったのだが、しかしキリスト教徒はやはりそのことに驚いた、と言うよりむしろ、その事実を受け入れようとしなかった[四六]。そして大事業を達成することなく姿を消した威信の高かった君主たちの帰還を待ち続けた。たとえばシャルルマーニュやフリードリヒ赤髯帝《バルバロッサ》のような君主たちは、いずれも終末論的な長大な叙事詩群の中心にいる。赤髯帝《バルバロッサ》のことを、同時代の伝記作者は次のように書いている。「栄光に包まれたエルサレムへの途上に没した[四七]ものの、〔……〕皇帝は、帝国の威信と光輝の復活を完遂したことによって、人々の心の中に特別な思い出を残すことができた[43]。」この伝記は徐々に熟成して、十五世紀には完全な赤髯帝《バルバロッサ》伝説が出来上がった。それによると、フリードリヒは死んだのではなくて、「チューリンゲンの山中〔の洞窟〕で、ドイツを奴隷状態から解放して、世界最高の地位に就けるために帰還する日が来るのを待ちながら、六名の騎士と共に石のテーブルに着き、その中央に座ったまま、眠っているだけである[44]」。かつて人々は、別の空想の中で、この上なく美しいアーサー王の物語群を創り上げた。このブルトン人〔ケルト人〕は六世紀にはほとんど知られていなかったにもかかわらず、しだいに神秘的な存在となり、抵抗精神を具現する不死なる君主の典型となった。人々は彼の帰還を熱烈に待望していたが、それは彼が哀れな人間どもに失われた楽園を取り戻させるよう運命づけられていたからである。〔四八〕

7　王崇拝

ビザンティン帝国に関してすでに述べたように、王は崇拝の対象となることがあり、時として、王は崇め奉られる、とさえ言われていた。ルメルルは、東洋〔ササン朝ペルシャ〕の宮廷の典礼にならった、この〔皇帝の〕神格化とその後の崇拝の始まりを、ディオクレティアヌス帝（二八四―三〇五）の時代に置き、(45)グラバルは建築と装飾写本に見られる君主制の芸術を明らかにした。(46)皇帝たちと大天使たちと聖人たちが、キリストのように十字架につけられていないだけで、キリストと同じ頭光を持っていることは特に注目すべきことである。グラバルの所見によると、ごく一般的に、征服者、狩猟者、公会議の議長等々としての君主の明らかな賛美があり、臣下による皇帝礼拝はこれらの作品において重要な位置を占めている。この伝統が非常に強かったので、ラテン帝国もこれを継承した。ロベール・ド・クラリは、一二〇四年五月十六日のコンスタンティノープルにおけるフランドル伯ボードワン〔一世〕〔四九〕の戴冠式の様子を描写した後で、簡潔に次のように述べている。一度《ひとたび》「君主がコンスタンティヌス大帝の玉座に就くと、みなが彼を皇帝と見なし、出席していたすべてのギリシャ人は彼を神聖な皇帝として拝礼した」。(47)ビザンティン帝国の皇帝崇拝は東洋〔ササン朝ペルシャ〕の影響を受けたものである、といつまで経っても言われている。しかしそれでは、戴冠後、「ローマ教皇がシャルルマーニュの前にひれ伏し、古代の慣習に従って拝礼した」(48)時、シャルルマーニュについて何と言うべきだろうか。

シャルルマーニュやボードワン〔一世〕やその他の君主たちが、崇められたり崇拝――この用語を受け入れよう――されたりしたのは、彼らが望んだからではなく、彼らが代表する者たち〔国民〕が自発的にそうしたからであった。重要なのは人間ではなく、その役割であった。個人は制度の前では影が薄かった。我々はクロタール二世〔六一三―六二九〕が戦場に臨むだけで軍隊を鼓舞したことを知っている。フランスでは、リシェール、アボン、ジェルベールのような人物たちの作品は、君主制を称揚しつつ、諸王の衰えを補おうという意図を持っていた[49]。後に、パリではとても人気のあったジャン無畏公《サン・プール》（〔ブルゴーニュ公在位〕一四〇四―一四一九[五〇]）がパリに威風堂々と入城し、人々が彼を大歓迎した時、パリのある市民《ブルジョワ》〔テキストでは《le Bourgeois de Paris》、巻末の著書および資料索引では固有名詞扱いとなっている〕は、彼自身の『日記』によると、熱烈なブルゴーニュ支持派だったにもかかわらず、彼が王の入城のようなことをするのを見て、憤慨した。なぜなら、彼は公であって、王ではなかったからである[50]。

8 叙任

選挙、世襲、歓呼、美しさ、賢さ、素質は王の選出基準にはなるが、王を創り出しはしない。王は聖別式〔戴冠式〕によって初めて王になる。ファン・デル・レーヴは、聖別式はそれを受ける者に聖霊の七つの形態の贈り物を賦与する秘蹟と見なされていることをいみじくも洞察した。「王にまさしく王の名に値する力を賦与するのは聖霊である［……］。教会が聖職者の聖別と王の聖別〔戴冠〕の顕著な差異を明確にするためには、その後の長い歳月を必要とした[51]。」

神と王の契約の中で、聖別式〔戴冠式〕は最も本質的なしるし、でなければ、基本要素である。王が王としての権力を授与されるのは、塗油の儀式によってである。[52] それに比べて、叙任の他の諸儀式――即位、裁きの杖と王杖の授与、封臣たちの臣従礼――は、それぞれに意味のあるものではあるが、戴冠の儀式を除けば、ほとんど二義的なものに見える。叙任の際塗油が行われるところではどこでも、そして塗油が定められて以来――ゴール〔ガリア〕では、七五一年にピピン（ペパン）三世短躯王が初めて塗油を受けた――、特に重要なのは塗油の儀式であるが、それはヘブライ人が行っていたのと同じものである。たしかに、フランスでは、聖油にあの〔クロヴィスの洗礼の時の〕聖油瓶の香油が幾滴か混ぜられていたので、塗油は特別な意味を持っていた。しかしたとえこれほどの意味ではなくても、塗油には、どこで行われるものであれ、一定の意味があった。と言うのは、塗油がダビデ的な君主に、そして、もう一歩踏み込んだラテン語の語句によるならば、主によって塗油されたる者 *Christus Domini* にしていたからである。しかしながら本来は厳密なものであるこの表現のクリストゥス *christus*（＝メシア＝塗油された者）という語は、イエスの通称〔キリスト〕と往々にして混同されており、そのため人々は王をキリストと同一視したいという誘惑に必ずしも抵抗できなかった。エリアーデはこのような思考方法に、「異教徒の遺産の最大の再評価[53]」を見て取った。

かつて〔ランスの大司教〕聖レミ〔レミギウス、四三七／八―五三五頃〕(五一) は、鳩によって天からもたらされた香油でクロヴィスをキリスト教徒にする秘蹟を与えた際、伝統に従ってクロヴィスに塗油を行ったと思われるのだが、九世紀には、〔同じくランスの〕大司教ヒンクマル（八〇六頃―八八二）(五二) がその伝統の伝播者になった。「このような伝統の意義は三重になっている。まず第一に、ヒンクマルが〔西フランク〕王国がランスで永続的に確立されるのを見たいと思ったことにより、シャルルマーニュの帝政期にはローマに移っていたフランク人の霊的中心が、再び王国の中心に戻ってきたことである。第二に、この伝統が王と神との直接契約という考えを前提にしていることであり、第三に、この伝統がクロヴィスの洗礼を誰よりも早く王の聖別式〔戴冠式〕にしたことである。[54]」

興味深いことに、エチオピアでも同じような見方があったことが確認されている。ラリベラ（一一九〇―一二二五）はキリスト自身によって洗礼を授けられたと信じていた。[55] しかしながら、フランスの議論の余地のない特権は他の民族にとって耐えがたいものだった。彼らは神の鳥によってもたらされた香油を持っていなかったので、自分たちの王を塗油するために聖別された油を使うことが許された。彼らはいつもそうしていた。ビザンティン帝国でさえ――後に、と言っても、十二世紀以前ではない――、叙任式で塗油する際には、そうすることに決めた。当然、ロシアもそのやり方を継承した。それよりずっと以前に、西ゴートでも聖別された油が使われていた。首都大司教はトレドの大聖堂で王の頭に聖油を塗っていたが、キリスト教に国ごと改宗した（九九七年）後のハンガリーでも、同じことが行われた。

あの聖油瓶の香油は歴代のフランス王に比類のない恩恵を運命づけていた。全国民が、自分たちの王は神に由来する塗油を受けるべきただ一人の地上の君主であることを知っていた。それで誰もが聖油瓶の香油を誇りにしていたし、国家としての誇りもたぶん多くをそれに負っていた。[56] 尽きることのないその香油はあの聖油瓶から実は一度に「えんどう豆大の」ごく少量しか取り出されなかったが、式を司る司教によって〔新しく聖別された〕聖油に混ぜられていた。王はその際裸になり、九カ所すなわち頭頂、胸、背、両肩、両腕と両手の関節溝に聖油を塗られた。* 人々は決まって儀式の特異性を強調した。君主がランスに到着すると、住民が彼を出迎えたが、住民の先頭に立った司教座聖堂参事会の首席司祭は次の[五三]ような歓迎の辞を述べていた。「陛下に祝福あれ。他国の王のためではなく、ほかならぬフランスの篤信王のために創造者である神が与え給うた神聖な塗油による陛下の神聖な聖別式〔戴冠式〕をお受けになりに〔……〕

ようこそお出で下さいました[57]。」

＊　聖油瓶と聖別〔戴冠式〕については、J・ラスパイユの小説『陛下』を参照されたい。これは王が伝統的に表象していたものを見事に描いて見せている。

9　戴冠式

塗油の儀式や戴冠式に何が最大の重要性を与えているのかを決めるのは難しい。私には、コミーヌ[五四]、ヴィルアルドゥワン[五五]、ジョワンヴィル[五六]といった年代記作者たち——それぞれにルイ七世[五七]、エルサレムのラテン人皇帝[五八]、聖ルイ〔九世〕のための年代記を書いた——が戴冠式については語っているが、聖別式については語っていないということは大変示唆的であるように思える[58]。教皇は時として戴冠式は自ら行うが、塗油の儀式は司教たちに行わせている。たとえば、アラゴンのペドロ三世（一二七六—一二八五）[五九]はオスチア〔ティベレ川河口の都市〕の司教の手で塗油の儀式を受け、教皇の手で戴冠されている。ハンガリーのイシュトバーンに対しては、教皇庁は、遠かったために、彼に王の称号を授与し、王冠を贈るという形でしか聖別の儀式に関与できなかった。教皇庁はイシュトバーンにハンガリー在住の司教が司る塗油の儀式を受けさせた（九九七年）。

戴冠は神自身の御子によって行われると思われている。有名な写本画の中で、シャルル禿頭王（八七五—八七七）は王杖を手にして玉座に座っており、天使たちは彼の頭に冠を載せようとしており、神は画面全体を支配している[59]。ビザンティン芸術では、通常、キリストまたはキリストと聖母マリアが皇帝と妃に戴冠する場面が描かれている。その証拠として一例を挙げれば、イエスと聖母マリアによる〔東ローマ皇帝〕ロマノス〔正しくは「テオドシウス二世」[六〇]〕とエウドクシア[六一]の戴冠を描いた〔フランス〕国立図書館所蔵のあの素晴らしい象牙細工がある[60]。

この地上の王冠は死後の列福の王冠を予示し、予告する。かつてフランス〔王の戴冠式〕では、大司教が「御身が永遠の王国の王冠に達するように、神が御身に栄光と名誉の王冠を授けられんことを」と言い、続けて、ミサ執行司祭が「聖者たちの集まりの中で主イエス・キリストの永遠の冠を受けるために、御身は正しく、慈悲深く、敬虔に生きなさい[61]」と言っていた。

他のほとんどすべての文明におけると同様に、新しい君主の叙任は新しい時代の幕開けになる。フランスでは、〔歴代の王の〕統治年度がすべての公証人証書に記入された。それはそうと、キリスト教世界では、玉座を拒否する君主の例はわずかしかない。思うに、それはキリスト教徒の王の運命は避けられないものだからであり、また、ヨーロッパでは、権力への渇望が支配的な特徴だからであり、さらには、君主たちが自分たちの義務をよりいっそう強く意識しているからであろう。実際、ヨーロッパを見る限り、我々は玉座を拒否した君主の例を二つか三つしか知らない。有名なスペインの西ゴートの牧人王ワムバ（六七二―六八〇）[六二]は、玉座に就くのを避けていて、拘束された後、やっと玉座に就いた。ロベール・ド・クラリがかなり詳しく語っているあのビザンティン皇帝〔イサキウス二世〕は、もっぱら首を切られるのを避けるために、玉座に登ることに同意した[62]……。

10　イエス・キリストに学《まね》びて

王は神でも、神の子でも、天から来た者でもあり得なかった。その代わり、王は神‐人であるイエスに可能な限り近づくことに専念し、少なくとも神秘的な面で、イエスの存在を手本にして自分の存在を形成することによって、イエスと一体化しようと努力することができた。フランスでは、ほぼ当然のことながら、イエスと王は――国民の崇敬の念に程度の差はあるが――ある程度同等であるということは自明のことであった。すでに見てきたように、「彼〔フランスの王〕が塗油された王 *rex Christus* であり、「イエスー」キリストとキリスト〔塗油された者〕との間に混同が生じるということもあって、フランスの王は初期カロリング朝以来、賛辞の的となるのである」(63)。聖別式は単にヘブライ人の王とフランク人の王の間だけでなく、フランク人の王とキリストとの間でも確立された類似性を明らかにしている。王がランスに到着すると、教会参事会長は国民による君主崇拝の正しさを証明する聖書の文言(64)を想い起こさせて、王が枝の主日のキリストのエルサレム入城を讃える歌「主の御名《みな》によって来られる方に祝福あれ」で迎えられるのは、聖別式の塗油が神に由来するからである、と王に説明した。たぶんそこにはある程度の推定があっただろうが、しかし真のキリスト教精神からすれば、この推定は正当なものであると証明されていた。この推定は救世主〔イエス・キリスト〕の要求に応えるものだった。救世主は、人が自分を見習い、自分に似ることを望む、と絶えず言っていた。神によって選ばれ、神によって聖別された君主が、どのようにして他のすべての人間よりも神の命令に従わずにいることができただろうか。神の命令が、君主に、悲しみの道《ヴィア・ドロローサ》をたどって、最後に十字架の上で自分の命を捧げることを義務づけていたことは、神の選択の究極の帰結でしかなかった。私は多くの君主がそのような運命を自ら探し求めたとも受け入れたとも言っていない。ほとんどの君主はそれを拒否したが、しかし私が思うに、すべての王が、たとえ〔恐れや恥ずかしさから〕顔を覆っていたにせよ、そのような運命が自分たちの予定に入っていたということを知っていた。それだけになおのこと、何人かの君主たちが自らの〔君主としての〕運命に従ったことは、驚くべきことである。

フランス史はそのような例を少なくとも三つ提供している。最初の二つは、王の毅然とした選択、受難に敢然と立ち向かうためのとまでは言わないにしても、少なくとも、自分の生涯の様々な出来事にキリスト教的な意味を与えるための、決然たる歩みを明らかにしている。三つ目の例は、国民がどのようにして王の受難にキリストの受難の準反復を見たかを示している。

シャルル六世（一三八〇―一四二二）の病気はフランスを混乱に陥れた。F・オートランは、目立たない形でではあるが、王の苦悩と国民の同情についての研究に最も力量が発揮されている一冊の素晴らしい著書[65]の中で、王崇拝と呼ばれたものの核心へと我々を導いてくれる。シャルルは精神の健全さを損なっており、側にいる家臣たちもそうだった。彼らは共に非常に苦しむが、しかし真の殉教者となるのは一人しかいないはずである。「彼の病気は国家の破局であり、神の怒りの不吉なしるしである［……］。神はもはやフランスを愛していないのだ[66]。」君主の苦悩はその国民の過ちに原因があるとしか思えない。それはキリストの苦悩が人類の罪の結果だったのと全く同じである。クリスティーヌ・ド・ピザン[六三]は、一三九三年に、「私たちの罪によって［……］私たちの立派な王は病気になっている」と書き、さらに「王自身の罪のせいではなく、個々に罰を受けた国民の罪のせいである」とも述べている。王の狂気は罰なのだ。しかし神は慈悲深い。もし国民が悔い改めによって神の赦しを得たならば、神は王を癒されるだろう[67]。人々は神の怒りを鎮めるためには、どのような労苦も惜しまない。祈禱、礼拝行進等々[68]。それゆえ病気は間欠的である。王は倒れては立ち上がる。イエスは、十字架への途中で、三度倒れ、三度立ち上がった。それで王は、「十字架へと歩を進めるキリストのように、謙虚に、忍耐強く、病気の恐ろしい苦痛を進んで受け入れた[69]」のだという。「その時から、」とF・オートランは述べている。「一部の人々は彼の苦悩の表情に受難のキリストの面影を見るようになった[70]。」

これほどドラマチックにではないが、イスラム教徒に敗北し、囚われの身となった聖ルイ王（一二一六―一二七〇）は、自分の試練を、それにキリスト教的な意味を与えつつ、分析した。恥も外聞も捨てて、彼は好んで虜囚の苦しみについて語ったが、それはキリスト教徒たる者はキリストの苦悩を、控えめにではあるが、分かち合うよう運命づけられていることを名誉としなければならないからであった。「王座と自分の高貴な家柄の尊厳を自覚していた彼がいささかなりとも失わせるつもりがなかった、王としての彼のすべての栄光のただ中にあって、彼は苦行服を着、彼の聴罪司祭から小さな鉄の鎖を付けた鞭――彼自身が認めているところによると、これはしばしば非常に強く彼に打ちつけられた――によって与えられた懲罰に従った[71]。」

ルイ十六世の死（一七九三年）はよりいっそう意味深長である。それゆえ彼の死は、不安定でふらついているがしかし終始一貫している、君主制の長いキリスト教的伝統の中に組み入れないことには、ほとんど理解することができない。私はすでに、王がどのようにイエスと同じ最期を迎えようと努めていたか、そしてまた、一人のキリスト教徒〔王〕が神の意志を認めることのできる様々な状況の一致によって、彼の受難の数多くのエピソードがキリストの受難にどのように対応しているかを示そうとした[72]。繰り返しになるが、今ここでもう一度自説を述べておきたい。

イエスにとってと同様、ルイにとっても裁判と言えるようなものはなく、エルサレムでは世界の救済のための、そしてフランスでは祖国の救済のための――と、臆面もなくそう言われている――処刑を免れることのない見せかけの裁判があっただけである。ロベスピエールの演説は明解である。「ルイは裁きを受けるのではなく、断罪されるのである〔……〕。ルイは、祖国が生きなければならない以上、死なければばならない。[73]」エルサレムにおけると同様、パリでも忠臣たちによる王の遺棄と側近たちの裏切りがあった。イエスの弟子のユダには、王の従兄のオルレアン公〔ルイ・フィリップ[六四]〕が相当する。オルレアン公は、イスカリオテのユダがそうであったように、要するに王の死の責任者である。と言うのは、王の死は多数派の声――オルレアン公の声がそうだった――にしか賛同しないからである。抵抗の試みも拒否された[六五]。ペテロは〔イエスを守るために〕刀を抜いたが、イエスはそれを鞘に納めさせた。ルイはマルゼルブに、私は私を解放したいと思っている忠臣たちがそのようなことをするのを禁じる、と言った。イエスはオリーブ山の園〔ゲッセマネ〕で独りきりだったし、ルイも家族から切り離されて、テンプル監獄で独りきりだった。フランスは、イエスの弟子たちが眠っていたように、眠っていた。イエスに対してなされたのと同じように、失墜した王に対しても、揶揄がなされ、罵詈雑言が浴びせられた[六六]。そしてイエスにあったのと同じ威厳が王にもあって、同情の気配こそほとんどないものの、エベールにこう言わせている。「彼の眼差し、彼の物腰には、何か真に人並外れたものがあった。[74]」ルイは復讐[六七]しないし、させもしないと堅く心に誓っていた。だから「彼の血は我々と我々の子孫に降りかかってもよい」という群衆の叫びに、ルイは「私は、これから流される血が決してフランスの上に降りかからないよう、神に祈っている」と答えた。最も優れた人々はだまされないのだ。ルイ十六世は車から降りると、上着を脱いだ。役人が王を縛ろうとしたので、王は憤慨した。聴罪司祭が王にこう言った。「陛下、この犠牲をお引き受け下さい。この新たな侮辱は陛下と神との類似を示す最後の行為であり、神との類似は神が陛下に賜るご褒美なのでございます。[75]」

11　出　自

キリスト教世界の外では、王と国民は――両者は一体となっているということを心に留めておこう――過去を持たないことを認めなかった。彼らは自分たちの出自を同時に天に見出した。それはキリスト教徒の王たちには禁じられ、古代の英雄〔半神、神人〕たちには許されていた。最高の血族関係によって由緒ある高貴な家柄を獲得しようという気持ちは、西洋でも、東洋でも、キリスト教徒の頭から離れなかった。

エチオピアでは、王位を簒奪したザグウェ朝――この王朝で最も有名な王はラリベラ（一一九〇―一二二五）である――は、ソロモンとシバの女王の結婚から自分の出自を引き出しており[76][六八]、ラリベラ自身は、自分はモーセとクシュ族[六九]の娘の結婚から生まれた、と主張した[77]。この王朝を一二七〇年頃に受け継いだ次の王朝も、自分たちはソロモンの家系だ、と主張した。その後の王朝でも、同じような主張が繰り返された。一四三六年、ザラ・ヤクブ（「ヤコブの後裔[七〇]」）は、それまで同様に、自分は聖書の王の血を引いている、自分はシオンの君主である、と宣言した。そして首都で戴冠する際には、聖職者、裁判官、戦士、「シオンの娘たち」から迎え[七一]られた。ロシアでは、ヴラジーミル〔一世〕（九八〇―一〇一五）が、ビザンティン皇帝ロマノス二世の娘と結婚して、皇帝の家族に自分の家族を接合することによって、由緒ある高貴な家柄を獲得したことに満足せずに、自分をマケドニアのピリッポス〔二世〕とアルサケス朝〔パルティア〕の後裔だと思わせた。

フランク人は、ローマ人同様、自分たちのことをプリアモスの子フランキウス[七二]の血を引くトロイア人の子孫だと言っていた。この伝説の起源はたしかに古い。それはすでに七世紀半ばの偽フレーデガル[七三]の年代記に見られるが、その中では、プリアモスはフランク人の初代の王として取り上げられている。しかしその年代記が発展したのは聖ルイの時代である。そして十六世紀以前には、その年代記は全然疑われていなかった[78]。そこには民族の自尊心を満足させるものがあった。もっとも、キリスト教徒の自尊心は別の身元保証を必要としていたので、フランス人はそのうちそれを旧約聖書に見出した。我々はその事実を十分に確認している。フランス国王はダビデの再来であり、フランス国民は選民の再来である[79]。いつ生まれたのか分からないが、この考えは徐々にだが確実に大衆の間に浸透していき、十四世紀には完全にフランスの深層部に染み込むまでになっていた。新しい時代の選民であるフランス人が新しい聖地で生きている、というわけである。

この情熱的な過去――真のあるいはそれ以上にしばしば想像上の――の探究は、キリスト教徒の諸王国が、たとえいかに神の（王）国の樹立である未来へ向かっていようとも、どれほどしっかりと過去に根を下ろしているかを示している。それらの王国は過去や未来のものであると同じくらい現在のものである。この連続がなければ、それらは存在しない。各王朝は前の王朝と結び付けようとして、時には信じられないような離れ業で前の王朝との結び付きを認めさせるのに成功する。『フランク王国年代記』[七四]には、カロリング朝がメロヴィング朝に由来し、カペー朝がカロリング朝に由来することを辛うじて示している多数の文献が含まれている[七五]。いずれの王にとっても、もちろん祖先はクロヴィスであり、そうでない場合は、ファラモンドや伝説上のフランキウスであった。

ところで、ビザンティン皇帝たちに対してローマ皇帝の直系かつ正統の継承者という称号を拒否することはできないだろう。ビザンティン皇帝たちには自分たちが唯一の受託者であると主張する幾つかの理由さえあった。自分たちは「ローマ人」だと言う一方で、ビザンティン皇帝は、神聖ローマ帝国は簒奪者である、と断言していた。(七六) しかしながら、コンスタンティノープルがトルコ人によって奪取された時(一四五三年)、ロシア人はモスクワを第三のローマの地位に就けたが、彼らの正統性は少々疑わしく見える。

12　君主制の不可侵性

得てして人は、君主制は進展する能力がなく、事なかれ主義に陥っている、と思いがちである。しかし実際はそんなことは全然ないということは、歴史を一瞥しただけですぐ分かる。もしそんなことがあったら、君主制は死滅するだろう。なぜならあらゆる生体は動きを必要とするからである。かつてフランスの王朝〔les lys de France 原意は「フランスの百合」〕のことを、人々は「このようにして生長する」*Quomodo crescunt* と言っていた。この言葉は私にはとてもよく出来ているように思える。というのは、生長することは変化することだからである——しかしそれは自然のリズムに従っていて、激変も不規則な動きもない、ゆっくりした変化である。それは、常に伸び続け、しだいに多くの果実をもたらすが、しかししっかりと根を張り、同じ腐食土を活力の源泉とする木のように生長することである。このような変化から、ヨーロッパ——ここではこの大陸に限定する——では、それぞれ独自の規範と機構を持つ異なった君主制体系が生まれたが、それらはデクレ〔行政権力による文書化された命令や決定〕によって廃止されることはないものの、しかし唯一、長期にわたる衰弱によってのみ廃止される可能性がある。この君主制の体系に意図的に手を着け、それを崩す権利は誰にもない——故意に憲法に違反することが共和国大統領に許されていないのと同様、王にもそんなことをする権利はない。フランスの聖別式〔国王の戴冠式〕の典礼定式書は、君主に次のように申し述べて、そのことをはっきりと示している。「御身がお父上からの継承によって今日まで国家を経営したように、確固たる態度で国家を守りなさい。国家は、継承権と全能の神の権限と我々の伝統によって、御身に委任されています。」

継承権は、確定するのが難しいが、一度誰かのものと決定されたら、その王位継承者に手を出すことは誰にもできない。男の長子による世襲継承は、すべての君主制で行われているものではなく、本来フランス的なものである（サリカ法）(七七)。この男の長子相続は制度の枢要であって、王が自由にできるものではない。シャルル六世は病気だった。そしてそれはたぶん言い訳だったろう。しかし病気であろうとなかろう(七八)と、彼には第一子である自分の息子〔シャルル（七世）〕を、ヘンリ五世（一四一三―一四二二）の妃である自分の娘〔カトリーヌ（カザリン）〕のために廃嫡にする権利はなかった。ルイ十四世（一六四三―一七一五）にとっても、スペイン王となった孫〔フェリーペ五世〕に代わって、フランスの王位継承権を放棄することはあり得ないことだった(七九)。王家の伝統が染み込んだ王太子はみな、すべての同時代人同様、そのことをよく知っていた(八〇)。法律もデクレもあの決定ほど無効だったことは決してない*。フランスの王位の正統継承権はアンジュー公の家系にあるのであって、オルレアン公の家系には少しもない。オルレアン公の家系が弑逆者と、自分はフランスの王ではなく、フランス人の王であると言った――これは全然同じことではない――君主〔ルイ・フィリップ（公位一七八五―一七九三）〕の血を引いているということは、この家系の最小限の資格にもならない。

＊　一七八九年、憲法制定国民議会(八一)は、フランスの王位に対するスペイン・ブルボン家の継承権放棄を前もって確認しておくべきか否かについて討議した。その時ミラボーは手際の悪さで目立っており、「外国人の君主」がフランスで君臨するのを見る可能性について語っている。

十九世紀のスペインの悲劇的な諸事件は、一般に認められていた規範の全く突然の変化が広めた危険を分かりやすく示している。ブルボン朝が出現するまでは、スペインの王位継承はいわゆるラス・パルティダス（八二）〔『七部法典』〕によって決められていたが、これでは、王が死んだら、王座は王子たちのうちの一人によって、王子がいない場合は、王女たちのうちの一人によって、それもいない場合は、最近親者によって占められるのが望ましいとされていた。しかしアンジュー公家の〔フィリップすなわち〕フェリーペ（五世、一七〇〇―一七四六）（八三）がスペイン王になると、新しい法を導入した。この半サリカ法は、直系にも傍系にも男子の継承者がいない場合を除いて、女子の王位継承権を認めなかった。ルイ十四世の孫が持ち込んだカペー朝の伝統によって部分的に妥当性が証明されたこの修正は、不幸にして、フェルナンド七世（一八〇八―一八三三（一八〇八、（復位）一八一四―一八三三））（八四）に一人の女子イサベル二世（一八三三―一八六八）（八五）しかいなくて、それで彼が自分に有利なように、ラス・パルティダスを復活させて、弟のカルロス・ド・ブルボン〔ドン・カルロス〕（一七八八―一八五五）（八六）とその子孫から王位継承権をすべて奪い取りさえしなかったならば、問題を引き起こさずにすんだであろう。結局、一八三三年と一八四六年と一八七二年の三度のカルリスタ戦争が起きたが、実はこれはリベラル派と保守派との戦いだった。

13 不死性

キリスト教徒の思想家たちは、「原初期の」文明と高度な文化が我々に託している王の不死性についてのかなり粗雑な考察を練り上げるのを、しばしば可能にした。たしかに、王は死なないのだと声高に宣言していた彼ら自身、王が危険にさらされていることはよく分かっていた。それで異教社会におけると同様に、人々は、特に祈りによって、王を危険から守ろうと努めていた。その様相は、万事が分離しているように見える二つの世界で、かなり似通っていた。モンゴル人とビザンティン人との類似点を捜し出すのは容易である。モンゴル人は、帝国内の様々な宗教、宗派の修道士〔や僧侶〕たちが皇帝の長生を祈禱するように、彼らから租税負担を免除していたし、ビザンティンの修道士たちは、皇帝が彼らの保護を認める代償として、皇帝のために祈らなければならなかった。(80)

すでに述べたように、かつてわがフランス国民はシャルル六世の病気を癒してくれるよう神に祈願した。同じようなことはフィリップ五世長身王〔一三一六—一三二二〕の死の直前にもあった。このような例は稀ではない。それゆえ人々は、逆のことを主張していたにもかかわらず、王が死ぬということは知っていた。そもそもキリスト教徒の表現方法は異教徒の表現方法とさほど異なってはいなかったのである。それは、王は死なない、という有無を言わさぬ主張に要約されていた。この表現方法は代々繰り返され、ボシュエ〔一六二七—一七〇四〕もそれを受け継いでいる。(81) もっともこの高位聖職者は君主制主義的意識の低下の時代にあって、表現をよりいっそう明確にしようとして、「君主は死ぬ。しかし権威は不滅である」(82)という別の言い方をした。ボシュエは明らかに間違っているが、そのことは驚くに当たらない。彼は正真正銘の王政主義者だったが、君主制を非常に誤解していたのだ。君主は死なないのである。聖別式〔戴冠式〕で人々は次のように叫んでいた（そして葬式でも繰り返していた）。「王は生きる」«*Vivat rex!*»〔近世以降では「王、万歳」の意〕または「王は永遠に生きる」«*Vivat rex in aeternum!*»〔近世以降では「王、万歳、永遠に」の意〕。すでに指摘したように、これは願望ではなく、王の生命力、徳（*virtus* 力〔勇気、武勇〕）に対する確信ないし信仰告白であった。この叫びを君主の地上における名声と永遠の救いの二つを暗示していると見ることは、この叫びから本来の意味を引き離すことである。この叫びを別の叫び、墓穴の上で伝令官によって一気に発せられた「王は死んだ、王は生きる」«Le roi est mort, vive le roi !»〔近世以降では「王は死んだ、〔新〕王、万歳」の意〕という叫びに変えるのもまた同じことである。この有名な言葉は十六世紀になって初めて考案されたものであり、ジャン・ド・サン゠ジュレ[八七]は、彼が書いたルイ十二世〔一四九八―一五一五〕[八八]の一代記で、一四九八年に、人々は「王シャルル〔八世〕[八九]は死んだ、王ルイ〔十二世〕は生きる〔万歳〕」[83]と宣言したと語る時、歴史的事実をほとんど気に掛けていなかった。たぶん人々は権力は中断なく継承するものであるということをすでに主張したがっていたのだろう。もっと以前のある時代には、人々はよりいっそう鋭敏であった。たとえば、シャルル六世の病気の時、理論家たちは、王は「二つの体」を持っていると的確に述べていた。「王の体は死すべきもの、病むものであるが、しかし同時にそれは神秘的で、不死であり、人間の寿命を越えた連続性のしるしでもある。[84]」

14　国民と王

君主は神と同じくらい国民とも密接に結び付いていた。より正確に言えば、君主にとって国民は事実上神よりも近づきやすかったので、君主と国民の関係はよりいっそう正確に理解されていた。王は国民から発出していた。王の影響力は国民の上にあまねく及んでおり、国民から王の方へは、王国から生じるすべてのものが集中していた。

六世紀に、ユスティニアヌス〔一世、五二七―五六五〕[九〇]が教会と帝国との関係を、両者の調和を図りながら――なぜなら、双方とも人類を神の道へ導いており、また、両者が相補的な役割を持つ二つの機関としてあるからである――、定めた時は、神と人間との一体性には分離も融合もない、というカルケドンの公会議[九一]で採択された決定を典拠とした。この一体性は、宗教のレベルでは、教会の集団指導によって示され、世俗のレベルでは、君主の唯一の人格における国民の人格化によって示される。[85] 違ったふうに受け取られたとはいえ、カルケドンの概念は、重い異教の遺産があるにもかかわらず、西洋にも一応影響を及ぼしていたのである。

フランスの王崇拝と呼ばれるものは、君主に対する家臣の崇敬の念に起因する、両者の間の一種の緩慢な融合の現れである、と考える向きもある。王崇拝は実はフランス・カトリックの誕生すなわちクロヴィスに、そして彼を越えて、ユーラシア世界の遊牧民ないし半遊牧民の伝統に起源を持つ。共同で行動し、同じように考え、同一の精神を持ち、したがって唯一の神を持つことは、[九二] 慣例遵守ではなくて、一体性である。クロヴィスが改宗して、グレゴリウス・ド・トゥールによると三千人の[九三]（他の情報提供者によるともっと多数の）兵士たちと共に、新しい宗教に入信した時、レカレド〔一世〕が家臣たちと共にアリウス派からカトリックへ移行した時、九八九年にキエフのヴラジーミル〔一世〕が兵士たちと同時に洗礼を受けた時（さらに、イスラム教への異教徒の移行についても、同じように注目に値する事例を紹介することが可能だろう）、クロヴィスもレカレドもヴラジーミルも、王と国民は足して一にしかならない、と宣言した。

両者の結合がどれほど緊密なものであったか分かっている。この結合はずっと以前から緊密だったが、フランク人を越えて、ガロ゠ロマン人にまでたどり着く。アボン・ド・フルーリは王への不可欠な忠節について次のように明言している。「自分の手で自分の頭を切り離す馬鹿者がいるだろうか。〔しかるに、〕自分たちの救われる道を忘れがちなこれらの民族〔ガロ゠ロマン人〕は、自分たちの力を自分たちの王に向けることによって、自滅したらしい。[86]」君主と国民との緊密な結合は、たしかに非常に荘厳な一大行事だがしかし堅苦しい公的な式典とは比べ物にならない大衆的な祭りでもある聖別式〔戴冠式〕に付きものの群衆の歓喜の中にも、認められる。

キリスト教のメッセージはこの前キリスト教の基盤の上に積もっていく。共生はゆっくりと進行する。王 *rex* という語が、教会の言語の中で決して失うことのなかった神秘的で神聖な意味を再び取り戻し、「主によって塗油された者」に相当すると理解され、そしてまた、すべての苦情が届き、その仲裁がすべての争い事で要請される君主を、国民を保護する控えめな権威にするためには、おそらくルイ六世肥満王（一一〇八—一一三七）を待たなければならないだろう。フィリップ五世長身王（一三一六—一三二二）の病気の間の——その時人々は「王の病気が国民の不幸の原因となる」と思った[87]——、そしてさらにシャルル六世の長い苦難の間の国民の悲嘆と祈りは、国民と王との結合を示すものとして説明がつく。

全国民と王とのこの深い結合はブヴィーヌ〔の戦い〕（一二一四年）[九四]でいまだかつてないほど見事に示されるが、まさにそのことがこの戦いにフランス史上最高に輝かしい重要性を与えている。国民が王国の命運を握っていることを明白なしるしによって示すために、フィリップ二世尊厳王は、もし国民が誰か別の者を国王の権限を行使するのにもっとふさわしいと思うのであれば、自分の権限を国民に戻すことを提案し、それから北部諸都市の民兵軍に君主制の最も神聖な標章の一つであるサン・ドニ修道院の旗〔王旗〕を託した。それで勝利の知らせが届いた時、大きな歓喜の波が群衆から湧き起こった。教会は鐘を鳴らし、聖職者たちは歌を歌い、群衆は小枝と花を王の通り道に敷いて、王を迎えようとひしめき合っていた。それはまたとない祝祭だった。フランスが真に誕生したのだ。フィリップ〔二世〕こそはフランス王 *Rex Francia* の称号を持った最初の王であり——彼はわけもなく尊厳王と言われたのではない——、十三世紀初頭のこの時、歴史書が初めてフランスについて語ったのである。その後、「朕はフランスである」はヴァロワ家の標語になった。王と国民は、男と女の結婚同様、宗教的にも結婚しており、したがってその結婚は破棄すべからざるものである。聖別式〔戴冠式〕で、司教が王の指に通す指輪はその約束であり、しるしなのである。(九五)

15 特権

王の特権は問題にされすぎる。それが存在しなかったというのではないが、その大きさは誇張されている。王の特権は奉仕から生じており、責任と義務に相応するものであり、束縛の代償にほかならない、ということが忘れられている。原則として、すべての責務は王に帰属した。王がすべてのことを一人ですることは不可能だったので、王はそれをすでにしかるべき地位にあった目下の者たち——貴族、封建領主——や、新たに任命した大臣や役人たちに任せていた。王の権力を身にまとった家臣たちは、自分たちが獲得した確固たる権利と判断したものを、その権利が正当であることを示すものが何もなくなっても、最大限に行使しようとしていた。そういうわけで、争いと極度の危険が絶えなかった時代には、わが身を守る術を持たない庶民は、自発的に領主の庇護の下に置かれていて、この庇護と引き換えに、彼らは自分たちの収入の一部としばしばすべての自由を領主に譲っていた。農奴制は、古代社会の名残でなかった場合に限って言えば、そのような状況で生じたものである。農奴制は、安全保障が少しでも不確実になると、たちまち我慢できないものになったが、しかし上級貴族は君主よりも農奴の解放に好意的ではなかった。

王の幾つかの権利と、王の権限の道義にかなった委任による封建領主の権利についても、事情は同じだった。主なものだけを引き合いに出すと、戦争権と狩猟権と初夜権があるが、これらは庶民によって、そしてそれ以上に新興の有産階級《ブルジョワジー》によって忌まわしいものと思われていた。しかしこれらはいずれも私がすでに言及した一つの深い配慮、すなわち、人が血を流さない配慮、したがって、自らの心情の吐露によって絶えず引き起こされる危険を人が冒さないための配慮に対応していたのである。他の領域におけると同様、この領域でも、危険は王に降りかかっていた。このことについてはすでに詳しく述べているので*、再度それを繰り返すつもりはないが、ただ、これらの王の権利は、人々がとやかく言いたがったほど、法外なものではなかったということと、時として、これらの権利はもっと特別なものであった方がよかったということは再度指摘しておきたい。もし王だけが戦争することを認められていたら、封建領主たちの悲惨な紛争は避けられただろう。人々の想像力を掻き立てた初夜権は、神話の分野に属するというわけではないが、特例に属する。初夜権はキリスト教の西洋では、ごく稀にしか行使されていなかった。もし領主が誰か村娘を干し草の上で犯したいと思ったら、領主は初夜権を振りかざす必要など全くなかっただろう。また、もし領主にそのような欲望がなかったら、領地のすべての娘たちを自分のベッドに迎えるのを余儀なくされていることは、領主にとって、一種の奇妙な労働賦役であったろう。というのも、娘たちは必ずしも愛想が良いとか、清潔であるとか、健康であるとかいうわけではなかったからである。王領地または封建領主の領地での狩猟の禁止は、恒常的なものではなく、一定の時代にのみ遵守された。野生動物が急速に増加すると、農民たちは、自らの手で状況を改善できるように、時として武器を手に取らざるを得なかったが、しかしやがて、有害動物よりも、すでに狩猟採集民の犠牲になっていた食用の野禽獣を好んで殺すようになり、その結果として、密猟の統制が行われるようになった。狩猟の楽しみが平民に禁じられていた——とりわけ雄鹿を殺せる者は人間も殺せることが分かっていたので——時代には、状況が許しさえすれば、しばしば許可（証）が与えられていた。たとえば一四一三年の大王令は、守狼官はもはや農民たちが狼を殺すのを妨げてはならないことを明示し、領主たちが自分のために設けた新しい禁猟区を破壊する権利を農民たちに与えた(88)(九六)。

＊ 本書一六九―一七六ページ参照。

今日では、我々が、先祖の物の見方や、君主制の中枢を占める語の一つである責任の概念に先祖が認めていた大変な重要性を理解するのは難しい。神に対して責任があるということ、それは大多数の国民にとってもはや別に大した意味を持っているわけではない――私はこのことを案じている。しかしかつての信仰の時代には、それは敬虔なキリスト教徒であった君主たち、もっと具体的に言えば、自分たちの過ちは他の者たちの過ちよりも重大であり(89)、君主たる者は、自分と国民によってなされた善と悪について最後の審判で答えなければならず、もし自分がキリスト教徒としての徳を行わなければ、自分の救いと家臣たちの救いを危うくする、という意識を持っていた君主たちにとって、大変な心配事であった。

王にとって、出口はどこにもないのだ。王は過ちを他者に押し付けることはできない。王は、自分の命令で、自分の名において、自分の大臣によってなされた行為はすべて自分自身によってなされた行為であることを知っている。たしかに、数多くの恥ずべき王、不誠実な王、無信心な王はいた。しかし真に敬虔なキリスト教徒だった王たちにとって――たとえ凡庸だったとしても、そのような王たちが大多数を占めている(九七)――、こうした確信はなんとも耐えがたいほどの重圧となっていた。周知のように、カール五世のような王は修道院に閉じこもってしまった（一五五六年）……。

16 天命

シャルル五世（一三六四―一三八〇）は、君主制がうまく機能するには、何よりも家臣たちの同意が不可欠であることを逸早く理解したし、[90] シャルル六世もまたそのことをよく知っていた[91]——彼はかなり若い時にそのことを教えられた。このような考え方は新しいものではない。[九八] イギリスにおける自分の権力の正統性の薄弱さを意識していたウイリアム征服王（一〇六六—一〇八七）が、ウエストミンスター大聖堂で家臣たちの歓呼に迎えられた時、そしてまた、戴冠する際、すべての有力者によく見えるように、彼が台座の上の玉座に座った時、彼を動かしたのはこれと同じ考えだったように思われる。

紀元一千年紀の間、そしてそれよりは低い度合いで、次の千年紀の前半までは、不適格な王は解任されることがある、という考えが人々の間で一貫して保持されていた。人々は、君主制は神授権的なので、神は義務を果たさない王や国民がひどく嫌う君主から離れることがある、と考えていた。このような考え方は中国の天命思想と基本的に異なるものではない。

皇帝崇拝があったにもかかわらず、帝国内で数多くあった強制退位やクー・デタを正当化するために、ビザンティン人は、自らの過ちによって神聖な性格を失った一部の皇帝たちの非正統性を盾に取った。[92] 西ゴート時代のスペインでは、もし王が自らの誓約に背けば、王は司教たちによってその役職を剝奪された。リシェールが語っているところによると、九八七年、ユーグ・カペーの聖別式〔戴冠式〕の前に、ランスの大司教アダルベロン[九九]は、「偉大な民族の皇帝たち」は「徳が欠けているという理由で」退位させられて、後継者には、「出自がある時は前任者と同等で、ある時はそれより下位の」者を得た、[一〇〇]と指摘しているが、これはほとんど隠すことなく[一〇一]〔カロリング朝の〕カール〔三世〕肥満王（八八四—八八七）とシャルル〔三世〕単純王（八九三—九二三）について言及したものであった。君主としての資格のないこの二人の「廃位によって、」新たに選ばれたばかりの君主の「先祖に利する形で、二度も継承の連鎖が断ち切られた」のであった。[93] ランスの大司教ヒンクマルは、同じ頃、次のように述べている。「父方の家系による貴族の身分は君主の子供たちへの国民の賛意を保証するのに十分ではない。と言うのは、悪徳が貴族の身分の特権を廃止するからである。」それよりかなり後に、フーゴ・ド・バルゼル[一〇二]は、〔南仏の〕イエールで聖ルイ王を前にして福音を説く際、次のように宣言した。「王には、国民に対して余りにも厳しく臨んで、神の愛を国民から隔てることがないよう気をつけていただきたい。さもなければ、神は王からフランスという王国を奪うであろう。[94]」ジャン・ド・マン[一〇三]という非常に無礼な詩人は、『薔薇物語』〔の続編〕で、破廉恥にも修道士と貴族と最も神聖な体制を攻撃している（彼は特に同棲を強く勧めている）。王を攻撃の対象にしていないのは、おそらく単にフィリップ美王（一二八五―一三一四）が宗教裁判から彼を守ったからであろうが、それでもやはりこう書いている。「国民は、自分たちが望む時に、王への救いの手を引っ込めるだろう。そして王は、国民が望むやいなや、たった一人で取り残されるだろう。[95]」十五世紀に至っても、イギリス軍の支持者たち〔ブルゴーニュ派〕は、後のシャルル七世（一四二二―一四六一）に対して、彼が無能力だという理由で、彼が王冠から遠ざけられるようにキャンペーンを張った。

しかしながら、王は神聖であり、王の身柄と尊厳は非の打ち所がなく、それゆえ王は不可侵である、という考えは、フランスではきわめて支配的であり、いわば主流であった*が、外国、特にイギリスでは必ずしもそうではなかった。神聖ローマ帝国では、皇帝の罪状はしばしば告発され、罰が下された。司教たちは、王としてよりは暴君として振る舞う君主に激しい怒りを集中させて、その廃位を要求するために、重大な危機の場合には霊の領域から出るという、司教たちがわが物としている権利で、君主たちをいつも脅していた。[96]一方、教皇たちは皇帝たちを破門していた。教皇たちが王たちも破門していたというのは本当である。八三三年、息子〔長子ロタール〕の反乱の後、司教と司祭と一般信徒の代表団がルートヴィヒ〔ルイ〕一世敬虔帝（八一四―八四〇）に会いに来て、彼は父親〔シャルルマーニュ〕から受け継いだ帝国を内乱によって分裂するに任せたと、彼が犯した過ちを説明した。すると、ルートヴィヒ（ルイ）は自分に罪があることを認め、ソワソンのサン・メダール大聖堂《バシリカ》へ赴き、公にそのことを告白し、罪の償いを自ら要求した。その結果、ルートヴィヒ（ルイ）は皇帝の勲章を剝ぎ取られ、ある修道院に送られ、そこに一年間滞在した。(一〇四) 皇帝ハインリヒ四世（一〇五六―一一〇六）が一〇七七年にカノッサでこうむらなければならなかった屈辱は有名である。彼は裸足で雪の中に立ち、何も食べずに、〔破門を解いてくれるよう〕教皇グレゴリウス七世（一〇七三―一〇八五）に懇願し続けた。(一〇五) これほどではないが、一世紀後のフリードリヒ一世赤髯帝《バルバロッサ》の屈辱もよく知られている。こちらもやはりひどいものだった。＊＊(一〇六) 一四六四年頃、アビラは驚くべき一日を体験した。〔マドリードの西、約九〇キロメートルのところにある〕この町では、〔大聖堂の〕祭壇の上に玉座が置かれており、そこには、頭に冠を戴き、(一〇七) 腰のベルトに剣を着け、手に王杖をもった〔カスティーリャ王〕エンリケ四世（一四五四―一四七四）の人形が座らされていた。その日、一人の伝令官が、裁判の軽視、不信心、王国への背反といった、王に不利な証言を大声で読み上げ、これが採択された。王は有罪と認められ、失墜した。トレドの大司教と何人かの大領主が祭壇の上に登り、像に飾ってあった勲章を剝ぎ取り、像を逆さにした。(97)

＊　王の不可侵性は、王〔ルイ十六世〕の処刑の三年前の、一七九一年の憲法でも依然として認められていた。

＊＊　本書三九〇―三九一ページを参照のこと。

皇帝の災難やアビラの茶番劇に過度の重要性を認めないようにしよう。前者は教皇権と帝権との闘争から生じたものであり、後者は有力貴族たちのはかない反乱から生じたものである。しかしそうは言っても、これらの挿話的な出来事が、同時代のフランスでは考えられないような精神状態を示しており、国民の相当な君主離れを際立たせていることに変わりはない。

17　聖職者－王

キリスト教徒の王は、異教徒の王同様、神の意志に従って行動しなければならなかった。それはとりも直さず、自分の宗教の戒律に従い、家臣たちの意志を尊重することであった。王は教会を保護し、法を遵守させ、民衆の信仰の表明を伝えなければならなかった。ゆえにキリスト教徒の王は、異教徒の王同様、人間と神との接点にいた。エリアーデは、聖職者の存在は、王に「国民と教会の聖なる保護者[98]」という役割しか残さないように、いにしえよりあった王の仲介者の機能を失わせてしまった、と考えた。しかしこれは現実的な見方というより理論的な見方である。これから見ていくように、王の奇蹟を行う資質はもうそれだけで聖職者の資質であり、キリスト自身の資質である。しかもそのうえ、聖別式〔戴冠式〕によって可能になった最高位の行政、執政官の職務の遂行は、一種の宗教行為である。自分のことを聖職者だと思っていた君主はいくらでもいる。典礼を執り行っていたエチオピアのラリベラ[99]、ビザンティン帝国の布教者皇帝たち、西ゴートの布教者王[一〇八]（彼は五八九年の第三回トレド公会議でそう認められている[100]）等がそうである。王による祝福[101]――たとえばフィリップ・オーギュスト〔尊厳王〕がブヴィーヌの戦いの前に自分の軍隊に授けた祝福――は、そもそも一家の父親が子供たちに授けるものと同じで、牧歌的な祝福である。

図像学は王の聖職者的役割を認識しており、それを強調するためにあらゆる手を尽くしている。あるイタリア人画家は、一四九七年に、フランス王を教皇と〔神聖ローマ〕皇帝の間の中央に置いて、「ダビデがそうであったように、至高の王にして至高の聖職者[102]」として描いている。この図像はシンボル遊びをしているのだろうか、それとも現実を反映しているのだろうか。答えは、フランスの聖別式〔戴冠式〕で、大司教が王に次のような言葉を語りかける間に、明確に表れる。「当然ご承知であろうが、これ〔冠〕によって、御身は我々〔カトリックの〕聖職者に参加し〔……〕。神と人間の執り成しのために御身は王国の玉座に就くのです。御身は聖職者と国民の仲介者《とりなしびと》なのです[103]。」

我々は西洋にいるのであって、ビザンティン帝国にいるのではない。実は、東方キリスト教は、聖職者と王の同一化ということでは、もっと進んでいる。東方キリスト教には目に見えない神と目に見える神を混同する傾向がもともとあった[104]。東方キリスト教は天上の階級制と地上の階級制を同一視する。東方キリスト教は、自分の宮廷にいる君主と同じように、自分の宮廷にいる生きているキリストを思い描く。典礼定式書は正真正銘の典礼と、グラン・パレ〔大宮殿〕の礼式になっている神聖な戒律とでビザンティン皇帝を取り囲むことによって、そのことを強調している。

18　宇宙の王

最も適していない状況下で、宇宙軸という太古からの機能を王に与えるためのキリスト教徒の努力ほど、時代と文化を超えて、表象の恒久性を見事に示すものはない。

コンスタンティノス〔七世〕・ポルフィロゲネトス〔「父帝が在位中に生まれた」の意〕（九一一―九五九）[一〇九]は、自著『儀式の書』の序文で、帝権は、それが節度を守って正常に行使される時は、創造主が宇宙のために考え出した調和と総合を反映する、と書いている。式次第に則った祭式は天と地の調和と秩序を表し、帝権を国民にとってよりいっそう荘厳で、喜んで受け入れられる、素晴らしいものにする[105]。一〇九二二年の〔ビザンティン皇帝の〕金印勅書はビザンティンの帝権を、「自らの合法の権限によって、この都市〔コンスタンティノープル〕を完全無欠の状態に保ち、法の領域においては公共の利益のために尽くし、社会を維持し、教会とこの都市の間の秩序を継承された伝統に従って守る[106]」単意説者(二一〇)のように描き出している。これはほとんどそのまま、君主は自然と宇宙の調整者としての役割を果たす、ということである。

象徴表現がはっきりと分かっていなければならない君主の御物は、文章よりもっと分かりやすい。ファン・デル・レーヴは、王の服装は「神に生き写しの衣服[107]」であった、とさえ言っている。彼はたぶん誇張しているのだろうが、しかし王の服装がしばしば宇宙の表象であることは誰も否定できないだろう。サン・ドニ修道院にあるユーグ・カペーの服は「世界（または宇宙）」«*orbis terrarum*»と呼ばれていた。ハインリヒ二世〔一〇〇二—一〇二四〕(二一一)の服は太陽と月と星で飾られていた。すでに見てきたように、中央に穴の開いた円形の衣服は小宇宙であり、それを着る者は、聖職者であれ君主であれ、宇宙の軸である。その服を飾る天体はそのことを強調しているにすぎない。数多くの写本画で、カロリング朝と神聖ローマ帝国の皇帝は、十字架が載っているか打ち出されている球体を手に持っているが、そこに、全地ではなく、君主が支配する世界の、真実の全人類と同一視された彼の帝国ないし王国のイメージを見るべきである。君主は、その球体を手に持つことによって、帝国ないし王国の統一を保証し、その球体を持ち上げて、神に示しているのである。君主はその服を奪い取ったのではない。彼はそれを受け取ったのである。彼にそれを与えたのは彼の家臣たちである。彼らが彼に、神の代理人〔教皇〕にするのと同じように、敬意を表したのである。家臣たちは君主の止むことのない建設に協力する。たとえば、十一世紀の写本画家は、ヨーロッパの四つの地域がそれぞれ独自の球体をオットー三世（九九六—一〇〇二）(二一二)に提供する様を示している。[108]

19　正義と恵みの王

王の周囲に宇宙が構成されると、その中心にある王の位置は、王が果たすべき使命の概念を誘発する。当然のことながら、王の使命はいろいろなふうに理解されるし、政治的・宗教的必要性がしばしばそれを常軌を逸したやり方で変更させる。信仰と教会が首位に立つという考えは何よりもまず王を聖職者および聖職者の財産の保護者にして正統教義の擁護者にする。祖国愛は万難を排して祖国を守ると王に誓わせる。唯一この感情だけが、王位継承から女性を退けるとされた決定において、重要性を持つ。

サリカ法は、周知のように後から持ち出されたものであって、今この問題には何の関係もない。慣習法は女性が両親の財産や土地を相続するのを禁じてはいなかったが、相続人が自分が相続したものを持参金として夫に持ってくることを望んでいた。そういうわけで、〔女公爵〕アンヌ〔・ド・ブルターニュ〕[一一三]は、ブルターニュがフランス領になるように、続けて二度、二人のフランス王に嫁いだ。それと同様の事情で、アラゴン王フェルナンド二世（一四七九―一五一六）[一一四]とカスティーリャ女王イサベル（一四七四―一五〇四）[一一五]（カトリック両王）の娘で、イスパニア王国の王位継承者となった狂女王フアナ[一一六]がオーストリア大公フェリーペ〔一世〕美王[一一七]と結婚し、彼との間にカール五世〔イスパニア王カルロス一世〕（一五一六―一五五六）[一一八]をもうけたことによって、イスパニア王国は外国人の手に落ち、〔ネーデルラントは〕フランドル人によって侵略された。[109]

しかしながらフランスでは、精神状態が変化してしまった。王領は、田舎貴族にとって彼の城や領地が彼の所有物であったようには、王の所有物ではなかった。それがフランスであった。王は王領を自由に使うことができなかった。持参金の慣習を廃止するのは不可能だったし、そうすることは望ましいことではなかった――王国は、持参金の慣習から、王国が立証していた婚姻連体によってなし遂げられた制覇を始め、幾つかの明白な長所を引き出していた――ので、唯一の解決法は女性を玉座から遠ざけることだった。フランスの王位継承志願者であったイギリス王妃イザベル〔・ド・フランス〕（一一九）が、もしその望みをかなえていたら、フランスはイギリスになっていたかも知れない。少なくともフランスはイギリス人の王を持っていただろう。フロワサールには、「フランス王国は非常に高貴なので、女性によって支配されるようなことはあり得ない」[110]という有名な言葉があるが、これは女性蔑視ではない。ジャンヌ・ダルクが行った奇蹟＊と王太子シャルルの驚くべき立ち直り――彼は勝利した王になることが運命づけられていた――は、フランスが正しかったことを帰納的に証明している。H・マルタンは、いわゆるサリカ法は長い間フランス人の民族性の主要な保証の一つだったことをはっきりと見抜いている[111]。と言うのは、フランスの地理的位置は女王の即位を危険なものにしたと思われるからである。一方、イギリス――島国である――や東ヨーロッパ――周辺地域である――やスペインでは、女王の即位ははるかに危険の度合いが低かった。

＊　逆説的な言い方になるが、フランスの王権に対する女性の権利を否定するように仕向けたのは一人の女性であり、男のような生き方をした女性（ジャンヌ）である。このことが、フェミニズムは正しく理解される場合も誤って理解される場合もあるが、いずれにせよ、祖国愛ほど重要ではないということを示している。

祖国と信仰が救済された後（そしてたぶん前も）、王は、国民に注意を払い、裁判を行い、平和を維持し、慈悲深く、寛大であり、もっと正確に言えば、「王の役割と不可分の[112]」あの気前の良さを示すことを期待された。そのことを立証する文献資料は同じようなものがたくさんある。すでに〔ローマ教皇〕グレゴリウス一世（五九〇―六〇四）[110]が書いていた。「諸王にとっての最高善とは、正義を育み、国民に対しては各人の権利を保持し、家臣に対しては権力を濫用せず、公正に振る舞うことである。[113]」これより後、アボン・ド・フルーリは、ヨーナス（オルレアンの）[111]がルートヴィヒ（ルイ）一世敬虔帝の治世にパリで八二九年に招集された公会議で採択させたある決議を指し示して、自分がこれに特別な関心を寄せていることを明らかにした。「王の正義は、誰も侮辱しないこと［……］、余所者〔非定住者〕や寡婦や孤児の保護者であること、おべっか使いを懲らしめること［……］、教会を保護すること、貧しい者に食べ物を与えること［……］、敵から祖国を勇気と正義をもって守ることである。[114]」アボンは、彼の同時代人と同じように、フランスの王 *rex Francorum* は国務を遂行し、秩序に責任を持たなければならず、王の使命はフランスの全国土でなし遂げられなければならない、という考えをそっくりそのまま持っていたのである。ランスの大聖堂で聖別式〔戴冠式〕が行われる際、大司教は〔神の名において〕王にこう命じていた。「正義と寛容と分別を愛するために、御身は王国の冠を受け取りなさい。[115]」また、理想的な王国を夢見ていたダンテも、王が、正義による統治を確立することによって、人類を幸福へ導くのを見た。[116]

君主ナショナリズムは、このことは大いに強調しておかなければならないが、外国人嫌いではない。アボンが語っている余所者の保護は、大した意味のない言葉などではなく、一つの現実である――他の国同様、フランスでも愛国心と祖国の独立への気配りは外国人を拒まない。それらは外国人を同化させる。決まって外国人と結婚し、それでも当然のこととして自分が生まれた国に忠実であり続けるあの君主たちが、普遍的救済論のビジョンを持たないということがどうしてあり得るだろうか。君主たちは、自分の国でないどこか余所の国で王になっても、そこに帰化し、自分の主義を奉じるのである。イスパニアのフェリーペ五世〔元アンジュー公フィリップ〕は自分が帰化した国の再建のために多くのことをした。それでもナポレオンの場合、この君主ナショナリズムを理解していなかったので、特にベルナドット（一二二）――彼はスウェーデンの王位継承者に選ばれ（一八一〇年）、次いで王になった（一八一八―一八四四）――のことで、幾つかの非常に不愉快な驚きを経験することになった。その代わり、同化志向が極端に押し進められると、国内に多くの外国人の構成員がいる場合、他性の排斥と、自分たちのアイデンティティーを失うのを拒否する人々の弾圧や国外追放が引き起こされるというのも事実で、スペインのムーア人がその典型的な事例である。

その時以来、絶対的権威が失墜した十八世紀まで、何かが残っていた。それで碩学たちは、理想的な王を、国土を全く譲渡することなく、あらゆる征服を拒否し、無駄遣いをせず、誤りを正す正義の味方として描き出した。昔のフランスでたぶん最も人気のあった王のイメージは、鶏肉を壺に入れてパリ市民に差し入れさせた、〔帽子に〕白い羽根飾りを付けたアンリ四世（一二三）と、樫の木の下で裁判を行う聖ルイ王のイメージであろう。

ヨーロッパ史を通じて響きわたる絶え間ない武器の音の中で、平和を好む王のイメージが支配的になるのはちょっと難しい。「全身に血を浴びた、他国への侵略者」ギヨーム〔ウイリアム〕一世征服王がカンタベリー大司教の前に赴いた時、大司教は王に按手〔儀礼として手で触れること〕するのを拒絶した。もう一人のヨークの大司教はもちろん按手したが、しかし彼の卑屈さはカンタベリー大司教の威厳を損ないはしなかった。

聖別式〔戴冠式〕の日、フランス王は宣誓し、幾度も次のように繰り返した。「私は私に委ねられているキリスト教徒の国民が真の平和を維持することを約束する。」王の剣は祝福され、王のベルトに着装されたが、しかしすぐに取り外され、大元帥に預けられた。フランス王は征服者ではなく、正義と平和の王なのである。[117]正義の君主の典型だった聖ルイ王は、そのことを至る所で知らしめた。それで彼の後継者たちは、たとえ嘘つきであっても、彼が定着させた王のイメージにこだわった。フィレンツェ人がシャルル八世のためにキャンペーンを張ってイタリア全土に広めたのも、当のシャルル八世が自分の無分別な行動の間中――特にナポリに着いた時――確認しようとしたのも、この王のイメージであった[118][一二四]。

王国には王による恩赦があるだけだ。すべてのものが――大封地の家臣たちでさえ――王の裁きに助けを求めることができたし、王は、〔奴隷や農奴を〕解放したり、〔平民を〕貴族にしたりすることによって、社会状態を変えることができたが、同様に、〔人々の過ちを〕赦すこともできた――それはほとんど宗教的な権限であった。一四八四年、全国三部会がシャルル八世に週に一度王自ら法廷の公判を主宰するよう頼んだ、という事実を知って、改革だ、とか、ルイ九世の古き良き君主時代への回帰だ、とか叫びたくなる人もいるだろう。しかしこの聖王が行ったことが忘れられたことはなく、全国三部会は駄弁を弄したにすぎない。王の伝統は義務づける。かつて西ゴート王国のスペイン[一二五]では、誰でも王位に就くことができたが、すべての罪人が王の仁慈を乞う権利を持っていた[119]。シャルル豪胆公（一四六七―一四七七）について言えば、彼は主権を有する公爵でしかなかったが、週に一度は自ら裁判を主宰するよう努めていた。

ビザンティン帝国は、異教王の豊饒多産の力をただちに想起させる諸概念を、自らのほとんど強迫的な正義の要求の中に非常に巧みに導入する術を知っていた。ユスティニアヌス〔一世〕（五二七―五六五）の治世には、公的な演説、碑文、賛辞、立法制定に関する論文等のすべての作品が、永遠（性）、絶えざる勝利、豊饒、繁栄といった古い観念を再び取り上げることによって、皇帝の理想的なイメージを作り上げることに貢献した。憐憫、偉大さ、博愛は、六世紀には、すでに皇帝の理想像の要素になっていて、その状態は全く変わることなくその後も数世紀間続いた。よく言われることだが、皇帝は公明正大で、保護する者、あまねく恵む者でなければならない。この言説は図像学からも指示されている。と言うのは、勝利する皇帝の肖像は、帝国が衰退し、軍事的敗北が相次ぐ時期にしか見られないからである。[120]ニケフォロス〔三世〕〔または〕ボタネイアテス[一二六]は、一〇七三年に、王を、怒りに身を任せることも、人を罰する時に自分の権力を濫用することもできない、人間味のある人物として示しつつ、王と暴君を対比している。[121]しかしこのような考え方は特に東洋的なものというわけではない。ある司教に帰せられている十一世紀のラテン語の文献は次のように述べている。「王の賢明さによって、国民は幸福になり、豊かになり、勝利者となる。[122]」この君主像は、セビーリャのイシドールス[一二七]が描いたものとほとんど違わない。「王は正しい行動に準拠しているがゆえにその名（*rex*）で呼ばれている。実際、王が憐憫と正義をもって支配するなら、王が *rex* と呼ばれるのは当然のことである。もし王にこれらの資質が備わっていなければ、彼は王ではなく、暴君である。王の職務は神の民を公平かつ公正に統治し、支配することにある。したがって王は教会、神の僕〔司祭、修道者〕、寡婦、孤児、そしてその他もろもろの貧者や困窮者を守らなければならない。[123]」

20　奇蹟を行う人

すでに我々は異教徒やイスラエルの諸王を一瞥し、彼らの奇蹟を行う能力をかいま見て、その能力が彼らの人格の顕著な特徴ではないことを確認した。反対に、キリスト教徒の王、少なくともフランスとイギリスの王たちの間では、その能力は非常に重要な位置を占めている。Y・ラバンド－マイユフェルは、シャルル八世について、「フランスの人々にとって、王のイメージは征服者のイメージというよりむしろ病を癒す王のイメージである[124]」とさえ言っている。

この相違が問題である。私は自分は間違っていないと言う自信はないが、次のように考えている。一方の、自分の王国の繁栄と豊饒と多産を保証する責任を持っている〔異教徒やイスラエルの〕君主たちは、すべての者の健康を保証する際、自分の存在によってのみ働きかければよかった。そして他方の、「キリストの再来」であるキリスト教徒の王たちは、イエスがしていたように、按手〔手で触れること〕しなければならなかった。彼らは、自分たちはキリストから按手する使命と有効に按手するのを可能にする素質を受け取っている、と確信していた。

〔キリスト教徒の王の〕按手の有効性は、ルネッサンスおよび近代の懐疑精神の形成以前には、全く疑われていなかった。群衆は王の按手に弱かった。群衆は一団となって〔王の前に〕現れていた。群衆は王の按手に自分たちの深い願望と自分たちが恵みと慈悲の王について抱いていた考えに対する答えを見出していた。もし群衆が確実に裏切られていたら、群衆は信仰を保持しただろうか。王の手による接触を伴う施しが、実際には起きなかった治癒にについて偽りの証言をする動機を彼らに与え、そうするように彼らを駆り立てていたものだったとは思わないようにしよう。もしそうしたら、それは中世精神と宗教精神を見誤ることになるだろう。すべての奇蹟と同様、王の奇蹟は信仰の分野に属する。王の奇蹟は聖者やキリストや聖母マリアの奇蹟以上に証明されるわけではない。それらは受け入れられたり拒否されたりするが——どちらもたぶん同じように難しいことだろう——、しかしそれらが提起する問題を揶揄で解決することはできない。にもかかわらず、王の奇蹟は大いに揶揄された。正真正銘の学者を一人だけ挙げると(二一八)、フレイザーのような人物は「盛大な茶番劇」について述べた後、ウイリアム三世（一六八九—一七〇二）の逸話——たぶん嘘だろう——を語って喜んでいる。それによると、この王は〔瘰癧《るいれき》（結核性頸部リンパ腺炎）患者に手で触れて〕奇蹟を起こすという自分の義務を果たすよう迫られた時、自分の方にやって来る、体は苦痛に満ち、心は希望に満ちた群衆に向かって、「神が汝に良き健康とより良き常識とを与え給わんことを」[125]（一二九）と言ったのだという。

　フランスでは、「瘰癧患者に触れる」と言われていた。触れること。王が癒し人キリストのしぐさを真似て癒していたのは、そしてまた十字架のしるしがキリストを想起させていたのは、病人の上に置かれた王の手によってであり、病人が祈るのと同時に、病人の上に十字架を描く王の手によってであり、シェー*クスピアが言っている「天が一種の非常に偉大な聖性を与えた彼の手」[126]によってであった。誰もだまされていなかったし、王はそう宣言していた。王は聖別式（戴冠式）の塗油を授けられたはずであり、告解をしたはずであり、「意識も手も汚れていない」はずであった。それで王は、「王は汝に触れる。神が汝を癒し給わんことを」と言っていた。治癒は王に（一三〇）起因するのではなく、「神の意志によって」たしかに起きていた。もっともこれは聖マクトゥス（マクルー）の奇蹟について語っていた善良な人々が時として思っていたことであった[127]。この聖人は、自分の聖別式の翌朝、自分の聖堂で接触による治療を初めて行った。教養人たちは、王としての能力は聖別式〔戴冠式〕の効力から生じる、と考えていた（一三一）が、彼らは正しかった。と言うのも、王太子はまだ王としての能力を持っていなかったからである。エルゴーと彼が書いたロベール〔二世〕敬虔王〔九九六―一〇三一〕（一三二）の伝記以降、教養人たちはあの聖油瓶に頼りがちであった[128]。シャルル五世も明らかにこの立場に立っていたが、しかしそれは、イギリス人はフランス人のように天の香油を授かっていなかったという理由で、イギリス人〔の王〕もフランス人〔の王〕と同じ素質を持っているということを否定することであった。これは困った見解である。と言うのは、奇蹟はまるごと認められるか否定されるかするものだからである。非常に民族主義的なこの見方を正当化するために、〔フランスでは、〕王としての素質はクロヴィスと共に初めて顕現したと言われていた――歴史学は一般的にこのような主張を取り上げない。ともあれ、王の奇蹟は、フランスではロベール敬虔王（九九六―一〇三一）以前には、そしてイギリスではエドワード懺悔王（一〇四二―一〇六六）(一二三)――彼はたぶんフランスで起きていたことを真似たのだろう――以前には、確認されていないようだ。H・マルタンによると、王のこの特権の起源はよく分かっていないが、しかしこの特権は十一世紀には絶えず行使されていて、どの年代記作者も、議論の余地のない事実として、そのことにさり気なく触れている。[129] 王のこの特権は、少なくともフランスでは、決して廃止されることはなく、シャルル十世〔一八二四―一八三〇〕(一二四)は依然としてそれを享受した。

＊　聖王ルイの時から、病人の上で十字を切ることが慣例となった。

〔王が〕瘰癧患者に触れるという慣習は一〇〇〇年頃以前には行われていなかったが、しかしその起源はそれよりはるか以前に探し求めるべきである。この慣習は、徐々に失われていった豊饒・多産の儀式と密接に関係している。デンマーク王ヴァルデマール一世（一一五七―一一八二）(一二五)は、よく育つように、種と子供たちの上に手を置いた。[130](一二六) ハンガリーの聖イシュトバーン王（九九七―一〇三八）は、一度聖別されると、我らが主イエス＝キリストの恵みによって、パンと果物とかぐわしい香草を配って、病人たちを癒し始めた。

王としての呪術師〔＝奇蹟を行う王〕が西洋で取った形態では、それは君主にとって長くて、困難で、疲れる、時としてかなり嫌悪を催させる任務であった。シャルル八世（一四八三―一四九八）は〔遠征先の〕ローマで、ある日、五百人の病人に触れたが、やはり「彼の神秘的な病を癒す力が彼に対するローマ人の驚きと称賛をいっそう増大させた」[131]。チャールズ一世〔一六二五―一六四九〕(一二七)は、一六三三年、百人の患者をただの一触りで癒したし、チャールズ二世（一六六〇―一六八五）は、彼の治世中に、十万人余

りの瘰癧患者を癒したという。「彼をめがけて押し寄せてくる群衆を見るのは、なんとも恐ろしい限りであった。」(132)

第九章　王と教会と貴族

どの文明でも、君主と大貴族と聖職者の間には、難しい相関関係がある。キリスト教世界も例外ではなく、その相関関係は、最初から悪い基盤に立脚していたために、たぶん他所よりも抜き差しならない状況を迎えた。それは消滅ないし相互の極端な衰弱以前に正常化するには至らなかった。

もともと王は、稀な例を除けば、貴族であり、それで貴族の中の第一人者と見なされていたのかも知れない。少なくとも西ヨーロッパでは、王が他者とは異なった能力の持ち主と思われるようになるには、長い時間が必要だった。そしてそうなってからも、王は貴族なしですませることはできなかった。王は爵位の授与によって貴族を創り出す方法と、場合によっては、彼らを威圧し、服従させ、無力化し、処刑する方法は持ったが、しかし彼らを完全に破滅させて、彼らが最も大事にしていた貴族の身分を奪う方法は持たなかった。

王は宗教的な人物であった。と言うのは、王はその任務を神から得ており、聖職に関与していたからである。しかし王は聖職者ではなかった。聖職者は王の側にいた。聖職者は、王と同じように、塗油を受けた。ゆえに聖職者は、王と同じように、不可侵であった。聖職者はパンと葡萄酒をキリストの肉と血に変えるといういまだかつてない特権と、それよりも崇高なものではないが、罪を赦したり取り消したりする、いわば、王に対して天国の門を閉じたり開いたりする特権、つまり王のために霊的指導者であると同時に聴罪者でもある特権を享受した。王の道徳的な罪、王の過ちは聖職者の管轄に属し、そのことについては決して誰も異議を唱えることはなかった。君主は教会を守ることによって聖職者を守ると誓約しており、君主自身が自分の権限の源でありたいと思うことはできなかった。なぜなら、少なくとも、教皇権を認めるキリスト教世界では、君主の権限は司教によって与えられたものであり、司教はそれを教皇から与えられていたからである。唯一、教会の権威のみが王を聖別する資格、すなわち王に王国を与える資格があった。聖職者なくして王も皇帝もあり得なかったのである。

貴族たちが塗油されていないために神聖な性格を持っていないということは、彼らが自分たちの権威の神聖な起源を主張するのを妨げなかったし、このことは〔こういう神的起源を主張したことは〕は、聖職者たちの目から見ても、貴族たちの単なる世俗的な力がすでに彼らに与えている敬意をさらに強固なものにした。ある程度重要な領主は、俗世間では、高位聖職者のもう一人の私 *alter ego* であり、高位聖職者自身は、たとえ平民出身であっても、しばしば封地を有し、彼らの聖職者としての地位に見合った社会的地位を占めた。なお、司教も、ただの聖職者も、他のどんな人よりも民衆への影響力を持っていた。

聖アウグスティヌスが神の都と呼んだものの建設のためには、王と貴族と教会という三つの権力の協力が必要であることは明らかであった。すべての悲劇はそれぞれの権限と相互の関係が明確に定義されなかったことから始まった。極端な言い方をすれば、全キリスト教世界の歴史は、一方では貴族と君主が、他方では教会と王権が続けた二つの長い戦いの歴史にほとんど要約できるだろう。教会と王権の戦いは双方を弱体化させ、双方の権威を失わせ、たとえば統一中国よりも誕生の機会が少なくなかった統一ヨーロッパの建設を挫折させることになった。貴族と君主の戦いについて言えば、フランスは急進主義的な結論と共に、最も人目を引く例を提供した。君主と貴族が同一の大動乱の中で姿を消してしまったのである。

I　教会と王

1　ローマの司教〔教皇〕

ローマの司教すなわち教皇を最高責任者とする一種の選挙君主制として教会の統治を考えるように初期のカトリック教徒を導いたのは、歴史的というより神学的な思考方法だった。キリストが聖ペテロをキリスト教世界の基礎にというより頂点に置いたということや、いざという時にはペテロの後継者たちが彼の首位権を継承するよう定められたということを明示するいかなる論拠もない。それでギリシャ正教とプロテスタントは——東方の諸教会については、今は言及しない——、たしかに多くの場合、後になってからではあるが、必ずしも宗教的ではない幾つかの理由で、この見解を否定した。

初期の教会は、これらの留保条件にもかかわらず、かなり早い時期に、ローマの司教に一定の首位権を認めた。なぜならこの都市が世界の首都だったからである。一世紀末、イグナティウス（アンティオキアの）(一)は、書簡の中で、ローマ司教が特別に高い地位にあることを宣言した。一八〇年頃、聖イレナエウス(二)はローマ司教の「優越した権威」について語っており、三世紀には、それはテルトゥリアヌス(三)、キュプリアヌス(四)、ディオニュシオス（アレクサンドリアの）(五)の見解では了解済みのことだったようだ。しかしながら、キリスト教会のきわめて重要な活動拠点は東方——シリア、エジプト、カッパドキア——にあり、異教徒のローマでは、未来の教皇は行動の余地が余りなく、信仰を共有せずにしばしばキリスト教徒を迫害した皇帝の家臣であることに甘んじなければならなかった。

コンスタンティヌス帝（三〇六―三三七）の改宗が与件を一変させた。ミラノ勅令（三一三年）がキリスト教徒に対して信仰の完全な自由を容認した。新しい宗教が開花する可能性が出てきたが、この宗教は西ヨーロッパよりも近東の方がそれに適していることを証明した。一人のキリスト教徒の君主〔コンスタンティヌス大帝〕と東方にある第二の首都〔コンスタンティノープル〕と大勝利を収めた東方教会によって、ローマ教皇は大いにその重要性を失った。一部の護教論者は、ミラノ勅令は、歴史的に見て〔普遍的な〕信教の自由を最初に承認した例である、と主張した。しかしそれは言いすぎだ。と言うのは、一世代も経たないうちにテオドシウス大帝（三七九―三九五）が――他ならぬ自分のニケーア信条（三八一年）で――キリスト教を国教にして、異教徒を弾圧し、異端者を狩り出し始めたからである。ともあれ、これはきわめて重要な出来事だった。キリスト教会が信仰の絶対的な支配者と見なされたのである。

古来の諸宗教や異端派の集会――これには死の危険が伴った――の禁止は結果として幾度か虐殺を引き起こした（三九一―三九二）。そのうちの一つは、私の思い込みでなければ、皇帝の行動に対する聖職者の権威の最初の干渉を招いたという点で、特に興味深い。ミラノの〔大〕司教聖アンブロシウスは、テッサロニカ（ケ）の蜂起を流血のうちに鎮圧したテオドシウス帝に自分の教会〔ミラノの大聖堂〕に入るのを禁じ、公式苦行を強いた。これは我々が記憶に留めておくべき先例である。

オドアケル（四三四頃―四九三）によるローマの奪取と、西ローマ帝国を滅亡させる一方で、彼が世界の唯一の支配者として認めた東ローマ皇帝に対する彼の臣従礼は、ローマ司教〔教皇〕の困難を増加させた。教皇は皇帝の臣下ではあったが、しかしもはや首都には住んでいなかった。もし教皇の首位権が教皇の御座と皇帝の玉座との近さから生じていたのだとしたら、教皇は首位権を失ったことになる――ビザンティン帝国〔東ローマ帝国〕に移動した場合は別として。ユスティニアヌス一世〔大帝〕（五二七―五六五）の治世が教皇に最後の打撃を加えたことは間違いないだろう。この皇帝の特別な輝かしさと、並外れた成功が彼にもたらすその威信は、使徒と同等の君主、神の宇宙計画の一部である救済の歴史と緊密に結ばれた一つの世界の政治的統率者という、彼のダビデ的な考え方を容易に彼に抱かせるのを可能にした。彼は自分の考えを聖ソフィア教会の建設によって具体化した。彼は次の言葉を発して落成式を執り行った。「ああ、ソロモンよ、私はあなたを打ち負かしたぞ。（一一）」その時ローマは、非常に遠くにある、全く精彩のない、蛮族の世界に埋没した小さな村のように見えた。宗教は勝利し、すべてを支配したが、それは〔東ローマ〕皇帝を介してのことだった。

2　クロヴィス

たしかに、ローマは教会にコンスタンティヌス大帝を与えたが、しかしまもなくフランク族とゴール〔ガリア〕は教会にクロヴィスを与えた。この二つの贈り物はほとんど優劣がつけがたく、後者はローマの司教区の威光を際立たせることになった。キリスト教徒はきわめて急速にガロ－ロマン世界に浸透し、司教たちは、五世紀には、この地域で影響力を行使していた。しかし住民の多くは異教のままであるか、あるいはキリスト教徒になっていたとしても、異端のアリウス派に帰依していた。当時、フランク族はこの地域の北部を確保しているのみで、南部は〔西ヨーロッパ〕最大の勢力である西ゴート族が占めていた。しかしフランク族は情勢が自分たちに有利に展開する予感を持っていた。それでフランク族の王クロヴィス――彼はキリスト教徒のクロティルド[一二]を妃にしていた――の改宗が、時間をかけて綿密に準備された。それは可能であると思われた。それは必要だった。[2]それは実行された。伝承によると四九六年、現代の歴史家の研究成果によると四九八年のことである。それは突然の決定であったかのように、妃の神に対する王の心の高揚であったかのように――「クロティルドの神よ、あなたが私に勝利をもたらすならば、私はキリスト教徒になりましょう。[3]」――、まるで一種の奇蹟のように語り伝えられている。クロヴィスの洗礼の日には、ほかにも多くのことが行われたに違いない。そうでなければ、異教の神を始祖とし、自分の民族と緊密に結び付けられていたような君主が新しい宗教を苦もなく受け入れることはできなかっただろう。ともあれ、すでに見たように、数千人のフランク人がクロヴィスと同時に改宗した。この出来事の即時の反響はきわめて大きく、しかもその影響はほとんど際限がなかった。クロヴィスはキリスト教〔カトリック〕を受け入れた最初のゲルマン人の王[一三]であり、折りしも、ビザンティン帝国とバランスを取るためのキリスト教ヨーロッパが必要とされていた。クロヴィスは教会の長男になった。彼は司教たちから絶対的な支持を得た。彼はただ単に彼の王国のみならず、全ゴールにおけるキリスト教世界の旗手と見なされた。「彼が勝利した戦い[一五]は、いずれも教会の勝利である」とヴィエンヌの聖アヴィトゥス[一四]は言っている。[4]クロヴィスはブルグンド族や西ゴート族との戦いで数多くの勝利を収め、ゴール〔ガリア〕のほぼ全域の支配者になった。メロヴィング朝、カロリング朝、カペー朝はいずれも彼を〔開祖として〕引き合いに出すことになる。そのために、そしてまた、フランスがキリスト教のために果たすべき使命を持っていたために、クロヴィスは、最初のフランス王ではなく（フランスという名称はまだ存在していなかった）、フランスの君主制の伝統における最初の王であり、我々の国の真の建設者であった。〔ビザンティン〕皇帝とローマ教皇によって認められたフランク族の王国は、教会の後に従って、君主制を蘇らせはしたものの、この王国はまだこれから教皇庁との関係を明確にしなければならなかった。

3　西ゴートの例

フランスと教会の未来の関係の非常に明確な開始となる王座と祭壇の結び付きは、対等の立場で行われ、キリスト教世界全体の中でゴール人に特権を与えた。この結び付きは、西ゴート王国時代のスペインでも、同じような結論が下されたかも知れない。西ゴート族は、四一〇年に暗殺される運命にあった彼らの王の一人に従っている時に、この地域を占領した(一六)。ゴート族も、フランク族同様、すぐにキリスト教に改宗した。しかし彼らは当時非常に流行っていた異端のアリウス派を選んだ。ゴート族がローマ・カトリックに帰依したのは、五八七年(一七)、レカレド一世（五八六—六〇一）と共にである。西ゴート族は傲慢な新参者だった。セビーリャのイシドールスは、六二〇年頃、彼らの王国を「全属州の女王のように」(5)描写している。しかしながら、キリスト教徒になってからは、ゴート族も教権が世俗権力——彼ら自身の——と密接に結び付いていることを理解した。七一〇—七一一年のアラブ人による征服までは、スペインは王による一種の神権政治であり、一般信徒の支配者であるのと同じくらい聖職者たちの支配者であった。それで王は公会議を招集し、そこでなされる決議を確認し、司教たちの評価を行い、彼らの抵抗にもかかわらず、彼らを任命していた(6)。その結果、王は司教たちを、奴隷と言って悪ければ、追従者にしていた。イシドールスは、西ゴートの王の役割は、高位聖職者たちが教義を説くことによって獲得することができないものが何であるかを有無を言わさず認めさせることであった、と述べているが、これは当時の状況のかなり正確な描写である。教会は西ゴート族の改宗に満足の態度を示すことしかできず、その満足感には確信が欠けていた。この地で教会に与えられた地位は、教会がゴール〔ガリア〕で保持していた地位をよりいっそう際立たせただけだった。

4　ポワティエ

西ゴート族はアラブ人によって一掃され、スペインはイスラム教徒のものになった。キリスト教徒はイスラム教徒の激しい攻撃に耐え、彼らの最良の土地であったシリア、エジプト、北アフリカ、スペインがイスラム教徒の手に落ちるまでに、約百年かかった。ビザンティン帝国もしばしば攻囲された。誰もイスラム教徒を押し止める者はいなかった。ところが七三二年、フランク王国の宮宰カール・マルテルが〔トゥール・〕ポワティエの戦いでイスラム教徒に勝利した。アラビアの炎熱の砂漠から出てきた男たちが初めて打ち負かされたのである。この勝利でたぶん何よりもまずゴール人が救われた。茫然自失状態だった教皇庁に代わってキリスト教世界の完全な独立を確保したことは、貢献の大きさを考えれば、たぶんキリスト教世界全体の救済であり、それと同時に、未来のフランスにとっての可能性の救済でもあった。

もちろんローマ〔教皇庁〕はクロヴィスからどのような恩恵を受けたか忘れていなかったし、当初、メロヴィング朝がしっかりした正統派として振る舞い、信仰の分野での唯一の審判者として聖職者の権威を認めていたので、〔ある時期までは、〕この王朝をほとんど非難したことがなかった。しかしやがてローマは、フランク族〔メロヴィング朝〕の王たちが自分たちの権力と張り合う可能性があるような権力を司教たちに与えないよう気を配り、もっと重大なことには、司教の叙任に介入して、一般信徒を司教職に就かせようとするのを見て、怒った。聖グレゴリウス一世大教皇（五九〇―六〇四）のような実力者は、フランク王の意図に対して激しく抵抗し、それを打ち砕くために、五九九年にパリ公会議を招集した。もっともこの公会議は、司教たちがなかなか集まらなかったため、この教皇の死後、ようやく開かれたし、そこには王に逆らうことのできそうな大物は誰一人現れなかった。その結果、クロタール二世は、六一四年に、いかなる高位聖職者の任命も王の承認があるまでは決定的ではあり得ないことを公会議の決議に追加させることができた。ローマは屈伏せざるを得なかった。これ以後、ローマは、それまで以上に、フランク族の独立主義的要求を甘受しなければならなかった。

5　カロリング朝の革新

しかしながら、教皇庁は自らの精神的権威によって与えられた威信を持ち続けた。メロヴィング朝の正統性に圧倒されていたピピン〔三世〕短躯王（七五一―七六八）は、この一族がすでに[二〇]無力なのを確認していたにもかかわらず、ローマ〔教皇庁〕から保証を得たいと考えた。彼はフルラドを教皇ザカリアス（七四一―七五二）[二一]のもとに急ぎ派遣して、有名な質問をした。「王は我々の王国においてもはや権力を行使していない。これは良いことであるか、悪いことであるか。」それに対して、ローマ教皇の答えはこうだった。「秩序が乱れないように権力を正しく行使する者を王に任命するがよい。[7]」そこでカール・マルテルの息子〔ピピン、ペパン〕は、ソワソンで、集結した司教たちによって聖別〔戴冠〕された。しかし彼はそれでも不安だったと見えて、まるで司教の塗油では不十分だったかのように、三年後の七五四年、サン・ドニ修道院で、教皇の手によって改めて聖別〔戴冠〕された。[二二]こうして彼はフランク族の王国を教会の、より正確に言えば、その首長の監督下に再び置いたのである。

この、教皇による王の聖別〔戴冠〕は真の革新であった。そこには全く別の重要性があった。教皇は王を聖別〔戴冠〕するためにわざわざパリに出向いてきたのではなかった。イタリア南部の方まで勢力を伸ばしてきたランゴバルド族に脅かされていた教皇は、ビザンティン帝国に救援を求めたが、願いかなわず、これからはもうフランク族に望みを託すよりほかになす術がなくなっていた。教皇は王の足元に取りすがった。教皇による聖別〔戴冠〕はその埋め合わせだったのである。二度の遠征（七五一年、七五六年）で、ピピンはランゴバルド族を一掃し、それから、ラヴェンナとローマ周辺の占領されていた領土を東ローマ皇帝に返す代わりに、教皇に与えた。それ以来、教皇は国家元首になり、その状態は一八七〇年まで続いた。ビザンティン帝国の保護から解放されたローマ教皇は、もう誰にも頼らずに、目の前に広がる広大な領土を眺めていた。教皇はこうして教会領の経営・維持に取り組むことになった。

とはいえ、フランク族の王は教皇のおかげで王であり、教皇はフランク族のおかげで世俗の君主であった。

6　西ローマ帝国の復興……

ピピン〔ペパン〕の子カール大帝すなわちシャルルマーニュは、八〇〇年のクリスマスの日、ローマで、かつて皇帝を選出する際にローマ兵が発した歓呼に相応する群衆の歓呼に包まれて、教皇レオ三世[一三]の手で皇帝として戴冠し、それと同時に、西ローマ帝国が復興した。シャルルマーニュは自分のことを何よりもまず一人の王であると思っており、フランク族およびランゴバルド族の王という称号を主権を握っているローマ人の皇帝という称号の後に置くことによって、人々がそのことを忘れてしまわないよう気を配っていたにもかかわらず、最高行政官としての新たな威厳を身につけた。皇帝シャルルマーニュは、自分のことを、自分が「監督し、悪人から保護する」責任を持っている――と彼は言っている――教会の僕であると考えていた。彼は宗教上の問題にも絶えず介入した。彼は司教たちを任命するだけでは満足できず、彼らを自分自身のために使用した。それ以降、釣り合いの取れた二つの権力はもはや存在せず、唯一の権力、俗権と教権の統合を身をもって実証する君主の権力だけが存在した。「不可分の一体性の状態にある」この統合の時代、「それがカロリング朝時代である」とウェルナーは言っている。

ローマでの聖別式〔戴冠式〕がなぜシャルルマーニュを有頂天にしなかったかという理由は分かっている。彼は、自分の帝冠は、自分の頭にそれを載せる教皇からではなく、神から授かるのだと確信していたのだが、それと同時に、〔そのことで〕諸民族はだまされているのではないかと心配した――それで戴冠式が、皇帝の意思に反して、唐突に行われたという伝説が生まれたのである。皇帝〔シャルルマーニュ〕が自分を教皇より上位にいると考え、教皇を自分の封臣と見なしていたことは明白である。皇帝は、七八六年、レオ三世が聖座に選出された日に、誠実な生活を送り、教会聖典範に従い、あらゆる点でイエス・キリストの模倣者になるよう教皇に勧めた時、すでにこの確信を持っていた。皇帝は、八一三年、自分の息子ルートヴィヒ（ルイ）一世敬虔帝〔八一四―八四〇〕と玉座を共にした時、教皇に依頼することを差し控えることによって、再び自分の確信を表明した(8)。しかし一度出来た流れは止まらなかった。シャルルマーニュの戴冠の影響は後の世代に非常に強い印象を与えたので、皇帝の聖別にはローマ教皇の関与が必要であると思われるようになった。それから千年後、ナポレオンもサン・ピエトロ大聖堂〔教皇庁〕に自分を聖別するよう強請した。

ところで、キリスト教世界は教権と俗権を統轄するただ一人の指導者を、換言すれば、キリスト教世界の一体性を示す唯一の証を持たなければならない、というカロリング朝の理念は、まもなく帝国を裏切った。シャルルマーニュの即位からせいぜい半世紀後には、カロリング朝は力といっしょに覇権を失って、王朝が手中にしていたいっさいの権限を教皇に委ねざるを得なくなった。ニコラウス一世（八五八—八六七）(二四)はすべての権限を獲得して、いっさいの制限を拒絶した。「聖座は世界のあらゆる部分とあらゆるものに秩序と公正をもたらさなければならない。」この教皇は、実現する可能性はあったものの、カロリング朝の帝国の分裂が帝国を諸国家の形成へと導くことによって消滅させようとしていた一つのヨーロッパの必然的な存続を信じていた。ルートヴィヒ（ルイ）一世敬虔帝（八一四—八四〇）は父親〔シャルルマーニュ〕の後を継ぎ、八一七年には、神の民の一体性のために保たれた、帝国の不可侵にして神聖な一体性の原則を布告した。この原則は八二三年と八二五年にも確認された。

7 ……そしてその崩壊

継承者たちの間での世襲財産の分割というゲルマン人の本能を超えたこの素晴らしいイデオロギーは、現実の試練に耐えられなかった。ルートヴィヒ（ルイ）一世には、ロタール〔一世〕（八八五年没）(二五)、後にドイツ王と呼ばれるルートヴィヒ〔二世〕（八七六年没）(二六)、後にシャルル二世禿頭王となるカール（八七七年没）という三人の息子がいた(二七)。彼らはいずれも野心で動く者たちであり、理解し合うことなく、いがみ合った。彼らの争いは、ヴェルダン条約（八四三年）で、三つの国の誕生を認め合うことによって終息し、そのうちの二つはその後大いに発展することになった。容易には信じられなかったことだが、この条約の一つの条項は、王たちを皇帝の下位に置くことによって、どうにか体裁を繕った——これを帝国の理論上の一体性の維持と理解しよう。たぶん、大変な洞察力があるかまたは単に抜け目のない教皇たちは、自分たちの番が来た、と考えたことだろう。彼らは帝国が挫折した今ならうまくやれると考えた。帝国は、予知されていたように、崩壊し（八八八年）、九二四年、ベレンガーリョ一世[二八]の死と共に消滅した。全キリスト教世界に対する皇帝の支配について言えば、ドイツでは、それはもはや一つの夢、単なる夢でしかないとすぐに分かる、そんな夢でしかなくなった。

8　聖ペテロの首位権

十世紀に、オットー一世大帝（九六二―九七三）[二九]が、これ以後、歴史上は神聖ローマ帝国*として知られるカロリング朝帝国を復興すると、この帝国による世界支配が再びありそうに思われた。初代皇帝とその後継者たちは、シャルルマーニュ〔カール大帝〕の治世に帝国が有していた威光と帝国の完全なる主権を回復させたいと考えていた。しかし教皇がその地位を占めており、それを放棄するつもりはなかった。両者の争いは避けられそうになくなった。

＊　もちろん、これは「帝国」と呼ばれていた。この「帝国」に「ローマの」と「ドイツ（人）の」という形容詞を付けたのは、我々である〔原語は Saint Empire romain germanique〕。

教会が当時直面していた危機が両者間の争いを引き起こすことになった。二つの悪徳が聖職者たちをむしばんでいた。それは聖職売買とニコライ主義[三〇]であり、もっと具体的に言えば、聖遺物や教会財産や聖職の売買と、あらゆる種類の性的無秩序を伴う聖職者の結婚――ローマ・カトリックでは禁じられていたが、ビザンティンの正教会では認められていた――であった。意志の欠如からにせよ、無力からにせよ、とりわけ〔神聖ローマ〕皇帝たちが〔教会より〕優位に立っていると思った——特にハインリヒ四世（一〇五六—一一〇六）はそうだった——からにせよ、帝国が〔二つの悪徳を広めた〕共犯者になっていたとは言わないまでも、帝国はそれについてほとんど心配していなかった。それでそのことが教皇たちを怒らせた。レオ九世（一〇四九—一〇五四）[三一]とその後継者たちは、一般信徒の司教叙任はあえて非難せずに、聖職〔および聖物〕売買の罪を犯した者たちとの戦いを精力的に推し進めていくことを決めたが、そのことが教皇を皇帝に対立させることになった。グレゴリウス七世（一〇七三—一〇八五）が教皇に即位すると、その問題はついに明確な言葉で提起された。絶対権力は教皇のものになるべきか、それとも皇帝のものになるべきか。グレゴリウス七世は、ニコラウス一世のテーゼを引き継ぎ、それを自分の最終結論にして、自分は、非常に長い間待望されたキリストの統治、世界中のすべての王国にぴったり合い、キリスト教世界全体を支配する一種の聖職者による君主制を地上に確立するよう運命づけられている、と言った。グレゴリウス七世によると、キリスト教徒は各自が公に言明したただ一人の首長しか持つことができないが、しかしその首長は、キリストとカエサル両者の継承者であり、一方の手では天の鍵を、もう一方の手では[三二]地上の王杖を握っている教皇以外にはあり得なかった。グレゴリウス七世は、即位後、ニコラウス二世が一〇五九年に発したものの死文化していた教皇令を実行しようとした。それは俗権に対抗して、教権の完全な独立を宣言するものだった。次いでグレゴリウス七世は一般信徒の司教への叙任を非難した。彼は自分の『教皇告諭』で教皇特権と自分の諸権利の範囲について明解で簡潔な説明を行っている（一〇七四—一〇七五）。

そういうわけで、九世紀後半以降、そして十世紀から十三世紀にかけてはよりいっそう、ほとんどのキリスト教徒の君主が、自分たちの権力は教皇の承認なしでは正統であり得ないことを痛感して、程度の差こそあれ、完全にローマに屈伏した。九九七年には、アジアのステップから五世紀ほど前から押し寄せてきた諸民族の中の最後の民族であったハンガリー人が、自分たちが王に戴いたイシュトバーン（九九七―一〇三八）に教皇自身の手で戴冠してもらうために、教皇庁に使節を派遣したことによって、キリスト教諸国民の仲間入りを果たした。九九二年には、ポーランド公ボレスワフ一世（九九二―一〇二五）[三三]が教皇のおかげで王に昇任した。これらの新参者たちは西洋の状況を詳しく調べていて、教皇の絶対権力を完全に理解していたのである。[三四]教皇の絶対権力は、ポルトガル王、カスティーリャ王、アラゴン王、ジョン欠地王（一一九九―一二一六）のようなイギリス王、ヨハニッツァ一世（一一九七―一二〇七）[三五]のようなブルガリア王が教皇の主権を認めた――たとえそれが必ずしも自発的でなかったとしても――十二世紀と十三世紀、教権の絶頂期に、強固になった、と言うか、顕在化した。ただフランスだけは、後で示すように、教皇の絶対権力を受け入れなかった。他の国は試みたが、無駄だった。ジョン欠地王にとって事態は大変厳しかった。教皇は、ジョンは神の恩寵を失った、と宣言し（一二一一年）、カペー朝の軍隊をジョンに差し向けて、揺さぶりをかけたため、ジョンは〔教皇に〕降伏した（一二一三年）。「我々は全イングランド王国、全アイルランド王国を［……］聖座に譲渡する。そしてそれらを封臣として維持することを認め、重い租税を納めることを受け入れる。[9]」

　アラゴンのペドロ二世（一一九六―一二一三）のような大君主でさえも、躊躇することなく聖座に租税を払い、聖座から王冠を得るために、自分は聖座の封臣であると認めた。[三六]ペドロ二世はローマのインノケンティウス三世のもとに赴き、教皇がペドロの継承者たちの聖別式〔戴冠式〕の諸形態を定めることを受諾した。それでこれ以降、アラゴン王の聖別式〔戴冠式〕は、教皇が首都〔サラゴサ、一一一八年以降〕にいる王に承認を与えた後すぐに、教皇の名において行動する大司教によって、タラゴーナで行われなければならなくなった[10]。たぶんこの時重要だったのは、疑われてもいない正統性を強化することではなく、教権を盾に取ることで、スペインで特に強い影響力を持ち、自分たちこそはあらゆる権力の源であると考えていた貴族たちから逃れることだったのだろう。このようなペドロ二世に対して、貴族や騎士たちは、ローマ教皇に従属する態度を取った王の恥を至る所で声高に叫んで、精力的に抵抗した[11]。彼らは教会から自立した君主制の最も熱烈な支持者であった。もし、彼ら自身が区別することができなかったことを区別する何らかの可能性があったならば、彼らが王のために行動していたのか、それとも自分たちのために行動していたのかと考えてみることもできるのだが[三七]……。

9 皇帝の反発

いかに服従させられても、ローマから遠いところにいるこれらの君主たちは、自分たちの隷属によって窮屈な思いをしている様子をほとんど見せなかったが、それは特に彼らの自尊心を傷つけた。しかしながら彼らは、教皇のどこにでも顔を出す代理人である、托鉢修道会の代表者の支配を甘受しなければならなかった。そしてその状況は東方キリスト教世界でも同じだった。ベーラ四世（一一七二―一一九六）の治下に、最初のカトリック政権になろうとしていたハンガリーについて言えば、ローマの保護領にクマニ（黒海の北側にある平原）を譲渡し（一二二九年）、そうすることによって自らの行動の自由の限界を認めなければならなかった[三八]。〔神聖ローマ〕皇帝にとって、状況はいっそう厄介であった。と言うのは、皇帝の領地が教会の領地と隣接していたからである。ハインリヒ四世は控えめな人物ではなかったが、自分の高い誇りを抑える術を知っていたし、帝冠には争うべからざる権利があるとは思っていなかった。彼は教会の主権を認めることを恥だとは見ていなかったが、しかしそれでも、教皇の専横を黙認できるような人物ではなかった。彼は教皇が信仰の敵であるような君主を退位させることができるのは許せても、敬虔なカトリック教徒の君主を退位させることができるのは許せなかった。彼は帝冠の既得権を、換言すれば、皇帝の役割の神聖な性格の既得権を守るのが自分の義務だと自覚した。彼は次のように言っている。「私は神によってのみ裁かれるべきである。なぜなら〔……〕私は帝位に就くために塗油された者の一人だからである。」(三九)

グレゴリウス七世の高圧的な要求に対して、ハインリヒ四世は最初は外見上無関心であったが、まもなく怒り出し、それから我慢できなくなり、ついには教皇の要求を度を越した危険なものと思うようになった。一〇七六年、皇帝はウォルムスに司教たちを招集して、教皇廃位証書に署名させた。グレゴリウス七世は皇帝を罷免し、皇帝の家臣たちを臣従の誓いから解放し、皇帝を破門に処することで、それに応えた。それでこの時、皇帝ハインリヒは軍隊すら自由に使えなかった。戦いは勝負にならなかった。ハインリヒは、時代に先駆けていたものの、そのことが分かっていなかった。彼は戦う前に負けたのである。一〇七七年一月、彼は教皇の赦しを乞いにカノッサに来た。*

＊　本書三五九ページを参照のこと。

ハインリヒ四世が戦いを始めたのはたしかに間違いだった。しかし聖グレゴリウスが戦いを推し進めたのも間違いであり、まして戦いに勝ったのはなおさらそうである。完全に分別を欠いていたグレゴリウスは、皇帝を辱めることによって、別のレベルでではあるが、神の代理人と見なされている者を自分が辱めているということと、自分が辱めているのは、自分を介して、いわば神になった者だということが見えていなかった。教皇グレゴリウスはそのことで罰を受けることになった。教皇のこのむなしい勝利の三年後、ハインリヒが勝利した。再度の破門にもかかわらず、ハインリヒはこのハンディキャップを克服する術を心得て、教皇との戦いに突入し、教皇を打ち負かし、ローマを奪取した（四〇）。教皇グレゴリウスは流浪の旅に出て、その途中で没した。負けたのはまたしても神であったが、今度は神の教会の長、キリストの継承者という名の神であった。聖職者叙任権闘争は教皇権・帝権闘争という一種の戦争になった。

10 教皇権・帝権闘争

教皇権の状態はすぐに立ち直った。どう見ても、結局勝ったのは教皇権だった。その際、教会は十字軍を起こした神秘的な精神の高揚と一人の恐るべき思想家ベルナール（クレルヴォーの）（一〇九一―一一五三）（四一）を利用した。ベルナール〔ベルナルドゥスとも〕は、「ペテロのものである」二本の剣――「一本は霊的な剣で、ペテロの手中にあり、もう一本は世俗的な剣で、ペテロの意のままになる」――のイメージを作り上げた。この大胆な説は国家からすべての基礎を取り上げて、聖別〔戴冠〕された王〔皇帝〕を単なる一実行者にするものであった。すでに〔神聖ローマ皇帝として〕戴冠していた〔サクソニア公〕ロタール三世〔一一二五―一一三七〕（四二）は、一一三三年、教皇が彼に皇帝としての完全な尊厳を授与する意向を持っていることを知った。ローマのラテラノ宮殿のあるフレスコ画には、聖座に着いている教皇と、その前にひざまずいている皇帝が描かれており、次のようなラテン語の言葉が添えられている。「王は教皇の封臣となり、教皇から冠を授かる。」(12) たとえキリスト教世界が単一国家を形成しなくとも、たとえ十字軍が期待されていたような統一された力でなくとも、すべて勝負はついているかに見えた。が、実際は何一つ勝負はついていなかった。ある大家族、ホーエンシュタウフェン家という「この蝮《まむし》の類」が挑戦に応じた。フリードリヒ〔一世〕赤髯帝《バルバロッサ》（一一五二―一一九〇）と彼の孫フリードリヒ二世（一二一五―一二五〇）[四三]という二人の大君主が立ち上がった。折りから、よくしたもので、ローマにはこの二人に相対する二人の大教皇、インノケンティウス三世（一一九八―一二一六）とインノケンティウス四世（一二四三―一二五四）[四四]がい[四五]た。

　この戦いには、全キリスト教世界の戦いがかかっていた。もし皇帝が勝てば、諸王は〔教皇の〕軛《くびき》を振りほどき、カペー朝を見習うだろう。バルバロッサは帝位に就いた当初は教皇ハドリアヌス四世（一一五四―一一五九）[四六]と良い関係を維持していた。しかし一一五七年、彼は急に態度を変えた。フルダの宗教会議で、彼は、自分は都市〔ローマ〕と世界の主権を「神の恩寵によって」授かった、と宣言した。そして聖座の抵抗を前にして、帝冠は教皇の意のままになる封であるというのは嘘である、と言明した。こうして冷戦が再開された[13]。この戦いはすぐに激しさを増した。新教皇アレクサンデル三世〔一一五九―一一八一〕[四七]に対して、バルバロッサは対立教皇ヴィクトル四世[四八]を擁立した（一一五九年）。数度の戦いがあった。バルバロッサはロンバルディア同盟と戦い、一一七六年に敗れ、ベネツィアに来て、教皇の前に全身を伸ばしてひれ伏した。カノッサの屈辱が繰り返されたが、しかし今度は少し違っていた。それは十四年後に、バルバロッサが死んだ時、神格化されたことからも理解できる。

　フリードリヒ二世は考えられる限り最も良い政治状況の中にいた。彼は祖父の威光を受け継ぎ、神聖ローマ皇帝の冠と両シチリア王国の冠を持っていた。そのため教皇は〔北と南から〕板挟み状態になっていた。インノケンティウス四世は、フリードリヒ二世の働きかけもあって教皇に選出されたにもかかわらず、不安になって、ジェノヴァに居を定め、ついでリヨンに逃れた。そして一二四五年、教皇は同地で公会議を開催した。それはキリスト教世界にとって脅威に満ちた時代だった。と言うのは、ハンガリーに定住したモンゴル人が、皇帝に服従するよう命じてきており、ヨーロッパを征服するという彼らの意図を伝えていたからである。[14][四九] にもかかわらず、リヨン会議の議事日程では、恐ろしい侵略者たちよりもフリードリヒの方に大きなスペースが割かれた。インノケンティウスは自分の回勅[五〇]『アエゲル・クイ・レウィア』«*Aeger cui levia*»で、次のように宣言した。「神によって授けられていない権力は全然ない〔……〕。真の王であると同時に真の聖職者である〔……〕歴代の教皇は、イエス・キリストの後に続くことによって、教皇の君主制のみならず、王の君主制も授かった。神は教皇に〔……〕天上の帝国と地上の帝国を同時に託された。二つの権力の標章である剣〔単数〕は教会にある。」このような説が、これほど大胆に、これほど激しく述べられことはかつてないことだった。

フリードリヒ二世は〔リヨンの公会議で〕破門され、ついで廃位させられた。[五一] 彼はそれを無視し、彼の統治はほとんどその影響を受けなかった。しかし彼の孫のコンラディン（コンラート〔五世〕[五二]）は、彼ほどの力量を持っていなかったので、教皇との戦いを続けていくことはできなかった。コンラディンはシチリア王シャルル・ダンジュー[五三]（アンジュー家のシャルル）との戦いに敗れ、シャルルの命により斬首された（一二六八年）。

教皇は勝利者であったが、しかしその勝利は物悲しいものだった。教皇はヨーロッパの統一——これが教皇の行動を正当化した——を果たすことに成功しなかったが、しかし教皇が「地および地が有するすべてのものが帰属するもの〔神〕[15]」の代理であるということを認めさせるのには成功した。神権政治は誕生を目前にしているかに見えた。教皇勅書[五四]『ウナム・サンクタム』«*Unam sanctam*»は、とにかくまるで神権政治が誕生しているかのように、それを定義した。「教会は君主の上にある。ゆえに教皇は教会および世界に対する全権を有している。教皇は王の審判者であり、またあらゆることに対してそうである。[16]」ヨーロッパはたぶん神権政治を出産していたが、しかしそれは死産だった。すべてが崩壊し、教会と帝国も分裂した。教会は嗜眠状態に陥り、帝国はきわめてひどい無政府状態に陥った。〔神聖ローマ帝国の〕この時代は「大空位時代」（一二五四―一二七三）と呼ばれた。ドイツとイタリアが分離したことは、ドイツの介入を歓迎していなかったイタリアにとって、大変喜ばしいことだった。私はこの喜びに納得がいかないが、たぶんダンテを読みすぎたのだろう。と言うのも、この大詩人（一二六五―一三二一）は〔神聖ローマ〕帝国の熱心な支持者で、教皇の俗権にほとんど好感を持っていなかったからである。彼はこう言っている。「人間には二つの目的を追求する二つの指示が必要である。すなわち、一つは教皇の指示で、これは神の啓示に基づく真理によって人類を永遠の生命へと導く。そしてもう一つは皇帝の指示で、これは哲学的な教えによって人類を世俗の幸福へと導く。(17)」そうなのだ。「世界を良くするローマ*は、現世の道と神の双方を照らす二つの太陽を持つのが習わしとなっていた。(18)」

＊　この主張の責任はダンテにある。

帝国は依然として覇権主義的な意思をいくらか持っていた。一方、教皇庁はもはやそれを持っていなかった。それでルートヴィヒ四世バイエルン公（〔神聖ローマ皇帝在位〕一三一四―一三四六）(五五)は教皇庁に実力行使を試みたが、失敗した。カール四世ルクセンブルク公（〔ボヘミア王在位一三四七―一三七八、神聖ローマ皇帝在位〕一三五五―一三七八）(五六)は、一三五五年、教皇の手でもう一度〔――今度は皇帝として――〕戴冠式を行ったが、翌一三五六年に布告された王および皇帝の選出方法を定めた金印勅書では、ローマ・カトリックが執り行う儀式についてはいっさい触れられていなかった。勅書は、皇帝の選挙を七人の選定侯に任せるとして、教皇には言及さえしていなかったのである。皇帝と教皇はお互いに相手の存在を容認し、知らぬふりをしようとした。これよりもっと後の時代の闘争について、今ここで〔長々と〕

論じるのは無益である。時代は決定的に変わったのだ、たとえば、教皇はカール五世（一五一九―一五五六）の野心に対して何ができただろうか。この皇帝はプロテスタントとトルコ人双方の圧力に対するカトリック教徒の主要な城壁になっていた。それに、ローマ・カトリックの宮廷〔教皇庁〕の言うことに耳を傾ける者はもうほとんどいなかったし、教皇庁も自らの働きかけ《イニシアティブ》がうまくいかないことがすぐに分かった。スペインのフェリーペ二世（一五五六―一五九八）(五七)や神聖ローマ皇帝フェルディナンド一世（一五五六―一五六四）(五八)とのパウルス四世（一五五五―一五五九）(五九)の主導権争いは、教皇庁を危うくした。クレメンス七世（一五二三―一五三四）(六〇)の主導権争い――これはすべてイギリスのヘンリ八世（一五〇九―一五四七）(六一)の離婚に起因しているがゆえに、やはり宗教の分野に属する――は、新たな分裂教会〔英国国教会〕の誕生をもたらした。

11　フランスと教皇庁

これまでに、私はフランス王がローマで得たすべての感謝状について述べた。教皇の感謝の念は、王国と教皇庁のそれぞれが置かれた状況によって、いっそう強くなった。フランク人はイタリア支配を望んでおらず、野心的な〔神聖ローマ〕帝国には好意的な態度を示さなかった。フランク人はドイツ人の帝国主義からローマを守ることにした。[19]九世紀に、ヒンクマルがランスの大聖堂で自ら王を聖別〔戴冠〕することを思いつき、それが伝統になってからは、教皇はもはや儀式を執り行う必要も、君主の諸問題に口を出す必要もなくなった。とはいえ、君主制は教会の宗教的介入を免れなかった。これはあり得べきことでも、望ましいことでもなかったので、〔フランスの〕君主制は教会からの自立の意志を明示した。唯一の真の紛争の火種はドイツで紛争を引き起こしていたもの、すなわち司教の叙任権は教皇にあるか王にあるかというものだった。この火種は、もし教皇が至る所に火事を広げたいと思っていたならば、フランスをも燃やしたことだろう。幸い、それはフランスでは幾つかの争いを引き起こしただけだった。ただしその争いは決着がつかなかった。ルイ十四世（一六四三―一七一五）の治世にインノケンティウス十一世（一六七六―一六八九）(六三)との間で起こった軋轢は、ガリカニスム〔フランス教会主義〕(六二)をめぐるもので、その見解は特にボシュエが幾つかの定式表現〔四カ条宣言〕で体系化した。

　フランスには、数世紀来のこうした長所のほかに、さらに二つの長所があった。それはフランスが十字軍の偉大なる遂行者であったということと、聖ルイ〔九世〕がフランスで生まれたということであった。十字軍はたしかにキリスト教世界全体の出来事だったし、イギリス人、ドイツ人、イタリア人も――言うまでもなく、スペイン人も。彼らは自国内でイスラム教徒と戦っていた――多数十字軍に参加した。しかしフランク人が最も数が多く、最も献身的で、最も熱心だった。それでイスラム教徒は十字軍のことを語る際には「フランク人」と言っていたし、また、後にこの海外遠征は「フランク人による神の偉業」*Gesta Dei per Francos* と命名された。十字軍はフランスの教皇ウルバヌス二世(六四)によって、クレルモンというフランスの都市で決定された（一〇九五年）し、その際先頭に立って活動したのはフランス人の修道士ペトルス（アミアンの）(六五)であった。

　何よりもまずフランスにおける、次にキリスト教世界における、そしてその外の世界――イスラム教徒やモンゴル人の世界――における、聖王ルイ〔九世〕の比類なき威信を正確に想像するのは難しい。驚いたことに、モンゴル人たちでさえルイを西洋で最も偉大な君主だと思っていたのである。ルイ九世は、幾世紀もの間、基準であり、模範となった。彼の血を引く者すべてが彼の恩恵に浴した。あたかも彼との血縁関係が彼らにも彼の完璧さを分有させているかのようであった[20]。聖ルイのおかげで、フランスは以後「神によって守られている王権を向上させるのに、教皇も教会の介入も必要としなくなった。〔……〕王権によって達成された高度の精神性が王に大いなる活動の自由を与えたが、それは教会との関係においても同様であった[21]」。王が聖職者を支配するだけでは満足せず、「断固として自分のために役立てる[22]」時、誰一人いつまでも抵抗し続けようとは思わなかった。

もちろん、フランス王と教会の関係は何度か危機的状況を迎えた。悠々たる大河にも、水が渦巻く峡谷や傾斜地はある。しかしそこを過ぎると、流れはすぐに滑らかで、おだやかになる。〔フランスの場合、まさにかくのごとしであった。〕この種の偶発事の一つは、フィリップ〔二世〕・オーギュスト〔一一八〇―一二二三〕の治世に起きた。フィリップは自分の離婚を理由に教皇〔インノケンティウス三世〕が破門したことを二十年間聞こえないふりをした[六六]後、一二〇三年には、教皇の使節に向かって、自分は「教皇に指図される覚えはない。聖座は王の問題に口を出すべきではない」と断言した。もう一つの偶発事は非常に長期にわたる非常に厄介なもので、一二九六年、フィリップ〔四世〕美王とボニファティウス八世〔一二九四―一三〇三〕[六七]との衝突で始まった。原因は王が聖職者から徴収しようとした臨時徴税にあった。翌一二九七年、十字軍のためにイギリスと和平条約を締結するよう促しに来た教皇の特使に、フィリップ四世は、自分の王国の世俗的な政権は自分だけのものであり、世俗の領域ではいかなる上位者も決して容認しないし、そのことでは誰にも決して従わない、と答えた。そして〔一三〇一年、〕教皇が書簡で*「御身に、あなたには上位者はいないし、教会という上位の君主に従属しているわけではない、と説きつけている人たちは御身をだましているのです」と言ってくると、王はノガレ[六八]を派遣して、アナニ城に押し入らせた〔アナニの屈辱（一三〇三年）〕。教皇はショックのあまり、まもなく死んだ。一三〇五年、フランス王はフランス人の教皇クレメンス五世（一三〇五—一三一四）[六九]を選ばせ、〔四年後、〕アヴィニョンに移させた。それ以後、教皇庁は、一三七八年にもう一人のフランス人教皇グレゴリウス十一世〔一三七〇—一三七八〕[七〇]がローマに移すまで、アヴィニョンに留まった。

＊　王が〔教皇によってナルボンヌ教会の紛争を調停するために派遣された〕パミエの司教〔ベルナール・セセ〕を〔反王室陰謀に加担した罪で〕監禁し〔裁判にかけ〕たからである。〔これを機に、教皇とフランス王との対立はさらに激烈なものとなった。〕

12　ビザンティン帝国

西洋でののっぴきならない主導権争いに身を投じた教皇庁は、ずいぶん前から東方教会を失っていた。カトリックのヨーロッパは〔信者の共同体のあり方として〕教会〔教皇庁〕による君主制の指導を選んだが、ビザンティン帝国は公会議による指導を選んだ。[七一]ユスティニアヌス法典〔ローマ法大全〕は、ローマとコンスタンティノープルに招集権がある、五つの総首教区の連邦によるキリスト教徒の国民会議〔エクレシア〔アテナイの民会〕〕の政府を予定していた。しかし現実には、この帝国では、俗権においても教権においても、皇帝が万人の認める指導者でなければならなかった。バシレイオス〔一世〕マケドニア人帝（八六七—八八六）[七二]と〔その子〕レオ六世〔哲人帝〕（八八六—九一二）[七三]は真の「単一の力」を明示した。聖職と帝権の一体性はまさに魂と肉体の一体性であった。選ばれた皇帝は国民から託された王的性格の聖職を自分の身に集中し、それを代表した。皇帝は教会の運営を統御し、公会議を招集し、多少の例外を除いてだが、総主教の叙任権を持っていた。[23]ただし、教会には介入する権利があった。司教と司祭は、法律や〔統治〕行為がキリスト教徒の良心に反する場合、皇帝に進言することが認められていた。そして実際、彼らはあえてそうしていた。これは全く彼らの名誉とすべきものだった。と言うのも、そうすることには常に危険が伴っていたからである(24)。

もし〔教区付き〕在俗司祭がほとんど手も足も出ないようであれば、その代わりに、修道会聖職者が断固とした抵抗力を示していた。その数の多さと、まとまりの良さと、国民から得ていた支持は、修道会聖職者に大変な重みを与えていた。最も嫉妬深いビザンティン皇帝たち——特にコンスタンティノス五世（七四〇—七七五）(七四)は彼らを大いに迫害した——は、修道会聖職者は国家の中に国家を形成していると断言していた。要するに、聖画像破壊の炎が向けられたのは、たぶん、聖像を非常に大事にしていた彼ら修道会聖職者に対してだったのだろう。とはいえ、聖画像破壊運動(七五)の誕生と進展はイスラム教徒の聖画像破壊運動——九世紀に収集され、公にされた、預言者の伝承集『ハディーシュ』で正当化されている——とほぼ同時に起きたことと、この運動があちこちで花と動物の豪華な装飾となって現れたことは、興味深い事実である。いずれにせよ、七二六年に始まり、八四三年に終わったビザンティン帝国の聖画像破壊運動——歴史家はそこに皇帝教皇主義(七六)の高まりを見ようとした(25)——では、二つの陣営が対決した。一方〔聖画像破壊論者たち〕の陣営はもちろん皇帝のもので、そこに高位聖職者たちが入っており、皇帝の支配下にあった。そしてもう一方〔聖画像崇拝者たち〕の陣営はというと、ほとんどすべての人々、特に修道士のような下級聖職者や女性住民を結集していた。長期にわたるこの闘争はそれまでに形成されていた教会の機構を大幅に変えるものではなかったが、西洋の教会とは別の名称を考案しなければならなくなった。東方教会は自らを正統《オルトドクス》であると主張し、結局、ギリシャ正教会と称することを認めさせた。

教皇庁は、聖画像破壊運動が起きると、すぐに激しく抵抗した。当然のことながら教皇庁は、教会の合議制指導と、教皇庁がもはや認めていなかった、ビザンティン皇帝による教会支配に反対だった。それで教皇庁はただちに皇帝との間に距離を置いた。グレゴリウス三世（七三一―七四一）(七七)が自分の教皇〔ローマの総主教〕(七八)への選出の確認をビザンティン帝国政府に求めなければならなかった最後の教皇となった。宣告も確認もされたわけではなかったが、〔東西両教会の〕分裂は明らかだった、シャルルマーニュの即位〔八〇〇年〕と西ローマ帝国の復興がこの分裂をいっそう推し進めた。コンスタンティノープルの見解では、コンスタンティヌス大帝の後継者以外は、誰も皇帝の称号を得ることはできなかった。それで言い合いになった。折りから、シャルルマーニュは使徒信条に、父から発出する聖霊が、父からだけでなく、子からも発出することを意味する「フィリオクエ」(七九) *filioque*〔「……と子より」の意〕を付け加えることを思いついた。* この些細な過ちが重大な過ちとされた。まず、東方教会がいきり立った。論争は長引いた。一〇五四年には、ミカエル・ケルラリオス総主教(八〇)が教皇を破門し、教皇も総主教を破門した。**(八一) それでもこれが教会分裂《シスマ》の始まりとは誰も思わなかった。双方とも分裂《シスマ》は念頭になく、〔ひたすら〕憎み合っていた。誰がキリストの言葉「一つであれ」を気に掛けていただろうか。やがてビザンティン帝国では、「ローマ人の司教冠《ミトラ》〔教皇冠〕よりトルコ人のターバンの方がましだ」と言われるようになった。ラテン人〔ローマ・カトリック教徒〕が〔第四回十字軍で〕コンスタンティノープルを攻略し（一二〇四年）、蹂躙し、最悪の残虐行為に身を任せた時、彼ら〔ビザンティン人〕はその言葉になにがしかの真理がないかどうかと問うことができた。

＊　フィリオクエ（「と子より」）は五八九年の〔第三回〕トレド公会議で初めて採択され、カロリング朝によって一般化された。

＊＊　〔この時以来、〕相互の破門は一九六五年まで解除されなかった。

II　王と貴族

1　世襲か選挙か

自明のものではなかった王座の取得方法を選ぶために、キリスト教世界は、ユダヤ人とローマ人とゲルマン人の伝統の中から、モデルとなり得るものを——それが見つかった場合にはだが——取り出さなければならなかった。いずれの伝統も——たぶんユダヤ人のもの以外は——さほど明確な模範を提供してくれなかった。キリスト教徒の君主たちにとって、聖史は最も重要な準拠となった。新選民の君主は、旧選民の君主と同じように、ダビデ型の君主でなければならなかった、換言すれば、神によって選ばれた一種の特権家族の継承権を持っていなければならなかった。しかしながら、疑問が投げかけられた。神は一度望まれたことはいつまでも望まれたのだろうか。神はサウルを見限って、ダビデを指名された。このことは熟慮を促した。キリストに限って言えば、彼は十二使徒を出自のことなど気に掛けずに選んでおり、使徒たちの長ペテロも、特別な家系に属していたとは思われない。使徒たちにとっては、世襲も選挙も問題ではなかった。しかし彼らは、裏切り者ユダの代わりに十二使徒〔の一人〕を補充しなければならなくなった時、投票した(一)。それで十二使徒の後継者を選出することが習慣化された。それ以来、今日に至るまで、教皇は選挙で選ばれた君主である。教皇は独身と決められていたので、教皇位が父から子へと継承される可能性はなく、また幸いなことに、教皇位が兄弟や甥に継承される習慣も採用されなかったことは言うまでもない。しかしながら、教会は早くからかなりひどく同族主義に侵された。体制と連続の安定性をよりいっそう確固たるものにするために、最初はかなり大きかった選挙人の枠は縮小し続けて、結局は枢機卿だけに限定された。この枢機卿たちは教皇によって任命されており、当然のことながら、教皇の考えに近く、それを共有している人物を次の教皇に選ぶ傾向があった。したがって教皇は、同血統の一つの家族からではなく、それよりも団結力の強い宗教上の一つの家族から選ばれたということになる。

ゲルマン人の伝統は、理解するのがさほど難しくない、はるか昔から彼らの心の中に語りかけている一つの声を発していた。ゲルマン人は、ライン川の向こう側の、後にドイツとなる地域に留まっていた頃や、ライン川を渡ってきて、特にフランク族と西ゴート族が大国を建設した頃、自分たちの心は世襲制に引き付けられていると思っていたが、しかし選挙制を免れていたわけではなく、単一の家族の中で王を決めるのにしばしば用いられた。また、ゲルマン人は息子たちの間で分割するという破滅的な慣習も持っていた。メロヴィング朝は、聖書があるにもかかわらず、この厄介な遺伝的特性の力に負けたが、これが王朝の活動の重大な妨げとなった。スペインの（そして一定期間、ゴール〔ガリア〕南部の）西ゴート族は、五三一年までは、君主を貴族の中から、どちらかといえば先王の近親者の中から、選んでいた。その後、在俗および聖職の貴族階級が王の選出権を獲得した。しかし五四九年には、償いようのない罪と考えられていたにもかかわらず頻発する弑逆に対処するため、聖職者階級は世襲による王位継承を念頭に置いて、君臨している王に自分の後継者を指名するよう要求し、それを自分の息子に決めるよう提案した(二)。この改革は、いずれも王座を獲得する権利を持っていた貴族たちの反対で挫折したが、しかしそれでも、何人かの強烈な個性を持つ王が王位を自分の直系親族に継承させるのを妨げられるようなことはなかった。貴族たちの執拗な反対はその後も王位継承権の確立を妨げ、一人の不満を持つ人物がアラブ人に助けを求めるのを可能にした[三]。

ローマ人の伝統は、頻繁な断絶という形で示された君主制の連続について、重要な教訓を与えた。カエサルはかねてより自分はローマの建国者の末裔であると公言しており、アウグストゥス・オクタウィアヌスはカエサルとの養子縁組によってやはりそうなった。ローマでは、ユリウス＝クラウディウス朝〔前二七―前六八。アウグストゥス、ティベリウス、カリグラ、クラウディウス、ネロ〕、フラウィウス朝〔六九―九六。ウェスパシアヌス、ティトス、ドミティアヌス〕、アントニヌス朝〔九六―一九二。ネルウァ、トラヤヌス、ハドリアヌス、アントニヌス・ピウス、マルクス・アウレリウス、ウェルス、コンモドス〕においてそうであったように、時として帝位が世襲されはした*ものの、多くの場合、皇帝は兵士たちの歓呼によって政権の座に就けられ、元老院がこれを追認していたが、しかし皇帝たちは霊的な親子関係によって繋がっていると見なされていた。帝国の永続性や調和のとれた統治の連鎖をこのような意味に解することこそがビザンティウムにローマを継承するのを可能にし、モスクワにビザンティウムの継承者を自認するのを可能にした。すでにイヴァン三世（一四六二―一五〇五）[四]の時代、ロシア大公家は、アウグストゥスの弟で、プルスとかいう男を始祖とすると言われていた[五]。イヴァン四世はスウェーデン王ヨハン三世（一五六八―一五九二）[六]へ宛てた書簡でそのことを自慢しているが、この伝説は十六世紀の〔ロシア〕文学で大いに好まれた[26]。そういう次第なので、東ローマ帝国が西ローマ帝国と同じように統治され続けたことは驚くにあたらない。コンスタンティノープルは、しっかりと根を下ろした、揺るぎない、最も完璧な正統性を持って生き続けることを確信した君主制の世界に、他に類のない光景を提供した。そこでは暴力と暗殺とクー・デタが君主たちや短命な王朝が玉座に達する主な――時として唯一の――手段となった。恐るべき逆説だ。東ローマ皇帝は神と国民の共通の意志から権力を得ていたという。マケドニア王朝の創始者バシレイオス一世（八六七—八八六）は、自分の恩人のミカエル三世(七)を殺して、玉座を獲得した。パライオロゴス朝〔の創始者〕(八)は、正統の後継者を盲目にして、玉座に就いた（一二六一年）。そしてコムネノス朝の運命を確固たるものにしたのは、一人の凱旋将軍だった(九)（一〇八一年）。

＊　しかしそれはしばしば養子縁組による世襲だった。アウグストゥスはティベリウスを養子にし（四年）、クラウディウス(一〇)はネロを養子にし（五〇年）、トラヤヌスはハドリアヌス(一一)を養子にし（一一七年）……。

2　メロヴィング朝の制度

クロヴィスは単なる王国建設者ではない。彼はソワソンの諸王の継承者(一二)であり、小さかった国を征服によって途方もなく拡大して、ほとんど帝国にし、東ローマ皇帝の承認によって正統性を獲得した。クロヴィスが王家の出であることと、ビザンティウムによる〔西ローマの統領職《コンスル》への〕叙任が、彼の一族にゴール〔ガリア〕における王座の独占権を与えた。

ただし、一見して言えるのは、メロヴィング朝の時代には、混乱と無秩序しかなかったということである。王朝が存続した二六三年間に、王らしい王がたった一人しかいなかったというのは、余りにも少ない。けっこう長く続いたこの王朝では、君主たちはいわゆる無為王であったために、実権を失い、王朝と平行して存続する第二の王朝、すなわち、我々が宮宰と呼ぶ一族の長の王朝に統治を任せてしまったのだ。しかしよく調べてみれば、メロヴィング朝の混乱と無秩序は、見た目ほどひどくはなかったことがすぐ分かる。まず、王族だけが王 *rex Francorum*（「フランク人の王」）になる権利を持っていた。王は皇帝の地位を占め、国土と住民に全責任を持つ者であって、神以外は、誰であれ、そのことに口出しすべきではなかった。次に、ゆるやかだがしかしねばり強い働きかけによって、メロヴィング朝はゴールに、そしてそこから全フランスに、王政主義的感情と、王国は一つであって、分割できるという考えを根づかせていった。[27]この可分性が非常に重要だった。これにはたしかに危険性があった。しかしこれには、各地方の調和の取れた繁栄を目指す地方主義を尊重して、コミニュケーションが難しかった時代にはそれだけ有効ではなかったと思われる中央集権化を避けるという大きな利点があった。この可分性〔地方主義〕の思想はフランス大革命まで一応残っていたため、その反動で、「一つにして不可分の」〔フランス〕共和国が宣言された。そしてそれはたぶん今日でもなお幾分か残っているようだ。と言うのは、人々が地方分権化について大いに語り、地方主義者の声が再び大きくなってきているからである。

メロヴィング朝の体制の欠点は、貴族階級に勝手気ままにさせ、その力がどんどん強くなったことである。当時、貴族たちはすでに古い家柄に属していた。〔にもかかわらず、やがて、〕「貴族たちは征服者であるフランク人によって構成されている」という史実に反した見方が生まれ、その結果、大革命時代には、「ドイツ人の」貴族階級と、幾世紀もの間貴族たちから虐げられてきた「ゴール〔ガリア〕人の」民衆を、対決させることが可能になった。なんとも感動的な見解である。しかしこれは間違っている。K・F・ウェルナーの優れた本は、そのことについて、実際はどうであったかを明確に示している。それによると、メロヴィング朝の貴族階級はだいたいのところガロ－ロマン人の貴族によって構成されており、そこに少数のフランク人貴族が加わっていた。彼らは「国の方針でどちらも同じように王権に受け入れられ、結局は国家と教会において一つの同質のエリート集団を形成していた」[28]。すべての貴族と彼らのすべての特権は後期ローマ帝国に由来する。[29]強力だった貴族階級は、社会の構造を維持するのに、より具体的に言えば、蛮族の侵入の衝撃による社会の崩壊を防ぐのに貢献した。貴族階級は得する以上に奉仕した。貴族階級は権利を得ると同時に義務を負うことを知っていたし、義務が権利に優先することも知っていた。しかし物事の裏側を忘れないようにしよう。この貴族階級というものは何にでも首を突っ込み、欠点だらけで、中でも、野心と不服従はかなり大きな欠点だった。最悪の場合、貴族階級が権力の分散化を引き起こし、家臣の召集権すなわち軍役のために封臣や家臣を召集する権利も含めて、王の諸特権を横取りした(30)。メロヴィング朝時代には、後の時代同様、一種の崩壊の力、革命の力、あるいは無政府状態の力がすでに示されていたのかも知れない。結局、貴族階級は封建制と国家の中の諸国家をつくった。

3　カロリング朝

ピピン短躯王（七五一―七六八）は教皇の推奨を得て王に選ばれた。しかしピピンはたぶん誰よりも早く選挙制度の脆弱さに気がついた。この制度は大貴族に過度の権力を与え、衆愚政治を引き起こし、王の周りに支持者層を形成する。そこでピピンは、ゲルマン人の伝統に従って、遺産を二人の息子シャルル〔カール〕とカールマンに譲渡した。三年後（七七一年）、カールマンが死去したため、シャルルマーニュ〔カール大帝〕（〔皇帝在位〕八〇〇―八一四）によっていわゆる西ローマ帝国の復興が実現された。シャルルマーニュは教会を服従させ、それと全く同様に、帝国は貴族たちを服従させた。一人の専制君主の下で、伯爵や侯爵や公爵が、それまでに君主と歴史によって位置づけられた自分たちの地位・身分を超えようと試みることは、もはや不可能だった。ルートヴィヒ（ルイ）一世敬虔帝は八一七年に帝国の不可分を宣言し、年少の子を年長の子の下位に置き、相続権を保証して、自分の後継のあり方を定めた。しかしそれは、すでに述べたように、ルートヴィヒ（ルイ）の三人の子供たち(31)の間でのカロリング朝の遺産の決定的な分割をいささかも妨げはしなかった（八四〇年）。

ロタール、ルートヴィヒ、シャルルの対立は不吉な黒雲で天空を曇らせた。平和の維持を希望し、実現されつつある大事業〔帝国の分割〕をたぶん理解していたと思われる貴族たちは、最悪の事態を避けるべく、大部分がヴェルダン条約の作成者になった[一四]。しかし彼らは自分たちの自由を回復した。彼らは再び一つの役割を果たすようになったのだ。彼らは人々が自分たちからどんな恩恵を受けているかを自覚していたので、これ以後、そのことを忘れずに、人々に非常にはっきりと気づかせるようにした。彼らは自分たちの君主を自分たちがもう一方の当事者である一つの契約の相手と見なすようになった。選挙制はまだ廃止されてはいなかった（シャルル禿頭王は聖別〔戴冠〕される前に選ばれていた）が、〔フランスでは〕[一五]カロリング朝末期の王たちのせいで、世襲制へその位置を譲ろうとしているようだった。しかし八四〇年の分割と貴族階級の新たな影響力は、まもなく貴族階級が選挙制が優位に立つのを可能にした。

4　選挙制の勝利

十世紀には、たぶんキリスト教のスペイン――アストゥリアス王国[一六]では過去数十年間世襲が優勢だった――以外では、選挙を経ずに王になることはほとんど不可能だった。当時は、貴族たちが真の権力者であったが、しかしそれはフランスでもドイツでも、君主制がひどく弱体化していたからにほかならない。シャルルマーニュはそのことを明らかにした。揺るぎない相続権を維持し、それが大貴族に流れるのを断つためには、強固な体制を必要とした。〔それでもシャルルマーニュ以後、またしても〕危機が起きるたびに――危機の数は多かった。それに権力の移譲はその都度新たな危機を引き起こす危険性があった――君主は大貴族に相談しなければならなかった。貴族の介入は、君主制が再び力を取り戻す時、必要でなくなるだろうと思われていた。そしてそのような状況は、フランスでもドイツでも、十一世紀に起きた。君主たちは相続権を復活させようとした。もっと正確に言えば、君主たちは、後継者を自分たちの存命中に選ばせることによって、貴族階級の保護・監督から自由になろうとした。しかし神聖ローマ帝国の試みは永続的に成功したわけではなかった。コンラート一世（九一一―九一八）[一七]が一世紀も前に基礎を築いたフランコニア朝の最後の代表者であるハインリヒ四世の治世の終わり（一一〇六年）には、選挙制に回帰せざるを得なくなった[一八]。逆に、カペー朝は王位継承の世襲化に完全に成功した。そして非常に幸いなことに、国境の向こう側で、とりわけフランスの影響力が強かったスペインで、カペー朝のやり方が見習われた。その時以降、多くの国々で、君主制は権力が父から子へと移譲される政治体制であると考えられるようになった。

少し後戻りしよう。九八七年五月二十二日、「フランク人の王」〔フランス王〕ルイ五世（九八六―九八七）[一九]は嫡子を残さずに死んだ。彼は急いで埋葬されたが、リシェールによると、それは諸侯が「国事にとって非常に有益なことについて討議を始める」[31]前に散ずるのを避けるためであった。王の選出手続きを推し進めるのは、「ドゥクス・フランコルム」*«dux Francorum»*〔「フランク人の大公」の意〕の特権に入っていた。ユーグ・ル・グラン〔大公〕（?―九五六）[二〇]は、九三六年にはルイ四世（九三六―九五四）[二一]のために、九五四年にはロテール三世（九五四―九八六）[二二]のために、その特権を使用した。彼の息子のユーグ・カペーは九六〇年から「フランク人の大公《ドゥクス・フランコルム》」になっていたが、九八六年にルイ五世のためにそれを使用した。それゆえ、ユーグ・カペーが後年その責任を負ったのは当然なことだった。ある演説――たぶん年代記作者によって書き改められたものであろう――で、ランスの大司教アダルベロンは次のように宣言した。「我々はシャルル〔ド・ロレーヌ〕(一三)に支持者がいるのを知らないわけではない。彼の支持者たちは、彼の両親が彼に王国を譲渡したのだから、彼は王国にふさわしい、と主張している〔……〕。しかしながらこの問題をよく調べてみるならば、王位は継承権によって獲得されるものではないこと、そしてまた、ただ単にその身体の高貴さによってではなく、その魂の聡明さによっても優れている者、名誉によって守られている者、寛大さによって強くされている者しか王の玉座に就けてはならないことが、よく分かる。(32)」アダルベロンはこの時ユーグ・カペーのことを念頭に置いて話していた。

ランス大司教の演説は時代精神と調和していた。王は国民にとって生活の模範であるから、それなりに完全な存在であろうと常に心掛ける義務がある、という考えには新しいものは何もない。ゴール〔ガリア〕では、少なくとも七世紀以降は、その考えは知られていた。それで世襲による王位継承が忘れられていなかったにもかかわらず――アダルベロンの演説からも分かるように、世襲の支持者たちは依然として存在していた――、たぶん当時の知識人たちは（それにしても知識人たちはいつも間違ってばかりいる）選挙を理想的な解決策と見なしたのだろう。

　一部の貴族はもはや王を望んでいなかった。彼らは「栄光なく生きる統治能力のない王」を非難していた。大部分の貴族が君主制主義者だったが、しかし王が自分たちを抑圧しはしないかとか、自分たちにとって無縁な存在なのではないかとか、恐れていた。〔そのような時、〕「彼らは、ユーグ・カペーと共に、カロリング王家の一人〔ルイ五世〕を王位に就け、(33)」彼らがまさに理想とする政治体制に従った。彼らに不平不満があったとしても、それはないに等しいものだった。

　全体的に見て、貴族階級は満足していた。彼らは新たなそして重大な要因にたぶんまだ気がついていなかった。塗油は、聖別同様、道徳的価値を賦与するという効果をもたらしていたのに、塗油を受けるためには道徳的価値が必要不可欠であるとされたのである。(34) 権威の失墜は明らかだった。ところで、すでに見てきたように、聖別されなければ、王ではない。〔そういうわけで、〕ユーグ・カペーの治世の十年間に熟慮が重ねられた結果、最も優れた時代精神の持ち主たちは「制度の至上の幸運である［……］神聖な王権の源に回帰する(35)」必要があることを納得するに至った。

5　貴族階級とカペー朝の王たち

ユーグ・カペーは、シャルル・ド・ロレーヌのためには有利に働いたはずの世襲制が拒否されたおかげで、王に選ばれた。しかし彼はそれでも二人の王ロベール一世（九二二—九二三）〔二四〕とウード（八八八—八九八）〔二五〕の孫であり、甥の息子であった。彼は、九八七年のクリスマスの日、さほど抵抗されることもなく、〔第二回サン・リス会議で〕国王に選ばれ、〔新都〕オルレアンで戴冠し、その半年後に、十歳の息子ロベール〔二世〕にも戴冠させることによって、自分の家族のために世襲制を急遽復活させた。* 実際はユーグが唯一人の真の君主であったにもかかわらず、二人の王がいたわけだが、これ〔擬似世襲の連立王制〕はメロヴィング朝ですでに見られたことである。しかしこの親子は共同で統治した。これは新しいことだった。

＊ 連立王制は新しいものではない。すでに古代エジプトでそれが採用されていた。ラメセス二世は六年間父親のセティ一世（前一三一二—前一二九八）〔二六〕と共に王位にあった。古代ローマにも例がある。ティトゥスは七一年に父親のウェスパシアヌスと王座を共にさせられた。

父親のイニシアティブによって教化されたロベール二世敬虔帝（九九六—一〇三一）は、今度は自分の三人の息子のうちの一人と王座を共にしたいと思った。しかし彼の妻コンスタンス・ダルル〔アルルの〕[二七]は別の子供たちを気に入っていて、事態を完全に紛糾させた。そして彼がこの問題を解決する前に、死が彼を襲った。その時、諸侯は、王は選挙で選ばれるものである、と力説した。[二八]最悪の事態が心配された。が、それは避けられた。亡き王の長子アンリ一世（一〇三一―一〇六〇）が選ばれ、それ以上の変動は何一つ起きなかった。アンリは一〇五一年にアンヌ・ド・キエフ[二九]と結婚し、息子のフィリップ〔一世〕*（一〇六〇―一一〇八）[三〇]が七歳になった時、彼と王座を共にし、その直後、没した。君主の若さが多くの貴族を渋らせた。しかし聖別式は行われた。それを廃止することはできなかった。〔この時、〕もしすでに王になっていなかったならば、君主は自分の権利を行使することができただろうか。父王の存命中の息子の戴冠が今まで以上に必要と思われた。これこそが秩序を保証するのだ。これはさらに十世代にわたって繰り返されることになった。これ以後、この習慣が定着し、君主制は強固なものになった。カペー朝と新生フランスが非常に幸運だったのは、長年にわたって、断絶の恐れもなく、父から子へと王位が継承された君主たちを持ったことであった。

＊　彼の名前はアレクサンドロス大王の父であるマケドニア王ピリッポス〔二世〕を想起させる。と言うのも、彼の母親が自分はピリッポス〔二世〕の血を引いていると主張していたからである。

貴族はもう君主の選出に介入することはできなかった。しかし貴族は他の特権は大して失わなかった。王が世襲なら、貴族も世襲であった。貴族の社会的地位は王に依拠していなかったし、貴族の権力は、王の権力同様、神に源があると言うのに有利な立場にあった。「どのような場合でも、君主は貴族を支配できないだろう。[36]」王は貴族に影響を及ぼしたり、貴族に抵抗することはできたが、しかし王が貴族の忠誠を確信していたのは、王が貴族と人間同士の絆を結んだ場合にのみであった。とはいえ、この絆は、〔国王直臣の〕高級貴族たちでいっぱいの王領においてさえ、君主を支配者にしなかった。そのため、ほとんど独立した国家である公国が至る所に生まれたが、その中には、時として、西洋の大公国とでも言うべきブルゴーニュのようなずば抜けた大国もあった。王は遠くにいるように見えた。たぶん、王は一つの現実としてよりも一つの観念として、一つの権力としてよりも一つの理念として存在していた。しかし理念だけでもすでに大したものであった。それで、もし人がブルゴーニュ、アルトワ、プロヴァンス、フランドルのいずれかに属していたならば、その人はほとんど常にフランスにも属していた。と言うのは、人は「王に」属していたからである。

フランスの状況は非常に独特で、イギリスやスペインの状況と異なっていた。イベリア半島では、大貴族の傲慢さは君主に害を及ぼし、ほとんど窒息させるところまでいった。だから王は何が何でもイギリスを頼りにし、当然のことながら、民衆に接近し、農民と有産階級を貴族たちに反抗するよう仕向けた。それを最もうまくやったのがアルフォンソ〔五世〕寛大王（一四一六―一四五八[三二]）であるが、しかし君主が民衆を封建領主の悪政と暴力と貪欲から守るのは[37]、つまり王がしかるべく行動するのは、スペインの途絶えることのない伝統――建前だけのものではなくて、日々生き続けた実際の伝統――である。

ノルマン王朝時代のイギリスでは、貴族は一つの政治機構によって抑制されており、それが貴族の逸脱を禁じていた。王はすべての封主の封主、すなわち領主たちの領主であった。すべての封地は王によって所有されていた。王は各貴族を「強固で特別な一つの行政機関[38]」を通して監視していた。それゆえ王はフランスではほとんど考えられないような政治的主導権を確保するに至った。では、抑圧は非常に強かったのだろうか。中世の西洋で最初の王の処刑が行われたのは、とても安定しているように見えたこの国においてであった。一三二六年、エドワード二世（一三〇七―一三二七[三三]）は反乱を起こした貴族たちによって打倒され、拷問にかけられ、殺された。このこともフランスでは想像もつかないことだった。

カペー朝時代の貴族は非常に、そしてたぶん過度に、非難された。が、第一千年紀におけると同様、第二千年紀においても、彼らには長所があった。彼らは当時の誰よりもよく文明に奉仕したし、また、法律家や商人の時代に、貴族でない者たちが都市と大学の増加に貢献するようになった時も、やはり文明に奉仕した。彼らは名誉を、奉仕や犠牲の意義を考えついた。彼ら自身、金儲けに熱心ではあったが、金儲け主義になっていく社会で、金が唯一の価値ではないことを教え、必要に応じて、貧しい暮らしをすることもできた。彼らは傲慢だったが、それは彼らと同等の者たちの間か、または自惚れの強い者たちの間でのみそうだったのであって、謙虚な者たちの間では、稀にしかそうではなかった。また、彼らはエゴイストだったが、たとえばしばしばすべてを――命も財産も――失った十字軍のような大儀のためには、惜しみなく自己の利益を犠牲にした。

もちろん、貴族には短所もあった。たぶんその要点は次のようなことだろう。徹底して王党主義者である――おそらく階級の利害から――にもかかわらず、最上級の貴族たちは常に王に嫉妬し、王の支配的地位を留保なしに認めるのを拒否し、自分たちの自由を確保しようとして、君主を困らせた。貴族はよく王に後見を付けた。貴族は時として王を裏切った。彼らは自分たちを拘束していて敵の陣営に連れて行くこともできる臣従礼という網に捕えられていたので、それだけいっそう頻繁に王を裏切ったようだ。

ジャン・ファヴィエがいみじくも「公国の時代」と呼んでいる封建制から脱却すること、すなわち王権を中心にして集結させること、これが王の切実な願望だった。闘争は不可避であった。それはずっと以前からあったし、その後も続いた。ルイ六世肥満王（一一〇八―一一三七）とルイ七世若王（一一三七―一一八〇）の時代に、諸都市は発展し、王はそれらに特権を認めた。三世紀の間に、諸都市と王との同盟は、一三七五年から一三八〇年にかけて幾つかの市民の反乱が起き、一四一三年には、カボシュ暴動(三三)があったにもかかわらず――他の反乱は王に対して起こされたものではなく、「かの悪しき僕たち」に対するものであった――、貴族階級の損害と引き換えに、王権の拡大を可能にした。同時に、君主は、後にルイ十四世がありとあらゆる手段で行ったように、最も強力な諸公を自分の側に引きつけようとした。ルイ七世はそれに成功した。大きな出来事が起ころうとしているのが感じられた。一二一四年、ブヴィーヌ〔の戦い〕でフィリップ二世・オーギュスト（一一八〇―一二二三）はサン・ドニ修道院の旗〔王旗〕を市民軍兵士に託したが、この時、プランタジネット朝〔イギリス軍〕とイギリス人の声に耳を貸しすぎた〔フランスの〕一部の貴族たちに同時に勝利したのは、民衆と君主の同盟であった。

しかし封建領主たちは諦めなかった。ルイ九世（一二二六―一二七〇）は彼らの影響力から逃れた。人々は、〔国王直臣の〕高級貴族たちの専横に対抗して、公私の諸問題で王の裁定を要求し始めた。それで王は、貴族たちの頭越しに、国民全体と連絡をとることになった。貴族たちは王の機関が重要性を増すのを不安に思った。自分たちが、基礎ではないにしても、少なくとも大梁を作り上げた制度が脅かされているとすべての貴族が気がついた。反動は不可避だった。フィリップ〔四世〕美王（一二八五―一三一四）の治世に、最初の封建領主同盟が結成され、領主たちはフィリップ四世の治世の末期とルイ十世（一三一四―一三一六）(三四)の治世の最初に激しく抵抗した。この同盟は成功するかと思われた。が、結局は失敗した。と言うのは、貴族はもともと個人主義者であり、相対立する理想や、彼らの利害および彼らの支配地域の利害の不一致によって分裂しており、それに十字軍遠征で弱体化していた。貴族たちは大事なことのために結びついたものの、二次的なもののために反目していたのである。

貴族階級は王を支配することはできなかったが、まるで選挙制がまだ有効であるかのように、自分たちは王の指名に責任があると思っていた。たしかに、カペー朝直系の最後の王が没した時は、彼らの介入によってヴァロワ家の王位継承が可能になった。フィリップ六世（一三二八―一三五〇）は王権に最も近い男だったので、ヴァンセンヌの諸侯会議で王に選ばれた。上級貴族たちは、かつて自分たちが指名した王の中に自分たち自身を見たように、彼にも自分たち自身を見たのだが、しかし自分たちが彼を支持してやったのだということは忘れなかった。ロベール・ダルトワ[三五]のような人物は一三三四年にこう言っている。

「王は私によって王になった。王は私によって解任されるだろう。[39]」

フィリップ・ド・ヴァロワの選出を正当化するために表明されたことはすべて蛇足であった。その正当化の弁は、「フランス王国がイングランド王の政府に支配されたなどということは、いまだかつて見たことも聞いたこともない[40]」というものであった。さらに付け加えると、〔この時、貴族たちの間では、〕ただ単に地域ナショナリズムだけが働いたのであって、〔彼らの心中に〕フランス・ナショナリズムはなかったのである。〔その一方で、〕フランス国民は一人ひとりが、祖国が存続するように、戦争と不幸の百年を耐え忍ぶ覚悟ができていた。

それではどうしてゴドフロワ・ダルクール[三六]のような人物は、イングランド軍の上陸後、侵略者に自分の陣地を明け渡したのだろうか。実は、彼にとって、自分に対して過ちを犯した王に恨みを晴らすことが問題ではなかった。彼の世襲領地は英仏海峡の両岸にあり、彼はカペー朝の封臣であると同時にプランタジネット朝の封臣でもあった。また、彼の場合を別にしても、当時のフランスには、エドワード三世（一三二七―一三七七）[三七]がフランスの王位継承権を主張した時、それを正当であると認めた貴族が何人かいた。そしてその他の貴族たちは、契約による絆、封建領主と封臣の自由選択権、忠節と保護の義務の相互性によって常に支配されていた政治的な駆け引きを行っていた。もし貴族階級が一つにまとまってフィリップ六世に従ったならば、もし貴族階級が自分たちのことを優先して考えずに、フランスに奉仕していたならば、百年戦争はなかっただろう。しかし「大貴族たちは一つの君主制フランスと合体する覚悟を全く持っていなかった[41]」。

彼らは百年後にも同じだった。一四四〇年のいわゆるプラーグの反乱[三八]を引き起こしたのも、やはり彼らの自己防衛のための反発であった。ブルターニュ公、アンジュー公、ブルボン公、オーヴェルニュ公[三九]その他の諸公は王権の新たな圧力に依然として対抗していた。一四五四年、モンティ・レ・トゥール王令が一つの法令を制定すると、ただちに諸公も地域法を作った――一四五五年にブルゴーニュ慣習法、一四六一年にトゥーレーヌ慣習法、そしてその後もさらに他の慣習法が次々と作られ、その数はフランス王国内でほぼ二百五十に達した――が、これはその後何世紀にもわたって地域割拠主義を定着させることになった。しかしながら、現代の人は十五世紀に対して、そのことを許さないだろう。しかしそれは間違いである。なぜなら、フランス人は二つの法律、すなわち王国の法律と地域の法律の下で生きていくことになるわけで[42]、結局のところそれでまずくなるわけでもない。これは一つではあるが分割できる国家というメロヴィング朝の古い原理が別の面で蘇ったのではなかろうか。

百年戦争は、貴族たちは信用してはならないものである、ということを君主制に納得させた。ルイ十一世（一四六一―一四八三〔、生年は一四二三〕）は彼らが繰り返し反乱を起こしたことをよく知っていた――彼は百年戦争〔一三三八―一四五三〕を体験し、それに参加した――ので、彼らとの間に距離を置いた。ルイは、我こそは法律だと思い上っている諸公が側にいることを望まず、オリヴィエ・ル・ダン[四〇]のような庶民を側近として用いていた。

「平民出の、煽動家の、ブルジョワの、金儲けに熱心な王[43]」であった貴族階級は憤慨し、下品なことを言った。有能な人物は全然風采が上がらない、というのは本当である。しかし貴族階級は王弟シャルル・ド・フランス（四一）を首領とする公益同盟（一四六五—一四七一）を結成するという過ちを犯した。上級貴族の目的は自分たちの特権を守ることであり、田舎貴族の目的は、文無しの折りから、なにがしかの利益を引き出すことであった。〔この際、〕それまでにも増して、王直属の悪い顧問官たちが告発された。人々が蜂起せよと言ったのは、彼らに対してであって、君主に対してではなかったのだ。しかしながら、これらの蜂起のすべてが君主制にもフランスにも貢献しなかったことに変わりはない。

6　ルネッサンスの危機

ルネッサンスの素晴らしい高揚は、芸術と思想において無限の領域を開きつつ、どんな大胆なアイディアも可能にし、「いまだに名もなき中世」(44)をひとまとめにして廃棄し、自らが発見した以上にあれこれと思い描いた古代文明に取り憑かれた。ところでこの古代文明はキリスト教文明ではなかったし、本質的には王制に基づく文明でもなかった。たしかに、十六世紀はキリスト教と王制の世紀である。それに少なくとも最初の数十年間で、王権の栄光は増大した。フランソワ一世（一五一五—一五四七）（四二）はドイツとイタリアの風習を真似て、自分のことをもう「王様」（四三）«roi notre Sire» とは呼ばずに、「陛下」«Sa Majesté» と呼ぶよう要求した。彼のマリニャーノの勝利は、他のすべての勝利と同様、一つの戦闘の勝利であったにもかかわらず、国中で受け止められ、一五一五年は全国民の記憶に残ることになった。しかし虫はただひたすら大きくなる果実の中にいた。

プロテスタントは伝統を捨てて、聖書《テキスト》しか知ろうとしなかった。プロテスタントはあの人文主義者《ユマニスト》たち、ギリシャ・ローマの著作に夢中になったあの教養人たちの列に位置づけられる。あらゆる美の規範である肉体の賛美が魂を犠牲にして行われた。人間が神に取って代わろうとしていた。聖別は遠ざかった。過去への攻撃が始まった。標的は様々だった――教権や俗権――が、しかしそれは結局同じことだった。宗教に対する攻撃は王に対する攻撃であり、また逆でもあった。[四四]まだおずおずとそして慎重にではあったが、テオドール・ド・ベーズ（一五一九―一六〇五）が暴君〔僭主〕殺害者の正当性を認めた。スペインのカトリック教徒マリアナ（一五三六―一六二四）[四五]はよりいっそう明確に同様の発言をした。それでは王を殺していいのだろうか。答えはほとんど間を置かずに返ってきた。[四六]一五八九年、アンリ三世（一五七四―一五八九）[四七]は一人の狂信者に暗殺された。人々はそこにギーズ公殺害に対する神罪を見ようとした。では、一六一〇年、ラヴァイヤック[四八]がアンリ四世を殺した時、ラヴァイヤックにはどのような言い訳があり得たと言うのだろうか。それから三十九年後、今度は自分たちの罪に合法的外観を与えて、弑逆者たちが王を打倒したのは、イギリスにおいてであった。クロムウェル[四九]はチャールズ一世（一六二五―一六四九）を裁判にかけさせ、処刑した。しかしイングランド共和国、イギリス連邦は長続きしなかった。一六五一年以降、犠牲者の第二子〔チャールズ二世、一六六〇―一六八五〕がスコットランドで戴冠され、一六六〇年、スチュアート朝は連合王国において復活し、国民に非常に大きな喜びを与えた。

宗教戦争には貴族も平民も参加した。しかし〔十七〕世紀末、フランスが戦場となったところでは、貴族たちが荒れ狂った。宗教闘争が政治闘争になった（一五七六―一五九四）。一五八八年のブロワでのギーズ公[五〇]の暗殺は、王に対するおおっぴらな反逆を引き起こした。ソルボンヌ大学〔の神学者たち〕は王の下臣たちを臣従の誓いから解き放った。しかし人々は内乱にうんざりしていた。アンリ四世の新教の放棄と即位が秩序を回復させた。

だが、小康状態は続かなかった。王の死が告知されるとすぐに、貴族たちは彼らの悪い習慣に立ち返った。それでマリ・ド・メディシス[五一]が摂政の始め（一六一〇年）に大祝祭を催して貴族の心を摑もうとしたが、無駄だった。王室の金が尽きると、貴族たちは再び反乱を起こし始めた――一六二〇年に、それから一六三〇年に。一部の貴族たちからは、〔幼い〕王〔ルイ十三世〕を自分たちの監督下に置こうという声があがった。彼らにとって、この外国人の女摂政の存在は我慢のならないものだった。が、それ以上にひどかったのは、一枢機卿であるリシュリュー[五二]の政府だった。これは自らは富み、諸侯の高慢さはくじこうとした。リシュリューがその重要性を知っている社会階級の人命の損失に終止符を打つつもりで決闘を禁じた時、彼の行動は貴族たちからは新たな嫌がらせとして受け止められた。大革命前の最後の大内乱――フロンドの乱（一六四八―一六五三）[五三]――のための機は熟していた。新しい外国人の女摂政アンヌ・ドートリッシュ（一六四三―一六六一）[五四]と、前任者よりいっそう貪欲で、しかもイタリア人だった、二人目の枢機卿マザラン[五五]の権力への到達が反乱の口実となった[45]。本当のところ、理由は常に同じで、貴族たちの不服従だった。貴族はみな裏切るということがテュレンヌ[五六]にはよく分かった。

7 懐柔

リシュリュー以後、貴族たちは恒常的な監督下に置かれた。ルイ十四世（一六四三―一七一五）は彼らを自分の従僕にしたかった。彼の宮廷は、彼の個人的な趣味と、自分は君主制を担っているという高邁な思想*から、そしてまた、貴族たちを君主制に引き付ける必要があったため、非常に豪華だった。彼は君主制を貴族たちにとってのいわば「黄金の籠」にした。貴族たちはその籠に一応身を委ねていたが、しかしその状況を容認していたわけではなかった。彼らには新しい法服貴族の出現はもっと許せなかった。(五七)貴族階級は裕福な有産階級《ブルジョワジー》に開かれていて、金持ちはみな貴族になりたがっていた――モリエールは『町人貴族』で彼らを嘲笑した。(五八)王権の真の意味が、十六世紀以上に、太陽王〔ルイ十四世〕の時代に失われた。人々は、一六三六年にはまだ、「王が望めば、いっさい審理しない、という義務を絶対権力に対して」負っていた。(五九)が、それでもやはりこんなふうに考えていた。

「王がどれほど偉大であろうとも、所詮は我々と同じ人間。他の人間と同じように間違いをなさる。(46)」

ボシュエは君主制を弁護した時、この上なく無能だった、というより核心から外れた。コルベールは(六〇)「しばしば王のために、常に祖国のために」をスローガンにした時、不可分のものを切り離した。そしてこの偉大な王の僕は、自分は無条件で王に仕えているわけではない、とあえて告白したのである。

＊　しかしそれは十七世紀の思想であって、中世や世界各地に広まっていた思想とはかなり異なっていた。

8　貴族たちの復讐

ルイ十四世は、大貴族たちを懐柔すれば、それによって国家の最古の問題が解決されると思っていた。大貴族たちは、ルイ十五世（一七一五―一七七四）(六一)の治世の始めに、新しい君主の名誉に係わる風聞を広めるというかなり下劣なやり方で復讐した。宮廷の一部の代弁者であった王の侍医は、一七五〇年頃、王太子を即位させるために王を廃位しなければならない、と書いている。「表向き権力を支持し、それに参加しながら、裏ではひそかに抵抗し、誹謗中傷のキャンペーンをするというこの態度、反王制主義者の説に好意的に耳を貸すというやり方は、武力革命以上に、体制にとって危険なものになっていった(47)。」

もっと重大なことがある。ルイ十五世と彼の側近の者たちが「哲学者」たちを警戒していた時、破壊者仲間であった大多数の大貴族はその哲学者たちを熱烈に歓迎していた。大貴族の多くが自由思想家《リベルタン》(六二)になっていて、哲学者たちの宗教攻撃に自分たちの乱行の正当化や言い訳を見出していた。千年来、何一つ変わっていなかったのである。

たしかに、フランス大革命は貴族がしでかしたことではない。国民に革命に対して関心を持たせ、事を起こすのは国民だと信じ込ませるだけの知性を持っていたブルジョワたちが生み出したものである。しかし貴族たちは、陽光を浴びた小麦のように急速に伸び広がっていく破壊的な諸思想に反対するどころか、それらを支持し、それらのために尽力した。モンテスキュー男爵(六三)、ドルバック男爵(六四)、ビュフォン伯爵(六五)、ヴォヴナルグ侯爵(六六)といった十八世紀の大作家たちはいずれも貴族出身である。多くの作家たちが上流階級のサロンで大歓迎された。たとえばデファン侯爵婦人(六七)——マルモンテル(六八)によると、「知性とユーモアと悪意に満ちた女性(48)」であった——のサロンには、モンテスキューやフォントネル(六九)やコンドルセ(七〇)といった人物たちが足しげく通っていた。数多くの作家たちが、人生の危機の際には、そして時として一生涯、大貴族たちによって保護された。ダルジャンソン侯爵(七一)は、『百科全書』を捧げられると、それを保護した。ポンパドゥール夫人(七二)は王〔ルイ十五世〕の側にいて『百科全書』を守り、王の書庫係であったマルゼルブは、その関係資料を自宅に持って来させたうえで、ディドロ(七三)の自宅でそれらを押収せよという命令を下した。ヴォルテールはシャトレー侯爵(七四)の家に隠れ家を見出し、ルソー(七五)はデピネー夫人(七六)、リュクサンブール元帥(七七)、ジラルダン侯爵(七八)の家にかくまわれた。ロアンのような人物がヴォルテールをひどく殴り(七九)、ショーヌ(八〇)のような人物がボーマルシェ[八一]のような人物を侮辱し、殴り、牢に入れさせたのは事実だが、しかしそんなことでは事態は改善されなかった。それにしても、もし〔これらの貴族たちの〕この称賛が文芸だけを、比類のないフランス語だけを対象としていたらよかったのに。貴族たちは、これらの哲学者たちのすべてが何よりもまず自分たちを批判しているということが、どうして分からなかったのだろう。セビーリャの理髪師が「殿様はそれほどたくさんの財産のために、何をなさいましたんで。生まれるのにちょっとご苦労なさっただけじゃございませんか[49]」と言う時、彼はアルマヴィーヴァ伯爵に話しかけているが、同時に、彼を通して、すべてのフランス貴族に話しかけていたのである。

パリ条約（一七六三年[八二]）とそれに伴う経済的困難が〔大革命を起こすための〕最後の仕上げをしたが、しかしそれらだけではとても十分ではなかった。テュラールは「絶対主義は自ら財政を管理する術を知らずに死んだ。絶対主義に最初の一撃を加えたのは貴族たちである[50]」と言っているが、これは一応正鵠を射ていると言えるだろう。ただし私は「最初の一撃と最後の一撃を加えたのは」としたい。

9 王－殉教者

ルイ十六世（一七七四―一七九三）*が即位した時、王権は非常に危うくなっていた。彼が犯した幾つかの過ちが彼の命取りになった。中でもしばしば強調されたのは、彼がパリから逃亡し、ヴァレンヌで捕えられたことだった。世界のすべての民族が王なしで生活ができるとは思っていなかったので、フランスの深層部はその事実を知ると仰天した。しかしながら、彼がイギリスに復讐したいという正当な欲求によって駆り立てられた結果犯した過ちは、十分に強調されていない。独立戦争でアメリカ人を援助することは、彼らの王〔英国王〕に対する反逆者たちを支援することであり、最も〔王の〕権威を失墜させる命題を採択することであり、新世界だけでなく、新しい世界で最初のものとなる一つの国家の建設に協力することだったのである。

＊〔在位の最終年度は〕彼が廃位された一七九二年ではない〔ルイ十六世の処刑は一七九三年一月二十七日〕。政令《デクレ》〔国民公会における王権廃止の決定〕は聖別の効果を無効にしない。

〔一七八九年〕八月四日の夜、ノアイユ（八三）のような人物に〔封建領主の〕諸特権の廃止を提案させ、エギヨン（八四）のような人物にその案を支持させた、理想の割合と破滅的な狂気および憎悪の割合を誰が測定するのだろうか。やがて二人とも亡命した。大革命に参加したミラボーやラ・ファイエット（八五）のような人物の心を誰が正確に知り得るだろう。これらはいずれも貴族たちの裏切りだったのだろうか。実は、貴族たちは、自分たちの行動方針にきわめて忠実だった＊。彼らは「自由主義的な」立憲君主制を切に望んでいた。彼らはそのような政体で最高の地位を占めるつもりでいた。彼らは王が自分たちの中のトップになるのを見たいと願っていた。しかしそれは彼らにとって高くついた。そして彼らの夢想に付いて行かずに、どこまでも王に忠実で、時として、歴史の流れを変えるために自分たちにできることをしようとした人々には、もっと高い代償を払わせた。王と国民――当時は第三身分と呼ばれていた――との契約という昔からある伝統を想い起こさせる政府支持の文書を印刷させたブリエンヌ（八六）、亡命していた（八七）が、裁判にかけられた王を弁護するために帰国して死んだマルゼルブ、〔王妃〕マリー・アントワネットを見捨てずに、自らの首は槍の穂先に刺されて、パリ市中を練り歩かされたランバル公妃（八八）、その他、自分たちが正当と思っている理由のために戦った人々――ふくろう党員の指導者ブールモン伯爵（八九）やラ・ルエリ侯爵（九〇）、ヴァンデの農民たちの指導者ラ・ロシュジャクラン（九一）――がそうである。

＊〔一七八九年の〕憲法制定国民議会は、王の不可侵性を宣言した時、それと同時に、王太子の不可侵性も決定しようとした。しかしモルトマール公(九二)は、王子が父王に対して反乱を起こした場合には、王子を罰することができなければならない、と言って、場違いの横槍を入れた。彼にその着想を与えたのが、選挙王政時代のすでに人々の意識になかった古い記憶と、王位継承問題に関する監視権を保持するという、貴族たちが常に持っていた野心だったことは明らかである。

太古の昔から王に仕え、王と戦った者たち、この革命を求めていた者たち、革命に勢いを与え、革命がこれほどまでに前進するとは思っていなかった――まるで革命というものは必ずしも極端なところまで行かないかのように思っていた――ために、その大旋風に巻き込まれ、あの無様な亡命貴族軍を編成した者たちが敗走し、必死に逃亡したことについて、思いを巡らしてみようではないか。

10　古代から続いた世界の終わり

アメリカ革命〔独立〕が及ぼした影響については論議することができるが、フランス革命が与えた影響〔は余りに大きいので、それ〕について〔今ここで〕論議することはできない。アメリカ革命は伝統のない、新しい国で起きているのに対して、フランス革命は、世界を征服していたこのヨーロッパの中心にある、高度の文化と長い歴史を持つ一つの国で起きた。フランス革命は全世界の人々を憤慨させると同時に、お手本になった。この革命はきわめて伝染しやすかったが、それはそうなるようにたぶん諸条件が揃っていたからであろう。この革命のおぞましさは忘れられ、その偉大さと理想のみが記憶された。しかしながらある人々はこの革命を容認しなかった。彼らは自分たちは別の道からあんな犠牲を払わずに新しい時代に入ることができる、と言える立場にあった。

フランス大革命は国王を奪い去り、貴族も奪い去った。それはまた、同時に、伝統的な第三の勢力である宗教も奪い去った。宗教は切り札として王には貴族を出し、貴族には王を出して、両方を支配しようとしていたが、長い間非常によく理解されていたこと、すなわち神と王は不可分であるということを分かっていなかった。フランス大革命は、信仰と、人間の最も強固な絆の一つである忠誠心共々、多くの心と精神を根こそぎにすることによって、過去を白紙状態《タブラ・ラサ》にした。

ナポレオンと王政復古は何も変えなかった。生活条件を、たった百年間で、過去の数千年間よりも大きく変えた近代世界において、文明が基盤にしていたものが何か残り得ただろうか。一八七一年と第二帝政[九三]瓦解の後、なんと多くの王権が打倒されたことだろう。フランスに続いて、ポルトガルで王政が廃止され（一九一〇年）、清帝国が崩壊した（一九一二年）。第一次世界大戦の後には、ロシア帝国、ドイツ帝国、オーストリア－ハンガリー帝国、トルコ帝国が滅び、第二次世界大戦後には、ルーマニア、ブルガリア、ユーゴスラビア、イタリア、インドの王政が廃止され、その後、ギリシャ（王政は一九二四年に一度廃止され、王政復活〔一九三五年〕後、一九七三年に再び廃止された。）、ヴェトナム（一九四五年）、エジプト（一九五二年）、チュニジア（一九五七年）、イラク（一九五八年）、リビア（一九六九年）で同様のことが起きた。一九七〇年代以降は、エチオピア、イラン、アフガニスタンで王政が打倒された。ほかにもあるが、これだけ挙げれば十分だろう。王政がまだ残っていたり復活したりするのは奇蹟である、と多くの人が思っているかも知れない。

決して完全には消滅しないもの、人は忘れてしまったと思っているが、思い出が非常に長い間魂を育んできたために、魂に思い出が十分しみ込んでいるために、今はただ魂の奥底で眠っているだけの思い出というものがある。もう贈り物は持っていないだろうが、王は今後も長く存在する。王は我々の歴史に属しており、その歴史抜きでは、我々は今日の我々自身のことを本当によく理解することはできない。王は、我々の歴史で最も価値あるものの一つであり続けるために、我々の心理的原型の奥底に、換言すれば、我々の下意識で活動するものの奥底に、今後もさらに存続する。「王は永遠に生きる」«*Vivat rex in aeternum!*»〔今日では「王よ、永遠なれ」の意〕と叫んでいた人々はたぶん間違っていなかっただろう。

訳　注

エピグラフ

（一）　これは『孟子』万章章句上の「天之を與え、人之を與ふ」の通釈「天が舜に天下を与え、人民も亦天下を舜に与えた」に当たる。内野熊一郎著『孟子』（新釈漢文体系4、明治書院）参照。

序　文

（一）　テキストでは *«service regnare est»* となっているが、*service* はフランス語であって、ラテン語とは言えない。それでここは *«regnare est servire»* と解して訳した。奉仕の対象はここでは判然としていないが、六一ページには「国民」と明示してあり、一二六ページには「イスラエルでは、権力は指揮権にあるのではなく〔神への〕奉仕にある」とある。なお、訳者が知るラテン語諺辞典には、この言葉は見当らなかった。

第一章　君主制

（一）　archétype は人類の集合無意識に存在する普遍的なイメージ。ユングの用法。

（二）　ボシュエ（一六二七—一七〇四）はフランスのルイ十四世時代を代表するカトリックの聖職者。ディジョンに生まれ、パリで神学を学び、一六五二年に司祭に叙任された。数年間メス（メッツ）で活動した後、一六五九年にパリに戻ると、修道会、教会のみならず、宮廷でも説教を行い、高い評価を得た。一六六九年には、ルイ十四世からコンドンの司教に、翌一六七〇年には王太子の師傅《しふ》に任命された。ボシュエは王太子の教育のために『世界史論』と『聖書の教訓による政治学』などを書いたが、前者は王権神授説を前提としていて、世界史を神の摂理の展開と見る近代カトリック歴史哲学の最初の試みであり、後者は王者の心得を説いたものである。師傅の任務が終わると、ボシュエは一六八一年にモーの司祭に任命され、同時に、聖職者総会（一六八一—一六八二年）で指導者的な役割を果たした。この時採択された、ローマ教皇に対してフランス国王の絶対主権とガリカ〔フランス〕教会の独立を主張する「フランス聖職者宣言」は、彼が書いたものである。とはいえ、このように国家の絶対主義および王権神授説を掲げて、教皇の俗権を全面的に否定する一方で、教義に関しては、彼はローマ・カトリック教会の絶対的無謬性を主張し、正統派思想擁護のために闘った。たとえば、彼は反プロテスタント運動を指導して、ナントの勅令廃止（一六八五年）とも係わり、フェヌロン（一六五一—一七一五）の神秘主義的静寂主義を厳しく批判した。彼は舌鋒の鋭さゆえに「モーの鷲」と称された。

（三） 孟子（前三七二—前二八九）は戦国時代の思想家。孔子の思想を継承発展させ、道徳的基準として仁義を尊重し、性善説を唱えた。また徳治主義を説き、天命と革命について民主主義的要素を内包した王道政治思想を力説した。

（四） これは『孟子』離婁《りろう》章句上（内野熊一郎著『孟子』二四六ページ）、「孟子曰く、人恒《つね》の言《げん》有り。皆曰く、天下国家、と。天下の本《もと》は國に有り。國の本は家に有り。家の本は身《み》にあり、と。」の後半部分の仏訳である。孟子はここで、世の人はすぐに「天下国家」と言い出すが、それは誤りで、天下国家を論じるには、まず本である一身一家をよくふりかえって、よく治めてからのことである、と説いている。つまりこの一章は孟子の修己治人の思想を端的に示したものである。したがって、この文の本来の意味合い（天下統治を論じる際の心構え）は、J–P・ルーがこの文脈の中で持たせている——または見出している——意味合い（社会構造の明示）とはかなり差異があるということを指摘しておかなければならないだろう。

（五） テキストでは、「セツ（アダムとイヴの第三子、創世記、第四章）の子供たち」となっていたので、「ヘテの人々」に訂正した。

（六） 創世記（第十章、第八—十二節）の記述から、ニムロデは全バビロニアを支配したアッシリアの最初の王トゥクルティ・ニヌルタ一世（前一二四六—前一二〇六頃）に比定する向きもあるが、歴史的な人物というより伝説的な人物と見るべきであろう（『旧約・新約聖書大辞典』（教文館、一九八九年））。ニムロデについてはこの後の訳注（八）と第六章の訳注（四三）も参照。

（七）　ヴォルテール（一六九四―一七七八）はフランスの詩人、劇作家、歴史家、啓蒙思想家。彼は「イギリス便り」（後の『哲学書簡』（一七三四年に出版））で、イギリス滞在中に見聞した政治的・宗教的・哲学的自由を主張して、「人間が人間としての価値を認められるためには、最大多数が種をまいたものをごく少数が取り入れるのはおぞましいことであると考えられるようになるためには、数世紀の歳月が必要であった」と述べている。アンシャン・レジームに対して最初に投ぜられた爆弾と言われたこの本は、当局によって版元で押収され、ヴォルテールはパリからロレーヌへ逃れた。この時期、一七三三年から十余年間、ヴォルテールはシャトレ侯爵のシレ城館に寄宿した。実はシャトレ夫人のエミリーの方がヴォルテールの真のパトロンであり、愛人でもあった。ヴォルテールはエミリーと共に物理学や形而上学や聖書を研究した。この時の聖書研究は一七五〇年代から六〇年代にかけての反宗教的・反教会的な一連の著作に活かされることになった。もっとも彼の宗教思想は唯物論的無神論になることはなく、人間社会に必要なものとして、神の存在を認めている。エミリーとその友人たちの影響力のおかげで、宮廷でのヴォルテールの評判はある程度までは良くなるが、まだパリに入れる状況にはならなかった。そこでヴォルテールは、一七四九年にエミリーが死ぬと、プロイセンのフリードリヒ二世の招きに応えて、ポツダム宮殿に赴いた。しかしまもなく両者の関係は悪化し、三年後、ヴォルテールは帰国した。そしてスイスとの国境に近いフェルネーに領地を買って、落ち着いた。

ヴォルテールはこの地で戯曲、哲学的小説、哲学的詩、哲学的著作等を書いて発表する一方、幾つかの免罪事件では、自由と正義の擁護者として、大衆の側に立って世論を喚起し、問題解決のために尽力した。その結果、彼は「ヨーロッパの良心」とも言われ――『哲学事典』などには彼の徹底的なユダヤ人攻撃が見られはするが――、各国の貴紳、知識人から当代最高の叡知と評された。ヴォルテールの政治思想は、ルソーのものと比べれば、決して急進的なものではない。ヴォルテールはアンリ四世やルイ十四世のような開明的な君主を高く評価しており、国王の側近や愛妾や政府の要人に働きかけるなどして、上からの改革を幾つも実現させた。ヴォルテールが待望したのは、「理性」に従って社会改良のために権力を行使する啓蒙君主であった。しかしながら彼の鋭い批判精神はフランスのみならず全ヨーロッパに――大衆の中にも――絶大な影響を及ぼした。彼の思想が幅広い階層の人々に国家社会の革新ないし革命をよりいっそう明確に志向させた要因の一つとなったことは間違いないだろう。以上、『十九世紀ラルース大百科事典』、『世界伝記事典』（ほるぷ社）、『世界歴史事典』（平凡社）、柴田三千夫他編『世界歴史体系　フランス史2』（山川出版、一九九六年）他参照。J－P・ルーは啓蒙主義哲学をいずれも「破壊主義的」であるとして、全く評価していないので、訳注では、他の啓蒙主義の哲学者たちについても客観的な――少なくとも一般的な――評価を紹介するつもりである。

（八）自らの意志（野心）で「最初に四つの都市を征服して自らの王国を創った」ニムロデは独裁者であって、王ではない、という原著者の見解の根拠はこれから徐々に明らかになる。

（九）ホメーロス（前九世紀）は古代ギリシャ最大の叙事詩人。トロイア戦争を物語った『イーリアス』とオデュッセウスの流浪譚である『オデュッセイア』を残した。

（一〇）美女ヘレネはスパルタ王テュンダレオスまたはゼウスとレダの娘。ミュケナイ王アガメムノンの弟メネラオスを夫に迎えるが、その後、客として立ち寄ったトロイアの王子パリスに誘惑・拉致され、これをきっかけとしてトロイア戦争が起きた。なお、アガメムノンの妻クリュタイムネストラ（彼女はテュンダレオスの娘と見られ、ゼウスの娘とは見られない）は彼女の姉である。

（一一）アガメムノンはミュケナイ王アトレウスとアエロペ（ミノスの孫）との間に生まれたが、彼の即位は父親と叔父テュエステスとの間の凄惨なドラマの結末となっている。彼が弟の妻ヘレネ奪回のためにギリシャ軍の総大将として出征したトロイア戦争はホメーロスの叙事詩『イーリアス』で詳述されている。彼は帰国後に妻クリュタイムネストラとその愛人（テュエステスがそれとは知らずに娘ペロピアとの間にもうけた息子にして孫）アイギストスに謀殺される。

（一二）テキストでは、ここまでの文とこの後の文は連続しているが、『金枝篇』の決定版（*The Golden Bough* 12 vol Frayzer（Sir J. G.）Macmillan and co., Limited London 1926）では約二ページ分の距離がある（1、三三二ページと三三四ページ）ので切り離した。なお、『金枝篇』の最終決定版は、一九三六年に補遺一巻が加えられたため、全十三巻になっている。岩波文庫『金枝篇』（全五巻、長橋卓介訳）は簡約一巻本（一九二二年）を訳したものである。決定版の邦訳（神成利男訳、石塚正英監修、国書刊行会、全八巻十別巻）が二〇〇四年から刊行され、二〇〇六年末までに四巻が既刊となっているが、本書での『金枝篇』についての訳注はそれ以前に終っていたので、これを参考にしていない。

（一三）本項におけるフレイザーの取り扱い方は、彼自身の責任もあるとはいえ、大いに問題である。たしかにフレイザーは「呪術が王座への唯一のまたは主な近道だったと言うつもりはない」、「諸王が一般的に呪術師の子孫ないし後継者であるとは思えない」（前記決定版1、第六章「王としての呪術師」、三三四ページ。簡約本ではこの二つの引用文は削除）と言っている。しかしフレイザーはそう前置きした後で、「しばしば呪術師が酋長や王にまで発展したことは明らかな事実となっている」ことの証明を開始する。その第一段階として、彼は最も原始的なオーストラリアの原住民とそれより高い文化を持つニューギニアの原住民の呪術師の実態を紹介し、それに続いて「呪術師から進歩発達して」王や酋長になったと思われる事例を多数列挙して、「このように、世界の多くの地方において、王は古代の呪術師または呪医の直系的後継者であるという仮説は全体的に見て肯定されるようである」（決定版1、第六章、三七一ページ、簡約本（岩波文庫）（一）、第六章、二〇二ページ）と結論づけている。フレイザーがこれから自分がやろうとしていることと矛盾するようなことをなぜ言ったのかはよく分からないが、第六章全体を通読すれば、彼のこの前置き——彼は王誕生後の歴史に対する認識を示したつもりだったのだろうか——が読者を混乱させるだけで、何の意味もないことは明らかである。このことは簡約本（岩波文庫）（一）、第六章（一九〇—二〇三ページ）でも十分に確認できる。『ラルース大百科事典』の紹介の仕方は適切なのである。

しかしながらJ－P・ルーは、実質的には無意味なフレイザーのこの前置きを最大限に重視して、王は王であって、呪術師ではなく、王にとって呪術は能力の一つである、という自分の見解を裏づけるために利用している。つまりJ－P・ルーはフレイザーの自説の証明のための長大な論述をすべて無視した上で、その記述の一部を剝ぎ取って、自分の見解と同じ外観を持つように張り合わせ、二人の見解が同一であるかのように見せているのである。たとえばこの三つ目の引用文は、決定版1、第六章（簡約本（岩波文庫）（一）、第六章、一九二—一九三ページ）の「文化段階のいっそう高いアフリカへ来ると、〔……〕呪術師わけても雨司から酋長の発達した証拠が比較的明らかに現れている。」で始まる段落の末尾「また東部アフリカのワゴゴ族では、酋長の権力は主として雨をつくる技術から出ているという。もし酋長が雨をつくることができなければ、彼は誰か他の有能な者にそれを依頼しなければならない。」から切り取られている。このような資料の扱い方は厳しく批判されて当然であろう。

（一四）　ギリシャの最高神ゼウスは基本的には光の神で、その古い綴り〈Dyews〉は「日、日の光」を意味するラテン語〈dies〉と源を同じくする。自然および天の気象現象を司る神。天と稲妻の人格化であり、オリュンポス山に住んだ。最高神として宇宙の秩序を体現し、神々の力と特権を守った。また、その支配力を人間にも及ぼし、アテナイの王族と氏族を守り、この都市の重要な場所を保護した。正義の神であり、善と悪とをあまねく与え、戦う者に勝利を与える救世主（ソテール）でもあった。ゼウスはこのように全能の神ではあったが、唯一運命の法則だけはどうにもできなかった。ギリシャの諸王朝がその祖先をゼウスと結びつけていることはよく知られている。

（一五）　ヘシオドスは前八世紀頃のギリシャの詩人で、『神統記』と『仕事と日々』を書いた。『神統記』はギリシャを中心に据えた「世界の」神々の王位継承譚である。その系譜は原初の生成に始まり、ゼウスと女神たちとの結婚を経て、女神たちと人間の男性との結婚に至っているが、その主題は、ゼウスを主神とするオリュンポス山の神々が「世界の」主権を獲得する過程を描くことによって、秩序ある宇宙世界に君臨するゼウスの正しく善き王権を祝い讃えることであった。当時のギリシャには、東方のシュメール＝アッカド人、フッリ＝ヒッタイト人、フェニキア人らの神話が浸透していたと考えられるが、ヘシオドスは『神統記』において神々の世界を完全にギリシャ化している。これは彼より二世紀半ほど後のヘロドトス（前四八四頃―前四二五）が、たとえばアフロディテは東方世界の大女神イシュタル（テ）をギリシャ化したものであると明記して、その過程を説明しているのと比べると、大きな違いである。しかし『神統記』による――ヘシオドス自身の創意がどの程度作用しているかは問わないことにしよう――諸神話のギリシャ化、すなわちギリシャ神話の確立の後、これを核として、膨大な神話群が増殖していったことは確かであろう。

（一六）　カリマコス（前三〇五頃―前二四〇頃）は古代ギリシャの学者、詩人、アレクサンドリアの図書館の司書となり、その整備に尽力した。頌歌、エピグラム、断片集などを残している。

（一七）　ラーはもとはヘリオポリスの太陽神で、古王国（首都はメンフィス）時代、第五王朝（前二四八〇―前二三五〇）の頃から、国王の称号に太陽神の息子としての名（サァ・ラー名）が加わり、国家の最高神としての地位を確立した。アメン（アモンとも。「隠れたるもの」の意）はテーベ市の風（または天）の神だが、早期には男根神として表されていた。中王国時代、テーベが首都となると、その守護神となり、国家神としての地位を得た。新王国時代になると、このアメンがラーと習合してアメン－ラーとなり、国家の最高神の地位を占めた。創造神、神々の王と見なされ、後にギリシャ人はゼウスと同一視した。カルナックのアメン－ラー神殿の神官団が強大な力を持つに至って、第十八王朝のアクエンアテン王がアケト・アテン（現テル・エル・アマルナ）に遷都したが、彼の死後、首都は再びテーベとなり、アメン－ラー崇拝は復興した。カルナック神殿はプトレマイオス朝に至るまで増築され続けた結果、エジプト最大の神殿となった。

（一八）　ホルスは月と太陽を両眼に持つ天空の神で、太陽神的性格も持つ国家の守護神。上・下エジプトの二重冠を戴くハヤブサまたはハヤブサの頭をした人間の姿で表される。もとはブトを中心とする下エジプトの主神だったが、オシリス神話に組み込まれて、オシリスとイシスの子とされた。オシリスの死後——彼は冥界の神であると同時に復活の神であったのだが——、上エジプトの主神セト（砂漠、混乱、暴風雨の神）との戦いに勝って、エジプトに秩序を回復し、神々から「人間たちの王」というオシリスが有していた称号を与えられた。エジプトの神話では、太古の昔から神々が直接大地を支配してきたが、ホルスはその最後の神であり、古王国時代には、初めて上・下エジプトを統一した第一王朝の王メネス（ナルメル）を始めとして、歴代の王はホルスの子孫であり、生まれ変わりであり、したがって現人神であるとされた。エジプトの王権イデオロギー（神王思想）の中核を占めていたホルスは王朝史を通じて各地で大いに崇拝された。ついでに付け加えておくと、幼子ホルス（人間界の王）と彼を膝に乗せて授乳する母神イシス（「命を与える者」という彼女の称号はエジプト王の母にも適用された）の聖母子像は、キリスト教の図像学にも採用されて、聖母マリアと幼子イエスの聖母子像となった。興味深いことに、実はこの二つの聖母子像と全く同形で、復活再生の祈願を目的としたものと考えられている（聖）母子像が、ケルト以前の、前三〇〇〇年から前二〇〇〇年頃のゴール（ガリア）の墓（棺）の中から多数出土している。思うに、これらの聖母子像は、愛と救いと永遠の命という、人類の根源的な希求を最もよく象徴するものの一つとなっている。王権イデオロギーが、エジプトに限らず、その根を人々の意識の深奥部にまで伸ばしていたことは事実であろう。

（一九）フッリ語は前二千年紀にミタンニ王国（メソポタミア北部、西部およびアナトリア南部）で用いられていた非インド・ヨーロッパ系言語。フッリ人は土着の被征服民。この名称はメソポタミア南部のシュメール人の古代都市ウルに基づいている（Our →Hourrite）。ヒッタイト王国の首都ハットゥサの遺跡（現ボガズ・キョイ村）から出土した（一九〇六—一九一二）約一万枚におよぶ粘土板に楔形文字で書かれた王国の公文書によって、ヒッタイト人とミタンニ人（彼らはミタンニ王国の支配階層を占めていた）がインド・ヨーロッパ語系民族であることなど、西アジア史を全面的に書き直させる多くの事柄が判明した。ここに紹介されている物語は、フッリ人——旧約聖書（創世記、第十四章、六）のホリ人——の主神クマルビの功績を主題にした物語群の一つである。もっとも、アラルとアヌはシュメール人の神であることから、フッリ人はシュメール人の神話を借用したと考えられている。このことはギリシャ神話のルーツの一つにシュメール神話が挙げられる所以でもある。T・H・ガスター著、矢島文夫訳『世界最古の物語』（現代教養文庫805、社会思想社、一九七三年）の「ハッティ［ヒッタイト］の物語」中の「石の怪物」とその解説を参照。

（二〇）『エヌマ・エリシュ』（神話の冒頭の一句「エヌマ・エリシュ＝上方において……したとき」から名づけられた）

は、神々の世界の創造、始祖の神々とその子孫との対立による世界の混乱、マルドゥクの登場と戦勝、彼による天地万物の新たな秩序づけ（人間はこの段階で神々に奉仕するものとして創造された）を物語る叙事詩である。この物語は独立していた多数の神話を集めて再構成されたものと見られているが、現在までに発見されている最古の版は前二〇〇〇年頃のもので、アッシリアの首都アッシュールで発見されており（一九一五年）、主人公はアッシリアの主神アッシュールであった。バビロンでマルドゥク崇拝が盛んになるのは前二千年紀の中期以降で、マルドゥクを主人公とする物語が作られたのは、イシン第二王朝の時代、前一一二五年頃と推定され、最終的にその形式が完成するのは紀元前一〇〇〇年頃のことである。マルドゥクはセム人の新興都市バビロンの主神であったと見られることから、この神話の目的が世界――実際は中・南部メソポタミア――を支配下に置いたバビロンの覇権に正統性と権威を与え、それを恒久的なものにすることにあったことは言うまでもない。事実、バビロンの新年祭では、第四日目にこの『エヌマ・エリシュ』が朗読され、これによって世界の秩序の再確立と生命の更新が確認され、第五日目に王権更新（即位直し）の儀式が行われた。最初はバビロンでも新年祭の主役はシュメールの大神――大気と嵐の神、神々の父であり支配者――エンリルであったが、『エヌマ・エリシュ』の完成後（たぶん）は、一応の敬意は払われたものの、マルドゥクの脇役に回された――叙事詩の朗読中はエンリルとアヌ（天の神）の休息所は覆い隠されていた。その後、人類の創造主マルドゥクは、エンリルやアヌだけでなく、やはりシュメールの太陽神（裁き・正義の神）シャマシュその他の神々の性格まで帯びていると思われるようになり、ここにセム族の単一神信仰のごく曖昧な兆候を見る専門家もいる（たとえばジャン・ボテロ著、松島英子訳『最古の宗教』、法政大学出版局、二〇〇一年、八九―九四ページ）。

後回しになったが、バビロンとは語源学的には「偉大な神々の住むところ」であり、「世界の中心」と考えられていた。また、訳者が本文中に補足したマルドゥクの住居エサギラはシュメール語のエ・サギ・ラすなわち「気高いファサードの神殿」である。日本オリエント学会編『古代オリエント事典』（岩波書店、二〇〇四年）の「マルドゥク」の項には「頭を持ち上げた家」とあるが、これは直訳であろう。

（二一）テキストでは、ティアマトのことを「老男神」le vieillard としてあったので、訂正した。ティアマトは原初の海水の女神で、淡水の男神アプスーの妻である。

（二二）これまでにわが国で翻訳された『エヌマ・エリシュ』（『古代オリエント集』（世界文学体系1、筑摩書房）の

『エヌマ・エリシュ』および前記T・H・ガスター著『世界最古の物語』の「神々の戦争」では、神々がマルドゥクを主権を有する王として認めたのは、マルドゥクがティアマトに対する戦いの先頭に立つ者として選ばれた時である。また、マルドゥクの母親が祝福したのもその時であり、しかもその祝福の仕方はこのように詳述されていない。前記『エヌマ・エリシュ』（後藤光一郎、矢島文夫、杉勇訳）の第V粘土板には、「かれの生みの親、ダムキナは〔……〕かれのことを非常に喜び、お祝いの品物を〔おく〕って、かれの顔を輝かせた」とあるだけである。そしてこれに続いて、「天の神々《イギギ》は全員〔集まり〕、かれに平伏し、居るかぎりすべての神々《アヌンナキ》はかれの足に口づけした。かれらはことごとくかれに敬意を表すため〔……〕、かれ〔の前に〕立ち、身を投げ出して、〔こう言った。〕『この方こそ王だ』」と述べられている。したがって、「すべての細部が現実のものであるかのような印象を抱かせる」「礼式に則って」祝福したというのは、まず間違いなく、マルドゥクの母親ダムキナのことではなく、他の神々について述べられたものであろう。T・H・ガスター著『世界最古の物語』（仏訳の序文はエリアーデが書いている）の「神々の戦争」では、マルドゥクが王笏を手にした時もその後も、母親は全く登場しない。もっとも『世界神話大事典』（イヴ・ボンヌフォワ編、大修館書店、二〇〇一年）の詳細な解説を見ると、マルドゥクが神々の王であると宣言されるのは、J-P・ルーが述べているように、天地万物の新たな秩序づけが完了した時になっている。最近では、新しい解読の仕方が出てきているのかも知れない。

（一二三）　ヴォータン、ウォータン、ウォドン、ウォーデンはいずれもオーディンの異形で、この一連の神名は『ヴェーダ』の風の神ヴァーターに通じると見られている。オーディン（ヴォータン）はゲルマン神話における最高神で、創造神ではないが、神々の長（ヴァイキングたちによると「神々の父」「神界の大王」）、最高の魔術師、戦いの神、戦死者たちの神、吊るされた者たちの神（ウプサラの聖なる木々には、十世紀頃まで、人間（受刑者）の生け贄が懸けられていた）、知恵の神（ルーン（文字）の発明。ルーンには「秘密の知恵」「秘事」の意もある）など、実に多様な性格・機能を持っている。第三章の訳注（四〇）も参照。

（一二四）　ボルネオ島の非イスラム系の原住民を指してオランダ人が用いた総称。カヤン族、ンガジュ族、マアニャン族、オト・ダヌム族、イバン族、陸ダヤク族などが知られている。その習俗は共通しているものも多いが、選ばれた首長、貴族、戦士、平民、奴隷の階層が明確な部族から、選ばれた首長がいるだけで、階層分化が見られない部族までいて、相違点も少なくない。本書で言及されている神話がどの部族のものかは確認できなかった。

（二五） ホルド la holde はフランスの社会学者デュルケム（一八五八—一九一七）の用語。原始社会に想定された分化の全く見られない同質的な個人の集合を言う。語源はタタール語の urda（野営地）。

（二六） 論理学用語で、先決問題要求の虚偽。それを立てる理由そのものがまず問われなければならないような前提に基づく虚偽。

（二七） この記述は正確ではない。聖書（サムエル記下、第五章、第一節—二節）では、次のようになっている。

イスラエルのすべての部族がヘブロンにいるダビデのもとに来て言った。「［……］そして主はあなたに仰せになりました。『わが民イスラエルを牧するのはあなただ。あなたがイスラエルの首長となる。』」

（二八） ナガ族とはインドの北東部のミャンマーとの国境沿いに位置するナガランド州に住むモンゴロイド系の諸部族の総称。総人口は約二百万人。ヒンドゥー・カーストの影響をほとんど受けておらず、チベット・ビルマ語派系の言語を話し、古い文化の特色を残している。強力な首長制をとる部族（コニャク、セマ、チャングなど）と民主的な代表制をとる部族（アオ、アンガミ、ロタ、レングマなど）とに分かれている。かつては首狩りの風習があり、また巨石記念物も盛んに建立していた。

（二九） これは揚げ足取りというものであろう。フレイザーが「酋長によっても王によっても統治されていない［……］民主政治、あるいは［……］寡頭政治」と言っているのは、実在する（調査報告がなされた当時）最も原始的なアボリジニ社会を形容しているのであって、彼はそのような社会の中で呪術師に責任と権力が集中し始めていることを指摘し、呪術師が発展して王になったという自説の論述の第一段階としているのである。自説の誤りを認めて、「実際、彼らは部族の中で権力を持っている」と言ったわけではない。「彼ら（トーテム氏族の族長）は一般に呪術によって氏族員に食料を供給することを期待される。他の者はまた共同社会のために雨を降らせるなど、他の面で奉仕しなければならない。これを簡単に言えば、中央オーストラリアの諸部族では、族長は公的呪術師なのである。」これがフレイザー自身のこの段落での結論である（決定版1、第六章、三三六ページ、簡約本（岩波文庫）（一）、第六章、一九一ページでも確認することができる）。

（三〇） ナポレオンの父親はコルシカ島のイタリア系の地主で、対フランス独立運動の闘士だったが、フランスに帰順して貴族待遇を受けた。ナポレオンはシャンパーニュの兵学校、パリ士官学校を経て、砲兵少尉に任官した（一七八五年）。一七八九年にはフランス革命が勃発したが、初期の段階では、ナポレオンは大きな影響を受けなかった。彼は王党派に共鳴していなかったし、熱烈な共和主義者でもなかった。しかしジャコバン・クラブに入会し、それ以後、軍人として、紆余曲折を経ながらも、好機を得て出世し、ブリューメル十八日のクー・デタ（一七九九年十一月九日）に成功して、第一執政に任命され、軍事的独裁への道を歩み始めた。一八〇〇年、彼はイタリア遠征でマレンゴの戦いに勝利し、国内のイデオローグ、王党派など様々な反ボナパルト勢力を粉砕し、翌年にはローマ教皇ピウス七世と政教協定《コンコルダート》を結んだ。翌一八〇二年には、後継者指名権を持つ終身第一執政の地位を与えられ、一八〇四年、多数の地域的小法典を整理統一したいわゆるナポレオン法典を発布し、同年末、自ら帝位に就いた。彼は新たに貴族階級を設け、宮廷を開き、政府高官の役職名を変えた。ナポレオン法典の基本思想は個人主義、自由主義であり、「家族の尊重」「私的所有権の自由」「個人意志自治の原則」を三大支柱とする。この法典は帝国の版図の拡大に伴い諸国でも施行され、帝国滅亡後も今日に至るまで、数十カ国が模範としているものである。このような法典の成立に力を注ぐ一方で、彼は反対派を弾圧し、自ら皇帝になることに何ら矛盾を感じていなかった。彼の没落後、ルイ十八世のブルボン王政復古にブルジョワ・農民層が反抗した時、彼は自由帝国の構想を持って、エルバ島から帰国した。そしてワーテルローの戦いで敗北し、セント・ヘレナ島で永眠する（一八二一年）と、神聖同盟と王政復古期の反動政治に対する国民の反発の中で、自由主義、国民主義を擁護した国民的英雄として、ナポレオン伝説が形成された。後に彼の甥ナポレオン三世が帝位に就いた（一八五二年）のも、熱烈なボナパルティストの支持があったからにほかならない。

（三一）　アレクサンドロス大王（前三三六―前三二三）は父ピリッポスの暗殺の後、マケドニア全軍会議に推されて即位した。彼は父に代わって全ヘラス連盟総会を招集し、その盟主に選ばれたが、同時に、全ヘラスの対ペルシャ報復戦征の「絶対主権を有する総帥」とされた。その後反マケドニア派の動きを完全に封殺し、前三三四年の春、ほとんどマケドニア兵からなる軍隊を率いてペルシャ遠征に出発した。そして五月、グラニコス河口での戦いでペルシャ軍を撃滅し、戦利品をアテナイのアテナイ神殿に「アレクサンドロスおよびスパルタを除く全ヘラス人」の名で奉献した。アレクサンドロスの軍隊は小アジア各地で連勝し、十一月には、イッソスでペルシャ大王ダレイオス三世の大軍を破り、アレクサンドロスは自らアジアの王と宣言した。エジプトに入ると、彼はペルシャからの解放者として歓迎され、メンフィスでは市の神官が彼をファラオと認め、シヴァのアメン神の神官からは神の子として遇された。アレクサンドロスはこの頃から自分に神性が備わっていると考え始め、同時に、「神は全人類の父である」として、全人類を同胞視するようになった。バビロンではマルドゥク神を中心にした新年祭を催したが、ここでもアレクサンドロスを新ペルシャ王に迎える神意が下り、こうして彼は「バビロンの王、アジアの王、全世界の王」を名乗るに至った。これ以後の彼の足跡をたどるのは止めて、彼の帝国の統治方針について言及したい。まずペルシャ化。アレクサンドロスはペルシャの諸制度を取り入れ、ペルシャ人を行政官や軍にも採用した。そしてダレイオスの死後は、ペルシャ風の跪拝礼をマケドニア人にも要求した。さらにマケドニア人とペルシャ人の結婚を奨励し、自分もダレイオスの娘と結婚して、両民族の人種的文化的な和合を図った。これはギリシャ人以外はすべて蛮族であり、敵であるとしてきた伝統的なギリシャ人の人間観に反し、「全人類は同胞である」という画期的な信念に基づいていた。次に、前三二四年、ギリシャ諸都市にアレクサンドロス神格化の王令を発布したこと。彼はこれにより帝国内の諸法令を超越した神として全帝国内に命令することが可能になった。しかしながら彼の死後、彼の帝国は四つに分裂し、彼の息子は暗殺された。

(三二)　フランス語の皇帝 empereur の元はラテン語の *imperator* で、「命令する」という意味の動詞 *imperatore* からきている。したがって「インペラトル」の原意は「命令する者」「司令官」であり、もともとは戦勝の際にローマ軍の兵士たちが司令官に向かってあげていた歓呼の声を起源とする敬称だったが、初代皇帝アウグストゥスによって、軍事的権威を高めるために、ローマ軍全体の「総司令官」「大将軍」の意味で用いられた。以後、「カエサル」(神聖ローマ帝国の「カイザー」やロシアの「ツァーリ」もこれに同じ)「アウグストゥス」等と共に「ローマ皇帝」を意味する称号となった。ここではJ－P・ルーはヨーロッパの皇帝の語源しか念頭に置いていないようだが、中国の「皇帝」という語に宗教的な意味合いが含まれているのを知っていたなら、もっと違った区別の仕方をしていたはずである。

漢字の「皇帝」の「皇」は「大きい、大いなる」の意で(金文文字の説明は略する)、「帝」は天を祭る時に建てる大きな几(机)の象形文字(甲骨文字、金文文字)で、上古(殷代まで)、宇宙を主宰する最高神であった(神格としての「天」については、本章の訳注(四五)を参照)。石橋丑雄著『天壇』(山本書店、昭和三十二年、八二ページ)によると、古代人は昇天した祖先を通して至上独尊のこの最高神に仕えたので、祖先をも「帝」と呼び(殷末の帝乙、文武帝)、祈雨、祈年等の祈願ももっぱらこれを対象として行った。周代には、帝堯、帝舜、五帝のように、伝説上の古帝王を帝と称するようになり、『書経』呂刑編に、帝堯や黄帝を指す言葉として初めて皇帝が登場した。やがて戦国中期には、他の諸王よりも勢力が勝っていることを示そうとして、秦の昭襄王と斉の湣《びん》王が東帝と西帝を称した(前二八八年)。そこで天の「帝」には上字を加えて上帝とし、人王の帝と区別するようになった。また紀元三世紀までには、皇は煌（「光り輝く」）にも通じ（『詩経』）、天帝の意にも用いられるようになっていた（『楚辞』）。そういうわけで、初めて「天下」を平定した秦の政が自分の号として用いた皇帝（始皇帝は死後におくられた諱《いみな》）はイメージとしては上帝に近いものだったと思われる。今日、皇帝の意義については二通りの解釈が知られていて、金子修一著『古代中国と皇帝祭祀』（汲古書院、平成十三年）の第一章の註（3）に、その要約が紹介されている。それによると、一つは、「皇帝」とは已れを天帝に擬する「煌々たる上帝」であるとする中嶋定生説で、もう一つは、秦代までの皇─帝─王─公の君主号の序列のうち、帝の最高位として皇にも比すべき帝という意味の呼称であるとする浅野裕一説である。

（三三）このような王の定義が歴史的事実と合致するとはとても思えない。これはJ-P・ルーの頭の中にある観念上の王の定義であろう。

（三四）このように「帝政」«empire» と対比させる形で「君主制」«monarchie» を使った場合、帝政は君主制の概念から除外されてしまい、君主制についての一般的な認識と大きなずれが生じてくる。ここは文脈からして、「君主制」とはせずに、「王政」«royauté» とすべきである。

（三五）似たような事例は数多くあるが、ここでは民族名がその元の所在地を示している例を二つだけ追加したい。まず、ペルシャ Perse はもともと現在のイラン東部、ホルムズ海峡の北方を指し、そこはメソポタミアから見た場合、「辺境の地」すなわち「ペルシャ（パールス）」であった。Perse はフランス語の périphérie「周辺（地域）」の péri-（もとはギリシャ語で「周辺に」の意）と語源を同じくする。次に、秦の始皇帝の出自は羌族である。羌という字は羊と人からなり、羊を牧している人という意味である。羌族は元は中国西部の西海周辺にいた遊牧民であった。それにしても、帝国の概念が固定されすぎているように思う。帝国は最初から帝国だったわけではないから、王国が力と領土拡張の機会に恵まれた時帝国になる、と考えるのが一般的ではないだろうか。ただし「アテナイ帝国」と共和制時代の「ローマ帝国」は例外とする。

（三六）チンギス・カン（一二〇六─一二二七）の名はテムジン。モンゴル部ボルチギ族の名門キヤン氏の出身。少年期の苦境を克服して、二十八歳でモンゴル部のカン位に推戴され（一一八九年）、四十五歳で全モンゴリアを統一し、チンギス・カン（強大なるカン）の称号を得た（一二〇六年）。その際、彼はモンゴリアの全部族を完全に組織化した。八十八人の功臣に九十五の遊牧民千戸集団を分割統治させるミンガン（千戸長）制を基盤とし、その上部にチュメン（万夫長）、ジヤルグチ（断事官）、ケシク（禁衛軍）を主とする中央官を配した。領主・族長制と官僚制を統合したこの独自の体制によって、チンギス・カンの帝国は磐石のものになった。またチンギス・カンの傑出した点は、優れた人材を出身民族を問わずに登用したことにある。中国の耶律楚材、西域のマスードなどがその好例である。チンギス・カンは部下に全幅の信頼を置く一方で、絶対の忠誠を要求した。軍律を破った場合は、たとえ実子でも厳しく対処した。このような公明正大さがチンギス・カンの権威を絶対的かつ超絶的なものにした。しかしモンゴル帝国は彼の死後四十年で分裂した。

（三七）　ティムール（一三七〇—一四〇五）の出自であるバルラス族はモンゴル軍の西征に従ってサマルカンドの南方のカシュカ盆地に定住したトルコ化したモンゴル系部族。彼はモグール族の支配者トゥグルク・ティムールの臣下として頭角を表し、その後謀叛を起こして、同盟関係にあったフサインを倒して、トランスオクシアナの完全な支配者となり、サマルカンドを都とした（一三七〇年）。それからモグール族を倒し、東イランに侵攻し、さらにイラク、小アジア、シリア、インドと遠征の範囲を拡大していった。彼の残虐さはおぞましい限りで、アフガニスタンのザブザワールでは、人間を生きたまま積み重ねて、煉瓦と漆喰で固めて塔を作らせ、イスファハーンで反乱が起きた時は、全住民を虐殺し、七万人の首級で尖塔を建てさせ、インドでは、デリーの城門の前で十万人のヒンドゥー教徒の捕虜を処刑し、バグダッドでは死者の首で百二十の塔が出来た。彼は明の征服に向かう途中、病死した。彼には世界支配の野望はあっても、明確な支配理念があったとは思えない。ただし彼の軍隊の比類なき強さゆえに、彼はサマルカンドとその周辺で後々まで崇拝の対象となった。

（三八）　シャルルマーニュ（カール一世）はフランク国王（七六八—八一三）にして西ローマ皇帝（八〇〇—八一四）。フランク王ピピン三世（短躯王）の長子で、ピピンが没した時、弟のカールマンと共に王国を共同統治することになった。しかし兄弟間の緊張の高まりのさ中に弟が急死したため、単独で全王国の支配者となった（七七一年）。彼はまずランゴバルド王国を征服し、教皇庁をすべての脅威から解放した。その後もザクセン族との戦いに勝利し、スペインのサラセン人と戦い、バイエルンを帝国の版図に組み入れ、アヴァール族を撃破し、その王国を朝貢国にした。そして八〇〇年、教皇レオ三世の手によってローマ皇帝として戴冠した。この戴冠の意味については本書で言及されているので、ここでは帝国の体制について述べておきたい。シャルルマーニュはきわめて広大な帝国を統治するために、征服した各地域の各種部族法典の存続を容認しつつ、皇帝直属の封臣である伯を置き、巡察視を派遣して王命の徹底を期し、司教を配置して、キリスト教的統治を強化した。シャルルマーニュによる文芸の奨励も、政務能力に優れた聖職者を養成し、統一的典礼と正統教義の全国土への普及を推進したことにより、結果的に中央集権化に役立った。彼はその偉大さによってその後のヨーロッパの諸王や民衆の間で、理想的な帝王として伝説化され、崇拝された。

（三九）アッティラ（四三四―四五三）はフン族の族長。その統治時にフン族の勢力は最強となり、ローマ帝国の脅威となった。特に東ローマは大敗を重ね、莫大な黄金と領土を奪われた。アッティラがローマを攻撃しなかったのは、疫病と飢饉に対する恐れからだったと考えられている。アッティラの死後、フン族は内部抗争によって分裂した。

（四〇）タキトゥス（五五頃―一二〇頃）は古代ローマの歴史家。『アグリコラ』『ゲルマーニア』『年代記』等を残している。今日の南フランスの騎士階級の家系を出自としながら若くして元老院議員になり、その後執政官に就任し、属州統治者（任期一年）になった政治家でもあった。ここに引用されている『アグリコラ』は、ブリタンニア属州の軍団長の職務を遂行した後、執政官に就任し、彼を引き立てた彼の岳父アグリコラの伝記であるが、ブリタンニアの風土や民族に関することと等の史料として貴重な記述が多く含まれている。『ゲルマーニア』はドイツ古代史の第一級の史料。『年代記』は初代ローマ皇帝アウグストゥスの死（一四年）からネロ帝の時代までの歴史を活き活きと物語っている。やはり最重要史料の一つ。

（四一）この記述はまず間違いなく錯誤に基づいている。マッサガはインド東部のアッサケノイ人を支配するアッサカノス（統治者の世襲的称号と考えられている）の王都。所在位置は確定されていない。このマッサガの攻防戦はアッリアノス（九五頃―一七五頃）の『アレクサンドロス大王東征記《アナバシス》』（大牟田章訳、岩波文庫）に詳しい（第四巻、二六―二七）ので、その結末部分を引用しよう。「インド人の側も〔……〕激しい抵抗を続けたが、この土地の指導者が〔……〕死ぬと、〔……〕ついにアレクサンドロスのもとへ使いの者を送ってよこした。勇者たちの命を大切にすることは、アレクサンドロスとしても願わしいところだった。そこで彼は傭兵のインド人たちが他の部隊に編入されたうえ、自分と共に遠征に加わるという条件で、彼らと〔停戦の〕合意に達した。傭兵のインド人たちは武装したままで町から出ると、マケドニア軍の陣営の真向かいにある丘に、彼らだけ離れて宿営した。ところが彼らはもともと、他のインド人を敵としてこれと戦う意志などなかったので、夜になると密かに脱走して、自分たちの住処《すみか》へ立ち去ろうと企てた。この動きがアレクサンドロスに伝えられると、彼は夜のうちに全軍を丘の周囲にぐるりと配置し、内部《なか》のインド人を袋の鼠にして片端から殺戮した上、防ぎ手のいなくなった町をも強襲してこれを占領し、アッサカノス〔クルティウスによると、彼はこの攻防戦の少し前に死去していた〕の母親と娘とを捕虜にした。」

クルティウス（一世紀のローマの歴史家）の『アレクサンドロス大王伝』（谷栄一郎、上村健二訳、西洋古典叢書、京都大学学術出版会）では、傭兵についての言及はなく、攻防戦の結末（第八巻、三四―三六）は次のように述べられている。「赦免が認められると、女王〔クレオピス〕が高貴な女性たちの一群――黄金の杯から神酒を注いでいる〔巫女たちか〕――を引き連れてやって来た。彼女は自ら王〔アレクサンドロス〕の膝元に幼い息子を置き、赦免だけでなく、それまでの名誉ある地位をも認めてもらった。すなわち女王という称号で呼ばれたのである。そして一部の人々が考えるところでは、これは哀れみというより美しさゆえに与えられたのだった。後に彼女が生んだ息子が、父親は誰であるにせよ、アレクサンドロスと名づけられたのは確かである。」

プルタルコスは「インド人のうち最も勇敢に戦ったのは傭兵たちで、彼らは都市を経めぐって強力に抵抗し、アレクサンドロスに多くの損害を与えたので、彼はある都市で彼らと講和し、出て来るところを途中で捕らえて全部を殺した」（『プルタルコス』「アレクサンドロス」59、井上一訳、世界古典文学全集23、筑摩書房）と述べている（この引用文に続いてこの後の訳注（四三）の引用文がくる）。J－P・ルーが典拠としているポール・フォールの『アレクサンドロス』の記述――そこにはたしかに「インド人の傭兵とその妻子たち」を大王が虐殺したとある――には、プルタルコスのこの要約文の後半部分が引用されている。そこでまずプルタルコスの記述から先に検証すると、インド人の傭兵たちが、敗戦を重ねてもなお常勝のアレクサンドロス軍が向かう諸都市に先回りして、頑強に抵抗した、というのはほとんど信じがたいことである。アッリアノスの記述――背信行為に対するアレクサンドロスの厳しい懲罰――の自然さと説得力にはとても及ばない。とはいえ、プルタルコスが、彼の用いた一次史料がどのようなものであったにせよ、そう書いている以上、この説明を真に受けるのは許容範囲かも知れない。しかしながら、ポール・フォールの記述に見られるように、傭兵たちが妻子を伴っていたというのは絶対にあり得ないことである。アッリアノスによると、マッサガの傭兵の数は約七千人に達していたとあるから、もし彼らが妻子を伴っていたとしたら、住居と食料の提供のために莫大な費用がかかるし、それより何より、傭兵が機敏に行動できなくなり、傭兵としての役を果たせない。本書の記述の明白な誤りは、アレクサンドロスの大王であるがゆえの残虐さを強調しようとして、原著者が現代の一人の伝記作者と共に史実を見誤った結果犯されたものであろう。

なお、アミヨ（一五一三―一五九三）によるプルタルコス著『対比列伝』のフランス語訳（プレイアッド版）には、傭兵たちが「都市を経めぐって」抵抗したというニュアンスは見当たらない。アミヨ訳はフランスでは今なお高い評価を保っているが、かなり自由な訳と聞いているので、ここでは邦訳を採用した。

(四二) プルタルコス(五〇頃—一二五頃)は古代ローマ帝政期のギリシャ系歴史家、伝記作家。晩年にはデルポイのアポロン神殿の神官を務めた。『対比列伝』『倫理論集《モラリア》』『食卓歓談集』などがある。

(四三) プルタルコスは、アレクサンドロスは「他の場合には法に則って王にふさわしい戦い方をしたのに、このことは彼の戦功にとっていわば傷となった」と述べているだけである(前記「アレクサンドロス」59)。つまりプルタルコスは、この裏切りはアレクサンドロスの例外的行為だったと言っているのであって、アレクサンドロスが大王であるがゆえに行った卑劣なことだったとは言っていない。思うに、歴史家は王が約束や条約や同盟を破った事例を多数列挙できるだろう。

(四四) スエトニウス(七〇頃—一三〇頃)はローマの歴史家。文人政治家プリニウスに庇護され、後にハドリアヌス帝の秘書として最高の地位の文書係に就いたが、一二二年頃失脚した。今日では『皇帝伝』と『名士伝』が残るのみで、他の作品はすべて失われている。ここで言及されているのは『皇帝伝』のことである。

(四五) 天の古い字形(貝塚茂樹、藤野岩友、小野忍編『漢和中辞典』、角川書店、昭和三十四年)は人の最も上にある頭を示し、これを借りて、人間界の上にある大いなるものを意味した。古代中国人は人間界の上に万物を支配する神(帝)がいると考えていて、君主をその天帝の子すなわち天子と見なした。

歴史的経緯を見ると、天という字は、殷代まではもっぱら「大」の意を表していて、殷人の帝(高く天上にいる神)に相当する神格としての天の字が用いられるようになったのは、周代以後のことである。したがって、天子の概念が生じたのも周以後ということになる。ただ「帝」を崇拝する殷が西部(現陝西省岐山県)を本拠地としていた周人の神「天」を敵視し、拒絶していたと思われる(『史記』、殷本紀、巻三)のに対して、殷の高度な文化を尊重せざるを得なかった周は、殷の「帝」を「天」と同一のものとして受け入れた。その結果、『詩経』(大雅雲漢)や『書経』(召誥)には、昊天上帝(昊は皇と同じく「大いなる」の意)という語が見られるようになり(石橋丑雄著『天壇』八〇—八四ページ)、さらに時代が下って、天帝という語が成立するに至った(殷の「帝」については、本章の訳注(三二)を参照されたい)。なお、皇帝制度が確立した後は、漢、隋、唐を通して、皇帝の玉爾は「皇帝」系統の爾と「天子」系統の爾に区別されていた。「皇帝」系統の爾は国内用であり、「天子」系統の爾は外国用であった。この問題については、西島定生著「皇帝支配の成立」(『岩波講座世界歴史』第四巻所収、岩波書店、一九七〇年)および金子修一著『古代中国と皇帝祭祀』(汲古書院、平成十三年)第一章二を参照されたい。

（四六）　プラトン（前四二八—前三四八頃）は古代ギリシャの哲学者。ソクラテスを師とし、多くの著作を残し、アカデメイアを開設して多くの人材を育成した。彼は「近隣諸国の侵略に対しておのれを守ることができ、また自分たちの隣国が侵略された時にまったく手が出せないのではなく、援助することができるほどの数」として、当時の都市国家にとって理想的な土地保有者数を五千四十人と考えていた。五千四十という数字は、戦時や平時のあらゆる目的のために「あらゆる分割」が可能であるという。『法律』第五巻、七三七c—七三八b（『プラトン全集13』岩波書店、一九七六年）。

（四七）　アテナイの自由人だが、無産階級に近い人々。当時はかなりの数の人々がスパルタに逃れてきていた。前五世紀には度重なる戦争で兵士の数が不足していたため、彼らにも参政権が与えられ、同時に兵役に服する義務も生じた。

（四八）　カペー朝の初代フランス王（九八七—九九六）。フランス公兼パリ伯の父ユーグ大公（九五六年没）の後を継ぎ、カロリング朝が断絶すると、フランス王に選ばれ、カペー朝を開いた。しかし当時の王領はパリ、オルレアンを中心とするごく狭い地域に限られており、王権に力が伴っていなかったため、ノルマンディー、ブルゴーニュ、アクィタニア、フランドル等の有力な封建諸侯に苦しめられた。

（四九）　アボン・ド・フルーリ（九四〇から九四五の間—一〇〇四）は、九八八年、フルーリの修道院長に選ばれると、周辺の司教たちと対立しつつ、修道士たちの権利の確保と幾つもの修道院の再建のために尽力したが、フランス人修道士たちとガスコーニュ人修道士たちとの争いの調停に入って、命を落とした。『書簡集』『護教学』『文法』『ローマ教皇概説』『アリストテレスのカテゴリー』等、多数の著書を残した。

（五〇）　リシェール（九七〇頃—？）はランスの修道院に入り、そこで『歴史』を書いたが、彼の庇護者であった大司教がフランスから追放された時、共にドイツのオットー三世（九八三—一〇〇二）の宮廷に身を寄せた。彼の手稿は十九世紀にバンベルクで発見され、《*Monumenta Germaniae*》という題名で出版された（一八三九年）が、フランス語版は『フランク人の歴史』《*Histoire des Francs* (888–985)》という題名で、フランス歴史学会によって出版された（一八四五年）。シャルル三世単純王（八九八—九二三）の誕生（八七九年）からロベール二世敬虔王（九九六—一〇三一）の治世の初めまでを扱ったこの作品では、カペー朝の王位を巡るドラマチックな出来事と当時の風俗が、盲信とは無縁の生き証人の目を通して、活写されている。そのためこの作品は中世史の貴重な情報源として高く評価され、ヒンクマルの『年代記』の後に位置づけられている。

（五一）　ジェルベール（九三八―一〇〇三）はシルヴェステル二世（九九九―一〇〇三）が教皇位に就く前の名。オーヴェルニュ出身で、ランスの司教座聖堂附属学校で教鞭を取り、ランスおよびラヴェンナの大司教になり、オットー三世によってフランス人初の教皇となった。学識があり、著作も多数残している。

（五二）　フィリップ四世美王（一二七〇―一二八五）は王権の強化に努め、婚姻関係によって領土を拡大したが、イングランド王エドワード一世とのギュイエンヌを巡る争い（一二九四―一三〇三年）に敗れ、フランドル伯ギ・ド・ダンピエールとの争いにも敗れた（一三〇二年）。その後、教会領への課税の件で教皇ボニファチウス八世（一二九四―一三〇三）と争い、これを捕らえ（アナニの屈辱、一三〇三年）、フランス人の教皇クレメンス五世を擁立した（一三〇五年）が、やがてアヴィニョンに移した（いわゆる教皇のバビロン幽囚、一三〇九年）。他方、教皇との争いに国内の支持を得るために、都市の代表者をも含む三部会を設け（一三〇二年）、ユダヤ人を迫害し（一三〇六年）、神殿騎士修道会（テンプル騎士団）を解散してその財産を没収した（一三一二年）。

（五三）　アウグスティヌス（三五四―四三〇）は初期キリスト教会最大の教父。西方ラテン・キリスト教世界の代表的神学者で、正統的信仰を完成し、教会の教義と権威を確立して、中世思想に決定的な影響を与えた。教父時代の最も優れた哲学者でもあった。キリスト者としての彼の魂の形成過程は『告白』に語られている。また、利己的な目的を追求する地上の人々を神と永遠の善を求める天上の国へと志向させるために書かれた大著『神の国』は、宗教書であると同時に、西洋で最初の歴史哲学書でもある。地上の王の神聖さを主張する本書では、もっと真っ正面から取り組むべき作品であろう。

（五四）　ジャン・ボダン（一五三〇―一五九六）はトゥールーズ大学を卒業後、母校で法学を講じたが、パリで弁護士を開業、アンリ三世と王弟アランソン大公の信任を得て、ランの宮廷弁護官となる。一五七六年にはブロワの三部会に第三階級から選出され、宗教の自由を主張。主著『共和制についての六巻』（一般的な邦訳は『国家論』、次の訳注を参照）で、法を主権の上位に置く中世的国家概念に反対して、国家主権を最高で絶対的なものと認め、近代的な主権概念を確立した。彼は理論面から中央集権的なフランス君主制の樹立に大きな貢献を果たしたことになる。また経済学、歴史哲学の分野でも業績を残した。

（五五）　もちろんこの「共和制」は依然として「公ないし民衆の物事」の意であり、君主制と対立する制度としての共和制ではない。

（五六）　アテナイの貴族階級。ソロンの改革（前六世紀初め）まで存続した。

（五七）　ドラコンは前七世紀末のアテナイの成文法公布者。前六二一年に公布された彼の法は従来の慣習法を成文化したものだが、処罰の厳しさで有名であった。ソロンによってそのほとんどが改廃された。

（五八）　ペイシストラトス（生没、前六〇〇頃―前五二七）はアテナイの僭主（在位、前五六〇―前五二七）。ソロンの国政と法律を尊重し、農業の振興と貧農援助に力をそそぎ、アテナイに繁栄をもたらした。彼は諸芸術を保護し、公共事業を多数成し遂げ、パンアテナイア祭を始めるなど、善政を行ったため、そしてまた彼の性格が親しみやすかったために、後世彼の治世は理想的な時代だったとうたわれた。なお、テキストには（在位、五六〇―五二八）とあるが、一般的ではないので訂正した。

（五九）　これはクレイステネス（前六世紀末）の改革によるものである。クレイステネスはアテナイの名門の出で、同じく名門出身のイサゴラス――彼はスパルタの後援を受けた――との政権抗争に民衆を味方に付けて勝ち、大改革を行った。市民の間の貴賤をなくするために、全国土を多数の区に分け、各市民を家名によらずに、居住区によって呼ぶことにし、この区を構成単位として、名門の勢力基盤になりにくいように十の新部族をつくった。また僭主制の再来の予防策として、危険と思われる人物を陶片に記入して投票し、一定数以上の票が入った者は財産や名誉を失うことなく追放される陶片追放制を設けた。

（六〇）　ペリクレス（前四二九年没）はアテナイの有力者クサンティッポスの子で、紀元前四四〇年代から四三〇年代のアテナイの最盛期の指導者。「ペリクレスの世紀」とは、ペルシャとの戦争が終り（カリアスの和約、前四四八年）、アテナイがエーゲ海全域の支配を強化し、同盟諸国から貢租を徴収して、アテナイの復興と富国化を推し進め、これに反発するスパルタとの戦い（ペロポネソス戦争、前四三一―前四〇四）に突入していった時代であり、文化史上は、今なお光り輝くギリシャ古典文化の黄金時代であった。

（六一）　この敗戦の結果、アテナイは市域から港まで伸びていた長城を撤去し、軍船を十二艘だけ残して他はすべてスパルタに引き渡した。また、スパルタの将軍リューサンドロスの意向に沿った三十人僭主による極端な寡頭政治が樹立されたため、前六世紀末の民主制誕生以来初めての内戦が起きた。しかし翌年には和解が成立して、民主制が回復した。なお、スパルタの勝利の背景にはペルシャ大王アルタクセルクセス二世による資金面での援助があった。

(六二) リュディアのメルムナス朝の開祖であるギュゲス(前六八五頃—前六五七頃)——松平千秋訳『ヘロドトス』による)については、第五章「12 王の妻と娘」、および同章の訳注(八三)と(八四)を参照。

(六三) クロイソス(前五六〇—前五四六)はヘロドトスが伝えるギュゲスから数えて五代目に当たるリュディア王。本土のギリシャ人とは友好を深める一方で、イオニアのギリシャ人は他の諸民族共々征服支配の対象にした。アテナイの賢者ソロンがサルディスで宝物に囲まれているクロイソスを見て、彼を世界一の幸せ者と認めず、人間死ぬまで何があるか分からないと言ったこと、そして彼がアケメネス朝ペルシャのキュロス二世(大王)によって攻撃され、捕らえられ、火あぶりの刑に処せられるまさにその時、ソロンの名を三度叫び、そのわけを聞いたキュロス大王から助命されたことはよく知られている。『ヘロドトス』第一巻参照。

(六四) イソクラテス(前四三六—前三三八)はアテナイの修辞家。ゴルギアスに学び、職業的な法廷演説家となり、後に学校を開設して、青年子弟に弁論術を教授した。政治評論家としても活躍し、代表作『オリュンピア大祭演説』(前三八〇年)では、ギリシャ諸都市間の和解の必要性を説き、ペルシャ帝国の討伐を勧告し、『ピリッポス』(前三四六年)では、その事業の遂行をピリッポス二世に期待した。イソクラテスの文体はキケロを介して近世西洋に大きな影響を与えた。

(六五) クセノポン(前四三〇頃—前三五四頃)はアテナイ出身の軍人、歴史家。ソクラテスの弟子。小アジアに渡り、ペルシャ大王の弟キュロスの反乱軍に一万人のギリシャ人傭兵の一人として加わり、キュロスの戦死後、メソポタミアから北上して黒海に抜け、帰国した(前三九九年)。当時のアテナイの衆愚政治に嫌気がさしていて、親スパルタ的心情を持っていたので、帰国後はスパルタ王アゲシラオスに仕え、コロネイアではアテナイ軍と戦い、アテナイから追放された。『ソクラテスの弁明』『アナバシス』『アゲシラオス』などの著作がある。

(六六) 神話が共和主義体制の諸都市国家でも創られ続けたことは容易に理解できる。しかし諸都市国家の起源神話は共和主義体制の下で創られたと断定するのは乱暴すぎるように思う。J-P・ルーはこの時期に書かれた数多くの著作——戯曲、詩、紀行文等——を念頭に置いているのかも知れないが、それらに記載されている神話の中には、もっと以前に創られたものが伝承されている可能性が十分にあるからである。

(六七) アンドクレスの父コドロスはドーリス人がアッティカを襲った時、デルポイの託宣を知り、戦死することによって、アテナイを救った。彼はこの功績により神人として崇められ、彼の子メドンが王位を継いだ。他の子供たちはメドンに追われてイオニアに渡り、そのうちの一人アンドクレスはアマゾネスが建設したエペソスに移住したと伝えられる（前十一世紀頃）。

（六八）　ここでは（a）アトレイデスから（e）イアソンまで順次まとめて訳注を付けることにする。（a）アトレイデスとは「アトレウスの子孫たち」の意で、特にアガメムノンとメネラオスを指す。この兄弟および一族については、本文でもさらに言及されているし、訳注でももっと詳しく説明するつもりである。（b）オデュッセウスはイオニア海の小島イタケーの王。ユリシーズとも呼ばれている。トロイア戦争では木馬の計略を考案し、ギリシャ軍を勝利に導いた英雄。ホメーロスの『オデュッセイア』はオデュッセウスの故国への帰還を主題にしている。（c）オイディプスはテーバイ王ライオスの子。残酷な運命に導かれて、それとは知らずに父を殺し、テーバイの王位に就くと同時に母親と結ばれる。後に真相を知ると、自ら両眼を潰し、流浪の旅に出る。（d）テセウスはアテナイの英雄。国王アイゲウスの子で、クレタ島の怪物ミノタウロスを退治し、アマゾン族を征服、冥界への遠征など数々の冒険を行って、アテナイを隆盛に導いたとされる。（e）イアソンはテッサリアのイオルコスの王アイソンの息子。父の王位を簒奪した伯父ペリアスの命により、アルゴ船で五十人の英雄たちと共にコルキスへ渡り、王女メディアの助けを得て目的を達する。その後イアソンとメディアのドラマはコリントスを舞台にして繰り広げられる。

（六九）　エウリピデス（前四八〇―前四〇六）、ソポクレス（前四九五頃―前四〇六）、アイスキュロス（前五二五頃―前四五六頃）は古代ギリシャ三大悲劇詩人。エウリピデスには『メディア』『アンドロマケ』『トロイアの女』『エレクトラ』『ヘレネ』などがある。ソポクレスには『アンティゴネ』『エレクトラ』『オイディプス王』などがあり、アイスキュロスには『縛られたプロメテウス』『アガメムノン』『テーバイ攻めの七将』などがある。

（七〇）　クリュタイムネストラはスパルタ王テュンダレオスの娘。ヘレネとディオスクロイ（ポリュデウケスとカストル――彼らは若死にする）の姉。彼女は最初ミュケナイ王テュエステスの息子タンタロスと結婚するが、テュエステスの甥のアガメムノンが、テュンダレオスの助けを借りてテュエステスを王座から追放し、彼女の夫タンタロスと生まれたばかりの息子を殺して、彼女を妻にし、ミュケナイ王となる。やがて二人の間にはイピゲネイア、エレクトラ、オレステスの三人の子供が生まれる。しかしアガメムノンは、トロイアへ出発する際、イピゲネイアをアキレウスと結婚させると欺いて港に呼び寄せ、イピゲネイアを生け贄に捧げる。怒った彼女は復讐を誓い、テュエステスの息子にして孫のアイギストスと通じ、トロイアから帰国したアガメムノンを殺害する。本章の訳注（一〇）と（一一）を参照。

（七一）　前の訳注（七〇）を参照。ただしエウリピデスの『タウリスのイピゲネイア』では、彼女は生け贄にされる瞬間、アルテミス神に救われ、巫女となり、後に弟オレステスを助け、母殺しの罪をあがなわせるのに成功する。彼女がアッティカにアルテミス神殿を建立してからは、この女神は象徴的供儀で満足するようになったという。

（七二）　オレステスは父アガメムノンを殺害した（またはその場にいた）母クリュタイムネストラを、姉のエレクトラと共に誅殺する。彼はメネラオスとヘレネの娘で従姉妹のヘルミオネを妻にする。

（七三）　ヒッポリュトス（「馬を解き放つ者」の意）はアテナイ王テセウスとアマゾネスの女王ヒッポリュテの妹アンティオペとの息子。母親の死後、ヒッポリュトスはトロイゼンの祖父にあずけられ、父テセウスはクレタ王ミノスの娘でアリアドネの妹にあたるパイドラと再婚する。テセウスが宿敵とその息子たちを殺害した咎により、アテナイを追放され、トロイゼンに来た時、パイドラは初めて義理の息子ヒッポリュトスと出会い、激しい恋心を抱く。パイドラはヒッポリュトスに自分の恋心を告白し、関係を迫るが、拒絶される。悔しさのあまり、パイドラはテセウスにヒッポリュトスが自分を誘惑したと嘘を言う。テセウスはポセイドンに息子を罰するよう祈願した結果、ヒッポリュトスは事故死し、彼の死を知ったパイドラも首を吊る。エウリピデス『ヒッポリュトス』参照。

（七四）　アンドロマケーは小アジアのテベの王エエティオンの娘。トロイアのプリアモス王の息子ヘクトールの妻。彼女の父と七人の兄弟はトロイア戦争の間にアキレウスに殺される。トロイアが陥落すると、彼女はアキレウスの息子ネオプトレモスに奴隷として与えられ、彼女の息子は殺される。彼女とプティアの王ネオプトレモスとの間には息子モロッソスが生まれるが、子供ができなかった妃が嫉妬して、彼女と息子を殺そうとする。そんな折り、デルポイに信託を聞きに行ったネオプトレモスはオレステスに殺される――彼らはヘルミオネをめぐっての恋敵だった。辛うじて危機を脱した彼女はヘクトールの兄弟のヘレノスと結婚する。夫の死後、彼女は息子ペルガモスと共にペルガモンを建設する。

（七五）　アンティゴネはオイディプスとイオカステの娘。イスメネとエテオクレスとポリュネイケスの姉。両眼を潰して流浪の旅に出たオイディプスに付き添い、その死を看取った後、テーバイに戻る。ところが兄弟のエテオクレスとポリュネイケスが王位を争って決闘し、二人とも死ぬ。王位に就いた叔父のクレオンはエテオクレスのためには盛大な葬儀を行うが、法に背いたポリュネイケスの亡骸は放置して、これを埋葬した者は死罪に処すと宣告する。しかしアンティゴネは、弟への愛情と神聖な義務感から、あえて禁を犯して、生き埋めの刑を宣告され、縊死する。クレオンの息子で彼女の婚約者のハイモンは彼女の亡骸の上で自害し、クレオンの妻も絶望して自殺する。

（七六）　エレクトラについては前の訳注（七〇）と（七二）を参照。彼女の性格と母親誅殺に対する姿勢は、アイスキュロス（『供養する女たち』）とソポクレス（『エレクトラ』）とエウリピデス（『エレクトラ』）それぞれの描写に差異がある。彼女の父親への強い憧憬と母親への殺意は、しばしばエディプス・コンプレックスと比較され、精神分析学者ユングによって「エレクトラ・コンプレックス」と命名された。

（七七）　ピリッポス二世（前三五九―前三三六）は十五歳から三年間テーバイに人質として留まっており、この間に名将エパミノンダスの戦術を学んだ。帰国してマケドニアの王位に就き、オリュンピアスと結婚し、後のアレクサンドロス三世（大王）をもうけた。ごく短期間で富国強兵に成功したピリッポスは、武力と財力と外交策を用いて、テッサリア同盟の盟主となり（前三四四年）、コロネイアの戦い（前三三八年）でアテナイ－テーバイ同盟軍を破って、コリントス同盟の盟主となった。スパルタを除く全ギリシャ諸都市国家の頂点に立ったピリッポスは、いよいよペルシャに本格的に攻め込もうとする矢先に、一人の若者の凶刃に倒れた。

ピリッポス二世によるマケドニア王国の強大化の原因は、根本的な国家改造にあると見られている。ピリッポスは即位後、王国周辺に十分な広さの植民地、金山その他の資源地域、交易の拠点、軍事上の要衝を次々と確保して、各地に都市を建設した。市民の生活は法や慣習の整備によってさらに安定し、国民の間に同胞意識と団結力が生まれた。ピリッポスはこうして精強な国民軍の創出編成に成功したが、それと同時に、ヘタイロイ（王の仲間）という名誉称号を、騎士や貴族だけでなく、重装歩兵として軍務に就く農牧の市民たちにも与えることによって、民衆王としての親近感を国民に抱かせることにも成功した。さらにピリッポスは部族王や豪族たちによる地域支配を排除して、中央集権的な王国の統合を強力に推し進めた。既得権を失った者たちの中には不満を持つ者も少なからずいて、そのことが彼の暗殺事件の背後にあったのではないかという推測もなされている。ともあれ、アレクサンドロス大王が勇躍する基盤は彼によって創られた。

（七八）　J－P・ルーはギリシャ人は共和制が衆愚政治に陥った後、自ら君主制に回帰したかのように論述しているが、このような見解に対しては、歴史学者の間から異議申し立てがありそうだ。なぜなら、アテナイにしろテーバイにしろ、ギリシャの共和制諸都市国家はマケドニア王国の強大な軍事力の前に屈し、服属した（前三三七年のコリントス同盟）のであって、自らの意志でピリッポス二世やアレクサンドロスを自分たちの王と認めたわけではないし、また各都市国家が君主制を是としてそれまで維持していた共和制を完全に放棄したという事実も見られないからである。その証拠に、ピリッポスの暗殺（前三三六年）に伴うマケドニア王権の動揺を機に、ギリシャ諸都市では自由独立回復の動きが活発化した。中でもテーバイは逸早く駐留マケドニア軍を追い出して、マケドニアの盟主権を否認し、アテナイでもデモステネスらが行動を起こして、反マケドニア戦線を諸方に訴えた。しかし新王アレクサンドロスはただちにテーバイを攻撃し、市を徹底的に破壊した。大虐殺——これはマケドニア軍に編入されていた、テーバイに恨みを持つ近隣諸都市の兵士たちによって行われた——の中で生き残った市民は、ごく少数の親マケドニア派の者を除いて、すべて奴隷にされた。この惨状を知って、アテナイ人の間にあった反マケドニアの気運は完全に消滅した。

（七九）　ローマ建国の伝説はトロイア伝説の延長として語られる（ウェルギリウス『アエネーイス』）。トロイアから落ち延びた一行は、アエネーアスに導かれて、ティベリス河岸に上陸し、定住した。アエネーアスはラティヌス王の娘ラウィニアと結婚し、ラウィニウムという都市を建設した。アエネーアスの息子アスカニオスが建設したのがアルバであり、この家系から四世紀後にロムルスとレムスが生まれた。彼らの祖父ヌミトルは弟のアムリウスによって退位させられ、ヌミトルの娘レア・シルウィアはウェスタ神殿の巫女にされた。彼女が軍神マルスに犯され、双子を産むと、アムリウスは王位継承権がある双子を籠に入れてティベリス川に捨てさせた。双子はパラティウムの丘の麓に流れ着き、雌狼に乳を与えられ、その後羊飼いに育てられた。成長した二人はヌミトルに孫と認められ、アムリウスを殺し、祖父を復位させて、自分たちはパラティヌスの丘のあたりに新たに都市を建設することにした。その際二人の間でいさかいが起きて、ロムルスがレムスを殺した。都市は建設者の名を取ってローマと名づけられた。この伝説には他の王権神話ないし建国神話との共通点が数多く含まれている。第三章の訳注（一〇四）（一〇五）と（一〇六）も参照。

（八〇）　キケロ（前一〇六—前四三）はローマ共和制末期の政治家、雄弁家で、哲学的著作も多数ある。彼は最高位執政官の職にある時、カティリナの陰謀を暴露し、ローマ市民から「祖国の父」と呼ばれて尊敬されたこともあったが、共和制を擁護する立場から、カエサルら実力者による第一回三頭政治を厳しく批判し、カエサルの死後は特にアントニウス（前八二—後三〇）と公然と敵対したため、第二回三頭政治が成立すると、公敵と宣告され、アントニウスの刺客によって殺された。新アカデメイア派、ストア派、エピクロス派などのギリシャ哲学を学んだキケロの思想は折衷主義的なものであったが、ラテン語で哲学の術語を創るなどして、ギリシャ哲学をラテン世界に移植した功績が大きいとされる。また、彼の文体は聖ヒエロニムス、聖アウグスティヌス、さらにはルネッサンス時代の人文主義者たちにも多大な影響を与えた。『国家論』『法律論』『神々の本質について』『運命論』『義務論』などの著作のほか、八百数十通の書簡を残している。

（八一）　伝承によると、ローマの第四代王アンクス・アルキウスの死後、実力が認められ、王に選出された第五代王タルクィニウス・プリスクス（在位、伝前六一六―前五七九）――彼の即位年をローマがエトルリアの支配下に入った年とするのが妥当であろう――はエトルリアのタルクィニア市の出身であった。彼はエトルリアの王権の象徴であった束棹《ファスケス》――これについては後述する――を採用し、元老院に平民または「二級の氏族」の代表を加え、カピトリヌス丘にユピテル神殿を建立し、近隣諸族を制圧し、ガビイと条約を締結したが、先代の王の息子たちが放った刺客たちに殺された。彼の息子スペルブス（「傲慢な」の意）は第六代王セルウィウス・トゥリヌス――一般的に彼はエトルリア系と考えられているようだが、ラテン系とする説もある――の娘婿となり、後に岳父を倒して第七代ローマ王に即位した。父と同様、彼は大土木事業を行い、近隣諸族の制圧を行ったが、息子セクストゥスが起こしたルチア凌辱事件を機に追放された。

スペルブス王の時代には、エトルリア様式（交脚）の象牙の玉座が導入され、王は、やはりエトルリア風に、王権の象徴である白と紫の衣服を着用し、十二名の先導警吏《リクトル》に先導された。リクトルはそれぞれ束棹《ファスケス》（束ねた棒の間に斧を差し込んだもの）を奉持するが、これは反抗する者を裁判なしで処刑することができる王の権威を象徴した。共和制時代になると、このファスケスは執政官《コンスル》の標章となり、リクトルがこれを奉持して先導した。交脚玉座は束棹《ファスケス》と共にタルクイニウス王の時代に導入された可能性もある。次の訳注も参照。

（八二）　貴族のタルクィニウス・コラティヌスの妻ルチアは王子セクストゥスに辱められると、父と夫にすべてを告白して自殺した。王の甥で、コラティヌスの友人であったユニウス・ブルートゥスの演説で事件を知った民衆は、怒って武器を取り、蜂起した。王タルクィニウス・スペルブスと上の二人の息子はエトルリアへ逃亡し、末の息子セクストゥスは殺された。この王政転覆がなり、ブルートゥスとコラティヌスがローマ最初の執政官《コンスル》に任命され、共和制が始まった。これが前五〇九年頃とされている。

以上が史料が伝えるエトルリア系のローマ王の歴史である。しかしJ－P・ルーは、それを知ったうえで、エトルリア系の「君主」によるローマ支配は実際は前四七五年頃まで続いたとあえて主張する。その理由は次の段落で述べられている。彼によると、初期の共和制は「一種の選挙君主制」であり、一年の期限付きで選出される二人の執政官は「君主」だったし、彼らの象牙椅子は王座以外の何物でもなかった。これらの理由に、彼が言い忘れたことすなわちブルートゥスらエトルリア系指導者がしばしば（?）執政官に選ばれたことと、王権の象徴の一つであったファスケス（前の訳注（八一）参照）が執政官の標章となったことを付け加えなければならないだろう（本来なら、これらのことは一番先に忘れずに言うべきこと）。しかしながら、任期一年の選出された執政官を「君主」と見なすというのであれば、J－P・ルーが言う前四七五年頃以降の共和制も「君主制」ということになる。このように論理の通らない主張に同意する歴史家はいないのではなかろうか。

（八三）　モンテスキュー（一六八九―一七五五）の経歴、思想については、第九章Ⅱの訳注（六三）を参照していただくことにして、ここではJ－P・ルーが引用している『ローマ人盛衰原因論』について二つのことを指摘しておきたい。一つは、モンテスキューはローマの王政の廃止をどちらかと言えばむしろ肯定的に見ているということである。彼は「ローマは、王たちを追放した後、任期一年の執政官《コンスル》制を取った。これがまたローマをあの高い権力地位へと導くのに役立った」と述べている（岩波文庫、田中治男、栗田伸子訳、第一章、一七ページ）。もう一つは、本書で引用されている条に付けられた原注（第八章（1））で、貴族《パトリキ》が神聖な性格を帯びていたと強調していることである。「貴族《パトリキ》はある意味で神聖な性格を帯びていた。鳥卜《アウスピキウム》を行い得るのは彼らだけだった。ティトゥス・リウィウス（『ローマ史』）、第六巻、第四十、四十一章のアッピウス・クラウディウスの演説を見よ。」

J－P・ルーはモンテスキューの言葉を自分の考えに合わせて恣意的に利用していると言わざるを得ない。

（八四）　ティトゥス・リウィウス（前五九―後一七）は古代ローマの歴史家。彼の著作『ローマ建国史』は当初の百四十二巻中三十五巻が残っているだけだが、最も重要な資料の一つであることに変わりはない。また彼の歴史記述の文学性も高く評価されている。

（八五）　この段落では「民衆」と「平民」の概念が不明瞭で、全体的に分かりにくくなっている。

共和政初期のローマ市民には、貴族《パトリキ》、平民《プレブス》および庇護民《クリエンテス》があった。パトリキは王政時代の騎兵隊を出自とするという説や、プレブスがかつてはパトリキのクリエンテスであったという説がある。パトリキとプレブスが有産市民（ただし特にプレブスの間では貧富の差が大きかった）で、クリエンテスが無産市民であった。解放奴隷、ローマ市にもとからいた自由労働者、周辺の貧農出身の新労働者などからなるクリエンテスは、信義によりパトリキの保護下に入った者たちである。前四世紀中期以降に限って言えば、ローマには二十二のパトリキ氏族があり、いずれも多数の氏族員（親族）とクリエンテス（郎党）および奴隷を擁していた。前四七九年の時点で、大パトリキのファビウス氏は三百六人の氏族員と四、五千人のクリエンテスを抱えていた。時代が下るにつれて、大パトリキのクリエンテスと奴隷の数がさらに増したことは言うまでもない。

ところで、王政から共和政に変わると、王政時代に確立した富裕な有力者層パトリキと一般の自由人すなわちプレブスとの間の差異はむしろ拡大した。政治的・宗教的公職はすべてパトリキによって占められ、プレブスには、政治的発言権のみならず、ほとんど何の権利も与えられていなかった。そこでプレブスは前四九四年にパトリキに対して反抗し、いわゆる聖山事件（平民がローマ市の東北にある聖山《モンス・サケル》に立てこもり、別の国家を建設しようとする行動に出た）を起こした。その結果、プレブス代表として二名の護民官《トリブーヌス・プレビス》（彼らは不可侵性が認められた）を選ぶことや平民だけの民会《コミティア》（平民会）を開くことが認められ、幾つかの制度上の改革を盛り込んだ成分法である十二表法が制定された。とはいえ実際は、パトリキによって構成される元老院が依然としてローマの実質的な政府であり、共和政の要職がプレブスに渡されることはほとんどなかった。そのため身分闘争はその後も続き、その過程で、十二表法で禁じられていたプレブスとパトリキとの通婚が合法化され（前四四五年）、リキニウス・セクスティウス法（前三六七年）はプレブスの執政官就任を可とし、借財金利の切り捨てを定め、富裕者による公有地の占有面積を制限するなどして、パトリキとプレブスの政治的平等を実現しようとした。そしてまた、二人の執政官のうちの一人は常にプレブスであることが認められ（前三四八年）、元老院は民会によって可決されたすべての法案を自動的に批准することが同意され（前三三八年）、平民会で決議したことは元老院の同意なしでも国法と認められることが決定した（前二八七年）。

しかしそれでも実際には全プレブスがパトリキと政治的に平等になったわけではなかった。パトリキの中で実際に政権に参与できたのは、一定額以上の財産を持つ騎士身分の者たちであり、やがて彼らがパトリキと結合して――護民官は元老院議員としての特権を与えられた――、ノビレスという新しい支配者階層を形成した。裕福でない一般市民（J－P・ルーはこれを「民衆」と言っているようだ）は、プレブスであれクリエンテスであれ、この新しい貴族《ノビレス》たちの下でその後も被治者であり続けたことに変わりはなかった。

なお、J－P・ルーが「非市民」non-citoyen と言っているのは、市民権を持たない賤民や新しい外来者を指していると思われる。

（八六）　紀元前四世紀とすべきである。前の訳注（八五）を参照。

（八七）　この文章は特に分かりにくい。「民衆」を「一般市民」と置き換え、「一般市民とは〔……〕一握りの有権者であった」とでもすべきであろう。ちなみに、時代は少し下るが、トラヤヌス帝の治世（二世紀）には、ローマ市の人口百二十万の三分の一ないし二分の一が生活保護者と推定され、四十万が奴隷であった。

（八八）　サルスティウス（前八六―前三四）はローマの歴史家、政治家。元老院に入り、護民官となるが、失脚し、カエサルの恩顧によって政界に復帰し、カエサルに従ってアフリカに渡り、ヌミディアを統治する。カエサルの死後は政界を退き、歴史の著述に情熱を注いだ。『カティリナ戦記』『ユグルタ戦記』『歴史』（散佚）があり、タキトゥスその他の後輩たちに絶大な影響を及ぼした。

（八九）　パラティヌスの丘の傾斜地にあった、石器時代の定住地跡に立っていた小屋がロムルスの家として帝政時代まで保存されていた。

（九〇）　数多くの祝祭を司る大神官の職は政治的にも非常に重視されていて、野心的な政治家にとって垂涎の的であった。カエサルは大神官に選ばれるために莫大な額の金を投じたが、そのほとんどが借金によるものだったので、彼はローマ一の負債者となった。彼の死後、大神官職はレピドゥスに引き継がれ、彼の死を待って、アウグストゥスが継承した。そしてそれ以後大神官職はローマ皇帝が兼ねるようになり、その結果、ローマ皇帝の呼称の一つとなった。

（九一）　マリウス（前一五七頃―前八六）は騎士身分の出で、小スキピオの部下としてヒスパニアに従軍し（前一三三年）、手柄を立てて、高級将校に抜擢された。財務官（前一二一年）を経て、前一一一年護民官に選ばれると、民衆派に有利なように選挙法を改正した。その後法務官《プラエトル》に就任（前一一五年）、翌年前法務官《プロコンスル》としてヒスパニアに赴任。帰国してからカエサル家のユリア（カエサルは彼女の甥）と結婚。アフリカのヌミディア王ユグルタの反乱が起きると（前一一一年）、執政官《コンスル》メテルスの副将として従軍（前一〇九年）、二年後執政官に選出され、ユグルタ戦争の指揮権を与えられた（前一〇七年）。彼はこの時それまで兵役とは無縁だった無産階級から兵員を募集するという画期的な兵制改革を行った。その結果、古来のパトロンとクリエンテスの関係に代わる、将軍と職業軍人の集団（将軍と信義関係で結ばれた私兵）の関係が生じた。この私兵は将軍の政治的活動の支持者でもあり、将軍は彼らの退役後の生活の面倒も見た。この新しい関係の発生は帝政成立の大きな要因となった。マリウスはユグルタ戦争には勝利した（前一〇五年）ものの、栄光の一部を彼の財務官スッラに奪われた形となったため、両者の間に敵意が生まれた。しかしローマ市民の信頼はあつく、その後も連続四年間執政官に選ばれ、その間にテウトニ、キンブリなどの原始ゲルマン人諸族と戦い、これらを殲滅した。前一〇〇年に六度目の執政官に就任した後の不遇の時期を経て、同盟市戦争（前九〇―前八九）で活躍、ミトリダテス戦争の指揮権を望んだが、これは前八八年の執政官に選ばれたスッラに与えられた。しかし護民官のスルピキウス・ルフスの働きかけにより、この指揮権がマリウスに与えられたため、スッラはそれの返還を求めてローマに進軍し、マリウスは公敵宣告を受け、辛くもアフリカに逃亡した。その後状況の急変を見て、アフリカから帰還した彼は、多数の政敵を殺戮した（彼自身の責任は部分的とされる）。彼に再び東方指揮権が与えられ、七度目の執政官に就任する（前八六年）が、その直後七十歳で没した。それに続くスッラの報復については次の訳注を参照。

（九二）　スッラ（前一三八―前七八）はローマの政治家、将軍。ユグルタ戦争（前一〇七年）とキンブリ戦争（前一〇四―前一〇一）ではマリウスの副将を務め、法務官《プラエトル》（前九三年）、キリキア知事（前九二年）を経て、同盟市戦争（前九〇―前八九）ではサムニウム人を破り、武名を上げ、執政官《コンスル》になった（前八八年）。この年、対ミトリダテス戦の指揮権を元老院から与えられ、出征するが、護民官スルピキウス・ルフスが民会に働きかけて、東征軍指揮権を剝奪し、マリウスに与えた。スッラはただちに私兵を率いて引き返し、ローマ市を制圧し、その後東征に向かった。しかし再びローマ市内でマリウス派が勢力を回復したのを知ると、ミトリダテスと和解し、遠征軍を率いてイタアに帰還し（前八三年）、翌年ローマ市を制圧して、独裁官《ディクタトル》に就任し、マリウス派を徹底的に粛清・追放した。貴族《パトリキ》出身のスッラはあらゆる政治権力――騎士の司法権も――を元老院に集中し、護民官の政治的権限を奪い取った。彼は二度目の執政官（前八〇年）を務めた後、引退し、六十歳で没した。

（九三）　ポンペイウス（前一〇六―前四八）の家は代々東部イタリアの大土地所有者で、彼の父親は執政官《コンスル》も務めた。彼はスッラがイタリアに帰還してマリウス派と対決した時、スッラのために働いて勇名を馳せ、スッラの引退後、レピドゥスの乱（前七八年）とセルトリウスの乱（前八二―前七二）に際しては、最高司令官として勝利を収め、スパルタクスの乱（前七三―前七一）でも手柄を立てた。彼がその頃の実力者クラッススと共に執政官に就任したのはその翌年（前七〇年）のことである。そしてそれから三年後に、国法を越えた権限を特別に与えられた彼は地中海東部の海賊を制圧し（前六七年)、翌年にはミトリダテス戦争の最高指揮権(これにも非常大権が伴っていた)を委ねられ、このポントス王を追撃して自殺に至らしめた。その後彼は東方諸国を巡視して、シリアとその周辺をローマ領に併合し、多くの王国と条約を結び、諸都市(三十九)を建設して、自分の支持基盤にした。しかし彼の成功と名声に対する嫉妬と警戒から、元老院が彼の業績と要請を否認する動きを見せたため、彼は財力と政治力を持つクラッススと執政官職を狙う(就任は前五九年)カエサルと政治的同盟を結び(前六〇年、第一回三頭政治)、彼が望んだ法案を可決させ、彼が確立した東方世界の新秩序を元老院に承認させた。そして前五七年、ローマに穀物不足の危機が生じると、彼はキケロの執り成しで元老院と和解し、またもや特別大権を与えられてその責務を果たした。一方、この頃から、ヒスパニア統治に続いてガリア全域の征服に成功しつつあったカエサルに対する妬視が元老院に生まれ、カエサルと彼ポンペイウスを頼りとする元老院との対立の構図がしだいに出来上がっていった。そこで機を見るに敏なカエサルは北イタリアのルッカへ彼とクラッススを招いて会見し、三頭政治が再確認された(前五六年)。この会見によって、彼とクラッススは二度目の執政官(前五五年の)が約束され、カエサルはガリア総督任期の五年間の延長が認められた。しかし彼の妻となっていたカエサルの娘ユリアが病死し(前五四年)、クラッススがパルティアとの戦いで戦死すると(前五三年)、彼ポンペイウス-元老院とカエサルとの対決はいよいよ抜き差しならないものになった。カエサル派で私兵を用いて盛んにテロを行っていた護民官クロディウスが殺され、政局が混乱に陥った前五二年、彼ポンペイウスが特例として単独の執政官に選ばれると、カエサル派はこれを承認する代償として、カエサルが任期を終える時(前四九年、三月一日)、属州から軍隊を維持したまま翌年の執政官に立候補することを承認するよう要求した。これはカエサルが一私人として帰国するのを待って、カエサルを告発し、失脚させようという政敵たちの目論見に対処するものだった。しかし結局、強硬な反カエサル派に押し切られた彼と元老院は、カエサルの提案をことごとく拒絶して、その軍を解かせ、総督職の任期が切れる前にカエサルを召還することを決議した(前四九年、一月七日)。そこでカエサルはわずかな精鋭部隊と共にルビコン川を渡り(同月十一日)、ローマの諸都市を強襲し、占領した。その急進撃ぶりに動揺した彼は多くの元老院議員と軍隊を連れてイタリアを離れ、ギリシャに向かった。そして翌年、ヒスパニアの彼の勢力を制圧してから彼を追って来たカエサルの軍と対決した。しかし彼の軍は結局撃破され(前四八年、八月九日)、彼はエジプトへ逃れたが、プトレマイオス十二世の命令によって殺害された。

(九四) カエサル(前一〇〇頃—前四四)自身の説明によると、父方の系譜は女神ウェヌスを、母方の系譜は王アンクス・マルキウスを祖としている。十七歳で結婚したコルネリアがマリウス派のキンナの娘だったことから、マリウス派を徹底的に粛清し、恐怖政治をしいていたスッラに迫害されるが、よく生き延びた。その後、ローマに帰り、本格的に政治活動を始め、財務官《アエストル》（前六八年）、按察官《アエディリス》（前六五年）、大神官（前六三年）――莫大な選挙費用のためにローマ一の負債者となった――、法務官《プラエトル》（前六二年）、ヒスパニア・ウルテリオルの知事（前六一年）の職を歴任して、政治家としての力量をローマ市民に認められ、前六〇年、ポンペイウス、クラッススと私的に同盟を結び（第一回三頭政治）、翌年の執政官に選ばれた。カエサルはこの時貴族派が出した同僚のビブルスを完全に無視して、土地法案を通過させた。この法案はローマの遊民問題とポンペイウスの従軍兵への報奨問題を同時に解決しようとするものだった。彼はまた属州アジアの徴税請負入札額の減額を承認して騎士身分を味方に付け、エジプト王を復位させてその代償をポンペイウスと共に政治資金とし、属州における政務官の不法搾取禁止法や元老院議事公開法などを制定して、ローマ市民の人気を得た。続いて彼は任期五年（後にさらに五年が追加された）のガリア州知事となり、その間に全ガリアを平定して名声を上げたが、結局ポンペイウス－元老院と対決せざるを得なくなった。ルビコン川を渡ったカエサルはイタリアのみならず、東方、西方、南方にいたポンペイウス派を制圧して、前四六年には任期十年（伝統的には六カ月まで）の独裁官《ディクタトル》となった（前四四年には終身独裁官）。彼は事実上元老院議員と各種政務官の任命権を握り、元老院に自分の息のかかった者を多数送り込んだ。彼は専制支配を強化して、暦法を改め、自分の肖像を刻んだ貨幣を発行し（前四五年）、その他多岐にわたる政策を次々と実施した。彼はイタリアと全属州を専制的に支配し、アレクサンドロス大王が建設したような世界帝国を再現しようと考えていた。そのためにはパルティアを討って、東方を安定させる必要があった。一方、彼の周囲では彼を神格化して王位に就けようとする動きがあった。彼は護民官の権限は辞退したが、その不可侵性を認められた。そして前四四年、完全な神格化ではなかったものの、彼はローマの主神ユピテルと結合し、ユピテル・ユリウスとして神々の中に連なり、アントニウスがその神官となった。彼を王位に就ける案に対しては、彼自身はそれを共和制の伝統に反するものとして禁じていた。しかしシビュラ（アポロンの神託を告げる巫女）の預言書に「パルティアは王によってしか征服され得ない」という一項が入っているという噂が流れ、民衆により王 rex と歓呼されたり（同、一月）、アントニウスによって王冠を奉じられたりすると（同、二月十五日、ルペルカーリア祭で）、彼は自分の胸の中にあった王位への熱望を隠しきれなかった。熱烈な彼の支持者がいる一方で、彼の長期独裁と驕慢に対して反感と危機感を持つ市民も多数いた。いよいよ彼を王位に就ける法案が提出されそうになったまさにその時、カッシウスやブルートゥスをリーダーとする元老院の貴族派・共和主義者たちの陰謀が実行に移された。彼はポンペイウスが建てた劇場の増築部分（当時はそこが元老院だった）で襲われ、ポンペイウス像の下で絶命した（三月十五日）。彼はガリアを平定してヨーロッパ大陸にギリシャ・ラテン文明を浸透させるための地ならしをする一方、広大な領土を統治するにはすでに無力化していたローマの共和制を破壊して、元首制すなわち帝政という新秩序を用意した。彼の志はオクタウィアヌスによって継承され、またその名はローマ皇帝の称号になった。

（九五）　オクタウィアヌス（前六三―後一四）の父親は裕福な騎士身分に属し、母親アティアはカエサルの妹ユリアの娘である。カエサルの愛顧を受け、カエサルの遺言によってその養子とされ、その強力な軍隊を継承すると、元老院から元老院議員および前法務官の地位を与えられた。その翌年（前四三年）、彼とアントニウスとレピドゥスの三人による第二次三頭政治が法的に承認され（「国家再建のための三人官法」、期間は五年）、彼はアフリカ、シケリア、サルディニアを勢力範囲とした。三頭政治は多数の元老院議員、騎士を処刑し、反対派の市民を追放し、多くの都市の領地を没収して兵士たちに分け与えた。彼とアントニウスの不和と和解を経て、前三七年、三頭政治はさらに五年間の延長が決まった。翌年、彼は海上を支配していたセクストゥス・ポンペイウスの艦隊を破り、レピドゥスも失脚したため、イタリアと西方の支配権を確立した。一方、アントニウスはパルティアとの戦いに戦果を上げることもなく、エジプト女王クレオパトラとの恋に溺れて、東方のかなり広い範囲を彼女に与えた。前三二年、オクタウィアヌスはクー・デタを起こして元老院から反対派を放逐し、実権を掌握。元老院とローマ人民はアントニウスの権力を剝奪して、クレオパトラに宣戦布告した。翌三一年、彼オクタウィアヌスはアクティウムの海戦で勝利し、二人を自殺へと追い込み、エジプトを彼個人の所領とした。

オクタウィアヌスは「元老院の第一人者」Princeps Senatusという称号を与えられ、ここに「元首政」Principatusという新しい政治体制が成立した（前二八年）。その時点では、「元首」という称号に特別な権限はなく、また彼自身、ローマでは共和制の伝統が強いので、専制的な君主政治を強行すれば必ず反動が来るだろうと予測することができた。そこで彼は翌二七年、「国家を彼自身の支配から元老院とローマ人民の権威に還付した」。そして元老院から改めて全軍の指令権を与えられ、属州の統治を元老院と分割して、間接的に元老院の管轄地も支配し、宣戦講和権、政務官候補者指名権を認められ、アウグストゥス（尊厳者）の称号を与えられるに至り、実質的にローマ帝政が創建された。前二三年には独裁的支配の印象を軽減するため執政官就任を辞退したものの、護民官職権と前執政官命令権を得て、前一二年には大神官となり、前二年には元老院とローマ人民から「国父」pater patriae の尊称を与えられた。また彼は在世中から「神の子」divi filius と称えられ、神格化された。これにはエジプトにおけるファラオの有り様が影響を与えたと考えられている。以後、ローマ皇帝の神格化は慣例となった。

（九六）　クラッスス（前一一五—前五三）は代々元老院議員を排出した名門の生まれだったが、キンナの乱（前八七年）で父が自殺し、マリウス派によって兄が殺されたため、ヒスパニアに逃亡した。そしてスッラがイタリアへ帰還した時、彼は手勢を率いてスッラ軍に加わり、その指揮官の一人としてスッラ軍の勝利に大いに貢献した。この時彼は、スッラによって没収された多くの市民の財産を買い取って、財をなし、さらに不動産投機によって巨富を得た。前七三年法務官を務め、翌年にスパルタクス討伐戦の指揮官に任命され、勝利を収めた（前七一年）。しかしその際の最後の戦いでポンペイウスに戦功の一部を横取りされ、両者の競合関係が明確化した。クラッススはポンペイウスと張り合って共に執政官となったが（前七〇年）、政策面で出し抜かれ、また軍人としての功績でも大差を付けられた。しかし東方遠征から帰還したポンペイウスが、自分の東方処理を元老院に承認させるために、クラッススと彼が支援していたカエサルに援助を求めたため、前六〇年第一回三頭政治が成立した。もっともクラッススとポンペイウスの対立はすぐにぶり返したので、ルッカでその再確認が行われた（前五六年）。この時、クラッススは東方での指揮権を獲得し、翌年ポンペイウスと共に再度執政官となり、名誉を求めてパルティア遠征に出発した。しかしメソポタミアの砂漠の中で、彼と彼の息子が率いる軍隊は撃破され、息子は戦死し、彼は和平会談に臨んだ際に謀殺された（前五三年）。

（九七）　アエネーアス（ギリシャ語読みはアイネイアス）はウェルギリウスの叙事詩『アエネーイス』の主人公で、トロイアのアンキセスと女神アプロディテ（ウェヌス）の息子。トロイア陥落の際に、父アンキセスと少数の一族郎党を連れて落ち延び、長い放浪の末、イタリアに渡り、ラティニウム市を建設した。ローマ市の建国者ロムルスの祖先。『ホメーロス讃歌』の『アプロディテ讃歌』やステシコロス（前七—六世紀）によると、アイネイアスは常に神の保護を受けており、トロイア方の中でただ一人市の陥落後にも有望な未来を持っていた。このことからトロイア滅亡後の彼の物語がホメーロス以後に創り出され、ついにはローマ建国と結びつけられたと考えられている。本章の訳注（七九）を参照。

（九八）　カリグラ（一二—四一）は第三代ローマ皇帝（三七—四一）。カリグラは幼い時兵士たちに付けられたあだ名で、本名はガイウス・カエサル・アウグストゥス・ゲルマニクス。父は人望が篤く、学識教養が豊かで、傑出した指揮官だったゲルマニクス。ティベリウス帝（一四―三七）を謀殺して（たぶん）帝位に就いたカリグラは、最初しばらくはローマ市民の人気を博するような一連の行動を取ったが、まもなく「怪物」じみた性格をむきだしにした。狂気に支配された――と推測される――彼の残忍さ異常さは帝室、元老院、ローマ市民のすべてを戦慄させた。彼は三年二カ月八日の間統治して、謀殺された。

なおスエトニウスが伝えるカリグラの逸話は次の通りである。

たまたま表敬訪問のために都〔ローマ〕に来ていた王たちが晩餐会の席上カリグラの面前でおのおの自分の高貴な血統を言い争っているのを聞き、彼は「君主は一人たるべし、王は一人だ」と言うと、直ちに王冠をかぶり。あやうく元首政の外観を王政の形態に変えてしまうところであった。

カリグラはしかし世の君主たちや王たちの最高位〔J－P・ルーのテキストに「最高位」の語はない〕すら越えていると教え諭され、それ以来、『自分には神々しい威厳がそなわっている』と言い始めた」（国原吉之助訳（岩波文庫）『ローマ皇帝伝』第四巻「カリグラ」22）。

これに続いてスエトニウスはカリグラが自分を神として祀らせるためにどのようなことをしたのか、その奇行の数々を列挙している。

（九九）　これは叔母ユリアを称えた弔辞で述べたことであるが、J－P・ルーの引用の仕方はやや正確さを欠いている。以下を参照されたい。

「私の叔母ユリアの母方の血筋は王〔アンクス・マルキウス〕から起こる。父方の血胤《けついん》は不死不滅の神々〔特にウェヌス〕とつながる。〔……〕、我々のカエサル家はこの血統につらなる。それゆえ、叔母の血の中には、人間の世界で最高の権力を持つ王の高潔さと、その王たちすら支配に服する神々の侵すべからざる神聖さとが、二つながら宿っているのだ」（国原吉之助訳『ローマ皇帝伝』第一巻「カエサル」6）。

なお、J－P・ルーは出典を（スエトニウス、五）としていたので、訂正した。

（一〇〇）　J－P・ルーは啓蒙（主義）の時代を全く評価していない。彼にとって、啓蒙主義の思想家たちは、崇高で神聖な王制の理念を攻撃・破壊した忌まわしい破壊主義者たちであり、十八世紀は君主制の廃止というあってはならないことが行われた暗愚の時代である。したがって、J－P・ルーの歴史観からすれば、「啓蒙の時代」«le siècle des Lumières»（直訳は「光の世紀」の意）は、全く容認しがたい、不適切な表現ということになるのである。

（一〇一）オットー・フォン・フライジンク（一一一一～一一一五頃―一一五八）はバーベンベルク家のオーストリア辺境伯レオポルト三世と神聖ローマ皇帝ハインリヒ四世（一〇五六―一一〇六）の娘アグネスの間に生まれた。彼女の兄がハインリヒ五世（一一〇六―一一二五）、彼女が前夫のスワビア公フリードリヒ（ホーエンシュタウエン家）との間にもうけた二人の息子の一人がコンラート三世（一一三八―一一五二）、その兄がスワビア公フリードリヒ二世で、その子スワビア公フリードリヒ三世が神聖ローマ皇帝フリードリヒ一世 赤髭《バルバロッサ》（一一五二―一一九〇）になった。またオットーと父を同じくする兄のハインリヒは東ローマ皇帝の娘と結婚した。オットーは十七、八歳の時、パリに遊学し、神学、哲学を学び、二十三歳の時、帰国した。そしてフライジンクの司教になり、没するまでその職に留まった。全八巻からなる彼の主著『二つの都市』は、聖アウグスティヌスとオロシウス（五世紀頃のスペインの神学者、歴史家）にならって書かれた、一一四六年までの世界史である。この年代記では、歴史は善なるものと悪なるものという永遠に相容れない二つの原理の闘いの所産として示されている。もう一つの著作『フリードリヒ〔赤髭《バルバロッサ》帝〕』には、そのような護教論的歴史哲学はない。しかし当然のことながらこの伝記は赤髭《バルバロッサ》帝に関する情報源として価値のあるものである。オットーが没した後、彼の友人でもあった秘書によって書き継がれ、完成された。

（一〇二）ダンテ（一二六五―一三二一）は中世イタリア最大の詩人。『新生』『神曲』などの詩作品のほかに政治的作品『帝政論』などがある。教皇派（グェルフ党）に属するフィレンツェの小貴族の家に生まれ、神学、哲学、修辞学の研鑽に努めた。政治にも強い関心を持ち、一三〇〇年には二カ月間フィレンツェの六人の行政長官の一人となり、翌年には百人委員会の一人となった。そして同年十月、外交使節として教皇ボニファティウス八世のもとに派遣されると、教皇の政策をフィレンツェの独立を脅かすとして公然と批判した。が、その間にフィレンツェではグェルフ党内で対立関係にある黒派が政権を握り、ダンテが属する白派の追放が実施され、ダンテも欠席裁判で国外追放の判決を受けた。それ以後彼はいろいろと手を尽くしてフィレンツェ復帰を試みたが、彼の願望は死ぬまでかなえられなかった。その間、一三一〇年に神聖ローマ皇帝ハインリヒ七世が教会と国家の再統一を図って、イタリアに軍を進めた。ダンテはこの皇帝に望みを託して『帝政論』を書いた。その趣旨は、神によって直接権威を与えられた君主の下で、ヨーロッパの平和回復の実現は可能である、というものだった。しかし皇帝は一三一三年シエナで没し、ダンテの望みも露と消えた。

（一〇三）　ブルートゥス（前八五―前四二）の父親はレピドゥスの陰謀に加担して、ポンペイウスに殺された。母親セルウィリアは改革者ドルススの姪で、カエサルの愛人として有名になった。ブルートゥスは二人の愛情が絶頂にあった頃に生まれたので、カエサルはブルートゥスに特別な思いを持っていたらしい。ブルートゥスはパルサロスの戦い（前四八年）では岳父カトーと共にポンペイウス軍に加わったが、敗戦後カエサルから大赦を得、カエサルの恩顧によって要職に就き、前四四年には首都法務官になった。そんな彼が反カエサルの陰謀に加わった理由は決して単純なものではなかった。首謀者カッシウスが年長の親友であり、彼の姉妹を娶っていたこと、カエサルとの戦いに敗れた岳父カトーの自殺（前四五年）、ローマの最後の王を倒したルキウス・ユニウス・ブルートゥスの子孫であるという意識と彼に対する共和派の期待、暴君の殺害は正当であり義務であるとするストア派の教義などが理由として考えられるが、最大の理由はやはり彼の理想主義が共和制に基づいていて、独裁者が死ねば、自由と共和制がただちに復活すると考えていたことであろう。彼と彼の仲間たちはたしかにカエサル暗殺には成功したし、元老院は彼らに大赦を与えた（前四四年）。しかし事態は彼らの予想に反して、ローマでは彼らに対する敵意が日毎に高まり、ブルートゥスとカッシウスはローマを離れざるを得なくなった。幸い二人は力を合わせてギリシャ・東方属州の兵士たちを集めるのに成功し、折りからイタリアのカエサル派も撲滅されたと思われたため、翌年四月には、元老院が二人に東方全域の支配権を承認した。しかしながら同年八月、カエサル派が態勢を立て直し、弱冠十九歳のオクタウィアヌスが執政官に就任すると、カエサル暗殺者たちに与えられた大赦を取り消した。これによってブルートゥスとカッシウスは公敵とされ、オクタウィアヌスとアントニウス率いる征討軍とピリッピの野で対戦することになった。そしてブルートゥスとカッシウスは彼らの軍の連携ミスによって敗北し、相次いで自決した（前四二年、十一月）。ブルートゥスが高潔で有徳の士であったことは万人が認めるところであったが、彼は自分が守ろうとした共和制がすでにローマ帝国の統治方法としてその有効性を失っていることに気づいていなかった。

（一〇四）　カッシウス（前四二年没）はカエサル暗殺の首謀者。クラッススが対パルティア戦で敗死した際（前五三年）、残りの軍をまとめてパルティア軍のシリア進入を阻止し、名声を得た。パルサロスの戦い（前四八年）では、ブルートゥス同様、ポンペイウス軍に加わったが、敗戦後カエサルに赦された。しかし彼は筋金入りの熱烈な共和主義者で、そのうえカエサルによって不当に扱われたと思っていたため、独裁的なカエサルを倒すことを計画し、義理の兄弟であったブルートゥスを陰謀に引き入れた。そしてカエサル暗殺には成功したものの、結局はピリッピの戦いで敗れ、ブルートゥスと共に自決。

第二章　王—人間

（一）「バルバール」はギリシャ人以外の民族の言語を言い表す擬音語で、転じて訳の分からない言葉を話す他の諸民族を指す言葉となった。

（二）正確には、東夷、西戎、南蛮、北狄と方角によって「蛮族」の呼び方を変えていた。

（三）ギリシャのデルポイのアポロン神殿にあった聖石オムパロスは世界の中心を示すものとして広く知られているが、メキシコのマヤのセイバという名の小さな集落の住民も広場にある一本の木が世界の中心に立ち、天空を支えていると思っていた。世界の中心は遍在していたのである。

（四）中華、中州、中邦に同じ。上古、中国人《シナ》が国を黄河の流域に建てた時、自らを蛮（南）、夷（東）、戎（西）、狄（北）の中央に位置するものと考えて中国と称した（たとえば『礼記』王制第五を参照）。

（五）一般的にはメリナ族と呼ばれているインドネシア系の部族。中央高地に住み、マダガスカルの総人口の約三〇パーセントを占めており、彼らの王国は十八世紀末に急速に拡大し、十九世紀には全島の三分の二を支配した。米作農業に従事し、牛を飼育する。祖先崇拝を堅持し、立派な墓を造ることでも知られている。

（六）ガジュ族とも呼ばれている。ダヤク諸族は約八十の部族からなり、五群に分類されているが、ヌガジュ族は南ボルネオ群に属している。

（七）これはアケメネス朝ペルシャのキュロス大王（前五五九—前五三〇没）を指すと思われる。キュロスはバビロンを攻略して、捕虜となっていたヘブライ人を解放した。その結果ヘブライ人は、一斉にではないが、ユダヤの地に帰り、破壊されていた寺院を再建し、祖国を再興することができた。ヘブライ人にとって、このキュロス大王はまさに「救世主《メシア》」であった（旧約聖書、歴代志下、第三十六章およびエズラ記、第一章ほか）。

（八）カニシカ王はインド、イランにわたる広大な領土を統治したクシャン朝の四代目の王で、仏教の保護者として有名であり、仏典は彼の功績を数多く伝えている（ギリシャ文化と仏教との結合によって仏像が生まれたのも、たぶん彼の即位の前後である）。しかし王は仏教だけを特別に庇護したわけでない。王のコインにはイラン系諸神の像が多く見られ、インド系の神像もある。中央アジア、イラン、インドの文化、領土内のギリシャ文化、そして交易のあったローマの文化を包容融合して、クシャン王国は、カニシカ王の代に最盛期を迎えた。

カニシカ王の在位時期については諸説があり、いまだに定まっていない。大別すると、カニシカ王の即位を七八年とする説、一二八年頃とする説、一四四年とする説があり、わが国では一般的に二世紀前半説か一四四年説（ギルシュマン説）がとられている。

（九）「マハーラージャ」と「デーヴァプトラ」はカニシカ王の先祖でクシャン朝の開祖クジュラ・カドフィセス一世（四五―七七）がすでに用いていた。「カエサル」は正確には「カイサラサ」である。カニシカ王は先王たち同様ローマとの交易を行っており、ローマ風の貨幣も鋳造していたので、カイサラサという称号はすでにローマ皇帝の称号になっていたカエサルがインド風になまったものと思われる。

（一〇）訳者が調べた限りでは、モンゴル人がこのようなことを言ったという記録は見当らない。これはモンゴル人の宗教に対するJ－P・ルーの見解と錯誤（？）――本訳注と次の訳注（一一）を参照――の結合によって成立したものではなかろうか。彼は自著『突厥族とモンゴル族の宗教』（パリ、パイヨ社刊、一九八四年）の第三部の「天」の項で、モンゴル族の「天」と共に、八世紀の碑文に見える突厥族の「天」も「一神教の神」であると明言している。碑文には突厥（テュルク）の「天」と「聖なる地（―水）」の命によって誰々が可汗（王）位に就いたという表現が少なからずあることを認知しつつ、彼は「地」を二義的な神と見なしているのである。これは、モンゴル軍から逃れ、リヨンに来て、教皇インノケンティウス四世に、「モンゴル人は唯一の神を礼拝し」ていると報告したロシア人司教（カルピニ／ルブルク著、護雅夫訳『中央アジア・蒙古旅行記』（桃源社、一九六五年）巻末解説）の認識と大差がないように思われる。このような見解に対して、訳者は護雅夫著『古代トルコ民族史研究I』（山川出版社、昭和四二年）第一章第四節「突厥第二汗国における『ナショナリズム』」を挙げて反論したいが、その内容は本訳注でこれからモンゴルの宗教について述べることと全く同じ（突厥族が仏教とゾロアスター教を受け入れていたことも含めて）なので、略したい）。中国の正史に登場する（五世紀の北魏時代から）最古のモンゴル語系民族は室韋、契丹、渓であるが、シャーマニズムと太陽（天）崇拝があったと推測できる以外、彼らの宗教についてはほとんど分からない。しかしその後中国北部を支配下に置いた契丹人の遼（九一六―一一二五）の国家最重の典礼が祭山儀と呼ばれるものであったことは分かっている（『遼史』巻四八・禮志一、吉儀・祭山儀）。専門家の研究によれば、聖山である木葉山におけるこの「祭山儀における対象神統は、禮志によると、天神地祇だといわれる。天神地祇という中国風の抽象的な言葉で表現された神統が、シャーマニズムの世界観に基づく、天上界・地上界・地下界の各階級の神霊、具体的に言えば万物の造物主である天、日月星辰、鬼神、山川木石火水など、宇宙の森羅万象の神霊をいうものであることは、殊更ここにいうまでもない」（島田正郎著『遼朝史の研究』創文社、一九七九年、三二〇ページ）。そしてその後登場する蒙古人すなわちモンゴル人は、そのような天神地祇を崇拝するだけでなく、やがてチベット仏教の熱心な信者・保護者となり、ホル・モスト（アフラ・マズダ）をシャーマンの最高神と見なして今日に至っている（彼らがどの時代からゾロアスター教を受け入れたのか定かではないが、中国では初唐の七世紀初めから公認されている）。こうしたことを考えれば、J－P・ルーの認識の仕方——彼は単一神教 hénothéisme という語も用いていない——には無理があると言わざるを得ない。天が主神であるとはいえ、八百万の神々と諸仏に満ちた中国の宗教についても同様である。もっとも、十六世紀に中国に布教に来たイエズス会の聖職者の報告書には、宇宙を主宰するものとして神格化された中国の天の概念をクローズアップして、キリスト教の天の概念と重ねて見たものがあるようだ。マルセル・グラネは、「中国人の原始的な一神教を論じ、もしくは彼らが何時の時代にも自然力を尊崇し、かつ祖先崇拝を実行していたということを述べ」ることで、「全てを言い尽した」と思っている初代の宣教師たち」のうちの三人の名を挙げている（『中国古代の祭礼と歌謡』（一九二〇年）、内田智雄訳注、東洋文庫500、平凡社、一九八九年、緒論と注⑷）。偶然の一致だとは思うが、原著者J－P・ルーが他の何人かの研究者と共にこの伝統に立脚している可能性がない訳ではない。

ところで、ここに紹介してある言葉を見て、訳者の念頭に浮かび上がってきたのは、チンギス・カンがケレイトを併呑した時、トルコ系のナイマンの王タヤン・カン（太陽王）——彼は金から大王の称号を与えられていた——が言った言葉である。村上正二訳『モンゴル秘史2』（東洋文庫209、平凡社）第七巻では次のようになっている。「この東の方には僅かばかりのモンゴル〔人〕がいるとかいう噂だ。これらの民は年老いたる、偉大な、往昔のオン・カンをば靫《ゆぎ》で威し、背かせて〔ついに〕殺してしまったのだ。〔そして〕彼奴《きゃつ》らはいま〔代わって〕カンになろうとしているわい。天上には日と月の二つが〔永劫《とわ》に〕輝ける光たるべしとて、日と月との二つが存在しているが、〔この〕地上において、われらは二人の皇帝《カト》とどうしてなられるものか。〔ひとつ〕われらのほうから〔出かけて行って〕僅かばかりのモンゴル人をば〔かすめ〕取って来ようか。」この後まもなくタヤン・カンのナイマンは滅亡した。次の訳注に続く。

（一一）これは孟子が孔子の言葉として述べているものである。内野熊一郎著『孟子』万章章句上には「孔子曰く、天に二日無く、民に二王無し、と」とある。そして『史記』高祖本紀には「天に二日《じつ》なく、土《と》に二王なし」とある。『漢書』王莽伝には「天に二日なく、地に二王なし」とある。竹内照夫著『礼記』（新釈漢文体系27、明治書院）曾子問には「孔子曰く、〔……〕天に二日無し、土に二王無し」とあり、栗原圭介著『大戴礼記』（新釈漢文体系113、明治書院）本命第八十には「天に二日無く、國に二君無く、」とあり、宇野精一著『孔子家語』（新釈漢文体系53、明治書院）本命解第二十六にもこれと同じ言葉が載っている。少し時代が下ると、『隋書』と『北史』の突厥伝に同様の言葉が見える。ここでは隋の高祖文帝（五八一―六〇四）との戦いに敗れた（五八四年）東突厥《テュルク》――突厥は王国成立後わずか五十年で東西に分裂した――の王（可汗）が文帝に宛てた書簡でこれを用いている。「大突厥の伊利倶盧設始波羅莫何可汗《イリ・キュル・シャド・イシュバラ・バガ・カガン》、臣摂図申し上げる。〔中略〕〔ところで〕ちかごろは、気候は穏やかで狂いもなく、これは中国大聖〔人〕が興ったからであろう。ひそかに思うに、天に二つの太陽はない。仁《めぐみ》による教化は行き届いていて、礼譲の風が朝廷から下々にまで満ちている。ましていまは徳義にうるおく地に二人の王がいるべきではない。大隋皇帝こそが真の皇帝である」（山田信夫訳「突厥伝」、『騎馬民族史2』東洋文庫223、平凡社、一九七二年）。始波羅《イシュバラ》（沙鉢略とも書く）も莫何《バガ》も「勇健」を意味し、摂図はイシュバラ・カガンの即位前の名（「設」と同じくシャドと読むか）。この書簡は東突厥の王（可汗）が儒教の帝王学と共に「天に二日なく、地に二王なし」という言葉・理念を習得していたことを明確に示している。ちなみにイシュバラ・カガンの妻は隋に取って代わられた北周（中国文化を尊重した北魏の流れに属する鮮卑系の王朝）王室の宇文氏の娘千金公主であり、この前の書簡では、彼は「天より生まれたる、大突厥の、天の下なる聖賢なる天子」と称している。中国から得たと思われるこのような突厥の教養が、同じ突厥の末裔であるナイマンのタヤン・カンにも継承されたと見るのは自然なことではなかろうか。それゆえに、「天に二日なく、地に二王なし」は、早くから中央集権国家の樹立を志向し、成功した中国で生まれ、それが周辺の諸民族に伝播したものであって、多元的に成立したものではないと言えるだろう。そしてここで、前の訳注（一〇）から持ち越されてきた主題であるモンゴル人が言ったとされる言葉についての結論を付け加えたい。J-P・ルーはトルコ（突厥）・モンゴル史の専門家である。彼はナイマンのタヤン・カンか東突厥のイシュバラ・カガンの書簡にあるこの言葉を、うっかりしてモンゴル人が発した言葉と書いたのではなかろうか。しかしながら「天に唯一の神しかいない」という前半部分は、自らの見解に基づいたJ-P・ルー自身の創作である可能性が極めて高い。

（一一二）　メフメット二世（在位一四四四―一四四六、一四五一―一四八一）は若くしてオスマン・トルコのスルタン位に就くと、トルコ系名家出身の大宰相ハリル・パシャの反対を抑えて、コンスタンティノープルの征服を成功させた。彼はこれによってスルタンの権威を著しく高め、その後も、出自にとらわれることなく、優秀な人材を登用して――旧キリスト教徒の貴族の子弟がイスラームに改宗して、「スルタンの奴隷」すなわち側近集団を形成した――、約三十年間周辺諸地域の征服事業を継続し、「ファーティヒ（征服者）」と称された。その一方、彼は非常によく練り上げられた『カヌーン・ナーメ』（法令集）を編述させ、数学や天文学等の諸科学や文学・芸術を奨励した。彼はイタリア遠征を企図しつつ、イタリア人の画家たちを招いて、自分の肖像画を描かせた（特にジェンティーレ・ベルリーニ（一四二九―一五〇七）の肖像画は有名である）。ミケランジェロの招聘は実現しなかったものの、メフメットの宮廷にはギリシャ人、イタリア人の文人、学者、画家、商人、外交官、医師が常に集っていた。一四八〇年、メフメットはロードス島の攻略には失敗したものの、同年八月、イタリア半島南部に艦隊を派遣し、オトラントを一カ月間占領した。彼はローマの奪取を豪語し、イタリア人を不安に陥れたが、翌年、病に倒れ、死去した。

（一一三）　スレイマン一世（一五二〇―一五六六）はオスマン朝最盛期の第十代スルタン。中央ヨーロッパや地中海で次々と軍事的成功を収め、一五二九年には、カール五世のハプスブルク家と直接対峙し、ウィーンまで軍を進めた。一五三四年にはイラン・イラク遠征を行い、バグダッドとアゼルバイジャンを領有した。海軍の増強にも力を注ぎ、カール五世ほかの艦隊を破って、北アフリカ沿海部を支配下に置いた。国内ではカヌーン・ナーメ（法令集）の制定に力を入れたため、立法者（カヌーニ）と呼ばれ、また学問芸術の保護者でもあった。スレイマンの治世は後の人々から理想の時代と言われたが、ハーレムの女性たちの政治への介入を招いたこともあって、その晩年には政争・内乱が激化した。

（一一四）　チンギス・カンが西欧に書簡を送ったことはないから、この記述は紛らわしくて不適切であると言わざるを得ない。史実は、イル汗国の創始者フラグが、祖父チンギス・カンの死後（一二六二年）、フランスのルイ九世に送った親書の中で、チンギス・カンは自らを「万人の皇帝」と称したと述べているということである。フラグが聖主ルイに書簡を送った理由と西欧の反応については、第三章の訳注（一二〇）を参照。

（一一五）　これはキプチャク汗国とビザンティン帝国との交流を指しているのではなかろうか。たとえばビザンティン皇帝アンドロニクス三世（一三二八―一三四一）の娘はキプチャク汗国のウズベク・カンの第三夫人（可敦《カトン》）となっている。もっともこの婚姻は戦いに敗れたビザンティン皇帝と強勢を誇るウズベク・カンがそれぞれの思惑を持って結んだ政略結婚であった。イヴン・バトゥータは彼女の里帰りに同行している。

（一六）　フリードリヒ三世（一四四〇―一四九三）の父はオーストリア公エルンストで、従兄アルブレヒト二世の後を継いで、一四四〇年、アーヘンで「ローマ人の王」として即位。一四五二年、ローマで教皇ニコラウス五世から神聖ローマ皇帝として正式に戴冠されたが、これがローマにおける神聖ローマ皇帝の最後の戴冠式となった。一四四八年フリードリヒと教皇は「ウィーンの協約《コンコルダンス》」を締結した。皇帝は自らの権威を誇示し、教皇は勢いを失いつつあったローマ・カトリックをドイツ国内で建て直そうとした。しかし政治的には諸公の分立、宗教的には宗教改革への流れを絶つことはできなかった。フリードリヒはオーストリア公ラディスラウス五世（一四四〇―一四五七）の逝去により、オーストリア公（フリードリヒ五世）も継承した。なおテキストではフリードリヒ二世（一四四〇―一四九八）となっていたので、訂正した。

（一七）　一見もっともらしい単純明快な記号学的記述ではある。しかし史実は決して単純ではないし、特に本書における中国の王についての言説は、王字についての間違った解釈に立脚しているので、この記述を無条件に受け入れるわけにはいかない。王については、本章の訳注（三〇）で詳述することにして、ここでは歴代王朝の首都の形態の推移を見ておきたい。参考にするのは、主として妹尾達彦著『長安の都市計画』（講談社、二〇〇一年）、京都文化博物館編『長安』（角川書店、平成八年）であるが、他に金子修一著『古代中国と皇帝祭祀』（汲古書院、二〇〇一年）、石橋丑雄著『天壇』（山本書店、昭和三十二年）、砂山稔著『隋唐道教史研究』（平川出版社、一九九〇年）等が含まれる。

中国には七大王都と呼ばれる都市がある。それは長安、洛陽、鄴《ぎょう》、開封、建康（南京）、臨安（杭州）、北京（大都）である。これらの首都の中で、J‐P・ルーの記述と最もよく合致するのは、現在までに分かっている限り、隋唐（特に唐）時代の長安（隋時代の名称は大興）が最初であろう。そこでまず隋唐長安がどのような理念に基づいて建設されたか、そしてまたそれまでにどのような歴史的経緯があるかを略述しておきたい。

鮮卑族の拓跋部を核とする北魏（三八六―五三四、最初の王都は平城（完成は四〇六年）、後に洛陽に遷都（四九四年））が五三五年に東西に分裂すると、東魏は鄴《ぎょう》城を拠点とし、西魏は漢代以来の長安城を拠点とした。当初は劣勢だった西の勢力は突厥と同盟を結ぶことに成功したこともあって、力をつけ、五七七年、北周（五五八―五八一）の時に、東の勢力北斉（五五〇―五七七）を滅ぼした。その四年後、北周の帝室の外戚で大司馬職にあった楊堅が政権を奪取し、隋の文帝（五八一―六〇四）となって即位した。南部にはまだ南朝系の陳と西梁があったが、隋は二六〇年以上も分裂していた中国の再統一を前提にして、新都の建設に取りかかった。隋大興城の建設予定地に旧長安城の東南部の龍首原が選ばれたのは、軍事・防衛上の利便性、自然環境、城郭の規模を考慮した上でのことであることは言うまでもない。禁苑を除いても東西九七二一メートル、南北八六五一・七メートルという壮大な帝都はわずか九カ月ほどで完成した（外城壁の完成は唐代になってから）。隋にこれほど建設を急がせたのは北から攻勢を強めていた突厥に対する不安であり、無事に完成できたのは突厥の東西分裂（五八三年）という幸運に恵まれたからであった。新都はここが天下の中心地であることを示す――その理由は後述する――方格状《グリッド・プラン》の都市計画に基づいて建設された。文帝はこの大興城の建設によって、軍事・治安機能を強化し、近い将来の城内人口の増加に備え、隋の正統性を効果的に示す王朝儀礼を演出することが可能になった（遷都の理由としては、旧長安城の建築物の腐朽の進行、城内の塩害、祟りの恐れ――文帝は旧長安城内で北周の皇族・宇文一族を殺害した――などがあったことも付け加えておこう）。

しかしながら隋は、第三代の煬帝（六〇四―六一八）の時、無理な徴用・徴税（彼は即位直後に東都洛陽と大運河の建設を進めた）と高麗遠征の失敗を機に、諸方で農民の暴動や有力者たちの反乱が起きて、あえなく崩壊消滅した。その際――煬帝の南遊中に――逸早く首都を制したのが唐公李淵（後の高祖、六一八―六二六）だった。彼の家系は北周の皇室と何度も婚姻を繰り返しており、やはり鮮卑系と見られている。唐朝は隋大興城を長安と改名し、また大興宮を大極宮に、昭陽門を承天門に変えるなどして、唐朝と天との関係をよりいっそう強調した。この姿勢は、第三代皇帝の高宗（六四九―六八四）が大極宮と並ぶ正式な宮殿として大明宮を建築し、玄宗（七一二―七五六）の治世に中書省を紫微省と変えるに至って、これまでのどの王朝よりも際立つことになった。

妹尾達彦著『長安の都市計画』によると、「隋唐長安は、当時の世界認識である宇宙論に基づいて、天命を受ける宇宙の都としてつくられた。宇宙論によって王都を聖別化し、支配の正統性の確立をめざした」。そしてそのために（一）地上における宇宙の鏡としての都をつくりだす天文思想、（二）王朝儀礼の舞台としての都をつくる礼の思想、（三）中国古来の『周礼』の理想都城モデル、（四）陰陽五行思想、（五）王者にふさわしい土地を鑑定する『易経』の思想、などの当時の様々な伝統思想が盛り込まれた。このことを検証する第一段階として、都城の位置の問題から始める必要があるだろう。妹尾氏は「周代の理想的な王朝制度を記した儒教の古典『周礼』によれば、王都の位置は、天が、地上の中心点として指定した場所であり、天命によって諸侯に君臨する天子の居住地である〈『周礼』地官、代司徒〉」と述べて、隋唐長安が宇宙軸の上にあることを様々な角度から論証している。しかし『周礼』は、土圭〔日影を測るための古代の玉器〕による東西南北に偏しない「地中」すなわち中央の地の測量法を示した後、そこは「天地の合する所なり。四時〔四季〕の交わる所なり。風雨の會する所なり。陰陽の和する所なり。然れば則ち百物阜安《ふあん》、乃ち王國を建つ。其の畿方千里を制して之に封樹す。」と述べているだけである。通釋〔原田種成校閲、本田二郎著『周禮通釋』(秀英出版、昭和五十四年)による〕は次の通りである。「其の地区は、天地の気が和合し、風調雨順、陰気が和合するところである。其の故に土質は肥え、産物は豊富であり、これ實に王國を建設するには最も理想の地で、然る後に方千里の王畿を制定し、その境界の溝上に樹木を植えつけて要害とするのである。」この「王國」の意味はやや判然としないが、夏官、司馬第四や冬官、匠人では国は都城と解されているから、ここでも王都と解して良いのだろう。ともあれ『周礼』の言う「地中」は結局のところ観念的なものであり、今日の地理学や天文学で割り出すことは不可能である。後漢の学者鄭玄《じょうげん》(一二七—二〇〇)の注解(前記『周禮遥釋』上、二九一ページ)には、「今の潁川《えいせん》陽城の地(周が都としていた洛陽の南東約一〇〇キロメートル)を然りと為す」とあるが、その後も潁川陽城にただの一度も都が置かれたことはないという史実が証明しているように、「地中」の割り出しが何の意味も持っていないことは、古代の為政者たちもよく分かっていたと思われる。

そこで為政者たちは『周礼』が提示する理想的な都城プランを可能な限り実現しようとした。その主な特徴は、方形の都城(これは『易経』天文にある「天は円、地は方」という概念に合っている)の中央に宮城を設け、その中心に宮殿を南向きに建て、その前の宮廷で王が陽(午前)の気を受けながら政を行うために南面した時の左手東方に宗廟、右手西方に社稷を置き、陰(午後)に属する市を宮城の北方に定めるというものであった。さらに追加すると、都城は「方九里、傍ごとに三門あり、」城中の主要道路は縦横に各々九条で、その道路は九台の車両を並行させることができる必要があった。基数の最大数である九は陽の充ちる数であり、天子を象徴する数であったと解されている。『周礼』の成立以後(『周礼』の成立年代に関しては、現代でも定説はなく、西周末期説、戦国時代説、戦国末荀子説、前漢末期説、王莽時期説などがあるが、ほぼ前漢には古伝承を含んだ原型があり、王莽時期までに補修完成されたと見るのが主流のようである)、この都城プランの実現に最初に本格的に取り組んだのが鮮卑系の北魏であり、実際の都城の形態をそれに最も近づけたのが隋であり、唐であった——隋の大興城が『周礼』の都城プランと異なっている点は、宮城が北側に寄っていることと、市が宮城の南側に来ていることであるが、宮城は、禁苑（宮城防衛の機能を持ち、皇帝の狩猟や遊覧の場でもあった）の存在を考慮に入れれば、中央に位置することになる。鮮卑系の王朝は絶対多数を占める漢族（と言っても、すでに多くの民族が混入していた）の支配者として、自らの正統性を主張し、安泰を図るために、漢族の制度・文化を尊重し、継承していることを（北周は『周礼』の官制をそのまま取り入れた）、目に見える形で示したのである。

　ところで、唐は隋の大興城を引き継いで、天帝を祀る南郊の儀式（本章の訳注（九一）を参照）を執り行うことによって、天との関係を天下に示すだけでは満足しなかった。すでに述べたように、重要な宮殿や城門などの名称を変え、新たに大明宮を建設し、その中央に紫宸殿を配置し、そしてその北方の太液池には蓬莱山という島を築いた。皇帝が居住した太極殿（外朝）の「太極」とは太初、太一とも言い、『易経』の用語では、混沌とした宇宙の始原的状態または根源的原理を意味し、太極殿の北に位置する両儀殿（内朝）の「両儀」は、太極から生じ、万物生成の源となる陰と陽（または天と地）を意味する。『孔子家語』（礼運　第三十二）にも、「そもそも、礼は必ず太一（太極）を本とする。太一は分かれて天地となり、変転して陰陽の気となり、これが変化して四季となり、配列されて鬼神の霊となった。その太一が下ることを天命という」（宇野精一著『孔子家語』（新釈漢文体系53、明治書院）の通釈を一部改変）とある。太極はこのような儒教的概念として存続する一方、天文占星思想では北極星と結び付けられ、天の中心すなわち天極と見なされ、天の最高神・天帝（昊天上帝・天皇大帝）が居住する宮すなわち太極宮としてイメージされるようになった（『史記』天官書冒頭および『漢書』天文志第六冒頭参照）。ちなみに紫微省の「紫微」は北極星（天極星）を中心とする「天の中宮」の外側にあって、「内を匡《ただ》し外を衛《まも》る」十二星のことで、紫宮《しきゅう》とも紫微垣《しびえん》とも呼ばれていた（後に道教では、紫微宮を北極大帝の住居と見なすようにもなった）。また大明宮は、一時期蓬莱宮とも命名されていたことや、紫宸殿、蓬莱島が中心に位置していることからも分かるように、神仙世界を模したものであった。

　唐王朝の特異性を述べる際に忘れてならないのは、道教との関係の深さである。周知のように、道教はもともとは土俗的な宗教だったが、唐代までに、老子や荘子のいわゆる道家の思想を始め、儒派の『易経』、陰陽五行説、神仙思想、仏教などを吸収して（唐代にはゾロアスター教、キリスト教ネストリウス派、マニ教をも吸収した）練成され、様々な分野にわたる複雑な思想・教義を持っていた。しかし主要な教団・教派においては、いずれも老子崇拝が道教の中核を占めていたことに変わりはない。ところで唐王朝は、老子が自分たちと同じく李姓であったとされることから、老子を王朝の祖先として公認して崇拝したが、玄宗に至っては、太清宮という老子廟を建て（七四二年）、これを宗廟に準じるものとした。

老子の神格化は複雑な様相を呈している。砂山稔著『隋唐道教思想史研究』（平川出版社、一九九〇年）によると、後漢時代から、老子を不死の神仙と見なす思想が顕著になり、後漢末には、老子を自然すなわち『老子』に説く「道」と同一視して神格化する考え方が芽生えてきた。葛玄の『老子道徳経序訣』には「老子の本体は自然のままそのようにしてあり、太無の先に生まれ、原因を持たずに起こった。彼は天地を遍歴しているが、その終始をすべて記載することはできない。〔中略〕老子は大道と共に変化し、天地の根源を立て、気を十方に布き、道徳の至純を抱いている。彼は〔中略〕、堂々としていて神明の宗となっている」とある。北魏の寇謙之の新天師道――当時中国全土で流行していた救世主信仰をも吸収した最初の成立道教と見られているもので、北魏の太武帝（四二三―四五二）に認められ、国家宗教となった――では、老子は完全に神格化され、太上老君と呼称される最高神として現れる。『魏書』釈老志には、「道家（この場合、道教を指す）の淵源は、老子から出ている。老子は天地に先立って生まれ、万物をつくりだした。上天では玉京に処り、神王の宗主となり、下天では紫微宮に在って、飛仙の頭領となる。千変万化し、」黄帝に道を教授し、禹王に長生の秘訣を語り、多くの経典を授けたとある。それから約一世紀後、南朝の梁の陶弘景は『真霊位業図』――最初の道教の神統譜であり、道教曼陀羅のようなもの――で、道教の神々を七階梯に分類し、最高位に上合虚皇道君、応号は元始天尊、第二位に上清高聖太上玉晨玄皇大道君、第三位に大極金闕帝君姓李（大極境の金闕帝君は天地崩壊の時に出現する救世主で、老子の変現の一つであるこの主尊の左位の神々の中に、老子自身が北極老子玄上仙皇という名で加わっている）、第四位に太清太上老君を配したが、これらはいずれも老子＝「道」が神格化されたものと考えられている。この太上老君と元始天尊が隋唐道教でも特に重要な位置を占めていた。

唐王朝では、第二代皇帝太宗（六二六―六四九）が老子を皇室の祖先として公認して（六三七年）老子崇拝を昂めると、次の高宗（六四九―六八四）は太上老君すなわち老子に太上玄元皇帝の称号を贈った。そして玄宗（七一二―七五六）は「我が遠祖玄元皇帝は、道家号する所の太上老君なり」として、老子に対して二度尊号を贈った後、七五四年には、さらに大聖祖高上大道金闕玄元天皇大帝の称号を贈った。この頃までには、道教教団内部では、太上老君と元始天尊は、老子すなわち「道」の変現したものであり、本源は同じであるという見方が確立されていた。こうして唐王朝は、大極宮に居住する天帝との伝統的な関係を保持するだけでなく、道教において神格化された老子＝「道」との直接的な関係を創出することによっても、自らの正統性を天下に誇示したのである。

宮城の中核となる建物を大極殿と命名した最初の王朝は三国魏（二二〇―二六五）であった。『周礼』の理想的な都城プランに基づいて、方形の条坊制の都城を最初に建設したのは鮮卑系の北魏王朝（三八六または四二三―五三四）であり、道教を国家宗教とし、大神太上老君＝老子の神託を受けた天師＝寇謙之が説くこの世の救世主、すなわち北方太平真君を自称したのも、やはり北魏の太武帝だった。そして隋は『周礼』の都城プランを最大限活用して大興城を建設した（わが国の藤原京と比較していただきたい）。しかし唐の長安ほど天上界をつぶさに反映した都城はなく、唐王朝ほど天との直接的な関係を強調した王朝はいないと言えるだろう。皮肉なことに、これほど念入りに聖別された――易・風水によっても最適とされた――にもかかわらず、長安は黄巣の乱（八七五―八八四）によって破壊された後、二度と再びどの王朝の首都にもならなかった。

唐以後の王朝の都城も一瞥する必要があるだろう。北宋の首都開封はいわゆる四通八達の要衝の地で、唐を倒した節度使朱全忠（後梁の大祖、九〇七―九一二）がここを首都としてから、後唐以外の五代の王朝と宋がこれを踏襲した。しかしここは最初から特定の理念に基づいた都市プランを持っていなかった。周囲三キロメートル足らずの宮城を唐以来の周囲一二キロメートルの内城が囲み、その外を後周の世宗が築いた外城――初宋にはまだ直線をなしていなかった――が囲んでいるだけだった。官庁街、商業区域、住宅地の区別がなく、貧富貴賤が雑然と入り交じって住み、市はあちこちにあった。宮城内にも、承天門、紫宸殿はあったが、大極殿はなく、代わりに大慶殿があった。第三代皇帝真宗（九九七―一〇二二）の時代、承天門に天から降って来たとされる封禅の儀を行うべしという天書を奉安するため、巨大な玉清昭応宮が建造されたが、一〇二九年、落雷によって焼失した。北宋王朝は君主独裁制の確立に成功し、朱熹によって代表される宋学は儒教を重視して、万物化生の源は大極にありとした。しかし総じて北宋王朝は、宮城を中核とする都城の形態または宇宙論的地理学そのものを通してよりも、宮城の宣徳門から南に延びる幅二〇〇メートルの御街《ぎょがい》――長安の朱雀大路は幅一四七メートル――の南端の南薫門外の円丘で、三年に一度、皇帝が特権として自ら執り行った華やかな祭天の儀式すなわち南郊によって、王朝と天との緊密な関係を誇示し、王朝の正統性を国民に認めさせることに力を注いでいたようである。真宗が泰山（山東省）で天を祭り、汾陰《ふんいん》（山西省）で地を祭った時ほどではないが、毎回巨額の財貨を費やして（そのほとんどが商人たちの手に渡った）、宮殿→大慶殿（明堂）→太廟→景霊宮→円丘と続く開封の南郊は、王都全体を巻き込み、人々を熱狂させる、華麗な一大ページェントであった（梅原郁「皇帝、祭祀、国都」、中村賢二郎編『歴史の中の都市――続都市の社会史』、ミネルヴァ書房、一九八六年）。臨安を都城とした南宋も北宋と同じような考えを持っていたと思われる。

元の大都は一二六七年、金の首都中都の北東に接する離宮の地に、『周礼』の都城プランの規模に従って建設された（中都は完璧に方形であり、金朝がここで南郊祀天を行っていたことは分かっているから、中都も大都の参考になったと思われる）。皇城（大内）はかなり南寄りに位置するが、城門は東西南北に三つずつ、計十二あり、城内は条房制になっていた。また皇城の真南の麗正門の外には円丘があって、ここで南郊祀天が行われた。宮殿名はほとんど分からないが、大都は、同じく「北狄」であった鮮卑系の王朝にならって、モンゴル族の元王朝が天下の支配者としての自らの正統性を目に見える形で示したものであったことは間違いない。

明代になると、大都は北平と改称されていたが、帝位に就く前は燕王としてこの地に配されていた成祖永楽帝（一四〇二―一四二四）はこれをさらに北京と改称して（一四〇三年）、北辺対策のため、そして彼が帝位を簒奪した恵帝（一三九六―一四〇二）に縁の深い土地と距離を保つため、それまでの首都金陵＝応天府（南京）から順天府北京へ遷都した（一四二一年）。その際、閑散としていた北側が大幅に縮小され、すでに商業地区として繁栄しつつあった南正面門の外側が新たに外城として付け足された。そして大都時代の皇城（大内）のあったところには、諸殿門の規模、配置、名称に至るまで南京紫禁城の制によって、北京紫禁城が造営された。北京も『周礼』の理想王都のプランに基づいて、長安その他のこの系列に属する過去の王都を参考にしてつくられた。紫禁城に限って言えば、外廷、内廷、後宮と南から北へ一直線上に配置されているという点で、後宮が宮城の西に位置していた長安よりも『周礼』のプランにいっそう忠実である。大きな相違点は、それまでは必ず城外にあった南郊祀天のための円丘――嘉靖九年（一五三〇年）の四郊分祀の後、嘉靖十三年（一五三四年）、天壇と改称された――が城壁の内側に囲い込まれたことである。しかしそのことは、ここで最大の朝廷儀礼を催すことによって天子としての正統性を国民にアピールするのに、何の不都合もなかった。

清軍が北京入城を果たした時、紫禁城の主な宮殿は李自成によって焼き払われていた。そこで清朝は明代の建築にならって、宮殿を再建した。ただし宮殿や城門の名称は大幅に変えられた。皇極門（永楽の奉天門）は太和門、皇極殿（奉天殿）は太和殿、中極殿（華蓋殿）は中和殿、建極殿（謹慎殿）は保和殿、承天門は天安門、北安門は地安門となり、各扁額《へんがく》には右に満州語、左に漢語が記された。清朝は女真族本来の信仰であるシャーマニズムによる祭天の儀礼を内廷の坤寧宮で催し続ける一方で、祭壇から祭神・祭儀に至るまで、そのほとんどを前朝の例によっていた。ただ一つ気になるのは、清朝が明代に祀られた星辰の三位（木火土金水星之神・二十八宿之神・周天星辰之神）に北斗七星の神を加えて四位としたことである。石橋丑雄著『天壇』（一〇四ページ）には、「北方民族旧来の信仰を加えたものであろう」とあるが、これは女真族が金時代に知った北極星を天＝宇宙の中心とする漢族の北斗七星信仰だった可能性もあるのではなかろうか。太和殿の玉座の真上に今もある世界の中心を意味する大きな玉――皇帝が悪政を行えば、落下してこれを撃つと伝えられていたという――について思いを巡らす時、そのような気がしてならないのである。

以上、ざっと俯瞰して分かったように、中国では「王都は、天と地を媒介する天子・皇帝の居住地と観念され（天↔天子・皇帝↔地）、天の中心（多くの場合は北極を意味した）と対応する、宇宙の都として聖別化された」。「支配者は、王都を、天や神によって正統性の与えられた都であると演出することで、都の中心性を明示することができ、同時に都の軍事力の集権性の弱さを、象徴の力で克服することができると考えていたのである」（妹尾達彦著『長安の都市計画』九四ページ）。しかしながら我々は、中国の王都についてこのような理解・認識を持つ一方で、過去約二千年間、清王朝に至るまで、大半の王朝が複都（京）制を採用していたことを忘れてはならないだろう。周の二都（王莽は周の二人の君が天命を受けたため、東都（洛邑）と西都（鎬京）があったと言っている（『漢書』王莽伝第六十九中）が、一般的には西周（前一〇二七―前七七一）の都が鎬京で、東周（前七七〇―前四〇三）の都が洛邑すなわち後の洛陽とされる）、新の二都（王莽は洛陽を四方国土の中央とした（『漢書』王莽伝第六十九中））と後漢の五都（漢の三都という言い方もある）、隋の三都、唐の五京（年代により移動あり）、遼（契丹）の五京、北宋の四京（宋の三都とも言う）、金の五京（国都は別）、元の二都（大都と夏の都上都にモンゴルの故地の都カラコルムも加えると、三都になる）、明の二都、清の二都（北京と盛京――後の奉天、現瀋陽）などが知られている。一般的に首都以外の都は陪都と呼ばれているが、都であることに変わりはない（『長安　絢爛たる唐の都』一三三ページ）。だからわが国の天武天皇も、即位して十二年目に、「凡《おおよ》そ都城《みやこ》・宮室《おおみや》、一処《ひとつところ》にあらず、必ず両《ふたところ》参《みところ》造らむ。故《かれ》、先《ま》づ、難波《なにわ》に都《みやこ》つくらむと欲《おも》ふ」（『日本書紀』）と言ったのである。王莽が複都制を始めた表向きの理由は、かつて周に二都があったからだが、真の理由は、漢の皇室に縁の深い長安から「地中」の洛陽に遷都するに当たって、長安を無視できなかったためと思われる。しかしこれにならったその後の諸王朝は、天子としての自己の正統性を示すための都城を建設する一方で、万一そこが敵の手に落ちた場合は、陪都に入ってなおも自己の正統性を主張しつつ、勢力の回復を図るということも考えていたに違いない。したがって、複都制をとったほとんどの王朝にとって、理念上は首都の中心性＝神聖性は絶対的なものであったが、実際上はその位置は移動可能と考えられており、必ずしも絶対的なものではなかったと言えるのではなかろうか。

（一八）　清朝北京城におけるこの区分けは、かつてこの地域を支配下に置いた契丹人の遼（九一六―一一二四）の二重城にならったものである。遼朝は設計の段階から都城の北半分を皇城、南半分を漢城と区分けして、建設した。清朝はこの制度を採用して、明の永楽帝が増築した外城に漢民族を住まわせ、内城に満州族を住まわせた。西洋人は内城をタタール・シティ、外城をチャイニーズ・シティと呼んだ。

（一九）　ネパール盆地を故地とし、ネパール最大の人口を占めるチベット・ビルマ語系民族。古くから都市文明を培い、七世紀頃から数世紀にわたって繁栄したリッチャヴィ王朝、十三世紀から十八世紀にかけて高度な文化を開花させたマッラ王朝など、幾つかの王朝を築いた。しかし十八世紀後半にグルカ勢力によってカトマンズが征服され、シャハ王朝によるネパール王国が成立し（一七六九年）、今日に至っている。

（二〇）　孔子（前五五一または五五二―前四七九）は春秋時代の思想家、学者。周王朝の政治・社会・文化の基礎を定めた周公を理想とした。春秋末期、孔子が生まれた魯国では、王権が衰え、寡頭政治が行われていたので、孔子はこれを打倒して、魯王による周公の理想政治を実現しようとした。しかしこの改革運動は失敗に終わり、孔子は国外に出奔した。以後、諸国を歴訪して、仁の道を説いてまわったが、結局、現実的な政治運動に成功することなく、魯国に帰り、弟子たちの教育と、『詩経』や『書経』の整理編纂に全力を傾注し、『春秋』を残して、七十三歳で没した。

孔子の言行は『論語』の中に記されているが、孔子の思想の根本にあるのは、合理主義精神と人間中心主義であり、それがしばしば仁と徳という語で語られる。孔子はまた先哲・先聖が残した『詩経』や『書経』を学ぶことによって、周公の定めた人間社会の道徳慣習、すなわち周公の礼を習得することの大切さを説いた。

孔子の弟子たちは諸国に仕え、戦国初期の学術文化の推進力となったが、やがて墨子の学派に圧倒され、その後孟子が儒教を再興し、戦国末期の荀子がこれを集大成した。周の制度を拒絶した秦の始皇帝は儒派を徹底的に弾圧したが、漢の武帝は儒学を国の教学と認めた。以後、儒教は中国の正統思想となり、漢の訓古学、宋・元・明の理学、清朝の考証学とその形態を変えながら、思想界で支配的な地位を保ち続けた。二十世紀になると、革新的な思想家・学者たちが儒教道徳は封建制度を支えるものとして攻撃し、中国共産党もこれに同調していたが、八〇年代からは、孔子を世界に誇り得る古代の思想家・教育者と評価するようになった。

（一二一）　この前の文章は以下の原典の要約である。「子曰く、政《まつりごと》を為《な》すに徳を以《もっ》てするは、譬《たと》えば北辰の其《そ》の所に居て、衆星《しゅうせい》の之《これ》に共《きょう》するが如《ごと》し。」通釈「孔子言う。政治をするのに道徳を以てすると、天下の人心が、その為政者に帰服することは、譬えてみると、北極星が一定の場所に居るのに、多くの星が北極星を中心として、仰ぎ抱くようにしているようなものだ」（吉田賢抗著『論語』爲政、第二、新釈漢文体系1、明治書院、昭和五十七年、三七ページ）。

（一二二）　これは原著者が参考にしている『世界シンボル大事典』（ジャン・シュヴァリエ、アラン・ゲールブラン共著（Robert Laffont et Jupiter, 1982）、金光仁三郎他訳、大修館書店、一九九六年）の「日傘」の項に見られる見解である。たぶんこれがフランスのシンボル学会の共通認識なのだろう。しかしこの見解は間違っている。そのことを具体的に説明する用意はできているが、この見解は王字についての間違った解釈に立脚しているので、順序として、本章の訳注（三〇）で王字について説明した後、第六章の訳注（一一八）で日傘について説明する際、この見解にも言及することにしたい。

（一二三）　「エッサイの木」は十二世紀から十六世紀にかけてヨーロッパで行われたイザヤの預言（第十一章、第一節―二節）を図像化したもの。眠っているエッサイの腹から生えた木の枝々に二十六人のユダヤの王（第一章、第一節―一七節による）を配し、頂上に七羽の鳩（聖霊の七つの賜物を示す）に囲まれた聖母子像を置く図で、キリストがマリアを通じてダビデの末に連なるとされていた当時の解釈を示したものである。キリストとは直接血の繋がっていないヨセフもダビデの子孫とされている。エッサイについては、ユダのベツヘレム出身のエフラタ人でモアブの女ルツの孫であることが知られているだけである。彼は土地を有する自営農民だったと推測されている。彼には八人または七人の息子がいて、その末子がダビデである。

（一二四）　オグズ（オウズ・グズとも）とは、内陸アジアから南下して来た古チュルク（突厥）系種族の遊牧系部族集団を指す。ペルシャで王朝を建設したセルジューク・トルコも、アナトリアで王朝を建設し、その後国土をヨーロッパやアフリカにまで拡大したオスマン・トルコも、もとはこのオグズ群の一分派であったと考えられている。イランの歴史家ラシッド・ウッ・ディーン（次の訳注参照）は、その『集史』の中で、モンゴル世界帝国が出現した頃のオグズ群として、二十四の種族の名を挙げている。

(二一五) ラシッド・ウッ・ディーン(一二四七—一三一八)はイル・カン朝後期に活躍した医学者、政治家、歴史家。ユダヤ系の家系に生まれ、医学を学び、開祖フラグ・カン(一二五八—一二六五)の子アバガー・カン(一二六五—一二八二)の侍医として勢力を得、その孫ガザーン・カン(一二九五—一三〇四)の時、政治的才能を認められて、宰相の地位に就いた。そして次代のウルジャーイトゥー(一三〇四—一三一七)の頃にはほぼ全権を握っていたが、同僚の失脚(一三一二年)後、陰謀の疑いをかけられ、ウルジャーイトゥーの没後ただちに罷免され、十六歳の息子と共に処刑された。ラシッド・ウッ・ディーンは神学に関する著作も残したが、ガザーン・カンの命によって書き始め、ウルジャーイトゥーの代に完成した(一三一一年または一二年)『集史』は、『モンゴル秘史』と並んで、モンゴル史の最も貴重な資料となっている。

(二一六) 現在のアフガニスタン東部のガズナ(ガズニの古名)を首都とするガズナ朝(九六二—一一八六)の開祖は、サーマン朝(八七四—九九九)に重用されていたトルコ(突厥)系奴隷の一人アルプタギーン(九六二—九六三)で、彼の奴隷で娘婿となった第五代の君主スブクティギーン(九七七—九九七)——彼の代以降世襲となったため、最近では彼を初代と見なす傾向も出てきているようだ——は、インドのラージプト族を撃破・支配し、トランス・オクシアナにおける反乱を鎮圧し、サーマン朝によって、開祖同様、ホラサン大守に任ぜられた。しかし彼の代の末期までには、彼の実力は主家を凌ぐようになっており、ガズナ朝はサーマン朝を滅ぼした彼の子マフムード(九九八—一〇三〇)の代に最大版図を獲得することになった。この後の二つの訳注を参照。

(二一七) 『タバカート・イ・ナースィリー』は『ナースィリー伝』の意で、『ナースィリー王編年史』とも訳されている。この著作は、インドのデリーを本拠とするトルコ系イスラム教徒の「奴隷王朝」初期、すなわちシャムスッディーン・イルトゥトゥミシュ(一二一〇—一二三六)からその直系子孫である四人のスルタンを経て、ナースィルッディン・マフムード・シャー(一二四六—一二六五)治世の第十五年までの出来事を記したもので、この時代の歴史研究の最重要資料である。著者ミンハージュ・ウッディンは当時の歴代のスルタンに仕えた宮廷人。荒松雄著『インドの「奴隷王朝」——中世イスラム王権の成立』(未来社、二〇〇六年)参照。人名表記も同書に従った。

(二一八) ガズナ朝の大マフムード(九九八—一〇三〇)はイスラム圏で最も偉大な君主の一人とされている。彼は主家サーマン朝を滅ぼして、アッバース朝カリフからホラサンおよびガズナの統治権を授かった(前の訳注(二一六)を参照)。また、北方のカラハン朝のイレク・カンの南下の野望を打ち砕いて、領土を北に広げる一方、偶像教徒征服という宗教的使命感から十数回にわたってインド遠征を行い、パンジャーブを領有し、グジャラート王国を属領にした。晩年には、セルジューク族を討ち従え（一〇二七年）、イラクを支配していたブワイ朝から古都イスファハーンを奪ったが、この遠征から帰国した後、ガズナで没した。彼は学問・文芸の隆盛にも力を注ぎ、『王の書《シャー・ナーメ》』の著者フィルドゥーシー、『インド誌』『古代民族年代記』の著者ビルーニー等を宮廷に迎え、ガズナに大宮殿、モスク、大学などを建て、各地に灌漑その他の公共施設を設けた。ガズナ朝は彼の没後セルジューク朝との戦いに連敗し、急速に衰亡の一途をたどった。

（二一九）　オスマン・トルコ帝国の始祖（一般的に在位は一二九九―一三二六である）。勇気と決断力があり、人心収攬術その他の資質に恵まれたその人物像は半ば伝説化されたものである。彼の家系はエルトゥルル・ベイ（君侯）の長子ということしか分からない。始め小氏族長としてアナトリア西北部に残存していたビザンティン領土に進入し、氏族外の者も糾合して辺境戦士団を組織した。その後コニアのセルジューク・スルタンに従属したが、その衰退と混乱に乗じて、ベイ（君侯）として独立を宣言した（一二九九年）。次の一年間で古代のフリュギア、ビテュニア、ガラティアの地を征服し（一三〇〇年）、さらにニコメディア（イズミット）を急襲・併合して、オスマン国家の経営を開始した（一三〇一年）。そして一三〇八年、アク・ヒサルの城砦の攻撃に成功して、マルマラ海への進出を実現すると、満を持していよいよブルサ攻略に取りかかった（一三二六年）。しかし同年、彼はブルサ陥落の直前に没した。

（二二〇）　これは董仲舒《とうちゅうじょ》が『春秋繁露《しゅんじゅうはんろ》』で述べ、許慎（五〇頃―一二一）が『説文解字』（一〇〇年に成立した最初の辞典）で取り上げた説である。許慎は、王とは「天下の歸往《きおう》する〔なついてついて行くこと〕ところなり」（これはいわゆる民本主義を説いた戦国時代の儒者荀子（前二九八―前二三五頃）の「天下これに帰する、これを王と謂ひ、天下これを去る、これを亡と謂ふ」を踏まえたものであろう）、すなわち王の訓は往であると前置きして、「董仲舒曰く、古の文を造るもの、三畫《かく》してその中を連ね、これを王と謂《い》ふ。三なるものは天地人なり。而してこれを参通するものは王なり」と紹介している。董仲舒はこれに続けて「王者にあらずんば孰《たれ》か能《よ》くこれに當《あた》らん」（『春秋繁露』王道通三）と述べている。董仲舒のこの解釈は、マルセル・グラネの論文を介して、『世界シンボル大事典』（ジャン・シュヴァリエ、アラン・ゲールブラン共著、金光仁三郎他訳、大修館書店、一九九六年）「王」の項に採用されている。しかしながら董仲舒のこの説は卜辞・金文学的裏付けのない付会《こじつけ》である。『説文解字』には「孔子曰く、一もて三を貫くを王と為す」などとあるが、そこの孔子の語十二条はすべて後人の俗説である（白川静著『字統』（平凡社、一九八四年）「王」の項参照）。

王の古い字形は（貝塚茂樹、藤野岩友、小野忍編『漢和中事典』、角川書店、昭和三十四年）または◉ ◎ ○（前記『字統』）で、斧または戉《まさかり》（鉞）の刃を下にした様にかたどったものであり、斧＝フの転音オウが音を表し、大きい、旺盛の意、ひいては大人、君主の意に用いられた。これが卜辞・金文研究を世界で最も早く開始し、最も成果を挙げているわが国の専門家の間の定説である。厳密に調査したわけではないが、この定説が成立したのはまず間違いなく半世紀以上前であろう。

ところで、王と斧鉞《ふえつ》との関係は単に王字が斧鉞の象形文字であるというだけに止まらない。古代中国では、斧鉞は常に王（や皇帝）の権力の象徴であり、標章であった。王権を示すものとして儀式に用いられたと思われる玉斧・玉鉞——時には青銅製の鉞も——は、今日までに、あちこちの遺跡から多数発掘されている。文献では、『史記』殷本紀四節に、夏の桀《けつ》王が虐政を爲《な》して淫荒《いんこう》であったため、諸候の一人昆吾《こんご》氏が反乱を起こした時、殷の開祖湯《とう》が自ら鉞を手にして昆吾を伐《う》ち、ついに桀までも伐とうとした、とある。この場合、鉞は武器そのものではあるが、裁き＝処刑の意味合いもすでに含んでいたと思われる。同じく殷本紀十五節と周本紀六節には、帝紂《ちゅう》が西伯昌《しょう》（後の文王）に弓矢と斧鉞を与えて、帝の命令に背く者の征伐を許し、西伯（西方諸侯の長）に任じた、とある。ここの記述は弓矢・斧鉞がすでに王の権力、特に指揮権と裁判権の標章となっていたということを示している。このことを疑問の余地のない形で明白に示しているのが、『書経』牧誓と『史記』周本紀十一節の周の武王に関する記述である。これらによると、武王は牧野で諸軍に誓告——それは命令と違反者に対する処罰の警告からなっていた——をする際、左手に黄鉞すなわち黄金で飾った鉞（黄を「大」の意とする説もある）を杖つき、右手に白旄《はくぼう》すなわち白い牛尾の付いた指揮棒を持っていた。また文王・武王の名参謀、太公望呂尚が武王に代わって舟を掌る者たちに誓告をする際も、武王と全く同様に、左手に黄鉞を杖つき、右手に白旄を持っていた（『史記』斉大公世家第二）。それ以来——といってもこれは文献上でのことであって、実際は殷代からすでにそうであった可能性がある——、黄鉞は王（帝）権の象徴として常に玉座の横にあり、新の王莽はそれを奪い去られた後、殺された（『漢書』王莽伝）。以上の文献だけでも分かるように、斧鉞はかつては最も強力な武器の一つであり、それゆえに王の力の象徴であったが、同時に、罪人の首または胴を断って処刑するための道具でもあった。それで遠征軍の総大将には、敵将や自軍の違反者を王に成り代わって征伐・処刑する権限のしるしとして、柄を短く切った斧鉞が授けられていた。『史記』や『漢書』その他の史書には、「斧鉞を授く」とか「斧鉞を賜る」とかいった表現を幾つも見つけることができる。

斧鉞はまた刺繍によっても表された。たとえば『書経』顧命第三節には、康王即位の礼のために「黼扆《ほ(ふ)い》を設く」とある。黼の原義は「あや、縫い取り」であるが、転じてほとんどの場合「半白半黒の斧の形の縫い取り」を指し、それは赤い絹地に施されていた（『儀礼』覲）。扆は依に同じく「衝立、屏風」を意味する。この黼扆の斧の図には柄がないが、それは単に天子の権威を示すものであって、この場では斧を用いるつもりはないという意らしい。『礼記』明堂位にも、「天子は〔政《まつりごと》をする際〕斧依《ふい》を負って〔背にして〕南に郷《む》かって立つ」とある。この斧依はもちろん黼扆と同訓である。天子の御座を黼座と言うのはこの礼に由来する。『周礼』天官、冪人《べきじん》には「凡《おおよ》そ王の巾《きれ》は皆黼《ほ(ふ)》なり」とある。通釈は「凡そ王の食物を覆う巾には、その上に皆白と黒の斧形の背中合わせにした模様が畫かれてある」となっており、鄭玄は「四飲三酒は皆黼を畫く。周は武を尚べばなり」と注釈を付けている（原田種成校閲、本田三郎著『周禮通釈』上、秀英出版、昭和五十四年、一七五ページ）。同じく『周礼』天官、典絲には「凡そ祭祀には黼畫組就《ほかくそしゅう》の物を共す」とある。黼畫は斧の形を縫い取りし、彩色して畫いた布であり、組就は多種の彩色された組紐である。これと関連していることだが、王の祭服には、ほとんどの場合、この黼が章として付いている。『周礼』春官、司服には「王の吉服、昊天《こうてん》上帝を祀れば、即ち大裘《たいきゅう》を服して冕《べん》す。五帝を祀るも亦之の如くす。先王を享すれば〔祭れば〕即ち袞冕《こんべん》し、先公を享し、饗射には即ち鷩冕《へつべん》す。四望〔方〕山川を祀れば即ち毳冕《ぜいべん》す。社稷五祀を祭れば即ち希冕《きべん》す。羣〔群〕小祀を祭れば即ち玄冕《げんべん》す。」とある。大裘は天子の祭天の服で、玄《げん》衣《い》纁《くん》裳《も》〔黒に赤みを帯びた色の衣と薄赤の裳〕。衣〔うわぎ〕に日、月、星、山、龍、華蟲〔雉〕の六章を畫き、裳に宗彝《そうい》〔祭礼に用いる酒器〕、藻〔水草〕、火、粉米、黼、黻《ふつ》〔青と黒の二つの弓を背中合わせにした形の縫い取り〕の六章を縫い取りしてあり、計十二章となる。袞冕は礼冠で、「冕す」とは「載冕する」ことである。袞冕は袞服と冕冠。袞服は玄衣纁裳。衣には龍〔これだけが特に大きい〕、山、華蟲、火、宗彝の五章が畫かれ、裳には藻、粉米、黼、黻の四章が縫い取りしてあり、計九章である。鷩服は、天子が先公を祭り、賓客を饗食し、諸侯と射る時に着るもので、玄衣纁裳。衣には華蟲、火、宗彝、の三章が畫かれ、裳には藻、粉米、黼、黻の四章が縫い取りされていて、計七章である。鷩は華蟲すなわち雉のことで、それが特に大きく畫かれているので、この名称がある。毳服は玄衣纁裳。衣には宗彝、藻、粉米の三章があり、裳には黼、黻の二章が縫い取りされていて、計五章である。希服は玄衣纁裳。衣には粉米の一章を縫い取りし、裳には黼、黻の二章が縫い取りされており、合わせて三章である。玄服の衣には文様がなく、裳に黻の一章を縫い取りしてある（以上の六服についての解説は鄭玄の注釈による。前記『周禮通釈』上、六三六―六三八ページ参照）。このように、王の六つの吉服のうち、五つの吉服に黻すなわち斧鉞の章が付いていた。そして貴族の服制について言えば、公の服制は袞冕より以下、王と同じ、侯伯の服制は鷩冕より以下、公と同じ、子・男の服制は毳冕より以下、侯伯と同じ、孤卿の服制は希冕より以下、子・男に同じ、卿大夫の服制は玄冕より以下、孤卿に同じ〔以下略〕であった（『周礼』春官、司服）。この服制は、『周礼』に定められた後、時代によって多少の変化はあっても、基本的には清代まで維持された。少なくとも、王の服制から黼（斧の形の縫い取り）が除外されたことは一度もない（周錫保著『中国古代服飾史』、北京、中国戯劇出版社、一九八四年）。

　中国の王という文字は最も強力な武器の一つであると同時に処刑の道具でもあった斧（鉞）からなり、それゆえその後も、斧（鉞）が王（皇帝）の力と権威の象徴であり続けた。このことはごく自然なことであり、十分納得のいくことであろう。すでに述べたように（第一章の訳注（八一）参照）、エトルリアでも、束棹《ファスケス》（束ねた棒の間に斧を差し込んだもの）が反抗する者を裁判なしで処刑することができる王の権威を象徴していた。そしてその後、このファスケスはエトルリア系の王によってローマに導入され、共和制に移行した後も毎年選出される二人の執政官《コンスル》の標章となった。クレタ島のクノッソス宮殿では両刃の斧が王権の標章となっていた（よく探せば、他の地域でも、同様の事例が見つかるかも知れない）。しかしながら前記『世界シンボル大事典』は、「王」の項で――当然「斧」の項目でも――、以上の事実について全く言及していない。そして真っ先に、董仲舒が『春秋繁露』で述べ、許慎が『説文解字』で補足説明した、王字についての間違った解釈を据え、これを中軸にして世界中の王（君主）の有り様を説明している。そのすべてを全面的に否定する必要はないかも知れないが、中軸が全く不適切なものである以上、そのほとんどの説明に何らかの影響が及んでいる可能性は十分にある。しかも『世界シンボル大事典』の著者たちは董仲舒説を真実と思い込んだだけでなく、科学的に何の根拠もないその記号論――フランスのシンボル学者たちの思考とよほどぴったりと合致したらしい――を日傘と車のシンボル学的解釈にも適用して、空理空論を展開している。しかしこのことについてはいずれ日傘の項の訳注（第六章訳注（一一八））で詳述したい。『世界シンボル大事典』のこのような失態は、現代言語学から生まれた記号学・シンボル学の専門家たちが、考古学・文献学を十分に身につけることなく、言語学的記号論を過信し、そこに比重を置きすぎた結果以外の何物でもないだろう。本書の著者J－P・ルーの過ちが『世界シンボル大事典』を盲信したことにあるのは言うまでもない。

　最後にもう一つ付け加えておくと、董仲舒の説が為政者や学者・思想家にどのように受け止められたかは残念ながら訳者にはよく分からない。後漢の学者蔡邕《さいよう》（一三三―一九二）はその著書『独断』で、間違いなく秦以前の王について「王は機内の称する所なり。王として天下を有《たも》つ。故に王と称す。天王は諸夏の称する所なり。天下の帰往する所なり。故に天王と称す〔以下省略〕」と定義している。通釈は「王とは機内〔王城を中心として四方五百里の地〕において用いられる称号である。〔機内に王として君臨し、さらに〕天下を領有する。そのため王と称するのである。天王〔周の天子の称号〕とは中国の諸侯の国々によって用いられる称号である。これらが帰服するところのものである。そのため天王と称するのである」となっている（『訳注 西京雑記・独断』福井重雅篇、東方書店、二〇〇〇年二〇五―二〇六ページ）。ここには許慎が『説文解字』で前置きした「天下の帰往する所なり」という言葉はあるが、「天地人を参通する者」という言葉はない。蔡邕が董仲舒説から直接的な影響を受けていないことは確かである。蔡邕の『独断』は古代の官制・事物などを知る上で、非常に重要な史料として、後世も――特に唐初――諸書や『漢書』等の注釈に引用された。したがって董仲舒説は、少なくとも後漢から唐初にかけては、定説にはなっていなかったと言ってよいだろう。その後のことは、清代に段玉裁（一七三五―一八一五）が『説文解字注』を書いたという以外、分からない。ただし、董仲舒説は儒学に基づいた王の機能、有り様を念頭に置いて下された解釈であったから、『周礼』に定められた理想的な都城の概念と融合しやすいものであったことは事実である。『世界シンボル大事典』の著者たちがいささかの疑念も抱かずに錯誤した原因の一つはここにあったと思われる。

追補　中国では、古代から三千余年にわたって継続的に人肉食（カニバリスム）が行われた（二十世紀後期の文化大革命時代にもその報告があったという）。その起源は定かではないが、文献を見る限りでは、殷の紂王が自分を諫めた側近たちを自ら食したのが最初で、その後、春秋時代の斉の桓王、晋の文王などがやはり人肉を食した。また、漢の高祖劉邦は誅殺した地方の都督の肉を諸侯に配り、隋の煬帝も逆臣の肉を百官に食させた。一方、巷間でも、飢饉や政治的混乱が起きると、しばしば「人が人を食う」ということが行われ（『漢書』以後の文献にこの記述が数多く見られる）、賊徒の首領の中には人肉を嗜好する者も現れ、唐代になると人肉は滋養強壮に効ありとして医学書に記載され、市場で処刑された罪人の肉は人々に分配されるに至った。アステカの場合（第三章の「20　トルテカ人とアステカ族」およびその訳注（一四七）を参照）と違って、中国の食人肉の風習には、宗教的意味合いは全くない。王・皇帝たちの行為に限定して見ても、その根本にあるのは、自分に逆らった逆臣や敵に対する激しい憎悪と憤怒だけである。最も野蛮な権力の行使方法と言わざるを得ない。この主題については、桑原隲蔵《じつぞう》著「支那人間に於ける食人肉の風習」（大正十四年、『東洋学報』第十四巻第一号所載、東洋文庫

485、『東洋文明史論』（平凡社、一九八八年）転載）を参照されたい。

（三一）　董仲舒（前一七六頃—前一〇四、平凡社刊『アジア歴史事典』（一九五九—一九六二）による）は春秋公羊学に通じ、景帝（前一五七—前一四一）の時博士となり、賢良として武帝（前一四一—前八七）の策問に対《こた》え、認められて江都国易王の宰相とされた。易王は帝の兄で、驕慢であったが、礼儀をもってよく補佐し、導いた。董仲舒の政策は陰陽の原理に基づいた春秋災異説に則って実行され、ことごとく成功した。彼の春秋災異説は、陰陽の気によって変化する自然現象は社会現象に対する応報・予告であるから、災異の原因は陰陽の気の不調和にあるというものであった。この説は、国家が政道を失おうとすると、天は災害を出し、怪異を現して、これを戒めるから、人君は天の意図を察知して、良い政治を行えば、天地万物は調和し、生きとし生けるものが幸福になり、王道が完成するという天人相関説と連関したものだった。ところが宰相の職を廃された後、彼を妬む者によって彼の災異説の草稿が盗まれ、その説が愚劣極まりないという理由で、死罪を申し渡されたが、詔によって赦された。董仲舒はその後、帝のもう一人の兄でやはり驕慢な膠西王の宰相を命じられ、この際もその任をよく果たした。引退後も、朝廷に重大な議案があると、天子は使者を派遣して、彼の意見を求めたという。彼は武帝に儒学を尊び（儒教の国教化）、百家の説を抑え退け、大学を興し、人材を養成することを発議して、すべて採用された（『漢書』董仲舒伝）。彼の業績が中国の政治・文化に与えた影響はきわめて多大であった。

（三二）　原注（26）によると、これは『世界シンボル大事典』（邦訳、一六一—一六二ページ）からの引用である。そしてその原典はまず間違いなく『大学』、第六段、第二節「駿命〔天命〕は易からず。衆を得れば、即ち國を得、衆を失へば、即ち國を失ふを道ふ。」（本章、六〇ページの引用文および訳注（五〇）を参照）に続く「是の故に君子は先づ徳を慎む。徳有れば此に人有り。人有れば此に土有り。土有れば此に財有り。財有れば此に用有り。」であり、その通釈は次の通りである。「さればこそ君子は最先に（自分の）徳を（絜矩《けっく》〔一定の法度〕の道によって行うことを）慎むのである。（君子が）徳を行えば、（その政治を助ける）賢人が得られる。賢人が助ければ、（広大な）領土が得られる。（広大な）領土が得られれば、（豊かな）産物・貨物が集まる。（豊かな）産物・貨物が集まれば、（大いに）事業が起こる。」（赤塚忠著『大学・中庸』、新釈漢文大系2、明治書院、昭和42年）。『世界シンボル大事典』の記述はここの部分の要約と思われる。ただし、「同じ軸（テキストでは複数形 *les mêmes axes* になっている）に向かって」という明らかに王子の縦棒を連想させる記号学的な表現は『大事典』にはなく、J‐P・ルーが付け加えたものである。

（三二）　まず最初にこの記述の誤りを指摘しておかなければならない。「生後五カ月のクロタール」は間違いで、「九歳のクロタール」が正しい。それにしても、フレデグンデ（フレデゴンド）の凄まじい権力欲と当時の王位の危うさを考えれば——つまりメロヴィング朝の王たちの威光はすでに絶対的なものでなくなっていた——、原著者のこのような記述は本項にそぐわないのではなかろうか。以下はフレデグンデの生きざまであると同時に、メロヴィング朝の衰退の過程でもある。

フレデグンデはメロヴィング朝の祖クロヴィス（四八一—五一一）の孫に当たるネウストリア王ヒルペリヒ（シルペリク）一世（五五八—五八四）の妃で、一般的に生年は五四〇年から五五〇年の間とされている。彼女は王の最初の妃の一族出身の侍女であったが、王が彼女を気に入った。そこで彼女は王妃に自ら自分の子の代母（女子受洗者の保証人で霊的指導者。教会は実母がなることを禁じていた）になるようそそのかして、王のためにすでに三人の息子がいた妃を離縁する口実を用意した。王の愛妾となったのも束の間、王が、兄のアウストラシア王ジギベルト一世（五五八—五七五）と張り合って、同じように、スペインの西ゴート王国の王女（兄の妃の姉）と結婚したため、彼女は王の側から退けられた。しかし王はすぐに二番目の妃にも飽きた。そしてある朝、王妃はベッドの上で絞殺体で発見された。その数日後、王は彼女フレデグンデと結婚し、最初の妃を死刑にした。その際王は、二番目の妃に「新床の朝の贈り物」として与えていたフランス南西部の五都市を、兄ジギベルトとその妃ブルンヒルデに「償い」として譲渡した。これは長兄のブルグント王グントラム（五五八—五九三）の仲介の結果であった。しかし数年後、王が息子たちを使ってこの五都市を荒らし（五七三年）、その報復として、兄は弟の国の北部をゲルマン人を使って荒らした。そして五七五年、兄弟和解の儀式の場で、兄ジギベルトが暗殺者によって刺殺され、その妃ブルンヒルデは弟ヒルペリヒと彼と最初の妃との間にもうけたメロヴェによって捕らえられた。この時、ヒルペリヒの妃フレデグンデは暗殺者に武器を手渡したとして非難された。『フランク史』を著したグレゴリウス（トゥールの）は、ヒルペリヒを「現代のネロかヘロデ」と評しているが、フレデグンデも夫に勝るとも劣らぬ冷酷非情な策士であり、野心家であった。彼女は、メロヴェがあろうことかブルンヒルデに恋をして、父王の同意もなしに内密に、しかし司教の立会いのもと正式に結婚したものの、父王に二人の仲を引き裂かれ、逃亡すると、この機を逃さず、刺客を放って、彼を暗殺した（五七八年）。彼には王位継承権が認められていたからである。しかしフレデグンデ自身も四人の息子を病気で次々と失った。それでヒルペリヒは最初の妃のもう一人の息子に王位継承権を与えたが、彼女は陰謀をしかけてこれも自殺に追い込んだ。この時点で、メロヴィング朝を継承し得る男児はジギベルトとブルンヒルデの子ヒルデベルトだけとなった。

やむなく、ヒルペリヒは彼を養子にすることにした（五八一年）。五八二年、フレデグンデは五人目の息子を授かるが、二年後に夭折。この時は多数の魔女が呪いをかけた咎で火あぶりの刑に処された。そして五八四年、彼女がパリ伯ランディの「女主人」であった時期に授かった六人目の息子、これがクロタール〔二世〕である。状況はこの年から一変する。九月に夫ヒルペリヒが暗殺された。彼は彼女とパリ伯との仲に激しい嫉妬心を抱いていた。彼女は今度は夫殺しとして非難された。身の危険を感じた彼女は、夫の財宝と共に教会に避難し、ついで夫の長兄であるブルグント王グントラムのところへ身を寄せ、そこでクロタールが嫡子であるという保証を得た。その後、五八六年の復活祭の日に、彼女は、かつてメロヴェとブルンヒルデの結婚に立ち会ったルーアンの司教に復讐し（五八六年）、西ゴート王国から離縁されて戻って来ていた実の娘を、仲違いの末、絞殺させた（五八九年）。やがて五九三年、グントラムが逝去すると、その領地ブルグントを譲り受けたアウストラシア王ヒルデベルト二世は、クロタールの継承権を剥奪して、フランクを統一しようとした。そこでフレデグンデはネウストリアの貴族たちを糾合し、まだ九歳の息子クロタールを伴って、戦いに臨んだ。翌五九四年、ドロワジーの戦いで、ネウストリア軍は勝利を収め、敵は潰走した。ヒルデベルト二世はその翌年に死去、フレデグンデはさらにその翌年（五九六年）ヒルデベルトの二人の息子たち（ブルンヒルデの孫たち）との戦いにも勝利した後まもなく没した（五九七年）。

しかしながら、アウストリアとブルグントに君臨するブルンヒルデの権勢は依然として強大であった。宿敵のフレデグンデは死に、その子クロタール二世はまだ幼かった。ブルンヒルデは再び全フランクを支配下に置こうと試みた。しかし時が経つにつれ、状況はしだいに彼女にとって不利になっていった。アウストラシアの貴族たちはクロタール二世を擁立し、そのうえ、彼女の二人の孫たちは互いに争って共に死んだ（六一二年）。そしてその翌年、彼女はクロタールとの戦いに敗れ、処刑された。こうして六一三年、クロタール二世が、祖父のクロタール一世（五六一―五六三）以来、久々にフランク王国を統一した。もっとも、彼の勝利は敵側のアウストラシア宰相ピピン（大）以下の貴族たちの支持に負うところが大きかった。そのため、クロタールは彼らと妥協せざるを得ず、メロヴィング朝の権威はその後急速に衰退していった。

（三四）　古代イランのフワルナフは「光るもの」の意で、図像としては「円環」で表現される。『アヴェスター』ヤシュト第十九章には、フワルナフがワールガン鳥（鷹の類）の姿となって三たび去って行ったとあり、ササン朝諸王の王冠に羽翼があしらってあるのはこの鳥を象徴するものである。フワルナフは造物主アフラ・マズダ神から発せられる「強い」「すぐれた業を行じ」「心慮をそなえ」「神力をそなえ」「妙力をそなえる」活動する力であり、これが王に与えられる時、それは神聖な王権そのものとなる。詳しくは伊藤義教著『ゾロアスター研究』（岩波書店、一九七九年）「8　仏光とイラン要素」を参照されたい。なお伊藤説によると、古代イランのフワルナフ（光明）思想がクシャン朝治下のインドに伝播して、カニシカ王時代に仏光（光輪や放光）となって現れ、西方のアルメニア・キリスト教徒も神の「栄光」«δσξα» を «p‘ark‘» すなわち「フワルナフ」と解して受け入れていることが指摘されている。このフワルナフと古代メソポタミアの王権の象徴としての「輪」との関連については、第三章の訳注（七〇）と本章の訳注（三八）を参照。

（三五）アフラ・マズダ（またはアフラ・マッダ、パフラヴィー語ではオフルマズド）とは「知恵主」の意。古代ペルシャ宗教（ゾロアスター教）の最高神で悪魔アフレマンと直接対決する（ゾロアスター自身の思想では、不義なる被造者アンラ・マンユと相対するのはアフラ・マズダの代行者スプンタ・マンユである）善き者の創造者。光明と密接な関係を有する霊的存在。異説もあるが、古代ペルシャにおける有翼円盤図はこの神のシンボルと考えられている。

（三六）フィルドゥーシー（九四〇頃―一〇二〇頃）はガズナ朝時代のイランの詩人。彼は著書『王の書《シャー・ナーメ》』（一〇一〇年に完成）を、文芸の擁護者大マフムード（九九八―一〇三〇、本章の訳注（二八）参照）に捧げたが、顧みられず、報酬も得られなかった。マフムードはスンナ派のトルコ人であり、彼はシーア派の民族主義者であったため、両者は相容れなかったと考えられている。彼は大マフムードを痛烈に風刺した詩を書き、追放され、放浪の後、赦されて、故郷のトゥースで没した。『王の書《シャー・ナーメ》』は神話時代から七世紀半ばまでの史実と伝説を織りまぜて書かれた壮大な叙事詩で、イラン民族の伝統の素晴らしさと過去の栄光を格調高くうたい上げたものである。彼はゾロアスター教徒ではなかったが、彼の思想には善と悪の戦いと善の究極的勝利への確信が一貫して流れている。

（三七）ササン朝の名称はその祖先ササンに由来する。一説によると、ササンはペルセポリスのアナーヒター女神に仕える神官で、彼の妻はパールス（ペルシャ）の王ゴーチフルの娘であった。彼らの子パーパク（二〇八―二二二頃）は母の父を殺して、自ら王を宣言した。彼には二人の息子がおり、彼は長子シャープールを王に叙任するようパルティア大王アルタバヌス五世（二〇九―二二六（七））に要請したが、認められなかった。しかし終焉間近のパルティアでは、シャープールと彼の弟アルダシールがそれぞれの領地に城を持ち、王を称して君臨するのは容易なことだった。パーパクの死後、兄弟は争うことになったが、程なくシャープールが事故死したため、アルダシールがパールス（ペルシャ）王となった（二二二年頃、二二〇年とも）。アルダシールはゴール（現フィルザバード）に広壮な円形プランを持つ王城を建設して、本拠地パールス（ペルシャ）を固め、西隣のスシアナや北辺の小君主たちを次々と帰順させ、パルティア大王に公然と背いた。アルタバヌス五世は大軍を率いてこの反乱の鎮圧に向かったが、結局、スシアナの平原での決戦に敗れ、パルティア帝国は滅亡した（二二六年）。こうしてアルダシールは「ペルシャ大王」の称号を宣言し、旧パルティアの全国土を掌握した。のみならず、ローマの影響下にあった西部の幾つかの都市とパルティア系の王が支配していたアルメニア（制圧までに十年かかった）も征服した。アルダシールはクテシフォンに遷都し、ゾロアスター教を国教とし、その大神官を帝国の顕職に就け、諸都市を建設して、アケメネス朝時代のペルシャ帝国の再現に努めた。

補足。原著者がここで紹介しているササン朝の開祖に関する伝説は、イスラム時代の歴史家が伝えるものである。もっと古いササン朝時代に書かれた『アルダシールの行伝』では、羊飼いだったササンがパーパーク王から娘を与えられ、二人の間に生まれたのがアルダシールということになっている。さらに複数の異説がある。しかしながら、どの説にもそれぞれ問題があるため、現代の歴史家の間では、パーパークとアルダシールの関係は不明確とされている。小川英夫、山本由美子著『〈世界の歴史4〉オリエント世界の発展』（中央公論社、一九九七年）、二八九―二九〇ページ参照。

（三八）フレードーンとイーラジュ――パフラヴィー語でFredonとIraji。テキストにはFretonとEritichとあるが、これは最初期のフランス人研究者（メッシーナMessina）による表記で、アヴェスター語はさらに異なっているが、略する――は古代イランの伝説上の皇帝である。

中世ペルシャ語の諸書（『アヴェスター』や『王の書《シャー・ナーメ》』等）によると、太古、ユイマ＝ジャム（『ヴェーダ』のヤマ＝閻魔）は、燦然たる栄光に包まれた「黄金の時代」、すなわち第一の千年紀の地上に君臨していたが、神に対して忘恩の言辞を弄したために、フワルナフ（光輪）と王位を失い、百年の流浪の後、怪物ダハーグにそそのかされた弟のスピドユルによって殺された。

ダハーグ（『アヴェスター』の龍王《アジ》ダハーカ）は三口六眼千術を有し、残忍暴虐の限りを尽くした。この恐怖の千年紀が終わろうとするまさにその時、フレードーンが来て、ジャム王の仇を打つために、ダハーグを捕らえ、エルブルズ山脈中の最高峰ダマーヴァンド山（五千四百メートル）に鎖で縛り付けた。こうして第二の千年紀が終わり、第三の千年紀が始まった。

フレードーン――彼がフワルナフ（光輪）を付与されたことは言うまでもない――は治世五十年、マーザンダラーン人

（カスピ海南岸の蛮族）を討伐して、善政を布いた後、その世界帝国を三人の息子サルム、トゥール、イーラジュに、それぞれ西方ルーム、北方トルケスタン、中心部イランを分け与えた。ところが上の二人は末弟イーラジュがイランを継承したことを妬んで、彼とその子供たちをことごとく殺害した。その中で少女ウェーザグ（ゴーザグとも）だけは難を逃れたが、フレードーンは彼女を山中にかくまって、成人するのを待ち、三百三十年の間に、彼女との間に三千人の子をもうけた。

フレードーンからイーラジュへと受け継がれたイランの王位は、イーラジュの後裔マーヌシュチフルが継承したが、彼は百二十年間統治した後、ツランの英雄フラースヤープと争い、息子と共に倒された。しかし同じくイーラジュの後裔ウザウが僭主フラースヤープをツランに追い払い、自ら五年間統治した。その際、ウザウは捨て児にされていたカワードを見つけ出して、養育し、やがて王位はこのカワード、すなわちカイ・カワードに移ることになった。カイ（正確にはカウィ、カワイとも）とは支配者・王の意味で（『リグ・ヴェーダ』では霊能者・詩聖）、このカワードからカイ王朝が始まった。そして第八代のカイ・ホスロー（フスラウ）の孫ウィスタースパの治世三十年をもって、フレードーンに始まる第三の千年紀は終わり、続いてザラスシュトラ（ゾロアスター）の千年紀が始まった。ウィスタースパの孫ワフマンの子がダーラーヤワウ＝ダーラーイ一世（ダレイオス一世）とされる。カイ王朝とハカーマニシュ（アケメネス）王朝はこのようにして結び付けられている。以上のことは、伊藤義教著『古代ペルシャ』（岩波書店、昭和四十九年、第二部「古代ペルシャの文学」）を参照した。なお、同書では「エーラジュ」となっているが、日本オリエント学会編『古代オリエント事典』（岩波書店、二〇〇五年）に従って「イーラジュ」を採用した。

イランのこの伝説では、アケメネス（ハカーマニシュ）朝の始祖からカンビュセス二世までが完全に忘れられている。このことから、この伝説は、たとえかなり古い要素を含んでいるとしても、ササン朝時代に、それもかなり後期に、完成したと見てよさそうだ。また、イラン側の伝説にあるフワルナフ（光輪）という観念は、インドの『リグ・ヴェーダ』にはない。このことから、フワルナフ（光輪）はアーリア系固有の観念ではなく、古代メソポタミアの王権神授図に見られる輪、すなわち神殿建設に必要な、測量用の縄で出来た輪を、思弁的な傾向の強い（そしてたぶん原義を忘れた）古代イラン人が、抽象化し、理念化したものと見ることができるのではなかろうか。この問題については、第三章の訳注（七一）を参照。

（三九）　この「クト」qut については、護雅夫著『古代トルコ民族史研究　Ⅱ』（山川出版、一九九二年）を参考にしたい。それによると、「クト」は、いわゆるオルホン碑文では、天‐神（テングリ täŋri）から地上の人間、とりわけ君主に降ろされ、その身体に取り憑いた威霊、つまりカリスマである。突厥の可汗の即位にあたって、近侍の重臣たちが行った、新可汗をフェルトの敷物に載せて担ぎ回るという行為は、「クト」を天‐神から迎え降ろし、それを新可汗の肉体に入れ、憑依させる、いわゆる「神迎え」の儀礼であった（本章の訳注（一三六）参照）。しかしながら、いわゆるウイグル文書では、「クト」は「五行（木・火・土・金・水）」をも示している。そこで「クト」の意味は、本来は「霊魂」とか「生命の根源的霊力」であったが、一方では、万物を構成する元素としての「五行」へ移り、他方では、「神・神霊」へ、それから「特に君主としての威力の根源たる威霊」、カリスマへ、そしてさらに「幸福」「祝福」などへと変遷したと思われる。前記『古代トルコ民族史研究 Ⅱ』第二章、第六節「突厥における君主観」および第八節「突厥の即位儀礼補論」参照。

（四〇） ヨルダネス Jordanes は南ロシア生まれの六世紀の修道士で、歴史家。イタリアのクロトナの司教となる。彼の著書『ゴート人の起源と活動について』はゴート人に関する貴重な資料である。他に『ローマ民族史』も著している。

（四一） 古代エジプト人の間には、三種類の魂の概念が存在した。一般的に「霊魂」と訳されているカーは人間の生命力・人格であり、現世において肉体が死んでも、カーはその遺体（ミイラ）と共に生き続け、栄養物（供物）を必要とした。そこで魂の別形態であり、鳥の形で表されるバー（「精霊」、原初は魂の力を意味していた）が墓室を飛び出して、供物をカーに運んで来た。そのうえ、バーはあの世とこの世を自由に行き来し、町に出かけて、見聞を広めることもできた。アク（またはク）は死者が冥界に「祝福された者」として受け入れられた時に取る光り輝く形で、アクに変容した後の死者は永遠に不滅と考えられていた。

（四二） ノルンは、北欧神話に登場する運命の女神。その中で最もよく知られているのがアース神族に属し、世界樹（トネリコの木）ユッグドラシル（「オージンの馬」の意）の傍の館に住んでいるウルズ、ヴェルザンディ、スクルドの三女神である。彼女たち以外にも、アールヴ（妖精）の一族やドヴェルグ（侏儒）の一族に属するノルンたちがいる。

ディースも運命の女神であるが、個別の存在は知られていない。スウェーデン中央部の伝承では、ディースたちは豊饒と関連していたようだが、アイスランドのサガや詩作では、戦闘に向かう者の運命を定めていた。その点でディースは、戦場で勝敗を決める役割をオージンから与えられているヴァルキュリヤ（「戦死者を選ぶ女」の意）と酷似する。ノルンとヴァルキュリヤが混同あるいは同一視されている事例もある。

（四三） これはパウルス・ディアコヌス（七二〇／三〇―七九九頃）の『ランゴバルド族史』が伝えるエピソードを、シンボル学的解釈を加えて、原著者が要約したものである。しかし彼の要約は正確なものとは言いがたい。このエピソードを紹介する前に、まずアギルモルト Agilmord という王名は間違いで、アゲルムント Agelmund またはアギルムント Agilmund が正しいということを指摘し、またこれはランゴバルド人がイタリアに侵入する前に起きた出来事であるということを前置きしておく必要があるだろう。

当時、ある売春婦が一度に七人の子を産み、その子らをすべて養魚池に投げ込んだ。たまたまそこを通りかかったアゲルムント王は、手にしていた槍を使って、哀れな幼子たちを池の縁に寄せようとした。するとその中の一人が王の槍をしっかりと摑んだ。王は憐憫の情に心を動かされ、またその行為に非常に驚いて、この子は傑物になるぞと断言した。そしてその子を養魚池から救出し、乳母のところに連れて行き、万事怠りなく養育させせよ、と命令した。王はその子をラミッシオ Lamissio と名づけた。ランゴバルド人は養魚池のことをラーマ lama と言っていたからである。「長じて、ラミッシオは非常に強壮な若者となり、闘いを好んだので、アゲルムント王の死後、ラミッシオがランゴバルド王国の指導者となった。」

以上がこのエピソードのすべてである。最後の一文が明示しているように、ラミッシオはアゲルムント王から王位を奪い取った（supplanter という語が使われている）わけではない。

その後のランゴバルド族の歴史も略述しておこう。紀元五年頃にはエルベ川下流にいたランゴバルド族がイタリアを支配下に置くまでのことは省略するとして、ランゴバルド王国の組織はアルボイン（五六八—五七三）の治世にほぼ完成された。アルボインはパヴィアを首都にし、隊長らを辺境の要地に派遣して、周辺の土地人民を支配させ、旧大地主の大土地を没収・削減し、農奴制を維持した。その後、アギルルフ（五九二—六一五）は教皇グレゴリウス一世（五九〇—六〇四）と和解して——ランゴバルド族は異端とされていたアリウス派であり、ローマ教皇の力は北方のフランク王国と共に脅威であった——、教皇によるローマ周辺の支配と、イタリア諸都市におけるアリウス派、カトリック派の両司教の共存を認めた。それでランゴバルド人のカトリック化、ローマ化が進んだが、しかし彼らはその特権的地位と民族固有の法習慣（「ロタリの法典」）は保持し続けた。そしてアイストゥルフ（七四九—七五六）の治世に、ビザンティン領ラヴェンナを併合し、ローマをも脅かしたため、フランク王ピピン（七五一—七六八）の干渉を招き、その遠征軍との戦いに敗れ（七五四年）、次の王デシデリウス（七五六—七七四）の時、王国はピピンの子シャルルマーニュ（カール大帝）（七六八—八一四）によって滅ぼされ、フランク王国に併合された。

（四四）　ドゴン族は西アフリカのマリ共和国とブルキナファソの国境地帯、バンディアガラ山地に居住する非イスラムの――現在は一部イスラム化している――黒人種族。人口約二十五万。四つ（または五つ）の部族はそれぞれ複数のクラン（氏族）、リニジ（系族）、拡大家族へと分節化される。村落は共通の祖先を持つ複数の父系リニジからなり、数個の村落が集まって、一つの地域共同体を形成し、ホゴンと呼ばれる首長を戴いている。ホゴンには最年長の男性がなり、主に祭祀と儀礼を司り、政治的決定は彼を含む長老団の合議によってなされる。ドゴン族は約八十種類の仮面を用いた祭礼で知られている。乾期に催される祭りには、ドゴン族全体の祖先を讃える祭り、クランのトーテムをまつる祭り、男子結社による仮面の祭りなどがあるが、最大の祭りは六十年に一度催されるシギの祭りである。七年間かけて、毎年違う村で、乾期の三月と四月に催されるこの一連の祭り――これでは仮面はほとんど用いられない――はドゴンの神話を再現したものであり、最も重要な儀式の一つとして、祖先の生まれ変わりであり、霊力を宿すと見なされる蛇の形に似せて彫られたイミナ・ナという「大仮面」――かぶるものではなく、長い木に彫刻を施したもの――が聖域とされる場所の洞窟に安置される。ドゴン族の、天地創造神話に始まる壮大かつ緻密な宇宙観、世界観と多彩な儀礼は、グリオールを始め、フランス人研究者たちによって調査・映像化され、西欧世界に衝撃を与えた。わが国でも、近年、ＮＨＫ教育テレビで、シギの祭りがかなり詳細に紹介された（一九九六年六月三日と四日、ＥＴＶ特集『神話に生きる民ドゴン――アフリカ・マリ共和国、壮大な叙事詩シギ』）。

（四五）　バタク族は北スマトラ州中央の内陸高地に居住し、総人口は約六百万人（一九九一年）。オーストロネシア語族に属するバタク語を母語とし、インド起源と考えられる固有の文字を有する。六つのグループに区分されており、その中でトバが最大の集団で、バタクという呼称はしばしばトバを示す。トバの創世神話によると、トバ湖西岸に降臨したシ・ラジャ・バタクが全バタクの始祖であるという。バタクの共同体は父系制に基づいており、マルガまたはメルガという父系親族集団が外婚制の単位となっている。トバのシ・シンガ・マンガラジャは神聖王と考えられており、シマルングンでも四人のラージャ（王）によって王国統治が行われたが、その他の地域では、集落開祖の子孫が政治的な影響力を持つだけで、中央集権的な君主制は形成されなかった。バタク族の土着宗教には、天界、地上界、地下界からなる世界観と三大至高神の概念が認められるが、中心的位置を占めているのは、生者と祖霊との関係を重視する祖先崇拝である。

（四六）　ニアス族は北スマトラ西海岸沖のニアス島とその周辺の諸島に住む種族。人口は約四十六万（一九八〇年）。オーストロネシア語族に属し、人種的、文化的にアッサムのナガ族などとの類縁が指摘されている。したがって、これは訳者の推測だが、バタク族のサハラ sahala とニアス族の ehela の語源が同一である可能性もある。きわめて豊富な神話と伝説によって織りなされる複雑な宗教観、世界観は世界各国の民族学者たちの注目を集めている。ニアス島南部では巨石文化が発達しているが、これらの巨石は、祖先の霊、悪魔と戦う天空の神ロワンギを始めとする神々に捧げられたものである。

（四七）ボン教は伝承によるとシェンラプ・ミボを開祖とするチベットの原始宗教。西部チベットのカイラス山を聖山として崇め、霊魂崇拝、呪術、舞踏、動物および人身の供儀——これも近年まで行われていたらしい——など、シャーマニズム的な性格を持っている。仏教の伝播（七世紀）後、これと抗争しつつ、互いに影響し合った結果、現在では、最も呪術的な黒教も、比較的仏教に近い白教も、活仏の伝統、寺院や学校の組織、聖典、尊像などはラマ教とほとんど同じであり、ボン教の原始形態を識別するのは難しい。ただし東部、東南部の辺境の種族の間では、ある程度原始的な形態を保持している。

（四八）この引用文は正確なものではなく、特に後半部分は明らかに間違っていたので、訂正して訳した。J－P・ルーが示している出典は、プルタルコス著『対比列伝』「アレクサンドロス」の五十二である。アレクサンドロスは、酒の席で、怒りに任せて側近の一人クレイトスを殺した後、ひどく落胆して、苦しみ悶えていた。そこへ哲学者のアナクサコルスがやって来て、王の悲しみを軽くするために、次のように言った。「これが今世界が見つめているアレクサンドロスだ。それが今奴隷のように身を投げ出して涙を流し、人間の法律や非難を恐れておられる。勝利の末、支配と権力を握られたのだから、御自分こそ人間の法律となり、正義の基準となるべきで、あだな世評に屈して、奴隷となることはないのです。」（筑摩書房、世界古典文学全集、川村堅太郎編『プルタルコス』、井上一訳、昭和四十一年）。しかしながらJ－P・ルーの原文の後半は«[……] et ils ne devaient pas se soumettre comme des esclaves à une vaine opinion» となっている。このような書き直しそのものは許容範囲内かも知れないが、主語は「彼ら」（家臣たち?）ではなく、「彼」にしないと、意味が通じない。つまりここは «il ne devait pas» と単数形にすべきである。

（四九）ここは内野熊一郎著『孟子』（新釈漢文体系4、明治書院）離婁章句上の「桀紂の天下を失うや……」の通釈を採用した。フランス語の原文とは表現の仕方にやや異なるところはあるが、内容は全く同一である。それで漢文の引用は省略した。なお、「天下」はフランス語原文では常に「帝国」となっている。

（五〇）これは『大学』第六段第二節、「衆を得れば、則《すなは》ち國を得、衆を失えば、則ち國を失う」の訳（通釈）である。巻末の出典注には『大学』（もともとは『中庸』と共に『礼記』の一部をなしていた）の著者を孔子としているが、フランスでは二十世紀初頭までは、そのように考えられていた。『大学』と『中庸』を含む『礼記』は、孔子の門流または漢代の儒家によって編集されたと見るのが一般的である。

（五一）「一人」（「いちじん」または「いちにん」）は、ここでは、天・地・人の力のうち、人の力が「表象され、体現されている」皇帝という他に比類なきただ一人の人という意味で用いられている。このような理解の仕方は、本章の訳注（三〇）で解説した、董仲舒の王字についての解釈に依拠していると見てよいだろう。しかしながら、たとえば『書経』湯誓には、湯（殷初代の王）が夏の暴君桀王を討たざるを得ないことを大衆に誓う（呼びかける）際、「台小子《われしょうし》敢えて行に乱《よこしま》を称《あ》ぐるにあらず〔……〕爾《なんじ》〔ら〕尚《ねがは》くは予一人《よいちじん》を輔《たす》け、天の罰を致せ」とある。「台小子」は「予小子」と同語で、天子の謙遜の自称代名詞であり、「予一人」もまた全くこれらと同じである。『書経』にはほかにも同様の例が幾つもある。したがって「一人」は、天子が自称としてこれを用いる場合、自分は人の中の一員でしかないという意味の謙辞となり、臣下が天子を指すのにこれを用いる場合、天下の唯一人者という意味の尊称となるが、順序としては謙辞としての使用が先であろう。

（五二）テキストにはマーダーティティ Madhatiti とあったので訂正した。
メーダーティティ mēdātiti は現存最古の『マヌ法典』の注釈を書いた法学者。九世紀にカシミールで生まれて、『マヌ法典』の注釈を書いたのは十世紀と見られている。彼の注釈と十三世紀のクッルーカの注釈がその後最も広く用いられた。

（五三）テキストには *sukran-itisara*、巻末索引には SUKRAN-ITISRA とあるが、原注（57）が示している文献（Journal Asiatique,〔1963〕）では *Śukranītisāra* とあるので、これに従った。この文献については、銃の火薬に関する記述があるものの、全体としては中世に成立したと思われるという以外、詳細は不明である。バラモンの特権的身分を強調し、王は法をつくるものではなく、それを保護し、それに従って政治を行うとした『マヌ法典』の精神を継承した文献と思われる。

（五四）ダルマはバラモン教、ヒンドゥー教の法で、その古法典をダルマ・シャーストラという。本来、ダルマはバラモン教の理念に基づいたものであるが、古代から最近まで、インド人の生活と思想の規範となってきた。ダルマ（法）には六種ある。一は四階級の身分に関する法。二は人生における四つの生活期（アーシュラマ）の法。三はいわゆる王法で、王の権利・義務および行政、経済、軍事、外交に関する法。四は民法、刑法、訴訟法を一括した司法法。五はバラモンの宗教理念に基づく罪の分類と贖罪の方法を規定した贖罪法。六は世界の創造と輪廻解脱の法である。仏教やジャイナ教はヴェーダの権威を認めないが、それでもダルマ（法）を非常に重視する。この二つの宗教では、ダルマは人々を解脱に至らしめる

「正しい教え（教法）、ないし「真理」を意味する。

（五五）　実存主義哲学者、文学者サルトル（一九〇五―一九八〇）の唯一の戯曲。ミュケナイ王アガメムノンの子オレステスが、トロイア戦争から帰国した父を殺した母クリュタイムネストラとその情夫アイギストスを姉エレクトラと協力して殺す（第一章訳注（一一）および（七二）参照）。この主題はアイスキュロス、ソポクレス、エウリピデスを始め、数多くの作家に霊感を与えてきたが、サルトルはオレステスを、人民を統治するために、絶対的な自由とアイギストスによって植え付けられた罪の意識からの解放とを追い求める者として描いている。

（五六）　即位前の名は左賢王黙棘連《もくきょくれん》、本国では小殺（シャド）と呼ばれていた。唐の玄宗皇帝の時代の東突厥の可汗（王）で、中国の文献では毗伽《びが》（ビルゲ）可汗と記されている。「ビルゲ」とは「賢明な」の意である。『旧唐書』および『新唐書』突厥伝によると、彼は生まれつき情深く、兄弟仲も良かったので、領民の敬愛と信頼を集めた。一度は唐の征討軍と戦ったが、その後唐と和平を結び、玄宗皇帝の泰山における封禅の儀（七二五年。本章訳注（六八）参照）にも重臣を自分の名代として従行させた。吐蕃からの辺境侵略の誘いも拒絶して、ますます玄宗皇帝の信任を得、皇帝との縁組が認められた直後、自分の大臣によって毒殺された。玄宗はこのことを非常に悲しみ、可汗の弟闕特勒《キュルテギン》――彼は唐に甚大な害を与えた前の可汗黙啜《もくてつ》（カパガン、六九四―七一六）の首を取って、長安まで持参した――が死んだ時同様、可汗のためにも、北モンゴリアのオルホン河畔に廟と碑を立てさせた。ここには玄宗から贈られた漢文の碑文と並んで、テュルク（突厥）語の碑文があり、古代トルコ民族の言語、歴史に関する貴重な資料となっている（第四章の訳注（六九）も参照）。

なお、「神《テングリ》のビルゲ可汗」«le divin Bilge Kaghan» が引用されたと思われる碑文の日本語訳は「テングリ（tängri 天）の如き、天よりなりし、突厥のビルゲ・カガン、カガンの位に、われ即きたり」となっている（護雅夫著『古代トルコ民族史研究　Ⅱ』（山川出版、一九九二年）第二節「遊牧国家における「王権神授」という考え」、二五六ページ、および同書同節の訳注〔四〕参照）。また、原注（61）と（62）は記述内容を入れ替えるべきである。（61）―正しくは（62）―にp. 196とあるのも明らかに間違いである。原注にあるデルシャンの「エジプトの宗教」はp. 136までしかない。p. 106とするのが正しいのではないかと思うが、しかしここにもJ－P・ルーが本書で述べている通りの表現は見られない。デルシャンの記述は、エジプトの王は権力を持ち、責任を負う人間である一方、「生きている者たちの玉座に」いる君主制の神ホルスであり、太陽神ラーの息子である、というものである。

（五七）この引用文の信憑性は大いに疑わしい。理由はその内容が史実に合致していないからである。歴史上、突厥族の帝国は唐代に三度滅亡した（隋代の分裂・内紛について言及する必要はないだろう）。最初は六三〇年の東突厥の滅亡で、この時、頡利《けつり》可汗は唐軍と東突厥に服属していた鉄勒（トルコ系）諸部の薛延陀《せつえんだ》に攻められ、唐軍に捕らえられ、長安に送られた。すると皇帝太宗は頡利可汗の五つの罪を数え上げたうえで、自分はかつて取り交わした盟約を忘れないと言って、頡利可汗を許し、その家族、郎党もみな彼に返した。のみならず、太宗は失意に沈む頡利可汗を憐れに思い、右衛大将軍に任命して、宮城内に立派な土地と邸宅を与えた。頡利可汗は六三四年に死んだ。次の六五七年の西突厥の滅亡の際には、唐に反旗をひる返した後捕らえられた賀魯すなわち沙鉢羅《イシュバラ》可汗を、高宗もまたその罪を許して誅殺せず、西突厥の地には州を置き、興昔亡《こうせきぼう》・継往絶《けいおうぜつ》の両可汗を冊立して統治させた。賀魯が死ぬと、詔によって頡利の塚の側に葬られた。突厥第二帝国の末期は特に状況の変化が激しく、内紛と鉄勒（トルコ系）諸部の反乱が相次いだ。そして七四四年、烏蘇米施《うすまいし》可汗も反乱軍によって殺され、その弟の白眉可汗も唐軍との戦いに敗れ、回鶻《かいこつ》（ウイグル）の骨力裴羅《こつりきはいら》が独立して骨咄禄毘伽闕《こっとつろく・びがけつ》可汗と称し、唐（玄宗皇帝）が彼を冊立して懐仁《かいじん》可汗となすに至って、事実上、突厥第二帝国は滅亡した。白眉可汗がウイグル人らによって殺され、その首が長安に送られたのは、翌年のことである。

以上が『旧唐書』『新唐書』の突厥伝、西突厥伝、回鶻伝が伝える史実である。唐王朝は一度も突厥族の可汗を殺していないし、ウイグル人も本書の「引用文」のような文言は残していない（ウイグル碑文については『羽田〔亨〕博士史学論文集上』（同朋舎、昭和三十二年）「歴史篇、唐代回鶻史の研究」参照）。J－P・ルーは原注（61）――先の訳注で述べたように、テキストでは（62）とその内容が入れ代わっている――で、自著『トルコ〔突厥〕族とモンゴル族の宗教』（パイヨ社、一九八四年）の第三部「宇宙と宇宙秩序」の「天」の項（一一〇～一二〇ページ）を挙げて、天と可汗と人民との関係をこのように説明しているが、ここにも本書の「引用文」は見当たらない。では、なぜJ－P・ルーはこのような典拠のない「引用文」を書いたのだろうか。実は、突厥第二帝国のビルゲ可汗の碑文（突厥碑文、オルホン碑文とも）に、第一帝国の崩壊時を指して、突厥の民がその天－神の与えたカン＝可汗を見捨てて中国に服したが故に、天－神が彼らに向かって、「死ね」と言い、その結果、「突厥の民は死んだ。滅んだ。亡くなった」という記述がある（護雅夫著『古代トルコ民族史研究Ⅱ』（山川出版、一九九二年）三五二ページ）。そしてJ－P・ルーも前記「天」の項（一一九ページ）で、民族全体に天罰が下る事例として、これを取り上げている。そこで思うに、彼は、主としてこれを念頭に置いて、天命を受けた可汗と突厥の民は一体となっていることを強調するために、このような「引用文」を書いたのではなかろうか。しかしながら、突厥族の帝国では、内紛・反乱によって、可汗は何人も殺されているが、その都度、誰かが可汗位に就いて、帝国はなんとか存続した。つまり一人の可汗の弑や敗死の際に突厥族も死滅したという史実はないのである。従って、ビルゲ可汗の碑文が述べていることは、あくまでも王権イデオロギーに基づいた史実の解釈・主張――ホショーツァイダム碑文によると、ビルゲ可汗は自分の一門から可汗位を「簒奪」した叔父の黙啜《もくてつ》（カプカン・カガン）に天命が下っていたとは認めていない（前記『古代トルコ民族史研究 Ⅱ』一〇九～一一〇ページ参照）――であって、史実そのものではない。にもかかわらず、J-P・ルーは「引用文」として記述することによって、イデオロギー的解釈を史実そのものにしてしまっているのである。このようなことは許されることではないだろう。

ついでに補足しておくと、J-P・ルーは前記「天」の項で、「地」は「天」と一体化したものと見て、突厥およびモンゴルの宗教を一神教として説明し、可汗の即位は天-神が「命じた」結果であると強調しているが、ビルゲ可汗の碑文には、即位や四方の征服や独立を可汗と民に「命じた」のは「テュルクの天」と「地」「テュルクの聖なる地-水」であったと明記されている（『古代トルコ民族史研究 Ⅱ』一一〇～一一一ページ）。また、突厥族だけでなく、トルコ系諸部族の可汗は唐の皇帝によって冊立・叙任されることも少なくなかったが、この場合、天命は彼らの間でどのように理解・受容されていたのかということについては、J-P・ルーは直接言及せずに、ただ、天命の確認は大変難しい問題であると述べているだけである。

（五八） バントゥーは単独の部族を指すものではなく、バントゥー諸語（スワヒリ語、ルバ語、コンゴ語など三百以上の言語群を含み、言語数六百以上というアフリカ最大の言語群の一つ）に含まれる言語を話す人々の総称。その総人口は四千五百万で、アフリカ大陸の三分の一の範囲に広がっている。彼らの政治組織は、首長のいない村落連合のレベルから王国、さらに国家連合のレベルまで様々である。本項の主題から推測すると、中央集権的王国を形成していたスワジ族やズールー族を指している可能性が高いが、特定することはできない。スワジ族については本章の訳注（七一）を、ズールー族については第五章の訳注（三六）を参照。

（五九） バルバとバクバ（テキストではバクラ bakula となっていたので、訂正した）は、今日、より一般的にはルバ、クバと呼ばれており、原著者も別のところ（本書二一九、二二二ページ）では、ルバ族という名称を用いている。本訳注でも、ルバ、クバを用いたい。また、バントゥー語族に属する両部族の王国が、多様な民族集団、従属王国、首長領を影響下に収めていたため、「帝国」と呼ばれることがあるが、本訳注では「王国」の方を選ぶことにする。

ルバ王国は現ザイール共和国の南部にあったルバ族を中心にした王国で、総人口は約七十万。伝承によると、王国は十五、六世紀に形成され、王は超自然的な力を持つと信じられていた。十九世紀に最盛期に達したが、同世紀末には、アラブ人による奴隷狩りや西欧列強の侵略・植民地化によって弱体化し、解体した。建国神話については、第三章の第6項およびその訳注（三六）を参照。

クバ王国は現コンゴ共和国のカサイ地方にあったクバ族の王国で、伝承によると、十六世紀に建国された。総人口は約七万。ブション人（族）を中心とする多くの小部族からなり、ブション人の首長がクバ王国の玉座に就いていた。王（ニイム）は王家の長男の家系から最も能力の高い者が選定会議によって選ばれていたが、王位継承者が決まると、彼より年長の者はすべて死ななければならなかった。王は豊饒多産をもたらす摩訶不思議な力を持つと信じられており、死後もその人形が祀られた。神聖な王に対して不敬の罪を犯した者はただちに死刑に処されたが、諮問会議と王族の会議が王が暴君となるのを防いでいた。王は自らの活力を増加させて、それを国民に授与するために、豹に変身して人間を食べることがあった。また、王は自分の姉妹と性交をし、姪の一人と結婚しなければならなかった。それは母系リニジから脱して、全国民の王となるためであったという。

（六〇）　ダルフールはスーダン西部に十七―十九世紀にかけて存在したイスラム王国。この地域では、ニグロイド系のフール族のカイラ王朝が小王国を形成していたが、十七世紀半ば、スレイマン・ソロ王の時にイスラム化したのを機に国力を増し、銃で武装した軍隊によって周辺のアラブ系遊牧民をも支配する強大な王国となった。鉄と銅の生産および鉱石の輸出、エジプト方面への奴隷の輸出などで栄えたものの、繰り返されたアラブとの衝突によって国力が衰え、十九世紀後半にはエジプトに支配された。現在はスーダン政府と敵対して、政府系武装集団による断続的な攻撃にさらされている。

（六一）　ウガンダとは「ガンダ族の国」の意だが、赤道直下のアフリカのこの地域では、大小幾つもの王国の興亡盛衰があり、共和国誕生（一九六六年）まで、ブガンダ、ブニョロ、トロ、アンコレといった王国が共存していた。したがってただ単に「ウガンダでは」と言っただけでは、どの王国を指すのか特定できない。十五世紀頃北方から進出してきたナイル語系（ナイロート）牛牧民を祖先に持ち、十九世紀後半版図を拡大したアンコレ――その王は聖なる太鼓や祭祀を通じて強大な権力を有していた——を指している可能性が高いが、バントゥー語系のブガンダである可能性も否定できない。ブガンダについては本章の訳注（一〇三）参照。

（六二）　ダホメー（フランス語読みではダオメー）王国は西アフリカのダホメー（現ベナン人民共和国）南部の都市アボメーとその周辺に居住する黒人種族フォン族が創建した王国。ダホメーのほとんどの種族が中部ダホメーのサドまたはタドという地域を起源とする伝説を持っているが、一六〇〇年頃までに、彼らは別々に分かれて都市国家を形成していた。フォン族は前々から東隣のヨルバ族のオヨ王国に従属していて、西欧諸国の商人がいわゆる奴隷海岸に来るようになってからは、銃を手にした沿岸部の同系統の諸種族によって奴隷狩りの対象にされた。しかしながら一六五〇年頃、フェバジャ王の下で軍制が勲功重視に改革され、勇敢な女性兵士の正規部隊も編成された結果、フォン族全体の民族意識が高揚し、アボメー王国改めダホメー王国は強力な中央集権国家になり、オヨからも完全に独立した。そして十八世紀前半までに、沿岸の諸都市国家を完全に支配下に置き、この地域からの奴隷の輸出を禁じ、結局大幅に減少させた。十九世紀に入ると、ダホメーはオヨの北東のフラニ王国と共に国力の衰えたオヨに攻め入り、オヨを解体・離散へと追い込んだ。ダホメー王国の最盛期はアゴングロ王（一七九〇—一七九七）とゲゾ王（一八一八—一八五八）の時代で、首都アボメーでは毎年多数の人間が生け贄にされていたが、一八九三年、フランスに制圧された。ダホメー王国は同じくフォン族のボルト・ノヴォ王国（十六世紀後半に成立）と共に仏領ダオメー（一八九四—一九〇三）となり、その後仏領西アフリカ（一九〇四—一九六〇）に編入された後、一九六〇年、ダホメー共和国として独立、一九七五年、ベナ（ニ）ン人民共和国——旧ベニン王国との直接的な関係はない——と改名し、現在はベニン共和国となっている。

ダホメー王国の旧称アボメー王国の建国神話については、第三章の訳注（二二）を参照。

（六三）　セレベス Célèbes 島はインドネシアの北東端の大島。第二次世界大戦の後、イドネシア政府によってスラウェシ Sulawesi 島と改名された。

（六四）　ここの訳は前記内野熊一郎著『孟子』梁恵王章句下の通釈をそのまま採用した。本書のフランス語原文は次に示す、漢文の書き下し文とほぼ同じである。「民の楽《たのしみ》を楽しむ者は、民も亦《また》其《そ》の楽を楽しむ。民の憂《うれひ》を憂ふる者は、民も其の憂を憂ふ。」なおこの後は「楽しむに天下を以ってし、憂ふるに天下を以ってす。然り而《しこう》して王たらざる者は、未《いま》だ之《これ》有らざるなり」。

(六五)　ここで日本の年号についてこのように言及するのは適切とは思えない。まず、年号は暦の本質的な問題ではない。それに年号――中国では漢の武帝が自分の治世を「建元」と号したのが最初で、日本では孝徳天皇の元年に「大化」と号したのが最初である――は、古くは天皇即位の時に限らず、干支が辛酉・甲子になった年のほか、祥瑞・災異その他の理由によってしばしば改められており、一世一元と定められたのは明治以降のことである。

(六六)　ダホメー王国を創建したフォン族については、本章の訳注（六二）を参照。

(六七)　マアトは本来は宇宙の秩序という抽象概念を表す言葉であり、真理、正義、公といった観念ないし精神的行為の純粋な化身。マアトは古王国時代（前二六五〇―前二二〇〇）からラーの娘とされていたが、ラーがアメン神と習合した後も、アメン－ラーの娘としての位置づけは変わらず、時にはラーの母と見なされることもあった。このことはマアトが、神々や人間にとって、拠り所とすべき根本的な規範そのものであったことを示している。実際、マアトは古代エジプトの立法者、死者たちの裁判官であった。それゆえマアトのシンボルは、冥界のマアトの「法廷」で死者の心臓－霊魂（アブ）を計量する時に分銅代わりに用いられる一本の羽根であり、この「マアトの羽根」が「真理」を表す象形文字になった。

(六八)　これはいわゆる「巡守（狩）」についての説明である。訳注をこの位置にしたのは、ここで巡守と明堂がこのように関係づけられているからである。訳者の私見では、この説明・解釈には問題がある。したがってこの訳注では、巡守と明堂と、そしてこのいずれとも関係がある「封禅」を明らかにしたうえで、巡守と明堂のこのような関係づけが妥当か否かを検証してみたい。ただし巡守も明堂も封禅も不明な点が多いので、簡潔かつ明確な解説が困難であることを前もってお断りしておきたい。

巡守について書かれた最古のまとまった文献は『書経』堯典第八節（一般的には舜典とされており、春秋時代末期に成立した偽古文と見られている。今後、本訳注では舜典とする）であろう。その通釈（加藤常賢著『書経』、新釈漢文体系25、明治書院、昭和五十八年）は次のようになっている。〔　〕および（　）内の補足および注は、（訳者の注）とあるもの以外、すべて原著者によるものである。

「〔次に帝舜は〕五瑞《ずい》（諸侯としての五種のしるしの玉）を輯《あつ》めて巡守の礼を行い、その月のその日に四岳のところに、羣僕《ぐんぼく》（地方の長たち）を引見して、その瑞を諸侯に返すことにした。〔すなわち、〕正歳の二月に東方に巡守し、岱宗（泰山）のところに至って柴を焼いてこれを祭り、その地方の山川の神々をその秩序に従ってあまねく祭り〔封禅か

（訳者の注）〕、かくして東方の諸侯を引見した。そして、四季、月、正日など〔中央の暦に〕合わせさせ、律・度・量・衡などを〔中央の基準と〕同一にさせ、また五礼・五玉・三帛・二生・一死などの法式〔引見の際に諸侯が守るべき礼儀作法（訳者の注）〕を整えさせた。ただ五器（五瑞と同じ）は引見の礼が終わってから諸侯に返した。五月には南方に巡守し、南岳（衡山）のところに至り、岱山の時の儀式（諸神を祭り、諸侯を引見したこと）と同じようにした。八月には西方に巡守し、西岳（華山）のところに至り、南岳の時と同じ儀式を行った。十一月には北方に巡守し、北岳（恒山）のところに至り、西岳の時と同じ儀式を行った。〔それが終わって都に〕帰って、禰祖《でいそ》の廟〔太祖廟でない、最近の祖廟（訳者の注）〕に詣で、一頭の牛を殺して祭った。〔このようにして帝は、〕五年に一度四方を巡守し、その時に諸侯は方ごとに方岳の下で朝見することとした。また帝はあまねく諸侯の言（意見）を受け入れ、それを用いてその効果をよくしらべ、その功績に応じて馬車・衣服を下賜してそれを表彰することとした。〔さらに〕十二州の境を明確にし、州ごとの鎮山を封じ、川を深くした。」

『書経』のこの叙説とJ−P・ルーの解説――この後まで続いている――との乖離は一目瞭然であろう。J−P・ルー（および彼が参考にしたカルタンマルク）は、巡守は王の純粋な宗教行為、すなわち季節＝宇宙・天地万物の運行と調和し、その順調な運行を維持するために毎年行われた宗教儀礼であり、それは後に宮殿内の明堂で行われるようになったと述べている。しかしながら『書経』は、帝舜は五年に一度――毎年ではない――四季に合わせて、四方に巡行し、四方の山川の神々を祭り、諸侯から政治民情を聞き取り、叙任を更新したと述べているのである。その他の文献でも、たとえば孟子は次のように言っている。「天子、諸侯に適《ゆ》くを巡守と曰ふ。巡守とは守る所を巡るなり」（梁恵王章句下）。通釈「天子が諸侯の国へ行くことを巡守という。巡守とは、諸侯の守っている所を巡って歩くという意味である」（内野熊一郎著『孟子』、新釈漢文体系4、明治書院）。また『周礼』夏官、職方氏にはこう記してある。「王将に巡狩〔守に同じ〕せんとすれば、則ち四方に戒めて曰く、各々乃《なんじ》の守を脩平し、乃の職事を攷《かんが》えて、敢えて敬戒せざること無《な》かれ。國に大刑あり、と。」通釈「王が巡狩せんとするときは、四方を戒めて云う『各自、お前たちの職守（国境内の警備）を平治し、お前達が王に仕える職事を考校し、敬戒〔つつしみといましめ〕を怠るな。若しも敬戒せぬ者があれば、王国には誅殺の大刑がある』と」（本田二郎著『周禮通釈』下、一九二ページ）。このように、巡守は純粋な宗教行為としてではなく、王の政治行為――もちろん、これには常に宗教行為が伴っていたはずである――として説明されることが多い。

明堂については諸説があって、一つの観念にまとめるのは不可能とされているので、ここではとりあえず諸橋撤次著『漢和大辞典』の「明堂」の項の説明をそのまま引用しておこう。「王者の太廟で、政教を行ふ堂をいふ。古代、上帝を祀り、先祖を祭り、諸侯を朝せしめ、老を養い、賢を尊ぶ等の國家の大典禮に關するものは皆此の堂に於いて行ふ。〔『周礼』冬官、匠人によると〕時代によって稱呼を異にし、夏には世室といひ、殷には重屋といひ、周には明堂または清廟といふ。其の制は諸書によって異なり、〔『周礼』〕考工記〔冬官、匠人〕に據れば五室を並列、〔『礼記』〕月令に據れば中に大室を建て、四方に青陽、明堂、聡章、玄堂各三室を建て、明堂は専ら南面の堂を指し、三室の中央の一室を〔明堂〕大廟

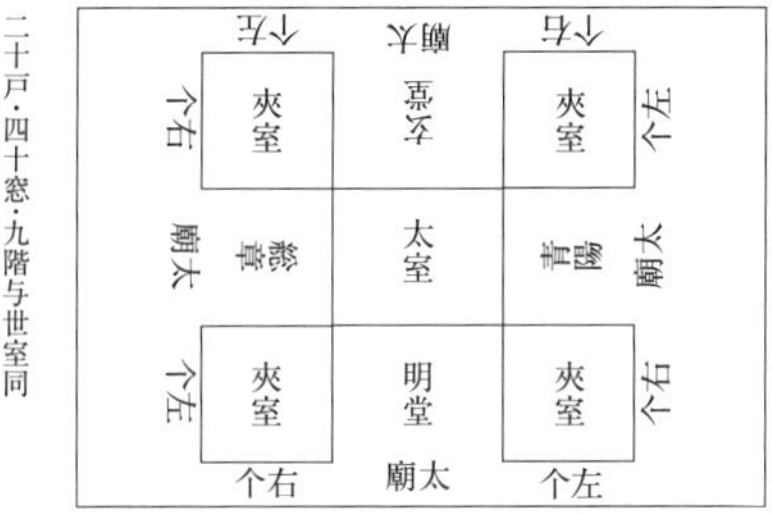

図１　明堂図（戴震）

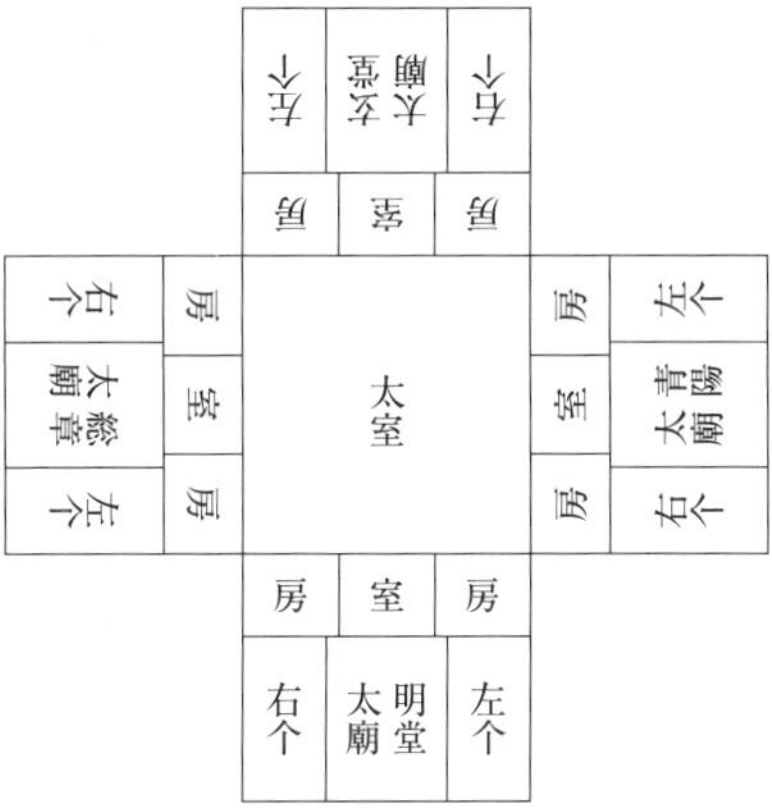

図２　明堂図（王国維）

といひ、両側を左右个《か》といふ。(以下省略)」『孟子』(梁恵王章句下)では次のように述べられている(内野熊一郎著『孟子』、新釈漢文体系4、明治書院、五九ページ。〔 〕内の補足・注は同書の通釈から)。「齊の宣王問うて曰く、人皆我に〔わが領地泰山のふもとにある周の〕明堂を毀《こぼ》てと謂《い》ふ。諸《これ》を毀《こぼ》てんか、已《や》めんか、と。孟子対《こた》へて曰く、夫《そ》れ明堂なる者は、王者の堂〔王者が諸侯を集めて政令を出す堂〕なり。王、王政を行《おこな》わんと欲せば、則《すなわ》ち之を毀《こぼ》つこと勿《なか》れ、と。」また『礼記』明堂位には、「昔者周公は諸侯を明堂の位に朝す。(中略)明堂なる者は諸侯の尊卑を明らかにするなり」とある。しかしながら以上で明堂のすべてが説明できたわけではない。明堂については、封禅について説明した後に、再度詳しく説明することにしたい。

封禅の封とは山上に土を盛り壇を築いて天を祀る儀式であり、禅とは山下の小丘の土を削って地を祀る儀式である。司馬遷は『史記』封禅書で、太古は天命を受けた帝王は必ず封禅を行っていたが、その後諸事情により行われなくなったと前置きしてから、本訳注冒頭で紹介した『書経』舜典(偽古文)の舜の巡守の条を、封禅について述べられた最古の文献と解して(たぶん)提示している。また司馬遷は春秋時代の斉の賢臣管仲(前六四五年没)の言——伊知章の注によると、これは『管子』の元編にはなく、司馬遷の封禅書にだけ残っていたもので、後に『管子』に編入された。これが『管子』からの逸文かどうかは不明。いずれにせよ、封禅という文字が見られる最古の文献ということになる——も重視している。それによると、斉の桓公が覇権を握ったと思って、封禅を行おうとした時、管仲が公を諫めて言った。昔、泰山で封の祭りをし、梁父山で禅の祭りをした王が七十二家あったとされているが、自分が記憶するのはわずかに十二家である、と(『史記』、封禅書第六)。その際、管仲が名前を挙げた十二人は、無懐氏、虙羲《ふくぎ》、神農、炎帝、黄帝、顓頊《せんぎょく》、帝嚳《こく》、堯帝、舜帝、禹王、殷の湯王、周の成王である。ついで司馬遷は秦の始皇帝と前漢の武帝の封禅を史実として詳しく述説する。巡守と封禅と明堂の関連性——これは必ずしも確定的なものではない——が初めて明示されるのは、武帝の封禅の記述においてである。司馬遷の封禅書は『漢書』郊祀志に継承されるが、それ以後は、延命や不死登遷(仙人となって昇天すること)を目的とした始皇帝と武帝の封禅が批判され、天地の恩恵に報じ、天下の統一と太平の達成を天地に告げるいわゆる易姓告代が封禅の本義であるという考えが成立し、定着する。

しかしながら、封禅は太古からありきという『管子』、『史記』封禅書および『漢書』郊祀志の封禅史観に対して、封禅は「先秦の古制に非ずして秦漢の作為に成る」と主張する学者たちが現れる。古くは梁の許懋《きょぼう》(『梁書』本伝)、隋の王通(『中説』王道篇）、宋の范禹称（『唐鑑』巻四）、王応麟（『国学紀聞』巻十）らがこのような見解を示し、近くは清の秦蕙田《しんけいでん》（『五礼通考』巻四十九）らがこの見解を支持している。そしてわが国の現代の研究者たちの間でも、考証立論の仕方に多少の差異こそあれ、封禅は「秦漢の作為に成る」というのが定説となっている（福永光司著『道教思想史研究』、岩波書店、一九八七年、「6 封禅説の形成 一 問題の所在」）。その論拠は、『書経』舜典は戦国時代末期の偽古文であること（福永光司著『道教思想史研究』ほか）、管仲の言に見える無懐氏は道家の思想から出たと思われ、他の十一人の古帝王の系列も戦国時代末期に成立したものであり、それ以前の儒家の古典には封禅という語が見えないこと（『津田左右吉全集』第十七巻（昭和四十年）、儒教の研究二、第一篇「漢代政治思想の一面」、第四章「郊祀、封禅、及び郡国廟」）、武帝の時代に至っても、封禅について明確な知識を持つ儒家は存在せず、延命や不死登僊を目的とすると説く方士たちしかいなかったこと等にある。

本書には封禅という語は見えない。しかしJ－P・ルーが参考にしているフランスの中国学者が古典に記述されていることをそのまま史実として受け入れている以上、彼らが抱く巡守の概念には封禅も不可分のものとして含まれているはずであり、当然、封禅についての彼らの見解も守旧的・伝統的なものであると推定される。本書における巡守と明堂に関するフランスの学者たちの言説の是非を検証するためには、やはり封禅史についての正確な知識が必要なのである。以上、ここまでが本訳注の序であり、これから先が本論になる。

すでに述べたように、原始儒家たちが、明堂は王者の堂であり、王者が政教を行うところである、と考えていたことは事実だが、それとは別に、明堂は天子が月令（または時令）を発するところであるとする説、すなわち明堂月令説がある。それをきわめて整然と体系的に詳述した最古の文献は『呂氏春秋』十二紀（全十二巻）であり、ここでは四時（四季）をそれぞれ孟（初）、仲、季（末）と三分し、それを一年十二カ月に配してある。各巻の首篇はまず十二カ月それぞれにおける天文気候等の状況を述べ、次にそれに応じて、人の為すべき宮中の諸行事、国家の政事、農事の指示等々、いわゆる月令（時令）を列記している。『礼記』月令篇はこの十二篇を集めて一篇としたもので（たぶん）、内容はほとんど同じである。月令または時令を記す古い文献としては、他に『淮南子』時則訓、『大載礼記』夏小正等がある。

ところでこれらの文献によると、天子は明堂（広義の明堂）の中で季節に応じて起居する場所を移しつつ、月令（時令）を発しなければならない。すなわち、天子は春には東側の青陽の左个《さか》（左の小室）、青陽、青陽の右个、夏には南側の明堂左个、明堂、明堂右个、秋には西側の総章左个、総章、総章右个、冬には北側の玄堂左个、玄堂、玄堂右个で起居して、各季節、各月毎に適切で正当な時令（月令）を発しなければならない。もし天子が定められた政令に違反する時は、天罰が下り、様々な天変地異や災難をこうむることになる。（図1・2参照、田中淡著『中国建築史の研究』、弘文堂、平成元年、二四頁）

J－P・ルーが本書で言及しているのは、まず間違いなくこの『呂氏春秋』十二（月）紀（または『礼記』月令篇）の明堂であろう。しかし『書経』舜典で述べられている巡守がこの明堂に取って代わられたのは史実であるとする見解は妥当だろうか。少なくともわが国では、訳者が知る限り、この見解を共有する専門家はいない。そこでこの見解の問題点を整理してみよう。

最初に指摘しておかなければならないのは、『呂氏春秋』十二紀も『書経』舜典も陰陽五行思想が盛んになった戦国時代末期に成立したということである。特に前者は全面的に陰陽五行思想に基づいており、そこに示されている明堂観は、すでに述べたように、天人関係の調和の重要さを説く明堂月令説である。そこにあるのは、人（天子によって代表される）が季節と調和することによって天地万物の順調な運行を維持し、その結果として万人が幸福になるという思想である。したがってこの明堂観は、明堂とは徳によって王道政治を行うところとする原始儒家の明堂観とは思想を異にするものである。もっとも儒教の主要な教典の一つである『礼記』が月令説を受け入れているように、『書経』も陰陽五行思想の影響が明らかな舜典を受け入れている。その意味では——その意味でのみ、と言うべきか——明堂月令説と舜典の巡守の条にはたしかに共通点がある。しかしながらすでに指摘したように、舜典によると、巡守は五年に一度行われたものであって、毎年行われたものではない。そしてまた巡守は「季節との調和」を目的とした純粋に宗教的な行事ではなく、どちらかと言えば、むしろ政治的な行事であった。

次に、歴史的事実という観点に立って、二つの文献を見てみよう。一方の『呂氏春秋』十二紀は、少なくともそれが成立した時点では、史実とは全く無縁の新しい学説・理論である。そして他方の舜典の巡守の条も、ある程度の史実を踏まえていたとは思われるが、舜帝以後、五年に一度、天子が四方の名山に季節に合わせて登り、諸侯に朝したという記述はあまりにも非現実的である。黄河流域にある東方の泰山（現山東省）と西方の華山（現陝西省）の間は直線距離で約七〇〇キロメートルなので、巡幸可能だとしても——西周の鎬京は華山の西側近くに位置し、東周の落邑（陽）は華山の東側約二八〇キロメートルに位置していた――、北方の恒山（現華北省）と南方の衡山（現湖南省）の間は直線距離で約一二〇〇キロメートルもある。これを都から往復すると、その総距離は約四〇〇〇キロメートルになる。五年に一度とはいえ、天子がこれだけの距離を一年間で巡幸するのは、体力的にも政治的にも――時によっては経済的にも――不可能であろう。また歴史地図を見ると、西周の鎬京はこの四岳を結ぶ線内に含まれず、東周の洛邑（洛陽）は含まれるが、この頃までは北の恒山と南の衡山には支配が及んでおらず、この二岳をそれぞれ趙と楚が支配下に置くのは戦国時代になってからのことである。

　季節の問題もある。恒山は北京の西方約二〇〇キロメートルの山岳地帯にあり、標高は二〇一一メートルもある。この恒山に厳冬期（太陰暦十一月）に天子が自ら登って祭天の儀を執り行い、麓で北方の諸侯に引見するなどということはあり得ないだろう。さらに、それ以上に重大な季節の問題がもう一つある。『史記』封禅書は次のように述べている。「周官に曰く、冬の日至《にっし》（冬至）に、天を（都城の）南郊に祀り、長日の至るを迎ふ。夏の日至（夏至）に、地祇《ちぎ》を（北郊に）祭る。」これは『周礼』春官、大宋伯に属した文と思われるが、今に伝えるものとは大いに異なり、『漢書』郊祀志では削られている。その点で少し疑問が残るのだが、専門家の間では、郊祀礼自体は周代から天子や諸侯によって行われてきた歴史的事実であると見られている。たとえば『孝経』も、「昔、周公は后嘱（周の祖先）を郊祀し、以って天に配し、文王を明堂に宗祀し、以って上帝に配す」と言って、周代には天子――周公自身はこの時摂政だった――による郊祀礼が行われたことを強調している。もっとも、天地の祭祀がいつから王者のみが執り行う特権的なものになったかは必ずしも明らかでない。池田末利著『中國古代宗教史研究――制度と思想』（東海大学出版会、一九八一年、「三　祭祀儀禮　文獻所見の祀天儀禮序說（下）――郊祭の經說史的考察」）によると、『春秋左氏伝』や『国語』に見られる郊はすべて魯郊で、周の天子による郊（天）について言及した最古の文献は『筍子』禮論篇（「郊は天子に止まり、社（地神の祭）は諸侯に止まり」）あたりであるらしい。天の祭祀が王者の権威誇示のための特権的なものとなったのが、実際は秦代以降のことであったとしても、少なくとも戦国時代末期までには、すでに天子のみによる郊祀礼という説が成立していたことを意味している。五年に一度とはいえ、天子が夏には南方へ巡幸して、天地を祀り、冬には北方へ巡幸して、やはり天地を祀るという舜典の巡守礼は、史実として認められているこの郊祀礼とも思想を異にしており、折り合いがつかないのである。ちなみに、冬至の日に合わせて新生太陽を祝い、新年の幸福を天に祈る祭礼は、儀式の形態に多少の差異があるとしても、きわめて普遍的なものであり、宗教学的にも理にかなったものであった。古代ペルシャの盟約の神・正義の神・太陽神ミトラの誕生日《メヘル・ガーン》（ゾロアスター暦のミトラ月のミトラの日）の前日も冬至であり、広い地域でミトラ神と同一視されて受け入れられた可能性が高いイエス・キリストの誕生日の前日も、誕生日が定められた四世紀当時の暦では、冬至であったと考えられている。中国では、特に南郊は歴代の皇帝にとって最も重要な祭りとなり、その祭礼は清代に至るまで盛大に催された。

思うに、舜典の巡守の条は、摂政時代の周公が泰山の東北麓で諸侯に朝したことと、古来、天に通じるところ、鬼神の集まるところ、人の寿命を司るところとして崇められてきた泰山への信仰が、当時人々の関心を引いていた方術・神仙思想と結合したことにより、さらに高まってきたという事実を核にして、陰陽五行思想の影響を強く受けた儒家が机上で作成した虚構《フィクション》であろう。

以上の説明でも、本書に示されている巡守と明堂との関係についての解釈に対する反論の半分にしかならない。というのは、『呂氏春秋』十二紀に始まる明堂月令（または時令）説が漢代以降の明堂制に大いに影響を与えたことも事実なので、反論を十分なものにするためにはやはり実際の明堂の歴史を概観する必要があるからである。

春秋時代から戦国時代末までの文献によると、明堂とは、周の天子が王道政治を行う所であり（『孟子』）、諸侯を朝する所であり（『筍子』疆国篇）、文王を宗祀して上帝に配した所であった（『孝経』聖治章）。しかしながら、明堂の語は金文はもとより『書経』、『詩経』、『論語』にも見えない（前記、池田末利著『中國古代宗教史研究――制度と思想』五〇七―五〇八ページ）。そのため専門家の間には、明堂の実在に対する疑念も生じているらしい。『周礼』孝工記にある、周人の明堂は夏后氏の世室、殷人の重屋と同じという記述をもとに、殷墟で発掘された一つの建築基址を重屋と比定する研究作業が進められてはいるが、まだ明堂の確実な存在を立証するまでには至っていないという（前掲書、同ページ）。その一方で、田中淡著『中国建築史の研究』（弘文堂、平成元年）はその第一章で、この点を視野に入れたうえで、自らの周人明堂の想像図（簡素な長方形の建物）を提示している。

が、それはさておき、文献学の見地から問題点を挙げると、明堂はその本来の機能からして、最重要の宮室の一つとして、宮城内に存在したはずだが、そのことを保証する古い文献はない。そのため前漢の武帝（前一四一―前八七）の即位当初、儒家たちは「古えを議し、明堂を城南に立てて、以って諸侯を朝せんことを欲した」（『史記』封禅書）。以来、明堂は城南数里の所（諸説あり）というのが、儒家たちの共通認識となった。また、『孟子』が伝える、斉にあった周の明堂（『史記』封禅書では、「太〔泰〕山東北の趾は、古時、明堂の有りし処なり」となっている）は、趙岐注によると、周公が摂政時代、諸侯を朝した処であり、後に周公の子伯禽が封ぜられた魯の境内にあったものだという（藤川正數著『漢代における礼学の研究』風間書房、昭和四十三年、二四六ページ）。だとすると、明堂は周の天子が巡守する際、諸侯を朝するために、宮城内のものとは別に立てる（本訳注では『史記』『漢書』に従って「立」字を用いることにする）ものでもあったということになる。

すでに詳述したように、天（命）を受けた天子の徳治主義を理想とする儒家たちが伝えるこの明堂観とは別に、それとは拠って立つ思想を全く異にする、陰陽五行説の影響を受けた明堂月令説が戦国時代末期に成立した。しかし当時、明堂はすでにどこにも存在せず、その後、明堂が復興するのは、前漢の武帝の時代になってからのことである。

武帝は、即位後まもなく、俊英の儒家を用いて、明堂を立て、巡守、封禅、改暦、易色のことを始めようとした。しかし皇太后が黄帝・老子のいわゆる老荘思想を好んでいたため、これは沙汰止みとなった。もともと漢王朝では、高祖以来、五畤を祀っていた。畤は秦が始めたとされる「まつりの庭」で、春秋時代、秦の襄公が犬戎《けんじゅう》を攻めて周を救い、諸公に列せられた時（前七七〇年）、自分の領地のある西方（季節は秋）を司る白帝を祠るために作った西畤を始めとして、その後、宣公によって東方（季節は春）を司る青帝を祭るための密畤が作られ、霊公によって、中央（季節は季夏）を司る黄帝のための上畤と、南方（季節は夏）を司る炎（赤）帝の下畤が作られた。帝政期の秦（都は咸陽）では、かつての都雍に作られていた四畤に天子が親《みずか》ら出向いて祭ることはなくなっていた。秦が滅んで、漢が興った時、高祖は雍に北方（季節は冬）を司る黒帝のための北畤を作り、五畤によって五帝を祀ることにした。そしてやはり親《みずか》らは往かず、秦の祀官を召し出して、代行させたという（『漢書』郊祀志）。しかしながら、この五（方）帝信仰もすでに戦国時代末期までに確立していたにもかかわらず、秦が北畤抜きの四畤で春夏秋冬に祭りを行っていたというのはどうしても理屈に合わない。したがって、秦代までは四畤しかなかったというのは、高祖の斬蛇伝説（高祖が亭長（宿場を司る長）だった頃、夜、山中で大蛇を切ったところ、一人の老婆（郊祀志では鬼神）が「蛇は白帝の子で、殺したのは赤帝の子である」と言って、姿を消したという話。これは五行相克説では、白帝を祀る秦（水徳）を赤帝の子・漢（土徳）の高祖が滅ぼすことを意味したものと解されている）や、始皇帝の封禅の未遂行説（泰山に登った時、実は、暴風雨に撃たれて封禅できなかったという説）と共に、秦朝の祭りと始皇帝の正統性を貶め、漢王朝の神聖性および正統性の明白さと祭りの完全さを天下に宣伝するために考案された虚構《フィクション》であろう（栗原朋信著『秦漢史の研究』（吉川弘文館、昭和三十五年）「秦の郊祀と宗廟の祭祀」も漢の高祖の北畤設置の史実性に否定的であるが、御手洗勝著『古代中国の神々』（創文社、昭和五十九年）「崑崙傳説と永劫回帰」は『史記』封禅書の叙述の資料的価値を認めている）。ともあれこうして漢朝では五方帝信仰を堅持することになった（念のため付け加えると、この五方帝信仰は月令や時令の制を伴っていない）。それで武帝も、即位して八年後——皇太后はその二年前に崩じていた——、文帝（前一八〇—前一五七）にならって、自ら雍に行き、五時を郊見した。この雍における五時の祭りは、秋とか冬とか明示してある場合もあるので、武帝自身は、季節毎に親祭するのではなく、一回の巡幸で五時を祭ったものと思われる。武帝はその後も儒家を排除したわけではなかったが、この頃から、不老不死・登僊を可能であると説く方士たちが次々と上奏する方術に心を動かされていった。その結果、武帝は五方帝の上に君臨する上帝すなわち泰一神を祭るようになり（祭日は十一月の冬至の日）、また泰山で封禅をした（元封元年、四月）。

この最初の封禅では、武帝はまず泰山の東方で天神泰一に対して封の祀りをし、続いて、ただ一人の従者を伴って山上に至り、そこでまた封事を今度は秘儀として行った。翌日、裏道から下山すると、山麓の東北にある粛然山を禅《まつ》って（この時は楽人を伴っていた）、古時の明堂趾で、群臣の祝寿を受けた。この時、武帝は明堂復興の必要を感じ、近くの汶水《ぶんすい》のほとりに明堂を作るよう命じた。しかし誰も明堂の制を知る者はなく、結局、斉南の方士の一人が上奏した黄帝時代の明堂図と称されるものが採用された。この図には、中央に一つの御殿があり、四面に壁がなく、屋根は茅葺きであった。水を通じて垣の周囲を巡らせ、複道（上下二重の廊下）を作って、その上に楼閣があり、西南から入るようになっていた。その道は崑崙（西王母が住むといわれる霊山）と名づけてあって、天子はこの崑崙道から入って、上帝を拝祀するようになっていた。武帝は上帝泰一神と五方帝神をこの明堂の上座に祀り、高皇帝（高祖）の祠座をこれと向かい合わせにし、后土の神（地祇）を下の房《へや》に祠ることにした。

そして元封五年（前一〇六年）、第二回目の泰山での封禅の際、武帝はまず崑崙道から入り、初めて明堂で拝礼すること郊祭のようにした。礼が終わると、堂下で燎祭をし、ついで泰山に登り、頂上で自ら秘儀を行った。それから泰山の麓に五帝を祀ったが、それはおのおの方角通りにした。黄帝は従来は南西の方角に祀ったが、今は赤帝に併せて南方に祀った。この際は役人が祀りに奉侍した。泰山の上で火を挙げると、麓でも皆これに応じて火を挙げた。

『漢書』武帝紀によると、二年後、太初元年の冬至に、武帝は親しく泰山に至り、明堂に祀ったが、五年に一度と決まっているため、封禅は行わなかったという（このことは司馬遷がというより、武帝と側近の者たちが、舜典の巡守の条に叙述されている四岳での祭祀は封禅だったと考えていたことを示している。後に唐の玄宗も西の華山で封禅しようとした）。泰山における封禅は、その後四回行われており、いずれの場合も、上帝を明堂に祀ったと考えてよいだろう。ともあれ、武帝の封禅は不死登僊を主目的とするものであり、彼が立てた明堂は彼の夢想実現のための重要な役割を負わされていたことは明らかである。たしかに『漢書』武帝紀の元封五年（前一〇六年）と天漢三年（前九八年）と大始四年（前九三年）の条に、「泰山に行幸して明堂に祀り、因って計を受く」とある。「計を受く」とは諸侯が上奏する計簿を受納することであり、「諸侯の尊卑を明らかにする」（『大戴礼記』明堂篇、『礼記』明堂位篇）や「明堂を築きて、諸侯を朝し、云々」（『筍子』彊国篇）という儒家的礼説の実践である。しかしそれにもかかわらず、全体的に見た場合、武帝が晩年に実現した明堂制はきわめて宗教的・方術的色彩の濃いものであった。このことは後世の儒家たちの厳しい批判を招いたところであり、また現代の多くの研究家が一致して認めているところである。

武帝時代の明堂観についてはもう一つ言及しておかなければならないことがある。それは明堂月令説が五行説によって練成された結果、この頃までに、明堂時令説が成立したと思われることである。たとえば『淮南子』時則篇、五位を見ると、『呂氏春秋』では十二（月）紀に分散されていた命令や禁止や行事（月令）が、五（時）令に組み換えられている。五時とは五節すなわち春夏秋冬および季夏のことであり、方位で言えば、東南西北および中央の五方位であり、各方位の気と季節を司るのは大皞《たいこう》、炎帝、少昊《しょうこう》、顓頊《せんぎょく》、黄帝の五人帝である。『呂氏春秋』十二紀や『礼記』月令には春令、夏令、秋令、冬令はあるが、中央の令という語はない。ただし『淮南子』の編纂を命じた淮南王劉安（前一七八—前一二二）は高祖の孫だが、謀叛が発覚して自殺した。したがってこの明堂時令説が武帝時代、少なくとも公の場で、評価されることはなかったと思われる。しかし宣帝（前七四—前四九）の時代になると、その丞相となった魏相は太昊《たいこう》、炎帝、少昊、顓頊《せんぎょく》、黄帝の五人帝を敬い祀るよう上奏して、受け入れられている。彼の説は『礼記』明堂篇・月令篇に依拠したものであるが、しかし彼の上奏の言に「明堂を立てるべし」という言葉は見えない（『漢書』魏相伝）。武帝が泰山の明堂にも祀った五方帝に対する信仰は、漢王朝の神聖な出自を保証するものであるため、前漢・後漢を通じて堅持されたから、五時令の五人帝は、新たに明堂を立てることなく、五方帝に重ねて（または併せて）受け入れられたということであろうか。いずれにせよこの時から、経書に明るく陰陽に通じた者四人が選ばれ、四時（四季）を司るようになった（季夏は夏に重ねられた？）。唐代の文献『冊府元亀』も、天子が四時ないし毎月行うべき政《まつりごと》などを読み上げる読時令（月令）の儀式はこの時に始まると記している

（金子修一著『古代中国と皇帝祭祀』（汲古書院、平成十三年）、二六〇—二六三ページ参照）。

武帝の明堂制の次にくるのは、王莽の明堂制である。王莽は平帝（前一—後五）の太傅になると、安漢公と称し、元始四年（四年）、上奏して、長安の「南門」に、明堂・辟雍・霊台の三宮を同時に立てた。辟雍とは、この場合、大学のことで、霊台は、この場合、天文と気象の観測のための物見台と解する（『後漢書』本紀等を参照）。原始儒家の説では、この三宮はいずれも君主の徳治を象徴する建物であったが、明堂に限って言えば、王莽はこれを儒家的王道政治を行う場所であると同時に、『孝教』聖治章にならって、始祖（漢王朝の）を「上帝に配する」ための重要な建物と考えていた。強調しておきたいのは、王莽は『孝教』の「上帝」を、漢室伝統の「五方帝」とは無縁の、原始儒家が説く「天」と見なしたことである。したがって王莽は、武帝時代の神秘的・方術的な明堂制を改め、盛んになりつつあった月（時）令説を検討の対象にはしたが、容れることなく、周代の原始儒家の説に依拠した明堂制を復活したということになる（この問題については、藤川正數著『漢代における礼学の研究』（風間書房、昭和四十三年、第五章「明堂制について」、第一節「王莽時代」を参照）。

しかしながら王莽は、赤帝の子、漢の高祖の霊が、天命により、伝国金策の書を自分に伝えたと宣言して、皇位を簒奪した。そして自分は黄帝および舜帝の後裔であると称して、この二帝を明堂に宗祀した。また郊外に黄帝を祀って天神に配祀し、黄帝の后《きさき》を地祇に配祀した。『漢書』郊祀志によると、王莽は帝位を奪って、その二年に、神仙のことを興し、方士蘇楽の進言と方術を受け入れ、やがて自ら仙人をもって任じるようになった。そういうわけで、結局のところ、王莽時代の明堂で、原始儒家の礼説に準拠して行われた儀礼と一応言えるのは、平帝の元始五年（五年）正月の郊《こう》祭（漢王朝の先祖を太祖の廟に合祭すること）と、帝位簒奪後の王莽の始建国四年（一二年）および天鳳四年（一七年）六月に諸侯を封じる儀式が行われたのみで、ここで「上帝（天）」や五方帝の祭祀が行われたという記録はない（『漢書』王莽伝の居摂元年（六年）の条に、「莽、大射礼を明堂に行ひ、三老五更を養ふ」とあるが、これは明堂の一語によって三宮を代表させたものであり、具体的には辟雍を指すと考えられている。「辟雍」や「三雍」や「明堂・辟雍」で三宮を表す場合もある）。

ところで、舜帝の末裔を自任する王莽は、天鳳元年（一四年）正月、かねてより予告していた巡狩の礼を行うと宣言した。それによると、春（二月）の東方巡狩では、自ら耒《らい》（曲げ木の耜《すき》）を用意し、県毎に耕して春の耕作を勧め、南方巡狩では、自ら耨《どう》（草を切って除くためのくわ）を用意し、県毎に草を切って夏の耕耘《こううん》を勧め、西方巡狩では、自ら鎌を用意し、県毎に秋の収穫を勧め、北方巡狩では、自ら連枷《からざお》を用意し、県毎に脱穀して貯蔵を勧め、それから土中すなわち世界の中心である洛陽に帰着する予定であった。しかも巡狩中は、糒《ほしいい》、乾肉、寝具のすべてを携行し、道中でこれを補給することがないよう担当の役人に命令した。この時の王莽は『孟子』告子章句下の次の言葉を念頭に置いていたと思われる。「天子の諸侯に適《ゆ》くを巡狩と曰《い》ひ、（中略）。春は耕すを省《かへり》みて足らざるを補い、秋は斂《おさ》むるを省みて給《た》らざるを助く。云々」しかし群臣が、一年間で四度も巡狩するのには、王莽が高齢であること、道のりが「万里」であること、粗食にすぎることを理由に反対したため、取り止めた。この時の王莽の言葉には、封禅も明堂も四岳の名も出ていない。もし実行されていたら、どのような巡狩になっていたか、いささか想像力を掻き立てられることではある。

長安の城南にあった王莽の明堂・辟雍・霊台は、漢兵による蜂起の際に火を放たれ、王莽自身も殺された。漢を再興した光武帝（二五―五七）は、中元元年（五六年）、首都洛陽に初めて地祇を祀る北郊を立て（天を祀るための南郊は建武二年（二六年）に立てていた）、同時に明堂・辟雍・霊台を立てた。この三宮は、少なくとも外観は、王莽の制を採用したものであったことは間違いない。しかし光武帝は翌中元二年（五七年）に崩御したため、次の明帝（五七―七五）が初めてこの明堂で祭祀を行うことになった。明帝は、永平二年（五九年）正月、公卿、列侯の前で次のように宣告した。「光武帝を明堂に宗祀し、以って五帝に配し、〔中略〕時令〔時節に応じて行うべき政令、月令〕を班《わか》ち、群后〔諸侯〕を勅《いまし》む。事畢《おわ》って、霊台に升《のぼ》り、元気〔天の気〕を望み、時律〔各季節に応じた音律のピッチ・パイプ〕を吹き、物変〔日の傍の雲気の色〕を観ず。」（吉川忠夫訓注『後漢書』（岩波書店、二〇〇一年）本紀三　粛宗孝章帝紀）。ここで特記しておかなければならないのは、この時初めて、実際の明堂で、時令を発する読時令の儀式が行われたということである。前記『冊府元亀』では、前漢宣帝の例に続けて玄宗皇帝の例に飛んでいるが、「時令を班ち」も読時令の儀式を指すと見てよいだろう。気になるのは「五帝」である。時令（月令）と緊密に結び付いているのは、本来、『呂氏春秋』十二紀や『礼記』月令篇の五人帝であって、秦に起源を持つ五時の五方帝ではない（黄帝は人帝でもあり、天帝でもあるということだろう）。しかしながら『後漢書』の〔原〕注には、『五経通義』を引いて、蒼帝、赤帝、黄帝、白帝、黒帝の五方（天）帝の名が示してある。また『後漢書』祭祀志には、建武二年（二六年）、光武帝が、五帝のために、洛陽の城南に郊兆（郊の祭祀のための祭壇）を立てたとあり、章帝（七五―八八）は、元和二年（八五年）、「五帝を孝武が作る所の汶《ぶん》（の）上《ほとり》の明堂に宗祀し、光武帝を配すること、雒《らく》〔洛〕陽の明堂祀の如くした」とある。後漢王朝が前漢王朝同様、五方（天）帝信仰を堅持したことに疑問の余地はない。

では、この当時の明堂の制は『礼記』礼器篇の明堂図のようになっていて、天子は毎月起居する場所を移して、読時令の儀式を行ったのだろうか。その点については、不明としか言いようがない。特に天子が広義の明堂で起居していたかどうかとなると、明堂が城南にあったとすれば、非常に可能性が低いような気がする。後漢時代、洛陽の明堂で宗祀の儀式が行われたのは五回だけである（辟雍のみでの儀式は十一回）。しかし歴代の皇帝が『礼記』月令篇を非常に重視していたことは事実である。たとえば章帝建初元年（七六年）春正月の条には、「時令に順い、云々」とあり、同五年（八〇年）冬の条には、「始めて月令の迎気の楽《がく》を行う」とあり、同元和二年（八五年）秋七月の条には、「月令に冬至の後に陽に順い生を助くるの文有るも云々」とある。安帝（一〇六―一二五）元初元年（一一九年）の春二月の条にも、皇帝が『礼記』月令を典拠として、地震の被災者を救済するための政令を発したとある。皇帝以外にも、諸侯や役人の上奏（文）に、『礼記』月令が引用された例があるが、もう十分だろう。

　ところで、『礼記』月令篇がいわば法典となり、天子が「季節との調和」に努めるようになった後漢時代、巡狩（守）は、フランスの学者たちが言うように、無用となり、消滅したのだろうか。史実はこれが全くの空論であることを明白に証明している。まず最初に章帝が、元和三年（八六年）二月、諸侯に告げた巡狩観を紹介しよう。「朕惟《おも》んみるに巡狩の制は以って声教を宣《の》べ、遐邇《かじ》を考同し、怨結を解釈するなり。」（「巡狩の制度が設けられたのは、それによって天子の声威と教化（教え）を天下に宣布し、遠きと近きを一体と見なし、民の怨みわだかまりを解くためである」（吉川忠夫訓注『後漢書』）。以下は光武帝時代から安帝時代までに行われた巡狩の年と時期と方角である。（一）光武帝建武十七年（四一年）夏四月、南に巡狩す。（二）同十八年（四二年）春二月、西に巡狩し、長安に幸《みゆき》す。（三）同十九年（四三年）秋九月、南に巡狩す。（四）同二十年（四四年）冬十月、東に巡狩す。（五）中元元年（五六年）春正月、東に巡狩す。翌二月泰山に封し、梁父山に禅す。〔これ以後は洛陽（の南）に明堂が立った後のことである。〕（六）明帝永平和二年（五九年）冬十月、西に巡狩し、長安に幸す。（七）同十五年（七二年）春二月、東に巡狩す。偃市《えんし》（現河南省）に幸す。（八）章帝建初六年（八一年）冬十月、西に巡狩し、長安に幸す。（九）同八年（八三年）冬十二月、東に巡狩す。（十）同元和二年（八五年）春二月、東に巡狩す。泰山に幸し、岱宗に柴告し〔柴を焚いて泰山に報告し〕五帝を汶《ぶん》（の）上《ほとり》の明堂に宗祀す。（十一）同三年（八六年）春正月、北に巡狩す。（十二）同章和元年（八七年）秋八月、南に巡狩す。（十三）殤帝永元十五年（一〇三年）秋九月、南に巡狩す。（十四）安帝延光三年（一二四年）春二月、東に巡狩す。泰山に柴告し、五帝を汶《ぶん》（の）上《ほとり》に宗祀す。

　以上の例を見ても分かるように、後漢の皇帝たちは、舜典の理念を重視してはいるが、巡狩の条にあるように、五年に一度、春夏秋冬に東西南北の四岳で天地を祀る（または封禅する）ということをしていない。そして泰山に行く時だけは春二月と決まっているが、他の三岳には誰も直接登っていない。章帝でさえも、西岳華山と南岳霍《かく》山（後漢時代の南岳）を望祀《ぼうし》（遠くから望んで祀ること）し、北岳恒山には、春二月、使者を派遣して登らせている（なお、この頃は、五行説の影響で、中岳嵩《すう(ソン)》山（華南省登封県。現洛陽と鄭州の中間やや南側にあり、標高一四四〇メートル）が加わって、五岳が信仰の対象となっていた）。また、巡狩と明堂の関係について言えば、明堂が立てられ、天人関係の調和を重視する『礼記』月令篇が現実の法典となった後でも、巡狩は続行されている。ということは、巡狩と『礼記』月令篇（または『呂氏春秋』十二紀）とはなんら直接的な関係はなかったということになり、したがってフランスの学者たちの解釈は全く無意味だということになるのである。

なお、後漢光武帝の封禅は、不死登僊を目的とした前漢武帝のものと違って、儒家の説に依拠した報天告代および人民の幸福と五穀豊穣祈願を目的としたものであったので、いっさいが群臣待列の場で行われた。祭天・祭地の儀礼のみならず、本来は秘密であるべき「封事」（泰山上で神に供える玉諜書を爾でもって封じる行為）さえも同様に公開された。また方士の進言・関与もいっさい認められていない（『續漢書』祭祀志、栗原朋信著『秦漢史の研究』参照）。

本訳注の目的はここまでの説明で十分果たせたと思うから、これ以上明堂史を念入りにたどるつもりはない。三国時代から唐代までの明堂史は大石良材「朝堂の建築」（『古代学』一一巻、三号、一九六二年）に詳しい。また田中淡著『中国建築史の研究』（弘文堂、平成元年）には先秦時代の世室、重屋、明堂についての考察と、隋代の宇文愷《うぶんがい》の明堂プランの復元図および「明堂議表」（古代から南北朝時代までの明堂史研究）の全訳がある。宋代の明堂については、梅原郁「皇帝・祭祀、国都」（中村賢二郎編『歴史の中の都市——続都市の社会史』ミネルヴァ書房、一九八六年）を、秦漢時代から唐代までの皇帝祭祀の歴史については、前記金子修一著『古代中国と皇帝祭祀』を参照。

最後に、補足として、明堂史の結末について略述しておこう。隋は大興城内に明堂を立てようとして、果たせず、唐は則天武后（六九〇—七〇五）の時、城南七里のところにという儒家の説を排除して、初めて東都洛陽の城内に、それも正殿である乾元殿を取り壊して、その場所に三層からなる豪華壮麗な明堂を造営した（六八八年）。その目的は、明堂は「上堂は厳配の所、下堂は布政の宮」という自らの理念を実現するためであった。武后は上堂に昊天上帝位（前漢武帝時代の泰一に相当）を始め、五方帝その他を祀り、先代もしくは先々代の皇帝を配祀し、下堂では、様々な政《まつりごと》の一環として、それまでも行われていた読時令の儀式に加えて、告朔の儀式（昔、諸侯が天子から受けた暦を、祖廟に蔵し、毎月の一日にその月の暦を請い受けて、これを国内に行った）も行った。しかしながら武后が皇城の中心に明堂を立て、そこで読時令の儀式を行ったからといって、必ずしも武后が「季節との調和」を最重要事項と考えていたとは思えない。なぜなら読時令は長安四年（七〇四年）に停止されたからである。武后の没後、その明堂は簡素な形に改修され、乾元殿の名に復した。北宋では建国から約九十年を経た仁宗（一〇二二―一〇六三）の皇祐二年（一〇五〇年）明堂の制が導入され、皇城の正殿である大慶殿が臨時に明堂の役目も果たすことになった。実際の明堂は徽宗（一一〇〇―一一二五）の政和七年（一一一七年）に皇城東側に建設されたが、北宋の滅亡と同時に、築後十年にして、その機能を失った。南宋の臨安では、皇城の正殿である文徳殿が再び臨時の明堂とされた。宋の明堂でも、唐の明堂同様、昊天上帝を始め、五方帝その他が祀られたが、それまでと違うのは、明堂の大礼が同じく昊天上帝を祀る南郊の大礼と全く同格に扱われたことである。ただ皮肉なことに、その後も明堂の重要性は十分に認識されながら――特に『永楽大典』には明堂に関するすべての記録が収録されている――元、明、清のどの時代にも明堂が復興することはなかった。思うに、その最大の理由は、どの王朝にとっても、明堂制を一つにまとめるのが大変困難だったということではなかろうか。

フランスの中国学は秀才エマヌエル・エドゥアル・シャヴァンヌ（一八六五―一九一八）によって飛躍的な発展を遂げると同時に、強固な基礎が確立した。彼の教えを受けたのがアンリ・マスペロ（一八八三―一九四五）やマルセル・グラネ（一八八四―一九四〇）たちである。しかしながら、たとえば本書でも参考にされている（第四章の原注（31））グラネは数時代にわたる中国の古文献に対してすべて同一の資料価値を認めるという態度を取り、「天馬空を行くが如き推断」を行っている（M・グラネ著　内田智雄訳『中国古代の祭礼と歌謡』、東洋文庫500、平凡社、一九八九年、訳者による序）。そして本項でJ－P・ルーが参考にしているカルタンマルクもこの傾向から脱しておらず（第三章の訳注（一五）を参照）、厳密な文献批評をしていないことは明白である。

（六九）　ケトゥー王国はヨルバ族の諸王国の一つ。その中で一番西側にあり、フォン族のダホメー王国（本章の訳注（六二）参照）と隣接していた。ダホメー王国が早くからヨーロッパ人と接触し、彼らから得た銃火器を使って、周辺諸部族を対象とした奴隷狩りを行い、大いに繁栄・膨張したのに対して、ケトゥー王国は十九世紀半ばまで白人と接したことがなく、その文化はかなり「原始的」だったらしい。当時の首都ケトゥーの人口は、初めてその地に足を踏み入れた宣教師によって、一万から一万五千人と推定されている。首都ケトゥー市は立派な城壁を張りめぐらしていたが、ダホメー軍の度重なる攻撃により、一八八三年には陥落し、王宮は略奪され、王は殺された。そしてさらにその三年後、王位に就く者もいない状態で、再度攻め込まれ、潰滅的な打撃をこうむった。生き残ったケトゥー人は、一八九四年にダホメー王国がフランス軍によって征服されたことによって、王国を回復したが、かつてのような勢いを取り戻すことはできなかった。その後、ケトゥー市を含め、旧王国の大半はダホメー共和国（一九六〇―一九七五）に編入され、同共和国は一九七五年にベナン人民共和国と改名した。

ところで、ここに「ケトゥーのダホメー人の王」«le roi dahméen de Kétu» とあるのは、これまでの説明で分かるように、明らかに間違いである。本訳書七七ページにも同じ記述があり、二三一ページには「ケトゥー王国の中のダホメー〔王国〕」とあるだけでなく、他にも幾つかの錯誤が見られる（第五章の訳注（一一六）を参照）。J-P・ルーはどうしてこのような錯誤に陥ったのだろうか。思うに、原注（78）の文献（一九六八年出版）に、ケトゥー王国の大半は現ダホメー共和国内にあると述べられているためではなかろうか。しかしながら、同書でケトゥー王国について述べてある最初のページ（四〇ページ）の第一行目に、ケトゥー人はヨルバ族に属すると明記してあり、建国神話でも、王朝の開祖がヨルバ族の諸王国の故地イフェから来たとある。こうした記述を失念したとは、なんともひどい錯誤である。また、原注（78）に「p. 171」とあるのも間違いで、正しくは「p. 54–55」である。原注（78）の文献では、Katu ではなく、Kétu と表記されていることもお断りしておきたい。

（七〇）　テキストにはアンタモラ族 Antamora とあるが、J-P・ルーが提示している文献（Van Gennep, *Tabou et totémisme à Madagascar*, Paris, Leroux, 1904）には Antaimorona とあるので訂正した。また原注（81）の p. 112 は間違いで（p. 112 にはアンタイモロナに関する記述はなく、p. 113–114 にあるのは、酋長の「絶対権力」を制限するためのタブーに関する記述である）、p. 117–118 が正しい。

アンタイモロナ族はマダガスカル東部の住民で、十九世紀末までにはイスラム教に改宗し、以来、上層の者たちはアラブ起源だと主張し、アラビア文字を使用している。前記文献が引用している原資料（Leguével de Lacombe, *Voyage à Madagscar*, Paris, 1840, T. 1, pp. 229–230）によると、この部族の酋長は「米の収穫量が減少したり、他の災禍が起きたりすると、退位させられ、時には殺されていた。しかし次の王は前王の家族から選ばれていた。」

（七一）　スワジ族はバントゥー族の一派。十六世紀に北方より南下し、南部アフリカ東部に定着。十九世紀、現スワジランドの地にスワジ王国を形成した。ズールー族とボーア人の双方との争いの後、一九〇二年、正式にイギリス高等弁務官領となった。しかしその後もスワジ族の伝統的政治組織はそのまま残された。

（七二）　ホーコン四世老王（一二一七―一二六三）のこと。祖父のスヴェリ王（一一八四―一二〇二）が中央集権国家を確立した後、ホーコン四世 Haakon Haakonson は王位継承を長子とする原則を確立し、国内統治機構もすべての点で整備された。最晩年になってからアイスランドおよびグリーンランドを併合し（一二六二年）、ヘブリデス諸島およびスコットランドに遠征した（一二六三年）。その治世は概して平穏かつ隆盛で、スヴェリ王の系統の王権は、彼と彼の後継者の時代に最も強力なものになった。なお、テキストでは「ホーコン・ホーコナルソン Hakon Hakonarson（一二六五年没）」となっており、また、巻末の君主名索引では Hacon Hacornason（一二五五年没）となっていたので、いずれも訂正した。

（七三）　カリフ（アラビア語ではハリーファ）とは神の使徒ムハンマドの「後継者」の意。イスラム世界における最高指導者の称号。カリフ位の本質は宗教の保全と現世の政治においてムハンマドの代理をなすことにあり、初代のアブー・バクルから第四代のアリーまでの初期世代は、ムハンマドのような宗教的権限は持たず、共同体（ウンマ）を指導する政治的権限だけを与えられていた。しかしながら、アッバース朝では、ハルン・アル・ラシード（七八六―八〇九）の政治顧問アブー・ユースフ（七三一―七九八）が、カリフの政治指針として著した『租税の書』で、「神のカリフ」の称号を承認し、それ以後カリフは「神の代理」として神聖化された。もっとも、皮肉なことに、まもなく帝国各地に地方政権が次々と誕生するという事態が生じた。

（七四）　アッバース朝（七五〇―一二五八）は現在のイラクを中心にした東方イスラム王朝。首都はバグダッド。第五代カリフ、ハルン・アル・ラシード（七八六―八〇九）の治世にサラセン帝国は国勢および文化の最盛期を迎えた。先のウマイヤ朝と違って、アッバース朝はアラブに特権的地位を認めず、多くの非アラブ人改宗者を国家の中枢に迎え、官僚、商人、地主らと共に、神学者や法学者を支配階級の座に就けた。

（七五）　ヤズィード派はイラク北部、アナトリア南東部、アルメニアに分布する宗派。信徒のほとんどはクルド人。推定人口は約二十万。教義にはゾロアスター教、マニ教、キリスト教、グラート（「極端派」）、スーフィズムなどの要素が混淆し、厳格な宗教階層が存在する。ヤズィードという名称はペルシャ語ヤズダーンに由来すると思われる。神が創造した世界を孔雀天子（マラク・ターウース）が管理していると信じ、孔雀像を崇拝するため、ムスリム社会から悪魔崇拝者と非難され、特にオスマン朝末期には迫害・蔑視の対象にされた。

（七六）　これは乞食に身をやつしてわが家に帰ったオデュッセウスが、妻のペーネロペイアに言った言葉で、この引用文の前には、「あなた様のお名前は、神を畏れ、多くの逞しい人々を治め、正義を保ち、その善政のゆえに」があり、後には、「聖王の名のように、広いみ空にまでとどろきわたっております」（高津春繁訳『ホメーロス』「オデュッセイア」世界文学体系、筑摩書房、昭和三十六年）がくる。

（七七）　インドの古法典。マヌは古くは人類を表す語だったが、転じて人類の祖と見なされ、社会的、道徳的秩序の創立者と考えられるようになった。その名が冠せられた『マヌ法典』（全十二章）は『マヌ法経』を基礎にして、紀元前二世紀から後二世紀にかけて成立。四姓制度に基づいて、バラモンの特権的身分を強調する一方で、第七章から第九章にかけて、王の義務を十八項目に分けて詳説している。この法典はインドで非常に尊敬されるようになっただけでなく、ビルマやタイやジャワ島の法典にも決定的な影響を与えた。

（七八）　アショーカ王（前二六八頃—前二三二頃）は、父王の死後、長兄と九十八人の異母弟を殺害して、即位した。また五百人の大臣を打ち首にし、同数の女官を火あぶりの刑に処した。しかしながら、紀元前二六一年頃、仏陀の教えに目覚め、東南インドのカリンガ国征服の際、十万人が殺害され、さらにその数倍の死者を出すという惨状を目にすると、ますます熱烈な仏教信仰を持つようになった。王は、世界中の人間が守るべき普遍的な理法のあることを確信し、これを法《ダルマ》dharma と呼び、政治はこの法の実践にあるとして、政治における倫理性を強調した。そして教法大官 dharma-mahamata の職を設け、諸宗教・教団の監督と寄付行為や慈善事業の管理に当たらせ、一般官吏にも教化に努めるよう命じた。また法の理想を人民にも知らせるために、領内各地に多数の石柱を立て、崖を磨いて、詔勅を刻ませた。しかし王は信教の自由を認め、バラモン教、ジャイナ教などの諸宗教も仏教同様に援助し、相互の提携を勧めた。王は無益な殺生を禁じ、貧民救済のための家を建て、人間や畜獣のための病院を建て、諸方に薬草を栽培させ、井戸を掘り、道路に樹木を植え、辺境の異民族を保護し、しばしば囚人に恩赦を行った。このようにして常に人民の利益と安楽を図った王の政策の根本には、政治は「債務の返還」すなわち一切衆生から恵まれた恩に報いる行為であるとする仏教的政治理念があった。なお、本訳注の王の在位期間は『中央アジアを知る事典』（平凡社、二〇〇五年）によった。しかしこれについては異説もあり得ると思うので、テキストにあるものは、没年（前三二六）を（前一二三六）と訂正しただけで、そのまま残すことにした。

（七九）　聖パトリック（生年不明―四六〇頃）は伝導のためにアイルランドに渡った最初の司教で、三十年間の活動を通して、ほぼアイルランド全島民をキリスト教に改宗させるのに成功した。以来、今日に至るまで、アイルランドの守護聖人として崇められている。彼に関する伝説は膨大な量にのぼり、彼のものとされる著作も数多い。しかし確実に彼の真作と言えるのは、『コロティクスの兵士たちへの書簡』と晩年に著された『告白』だけである。

（八〇）　ラメセス四世の在位期間は、日本オリエント学会編『古代オリエント事典』（岩波書店、二〇〇四年）によると、（前一一五二／五一―一一四五／四四）であり、ピーター・クレイトン著、吉村作治監修『古代エジプト　ファラオ歴代誌』（創元社、一九九九年）によると、（前一一五一―前一一四五）となっている。ラメセス四世に関してはシナイ半島と南ヌミビアへの彼の遠征記録がある。またアビュドスの石碑には、自分の長寿と長い治世をオシリス神に祈る言葉が記されている。

（八一）　マタイは新約聖書の使徒のリストでは七番目か八番目に挙げられる。カペナウムで取税人として働いている時、イエスの弟子になった。古代教会の伝承では、マタイによる福音書の著者とされるが、その成立についてはいろいろな問題があり、不明な点が多い。この福音書によると、イエスこそ旧約聖書で約束されたメシアであり、彼の誕生は地上における神の新しい創造であった（第一章、第十八節以下）。メシアであるイエスは、その生と死と復活を通して、旧約に記されていることのすべてを成就した。イエスの死は神の意志によって定められたものであり、神がメシアすなわちキリストとしてのイエスを諸国民に認めさせるための道に他ならなかった（『旧約・新約聖書大事典』（教文館）参照）。

本書で原著書J－P・ルーは、イエス・キリストとフランスのシャルル六世（一三八〇―一四二二）およびルイ十六世（一七七四―一七九二）とを結び付けている。

（八二）　カフィルとは「アッラーを信じない人」を意味するアラビア語 kafil から来ている。南部アフリカの白人の間で黒人一般をさす蔑称として使われた。その後 Native に変わり、現在ではバントゥ（Bantu）と呼ばれている（バントゥー（族）については本章の訳注（五八）を参照）。一八一四年以後、イギリスの植民地が増加し、特に一八二〇年から一八三四年頃までに、ケープ植民地の東部国境が拡大されたため、いわゆるカフィル族と入植者との間で一連の戦い（カフィル戦争）が起きた。カフィル族の居住地域はカフラーリア地方と呼ばれていた。

（八三）　テキストでは第十二王朝となっているが、これは間違い。従来の説によっても、第十一王朝（前二〇五〇―前一九九一）から中王国時代（前二〇五〇—前一七七八）に入る。たとえば『標準　世界史年表』（吉川弘文館、一九八五年版）参照。しかしながら第十一王朝および中王国時代の始まりを紀元前二〇五〇年とするのは古い説である。日本オリエント学会編『古代オリエント事典』（岩波書店、二〇〇四年）によると、第十一王朝は（前二一一九—前二〇二五／二〇）、中王国時代は（前二〇二五／二〇—前一九七六）となっている。

（八四）　テキストに prophète とあったので、「預言者」と訳したが、訳者が知る英語圏の翻訳者・研究者はいずれも sage「賢者」としている。『イ・プ・ウェルの訓戒』という文献の内容からして、「賢者」の方が適しているように思われる。イ・プ・ウェル自身に関する伝記的情報は残っていない。『イ・プ・ウェルの訓戒』の主題は国難と秩序であり、そこでは様々な実際の惨禍・災難が叙述され、ペシミスティックな訓戒が示されている。『メリカラー王への教訓』『ネフェルティの教え』などと共に、第一中間期を代表する教訓文学の一つとして知られている。

（八五）　この引用文の冒頭に「ギブオン人を殺害し」を補うと分かりやすい。「ギブオン人はアモリ人の生き残りで、イスラエルの人々に属するものではないが、イスラエルの人々は彼らと誓約を交わしていた」（サムエル記下、第二十一章、第二節）。ダビデについては、第五章の訳注（五五）を参照。イスラエル初代の王サウルについては第三章「13　イスラエルの王」の項および訳注（七七）を参照。

（八六）　ニコラウス（ダマスカスの）は一世紀頃のギリシャ人哲学者、歴史家。前六四年頃に生まれたアリストテレス学徒で、ローマ皇帝アウグストゥスおよびユダヤ王ヘロデの顧問となった。全四巻の世界史、アウグストゥスの伝記、アリストテレス哲学入門、植物誌などの他、戯曲も書いた。

（八七）　金は東部満州の女真族の完顔部酋長阿骨打によって一一一五年に樹立された。遼と北宋を滅ぼし、西夏と高麗を従属させ、十二世紀から十三世紀にかけて約百年間、中国北半分を領有した。その後モンゴル軍の侵攻を受け、一二三四年、オゴタイ・カンによって滅ぼされた。金の祭天儀については、第六章の訳注（四五）を参照。

（八八）　ナンディ族はケニア西部、ヴィクトリア湖北東方の高地に住み、ナイロート系の文化を持っている。人口は約三十五万。十七のクラン（氏族）に分かれており、同一クランの者同士は結婚できない。一夫多妻制。伝統的な社会集団として数個の年齢別の組があって、男性は全員いずれかの組に属する。戦士組は周辺部族を襲撃し、長老組は政治・司法上の権威を持つ。彼らの社会は伝統的に平等であり、奴隷はいない。

（八九）　この一文のこのような記述には大いに問題がありそうだ。J－P・ルーはこの少し前（出典注(101)）ではフレイザーの『金枝篇』第六章を明示しているが、ここでは典拠を示していない。しかしここに列挙されている四つの地域の諸部族を、王、呪術、呪術師、雨司、雨石という一連の主題の下に、同じ著作で取り上げているのは、訳者が知る限り、フレイザーしかいない。そこで『金枝篇』に依拠して、J－P・ルーの記述の適否を検討してみよう。

ナンディ族については、第六章「王としての呪術師」（決定版、第一巻、三四四ページ）で言及されている。ナンディ族の酋長は首席の呪医 medicine-man であり、占い師である。彼は石を投げたり、犠牲の内臓を調べたり、夢判断をしたりして、未来を予言する。また乾期には、雨司 rainmaker として、部族のために雨を招来する。しかしその際、酋長は「天気に影響を及ぼす石」すなわち雨石 rain-stone を用いるとは書いていない。

フレイザーは、ナンディ族に続いて、高地ナイルの諸部族について言及している（決定版、第一巻、三四五ページ、簡約版、岩波文庫（一）一九三ページ）。「ここでも一般的に呪医が酋長である。」「これらの部族の酋長はおおむね雨司であって」、「雨司たちはめいめい水晶、砂金石、紫水晶などの雨石を幾つか壺に入れて秘蔵している。雨をつくる時にはその石を水に投げ込み、〔中略〕、ある呪文を唱えながら、」雲を招く。「また、水と羊か山羊の臓物を石の穴の中に入れ、空に向かって水を撒く。」このように、高地ナイルでは、一般的に酋長は雨司を兼ねているから、雨石を呪術師すなわち雨司から盗む必要は全くない。

トルコ族については、第五章「天候の呪術的調節」、二「降雨の呪術的調節」（決定版、第一巻、三〇五ページ）で、ごく手短に次のように述べられている。「アルメニアのトルコ人は小石を水の中に投げることによって雨を降らせようとする。小アジアのミュンドスではアルメニアのエギンでは、七万一個の小石を二つの袋に詰めて、ユーフラテス川の水中に吊るす。小アジアのミュンドスでは、七万七千個の小石をすべてなめてから海中に投じる。」以上の記述に、君主に相当する語も呪術師または雨司という語も全くない。

モンゴル族については、トルコ族に続いて、同じページに、たった三行だけ述べられている。「モンゴルの幾つかの部族では、雨が欲しい時、人々は胃石〔動物、特に反芻動物の胃や腸に生じる結石。昔は解毒剤としてよく知られていた〕を一個柳の小枝に結び付け、それから澄んだ水の中に置き、同時に、呪文ないし祈禱の文言を唱える。」念のため、雨乞いに石が用いられる事例を列挙してある条（決定版、第一巻、三〇四―三〇五ページ、簡約版、岩波文庫

（二）一七五—一七九ページ）を見ても、王が直接雨乞いの儀式を行うのは一例だけで、この場合も、王（インドのマニプールの）はある高い山の上にある石に麓の泉から汲んできた水をふりかけるというものである。

　以上のようなことから、J・P・ルーの記述は資料を無視したきわめて不適切なものと言わざるを得ない。そもそもフレイザーは、第五章と第六章で、呪術師が人々の敬意と権力を得て王になったケースが非常に多い、という考えを表明している。これに対してJ・P・ルーは、フレイザーが提示した参考事例を、王が後で——時間的にというより順序としてだが——呪術能力を得たことを裏づけるものと見なし、自説を強化するために、資料にないことを書き足しているのである。このような態度は厳しく批判されるべきであろう。

（九〇）　第二十王朝はセトナクト（前一一八六／八五—前一一八三／八二）から始まる。メディネト・ハブはルクソールのナイル川左岸にあり、現在、ラメセス三世（前一一八三／八二—一一五二／五一）の葬祭殿とトトメス三世（前一四七九—前一四二五）の小神殿が残っている。

（九一）　この文章はどの時代を念頭に置いて書かれたものか判然としない。宗教儀礼は王（帝）権を論じる場合、大変重要な事項である。そこでここでは天壇と地壇と祈穀壇の制が確立するまでの経緯を略述しておきたい。

　直接史実を明示する確かな文献が乏しい先秦時代のこと（本章の訳注（六八）を参照）はさておくとして、都城の南の円丘（円壇）で、皇帝が特権として祭天の儀すなわち南郊（「郊」は交木を燃やして、生け贄を焼き、天を祀る儀礼。転じて、都城の周辺を意味するようにもなった）を行うようになったのは、前漢末、王莽の上奏が裁可されてからである。王莽の郊祀制では、正月最初の辛《かのと》日（上辛）または丁《ひのと》日（上丁）、天子親《みずか》ら天地を南郊の円丘に祀り、また、有司（役人）を名代として、冬至には天神を南郊（円丘）に、夏至には地祇を北郊（方丘）に祀った。しかし後漢の郊祀制では、冬至、夏至の郊祀は行われず、南郊は年に一度、正月の上辛または上丁に行われた。これに対して、大儒家鄭玄《じょうげん》（一二七—二〇〇）は、天子親《みずか》ら冬至には円丘で昊天上帝を祀って祭天の儀を行い、正月には南郊で感生帝を祀って祈穀の儀礼を行う、という説を唱えた。彼は円丘と南郊とを区別したのに合わせて、祭日、祭神も区別したのである（同様に、彼は方丘と北郊を区別し、祭神も（祭日は不明）区別した）。彼の説は明らかに『礼記』月令篇の「孟春の月、〔中略〕、この月や天子乃《すなは》ち元日《げんじつ》を以って、上帝に祈穀し云々」という一節を踏まえたものである。ともあれ、天子親ら正月上辛に南郊で——円丘の側で——祈穀の儀礼を行うという鄭玄の説は、魏、晋および南朝・北朝で採用され、清朝に至るまで、ほぼ全王朝で（元代については不詳）実行された。

ただし、上辛祈穀の儀礼は必ずしも毎年行われたわけではない。魏、晋から隋までの間の諸王朝で、不明のところは別にして、毎年これを行っていたのは北斉のみで、他は二年または三年に一度である（金子修一著『古代中国と皇帝祭祀』第一部、第二章「中国古代皇帝制の特質」）。唐代三百年の間には、平均すると、約二十年に一度行われ、宋代には、太宗時代に二度行われた後、名代の役人たちによって執り行われる「有司摂事」となった（中村賢二郎編『歴史の中の都市——続都市の社会史』梅原郁「12　皇帝・祭祀・国都」）。元代には、天子による冬至の南郊祀天は行われたが、上辛祈穀の儀礼が行われた気配はない。明代には、世宗（一五二一—一五六六）の嘉靖十年（一五三〇年）、北京の天地（合祀）壇（大祀殿）の南に、新たに冬至日の祀天のためだけの円丘（天壇）が建てられ、大祈殿では正月上辛の祈穀の儀礼が復活された。この儀礼（祭日は翌年からは啓蟄の日（三月五日）に改められた）は世宗の治世四十五年間の前半は毎年行われたが、嘉靖二十四年（一五四五年）には大祀殿の址に祈穀壇として大享殿が建てられたにもかかわらず、後半の様子は判然としない。その後、祈穀の典礼は毅宗（一六二七—一六四四）崇禎十五年（一六四二年）にただ一度挙行されただけである。しかし清朝は当初から明朝が残した大享殿を用いて祈穀の儀礼を毎年盛大に行い、高宗（一七三五—一七九五）乾隆十六年（一七五一年）に、大享殿を祈年殿と改名した（石橋丑雄著『天壇』）。なお、南郊の円丘・円壇が天壇、北郊の方丘・方壇が地壇と命名されたのは明代からである。もう一つ補足説明しておくと、《une maison de l'agriculture》を「祈穀壇」と訳したが、すでに述べたように、この名称は明代からのものであり、それ以前の祈穀の式場に建物があったかどうか、またそれが何と呼ばれていたかは不明である。

（九二）　これはたとえば孟子が語る天子の理想像であろう。すでに本章の訳注（六八）で引用した『孟子』告子章句下の言葉を再度引用しておこう。「天子の諸侯に適《ゆ》くを巡狩と曰《い》ひ、（中略）。春は耕すを省《かへり》みて足らざるを補い、秋は斂《おさ》むるを省みて給《た》らざるを助く。」歴代の天子が実際に自ら毎年このようなことを行っていたとは思えない。もし行うことがあったとしても、それは天子の徳を天下に示すための象徴的な行為として、ごく限られた場所で行われたと思われる。

（九三）　正確には、天皇は即位後に新嘗祭《にいなめさい》（大嘗祭《だいじょうさい》）を行う。これはその年の新穀で天皇自ら天照大神《あまてらすおおかみ》および天神・地祇を祀る大礼で、神事中最大のものである。新嘗祭そのものは毎年行われる。期日は古くは陰暦十一月の中の卯の日であったが、近時は十一月二十三日となっている。

（九四） これは伊勢神宮における神嘗祭《かんなめさい》について述べたものであろうが、完全に間違っている。神宮は、天照坐皇大御神《あまてらしますすめおおみかみ》を祀る皇大神宮《こうたいじんぐう》（内宮《ないぐう》）と、その食物を司る神である豊受大神《とようけのおおかみ》を祀る豊受大神宮《とようけだいじんぐう》（外宮《げくう》）と、それに付属する宮社からなっている。神宮が現在地に奉斎されたのは、垂仁天皇二十五年（一説に二十六年）のことと伝承されている。主要な祭儀の一つに（古くは陰暦）十月十七日を中心とする神嘗祭があり、その際、天皇から贈られたその年の新穀（皇居内の籍田で栽培された根付きの稲二株）が、宮司たちの手によって、豊受大神宮と皇大神宮に、祭礼の前日（十五日と十六日）、一株ずつ奉納されるが、これは昭和二十七年からのことである。この祭礼に天皇が親《みずか》ら赴いたことは一度もなく、勅使を介して神宮に奉納されるのは古来絹のみである。神饌《しんせん》として、近くの（旧）神領で産する新米、新酒、果実、野菜、海産物等の御料《ごりょう》が宮司たちによって供えられはしても、勅使や宮司が神と食事を共にするという儀礼はない。この日、天皇は皇居から伊勢の方に向かって遥拝するだけである。天皇が神々と食事を共にするのは新嘗祭《にいなめさい》の時（古くは陰暦十一月の中の卯の日、近時は十一月二十三日）、宮中内においてであって、天皇のみがその資格を有している。新嘗祭は明治五年（一八七二年）から伊勢神宮でも催されるようになったが、この時も勅使を介して奉納されるのは絹だけである。

（九五） ルフ（ルグ、ルーとも）Lug はケルトの建国神話・伝説に登場する男性神。アイルランド語で「輝く光」の意であることから、太陽神だったとも推定されている。すべての技芸の師として、特にアイルランドでは他のどの神よりも崇拝されていた。彼の技芸には、戦士、闘士、詩人、魔術師、医者、鍛冶屋、大工の技術が入っている。バーバラ・ウォーカー著『神話・伝承辞典』（大修館書店、一九九八年）は、ルフが「世の終わりの日までエリンを統治する者」と言われた大女神と結婚し、その後で、ドルイド教の聖職者の投げた槍で殉教したという伝説を紹介して、ルフは〔豊穣多産と王国の発展のために〕自己犠牲の死を遂げた聖王と見られていたという解釈を示している。ルフの名はラオン、ライデン、カーライル（ルグヴァリウム）、ロンドン（リヨンと同様、古称は Lugdunum）のような地名や、聖ルガド、聖ルアン、聖ルギドゥス等の聖者の名に残っている。

ルフに捧げられたルーナサァ（ルフの祭り）は、八月一日を中心にして、「ターラ王」（アイルランドの上級王）によってタルトゥの地で毎年開催された収穫祭。フレイザーは祭場が氏族伝来の埋葬地だったことを重視して、ルーナサァはもともとは死者のために催された競技会であり（彼は nasad を games「競技」と解し、この祭りをルフが養母のタルティウを讃えるために始めたと語っている歴史家を紹介している）、これが麦の収穫の時期と重なったと推測している（決定版、第四巻、九八—一〇三ページ)。いずれにせよ、このタルトゥの祭り Oenach《エネック》 は物々交換、競馬を始めとする種々の競技、娯楽の場であり、一族間の訴訟、契約および特別な法令の発布の場でもあった。また、地元の大地母神タルティウ崇拝と相俟って、聖なる乱交や処女凌辱といった古代の女神の儀式を思わせるしきたり(性の饗宴)によって、男たちが花嫁を買う場にもなっていた。有効期間が一年間だけのこの「タルトゥ式結婚」は十三世紀まで適法とされていて、十九世紀に再び大衆的人気を呼ぶことになった。一部の地域では、今日でも、八月一日の収穫祭(ルーナサァ)には、どんちゃん騒ぎ、卑猥で荒々しいダンス、性の饗宴が繰り広げられている。

ところで、「アイルランドでは、君主は守護女神〔地母神〕と結婚しなければならなかった云々」という叙述は、この「ルーナサァ」すなわち「タルトゥの祭り」と切り離して考えた方がよさそうだ。というのも、最近では、「ターラの祭り」«Feis Temro»(Feis は本来「眠ること、夜を過ごすこと」の意)が「領土の繁栄と豊穣の地母神との契りを結んで、王権の神性と領土支配の権威を表明する古代的即位儀式」の一つであり、「ルーナサァ」はこれと目的を異にしているという解釈が有力だからである。もっとも、一代に一度の「王と領土の象徴的婚礼儀礼」が行われた時期については、即位直後という説と治世の最盛期という説があって、見解が一致していない(中央大学人文科学研究所編『ケルト　伝統と民族の想像力』(中央大学出版部、一九九一年)盛節子「II　アイルランドのキリスト教受容」参照)。

(九六)　アヴェスター語はゾロアスター教の聖典『アヴェスター』が書かれた古代東部イランの言語で、『アヴェスター』の注釈 zend《ゼンド》 の名をとって、ゼンド語とも言う。この記述は、スキタイ語も同じくイラン語派東群に属するので、デュメジルがスキタイの神話を、アヴェスター語を参照しつつ分析したことを説明している。ヘロドトスが伝えるスキュティア(スキタイ)の神話については、第三章「神聖な王」の「9　父なる神と御物」を参照。

(九七)　ヘロドトス(『歴史』巻二、一六二—巻三、一〇)によると、平民出身の将官アマシス〔正確なエジプト語名はイアフメス(二世)、在位、前五七〇—前五二六〕は、第二十六王朝のアプリエス(エジプト語名はウアフイブラー〔前五八九—前五七〇〕)から反乱軍の鎮圧に差し向けられたが、逆にその反乱軍によって王に推戴され、アプリエスを打倒して、王位に就いた。即位名はクヌイブラー〔ラー神の心を大切にする君〕。若い時から酒好きで悪ふざけを好んだアマシスは、ファラオになっても、午前中は政務を熱心に処理するが、それ以後は酒を飲んで酒飲み相手をからかいながら、ふざけ散らして他愛もなかった。それで側近の者たちが、もっとファラオにふさわしい態度で終日政務に励むように、と進言すると、アマシスは弓を例に挙げて、人間も心を緩めるべき時は緩めてこそ心のバランスをよく維持することができるのだ、と答えた。それでも彼は善政を行い、エジプト人の信望を集め、外国、特にギリシャとの関係を重視したので、彼の四十四年間の治世下にエジプト（首都はデルタのサイス）は空前の繁栄を示したという。なお、テキストには彼の在位期間を（前七世紀頃）としてあるが、これは明らかに間違いで、巻末索引の記述とも異なっているので、訂正した。

（九八）　アンティゴノス一世（前三八四―前三〇一）はマケドニア・アンティゴノス朝の祖。アレクサンドロス大王の武将の一人で、大王の死後西アジアに威勢をふるい、アジア王を称したが、イプソスの戦い（前三〇一年）で他の武将たちに敗れ、戦死した。その後、アレクサンドロス大王の遺領は分割された。プルタルコス著『イシスについて』（岩波文庫、柳沼重剛訳『エジプト神イシスとオシリスについて』、四九―五〇ページ）には、「ヘルモドトスなる者が詩を書いて、アレクサンドロス大王麾下の将軍アンティゴノスのことを『太陽の子にして神』と歌い上げた」とある。

（九九）　アブラハムは故地ウル（現イラク南部）を出て、ハラン（現トルコ南部）まで北上し、そこからカナンの地まで南下してきたが、この時まで、異母妹にして妻サラとの間に子供がなかった。アブラハムは九十九歳、サラは九十歳で、二人とも老いを自覚し、子供を授かることを諦めていたところ、アブラハムの前に神が現れて、サラに子供が生まれることを告げた（創世記、第十八章）。このゲラル（ペリシテの西南の都市）でのエピソードはそんな時のものである。したがって、ゲラルの王アビメレクが「老女」サラを後宮に「召し入れ」ようとしたというのは、神話の中だからこそあり得たことである。ところで、神はアブラハムとサラの夫婦を祝福しているが、申命記（第二十七章、第二十二節）やレビ記（第十八章、第九節、十一節および第二十章、第二十節）では、異母妹との結婚は許されていない。しかしもっと後の時代、ダビデはアムノンとタマルの結婚を許すと言っている（サムエル記下、第十三章、第十三節）。アブラハムの「不可解な」行為の背景には近親婚という微妙な問題があったことが推測される。

（一〇〇）　有夫姦は極刑に処せられていた（申命記、第二十二章、第二十二節）。それで、自分の罪を認めたアビメレクは、償いとして、羊、牛、男女の奴隷および銀千シケルをアブラハムに与え、その妻サラを彼に返し、好きなところに住むことを彼に許した。

（一〇一）　J－P・ルーは、ダビデの人口調査にまつわる事件も、王が神に厳しく咎められることなく、過ちに相応した責任を取ることで許される例として挙げているが、適切な例示とは思えない。というのも、サムエル記下（第二十四章）の叙述には次のような問題があると神学者が指摘しているからである。第一に、主がなぜイスラエルに向かって怒りを発したのか、第二に、なぜ民人を罰するためにダビデに罪を犯させたのか、第三に、人口調査がどうして「罪」であり、「悪」なのか、こうしたことが全く書かれていない。第三疑問に対する回答としては、人口調査が徴税と強制労働の基礎となるものなので、世論に反するものだったのではないかという説と、主こそがイスラエルの上に君臨する真の王であり力であるにもかかわらず、人口調査をするのは主の力を疑うものと信じられたのかも知れないという説がある（『旧約聖書略解』（日本基督教団出版局、一九五七年）三二一ページ）。ちなみにダビデは、人口調査を行わせた直後に自分の罪を悔い改め、主に「どうぞあなたの手をわたしとわたしの父の家に向けて下さい」と訴える。そして主に燔祭を捧げた結果、疫病は止んだ。死者は七万人だった。

（一〇二）これはスバンドゥー Subandhu（生没年不詳）の『ヴァーサヴァダッター』のことである。この作品では、ウッジャイニーの王女ヴァーサヴァダッターとチンターマニのカンダルパ・ケートゥの王子との波瀾に満ちた恋物語が主題となっている。王女の恋は王子に会う前から始まる。父王は彼女のために選夫式を行うが、これが無益に終わったその夜、彼女は無双の美男を夢に見て熱烈な恋に落ちる。原注（122）にあるのはこの作品の紹介と分析であり、翻訳ではないので、断定はできないが、この引用文は、王女が夢の中で理想の相手と出会った時の叙述と思われる。

（一〇三）テキストではブガンダ族 les Buganda となっている。今日、一般的にはブガンダはガンダ族の王国名とされているので、訂正した。ガンダ族は東アフリカのヴィクトリア湖北西岸、現在のウガンダに存在するバントゥー語系農耕民で、この部族を主体とするブガンダ王国は、建国時期は明確ではないが、十八世紀には強大な軍事国家として隣のブニョロ王国を攻め、十九世紀にはその国力はさらに増大した。一八九四年、イギリスの保護領となった後も、かなりの自律性を保った。一九六六年のクー・デタによって王国は滅亡したが、現在でも王党派の勢力は強い。ブガンダ王国では、伝統的な世襲制による下位首長の権限を弱体化して、任命制による地方首長制を導入し、平民宰相を頂点とする官僚組織を整備した。また、王子たちを母の出身クランで養育させて、王族の増大を抑制し、国王の権力を絶対的なものにした。アフリカにおけるこの「封建的」体制は多くの研究者の関心を引いた。ガンダ族の人身供儀式については、フレイザーも言及している（『金枝篇』決定版、第六巻、二二三ページ）。

（一〇四）この後の方の引用文（詩篇、第二十一篇、第三—四節）は王のための神への祈願ではなく、神の讃歌である。

J-P・ルーは、この文の動詞を現在形にすることによって、祈願の意味を持たせようとしたようだが、所詮、無理である。プレイアッド版も邦訳（日本聖書協会）も動詞はすべて過去形になっているので、ここでもそれらに従った。なお、出典注にある、詩篇、第八十篇と第八十一篇の主題も、王のための神への祈願ではなく、また、第十一篇と第二十篇の叙述は二つの引用文とよく合致しているとは思えない。

（一〇五）　ムルシリ二世（在位期間については諸説があり、日本オリエント学会編『古代オリエント事典』（岩波書店、二〇〇四年）は、前十四世紀末としている）はヒッタイト新王国時代の王で、父親はシュッピルリウマ一世。兄アルヌワンダ二世の短い治世の後、若くして即位し、父王の代からの勢力圏の維持に努め、その治世は約二十五年に及ぶ。父王と自身の治世を詳述した『ムルシリ二世の年代記』を残す。当時は、シリアの支配権とエジプトの王位継承問題に関連した事件をめぐって、ヒッタイトとエジプトとの関係は極度に緊張した状態にあったが、このことについては第五章の訳注（三五）を参照していただくとして、ここではムルシリの妃ガシュラウィヤが「呪い殺された」事件の顚末を紹介しておきたい。

シュッピルリウマ王は、ムルシリらをもうけた最初の妃を失った後、バビロンの王女タワナンナを妃に迎えた。時が経ち、シュッピルリウマが老いていくにつれ、タワナンナは政治の分野でも顕著な力を持つようになり、王室を牛耳った。彼女は威張り散らし、浪費し、歓迎されないバビロンの風習をヒッタイト王室に持ち込んだ。彼女の権勢は夫の死後も引き続き保たれた。彼女はすべての国家祭祀を統括する〔大?〕神官職にあり、生け贄や奉納物や神殿の領地さえも割り当てる権限を持っていたので、それらを自分の支持者たちには特に気前良く与えていた。ムルシリは軍事遠征のために長期間首都から離れていたこともあって、しばらくは自分の継母を現女王として認めていた。しかしやがて彼は自分の熱愛する妃ガシュラウィヤにも政治的・宗教的権限を付与しようと考えた。このことは近年発掘された密封のための刻印に記された妃の称号「大王妃」によって裏づけられている。継母とはいえ、皇太后であるタワナンナの存命中にこの称号が妃に与えられたということは、宮中におけるタワナンナの地位と権勢が限りあるものであることを公示されたことを意味する。そんな折り、ガシュラウィヤは不可解な病に襲われた。最初、この病は、妃が冥界の女神レルワニに対する礼拝をなおざりにしたために、女神によって下された罰と見なされた。そしてその後、妃の無罪が申し立てられ、妃の健康の回復が祈願された。が、その甲斐もなく、妃は夫ムルシリの治世九年目に逝去した。ムルシリは妃の死は彼の継母が黒魔術を使った結果であると確信した。妃の健康の回復を祈願したのがほかならぬ継母だったからである。神託審議会も彼の継母の有罪を認め、王による処刑を裁可した。しかしムルシリは王族に対する極刑を望まなかった。かつて父王が叔父を殺した時、天罰として疫病が流行ったことを知っていて、その再発を恐れたからである。継母は告発され、宮殿から追放されたものの、他所に住居を与えられ、何不自由ない生活をすることが許された。その後、ムルシリはフッリ人の女性タヌヘパを後妻に迎えるが、ムルシリの死後、今度は彼女がタワナンナと似たような立場に立って、ムルシリとの間に生まれた自分の子を王位に就けようとしたために、またもやスキャンダルとなった。以上の出来事については、主にTrevor Beyce «The Kingdom of Hittites» Clarendon Press 1998を参照した。

（一〇六）　京都御所の「仁壽殿《じじゅうでん》」を指すと思われる。「仁壽」とは仁の徳をそなえ、長生きすることの意である。中国では、唐の玄宗皇帝が驪山《りざん》の華清宮の中に建てた長生殿が有名である。

（一〇七）　ティベリウス・ユリウス・カエサル・アウグストゥスは第二代ローマ皇帝（一四—三七）。母親リウィアがオクタウィアヌス（後のアウグストゥス）と再婚したことによって、ティベリウスは未来の皇帝の継子となり、やがて娘婿となった。彼は有能で優秀な軍人として活躍したが、しかしアウグストゥス帝から特別の愛顧を得ていたわけではなかった。皇帝が選んだ後継者が紀元四年までにほぼ全員死去したため（タキトゥスは少なくともそのうちの一人の死にリウィアが関与していた可能性があることを暗示している）、皇帝は仕方なく四十六歳の彼を養子にし、後継者に指名した。同年、皇帝は彼を護民官職の共有者に任命し、一三年に護民官の任期がさらに延長されると同時に、彼は元老院によって皇帝の権限を与えられた。そして翌一四年、アウグストゥス帝が死去すると、ティベリウスは護衛隊や属州の軍隊等にただちに手を打って統治権を掌握した（その際、ティベリウスと母リウィアはアウグストゥス帝の孫ポストゥムス・アグリッパを暗殺した）。にもかかわらずティベリウスは、しばらくの間、あたかも古い共和国がまだ存在し、自分は統治の意志をまだ固めていないかのように、万事につけてその主導権を二人の執政官に委ねていた。元老院で示していた彼のこの躊躇（の装い）について、タキトゥスは敵意に満ちた見解を示している（『年代記』第一巻、七）が、ティベリウスの念頭には、権力への強い志向と共に、カエサルが積極的に権力を一身に集中して殺されたこと、アウグストゥスが元老院に対して十分な気配りをしつつ権力を掌握していったこと、この時までまだ皇帝の世襲制は確立していなかったので、元老院全体の意向を慎重に確認したいという思い等が錯綜していたと思われる（したがってJ－P・ルーが本書で暗示しているような理由は、少なくとも訳者には、想像がつかない）。それでもこの時期、元老院がアウグストゥス帝のために神殿を建立し、神として崇拝することを議決したことにより、ローマにおける皇帝崇拝が確立した。ティベリウスは、その治世の前半には、統治者として「自己を偽り、狡猾に美徳を装う」（タキトゥス）が、後半になると、陰謀、大逆罪の裁判、大逆の誣告が相次いだため、身の安全に不安を抱くようになり、公衆の前に出ることを止め、二三年にはカプリ島に隠居して、疑心暗鬼に捕らわれたまま、三七年に死去した。歴史を俯瞰すれば、たしかに、ティベリウスの治世は比較的平和で安定した二百年にわたる「ローマの平和《パクス・ロマーナ》」の幕開けであった。しかし視線を彼の所業の一つひとつに向ける時、その狡猾さ、残酷さ、非道さ、特に晩年に行った凄まじいまでの恐怖政治は歴史家の評価を揺るがし続けるのではなかろうか。

（一〇八）　ディオドロス（シチリアの、前九〇頃―前二〇頃）はローマ時代のギリシャの歴史家。エジプト、インド、メソポタミアからカエサルのガリア征服（前五四年）までを扱った史書『歴史文庫』《Biblioteke》を著した。この全四十巻の大著（現在は第一―五巻、第十一―二十巻が完全に伝わり、他は断片のみが残っている）は独自性に乏しいが、古代の史書を多数忠実に採録している点に価値を認められている。

（一〇九）　ヘロドトス（前四八四頃―前四二五頃）はギリシャの歴史家。その著書『歴史』は　ギリシャ・ペルシャ戦争の前史から結末までを主題としながら、彼自身が直接足を運んだ黒海地方、シリア、バビロニア、エジプト等の諸民族の神話伝説、宗教、慣習、経済、動植物も決して見下すことなく視野に入れている。彼の構想の壮大さ、語り口のうまさ、宿敵ペルシャや異民族に対する公平な態度、関心の広さはこの作品を最高に魅力的なものにしている。彼の歴史記述の弱点として、事件を分析する際、背後にある政治的・経済的要因をあまり考慮せず、たいていの場合、個人や国家の指導者たちの野心や復讐心や心の弱さ等の心的要因に焦点を当てているとか、不確かな伝承をそのまま採録しているといったことなどが指摘されているが、『歴史』が依然として第一級の史料であり、また最高の文学作品の一つであることに変わりはない。彼はこれからも「歴史の父」と呼ばれ続けるだろう。

（一一〇）　デイオケスはアッシリアの支配から脱したメディアの諸部族を統合した初代の王。最初、彼は公正な裁定者として、自分の属する部族だけでなく、他の部族の間でも称賛されていたが、やがて全メディアの王に推挙されると、王の地位を強化するために親衛隊を創設し、七重の環状城壁からなる壮大強固な都城（エクバタナ、今日のハマダン）を築き、自らはその一番奥の城壁の中にある王宮に居住して、次のような儀礼法を作った。何人も王のもとに入室することを許されず、万事取次ぎの役人を通じて処理され、王は何人にも姿を見せないこと、さらにまた、王の面前で声を立てて笑ったり唾を吐くことは、何人といえども破廉恥な行為と見なされること等々。こうして彼は王の権威を絶対的なものにし、メディア王朝の樹立に成功した（ディオドロス著『歴史』、巻一、九六―一〇二）。メディア王朝は百五十年間続いた後、その王権はアケメネス朝ペルシャのキュロス大王（前五五〇―前五三〇）に継承された。

（一一一）　ここはフレイザーの『金枝篇』（決定版、第三巻、第三章「タブーとされる行動」、二「飲食の際のタブー」。簡約版、岩波文庫（二）一〇九―一一〇ページ）を参考にして補足した。

（一一二）　アフリカ中南部の内陸にある現在のマラウィ共和国。ニヤサランドはイギリスの統治時代の呼び名で、かつてこの地にマラヴィ王国（マラウィ王国とも）があった。十五、六世紀に興った王国は十七世紀に最盛期を迎えたが、やがて内部分裂が生じて弱体化し、アラブ系の部族やズールー族の一派の進出するところとなり、これら外来部族との戦いを余儀なくされた。一八九一年にイギリスの保護領となり、一九六四年、独立した。

（一一三）　ベニン王国は西アフリカの現在のナイジェリアの西部州にあるベニン・シティーに十三―十八世紀頃に存在した。西方から勢力を広げてきたヨルバ族の一部が王国の原型を作り、十五世紀半ばから後半にかけて強大になり、その後のヨーロッパ人との交易（奴隷や象牙などと銃火器との交換）によってさらに国力を増し、十六世紀から十七世紀にかけて、熱帯アフリカの中で最も繁栄した国の一つになった。しかし十七世紀半ば頃から圧政に対する内乱が頻発し、また同じヨルバ族のオヨ王国が強大となり、さらにフォン族のダホメー王国がより安く奴隷を供給するようになったため、ベニン王国は衰え始め、十八世紀末までにはその領土も力も失った。

（一一四）　ロアンゴ王国は西アフリカの現在のコンゴに存在した。伝承によると、王国の基礎は十四世紀に一群の鍛冶師たちと戦士たちによって築かれた。北のティオ王国およびコンゴ川対岸のコンゴ王国とは同一の神を始祖とするという神話もある。フレイザーによると、ロアンゴの王は神であるかのように崇められ、自分の好むままに雨を降らせることができると信じられていた。しかしながら、王国は互いに相対的に独立しランクづけられた七つの地方に分かれ、各首長が順番に王位に就くのが原則になっていた。そのため政治権力は分散していたが、それでも王国は奴隷貿易の中継地として長期間栄え、十九世紀末、王位継承争いが起きたことにより、解体した。

（一一五）　ディオクレティアヌス（二八四―三〇五）はローマ帝国に専制君主制を確立した帝政後期の皇帝。ダルマチアの低い身分の出ながら、皇帝ヌメリアヌス（二八三―二八四）の親衛隊長を務めている時、皇帝が暗殺され、軍に推戴されて帝位に就いた。当時は軍隊に秩序がなく、属州の総督たちが次々と皇帝に即位しては排除されるといった状況にあったが、ディオクレティアヌスは一年足らずの間にすべての反対勢力を一掃するのに成功した。その際、彼が副帝に任命したかつての同僚のマクシミアヌスの功績が大きかったので、翌二八六年には、マクシミアヌス（二八六―三〇五）を正帝とし、共同皇帝の地位に引き上げた。そして二九三年、ディオクレティアヌスはいわゆる「四分統治制」を確立し、共同統治をさらに拡大した。彼自身はニコメディアを首府として東方全般の経営に当たり、彼の副帝ガレリウスはバルカン地方を統治し、マクシミアヌスはメディオラム（現ミラノ）に首都を置いて西方（イタリア道）を統括し、副帝コンスタンティウス一世はガリアとブリタニアを統治した。この体制は、総督の権力を抑制するための属州の細分化や、皇帝直属の親衛隊の新たな創設を伴っていたため、国家財政の負担増を招いたが、しかし五十年以上続く平和を打ち立てるのに役立った。

ディオクレティアヌスは自らの威光を高め、下剋上の風潮を払拭するために、オリエントの流儀を採用した。玉座を飾りたて、めったに公衆の前に姿を見せなくなり、たまに現れる時は、豪華な装飾を施した冠や外衣を身に着けていた。こうしたことと並行して、彼は宗教も利用した。彼は神々の王ユピテルの地上における代弁者と見なされ、「ユピテルの子」というあだ名を持っていた。

ディオクレティアヌスは治世の晩年に至るまでキリスト教に対して寛容であった。しかしキリスト教がローマの神々を否定するものであると説得されて、三〇三年、キリスト教会と集会と聖書を禁止する勅令を発布した。こうして主都ニコメディアでキリスト教徒への最後の大迫害が行われた。そして翌三〇四年、彼は重い病にかかると、さらにその翌三〇五年、打ち合わせ通り、マクシミアヌスと共にメディオラムで退位した。その後は、後継者たちの間の論争の調停に一度出向いたほかは、政治の舞台から完全に身を引き、三一三年頃隠居地のスパラトゥムで没した。

（一一六）　ローマ皇帝の神格化、神聖視はもっと前から、エジプトの影響を受けて始まったことが専門家たちによって指摘されている。本章の訳注（一〇七）を参照。

（一一七）　マダガスカル南部で牛を飼育する牧畜民で、かつて王国を形成したことがある。フレイザー（彼が引用している原資料は A. van Gennep, *Tabou et totémisme à Madagascar*, Paris, Leroux, 1904, p.113.）によると、酋長は神聖な存在と考えられていて、ちょうど中国の皇帝のように、その行動はおびただしい禁止事項によって束縛されていた。彼は呪術師が兆しを吉と見て宣告しない限り、どんなことも企てることができない、温かな食事をとってはいけない、定められた日には小屋を離れてはならない、といった具合であった（『金枝篇』決定版、第三巻、一〇―一一ページ。簡約版、岩波文庫（二）五八ページ）。

（一一八）　クセノポン（前四三〇頃―前三五五頃）はギリシャの歴史家、随筆家、軍人。アテナイに生まれ、ソクラテスを師としながら、衆愚政治に堕していたアテナイを嫌い、小アジアに渡った。そしてまもなく、ペルシャの王弟キュロスの反乱軍に組み込まれて、バビロンの近くまで行き、敗戦後、指揮官の一人として「一万人」のギリシャ人傭兵と共に難行軍をなし遂げ、帰国した。その時の記録『アナバシス（東征）』は特に有名で、ギリシャ人にペルシャに対する自信を与え、アレクサンドロス大王に東征を企図させるきっかけにもなった。「アナバシス」からの帰国後、クセノポンは小アジアに対ペルシャ戦を遂行すべく派遣されてきたスパルタ王アゲシラオスの軍に加わり、その後もこの王といっしょにスパルタに行き、コロネイアの戦いでは祖国アテナイに弓を引いた。彼の終焉の地はコリントスらしい。クセノポンの著作は実に多く、『アゲシラオス』『ギリシャ史』『ソクラテスの思い出』など全作品が今日まで伝わっていると見られている。

　ところで、本書で言及されているのは、ギリシャ人がモッシュノイコイMossynoicoiと呼んでいた部族の王のことである。モッシュノイコイとは「木の櫓《モッシュン》または塔の上に住む者」の意であるが、実際は、王や首領のみが塔に居住していたと思われる。ただし、本書の出典注にあるクセノポンの『アナバシス』（第五章（四）、二六）だけでは、王が閉じ込められていたかどうかは分からない。フレイザーは他にもディオドロス（シチリアの）とニコラウス（ダマスカスの）の名を挙げて――これにアポロニオス作『アルゴー船物語《アルゴナウティカ》』（巻二、一〇一五行以下）を加えるべきだろう――、次のように述べている。「この野蛮人は高い塔の上に王を監禁していたが、王は即位後は二度とそこから下りて来ることは許されなかった。そして塔の上から民を審判した。ところが、もし民をおこらせると、彼らは終日食べ物を与えないで王を罰し、時には餓死させることもあった」（『金枝篇』決定版、第三巻、一二四ページ。簡約版、岩波文庫（二）、一一二ページ）。

（一一九）　ササン朝第二十六代の王ヤズデギルド三世（六三二―六四二、六五一とも）は、ホスロー二世（五九〇―六二八）殺害後の数年間の内乱を経て即位した。六三七年頃のカーディスィーヤの戦いでイラクを失い、六四二年、反攻を試みたニハーワンドの戦いでも敗れ（一般的には、この年がササン朝の滅亡の年とされている）、その後も帝国の故地パールス（ファールス）地方の防衛を試みたが、六五一年、逃亡先のメルヴで殺害された。

（一二〇）　原注（154）は、次の（156）と同様、IV, p. 8となっている。J-P・ルーが用いている『金枝篇』（全四巻）

の仏語訳が手元にないので、断定はできないが、これはたぶん間違いであろう。決定版、第十巻には、第一章「天と地の間」、一「地に触らぬこと」（簡約版、岩波文庫（四）第六十章）があり、(156)はここを指していると推定できるので、これは問題ない。しかし(154)の方は記述の主題が、臣民が王・酋長にしてはならない行為、であるから、決定版、第三巻、第三章「タブーとされる行動」（簡約版、岩波文庫（二）第十九章）を挙げるべきだろう。

（一一一）フレイザーは「神的な人物はその足で地にふれてはならない」というタブーの理由を、メキシコのサポテ族の大祭司の場合は、その神聖性が汚されるから、日本の天皇の場合は、恥ずべき堕落になるから、タヒチ諸島の王と王妃の場合は、世襲の領土以外の地で彼らの踏むところはどこでも神聖化されるからであると述べている。そして似たような例を数多く挙げたうえで、このタブーが生まれた根本原因として、人の神聖性あるいは呪力は導体の役目を果たす大地との接触によって流出して枯渇してしまう、という考え方があるのではないかと推察している（『金枝篇』決定版、第十巻、第一章「天と地の間」、一「地に触らぬこと」。簡約版、岩波文庫（四）、第六十章。なお、この後の文については、同章、二「太陽を見ぬこと」を参照のこと）。

（一一二）『マハーバーラタ』は『ラーマーヤナ』と共にインドの代表的な叙事詩で、世界最大。バーンダヴァ・カウラヴァ両王家の戦争を主題とするが、様々な伝承、説話、哲学詩などが付け加えられていき、グプタ朝時代に完成したと見られている。その中で、宗教文献『バガヴァッドギータ』、説話『シヤクンタラ姫の物語』などは特に有名である。

（一一三）フランソワ・ベルニエ（一六二〇—一六八八）はフランスの旅行家。農民の出ながら、モンペリエ大学で医学を修め、一六五二年博士号を受けた。近東からインドに旅行し（一六五六年）、ムガール帝国のシャージャハーン治世末期の王位継承戦争に巻き込まれた後、アウラングゼーブ帝（一六五八—一七〇七）の侍医となって滞在（一六五九—一六六七）、帰国（一六六八年）後、自らの見聞に基づき『大モゴル国の最近の革命の歴史』（一六七〇年）（『ムガール帝国誌』関美奈子、倉田信子訳、岩波文庫、二〇〇一年）を出版した。これは、タージマハールを建設したシャージャハーンの四人の息子たちによる王位継承戦争とその後数年間の宮廷内の出来事、さらには首都デリーの住居や城砦、市民生活、ヒンドゥー教の驚くべき慣習や迷信などを記録したもので、すべてが真実とは言えないが、史料としての価値は非常に高い。

（一一四）アグラの南西四〇キロメートルの地にムガール朝皇帝アクバル（一五五六—一六〇五）によって建設された新都。同帝は一五六五年にアグラ城の建設を始めたが、一五六九年には新都の建設を開始し、一五七四年から十年間、ここを居城にした。一五八四年のラホール遷都以後は放置された。

(一二五)『金枝篇』決定版、第四巻、第二章「神聖な王の弑殺」、二「力が衰えると殺される王」(簡約版、岩波文庫(二)第二十四章、二)参照。

(一二六) 大プリニウス(二三(二四)—七九)は北イタリアで生まれ、ローマで教育を受け、騎士として出陣し、アフリカ・スペインで要職を歴任、ミセヌムの総督としてヴェスヴィオス山の大噴火の視察に行き、毒ガスにより死去した。学問、特に博物学に対する関心が深く、理科全書とも言うべき大著『自然誌』《Naturalis Historiai》(全三十七巻)を残した。

(一二七) ポンポニウス・メラは南スペイン生まれの一世紀のローマの地理学者。彼の小著『地誌』《De situ orbis》(全三巻、四三年頃)は優れた古代世界の地誌として知られ、近世の初めにラテン語で刊行され(一四七一年)、コロンブスのアメリカ発見航海の動機の一つとなったと言われる。

(一二八) アミアヌス・マルケリヌス(三三〇頃—四〇〇頃)は古代ローマの歴史家。軍務から離れた後、タキトゥスの『歴史』の続編として、ヴァレンス帝(三六四—三七八)の治世までのローマの歴史を書いた。先入観や迷信を排し、公平で客観的な視点から史実に相対した彼の態度は、ギボンや現代の歴史家によって高く評価されているが、その一方で、地理学上の間違いが多いことも指摘されている。

(一二九) ティマイオス(前三五六頃—前二六〇頃)はシチリアのタウロメニオンの僭主アンドロマコスの子。前三一七(三一二とも)年にアテナイに亡命、同地に五十年ほど滞在し、イソクラテス派の修辞学を修め、ペリパトス派の哲学者と交わった。その著『歴史』(全三十八巻)はシチリア島の歴史を中心にして、イタリア、カルタゴ、ギリシャ本土の歴史も含み、二百七十二年間に及んでいるが、今日では断片のみ現存する。

(一三〇) クロノスはウラノスとガイアの末子。母の求めに応じて、父の睾丸を切り取り、これによってウラノス(天)とガイア(地)は別れ、彼の時代が始まった。彼は母に頼まれてタルタロス(冥界の一角)から一度は兄弟たちを救い出すが、再びそこに放り込んだ。そして姉のティタン女神レアと結婚したものの、母から今度は自分の子供に王位を奪われるだろうと預言されたため、生まれてくる子供たちを次々と呑み込んだ。ただゼウスだけは、母が代わりに石を産着にくるんで夫に渡したため、無事だった。ゼウスはクレタ島でひそかに育てられ、成人すると、父クロノスの王座を奪った。クロノスは呑み込んだ子供たちを全部吐き出してからタンタロスに落とされた。ギリシャのクロノスはローマではサトゥルヌスと同一視されている。

（一三一）　ベニンの王は礼拝の対象となっており、ローマ・カトリック諸国における教皇の位よりも高い地位にあった。「彼は神の代理人であっただけでなく、神自身であった」（フレイザー『金枝篇』第一巻、第七章「受肉の人間神」（簡約版、岩波文庫（一）、二一八―二一九ページ）参照）。しかしそれでもやはり病気にかかったり老衰したりすることは許されていなかった。

（一三二）　シルック族はスーダン南部のナイル川西岸に住む部族で、文化的にはナイロート系民族に属する。シルック族の王国は、多くの小王国に分立しつつ、それらが一人の王ニャカング（ニイカング）の下に統一されている、いわば連合王国である。神話によると、王朝の祖ニャカングだけが王国を統治する。したがって、ニャカングの霊は歴代の王に宿り、その体を借りて、自分の力をシルック全体に及ぼすのである。フレイザーの記述は、C・G・セリグマン博士の詳細な研究を参考にしている。『金枝篇』決定版、第四巻、第二章「神聖な王の弑殺」、二「力が衰えると殺される王」（簡約版、岩波文庫（二）、二三〇ページ以下）参照。

（一三三）　J－P・ルーの「一時的な王」le roi temporaire の取り上げ方については、次の二つの問題があることを指摘しておきたい。まず第一に、フレイザーが「一時的な王」temporary king（『金枝篇』決定版、第四巻、第五章。簡約版（岩波文庫（二）、第二十五章））と言う時、それはごく短期間――一般的には数日間――王に擬せられて、王権の更新というその役割を果たした後、必ず殺される者のことである。しかしながらJ－P・ルーがフレイザーの分析の検討と称してこの後で取り上げているのは、あらかじめ在位期間を限定された王、フレイザーが言うところの「一定期間の後に殺される王」の事例である。そのためここでは『金枝篇』を読んだことのある読者ほど混乱させられるだろう。次に、J－P・ルーは『金枝篇』決定版、第四巻、第二章「神聖な王の弑殺」、二「力が衰えると殺される王」の記述は評価しているが、同章、三「一定期間の後に殺される王」の記述は、フレイザーが具体的に幾つもの事例を提示しているにもかかわらず、史実としてほとんど認めていない。フレイザーのこの問題に関する報告と分析を批判するなら、もっと具体的な反証が必要ではないだろうか。

（一三四）　この原注（171）はテキストでも文の最後尾に付いている。しかも注に示されているのはフレイザーの『金枝篇』である。したがって、この出典注の付け方では、J－P・ルーの見解はフレイザーの情報ないし見解に立脚しているかのような印象を与える。これは問題であろう。『金枝篇』決定版、第四巻、第二章「神聖な王の弑殺」、四「王権の八年の保有期間」（簡約版、岩波文庫（二）第二十四章、三「一定期間の後に殺される王」、二五四ページ）を見ると、フレイザーは、クノッソスのミノス王が八年毎にイダ山の洞窟にこもっていたことを報告した後、次のように述べている。「明らかにこの伝説は、各八年の終わりにあたって王の神聖な力が神との交わりによって更新される必要があり、この更新なくしては、王は王座に就く権利を喪失していたことを示している。」J－P・ルーの記述の仕方と出典注の付け方は、フレイザーが自らの見解を述べるために提示した幾つかの情報のうちの一つだけを取り上げて、フレイザーの見解を真っ向から否定する自分の見解の根拠にしていると受け取られても仕方のないものになっているのである。

（一三五）ハザール族はトルコ系を中心とした雑種民族の連合部族だったと考えられている。二世紀末に歴史に登場し、黒海からカスピ海にかけて勢力圏を築いた。半農半遊牧および商業を生業とし、ローマ帝国やササン朝ペルシャと通商し、七世紀には王国を形成した。歴代の王は、トルコ－モンゴル語で首長を意味するハン（カン、汗）の称号で呼ばれ、その首都はボルガ川の河口のアーティルに置かれた。貿易関税や家畜の輸出によって栄え、九世紀には東欧へも進出したが、十世紀にはロシア人の侵略を受け、一〇一六年、ビザンティン帝国とキエフ公国との連合攻撃によって、王国は消滅した。今日、ハザール族（ハザラ、コサックとも）は中国西部からロシア南部にかけてきわめて広大な地域に分散している。

（一三六）突厥の即位儀礼について、『周書』突厥伝は次のように述べている。「その首長〔可汗《かがん》〕が即位するときには、近侍重臣らが、かれをフェルトでかつぎ、太陽の回る方向に九回回し、毎回、臣下のぜんぶがおがみ、おがみ終わると、かいぞえして馬に乗せ、絹の小ぎれで気絶寸前まで首をしめる。そしてゆるめて即座に、『おまえは幾年可汗になっておれるか』と問う。かれはもはや意識が乱れていて、年数を明確に答えることなどできない。臣下らはかれの口ばしり答えるところを聞いて、その在位年数をためそうとするのである」（『騎馬民族史1』、山田信夫訳、東洋文庫97、平凡社）。護雅夫（『古代トルコ民族史研究 Ⅱ』（山川出版、一九九二年）第二章「古代テュルク民族の信仰」、第一節「遊牧国家における「王権神授」という考え」、および第八節「突厥の即位儀礼補論」）の見解によると、可汗が乗せられた「氈《フェルト》」は「クト(qut)」――君主たるべきものの威力の根源たる威霊、カリスマ――を天＝神から招き下ろして、可汗の身体に憑依させるための聖なる場であり、聖具である。そして可汗をその上に乗せて「日に随って九回転ずる」のは、広く北アジア諸族の間で行われていた、一種の「太陽崇拝」と関連した動作であり、いわば「神迎え」の儀礼にほかならない。だとすると、その直後に行われる「絞首」を「死刑の模擬行為」とか「警告ないし威嚇」と解するのはいかにも不自然である。この「絞首」という一種の占いの儀式によって発せられるのは、天‐神から可汗に降りてきた威霊「クト」の声であり、その意思であるとした方がはるかに自然な解釈ではなかろうか。

（一三七） タラ Tara （アイルランド語名はテウィル Temair ［'t'eμir'］） は、伝承によると、アイルランド上王の居住地で、現ミーズ州にその遺跡が見られる。新王の即位に際して、キリスト教伝来以前からここで行われていた「牛祭り」は六世紀まで催された。インドその他の地域のタラまたはターラーについては第三章の訳注（二八）も参照。

（一三八） 敬虔な正統派《スンナ》ムスリムであったニザーム・アル・ムルク（一〇一八—一〇九二）は、エジプトのファーティマ朝（シーア派のイスマイール派）のアズハル学院に対抗して、正統派《スンナ》の学問を奨励することと、新しい官僚階級を養成することを目的として、バグダッドやイスファハーン等領内の主要都市にニザーミヤ学院を設立したことで今日でもよく知られている。彼は長男のことが原因で王の怒りを買い、宰相を罷免された後、イスマイール派のアサシン派（暗殺教団）が放った死客の凶刃に倒れた。彼の著書『統治の書《スィヤーサト・ナーメ》』はペルシャ語散文体の名著とされている。

（一三九） 通称はモンテスマだが、モクテスマが正しい。モクテスマ二世はアステカ帝国の第九代皇帝。その在位中、アステカは最盛期を迎えていたが、一五一九年、エルナン・コルテス率いるスペイン人が到着すると、皇帝は彼らを客として宮殿に招き入れ、逆に彼らによって幽閉されてしまう。そして彼らとアステカ族との間で紛争が生じた際、その仲裁に失敗して、混乱の中で殺された。当時、アステカでは、数百年前に古都テオティワカンから追われたケツァルコアトル王がメキシコを完全に破壊するために帰ってくる、と信じられていた。コルテス一行の船がメキシコ人の目の前に現れた日が、予告されていたケツァルコアトル王帰還のまさにその年月日であったため、モクテスマ二世はコルテスをケツァルコアトル王と思い込んで、動転し、おじ恐れて、対応を誤ったと伝えられている。

（一四〇） これは「アフリカの幾つかの民族」とすべきであろう。たしかに、中国の正史を見ると、ほとんどすべての騎馬民族が老人を軽蔑し、血気盛んな若者を尊ぶと書いてある。しかし「年老いたり病気になった王は自ら毒を飲まなければならなかった」という記述はどこにもない。スキタイやサルマタイ等の間でも、訳者が調べた限り、そのような慣例は見当たらない。一方、フレイザーの『金枝篇』（決定版、第四巻、第二章「神聖な王の弑殺」、二「力が衰えると殺される王」。簡約版、岩波文庫（二）、一三六―一三七ページ）を見ると、次のような記述がある。「中央アフリカのバンヨロ王国では、ひとたび王が重い病気にかかるか老齢のため衰弱して来ると、自分の手で死ぬことが慣習によって最近まで要求されていた。〔中略〕彼は自ら毒杯をあおってあい果てるのであった。彼がそれをためらうか、病気が重くて杯を持てないような場合には、毒をすすめるのはその妻のつとめであった。」J-P・ルーがフレイザーのこの記述を使用したことは明らかである。フレイザーはこのほかにも、東アフリカのソファラ（現ジンバブエの港町）の王や西部アフリカのエグバ族とヨルバ族の王たちも「毒を飲んで死ぬ」習慣を持っていたと付け加えている。

（一四一）「其の民を暴すること甚だしければ、則ち弑せられ、國亡ぶ。」「三代の天下を得るや仁をもってし、その天下を失うや不仁を以ってす。」（『孟子』離婁章句上）

（一四二）この訳注では二人の王について述べることにする。スウェーデンのドマルデ王（在位年代は不詳）は、大飢饉が数年間続いた時、ウプサラにおける国民大集会で、良き季節が到来するように王を生け贄にすることが決議されたことにより、殺された。そして彼の血は神々の祭壇に塗り付けられた。オラフ王（九九五―一〇〇〇）の場合、人々が飢饉は王が神々への生け贄を倹約したせいだと考え、軍隊を派遣して、その住居を包囲し、王を焼き殺して、「良き収穫のための生贄としてオーディンにささげ」た。以上はフレイザーの『金枝篇』決定版、第一巻、第六章「王としての呪術師」（三六六―三六七ページ）を参照した。フレイザーが資料として用いたのは、Sonorro Starleson «Chronicle of the King Norway» (Trans. by Samuel Laing), saga 1. chs. 18, 47.

（一四三）テキストにはキボンガ Kibonga とあるが、フレイザーその他にならって、キバンガとした。キバンガ族についてはフレイザーが『金枝篇』決定版、第四巻、三四ページ（簡約版、岩波文庫（二）二三七ページ）で述べている以外はよく分からない。十九世紀末、タンガニーカの奥地に進出してきたドイツ人と同盟関係を結んで、周辺の他部族に対抗したことぐらいである。

（一四四）フレイザーの『金枝篇』（決定版、第四巻、第二章「神聖なる王の弑殺」、二「力が衰えると殺される王」、四〇―四一ページ）を見ると、宣教師によって一八八九年に書かれたのはアイエオ族 Eyeo に関する記事であり、エグバ族 Egba とヨルバ族 Yoruba に関する記事は一八八一年に書かれている。またこの後の記事はエグバ族について書かれたものである。したがってここは「エグバ族の間では、一八八一年に書かれたものによると、」とするのが正しい。このことについては、簡約版、岩波文庫（二）二四二―二四三ページでも確認することができる。

（一四五）　アシャンティー族はガーナの森林地帯に住む部族で、十七世紀後半までは弱小国家群に分かれていた。しかし十七世紀末、弱小国家の一つクマシの王にオセイ・トゥトゥが即位すると、彼の強力なリーダーシップにより、連合王国が成立。次々と周辺を破って、すべての国からの支配を脱した。そして十八世紀末までには、黄金海岸西方の森林地帯の大半を支配し、海岸に奴隷と黄金を送って銃を受け取る貿易で繁栄した。十九世紀に入ると、海岸部をも支配してヨーロッパとの貿易の利益を独占しようとしたため、イギリスに反撃され、一九〇一年、ついにイギリスの植民地になった。アシャンティー連合王国には、オセイ・トゥトゥが王の象徴として作った黄金のストゥール（床几）があったが、これは祖霊の憑意の媒介でもあった。第五章、第11項も参照。

（一四六）　トンキン（東京）はヴェトナム北部の古名で、フランス領インドシナの保護領名。トンキンの名は、陳朝末期（一三九六年）、黎朝の祖ホー・クイ・リ（胡季犛）が出身地清化に西都を建設し、ハノイ（昇龍城）を東都とした後、レ・タイト（黎太祖）がハノイを東京とした（一四三〇年）ことに始まる。十七世紀以降、ハノイを首都とするチン（鄭）氏政権をヨーロッパ人がトンキン王国としたことから、ヴェトナム北部をトンキンと呼ぶことが一般化した。

（一四七）　当時のビルマ王の親族の者たちが竹で喉を叩くことによって殺された事例を指す。フレイザーの『金枝篇』決定版、第三巻、第五章「タブーとされるもの」、四「血」、二四二ページ。

（一四八）　原注(189)で示されているエリアーデ著『原始時代から禅まで』（一九六七年）の四四六ページには、もっぱらアフリカのニヤサランドの神聖な王についての説明があるのみで、ケルトの王についての言及はない。また、ケルトの王の処刑の仕方については、訳者が調べた限りでは、同書だけでなく、古代の著作者たちの作品でも語られていない。聖域と思われる場所におびただしい量の血が注がれた痕跡があることからの連想ではないだろうか。

（一四九）　サラセン帝国アッバース朝最後のカリフはアル・ムスタシム（一二四二―一二五八）である。テキストには、カリフが処刑された年を一二五六年とあったので、訂正した。

（一五〇）　エセックス伯（一五六六―一六〇一）はイギリスの軍人。オランダに出征して勇名を得、晩年のエリザベス一世の寵臣となった。二度目のスペイン遠征でカディスの占領に成功し（一五九六年）、秘密結婚の露顕によって失っていた女王の寵愛を取り戻した。その後、警備長官、アイルランド総督となる（一五九九年）が、任地での反乱鎮圧に失敗。女王の命令に背いて休戦協定を結び、弁明のため無断帰国したため、官位を剝奪され（一六〇〇年）、女王の寵愛も失った。焦燥のあまり、ロンドン市民の蜂起を企てて失敗、斬首された。文芸の保護者としても有名である。

(一五一) エリザベス一世(一五五八—一六〇三)は姉メアリー一世の死去によって王位を継承した。この女王はその治世の初期に、(一)首長令と統一令の議会通過(一五五九年)をもって国教会を復活し、一五六三年の聖職者会議では「三十九カ条」を制定した。(二)対フランス戦争を終結し(一五五九年のカトー=カンブレジの和約)、さらに一五七二年にはフランスと同盟を結んだ(ブロワ条約)。(三)エジンバラ条約の成立(一五六〇年)により、スコットランドをフランスから切り離し、ブリテン島統一の素地をつくった。(四)経済・社会政策としては、貨幣の改鋳(一五六三年)を命じ、職人法、救貧法、牧羊囲い込みを抑える法などを制定した。治世の中期は体制は安定していたが、末期は、スペインとの戦争、スペインの支援を受けたアイルランドの反乱、穀物の不作と価格の高騰により高まった社会不安、寵臣エセックス伯の反乱など多事多難であった。女王の治世の全般的な評価としては、(一)議会の成長、(二)不況により海外進出が盛んになり、大英帝国の基礎を築くことになった、(三)ジェントリの台頭、(四)イギリス・ルネッサンスの最盛期などが指摘されている。なおテキストでは、在位初年を一五六八年としてあったので、訂正した。

(一五二) 以下の五人と思われる。(一)エドワード二世(一三〇七—一三二七)、不貞の妃によって退位させられ、投獄の後、秘密裏に殺害さる。(二)リチャード二世(一三七七—一三九九)、退位後ヘンリー四世によって殺害さる。(三)エドワード五世(一四八三)、在位二カ月で、即位式の前にロンドン塔で殺害さる。窒息死させられたと伝えられている。(四)エドワード六世(一五四七—一五五三)、斬首刑。(五)チャールズ一世(一六二五—一六四九)、斬首刑。

(一五三) トーゴ、ガーナ、ベナンに住む部族。エウェ族が話すエウェ語はクワ語群に属する。

(一五四) この一文は『金枝篇』(決定版、第三巻、第一章「王者の重荷」、一「王のタブーと祭司のタブー」、九ページ。簡約版、岩波文庫(二)五七ページ)を読んでいないと、分かりにくいかも知れない。フレイザーによると、エウェ族の王は大祭司でもあって、その性格上、王は人民の近づくべからざる者であり、見てはならないものであった。王と言葉を交わしてもかまわないのは「目に見える王」と呼ばれる王の代理人と選ばれた三人の長老たちだけで、それも王の方に背を向け、牛皮に座って話さなければならなかった。王自身もヨーロッパ人や馬を見てはならず、海を見てもならなかった。

以上の説明で「目に見える王」visible king の正確な認識は得られるだろう。しかしそれにしても、この段落の記述は筋が通っていない。それは次のような理由からである。まず第一に、冒頭の「宗教史でよく知られている」「代理人」substitut

いるかのように扱われている。そのためこの段落は我々読者に強い違和感を与えるのである。

と言えば、常識的には、ローマ教皇に代表される「神の代理人」representant de Dieu である。そしてエウェ族の「目に見える王」は、あくまでも聖王の代理人、代行者であって、王の代わりに王の罪を背負って死ぬ者ではない。したがって両者は性格を全く異にする「代理人」である。しかもこの両「代理人」の事例がもう一人の「代理人」、すなわち、王の贖罪のために、王に擬せられた後、王の身代わりとなって死ぬ「一時的な王」の事例の間に併置され、三者は共通した性格を持っているかのように扱われている。そのためこの段落は我々読者に強い違和感を与えるのである。

（一五五）この記述も、この後のサカイア（サカエアとも）祭に関する記述も『金枝篇』に基づいていることになっている（原注(197)）。実を言うと、フレイザーの言説自体にも問題があるのだが、しかしJ-P・ルーのこの記述はフレイザーの記述からさらに大きく逸脱している。フレイザーは次のように述べている。「歴史時代のバビロンでは、王の職務の保有は実際は一生涯続いたが、理論上はただの一年きりであったようである。というのは、王は毎年ザグムクの祭り〔新年祭〕の際に、バビロンの大神殿《エ・サギラ》にあるマルドゥク神の像の手を握ることによって、自分の力を更新しなければならなかったからである。」「さらに、歴史時代の範囲内ではないが、はるか古代のバビロンの王たち、あるいはその未開先任者たちは、一カ年の王位享有の終わりにあたって、王冠のみかその生命までも没収されたようである。少なくともこれは次の証拠が示すところの結論である。」そしてこの直後に、フレイザーはバビロンの歴史家ベロソスが語り伝えたとされるサカイア祭を紹介している（決定版、第四巻、第二章「神聖な王の弑殺」、八「王権の一年間の保有」、一一三―一一四ページ。簡約版、岩波文庫（二）、第二十四章「神聖な王の弑殺」、三「一定期間の後に殺される王」、二五六―二五七ページ）。これで明らかなように、J-P・ルーはフレイザーが言ってもいないことを史実としてこのように述べている。つまりこの「メソポタミアでは、時々、王は自ら死ぬことによって臣民の過ちを償わなければならなかったが、そのため王に取って代わる能力のある者を常に養っておかなければならなかった」という記述は、J-P・ルーの空想的解釈にほかならないのである。フレイザーの言説の問題点については、次の訳注で述べることにしたい。

（一五六）フレイザーはこのサカイアの祝祭を非常に重視している。それはサカエイが人類最古の文明の発祥の地の一つであるメソポタミアのバビロンで催されていたからであり、また豊饒神の性格を帯びた王の一年毎の死を見事に象徴し、かつてそのようなことがあったことを強く暗示しているからである――少なくとも彼はそう思っていた。しかしサカイアについてはいろいろな角度から慎重に検討する必要がありそうだ。

フレイザー自身が典拠として挙げているのはアテナイオスとディオ・クリュソストムである。そのアテナイオスは典拠としてベロソスの名を挙げており、ディオ・クリュソストムの方は典拠を示していないが、フレイザーはやはりベロソスかクテシアスがその典拠だろうと推定している（決定版、第四巻、第二章、八「王権の一年間の保有」、一一四ページの脚注1）。擬いの王の処刑については、ディオ・クリュソストムだけが言及し、アテナイオスが引用したベロソスの文にはそれについての言及はない。これはその著作（『食卓の賢人たち』）の目的にそぐわないので省かれたのだろう、とフレイザーは考えている。そしてそのうえで、フレイザーは「バビロンの祭司として豊富な知識をもって語ったベロソスによれば、」（『金枝篇』決定版、第四巻、第二章「神聖な王の弑殺」、八「王権の一年間の保有」、一一三ページ。サカイアについては一一三―一一七ページ参照。簡約版、岩波文庫（二）二五六―二五八ページ）とか、「この祭りとその時期を記録した歴史家ベロソスは彼の書いた歴史を〔シリアの王〕アンティオコス・ソーテール（救世主、前二八〇―前二六〇）に献じた」（同決定版、第七巻、第七章「リテュエルセス」、四「人間代表において殺される穀物霊」、二五八―二五九ページ。簡約版、岩波文庫（三）二三二―二三三ページ）とか言って、ベロソスを前面に押し出し、サカイアについての記述の信憑性を強調している。

一方、クテシアスの名は脚注でしか出てこない。最初は前記の脚注（第四巻、一一四ページ、脚注1）で、次は「サカイアはペルシャ人によって催されていたことが分かっている」（決定版、第九巻、第八章「サトゥルナリアと類似の祭り」、五「西アジアのサトゥルナリア」、四〇二ページ）の脚注1）で。フレイザーはこの二つ目の脚注で、サカイアの祭りのことはクテシアスによってその『ペルシャ史』第二巻で語られている、とアテナイオス（『食卓の賢人たち』XIV、44）が書いていると指摘している。クテシアスの著作は当時広く知られていたので、当然ベロソスもそれを読んでいたと思われる。『金枝篇』の本文を読んでいると、ベロソスがサカイア祭の同時代人であるかのような印象を受けるが、ベロソスがクテシアスを典拠にしていたという推測を妨げるものは何もない。そこで、まずクテシアスがどのような人物で、彼の『ペルシャ史』がどのような著作であるかについて述べておきたい。

クテシアスは紀元前五世紀前半に小アジアのクニドスの医師の家系に生まれ、長じて医者になったが、半ば強制的にダレイオス二世（前四二四／三―前四〇五／四）治下のペルシャに連れて行かれ、王室の御用医師となった。そして次の大王アルタクセルクセス二世（前四〇四―前三五九）にも仕え、宮廷内での数々のドラマにも立ち会ったと思われる。そして前三八六年、ペルシャ大王の書状をスパルタへ届けるのを最後の務めとして帰国を許され、故郷で『ペルシャ史』と『インド誌』を著した。これらの著作は現存せず、コンスタンティノープルの総主教フォティオス（八二〇頃―八九五頃）の要約（訳者は一八五七年刊行の仏語訳を参照した）、古代の著作家たちによる断片的な引用文、そしてディオドロス（シケリアの）が自著の最初の六巻に採用した部分を通して、わずかにうかがい知ることができるのみである。彼の著作に対する古代ギリシャ人――たとえばプルタルコス――の評価は総じて厳しいものだった。その理由は彼の著作には史実性が疑わしい記述が非常に多かったからである。訳者の推測では、彼の『ペルシャ史』（全二十三巻）のアケメネス朝史の部分は一応信用できるとしても、アッシリア史の部分の信憑性は当時でも相当疑われたのではないかと思われる（『インド誌』の信憑性の低さについてはここでは取り上げない）。

もちろん今日では、ディオドロスが自著に取り入れたクテシアスのアッシリア史の部分は完全に否定されている。たとえばディオドロス（すなわちクテシアス）が伝えるアッシリアの創始者ニノス王と彼の妃となったバクトリア出身のセミラミスの業績のほとんどは史実から大きくかけ離れた伝説でしかないことが考古学によってすでに実証されている。のみならず、このニノス王とセミラミス女王の業績にはアケメネス朝の始祖キュロス大王やダレイオス一世やアルタクセルクセス二世等の業績の写しないし書き換えと考えられるものが幾つもある。中でも、セミラミス（彼女はアッシリアの女帝サンムラマト（前九世紀末―前八世紀）に比定されている）がペルシャを訪れた際、バギスターノス（現在のビヒストゥンと思われる）の巨岩に、「百人の親衛隊に囲まれた自分の姿を彫り出させ、そこにシリア文字の碑文を刻ませた」という記述は、その事実を明白に示している。現在、ここにはダレイオス一世（前五二二―前四八六）の業績を記した有名な碑文と「百人の親衛隊に囲まれた」その浮き彫りが存在するからである。さらに付け加えると、セミラミスのインド侵攻の話は、ヘロドトスが伝えるキュロス大王の中央アジア遠征やダレイオス一世のインド侵攻だけでなく、アッリアノスやクルティウス等が伝えるアレクサンドロス大王の『東征記《アナバシス》』の一部との類似も指摘されている――パンジャブでの戦い、およびクテシアスが記すオクシュヤルテルというバクトラ王の名とアレクサンドロスが見初めて妻にしたロクサネーの父親（ソグディアナの豪族と見られる。クルティウス著、谷栄一郎、上村健二訳『アレクサンドロス大王伝』（西洋古典叢書、京都大学学術出版会）第八巻、二十一の訳注（3）参照）の名オクシュヤルテスとの類似と言うより同一。このような理由から、最近では、クテシアスのアッシリア史はヘレニズム時代の初期、バビロンで再編集された可能性があるという説も出てきているという（以上のことについてさらに詳しい説明をお望みの読者は、前田耕作著『バクトリア王国の興亡』（第三文明社、一九九二年）一二―一九ページを参照されたい）。ここまでたどって来ると、あのベロソスの姿が思い浮かぶのだが、それはさておき、クテシアスのアッシリア史が決して信頼の置けるものでないことは誰の目にも明らかであろう。思うに、古典学者フレイザーがクテシアスの名を高く掲げない理由もここにあったのではなかろうか。無論、クテシアスのアッシリア史が信用できないからといって、彼のサカイア祭に関する記述をただちに全面的に否定するのは乱暴なことである。そこでこれからはクテシアス（とベロソス）が伝えるサカイア祭の問題点を具体的に検証していきたい。

まずサカイアの意義について確認しておく必要がある。J－P・ルーはこの祝祭を王の罪を擬いの王に償わせるための儀式として位置づけているが、これはフレイザーの言説を恣意的に曲解して自分の文脈にはめ込んだと言われても仕方のないやり方だろう。フレイザーはそんなことは言っていない。前の訳注でも述べたように、フレイザーは、バビロンでは、王は毎年春分の日を中心に催されるザグムクという新年祭で、エ・サギラ（大神殿）にいるマルドゥク神（セム人のバビロンにおける主神）の手を握ることによって、王権を更新しなければならなかったことを知っていた（この新年祭については、富樫遁一「古代メソポタミアの「祭礼」考」（『日本オリエント学会創立三十五周年記念論集』、刀水書房、一九九一年）を参照）。それで彼はサカイア祭を直接王権更新の儀式とはとらえずに（十九世紀には、そう考える著名な学者が何人もいた）、歴史時代以前のはるか古代の――ということは、シュメール以前のということになる――穀物霊の性格を帯びていたバビロンの王たちが毎年殺されていたことを証明するものではないかと考えた（『金枝篇』決定版、第四巻、一一三―一一七ページ。簡約版、岩波文庫（二）、二五六―二五八ページ。第七巻、二五八―二五九ページ。岩波文庫（三）二三一―二三二ページ）。そしてこの祭りが催される時期をベロソスがシリア・マケドニア暦の「ロオスの月の十六日」と記していることから、マケドニア暦の「ロオスの月」はバビロニアの「タンムズの月」に当たるので、場所によっては八月、九月、または十月にも当たると言われていることを認めたうえで、現在の七月頃であろうと推断した（第四巻、一一六ページおよび脚注1）。ちなみに、タンムズはシュメール時代からの穀物神（シュメール名はドゥムジ（「唯一の息子」）またはダム（「血の息子」）で、配偶者イシュタル（テ）（シュメール名はイナンナ）と共に植物の死と再生復活を司った。古来、メソポタミアに伝わる、次の年の豊饒のためのタンムズの犠牲的な死とイシュタル（イナンナ）が冥界から持ち帰る生命の水による復活の神話は、地上のあらゆる植物の死と再生の象徴であった。以上の説明で、フレイザーが考えていたサカイア祭の意義とJ－P・ルーがそれに付与した意義に大きな差異があることは証明されたのではないだろうか。

次の問題の検証に移ろう。はたしてサカイア祭はバビロンで毎年実際に行われていたのだろうか。いったい、サカイア祭が催されたのはどの時代からなのだろうか。メソポタミアでは、これまでにシュメール時代からアッシリア時代までの膨大な数の粘土板古文書が発見され、解読が進められているが、訳者が知る限り、サカイア祭についての記録は全く報告されていない。これだけの大祭が——あるいはその原型が——太古の昔から実際にバビロンで催され続けてきたのであれば、当然、そのことを裏づける資料が残っているはずである。しかしそれが全くない。では、クテシアスが書いていたように、サカイア祭は少なくともアケメネス朝ペルシャ時代には催されていたというのは事実なのだろうか。これは二つの理由によって否定することができる。その一つは、サカイア祭が催された時期の問題である。もし、フレイザーが言うように、「ロオスの月」が今日の太陽暦の七月だとすれば、バビロンでは盛夏に当たる。しかしアケメネス朝時代、その宮廷は冬季には温かいバビロンにあったが、夏季には、猛暑を避けて、ザグロス山系の高地にあったエクバタナへ移っていた。ペルシャ大王が大事な豊饒祈願のサカイア祭に立ち会わずに、ゾガネスという擬いの王に妻妾を楽しませるために、彼女たちだけをバビロンに残して、自分は避暑地に行くことなど、とうてい考えられないことである。もう一つは宗教上の問題である。周知のように、アケメネス朝はゾロアスター教を国教にした。そしてクセルクセス一世は王室の信仰の対象をアフラ・マズダのみに限って、他の神々の信仰を禁じる「ダイワー（悪魔）信仰禁止令」を発布した。この伝統はクテシアスが最初に仕えたダレイオス二世の治世まで、ペルシャ王室は一神教を堅持した。これ以降、クテシアスが次に仕えたアルタクセルクセス二世によって変更され、王室の宗教は多神教的性格を強めたが、それでもミトラ神（盟約の神、正義の神、光の神）とアナーヒター（豊饒の女神）——この二柱の神は巷間での信仰が特に盛んだったと考えられている——が迎え容れられたにすぎない。したがって、宗教史的観点から見ても、クテシアスがペルシャにいた間に、ペルシャ王室が太古の昔からバビロンで行われてきたというサカイア祭なるものを継承していた可能性は全くないのである。

以上のような理由から、サカイア祭について次のように結論づけることができる。フレイザーは、十九世紀の文献学者たち同様、クテシアスやベロソスの記述を全面的に信用して、毎年催されたというサカイア祭を史実として受け止めた。そしてその原型を、はるか古代から継承されている、翌年の豊饒を祈願して穀物神タンムズを殺す（またはその死を嘆く）ための祝祭と推断し、擬いの王の死はかつて神性を帯びていた本物の王が実際に毎年殺されていたことを示す証拠であると見た。しかしこのフレイザーの見解には矛盾がある。もしサカイア祭がフレイザーの主張するようなものであったとすれば、サカイア祭は新王の即位式または王権更新の儀式と表裏一体になっているはずであるから、バビロンでは、太古の昔、即位式または王権更新の儀式は今日の太陽暦の七月に行われていたということになる。しかしバビロンで発見された粘土板古文書によって、バビロンでは毎年春分の日を中心にして新年祭が催されていて、その第五日目に王権更新の儀式が執り行われていたことが分かっており、フレイザー自身そのことを知っていた。したがって、フレイザーにはサカイア祭がいつ頃からどのような経緯で即位式または王権更新の儀式と分離していったのか説明する責任があったと思うのだが、彼はそれを果たしていない。そのため、フレイザーがサカイア祭をはるか昔の王が毎年死んでいたことを示す証拠であると強調すればするほど、数多くの古文書によって史実として確認されているバビロンの新年祭との整合性や関係が不明確になるのである。

一方、J－P・ルーは、フレイザーを典拠としておきながら、その解釈を恣意的に曲解して、サカイア祭の擬いの王は真の王に代わってその罪を償う責務を負っていたと主張する。彼によると、この場合、真の王の罪には、単に「力が衰えた」という過ち以外の、神の教えや人倫に反する過ちも含まれる可能性があるらしい。このような曲解の仕方は、本書で今後繰り返し強調される、王は人民を救済するために人民の罪を背負って生け贄として死ぬことがある、というJ－P・ルーのイデオロギー色の強い考え方に沿ったものである。しかしながら、すでに検証したように、毎年バビロンで催されていたというサカイア祭に関する記述を歴史的実録としてそのまま受け入れることができない以上、当然の帰結として、フレイザーの言説も、それをなんら検証することなく――しかも曲解して――利用しているJ－P・ルーの言説も、全く無意味であると言わざるを得ない。

サカイア祭は『古代オリエント事典』（日本オリエント学会編、岩波書店、二〇〇四年）でも取り上げられていない。クテシアスやベロソスが伝えたサカイア祭をまぎれもない史実と見る歴史学者や考古学者は、訳者が知る限り、皆無である。ではサカイア祭に関する記述は完全に荒唐無稽なものだったのだろうか。この伝説には核となるような史実はなかったのだろうか。実は次のような興味深い事実がすでに明らかになっている。

古代メソポタミアでは、占いの結果、王の身に危険が迫っていると予測された時、身代わりの王を立てるということが行われていた。前二千年紀の代替王については、史料が断片的で、詳細は不明だが、新アッシリア時代には、エサルハドン（前六八〇―前六六九）とアッシュルバニパル（前六六九―前六二六）の治世に八例ほどあったことが、当時の書簡などから確認されている。たとえば日食や月食は凶兆と解釈され――木星（マルドゥク神の象徴）や金星（イシュタル女神の象徴）の位置関係によって、凶兆と見られない場合もあった——、王は「農夫」と称して身を潜め、その間代わりの者が王位に就けられ、王の格好をさせせられた。この代替王は王妃と共に宮廷生活を送り、時期が来ると殺され、手厚く葬られた。メソポタミアの代替王の制度は新王国時代（前一四三〇—前一二〇〇）のヒッタイトにも導入されたらしく、儀礼文書の中に代替王に関するものがある。実際に行われた証拠にはならないが、その文書によると、ヒッタイトの代替王は一定期間の後追放されるだけで、殺されはしなかった（以上、『古代オリエント事典』「代替王」の項参照。資料は Simo Parpola, *Letters from Assyrian Scholars*, Verlag Butzon & Bercker Kevelaer, Neukirchener Verlag Neukirchen -Vluyn, 1983. Hans Martin Kümmel, *Ersatzrituale füür den hethitischen König*, Otto Harrossowitz, Wiesbaden, 1967.）。

クテシアスやベロソスが伝えたサカイア祭の源は、かつてバビロンで除災儀礼として幾度か行われたこの代替王の儀礼であることは間違いないだろう。これが中止されて二百年余りの間に、儀礼の本来の意義が忘れられ、話に尾ひれが付いて、毎年行われていたことになったものと思われる。

最終結論。フレイザーはサカイア祭に関するクテシアスやベソロスの記述を史実と見て、太古、バビロニアでは、王は穀物霊として毎年殺されていたという「革命的な」仮説をたてた。この仮説は彼の『金枝篇』の核になっていると言ってよいだろう。しかしサカイア祭に関する記述は、アッシリア時代の除災儀礼が誤って伝えられたものであることが判明した以上、フレイザーのこの仮設は今や完全に無意味なものになっている。当然のことながら、フレイザーの仮設に独自の解釈を加えて、自己の王権イデオロギーの基盤にしようとしたJ－P・ルーの企図も何の意味も持ち得ない。

（一五七） 創世記、第二十二章の記述に基づくJ－P・ルーのこのような見解は、余りにも単純であり、素朴である。アブラハムの妻サラはイサクを世継ぎとなるべき者と信じていたし、神もイサクに生まれる者がアブラハムの子孫と唱えられると認めている（創世記、第二十一章、第十、十二節）。またイサク自身もアブラハムに「燔祭の子羊はどこにありますか」と聞いている（同、第二十一章、第七節）。これらの記述だけでも、セム族の間では、長男を神への犠牲にすることが必ずしも習わしとなっていなかったことと、早くから犠牲には羊が用いられていたことが推測可能である。他方、同じセム族の都市バビロンでは人身供儀が行われた形跡はなく、新年祭の第四日目に、羊への人間の不浄転嫁の儀式が行われていた。人間が罪や汚れを犠牲の羊に移すことによって清められるという替罪羊の思想は、新約聖書で深化される、人類の原罪を一身に引き受けて十字架にかけられたイエス・キリストという思想に通じるものであろう。さらに視線を転じると、フェニキア人の植民都市カルタゴの神殿跡からは犠牲にされた複数の嬰児の遺体が発見されている。以上のようなことから、セム族の間では、かなり早くから替罪羊の屠殺と男児または女児（士師記、第二十一章、第三十四節以下には士師エフタの一人娘が燔祭に供されたという話がある）の人身供儀が並行して行われていたが、イスラエル人の間では、ある時期から（申命記、第十三章、第三十一節および第十八章第九―十節）、人身供儀はよくないこととされたというのが歴史の真実であろう。カナンの地における人身供儀については、この後の訳注（一五七）も参照されたい。

（一五八）　このモアブの王の名はメシャ。彼は分裂後のイスラエルに従属していたが、イスラエル王アハブが死に、その子ヨラムが即位した時、離反して、イスラエルから攻められた（列王記下、第三章）。なお、引用文の冒頭の部分「諸国の民の忌むべき慣習にならって」はここにあるべきものではなく、この後で言及されるユダの王アハズやマナセに関する記述（歴代誌下、第二十八章、第二節および第三十三章、第二節）に見られる表現なので、次の引用文の冒頭に移すべきである。

（一五九）　テキストにはアハブ Achab とある。たしかに、分裂後のイスラエルの王アハブもバアル神その他の異邦人の神々を崇拝し、「主の目に悪とされることを行った」が、自分の子を燔祭に供したという記録はない。それで原注に従ってアハズ Achaz と訂正した。アハズ（前七四二―前七二五、または前七三五―前七二〇）は二十歳で即位し、十六年間南王国ユダの王として君臨したが、異教、特にシリア・バビロンの主神バアルを崇拝した（歴代誌下、第二十八章）。

（一六〇）　マナセ（前六八七―前六四二）はアハズの孫で、「主の良しと見られることをした」ヒゼキヤの子。マナセも祖父にならってシリアの神々を崇拝し、自分の息子を火に焼いて捧げ物とした（列王記下、第二十一章、第六節、および歴代誌下、第三十三章、第六節）。なお、もっと後の時代、エレミヤやエゼキエルが人身供儀に反対しているのも、それが彼らの時代に依然として行われていたことの証明であると考えられている（エレミア書、第七章、第三十一節と第十九章、第五節、およびエゼキエル書、第十六章、第二十―二十一節と第二十三章、第三十七節）。

（一六一）　中世、神の裁きの名のもとに、火、熱湯、決闘などの試練を無事切り抜けた被告人を無罪とした。

（一六二）　原注（203）に示されている「列王記下、第十六章、第三節」は、ユダのアハズが自分の息子を生け贄にしたという記事であり、後の二つ「列王記下、第二十一章、第六節、および歴代誌下、第三十三章、第六節」はマナセが自分の子を生け贄にしたという記事である。したがってこれらの注記は原注（198）に移すべきものである。

（一六三）　この出典注記もおかしい。ここで紹介されている話については、「サムエル記下、第一章、第一―十六節」としなければならない。原著者が示している「サムエル記下、第三章、第二十八節」は、サウルの司令官だったがダビデ側に付いたアブネルをダビデの司令官ヨアブが謀殺したという記事であり、「同、第十六章、第七〔―八〕節」は、長子アブサロムに反逆され、エルサレムから落ち延びるダビデに対して、サウルの家の一族の者が「出て行け、出て行け。流血の罪を犯したならず者。サウル家のすべての血を流して王位を奪ったお前に、主は報復なさる」と罵る場面であり、「列王記上、第二章、第三十節〔第二十八―三十四節〕」は、ソロモンによるヨアブ懲罰の場面である。イスラエルの初代の王サウルについては第三章「13　イスラエルの王」の項および訳注（七七）を参照。

第三章　神聖な王

(一)　黄帝は中国の伝説上の帝王。黄帝と天下を二分していた異母兄弟の炎帝を倒し、その子孫の蚩尤《しゆう》を誅して天下を統一、暦算、律呂《りつりょ》、文学、医薬など多くの事柄を民に教え、文明の初光を点じたという。百歳になった時、呪力を授けられ、不老不死の身を得た後、龍に乗って天に登り、五方帝の一人として、世界の重要な五方（東・西・南・北・中央）のうちの中央を治め、太陽神の神格もそなわった。五行（木・火・土・金・水）説では土。すでに述べたように（第二章の訳注（六七）参照）、新の王莽はこの黄帝が一族の祖であると宣言して、赤帝の末裔と称する漢の劉氏に対抗した。黄帝の誕生神話については本章の訳注（一四）を参照。

(二)　洞窟（ほら穴）は太古の人々の住居であると同時に、神聖な場所であり、死者を埋葬する場所でもあった。『世界シンボル大事典』（ジャン・シュヴァリエ、アラン・ゲールブラン著、金光仁三郎他訳、大修館書店、一九九六年）は、神聖な場所および死者の埋葬の場所としての洞窟（ほら穴）が様々なシンボル学的な意味を持っていることを指摘している。しかしながら、イエス・キリストの洞窟での誕生のシンボル学的意味合いについては、別の観点からの批判・検証が可能と思われるので、後の訳注（第七章の訳注（一〇））で試みてみたい。

(三)　老子の伝記で最も古いのは司馬遷の『史記』老子韓非列伝である。ここでは老子の出自が詳しく書かれているが、しかし今日この記述を真実と見る専門家はいない。今日われわれが知っている老子像は、長い時間をかけて、様々なフィクションを合成したものであるとさえ言われている。したがって、老子が洞窟で生まれたという説話も、老子の神秘性を強調するために、かなり後に作られたと見て間違いはなく、史実としては信じるに足りないものである。史実性が高いイエスの洞窟での誕生説話と同列に置くのはどうかと思うのだが……。ちなみに、老子のこの誕生説話と張り合うためか、現在、孔子の生地（古代の魯の国の陬邑《しゅうゆう》）でも、孔子が生まれた場所として洞窟（石室）が保存されている。もっとも、『春秋演孔図』には、孔子の母が大沢の堤に寝ていた時、黒帝と交わる夢を見、黒帝からお前は必ず空桑（古代の魯の地名、曲阜県の南）の中で子を産むであろうと告げられ、夢から覚めると妊娠しており、空桑の中で孔子を産んだという話が伝えられている（編者、池田末利、著者、鉄井慶紀『中国神話の文化人類学的研究』（平川出版社、一九九〇年）、一九一ページ）。

（四）　ミトラは「契約（を守る）」を意味し、古代ペルシャ宗教（後のゾロアスター教）の最高神アフラ・マズダの属性であったが、かなり古い時代から独立し（ボガズキョイで発見された前十四世紀のヒッタイトとミタンニの条約文に、同盟を見守る神として記録されている）、人格神となった。原初は同盟の神であったミトラは、軍神、勝利の神、不正をあばく神、光の神、太陽神、正義の神、大部分の生類の創造主としても、きわめて広い範囲で信仰された。デマゴーグもあって、完全に誤解されていたキリスト教徒を手厳しく弾圧したローマの兵士たちの多くがミトラ神の信奉者であったが、しだいにミトラ神とイエス・キリストの同一視が進み、ミトラ教はキリスト教に取って代わられた。また、仏典の「無量寿光」という語もこのミトラ（弥勒はその漢訳）信仰と関係があると考えられている（第二章の訳注（三四）および本章の訳注（七〇）を参照）。古い仏教辞典などでは、弥勒（菩薩）は四世紀の南インドの高僧マイトレーヤのことと説明されていたが、最近では、ペルシャ－北西インドで人々の信仰を集めていたミトラ神の上にマイトレーヤのイメージが重ねられたものと考えられている。なお、ミトラ神が洞窟で生まれたという信仰はかなり後世に生じたもので、君主がミトラ神の化身であるという考えはパルティア時代以降生じたものと思われる。ミトラ神については本章の訳注（一一七）も参照されたい。

（五）　突厥の狼祖説話は二通りある。（一）突厥の先祖は西海のほとりに国を建てていたが、隣国から攻め滅ぼされ、皆殺しにされた。その際、兵士たちはただ一人生き残った十歳くらいの男児をその場で殺すに忍びず、足の筋と肘を切って、草沢の中に捨て置いた。ところが一頭の雌狼が彼のもとへ肉をくわえてやって来て、彼を養った。彼は成長すると、その狼と交わり、狼は懐妊した。彼の生存を知った隣国の王は、兵を派遣して、彼を殺させた。難を逃れた雌狼は西海の東のある山にとどまったが、そこには広大な洞穴があった。その洞穴内は周囲数百里の平野になっていて、四方は山に囲まれていた。狼はその中へ隠れて、十人の男児を産んだ。それぞれ外部から妻を娶って子供をもうけ、子孫が増え、それから数代後に、一族そろって洞穴から出、茹茹《じょじょ》（柔然《じゅうぜん》、蠕蠕《ぜんぜん》）の鉄工となった（『周書』および『隋書』突厥伝）。（二）突厥の祖先は匈奴の北方にあった索国から出ている。その部落の族長は阿謗歩《あほうほ》といい、十七人（または七十人）兄弟だった。そのうちの一人、伊質泥師都は狼から生まれたものだった。阿謗歩一族の者たちは生まれつき愚かで、彼らの国は滅びたが、ただ一人、伊質泥師都だけは早くから異気（神秘的な霊気）に感じ、風雨を呼び起こすという特別な能力に恵まれていた。彼は夏神の娘と冬神の娘二人との間に四人の男児をもうけ、この子孫が後に突厥と名乗った（『周書』突厥伝）。第三番目の非狼祖説話については、紹介を略する。狼祖説話を持つ民族としては、他にモンゴル族やアラン族等が知られている。

（六）　モーセの物語はメソポタミアで初めてセム族のアッカド王朝を開いたサルゴン王（前二三四〇―前二二八四）――日本オリエント学会編『古代オリエント事典』（岩波書店、二〇〇四年）による――のことを想い起こさせる。J・G・マッキーンは次のように述べている。「このサルゴン王の初期の経歴は、後世の人から大量の伝説をかこつけられたため晦渋になっている。彼はおそらくキシュの祭司の妾腹の子であった。そしてモーセと同じように籠に入れられて河に捨てられた。彼は灌漑の監督官の手でその息子として育てられ、長じて王に出仕し、たちまち権力者の地位にのしあがった。サルゴンは反乱に成功すると、自らの都を建設しようと決意し、アッカドの都の建設工事に着手した。」（岩永博訳『バビロン』、法政大学出版局、一九七六年、一九ページ）。両者が嬰児の時川に捨てられたという話が偶然の類似なのか、それともこの二つの物語の間に何らかの関係があったのか、また、セム族が川に対して特別な信仰心を持っていて、その結果、このような物語が生まれたのかは分からない。もっとも、文献学的には後世のものになると思われるが、イランの伝説でも、カイ王朝の祖カイ・カワードとハカーマニシュ（アケメネス）朝のダーラーイ（ダーラヤワウ一世）は、生れて間もなく川に捨てられたと伝えられている。王朝の開祖や英雄の地上での捨て児や動物の哺育というモティーフにまで対象を広げると、さらに数例を付け加えることができる。伊藤義教著『古代ペルシャ』（岩波書店、昭和四十九年）Ⅱ―2教訓の文学、Ⅱ―5英雄の文学参照。

（七）　オシリスはエジプト人にとって最大の関心事であった死後の世界を司る神で、「死者の書」では死者審判の主宰者として描かれている。しかしその一方で、オシリスは豊饒の観念（妹にして妻であるイシスは豊饒の女神）、特に水と植物と結び付き、その植物神としての性格は時代と共に強調され、その体は緑色で表された。周知のイシス・オシリス神話は植物の死と復活・再生を象徴するものと解されている。また、オシリスは地上を治める王者ホルスの父であり、太陽神ラーとも対比されている。本章の訳注（四八）も参照。

（八）　ウェスタはローマの竈の女神で、ギリシャのヘスティアーに同じ。すべての家庭で崇拝されると同時に、フォルムの神殿では国家の竈の神として絶えず火が保たれていた。女神には神像がなく、女祭司が守るこの火が崇拝の対象となっていた。ウェスタ神殿はかつての王宮の名残、女祭司は王女の名残であるとも言われる。

（九）　『バガヴァッド・ギーター』（至福者または至上者（神）の歌）』は『マハーバーラタ』の中に組み込まれた二世紀の詩篇で、ヒンドゥー教の代表的聖典の一つ。この中で、ヴィシュヌ神の化身であるクリシュナはバーンド族の側に付いて、そのうちの一人アルジュナに哲学的な教訓を与えている。

クリシュナは前七世紀以前に実在した宗教的指導者と見られている。彼は自分が属するマトゥラー地方のヴリシュニ族（異説あり）の間に太陽神バガヴァッド崇拝を広め、主としてクシャトリア（王侯武人層）のための実践倫理を重視する教えを説いた。生前から神バガヴァッドと半ば同一視されていたクリシュナは、死後、完全に神格化され、ヴェーダ以来の太陽神ヴィシュヌと同一視された。こうしてヒンドゥー教のプラーナ（「古譚」）文献においてヴィシュヌ神の化身とされたクリシュナは、幾多の魔神を殺し、彼らを遣わした魔王カンサをも打倒した。また、マガダ王ジャラー・サンダを滅ぼしたが、西北インドのギリシャ人勢力の圧迫を受けて、マトゥラーを捨て、グジャラート地方に町を建設し、そこで周辺の王国の複数の王女と結婚した。しかし最後は、彼を鹿と見誤った一猟師によって急所である踵を射られて死んだ。

（一〇）　ミトリダテス（「ミトラによって与えられた者」）は歴代のポントス王の名だが、これは最も有名なミトリダテス六世（前一一一―前六三）であろう。彼は三回にわたってローマと戦い、第三次ミトリダテス戦争でポンペイウスに敗れて自害した。解毒剤の研究に優れていたため、彼の名は解毒剤を意味する言葉になった。また、スキティアやコーカサスの二十二の言語を習得していたことから、比較語彙集（言語学）を意味する言葉にもなった。

（一一）　ローマ人はこのように信じていたが、ギリシャでは、マルスと同一視されているアレスはゼウスとその妻ヘラとの間に生まれたと考えられていた。

（一二）　この神話には多くの異説や変形がある。プリュギアに伝わる話では、両性具有のアグディスティス神は他の神々によって去勢され、切断された男根は大地に落ちて、アーモンドの木になった。やがて木の実が川に落ちると、川のニンフのナナが身ごもり、男児を産んだ。その子はそのまま捨てられたが、羊に拾われ、育てられ、アッティスという名の羊飼いに成長した。一方、去勢後のアグディスティス神はキュベレと呼ばれていたが、この大地の女神はアッティスを一目見て愛するようになった。その後の話は省略する。別の神話によると、河神の娘ナナはアーモンドの実を摘んで懐に入れたところ、懐妊して、キュベレを産んだ、とある。本書にあるように、ナナは多産のシンボルであるざくろを食べてキュベレを身ごもったというのは、筋は通っているが、必ずしも一般的ではない。

（一三）シーア派は預言者ムハンマドの従兄弟で娘婿でもあるアリーとその子孫を、カリスマを持つイマームとして無垢無謬と認め、預言者から秘儀がアリーに授けられ、これが代々のイマームに秘伝されたと考える。興味深いことに、シーア派の秘教には、成立当時（七世紀末から八世紀前半）中東世界に流布していた様々な宗教思想が反映されており、神がイマームに顕現するとする説、イマーム（たとえばムハンマド・ブン・アルハナフィーヤ（七〇〇年没）や第十二代目イマームのムハンマド・アルムンタザル）が死んだのではなく、「隠れ」（ガイバ）て、この世の終末期にマフディー（メシア）として再臨（ルジーウ）し、悪を一掃して地上を正義で支配するとする説、イマームの光明説などが認められる。これらの諸説には、いずれもイスラム教スンナ派によって否定されたゾロアスター教、特にミトラ（弥勒）信仰との関係が推測されるが、キリスト教もこの古代ペルシャ宗教の影響を受けていることを考えれば、シーア派とキリスト教は全く無縁ではない。

（一四）「附宝（黄帝の母親）は大きな稲光が北斗の権星をめぐり、城外の野原を照らすのを目にして、感応して青邱《せいきゅう》で黄帝軒轅を産んだ」（『河図稽命徴』）。

（一五）禹は中国古代の伝説的な聖王で、夏王朝の始祖。『史記』によると、黄帝の玄孫にして、帝顓頊《せんぎょく》の孫に当たる。当時全土を覆っていた大洪水に対処するために、父鯀《こん》（彼は九年間治水に努めたが成功せず、誅殺された）の後をうけて司空（治水と土地開拓を司り、人民の厚生を考える大臣）に登用されると、十三年間家にも帰らず治水に尽力し、ついに成功したという。舜を継いで天子となり、全土を九州に分かち、国土の整備を推進して人民の生活の安定を図り、貢賦を定め、その版図を確定した。

禹の誕生に関する伝説は基本的に二つある。その一、禹は父である鯀の腹から生まれた。鯀は羽山で殺されたが、彼の死体はその後三年間も腐らなかった。そこでその体を呉刀で割いたところ、鯀は黄龍に化し、その腹から禹が出てきた（戦国時代末期の屈原著『楚辞』天問、前漢代初期の『山海経』海内経《かいだいきょう》、西晋代の郭璞《かくはく》が同書に対する注に引く『開筮《けいぜい》』、清代末の厳可均篇『全上古三代秦漢三国六朝文』所収の『帰蔵』啓筮《けいぜい》ほか）。その二、「禹の母親の脩己《しゅうこ》が薏苡《よくい》（はとむぎ）のような神珠（本書ではこれが「流星」と解されている）を呑み込み、胸が裂けて禹が生まれた」（『世本』（清代後期の張澍《ちょうじゅ》（一七七六―一八四七）粹集《そっしゅう》補注本）帝繫《ていけい》）。これは第一の神話の歴史化後に成立した異説と見られている。

ところで禹が石から生まれたという説について言えば、わが国の専門家は――訳者が知る限りだが――これを認知していない。そこで本書の原注（14）に典拠として挙げてあるマクシム・カルタンマルクの論文（プレイアッド叢書、『宗教史1』「古代中国の宗教」、一九七〇年、九一二ページ）を見ると、次のような記述がある。「禹は人の手で割られた石から生まれた。同様に、禹は石と化していた妻を刀で割いて、彼女の胎から息子を取り出した。彼女は踊っている間熊に姿を変えていた夫を不当に見たために、石にされたのである。この時の禹の姿は呪術師の姿であると同時にデミウルゴス〔プラトン哲学で、世界の形成者、建築者としての神、造物神。転じて、公共奉仕者の意も〕の姿であり、首長のこの舞踏によって〔しかし禹はこの時司空であって、天子ではなかった〕、世界は、創造されたのではないにしても、文明人が生活できるようなものになった。〔中略〕禹の踊りは本質的に男性的なものであり、女性はそれにいっさい関与してはならなかった。禹の舞踏には、政治的・宗教的権限が純粋に男性のものになった当時の社会状態が反映されている。」そしてカルタンマルクは『世界神話大事典』（イヴ・ボンヌフォワ編、一九八一年）――本書の著者J－P・ルーも執筆者の一人である――でも、次のように述べている。「禹の妻は、ある日、夫が熊に変身する現場を見てしまい、石に変えられてしまう。禹は自分の息子を取り出すために刀で割らなければならなかった。禹自身も石から生まれた」（邦訳書、大修館書店、二〇〇一年、一一二六ページ）。「鯀の体は三年間もとのままで、呉刀で切り開いた時に、中から禹が出てきたという。しかし、一般には、禹は石から生まれたとされている（『淮南子』）」（同一一三一ページ）。

しかしながら『淮南子』には、禹が石から生まれたという記述はなく、次のような啓の誕生神話があるだけである。「禹水を治めし時、自ら化して熊となりて、以て轘轅《かんえん》〔山〕の道を通ず。塗山《とざん》の女《じょ》（禹の妻 女嬌《じょきょう》）〔夫の醜い姿を〕見て慙《は》じ、遂に化して石と為る。時に方《まさ》に啓を孕む。禹曰く、我が子を還《かえ》せと。是に於《お》いて石破れて啓を生む。」

文献（『淮南子』に引くところの『漢書』武帝紀の顔師古注（現行本にはなし）、周隋巣子『隋巣子』ほか）によると、禹の妻は崇高山の麓まで逃げて、身動きできなくなり、石になったが、禹が呼びかけると、石は北に向かって開き、子供を産んだという。その際のことを、『楚辞』天問は「勤子母を屠《ほふ》りて、而《しこう》して死分かれて地を竟《をは》る」すなわち勤勉な子となる啓が母を死なせ、その屍は分裂して地上の生を竟《お》えたと描写している。そして朱熹（『楚辞集注』）はこの「竟地は即ち石に化するなり」と解している。なお、禹は世界の文明化のために呪術的な踊りを踊っていたというカルタンマルクの解釈の根拠として考えられるのは、戦国時代の荀況（前三一二？―前二三八）の『荀子』非相にある「禹は跳ね、湯〔殷王朝の開祖〕は偏す」だが、これについては高亨が「跳」「偏」共に「跛（あしなえ）のことである」と注を付している。つまり、禹は治水工事中に足を病んで〔傷つけて？〕跛になったということらしい。

以上のようなことから、次のように結論づけることができるだろう。一、禹が石から生まれたというのは文献上の事実ではなく、カルタンマルクが禹の誕生神話と啓の誕生神話を強引に重ね合わせることによって――禹が石化した妻を刀で割いたというのは完全な創作である――引き出した彼の解釈であり、主張である。二、にもかかわらず、カルタンマルクが自説を客観的事実として前面に押し出しているのは、すでに紹介したように、それが彼独自の宗教史的考察ないし推論の基礎となっているからである。しかし一般的には「轘轅山を打ち抜いて水を通すために、禹が熊に身を変え一心不乱に石を動かしていた」（朝倉治彦、三浦一郎編『世界人物逸話大事典』「禹王」、角川書店、平成八年）と解されている条を、禹は世界を文明化するために熊に姿を変えて踊っていたと解するのは、飛躍しすぎのような気がする。またカルタンマルクは、禹は石から生まれたという自説を前提にして、台桑の地で塗山《とざん》氏の娘と結ばれたことで知られる禹とその社を立石（男根石であろう）で囲われた高禖《こうばい》（子授けの神）との間に何らかの関係があると見ているが（『世界神話大事典』一一二六ページ）、それを裏づける文献が何もないことを彼自身認めている。このようなシンボル学的（？）考察・推測と一体となっている「禹は石から生まれた」という説の是非について、わが国の専門家および読者諸賢はどのように判断されるだろうか。最後になったが、本訳注をまとめるにあたっては、袁珂著、鈴木博訳『中国神話・伝説大事典』（大修館書店、一九九九年）も大いに参照したことを付け加えておきたい。

（一六）『史記』殷本紀第三によると、殷の開祖契《せつ》は母を簡狄《かんてき》といい、有娀《ゆうじゅう》氏の女《むすめ》で帝嚳《こく》の次妃《じひ》だった。一族の婦人三人で川へ行って浴《ゆあみ》していると、燕が卵を落としていった。それを見た簡狄が拾って飲むと、そのため身ごもって契を産んだ。ちなみに、秦本紀第五にも、秦の先の孫女脩《じょしゅう》が機を織っている時、燕が卵を落としたので、それを飲んだら、身ごもり大業《たいぎょう》を産んだ、とある。

（一七）司馬遷『史記』周本紀第四の冒頭部分参照。

（一八）この説話は『満州実録』の巻一の冒頭にある。今西春秋訳『満和蒙和対訳満州実録』（刀水書房、一九九二年）

参照。この仙女（天女）の伝説は、松村潤氏の説によると、天聡九年に行われた黒龍江地方のフルハ部遠征の結果もたらされたものである。松村潤「清朝の開国説話について」（『山本博士還暦記念東洋史論叢』四二四―四二九ページ）参照。

（一九）これは『後漢書』夫餘国伝に載っている建国神話の冒頭部分である。正確には「妃」ではなく、「侍女」であり、彼女の言は「以前、天上に精気があって、大きさは鶏卵くらいでした。それが私のもとに降りて来たので妊娠したのです」である（井上秀雄他訳注『東アジア民族史1』（東洋文庫264、平凡社、一九七四年）、四三ページ）。この東明伝説（東明は初代夫餘王で、『梁書』では高句驪の王家の祖とされる）は感精型始祖神話の類型に入る。

（二〇）これは『魏書』高句驪伝（前記『東アジア民族史1』、一四五―一四六ページ）にある建国神話の冒頭部分である。「高句驪〔の王家〕は夫餘から分かれ出た。自分たちの先祖は朱蒙であると言っている。朱蒙の母は河伯の女《かわのかみ　むすめ》であり、夫餘王のために室内に幽閉されていた。〔ある時、彼女は室内に差し込んできた〕太陽の光に照らされ、身を引いて逃れようとしたが、太陽の光はどんどん彼女を追いかけてきた。やがて〔彼女は〕懐胎して一つの卵を産んだ。（以下略）」「東明」と「朱蒙」は音通とも言われるが、この朱蒙伝説には東明伝説にはない南方系の卵生要素が混入されている。

（二一）鮮卑族の投鹿侯は、三年間匈奴に従った後、帰宅した。すると妻に子があったので、これを怪しみ、殺そうとした。妻は言った。「ある時、ひるま歩いていると、雷鳴を聞きました。天を仰ぎ見ると、雹が口に入りました。因ってこれを呑むと、遂に妊娠し、十月にしてこの子を産みました。必ず奇異なことがありましょう。一応この子を成長させてやりましょう。」この子はのちに檀石槐と号し、人々に推されて、大人となり、鮮卑族の勢力範囲を一気に拡大して、漢に脅威を与える存在となった（『三国志』鮮卑伝（内田吟風、田村実造他訳注『騎馬民族史1』、東洋文庫197、平凡社、一九七一年、二〇四―二〇五ページ））。

（二二）フォン族のアボメー王国は、本書ですでに幾度も言及されているダホメー王国（第二章の訳注（六二）参照）の旧称。アボメーの伝承によると、サド（またはタド）王国の娘はアガスという名の豹にはらまされ、相手の素性を明かさぬまま、男児を産んだ。豹アガスの息子は長じて王位を望んだが、彼が母系に属していたため、認められなかった。その後、アガス《アガスヴィ》の孫たちがサドの王に戦いをしかけ、王を殺してしまったため、「アガスの子孫たち」は国を出なければならなくなった。彼らはサド――モノ川沿いにあったと見られている――の東部の「アイゾ人の地」に移り住んで、この地の支配者となった。

しかしながら、アボメーの複数の敵側に伝わる話では、豹の介在はない。それによると、ベニンのある猟師が二人の女を妻にした。一人は王の娘で、もう一人は普通の家柄の娘だった。子供ができなかった一番目の妻は、二番目の妻が妊娠すると、嫉妬して、夫に彼女を追い出させた。二番目の妻は森へ逃れ、さらにアジャの地にたどり着いて、そこでサド王の妻たちに受け入れられ、王宮で男児を産んだ。これがアガスである。

さらに別の、より新しく、キリスト教の影響を受けたと考えられている伝説では、子供ができなかったサドの王妃が、森の中で、豹と雌牛が自分たちの吐く息によって体を温めていた幼子——「豹の霊的な息子」——を発見した。すると王はその子を自分たちの間に生まれた子として育て、国民にもそう思わせた。そして時が経ち、王が死んだ時、養子アガスは王位継承を望んだが、他の王族の者たちによって素性が暴露されたため、王位に就くことはできなかった。アガスおよび彼の子孫たちとサドの王との闘いは長期にわたり、ある時ついにアガスの子孫たちはアラダの地に移って、そこに自分たちの国を建設した。しかし時を経て、今度はアラダの王子たち三人の間で、王位継承をめぐって、争いが起きた。結局、長男がアラダの玉座を守り、次男のド・アクリンが後のアボメーの地へ、三男が後のポルト・ノヴォの地へ行き、それぞれに王国の基礎を築いた。

ダホメーの時代になっても、王の即位式がアラダのアジャフトの神官によって執り行われていたという事実などもあることから、アボメーの王家は、サド（タド）の王室を宗家とするアラダの王家から出たというのが史実らしい。アボメー（ダホメー）の建国神話には、アボメー（ダホメー）人の誇りの高さと攻撃的性格——一七二四年にアラダを、一七二九年にウィダーを滅ぼした——が反映していると見てよいだろう。以上は、主として、原注（22）にある、パロ＝マルティの『ベニンの王＝神』（一九六四年）、および《ENCYCLOPAEDIA UNIVERSALIS》による。

（一二三）　これは「蛇姫（または龍の娘）と太陽王の結婚」の間違いであろう。カンボジアの口承による建国神話は次のようなものである。「インドのデリーから父王に追われてカンボジアにやって来たプリア・トン王子は、ある夕べ、海岸で一夜を過ごそうとした。すると波間からナーガ・ラージャ（サンスクリット語で「蛇王」の意。ナーガはヒンズー教の水の神。半神半獣で地底界に棲む）の娘ナーギー（蛇姫）が現れ、王子に寄り添った。彼女の類稀な美貌に魅せられた王子は、その場で彼女と契りを結び、ナーガ・ラージャが海水を飲み干してつくった国の王として、末永く国を治めた」（今川幸雄他著『アンコールの遺跡』、ぱんたか、一九九六年）。『世界神話大事典』（イヴ・ボンヌフォワ編、金子仁三郎他訳、大修館書店、二〇〇一年）によると、プリア・トン王子は太陽王であり、蛇姫の名はソーマ（インドの聖典『リグ・ヴェーダ』では、これは同名の神聖な植物から造られた神酒であり、神々、特にインドラが愛好するこの酒を飲めば神との交流ができるとされている）であり、ナーガ・ラージャは蛇を神として信仰するこの国の王である。

この神話はサンスクリット語古碑文では次のように形を変えて紹介されている。「インドからやって来たバラモン僧カウンディンヤは、夫婦の契りの儀式を行うため牝蛇と交わり、魔法の槍を持って月族の女王の支配する国を討ち、そこに都を定めて国を治めた」（四世紀後半、バドラヴェルマンというサンスクリット名を持つ王が建てたミーソンの石碑）。

中国の史料（『梁書』『南斉書』など）が紹介する扶南（クメール族の古代王朝）の建国神話は次のようなものである。インド東部出身の混濵または混塡（カウンディンヤ）は、夢の中で神のお告げを受けて、神弓を授かり、商船に乗ってやって来た。そしてこの地の女王柳葉（ソーマ）の軍を破り、女王に貫頭衣を着ること〔すなわちインド文化〕を教え、ついにこの国を治めるようになり、女王を妻とした（永積昭著『東南アジアの歴史』、新書東洋史⑦、講談社、一九七七年）。インドと関係のある神話・伝承は東南アジア各地にある。

（二四）ヴェトナムは漢代から唐代までほとんど常に中国の直接的な統治下にあり、自立を達成したのは十世紀以降のことである。無論、その後も「北国」＝中国の各王朝は遠征軍を派遣することになるが、早くも十一世紀には、ヴェトナムでは「北国」に対抗する「南国」の「南帝」という観念が生まれており、二十年にわたる明の支配から独立を回復し、黎（レ）朝が始まった（一四二八年）十五世紀には、次のような建国神話（龍仙神話と呼ばれる）が記録されることになった。それによると、中国の三皇伝説に出てくる炎帝神農氏の三代目の子孫の帝王には、二人の子供があり、弟の名を祿続（ロクトク）といった。帝王はできの良い祿続に自分の位を譲ろうとしたが、祿続が兄をたてたため、帝王は兄を北方の王とし、弟を南方の王とした。祿続は洞庭君の娘の神龍（タンロン）と結ばれ、二人の間には貉龍君（ラクロンクワン）という息子が生まれた。この貉龍君は長じて山人の仙女である嫗姫（アウコ）と結ばれ、二人の間には百個の卵が生まれ、その中から百人の男子が出てきた。やがて子供たちが大きくなると、水に住む者たちの支配者である貉龍君と大地の神々の種族の出である嫗姫は、「水と火は相和しがたい」と考えて分かれて暮らすことになり、五十人の子供は父の貉龍君に従って海辺の地域に赴き、残りの五十人は母の嫗姫に従って山地へ行った。やがて父に従って海辺に行った息子たちの中で一番年上の兄が弟たちから王に選ばれ、雄王（フンヴォン）という称号の下に、ヴェトナム最初の王国である文郎（ヴァンラン）国を統治した。以後、この王朝は十八人の雄王（フンヴォン）を持つこととなった。

この建国神話の前半部分（祿続と神龍の話まで）は唐代の伝奇に起源を持っている話で、中国人とヴェトナム人の「同祖性」を主張することによってヴェトナム人の「貴種性」を強調するという小中華思想に基づいて、「北国」の支配者に対する「南国」の支配者の同等性を示している。そして神話の後半部分（貉龍君と嫗姫の話）はインドシナ半島に広く分布する胞生神話の一つのタイプであり、またここには「火の一族と水の一族」の平地と山地への棲み分けの論理が示されている。ヴェトナムの龍仙神話はその歴史を如実に反映したこのような二重構造を持っているのである（古田元夫著『ベトナムの世界史』（東京大学出版会、一九九五年、第一章）と前記『世界神話大事典』（大修館書店）を参照）。

（二五）この記述は紛らわしい。中国の史書（『周書』以下）はいずれも突厥伝で「突厥はもともと匈奴の別種で、姓は阿支那《あしな》氏、別れて部落をなしていた。のちに、隣国に破られて全滅した。その一族のなかに、一人の十歳になるかならぬかの子供がいたが云々」と伝えており、匈奴伝では直接的には狼祖伝説を伝えていない。突厥の狼祖伝説については本章の訳注（五）を参照。なお、『魏書』高車伝は、匈奴の単于の二人の娘のうちの妹の方と老狼との間に生まれた子供たちがトルコ系高車の祖となったと伝えている。

（二六）テキストでは「六六一年」となっていたので、改めた。明治五年（一八七二年）、『日本書紀』に記されている神武天皇即位の年が紀元前六六〇年と定められ、皇紀元年とされた。

（二七）この項の主題は月と太陽の父性のはずであるが、ここでは唯一母性としての太陽の例が挿入されている。

（二八）ターラー（またはタラ）は「星」の意。月神ソーマとターラーの物語はヒンドゥー教の神話・伝説を主題とする一群の宗教文献プラーナ Purāna（サンスクリット語で「古い（物語）」）にある。原注（30）が提示しているのは『マハーバーラタ』の付録「ハリヴァンシャ」であるが、これも記述内容や語句がしばしば他のプラーナと同一であるため、プラーナ文献の一つと見られている。プラーナ文献は『ヴェーダ』およびそれに付属する散文論説書ブラフマナ（梵書）を基盤とし、『マハーバーラタ』と相互に関連していることから、その起源はきわめて古いということが分かっている。しかし現存するプラーナ文献は四、五世紀以後に形を整え、十四世紀までに多くの修補がなされたと考えられている。そのプラーナの神話によると、驕れる月神ソーマは神々の世界の祭官であり、師であるブリハス・パティ（「祈禱の主」の意」）の妻ターラーを奪い取った。それで神々はブリハス・パティに味方し、魔神たちはソーマの側について、「ターラカー戦争」が始まった。

その震動のあまりの烈しさに、大地が救いを求めたので、創造神ブラフマーが仲に入り、ターラーは夫のもとに返された。その際ターラーが身ごもっていることが分かり、ブリハス・パティーは生まれてくる子を殺すつもりでいたが、やがて生まれた子供は非常に美しく力強い男児だったため、ブリハス・パティーもソーマも共に自分の子だと主張した。この争いの仲裁者ブラフマー神はターラーに本当のことを言うように命じたが、彼女は答えるのを拒否した。しかしこれに腹を立てた子供が「本当のことを言うように」と言ったので、ついにターラーは「ソーマの子です」と告白した。喜んだソーマは子供を抱き上げ、「お前は本当に賢い子だ」といった。こうしてこの子はブダ Budha（「知恵」または「賢明な者」）と名づけられた（次の訳注も参照）。

ところで、比較宗教学の見地から言えば、ターラー（またはタラ）はインドからアイルランドに至る各地で知られている原初の大地母神のインド・ヨーロッパ語族名であり、チベット（六世紀以降）や中国（七世紀以降）では、多羅菩薩として崇拝の対象となっている。ギリシャ語のタラマタ（Tramata「母なるタラ」）、ラテン語のテラ・マーテル、アイルランド語のタラ、ゴール語のタラニス、エトルリア語のトゥラン、そしてヘブライ語のテラーも語源は同じである（デュメジル著『古典期以前のローマの宗教』）。インドでは、ヴェーダ以前の古い女神たちの中で「最高の崇敬を受ける者」であり、チベットのタントラ（真言密教）仏教徒たちの間では、現在も「天の館」に住む「聖なる母」、「あらゆる存在の救世主」と呼ばれている。バーバラ・ウォーカー著『神話・伝承事典』（大修館書店、一九八八年）、菅沼晃編『インド神話伝説事典』（東京堂出版、一九八五年）、『ラルース大百科事典』ほかも参照。

（二一九）テキストにはプルーラヴァナル Pururavanar とあり、巻末索引にはプルーナヴァラ Purunavara とあるが、いずれも間違いなので、原注（30）に提示されている資料に従って、プルーラヴァス Purūravas と訂正した。

プラーナ文献（『バーガバタ・プラーナ』）によると、ブダは人類の始祖マヌの娘イラー（またはイダー。『リグ・ヴェーダ』では、イダーは供儀祭の食物・神酒）と結婚して、プルーラヴァスを産んだ。月種族（チャンドラヴァンシャ）の最初の王とされるプルーラヴァス——ただし先の訳注で紹介した「ハリヴァンシャ」（「ハリの系譜」、ハリはヴィシュヌ神のあまたの名の中で最も一般的なもの）によると、月種王朝の系譜はブダからではなく、同じく月神ソーマの子アトリ Atri から展開しており、また人類最初の王はプリトゥ Prithou であり、太陽神を起源とする日種族の最初の王はイークシュヴァーク Iksvaku である——と美しい水の精女ウルヴァシーの恋物語の最古のものはヴェーダ文献（「シャタパタ・ブラーフマナ」、辻直四郎編『ヴェーダ、アヴェスター』、世界古典文学全集3、筑摩書房、昭和四十二年、一三九―一四一ページ）にあり、『パドマ・プラーナ』と『ヴィシュヌ・プラーナ』では、これに補修（誇張も）が施されている。しかしこの伝説はよく知られているので、紹介するのは止めて、ここではインドの王ラージャ rāja について一言述べておきたい。

ラージャは『リグ・ヴェーダ』の時代には部族の首長を意味していた。そしてその地位は世襲されることはなく、選ばれた者によって継承されていた（辻直四郎訳『ヴェーダ讃歌』（岩波文庫、昭和四十五年、一二六〇―一二六一ページ）「王の即位の歌」参照）。しかし後期ヴェーダ時代になると王権が強化され、王位の世襲化が可能となり、続く仏教成立時代すなわち十六王国並立時代には専制君主政が発達した。おそらくこの頃から、各王朝は自らを月神や太陽神などと結び付けて、神聖化し、権威づけるようになったのだろう。諸王朝のこのような試みを明確に指摘するためには、現存のプラーナ文献に拠る限り、もっと時代を下らなければならないが（ヴィンテルニッツ著、中野義照訳『叙事詩とプラーナ』――インド文献史第二巻、日本印度学会、一九六五年、第三章参照）、ヴェーダ文献ではいかなる系譜も示されていなかった――あくまで、現存するテキストを見る限りだが――プルーラヴァス王が、プラーナ文献では月神の系譜に組み込まれているのも、諸王朝のそうした試みの結果なのだろう。ちなみに、『マハーバーラタ』で活躍する月種族の王たちはこのプルーラヴァスの子孫たちということになっている。

（三〇）　J－P・ルーが言いたいことは理解できないわけではないが、『ラーマーヤナ』とガンジーの関係をこのような文脈の中に置いていいのだろうか。たしかにガンジーは、自分が建設しようとした理想国家を、民衆によく分かるように、「ラーマの国」と呼んだ。しかしそれは「美徳が実践される理想の国」という意味であって、「理想的な君主制国家」という意味ではなかっただろう。ガンジーがこの作品に見出したのは、君主制の哲学などではなく、インド人、ひいては全人類のアイデンティティーないし行動規範となるべき崇高な道徳であったと思われる。

現在、毎週金曜の午後に催されるガンジーの墓前祭では、トゥルシー・ダース（一五三二―一六二四）の『ラーマの行いの湖』の一節が必ず唱えられるそうだが、彼はこの詩の中でラーマ神に対する熱烈な信仰を吐露しつつ、万人は兄弟であることを教え、ラーマ神の恵みを得て解脱を達し得るよう、美徳の実践――憎しみや敵意、望みや恐怖を捨て、情欲なく、誇りもなく、罪もなく、慎み深く等々――を要求しているという。インドの人たちはガンジーを、ヒンドゥー教の理想を体現した人、ほとんど神の化身のような人として、この道徳家と重ね合わせて、今なお尊敬しているのである（中村元著『ヒン

ドゥー教史』、世界宗教史叢書第六巻、山川出版、一九七九年)。

(三一) テキストでは「他の妃たちも〔中略〕すぐに四人の子供を産んだ」となっているが、不正確なので、訂正した。一人の王妃が双生児を産んだので、全部で四人になったのである。

(三二) シーターSītāという語が意味する「田のあぜ」「畝筋」はインド、メソポタミア、ローマ、エジプトなど広い範囲で女性-性器のシンボルとして知られている。『ラーマーヤナ』では、シーターはヴィデーハ国のジャナカ王の娘ということになっているが、『ヴェーダ』では農耕と植生を支配する女神であり、戦いの神インドラの妻である。一方、ラーマRamaは子羊ramに通じ、「性の喜び」あるいは「男性生殖力の享楽」を意味し、男根神クリシュナ(ヴィシュヌ神の第七の化身)の化身でもある。以上のことから、仮にラーマのモデルとなる英雄が最初にいたとしても、叙事詩『ラーマーヤナ』はインド古来の男根神・大地母神信仰から生まれ、発展した物語と見ることができる(バーバラ・ウォーカー著『神話・伝承事典』(大修館書店、一九八八年)、レイチェル・ストーム著『世界の神話百科〔東洋編〕』(原書房、二〇〇〇年)ほか参照)。

なお、本書では、シーターが生まれたのは、父王が「一つの偉業をなし遂げた時」«au moment où son père réussissait un exploit»となっており、これは性交をも意味する「田(または畑、大地とも)を耕した時」に対する原著者の解釈であろう。

(三三) 正確に言えば、ラーマは、自分の息子バラタを王位に就けたい第二王妃カイケーイの陰謀によって王国から追放されたのである。

(三四) ピグミーはアフリカの熱帯雨林に居住する採集狩猟民。名称はギリシャ神話で矮人を意味するピュグマイオイに由来する。かつてはアフリカ大陸の広い地域にわたって分布しており、古くからエジプトやギリシャ世界で知られていた。父系を原則として小社会を構成し、一定のテリトリーを持っている。ピグミーには独自の言語はなく、隣接するバントゥー系やスーダン系の言語を用いている。現在、絶滅の危機に瀕している。

(三五) バントゥー族は幾つかの支族を持つ東部アフリカの黒人部族だが、フレイザーは、世襲の呪術師(雨司)の絶大な権力が彼らを小君主または酋長に押し上げた例の一つとして、この部族を紹介している。彼によると、「一八九四年この地にいた三人の酋長のうち二人までは呪術師(雨司)だった」(『金枝篇』決定版第一巻、第六章「王としての呪術師」、一九二ページ、簡約版、岩波文庫(一)、一九二ページ)。したがって、猟師が聖職者と同一視されているというのは、どちらかと言えば、例外に属すると思うが、ただし、同じバントゥー語族の中でも、ルバ族やルンダ族の神聖王制の創始者は「遠い国からやって来た猟師」だった（イヴ・ボンヌフォワ編『世界神話大事典』、六七ページ）。第二章の訳注（五八）と（五九）および次の訳注（三六）を参照。次の訳注に続く。

（三六）　本項の記述は適切にして十分とは思えない。カンボジアの起源神話については、本章の訳注（一三）を参照していただくことにして、ここではアフリカの二つの王朝——いずれもバントゥー語族に属する——の起源神話について補足説明をしたい。まずロアンゴ王国の建国神話について言えば、祭司は天に通じ、天と王の執り成し役であり、矮人ピグミーは自然（大地）の精霊と結び付けられている。それでこの神話には、はるか昔の聖婚の思い出の名残があり、天と地の力の和合のしるしが認められる。ロアンゴ王国については第二章の訳注（一一四）も参照。

バントゥー語族のもう一つの神話は間違いなくルバ族のものである。J－P・ルーはこれを書き換えて——その際、酋長の二人の「姉妹」とすべきところを「娘」としている——要約しており、そのため「天上の父親と大地を象徴する王の娘」とか「天と地の間の執り成し役」といった彼の説明・解釈は唐突な印象を与える。前記『世界神話大事典』（六七—六八ページ）によると、武勲詩の主人公は天界の人間で、豊饒の使者である。したがって、このさまよえる王子ムビディ・キルウェは雨と関連があることが分かる。猟師でもある彼は、ある乱暴で粗野な土着の首長、ニシキヘビのコンゴロ——乾期の支配者と見られている——と接触する。ムビディはコンゴロの二人の妹と結婚するが、じきに二人を捨て、生まれ故郷の東部の山岳地帯へ帰って行く。その後、片方の妻ブランダが素晴らしい子供カララ・イルンガを産む。カララは優れた戦士、巧妙な策士となったので、母方の伯父コンゴロの嫉妬をかい、罠をしかけられるが、その裏をかいて、東部に逃れ、そこで父親のムビディ・キルウェといっしょになる。コンゴロは手下と共に彼を追うが、天と地の境界をなすロマミ川を越すことができない。カララ・イルンガはやがて、強力な軍隊を従えて戻って来ると、やすやすとコンゴロを打ち負かしてしまう。カララ・イルンガは天の父からは神聖王国（ブロプウェ）の料理儀礼を伝授され、地主である母方の伯父からは政治権力（ブプフム）を受け継いだ（前記『世界神話大事典』、六六—六八ページ。また「バントゥー語族の宇宙創世説」その他も参照）。

（三七）　これは高麗の忠烈王（一二七四—一三〇八）の時、一然の撰によって成立した朝鮮の史書『三国遺事』（全五巻）である。金富軾撰『三国史記』（一一四五年）の撰に漏れた事項を収録した書で、三国（新羅、高句麗、百済）の遺聞とも言われている。

ところで、わが国の天孫降臨神話との類縁性が指摘されているこの檀君神話はさほど古いものではない。本文中にも補足したように、神話の冒頭に示されている天の神桓因は帝釈天すなわちインドラ神である。したがって、神話が成立したのは、朝鮮半島に北魏仏教が伝来・定着した後のことであるのは明白である。わが国の天孫降臨神話には明確な仏教的要素は見当たらないようだが、成立は檀君神話の後になると見るべきだろう。

（三八）　ヨルバ族はナイジェリア、ベナン（人民共和国）、トーゴにかけての地域に住む民族で、総人口は約千五百万。ナイジェリア南西部に、イフェ王国、オヨ王国、ベニン王国など、十三、四世紀に成立したと見られる十余りの王国を形成した。いずれも一人の神話的始祖オドゥドゥワを共有し、古都イフェが世界創造の中心地にして王権発祥の地とされている。どの王国でも政治的・宗教的権威としての王を戴いているが、政治組織の構成はそれぞれに異なる。しかしヨルバ諸王国では、大規模な宮廷組織、首長の評議会、秘密結社、年齢集団、称号制度など、アフリカの王国にあるほとんどの制度が見出される。

（三九）　ハダドまたはアダドはシリア・メソポタミア北部の最高神（バアル）で、天候神。嵐・風雨の神であることから、植物神としての性格を持つ。『ギルガメシュ叙事詩』の洪水物語では、シュラトとハニシュの二従神を伴って洪水を引き起こす様子が描かれている。前二千年紀にはアレッポ、ダマスカス、後にはドゥラ・エウロポス、バアルベックなどが主要な祭礼地であった。旧約聖書によると、エドムの四代目（創世記、第三十六章、第三十五節）と八代目（歴代志上、第一章、第四十六節）の王の名はハダドであったし、カッシート王朝第三十二代の王（前一二一六―前一一八七）の名アダド・シュマ・ウツル Adad-suma-usur は「アダドよ、息子を守り給え」の意であった。

（四〇）　ヴォータン（オーディン）の多様な性格・機能については、第一章の訳注（二三）を参照。中世アイルランドの文人スノッリ・ストゥルルソン（一一七九―一二四一）の『エッダ』（一二二〇年代前半）の「序」によると、ヴォーデンすなわちオーディンはトロイアの王であり、彼の代にヨーロッパに移住して、息子たちに東ザクセン、ヴェストファーレン、後のフランク王国、デンマーク、スウェーデン、ノルウェーを支配させたことになっている。

（四一）　ブリテン島では、六世紀末までにアングロ・サクソン系の七王国《ヘプターキー》（ケント、サセックス、ウェセックス、エセックス、ノーサンブリア、イースト・アングリア、マーシアが成立した。しかし「七」という数字は象徴的なものであって、この他にもディーラ、バーニシアなどの王国が記録にある。したがって七王国時代（六世紀末―八二九）とは、幾つかの小王国が栄枯盛衰を繰り返した時代と考えられている。ところで、王統譜でオーディンを祖先としているのは、ここに記した九王国のうち、サセックスとエセックスを除く、七王国である。

(四二) フラウィウス・ヨセフス (三七、八年生―没年不詳) は紀元一世紀のユダヤ人の歴史家。彼の著作『ユダヤ戦記』、『ユダヤ古代誌』、『自伝』、『アピオンへの反論』はいずれも第一級の史料となっている。彼はエルサレムの名門祭司の家に生まれ、預言者としての意識を持っていた。第一次ユダヤ戦争 (六六―七〇) が始まると、ガリラヤとガマラの司令官となるが、ウェスパシアヌス率いるローマ軍との戦いに敗れ、集団自決の最後の段階で投降して、捕虜となった。その際、ウェスパシアヌスとその子ティトスが皇帝になることを預言し、実際、六九年にウェスパシアヌスが皇帝になると、彼はただちに解放された。戦後、ローマで新皇帝の氏族名フラウィウスを下賜され、ローマで年金と皇帝の私邸を与えられ、上記の著書を執筆した。

(四三) 旧約聖書のエゼキエル書 (第二十八章、第二―五節) によると、ツロの王は「わたしは神《エル》である。神の館に住んで、海の中にいる」と言っていた。エル El はカナンのパンテオンの最高神であり、ここで取り上げられている、新バビロニアによって包囲・陥落の憂き目に遭った前五八五年当時のツロの王の名は、ヨセフスの『アピオンへの反論』(1：21) によると、イトバアル Ithobaal (二世) であった。列王記上 (第十六章、第三十一節) には、シドンの王エテバアル Ethbaal が娘のイゼベルをイスラエルの王子アハブに嫁がせ、その結果、アハブはサマリアにバアルの祭壇を築いて拝んだことが記されているが、これはツロの王イトバアル一世 (前八八七―前八五六) と見られている。イトバアルはたぶんイットバアル itto-baal で、「バアル (主) は彼とともにある」の意と解されている (『旧約聖書略解』(日本基督教団出版局)、三五一ページ。およびプレイアッド版、旧約聖書1、一一〇五ページ、第三十一節の注参照)。エゼキエル書からの引用文について補足すると、この場合、エルを神を意味する普通名詞としてとらえ、ツロのバアル (「主」神) を太陽‐火神モレクとする見解もある。いずれにせよ、王名にバアル (ウガリット神話では、カナンの豊饒神、雨と地下水を司る天候神、嵐の神) が付けられるのはツロだけでなく、前十世紀のビブロスの王たちもイエヒミルク (モレク) (神‐王)、アビバアル (父親‐神)、バアルシャメン (天界の父) といった名を持っていた (バーバラ・ウォーカー著『神話・伝承事典』、六七ページ)。ユダヤ人の中にも、王でないにもかかわらず、バアルという名を持つ者が二人いる (歴代誌上、第五章、第五節、および第八章、第五節)。

ちなみに、いわゆるモーセ五書では、神を表す際にはエルの複数形エロヒムが用いられており、またエルのアラビア語発音がアッラー Allah である。

（四四）聖書（サムエル記下、第十二章、第三十節）の原文には、「彼ら（アンモン人）の王の冠」とある。しかしそれが一タラント（約三五キログラム）あったという記述が事実だとすれば、人が長時間頭に戴くことは不可能であろう。そこで「彼らの王」をアンモン人の神ミルコム（列王記上、第十一章、第五節、およびエレミヤ書、第四十九章、第一、三節）と解釈すべきであるという説が有力である。J－P・ルーは全面的にこの解釈に拠っていると思われる。

（四五）ダレイオス一世（前五二二―前四八六）はペルシャ王家の血を引く大貴族の一人で、子供がなかったカンビュセス二世（前五三〇―前五二二）が、エジプト遠征中に本国で起きた謀叛・反乱の報を受け、帰国の途中で急死した後、即位した（ダレイオスが大王に選出された経緯については第五章、第1項、および同訳注（六）でも言及されている）。ダレイオス（古代ペルシャ語のダーラヤワウは「善きものを保持する者」の意）は各地の反乱をことごとく鎮圧・平定すると、全土を二十（後には二十三）の地区に分割し、そこの最高責任者として大守（サトラップ）を置き、その側近には大王直属の軍司令官を付け、さらに「王の目」「王の耳」と呼ばれる大臣級の監視官を随時派遣して、大守の専制独裁を予防した（このサトラップ制はその後のオリエントの諸帝国およびローマの統治形態のモデルとなった）。また、首都スーサから対ギリシャ戦略の最重要拠点であったリュディアのサルディスに至る「王の道」を始め、帝国内全域の道路を整備・拡張し、駅制を設けて、軍隊の移動、通信（特に大王の命令）、徴税、通商の利便を図り、ダーリク金貨を鋳造し、ナイル川と紅海とを結ぶ運河を開掘した。宗教政策では、王室の宗教であるゾロアスター教の主神アフラ・マズダを信仰し、その恩恵を讃える一方で、帝国内の諸民族には信教の自由を認めるという寛容策をとった。政治、経済、宗教の各分野でのダレイオスの政策によって、アケメネス朝の体制は断然練成度を高め、帝国の支配領域は西アジア全域に及んだ。もっとも、スキタイの討伐と二度のギリシャ遠征は失敗に終わった。

（四六）ヘロドトス『歴史』巻四、五―七。三兄弟のうちで末弟（コラクサイス）が王権を継承したという話は、遊牧民族の伝統である末子相続――上の子たちは父親が元気なうちに独立し、末子が父親の財産を相続する――を反映するものであろう。J－P・ルーはヘロドトスが紹介するスキュティア（スキタイ）の二つの起源神話のみに関心を持っているが、ヘロドトス自身は、スキュティア（スキタイ）は東方から移動して来た遊牧民であると見なす説に「最も信を置く」と言っている（『歴史』巻四、一一）。今日の学界の定説もそうなっている。スキュティア（スキタイ）については、第六章の訳注（一二）（一三七）（一四五）も参照）。

（四七）バンヴェニストの説（原注（50））の「文献学的論拠」（『ジュールナル・アジアティック（アジア学論集）』二三〇号）に基づくルグランの注によると、これらの器物はイラン系社会における三階級を象徴するものであるという。すなわち盃は祭司階級、戦斧は騎士階級、鋤と軛は農民階級を象徴する（ヘロドトス著、松平千秋訳『歴史』（筑摩書房、世界古典文学全集　第10巻、昭和四十二年）、一七九ページの注（3））。

（四八）プルタルコス（柳沼重剛訳『エジプト神イシスとオシリスの伝説について』、岩波文庫、一九九六年）を読む限りでは、イシスが死後のオシリスと結ばれて、ハルポクラテス（「子供のホルス」）を身ごもったのは、フェニキアでオシリスの棺を発見した時と思われる（古い画像やパピルス文書の中では、死んだオシリスの亡骸の上に鷹の姿でうずくまり嘆いているように描かれている）。したがってこの文は次の文の後に置くべきだろう。ただし本訳注の主目的は以下に記すホルスとセトについての略述である。特にセト信仰の推移をたどることによって、ホルス信仰が核となっているエジプトの王権イデオロギーの練成過程と特質の一部がよりいっそう明らかになるような気がする。

ホルスはハヤブサの姿で表現される天空神（狩猟の神または戦いの神）で、最古の神々に属するが、地理的起源の問題は未解決である。いずれにせよ、先王朝時代末期までに上エジプトの王の守護神となり、メネス王によるエジプト統一（第一王朝の樹立は前三〇〇〇年頃）後は、太陽神ラー信仰と結び付き、第五王朝以降はラーの息子として知られるようになった。その一方で、イシス・オシリス信仰が広まると――生と死を繰り返すオシリスを先史時代にたぶんシリアからデルタ地帯に伝播した穀物神と見、（王の）「座」を意味するイシス（エジプト名はアセト）とメソポタミア－シリアのイシュタルテとの関連を考える人もいる――ホルスはオシリスの息子としても認知された。そしてイシス・オシリス神話で邪悪なセトに勝利したホルスは、少なくとも十五の名前＝特性・機能を持つ、全エジプトの、ひいては宇宙の、善にして義なる支配者となり、地上でエジプトの王座に就くファラオはその化身と考えられるようになった。

セトの地理的起源としては、古来上エジプト説があるが、最近ではリビアから来たのではという推測もある。セトの性格・特性は複雑で、恩恵と保護を与えると共に害悪と破壊をもたらす荒ぶる神であったらしい。しかしその神格は非常に高く、オシリスの弟でホルスの叔父であり、そしてホルス同様、太陽神ラーの息子とも見られていた。初期王朝時代、セトは

「上エジプトの主」、ホルスは「下エジプトの主」として知られており、ファラオの戴冠式でも、セトはホルスと共に、「セマ・ウタイ」（「二つの土地（上下エジプト）の結合」の意）の儀式を執り行い、ファラオに儀礼としての「清め」を施していた（ホルスとセトの補完的関係）。また第二王朝では、ペルイブセン（前二十八世紀）ら二人のファラオがセト名を持っていた。したがって、セトは最初からホルスと対立していたわけではない。ところがこの頃からホルス信奉者とセト信奉者の間で抗争が起き、まもなくホルス信奉者が優勢を確立したらしい。そしてその結果、イシス・オシリス神話の中で、セトは徹底的に貶められて、嵐と乾期と災難に結び付けられ、悪の象徴にされてしまったらしい。しかしそれでも実際はセト信仰は消滅しなかった。その後も、西部のオアシスではセトの神託が求められていたし、第十九、二十王朝では、セティ（第二、六代の王）、セトナクトのように、セトの名は王名・人名に好んで用いられたし、時として、セトは「王の武器の主人」、軍隊の守護者であり、帝国の他の大神ラー、アメン、プタハ（ラメセス二世時代）と対等の立場にあったし、さらに外国およびエジプト在住のアジア系の人々の間でも、バアル神その他の神々と同一視されて崇められていた。こうしてセト信仰はプトレマイオス王朝まで存続した。

（四九）　ギリシャ神話中第一の英雄であるヘラクレスの子供としてよく知られているのは、彼がまだ十八歳の時、テスピアイの王テスピオスの五十人（一説には四十九人）の娘と一夜で交わってもうけた五十人の息子たち、テーバイの支配者クレオンの娘メガラとの間に生まれた三人または八人の息子たち、カリュドンの王オイネウスの娘デイアネイラが産んだ息子たち（ヒュロスはその長男）、エピュラの王ピュラスの娘アステュオケーが産んだトレポレモス、テゲアのアテナ神殿の女宮守アウゲーがヘラクレスに犯されて産んだテレポス、そしてリュディアの女王オンパレとの間に生まれた息子アルカイオス（あくまでもリュディア人の主張による）であろう。そしてその後の彼らの消息はというと、テスピオスのもとで育った五十人の息子たちのうち、七人はテスピアイに残され、三人はテーバイに送られ、残り四十人はサルディニア島に植民地建設のために送られ（異説あり）、メガラが産んだ息子たちは狂気に取り憑かれたヘラクレスによって殺害され、トレポレモスはロードス島に移住し、テレポスは小アジアのミュシアの王となり、リュディアのヘラクレス朝は、ヘロドトス（『歴史』、第一巻、七）によると、二十二代続いた後、断絶、ヒュロスらデイアネイラの息子たちは一度ペロポネソスの全都市を攻略したが、デルポイの神託に従ってペロポネソスからマラトンへ退去した。その後、ヘラクレスの後裔たち（ヘラクレイダイ）は、ドーリス人の支援を受けて、再度ペロポネソスを制圧し、アルゴス、ラケダイモン（スパルタ）、メッセネの王となった。しかしアルゴスとメッセネでは、その次の代までにことごとく殺されるか追放されるかしたため（アポロドーロス『ギリシャ神話』第二巻、八）、ペロポネソスではヘラクレイダイの血筋は唯一スパルタ王家のみが保持することとなった。ヘロドトス（『歴史』第六巻、五十二）も、スパルタの王家はヘラクレス－ヒュロスの直系であるとするスパルタ人の主張を紹介している。この神話群の王統譜によると、当然、その後スパルタ王の一族が開拓した植民地の王たちもすべてヘラクレスの子孫ということになる。しかしながら、ヘラクレス神話が先住ギリシャ人であるアカイア人の神話群に属しているのに対して、ギリシャ西北方から前一二〇〇年頃以降に南下してきたドーリス人の一派であるスパルタ人の政治・社会・文化の形態はアカイア人のものと大きく異なっている。スパルタ王家の祖先はヘラクレイダイであるというスパルタ人の主張が付会であることは明白である。カール・ケレーニイ（植田兼義訳『ギリシャの神話——英雄の時代』、中公文庫、昭和六十年、二五二—二五三ページ）も、「系譜学者がいかに頭をしぼろうと、ヘラクレスはその本性上、王朝の創始者でも一族の祖先の英雄でもなかった」と断言している。にもかかわらず、スパルタ以外にも、西はイタリア——エトルリア王のタルクイニウスもその一人——から東は小アジア、エジプトまで、多くの王や国民が自分たちの祖先はヘラクレスであると主張した。ラゴス朝の場合、プルタルコスによると、アレクサンドロス大王がヘラクレスの末裔と信じられていたので、この大王の家系と結びつけたのかも知れない。

酒神ディオニュソスは、神話学的には東方起源と見られているが、ギリシャ神話では、ヘラクレス同様、ゼウスの子とされている。一説によると、デイアネイラの実の父はディオニュソスであったから、ヘラクレス－ヒュロス（または彼の弟たち）とラゴス－プトレマイオスの系譜を結び付ければ、ラゴス朝はヘラクレスとディオニュソス双方の血を引いていると言うことは可能になるが、無論これは神話の裏付けさえない荒唐無稽な話である。ラゴス朝の中では、特にプトレマイオス四世（愛父王、前二二一—前二〇三）がディオニュソス崇拝を奨励したことで知られている。

（五〇）　プトレマイオス一世（救世主、前三二三—前二八二）はマケドニア人ラゴスの息子で、アレサンドロス大王の幼友。大王の東征に従軍し、前三二三年からエジプトの総督となり、前三〇四年からは王号を称し、エジプトにラゴス（プトレマイオス）朝を樹立した。アレクサンドレイアを中心として、ギリシャ化を強力に推進。学芸・文化の向上と商業の振興に努めた。彼の備忘録に基づいて著された『アレクサンドロス伝』はその後の大王伝の基礎資料となった。なおテキストでは、プトレマイオスの没年を前二八三年としてあったので、訂正した。

（五一） プトレマイオス二世（姉弟愛王、前二八五—前二四六）はシリア王リュシマコスに嫁していた姉アルシノエ（二世）と再婚し、彼女が前夫から与えられていたエーゲ海の諸島をエジプトに編入、第一次、第二次シリア戦争にも勝利して、さらに領土を拡大した。対内的には、宰相アポロニオスの働きにより、ギリシャ人を支配階層とする官僚的中央集権国家体制を確立し、生産独占組織と統制経済機構を完成した。またアフリカとアラビアへの隊商路を確保する一方、国内開発にも努めた結果、この時代は王朝最大の国富を有するに至った。文化政策としては、王宮へ学者、文人、芸人を招き、学士院（ムーセイオン）とその附属図書館で彼らを養い、アレクサンドレイア文学の黄金時代を現出した。

（五二） プトレマイオス三世（善行者、前二四六—前二二一）は幼時、詩人アポロニオス（ペルゲの）の教育を受け、キュレネのベレニケ（二世）を妃に迎えて、キュレネを併合、第三次シリア戦争にも勝利して、シリア、小アジアを攻略し、一時その支配権をメソポタミアにまで広げた。こうした外征によって国力は漸減したが、図書蒐集や改暦に努め、諸科学、文学、芸術の振興に寄与した。

（五三） シュメール語ではビルガメシュ。伝説的なウルクの王で、前二六〇〇年頃に実在していた可能性もある。すでにシュメール時代、彼は神格化され、冥界神として崇拝されていた。彼を主人公にした一連のシュメール語の叙事詩が残っている。アッカド語『ギルガメシュ叙事詩』は前十二世紀頃成立、この標準版はセレウコス朝時代まで伝承された。物語は大略次の通りである。ウルクの暴君ギルガメシュと荒野で創られたエンキドゥは格闘を通して、互いを認め、友情で結ばれる。二人は「香柏の森」のフンババを打ち倒し、女神イシュタルの誘惑を拒んだギルガメシュに懲らしめのために天から下された天牛をもしとめるが、神々の定めによってエンキドゥは死に至る。ギルガメシュは死の恐怖にとらえられ、永遠の生を求めて旅に出る。そして苦難の末、ついに「若返りの草」を手に入れるが、蛇に持ち去られてしまい、死すべき者として止まる。なお、この神話には旧約聖書の洪水伝説の原型と思われるものが含まれている。

シュメールの都市国家の支配者は原文字時代からエン（主人）と呼ばれ、神殿の大祭司を兼ねていたと思われる。しかしやがて諸都市間の対立が激化するにつれて、軍事的実力者が世俗的権力を一手に掌握していき、ルーガル（王）になった。とはいえ神殿は依然として広大な農地と多数の職人や労働者を抱えた経済的複合体を形成しており、独自に貿易もしていて、王にとっては厄介な勢力だった。事実、ラガシュのエンテメ王の時代（前二四五〇年頃）には、神殿が王に反抗したことがある。ギルガメシュが永遠の命＝神性を獲得することができなかったという神話の背景には、初期王朝時代の祭司団と王との対立もしくは緊張関係があったのかも知れない。
(五四) ナラム・シン(「シン(月神)に愛される者」の意)はセム系のアッカドの第四代の王で、王朝の創始者サルゴン王の孫にあたる。在位は前二二五四―前二二一八年(日本オリエント学会編『古代オリエント事典』、岩波書店、二〇〇四年)。即位直後のシュメール人の反乱平定後、秩序維持と支配強化のために、王子たちを諸都市の支配者に任命し、王女たちをニップルのエンリル神、ウルのナンナ神、シッパルのシャマシュ神の女祭司に就けた。シリア北部のエブラからアナトリア、メソポタミア北部のルルブムやスバルトゥを服属させたことにより、彼の治世にアッカド王朝の版図は最大になった。初めて「四方世界の王」を名乗り、自らを神格化し、新しい王権イデオロギーを導入した。有名なルルブ遠征碑には、角飾りの付いた冠をかぶった神としての王の姿が浮き彫りにされている。なお、かなり後の時代になってからだが、同名の王がアッシリアとエシュヌンナからそれぞれ一人ずつ出ている。
(五五) ウルはメソポタミア最南部の古代都市で、『シュメール王朝表』に三度登場する。ウバイド期からアケメネス朝にわたる遺跡が発掘された結果、卵形の城壁に囲まれ、城壁内の北と南に港があり、中心部の聖域は新バビロニア時代の壁で囲われていたことが分かっている。シュメールの覇権を争った第一王朝メスアンネバダ王の碑文と、殉葬者を伴う――これはシュメール人が来世の存在を信じていたことを証明する――十基余りの王・王妃墓から出土した多数の副葬品によって、前三千年紀半ばのシュメール文明がかなり明らかになった。アッカド時代には、ウルの主神ナンナ(月神シン)の女祭司にセム人のアッカド王の娘が任じられていた。ウルが大いに繁栄したのは第三王朝以降で、王朝の創始者ウルナンム(「ナンム神の勇士」)は、隣接都市ウルクの王ウトゥヘガルの将軍としてウルに駐留し、やがて独立、最初は「ウルの王」と称し、ウルとエリドゥウのみを支配していた(前二一〇〇年頃)。そして治世後半、「シュメールとアッカドの王」を名乗り、ウルク王に代わってメソポタミアを統一した。ナンナ神から王権を授かるウルナンムの浮き彫りが残っている(ペンシルヴァニア大学美術館蔵)。また彼は現存世界最古の法典『ウルナンム法典』を制定した。ウルは第二代シュルギの治世に官僚機構が整備され、経済活動も活発になり、最盛期を迎えた(シュルギの神格化についてはこの後の訳注(五七)を参照)。しかし次王アマルシンの治世からしだいに衰え、第五代王の時、北方のセム系アムル人と東方のエラム人の攻撃を受けて、王朝は滅亡した。なお、創世記はウルをセム人アブラハムの故地としている。
(五六) これは「アッカドのサルゴン(前二三四〇―前二二八四)」とすべきである。オリエント史では、通常、サルゴン一世と言えば、古アッシリア時代の都市国家アッシュルの王エンシ（前一九一五頃―前一八七〇頃）の即位名であり、サルゴン二世は新アッシリア時代の王（前七二一―前七〇五）である。巻末の索引でも「サルゴン一世（前二〇四八―前二〇二〇）、アッシリアの王」となっている。在位の年代共々、明らかに原著者の錯誤である。

セム系アッカド王朝の創始者サルゴン（前二三四〇―前二二八四）の原名はシャルキ（「真の王」の意）。キシュ王ウルザババの献酌官から身を立て、若くして王位を簒奪した。そして当時シュメール地方の覇権を握っていたウンマとウルクの王ルガルザゲシ率いる大軍との決戦に勝利すると、ルガルザゲシを捕虜にして、一気に南下し、シュメールの主要都市をほとんど戦うことなく攻略した。ルガルザゲシはニップルで殺され、エンリル神殿の門前にさらされた。こうしてサルゴンはシュメールとアッカドの両地方を領土とする初の統一国家を建設し、新たに首都アガド（未発見）を造営した。のみならず、東西への軍事遠征を続け、ペルシャ湾岸から地中海さらにはアナトリアにまで達する、メソポタミア最初の大帝国を創建し、自ら「世界の四方の地域の王」と称した。帝国統治の方策としては、アッカド人の官僚を各州の知事やその他の重要官職に任命した。後世、彼は覇王の理想像として神格化され、嬰児の時、モーセと同じように、籠に入れられて川に捨てられたという『遺棄伝説』を含む一連の「サルゴン伝説」が創作された。

（五七）初期のシュメールの王たちは、ウルに限らず、自分を神格化することはしなかった。神殿建設のために自ら率先してレンガを運ぶ姿が描かれているラガシュの王ウルナンシェ（「ナンシェ神の勇士」の意）の奉納版（前三千年紀中頃、ルーヴル美術館蔵）が示すように、王たちはもっぱら神々に仕える者、祈禱する者であった。しかしセム人のアッカド王朝で創始者サルゴンが神格化され（たぶん）、その孫で四代目の王ナラム・シンが自らを神格化したことに影響されたのだろう、ウル第三王朝の第二代の王シュルギも自らを神格化して、各都市にシュルギ神殿を建てた。またバビロン第一王朝時代、同じくシュメール人の都市ラルサの王リムシン（前一八二二―前一七六三）は、ハンムラビ王への対抗意識をむきだしにして、自らウル王朝の真の後継者、「シュメールとアッカドの王」、地上の現人神と称した。しかし結局彼はハンムラビに敗北した。

（五八）ウルはシュメール人の由緒ある都市であり、新興勢力のセム人のアッカド帝国に組み込まれた後も、相次いで反乱を起こした他のシュメール都市同様、反抗的であったことは間違いない。ここで指摘されている原資料がアッカド時代のものかウル第三王朝時代のものかは分からないが、ナラム・シンを神と認めず、自分たちの都市の主神ナンナ（月神シン）

の僕と位置づけているのは、誇り高いウル人の心意気を示すものと言えよう。

本項のこれまでの記述は、時系列が整理されていないため、やや乱雑な印象を受ける。要約しておきたい。原始、シュメール人の間では、王は神の僕でしかなかった。しかしセム人のアッカド朝では、第四代王ナラム・シンが自らを神格化し、同時期から（?）創始者サルゴンの神格化も行われた。シュメール人はセム人の王の神格化を認めようとしなかったが、アッカド帝国滅亡後、ウル第三王朝が興ってメソポタミアを統一すると、その第二代王シュルギは自らを神とした。そしてそれから約三世紀後にも、ラルサの王が自らを神格化した。とはいえ、この頃のメソポタミアではこうした王の神格化は例外的なことであり、その後のバビロニア王国でもアッシリア帝国でもアケメネス朝でも行われていない。

（五九）　シュメールの月神は男神ナンナおよびスエンで、早くからナンナ－スエンとも呼ばれていた。アッカドの月神シンはスエンから派生したものである。ナンナ－スエン／シンはエンリル（後の訳注（六一）参照）とニンリルの息子とされ、配偶女神はニンガル、息子は太陽神ウトゥ／シャマシュ、娘はイナンナ／イシュタルとされた。月神は生命力および病気とその治癒などを司る。前の訳注で触れたように、シュメールではウルが月神ナンナ崇拝の中心地であったが、アブラハムがしばらく留まっていたハラン（現トルコ南部）も月神シン崇拝が盛んなところであった。

（六〇）　ハンムラビは「おじさん（と呼ばれる神）は偉大である」の意。ただし、BI（ビ）という楔形文字はpi（ピ）とも読めるため、「おじさん（と呼ばれる神）は医者である」とする説もある。この名を持つ王は、バビロンのハンムラビ王以外にも、ハラブ（現アレッポ）を首都とするヤムハドの王（一世）、ハブル川（ユーフラテス川支流、シリア）中流域の小国クルダの王がいる。三人は同時代人である。

バビロン第一王朝の第六代の王ハンムラビ（在位前一七九二―前一七五二、日本オリエント学会編『古代オリエント事典』（岩波書店、二〇〇四年）による。諸説あり）は、治世の初期、南部の主導権を握ることで満足していた。北方には強力なアッシリアがあったからである。しかし治世二十九年頃から、機を見てバビロニアの統一に向けて動き始め、治世三十七年頃統一を達成すると、シュメール人とアッカド人の法律・慣例を組み入れる形で、『ハンムラビ法典』を作らせた。もっともハンムラビは官僚機構を確立せず、州に関するすべての業務に自ら注意を傾け、ごく些細な問題についても直接知事たちに指示を与えていた。そのため彼の死後、彼より能力の劣る後継者たちの下、帝国は崩壊への道をたどることになった。

（六一）　シュメールおよびアッカドの最高神。エンは「主人」、リルは「風」の意味で、元来はシュメールの大気・嵐の神。別名ヌナムニル。「神々の父」、「偉大な山」などと呼ばれた。天空神アンとキ（地）の結婚によって生まれ、天を地から分離して母なる地と結合し、宇宙生成、人間創造、文明樹立の舞台を用意したとされる。ニップルの主神で、「山の家」という意味の神殿エクルは天地の「繋留綱」の役割を持ち、神殿内の神々の集会場で決議されたことをエンリルが執行したという。エンリルは力を象徴し、王権を授与する神であるが、エジプトのセト神のように、破壊的な力も司り、国家滅亡や異民族侵入もエンリルの所業とされた。

（六二）　神話『エヌマ・エリシュ』におけるマルドゥクの活躍とその意義についてはすでに述べた（第一章の訳注（二二））。ここでは少し重複する所もあるが、ハンムラビ王との関係に焦点を当てて略述したい。

マルドゥクはバビロンの主神で、神名の原義については定説がない。エサギラ（「頭を持ち上げた家」の意）がその神殿。古くから呪術神として知られており、ハンムラビによるバビロニア統一を機に、バビロニアの偉大な神々の一員となった。この時マルドゥクはメソポタミアのパンテオンの主神になったという人もいる（たとえば、J・G・マッキーン著、岩永博訳『バビロン』、法政大学出版局、一九七六年）が、マルドゥクが「神々の王」、「ベール（主）」（バール、バアルに同じ）の地位を獲得するのは新バビロニア時代からと見るのが一般的なようである（日本オリエント学会編『古代オリエント辞典』）。マルドゥク祭儀――王権更新儀礼を含む新年祭――は新バビロニア時代に最盛期を迎え、衰えることなくアケメネス朝時代まで続いた（この祭儀については、第五章の訳注（四五）を参照）。

ハンムラビの王権イデオロギーにおける神々の位置づけは彼の『法典』の序文に示されている。ハンムラビは『法典』を刻んだ石の上部に、それの授与者とされる正義と裁きの神太陽神シャマシュと自分の像を浮き彫りにさせている。そして自分のことを「潤沢な豊沃をつくりだす者、〔エンリルを主神とする〕ニップルのためにあらゆる種類のものを設ける者、天と地の紐帯、エクル〔エンリルの神殿、「山の家」の意〕の熱心な擁護者、エリドゥ〔シュメール最古の都市の一つ、主神はエンキ、アッカド語でエア〕を本来の地位に回復し、エアブズ〔エアの神殿〕の儀式を浄めた有能な王、そして地球の四方を闊歩し、バビロンの名を偉大にし、主マルドゥクの心を喜ばせ、生涯エサギラ〔マルドゥクの神殿〕に責任を負う、シンが生んだ王家の子孫」と述べ、「マルドゥクが余に、国の民衆に正義を垂れ、民衆によき統治を行うように命じ給うた時、余は国中に真実と正義を広め、民衆を繁栄させたが、同時に次のような法令を発布した」と結んでいる（前記、J・G・マッキーン著『バビロン』、七〇ページ）。

(六三)　ハマダーン(かつてのエクバタナ)はザグロス山脈中の高度一八〇〇メートルの平原に位置し、アケメネス朝の夏期の都の所在地。このタブレットは「アリヤーラムナのハマダーン碑文」として知られている。王朝の始祖ハカーマニシュ(アケメネス)の継承者が「アンシャン(スーサの北西)の王」チャイシュピ(ヘロドトスのテイスペス)(前六七五頃―前六四五)で、彼は版図を二分し、アンシャンを長子クル(キュロス)一世(前六四五頃―前六〇二)に、パールス(サ)すなわちペルシャを次子アリヤーラムナ(アリアラムネス)(前六四五―前五九〇)に分与した。この引用文の前に「アリヤーラムナ、偉大なる王、諸王の王、パールサの王、王チャイシュピの子、ハカーマニシュの孫。王アリヤーラムナは告げる、」という言葉がある。これとよく似たアリヤーラムナの子アルシャーマ(アルサメス)一世の碑文もあるが、このアルシャーマの孫がダリウス(ダレイオス)一世である。しかしながらこの二碑文に見られる文法上の誤りがアケメネス朝後期のものと同じであるため、これらは後世に刻まれたものと見られている(伊藤義教著『古代ペルシャ』、岩波書店、昭和四十九年、一一一―一一二ページ参照。なお、本書におけるアケメネス朝の碑文については、同書のほかにも、出典注にあるギルシュマン著『ペルシャ』(ガリマール、一九六三年、邦訳は『古代イランの美術I』、新潮社、一九六六年)を参照している)。

(六四)　キュロス二世(前五五九―前五三〇)はペルシャ人カンビュセス一世とメデイア王アステュアゲスの娘との間に生まれた。ヘロドトスによって、嬰児の時の遺棄伝説が語られている。長じて独立し、首都をアンシャンに置き、メディアと対決して、これを征服。前五四六年にペルシャ王の称号を得た。その後リュディアと新バビロニアを征服。宗教に関しては、被征服民族の信教の自由を認める寛容策をとり、バビロンに強制移住させられていたユダヤ人を解放した。キュロスはゾロアスター教の信者だっただろうと推測されているが、それを証明する文献や図像はない。二度目の東方遠征中に戦死した。アッカド語円筒碑文に見える大王の公式タイトルには「クル、万有の王、偉大なる王、力ある王、バビロニアの王、シュメルとアッカドの王、世界の四方(四海)の王、アンシャンの王・偉大なるカンブジャ(カンビュセス、一世)の子、アンシャンの王・偉大なる王クル(一世)の孫、アンシャンの王・偉大なる王チャイシュピの曾孫」とある(伊藤義教著『古代ペルシャ』、一〇ページ)。

(六五)　テキストではここに脚注の印*が付いているが、脚注は欠落している。この文は「ダーラヤワウ(ダレイオス)一世のペルセポリス碑文h」からの引用であり、そこには、ソグディアナの向こうのサカ族からエチオピアに至り、ヒンドゥからリュディアのサルディスに至る、という意味の言葉が書かれている（前記『古代ペルシャ』、七七ページ）。

（六六）　アルタクセルクセスは即位名で、「正義・法の支配者」の意（テキストでは即位年を前四〇五年としているが、前四〇四年が一般的）。王弟キュロスの反乱鎮圧（前四〇一年）後、スパルタと戦い（前三九九―前三九五）、前三八七年には、スパルタにアンタルキダスの和約（一名、大王の和約）を受け入れさせて、小アジアのギリシャ植民市に対する権益を確保した。本書のこの後の記述との関連で言えば、アフラ・マズダ以外の神々をダイワ（悪魔）と見なし、その信仰を禁じたクセルクセス一世（前四八六―前四六五）の「ダイワ崇拝禁止令」を廃し、古来大いに信仰されていたミトラ神とアナーヒター女神（次の訳注（六八）参照）を王室の正統ゾロアスター教に迎え入れた。これ以後、ペルシャ宗教は伝統的な多神教へと回帰し、アフラ・マズダ崇拝という一神教的性格も残しつつ、急速に多神教化していった。

ちなみに、この後の「ある碑文」とは「アルタシャクサ（アルタクセルクセス）二世のスーシャ（スーサ）碑文d」で、三柱の神への加護の祈願文となっている（伊藤義教著『古代ペルシャ』、一六八―一六七ページ）。

（六七）　アナーヒターはゾロアスター教最大の女神。『アヴェスター』の「アルドウィー・スーラー・アナーヒター」は「湿った（または豊饒な）・強力な・無垢なる者」の意で、アーリア社会を構成している三階級（庶民、戦士（貴族）、祭司）の所願を満たすものと解されている。川の女神、あらゆる豊饒をもたらす地母神、戦いの女神で、イシュタルの影響により金星としても知られていた。インドのサラスヴァティー女神に対応する神と見られている。

（六八）　パサルガダエはアケメネス朝の古都で、キュロス大王がメディア軍を打ち破ったところであり、大王の広大で壮麗な葬場（現在は石製の墓段と石棺のみが存在する）もあった。プルタルコス（『対比列伝』「アルタクセルクセス（二世）」）によると、アルタクセルクセス二世はここの――具体的な位置は確認されていない――アナーヒター神殿で、自分の上衣を脱ぎ、キュロス大王が王になる前に着ていた上衣を着け、無花果の菓子を食べ、テルミントス（またはテレビントス。テレビン油を採る木。ハオマ樹のことか）をかじり、酸乳（ヨーグルト）をコップ一杯飲むことまでは分かっているが、その他に何をするかということは不明であると述べている。少し厳密に考えると、アナーヒター神殿（これは急遽建立されたものであろう）における秘儀の伝授がアルタクセルクセス二世の即位式のすべてだったのかどうか分からない。先代まではアフラ・マズダの前だけで即位していたと思われるし、アルタクセルクセス二世がこの最高神を軽んじた形跡もないので、アナーヒター神殿での秘儀は即位式の追加儀礼だった可能性もある（時代は下るが、ターク・イ・ブスターンの岩窟記念堂の浮き彫り（ササン朝後期）では、王はアフラ・マズダとアナーヒターの両者から王冠を授かっている）。プルタルコス（または彼が参考にした著作者たち）がここでのことだけを書いているのは、王弟キュロスがこの秘儀の途中で兄を暗殺しようと企て、その直前に発覚したため、結果的にそうなったということも考えられる。ともあれ、アルタクセルクセス二世がアナヒターを非常に崇拝していたことは――プルタルコスによると――事実である。

（六九）　これはおかしいだろう。アケメネス朝の王の倚像は（立像も）すべて横向き――これもメソポタミア・アッシリア芸術の伝統の一つ――である。ゴシック様式やロマネスク様式のキリストやマリアの荘厳《しょうごん》された倚像との類似・影響関係が考えられるのは、ササン朝の正面向きの交脚の王像であり、R・ギルシュマンもそのような指摘をしている（『古代イランの美術Ⅱ』（新潮社、一九六六年）、三〇四―三〇五ページ）。

アケメネス朝の滅亡（前三三〇年）からササン朝の勃興（二二六年）までの間に、ギリシャ人によるペルシャ・エジプト征服・支配があり、ローマ人によるエジプト支配とメソポタミアへの進出があった。ギリシャ人とローマ人はメソポタミア・エジプト芸術を吸収しつつ、独自のギリシャ・ローマ芸術様式を完成したが、その際、古よりメソポタミアとエジプトにあった、神、王、神官、貴人の正面向きの倚像を作る伝統も継承した。一方、ササン朝も、アケメネス朝の伝統の復活を宣言しながら、王の倚像はメソポタミア古来の正面向きの倚像を――ただしすでにガンダーラ方面にまで及んでいたヘレニズム様式の影響を排除することなく――採用した。ササン朝の王の倚像とゴシック様式やロマネスク様式のキリストやマリアの荘厳された倚像との類似・影響関係はこうした見地から論じられるべきであろう。J－P・ルーは、アケメネス朝の王が用いた「王の中の王《シャー・ハン・シャー》」という称号がイエス・キリストの称号となったことと対応させたくて、アケメネス朝の王の倚像の直接的な影響力をこれほど強調したのだろうが、やはり強引すぎると思う。補足すると、『隋書』『旧唐書』は、ササン朝の王は臣下が「拝するときは必ず交脚」だったと伝えている。つまりササン朝では交脚は威厳を示すためのポーズだったのである。このことについては『世界美術大全集　東洋編　第15巻　中央アジア』（小学館、一九九九年）、前田龍彦「獅子座」を参照。

（七〇）　「神の環」の授与の図の起源がササン朝の王権神授の図（最古のものは、アルダシール一世（二二六―二四〇）の帝王叙任式図浮き彫り（ナクシュ・イ・ロスタム、三世紀））だと言うのは明らかにおかしい。歴史的には、ウル第三王朝のウルナンムの石碑（前二十二世紀末）、マリ王宮壁画（前十八世紀初め）、『ハンムラビ法典碑』（十八世紀中頃）まで遡る必要がある。そして「神の環」はこれらの図像では必ず棒と共に神から手渡されていることを見落としてはならない。神の手にある棒と環に関しては、王笏／杖とリング／腕輪と見なす説も含めて諸説あるが、シュメール語で「一ニンダン（の長さの）葦」とラピスラズリ（色）耕地縄」と呼ばれていることから、いずれも測量用の棒と縄であったと考えられる。これはメソポタミアでは神殿の建立や修復が王の重要な責務であったことに由来する。この図像表現がエラムやイランで踏襲され、アケメネス朝では、ダレイオス一世の戦勝記念碑に王が神から環を授けられる場面が表された。そしてササン朝では、王位の標識であるディアデム（リボンの付いた環（フワルナフ））を王に授ける場面が多く表現された（以上、日本オリエント学会編『古代オリエント事典』「王権叙任図」の項参照）。

ここで一つ疑問が浮かんでくる。アケメネス朝時代に神から授けられるのが環だけになったのはなぜか。この環は従前同様測量用の縄として認識されていたのだろうか。イランのこの「神の環」の解釈については、全面的に伊藤義教著『ゾロアスター研究』（岩波書店、一九七九年）「8　仏光とイラン要素」に依拠したい。それによると、イランの「神の環」は、ゾロアスター教の聖典『アヴェスター』で述べられている「フワルナフ」すなわち「光輪」である。フワルナフについてはすでに本書でも言及されている（第二章の第6項、および同章の訳注（三四）と（三八）を参照）が、この際、もう少し説明を追加しておこう。アフラ・マズダは自らの王国に至高者として、全知と善性と共に、無限の時間にわたって、光明の中に常在している。その光明はアフラ・マズダの座と場であり、無終または無始の光明とも呼ばれる。すべての庶類創造はこの清浄な光の「火の形体」によってなされたのであり、この無始（無終）の光明から分かれ出たものがフワルナフである。それゆえフワルナフは「強い、優れた業を行じ、心慮をそなえ、精神力をそなえ、神力をそなえ、妙力をそなえるもので、活動する力」である。そして当然のことながら、善なるアフラ・マズダの意にかなった者しかこれを受け取ることはできない。神話中最初の至福の千年王国に君臨していたユィマ（イマとも。『ヴェーダ』のヤマ＝閻魔、人類の始祖）が罪を犯して王位を失った時、正統王者のシンボルだったフワルナフは、ワールガン鳥（鷹類）の姿で、彼から去って行った（『アヴェスター』ヤシュト、第十九章）。前五一九年に作成されたダレイオス一世の戦勝記念碑（ビーソトゥーン磨崖浮き彫り）で、アフラ・マズダが左手に持っている円環すなわち「神の環」はまさしくフワルナフであり、ササン朝諸王の王冠に羽翼をあしらってあるのは、ワールガン鳥を象徴している。

ところで、図像学的には、メソポタミア古来の王権神授図がイランでも踏襲されたのは間違いないとしても、イランのフワルナフは『アヴェスター』に由来するという事実をどのように考えればよいのだろうか。イラン民族はフワルナフの観念をもともと持っていて、それがたまたまメソポタミアの「縄の輪」と形状が同一だったということなのだろうか。この疑問に対しては、インドの『リグ・ヴェーダ』にフワルナフの観念がないことと、『アヴェスター』を始めとする中世イラン語文献に見られる「カイ王朝」――これの歴代の王がユィマ（イマ）に与えられていたフワルナフを継承したことになっている――の伝説がかなり後に成立・完成したと思われる（第二章の訳注（三八）参照）ことから、次のような推測が可能になるだろう。思弁的なイラン人は、メソポタミアの王権神授図の「縄の輪」を自分たちのゾロアスター教の教義に合致させて――原義が忘れられていた可能性もある――、創造主アフラ・マズダが自らの光の王国・王座から分け与えた「フワルナフ」すなわち「光の環」とした。そしてこれを世界・人類の創造神話およびイランの建国神話の中に取り入れて、『アヴェスター』に付け加えた。

以後、王権のシンボルとしてのフワルナフ（光輪）は、ゾロアスター教の仏教への影響と相俟って、東のクシャン朝にも伝わった（語そのものも）。カニシカ王のコイン（二世紀）にはフワルナフを手にする神々だけでなく、同時に円形頭光の付いた神も現われた。仏陀が初めて円形頭光と楕円形の身光背を付けた姿で表現されたのもこの頃である。フワルナフと仏像の頭光‐光輪との影響関係は不明だが、たとえ起源を異にしていても、どちらも神性・聖性の象徴としての「光の輪」である以上、少なくともこの頃には全く無関係というわけでもないような気がする。西方では、アフラ・マズダ信仰からある意味で独立したミトラを契約・同盟・勝利・正義、光、太陽の神（ミトラはギリシャの太陽神ヘリオスとも習合した）、生類の創造神、救世主とするミトラ教の影響を受けて（東方でもミトラは放光を帯びるようになり、仏教に迎え入れられて、弥勒菩薩となった）、イエス・キリストおよび聖人たちに光輪や円光が付けられるようになった可能性が高い。

頭光‐光輪については、第六章第14項および同章の訳注（一〇四）を参照。アフラ・マズダから同じようにフワルナフ（光輪）を授けられたとはいえ、アケメネス朝の王とササン朝の王は、実は資格を異にしているということについては、次の訳注で述べることにしたい。

（七一）　この直前の記述に続いて、またもや納得しがたい記述である。そもそもこの引用文はギルシュマンがササン朝の王権神授図について述べたものであって、アケメネス朝期の「諸王の王」という表象について述べたものではない。またアケメネス朝期の「諸王の王」という表象をササン朝期の王権神授図と同列に置いて、このように述べるのは、J‐P・ルー自身のアケメネス朝に関するこれまでの記述（「アケメネス朝の王の丈の高い浮き彫りの像は、王の神性を示しているのではなく」や「これは神によって選ばれた者である」など）とも矛盾する。

伊藤義教著『古代ペルシャ』（岩波書店、昭和四十九年、七ページ）によると、「諸王の王《シャー・ハン・シャー》」は古代ペルシャ語では、xšāyaθiyānām xšāyaθiya- あるいは xšāyaθiya xšāyaθiyānām というが、これはメディア王国から受け継いだもので、方言的にもメディア語であって、古代ペルシャ語ではない。」それはそうとして――メディア王とアフラ・マズダ信仰との関係も気にはなるが、そのことを示す確かな史料は存在しない――、アケメネス朝で最初に「諸王の王」を名乗ったのは誰だろうか。本章の訳注（六四）で示したように、キュロス二世（大王）のアッカド語碑文には「万有の王、偉大なる王、〔……〕、世界の四方の王」とあり、きわめて短い三つのパサルガダエ碑文にも「偉大なる王」はあっても、「諸王の王」はない。キュロス大王の子カンビュセス二世は碑文も子供も残さずに急逝し、王位はダレイオス一世が継承した。すでに本章の訳注（六三）で言及したように、ハマダーンには、「諸王の王」と記した、彼の曾祖父アリアラムネスと祖父アルサメスが残したことになっている碑文があったが、いずれも文法上の誤りが目立ち、それらがアケメネス朝後期の碑文に多く見られることから、この二碑文はアルタクセルクセス二世の頃に追刻されたものと思われる。

そういうわけで、アケメネス朝で「諸王の王」という称号を最初に使ったのはダレイオス一世と考えるのが妥当であろう。この称号は有名なビーソトゥーン（大）碑文の第一欄を始め、複数のペルセポリス碑文、複数のスーサ碑文、ナクシュ・イ・ロスタム碑文aなどに見ることができる。そしてこれらの碑文から読み取れるのは、最高神アフラ・マズダが、諸地域を統治すべき「諸王の王」として、多くの被造者の中から自分を選んだのであるという、ダレイオス一世の確固たる選良の意識であり、そのことを徹底して広く知らしめようという、彼の強固な意志である。言い換えれば、諸王の王ダレイオス一世は自分は神の代理人、または――キリスト教的表現をすれば――摂理の手であると声高に宣言しているのであって、宗教的にそれ以上のことを主張しているわけではない。ペルセポリスのダレイオス大王像（浮き彫り）やエジプトで発見された円筒印章の大王像がそのことを如実に示している。そこではアフラ・マズダのシンボルは大王の頭上から、つまり天から、彼の権威を保証しているだけである。そして彼以後のアケメネス朝の王たちもこの枠から一歩も出ていない。

それに対して、ササン朝の多くの王たちは自らを神と名乗っている。その前兆はペルシス（パールス）王国やアルサケス朝パルティア等にすでに現れていた。ペルシス王国のハガダテス一世（前二世紀）のコインの裏面には、拝火寺院に礼拝するバガダテス立像と共に、「神の子孫、フラタラカ（「支配者」または「火の祭司」の意）、バガダテス」という銘があり、同王国のオートフラダテス一世（前二世紀）のコインにも同様の銘がある。アルサケス朝のフラータケス（フラーテス五世）と女王（王の実母にして妃）ムーサ（前二―後五）のコインの表には「諸王の王の」とあり、裏には「天の女神、女王ムーサ」とある。文献では、アミアーヌス・マルケリヌス（第二巻、二・二三・六・五）が、パルティアの君主は「太陽と月の兄弟」であった、と書いている。そしてインド・パルティア朝のササン（一世紀）のコインの裏面の銘も「大王、諸王の王、救世者、神の兄弟、ゴンドファレスの、（発行者）ササンの」となっている。

　西方では、イランにおけるこの流れに先行する形で、プトレマイオス朝の王が現人神《あらひとがみ》ファラオとなり（前四世紀）、セレウコス朝の王の中から「神《テオス》」の称号を持つ者（アンティオコス二世（前二六一―前二四七）が出、ローマ皇帝もファラオにならって「神君」となっていた。このような状況の中、ササン朝で最初に神を名乗ったのは、パーパクの息子シャープール（二一一頃―二二二）であった。彼が発行した銀貨（一ドラクマ）の表には、彼の胸像の周りに「神、シャープール王」、裏には、パーパクの胸像の周りに「神、パーパクの息子」という銘がある。次のササン朝初代大王アルダシール一世（二二四―二四六）の銀貨の表には、彼の胸像の周りに「神、アルダシール王」、裏には、パーパクの胸像の周りに「マズダ信奉者、神、パーパク王」の銘――王は自らをアフラ・マズダに帰属する神と考えていた――がある。同大王の別の銀貨の表には、彼の胸像の周りに「マズダ信奉者、神、イランの諸王の王、神の子孫、アルダシール」、裏には、王座と拝火壇の周りに「アルダシールの火」という銘がある。これ以後、シャープール二世（三〇九―三七九）のコインまで、表と裏の図像に変化はあっても、表の銘はほとんど変わらない（以上、コインについては、田辺勝美著『シルクロードのコイン――平山コレクション』（講談社、一九九二年）を参照した）。

　このように、ササン朝の大王たちが自らを「天上の家系」（ミーノーイ・チスラ）の地上における具現者と考えていたことは紛れもない事実である。それゆえに、ササン朝期の王権神授図における「神の環」の授与の場面を「地上における神の発出として称揚している」というギルシュマンの説明は、キリスト教的表現ではあっても、受け入れることができる。しかしまたそれゆえに、J‐P・ルーが、アケメネス朝期の「諸王の王」という表象に、ササン朝期の王権神授図と同じ意味を持たせていることは容認しがたいのである。

　ついでながら、両王朝の大王の対照的な有り様について略述しておこう。たとえば神意にかなう良き王であろうとしたアケメネス朝のアルタクセルクセス二世は、人々からのどんなわずかな献げ物でも快く受け取っていたが、ある時などは、行幸の途中、畠を耕していた農民が、何も持ち合わせていないからと、河まで駆けて行って両手で水を掬って来たのを喜んで、黄金の壺一杯の金貨を贈ったという（プルタルコス『対比列伝』「アルタクセルクセス二世」）。一方、ササン朝の大王は彼岸の祭典と特別重大な公開裁判以外には、直接公衆の面前に現れることはなく、「最高の顕官にさえ、直接に姿を見せず、臣下は王への接近はもちろん、正視することも許されなかった。両者の間には垂れ幕が置かれ、王の姿をさえぎっていた」（足利惇氏著『ペルシャ帝国』、講談社、世界の歴史　第9巻、昭和五十二年、三一五ページ）。

（七二）　パーパク（またはパーパグ）は三世紀初頭のパールス地方の領主。父ササンはイスタフル（ペルセポリス）のアナーヒター神殿の神官。パーパクは母の父ゴーチフルを殺して、自ら王を宣言した。彼が掲げたアルサケス朝への反旗を彼の息子（次男）アルダシール（一世）が受け継ぎ、アルサケス朝を滅ぼして（二二六年）、ササン朝を樹立した。しかしながら、第二章の訳注（三七）ですでに述べたように、原著者が紹介しているパーパクに関する伝説は多くの説のうちの一つでしかない。

（七三）　ホスロー（またはコスロー）とは「良き評判の（人）」の意。ホスロー一世は人民の保護者、正義の遂行者、慈悲に満ちた理想的な君主として知られる、ササン朝で最も偉大な君主。即位前（五二八年頃）、当時、社会不安の要因となっていたマズダク教（ゾロアスター教を基にして、マニ教の影響を受けて成立した新興宗教。不殺生を唱え、所有権を否定し、大貴族の土地財産の共有化のみならず、女性の共有化をも主張した）を一掃。即位後、税制や軍制を改革し、正統的ゾロアスター教を確立。彼の治世に学問・芸術は黄金時代を迎えた。外交の面でも、その業績は高く評価された。

（七四）　旧約聖書のサムエル記の中心人物。サムエルという名前の意味については、「神の名前」や「名前はエル」など、議論がある。王国成立直前のイスラエル社会の指導者で、王国樹立に重要な役割を果たした。彼は絶対的ヤハウェ信仰の代表者であり、彼が導入した王制は、あくまでもヤハウェによる民の支配という古い理念に基づいたものだった。そのため、彼自身が一度は王として認めたにもかかわらず、サウルの意識が自分の意にそぐわないと分かった時（詳細は不明）、サウルに廃位を宣告し、ダビデを新しい王と認知した。ダビデはサウルの死後即位した。

（七五）　ギデオンは古代イスラエルの大士師の一人。ミデアン人の軍隊と戦って、イスラエルを救った。イスラエル人が周囲の国民のように王を持ちたいという希望を抱いたのは、彼の時が初めてだった。彼の子アビメレクは自分の七十人の兄弟を殺してシケムの王になったが、在位三年の後、シケムの人々に背かれて死んだ（士師記、第八、九章）。神に選ばれ、サムエルによって塗油されたイスラエル初代の王サウルが登場する時より、ずっと前のことである。

（七六）　ホセアとは「（ヤハウェが）救われた」の意。北王国イスラエルの預言者（前七五〇―前七二二頃）で、王国がアッシリアによって滅ぼされる（前七二一年）少し前まで、三十年近く預言活動を続けた。彼が活動を開始した頃はヤラベアム二世の時代で、アッシリアの重圧とエジプトの干渉にもかかわらず、王国は栄えていたが、この王の死後は、約二十五年間の間に七人の王が革命によって交代するという混乱状態が続いた。その上、宗教的にも、国王、預言者、司祭を始め、国民全体がはなはだしく乱れていた。イスラエルの人々は、ヤハウェ礼拝の名の下に、カナンの農耕神バアルを礼拝し、その聖所に神殿娼婦を置き、豊饒祈願の祭礼では、淫らな行為を行っていたのである。ホセアはこうしたイスラエルの民の神に対する罪を告発し、王国の滅亡という罰を予告し、悔い改めて、不変の愛を本質とする主に返るよう勧告した（『旧約聖書略解』（日本基督教団出版局、一九五七年）、ホセア書の項参照）。つまりホセアは王国が純粋なヤハウェ信仰へ回帰するよう説いたのであって、人間の君主政体そのものに反対したわけではない。J－P・ルーの指摘は正鵠を射ていないと思う。

（七七）　サウル（前一〇二〇―前一〇〇〇頃、『古代オリエント事典』（岩波書店、二〇〇四年）による。異説あり）はベニヤミンのギベア出身のキシの子で、サウルとは「（神）に願った」の意。家畜と土地を所有する有力者で、民を招集してペリシテ人とのヤベシの戦いで勝利し、神の霊を受けたカリスマを示した後、「すべての民によって」油を注がれ、イスラエル初代の王となった。しかしやがて預言者サムエルと仲違いをして（第四章の訳注（一一）参照）、廃位を宣言され、王国の主要な支持者を失った。それで狂気に近い猜疑心に悩まされ、人気の高いダビデの命を狙って、ダビデをペリシテ人の側に追いやった。その様な状況を見て、ペリシテ人がサウルに決戦を挑んで来た。結局、サウル一族はギルボア山での戦いで決定的に打ち破られ、サウルと息子のナタンは共に戦死した。サウルの時代のイスラエル王国はさほど広くはなく、常備軍も十分なものではなかった。しかもその領土はカナン人の国家都市群の二つの飛び地によって、三つの部分に分割されていた。そのため、領土防衛は元々難しかったと考えられている（『旧約・新約聖書大事典』（教文館）参照）。

（七八）　以下に記述されているのは、ヤハウェがダビデに与えたダビデ王朝永続の約束、すなわちダビデ契約である。これは預言者ナタンを通して伝えられた。これが神殿建設すら必要としない無条件的性格のものであったため、しばしば「いつくしみ」とか「いつくしみの契約」と呼ばれた（サムエル記下、第七章、および列王記上、第三章、および詩篇第八十九篇ほか)。モーセのシナイ契約によってヤハウェの民となったイスラエルは、このダビデ契約によって安住の地を得た(サムエル記下、第七章、および詩篇第七十八篇ほか)。

ダビデの在位年代にも諸説がある。これはその範囲内であろう。

(七九) ソロモン(前九六七頃—前九二八頃)はダビデとバテシバとの間に生まれた。本来王位継承権を持っていなかったが、父王の指名を得、大混乱の後、王位を継承した。エルサレムを拡張し、神殿と宮殿を造営、徴税制度を再編し、国土を十二の行政区域に分けて、中央集権政策をとった。また周辺諸国との交易を盛んにし、多くの国々と婚姻関係を結び、外国人の妻たちのために、外国の神々の礼拝所をエルサレムの近くに建てた。ソロモンの治世に国は繁栄をきわめたが、その一方で、多くの国民は重税と過酷な労役に苦しんだ。王の死後、イスラエル王国は南北に分裂した。

(八〇) シバ(シェバ)は通説では西南アラビア(現イエメン)にあった大商業国サバ王国に比定されている。しかしソロモンが在位した前十世紀にはまだこの国は成立していなかった。そのため考古学者たちの間では「シバの女王」の史実性は疑われている。

(八一) 詩篇、第八十九篇、第二十六節「あなたはわが父」、同第二十七節「わたしはまた彼(ダビデ)をういごとし」などがある。

(八二) これには出典注がなく、聖書にはこの通りの神の言葉は見当たらない。ただし詩篇、第八十九篇、第三十—三十二節(プレイアッド版では第三十一—三十三節)には次のような言葉がある。

「もしその(ダビデの)子孫がわが掟を捨て、わが裁きに従って歩まないならば、もし、彼らがわが定めを犯し、わが戒めを守らないならば、わたしは杖をもって彼らのとがを罰し、打撃をもって〔プレイアッド版でも《par des coups》だが、わが国の新共同訳では「疫病で」となっている〕かれらの不義を罰する。」

神はダビデに全幅の信頼を置いていたので、彼にではなく、彼の子孫に対してこのように警告したのだが、J-P・ルーはこの条を自分の文脈に合うように書き換えたようだ。

(八三) 古くから紅海と訳されているが、原語は「葦の海」である。これは今の紅海ではなく、ティムサ湖の北端と南端にある沼沢地帯である。この地域は広範囲にわたって浅瀬になったり乾いたりする。イスラエル人は強い東風が吹いている夜の間に、水位が低くなったティムサ湖の東岸を徒渉し、明け方、エジプト人が後を追って来た時に、風の向きが変わり、西から戻って来た水に呑み込まれた。これが現代の合理的な解釈である（前記『旧約聖書略解』参照）。
（八四）　ヒッタイトの重要な宗教都市。正確な位置はまだ確定されていない。古王国時代以来、ヒッタイトの最高神である太陽女神の祭儀の中心地で、ハットゥシャ同様、「神の町」とされた。アリンナには太陽女神、その娘のメズラ、孫のジントゥヒなどの神殿だけでなく、王、王妃の宮殿も置かれた。アリンナの神官は租税、賦役の義務を特に免除されていた。
（八五）　アレクサンドロス大王の神格化の問題については、プルタルコス（『対比列伝』）とアイリアノス（『アレクサンドロスのアナバシス（東征）』）を参考にすることになる。
ペルシャ帝国を完全に制圧・平定した後、アレクサンドロスは自ら率先して生活様式をペルシャ化し、バクトリアの支配者の娘ロクサネと結婚しただけでなく、ペルシャ人をも含む臣下たちから東方風の跪拝礼を受けた。その様子をプルタルコスは次のように述べている。「饗宴の時に、アレクサンドロスがまず飲んで盃をフィロイ（近臣団）の一人に差し出し、彼はそれを受け取ると祭壇の方を向いて立ち上がり、飲んでから跪拝礼を行い、次にアレクサンドロスにキスをして自分の席に横になった」（『プルタルコス』「アレクサンドロス」（井上一訳）、世界古典文学全集23、筑摩書房、昭和四十一年）。このような記述から、祭壇は王の神格化の象徴であり、跪拝礼はそれに対する敬意の表現であるという解釈が生まれた。しかしアッリアノスが詳しく述べている、カリステネス（饗宴の席で近臣の一人を殺して滅入っていたアレクサンドロスを慰め立ち直らせるためにギリシャから呼ばれていた哲学者、歴史家）や追従者アナクサルコスの言説から判断すると、アレクサンドロスの神格化は曖昧で、中途半端なものだったようだ。結局、カリステネスから面と向かって自分の神格化を痛烈に批判されたのを機に、アレクサンドロスはマケドニア人側近の内心の強い不満を察知して、跪拝礼を廃止した。
（八六）　アキレウスはギリシャ最大の英雄の一人。彼の父ペレウスは人間だが、ゼウスの子孫、母テティスは女神で、海神オケアノスの子孫である。テティスはわが子を不死身にしようとステュクス川の水に浸すが、その際子供の踵を握っていたため、そこだけが唯一の弱点として残った。トロイア戦争では次々と戦功をあげるが、総大将のアガメムノンと女のことで対立し、一時出陣を拒絶する。しかし親友のパトロクロスがトロイアの王子ヘクトールに討たれると、再び戦場に出て、親友の仇討ちをする。その後アポロンに導かれたパリスによって踵に致命傷を負わされる。
（八七）　トロイア王プリアモスとヘカベの長子でアンドロマケの夫。勇猛果敢、沈着冷静で、家族にも国民にも愛情深い、トロイア第一の武将。アキレウスに討たれ、その遺体はアキレウスの戦車に繋がれ、トロイア城の周りを引き回された。

（八八）　父は小アジアのリュディアあるいはプリュギアの王タンタロス（この後の訳注（九一）を参照）、母はクリュティエーとも河神パクトロスの娘エウリュアナッサとも、さらに別の女性とも言われている。神々に愛され、思い上がっていたタンタロスは、神々の洞察力を試すべくペロプスを殺し、料理して神々に供した。怒った神々はタンタロスを罰し、ペロプスを生き返らせた。その結果、ペロプスは前より美しくなり、ポセイドンに愛され、天上に連れて行かれて、有翼の戦車を与えられた。彼はそれに乗って、ギリシャに渡り、ピサ（エリス）の王オイノマオスの娘ヒッポダメイアに求婚した。王の承諾を得るには王との戦車競走に勝たなければならなかった。ヒッポダメイアはペロプスを一目見るなり彼に恋をして、父王の御者ミュルティロスに助けを求めた。御者は王の戦車の車輪が外れるよう細工した。それで王は競走の最中に戦車から投げ出されて、死んだ。死の際に、王はペロプスとミュルティロスを呪った。その後の旅の途中、隙を見て、ミュルティロスがヒッポダメイアを犯そうとした。怒ったペロプスはミュルティロスをある岬から海へ投げ込んだ。その時、ミュルティロスはペロプスの子孫に呪いをかけた。ペロプスはオケアノスに行って罪を清められた後、ピサ（エリス）に帰り、ペロポネソス（「ペロプスの島」の意）全域を征服した。ペロプスとヒッポダメイアから「タンタリダイ（タンタロスの子孫）」と呼ばれるアトレウス、テュエステス、ピッテウス（アテナイ王テーセウスの母方の祖父）らが生まれる。ペロプスはオリュンピア競技の創始者とされるが、この競技はオイノマオスの葬礼競技に始まるとも言われている。

（八九）　これはペロプスの長子「アトレウス」とすべきであろう（前の訳注参照）。アイネイアスはトロイアのアンキセスと女神アプロディテーの子であり、アンキセスの祖先はゼウスとエレクトラの子ダルダノスであるが、ゼウス－タンタロス－ペロプスの家系とは交わらない。

（九〇）　テュエステスはペロプスの次子（前の訳注（八八）参照）。兄アトレウスとの間に繰り広げる凄まじい報復劇については、次の訳注（九一）および第五章の「4　長子相続へ」とその訳注（二〇）（二一）を参照。

（九一）　タンタロスはゼウスとプルートー（クロノスまたはアトラスの娘）の子で（次の訳注参照）、リュディアまたはプリュギアの王。クリュティエー、エウリュアナッサ、ディオーネー、ステロペーのうちのいずれかを妻とし、ペロプス、ニオベーなどの子を得た。神々の寵児であったタンタロスは、神々の食卓に招かれた際、知り得た秘密を人間にもらし、人間のために不死の飲料ネクタルと不死の食物アムブロシアを盗んだ。また、思い上がっていた彼は、神々を食事に招くと、神々の洞察力を試すために、わが子ペロプスを殺し、料理して、神々に供した。そのことを知った神々は怒って、彼に永劫の罰を与えた。彼は世界の奥底タルタロスの水の中に首まで漬けられていながら、永久に水を飲むことができず、頭上の果物も決して食べることができなくなった。一説には、ゼウスの犬を預かっておきながら、偽りの証言をしたため、彼はゼウスによって地獄に落とされたのだという。いずれにせよ、タンタロスの瀆神行為は彼の子孫にも重くのしかかった。彼の娘のニオベーは子供たちをアルテミスとアポロンの矢に射殺された。ペロプスの息子アトレウスは弟テュエステスに彼の三人の息子の肉を食べさせた。そしてアトレウスの子アガメムノンの家でも壮絶な愛憎劇が繰り広げられることになった。

（九二）　これはプルートー（「富める女」の意、クロノスあるいはアトラスの娘）とすべきであろう。この件については高津春繁著『ギリシャ・ローマ神話辞典』（岩波書店、一九六〇年）「タンタロス」、「プルートス」の項、およびカール・ケレーニイ著・植田兼義訳『ギリシャの神話――英雄の時代』（中公文庫、昭和六十年）第五章冒頭を参照。後者には詳細な出典注がある。ヘシオドスによれば、プルートス（「富」の意）は大地母神デメテルと英雄イアシオンの息子で、収穫の富の神だが、子孫を残していない。実は、イヴ・ボンヌフォワ編『世界神話大事典』（フランス語版（一九八一年）では第一巻、二四一ページ、邦訳書（二〇〇一年）では三四〇ページ）でも「タンタロスはゼウスとプルートスの子」となっている。J－P・ルーもこの『事典』の執筆陣の一員なので、これにならったものと思われる。それにしても理解に苦しむ。

（九三）　アテナイ王家の祖エリクトニオスについては、次のような神話がある。戦いの女神アテナが武器を造る目的で鍛冶の神ヘパイストスのところに赴いた。ところが彼はアプロディテに捨てられていたので、アテナに欲情を抱き、迫って、女神と交わろうとした。しかし処女神アテナが拒絶したため、彼は女神の脚に精液をまいた。憤った女神は髪の毛でこれを拭き取り、地に投げた。精種が大地に落ちた時、エリクトニオスが生まれた。我々がよく知っているアテナイ王テセウスは彼から数えて七代目に当たる。

（九四）　古代の通説によると、スパルタ王テュンダレオスの妻レダは、一晩のうちに夫と白鳥に姿を変えたゼウスの両方と交わり、やがて二つの卵を産んだ。そしてそこから二組の双生児、つまりカストルとポリュデウケス、ヘレネとクリュタイムネストラが生まれたが、カストルとクリュタイムネストラは王の血を引く者であり、ポリュデウケスとヘレネはゼウスの子であった。ただしカストルとポリュデウケスはいずれも雄々しい若者に育ったので、二人とも「ディオスクロイ（ゼウスの子）」と呼ばれた。

ところで、アポロドーロスによると、この兄弟は盗んだ家畜をめぐって従兄弟と争い、若くして共に昇天した（後に彼らは双子座の星とされた）。カストルとポリュデウケスには略奪婚（相手は従姉妹）によってそれぞれアノゴンとムネシレオスという息子がいたが、この子たちのその後の消息は不明である。そしてテュンダレオスはメネラオスをスパルタに呼び寄せ、ヘレネと結婚させて、彼に王国を譲った。それゆえ、これ以後のスパルタの王統譜をディオスクロイに直接結び付けることは不可能である。J－P・ルーは二つの典拠を挙げている。しかしヘロドトスはこの双生神の像が、スパルタの守護神として、常に二人の王と共にあったことを述べており、パウサニアスは「ラケダイモン〔スパルタ〕」では、アリストデモスの子が双生児だったため、「二王家が起こった」と述べているだけである。これはスパルタの二王制またはその起源に関する話であり、スパルタ王家の血がディオスクロイと直結しているという話ではない。本項の内容と正確に合致しているとは言えないだろう。

ちなみに、二人王制下のスパルタ王たちは主権者ではなかった。最高支配者は平民から選ばれた任期一年定員五名の監督官《エフォロス》たちで、それに次いで、終身の元老院議員が国政において勢力を占め、王たちには全権が与えられていなかった（プルタルコス著『対比列伝』「リュクールゴス」）。

（九五） これは正確な引用ではなく、原著者が自分の文脈に合うように書き換えた要約である。アリストテレスはその「政治学」で、徳の上に立った貴族制を容認しつつ、次のように述べている。誰かある一人の人が徳や政治上の能力において他者より特に傑出している場合、「かような人はいわば人間の中の神のようなものであろうから」、「かような人にはすべての人が悦んで従う」。「したがってかような人は王として身を終わるまで国の内にある」のが自然であろう（『アリストテレス全集15』（岩波書店）「政治学」山本光雄訳、一二六―一三〇ページ）。アリストテレスの政治学では、王は神の血を引く者である必要はないのである。

（九六） ヌマ（前七一五―前六七三）は古代ローマの第二代の王。サビニ族の出ながら、優れた人格と敬虔さゆえに、ロムルスの死後王に選ばれた。周辺諸国との和平を保持し、大神官、神託官などの官職を設け、ローマの宗教上の諸制度を確立。また、貧民に土地を分配し、職業によって市民を区分し、暦を改正して、一年を十カ月から十二カ月としたとされる。ただしこれらの事業の多くは長い間になし遂げられものので、それをすべて彼に帰したと考えられている。

（九七） アンキセスは王家の出で、祖先はゼウスの子ダルダノス。アッサラコスの孫ガピュスの子。アプロディテの愛顧を誇ったため、盲目にされたという。第一章の訳注（九七）参照。

（九八）　トロイアの最後の王プリアモスは正妻ヘカベと側室により、五十人の息子と多くの娘とをもうけた。敬神の念篤く、ヘラとアテナ以外のすべての神々に愛され、彼の知恵と誠実さはギリシャ人にも尊敬された。トロイア陥落の際は宮殿内のゼウスの祭壇に逃れたが、ネオプトレモスに殺された。

（九九）　ラウィニア・アスカニウスはカエサルらを排出したユーリア氏（ユリウス）の神話的祖先。アスカニウスの出生その他については諸説あるが略す。アスカニウスが建設したアルバ・ロンガ市の遺跡はローマの南東、現在のカステル・ガンドルフォにある。

（一〇〇）　ユピテルの語源は「天なる父」を意味する「ディウス・パテル Dius Pater」で、「ディウス」はギリシャの「ゼウス」と同じ。ユピテルにはその機能を示すいろいろな形容辞が付けられることが多かったが、中でも「ユピテル・フィディウス」は、社会的な誠実と廉直、対外的な条約の固持を司っていたため、その政治的役割は非常に重視された。歴代の皇帝はユピテルの加護の下にあり、さらには神の顕現として統治を行った。ユピテルは「オプティムス・マクシムス（至善至高）」の称号でも崇められた。この神はマルス、クゥイリヌスと共に最初の「カピトリウム三神群」を、ユノー、ミネルヴァと共に第二の「カピトリウム丘の三神群」を形成していた。

（一〇一）　ラティウムのアルバ・ロンガ王プロカースの長子。アエネーアス王家十六代目のアルバ王。彼の娘シルウィアのことについては、この後の訳注（一〇四）を参照。

（一〇二）　ギリシャのヘスティアと同一視されるローマの竈の女神。ウェスタは各家庭で崇拝されると同時に、国家の竈神として、ローマのフォルムの神殿で祀られていた。女神には神像はなく、火が崇拝の対象となっていた。この火を守る義務を負った巫女たちは、純潔を保ち、三十年間務めることが義務づけられた。

（一〇三）　ローマの大変古い神で、戦争、春、若さを司り、ユピテル、クィリヌスと共に、ローマ最初の三神群をなす。ギリシャのアレスと同一視され、ウェヌス（アプロディテ）とも関連がある。アウグストゥスの治世にはマルスもウェヌスもローマ人の守護神とされた。次の訳注参照。

（一〇四）　この伝説の要約は適切とは言えない。プルタルコスが紹介している「最も信頼性のある、最も証人の多い伝説」によると、アルバの王位継承権がヌミトルとアムリウスの兄弟に帰した時、兄のヌミトルは王位を取り、弟のアムリウスは財宝を取った。しかしまもなくヌミトルよりも有力になったアムリウスは、王位をも奪い取り、ヌミトルの娘シルウィアから子供が生まれるのを恐れて、ウェスタの巫女にし、一生結婚せずに、処女を通すよう強制した。しかし彼女は掟に背いて子をはらんだ。彼女は軍神マルスの子だと主張したが、彼女の処女を奪ったのは実はアムリウスだったという話も伝わっている。ともあれ、アムリウスの娘の助命嘆願もあって、シルウィアはひそかに双生児を産むことができた。しかし子供たちが大きさも美しさも人並み優れていたので、アムリウスはいっそう恐れをなして、召使いに命じて、子供たちを捨てさせた。異説については、『対比列伝』「ロムルス」を参照。

（一〇五）プルタルコスは豚飼い説をとっており、牛飼い説も紹介している。

（一〇六）これに続く数行の記述は明らかに原著者の錯誤に基づいたものである。レムスが飛び越したのは、プルタルコスによると「城壁のまわりにめぐらす壕」であり、リウィウスによると「市域を確定する壁」（第一巻、六、3）である。そしてロムルスが犂に青銅の刃を付けて、自分で牡牛を駆りながら、境界線に沿って――それゆえに城壁の線を画することにもなった――深い畝をつくっていったのはレムスの死後のことである（プルタルコス）。

（一〇七）クィリヌスはサビニ人が崇拝していた非常に古い神で、ローマの主神群に加えられ、インド・ヨーロッパ語族の「第三機能」の神として、第一機能のユピテル、第二機能のマルスと共に、最初の「カピトリウム丘の三神群」を形成していた。この神にまつわる神話は残っていない。後に、死後神になったロムルスと同一視された。

ロムルスの死と神格化の経緯について言えば、プルタルコスは、ロムルスは晩年その傲慢さゆえに過度に専制的になり、民心を失っていたと述べた後で、ある日、日食と嵐が同時に起きた時、民衆が散り散りになったすきに、ローマの有力者たちによって暗殺されたことをかなり明確に暗示している。「多くの者が再びもとの場所に集まってきて王を探しはじめたところ、有力者たちは、ことを吟味したり詮索したりすることを許さず、ロムルスは神々のところにさらっていかれて、役に立つ王から、自分たちに恵み深い神になるのだから、これを尊敬し、畏れ崇めるように皆に命じたという。」

（一〇八）ルペルクスはギリシャの牧羊神パンに同じで、祠はパラティヌスの丘の麓にある。毎年二月十五日に催されるルペルカーリア祭では、生まれのよい若者たちが生け贄にされた羊の皮を帯状に切ったものを手にして、裸同然の姿で市内に繰り出し、懐妊と安産に効果があると考える年頃の女性たちの差し出す手を叩いてまわった。この時、カエサルは大神官の職にあり、凱旋式の衣装を身にまとい、演壇の上にある黄金の椅子に座って、この祭りを見物していた。

（一〇九）カエサルの像がカピトルの神殿境内の古代ローマの七人の王たちの間に置かれていたことは事実だが、それにしてもこの記述の仕方は不正確である。プルタルコスによると、カエサルの熱烈な賛美者たちは、前四四年一月二十六日、カエサルがラティウム・ユピテル祭で犠牲式を終えて、アルバの丘からローマの町に下って来た時、カエサルを王《レクス》と呼んで迎えた。だが民衆がとまどいまごついたため、カエサルは自分の名は王《レクス》ではなく、カエサルという名だと言った。これを聞いた人たちが誰も一言も発しなかったので、彼は苦々しそうな顔をして通り過ぎて行った。

同年、二月十五日のルペルカーリア祭では、アントニウスが月桂冠をカエサルに差し出した。拍手が少なかったので、カエサルが冠を押し戻すと、民衆が万雷の拍手をした。同じことが再度繰り返されたので、カエサルは冠をカピトルの神殿に持って行くよう命じた。

ところがその後、カエサルの立像の幾つかに王冠がかぶせてあったので、二人の護民官が冠を取り外し、カエサルを最初に王と呼んだ人たちを逮捕した。民衆はこの二人に拍手を送ったが、カエサルは憤慨して、二人の官職を奪って、彼らを弾劾した。こうして彼の王位への熱望は元老院のみならず、一般大衆まで、彼に背を向けさせた。

一方、スエトニウスによると、カエサルがラティウム祭で犠牲式を終えて、大歓迎の中をローマに帰って来た時、群衆の一人がカエサルの像の上に純白の鉢巻きを前に結び付けた月桂冠を載せた。すると二人の護民官が、月桂冠から鉢巻きを取り捨て、そしてその男を牢獄へ連行するよう命じた。そこで怒ったカエサルが二人の護民官を叱責し、職権を剝奪した。ルペルカーリア祭の時についての記述は、大変短いが、内容はプルタルコスと同じである。

(一一〇)　出典注のないこの引用文は、原著者が『アエネーイス』第六巻、七五三―八〇六（特に七八五―七九三）を要約して、書き換えたものである。なお、語り手はユピテルとなっているが、これは誤りで、イタリアにおける一族の未来を――詩人と同時代人であるアウグストゥスまでのローマの歴史を――予言の形で語っているのはアンキセスである。

(一一一)　もとはこの地方の太陽神を祀った神殿だった。長い間完全に崩壊したままになっていたが、近年復元された。もっともかつての神域のほとんどは現在回教寺院に占められている。

(一一二)　スエトニウスによると、カリグラは気違いじみた自己崇拝に溺れ、双生神カストルとポリュデウケスの神殿に居住して、その神々と同じ服装を身に付けて、しばしば人前に現れた。そして時にはアポロンやマルスや女神ウェヌスやディアナの扮装で市内を歩き回り、さらには彼自身の像を世界中の有名な神殿に置くよう命令した。

(一一三)　ネロの死後に起きた混乱状態を平定して帝位に就いたウェスパシアヌス（六九―七九）は、地方都市の中層ブルジョワジー出身で、軍人として苦労を重ねて東方の軍隊の長まで位階を上り詰めたため、即位した時、すでに六十歳だった。彼は貴族が嫌いで、家柄や血統とは無関係に、優れた人材を登用し、胆力のある彼一流の実際的なやり方で、軍隊と財政の再建に力を注いだ。彼の十年間の治世はアウグストゥス以後最善だったと言われている。ちなみに、彼の後を継いだティトゥス（七九—八一）は世界中の人々から慕われたが、その弟ドミティアヌス（八一—九六）は帝位に就くと、自らを神格化して、臣下に「われらの君主にしてわれらの神」と呼ばせ、統治十五年目に暗殺され、フラウィウス朝は三代で滅びた。

（一一四） アントニヌス朝はネルウァ（九六—九八）、トラヤヌス（九八—一一七）、ハドリアヌス（一一七—一三八）、アントニヌス・ピウス（一三八—一六一）、マルクス・アウレリウス・アントニヌス（一六一—一八〇）、ルキウス・ウェルス（共治、一六一—一六九）、コンモドゥス（一八〇—一九二）の七人。ローマ帝国の全盛時代に当たり、五代目までを五賢帝と呼ぶ。養子が多かったので、養子皇帝時代とも称される。この王朝では、トラヤヌスが自らを神格化した。この後の訳注（一一六）を参照。

（一一五） アウレリアヌス（二七〇—二七五）は農民の出ながら、軍人としての優れた才能によって、一兵卒から昇進して、元老院議員の養子となり、ゴート戦争中は騎馬隊総司令長官の職にあった。陣中で病没したクラウディウス・ゴティクス（二六八—二七〇）と軍隊の推薦を受けて、帝位に就いた。彼の治世はわずか五年たらずであったが、ゴート戦争を終結させ、イタリアに進入したゲルマン族を破り、ガリア、イスパニア、ブリタニアをテトリクスの手から奪還し、女王ゼノビアのパルミラとエジプトの反乱を制圧し、「世界の再建者」と称された。国内的には、ローマ市の周囲に城壁を巡らし、貧民のための穀物分配をパンに代え、貨幣制度を改革した。特に太陽神を崇拝し、自らをその顕現であるとした。このことについてはこの後の訳注（一一七）を参照。

（一一六） コンスタンティヌス一世（大帝、三〇七—三三七）の父は一兵卒から昇進し、ローマ帝国西部の正帝マクシミアヌスの養子として副帝となり、後に正帝となったコンスタンティウス・クロルス（三〇五—三〇六）。父の死後、彼が副帝に任ぜられた時（三〇六年）、帝位を争う者は全部で六人いたが、彼は順次ライバルを破っていった。その間に、彼の行軍中、正午の太陽の上に「これにて勝て」と書かれた十字架が現れたとか、強敵マクセンティウスとの最後の戦いの前夜、彼の夢の中にキリストが現れ、その神聖な頭文字を軍兵の盾に彫りつけるよう諭され、その通りにして勝利を得たとかいった話がキリスト教徒によって伝えられている。ともあれ、三一三年、コンスタンティヌスはリキニウスと連名でキリスト教を公認した（ミラノ勅令）。そしてリキニウスがキリスト教弾圧に転じると、これを倒し、単独統治者となった（三二四年）。翌三二五年、ニケーア宗教会議を開催。これによってアタナシウス派が正統と認められ、アリウス派は異端とされた。三三〇年、ローマから新都コンスタンティノポリスへ移り、専制君主政を確立して、ローマ帝国の再建を図った。そして死に際し、アリウス派の司祭によって洗礼を受けた。次の訳注も参照。

（一一七）ここで「敗れざる太陽（神）」（ソル・インウィクトゥス、ギリシャ語ではヘリオス・アニケトス）——厳密には、「勝つこと能わざる太陽（神）」——について少し詳しく述べておきたい。J-P・ルーはギリシャ・ローマの宗教をこのようにキリスト教と直結させている。しかし当時はまだイエス・キリストの誕生日は十二月二十五日と定まっていなかったし、それより何より、コンスタンティヌス一世（三〇七—三三七）はキリスト教徒になっていなかった。したがってこの「敗れざる神」はミトラ（ス）-太陽神と見るべきであろう。ギリシャ・ローマの多神教からキリスト教一神教への移行過程は、ペルシャ系のミトラ（ス）教を抜きにしては語れない。本来契約の神、同盟を見守る神であり、そこから勝利の神、軍神、光・正義の神、この世の終末時に現れる善なる魂の救世主（サオシュヤント）、さらには大部分の生類の創造主となったミトラ（ス）神については、すでに本章の訳注（四）で略述した。そこで本訳注では、キリスト教との関係を念頭に置きながら、ミトラ（ス）教の教義・儀礼を概観して、それからミトラ（ス）教とローマ皇帝たちの関係をたどることにしたい。なお、ペルシャ・インドではミトラと言い、ギリシャ・ローマではミトラスと言うので、本訳注ではこれ以後使い分けることにする。

ミトラス教は、アフラ・マズダを最高神とする正統ゾロアスター教から離れて、ミトラス神に重心を置いた、独特な教義と様々な密儀が一体化した宗教である。キリキアにおける熱烈なミトラス神崇拝は前一世紀からすでにローマ人にも知られていたが、たぶんこれが核となって、ギリシャ、ローマ、シリア、エジプト等の宗教を吸収しつつ、一世紀頃から小アジアで成長し、その後急速に下級兵士や奴隷や商人を介してローマ世界へ広がったと見られている。ミトラス教が基本的に多神教であるのに対して、キリスト教が厳格な一神教であり、イエスの刑死という歴史的事実を決定的要因として持つことなど、幾つかの明確で大きな相違点はある。が、ミトラス教とキリスト教は多くの類似点を持っていた。一説では、救世主ミトラスの母は人間の処女であり、他の説によると、「創生の岩《ペテロ》」«petra genetrix» から奇蹟的に生まれたが、その際、羊飼いと、「創生の岩」の聖なる生誕の地の洞穴に捧げ物を持って来た祭司（マゴス）によって目撃された。太陽神と同一視されたミトラスは「敗れざる太陽の誕生日」と呼ばれる十二月二十五日に生まれた。ペルシャ暦では、この日は「ミトラ月のミトラの日」であり、古代ローマ暦では、冬至の翌日、太陽が新たに復活する日であった。ミトラスと同じように、太陽を象徴とするようになったイエス・キリストの誕生日がミトラスの誕生日と重ねられたのは、必然的な成り行きであった。特にキリスト教を最初に国教としたアルメニアでは、クリスマスのことを長い間「メヘル・ガーン」と言っていたが、これは中世ペルシャ語で「ミトラの日」という意味である。このことはイエス・キリストが救世主ミトラ（ス）と同一視されて受け入れられていたことを明白に示している（「メヘル・ガーン」については、『足利淳氏著作集』（東海大学出版、一九九八年）第一巻、「イラン学」参照）。

さらにミトラスは新約聖書に見られるような数々の奇蹟を行い、悪魔を追い払った。ミトラスは天国への鍵を持っていて、彼の勝利と昇天は春分の日（復活祭）に祝われた。ミトラスはその前に、黄道十二宮を表す十二弟子——イエス・キリストの十二使徒のうち数人は実在が確認されていない——と共に「最後の晩餐」をした。ミトラス教徒はこれを記念して十字架をしるしたパンの聖餐を取った。この儀式ミズド mizd がキリスト教徒のミサ missa の語源となり——キリスト教徒の最も一般的な説によると、ミサという語はミサの終わりのラテン語の文句《Ite, missa est (eclesia)》「行きなさい、立ち去ってよい」からきているという——、ミトラス教の最高祭司職パテル・パトルム（父の中の父）がキリスト教の教皇（パパ）の語源となった。ミトラスの姿は母の子宮を表す聖なる洞窟である岩の墓に埋められたが、ミトラスはその墓から抜け出て、再生すると考えられた。このようなミトラス教と接触し続けた結果、キリスト教徒もまた自分たちをキリストの兵士と考え始めた。そして自分たちの救世主を「世界の光」、「昇る太陽ヘリオス」、「正義の太陽」と呼び、ユダヤの安息日（金曜日）ではなく、日曜日（太陽の日）に祝祭を行い、救世主の死は日食によって示されたと主張し、ミトラス教徒にならって、最も高い天界に昇るために、洗礼を受けた（以上は主にバーバラ・ウォーカー著『神話・伝承事典』（大修館書店、一九八八年）から）。コンスタンティヌス大帝が正帝（アウグストゥス）として即位した頃（三〇七年）、帝国全体では、ミトラス教徒の方がキリスト教徒より断然多かったが、教義・儀礼の面では、キリスト教によるミトラス教の吸収ないし取り込みがかなりのところまで進んでいたと思われる。

歴代のローマ皇帝の中で、最初にペルシャ宗教に強い関心を持ったのは、自ら太陽神として崇拝されたがっていたネロ（五四—六八）である。アルメニア王ティリダテス一世（五一—六〇、六三—七五）がネロの手で戴冠するためにローマに来た時（六六年）、ネロはティリダテスからミトラス神の顕現として礼拝され、ティリダテスに随伴したゾロアスター教神官（マゴス）たちが執り行う「魔法の食事の儀式」に加わった。その後まもなく——一世紀末から——、明らかにミトラス教のものと認定できる神殿が、主として上級将校たちの寄進によって、帝国各地に次々と建てられるようになった。

アントニヌス朝では、トラヤヌス（九八—一一七）が、ミトラス神と同じように、フリュギア風の円錐形の帽子をかぶった胸像を作らせ、自分が発行したコインには、早くから太陽神ミトラスにも用いられた「君主にして神」、「敗れざる神」、「神の盟友」、「神の代弁者」といった称号を刻ませた。そしてコンモドゥス暴虐帝（一八〇—一九二）はついにミトラス教に入信し、典礼の血なまぐさい密儀——この時は人身供儀が行われた可能性がある——に参加した。皇帝の改宗がミトラス教の宣教に弾みをつけ、この頃から、ミトラス－太陽神は帝国の高級官僚や元老院議員の間にも多くの信奉者を得ていった。

セプティウス・セウェルス（一九三—二一一）の時代（たぶん）、ローマのアウェンティヌスの丘の離宮は帝室のミトラス神殿を持つことになった。それ以来、宮廷はミトラス神の支配下に入り、宮廷付特命神官として敗れざる神ミトラスの皇居付の神官（マゴス）が聖事を執り行った。セウェルスの子カラカラ（二一一—二一七）は入信したという証拠はないが、ミトラス神の強力な支持者であった。カラカラ浴場の一部はミトラス神殿の役割を果たし、皇帝たちの住居があるパラティウムの丘やカピトリウムの丘の麓やフォールムを始め、ローマ市内各所にミトラス神殿が建てられ、帝室一家の故郷アフリカにも建てられた。

セウェルス朝同様、フィリップス・アラブス（二四四—二四九）の治世にも、宮殿の中には専従のミトラス教神官がいて、ミトラス神への請願や奉納を行った。

アウレリアヌス（二七〇—二七五）は女王ゼノビアのパルミラを完全に制圧した後、勝利を与えてくれた——太陽神が彼に現れて、彼への援助を約束したという——「敗れざる太陽（神）」を、帝国の守護神として、国教の中心に据え、皇帝はその顕現であるとした。そして壮大な神殿を「マルスの野」に建てて、太陽神生誕を祝う年祭を十二月二十五日とし、豪勢な儀式を行い、四年毎に競技会を催し、公認の神官団を置くことを定めた。きわめて一神教的性格が強い——太陽神は全能で神聖な唯一の力とされた——この太陽教は、最初、ギリシャ、ローマ、エジプト、ペルシャの太陽信仰の集合体といった体裁を取っていたようだ。しかし二七四年に、アウレリアヌスは牛を殺す神の密儀——これはまさしくミトラスによる生類創造の儀式そのものである——と並べて、「敗れざる神」のための国家祭儀を創設した。このことによって帝国のこの守護神は限りなくミトラス神に近づいたと言える。

三〇五年、帝国の四分統治策によって東西の正帝となっていたディオクレティアヌス（二八四―三〇五）とマクシミアヌス（二八六―三〇五、三〇六―三〇八）が共に退位し、それぞれの副帝（カエサル）だったガレリウス（三〇五―三一一）とコンスタンティウス・クロルス（三〇五―三〇六）が正帝に昇格し、副帝にはマクシミヌス（三〇八―三一三）とセウェルス（三〇六―三〇七）が任命された。しかしコンスタンティウスが即位後十四カ月でブリタニア遠征中に没したため、その子コンスタンティヌス（三〇七―三三七）が西部の副帝に任ぜられ、セウェルスが正帝に昇格した。するとそれからまもなく、副帝の官位から除外されたまま、ローマ近郊で屈辱を耐えていたマクセンティウス（三〇七―三一二）が、ローマ市民と元老院の熱烈な指示を取り付けて、叛旗を挙げた。マクセンティウスは先帝マシミアヌスの息子にして東部の正帝ガレリウスの娘婿であり、自分は皇位を継承する資格があると思っていた。他方、誇り高いローマ市民は玉座がニコメディアやミラノにあり、五百年続いた人頭税免除の特権が取り消されたことなどに強い憤懣を持っていた。息子の即位宣言を知って、マクシミアヌスもすぐに隠居所から駆けつけた。そして息子と元老院に推されて、皇帝に復位した。翌三〇七年、セウェルスが大艦隊を率いてローマ制圧に向かうが、戦いに敗れ、マクシミアヌスによってラヴェンナで捕らえられ、殺された。続いてガレリウスがセウェルスの弔い合戦に行くが、老練なマクシミアヌスの固い防御になす術もなく、撤退した。

この重大な事態を打開するため、ディオクレティアヌスが仲裁に乗り出した。三〇八年十一月、ウィーン近くのカルヌントゥムで、ディオクレティアヌス、マクシミアヌス、ガレリウス、リキニウス（三〇八―三二四）の四者会談が行われた。その結果、マクシミアヌスが退位し、リキニウスが西部の正帝となり、マクセンティウスは公敵とされた。そしてこれを確認するために、協定の調印者たちは、その地のミトラス神殿で「治世の恩恵者たる敗れざる太陽神ミトラスに」大祭壇一基を奉納し、神殿の再建を約束すると書き記した。これは「敗れざる太陽神ミトラス」がこの時点、この状況でローマ皇帝たちにとって最も重要な神であったことを示している。

ところでコンスタンティヌスが正帝（アウグストゥス）を名乗ったのはこの混乱の最中であった。東部と対抗するために、コンスタンティヌスの支援が欲しかったマクシミアヌスは、正帝としての実権は握ったまま、娘と正帝の名誉称号を与えたのである。機を見るに敏で、慎重で、しかも決断力があったコンスタンティヌスは、この機を逃さず、「敗れざる神（太陽神）の誕生日」に正帝への即位を宣言した。これには皇帝である自分と「敗れざる神（太陽神）」は一体であり、皇帝である自分は「敗れざる神（太陽神）」の顕現であるという自己神格化の意図が読み取れる。彼はこの自己神格化によって不退転の決意をさり気なくしかし明確に麾下の軍隊と帝国全体に表明したと思われる。「敗れざる神」の後に「ミトラス」の名がないのは、彼が特にアポロを崇拝していたからかも知れないが、父の代から麾下の軍隊にキリスト教徒の兵士が多数いたからということも考えられる。

コンスタンティヌスのキリスト教への改信の時期と信仰心については、古来いろいろと議論されている。コンスタンティヌスの子供の傅育官であり、その宮廷で勢力を持っていたラクタンティウス（三―四世紀）は、コンスタンティヌスは即位した当初からキリスト教の神の威厳を認め崇めていたと言い、『教会史』の父エウセビウス（二六三頃―三三九）は、コンスタンティヌスの信仰は、ガリアでイタリア遠征の準備中に、光り輝く十字架が正午の太陽の上に現れた時に起因すると述べている。彼らはたしかにコンスタンティヌスの側近であり親友であった。しかし二人は伝導・布教の使命感を持つキリスト教徒であり、彼らの主張・言説は客観的な証拠を欠いている。十字旗制定のきっかけとなったと言われる異常現象も、当時、一般的には太陽神の瑞象として理解されていた。キリスト教徒の巧みな誘導があった可能性が高い。史実に目を向けると、コンスタンティヌスは四十歳近くまで――三一三年頃まで――間違いなく伝統的な多神教を遵奉していた。彼は神々の神殿――特にアポロ神殿――に手厚い喜捨を惜しまなかったし、その頃までに発行された彼のメダルには、ユピテルやアポロやマルスやヘラクレスの肖像が刻まれている。また、ミトラスと同じように、光り輝く四輪馬車に乗って太陽神（アポロ）によって昇天するコンスタンティウス一世の姿が描かれている象牙製の板（大英博物館蔵）もある。製作者は確定できないが、この時期のコンスタンティヌスの父への思いを反映していることは間違いない。しかしながら、彼と太陽神との関係がどのようなものであったにせよ、彼の治世からローマ帝国が一気にキリスト教化していったことは厳然たる事実である。その後、ユリアヌス（三六一―三六三）がミトラス教に入信して、ミトラス－太陽教の復興を図ったが、ペルシャとの戦いであえなく戦死すると、伝統的な多神教が勢いを盛り返す時代は二度と来なかった。そしてグラティアヌス（三七五―三七八）は三七九年に大神官という古代ローマ以来の皇帝の尊称を辞退した。こうしてローマ皇帝はキリスト教の神との関係の維持に心を砕き、教会では神の代理人である教皇の前にひざまずくようになった。

ミトラス教の教義と歴史全般については、フェルマースレン著、小川英雄訳『ミトラス教』（山本書店、一九八八年）、フランツ・キュモン著、小川英雄訳『ミトラの密儀』（平凡社、一九九三年）、小川英雄著『ミトラス教研究』（リトン、一九九三年）を参照した。念のため付け加えると、本訳注で紹介したミトラ（ス）教に関する説の中には、その後他の専門家によって否定されたり批判されたりしたものもあるかも知れない。しかし門外漢の訳者には、個々の論点・問題点を原資料に基づいて検証することができなかったことを告白しておきたい。

（一一八）　わが国の専門家の見解によると、匈奴以来、広くトルコ－モンゴル系遊牧民の間で使用されてきた「天《テングリ》」は「母《エケ》なる地祇《エトゲン》」（大地母神）と対をなしている（村上正二訳注『モンゴル秘史1』（東洋文庫163、平凡社、一九七〇年）、二〇七ページの巻三の訳注（一七）参照）。また、「テングリ」は中国の「天」と発音が近いので、中国の「天」の観念がそのまま輸入されたという説があるが、これはまだ定説とはなっていないようだ（『モンゴル秘史3』、一二四―一二六ページの巻十の訳注（一）参照）。

（一一九）　匈奴に関する基本資料である『史記』匈奴伝および『漢書』匈奴伝を見る限り、このような記述はない。あえて近似のものを挙げれば、次の文であろうか。「毎年正月、これら諸長は単于庭に小集会をして祀りをし、五月には籠城に大集会をして、その先祖、天地、鬼神を祭る。秋、馬の肥ゆるとき蹛林《たいりん》〔林を馳回する祭礼〕にて大会し、人畜の数量をとりしらべる。」「単于は、朝には営舎を出て日の出を拝し、夕には月を拝する。」「事を挙行するにあたっては、星や月を観察する。月が勢壮《みちさかん》であれば攻戦し、月が欠ければ兵を退ける。」（『騎馬民族史1』史記匈奴伝、内田吟風訳、東洋文庫197、平凡社、昭和四十六年、一五―一六ページ）。しかしこれは原著者の文脈に合致しているとは思えない。

（一二〇）　フラグ（一二五八―一二六五）はチンギス・カンの孫で、イル・汗《カン》国の創始者。一二五三年、兄モンケ（憲宗、一二五一―一二五九）の命により、西征。イランの「暗殺教団」イスマイール派を殲滅し、アッバース朝を滅ぼした（一二五八年）。そして自らシリアのアレッポを制圧した時、モンケ死去の報を受けたため、キブカに残軍の総指揮を任せ、シリアのダマスカス、パレスチナ、エジプトの征服を命じて、自らはタブリーズの本営に引き返した（一二五九年）。この頃、すでにフラグと仲違いしていたキプチャク・汗《カン》国のベルケはフラグの領域に侵攻し、フラグの息子を倒した。東方ではフビライ、アリクブカ兄弟の帝位争いが起き、結局、フラグが支持したフビライが帝位に就いた（一二六〇年）が――ベルケはアリクブカを支持した――、同年九月、キブカ率いるモンゴル軍はエジプトのマムルーク朝の軍によって全滅し、シリアも征服された。こうして南北から強力な敵に圧迫されることになったフラグは、たぶん熱心なキリスト教徒であった妃ドクツの意見も聞いて、一二六二年、キリスト教西欧に同盟を申し入れた。この後の引用文は、フラグがその際フランスのルイ九世に送った親書である。この申し入れはローマ教皇ウルバヌス四世（一二六一―一二六四）によって婉曲に断られたが、ともあれフラグはこのような危機的状況にありながら、フビライの宗主権を認めつつ、事実上の独立国を建国・維持することに成功した。彼は兄のモンケから戴いた「イル汗（アーリア国の長）」の称号を用いていたが、フビライに対しては「イランの副王」であった。フラグの書簡は近年仏訳されている。Jean Richard «Une ambassade mongole à Paris en 1262», Journal des savants, 1979.

なお、テキストでは、フラグの在位期間は（一二五一―一二六五）とあり、巻末索引では（一二六一―一二六五）となっていたので、訂正した。

（一二一）　シモン・ド・サンカンタン（十三世紀）は、バトゥ率いるモンゴル軍の西征後、ローマ教皇インノケンティウス四世が小アジアの国境地帯に駐屯するモンゴル首長のもとに派遣した（一二四九―一二五〇年）使節、ドミニコ会修道士アンセルムに随行した修道士の一人。カラコルムまで行って、グユク汗の教皇宛書簡を携えて帰った先の使節、ジョバンニ・デル・プラノ・カルピニ（第五章の訳注（一四二）を参照）の場合と違って、アンセルムはモンゴル側が要求する屈辱的な礼儀を拒否したため、使節としての任務を果たせずに帰国した。この使節団の報告書の有無は確認されていないが、シモンが書いたものの一部が他の書物に引用されて残っている。その構成は、プラノ・カルピニの報告書同様、旅行記とモンゴル人および近隣諸族の民俗誌から成り立っていたと推測されている。カルピニ／ルブルク著、護雅夫訳『中央アジア・蒙古旅行記』（桃源社、一九六五年）の巻末解説参照。

（一二二）　その結果、セイロンでは、仏教と王権との関係がきわめて密接になり、十八世紀になると、四世紀に伝来した仏歯（現在は聖地キャンデイ市の仏歯寺が保管）が王権のシンボルとなり、仏歯を持つ者が正統な王位継承者とされた。

（一二三）　これはアショーカ王の伝記が仏教聖典の内に独立の経典として取り入れられた（二世紀以降）ことを指していると思われる。彼の伝記（『ディヴィヤーヴァダーナ（尊き譬喩因縁物語）』（三世紀頃から四世紀にかけて成立）の三十八の物語中、第二十六―二十九の「アショーカヴァダーナ（アショーカ伝）」（「阿育王経」「阿育王伝」「雑阿含経第25巻」）では、アショーカ王が暴虐の生活から一転して善政を施す法（ダルマ）の王になったという仏教への回心が強調されている。

なお、ここではアショーカ王の在位期間は（前二七三頃―前二三七頃）となっていたので、本訳書の本文六八ページや原書の巻末索引に従って統一した。第二章の訳注（七八）も参照。

（一二四）釈尊は、教団サンガ（僧伽）では、インドの階級制度を否定して、サンガ内部では先に出家した者が上位に座るという平等主義を貫いた。また当時としては画期的な女性サンガも創始した。そして在俗信者には、仏・法・僧の三宝に帰依し、五戒を守ることを生きていくうえでの基本とせよと説いた。王位を捨ててブッダ（覚者）となった釈尊にとって、君主制思想は最も縁遠いものだったと思われる。

（一二五）ラオスの世界創成神話によると、太古の昔、天にはクン族すなわち「天の殿様たち」が住んでおり、彼らが地上の人間たちに生きていくためのすべての手段と儀礼を教えた。しかしまもなく人間たちは言うことを聞かなくなったので、クンたちは天の王国の王パヤ・テンであるインドラにそのことを訴えた。そこで王は二人のクンを地上に送ったが、いずれも人間を統治できなかったため、彼らを天に呼び戻した。そしてその代わりに、息子のクン・ボロム——あるいはパラーマ（「最高の殿」の意）——を派遣した。クン・ボロムには七人の息子が生まれ、彼らの間で領土が分割統治され、今日に至るラオスの礎が出来上がった。

（一二六）そもそも「イスラム」という言葉は唯一神アッラーに対する絶対的な「服従」を意味する。

（一二七）後の歴史家が「正統派（アル・ラーシドゥン）」と呼ぶこの四人のカリフは、いずれもクライシュ族に属していたが、アブー・バクルはタイム家、ウマルはアディー家、ウスマーンはウマイヤ家、アリーはハシム家の出身であった。

（一二八）それでも、ウマイヤ朝十四代のカリフのうち、息子に自分の位を直接継承させることができたのは四人だけで、まだ例外的なことであった。カリフの位の父子相続が定着するのは、アッバース朝（七五〇—一二五八）の中期以降のことである。

（一二九）アル・ファーラビー（八七二—九五〇、異説あり）はトルキスタン生まれの哲学者。イスラムの新プラトン主義者で、イスラム教とギリシャ哲学とを調和させようとした。特にアリストテレスの著作を多数アラビア語に翻訳し、優れた注釈を付けたことにより、（アリストテレスに次ぐ）「第二の師」と称された。論理学、政治学に大きな関心を寄せており、プラトンの『国家』にヒントを得て書いた『有徳都市の住人が持つべき諸見解の原理』は後代に大きな影響を与えた。

（一三〇）テキストでは（一二四六年）となっていたので、訂正した。

（一三一）オスマンの在位期間について。オスマンの生年は一二五八年で、ルーム・スルタンによって西部アナトリアのウジ・ベイに任命されていたカイウ族の族長エルトゥルル・ベイが死に、彼が新しい族長に選ばれたのが一二八一年頃である。

彼が国づくりに取りかかるのは一二九一年頃からで、トルコ共和国の歴史家によると、オスマン・ベイの建国年は一二九九年のことである。

（一三一）　これはもちろん旧約聖書・創世記の洪水神話の主人公ノアである。ちなみにノアの人物像と運命はギルガメシュ叙事詩の洪水物語の主人公ウトナピシュティムのそれと類似しており、両者の伝承素材の間に関連性が指摘されている『旧約・新約聖書大事典』（教文館、一九八九年）。

（一三二）　リュトフィ・パシャ（一四八八？―一五六二）はスレイマン一世時代の大宰相の一人。アルバニア出身ながら、オスマン・トルコ帝国の宮廷内の学校――たぶん皇帝の常備親衛隊イェニ・チェリ（「新兵」の意。ヨーロッパの新属州から優れた資質を備えたキリスト教徒の年少者を選抜徴用して、イスラム教徒に改宗させ、厳しく教育・訓練した後、彼らのみで編成した最強のムスリム軍団）の養成所――で厳しい教育を受けた。そして卒業後、ヨーロッパやアジアでの数多くの戦いで戦功を挙げながら、旗手、地方長官、宰相、大宰相と目ざましい出世を遂げた。宰相になってから皇帝スレイマン一世の妹と結婚し、前任者がペストで死去すると、大宰相に任命された。しかしそれから二年後、彼は一人のムスリム女性（売春婦）に対する残虐な懲罰が原因で、妻と夫婦喧嘩をして、彼女に対しても粗暴さを見せたため、皇帝によって離婚を命じられ、失脚した（一五四一年）。こうしてディメトカで蟄居の身となったが、詩人でもあった彼は、この最晩年に多方面にわたる著作に専念することになった。自伝的要素も含む『アーサーフ・ナーメ』では、正しい行政の諸原則についての彼の見解が述べられているが、その中で伝統を守ることの大切さも説かれている。「大臣たちの鑑」のジャンルに属することの書は後世に大きな影響を及ぼしたと言われる。ほかに歴史書『高貴なオスマンの歴史』等がよく知られている。

（一三四）　この記述の仕方は明らかにおかしい。「上天からの定めによってこの世に生まれた蒼き狼」とその妻である「白い牝鹿」からバタチカンという男の子が生まれた。これが『モンゴル秘史』冒頭にある獣祖神話の一部分である。そしてバタチカンから十代目の兄弟の弟の方の妻がアラン・コア（姫）であり、彼女は夫との間に二人の子供をもうけた後、夫に先立たれたが、新たに三人の子供を産んだ。先に生まれた二人の子が、母は召使いの男と密通したのではないかと考えているのを知り、彼女は次のように言った。「夜ごとに黄色く光る人が、家の天幕から差し込む光と共に入ってきて、私の腹をさすったのです。そしてその光は私のお腹にしみ通って行きました。出て行くときは、日月の光の中を黄色い犬のように尾を振りながら出て行ったのです。考えてみるとこの子らは天の子に違いない。」この族祖神話は「感生神話」であり、最初の神話とは本来別系統のものである。村上正二訳注『モンゴル秘史1』巻一（東洋文庫163、平凡社、一九七〇年）参照。ただし訳文を少し書き換えた。

（一三五）一般的に「霊的実現」«la réalisation spirituelle» と言う場合、何の「霊的実現」なのか明示するものだが、ここではそれがなされていない。

（一三六）アクバル大帝（一五五六―一六〇五）はムガール朝第三代の王。十三歳で即位した時、勢力範囲はデリー、アーグラとその周辺だけだったが、その後ラージプート族を征服し（一五六九年）、グシャラートを破り（一五七三年）、ベンガル、ビハールに遠征し（一五七四―一五七六年）、カブールを攻略し（一五八一年）、カシミール（一五九五年）、シンド（一五八八―一五九〇年）、デカン（一五九一年）、カンダハール（一五九五年）等を併合して、ベンガル湾からアラビア海に至る広大な領土を獲得し、ムガール帝国の真の建設者となった。彼は租税制度の改革によって貴族の力を弱め、徹底的な中央集権制をとる一方で、農民の利益を図る法律を施行し、貨幣制度を改めた。また、人種の平等を認め、信教の自由を尊重し、臣民の融和に努めた。特に彼の宗教政策について補足すると、一五七九年、彼は自分はスルターネ・アーディル（正義の王）であり、イスラム法の最高解説者であると宣言した。そして一五八二年には、ディーネ・イラーヒー（神の道）という新しい宗教を布告した。これはイスラム教、キリスト教、ヒンドゥー教、ゾロアスター教などあらゆる宗教の美点を集めたもので、全世界に平和と満足とをもたらそうとするものだった。その要点は、（一）神は一つであり、アクバルは最高の僧であり、使徒である。したがって、この宗教を信じる者は王にすべてを捧げることを誓う。（二）肉を食べず、あらゆる人に善をなす。（三）王に対して全身を床にこすりつけて敬礼する。（四）太陽（光）、火を拝する。しかしながらこの折衷宗教を受け入れる者は宮廷の中でさえごく少数だったと言われている。なお、テキストではアクバル大帝の在位期間が（一一五五―一一六〇五）とあったので、訂正した。

（一三七）イマームとは本来イスラムの宗教指導者を指すが、スンナ派では、カリフ（イスラム共同体の最高指導者）と同義語に用いられ、国王や領主がイマームという称号を併せ持つことも稀ではない。一方、シーア派（「アリーの党派」）では、イスラム共同体は政治的にも宗教的にもアッラーの言葉を正確に理解する能力のある者によって指導されなければならず、預言者ムハンマドの正統の後継者はアリーであるから、最高指導者であるイマームはアリーの子孫以外にはあり得ないとされる。そのうえ、スンナ派のカリフと違って、シーア派のイマームには教義決定権と立法権が認められており、イマームは無謬であると信じられている。ただしシーア派の主流では、アリー以外にイマームが政教の最高指導者として指揮権をとったことがなく、精神的指導者としての役割に限られていたため、その分イマームの神聖視が強まったと見られている。

（一三八）　シーア派のイマーム観は「ガイバ」と「マフディー」という概念と一体化している。ガイバとは眼前から隠れ、目に見えない状態のことで、「お隠れ」、「幽隠」、「不在」といった訳語が当てられている。シーア派では、イマームの状態として、公の場に姿を現して信者と直接交流することができる状態とは別に、イマーム位（イマーマ）を保持し続けたまま、姿を現すべき時が来るまでいつまでもどこか隔絶されたところに隠れている状態が想定されている。決して死んではいないが誰一人直接接触することができないイマームの「幽隠」状態、これをガイバという。そしてマフディーとは「神意によって正しく導かれた者」の意で、初期には預言者ムハンマドなどを指していたが、その後、終末の前にこの世に現れ、邪悪によって乱されたムスリム社会の秩序を正し、真のイスラム共同体を築く救世主《メシア》を指すようになった。シーア派の思想では、ガイバ状態にあり続けたイマーム（隠れイマーム）は、終末時にマフディー（救世主）として再臨し、地上に正義と公正の世を築くとされる。歴史的には、ガイバとマフディーを終末論に連動させ、このようなシーア派独自のイマーム観を最初に確立したのは過激派のカイサーン派である。八世紀末、ウマイヤ朝期の抑圧に対し、ムフタールはアリーの息子ムハンマド・ブン・アルハナフィーヤを「イマームおよびマフディー」と奉じ、クーファで反乱を起こした。反乱は鎮圧され、七〇〇年にムハンマドは没したが、カイサン派の一部は自分たちのイマームの死を認めず、お隠れ（ガイバ）状態の後にマフディー（救世主）として再臨し、地上を正義で満たすと考えた。この終末論はその後イマーム派に受け継がれ、イマーム位継承問題を複雑化させ、分派活動を促進した――その過程で、マフディーは預言者ムハンマドと同じ名前を持ち、アリーの子孫とされた――が、最終的には分派の一つ十二イマーム派に吸収された。その十二イマーム派は次のようにして成立した。シーア派の大部分は、第三代イマームのフセインの男系子孫が第十一代イマームまで続いたと考えていた。ところが第十一代イマームが明確に認知された男児を残さずに没した（八七四年）ために、大きな混乱が生じた。その時持ち出されたのが、実は男児は生まれたが、今は人目に触れないところで隠れて生きているというガイバ論であった。結局、ガイバ論――当然、マフディー論と一体化している――が多くの派に受け入れられ、この隠れて生きている人物が第十二代イマームとされた。このように第十二代イマームはこの世の終末にマフディー（救世主）として再臨するまで隠れて生き続けていると主張する十二イマーム派が、今日でもシーア派の中で多数派となっている。なお、シーア派では、九四〇年までが、イマームと信者の間を仲介する四人の正式に任命されたサフィール（媒介人）のいる「小ガイバ期」、それ以降が完全にイマームとの接触が絶たれている「大ガイバ期」と認識されている。

（一三九）　シーア派の一派イスマイール派が建設したファーティマ朝は、唯一のシーア派のカリフ国であるが、ハーキムはその第六代カリフ。十一歳で即位し、五年後から専制的権力をふるい始め、極端な政策を次々と打ち出した。隠れイマームが救世主カーイム（＝マフディー）として再臨すると説くイスマイール派、特にハーキムの神性を認めて分派したドゥルーズ派を保護して、スンナ派に対しては敵対的政策をとり、キリスト教徒、ユダヤ教徒を差別・迫害した。彼は異常性格者で、奇行が多かった。彼は毎夜カイロ市内を一人で忍び歩きをしていたが、ついにある夜ムカッタムの丘付近で行方不明になった。ハーキムを神格化していたドゥルーズ派は彼の死を認めず、ガイバ（お隠れ）とし、復活の日（ヤウム・アル・キヤーマ）に救世主（マフディー）としてこの世に再臨するとした。そのためドゥルーズ派は弾圧されて、シリア方面に逃れ、今日、レバノン、シリア、イスラエルなどに約百万人の信徒がいると言われている。

（一四〇）　サファヴィー朝の祖イスマイール一世（一五〇二―一五二四）はサファビー教団というイスラーム神秘主義教団の長でもあった。彼がアクコユンル朝の都だったタブリーズに入城した時点で、サファヴィー家の歴史はすでに二百年に達していた。教祖サフィーの死後、その子孫が代々その教主の座に就いた教団は、信者からの寄進によって経済的な基礎を確立・強化し、教主はかなり早い段階ですでに一定の世俗的権力も備えていたらしい。そしてイスマイールの祖父ジュナイドは、シーア派の初代イマーム・アリーを神と同格とし、教主を救世主（マフディー）とし、スンナ派への憎しみを煽るなど、過激な教説によって周辺のトルコ系遊牧民族を多数信者に引き入れた。後にイスマイールがアクコユンル朝と対峙した時、彼の軍隊の大部分がサファヴィー教団員であり、イスマイールを神秘的な能力をそなえた救世主と信じていた。それで彼らは命を惜しまず奮戦して、イスマイールに勝利をもたらした。もっとも、イスマイールはサファヴィー教団の過激な教義が広く一般の人々に受け入れられないことを承知していたので、建国直後に十二イマーム派を国教とすることを宣言し、レバノンやイラクなどから高名な学者たちを招聘した。しかし当然のことながら、イスマイール自身とサファヴィー教団員を中核とする彼の軍隊の過激な信条は変わるはずがなく、イスマイールは自分を神格化し、彼の軍隊は教主の「無謬・無敵神話」を信じつつ、十年間、ほぼ連戦連勝して領土を拡大した。そして一五一四年、アナトリア東部のチャルディラーンの野で、イスマイール自身の作戦の失敗により、オスマン・トルコ軍に惨敗した時、サファヴィー朝軍の神話は崩れ去った。

イスマイールはこれ以後政治や軍事に対する興味を失い、十年後に、三十七歳の若さで没した。しかし彼がサファヴィー朝の基礎を築いたことは確かであり、アッバス三世（一七三二―一七三六）まで続いた。なお、テキストではイスマイール一世の在位期間が（一五〇一―一五二四）となっていたので、訂正した。

（一四一）　アステカ族が女呪術師に率いられていたのは、伝説上の故地アストランから離れてメキシコ高原に出るまでの間であり、彼女およびその家族と袂を別った多数派が、流浪の末、テスココ湖の中の島を信託の地と見て、そこに自分たちの都市テノチティトラン（現メキシコ・シティーの中心部）を建設した（一三四五年説もある）。なお、今日までの研究成果によると、トルテカ（「優れた工人」「賢人」の意）は特定の部族を指す語ではなく、「トルテカ文化を担ったメソアメリカ各地の指導者階級」と理解すべきであるという。そこで本訳書では、「トルテカ族」という語を排して、「トルテカ」または「トルテカ（文化）人」という語を用いることにした。トルテカおよびトルテカ文化については後注（一四二）を参照。

（一四二）　この推測に同意する専門家はいないだろう。テノチティトラン（原意は「サボテンの上」（アコスタ著、増田四郎訳注『新大陸自然文化史　下』（大航海時代叢書Ⅳ、岩波書店、一九六六年）第七巻の訳注（36）参照）。「神々の都市」は別称と解するべきだろう）の中央広場はテオパン（「神々の場所」）と言い、その北側正面には、「蛇の囲い」（コアテパントリ）と呼ばれた、東西約四〇〇メートル、南北約三〇〇メートルの神域があった。ここには太陽神・軍神であるウイツィロポチトリと水と雨の神トラロックに捧げられたピラミッド型大神殿を始め、そのすぐ南側にやや小さいテスカトリポカの神殿、西側にクルワカンの小神殿、南東隅にシペ・トテックの神殿があった。この都市にはほかにも十近いピラミッド型神殿があり、大地と死と天の川の女神イラマテクトリ、火と時間の神シウテクトリ、ウイツィロポチトリの母コアトリクエなどの神も祀られていた。アシャヤカトル、モクテスマ一世および二世の少なくとも三つの宮殿が神域「蛇の囲い」の東側と西側にあったのは事実だが、アステカの王が死後に神として特定の場所に祀られていたということは、一次資料であるコルテスの「報告書翰」や彼の部下だったベルナール・ディアスの詳細な『メキシコ征服記』（いずれも大航海時代叢書。前者は『征服者と新世界』に収録）等でも述べられていない。したがって、「神々の都市」テノチティトランの「神々」は「死せる王たち」ではなく、これらの神々を指していると考えるのが妥当であろう。

（一四三）　これは明らかな間違いで、「テオティワカン（人）は」とすべきである。そしてこの文の後に、次に述べるような、トルテカについての説明を入れると、次の文の主語「彼ら」は「トルテカ人」を指すことになり、その後の記述内容と合致する。しかしまず、テオティワカンとその文化について略述しておきたい。

テオティワカンはメソアメリカ史上最大の都市で、太陽のピラミッドと月のピラミッドを結び、南北に延びる「死者の大通り」を基本線として、最盛期には二〇平方キロメートルの広さに達していた。この都市を中心にしたいわゆるテオティワカン文化は、紀元前二世紀頃から六世紀頃まで周辺各地に大変大きな影響を与えたが、テオティワカンが、ほぼメソアメリカ全域の政治的・経済的支配権を獲得したのは二世紀頃からと見られている。テオティワカンでは、雨の神トラロックを始め、火の神ウエウエテオトル、春の神シペ・トテック、羽毛のある蛇神ケツァルコアトルなど多数の神々が祀られており、その多くがそれ以後のメソアメリカの宗教の基盤となった。

トルテカたちは、テオティワカンの衰退期に、各地からメキシコ中央高原——現ショチカルコ都市遺跡を神話で語られる諸集団集結の地タモアンチャンと見る専門家が多い——に集まり、テオティワカン文化を吸収しつつ、テオティワカンに代わる勢力を形成したが、テオティワカンが没落すると、再び各地へ散って行き、地方文化の隆盛をもたらした。このトルテカ文化期（六〇〇—一〇〇〇）には、特定の部族が多くの他部族を支配して「帝国」を形成するということはなかったらしい。規模は大きくても、トゥーラ遺跡をトルテカ「帝国」の首都とする通説には多くの否定的要素があるという。トルテカ文化は、十世紀末、北部からメキシコ盆地に進入してきた狩猟民族チチメカ族——アステカ族はその最後の集団だった——に影響を与えつつ、自らも大きく変容し、最終的にはチチメカ文化（一〇〇〇—一五二一）に取って代わられた。

（一四四）この記述を読むと、J－P・ルーがケツァルコアトル神とトゥーラ王国の王ケツァルコアトルとを正確に識別していないことは明らかである。ケツァルコアトル神の起源は非常に古く、紀元前数世紀にまで遡る。原型は水や農耕と関連する蛇神だったが、テオティワカン文化期（紀元前後—六五〇）からは、「羽毛のある蛇」の姿で表現された。これはすでにこの頃から風の神としての属性が認知されたことを示している。ショチカルコ期（六五〇—一〇〇〇）（＝トルテカ文化期）には、金星（危険の化身で、男神）としての属性も付加された。そしてアステカ時代になると、壮大な創世神話の中で、原初の二神トナカテクトリとトナカシワトリが生んだ四神中の一神として、兄弟のウイツィロポチトリ（もとはアステカ族固有の守護神）と共に、宇宙の生成にたずさわり、人類を創造し、主食であるトウモロコシの栽培方法を教えたとされた。また風の神エエカトルは彼の分身と見なされた。

王ケツァルコアトルはトルテカ文化期の一族長ミシュコアトルの子である。ミシュコアトルと彼の部族は、九〇〇年頃、メキシコ北部から中央高原へ移動してきて、クルワカンに定着した。そしてショチカルコの近くで、土地の女性に子を産ませた。この子がセ・アカトル・トピルツィン（「一の葦の年に生まれたわれらの王」）、後のケツァルコアトル王である。トピルツィンの父は部下の裏切りに合って殺され、母は出産がもとで死んだため、彼は祖父母に育てられた。ショチカルコはケツァルコアトル神崇拝の盛んだったところなので、彼はこの神に仕える神官職に就き、その結果、神名で呼ばれるようになったと考えられている（後に、テノチティトランでは、二主神ウイツィロポチトリとトラロクに仕える最高位の二神官がケツァルコアトルの名で呼ばれた）。その後、彼は父の仇を討ち、都をトゥーラに移し、善政を布いたため、トゥーラは大いに繁栄した。しかし人身供儀を伴う戦いの神を信仰する勢力と人身供儀の風習を絶とうとする王との間に反目が生じ、結局、王は都落ちし、やがて東方の海岸で姿を消した。その際、王は、いずれ必ず帰国して、王座を取り戻すと予言した。アステカにはこの出来事が、ケツァルコアトル神と混同した形で、一種の終末思想と共に伝わっていた。そして一五一九年、まさにケツァルコアトル王－神が予告した「一の葦の年」に、スペインのエルナン・コルテス一行が東方の海岸に姿を現した。それでモクテスマ王はコルテスをケツァルコアトル王－神と思い込み、動転し、対応を誤った（モクテスマ二世については、サアグン編『ヌエバ・エスパニャ概史』第十二書の『メシコの戦争』（小池祐二訳注、大航海時代叢書（第Ⅱ期）12、岩波書店、一九八〇年）参照）。

（二四五）　これは前の訳注で紹介した伝説とは別に、同じトゥーラ王ケツァルコアトルの伝説として存在する。それにしても、原著者はこの伝説のみを重視して、アステカの王権イデオロギーに対する彼独自の認識を示そうとしているが、賛同はほとんど得られないだろう。次の訳注を参照。

（二四六）　アステカの君主制は伝統的な諸制度の上に成り立っていた。モクテスマ二世も六人の貴族からなる合同会議で選出されると、三人の最高顧問（軍の司令官、大僧正、首都の長官）の助言を受け、同時に、自分の親族を中心とした貴族団のみならず、連合を組んでいたテスココ族とトラパン族の首長たちの意見を聞きながら、王としての務めを果たしていた。アステカ族は、生命の源である太陽（神）に対してとりわけ熱烈な信仰を持つ一方、虚無と死そのものである暗闇を極端に恐れた。そこで彼らは、夜毎に暗闇と闘う太陽に、その活力となる人間の生け贄を絶えず捧げることによって、人間世界の生存を確保することができると考えた。アステカの王はこのような宇宙観・世界観の下に組織された社会の最高位の執政官兼神官であり、たとえモクテスマ二世が、伝統に反した極端な権威づけによって、自らを「神のように」尊敬させようとしたとしても、神そのものではあり得なかった。これが一般的な見方であろう（たとえば、アコスタ著、増田四郎訳注『新大陸自然文化史　下』（大航海時代叢書Ⅳ、岩波書店、一九六六年）第七巻および巻末の補注を参照）。

これに対して、特にモクテスマ二世の事例を挙げて、アステカでは王の神格化が行われていたとする見方がある。たとえばメアリ・ミラー、カール・タウベ編『マヤ・アステカ神話宗教事典』（増田義郎監修、武井摩利訳、東洋書林、二〇〇〇年、「神格化」の項）は、それ以前にも、第七代の王（アコスタは第六代とする）ティソック（一四八一―一四八六）が、戦勝記念碑に、自分をウイツィロポチトリ神（太陽神・戦いの神）とテスカトリポカ神が合体した姿で描かせたことを指摘している。しかしこの王は戦いが好きではなく、臆病な人間と思われていて、戴冠式で犠牲にする捕虜を得るための戦いでは、捕らえた敵兵よりはるかに多くの味方を失っておきながら、盛大な戴冠式を行った。彼は即位して四年後に毒殺された。彼の死因は、拡大されつつあったアステカの流血の宗教に懐疑的だったからではないかという説もあるようだが、似つかわしくない自己神格化が貴族たちに嫌悪感を抱かせた可能性もある。第九代の王モクテスマ二世は、それまでの伝統を破って、宮殿から平民を追い出し、宮殿内のすべての職務を貴族たちにさせ、いかなる者にも自分を直視することと自分に触れることを許さず、人前で食物を口にせず、足が直接地に触れないようにした。また同じ着物を二度と着ず、同じ食器を二度と使わなかった。これらはまさに王‐神に伴うタブーであり、掟である。しかしながら、アステカの神学体系では、王家は神と直接繋がっていないし、モクテスマ自身も自分は神であるとは言っていない。そのため、彼が行った極端な権威づけもまだ真の神格化の域にまでは達しておらず、その途上にあったと見た方がよいのではなかろうか。

なお、「アステカ族の最後の王」の後に〔モクテスマ二世〕と補足したのは、文脈に合わせてのことであって、史実ではない。厳密な意味での「最後の王」はクワウテモク（一五二〇―一五二五）である。彼はモクテスマ二世の死後、スペイン軍との戦争を指揮したが敗れ、捕虜となり、スペイン軍のグァテマラ方面への遠征に同行した。そして原住民の反乱の気配を感じ取ったスペイン軍によって殺された。前記ベルナール・ディアスの『メキシコ征服記』参照。
（一四七）　これは史料を無視した暴論であると言わざるを得ない。J‐P・ルーは典拠を示していないが、この「カーニバル」は、フランシスコ会士サアグン（一四九九頃―一五九〇）やドミニコ会士ドゥラン（一五三七―一五八八）やイエズス会士アコスタ（一五四〇―一六〇〇）らが伝え、フレイザーも彼らの報告を詳しく紹介している「トシュカトル」という祭りであることは間違いない。彼らによると、これは大神テスカトリポカのための大祭――サアグンによると復活祭のようなもの、ドゥランによると雨乞いの祭り――で、この時犠牲となるのは、王でなく神テスカトリポカを演じる若者である。この神は破壊者であると同時に創造者であり、災難と同時に幸運ももたらすと信じられていた。毎年一人の奴隷（戦争捕虜）の若者が一年間大神として遇された――モクテスマ王自身の手で神像と同じように飾り付けられ、祭りの二十日前には、それぞれ女神を演じる四人の乙女と結婚した――後、この祭りの日に、ピラミッド型神殿の頂上部で神官たちの手によって――モクテスマ王はこの時は宮殿に留まっていた――生け贄にされたが、その心臓は一瞬間太陽――太陽神はウイツィロポチトリ――に捧げられてから、テスカトリポカの偶像の顔に投げつけられた。「神の体現とその生け贄」という行為は、アステカでは神自身の活力を不断に更新する意味を持っていたらしい。したがって、「トシュカトル」の祭りでは、J－P・ルーが言うような「（カーニバルの）王の仮の即位式」は行われていなかったし、「カーニバルの王が太陽と本物の王を同時に象徴して」、「神と君主の緊密な結合を示し」たということもなかった。J－P・ルーは、フレイザーも『金枝篇』第九巻、第七章（簡約版、岩波文庫（四）第五十九章）の標題を「メキシコの神殺し」としているにもかかわらず、この大祭をあの「バビロンのサカイア祭」（本書、第二章、第20項および訳注（一五五）（一五六）参照）と同一視して、「王権更新の儀礼」「カーニバル」と解釈しているのである。これはすべての史料、訳者が知る限りのすべての専門家の見解に反している。

なお、メキシコには、生け贄として神に捧げられた人間の肉を食べるという儀礼と共に、神を食べることによって神と一体化するという考え――キリスト教の聖体拝領の思想に同じ――があった。しかしこれらは王だけを対象にしたものではなかった。シペ・トテック神（およびウイツィロポチトリ神）のための祭典トラカシペワリストリ（「人の皮はぎ祭り」）では、モクテスマ二世は生け贄の人肉を神官や貴族一同と共に食べたし、これとは別のウイツィロポチトリ神の祭りでは、神官たちが団子で出来たこの神の偶像を大勢の老若男女に分け与えたし、チョルーラで商人たちが中心になって行ったケツァルコアトル神の祭りでは、四十日間神を演じた一人の奴隷を生け贄に捧げた後、この地域の領主や貴族を招いて、その肉をみんなで食べていた。このように生け贄の儀式に焦点を当てて見ても、メキシコにおける祭典には、原著者が言うような、太陽その他の神と王との直接的で「緊密な結合」または一体化を示すという意味は見当たらないのである。

本訳注では、サアグン著、篠原愛人・染田秀藤訳『神々との戦いⅠ』（アンソロジー　新世界の挑戦9、岩波書店、一九九二年）、ドゥラン著、青木康征訳『神々との戦いⅡ』（アンソロジー　新世界の挑戦10、岩波書店、一九九五年）その他も参照した。

（一）たとえば『書経』湯誓篇には「予一人」と共に「予小子」という語もあるから、「予一人」は天子の国民に対する謙遜の自称語と見ていいだろう。しかし逆に、臣下が天子に対して「一人」と言う時、尊称となる。順序は天子が謙遜語として用いたのが先であろう。原著者はこうしたことを知らずに（たぶん）、臣下が天子を「人」（フランス語訳は《l'homme unique》「唯一の人間」）と呼んでいることに違和感を持っているようである。

（二）「三王」は三代の聖王、夏の禹王、殷の湯王、周の文王または文王と武王（両者を合わせて一として数える（『孟子』））。「五帝」は黄帝、顓頊《せんぎょく》、帝嚳《ていこく》、堯、舜（『史記』五帝記による）。五帝については他に二説あるが略する。

（三）前漢の武帝（前一四一―前八七）は十六歳で即位すると、側近の策を採用して、中央集権を確立した。具体的には、諸侯王の領地を子弟に分割させ、その人材登用と人民の使役を厳しく制限し、帝室の祖廟の祭祀に際して多額の金を献納させることによって、多数の諸侯を廃絶に追い込み、残存の諸侯王を屈伏させ、その封地である国を中央派遣の官吏によって支配させた。また儒学を公認の教学とし、国内開発にも力を注いだ。対外政策としては、匈奴に対して排撃策をとり、南方へも勢力圏を拡張した。しかしながらこうした外征および行政のための莫大な費用に、豪奢な庭園や宮殿建設のための出費も加わり、国庫は枯渇状態に陥った。そこで新たな財政政策が次々と施行されたが、その結果、国民の間の貧富の差がさらに拡大し、前九九年頃から華北の東部一帯で農民の反乱が続発した。そしてこの混乱・動揺は過酷な弾圧によってさらに拡大し、ついに長安にも波及して宮廷内の陰謀と結び付き、反乱の罪を着せられた皇太子と皇太子妃と皇孫の死を招いた。

（四）Ｊ－Ｐ・ルーは原注（11）に示されている論文の注（4）に拠っている。しかしすでに述べたように（第二章の訳注六八）、封禅を史上最初に行ったのは秦の始皇帝で、前二一九年のことである。もっとも、その刻石文には、受命告天とか易姓告代といった語は見られず、始皇帝の祭祀の目的は不死延命にあったと考えられているので、それを理由に除外されたのかも知れない。また、一般に武帝の封禅と言われているのは、前一一〇年の封禅であるが、実はその後も、四、五年おきに、五度にわたって泰山で「修封」している。それから後漢の光武帝（五六年）、唐の高宗（六六六年）――老子を泰山に祀り、太上玄皇帝と諡号した――、玄宗（七二五年）、宋の眞宗（一〇〇八年）が泰山で封禅を行った。ちなみに高宗の妃だった則天武后は六九六年に嵩山で封禅を行っている。

（五）　これは七二五年に封禅を行った玄宗が、翌七二六年に泰山頂の石碑に刻ませた告天文である。しかし本書の引用文には重大な錯誤がある。玄宗の告天文は、文字通り、皇帝である玄宗自身が天に天下の状況を告げ、安寧を祈願した文章である。そして原注（12）に示されている論文でもそのようなものとして紹介されている。ところがJ－P・ルーは、これが玄宗の告天文であることを説明せずに、いきなり「家臣である我々は彼［王］が千年も万年も長生きされることを願う」という条から引用したために、この告天文は「家臣である我々」が書いたことになっている。泰山における封禅と告天文について正確な知識を持っていたならば、このような初歩的な錯誤または不適切な引用は生じなかったはずである。

告天文の原文は次のようになっている。

自昔王者受命易姓於是乎。啓天地〔……〕。曁壬辰覲群后、上公進曰、天子膺天符納介福群臣拝稽首呼萬歳慶合歓待同。〔……〕時唯休乎、我儒制禮我吏作楽天地擾順、時唯休哉（『旧唐書』礼誌）。

昔から王者は是において天命を受け、姓を易えしかな。天地に啓し、〔……〕。壬辰に曁《およ》んで、群侯に覲《まみえ》る。上公進みて曰く、天子は天符を膺《よう》して、介福を納め、群臣は拝〔手〕稽首《けいしゅ》して、萬歳を呼び、慶合歓同す、と。〔……〕時は唯休《さいわい》なるかな。我が儒は禮を制し、我が吏は楽を作り、天地は擾順す。時は唯休なるかな。

昔から王者はここ（泰山）で天命を受け、姓〔王朝の名〕を易《か》えたものでした。天と地に申し上げ、〔……〕。壬辰に及んで群侯にまみえましたところ、上公が進み出て言いました。天子は天符〔天が下す瑞祥〕を受けて、大いなる幸福を納め、群臣は拝稽首〔長く頭を地につけて拝礼すること〕して、萬歳と叫び、共に歓び合いました、と。ああ、なんと幸いな時代でしょう。私の儒者たちは礼を定め、担当の役人たちは音楽を作り、天の運行と地の推移は順調です。ああ、なんと幸いな時代でしょう（書き下し文、訳文共に訳者自身による）。

（六）　ここは内野熊一郎著『孟子』（新釈漢文大系4、明治書院、昭和三十七年、三三一―三三四ページ）の通釈を採用した。

（七）　『孟子』万章章句上、「万章《ばんしょう》曰く、堯は天下を以って舜に與ふ、と。是《これ》有りや、と。」に続く。人民全体の帰服するところは天意のあるところという、民意即天意の思想を表す言葉（前掲書、三三三―三三四ページ）。ただし泰誓篇は今日では後世の偽作、すなわち偽古文とされている。

（八）　原注（15）には『書経』とあるが、これと同じ言葉は『書経』にはなく、『大学』第六段第二節の「衆を得れば、則ち國を得、衆を失へば、則ち國を失ふ」がこれに合致する。原注（15）で示されている出典が原注（14）のもの（いわゆる『四書』のフランス語訳。参考文献目録参照）と同一であるならば、次のように記述すべきである。Ta-Hio（『大学』）、VI, 2; Pauthier, p. 20.

（九）　『孟子』梁恵王章句下、「斉の宣王問うて曰く、湯、桀を放ち、武王、紂《ちゅう》を伐つと。諸《これ》有りや、と。」に続く。ここは湯武放伐論として有名な革命思想の本拠をなす議論であるが、日本では、江戸時代の儒者などから「人臣たらんとする者の読むべき書にあらず」と非難されたという（前記『孟子』六六―六七ページを参照）。

（一〇）　これは『書経』西伯戡黎か『史記』殷本紀の要約またはきわめておおざっぱな意訳である。ただし後半部分には――邦訳が正しいとすればだが――誤訳が含まれているようだ。加藤常賢著『書経上』（新釈漢文大系25、明治書院、一九八三年）によると、そこは次のようになっている。「だから天はわが（殷の国）を見捨てられ、（わが殷の人民は飢饉で）食物を十分に食べられなくなって、天生（与えられた命）を楽しむことができず、国の法律に従っていません。」つまり、これは殷国の民についての記述であって、紂王についての記述ではないのである。これに対して、吉田賢抗著『史記』殷本紀（新釈漢文大系38、明治書院、昭和48年）には、「天帝はわれらを見捨てて、安らかに天の祿を食み得ないようにしたのです。わが君には、天性の理をはかり知ろうとはなさらず、先王の法典にも従うことがありません」とある。フランス語訳が後者を訳したものだとしても、本書の引用文と合致するのは最後の一文だけである。

また、この後の一文は『書経』にはなく、『史記』殷本紀に、周の武王に攻撃されて敗れた紂王は、宝玉の衣を身につけて、自ら火中に身を投じた、と述べられている。

（一一）　『詩経』『書経』および金文には、天命の他に大命、駿命、帝命などがあるが、夏、殷時代までは、天は（駿も）大と同義語であり、天命は始祖を原義とする帝の命、帝命を指していた。ところが周代に封建制度が進展し、広大な政治的統一圏が形成されると、元来各姓の始祖であった帝から、上帝という統一至上神観が生じ、それが天字に集約された。『書経』牧誓に見える武王の「天命」はこの段階に至ったものであり、やがてこれが易姓革命の思想（受命があれば、天命を失った王朝を打倒し、それに取って代わってよいという思想）に発展した。なお、春秋時代以降、『論語』や『中庸』その他に見られるように、天命は自己の使命や運命、さらには人の本性や寿命をも指すようになり、この観念も思想史上重要な意味を持つこととなった。

（一二）　ヴァルナは道徳的・社会的要素を代表するアーディティヤ神群のうちの最高神で、『リグ・ヴェーダ』によると、ヴァルナが護持するリタ（天則）とヴラタ（掟）によって大自然、祭祀、人倫の秩序が保たれている。ヴァルナは人間の行為を厳しく監視し、罰する司法神であるが、悔い改めた者を赦し、病から人を教う神でもあり、ゾロアスター教の『アヴェスター』の最高神アフラ・マズダに対応する。一方、インドのミトラ（「契約」の意）はペルシャのミトラと違って、独立性に乏しく、ほとんどの場合、ヴァルナに随伴し、ヴァルナと並称されており、『リグ・ヴェーダ』では、ミトラのみに捧げられた独立讃歌は一編しかない。したがって、ここでは「ミトラとヴァルナ」ではなく、「ミトラ＝ヴァルナ」と連結・並称した形で理解すべきであろう。

（一三）　原注（29）では、荒神＝荒ぶる神についての研究論文（一九九二年。一九九一年とあるのは間違い）が示されている。この荒神《こうじん》は、古代の祟り地・聖地信仰や、いわゆる天孫種族（大和朝廷）に帰順しない土着の先住民族の記憶に立脚していると思われ、地神、地主神、山の神、一族毎の氏神のような性質を持っている。特に中国、四国、九州で信仰されている。ここでは関西の竈神としての荒神は除外してよいだろう。

（一四）　アリー（六〇〇―六六一、在位六五六―六六一）は預言者ムハンマドの従兄弟で娘婿。イスラムへの改宗は早く、あらゆる戦役で重要な役割を果たし、教団発展に尽くした。預言者の没後、第三代カリフ、ウスマンの殺害者たちによって推されて、カリフを宣言した。しかしあちこちで反乱が起き、翌六五七年には、シリア大守ムアーウィヤが、ウスマンの血の復讐を求めて、アリーに挑戦した。両者の戦いは勝敗決せず、善後処置が委ねられた調停会議は、ウスマン殺害についてアリーの責任を認め、彼をカリフの位から退ける決定をした。しかしアリーはこれを無視し、その後もムアーウィヤとの戦いを継続したが、六五七年の和議受け入れに不満を持ってアリーと袂を別っていたハワリージュ派の刺客によってクーファで暗殺された。

スンナ派によると、アリーは第四代正統カリフであり、以後カリフ職はウマイヤ朝に継承されたことになっている。これに対して、シーア派はアリーを「アッラーの盟友（ワリーユ）」と呼び、神と特別の絆を持つ最高指導者（イマーム）とし、このイマームの地位が彼の後裔に継承されていると考える。シーア派の間では、晩年のムハンマドがガディール・フムで、自分の後継者はアリーである、と語ったという話が伝えられており、これがアリーの卓越性の根拠とされている。アリーの言行録『ナフジュ＝ル＝バラーガ（雄弁の道）』は今でもシーア派の間で強い影響力を持っている。

（一五）　バオ・ダイ（一九一四または三―一九九七、在位一九二五―一九四五）はヴェトナムの阮（グエン）朝第十三代皇帝。一九二五年、パリ留学中に父帝が死去したため、十一歳で即位。一九三二年に帰国。一九四五年三月、日本軍政下に親日ヴェトナム帝国の独立を宣告したが、日本の敗戦とヴェトミンの八月革命に直面して、退位。新生ホー・チ・ミン政権の顧問に就任。翌一九四六年、香港に亡命。一九四九年、ヴェトナムの再植民地化を図るフランスの大統領オリオルとの協定によって、北方のヴェトナム人民共和国に対立するバオダイ政権を南ヴェトナムに樹立、フランス連合内での独立を認められた。しかしバオダイ自身はパリに留まって豪奢な生活を送ったため、民心の離反を招き、アメリカが後援するゴ・ジン・ジェム首相との間で権力闘争を演じ、一九五五年、国民投票によって、彼の追放と（南）ヴェトナム共和国の樹立が決定。彼はパリに亡命した。

（一六）　テキストでは「首都の中に築かれていた天壇」とあるが、「首都の南郊」が正しいので、訂正した。現存するものとしては、北京の正陽門の南郊――現在では市内――にある白大理石三層の天壇が最も有名である。

（一七）　ペロポネソス半島南西端のナヴァリノ湾にあるピロスはミュケナイ時代からすでに知られた古都で、トロイア戦争に参加した老将ネストールの居城はピロスから一八キロメートル北にある。この王宮にはミュケナイやティリンスの王宮のような城壁がなく、その点ではクレタ島のクノッソス宮殿に似ている。大広間（メガロン）の中央には円形の聖炉があり、右壁中央に玉座が据えられていた。王宮から少し離れたところに、ネストールの穹窿墓があるが、ミュケナイの墳墓と比べると、規模が小さく、粗末である。

（一八）　すでに述べた（第二章の訳注（一五六）参照）ことだが、クセルクセス一世は有名なダイワ（諸神＝悪魔）崇拝禁止令碑文を残し、その後、アルタクセルクセス二世は、アフラ・マズダのほかに、ミトラとアナーヒターへの信仰を積極的に受け入れた。こうしたことはアケメネス朝がゾロアスター教の教義内容にも決定的な影響力を持っていたことを示すのではなかろうか。

（一九）　歴史学的にも文献学的にも、マゴス僧が「キリストの時代」に王と同一視されていた事実はない。後世のキリスト教徒がマタイによる福音書（第二章、第一―十二節）の「東方の博士（マゴス）たち」が来たという記述と、旧約聖書の詩篇（第七十二篇、第十一節）の「もろもろの王は彼の前にひれ伏し、もろもろの国民は彼に仕える」という記述を結び付け、（三）博士（マゴス）を（三）王と同一視したのである。「三」という数字は博士（マゴス）たちの贈り物が三つだったことに由来（三世紀、オリゲネス）しているが、「三博士」を「三王」に変え、ヨーロッパ、アジア、アフリカの三大陸の代表者として描かれるケースが出てくるのは、十二世紀以降（スペインの写本が最古）とされている。その際、アジアの王を老年、アフリカの王を中年、ヨーロッパの王を青年として描くのが一般的で、ヨーロッパの力強さと将来性が強調された。

（二〇）サウルの在位期間は、本書一二五ページでは、（前一〇二五―前一〇〇五？）となっており、巻末索引では、（前一〇二五―前一〇〇〇？）となっている。『旧約・新約聖書大事典』（教文館、一九八九年）では（前一〇二〇―前一〇〇〇頃）だが、（前一〇二〇―前一〇〇四）という説もある。

（二一）旧約聖書、サムエル記上（第八―十六章）によると、サウルはサムエルが彼に与えた約束を守ることができずに、自ら燔祭を捧げた。また彼はサムエルから「アマレク人を滅ぼし尽くせ」という神の命令を伝えられたにもかかわらず、それに従わなかった。それで神は彼を見捨て、サムエルに命じてダビデを聖別させた。サムエル記上には、君主政体は神を唯一の王と仰ぐ士師による神権政治と矛盾するかのような記述がある（第八章）一方、王政の樹立は神が是認していることを明示した記述があり（第十二章）、士師の時代から王政に移行するこの時代のイスラエルの指導者たちの見解の揺れが反映されている。

（二二）この記述にはJ－P・ルーの錯誤が含まれている。「聖なる高きところ」はもとは古代のカナン人のバアル礼拝の聖所で、ヘブライ人はこれをヤハウェ礼拝の聖所として用いた（士師記、第六章、第二十六―三十二節）。当然、これは国内の各町村にあり、ギブオン（現エル・ジーブ）の「聖なる高台」は主要な聖所の一つだったらしい。ダビデが「聖なる高台」で犠牲を献げたという記録はないが、独断で王位継承を宣言した彼の二人の息子のうち、アブサロムは即位礼としてヘブロン（正確な場所は不明）で犠牲を献げ、アドニヤは「エソ・ロゲルの近くのゾヘレトの石の側で」犠牲を献げている。ソロモンがダビデの王位を正式に継承した際に、即位礼としてギブオンで供犠を行ってからは、「聖なる高台」で犠牲を献げることが合法的なものとされ、その後、バアル神への供犠――その場所は特定していなかったらしい――が復活したこともあって、ヨシヤ王（前六四〇―前六〇九）の宗教改革によって最終的に廃止されるまで続けられた。列王記下（第二十三章）によると、ヨシヤは南のユダと北のイスラエルの諸王があちこちに造っていた「聖なる高台」の祭壇をすべて破壊した。その中には、ソロモンが異教の神々（イシュタル女神、ミルコム〔モレク〕、ケモシュ等）のために、エルサレムの東の滅びの山の南に築いた「聖なる高台」や、ヨシヤの先王マナセがエルサレムの主の神殿の二つの庭に築いたバアル神のための祭壇も含まれていた（もっとも、諸王のバアル信仰はその後も復活したようだ）。

以上のようなことを踏まえて、J－P・ルーの記述を検証すると、次のような理由でこれを不適切と断定することができる。まず第一に、ソロモンが供犠を行った「聖なる高台」はギブオンのものだけではなかった。第二に、ギブオンはエルサレムの北方九キロメートル（一二キロメートルとも。いずれも『旧約聖書略解』による）のところにあり、そこには神殿は建設されていない。第三に、たとえJ－P・ルーがギブオンをエルサレムの神殿の丘とは別の場所として認識していたとしても、神殿の建設後にも、「聖なる高きところ」での供犠はソロモンおよび彼の後継者たちによって引き続き行われた。

なお、この後の文章（原注（59）と（60）の主語「王」は一見するとソロモンのような印象を与えるかも知れないが、実はダビデであり、二つの文は彼が神の箱を「ダビデの町」に移した時の描写である。時系列を無視し、主語を明示しないこのような記述の仕方に違和感を覚えるのは訳者だけだろうか。神の箱を移したダビデの行為を祭司の職掌の一部を行ったものと考えるなら、そのことを明記して、ソロモンより先に言及するのが当然ではなかろうか。

（一一三）　この引用文（エゼキエル書、第四十三章）の前半の部分は、日本聖書協会やプレイアッド版の訳（両者はほぼ同じ）と大幅に違っているので、念のため、日本語訳を少し前から紹介しておきたい。

彼〔神〕は〔神殿の中から〕わたしに言った。「人の子よ、これはわたしの王座のあるべき場所、わたしの足の裏を置くべき所である。わたしはここで、イスラエルの子らの間でとこしえに住む。イスラエルの家は、民もその王たちも、淫行によって、あるいは王たちが死ぬ時、その死体によって、わが聖なる名を汚すことは二度とない。彼らはその敷居をわが敷居のかたわらに設け、その門柱をわが門柱のかたわらに設けたので、わたしと彼らとの間には、わずかに壁があるのみである。そして彼らは彼らが犯した憎むべきことをもって、わが聖なる名を汚したので、わたしは怒りをもってこれを滅ぼした。今彼らに命じて、淫行とその王たちの死体をわたしから遠ざけよ。そうすれば、わたしは永久に彼らの間に住む」（エゼキエル書、第四十三章、第七―九節）。

元来王宮と神殿は隣接していて、ユダの初期の十四王の墓地はその側にあった。ダマスコ門の側に墓地ができたのはかなり後代のことである。エゼキエル書では、新バビロニア帝国の拡大にもさしたる危機感を持たず、悪政・失政を繰り返して、ついには国家を滅亡へと導いたマナセ王やエホヤキン王に対する預言者の激しい怒りが、過去の王たちへも及んでいる観がある（『旧約聖書略解』（日本キリスト教団出版局、一九五七年））。

（二四）　シャープール一世（二四一―二七二、諸説あり）はササン朝第二代の王で、アルダシール一世の子。即位後最初に行ったローマ皇帝ゴルディアヌス三世との戦いには敗れたが、次帝フィリップスとは和議に至り（二四四年）、その結果アルメニアを手に入れた。またイラン北部の民族を討ち、「イランおよび非イランの皇帝」を称した。その後再開したローマとの戦いでは、決定的な勝利を収め、ウァレリアヌス帝をエデッサ付近で捕虜にした（二六〇年）。しかし勢いに乗じてカッパドキアまで軍を進めた帰途、パルミラ王オデイナトの襲撃を受け、反撃にも失敗して（二六三―二六五）、アルメニアの支配権を失った。シャープール一世はゾロアスター教を重んじていたが、新興のマニ教も庇護したことで知られる。

（二五）　シャープール二世（三〇九／一〇―三七九）は誕生と同時に即位し、少年時代は貴族に実権を握られていたが、長じて権力を獲得した。バクトリア方面に南下してきたフン族と同盟を結んで、ローマと対決。ユリアヌス帝と戦い、クテシフォンは奪われたが、同帝の戦死（三六三年）によって、攻勢に転じ、次のローマ皇帝ヨウィアヌス（三六三―三六四）と講和し、ニシビス等の諸都市とアルメニアの領有を認めさせた。宗教政策としては、祖父シャープール一世とは逆に、マニ教その他の異端と戦い、アルメニア、メソポタミアに広がったキリスト教を弾圧した。またゾロアスター教の聖典『アヴェスター』が大教主アードゥルバドの下に完成したのも彼の治世においてである。

（二六）　アメンヘテプ（「アメン神は喜び給う」）は誕生名で、ネフェルケペルウラー（「美しきはラー神の出現」）またはネブケペルウラー（「出現の主はラー」）が即位名（在位、前一三五〇――前一三三四、異説あり）。治世初期にアクエンアテン（「アテン神の僕」）に改名し、エジプト史にアマルナ時代と呼ばれる革命的な一時代を築いた。王がアメン神を祀るカルナック神殿で即位した時、アメン神官団の権限はきわめて強大なものになっていた。王は太陽神アテンのみを崇拝の対象とする一神教を導入することによって、この問題の解決を図った。アメン信仰を禁じてその神殿を閉鎖し、莫大な財産を引き継いだ上で、処女地アケト・アテン（「アテンの地平線」、現在のテル・エル・アマルナ）に遷都したのである。王自身が作ったとされる「アテン讃歌」によると、アテン神は命の始まりであり、アテン神の息子アクエンアテン王のみがこの神を知ることができ、聖なる構想と力であるこの神が王を賢くした。こうした言葉には明確な一神教思想が見られ、「讃歌」と旧約聖書の詩篇（第百四篇）との類似が指摘されている。しかしながらこの一神教を受け入れたのはごく少数の上層部のみで、エジプトのほとんどの国民は従来の多神教を信仰していた。それでアクエンアテン王の死後、アメン信仰とアメン神官団はすぐに勢いを取り戻した。

（二一七）　ディオン・クリュソストモス（四〇頃—一一二頃）はギリシャの弁論家、哲学者。始めは弁論家として立ち、ローマで公職に就いていたが、ドミティアヌス帝に追放され（八二年）、バルカン地方を放浪。ネルウァ帝に赦された後は哲学者として生活した。ストア派やキュニク派の学説を生活基準にし、ギリシャ文芸を研究した。

（二一八）　これは簡略すぎて、しかも誤解を与えかねない記述になっている。この際ダライ・ラマについて少し詳しく説明しておきたい。

チベットは神聖王権の観念を持つヤルルン王朝（七—九世紀）によって初めて統一され、特にソンツェン・ガンポ王（六二七頃—六四九）のもとで、唐を脅かすほど強大になった。彼は今日に至るまで諸仏と共に崇拝の対象となっているが、彼の治世に受け入れられ、広まったチベットの仏教は、九世紀半ばに王国が王位継承問題を機に分裂・崩壊すると、一時衰退した。しかし十世紀後半、王族の末裔たちがいた西チベットから再び仏教の布教が始まった。各地の首長や貴族や土豪たちは競って仏教を後援した。有力氏族の子が仏門に入り、寄進によって寺院が荘園を持つようになり諸教団が誕生した。こうして血縁による世俗と宗教の緊密な提携の結果、各教団が自分たちを後援する氏族と一体となって、政治活動——当然武力闘争を含む——に精力を注ぐことになった。ダライ・ラマによる「教団」政府の出現にはこのような歴史的背景があった。

ダライ・ラマは本来ゲルク（「徳行」）派の法主である。この派はツォンカパ（一三五七—一四一九）を開祖とする新興教団で、三代目の後継者ゲンドゥントゥプ（一三九一—一四七五）——ツォンカパの甥。後世、ダライ・ラマ一世と見なされた——が教団の基礎を、教理の面でも政治的にも強固にした。また彼の指導の下、法主の継承の仕方を、他の教団と同様に、転生活仏制にすることが決められた。そして彼の生まれ変わりゲンドゥン・ギャンツォ（一四七五—一五四三）——後世、ダライ・ラマ二世と見なされた——の時代になると、法主自身の精力的な布教活動もあって、ゲルク派の声望と権威は大いに高まり、他教団の敵意にもかかわらず、チベット全土で支持を増やした。次の法主ソナム・ギャンツォ（一五四六—一五八八）——存命中にダライ・ラマと呼ばれた最初の法主——は仏教者として優れていたうえに、名家の出だったので、他宗派と結び、ゲルク派を名実共に他派を圧倒する支配教団にした。折りしも、当時のモンゴル（タタール）で最強だったトゥメト部族長アルタン・カンが彼を招待し、二人の会見が一五七八年に青海湖の近くで行われた。二人はそれぞれ熱烈な尊敬と帰依の気持ちを持っていて、互いに相手に称号を与えた。この時、大ラマ（「ラマ」は「高位者」の意）が受けたのが、後に一般的には「ダライ」と言われるようになるモンゴル語の「ダーレー」――「（知恵の）大海」の意で、チベット語の「ギャンツォ」と同じ――である。モンゴルとの結び付きでさらに意を強くしたダライ・ラマ三世は、カルマ派から東チベットの大施主ジャンサタム王の支持を奪って、自派の支配権をさらに強化しただけでなく、モンゴリアのオイラト部族連合の勢力圏にも布教して、新しい「宗教帝国」を創った。しかしながら次のダライ・ラマ四世（一五八八―一六一六）にモンゴルのアルタン・カンの曾孫がなると、カルマ派とツァン王が立ち上がり、内乱になった。その最中にダライ・ラマ四世が死に（毒殺と考えられている）、今度はニンマ派の家系から――ただしニンマ派はゲルク派と和合した――転生者が発見された。これがガワン・ロサン・ギャンツォすなわちダライ・ラマ五世（一六一七―一六八二）である。彼はモンゴルの支援を受けてツァン王や敵対宗派に勝利すると、モンゴルの宗主権が有名無実化するのを待って、初めて聖俗の大権を自らの人格中に統合し、その後のモデルとなる仏教的神権政治の体制を確立した。もっとも、五世以後、チベット独特のこの神権政治によって自ら実質的に統治したと言えるのは、七世と十三世だけであり、まだ若かった十四世が、中国の支配に反抗して、今日に至るまでインドに亡命中であることは周知の事実である。以上は、D・スネル・グローヴ、H・リチャードソン著、奥山直司訳『チベット文化史』（春秋社、一九九八年）、R・A・スタン著、山口瑞鳳、定方晟訳『チベットの文化』（岩波書店、一九九三年）、山口瑞鳳著『チベット』（東京大学出版会、一九八七―一九八八年）ほか参照。

（二九）　古代インドの二大叙事詩『マハーバーラタ』と『ラーマーヤナ』に続いて成立した種々のプラーナ（「古譚」）聖典は、ヴィシュヌ神かシヴァ神の讃歌となっているものが多いが、そのうちの一つ、『アグニ・プラーナ』によると、ヴィシュヌ神の六番目の化身パラシュラーマは、「世界を抑圧した」クシャトリア族に父を殺された後、「神々、バラモン、人類を救うため」、クシャトリア族を滅ぼした。この物語はクシャトリア階級に対するバラモン階級の優位を強調するために創り出されたと考えられている。J‐P・ルーは神話の実体ではなく、解釈を前面に出して、主人公をヴィシュヌ神ではなく、バラモンに置き換えているので、誤解を与えるかも知れない。

（三〇）　このヒンドゥー教のダルマは、古いヴェーダの時代の天則（リタ）にほぼ相当する「世界の秩序の根源」を指す概念で、クシャトリア階級にとっては、究極の正義であり、真理であり、守るべき義務である。インドにおけるダルマの諸概念についてはすでに略述した（第二章の訳注（五四）参照）。

（三一）　本来大シャーマン「ベキ」はナイマン、メルキト、オイラトなど北方の森林狩猟民族の間では、王者の称号でもあったらしい（村上正二訳注『モンゴル秘史3』（東洋文庫294、平凡社、一九七六年）巻九、第二一六節とその注参照。また同書、巻四、第一四一節の幾つかの族長（王）名も参照）。ただしこれとは別に、チンギス・カンは帝国を発足させる際、「ベキ」という職制を設けた。これは族霊を祀るシャーマンであると同時に、王統史の語部《かたりべ》であり、吏官であった。これを世襲するのは、チンギス・カンの中核的親族たるボルジギン族の長子の氏（バアリン氏）の系統と定められていたが、ラシード・ウッ・ディーンによると、「ベキ」となったウスン翁は、宮廷では王子たちと同じく上座に、しかもチンギス・カンの右側に座り、自分の乗馬はチンギス・カンの乗馬と同じ馬立てに繋いだという。

（三二）　テブ・テンゲリ（「天つ神巫」）——本名はココチュ（「天の僕」）——は代々チンギス・カン一族に仕えるシャーマン部族、コンゴタン氏の一員である。彼はモンリク・エチゲの次男（たぶん）であったが、巫者団の長、大シャーマンとして、チンギス・カンの即位式の司祭を務めた。ラシード・ウッ・ディーンによると、テムジンに「チンギス・カン」という特別尊貴な称号を捧げたのも彼であるという（前記『モンゴル秘史2』（東洋文庫209、一九七二年）巻八、第二〇二節と注四、注八を参照）。まもなく、彼を中心にしたモンリク家は急速に勢力を増し、一時はチンギス・カン家のそれを凌ぎかねないところまでいった。その原因はチンギス・カン帝国という新しい形の政治権力が出現し、旧部族体制が崩壊した結果、多くの者が動揺し、不安を覚え、旧来のシャーマンによる神権的秩序に郷愁を抱いて、テブ・テンゲリの下に集まったことにあると考えられている。したがって、J－P・ルーが、ベキたちは幾世紀もの間諸帝国によって抑制されてきた反動としてチンギス・カン帝国に反抗した、と述べているのは、正鵠を射たものとは言えないだろう。この出来事については、前記『モンゴル秘史3』巻十、第二四四—二四六節とその注を参照されたい。

（三三）　ヨセフは獄中で、給仕長の吉夢と料理長の凶夢の意味するものを解いたことから、不思議な夢を見てその解釈に困っていたファラオの前に召し出された。彼はファラオの夢を解釈して、七年間の大豊作の後七年間の大飢饉が来ることを予言し、救済策を進言し、その功により、全エジプトの司に任命された。旧約聖書、創世記、第四十—四十一節参照。

（三四）　新王国時代は「前一五七〇年から」とするのがより一般的であろう。

（三五）　トトメス四世（前一四二五—前一四〇五、異説あり）は、アメンヘテプ二世の子で、治世八年にヌビアに遠征して成功を収め、また数回シリアに遠征して、「シリアの征服者」と讃えられている。ここに紹介されている夢の話は、ギザのスフィンクスの足元に建てられた石碑にある長い「夢の碑文」に刻まれているものである。

（三六）アメンヘテプ二世（前一四五〇―前一四二五、異説あり）は、父トトメス三世の死後勃発したシリアの反乱を鎮圧し、ミタンニ王国に攻め入り、数々の戦利品をカルナックのアメン大神殿に奉納した。また治世三年には、ヌビアに出向き、エレファンティネ島やアマダで父王の代から始められていた神殿の造営を完了し、両地に石碑を残した。その後は治世九年にパレスチナに遠征しているのみで、治世の後半は平和的な統治に成功したと見られている。

（三七）フランス語のテキストでは、引用文中の《Yu》「虞」とすべきところを《Yu le Grand》すなわち「禹帝」としてある。明らかに間違いである。晋の始祖、虞のこの誕生説話は『史記』巻三十九、晉世家《しんせいか》第九にある。虞の母、邑姜は斉の太公の娘と伝えられている。

（三八）ヒンドゥー教の祭司階級であるバラモンは非暴力の精神から菜食主義を守るが、特に牛の崇拝から牛肉を忌避する。マハービーラ（前六―前五世紀）を始祖とするジャイナ教は、修行のための五つの大誓戒（マハーヴラタ）の第一番目に、アヒンサー（生きものを傷つけないこと、「不殺生」）を挙げている。ジャイナ教徒にとって、アヒンサーを守るための最良の方法は断食であり、最も理想的な死はサッレカナーすなわち断食をして死に至ることである。

（三九）これはなんとも不可解で得心のいかない記述である。まず、前半の部分について言えば、プラトンの著作を見る限り、「猟師は社会の枠からはみ出た危機的状況にある人物と見なされている」とは思えない。次に、後半の引用文について言えば、原注（93）には、プラトンの『法律』823とあるが、実は同所には――他のところにも――ここに引用されているような文章も、これに近い文章も存在しない。これはJ-P・ルーが自分の文脈に合うように作成したかなり強引な「要約」であろう。参考までに、同所（823―824）の「アテナイからの客人」の言説を紹介しておく。

立法者は狩りについて法律を制定する時、狩りには地上、水中、空中の獣、魚、鳥の狩りだけでなく、戦争、盗賊・海賊による略奪、恋愛における狩りなどの人間の狩りもあるということを明らかにした上で、「若者の労苦や鍛練という見地から」それらの狩りの一つひとつを「称賛したり非難したりする必要がある」。釣り針による狩り、水中に棲む生物の狩り、梁を使っての怠惰な狩り、海賊行為、盗賊行為、鳥撃ちをしたいという欲望・情熱は教育を受けている若者たちが抱いてはならないものである。私たちの国の若者にとって好ましいのは、唯一、昼間、「馬や犬や自分自身の身体を使って四足獣を追う狩り」であり、これこそが「苦労をものともしない精神の勝利」をもたらし、「神的な勇気を養」うのに役立つものである。

（四〇）　ギリシャ方のトロイア遠征軍の船団が、連日の無風のために出航できずにいた時、預言者カルカスが、これは総大将アガメムノンが女神アルテミスに対して罪を犯したからであり、ゆえにその初子であるイピゲネイアを生け贄に捧げれば、無事に出航がかなうと預言し、アガメムノンはその預言を実現すべく、愛娘を犠牲に差し出した。

（四一）　これがいわゆる「鼓舞」であろうが、戦場ではほとんどの場合、指揮官の指示に従って鼓手が太鼓を打ち鳴らしていたと思われる。『周礼』（地官、巻第十二、鼓人）参照。

（四二）　タキトゥスの『ゲルマーニア』では、princeps は総じて「国」の下位区分としての郷 pugus の首長を指すが、このように主従関係を示す場合の princeps は単に「従士たちを従えた高い身分の者」の意になる。J－P・ルーが、タキトゥスは「自分が何を説明しているのかよく分かっていなかった」（こちらが直訳）と言っているのは、この説明がもっと上位の、つまり部族の王 rex と臣下との関係のために（も）なされるべきだったという考えがあってのことではなかろうか。ちなみに歴史家アンミアーヌス（四世紀）はゲルマーニア族に関して、「王の後に生き残ったり、王のために（の前に）死せざるは恥行なりと彼らは考えていた……」と伝えている（16、12、60）。以上は、泉井久之助訳注『ゲルマーニア』（岩波文庫）14、およびその訳注を参照。

（四三）　原注（97）に示されているのは、オデュッセウスが二十年ぶりに帰国した時、乳母のエウリュクレイアが彼の足の傷を見て、かつて若きオデュッセウスが狩りに行った時のことを思い出す場面である。しかしながら、彼はその時素手ではなく、長い槍を持っていたし、また単独ではなく、母方の祖父とその子供たちと共に、猟犬を連れて、狩りをしている。J－P・ルーはヘラクレスが素手でネメアのライオンを退治したり（第一の使命）、大猪を生け捕りにしたりした（第二の使命）話と混同しているようだ。さらに付け加えれば、オデュッセウスが倒した大猪には直接的には蛮族のイメージは感じられない。

（四四）　これはもちろんJ－P・ルーのシンボル学的解釈である。ヘロドトス自身は、クロイソス王の息子の死は「思うに、彼が自分を世界一幸福な人間であると考えたがゆえに降った神罰であった」と述べている（『歴史』第一巻、三四）。

（四五）　この記述も紛らわしい。まず、アッシリア様式の一つであるペルセポリスのライオンや雄牛と闘う大王像（浮き彫り）では、大王は剣を使っており、弓を引いているわけではない。原注（99）が示している資料――二三一ページとあるのは間違いで、二三四ページが正しい――では、鎖でつながれた諸王の前で、弓を左手に持ち、アフラ・マズダ神に加護を祈っているダレイオス大王を表したビストゥンの摩崖浮き彫りについて、ギリシュマンは「ここでは君主は、神の意志の伝達者として、射手の姿で描かれている」と述べている。「弓を引く王の表象」と言うのであれば、同資料（岡谷公二訳『古代イランの美術I』、新潮社、一九六五年）二六八ページ（原著も同じ）の「ダレイオスの円筒印象」が適切だろう。やはり典型的なアッシリア様式のこの図像では、大王は馬車に乗って、襲いかかって来るライオンに対して弓を引き絞っている。『王の書《シャー・ナーメ》』の記述などから、ペルシャ大王がライオンと闘うのは、大王自身の力と勇気を示すためだけではなく、ライオンの特別な力を取り込むためでもあったと考えられている。

（四六）　この引用文もJ－P・ルーの「要約＝書き換え」である。原注（101）のマルコ・ポーロの『東方見聞録1』（愛宕松男訳注、東洋文庫158、一九七〇年、二三九―二四〇ページ）には次のように記されている。「重臣・武将をはじめ、その他いかなる貴人であっても、これまたタカ狩や巻狩を勝手に行うことはできない。ただし彼らがタカ使いの総管職につくとか、ないしはカーンからの特許を得た場合だけはこの限りではないが、しかしその際でもカーンの所在地付近、すなわち」地区によって五日、十日、十五日行程「の範囲内では、タカ狩・巻狩は厳禁されているのである。もっとも二十日行程を越えた地方でなら、重臣・武将・貴族たる者は狩猟も自由だし、猟犬・タカを飼育するについての制限もない。」元帝国の狩りの制度を示すJ－P・ルーの「引用文」が原資料から大きく逸脱していることは明白である。

（四七）　これは原著者の『血―神話と象徴と実態』《*Le Sang. Mythes, symboles et réalités*, Fayard, 1988.》の「処女の破瓜」（一〇八―一一二ページ）に述べられている「三つの」理由を指すと思われる。テキストは次の通りである。「破瓜には幾つかの危険が伴う。第一の理由は、それが初めて成し遂げられる行為だからである。第二の理由は、その行為は血が流れるものだからである。第三の理由は、その行為は女性の下腹部から流れ出る最も悪い血との接触を避けられなくするからである。そこには非常に劇的な状況があったらしい。」原著者は最後の一文を第四の理由としたのかも知れない。

（四八）　旧約聖書外典トビト書に由来する表現。トビトの息子トビアはラグエルの娘サラと結婚することになるが、彼女はそれまで父から与えられた七人の夫をすべて初夜に失っていた。そこでトビアとサラは、大天使ラファエルの教えに従って悪魔払いの儀式を行い、神に感謝し、神の加護を願って、無事に結ばれた。

（四九）　本訳注ではまずJ－P・ルーの資料の扱い方に大いに問題があることを指摘しなければならない。実は「バビロンでは」から「競売にかけられていたが、」までは、バビロンの売買婚について述べた条（ヘロドトス『歴史』第一巻、一九六）の一部で、「家に戻った後は」から「固く操を守った」までは、有名な神殿聖婚――バビロンの女は誰でも一生に一度は大地母神（ベール神の妃）の神殿に座り、自分に向かって、女神に捧げる金を最初に投げた男と、神殿の外で交わらなければならないという風習。ただし最近では、これを史実と見ることに疑義が出ていると聞く――について述べた条（同、一九九）の一部である。このようにぞんざいな資料の扱い方は厳しく批判されるべきだろう。また、原注（103）では、ヘロドトスの『歴史』の第四巻、一七二しか挙げていないが、これはその前のナサモン人の風習について述べた条である。

この前の文章までは、かつては処女性がいかに尊重・重視――そして危険視――されていたかという説明だったということを再確認した上で、次に、ヘロドトスが語り伝えている三つの風習をここでこのような形で引き合いに出すことが妥当か否かという問題を検証しておきたい。最初のナサモン人の風習について、ヘロドトスは「この種族は多数の妻を持つ風習があり、〔……〕男は誰もが妻を共有してこれと交わる」と述べている。つまりナサモン人の風習には貞操観念が全く存在しなかった――たぶん処女の血も危険視されなかっただろう――ことを強調しているのである。二つ目の、バビロンの売買婚では、娘たちが処女であることを前提としてはいるが、何よりも器量の善し悪しが重視されていて、器量の悪い娘には逆に持参金が付けられていたという話だし、三つ目の神殿聖娼の風習は、すでに述べたように、処女性の問題とは何の関係もない。したがって、これら三つの風習の紹介とその前までの記述内容との間には整合性がないと断言せざるを得ない。

では、なぜJ－P・ルーはヘロドトスの記録をこのような形でここに持ち出したのだろうか。思うに、彼はそれをこの後で示される初夜権に関する自分の言説の序にしたかったのだろう。つまり、処女性の尊重から自然に初夜権が生じたと言いたいものの、この二つの事柄の間に何となく距離を感じて、その距離感を紛らすためにヘロドトスを引っ張り出したのだろう。しかしながら、キリスト教ヨーロッパを見る限り、処女性の尊重および処女の血の危険視と王侯貴族の初夜権との関連を明示する資料はなさそうだ。

バーバラ・ウォーカー（『神話・伝承事典』、大修館書店、一九八八年）によると、そもそも初夜権なるものは、九世紀、スコットランドのユーエン三世が、貴族の男性はいつでも庶民の妻を犯してもよい、また「領主は領内に住むすべての処女のその処女を奪ってよい」という法律を制定したことに由来する。これは女性所有権を土地所有権と同じと見たことから生まれたものであるが、キリスト教会はこの初夜権を神から与えられた貴族の特権（「君主の特権」とも）として支持した。結婚式を挙げてから三夜以内に花婿である家臣が花嫁と交わると、それは「神の祝福」を汚すものであり、「肉欲」に等しいものであると宣言された。しかし領主の肉欲は正しいものであり、ふさわしいものとされた。東方のキリスト教会は、主君が花嫁を犯す前に花嫁と性交しようとする男がいると、法律上の刑罰を加えた。もっとも時代が下ると、初夜権はしばしば税金を払うことで花婿に譲渡されていたらしい。このように初夜権は、王侯貴族の肉欲から生じた法律を、セックスを罪悪視し、女性を蔑視し、権力者を尊ぶ傾向が強かったキリスト教会が支持したことによって強化されたものであって、処女性の尊重から必然的に生じたものではないのである。

こうした見解とはアプローチを全く異にする見解がある。たとえば『世界宗教事典』（平凡社、一九九一年）の「初夜権」の項によると、初夜権の所有は「中世ヨーロッパの〔王や〕地主や僧侶」だけでなく、「ヒンドゥー教、カンボジアの仏教の僧侶にもかつてこの例が見られ、またエスキモーのシャーマン、南米インディオの呪医にも散見する。」これらの地域では、「初交、ことに処女膜の血に伴う呪術的危機への懸念・恐怖」が共有されていて、「僧侶や呪医は、これらの危険を無事に乗り越えることができると考えられて」いることから、「初夜権の習俗が発生した。そして〔キリスト教ヨーロッパで〕王や地主が持つ初夜権は世俗的優越権との結合によってもたらされる裨益への期待から発生した」。

本項のJ－P・ルーは明らかに後者と視界を共有している。そしてその上で、処女膜の血の重視・危険視から発生したものとして、中世ヨーロッパの王侯貴族や僧侶たちの初夜権――ロシアでは十九世紀まで行使された――を説明している。しかし異なった地域の異なった性格の風俗をこのように関連づけて一本化することが可能だろうか。すでに述べたように（この前の訳注（四七）参照）、J－P・ルーは自分の著作『血――神話と象徴と実態』（一九八八）の「処女の破瓜」の項で、初夜権の発生の問題も取り上げている。しかしながらそこでは、結婚する女性にとって処女であることが多くの地域で重要視されていたと指摘されているだけで、中世ヨーロッパの初夜権の源流にアジアやアメリカの初夜権と同じ性格のものがあったことを証明する資料は全く示されていない。したがって中世ヨーロッパの初夜権をアジアやアメリカの初夜権と連結して説明するのは適切とは思えない。

（五〇）　このような歴史認識、このような戦争観に対して、異議申し立てをしたいという衝動を覚えるのは訳者だけだろうか。百年戦争、三十年戦争、ルネッサンス時代のイタリアにおける戦争その他でいったいどれだけの民衆が犠牲になったことか。また、文字通り命を賭けて稼ぎに来ていた外国人傭兵たちは、戦闘がある時だけそれに見合った給料をもらっていたため、戦闘に敗れた時や長期間戦闘がない時、しばしば略奪に走り、それに伴って暴行・殺人の罪も多数犯していたことは周知の事実である。

（五一）　リピトイシュタル（前一九三四―前一九二三／四）という名は「イシュタル女神の被造者」の意。イシン第一王朝第五代の王。『リピトイシュタル法典』を編纂し、「正義の家」と呼ばれる公共施設を建立するなどして、社会・行政の改革を行う一方、娘をウルのイナンナ女神の女祭司長の職に就け、シュメールにおける覇権を唱えたが、晩年はウルを失い、以後、イシン王朝は衰退の道をたどった。『リピトイシュタル法典』は、現存するものとしては、ウル第三王朝の開祖ウルナンム（前二一一三―前二〇九六）の法典に次いで、二番目に古い。本書に引用されているのはその前文の一部で、神が正義を確立するために自分を招いて王位に就けたという宣言は、この法典に続く『ハンムラビ法典』でも――神の名こそマルドゥクに変わるが――踏襲されている。

（五二）　メルキゼデクの名は旧約聖書には二度、新約聖書ではヘブル人への手紙にのみ登場する。創世記（第十四章）によると、彼は「サレム（＝エルサレム）の王」、「エル・エルヨーン（いと高き神）の祭司」であり、アブラハムは彼に戦利品の十分の一を贈った。詩篇（第百十篇）では、彼は理想的な祭司と王の象徴として謳われている。メルキゼデクに関する記録はダビデ家の王に祭司職が委任されたことを語っていると解釈されているが、彼の歴史上への位置づけはたぶん不可能だろう。ヘブル人への手紙はエジプトのキリスト教徒の主要な証言であるが、それによると、彼の名の意味は「正義の王」で、彼は「サレムの王、すなわち平和の王」であった。「彼には父がなく、母がなく、系図がなく、生涯の初めもなく、命の終わりもなく、神の子のようであって、永遠に祭司である」（第七章、第一―三節）。そしてイエスは「永遠にメルキゼデクに等しい大祭司である」（第五章、第六節および第六章、第二十節）。エジプトのキリスト教徒にとって、メルキゼデクはユダヤ教の祭儀と立法を解消し、新しい祭司制度を創始した人物である。

（五三）　テキストでは在位期間を（三〇六―三二七）としてあったので、訂正した。なお、三〇六年はコンスタンティヌスが副帝に任ぜられた年である。

（五四）　ここはプレイアッド版と旧共同訳（邦訳）を参考に訳出した。新共同訳は最初の一文がこれと異なっている。

（五五）　ダレイオス一世はビーソトゥーン大碑文で、自分の家系を示し、自分がアフラ・マズダの御意によって王となったことを宣言し、各地で起きた反乱の鎮圧に成功したことを詳しく述べている。そういう意味では、この碑文に彼の「正義」の意識は十分に感じ取ることはできる。しかし反乱を起こした首謀者たちがことごとく厳しく処罰されている以上、ここに彼の「寛大さ」を感じ取ることは難しいのではなかろうか。アッシリアやモンゴルの過酷さと比べれば、話は別だが。伊藤義教著『古代ペルシャ』（岩波書店、昭和四十九年、二二—五〇ページ）に同碑文の全訳がある。なお、テキストにはダレイオス一世の在位期間を（前五七一—前四八六）とあったので、訂正した。

（五六）　フランス語の「吉日」《jour faste》の語源はラテン語の「開廷（日）」《fastus dies》。fas には「神意にかなった」の意味がある。古代ローマでは、裁判や公的行事を行う日であった。

（五七）　オスマン・トルコ帝国のスルタンに与えられるこの称号 pādishāh はペルシャ語の pād-shāh からきたもので、「守護王」を意味する。

（五八）　瘰癧は結核性頸部リンパ腺炎。中世、フランスとイギリスの国王はこれに触れて治す力を持つと思われていた。そのためこの病はフランスでは「病の王者」、イギリスでは「王の病気」と呼ばれていた。瘰癧さわりの儀式はどちらで先に行われたかという問題はさておき、フレイザーが紹介している史料によると、「王の奇蹟」は、クロムウェルが死に、王政復古によって即位したチャールズ二世（一六六〇—一六八五）の治世に最高潮に達した。「奇蹟的治癒」そのものは、王が手で瘰癧患者の頰を軽く叩き、牧師が「王が彼らに触れられた。王は彼らを癒された」と告げ、王は別の牧師から手渡されたエンジェル金貨を結び付けたリボンを患者たちの首にかけてやり、その間最初の牧師が「この世にまことの光入りたり」と言って、患者たちのために祈り、祝福した。敬虔な真の患者とこの金貨が目当ての貧民・強欲者との区別は宮廷医にも難しく、毎年、この儀式のためにほぼ一万ポンドが費やされた（『金枝篇』第一巻、第六章「王としての呪術師」、三六八—三六九ページ）。イギリスでは、この儀式はウイリアム三世（一六八九—一七〇二）によって馬鹿げた手品として拒絶され、次の女王アン（一七〇二—一七一四）によって復活されたのを最後に、ハノーヴァー朝（一七一四年以降）によって完全に廃止された。そしてフランスでは——儀式では「王、汝に手を触る。神、汝を癒し給う」と唱えられていた——大革命の勃発によって、すなわちルイ十六世の治世を最後に消滅した。

（五九）　ペテロは本名はシモン、ヘブライ語読みはシメオンで、ガリラヤの漁師だった。最も早くイエスの弟子となり、その信仰の堅固さゆえに、イエスから岩（ペテロ）というあだ名で呼ばれた（マタイによる福音書、第十六章、第十七—十九章）。カトリック教会はこれを事実としてとらえ、ペテロを初代の教皇（ローマの司教）と見なしている。しかし、イエス自身の直接的な呼びかけの中にペテロの名が全くないため、この伝承は、イエスの死後、ペテロを権威化するために成立したのではとも考えられている。一九四〇年以降ローマの聖ペテロ寺院の地下で発見された墓もペテロのものであるという証明はなされていない。聖書では、パウロの場合と違って、ペテロの神学的見解が示されていない。が、イエスの復活・公現は最初にこのペテロに対して起こったとされ、ペテロが十二使徒の筆頭として扱われていることは事実である。

使徒ヨハネもガリラヤの漁師で、十二使徒の中では最も若くして早くからイエスに従ったと思われる。彼に対するイエスの信頼は非常に篤く、ゲッセマネの夜のイエスの最後の祈りの際には、ペテロおよび彼の兄弟ヤコブと共に、三人だけが特別にイエスに近づくことを許された。ペテロ同様、ヨハネも死んだイエスの復活・公現の重要な証人の一人であり、パウロはペテロとヨハネと彼の兄弟ヤコブを教会の「柱」と見なしている。

（六〇）　原注（124）にはエリアーデの『世界宗教史』が示されているが、エリアーデ自身はマルク・ブロックの『奇蹟を行う王』（一九八三年、邦訳は『王の奇跡』、井上泰男・渡邊昌美訳、刀水書房、一九九八年、五四―五七ページ）を典拠として挙げている。そしてM・ブロックは自らが参考にした二つの文献（デンマークの歴史家サクソ・グラマティクスとアイスランドの教会人スノリ・ストルルソンの著作）を厳密的確に検証し、その記述内容の信憑性を疑っている。

（六一）　キリスト教論とはイエス・キリストの神性と人格性についての神学理論。

（六二）　セラピス神はプトレマイオス朝時代のエジプトで、ギリシャ・エジプト両宗教の融合政策によって創られた神、エジプトのオシリス神とギリシャのゼウス神の性格を兼ね備え、エジプトではプトレマイオスはこの神の化身とされ、後にはイシス女神と共にギリシャ・ローマの全域で崇拝された。

なお、ここに述べられているエピソードについてはスエトニウス著『ローマ皇帝伝』第八巻（岩波文庫）参照。

（六三）　ワロは本来部族名ではなく、セネガル北西部の沿岸地域の名称。かつてこの地域はウォロフ族の王国（第五章の訳注（二五）参照）の支配下にあったが、十六世紀半ばに同王国が分裂した際に独立、ワロ王国が成立し、フランスの植民地となる十九世紀まで存続した。この王国の住民がワロ人（族）である。

トンガ人は紀元前十世紀頃までに西方から移住したと考えられており、ポリネシアの中ではサモア人と共に最古の歴史を有し、トンガ諸島において王国を維持しているが、現在は国王以下ほとんどの国民がキリスト教徒である。

（六四）　フランスとイギリスの王たちが起こしたとされる奇蹟については、前記（訳注（六〇））マルク・ブロック著『王の奇跡』を参照されたい。この名著では王による瘰癧さわりの始まりから衰退・消滅までの徹底的な調査・検証がなされており、フレイザーが「手を抜いた」ところはこれによって十分に補足されている。そしてJ－P・ルーも参考文献としてこの名著を挙げている。にもかかわらず、彼はこれについて一言も発していない。理由は、M・ブロックも、フレイザーと同じように、そして「王の奇蹟」を信じている彼とは違って、王の奇蹟に対する信仰を「集合錯誤の結果《エルール・コレクティヴ》」すなわち迷信と断定しているからであろう。ではなぜ彼は、フレイザー共々、M・ブロックも批判しなかったのだろうか。思うに、彼はM・ブロックのきわめて合理的な考察と精密な史料分析を前にして、対決を回避したかまたは思考停止をしたのではなかろうか。

（六五）　ギリシャ語では《Sōtēr》。この時代の諸王のこの称号には宗教的な意味合いはあまり感じられないため、人名辞典の中には、「救済者」という訳語を用いている場合もある。しかし本書では、「ソーテール」と「メシア」＝「キリスト」は密接に関連づけられているので、その意を汲んで、すべて「救世主」とした。

（六六）　アンティゴノス一世（前三八一頃―前三〇一、在位前三〇六―前三〇一）はアレクサンドロス大王東征の際の武将で、前三三〇年からはフリュギア知事。大王没後、摂政職に就いたペルディッカスとアンティパトロスも死に、彼の威勢が盛大になると、彼はアレクサンドロス帝国の再現を企図して、自ら王と称した（前三〇六年）。しかしこれに脅威を感じた四人の諸武将が連合して彼に対抗した結果、彼はイプソスの戦い（前三〇一年）で敗死した。彼の子デメトリオス（一世、前二九四―前二八七）はいったんは逃れて、後再起し、アンティゴノス朝を復活させた。

（六七）　アンティオコス一世（前二八一―前二六一）はセレウコス一世の子で、父の生前からセレウコス朝の北部領を支配した（前二九二年）。父王の死（プトレマイオス・ケラウノスにより殺害）後、即位。ガラティアに侵入したガリア人に勝利し（前二七五年頃、異説あり）、「救世主」《Sōtēr》と呼ばれた。しかしプトレマイオス二世との第一次シリア戦争（前二七四―前二七一年）では敗北して、シリアの大部分を奪われ、その後、ペルガモンの独立（前二六二年）も阻止することができなかっただけでなく、エウメネス一世との戦いで戦死した。

（六八）　セレウコス一世（前三〇五／四―前二八〇）はシリア王で、セレウコス朝の祖。後の称号ニカトルは「戦勝者」の意。アレクサンドロス大王の後継者の一人で、大王の死後、ペルディッカスの殺害に関与、バビロニアの総督となる（前三二一年）。一時アンティゴノスのためにエジプトに逃れる（前三一五年）が、再び領土を回復し、イラン、バクトリア、インド西北にまで遠征して、アレクサンドロス帝国の東部領域を取り戻すことに努めた。前三〇五／四年に王号を称し、前三〇一年、イプソスの戦いでは、他の「後継者」たちと連合して、アンティゴノス一世を破り、シリア、メソポタミア、アルメニアを支配下に置いた。そしてさらにリュシマコスの全領土を併合しようと、トラキアに渡った時、近侍に暗殺された。

（六九）　キョル・テギン（闕特勤、六八五—七三一）——キョル（闕）とは湖のことで、この　称号は「知恵が湖（うみ）さながらに満ちた賢明なテギン（親王）」を意味し、ダライ・ラマの「ダライ」（モンゴル語）に相当する——はエルテリシュ（即位前の名はクトルク（骨咄禄））可汗の子、カパガン（默啜）可汗の甥、ビルゲ（毗伽）可汗の弟。突厥復興期の大人物だが、カガン（可汗＝王）ではなかった。七一六年、默啜可汗が同じトルコ系の鉄勒諸部の離反にあって戦死すると、突厥の国内は乱れ、汗位をめぐる争いも起きた。キョル・テギンは默啜の子小可汗匐倶とその一党を殺して、自分の兄右賢王默矩を立ててビルゲ（賢明な）可汗となし、自分は兵馬の大権を握り、父の代から人望の篤かった重臣トニュクク（暾欲谷）を顧問に迎え、諸部族の安定を図った。このビルゲ可汗とキョル・テギンおよびトニュククの功績を讃えた諸碑文が突厥碑文の主要なものである。ここに引用されているのは、その内のビルゲ可汗碑文（七三五年建置、オルホン河畔）とキョル・テギン碑文（七三二年建置、オルホン河畔）の一部である。それにしてもこの記述は意図が不明瞭で紛らわしい。突厥史の専門家であるJ－P・ルーは、キョル・テギンを君主と同格と見なしているのだろうか、あるいは君主でなくても「救世主」——これに相当する語は突厥碑文には見当たらない——になり得たと言いたいのだろうか。ちなみに、突厥では、七三二年にビルゲ可汗が毒殺された後、同族間の争いが激しくなり、従属していた近隣のトルコ系諸族も相次いで独立し、七四四年、ウイグルのボイラ（裴羅）が可汗を称するに至って、突厥第二帝国は分散・滅亡した。護雅夫著『古代トルコ民族史研究Ⅱ』（第二章「古代テュルク民族の信仰」、第六節「突厥における君主観」、山川出版、一九九二年）、『羽田（亨）博士史学論文集　上』（歴史編、唐代回鶻史の研究、同朋舎、昭和三十二年）ほかを参照。

（七〇）　大カトー（前二四三—前一四九）はローマの政治家で文化人。ポエニ戦争以来、多くの戦いに従軍して功があった。その後、財務官（前二〇四年）、統領（前一九五年）、検察官（前一八四年）を歴任した。中小土地所有者の維持を強く主張し、また華美なギリシャ文化の影響を排して古ローマの質実剛健への復帰を説いた。カルタゴの徹底的な破壊を説いたことでも知られている。文筆家としては、『起源論』『農業論』等を著し、ラテン散文文学の祖と称せられる。

（七一）　ルカヌス（三九―六五）は古代ローマの叙事詩人。哲学者セネカの甥。ローマで教育を受け、アテナイで研鑽に励んでいる時、皇帝ネロに招かれて帰国。しかしネロとの良い関係は長くは続かず、やがてピソのネロ暗殺の陰謀に加わり、これが露顕して、殺された。カエサルとポンペイウスの抗争事件を扱った叙事詩『内乱賦《ファルサリア》』を残す。
ところで、「ルカヌスがこれらの言葉を彼（大カトー）に貸した」というのは、両者の生きた時代が逆で、しかも大きくずれている以上、論理的にあり得ないことである。J－P・ルーの錯誤であろう。それとも、これもまた本書で時々見られる、時系列を全く無視した彼独特の論述の一つなのだろうか（本章の訳注（二二）、第五章の訳注（一一一）、（一三四）、（一三八）を参照）。

（七二）　アプレイウス（一二五頃―一七〇以後）はアフリカのマダウルス生まれの哲学者、修辞学者。カルタゴとアテナイで教育を受け、ローマにも遊学した。エジプト旅行中に書いた『弁明』は当時の地方生活の有り様を記録した興味深い史料となっている。彼の作品中最も有名な『黄金のろば』（原題は『変形の物語』）は、魔術でろばの姿になった主人公が様々な体験をする物語である。

（七三）　この記述（特に「犠牲になる」）は読者に誤解を与えかねないので、説明を付け加えておきたい。「霊的新生を得る」は永久の宗教的世界に生まれ変わることであろうが、「進んで犠牲になる」は、この物語では、イシス女神に帰依する者として、「献身の秘儀を受ける」ということであって、物語の主人公ルキウスが誰かのために実際死ぬこと意味しているわけではない（巻の第十一、および岩波文庫版、下巻、一六一ページの訳注を参照）。したがって、イシス信仰に死と復活の神学があり、救済論があるとしても、主人公の秘儀加入をそのまま救世主的行為と見なすにはかなり無理があるように思われる。それともJ－P・ルーは、イシスの秘儀加入者はすべて救世主と見なすべきだと言いたいのだろうか。

（七四）　本項における原著者の主張はフレイザー（『金枝篇』、特に第五巻から第七巻までの、アドニス、アッティス、オシリス、ディオニュソス等を主題とした章を参照。簡約版、岩波文庫（二）の第二十九章から第四十九章までに、適切に抜粋されている）の言説に立脚していると見てよいだろう。フレイザーによると、いずれも死んで（殺されて）後に再生するこれらの神々は植物神であるが、たとえばオシリス神話は、「穀物霊の代表である人間（王－祭司）を殺して、畑を豊饒肥沃にするためその肉を配布し、あるいはその灰を散布した慣習の遺物」と見ることが可能であり、またディオニュソスに反抗したテーバイ王テンペウスとトラキア・エドニア人の王リュクルゴスが、それぞれバッコス信徒と人民（の馬）によって八つ裂きにされたという話は、オシリス同様「肢体を切断されたと言われるディオニュソスとして、人間を、特に神聖な王たちを犠牲とする慣習の歪められた記憶」と推測することができる（第六巻、九七―九八ページ。簡約版、岩波文庫（三）、一〇九―一一〇ページ）。フレイザーは、太古、穀物霊の人間代表であった王は毎年豊饒祈願のために殺されていた、という仮説を立証するためにいろいろな神話・伝承を援用する。オルペウス（第七章の訳注（四〇）を参照）は、自分が信奉していたディオニュソス同様、肢体を切断されたという理由で、この王‐神のグループに入れられるし、ミトラ（ス）の場合は、この神が犠牲にしたとされる牡牛の尾の先端が穀物の茎になっており、牡牛は穀物霊の受肉と見られるという理由で、やはり同じグループに入れられている。アジア各地の神話・神事についてのフレイザーの見解の紹介は省きたい。ともあれ、この後、J‐P・ルーはフレイザーの仮説とアプローチを最大限活用して、世界の神‐王の頂点にイエス・キリストを位置づけ、その側の少し下方にキリスト教徒の王‐神を招き寄せることになる。

「イシスの側にいるウガリットのバアル」について。

一九二八年、フランスの調査隊はウガリット遺跡のバアル神殿書庫から膨大な量の楔形文字粘土板を発見した（このラス・シャムラ刻文テキストの最初の復元が発表されたのが一九三〇年である。したがって『金枝篇』では言及されていない。補遺（一九三六年）でも同様である）。その中で最大の分量を占めるのがバアル神話である。

バアル（「主」の意）は豊饒の神で、「雲に乗るもの」、あるいは稲妻と雷雨の神ハダド（アダド）とも呼ばれた。彼の父は大洋に君臨する最高神エル（セム族が共有する最高神で、旧約聖書のエロヒムの単数形。イスラム教のアッラーに同じ）、母はアスタロテ（アスタルテとも。この名はメソポタミアのイシュタル（テ）、エジプトのイシス（イシュト）に通じる）で、二人の兄弟と一人の妹がいる。バアルは卑劣な策謀によって自分の王権を奪おうとした兄弟の一人、洪水の神ヤム・ナハルを打ち負かし、服従させる。しかしもう一人の兄弟、火の神にして大地を乾燥させる死の神であるモトとの闘いには敗れ、その怪獣に飲み込まれる。バアルの姿が地上から消えると、大地は干上がり、緑の沃野はたちまち砂漠に一変したため、父神エルは悲嘆にくれる。妹の勝利の女神アナトはひとりでバアルの死体を捜し出し、泣きながら埋葬する。そして数カ月後、モトに闘いを挑み、これを打倒する。モトが死ぬと、バアルが再生し、戻って来る。バアルは雄牛となって、マアトと交わり、この婚姻によってマアトに新しい生命が宿る。

このバアル神話は地中海世界の雨期と乾期の交替のドラマを反映していることは間違いない。そして機能の点から見て、アナトとバアルがエジプトのイシスとオシリスに、モトがエジプトのセトに通じていることは明白である。メソポタミアのイナンナ（イシュタル）－タンムズ神話の影響を受けてウガリットのアナト－バアル神話が成立し、それがエジプトに伝わって、イシス－オシリス神話が誕生したと見るのが自然ではなかろうか。

最後になったが、アッティスについて一言。アッティスは植物の生長を司るアジア古来の神。大地母神キュベレ信仰と一対になってプリュギアやリュディアで信仰されていた。自殺したアッティスが女神によって松の木に変えられたという物語――本章第9項で紹介されている、ヘロドトスが伝えるクロイソス王の息子アテュスの物語はこの神話の変形の一つと考えられている――は、毎年死んでは蘇る植物の命を象徴したものと考えられている。アッティス－キュベレ信仰は帝政時代にローマに伝わり、復活と幸福な永遠の生を約束する一種の救済論的性格を持つようになった。その点ではイシス－オシリス信仰、さらにはミトラ（ス）信仰やキリスト教とも相通じると言えるだろう。

（七五）　サトゥルヌスはローマの古い農耕神。一般的にギリシャのクロノスと同一視されるが、ラティウムの初期の王と見なされる点で、クロノスと異なる。彼の治世はイタリアの「黄金時代」で、彼は民に農耕と葡萄の木の剪定を教え、法を発布し、民は太平を享受したという。十二月十七日より冬至まで一週間続いたサトゥルヌス祭は、翌二十五日の冬至の祭り（「敗れざる太陽の誕生日」、ミトラス教の祭日）、ゲルマン人の冬至の祭りユールと共に、クリスマスの源流となったと考えられている。

（七六）　ダニエル書によると、ユダヤ人少年ダニエルは、ネブカドネツァル王（前六〇五―前五六二）の時、バビロンに拉致された。そして選ばれて書記官となり、やがて王の夢を明確に判断したことにより、バビロン全州を治める長官に任ぜられたという。本書の「引用文」は、次の「バビロンの王ベルシャザル元年に」ダニエルが見た幻の叙述（第七章、第十三―十四節）の要約である。しかしながら、「ペルシャ人キュロス」とすべきところが「メディア人ダレイオス」となっており、また、実際には王ではなかったベルシャザルを王にしていることなどから、この書は彼らの時代より数世紀後に書かれた「物語」と見られており、ダニエルが実在の人物かどうかも証明されていない。この「引用文」に表明されている救世主到来への願望は、シリア王国のアンティオコス四世（前一七五―前一六四）の宗教弾圧に対するマカベアの反乱の頃のユダヤの状況を反映したものと推定されている。

ダニエル書（第七章、第十三―十四節）の正確な記述は次のようになっている。「見よ、人の子のような者、天の雲に乗って来て、日の老いたる者のもとに来ると、その前に導かれた。彼に支配、威光、王権が与えられ、諸国の民人、諸言語の者が彼に仕えた。その支配は永遠に続き、なくなることがなく、その王国は滅びることがない。」

（七七）　ミカは前八世紀頃のユダ王国の預言者で、ミカ書は彼に帰せられているが、全体としては彼に由来するものではないと見られている。特にここに引用されている第五章とその前の第四章は、バビロン捕囚、離散、エルサレムの陥落についての記述があることから、そのほとんどがミカ時代のものではなく、前五世紀以降のものとされている。『旧約・新約聖書大事典』（教文館）参照。

この「引用文」も原著者によって大幅に書き換えられたものである。これに対応する部分（ミカ書、第五章、第一、三、四節）を主にプレイアッド版を参考にして紹介しておこう。

（第一節）「しかしエフラタのベツレムよ、お前はユダの氏族のうちでいと小さき者だが、私たちのためにイスラエルを治める者がお前の中から出る。彼の出生は古く、永遠の昔にさかのぼる。」

（第三節）「主の力によって、その神、主の御名の威光によって、彼は立って群れを養う。彼らは安らかに暮らしており、今や彼は大いなる者となってその力が地の果てにまで及んでいる。」

（第四節）「彼こそまさに平和である。」

（七八）　ゼカリアは十二小預言書ゼカリア書の著者とされる。彼は預言者ハガイと共にエルサレムの第二神殿建設の完成を預言によって指示・推進し、成功に導いた。彼がペルシャ帝国のダレイオス一世（前五二一—前四八六）の即位の際の混乱期に乗じた解放や、ダビデ王家の血を引くゼバビエルによるメシア王国の建設を期待したのは事実である。しかしここに引用されているのは「第二ゼカリア」（前三世紀頃か）の預言とされているもので、第九—十一章で、諸国民に対する戦いに圧勝した後の、来るべきメシア王（アレクサンドロス大王か）の下での救済の時が語られている（『旧約・新約聖書大事典』（教文館）参照）。

（七九）　対神徳とは神を対象とする徳。カトリックの教えでは、三つの対神徳、すなわち信徳 foi、望徳 esperance、愛徳 charité がある。

（八〇）　ケサルはチベットの英雄叙事詩『ケサル』の主人公。この叙事詩は九世紀後半から十一世紀前半まで、統一的君主もなく、諸侯間の争いが絶えなかった時代を背景にしていると考えられている。物語の主人公は、スタン教授によると、次のようにして生まれた。「かつて人間は主君を持たなかったので、地上ではすべて事がうまく運ばなかった。彼らは天の神に、神の息子を一人地上に送って欲しいと懇願して、一人の主君を得た。」なお、スタン教授は「ケサル」の名は「カエサル」に由来するとしているが、その説を支える有力な根拠は何もない（山口瑞鳳著『チベット 上』、東京大学出版会、一九八七年、二八七―二九三ページ参照）。この叙事詩はモンゴルにも伝わり、今では完全にモンゴル化した物語（『ゲセル・ハーン物語』、若松寛訳、東洋文庫566、平凡社、一九九三年）が残っている。

（八二） 初出ではあるが、ここでは神聖ローマ皇帝フリードリヒ一世（一一五二―一一九〇）の対外政策に限って略述しておきたい。

一一五二年に即位したフリードリヒは、教皇ハドリアヌス四世（一一五三―一一五九）から、ローマを支配下に置いていた宗教改革者アルナルド・ダ・ブレッシア討伐を依頼されると、ローマに進軍して、アルナルドを処刑した（一一五五年）。その際、彼は教皇から皇帝として戴冠されたが、教皇に対して臣下の礼はとらなかった。その後、一一五七年、教皇がブザンソンの宗教会議へ書簡を送り、フリードリヒの王位は教皇の恩寵によって授与されたものであると主張したことにより、両者の間に決定的な溝が生じた。フリードリヒはこれ以後、自分の帝国は教会と同等の神聖さを持つと主張し始め、翌一一五八年からさらに数次のイタリア遠征を繰り返して、北イタリア諸都市を支配下に置き、教皇とも対抗した。彼は教皇に味方する諸王を「小王」と呼んで、見下す一方、西ヨーロッパの諸王に対しては、皇帝の上位性と帝国への奉仕を強く要求した。しかしそれに進んで応じる国はなく、彼のイタリア政策は完全な失敗に終わり、教皇アレクサンデル三世（一一五九―一一八一）とも和平を結ばざるを得なかった。彼は自ら企てた第三回十字軍の遠征中に溺死した。

第五章　王の生と死

（一） イフェ王国はナイジェリア西部のイフェを都とするヨルバ族最初の王国で、十一世紀初頭までには成立していた。ヨルバ族の伝承によると、人類発祥の地はイフェであり、そこに天の神ロルンが降臨させたオドゥドワが王国をつくった。オドゥドワはイフェの最初の支配者であると同時に、その後周辺に成立したオヨ王国、ベニン王国等の諸王国の先祖とされている。そのため、聖地イフェを都とするイフェ王国は、世俗的な力の有無とは関係なく、ヨルバ系諸王国の宗主国としての地位を長く保ち得たが、十九世紀末、オヨとイバダンの連合軍によって滅ぼされた。本章の訳注（三三）（一一〇）を参照されたい。

（二）このような見解は、ブルタルコスの「パウサニアスが〔中略〕ピリッポス〔二世〕を殺害した時、非難の大部分は、この怒り狂った青年をそそのかし、励ましたというので、オリュンピアス〔ピリッポスの最初の妃、アレクサンドロスの母〕に向けられたが、一部の非難はアレクサンドロスにも及んだ」（『列伝』「アレクサンドロス」一〇）という記述を最大限重視した場合に成立し得るだろう。しかしピリッポス殺害について最も詳細に説明しているディオドロス（シチリアの）は、オリュンピアスもアレクサンドロスも疑っていない。また、ディオドロス（xvi–xvii）を素直に読む限りでは、アレクサンドロスが父王殺害の陰謀に加担したと見なした者たち――王位継承権を持つ彼のライバルたち――や政敵を処罰したり「排除」したりして、「血の海」をつくったのは、彼の即位後のことであって、即位前ではない。

ところで、J－P・ルーは、兵士によって選ばれた事例として、アレクサンドロス大王と「多くのローマ皇帝たち」を同じ枠に入れ、「選挙」のずさんさまたは危険性を指摘しているが、もともと両者の間には大きな違いがある。帝政後期の兵士に選ばれたローマの皇帝たちの大半は、高貴な血筋・家系とは無縁の、いわゆる叩き上げであり、彼らの即位に世襲的要素は皆無だった。一方、アレクサンドロス大王は、先王ピリッポス二世が生前から王者としての資質を高く評価していた嫡男であり、父系ではヘラクレスの子孫、母系ではアキレウスの子孫と広く信じられていた。そしてヘロドトス（『歴史』第八巻、一三七―一三九）によると、マケドニアでは、初代ペルディッカス以来、かなり長い間、アルゴス出身のこの一族の者だけが父から子へと世襲によって王位を継いでいる。したがって、多分に儀礼的なものとして、いつの頃からか軍隊に王を選ぶ権利が与えられてはいても、マケドニアの王位継承は、原則的には世襲的要素がきわめて強いものだったと言える。

それゆえに、ピリッポス二世が兄である先王ペルディッカス三世の嫡男がいたにもかかわらず、兵士たちの支持を得て――つまり兵士たちの選挙権を最大限に活用して――王位に就いたのを「簒奪」（ユスティヌス（一〇〇―一六五頃）、第七巻、五・一〇）と見るのは不当ではないだろう。しかしながら当時、マケドニア王国は重大な存亡の危機に陥っていた。そのため強力な指導者を求める兵士たちの意向とピリツポス二世の野心とが合致して、この場合はマケドニアでもむしろ例外の部類に入る王位継承が行われたと見るのが妥当ではなかろうか。そのように考えると、アレクサンドロスが王位を継承するのは当然と思っていたことも、他方、先王の子アミュンタスが鬱屈した複雑な気持ちを抱いていただろうということも、そしてさらに、アレクサンドロスが自分の王座を不動のものにするために、そのアミュンタスを、真相不明のまま、ピリッポス二世の謀殺を教唆した罪で「処罰」したということも、無理なく納得できるのである。

ともあれ、新興国マケドニアでは、王位継承の制度としては世襲制も選挙制もまだ確固たるものになっていなかったことは事実である。したがって、この時代の選挙制の問題点を、今日の選挙制を基準にして批判してもあまり意味がないのではなかろうか。

（三）　父アミュンタス三世の死後、王位に就いた長兄アレクサンドロス二世（前三七〇—前三六八）は娘婿に殺され、王位を奪われた。次兄ペルディッカス三世（前三六八—前三五九）はその簒奪者を同じように暗殺して、王位を奪い返したが、イッリュリア人との戦いに敗れ、戦死した。直後の大混乱の中、ピリッポス（二世、前三五九—前三三六）はまだ幼いペルディッカスの遺児アミュンタスの摂政となり、すぐに王位に就いた。ピリッポスに対して王位を要求する者が二人いたが、一人は戦いによって打倒され、もう一人は姿を消した。

（四）　この引用文も実は「要約」である。時系列としては、前の訳注の時代より少し遡る。アルケラオスはペルディッカス二世（前四五〇／四四〇頃—前四一三）とその弟アルケタスの女奴隷シミケとの間に生まれた。彼は父ペルディッカスが没すると、アルケタスとその子アレクサンドロス（ほぼ同じ年頃の従兄弟）を一緒に殺害し、同様に、正嫡の子であった幼い自分の弟を井戸の中へ突き落として、事故死に見せかけた。アルケラオスはこのようにしてマケドニア王となったが、軍隊を整備し、道路をつくり、要塞を築いて、マケドニアの強大化を図った。その一方で、ギリシャ文化を愛好し、数多くのギリシャの詩人・芸術家をペラの宮廷に招いて、マケドニア文化の向上に努めた（プラトン著『ゴルギアス』、四七一、岩波書店版『プラトン全集』9、七五、七七ページの訳注も参照）。

（五）　マケドニア王の専制化はピリッポス二世の時からすでに始まっていた。ギリシャ世界の覇権を握ろうとするピリッポス二世を徹底的に批判したデモステネス（前三八四—前三二二）によると、彼は、公の場であれ、私的な場であれ、すべてのことを決めていた。彼は自分の思い通りに行動する将軍であり、主であり、金庫番だった（第一巻、四）。

（六）　J－P・ルーの記述には（出典注も）誤りがある上に、「しるし」について具体的な説明がないため、この段落だけでなく、次の段落（特に最初の一文）も分かりにくくなっている。そこで念のため少し詳しくヘロドトス（第三巻、六一—八七）が語り伝えていることを紹介しておきたい。

キュロス大王の子カンビュセスのエジプト遠征中に、マゴス僧ガウマタが、王の命で暗殺されたはずの王弟になりすまして、王位を簒奪した。カンビュセスは急遽帰国の途についたが、シリアで没した。それから約七カ月後、ダレイオスを含む七人の仲間——いずれもアケメネス朝の流れを汲む——が力を合わせて、ガウマタを倒し、メディア人の手から政権を取り戻した。カンビュセスに子供がなかったので、彼らはその後の政治のあり方を議論した。その過程で三つの意見が出た。一つ目は、カンビュセスのような独裁者を二度と出さないために、万民同権（イソノミア）とし、国事をペルシャ人全体の処理に委ねるべしとする意見。二つ目は、国事は優れた少数者の統治（寡頭政治）に委ねるべしという意見。三つ目は、アケメネス家伝来の慣習である独裁制＝王制が最善であるというダレイオスの意見である。決を取ると、七人中四人までが最後の説に賛成した。そこで彼らの中から王を選ぶことになったが、一人は辞退したので、六人で——それゆえに、J－P・ルーが「二人」と言うのは誤りである——取り決めに従って、王位を争った。ダレイオスは気の利いた馬丁の計略のおかげで、早朝、誰よりも早く自分の乗馬をいななかせることに成功した。と、その時、「雲一つない空から稲妻が閃き、雷鳴が轟いた」。この「しるし」を前にして、他の者たちは馬から飛び下り、ダレイオスの前にひれ伏した。こうして彼は不動の王位を得た。

ところで、伊藤義教著『古代ペルシャ』（岩波書店、昭和四十九年、一七ページ）によると、稲妻と雷鳴は、太陽と同一視されることもあるミトラ神の武器ワズラであり、ミトラ神が太陽に先駆けて昇ることは『アヴェスター』にも記されている。ゆえにこの時、馬はミトラ神の出現に感応していなないたと考えられ、そのうえ、稲妻が閃き、雷鳴が轟いたことで、他のライバルたちはミトラ神がダレイオスの上に臨んでいることを明確に察知して、彼を王として認めたのだと解釈することができるという。ミトラ神とアナーヒターー女神は、この頃までは——次のクセルクセス一世からダレイオス二世の代までは、アフラ・マズダ以外はすべて「悪魔（ダイワ）」として崇拝することを禁じられた——篤く信仰されていたと思われるので、伊藤義教説は十分に説得力を持っている。

（七）ナタンは前十世紀頃のヘブライの預言者で、ダビデ王に信頼されていた。彼はダビデがバテ・シバを娶るために夫のヒッタイト（ヘテ）人ウリアを戦場で死なせた時は、厳しく王を非難した。しかし、ダビデとバテ・シバとの間に生まれた第二子（第一子は生後まもなく病死）ソロモンの教育者となり、やがてダビデの長子アドニヤが王位を奪おうと企んでいることを知ると、バテ・シバといっしょにダビデのところへ行き、ソロモンを後継者とするよう説得し、祭司ツァドクと共に、ソロモンをギホンの泉に連れて行き、油を注いで王とした。

（八）　ネブカドネツァル二世（前六〇四／五—前五六二）の名前の意味は「ナブー神よ、私の子供を守り給え」。新バビロニア王朝創始者ナボポラッサル（前六二五—前六〇五）の子で、ユダヤ王国を征服した（前五九七年と前五八二年）ことでよく知られている（バビロニア捕囚）同王朝最盛期の王。バビロンを始め、バビロニア各地の神殿を再建した。

（九）　『孟子』万章章句上、「世を継いで而して天下を有つ者、天の廃する所は、必ず桀・紂の若《ごと》き者なり。」

（一〇）　これは明らかに誤りである。禹は、かつて舜がそうしたように、摂政の益を天に推薦していた（七年間）。それで禹が没した時、益は、摂政時代の禹や舜がそうしたように、三年間の服喪を終えると、宮廷から退き、隠遁した。しかしこの時は、朝覲〔天子にまみえること〕をしたり、裁判を願ったりする者たちは、益のところへ行かずに、禹の子の啓のところへ行った。そして彼らは「啓こそは我が君の子である」と言った（『孟子』万章章句上）。つまり禹から啓への帝位の継承は、啓が賢者であり、高徳の士であったために天命が下り、結果として父子相続となったのであって、少なくともこの段階では、世襲とは言えないと見るのが妥当であろう。

（一一）　このように原著者は三帝神話に関する孟子の見解を「賢明さは結局のところ世襲にあること」を示すものと主張している。そのように解釈される要素が少しはあるかも知れないが、やはり強引すぎるような気がする。『孟子』を素直に読む限り、この条に示されているのは、天命は徳に基づいて国を治める者に下る——つまり徳政が世襲に勝る——が、その条件が満たされている場合は、世襲も可である、という考えである。ゆえに、この徳政＝天命重視の思想は、非常に厳しい「革命」思想と一体になっている。そのことを忘れてはならないだろう。要するに、中国には、天地自然の成り立ちや、人間の誕生や、天帝と天子の関係について、聖書のように具体的かつ明確に説明したものはなく、歴史の記述も、常に帝王の徳と現実の政治との関係を軸になされてきた（貝塚茂樹・伊藤道治著『古代中国』（講談社学術文庫）、第一章、三「創造神話」）のである。

（一二）　中国科学院の最近の発表によると、これまでの発掘調査によって、夏は歴史上実在した王朝であると認定された。夏の桀（生没年不詳）は堂々たる体格と怪力に恵まれていたが、有施を討ち、その娘末喜《ばっき》を寵愛するようになると、人民から過酷に税を取り立て、豪華な宮殿を造営して、享楽的生活に溺れた。また虎を市場に放って、人々が逃げまどう姿を見て喜んだとも伝えられる。殷の湯王に討たれた。

殷の最後の王紂（前一〇二七年没）は頭脳優秀、雄弁、俊敏で、猛獣を倒すこともできた。有蘇氏を討った時に得た美女妲己《だっき》を寵愛し、彼女の言うことには何でも従って、賦税を重くし、豪壮華麗な宮殿を建て、酒池肉林の宴を催したため、臣民の離反を招き、周の文王・武王親子によって打倒された。桀と紂は典型的な悪王としてしばしば並称されるが、類似点が多いことから、桀の伝説は紂の伝説が分化したものではという推測もなされている。

（一三）　一三八九年、第一次コソボの戦いでムラト一世（一三五九—一三八九）が死んだ時、彼の王子たちも戦場にいた。その中からバヤズィト（一世、一三八九—一四〇二）が後継者に選ばれたが、彼はただちに敵と戦っている兄弟を処刑した。オスマン朝で即位に際して兄弟殺しが行われたのはこれが最初らしい。ただし後世のオスマン朝の歴史家たちは、メフメット二世（一四五一—一四八一）が、世界の秩序が乱れるのを防ぐため、初めて兄弟殺しの「法令」を定めたと主張しているという。いずれにせよ、この兄弟殺しの掟に従って、たとえばメフメット二世はただ一人の弟アフメットを処刑し、セリム二世（一五六六—一五七四）は二人の弟を彼らの子供たちと共に殺し、ムラト三世（一五七四—一五九五）は五人の兄弟に死を与え、次のメフメット三世（一五九五—一六〇三）は兄弟十七人と妊娠していた彼らの妻妾十五人を殺させた。

兄弟殺しの法のあまりの残酷さに対する反省からか、アフメット一世（一六〇三—一六一七）の代からはカフェス（檻）の制度が採用された。これは兄弟を殺す代わりに、全員を同じ建物に監禁するというもので、スルタンが死去するか退位させられた場合、幸運な一、二の者がスルタン位に就いた——オグズ時代の慣習である兄弟相続方式の部分的復活——が、他の者はハーレムを与えられても子供をつくることを許されず、死ぬまで「檻」の中でくらした。

大宰相職はムラト一世（一三五九—一三八九）の時代に、宰相制度が改革された際に設けられた。従来一人だった宰相は複数とされ、その首席宰相が「大宰相」と呼ばれたのである。また、宰相にはそれまで行政上の権限しか与えられていなかったが、この時から軍事上の権限も与えられるようになった。特に大宰相は、スルタンの「絶対的代理人《ヴェキリ・ムトラク》」として、政治、行政、外交、軍事の全般において、広範な権限を委ねられた。歴代の大宰相の中でも、スレイマン一世から三代のスルタンにわたって仕えたソコルル・メフメット・パシャ（在位一五六六—一五七八）、メフメット四世（一六四八—一六八七）に仕えたメフメット・キョプリュリュとその一族——いずれも大宰相——は特に傑出していた。

（一四）　その最も典型的な例の一つが、アケメネス朝ペルシャのアルタクセルクセス二世（前四〇四—前三五九）に対する王子たちの暗殺未遂である。長子ダレイオスは重臣の一人にそそのかされて、他の王子たちと共に大王を暗殺しようとしたが、失敗し、処刑された。ちなみに、この大王の嫡子オーコス（アルタクセルクセス三世）は父王の存命中に、後継者として臣民から大いに期待されていた嫡男の兄と、父王が最も気に入っていた庶出の子を謀殺して、父王を悶死させただけでなく、近親者のほとんどすべてを年も性も関係なく殺した後、即位した。

そしてもう一つの例が、オスマン朝のバヤズィット二世（一四八一―一五一二）に対する太子たちの反逆である。このスルタンの最晩年、太子たち（三人、当初は五人）は玉座を要求して、独自に反乱を起こし、兄弟間でも相争った。その結果、彼は退位に追い込まれ、最年長の太子もセリム（一世、一五一二―一五二〇）との戦いに敗れて殺された。

（一五）　ここでは二つの部族を取り扱う。ウォロフ族はセネガル最大の部族で総人口の三分の一以上を占める。ウォロフ族の祖先はかつてのガーナ王国（現在のモーリタニアからマリ）に多く住んでいたが、十一世紀頃、西サハラのベルベル人の王朝によってイスラム教がもたらされたのを嫌って、セネガルに南下したらしい。伝承によると、部族はまずヌジャージャン・ヌジャイという人物を中心にまとまり、以後、十二世紀から十四世紀にかけて王国としての体制を整えた。ウォロフ王国はブールと称される王を頂点に、貴族、戦士、自由農民、各種専門職人、奴隷民から成り、マリ帝国の支配から脱しつつ、独自に版図を拡大していった。しかし十六世紀半ばに分裂し、ワロ、カヨール、バオルなどの姉妹国家間で覇権争いが繰り返された。一方、ヨーロッパからは十五世紀以降入植者が次々とやって来て、十九世紀にはフランスが旧ウォロフ王国の全域を植民化した。ウォロフ族の多くがイスラム教に改宗したのは十八、九世紀以降のことである。

プール族とはフルベ Fulbe 族のこと。自称は Pullo（単数、複数がフルベ）。周辺諸民族の他称として、フラ族、フラニ族、フェラタ族などがあり、ヨーロッパでは、フルベ、フラニ、プールがある。西アフリカのセネガルからチャド湖南岸を通ってナイル川に至る広い範囲に居住する牧畜志向の強い民族。人口は八百万から一千万人。今日では、大部分がイスラム教徒で一夫多妻制をとるが、彼らの間には支配民と被支配民の区別がある。豊富な口承文芸の伝統を持つことでも知られている。

（一六）　チブチャ語系諸族は先スペイン期の中央アメリカ、コロンビア、エクアドル一帯に広く住んでいたが、中でもコロンビアのチブチャ族は、ボゴタを中心にした大規模な首長国の統一体（人口三十万人）を形成していた。この首長国は五つの領土からなり、大きな権限を持つ各首長の下には、従属する小首長たちがいた。首長と小首長の間の勢力関係は安定したものではなく、戦争や侵略が繰り返されていた。社会は階層化が進んでおり、首長や貴族階級は平民から物納や労力による税を取り立てていた。

（一七）　タキトゥスがこのように述べた時、彼の念頭にあったのは、ローマ人に対する大反乱を指揮したイケニ族の女王ボウディッカであろう。彼女は夫の死後、ブリタニア総督スエトニウスの遠征中（六〇／六一）に、その部下の百人隊長から王国と王室を蹂躙され、二人の娘を凌辱された。これを機にブリタニア人数部族がイケニ族と連合して、ローマ人に対して反乱を起こした。その際、ボウディッカは「ブリタニア人は、昔からよく女の指揮の下に戦争をしてきた」と述べている。彼女の率いるブリタニア人の復讐・反乱はしばらくの間は成功していたが、やがて帰還したスエトニウス率いるローマ軍との戦いで殲滅され、ボウディッカは毒をあおいで自殺した（タキトゥス）、あるいは病死した（カッシウス・ディオ）。以上はタキトゥスの『年代記』（第十四巻、31—37）および『アグリコラ』（15以下）とカッシウス・ディオの『ローマ史』（42）参照。

（一八）　本訳注では、これらの女王について順次略述したい。

シバの女王についてはすでに述べた（第三章の訳注（八〇）参照）。

セミラミスはアッシリアのシャムシ・アダド五世の妃サンムラマートに比定されている。後者が幼いわが子アダド・ニラーリの即位まで三年間（前八一〇—前八〇六）摂政であったため、これが潤色されて史実とはほとんど無縁のセミラミス伝説が生まれたと見られている（第二章の訳注（一五六）参照）。

クレオパトラ七世（前五一—前三〇）がプトレマイオス朝を存続させようとして送った波瀾万丈の生涯（特にポンペイウス、カエサル、アントニウスとの関係）はよく知られているので、説明は省略する。ただ、彼女が最初の間、弟プトレマイオス十三世（前五一—前四八）と結婚して、共同でエジプトを統治していたことと、侍女たちに自分をイシスと女神の名で呼ばせていたことを記しておきたい。

ゼノビアは夫のパルミラ王オデナトゥス（二六六年または二六七年没）が何者かに（彼女を真犯人とする説もある）殺害されると、先妻の子を暗殺して息子を王位に就け、実権を握った。クレオパトラ七世の子孫と自称し、ギリシャ文化を愛好した。ローマのガリエヌスの軍との戦いに勝って、シリア全域を確保し、さらにエジプト、小アジアの大部分をも支配下に入れると、二七一年にはローマに対して独立を宣言した。しかしまもなくローマ皇帝アウレリアヌスによって討伐され、彼女の下で栄華を誇ったパルミラは壊滅した（二七二年）。彼女は捕らえられた後、自害したとも、ローマ近郊で余生を送ったとも伝えられている。

イザベル一世カトリック王はカスティーリャ女王（一四七四―一五〇四）。アラゴンのフェルナンド二世（カスティーリャ王としてはフェルナンド五世）と結婚し（一四六九年）、兄エンリケ四世の死後、夫とカスティーリャを共同統治。夫がアラゴン王となった（一四七九年）のを機に、スペインを統一、両王はローマ教皇から「カトリック王」の称号をを授けられた。コロンブスの後援者として有名だが、宗教裁判の輸入（一四八一年）、ユダヤ人追放（一四九二年）も両王の時代に行われた。

エカテリーナ二世（一七六二―一七九六）はドイツ貴族の出で、女帝エリザベタ（一七四一―一七六二）の甥ピョートル（三世）と結婚し、太子パーヴェル（一世）を産む（一七五四年）。しかし夫の即位（一七六二年）後すぐに、寵臣と謀って、宮廷クー・デタを起こして、夫を廃位させ、自ら帝位に就くと、夫を殺害させた。啓蒙専制君主として知られ、一度は農奴制度の改善を企図したが、貴族の反対で失敗。それ以後は、むしろ貴族に諸特権を与え、特にプガチョフの乱（一七七三―一七七五）とフランス革命後は、革命反対の貴族独裁政治を強化した。対外的には、三度にわたってポーランド分割を行い、トルコとの戦争によって黒海沿岸を確保し、ペルシャからもカスピ海沿岸を獲得した。また極東の経営にも意欲を示した。

イギリスのヴィクトリア女王（一八三七―一九〇一）は十八歳で即位し、アルバート公と結婚（一八四〇年）。立憲君主としての地位をよくわきまえていたこともあって、国民から敬愛された。政治的には、ディズレーリの政策を支持し、インド女帝の称号も帯びることになった。六十四年にわたる彼女の治世は、イギリス帝国の最も輝かしい時代と言われている。

（一九）　本訳注では三つの誤りを指摘しなければならない。

一、タンタロス－ペロプス－ミュケナイ王家を「プルートスを出自とする」と説明するのがおかしいことは、すでに述べた通りである（第三章の訳注（九二）、本書一三〇ページを参照）。ここも「ゼウスとプルートーを出自とする」とすべきである。

二、「テーバイのラゴス家」とあるのは「テーバイのラブダコス家」とするのが正しい。ラゴスはエジプトのプトレマイオス一世の父の名で、「ラゴス朝」はプトレマイオス朝の別称となっている。テーバイの「ラブダコス家」については後述。

三、ミュケナイ王家とテーバイ王家の出自は同じではない。前者は「ゼウスとプルートー」－タンタロスを出自とするのに対して、後者は「ゼウスとイーオー」を出自とする。

ここでテーバイの王家に「ラブダコス」の名が付けられたわけを説明しておきたい。開祖カドモスから息子のポリュドーロスへと継承された王権は、彼の死後、その姉妹アガウエとエオキンとの間に生まれたペンテウスへと継承された（順序は逆という説もある）。そしてディオニュソス崇拝を拒否していたペンテウスが錯乱した自分の母に殺されると、王権はポリュドーロスの妻の父ニュクテウスが継承し、それから彼の弟リュコス、続いて、彼の娘アンティオペアの双生児ゼトスとアンピオンに移行した。しかしこの二人とその家族がことごとく悲劇的な最期を遂げたため、ポリュドーロスの息子ラブダコスが王権を取り戻し、一般にラブダコス朝と呼ばれる王朝が始まった。このラブダコスの息子がライオスで、その息子がオイディプスである。

（二〇）　この話をこのように単純化すると、クリュシッポスの死はミュケナイ王家の悲劇の一部でしかなくなってしまう。しかし実際は、この話はもっと複雑で、クリュシッポスの死はテーバイ王家のオイディプスの悲劇の伏線または除幕ともなっている。そこでこの際、クリュシッポスとライオスにまつわる話を略述しておきたい。

ライオスはペロプスの館に客として滞在していた時（時期と期間については諸説がある）、ペロプスが寵愛していた美少年のクリュシッポスに恋をして、テーバイへ連れ去った。クリュシッポスは辱めを受けて自殺したとも、継母ヒッポダメイア自身の手によって殺されたとも、彼女にそそのかされたアトレウスとテュエステスによって殺されたとも言われている。いずれにせよ、ペロプスは愛する息子の誘拐者に呪いをかけた。それは誘拐者は決して男子をもうけることを許されず、それでも男子をもうけた場合は、その男子によって彼は殺されるのが定めとなるべしというものであった。たぶんその結果、ライオスにもこれと同じ内容の神の託宣が下った。しかし彼はペンテウスの孫娘イオカステを妻に迎えると、新床で（またはかなり後に）葡萄酒に酔って妻と交わり、男の子をもうけた。この子はすぐに捨てられたが、牛飼いに拾われ、コリントス（シキュオン等とも）の王の養子として育てられた。オイディプスの悲劇はこうして幕が開くのである。なお、一説によると、ペロプスの呪いはアトレウスとテュエステスにも降りかかったため、彼らはミュケナイの王権をめぐって争い、ライオスの一族よりはるかに不幸になったのだという（カール・ケレーニイ著、植田兼義訳『ギリシャの神話――英雄の時代』、中公文庫、昭和六十年、九六ページ）。

（二一）　オイディプスの悲劇はあまりにも有名なので、その説明は省略して、ここではその後の経緯を述べることにする。結局、イオカステが首を吊り、自ら盲目となったオイディプスがテーバイから追放されると、王位をめぐって、彼らの二人の息子ポリュネイケスとエテオクレスの間で争いが起きる。当初の協定では、二人が一年おきに治めることにしていたようだが、エテオクレスは一度王位に就くと、兄のポリュケイネスに渡そうとせず、彼を追放した。そこでポリュネイケスはアルゴス王と六人の武将の支援を得て、テーバイへ攻め入った。この攻防戦で、兄弟は一騎討ちをして、相討ちとなり、攻め手の他の武将たちも、アルゴス王以外は、全員戦死した。こうしてテーバイ攻めは失敗に終わり、テーバイの支配権はイオカステの弟クレオンが握ることとなる（彼はライオスの死後、オイディプスの即位までの間も王権を握っていた）。それから十年後、父親たちの復讐を果たすため、アルゴス王および七人の武将の子供たちが、再度、テーバイ攻めを敢行する。この時テーバイ人はエテオクレスの子ラオダマスに率いられて奮戦するが、彼が戦死すると、一団となって城内に逃げ帰る。そして敵に和議の使者を送る一方で、自分たちは市から逃げ出したので、市内の目ぼしい物は略奪され、七つの門を持っていた城壁は破壊された（アポロドーロス。第三巻、Ⅶ）。

（一二二）　ペルセウスを創始者とするミュケナイ第一王朝は、第二子のエレクトリュオン（事故死。ペルセウスは第一子のペルセスを妻アンドロメダの父ケーペウス（エチオピア王）のところに残してきている）、第三子ステネロスと続き、その子エウリュステウスの代で途絶える。エウリュステウスは英雄ヘラクレスに十二の偉業をなし遂げるように命じたミュケナイとティリンスの王であったが、英雄の死後、その息子たちがミュケナイから逃げ出すと、彼らを庇護したアテナイと戦い、六人の子供と共に戦死する。それに続いて、ヘラクレスの息子たちがペロポネーソスを襲い、すべての都市を攻略したものの、疫病が蔓延したため、マラトンに退去する（アポロドーロス、Ⅱ、4、7）。アトレウスとテュエステスがミュケナイ王の候補者になったのはこのような状況下であった。この兄弟とミュケナイ王家との関係について言えば、彼らの姉妹がステネロスの妻であり、エレクトリュオンが死んで、ステネロスがミュケナイとティリンスの王権を占めた時、ステネロスは兄弟をその母と共に招いて、それまで自分が治めていたミデアを二人に委任していた。それゆえ、ステネロスの直系が絶え、ペロプスの子を王に選ぶべしという神託が下っても、ミュケナイ人にとってはさほど驚くことではなかったと思われる。

（一二三）　アポロドーロス（E、Ⅱ、10）によると、これはイアソンがメディアの協力を得てコルキスから持ち帰ったあの有名な金羊毛ではなく、アトレウス自身が所有していた金色の羊を殺して作ったものである。

（一二四）　ミノスはゼウスとエウロペの子。ゼウスがエウロペをクレタ王アステリオスに嫁がせたため、弟のラダマンテスとサルペドンと共に、アステリオスの養子になった。そしてアステリオスが子なくして世を去ると、三兄弟は王位継承をめぐって争った。この争いは、ミノスがポセイドンに価値ある犠牲を求め、ポセイドンが海から素晴らしい牡牛を贈った時、決着がついた。サルペドンはリュキアへ、ラダマンテスはボイオティアへ赴いた。ミノスは海の覇者となり、ギリシャの多くの地を支配した。彼は法を制定し、善政を行い、九年毎にイデ山の洞窟に行って、ゼウスよりクレタ統治について教えを受けたという。ミノス神話には、妻のパシパエのこと、アテナイの王子テセウスのこと、ミノタウロスのこと、裏切り者ダイダロスのことなど、ほかにも興味深い話が数多くある。ともあれ、こうした神話は、クレタが高度な文明を持ち、その政治、経済、軍事、文化等ほとんどすべての分野で、ギリシャ世界に多大なる影響を与え続けていた時代の遠い記憶を基盤にしていると思われる。

（二五） アポロドーロス（E、Ⅱ、10—11）によると、王国に関して議論が生じた時、テュエステスが金羊毛の所有者が王国を有すべきだと民衆に布告した。アトレウスがこれに同意したので、テュエステスはそれを示して、王になった。

（二六） ここは「宿し」とするのが正しい。

（二七） アイギストスはアトレウスの実子として育てられたので、「養子で」というのは適切とは思われない。「実は自分の血を受け継いでいない」とでもすべきだろう。

（二八） アガメムノンはこの結婚をした後に、スパルタ王の援助を得て、テュエステスから王権を奪取したという見方もある（ルネ・マルタン監修、松村一男訳『ギリシャ・ローマ文化事典』（原書房、一九九七年）「アトレイデス」の項参照）。

（二九） エリニュエス（単数形はエリニュス）は正義と復讐の女神たちで、特に親殺し、兄弟殺しなど、血族の掟を破る者には容赦がない。最初その数は不定だったが、後に三人に定まった。アイスキュロスの三部作『オレスティア』の三番目の作品『エウメニデス』では、この復讐の女神たちがオレステスを執拗に追う。

（三〇） アイスキュロスの『エウメニデス』によると、十二人の市民の票は、母殺しは有罪か無罪かという裁きで、有罪無罪同数に分かれるが、裁判長を務めるアテナ女神の一票によって、オレステスの無罪が確定する。

（三一） ナイル上流に居住するハム系黒人種。

（三二） クノッソス宮殿の壁画によると、クレタの闘牛は、腰巻きと履物だけを身に付けた若者が、突進してくる牛の正面に立ち、牛の角に手を掛けて、牛の背の上で一回転し、牛が通過した後に立つというアクロバット的なものだった。

（三三） オヨ王国はヨルバ族の王国の一つで、西アフリカ、ニジェール川の西側を支配した。伝承によると、イフェ王国の創始者オドゥドゥワの末子であるオラニャン王が創った。十四世紀頃から、サハラ砂漠越えの要衝として繁栄し、十六世紀からはヨーロッパ諸国との取引、特に奴隷貿易によって得た莫大な富で、ヨーロッパ風の騎兵隊をつくり、軍事大国となり、十八世紀には、ダホメー王国とアジャ王国を隷属国とした。しかしその後は軍事力の強化を怠ったため、十九世紀になると、隷属状態から脱したダホメー王国と北東のフラニ王国から攻撃され、十九世紀半ば過ぎには解体した。

（三四）契丹（キタンはキタイの複数形）はモンゴル種族の一分派。四世紀頃から知られるようになり、唐の支配を受けて、従来の血縁集団（氏族）に基づく二分体制が失われたのを機に、地縁に基づく一つの政治的統一集団としての完全な部族の結成に成功、十世紀初頭には隣接諸部族を征服して、中国北辺を領有し、大契　丹国（後に遼と改名）を建設、二百余年間統治した。

（三五）このような言い方は適切ではない。トゥトアンクアテン（「アテン神の生きる似姿」）という誕生名を持つ王子の即位名がネフェルケペルウラー（「美しきはラー神の出現」）またはネブケペルウラー（「出現の主はラー」）であり、その治世二年にトゥトアンクアメン（「アメン神の生きる似姿」）＝ツタンカーメンに改名した。ゆえに「トゥトアンクアテンが即位してネフェルケペルウラーまたはネブケペルウラーになり、その後さらに改名してツタンカーメンとなった」と言うべきである。また、在位期間はここでは（前一三六五頃―前一三四八）とあるが、本書二六四ページでは（前一三六一―前一三四八）、巻末索引では、（前一三五四―前一三四六）となっている。日本オリエント学会編『古代オリエント事典』（岩波書店、二〇〇四年）には（前一三三三―前一三二三）とあり、別の文献には（前一三三四―前一三二五）、（前一三五八―前一三四九）とある。

ツタンカーメンは第十八王朝末期のファラオで、王家の谷からその墓が無傷の状態で発見されたことにより、にわかに脚光を浴びることになった。しかし彼の名は正統王名表には見えず、彼の両親および経歴についても今なおよく分かっていない。彼の代から首都がアマルナから昔の首都メンフィスに戻ったことと、王妃と共に名前の末尾を「アテン」から「アメン」に変えたことは事実であり、彼が治世九年頃、十七歳ぐらいで、頭部の強打によって――故意によるものか、事故かは不明――死去したこともほぼ間違いない。

ところで、彼の死後、若い未亡人アンケセンアメンは、エジプトのライバルであるヒッタイトの王スピルウマ一世に書簡を送った。ヒッタイトの首都ハットゥシャ（現ボガズキョイ）の古文書館跡から発掘されたその書簡には、ヒッタイト王の多くの王子の中の一人を自分の夫として送って、エジプト王家を継いでもらいたいと書かれていた。疑念を抱いたヒッタイト王は、よく調査した後、王子の一人をエジプトに送ったが、国境を過ぎてまもなく殺されたらしい。アンケセンアメンは祖父にあたるという説もある大神官アイと結婚し、ファラオとしての在位期間が四年しかなかったアイより先に死去した――謀殺の可能性もあるという――と見られている。こうしてアマルナ王家の血は絶えた。世界史の中でもきわめて特異な王位継承のトラブルである。

（三六）　ズールー族は南アフリカ共和国東部に住む部族で、人口は五百六十万（一九八〇年）に達し、同国の中でも最大の勢力を持つ。牛の飼育をしながら南下し、十世紀から十四世紀にかけて現在の地域に居住するようになった。十九世紀初頭、シャカ王の時代に強力な軍事力によってズールー王国を形成、周辺諸部族を次々と統合した。しかし次の王ディンガネの代に、ボーア人との戦いに敗れ（一九三八年）、代わって王弟セテワヨが即位して、ボーア人と友好関係を結んだものの、最後はイギリス軍によって占領され、十三の部族に分割、統治された。

（三七）　ラリベラ（即位名ゲブラ・マスカ（ル））（一一八五―一二二五））はザグエ朝（一一三七／一一五〇―一二四八）の歴代のエチオピア国王の中で最も熱心なキリスト教徒で、彼の命によって丘陵から掘り出して作られた十一の教会群は今では世界遺産になっている。

（三八）　テオドロス二世の在位期間は（一八五五―一八六六）。テオドロスという名は『天啓書』（「フィクカレ・イエスス」«Fikkare Iyesusu»）には、「抑圧と困苦の状態から人々を解放するようにと神によって派遣されたメシア的存在」とある。彼はメシアとして理想的な君主になろうとしたが、一八六八年、捕虜問題で大英帝国と対決し、マグダラの戦いに大敗し、自殺に追い込まれた。なお、エチオピアの皇帝《ネグサ・ネグスト》も「諸王の王」という意味である。

（三九）　ハイレ・セラシエ（一九二八―一九七四）はエチオピア最後の皇帝。複雑で危険に満ちた国内外の状況の中で帝位に就いた後、エチオピアの近代化に努め、奴隷制を廃止して、欧米列強と友好関係を結び、エチオピアを国際連盟の加盟国にした。彼の在位中、特に前半は、エチオピアはエチオピア史上最もよくまとまっていたと言われるが、後半は国内の諸問題、特に深刻な飢餓問題に適切に対処できなかったため、ついにクー・デタが起き、殺害された。

（四〇）　この記述は、匈奴や日本の天皇家が独自に諡《おくりな》（諡号《しごう》とも）の習慣を持っていたかのような印象を与える可能性があるということと、諡が王や皇帝などの最高位者にのみ贈られていたという印象を与えるということ、この二つの理由から、不適切と言わざるを得ないだろう。

一次資料である『史記』匈奴伝には、匈奴に諱《いみな》の風（高貴な死者に対する尊敬哀惜の情からその名を用いるのを忌避する風習）はなく、字も姓もない（実は姓がないのは北方の部族のみだった）、と記してあるだけで、諡については言及されていない。そして『漢書』匈奴伝もこれを転載した上で、呼都而尸道皐若鞮単于《ことじしどうこうじゃくていぜんう》（一九―四六）について述べた条で、つぎのように解説している。「匈奴は孝を若鞮《じゃくてい》と言うのである。呼韓邪単于《こかんやぜんう》（前五八―前三一）以来、漢と親密になると、漢で帝の諡に孝の字を付けるのを見て、この風習を慕い、それでみな若鞮《じゃくてい》とつけたのである」（内田吟風、田村実造他訳注『騎馬民族史1』、東洋文庫197、平凡社、一九七一年、一四一ページ）。原注（42）に示されているドイツ語文献（正確には二八五ページ）にもこの部分がほぼそのまま訳されている。したがって諡はもともと中国のものであり、日本同様、匈奴もそれを採用したと明確に記述するべきであろう。もう少し補足すると、有名な王昭君の降嫁は、漢（宣帝）に臣従し、その保護を受けたこの呼韓邪単于の代のことである。王昭君は呼韓邪単于の死後、匈奴の伝統に従って、その長子復株絫《ふくしゅるい》（累）単于《ぜんう》（前三〇―前二〇）の妃の一人となり、彼との間に二人の女子を生んだが、彼の死後、彼の名には諡が付けられ、復株絫《ふくしゅるい》（累）若鞮単于《じゃくていぜんう》と呼ばれた。これが匈奴における最初の諡となった。それ以来、漢と和親を保った単于にはすべて諡が付けられた。漢と対決して西走した北匈奴がこの風習と無縁であったことは想像に難くない。ちなみに漢王朝では、祖先や親に尽くすという意味の孝の字を帝号（これも諡である）の最前部に付けて、孝武帝、孝宣帝、孝元帝とすることがあった。

諡の起源については古来諸説がある。近・現代の金文的資料に基づく研究の成果としては、周の第六代の共王（前九二八―前九〇八）以降とする説（清末の王国維）と、戦国時代に始まるとする説（郭沫若）がよく知られている。しかし文や武がすでに殷代から死者の美称として用いられていたのも事実である。ともあれ、諡は初めは――つまり初めから――天子、諸侯、卿太夫など貴人に贈られていたが、春秋時代には夫人にも贈られ、さらに時代が下ると、賜諡、特諡、私諡が行われ、北魏（四二三―五三四）からは僧諡も行われるようになった。

わが国では、七世紀後半、天武天皇の代から諡の制度が採用され、諡を贈るのは天皇の大権とされた。神武天皇から光仁天皇までの諡号は、一説によると、淡海三船《おおみのみふね》（七二二―七八五）が勅命によって撰定した。臣下の場合は、国家に大功のあった太政大臣等に贈られたが、後に、生前に出家した者には贈られなくなった。江戸時代には、勅書によらない私的な諡が将軍家、大名、儒者、国学者の間で行われた。

なお、ティムール朝やムガール朝の死後名「あの世の王」「永遠なる王」「天国の住人」は霊界における位置づけであり、生前の行跡に基づいて贈られた中国や日本の諡とは趣旨が違うような気がするのだが、いかがだろうか。

（四一） 大赦 amnistie は国会の議決に基づくもので、恩赦 grace は国家元首が与えるものである。

（四二） これは明らかに間違いである。ここは次のように直した方がよいだろう。「周王朝には二人の創建者がいた。一人は文明化の促進者文王で、もう一人は戦士〔そして文王の子〕武王である。」

（四三） ここも完全に間違っている。姫昌（おくり名は文王）は殷末の重臣であり、その文徳によって諸侯の信望を集め、本拠地が周（現陝西省岐山県）だったことから西伯と称された。彼の子発（おくり名は武王）は諸侯に殷の打倒を呼びかけ、牧野の戦いで殷軍を破って、殷の紂王を自殺に追いやり、周王朝を創建した。この間の二人の言動および様々な出来事は『書経』に詳しいが、『国語』は二人の果たした役割を次のように簡潔的確に述べている。「文王は文をもって明らかとなり、武王は民の穢れを去れり。」（文王は文徳によって明らかとなって、天下を導き、武王は民の穢れである紂王を除いた。）（大野峻著『国語』巻第四、魯語上、明治書院、新釈漢文大系66、昭和五十年、二四二ページ）。

（四四） インドで国王の頭頂に注がれたのは四大海の水とされている。四大海は世界の中心メール山＝スメール山（須弥山）の四方にあると言われた海。今日、ヒンドゥー教徒やチベットの仏教徒の間では、メール山＝須弥山はインダス川の支流サトレジ川の源にあるカイラス山（中国名カンリンポチェ峰）で、四大海はその前に位置するあらゆる生命の源となる聖なる湖マナサロワール湖と見なされている。

（四五） バビロンの王権更新の儀式に王の「死と再生」を見る考古学者はいないのではなかろうか。原著者はフレイザーの説（『金枝篇』第四巻、第二章「神聖な王の弑殺」、一一三―一一七ページ。簡約版、岩波文庫（二）、第二十四章、二五六―二五七ページ）を念頭に置いていることは間違いないが、フレイザーが自説の根拠にしているバビロンの「サカイア祭」が、アッシリア時代の除魔・除災の儀礼の伝説の変形したものであり、王権更新の儀礼とは関係がないことはすでに説明した通りである（第二章の訳注（一五六）参照）。この際、王権更新の儀礼を含むバビロンの新年祭を概観して見よう。

バビロンの新年祭は、「準備」の日々から神々と王と民衆の散会の日まで、十二日間続いた。第二日目に、主神マルドゥクの偉大さが讃えられ、杉と柳、マルドゥク神の宝物金と宝石とで、二体の小像が作られた。これらはバビロニアの敵の神像と思われる（後述参照）。第四日目に、世界の創造とマルドゥク神の戦勝、世界の秩序づけ等を物語る叙事詩『エヌマ・エリシュ』が朗読され、世界創造の際の諸条件が更新された。また、羊が首をはねられ、その羊への人間の不浄転化が行われた後、川に投げ込まれた。第五日目に、「王の卑下と否定告白」ならびに「王の権威と身分の再興の儀式」が行われた。王の告白は次のようなものであった。「国々の主よ、私は罪を犯さなかった。神々が求めることをおろそかにしなかった。儀式を忘れなかった。従者の顔をなぐったことはなかった。彼らを辱めなかった。私はバビロニアを警護した。バビロニアの壁を壊さなかった。」これに対して大祭司は次のように言った。「恐れることはない。ベル神〔マルドゥク〕はあなたの祈りに耳を傾けられた。神はあなたを高め、あなたの国を讃えるであろう。」第六日目に、それまである神殿に安置されていた二体の小像が、マルドゥク神の子ナブ神像の前で引き倒され、首を切られた。そしてその頭には人々の不浄がふりかけられ、川に流された。第七日目は、ナブ神と彼が率いる神々による、「囚われの山」からの「マルドゥクの解放」の記念日であった。第十日目には、マルドゥクとイシュタルテの「聖なる結婚」が祝われた。この儀式は王と女祭司によって演じられた。これが豊饒と収穫、自然界の更新を意味していたことは言うまでもない。第十一日目には、神々が二度目（最初は第八日目）に集会を開き、人間と世界の運命が再度決定された。神々によって創造された人間は神々に奉仕すべきこと、それに対して神々は人間を祝福し、社会・国家の安寧を保証することが再確認された（富樫瑞一「古代メソポタミアの「祭礼」考――新年祭を中心に」（『日本オリエント学会創立三十周年記念　オリエント学論集』（刀水書房、一九八四年）参照）。

結論。第五日目の王の「告白」を読めば、王に神性がなく、王権の更新が穀物（植物）霊の人間代表としての王の「死と復活」を意味するものでなかったことは明白である。たしかに、シュメール人の神話では、豊饒女神イナンナ（イシュタル）は、毎年冥界へ下降して、生命の若水を持ち帰っていたし、彼女の息子であり、夫ともなったタンムズ＝ドゥムジ（「唯一の息子」）は、毎年、贖罪の日に聖なる子羊の姿で生け贄に捧げられ、自らの血で大地を肥沃にした（バーバラ・ウォーカー著『神話・伝承事典』、大修館書店、一九九八年）。また、シュメール時代後期に、民族の最高神として人々から崇拝されたニップルのエンリル神（配偶女神はニンリル）も、シュメール語やアッカド語版の神話によると、冥界下りを行っていた。そしてバビロンの主神マルドゥクはこのタンムズとエンリルの地位を奪い取った。しかしながら、今日までに発見された資料に基づく限り、バビロンの新年祭では、主神マルドゥクの死と復活という儀式は行われなかったという（月本昭男「メソポタミアにおける神々の死」（『日本オリエント学会創立二十五周年記念　オリエント学論集』、刀水書房、一九七九年）。このこともまた、神々の下僕でしかなかったバビロンの王の即位直しの儀式には、神々との契約の更新以外に、「死と復活」の意味合いはなかったという推定を補強してくれるのではなかろうか。

（四六）　この記述もフレイザー（『金枝篇』第四巻、第二章「神聖な王の弑殺」、一一三ページ。簡約版、岩波文庫（二）、第二十四章、二五六ページ）に拠っていると思われるが、現代の考古学者たちの研究によると、アッシリア人の神アッシュルがマルドゥクに取って代わった。なお、アッシリア文書には、マルドゥクがアッシリア時代には、アッシュルによって冥界に追われたという記述がある。しかしこれは復活のための死＝冥界下降ではなく、アッシュル主催の神明裁判による地上からの追放である。このアッシリア文書が、バビロニアに対するアッシリアの政治的・宗教的優位を主張するイデオロギーの産物であることは言うまでもない。

（四七）　全体的に分かりにくい説明である。原注（61）にあるイヴ・ボンヌフォワ編『世界神話大事典』（大修館書店、二〇〇一年、六九一—七一ページ）によると、「国民の牡牛であり、植物の支配者である王は、太陽および満月の光と結び付けられており、他方、王妃＝母親は、三日月と結び付けられている。王と王妃＝母親は、双生児と見なされており、二人で統治している。しかしお互いの交渉は制限されており、」「普段は遠ざけられている。」そして南半球の冬至の前の新月の日に始まる「インクワラ」と呼ばれる「水と植物の祭り」（神聖王政の復活の儀式）においては、その前半の小「インクワラ」の間、王妃＝母親は太陽王＝息子に近づくことができるが、二週間後の満月の前夜から始まる大「インクワラ」では、人前に姿を現さない。王は翌日の満月の日の昼間に儀礼上の二人の妻「右手の妃」と「左手の妃」（一人の場合もある）と結婚し、その夜、儀礼上の妻によって「闇から救い出」され、彼女と関係を持つ。

この祭礼は非常に複雑で、謎めいており、各儀式の意味を明確に読み取るのは容易ではなさそうだ。『世界神話大事典』の説明自体が推測と解釈に満ちたものであり、最後の要約も訳者にはもう一つ腑に落ちない。

（四八）　フレイザーの『金枝篇』（決定版、第四巻、一四八ページ。簡約版、岩波文庫（二）、二六〇ページ）では、二月となっており、この間の一時的な王は「スダク・メアク」すなわち「二月王」と呼ばれている。六月としたのは、タイ（シャム）の場合と間違えたのであろう。こちらは「第六月の六日（四月末日）」とある。

（四九）　これはカンボジアの場合である。フレイザーはタイ（シャム）の「王の代理人」の家系については、明記していない。『金枝篇』決定版、第四巻、一四八—一五一ページ。簡約版、岩波文庫（二）、二六〇—二六三ページ参照。

（五〇）　フェズは外すべきである。フェズの擬《まが》いのスルタンは三週間統治した。『金枝篇』決定版、第四巻、一五二—一五四ページ。簡約版、岩波文庫（二）、二六四—二六六ページ参照。

（五一）　ヘブライ人の塗油の儀式はエジプトから伝わったと見られている（『旧約聖書略解』、日本基督教団出版局、一九五七年、二七〇ページ）。ヘブライ人にとって、「主に油注がれたる者」（メシア、ギリシャ語ではクリストス）は、主の霊の賜物を授かった者であり、ゆえに神聖にして侵すべからざる者である。言い換えれば、メシア＝クリストスは特別な使命を授かった王であり、救世主である。

（五二）　「王万歳」«Vive le roi» のViveは現在は間投詞として扱われているが、かつては「生きる」という本来の意味を持っていた。古代エジプトでは、先王の死後、新王が即位する際、「王が死んだ。王が生きる（王万歳）」と言われていて、この表現がヨーロッパに伝わったと考えられている（ステファヌ・ロッシーニ、リュト・シュマン＝アンテルム著、矢島文夫／吉田春美訳『エジプトの神々事典』、一九九七年、原書は一九九二年、「ホルス」の項参照）。

（五三）　ヘブライ語 'amen は「確かな」の意。「アーメン」«'amen» も「かくあらしめ給え」«Soit ainsi-t-il» も、キリスト教の同じ意味を持つ祈りの結びの言葉。テキストでは分けてあるが、一般的には「アーメン、かくあらしめ給え」と続けて言われるようだ。

（五四）　士師は王国以前にユダヤ民族を統率した首長。言葉の本来の意味は「法に基づいて裁く人」である。

（五五）　これはJ－P・ルーが全面的に書き換えたものである。実際は次のような記述になっている。

彼〔ダビデ〕は血色のよい、目のきれいな、姿の美しい人であった。主は言われた。「立ってこれに油を注げ、これがその人である。」サムエルは油の角を取って、〔中略〕彼に油を注いだ。この日からのち、主の霊ははげしくダビデの上に臨んだ（サムエル記上、第十六章、第十二—十三節）。

聖書学者の間では、サムエル記の核心部分（一般的には、サムエル記上、第十六章、同下、第五章）は、前もって成立していた「ダビデ王物語」とでも言うべき文学作品が編入されたものと見られている。このダビデの王位継承という主題は、サウル家に対するダビデの王位の正統性の弁護であり、ここでは神がサウルを捨ててダビデを選んだという、王朝交代の神学的説明が繰り返しなされている。もっとも、このような神学的説明は古代オリエントの王室の弁明的歴史記述にしばしば共通するものであり、いわゆる「ダビデ台頭史」は前十三世紀のヒッタイト王「ハットゥシリ三世の弁明」、前七世紀のアッシリア王「エサルハドンの弁明」などと比較することができる。

ダビデの即位までの経緯は以下の通りである。ダビデ（名前の意味は不明）はルツの孫エッサイの八番目の末っ子で、牧童としての仕事を続けながら、武器を執る者、琴の演奏者として、王サウルに仕え、ペリシテ人との戦いで敵の豪傑ゴリアテを倒し、親衛隊に取り立てられた。しかし国民の人気がダビデに集まるのを知ると、サウルはダビデに嫉妬し、彼の死を願って、彼を部隊長に任命し、最前線に送った。それでもダビデはすべての戦いで勝利したため、サウルは娘ミカルを与える条件として、ペリシテ人に対する大勝利を求めた。しかしダビデがこれにも応え、国民の人気がさらに高まったため、サウルはついに自らの手でダビデを殺そうとした。幸いダビデは、彼を愛していたサウルの子ヨナタンと妻ミカルの機転によって、サウルのもとから逃亡することができた。ダビデは六百人の私兵を引き連れてユダの山地を徘徊しつつ、南ユダの諸氏族と友好関係を結び、その後、ペリシテ人の都市ガテの君主アキシに側近として仕え、封土としてチクラグを与えられた。しかしサウルに対するペリシテ人の決戦からは除外され、サウルとその子ヨナタンの戦死後、ヘブロンでユダ王になり、サウルの軍の長アブネルとサウルの子イシボセテの死後、イスラエル王位も受け継いだ（三十歳）。そしてエビス人のエルサレムを占領して、以後、エルサレムを都とした。

ダビデがヘブロンで受けたのは三度目の塗油の儀式であった。ダビデはサウルに仕える前（サムエル記上、第十六章、第十三節）と、サウルとその子ヨナタンがペリシテ人との戦いで死んだ直後（サムエル記下、第二章、第四節）に続いて、サウルの軍の長アブネルとサウルの息子イシボセテの死後、全部族に請われてイスラエルの王となった時（同、第五章、第三節）の計三度油を注がれている。ダビデの王位継承はこれによって完全に正当化され、ダビデ家の王権は非の打ち所のない正統性を得ることになった。以上は『旧約・新約聖書大事典』（教文館）を参照。ダビデの在位期間については諸説がある。

（五六）　プレイアッド版でもles chaînettes「小さな鎖」すなわち「鎖の腕輪」となっているので、そのまま訳出したが、日本聖書協会の旧訳では、これは「立法の書」、新訳では「掟の書」となっている。『旧約聖書略解』（日本基督教団出版局、一九五七年、三七〇ページ）は、この言葉によって、英国皇帝の戴冠式には、皇帝が聖書に手を置くようになったと述べた後、多くの学者がこの原語を「腕輪」と読むべしと主張していることも紹介している。訳者が幾つかの版を調べた結果、「しるし」という訳語があることも分かった。これら三つの訳語のうちのどれを採用するかは、聖書訳者の属する宗派、会派、国籍には原則として関係がなく、あくまで各訳者自身の考えに基づいてなされているようである。このように三通りの訳語があるのは、ヘブライ文字に母音字がなく、子音字のみによって記録されたため、長い歳月の間に、母音の読み込み方が異なってしまった結果、つまり伝承の分裂の結果である。

なお、日本聖書協会の旧訳では、「彼を王と宣言して油を注いだ」までがエホヤダの行為で、それに対して「人々は手を打って『王万歳』と言った」となっている。この方が前の「引用文」と合致しているように思うが、新訳も、そしてプレイアッド版も本書の引用文と同じようになっている。

（五七）ワフラーム（バフラーム、ワルフラーン）一世（二七三—二七六）はササン朝ペルシャの第四代皇帝。「諸王の王」を称した第二代皇帝シャープール一世（二四〇—二七二）の息子。父帝の後を継いだ兄のホルミズド・アルダシール（二七二—二七三）が一年後に病没したため、即位した。歴史上は、父帝シャープールが一度は受け入れた後追放し、兄帝ホルミズド・アルダシールが帰国を許し、厚遇したマニを捕らえて、処刑し（二七四年頃）、マニ教を禁止したことで知られている。ゾロアスター教、仏教、キリスト教の諸要素を取り入れた禁欲的なマニ教は、マニの生前から国外でも弘布していたが、ワフラーム一世の徹底的な弾圧・禁止を受けて、多くの信者たちが国外に逃亡したことにより、伝播の勢いが増し、東は中央アジアを経て中国まで、北はローマ帝国領の小アジア・トラキアまで、西はエジプト－北アフリカまで伝わることとなった。そしてその後、マニ教の影響を強く受けたキリスト教異端派であるボゴミール派がブルガリアで成立し、根を張ると、その反教会の思想は東はアルメニア、西は南フランスまで伝播した。この流れを汲む南フランスのアルビジョワ派が反教皇の態度を鮮明にし、アルビジョワ十字軍を起こさせるに至ったことは周知の史実である。第九章Ⅰの訳注（三六）も参照。

（五八）ナルセ（フ）（二九三—三〇二）は、ワフラーム三世（二九三年、在位四カ月）を陰謀によって退けて、即位した。そしてワフラーム二世（二七六—二九三）——彼はナルセの甥に当たる——がローマと和議を結ぶために譲渡していた北部メソポタミアとアルメニアを奪回すべく、ディオクレティアヌス帝のローマと戦った（二九六—二九七）。しかし結局は完敗し、彼の家族は捕虜となり、家財も略奪されたため、一時は取り戻していた小アルメニアとティグリス川以西を割譲するという条件で、ローマと和議を結んだ。この後、両国の間の平和は四十年間続いた。ナクシュ・イ・ロスタムにあるナルセ（フ）一世の王権神授図には、同所のアルダシール一世（二二四—二四一、異説あり）の王権神授図（三世紀）におけると同様に、次の王位後継者（ホルムズド（二世））の姿が浮き彫りされている。

（五九）ペーローズ（フィールーズ、四五九—四八四）は、父ヤズデギルド二世の後を継いだ長兄ホルムズド三世（四五七—四五九）に、王位を要求して挑戦し、この兄を弑して即位した。しかし彼の治世には、何年も連続して旱魃が生じたため、彼は飢饉と疫病の対策に追われた。また、帝国の東北部には、当時中央アジアで猛威を振るっていたエフタル族（本章「18　葬式」および訳注（一二一）参照）の重圧が加わっていた。そこでこれを排除するため、二度遠征したが、一度目は、敵の作戦にはまって、砂漠の中で自軍を全滅させ、二度目には、彼自身が命を失った。

（六〇）　アルダシール二世（三七九—三八三）は、先の大王シャープール二世（三〇九—三七九）の七十年に及ぶ治世の後、即位した。この時点で、彼は先の大王のただ一人の義兄（年下の義兄？）であり、すでに七十歳に達していた。また、この頃から貴族たちの勢力が著しく増大したこともあって、彼は四年間の在位の後廃され、先の大王の子シャープール三世（三八三—三八八）に代えられた。アルダシール二世には特筆すべき業績はない。

（六一）　コリュンボスは天体または地球を象徴すると見られている。ワフラーム四世（三八八—三九九）以後は、これに三日月が付け加えられ、ホスロー一世（五三一—五七九）はさらに星を添えている。

（六二）　ササン朝に限って言えば、この王朝には、皇帝の氏族とも言うべき七家があり、前のアルサケス朝（パルティア）の家系を僭称して特権を握っていたが、王朝の前期までは、その中のアスパーフバッド家が帝王戴冠の役目を持っていたことが知られている。しかし後に聖職者の勢力が優勢になると、J－P・ルーも言っているように、その役目はモパタム・モーバッド（「聖職者の中の聖職者」すなわち聖職者の長）の手に渡った（足利惇氏著『ペルシャ帝国』、世界の歴史第九巻、講談社、昭和五十二年、三〇八—三一〇ページ）。

（六三）　マゴス僧たちは国中の人々に最も尊敬され、何事も彼らの合意または是認によって合法性、正当性が認められた。彼らは古代のメディアに当たるところに広大な土地を所有し、宗教上の科料や十分の一税、有志者の奉納物によって、財的にも非常に恵まれていた。しかもその日常行動は彼ら自身の宗教的立法に準拠し、国法の適用外にあった。すなわち彼らの教団はいわゆる国中国を形成していた（足利惇氏著『ペルシャ帝国』、三二一ページ）。

（六四）　ティアラはもともと古代ペルシャ人が用いた権威を示す冠。後にキリスト教ヨーロッパにも伝わり、現在、各王室で用いられている。

（六五）　全ペルシャ史上最初にアナーヒター神殿で即位式を行ったのは、アケメネス朝のアルタクセルクセス二世である。彼はクセルクセス一世が定めた、アフラ・マズダのみを信仰すべしという「ダイワ（悪魔）崇拝禁止令」を廃して、古来、王室と国民の間で篤く信仰されていたミトラ神とアナーヒター女神を受け入れた。そして自分の即位式を初代のペルシャ大王キュロス二世が建設した都パサルガダエのアナーヒター神殿で行った。プルタルコスは、たぶんクテーシアス（前五―前四世紀のクニドス出身のギリシャ人）から得た情報として、次のように述べている。

「秘儀を授かる人はこの神殿に来て、自分の上着を脱ぎ、キュロス〔二世〕が王になる前に着ていた上着を着、無花果の菓子を食べ、テルミントン（テレビン油を採る木）をかじり、酸乳〔ソーマ＝神酒〕をコップ一杯飲むことになっていたが、その他に何をするかということは他の人には不明である」（『英雄伝』、河野与一訳、岩波文庫（十二）、六五―六六ページ）。実はこの時、「王弟キュロスが神殿内に潜んでいて、新王が服を脱ぐと当時にこれを襲って殺そうとしている」という情報が入ってきたため、キュロスが逮捕されるということが起きている。

以上のことから、この時の即位式は――少なくともその核心部分は――秘儀であり、出席者は、王とごく少数のマゴス僧だけだったと思われる。もちろんこの即位式の後で、場所を変えて盛大な祝賀の宴が催されたことは想像にかたくない。ササン朝はアケメネス朝の直系であることを誇りにしていたから、アナーヒター神殿での即位式も、アケメネス朝の秘儀的要素を色濃く反映していた可能性が大きいのではなかろうか。

（六六） この記述は史実に反する。ヌエバ・エスパーニャの首長の即位の儀式は、地方によって大きく異なっていたが、アステカの首都メヒコ（およびテスクコ）の儀式については、モトリニーアの『メモリアル』に非常に詳しい記録がある。岩波書店版、大航海時代叢書（第二期）一三（ソリタ著『ヌエバ・エスパーニャ報告書』、ランダ著『ユカタン事物記』）の巻末にその部分の訳（補注二、小池祐二訳「新首長の就任」（モトリニーア、Memoriales、第二部、第一一章）があるので、全体としては要約になるが、なるべく詳しく紹介しておこう。

新しく首長に選ばれた者は下帯のみを着けて、テスクコとトラコパンの首長に先導され、二人の貴族に支えられて、ウイツィロポチトリ神殿の階段を登った。神殿の上では、大神官が他の神官たちを従え、新しい王の標《しるし》を用意して、待っていた。

「大神官が最初に行ったことは、新しい首長の全身を真っ黒い絵の具で黒く塗ることであり、そのために杉や柳の枝と葦の葉で刷毛を作っておいた。首長が跪き、祝福された水〔……〕の入った瓶が用意されると、大神官は首長に手短に言葉をかけて挨拶し、前述の刷毛で水を取って首長に四度かけた。その後、髑髏や骨を描いた布《マンタ》を着せ、頭の上にも同じものを描いた布《マンタ》を二枚載せたが、その一枚は黒く、もう一枚は青かった。そして首には長く赤い革紐を下げた。この紐の端には〔王の〕標《しるし》が下げられていた。」また背中には病気や悪魔・悪人を寄せ付けないとされる粉をカボチャに入れて吊り下げた。それだけの支度が整った後、首長は自ら香を焚いて、その煙をウイツィロポチトリ神像に尊崇の念を込めてかけた。これらの儀式が終わると、大神官は新首長に向かって次のような演説をした。それは、臣民を上下の差別なく慈しみ、いたわり、守ること、軍事に十分の気を配り、太陽と大地が順調に運行するよう、神々への生贄を怠らぬこと、また悪人、違命者、犯罪者には、相手が誰であろうと、厳罰をもって臨むこと、というものであった。

この話が終わると、新しい首長は以上のすべてを承諾し、大神官に感謝の意を示した。それから彼は他の人々に導かれて階段を下り、他の首長たちが恭順の意を表すために待ち受けている所へ行った。そしてそこでなすべきことを済ませてから、四日間の苦行と断食を行った。その後、帝国の全首長が神殿で礼拝し、首長をにぎにぎしく導いて行き、盛大な祭りを催した。

（六七）　ここに紹介されているバントゥー語族における鍛冶師の社会的・宗教的役割は、西アフリカの諸族の鍛冶師のそれに近いようだ。たとえばマリのドゴン族の神話によると、鍛冶師と人類の祖先八人は神によって天上で創られ、彼らと共に天上から地上に下りて来た。鍛冶師は人間が必要とする武器や道具を作っただけでなく、「知」の支配者、人類の指導者として、人類の祖先たちに割礼を施し、若者たちを教育した。それで鍛冶師は、集団で行う幾つかの儀式の際には、常に王や祭司の側に座った（イヴ・ボンヌフォワ編『世界神話大事典』（大修館書店、二〇〇一年）三六―三九、六九ページ参照）。他方、同じバントゥー語族のコンゴ王国（十四世紀後半―十九世紀）の場合、「王国の創立は、神話的英雄であり、人間に文化をもたらした鍛冶師でもあるンティヌ・ウェネに帰せられる。この始祖から母系の系譜によってたどられる王（マニ・コンゴ）は鍛冶師として聖なる力を持つ「神聖王」とされ、服従を誓った土着グループの首長たちがこれを補佐した」（『アフリカを知る事典』、平凡社、一九八九年、一五九ページ）。西アフリカの諸部族の神話がバントゥー語族に伝播して、コンゴでは実際に鍛冶師が王国を創立したためにこのような変形神話が生まれたということになるのだろうか。

（六八）　フレイザーの『金枝篇』（第一巻、三九六ページ。簡約版、岩波文庫（一）二一八―二一九ページ）では、ベニン王国の王は次のように紹介されている。「カトリック諸国において教皇が占めているよりも更に高い地位を彼はここにおいて占めている。彼は地上における神の代理者であるばかりでなく、神自身であった。それは愛から流れ出たものというよりは恐怖から出たものであろうと思うけれど、彼の民は神としての彼に服従し、彼を崇敬した。」王の印象が異なるのは、調査した時代が異なるせいだろうか。

（六九）　サクソ・グラマティクス（一一五〇頃―一二二〇頃）はデンマークの歴史家。ラテン語で書かれた大著『デンマルク人の事績』《Gesta Danorum》全十三巻では、神話時代から一一八七年までのことが語られており、ア（ハ）ムレット伝説なども含まれている（本章の訳注（八六）参照）。なお、ここは正確を期すなら、「サクソ・グラマティクスはスコットランドの伝説的な女王ヘルムートルードの口を借りて、次のように述べている」とすべきである（『金枝篇』第二巻、二八一ページ参照）。

（七〇）　ハトラは当時ローマとの境界に最も近い砂漠の中の都市国家で、パルティア帝国に属する王国の一つであった。現存する広大な遺跡と出土品から当時の繁栄の一端を想像することができる。

（七一）　トラヤヌス（九八―一一七）はイスパニアから出た最初のローマ皇帝。二度のダキア遠征（第一次ダキア戦争（一〇一―一〇二）と第二次ダキア戦争（一〇四―一〇六））によってダキアのローマ化に成功。キリスト教徒を弾圧した（一〇七年）後、アルメニアおよびパルティア遠征を開始し（一一三年）、翌一一四年から一一七年にかけて、パルティア王ホスローの和平の意向を無視して、本格的なメソポタミア遠征（第五次パルティア戦争）を決行した。そしてパルティアの首都クテシフォンを攻略して、ホスローを屈伏させ、ペルシャ湾まで行ってから引き返し、帰国の途中、反乱を起こしていたハトラを攻囲した際、敵の矢に当たって、深手を負い、キリキアで没した。彼の代にローマ帝国の領土は最大となった。

（七二）　ホスロー（コスロー、ホスロエス、オスロエス、アルサケス二十五世とも、一〇六―一三〇）はトラヤヌス帝率いるローマ軍との戦いに敗れ、和議によってパルティア皇帝の地位は維持できたものの、ユーフラテス川以西を奪われた。以後、ローマとの良好な関係は次のハドリアヌス帝（一一七―一三八）の代になっても維持されたが、パルティア国内では反対勢力が増大し、結局、王位を息子に継がせることはできなかった。

（七三）　ウォロゲセス三世（一四八―一九二）は親ローマ政策をとり続けたホスロー（オスロエス）に反対したウォロゲセス二世の子。父の意志を受け継いで、メソポタミアとアルメニアからローマの覇権を排除しようと、ローマに宣戦布告した（第六次パルティア戦争（一六二―一六五））が、結局は敗北し、ローマと和議を結んだ。

（七四）　マルクス・アウレリウス・アントニヌス（一六一―一八〇）は後期ストア哲学者であったため、哲人皇帝とも称される。即位直後の一六一年、パルティアのウォロゲセス三世（一四八―一九二）がローマに対して宣戦布告をした。それで第六次パルティア戦争（一六二―一六五）が始まったが、最終的にはローマ軍がクテシフォンを攻略して、勝利を収め、パルティアと和議を結んだ。彼の治世には西北方で繰り返しゲルマン族の攻撃を受け、東方でもしばしば反乱に直面した。

（七五）パルティアとハトラについてのこの言説はほとんどすべて無意味である。これは原著者と参考文献の著者の幾つかの決定的な錯誤によって形成されている。今からそれらを順次明らかにしていきたい。原著者が出典として挙げているアリ・マザヘリの『イランの至宝』（一〇三ページ）では、次のように述べられている。

「パルティアの君主、特にハトラの君主は、一般的には王妃にしか認められていない神聖な顕職を王女のために要求していた。それで君主の娘は常にアナーヒタ一神殿の大神官であり、そのような資格で、彼女は特別な自分の玉座を持っていた、と判断すべきである。一一七年、トラヤヌス帝はホスロエス〔ホスロー〕の娘の神聖不可侵の玉座をクテシフォンから持ち去った。そしてそれは一六一年に、〔和平の条件として〕ウォロゲセス三世が返還の要求をした際にも、返されなかった。マルクス・アウレリウス〔「アントニヌス・ピウス」が正しい〕はこの聖遺物に対してパルティア人が与えている宗教的意義を理解していたからこそ、返還を拒絶したのである。果たして、その後長く続くことになる戦争が起きた。

王女ドシュタリはここではアナーヒターの女神官のハトラ風の服装をしている。バグダッドの国立博物館と当のハトラ〔「モスール博物館」が正しい。現在、ハトラには建物に固定された浮き彫り以外の彫像は何もない〕には、君主の血筋を引くこうした女神官の神聖な彫像が多数ある。彼女たちはみな一様に本来は青または緑の長い服を着ており、その襞は湧水の波動〔紋〕を連想させる。その〔ような襞を作る〕ために、彼女たちは左手で外衣の端をつまんで持ち上げているのだが、それと同時に、右手では、祝福のジェスチュアを示している。ハトラのセナトゥルク〔王〕の娘ワシュファリは、玉座に座っているが、〔右手で〕同じジェスチュアをし、〔左手で〕同じように外衣の端を持ち上げている。」

このテキスト自体に含まれている間違いや問題点の指摘は後ですることにして、まず言えることは、テキストでは、アナーヒター神殿の大神官としての王女の玉座の宗教的意義の大きさが強調されているだけだということである。にもかかわらず、J-P・ルーは、このテキストに基づいて、パルティアでは王権が王女の玉座によって象徴されており、それゆえ王権は王女を介して継承されていたと主張している。これはテキストの真意をねじ曲げて――少なくとも、思い込みの強さから、誤解して——、自分の文脈にはめ込んだと言われても仕方のない行為であろう。

ところで、このテキストにある最も決定的な錯誤は、トラヤヌス帝がクテシフォンから持ち去ったのが「ホスロエス〔ホスロー〕の娘の神聖不可侵の玉座」であったとしている点である。この件に関する第一次資料は『ローマ皇帝伝』《Scriptores Historiae Augustae》であるが、その中の「ハドリアヌス」（viii、8）では、「彼〔ハドリアヌス帝（一一七―一三八）〕はトラヤヌス帝によって連れ去られたホスロエス〔ホスロー〕の娘を返した。そして彼女といっしょに奪い取った玉座も返還すると約束した」と明記されている。そして次の「アントニヌス・ピウス（一三八―一六一）」（ix、7）では、「彼〔アントニヌス・ピウス〕はトラヤヌスが奪い取ったパルティア人の王の玉座を、バルティア人の王〔ウォロゲセス三世〕が返還するよう要求した時、拒絶した」とある。この二カ所の記述によって、トラヤヌス帝がクテシフォンで奪ったのはパルティア人の王の玉座とその娘であることは間違いない。R・ギルシュマン（『イランの古代文化』、岡崎敬、糸賀昌昭、岡崎正孝訳、平凡社、一九七〇年、原書は一九五一年）も、ニールソン・C・デベボイス（『パルティアの歴史』、小玉新次郎、伊吹寛子訳、山川出版社、一九九三年、原書の出版は一九三八年）も同じように述べているから、この条に異文が存在する可能性はないだろう。

アントニヌス・ピウスが——マルクス・アウレリウスではない——「パルティア人の王の玉座」の返還を拒否した理由を考えるには、当時の政治的状況を見る必要がありそうだ。

一一七年、平和を好む新皇帝ハドリアヌスは、征服者トラヤヌス帝が新たに獲得した地域に対する権利をすべて放棄した。そのうえで、トラヤヌスによってパルティアの君主として改めて承認されたものの、急速にパルティア人の支持を失ったホスロエス（ホスロー、コスロー）の息子パルタマスパテスにホスロエネ（ユーフラテス川上流の当時のローマとパルティアの国境域で、コンマゲネに隣接する。中心はエデッサ（現在のトルコのウルファ））を与え、ここを緩衝地帯とした。しかしパルティア帝国内では、トラヤヌスの侵入時にアルメニアの一部を割譲され、おそらくイラン北部に本営を置いていたウォロゲセス二世（一三〇―一四七）が急速に勢力を拡大し、ホスロエスと権力を争い、やがてそれを凌ぐようになった。たぶんその結果、ホスロエスの貨幣は、一二八年か一二九年を最後に、鋳造されなくなるが、その年、ハドリアヌス帝はホスロエスに娘を返し、玉座も返すことを約束した。ホスロエスはトラヤヌス帝の時代から——実は征服される前から——常にローマとの和平を心掛けていたから、ハドリアヌス帝は直接パルティアの内紛に介入はせずに、老齢に達していたホスロエスにエールを送ったものと見てよいだろう。ウォロゲセス二世はホスロエスの死後実質的にパルティアの君主になったものの、イランでは、ミトリダテス（四世）という人物が王を名乗り、パフラビー語の銘を刻んだ貨幣を発行している。彼の活動については全く記録が残っていないが、彼による貨幣の発行は、パルティアの政治状況に依然として不安定要素があったことを示している。

ローマでは、一三八年、ハドリアヌス帝が死に、アントニヌス・ピウスが皇帝に即位した。そしてパルティアでは、一四八年、ウォロゲセス三世の貨幣が発行された。父親同様野心的なウォロゲセス三世は、大半がローマの属領となっていたアルメニアへの遠征を計画したが、これはアントニヌス帝が中止させた。その際、ローマはパルティアとの戦いに備えて、軍隊を送っている。また、カスピ海沿岸のヒルカニアと東北部のバクトリアはパルティアから独立した状態にあり、アントニヌス帝に使節を派遣したこともあった。そこでウォロゲセス三世は、パルティア国内の覇権を確固たるものにし、ローマの干渉を排除する、というよりむしろ一気に撃退するために（たぶん）、ローマとの戦争のための準備を進めた（前記『ローマ皇帝伝』「アントニヌス・ピウス」ix、6　および注）。ウォロゲセス三世がホスロエス（ホスロー）の玉座の返還をアントニヌス帝に要求したのは、まさにそのような状況においてであった。パルティアの戦争準備についてローマがどれだけ知っていたかは不明だが、アントニヌス帝はウォロゲセス三世に対して不信感を持っていただろうし、おそらく相手をみくびってもいただろうから、反ローマ的姿勢を取る簒奪者の息子に対してホスロエスの玉座の返還を拒否したのは当然であった。一方、準備万端整えていたウォロゲセス三世は、それを機に、おそらくそれを口実にして、ローマに宣戦布告した。この件はこのように政治的状況の推移の中で理解把握するのが適切ではなかろうか。

マザヘリのテキストには、もう一つ、彫像をどのように見るかという問題がある。つまりハトラの王女たちが常に「アナーヒター神殿の大神官」であり、特別の玉座を持っていたかどうか、そして彼女たちの右手のジェスチュアが「祝福」を示していたかどうかということである。古代ローマの文献は最初の問題については何も語ってはいないし、ギルシュマンも――少なくとも、マザヘリが参考にしていると思われる『古代イランの美術　Ⅱ』（岡谷公二訳、新潮社、一九六六年、原書は一九六三年刊）では――この問題の解明に役立つ資料を何も示していない。しかし幸いなことに、深井晋司著『ペルシャ古美術研究　第二巻パルチア』（吉川弘文館、昭和五十五年）で、ドシュタリという王女の名はないものの――このことについては後述する――ハトラ出土の代表的な王侯貴族の彫像について、詳細な報告・説明がなされている（その原資料は

Fuad Safar, Inscription of Hatra, No. 20, Sumer, vol. IX, No. 1, 1953 である)。そこで主にこれに依拠してこの問題を検証してみたい。

まず、服の波状の紋について一言。マザヘリはハトラの「王女たち」の外衣の襞が水の波紋を連想させるから、「王女たち」は水の女神アナーヒターに仕える大神官だったと断定しているのだが、これは妥当だろうか。実は似たような外衣の襞はパルミラ出土の男女の像やガンダーラ出土の仏像にも見られる。おそらくそのためであろう、ギルシュマンも深井晋司も田辺勝美(『世界美術大全集 東洋編15 中央アジア』(小学館)、四三二ページ、no. 258、ドシュパリ王女立像の解説)もハトラの「王女たち」をアナーヒター神殿の大神官としては見ていない。

さて、それでは深井晋司が報告・説明するハトラの主な王女・貴婦人像の台座に刻まれた銘文を見てみよう。これらは各像が何のために神殿に奉納されたかを明示しているので、いわゆる「王女」像がアナーヒター神殿の大神官であったかどうか、そして彼女たちの右手のジェスチュアが祝福を意味するものであったかどうかを解明してくれるはずである。

(一) ワシュファリ王女の像(バグダッドのイラク国立博物館蔵、IM・56752、第五神殿出土、高さ二・一〇メートル)の銘文。「〔セレウコス朝〕第四四九年〔西暦一三八年〕の十月 ワシュファリの像、アブド・サミア王の子のセナトゥルク王の王女。フィズグライバの母のスマイの息女、……サタンの息子、アブド・ウガイリ〔王女の夫〕〔?〕ベル神よ、彼女に恵みを垂れ給え。」アブド・ウガイリは、王女の息女スマイの像(後述する(四)の(第一)スマイの像)の銘文から、王女の夫で造像・奉納者であることが分かる。ベル(ベール)神への恵みを祈願している点に注意。

(二) ウバルの倚像(バグダッドのイラク国立博物館蔵、IM・56730、第四神殿出土、高さ約一メートル、台座の高さ約〇・九七メートル)の銘文。「ジャバルの息女のウバルのこの像は、シャマシュ・ラトブの息子で彼女の夫であるアシャの手で造像された。ウバルは十八歳の時死んだ。神、女神、神の子〔いずれも不明〕、バール・シャミン〔「天界の主」〕、アタルガテスの神々よ、願わくばウバルを殺した本人を、またウバルの死を喜ぶ人々を呪い給え。」この銘文が呪いの言葉になっていることと、王女という文字がないことを強調しておきたい。

実を言うと、ギルシュマンは『古代イランの美術 II』(九三、九五ページ、写真番号104、106)で、(一)の像をウバルの像とし、(二)の像を王女ワシュファリの像として示している。そしてマザヘリもまず間違いなくギルシュマンにならって、ウバルの倚像を王女ワシュファリの像として理解している。深井晋司とギルシュマンのどちらが正しいのか。二つの像の銘文の長さと台座の高さを比較すれば、答えは誰の目にも明らかであろう。ギルシュマンが二枚の写真を取り違えたのである。このフランスの考古学者は世界的に有名で、権威があったので、彼の代表作である前記『古代イランの美術』と共に、この間違いも真実として世界中で受け入れられてしまった。幸いわが国では、深井晋司の研究書の発表によって、この間違いが明らかにされたが、それでもこのことを知っているのはごく少数の専門家だけではなかろうか。

　ところで、遅まきながらここで明らかにしておくべき事実がもう一つある。それは深井晋司の王女ワシュファリ像と田辺勝美の王女ドシュパリ像とマザヘリの王女ドシュタリ像は、修復前と後の違いこそあれ、同一のものであるということである。これら三通りの名前は台座のアラビア語銘文の読み取り方の相違から生じているらしい。深井論文の原資料である前記ファド・サファルの「ハトラの銘文」によると、「ワシュファリの像」のアラビア語銘文——ここでは省略する——は、我々が知るアルファベットに置き換えた場合、«sLMT◎ D WchPR (?) Y» となる。ファド・サファル＝深井はこれを «The statue of Washfari» と読み取り、田辺は «Doshpari»、マザヘリは «Doshtari» と読み取った——またはそのような読み取り方を採用した——ということであろう。そしてR・ギルシュマンは、二つの像の写真を取り違えているものの、確かに «The statue of Washfari» と読んでいる。ところで、マザヘリがウバルをワシュファリと呼ぶのは、ギルシュマンの間違いをそのまま受け入れた結果として理解できるが、それならなぜもう一方の像をウバルではなく、ドシュタリと呼んでいるのだろうか。ワシュファリの別の読み取り方がドシュタリだとする推測が正しければ、一度一つの像のためにドシュタリという名を使った後で、別の像をワシュファリと呼ぶのは明らかに矛盾である。もし訳者の推測が間違っているのであれば、その場合はドシュタリという名を外して考えなければならないが、ファド・サファルの報告書を見ても、ドシュタリという名はどこにも見当たらない。つまりドシュタリという名の出所の見当が全くつかないのである。それでファド・サファル＝深井の「王女ワシュファリ像」とマザヘリの「王女ドシュタリ像」は同じものであるということを再確認して、この名の出所の追求はここで打ち切ることにする。

　（三）カイミの像（バグダッドのイラク国立博物館蔵、IM・56758、第五神殿出土）の銘文。「〔セレウコス朝〕第四四九年〔西暦一三八年〕の九月、高潔なアブド・サミア王女の息女、バール・マリンの書記であるナシュル・アカブの妻のカイミの像。……彼女〔カイミ〕は自らのために、また夫のナシュル・アカブのために、また夫の兄の兄弟アブサのために、そして神の子の倉庫番であるダイダクラのために、またその友人たちのために、自らの像を建造した。」カイミはワシュファリ王女の伯母に当たる。バール・マリンは太陽神ベルとも推測されている。

(四)(第一)スマイの像(バグダッドのイラク国立博物館蔵、IM・56753、頭部と胴体は分離)の銘文。「セナトゥルク王の息女のワシュファリ王女の子のスマイの像。……アブド・ウガイリの息子。」

(五)(第二)スマイの像(モースル国立博物館蔵、MM・21、高さ〇・二一メートル、第一神殿出土)の銘文。「サリクの子息、アシュタティの子息のアガの息女スマイの像。アタラタの祭司アバの子息で夫アガが妻スマイのためにこの像を造る。アガ・ザルガの子息の彫刻家、アバこれを記す。」この小像は他の像と同様に右手を挙げているが、左手では祭事用のタンバリンを持っていたのではないかと考えられている。この銘文にも王女という文字はない。

(六)カンザウの像(モースル国立博物館蔵、MM・34、高さ一・七九メートル、第一神殿出土)の銘文。「カンザウの子のアッベイの子のカンザウ。彼に祝福あれ。」これは男性貴人像であるが、参考までに提示した。

以上、五つの婦人像の銘文を見る限り、ベル神を始め他の神々の名はあっても、アナーヒター女神の名はなく、ハトラの王女が常にアナーヒター神殿の大神官であったことを示唆する言葉は何もない。またこれらの像が出土した場所が第一神殿、第四神殿、第五神殿――数字は発掘順を示すにすぎない――と分かれていることも、その傍証になるだろう。

ハトラではアフラ・マズダを祀る拝火壇(神殿)の存在が確認されているし、ミトラ神像も見つかっている。当然、アナーヒター女神も受け入れられたはずである。しかしその痕跡が全く見つかっていない。これはどうしたことなのだろうか。出土品を見ると、ハトラではシュメール、バビロニア、アッシリア、ペルシャ、ギリシャの主要な神々が、程度の差こそあれ、区別なく信仰されていたことがよく分かる。その中にナナイという女神の像があるが、これはウルクやバビロニアのイシュタル(テ)、ギリシャのアプロディテ、ローマのヴィーナスのルーツであるシュメールの大女神イナンナにほかならない。そしてペルシャのアナーヒターも、ルーツこそ異なるようだが、このイナンナ-イシュタル(テ)とほぼ同じ機能を持ち、ほぼ同じ地位を占めていた。問題を解く鍵はここにありそうだ。ハトラにもゾロアスター教と共にアナーヒター信仰が持ち込まれたはずなのに、その痕跡が見つからないのは、南方系のハトラ人がシュメール以来の大女神イナンナ-ナナイ信仰を堅持していたため、ほぼ同機能を持つ北方系のペルシャ人の大女神アナーヒターを特に必要としなかったからではなかろうか。R・ギルシュマンも「この時代の〔パルティア人の〕宗教の伝統についての最近の研究や、考古学上の発掘の結果は、ゾロアスター教が支配的な役割を果たしていたとするある人々の説を否定している」と言っている(前期『古代イラン

の美術　Ⅱ』、八五ページ)。

次に、ハトラの王や貴人・貴婦人たちの右手のジェスチュアの意味について。これは本来は、武器を持たず、敵意がないことを示す挨拶の基本的なジェスチュアだったと思われる。しかし儀礼として行う場合、たとえば国王が国民に、また神官が信者に対して行う場合は、祝福や平和や安寧を意味し、王が異国の訪問者や条約相手国の君主や使節に対して行う場合は、安全の保障や神にかけて制約することを意味し(ヨセフス著『古代ユダヤ史』第十八章、334―335。タキトゥス著『年代記』第二巻、58)、同じ地位の間柄で行う場合は友情や親愛感を意味するが、王侯貴族が神の前で行う場合は敬神・崇敬を意味していた。歴史的には、このジェスチュアはエジプト(新王国時代)、アッシリア、アケメネス朝ペルシャなどで行われており、マイン・サバ文化圏やバクトリアでも行われていたらしい(相馬隆著『パルチア見聞録』、東京新聞出版局、昭和五十六年、「右手の誓約」参照)。ハトラの近くの出土品では、シャミ(イラン)の貴族像(前二世紀)やドゥラ・ユウロポス(シリア)の壁画――特に「コノンの供儀」――が有名である。

ところで、すでに明らかなように、ハトラの王女・貴婦人たちの像は、王や貴族の像と同様、すべて神殿に奉納されたものであり、台座に刻まれた銘文は、生者や死者のために本人や夫たちが神の恵みを祈願した内容になっている。したがって、深井晋司も言っているように、彼女たちの右手のジェスチュアの意味は「祝福」ではなく、「敬神」と理解すべきであろう。

最後に、パルティアやハトラで王権が王女を介して継承されていたというJ－P・ルーの主張について、もう少し詳しく反論しておこう。たしかに、ギルシュマンは前記『古代イランの美術　Ⅱ』(八七ページ)で次のように述べている。「パルティアでは、たとえアフラ・マズダとミトラとアナーヒターが常に三位一体で信仰されていたとしても、アナーヒター信仰が特に支配的になった。歴史資料で言及されているイランの寺院はすべてこの女神に奉じられている。中でも、シーズ(現タフト・イ・スレイマン)の聖域はマゴス僧の共同体を持ち、メディア・アトロパテネ(カスピ海西南岸)における宗教上の一大中心地であった。そこはアルサケス朝の女系によって支配されていた。」しかしこれはシーズの支配者(王)がアルサケス朝の王女を妃に迎えたことがあるということであって、この地の王権が代々女系によって継承されていたということではない。またこの地の王であったアルタバヌス(三世、一二―三八)がパルティア皇帝としてクテシフォンに迎えられたことがあるが、これはアルサケス本家の王子たちの中に適任者がいなくなってしまったために生じた特例である。そしてハトラに関して言えば、王権が王女を介して継承されていたことを示唆する史料は何もない。

Ｊ－Ｐ・ルーは最近親婚（フワエートワダサ）を念頭に置いているのかも知れない。ゾロアスター教はこれを神の栄光を伴い、除魔の効力を持つものとして認めていた。それでアケメネス朝のカンビュセス二世は二人の妹を妃にし、アルタクセルクセス二世は二人の娘を妃にし、アルタクセルクセス三世は父の死後、父の妃になっていた実の妹と結婚した。ダレイオス三世の妃も妹だった。パルティアでは、フラテス五世が実母ムサと結婚し、貨幣に「天の女神」と刻ませた。ササン朝でも最近親婚はしばしば行われた。しかしそのササン朝では、婚姻法によって、一夫多妻が認められ、相続は男系と明確に規定されており、王位継承も父から子へ、兄から弟へ、叔父から甥へと男系の間で行われた。パルティアとハトラの婚姻法の詳細は分かっていないが、たとえゾロアスター教の影響を強く受けていたとしても、どちらの婚姻法にも――エジプトの場合とは違って――王権は王女を介して継承されるという思想が含まれていなかったことはまず間違いないだろう。

結論。思うにマザヘリは、ギルシュマンが、パルティア時代にはアナーヒター信仰が特に盛んだった、と言ったこともあって、波紋を連想させる襞のある外衣を着たハトラの「王女たち」の像を見た瞬間、各像の銘文――ギルシュマンは紹介していない――を確かめもしないで、彼女たちはアナーヒター神殿の神官に違いないと記号学的に推断した。そして本当は王女ではないウバルの倚像を、これもギルシュマンにならって、王女ワシュファリの像として見たため、彼女の椅子はアナーヒター神殿の大神官の玉座だと思い込んだ。しかもマザヘリは、ある時点から、トラヤヌスがクテシフォンから奪い去ったのはパルティア皇帝ホスロエス（ホスロー）の娘の玉座だったという間違った記憶を持ってしまった。マザヘリの言説はこのように幾つもの重大な錯誤に基づいて構成されたものである。

一方、Ｊ－Ｐ・ルーは、マザヘリのテキストが王権や王位継承の問題を主題にしていないにもかかわらず、これを典拠として挙げて、パルティア、特にハトラでは、アナーヒター神殿の大神官であった「王女」の玉座は王権の象徴であり、ゆえに王権はその玉座を介して継承されていたと主張している。つまり間違いだらけのマザヘリの言説の内容をすり替えたうえに、さり気なく形も変えて、その実強引に自分の文脈にはめ込んだのである。

（七六）　タティウスはサビーニー人の王でクレース市の支配者だったが、ロムルスによって女たちが略奪されると、ローマを攻め、ローマ人とサビーニー人の和睦後は、ロムルスと共同でローマを統治した。そして五年目に、ラウレントゥム人の使者を彼の親族とサビーニー人が殺したために、恨みをかい、ロムルスと共に犠牲を捧げている時、ラウレントゥム人によって殺害された。

タルクイニウス（初代）はローマの第五代の王（前六一六―前五七九）。裕福な商人であったコリントス出身の父（彼は支配階級に属する家族の一員だったが、政権抗争により、エトルリアのタルクイニアに移住したらしい）とエトルリア人の母との間にエトルリアで生まれ、長じて、妻の勧めにより、ローマに出て、その富と才知と武勇によって軍事の最高責任者となり、第四代目の王アンクス・マルキウス（前六四〇―前六一七）の死去後、王に選出され、ルキウス・タルクイニウスと改名した。彼は近隣の諸部族に対して征服政策を遂行する一方、内政でも大きな変革をもたらした。エトルリアの権力の標章である束棹《ファスケス》（木の棒と一緒に斧を束ねたもの）を採用し、平民または「二級の氏族《ミノレス・ゲンテス》」から新しい代表を百人任命して、元老院の定員を増加し、騎士も増員した。またフォルム・ロマヌムの市街化を推進して、下水溝を整備し、「大競技場」を建設した。カピトリヌス丘に大規模なユピテル神殿を建設したのも彼である。しかしながら彼は先王の子の陰謀によって暗殺された。

第六代の王セルウィウス・トゥリウス（前五七八―前五三五）は先王の娘婿。母は先王の妃に仕えるために被征服地から連れて来られた捕虜で、その子の名セルウィウスは母の身分セルウス（奴隷）に由来する。しかし彼がまだ幼児の時、将来王となるべき運命を示す兆候の光輪が彼の頭の周りに立つのが見られたという。彼はエトルリア人と対決しつつ、内政面の改革に力を注いだ。ローマ市は拡大されて、その市域は四つのトリブス（区）に分割された。これはロムルスの三トリブス（部族）に代わるもので、その区別は出生ではなく、居住地に基づいてなされた。ローマ人は全員財産によって五等級に分類され、各等級は百人隊《ケントゥリア》という軍隊――その数は等級によって異なる――を保有した。また、ローマで最初の貨幣が発行され、初の国勢調査が実施された。民衆に対する気配りを忘れず、晩年には民主主義の確立を考えていたと言われるこの王の治世は四十四年間続いた後、悲劇的な結末を迎えた。王は二人の娘をタルクイニウス（初代）の二人の息子（孫とも）に嫁がせていたが、野心的な下の娘トゥリアは義兄を口説いて、その妻つまり自分の姉を殺させ、彼と結婚し、彼に権力奪取をそそのかした。彼は元老院の会議の最中に、岳父である王を襲撃して、殺させ、王位を簒奪した。トゥリアは夫を王として歓迎するために行っていたフォロ・ロマヌムからの帰途、後に「罪の通り」と呼ばれる通りで、躊躇なく自分の二輪馬車で父の遺体を轢いたという。

ところで、本項の中心部分をなすギリシャ・ローマの王位継承についての言説（女系継承論）はフレイザーのものである（『金枝篇』第二巻、第十八章「古代ラティウムにおける王国の継承」。簡約版、岩波文庫（二）第十四章）。フレイザーは、プルタルコスが、ヌマ以後の五人の王のうち、最後の王は追放され、三人までが弑殺され、トゥルルス・ホスティリウスは落雷のために非業の最期を遂げた、と述べている箇所（『列伝』「ヌマ」）を引用して、次のように言っている。「ローマの王たちの悲劇的な最期を物語るこれらの伝承は、彼らがそれによって王位を獲得した競技が、時として単なる競技ではなく、生命をかけての闘争だったことを示唆するものである。」

フレイザーは、この章では、ペロプスがピサの王オイノマオスとの戦車競走に勝って、相手を死に至らしめ、王女ヒッポダメイアとエリュス地方の都ピサの王位を得たという伝説を、実際にギリシャ・ラティウムで行われていた王女との結婚による王位継承の典型的な事例であると唱えている。そこから彼の推論は、というより想像力は全く自由に飛躍する。王女との結婚による王位継承には、前王との命懸けの競技と前王の死が前提となっている。したがって――と、ここまでフレイザーは思考を逆進させる――、悲劇的な死を遂げたローマの王たちは、王位継承志願者たちによって娘と王国を賭けた競技を挑まれ、敗死したに違いない。古代の報告者たちが、王たちは暗殺されたとか、公の場で切り刻まれたとか、雷に打たれたとか、新王は前王の娘と結婚したわけではないと言っていようが、それらは報告のバリエーションにすぎず、前王の悲劇的な死はすべて競技における敗死を示唆しているに違いない。これがこの主題についてのフレイザーの仮説である。これは暴論であろう。ところが、J-P・ルーはこの乱暴な言説を全面的に支持し、受け入れているのである。

（七七）　適切な記述とは思えない。アトレウスは弟テュエステスと共にミュケナイに亡命したのであり、アトレウスの妻アエロペはミノス王の孫で、クレタ島から迎えられた。本章「4　長子相続へ」の本文と訳注（二〇）、（二二）参照。

（七八）　この記述はフレイザーの記述を少しぼかした形になっている。フレイザーは「古典の劇作家たちによると、アガメムノン自身は、ミュケナイではなくて、妻クリュタイムネストラの生地ラケダイモンで統治し、この地の旧都アミュクライに埋葬された。これは大変注目に値する」と述べ（『金枝篇』第二巻、第十八章「古代ラティウムにおける王国の継承」、二七九ページ、注5。簡約版、岩波文庫（二）第十四章。ただし注5はない）、典拠として、エウリピデスの『オレステス』(46)、ピンダウロスの『ピティア』（xi、31以下）、パウサニアス（Ⅲ、19、6）に付けられた古代の古典学者の注釈を挙げている。しかし古代、多くの地域で王位は女系で継承されていたと主張するフレイザーにならって、この説のみを重視すると、ホメーロスを始め、圧倒的多数の著作者が認めている、アガメムノンはミュケナイ王だったという説と正面衝突する。そこでJ-P・ルーは「最初」を付けて、二つの説が折り合うようにしたのだろう。しかしそれでも、「クリュタイムネストラの都市を統治した」という言い方が、一般的に知られている神話的事実の機軸から大きく外れていることに変わりはない。以下にアガメムノンとアトレウスがそれぞれ王位に就くまでの経緯——一般的な理解——を略述しておこう。

ミュケナイ王アトレウスが弟テュエステスの子アイギストスによって殺され、再びテュエステスが王位に就くと、アトレウスの二人の息子アガメムノンとメネラオスは追放された。兄弟は乳母に連れられて、シキュオンやカリュドンの王のところに身を寄せた後、スパルタ王テュンダレオスのところに連れ戻された。そして成人してから、彼らはスパルタの支援を受けてミュケナイに帰国し、テュエステスを永久追放とした。ミュケナイの支配者となったアガメムノンは、クリュタイムネストラの夫でテュエステスの子タンタロスとその幼い子を殺して（エウリピデス『アウリスのイピゲネイア』）、彼女を妻にした。一方、メネラオスはクリュタイムネストラの妹ヘレネの多数の求婚者の一人となり、テュンダレオスによって娘の婿に選ばれた。そしてテュンダレオスの双子の息子ディオスクーロイの死後、テュンダレオスからスパルタに呼び寄せられて、王位を譲られた。

（七九）これはオウィディウスの『変身物語』（巻四）による。この古代ローマ時代の作品の各場面は、現代小説並みに創造力を駆使して描写されている。しかしアポロドーロスによると、ペルセウスは王位は念頭に置いていない。

（八〇）アプロディテに人間であるアンキセスと交わらせたのは、ゼウスの意思によるものだった（ホメーロス作とされている『ホメーロス讃歌』中の『アプロディーテへの讃歌』（岩波文庫『四つのギリシャ神話』（逸見喜語郎、片山英男訳、一〇七—一一二ページ参照）。現代神話学では、この讃歌の目的はアンキセスの息子アイネイアスの系譜を、女神と結び付けることによって、トロイアにおけるアキレウス——海の女神テティスと人間ペレウスから生まれた——の系譜と同等の高さまで格上げすることにあると見られている。

（八一）アポロドーロス（第三巻、iii、1–2）によると、シシュポスの子グラウコスの子ベレロポンテスは、殺意なくして自分の兄弟を（他者説あり）殺め、ティリンス王プロイトスのところへ行って罪を清められた。ところが王妃ステネボイアが彼に恋心を抱き、逢い引きを申し出た。そしてそれを拒絶されると、プロイトスに彼が誘惑したと告げた。プロイトスは彼に手紙を持たせて、義父でリュキア王のイオバテスのところに向かわせた。手紙には彼を殺すようにと書かれていたので、イオバテスは彼に怪獣キマイラ退治を命じた。彼は有翼の馬ペガサスに乗って、キマイラを矢で射殺した。そして続いて命じられたソリュモイ人やアマゾネスとの戦いにも勝ち、リュキア王が放った暗殺団もすべて殺してしまった。事ここに至って、イオバテスは手紙を示して、すべてを話し、彼をリュキアに引き止め、娘のピロノエーを与え、死ぬ時に彼に王国を遺した。

（八二）　アルカイオスの父ヘラクレスを「フェニキアの神」としているのは間違いである。ヘロドトス（『歴史』巻二、44）には、確かに「フェニキアのヘラクレス」のことが紹介されている。しかしこれはフェニキア人の主神メルカルト、旧約聖書に言うバアルと考えられているもので、ヘロドトスもこれはギリシャのアンピュトリオンの子のヘラクレスとは時代も所伝も異なると明記している。一方、カンダウレスの祖先であるアルカイオスの父親とされるヘラクレスは、まさしくギリシャの英雄ヘラクレスである（巻一、7）。それにアルカイオスの曾孫のアグロンからカンダウレスまで、「二十二代、五百五十年間」ヘラクレス家が王位を占めたサルディスは、内陸部のリュディアの都であって、フェニキア人の支配下に入ったことは一度もない。したがって、サルディスのヘラクレス家と「フェニキアのヘラクレス」とを結び付けて、このように記述するのは明らかに間違いである。

（八三）　ヘロドトスが伝えるカンダウレスとギュゲスの話はほぼ以下の通りである。が、実を言うと、プラトン（藤沢令夫訳『国家』、プラトン全集11、岩波書店、一九七六年、359D―360B）が――正確には写本が――伝えるギュゲスは、ヘロドトスが伝えるギュゲスの同名の祖先ということになっている。こちらのギュゲスは羊飼いとして王に仕えていたが、偶然見つけた黄金の指輪の玉受けを内側に回すと透明人間になることが分かったので、それを使って王妃と通じ、王位を奪ったという。しかしながら、今日の専門家の間では、一般的に、プラトンのギュゲスはヘロドトスのギュゲスと同一人物と見られている（『西洋人名辞典』（岩波書店、一九九五年）、ダイアナ・パウダー著、豊田和二他訳『ギリシャ人名事典』（原書房、一九九四年）参照）。なお、アルキロコス（前七一二頃―前六六四頃、ギリシャ最初の叙情詩人）がギュゲスを「僭主（tyrannos）」と呼んだのが、ギリシャ語のこの用語の最初の使用例である。

他方、プルタルコス（『モラリア』「ギリシャ人の疑問、四五」）はカンダウレスとギュゲスを全く別筋の話の中に登場させている。サルディスのヘラクレス朝は、ヘラクレスがアマゾンの女王ヒッポリュテから奪い取った斧を、神聖な御物として代々受け継いでいた。しかしカンダウレスはそれにあまり価値を認めず、愛妾の一人の持ち物とした。やがてギュゲスが反乱を起こし、カンダウレスとの戦争が始まった。ギュゲスはカリアのミュラサの王アルセリスと同盟を結び、その支援を得た。アルセリスはカンダウレスとその愛妾を殺して、カリアに斧を持ち帰り、新たに作ったゼウス像の手に握らせた。こちらが史料としての信頼性は高いような気がするが、本項の主題とは合致していない。

（八四）ヘロドトスの原文にはこのような言葉はない。妃は自分に許しがたい恥辱を与えた王に対する復讐として、翌日、ギュゲスに王の弑を迫った、とヘロドトスは語っている（巻一、一〇）。

（八五）ケレト（Krt が本来の綴り。テキストには kerat とあるが、『古代オリエント事典』の母音の読み込み方に従って、keret とした。）はウガリット語の叙事詩（前十四—前十三世紀中頃の三枚の粘土板、第四章の訳注（七四）参照）に登場する伝説上の王。物語は、妻子を失ったケレトが至高神エルによる夢のお告げ通り、都市国家ウドゥムを攻撃して王女マラヤを得て、八人の子供に恵まれるというもの。この叙事詩には、国土の安寧は王の健康と相関するという思想や、神々との誓いを果たし、社会的弱者を法的に保護するといった理想の王の姿なども読み取ることができる（日本オリエント学会編『古代オリエント事典』（岩波書店、二〇〇四年）。

（八六）デンマークの歴史家サクソ・グラマティクスの大著『デンマルク人の事績』（本章の訳注（六九）参照）で伝えられている「アムレット Amlet」の物語。フレイザーは『金枝篇』（第二巻、第十八章「古代ラティウムにおける王国の継承」、二八一ページ。簡約版では削除）で、王女とだけでなく、先王の寡婦と結婚して王になった例もあるとして、ミュケナイのアイギストス、デンマルクのアムレットの叔父フェンク、アムレットの王位継承者ヴィグレットの名を挙げ、それに準じる例としてギュゲスの名を付け加えている。

（八七）テキストではルダ Luda 族となっているが、ルバ Luba 族の間違いだと思う。ルバ族については第二章のバルバ帝国についての訳注（五九）を、そしてルバ王国の建国神話については第三章の訳注（三六）を参照。

（八八）ブニョロ族は東アフリカのウガンダ北西部に一九六七年まで王国を維持していた。伝承によると、創造主ルハンガが弟の末子を王《ムカマ》とし、人々を支配するよう命じたという。最初のテンベジ王朝はキタラ王国と呼ばれていたが、神話時代に属し、その実在は証明されていない。次が十五世紀に始まるバチュウェジ王朝で、この王朝の時、キタラ王国は勢力を拡大した。バチュウェジとは北方から来た、皮膚が黒くなくて、背が高い、高度の技術を持っていた人々のことである。王朝の創始者は最初にこの地に来たバチュウェジまたはその集団のリーダーだったと思われる。この王朝は三代で北方系のビト王朝に権力を委譲し、王国は十六世紀にはブニョロ王国、あるいはブニョロ・キタイ王国と呼ばれ、十七世紀には頂点を極めたが、その後しだいに衰え、一九六六年に共和制へ移行したことによって、王国は消滅した。

（八九）『十王子物語』の著者ダンディンは七世紀のインドの代表的な作家で、散文ながら詩的技巧が用いられている『ダシャクマーラチャリタ』、詩論書『カーヴィヤーダルシャ』も残している。

（九〇）正確には、一族の血筋が絶えるのを恐れたロトの二人の娘が、彼が酒に酔って眠っている間に彼を「知った」のである。創世記、第十九章参照。

（九一）後でも述べるように（本章の訳注（九五）参照）、ゾロアスター教ペルシャでは、最近親婚（フワエートー・ワダサ）が、神の栄光を伴い除魔の効力を持つとして、王侯貴族と平民の区別なく奨励された。しかしたとえばササン朝では、王位も平民の財産も、男系によって継承・相続されると定められており、男系が絶えた場合にのみ、女子の継承・相続が認められていた。これに対して、エジプトの王家では、その神聖性は近親婚によって保たれ、神聖な王位は王女を介して継承されると考えられていた。そして一般家庭では、近親婚や一夫多妻は多くはなかったと見られている。

（九二）ラメセス二世（前一二七九―前一二一三、日本オリエント学会編『古代オリエント事典』（岩波書店、二〇〇四年）による）は、エジプト第十九王朝第三代の王。六十六年十か月続いたその治世は、王朝史上二番目に長いものだった。治世五年には、ヒッタイト王ムワタリとカデシュで戦ったが、その後、アッシリアの興隆に脅威を抱いたヒッタイトと同盟を結び、治世二十一年には、両国間に和平条約が結ばれた。さらにヒッタイト王ハットゥシリ三世の娘二人を妃に迎えたことにより、両国の友好関係は緊密かつ安定したものになった。このような治世後半の平穏な政治情勢の中で、王はヌビアのアブシンベル神殿、テーベのカルナック神殿や葬祭殿（ラメセウム）等の様々な建造物の造営に情熱を注いだ。なお、在位期間には異説もあり得るので、テキストにあるものはそのまま残した。

（九三）アメンヘテプ三世（前一三九〇―前一三五二、異説あり）は第十八王朝第九代ファラオ。彼の代まではこの王朝の絶頂期にあり、周辺諸国がエジプトとの修好を望んだため、治世五年のヌビアの反乱鎮圧以外は軍事遠征もなく、各地に記念建造物を造営した。大王妃（正妃）ティイは非王族だったが、彼女の両親の墓はテーベの王家の谷にある。アメンヘテプが彼女との間に生まれた娘サトアメンを大王妃にした（名誉称号だったという説もある）のは、治世三十年以降と見られている。なお、この後（二六七ページ）で言及されているサトアメンの姿を描いた肘掛け椅子は、母方の祖父母の墓から発見されている。

（九四）プトレマイオス九世救世主《ソーテール》（前一一六―前一〇七、復位、前八八―前八〇）（前一一六―前一一〇、前一〇九―

前一〇七、前八八―前八〇とも〕はクレオパトラ三世の長子。母が溺愛していた弟のアレクサンドロス一世（後のプトレマイオス十世、前一一〇―前一〇九、前一〇七―前八八）の共同統治者となった。プトレマイオス九世は後世幾度も増築されて有名になるデンデラのハトホル神殿の建築を開始した。しかし前一〇六年、母親暗殺を企てたとされて――彼を追い出すための謀略であった可能性が強い――キプロスへ逃亡。クレオパトラ三世は次男プトレマイオス十世を自分の夫とし、前一〇一年に六十歳で死去したが、その死にはプトレマイオス十世自身が係わっていた疑いがあるという。プトレマイオス十世は不摂生で、肥満のため、人の支えなしに歩行することが困難となり、民衆の反乱を誘発、逃亡中に海上で殺された。この結果、プトレマイオス九世が王座に復帰し、前八〇年に六十二歳で死去するまで王位にあった。彼にソーテール（救世主、救済者）の名が贈られたのは、復位によってこの混乱した状況を救ったからにほかならない。しかしながら、プトレマイオス王朝はその後も混乱の連続で、彼の死から五十年後に、台頭してきたローマによって征服されたことは周知の事実である。

（九五）　J‐P・ルーはR・ジラールを正確に理解しているつもりなのだろうか。脚注の引用の仕方を見ると、首をかしげたくなる。ジラール（『暴力と聖なるもの』、古田幸男訳、法政大学出版局、一九八二年、仏書は一九七二年）は、原始、社会は暴力に満ちていたということを前提にして、近親相姦が義務づけられているバントゥー語族の王の即位式を考察する。彼らの王は即位にあたって、禁忌とされている食べ物を食べ、あらゆる暴力行為を犯し、あらゆる罪を一身に引き受けることを要求される。つまり王は原初の社会の暴力――近親相姦（相手は母親、姉妹、娘、姪、従姉妹）はそのうちの一つである――を体現して、群衆の前に現れる。敵意に満ちた群衆はこの「穢れている人格」「真の罪人」を侮辱し、時には、兵士が王に模擬の攻撃をしかけることもある。群衆はあらゆる暴力と罪から解放され、秩序を取り戻すために、この王を処罰する。まさに王は「贖罪の牡山羊」そのものであり、犠牲である。もちろん実際は王の身代わりも用意される。たとえばルワンダでは、「王と〔王の母親である〕女王は、あたかも捕虜か死刑囚のように縛られて公衆の面前に姿を現した。彼らの身代わりの牡牛と牝牛が棍棒で殴られて屠殺された。王は牡牛の腹に上り、人々は両者同一化をできるだけ推進するために、牡牛の血を王に注いでいた」（一七〇ページ）。ジラールによると、この即位式の際に義務づけられている王の近親相姦は、結果として「人間に平和と豊饒をもたらすもの」であるが、「最も優先的なものでもなければ、本質的なものでもない」（一七一ページ）。J‐P・ルーはこれに続く文を脚注で引用しているのである。自分（とフレイザー）の見解と全く異なるものを自分の見解の中に強引にはめ込むのは、これは曲解そのものであろう。なお、本書の本文に「王は罪人の死を要求することによってのみそれを獲得する」とあるのは事実ではない。ジラールは、スワジランドの王の若返りの儀礼（インクワラ）では、王が投げた瓢箪が当たった兵士が王の身代わりとなって死ぬよう定められている、と述べているだけである。

ジラールの見解についても一言。ジラールは自分の解釈の普遍性に自信を持っていて、このように解釈しなければ、世界の近親相姦の根源的な意味は把握することはできない、と言っている。しかしながら、王侯貴族と平民の区別なく最近親婚（フワエート・ワダサ）が奨励されていたゾロアスター教世界（ペルシャ）の王の近親相姦に対しては、彼の解釈が全く通用しないことは明白である。また、エジプトのファラオの近親相姦に対しても、神話・伝承に彼の解釈と通じる要素が示されない限り、とても通用するとは思えない。さらに付け加えると、王の即位式で、たとえすべてが始まる「かの時」に戻る（エリアーデ）儀礼が執り行われたとしても、その際「暴力行為」を伴わない場合には、原始、社会は暴力に満ちていたというジラールの前提は無意味なものとなるだろう。

（九六）　フレイザーのこの言説は検討する必要がありそうだ。フレイザーは多くの古代の王たちの近親相姦に言及して（『金枝篇』第五巻、第三章「キプロスのアドニス」、四三―四四ページ。簡約版、岩波文庫（三）、二四ページ。ただし本文のみで、注（1）はなし）、これは「単なる不自然な情欲の偶然の結果」ではなく、「ある決定的な理由により、ある特殊な状況のもとにおいて、実際に行われていた慣習に基づいている」と主張して、次のような推測を開陳する。「血統が女性を通してだけたどられる、したがって真実の君主であった世襲的な王女との結婚によってのみ王がその職権を保存し得た国々では、その手段を取らない限り他の男に、おそらくは外来の異人に奪われてしまったはずの王冠を自分の手に掌握するため、王子が真実の姉妹である王女と結婚することもしばしば起こり得たと見られる。王位相続に関する同様な規定が娘との近親相姦の動機をなしているのではあるまいか。王は王女と結婚することによってのみ王位を保有し得たので、王妃である自分の妻の死にあたって王位を退かなければならなかったというのが、このような規定の自然的帰結であるように見える。王と王妃の結婚が終結すれば、王位に対する彼の権利も共に消滅し、王位はただちにその娘の夫に譲渡された。したがって、もし王が妻の死後も統治することを欲するならば、合法的にそうすることのできる唯一の方法は自分の娘と結婚することによって、以前は彼女の母を通して彼のものであった王権を、今度は彼女を通して延長する以外にはなかった。」

フレイザーはこの言説の冒頭の注（1）で、ヒュギノス（『神話物語集』Hyginus; Fabulae）その他が伝える、近親相姦を行った古代の王たちのリストのうち、四人の名を挙げている。彼ら（アルカディアの王クリュメノス、ピサの王オイノマオス、アテナイの王エレクテウス、レスボス島の王エポペウス）はいずれも自分の娘と近親相姦の関係にあったのだという。しかしたったこれだけのことを根拠に、彼らがいずれも姉妹を妻にし、その死後、娘を妻にしたこと、アルカディアでもピサでもアテナイでもレスボスでも（周知のように、ホメーロスその他によると、この島ではある時期、女性だけで生活していたという伝承がある）、王権が王女を通してのみ継承されていたこと、したがってこれらの国々では、彼ら以外の歴代の王たちも「慣習として」近親相姦をしていたことを推測することが可能だろうか。大いに疑問である。

（九七）この伝統はインカ王朝の始祖は妹を妻としたという王朝の起源神話に基づいている。インカ王家の血筋を引くガルシラーソ・デ・ラ・ベガが語るところによると、太陽神はいまだ未開の状態にあった下界を開化し、秩序と文化と技芸をもたらすために、自分の息子マンコ・カパックと娘ママ・オクリョをティティカカ湖に下ろし給うた。兄妹は父神から与えられた王の象徴としての黄金の棒を手に、建国にふさわしい地を捜し求めて旅立った。そしてクスコ——これは世界の「へそ」を意味するという——の近くの丘に来た時、魔法の杖が地中に深く突き刺さったので、そこが「選ばれた」地であることを悟り、ここに国を建設した。これがインカ帝国の始まりである（ガルシラーソ・デ・ラ・ベガ著、牛島信明訳『インカ皇統記　一』大航海時代叢書　エクストラ・シリーズ1、岩波書店、一九八五年、第十五章）。

しかしながら、これとは全く違うインカの起源神話がある。それは「アマルきょうだいの神話」と言われるもので、マリア・ロストウォロフスキ・デ・ディエス・カンセコ著、増田義郎訳『インカ国家の形成と崩壊』（東洋書林、二〇〇三年）第二章で紹介されている。訳者の印象ではこちらの方がより多くのことを暗示しているように思うが、ここではこれ以上踏み込むつもりはない。

（九八）チムー人の出自はいまだによく分かっていない。彼らはペルー北部海岸の都市トルヒーヨの近郊にあるチャンチャンを首都とするチムー王国を建設、一四〇〇年頃までに、約一二〇〇キロメートルに及ぶ海岸地帯を支配して、複数の政治センターを置き、南部では、チャンカイ文化圏をも包含する、広大な版図を持っていた。しかし十五世紀中にインカ帝国によって完全に征服された。

（九九）J－P・ルーが念頭に置いていると思われるフランスの場合、王権はフィリップ二世（一一八〇—一二二三）の代に強化されたとはいえ、まだ中央集権国家とは言えず、諸侯の力はきわめて強大であった。国王による国土の統一が進んだのは、王室と対立したブルゴーニュ公家の断絶（一四八二年）後、シャルル八世（一四八三—一四九八）の代からである。

同輩衆 pairs とは、封建制下で、封主の法廷において十二名の同輩の封臣によってしか裁かれない特権を持った封臣だが、ここで言及されている「彼（王）の同輩衆」は、正確にはフランス同輩衆 les pairs de France で、同輩衆の特権を持つ国王の直臣。この称号はフィリップ四世（一二八五—一三一四）以来国王によって王族、大貴族に与えられた。

（一〇〇）中国では、国民は天子に訴えていたから、役人の横暴が防がれていた、という説に全面的に同意する人は少ないのではなかろうか。時として、天子自身が暴君であり、役人はほとんどの時代で横暴であり、そのうえ、貴族・土豪の収奪も絶えなかったので、中国の民衆は全歴史を通じてしばしば大反乱を起こしていた。たとえば、谷川道雄、森正夫編『中国民衆反乱史』全四巻（東洋文庫336、351、408、419、講談社、一九七八—一九八三年）を参照。

（一〇一）カティリーナ（前一〇八—前六二）は野心的な貴族出身の平民派。全市民の借財を即時棒引きという急進的な綱領を掲げて、執政官選挙に立候補するが、彼に抗してキケロが立候補したため、落選。さらに翌年（前六三年）も立候補したが、情勢不利と見ると、前もって組織していた陰謀団を使ってキケロの暗殺を企てた。しかしこれもキケロの活躍によって失敗し、カティリーナの同志になっていた五名の政務官は逮捕された。危うくトスカーナに逃れたカティリーナは数千の同志からなる反乱軍を糾合するが、追討軍と戦って戦死した。

（一〇二）ロベスピエール（一七五八—一七九四）は、フランス大革命によって、国民公会が成立し（一七九二年、九月）、王権が廃止され、共和制が宣言され、翌一七九三年、一月にルイ十六世の処刑という状況の推移の中で、ジャコバン派のリーダーとしての指導力を発揮した。そして六月から翌年七月まで、ジャコバン派の独裁体制を維持し、数々の革命的な政策を実行に移した。しかしそれをいっさいの批判を許さない恐怖政治の下で行ったため、反対派の巻き返しにあい、テルミドール（熱月）七日に処刑された。

（一〇三）レーニン（一八七〇—一九二四）は旧ソヴィエト連邦とボリシェヴィキ党の創設者。マルクス、エンゲルスに次ぐプロレタリア解放運動の指導者で、一九一七年のロシア革命を勝利に導き、初代の人民委員会議長に選ばれた。彼は帝国主義とプロレタリア革命の時代に特にマルクスの政治・経済理念を発展させて、マルクス・レーニン主義を確立し、その理念に基づいた社会主義社会の建設に精力を注いだ。彼の思想は世界中に影響を与え、帝国主義国におけるプロレタリアートの闘争と植民地における民族解放の闘争の理論的支柱となった。

なお、ここに列挙されている人物の最後に、ヒトラーとスターリンを加えるべきであろう。

（一〇四）　この記述も粗略すぎて、誤解される可能性がある。ここでは「カペー朝」が広義に用いられており、狭義の「カペー朝」から「ブルボン朝」までを指している。

ところで、中世上代、ロワール川沿いには、バイキングやイギリス人の侵略に対する防衛手段として、数多くの城砦が築かれていたが、カロリング朝末期から狭義のカペー朝時代にかけて、この地域で城砦の数が増えていったのは、強力で野心的な封建諸侯が独立して公国となり、互いに競合するという状況が生まれたからである。その中でオルレアネ地方はカペー王家の領土に属し、その首都オルレアンには君主が好んで居住した。しかしロワール川流域の城を最も好んで居住したのは、何といってもヴァロア家の王たちで、その習慣はイギリスとの百年戦争を集結させたシャルル七世（一四二二―一四六一）に始まり、同家最後の王アンリ三世（一五七四―一五八九）まで続いた。ヴェルサイユ宮殿の造営を命じたのはもちろんブルボン家のルイ十四世である。

（一〇五）　プルタルコス（『対比列伝』「テセウス」）によると、テセウスは「王のいない国制と民主政を約束し、自分はただ戦争の指揮者および法律の守護者になるだけで、他のことについてはすべての人に平等の関与を認めると約束した」。ただし民衆（デーモス＝国民）による民主政が無秩序と混乱を招かないように、貴族と農民と工匠とに区分し、それぞれの役割分担を定めたうえで、「権利をまさに平等に定めた」という。なお、記念建造物には、公会堂や議事堂のほかに、隣国との境を示す境界石（碑文を刻んだ石柱）も含まれると思われる。

（一〇六）　ペルセポリスについては、詳しくではないが、プルタルコスやアッリアノス等が語り伝えている。プルタルコス（『列伝』「アレクサンドロス」）によると、宮殿での祝宴の場で、酔っていたアレクサンドロスは、プトレマイオスの愛人タイスにそそのかされて自ら松明を取り、火を放ったという。アッリアノスはこの破壊は計画的だったと伝えている。近年の発掘により、宮殿の破壊が火によるものであったことが証明された。ちなみに、ペルセポリスはペルシャ大王が壮麗な宮殿に諸国の使者を迎えて、王権更新を含む新年祭を盛大に催すための聖都であり、大王の生活の場ではなく、臣下も居住していなかった。

（一〇七）　フィルザバードはアルダシール一世がパルティアの首都クテシフォンに進撃する前の首都で、その遺跡は今日のシラーズの東南方にある。

（一〇八）　アッバース朝の開祖アブル・アッバース（七五〇―七五四）はクーファを首都にしていたが、彼の弟で、アッバース朝の実質的な始祖アル・マンスール（七五四—七七五）はチグリス川西岸に新しい首都バグダッド——公式名称はマディナ・トゥアル・サラーム（「平安の都」）——を建設した（七六二—七六六年）。この円形都市はカリフの宮殿を中心にして、深い濠、二重の煉瓦作りの城壁の外に、中心部を取り囲む高さ二七メートルの第三の城壁を持っていた。アッバース朝は、都市計画だけでなく、ササン朝ホスロー一世時代に再編された行政組織も取り入れている。

（一〇九）　原著者の念頭には『易教』天文篇の「天は円、地は方」という言葉があるようだ。しかしながら円形都市の円をそのまま天のイメージと見るのは短絡的過ぎる。インドのプラーナ（古譚）によると、円錐形のメール山（須弥山）（本章の訳注（四四）、第六章の訳注（三）および二六一ページを参照）を中心とする世界は円形である。また、バビロンを中心にした現存最古の世界地図（前六〇〇年頃）、ギリシャを中心にしたヘカタイオスの世界地図（前六世紀）、ローマ帝国を中心にしたOrbis Terrarum（「大地の円盤」）として知られる世界地図（二〇年）も完全な円形である。その外にも、楕円形のものや球体のものがある（これらはグーグルで「古代の世界地図」を検索しても容易に見ることができる）。したがって、円形都市の円は、あえて二者択一するならば、地のイメージである可能性が十分にあるのである。中国の世界観のみを普遍的として、その他の地域のものを無視する——または調べていない（？）——のは、正に不合理そのものであり、それゆえ、原著者のこのようなシンボル学的解釈は無意味であると言わざるを得ない（第六章の訳注（三）も参照）。

ところで、R・ギルシュマン（岡崎他訳『イランの古代文化』、平凡社、一九七〇年、原書は一九五一年、二七三ページ）は、円形都市は「西アジアの古代都市の伝統に起源を求めることができる」が、「都市の円形のプランはアッシリアの軍隊の円形のキャンプを想起させる」と述べ、最も有名なパルティア人の円形都市であるクテシフォンもハトラも、もとはセレウキアに対抗するための軍事基地および城砦として建設された事実を指摘している。

（一一〇）　本章の訳注（一）ですでに述べたように、イフェ王国は十九世紀末にオヨとイバダンの連合軍によって滅ぼされた。アデミリュイイ Adémiluyi 王は一九三〇年に非常な高齢で亡くなったとあるから、王国滅亡時の王であることは間違いなく、その後半生は王としての実権は持っていなかったと思われる。この王の経歴・業績については不詳。なお、テキストの本文にはアデリムリエ Adelimlye、巻末索引にはアデレミエ Adelemiye とあったので、原注（117）に示されている資料に従って、訂正した。

（一一一）　このような考え方の是非は別にして、ここに「パルティアにおけると同様に」を入れたのは不適切である。そ別々に存在している。またクテシフォンの巨大な宮殿跡でも神殿としての特徴は確認されていない。神殿は別にあったと思われる。

都市全体の遺構が最もよく残っているハトラでは、メソポタミアの伝統に従って、宮殿と神殿群は隣接してはいても、一応円形都市で今日知られているのは、メソポタミアでは首都のクテシフォンとハトラ、イランではダーラージブルドであるが、別のところにあったが、パルティア時代に宮殿が神殿の代わりになった、という事実はない。パルティア時代に建設されたィア時代に王宮と神殿が一体化したというのは、時系列を無視した話であり、合理性を欠く。第二に、以前は宮殿と神殿はの理由は、第一に、建設年代はまだパルティア時代に入るとはいえ、ササン朝の最初の首都のプランを示した後で、パルテ

原著者は、ササン朝のフィルザバードのプランを原初の首都の形態を示すものとして提示し、後に宮殿と神殿が接近していって、合体したという自分の考えまたはイメージにリアリティーを持たせようとしたのであろうが、時系列が無視されている上に、パルティア時代に宮殿と神殿が合体したという事実はないため、結果的に読者を混乱させる記述になっている。

（一一二）　これはあくまでも神話であって、史実ではない。この記述の仕方はまさに神話の歴史化である。

（一一三）　クノッソス宮殿では、玉座の間の近くに社殿、三部神殿、地下聖堂（両刃の斧の聖堂）、儀式場があったが、儀式場以外はいずれも小さな部屋である。クノッソスの守護女神は両手に蛇を持った「蛇の女神」（現イラクリオン考古博物館所蔵）である。

（一一四）　ギリシャ神話によると、クロノスとレアの間にゼウス、ポセイドン、ハデスの三神とヘラ、デメテル、ヘスティアの三女神が生まれた。処女神ヘスティアの聖所は家の中央、すなわち竈であったが、彼女の名前も「竈」という意味である。ローマのウェスタと同じ。

（一一五）　全世界の支配者であり、国家の庇護者であるユピテルと、軍神マルスと、もとはサビニ人に崇拝されていた豊饒の女神クゥイリヌスは最初の「カピトリウムの三神群」（第二の三神群はユピテル、ユノ、ミネルヴァ）と呼ばれているが、デュメジルはこの三神がそれぞれ主権、軍事、生産の機能を分かち持つことを指摘した。

（一一六）　原注（130）―（133）まで共通――に Palau-Marti, *le Roi-dieu au Bénin*, p. 126とあるのは間違いで、p. 128が正しい。ここ（正確には一二五―一二九ページ）で述べられているのは、ダホメー王国の王の葬儀についてであって、ベニン王国のそれについてではない（一二七ページで殉葬について言及されているだけである）。また「王の葬儀後一週間」とあるのは

「三日間」が正しく、「この間、人々は市場に行くことが禁じられた」とある。

なお、この前の文で「ケトゥー王国の中のダホメー〔王国〕では」«au Dahomey dans le royaume de Kétu» とあるのは信じがたい錯誤である（両国の関係については第二章の訳注（六九）を参照）。ダホメー王国の王の葬儀の期間中に火の使用が禁じられたということも、原注（130）が付いているこの後の文同様、前掲書の一二八ページで述べられている。

原注（131）が付いている次の文で「アボメー王国では、首都は」«Au royaume d'Abomey, le cité...» となっているのも信じがたいことである。アボメー王国はダホメー王国の前身であり（第三章の訳注（二二）および第二章の訳注（六二）を参照）、前掲書で紹介されているある王の葬儀が行われた十八世紀末には、アボメーはダホメー王国の首都であった。原注（131）が示している前掲書一二六ページにも、「アボメーの宮殿」とはあるが、「アボメー王国」とは書かれていない。

原注（132）が付いている文もヨルバ族の「オヨ王国」の王の葬儀の説明の一節である。

（一一七）これは明らかに説明不足で、このままでは誤りになる。正確には、突厥人は春夏に死ぬと、火葬にされ、その骨は草木が黄ばみ落葉するのを待って埋葬され、秋冬に死ぬと、火葬にされ、その骨は花が咲き、葉が繁るのを待って埋葬された（『周書』突厥伝）。

（一一八）これはおかしい。少なくとも我々が中国の史書で知ることができる諸民族の風俗は、決して王侯貴族だけの風俗ではなく、一般人の風俗として記録されている。契丹の二段階葬（樹上風葬と三年後の骨の焼却）、突闕の二段階葬、烏丸の独特の葬儀、いずれもそうである。もし、中国の史書が伝える諸「蛮族」の「風俗」が王侯貴族のものに限られていたのであれば、葬制以外の婚姻制度や生活上の習慣なども――たとえば倭人の刺青も――すべて王侯貴族のものであって、平民、庶民のものではないということになるだろう。本章の訳注（一四二）および（一三二）参照。

オーストラリアのアボリジニの樹上風葬について言えば、原著者が示している文献には、たまたま部族の指導的立場にある者の長期間にわたる葬式が詳述されているというだけで、樹上風葬が上流階級の者のみの葬式であるとは述べられていない。大人の樹上風葬の写真と共に子供の樹上風葬の写真も掲載されている。ロバート・ローラー著、長尾力訳『アボリジニの世界』（青土社、二〇〇三年、四七〇ページ）によると、「アボリジニは、死者が遂げている霊的発展の度合いに応じて埋葬法を変えている。そのため、人類学者にとっては、たとえ同一の部族ないし氏族であっても、埋葬儀礼を一般化することができないままでいる。同じ部族であっても、埋葬法は千差万別なのだ。つまり、土葬をはじめ、木製の台ないし岩の上に野ざらしにしておくとか、火葬、ミイラ化、埋葬小屋での乾燥、内臓の除去、内部が空洞になった木棺による埋葬、遺体の掘り出しと再埋葬、埋葬した遺体に関する食肉行為、さらには以上の行為の様々な組み合わせが見られるのである。」

ボルネオのダヤク族の葬式については、原著者が示している文献は検証していない。

（一一九）太陽神ラーはかなり後になってからエジプトの万神殿に加えられたが、歴代のファラオに大いに崇拝され、プトレマイオス朝時代には、「自ら作り、自ら生まれし神」「原初の神」と呼ばれるまでになった。死（日没）と再生（朝日）の象徴で、王妃－母親（ハトホル－イシス）と交わって歴代のファラオをもうけたと言われる。一方、オシリスは、すでに述べたように、非常に古い神で、「主の中の主」「王の中の王」「神の中の神」と呼ばれ、やはり自然界の死と再生の象徴である。この二柱の神は、「生命を与える者」「生成変化するすべてを産んだ女神」「ファラオの王座」であるイシスとの関係を見る時、著しく接近し、類似する。そしてイシスは太陽神ラーの母にして妻であり、同時に、毎年死と再生を繰り返すオシリスの母にして妻であり、イシスが産む「神の子」ホルスはラーあるいはオシリスの（またはその両者の）生まれ変わりの「息子」である。

（一二〇）これはもちろんアレクサンドロス大王が中央アジアに残した家臣・兵士たちの子孫で、王朝を築いた者たちである。

（一二一）エフタル（嚈噠）は五世紀の中頃から中央アジアで強大になった民族で、トハリスターン、ガンダーラ、ソグディアナ等を次々と支配下に置き、六世紀には、東はホータン、西はササン朝ペルシャに至る大国を形成。インド、中国、ペルシャ、南ロシアを結ぶ交易の要衝を占めて、大いに繁栄し、ササン朝ペルシャの王位継承争いにも介入して、ホラサーン地方を勢力下に収めたが、突厥とササン朝ペルシャに挟撃されて、その国家は五五八―五六一年に瓦解した。エフタルはビザンティンやインドでは「白いフン」と記されており、匈奴の一種と考えられていたようだが、現在では、その容姿から、イラン系の民族とも推測されている。その服装習俗は中央アジアの他の遊牧民族とほぼ同じであるが、唯一、一妻多夫という特異な風習を持っていた。その子孫の一部と思われる人々は現ロシアのモルダヴィア共和国に居住しているが、昔からチベット仏教を篤く信仰しており、現在では僧侶をチベットから招いたり、若い僧をチベットに留学させたりしている。かつてのエフタルの一妻多夫の習俗も、仏教同様チベット文化の影響によるものかも知れない。第六章の訳注（一四一）も参照。

（一二二）中国で人間を殉葬しなくなったのは、仏教の伝来（一世紀）よりも前からである。このような推測は原著者自身がすぐ後で、人間の殉葬は俑（人形）を代用した秦の始皇帝以後行われなくなった、と言っていることとも矛盾する。また、始皇帝が人の代わりに俑（人形）を用いたのは、彼（と二世皇帝）が人命尊重の思想を持っていたからではない。『史記』秦本紀によると、始皇帝の後宮の女性で、子のない者はみな殉死させられたし、始皇帝の埋蔵に係わった工匠はみな陵墓中の神道に閉じ込められた。始皇帝の陵墓に俑が陪葬された理由については、この後の訳注（一二四）を参照。

（一二三）　サティ（「貞淑な妻」の意）は古代からあったが、グプタ朝時代（三二〇―五二〇頃）に支配階級に広まり、ヒンドゥー教がこれを貞婦の美徳とし、これによって夫婦は天界に生まれ、夫の父祖三代の罪が消えるとしたため、盛んになった。そして幼年結婚・寡婦の再婚禁止の風習と一体化して、諸地方で深く根を張り、その結果、ムガール朝のアクベル大帝（イスラム教徒）の禁止令も効果がなく、イギリス領時代、一八二九年に厳禁令が出た後もすぐにはなくならず、地方では二十世紀末でもまだ時として行われた。ところでこのサティも、村々にこれを記念した石が残されていることからも分かるように、決して支配階級のためだけのものではなかった。また、実際のところ、サティは必ずしも寡婦の自発的行為だけでなく、しばしば親族の強要によっても行われた。『アジア歴史大事典』（平凡社、一九五九―一九六二年）ほか参照。

（一二四）　煌々たる上帝（天帝）を称し、不死に対して異常なまでに執念を持っていた始皇帝は、初めて陵寝制度を採用した。これは死者の霊魂が陵の墓室に住むという考えに基づくものである。従来の霊魂観は「魂気は天に帰し、形魄《けいはく》（肉体）は世に帰す」（『礼記』郊特性）というのが一般的だったので、華北華南を問わず、狭い空間しか持たない竪穴木槨の墓葬形式が採られていた（それでも、春秋時代の秦の第十三代の王景公（前五七六―前五三七）の墓と推定されている墓からは、二百体近い殉葬者の人骨が発見されている。貝塚茂樹、伊藤道治著『古代中国』、講談社学術文庫、二〇〇〇年、三〇〇ページ参照）。一方、陵寝制度では、広大な地下宮殿とそれを守る軍隊（近衛兵団）が必要不可欠である。とはいえ、始皇帝といえども、近衛兵七千三百余人を不死なる者にすることはもちろん、実際に殉葬することも不可能だったので、彼ら全員を陶俑でリアルに再現して、不滅の兵団を編成し、不死なる上皇（皇帝）の霊魂の防衛に当たらせた。こうして古代中国の陵墓における殉葬から俑の埋葬への変革が決定的なものになった（『世界美術大全集・東洋編2　秦漢、小学館、一九九八年、八四ページ）。つまり、陵寝制度では、ただ一人皇帝だけが不死なる者であり、必ず死を迎える他の生身の人間は皇帝の随伴者・近衛兵としてふさわしくなくなったというわけである。この解釈・説明が十全なものかどうかはさておき、漢以降の諸王朝も秦が始めた陵寝制度を踏襲して、殉葬を廃止したことは紛れもない事実である。

では、俑の埋葬は始皇帝の陵寝制度を起源とするのだろうか。どうもそうではないらしい。実は、戦国時代の秦国最古の騎兵俑が秦の都咸陽東北郊の下級武士のものと思われる墓から出土している（咸陽市石油鋼管鋼縄廠出土、加彩灰陶、咸陽博物館所蔵。江戸東京博物館の「始皇帝と彩色兵馬俑展」（二〇〇六年八月一日―十月九日）に二体出品）。このことから次のような推測が成り立たないだろうか。戦国時代末期になると、それまで王や首長等の支配者階級だけが行っていた殉葬の真似事を、時として、下級武士たちも俑を用いて行うようになっていた。この新しい風習（？）が始皇帝の陵寝制度の理念と合致していたため、全面的に採用され、その結果、殷代から続いてきた殉葬は廃止されるに至った。この推測は今後の発掘調査によって補強される可能性がありそうだ。

なお、主君の墓に共に埋葬されることのない自発的な殉死ないし従死は隋・唐から明・清の時代にまで及ぶという。

（一二五）　原著者は「君主の未亡人」と限定しているが、本章の訳注（一一八）でも指摘したように、中国の史書が伝える諸民族の風俗・習慣は一般人のものでもあり、君主だけの伝統ではない。『周書』突厥伝にも、「父、兄、伯叔父が死ぬと、子、弟、甥たちは、その継母、その伯叔母・嫂《あによめ》を妻とする」とある。これは匈奴や突厥に共通した風俗である。

（一二六）　ここではテキストをあえて逐語訳してみたが、この記述には大いに問題がある。まず、フレイザーは「彼ら〔殉葬者〕が死ぬまで、毎日食べ物が運ばれた」と言っていない。理屈としても、それはあり得ないことである。次に、J－P・ルーは、殉葬者は「活力に満ちた高官たち」だったとした後で、「王の妻たちと召使いたちがその〔殉葬の〕特権を奪い合った」と述べている。これもフレイザーの記述からの大幅な逸脱になる。フレイザーは、«his favourites and servants»があの世で王に仕えたり、王の世話をしたりするために、王と共に埋葬される特権をめぐって互いに言い争いをした、と述べている。«his favourites»は一般的には「王の寵臣」であって、「妻」や「愛妾」ではないだろう。したがって、殉葬者は「王の寵臣と召使いたち」の中で申請が認められた者たちと見てよいだろう。もし«his favourites»に「妻妾」が含まれていたとしても、J－P・ルーは「高官たちと王の妻妾たちと召使いたちの間で殉死の特権を奪い合った」とすべきであろう。

フレイザーによると、彼ら（殉葬者）は生きたまま王の墓に入った。人々は毎日彼らの生死を確かめ、四、五日後に、応答の有無によって全員の死が確認された時点で、王位継承者が公表された。そして新しい王は墓の上で火を焚いて、自分が王位継承したことを知らせ、その火で肉を焼いて人々にふるまった（『金枝篇』、第四巻、一三九―一四〇ページ）。

人」となっている。

（一二七）　松岡千秋訳『ヘロドトス』（世界古典文学全集、筑摩書房、一九五ページ）では、「妃」ではなく、「側妾の一人」となっている。

（一二八）　グーリア・ミールはサマルカンドの市街地南部にあるティムールの廟で、ティムール朝期の代表的な建築物の一つ。ドームの高さは二七メートルもある。一四〇三年に夭折した愛孫ムハンマド・スルタンを葬るために建てさせ、一四〇五年に完成したが、彼自身もここに葬られた。

（一二九）　タージ・マハールはムガール朝第五代皇帝シャー・ジャハーンの愛妃ムムターズ・マハル（正式名はアルジュマンド・バノ・ベグム）の廟。

（一三〇）　アレクサンドロスの遺骸はエジプトのどこかに埋葬されたとする見方が有力なようだが、その墓はいまだに不明。チンギス・カンの墓も存在することは確実と見られているが、場所の特定はできていない。一度実地調査を試みられた故江上波夫氏の話（古代オリエント博物館での一九九〇年の講演「チンギス・ハーン王朝の陵墓を探る」）によると、チンギス・カンの墓はたぶん広大な地下宮殿になっているだろうということであった。

（一三一）　マウソロス（前三七七―前三五三）はカリアの太守だったが、当時の小アジアの混乱に乗じて、事実上アケメネス朝ペルシャから独立した地位を保っていた。彼の死後、妹で妃であったアルテミシア二世によって完成された彼の墓マウソレイオンはその大きさと見事さから、古代ギリシャ人によって世界の七不思議の一つに数えられた。なお、テキストでは彼の在位は（前三七七―前三六三）となっていたので、訂正した。

（一三二）　中国の史書を見る限り、このような伝統を持つ君主を戴く民族はいない。二段階葬の第二段階で骨を焼くのは、唯一契丹族だけだが、『北史』契丹伝によると、「屍を山の樹上に置いて、三年後にその骨を集めて焼く」（樹上風葬と三年後の改葬）とある（内田吟風、田村実造他訳注『騎馬民族史　1』、東洋文庫197、平凡社、一九七一年、三〇七ページ）。しかしこれはあくまでも「契丹の風俗」であって、王家のみの伝統ではない。中国の史書に記されている諸民族の「風俗」を、「非常に高貴な人々」の間の伝統・慣習として理解しているJ－P・ルーが、この契丹伝の記述を彼流に解釈して、書き換えた可能性が高い。本章の訳注（一一八）（一二五）も参照。

（一三三）　パリ北郊の都市サン・ドニの大聖堂は、フランス王家代々の墓所となっていたが、大革命時代、その墓があばかれた。J－P・ルーは、王家に対してひどい冒瀆を行った怒れる民衆の意識下に、君主の遺骨を改葬していた「ステップの遊牧民」の君主に対する崇敬の念と通じ合うものを見出そうとしているのである。ガリアやゲルマニアに改葬の歴史があるのならばまだしも、それも示さずに、このような連想をするとは、訳者の理解を越えた想像力である。

（一三四）この記述は「メディア王国時代」という言葉があるために、筋の通らないものになっている。アケメネス朝第三代のダレイオス一世（前五二一―前四八六）の墓を、それより前にキュロス大王（前五五九―前五三〇）によって滅ぼされたメディア王国（前五二五―前五五〇）の王が模倣できるわけがないからである。

R・ギルシュマンの前記『イランの古代文化』によると、メディア王の墓と言えるものは残っていない。わずかにザグロス山脈の西麓にあるサレ・プルの近郊と現クルディスターン地方に貴人の磨崖墓があるが、「前者は宗教的な光景を浮き彫りで装飾し、バルサム、すなわち宗教儀式に用いた一束の棒を持った人物〔ゾロアスター教のマゴス僧〕を描いている」（邦訳書、一〇六ページ）。しかし図（一〇五ページ）を見る限り、その墓の正面には宮殿または神殿の入口を模した形跡はない。

キュロス大王の墓は今日でもアケメネス朝の最初の都パサルガダエの遺跡の中に残っている。これは平地に大きな切石を積み上げて壇を築き、その上に棺を納める石室（上部は屋根形）を載せたものである。今日ではこれだけしか残っていないが、当初は広大で壮麗な墓苑の中央に安置されていたと推測されている。第二代のカンビュセス二世（前五三〇―前五二二）の墓と見られる遺構はペルセポリスの北約二・五キロメートルのところにある。これも平地に築かれており、キュロス大王の墓に似たようなものだったと思われる。

この二人の墓と違って、ダレイオス一世の墓は磨崖墓になっている。宮殿を模した墓の正面上部には、臣民が支える基壇の上に立って、中空のアフラ・マズダ神に敬意を表しているダレイオス一世の像が浮き彫りされている。ギルシュマンはこの磨崖墓の原型として、柱の形状の類似を理由に、アケメネス朝の故地パールルス（イラン東部）のダー・ウ・ドホタルの磨崖墓を挙げている（一一二―一一三ページ）が、ただしこれには宗教的な意味を持つ浮き彫りは見られない。ダレイオス一世の墓は北方のメディア人の墓と東方を故地とするペルシャ人の墓の融合したものと見てよさそうだ。

（一三五）ペトラ王家の磨崖墓は前一世紀から後二世紀までのものとされている。西アラビアから来たナバテア人がペトラに定住したのは前六世紀。交易路の要衝として栄え、セレウコス朝、ローマ帝国（ポンペイウス）、ユダヤ王国（ヘロデ王）の襲撃を受けながらも、繁栄を維持し続けたが、一〇六年にローマに併合された後は、王室の伝統は失われていった。

ペトラはシリアのパルミラに交易の中継地としての役割を奪われた上に、地震にも見舞われて、最終的に見捨てられた。

（一三六）　パレンケはマヤ低地でも最も西に位置する都市国家で、マヤ文明の爛熟期である古典期後期（六〇〇—八〇〇）に繁栄した。パカル王はパレンケを繁栄に導いた最初の王で、六〇三年に誕生し、六一五年、十二歳で即位し、六八三年八十歳で死去した（テキストでも、巻末索引でも（六〇三—六三八）となっているのは間違い）。一九五二年、メキシコの考古学者アルベルト・ルスは、「碑文の神殿」の地下の石室に埋葬されている彼の亡骸を発掘したが、これはマヤのピラミッドは墓ではないというそれまでの定説を覆す大発見となった。なお、ここで言及されている翡翠の仮面は、メキシコ人類学博物館から一九八五年に盗難に遭ったまま、いまだに行方不明になっている。

（一三七）　ウル・ナンムはウル第三王朝の創始者で、その名は「ナンム神の勇士」の意。ウルクの王ウトヘガルの将軍としてウルに駐留し、後に独立して「ウルの王」を名乗り、治世後半には「シュメールとアッカドの王」を名乗り、ウトヘガルに代わってメソポタミアを統一した。現存最古の楔形文字法典『ウル・ナンム法典』をまとめ、ナンナ神から王権を授かる浮き彫りを残す。王讃歌も彼の代から始まるとされる。本書で言及されているのは、彼の死と冥界への旅立ちを主題とする「ウル・ナンムの死」という作品である。

（一三八）　『モンゴル秘史』が成立したのは十三世紀のことである。これは時系列を無視した記述である。

（一三九）　『アエネーイス』で告げられているユピテルのこの預言は、ローマ帝国の初代皇帝アウグストゥスが死後に神として祀られた事実に基づいている。なお、この引用文は正確なものではなく、J－P・ルーによって少し書き換えられている。訳は筑摩書房版『アエネーイス』（第一巻、二八五—二九一）を参照した。

（一四〇）　ローマのネロ帝（五四—六八）はアグリッピナと先夫の子。クラウディウス帝の毒殺後、若くして帝位に就いた。治世初期は善政を布いたが、近衛隊長ブルルスの死とネロの教師セネカの引退後は、奸臣らを重用し、暴虐の限りを尽くした。その生涯で、母アグリッピナ、妻オクタウィア、教師セネカ、ここにその詩が引用されている叙事詩人ルカヌスほか多数を死に至らしめ、キリスト教徒を迫害した。最後は、元老院からも近衛兵からも見捨てられて、自殺した。

（一四一）　この条は黄帝昇天を記述した現存最古の文献である『史記』封禅書に拠っているようだ。『列仙伝』には、臣下たちはことごとく龍の髭と帝の弓にぶら下がって、帝について昇天しようとしたが、龍の髭が抜け、弓も落ちてしまったので、臣下たちはついて行くことができなかったとある。『列仙伝』はこれとは全く別の伝説も紹介している。それは、自ら亡日を選んで死去した黄帝を橋山《きょうざん》に葬ったところ、山が崩れ、棺は空で、遺骸はなく、ただ剣とくつだけが残っていたというものである。

（一四二）　このような見解には重ねて異議申し立てをしておきたい。フランシスコ会修道士ジョバンニ・デル・プラノ・カルピニ（一二〇〇頃―一二五二）は、いわば敵情視察のために、ローマ教皇インノケンティウス四世（一二四三―一二五四）によって首都を北京に移す前のモンゴリアに派遣された（一二四五年）。彼はバトゥ・カンの王城オルドを経て、カラコルム付近のシラオルドという王城に到着（一二四六年）、グユク（定宗、一二四六―一二四八）に教皇の親書を呈し、返書を携えて、アヴィニョンに帰った（一二四七年）。そして東洋各地の風俗、歴史、政治組織、戦術などを報告するために、『モンゴル人の歴史』と『タルタル人の書』を書いた。彼は『モンゴル人の歴史』の第三章で、J‐P・ルーがここに引用しているようなことを述べた後、あまり有力でない者たちと主だった者たちの埋葬の仕方を詳しく説明している。彼によると、前者が死んだ場合、モンゴル人はどこか適当と思われる広々とした土地に、死者を住居（ゲル）の真ん中に座らせたまま、住居ごとこっそりと埋めるが、その際、テーブル一脚と、肉を盛った鉢、馬乳を入れた椀、一頭の雌馬とその子馬も一緒に埋め、もう一頭の別の馬をみなで食べ、その皮に藁を詰め、これを二本ないし四本の棒に突き立てる。「こんなことをするのは、死人が次の世で、その住む住居と乳を供給してくれる雌馬を持ち、馬の群れを増やし、馬に乗れるようにという考えからである。」カルピニのこの記述を素直に読む限り、死後も別の世界で、生前同様の生活をするという死生観がモンゴルの君主のみのものでないことは明白である。カルピニ／ルブルク著、護雅夫訳『中央アジア・蒙古旅行記』（「東西交渉旅行記全集　1」、桃源社、一九六五年）参照。

（一四三）　カイ・ホスロー（またはコスロー、フスラウ）はイランの伝説上のカイ王朝（始祖はカイ・カワード、またはカウィ・カワータ）の大王で、その治世は六十年とされる。「カイ」（「カウイ、カワイ」）は、中世ペルシャ語の諸文献ではプリンスとか王の意味で用いられているが、もともとは東イランに君臨した一連の支配者を指す。『王の書《シャー・ナーメ》』によると、死期が近づいたのを感じたカイ・ホスローが七日間祈願を続けたところ、天使サローシュが彼に現れ、彼の逝去の近いことを警告した。そこでホスローは遺言を人々に伝え、貴族たちに采地を授け、大叔父の子ロフラースプを後継者に指名して、妻妾に別れを告げ、姿を消した。以上のことについては、伊藤義教著『古代ペルシャ』、岩波書店、昭和四十九年、二一四―二一八ページを参照した。なお、カイ・ホスローは、中世ペルシャ語文献によると、本書の第二章の「6　オーラ」で言及されているフレードーン、イーラジュ親子の後裔とされている。第二章の訳注（三八）も参照。

（一四四） ルンダ族は中部アフリカに居住する部族で、王国を形成していたが、一六〇〇年頃、ルバ族の国から移住してきたチビンダ・イルンガがルンダ族の女王と結婚し、ルンダ族の社会をルバ型の中央集権国家へと再編成したことによって、ムワタ・ヤンボ（支配者の称号）王国が創建された。この王国は中部アフリカで最も強大となり、その影響で、周辺には、ルンダ族の移住民による中央集権国家が幾つも建設されたが、すべて十九世紀末までに衰退し、ヨーロッパ列強の支配下に入った。

（一四五） 死者（首長や王とは限らない）をミイラにする風習は古来、ペルー中南部海岸地帯で継承されていた。アンデス高地のインカは勢力を拡大してこれらの地帯を併合し、中でも特にチリバヤ文明（九〇〇―一四〇〇）からこの風習を受け継いだらしい。かつてのチリバヤ文明の中心地イロの町には、今日でも、祖先のミイラと共に生活している人々がいる。ところで、インカでは、死者のミイラを生きている時と同じように扱う風習が一度定着すると、皇帝は死後もその領土と家臣団を維持したため、次の皇帝は自分と自分の家臣団のための新たな領土が必要となり、このこともインカ帝国の急速な拡大発展の原因となったと考えられている。

（一四六） イメリナ（テキストでは「イマリナ」となっている）は現在のマダガスカル民主共和国の首都アンタナナリヴォの旧称タナナリヴォを中心として存在していた王国。住民は中央高地に住むインドネシア系のメリナ族Merina（ホヴァ族Hovaとも呼ばれる。第二章の訳注（五）参照）。彼らは現在でも総人口の三〇パーセントを占めているが、十六世紀末に建国された彼らの王国は、十九世紀には全島の三分の二を支配していた。

第六章 王の御物

（一） リュディアのヘラクレス朝に代々伝わっていた斧が、カリアのアルセリス王のゼウス像の持物となったいきさつについてプルタルコスが語っていることは、すでに述べた通りである（第五章の訳注（八三）参照）。プルタルコスによると、反乱を起こしたギュゲスに加勢したカリアのアルセリスが、リュディア王のカンダウレスから「ヘラクレス家の斧」を奪い取ったのだという。この記述を、ギュゲスは恩賞として斧をアルセリスに与えた――または斧の略取を認めた――と解釈することは可能だろう。またフレイザーのように「〔リュディアの〕新王ギュゲスには主権の古い標章を帯びるつもりはなかった。彼はそれを他の略奪品と共にカリアのゼウス〔神殿〕に奉献した」（『金枝篇』決定版、第五巻、一八二ページ）と見ることも可能だろう。しかしJ－P・ルーは、フレイザーを出典として示しながら、このように述べている。そもそも、「王の御物」についてのJ－P・ルーの見解に従うなら、リュディアのギュゲスが「主権の標章」を自分で受け継がずに、カリアの　アルセリスに譲ったということは、ギュゲスにはリュディアの王になる資格はなく、彼の王朝には正統性がないということになるはずである。にもかかわらず、J－P・ルーは、ギュゲスはリュデイアの自分の王家を安泰にするために、ヘラクレスの斧をカリアのゼウス神殿に安置したのだと主張しているのである。これは明らかな矛盾であろう。もしかすると、J－P・ルーはこの時点で、「ゼウスの神殿」はリュディアにあったと錯覚していたのだろうか。いずれにせよ、理解しがたい説明である。

（二）『世界シンボル大事典』（大修館書店、一九九六年）によると、神話・伝承における「洪水」は「再生」の意味合いを持っている。

（三）『周礼』『礼記』『儀礼』にも、王・皇帝の上着または外衣の形状にこのような意味があるとは書かれていない。中国の王・皇帝の上着または外衣で重要な意味をもつのは紋章である。ここに示されているのは、「天は円、地は方」で表すという『易経』天文篇の言葉と、王は天・地・人を貫く存在であるとする董仲舒の説（第二章の訳注（三〇）参照）を念頭に置いたJ－P・ルーの恣意的なシンボル学的解釈にほかならない。しかしながら、すでに第五章の訳注（一〇九）で述べたように、インドにはメール山（須弥山）を中心とした円形の宇宙観・世界観があり、メソポタミア、ギリシャ、ローマにも、現存する世界地図によって、円形の世界観があったことが知られている。したがって、王・皇帝・教皇などが着る円い形の貫頭衣には天のイメージ、（長）方形の貫頭衣には地のイメージがあるというJ－P・ルーの解釈は、中国以外の世界観には合致せず、当然、全く説得力を持ち得ないことは明らかである。次の訳注（四）に続く。

（四）カズラ（casula）は元来は鐘形の長い外套で、草葺小屋のようなので、そのラテン名（casa「家」の縮小形）が付いた。六世紀頃に祭服となり、後に司祭だけが着用するものとなった。今日では、カズラはミサと聖体行列の際に用いられる。カズラ着用の神秘的意義は、それが律法の完備なる愛とキリストの軛を意味することにある。

ダルマティカはローマが第一ポエニ戦争に勝って、アドリア海対岸のダルマティアを併合した（前二三八年）後、この地方からローマにもたらされた貫頭衣。ローマではこの服が流行し、身分の上下に関係なく、着用された。後に、教会はこれを助祭用帷衣とした。ダルマティカは主における救霊と喜びと正義を意味する。またその袖と共に十字形をなして、主の聖なる十字架を示し、その両袖は貞潔を示し、前後の飾りの赤い線はキリストの血をかたどる。

以上のような歴史と神学的意味を持つカズラとダルマティカにも、J－P・ルーは中国の「天は円、地は方」という表象理念を重ね合わせて、これらを王が着るべき服、王の服であると言っているのである。このような記号学的普遍化が可能ならば、逆に、カズラやダルマティカを平服として着ていた古代ローマ人やダルマティア人はすべて王だったか、または王の服を着ていたということになるだろう。さらには、ポンチョを着ていた——今でもそうである——南米の先住民たちも、同形の貫頭衣を着ていた世界各地の原始時代の人々もみな王だったか、王の服を着ていたということになるだろう。

（五）　時代をどこまで遡るかという問題はあるが、原著者のこの主張はほぼ全面的に否定されるべきものであろう。ここで具体的にその証拠を示すことにする。

訳者が知る限りでは、現存する最古の靴は「アイスマン」として知られる古代人の靴である。彼は一九九一年に北イタリアの標高三二一〇メートルの地点の氷の中から発見され、現在、南チロル考古博物館で保存されている。徹底的な調査研究の結果、彼は前三三五〇年から前三一〇〇年頃、つまり新石器時代から銅石併用時代のアルプス地域の住民で、年齢は四十歳から五十三歳の間と判明した。火をおこすための道具をすべて持っていたにもかかわらず、体内に石鏃の先端が残っていたため、彼は遠出の途中、何らかの事件に遭遇して負傷し、力尽きてここで息絶えたと考えられている。斧、弓、短剣その他の所持品から、彼は近くの村のリーダー、戦士、狩人、牧人のいずれか——またはそれらの幾つか——だったのではと推測されている。この「アイスマン」が雪靴を履いていた。これは革の靴底の上に、一定の厚さの乾燥した草をネット状のもので固定し、甲の部分に鹿皮を張ったものだった。以上のことについては、スオル・オルソラ・ベニンカーザ大学考古学保存科助教授ウンベルト・パッパラルド氏の講演「イタリア考古学界の新たな発見」（二）アイスマン（二〇〇四年二月十四日、イタリア文化会館・古代オリエント博物館友の会共催の講演、古代オリエント博物館情報誌『オリエンテ』二九号に掲載）による。

次に古いのは、中国西部の新疆ウイグル自治区の楼蘭およびその近くの墓地から出土した、アーリア系と見られるミイラ化した古代人たちが履いていたものであろう。彼らはいずれも前一八〇〇年から前一二〇〇年の間の人々で、現在、ウルムチの新疆ウイグル博物館には約三百体――今日までにさらに増えた可能性が高い――のミイラが保存されており、訳者はそのうちの十数体をNHKの『シルクロード』『新シルクロード』、民放の二、三の番組、そして『新疆文物古迹大観』(新疆美術撮影出版社、一九九九年)で見たにすぎないが、彼ら――さほど高い位の者とは思えない老人、「楼蘭の美女」として知られる若い女性、幼い男の子などを含む――はいずれも鹿皮の靴かまたはそれに代わる履物を履いていた。

ここからは図像――本書では図像の提示は略く――および文献による例示である。まず最初に、本書では言及されていない地域のものだが、古い方では、アフガニスタン北部で出土した「人物装飾斧」(前二〇〇〇年―前一八〇〇年頃)(『世界美術大全集　東洋編　第15巻　中央アジア』、小学館、一九九九年、No. 11)がある。つま先のやや反り返った靴を履いているこの壮年の男性は神である可能性もあるが、神格を示すものを欠いている。次に、トルコのイエニキョイ(現チョルム)出土の「神の浮き彫り」(前十四―前十三世紀)、アラジャフユックの遺跡から出土した「雄牛の前で神酒を捧げる王と王妃」(前十四世紀)と「神官たち」(前十四世紀)と「軽業師」(前十四世紀)の浮き彫り(以上の三点は『アナトリア文明博物館』図録、順にNo. 133, 141, 143, 142)を比較してみよう。これらを見ると、神の靴と王・王妃と神官と軽業師の靴は全く同じ形である。

ギリシャ世界ではどうだろうか。ギリシャ神話では、ヘルメスがペルセウスに翼の付いた靴を貸しており(ヘルメスの靴については『イーリアス』(第二十三巻)でも語られている)、アテナイ王アイゲウスがやがて生まれてくるテセウスのために残したのは刀とサンダル(または靴)だったとあるが、靴やサンダルはかなり早くから王以外の者たちも履いていた。たとえば、クレタ島のクノッソス宮殿出土の有名なフレスコ画「牛跳びの図」(前一五〇〇年頃)では、一人の青年が短靴を履いており、ハギア・トリアダから出土した「指揮官の杯」とも「報告の杯」とも呼ばれている石製杯(後期ミノア第一期、前一五五〇―前一四五〇)の浮き彫りでは、二人の半裸の若者が、同所出土で同時期の石製リュトン「競技者(またはボクサー)のリュトン」(以上の三点はイラクリオン博物館所蔵、順に、フレスコ画(15)、No. 341, 498)では、競技者たちが、それぞれ同形の長靴――上部には紐が巻き付けられているようだ――を履いている。シュリーマンがミュケナイの「アトレウスの墓」で発見した「戦士の壺」(前一二〇〇年頃)(アテネ国立考古学博物館所蔵)に描かれている兵士たちは皆サンダル靴を履いている。これらはまさにトロイア戦争直前かほぼ同時期の作品であり、ミュケナイはギリシャ軍の総大将だったアガメムノンの居城である。彼の弟メネラオス率いるスパルタ兵が当時サンダルか靴を履いていなかったとは思えない。これよりかなり時代が下るが、スパルタの近くのクリュサファから出土した墓碑（前五五〇―前五三〇、ベルリン、ペルガモン博物館、sk 73）の浮き彫りでは、夫は靴、妻はサンダルを履いている。しかしそれより何よりも、ホメーロスは『イーリアス』（第十巻）で、アガメムノンとネストールが「美しい短鞋《たんぐつ》を結わえ付けた」と述べている（筑摩書房版　世界文学体系1　ホメーロス著、呉茂一訳『イーリアス』、二八〇、二八一ページ）。第三巻（二〇七ページ）では、パリスが「白銀づくりの踵金具を取り付けた脛当て」を着けたと語られているが、このように立派な武具の下にはやはり「美しい短鞋」を履いていたと見るのが自然であろう。前六〇〇年頃のロードス島の皿絵「エウフォルボスの死体をめぐって闘うメネラオスとヘクトル」（ロードス島出土、大英博物館所蔵、前記『世界美術大全集　第3巻　エーゲ海とギリシャ・アルカイック』小学館、一九九七年、No. 115）では二人とも短靴を履いている。もう少し続けよう。アテナイのパルテノン神殿（前四四七年着工、前四三八年完成）の長押《なげし》の浮き彫り額（大英博物館、アクロポリス博物館所蔵）の騎士たちはいずれも長靴を履いており、オランダ国立ライデン博物館所蔵のアッティカの赤絵式柱把手付クラテール（前四七〇―前四六〇）に描かれている「アッティカの若者」（『古代ギリシャ・ローマ展』図録（東京新聞、一九八九年、No. 27(B)）は、饗宴帰りの酔っぱらいと考えられているが、彼も長靴を履いている。最後に、アテネの国立考古学博物館所蔵（No. 126、同館発行の図録、五二ページ）の有名な「エレウシウスの浮き彫り」（前四四〇―前四三〇）を挙げておこう。これでは女神デメテールが人類に初めて穀物の栽培を伝えたと言われる場面が描かれているが、女神も女神から麦の穂を受け取ろうとする少年プトレモス――彼は外套を背中に掛けただけの全裸状態で描かれている――も、彼の背後から彼に祝福を与えている女神の娘ペルセポネーもサンダルを履いている。このことは古典文化期のギリシャ人が人類ははるか昔から履物を履いていたという認識を持っていたことを示すものであろう。

そもそも古代ギリシャ人は理想的な肉体美を追求した民族である。完璧なまでに美しい裸体を表現するための様式に、衣服や履物は邪魔でこそあれ、決して必要不可欠なものではない。たとえば、イスタンブールの国立考古博物館に「アレクサンドロス大王の石棺」（前四世紀、シドン（現レバノンのサイダ）出土）と呼ばれているものがあり、その側面の一つに三人のギリシャ兵と三人のペルシャ兵の戦闘場面が浮き彫りされているが、ここでは、ペルシャ兵だけが頭巾、外套、長袖の上衣、長ズボン、短靴を身に着けているのに対し、ギリシャ兵は盾を持ち、兜をかぶってはいるものの、二人が全裸で、一人が左肩に外套を掛けているのみの状態で描かれている。これは無論写実的な戦闘場面ではなく、様式化されたものである。

しかし結果として、その様式によって、ギリシャ兵の強さ、美しさ、高貴さを物の見事に表現した——強調したと言うべきか——迫力満点の浮き彫りになっている。これは古代ギリシャの彫像や浮き彫りをそのまま写実的なものとして受け取るべきではないということを明確に示した良い例であろう。

ローマ人やイタリア半島の人々が履物を履いていたという証拠を挙げる必要があるのだろうか。チェルヴェテリ出土の棺の上蓋に彫られた夫婦横臥像（前五二〇年頃、テラコッタ、ウィッラ・ジュリア国立博物館所蔵、『世界美術大全集　第5巻　古代地中海とローマ』、小学館、一九九七年、no. 30）の夫の方は靴を履いている。ルーヴォ地方のある墓室内に描かれた壁画「踊る女たち」（『世界美術大全集　第4巻　ギリシア・クラシックとヘレニズム』、小学館、一九九五年、No. 141）の女性たちもみな靴を履いている。また多数のテラコッタ製の婦人像や子供像も裸足ではないし、トラヤヌス帝（九八—一一七）の記念碑に浮き彫りされた兵士たちも全員履物を履いている。ローマ人の「履物はその多くがギリシャ、エトルリアに由来する。前中央に打紐の付いた深いブーツは、カンパグスと呼ばれた。甲のところに広い合わせの付いたサンダル形式の革靴はクレピーダと呼ばれ、市民の履物であった。この他にバクシアとよばれるサンダルや、脚絆《きゃはん》形式のもの（caliga）〔下士官たちがよくはいていた底に鋲を打った軍靴カリガ〕、柔らかい皮製のソックス〔カリチェイ〕（calicei）などがあった。帝政時代には、靴の色や装飾によって、階級や身分が表示されたと言われている。ローマでは、靴作り職は名誉ある職業であった」（村上憲司著『西洋服装史』、創元社、昭和四十二年、五二ページ）。ちなみに、J–P・ルーが参考文献として挙げている『世界シンボル大事典』（大修館書店、一九九六年）には、「靴は古代人にとっては〈自由〉のしるしであった。ローマでは奴隷たちは裸足で歩いた」とある。

ケルト兵士たちも立派な靴を履いていた。ハルシュタットの墓地から出土した前五世紀の剣の鞘に描かれている槍兵はみな揃いの靴を履いている（サイモン・ジェームズ著、井村君江監訳『図説　ケルト』東京書籍、二〇〇〇年、一三三ページ）。

エジプトの古王国時代のことはよく分からない。上記の『西洋服装史』によると、神官だけがサンダルを履くことが許されていたとあるが、これはファラオ以外では、ということであろう。新王国時代になると、貴族たちもしゅろの葉やパピルスを編んで作ったサンダルや皮革製のサンダルを履いた。たとえば、ルーヴル美術館所蔵の「カエムメインとメリトラー夫妻座像」（第十八王朝、『NHKルーヴル美術館Ⅰ・文明の曙光　古代エジプト／オリエント』、日本放送出版協会、昭和60

年、No, 37）では、夫妻と子供三人ともサンダルを履いている。葬送用のものとしては、「プスセンネス一世の黄金のサンダル」（タニス、Ⅲ号墓、第三中間期第二十一王朝時代、前一〇七〇―前九四五、カイロ、エジプト博物館所蔵）が有名だが、末期王朝時代の貴族か軍人と思われる者のミイラのサンダル（第二十五―三十王朝、前八―前四世紀、亜麻布、漆喰、彩色、テーベ出土、ベルリン国立博物館（ボーデ博物館）所蔵、『大エジプト展』（一九八八年）図録no, 138）も発見されている。これ以上の例証は止めて、ここで前六世紀頃のものと推測される履物にまつわる話を一つ紹介しておこう。アイリアノス（二世紀後半―三世紀）の『ギリシャ奇談集』（松平千秋、中務哲郎訳、岩波文庫、xiv, 33）によると、遊女ロドピスの入浴中に靴〔サンダル〕の片方を一羽の鷲が持ち去り、それをメンピスにいたファラオの懐に落とすと、ファラオはその靴の形の良さや優美な仕上げを見て感心し、また鷲の仕業も異様なことに思って、靴の持ち主である女を捜し出すよう命令した。そしてロドピスを見つけると、自分の妻にした。この話はシンデレラ物語の原形と見られている。

一般のエジプト人はかつてはいかなる場合でも履物を禁じられていたのか、もし、そうだとしたら、いつ頃から履物が履けるようになったのか、正確なことは分からない。ベニ・ハサン遺跡の墓室壁画「エジプトへ食糧を運ぶカナン人」（前十九世紀、中王国時代、第十二王朝期）（*Treasures of the Holy Land-Aancient Art from the Israel Museum*, The Metropolitan Meseum of Art, 1986. p. 92. No, 37.）では、山羊を連れた遊牧民以外のカナン人の護衛兵や楽士は全員サンダルを履き、女性たちは靴を履いているが、彼らを先導するエジプト人はいずれも裸足である。この時代、もしエジプトで下々の者が履物を履くことが法によって禁じられていたのであれば、カナン人たちも都市に入る時は、履物を脱がされていたのではなかろうか。

聖書の創世記（第十四章、第二十三節）には「靴紐」という言葉があり、出エジプト記（第十二章、第十一節）には、主の「過ぎ越し」の予告に、「足に靴をはき」、エジプトから脱出する支度をせよという意味の言葉がある。もし、これが史実なら、旅をする時などは、当時のエジプトの奴隷またはそれに近い下層の民人も履物を履いていたことになる。また、史実でなくとも、ヘブライ人にとって履物は生活必需品で、彼らが人は太古から履物を履いていたと考えていたことは確かである。実際、アモス書（第二章、第六節）によると、この預言者の時代（前八世紀の中頃）、イスラエル王国では、極貧の者でも靴を履いており、その靴代を払えずに奴隷として売られた者がいたという。このような記述は、ヘブライ人もかなり早くから職人が作った履物を買って履いていたことの証拠となる。だからこそ逆に、素足で歩くことは卑下（サムエル記下、第十五章、第三十節）、屈伏（イザヤ書、第二十節）を示すことになり、神聖な地に立つ時は、人々は靴を脱いで畏敬の念を表した（出エジプト記、第三章、第五節、およびヨシュア記、第五章、第十五節、および使徒行伝、第七章、第三十三節）。「祭司の着衣に靴が記されていないのは、聖所では素足で奉仕したことを示す」（『旧約・新約聖書大事典』（教文館）、「衣服と装身具」の項）。

メソポタミアでは、シュメール人が非常に早くから高度の文明を開花させていたが、その初期から彼らが履物を履いていたことを示す明確な証拠は見つからない。セム族のサルゴン王が建設したアッカド帝国になると、彼の孫で、自らを神格化したナラム・シン（前二二五四―前二二一八頃）が有名な戦勝碑（前二十三世紀前半、スーサ出土、ルーヴル美術館所蔵）の浮き彫りでただ一人サンダルを履いている。これをどう解釈すべきだろうか。前十九世紀のベニ・ハサンの壁画が示しているように、当時、セム系のカナン人の兵士全員がサンダルを履いていたことを考えれば、セム族の間では、それより少し前であっても、サンダルが王の標章《エンブレム》であったとは考えがたい。ナラム・シン率いるアッカド軍は、直線距離で八〇〇キロメートル以上北方の地域や、一〇〇〇キロメートル以上北西の地中海沿岸まで遠征している。そうしたことから、「戦勝碑」でナラム・シン像のみがサンダルを履いているのは、角の付いた兜――これが神格化のしるしとされている――と共に、彼を他の兵士たちから際立たせるための表現様式であり、実際には兵士たちも全員サンダルを履き、兜もかぶっていたと見るのが自然ではなかろうか。その後興った、同じセム系遊牧民であるアモル人が建設したバビロニア帝国（前一九〇〇頃―前一五九五頃）でも、当然、必要に応じて履物を履く習慣はあったと思われるが、訳者は明確な証拠を提示できない（王や神官同様、神も裸足で表されているのは、聖域ではみな裸足になるという習わしの反映であろう）。その代わりに、アケメネス朝が興るまでバビロンと対立関係にあったスーサ（現イラン南西部）から出土した「兵士たちの行進」（前二十世紀、ブロンズ製、浮き彫り、ルーヴル美術館所蔵）（アンドレ・バロ著、青柳瑞穂、小野山節訳『シュメール』（新潮社、一九六五年、原著は一九六〇年）、No. 400）では、兵士たちはすでにつま先が高くふくらんだ靴を履いていたことを指摘しておきたい。

ヒッタイト人に打ちのめされたバビロニアを占拠したのは北方から来たカッシート人で、彼らの王朝は約四百年間続いた後、スーサから出撃したエラム人によって一度打倒された。しかしカッシート王朝は完全に血筋を絶やしたわけではなく、より南方のイシンに拠点を移して抵抗を続け、やがて再びバビロニアを完全に支配した。この新王朝（イシン王朝、または第四王朝とも）の第六代の王マルドゥク・ナディン・アヘ（前一〇九九―前一〇八二）は、彼が残した境界標石の浮き彫り

（大英博物館所蔵、前期『シュメール』No. 395-C）では、靴を履いている。足の部分に小さな編み目状の線が刻んであるから、編み上げ長靴の可能性が強い。少なくとも普通のサンダルではないだろう。

アッシリア王国は前一八〇〇年頃北メソポタミアに出現し、長い紆余曲折の後、前九世紀末までに、バビロニア全域の覇者となった。今日我々が目にすることのできる図像のほとんどは前九世紀から前七世紀前後のものであるが、アッシリアでは、有翼の精霊が常に裸足であるのに対して、王も高官も兵士も常にサンダルか編み上げ靴を履いている、特に彼らの長靴は良く出来ていて、現代のものと比べてもほとんど劣っていないのではないかと思われる。この長靴の色、形共に完璧な描写はシリアのアレッポ博物館所蔵の宮殿の壁画（ティル・バルシブ（テル・アマール）出土、前八世紀）（アンドレ・バロ著、小野山節、中山公男訳『アッシリア』（新潮社、一九六五年、原著は一九六一年）、No. 347）に見ることができる。その他の参考資料としては、図録『大英博物館　アッシリア大文明展――芸術と帝国』（朝日新聞社文化企画部、一九九六年）や『NHK　ルーヴル美術館　文明の曙光I　古代エジプト／オリエント』（昭和六十年）などを挙げておこう。アケメネス朝ペルシャの王侯貴族や兵士たちが靴を履いている姿は、ペルセポリスやスーサの宮殿の浮き彫りで確認することができる。写真・並河萬里、解説・林良一『ペルシャの遺宝1　彫刻・建築』（新人物往来社、昭和五十三年）ほか参照。

インドでは、北方から南下して来た諸民族はいずれも履物を履いていたと思われるが、訳者が調べた限りでは、マウリア朝（前三一七―前一八〇）以前の図像には見当たらない――物語中に金で飾られた靴が登場する『ラーマーヤナ』の骨格は前六世紀から前四世紀までの間に出来上がっていたと推測されているのだが。マガダ国を拠点にして、古代インドにおける最初の統一帝国を築いたマウリア朝の支配地域には、多数のギリシャ人、サカ族、パウラヴァ（パルティア）族等間違いなく履物を履く習慣を持っていた民族が含まれている。当然、この時代の兵士たちは靴を履いていた。たとえば、佐藤圭四郎著『世界の歴史6　古代インド』（河出書房新社、一九八九年、一二三ページ）に紹介されている浮き彫り「マウリア時代の戦士」を参照。次のシュンガ朝（前一八七―前七二頃）時代の例としては、「サーンチー第二塔欄楯《らんじゅん》円形・半円形装飾」（前二世紀末、インド、マディヤ・プラデーシュ州）の浮き彫りのパルティア系と見られる「馬上の男」（小学館『世界美術大全集　東洋編13　インド（1）』（no. 40）が長靴を履いた足を鐙にかけている。同じくサーンチー第一塔北門西柱にある浮き彫り「ストゥーパの供養」（一世紀初め、前掲書 no. 49）中の人物群は全員が様々な楽器を持ち、マントを着、スカーフを首に巻き、先の尖った帽子をかぶり、靴を履いている。解説では、こうした風俗はインド古来のものではないので、彼らはスキタイ系のサカ族ではないかと述べられている。

インド北部のガンダーラから領土を拡張していったクシャン朝では、もちろん王侯・貴族から兵士に至るまで靴を履いていた。有名な浮き彫り「カニシカ王立像」（クシャン朝時代（二世紀）、インド、ウッタル・プラデーシュ州、マトゥーラ、マート出土、マトゥーラ博物館、前掲書 no. 53）と同じく浮き彫り「遊牧民の服装をした人物」（クシャン朝時代、二世紀、インド、ウッタル・プラデーシュ州、マトゥーラ、コータ出土、マトゥーラ博物館、前掲書 no. 71）を参照されたい。

もっとも、南インドの古い図像に履物は見当たらない。仏教徒もヒンドゥー教徒も裸足である。出家前の若き釈迦がネパールに近い王城内でも裸足で描かれているのは、写実である可能性が高いが、仏教思想の影響と考えることも可能であろう。しかし南インドでは事情が違うようだ。マルコ・ポーロは『東方見聞録』で次のように語っている。マラバール地方（インド半島南西沿岸地方）では、男も女も、貧乏人も金持ちも、さらには国王も、すべて直接地面に座る。人々の考えでは、人間は大地から生まれ、大地に帰らなければならないから、土の上に座るのは最も尊ぶべき方法である。南インドには、このようなヒンドゥー教的思想に基づいた生活習慣が古代からあったと見た方がよさそうだ。

以上のようなことから、J－P・ルーの主張は彼の社会学的観念が先行した思い込みであって、ほぼ全面的に史実に反していると結論づけることができるだろう。
（六）　ラーマの靴（英訳ではサンダル）が彼の力を獲得していたと見るべきかどうかという点では、議論の余地があるように思う。彼の靴が王座に安置されるまでの『ラーマーヤナ〔ラーマ王行伝〕』のあらすじは以下の通りである。
コーサラ国（首都はアヨーディヤ）はダシャラタ王の治世に繁栄をきわめていた。しかし王には後継者がいなかったので、馬祠の祭り《アシュヴァ・メーダ》（馬祭りとも）が行われた。その結果、三人の王妃すなわちカウサルヤー妃から長子ラーマが、カイケーイー妃からバラタが、スミトラー妃からラクシュマナとシャトルグナの双生児が生まれた。四人の王子はいずれも立派に成長したが、中でも、ヴィシュヌ神の化身であるラーマは、容姿端麗にして高徳をそなえ、博愛の情あつく、父王の情愛と人民の信望を集めていた。やがてダシャラタ王は天地の異変から己の老いを悟ると、貞節なシーターを妃に迎えていたラーマに王国を継がせようと決心し、立太子式の準備を命じた。その時、カイケーイー妃が侍女にそそのかされるままに異議を唱え、王に他所に滞在中の実子バラタを立太子にすることと、ラーマの十四年間の森への放逐を承認させた。王はかつて阿修羅との戦いで傷つき倒れ、カイケーイー妃に命を救われた時、彼女の願いを二つ必ず聞き届けると誓っていたのである。こうしてラーマは妃のシーターと弟のラクシュマナと共に森の中に入って隠棲し、バラタが太子と定められた。以後、ダシャラタ王はラーマの母カウサルヤー妃と暮らすことにしたが、ラーマとの離別の悲しみに堪えきれず、まもなく悶死した。当然、バラタに即位の要請がなされたが、しかしやはり清廉高潔の士だったバラタは、母の行為を恥じて、それに応ぜず、ラーマを王位に迎えるべく、森の中のラーマのわび住まいを訪れた。そしてラーマの帰還を懇願したが、ラーマは、亡き王に命じられた通り、十四年間は隠遁生活を続ける、と言明した。宮廷のバラモンや大臣たちが来て説得しても、ラーマの固い決意は全く変わらなかった。そこでバラタは、ラーマの身代わりとして、彼の靴（または「金をちりばめたサンダル」）を都に持ち帰って、これを玉座に載せ、自分はラーマの代理として国務を執った。

（七）この前後に述べられている原著者の見解の中で、羽根飾りの習慣はチンギス・カン王朝の西方進出によって近東のイスラム上流社会でも流行するようになったということだけは同意できる。しかしそれ以外のこと、すなわち羽根飾りはユーラシア大陸では東洋起源であるとか、満州では皇帝が狩りをする時だけ付けることが認められたとか、契丹族からモンゴル族へ伝わったとか、羽根飾りは本来貴人やシャーマンの標章であったとかいうことはほぼ全面的に間違っていると言わざるを得ない。具体的に証明しよう。

劉永華著『中国古代軍戎服飾』（上海古籍出版社、一九九五年）は、その第一図に「商代武士復元図」を載せているが、この武士の兜（帽）の頂点には三本のやまどりか雉の羽根が差してある。もしこの復元図がすべて商（殷）代の墓から出土したものに基づいて作成されたのであれば、中国では羽根飾りは青銅器時代に入った頃（前一四〇〇年）からすでにあったことになる。訳者が知る限りでは、次に古い羽根飾りは訳注（五）で言及した「楼蘭の美女」（前一八〇〇年頃）のものである。イラン系と見られている彼女の頭には一本の鷲または鶡《くまたか》（たぶん）の羽根が刺されていた。東アジアにおける最古の羽根飾りの図像は中国の戦国時代（前四〇三—前二二一）のもの（伊藤道春著『図説　中国の歴史1　よみがえる古代』講談社、昭和五十一年、No, 176）であろう。これは金銀象嵌狩猟文鏡に線刻された「虎と戦う武人」の図の部分であるが、この武人の兜に差してある二本の羽根は雉の類である鶡《かつ》すなわちやまどりの尾羽根で、この兜（冠）は『後漢書』輿服志にある「鶡冠」と見られている。また同時期の青銅器には、兜（冠）だけでなく、鎧の背面にも二本の鶡尾を刺して戦っている武士たちの図像が数多く線刻されている（『中国青銅図典』、浙江撮影出版社、一九九九年、五〇三ページ）。『周礼』——前漢か新代に最終的に成立したと考えられている——には鶡冠に関する記述はなく、戦国時代、鶡尾を身に帯びることが各武士の任意によるものか、それとも制となっていたのは不明である。わが国の展覧会の図録の中には、秦の始皇帝の兵馬俑中の将軍の冠を鶡冠《かつ》と説明するものもあるが、形が余りにも異なるので、訳者はこれを鶡冠とは見ないことにする。何冊か目を通した中国の書籍・写真集でも鶡冠とは言っていない。後漢代になると、鶡冠は武冠として定められており、俗に大冠とも呼ばれていた。漢代にこれをかぶるよう定められていたのは、左右虎賁《こほん》（虎賁は「虎のように走り回る勇士」の意。もと周代の近衛兵の名称）、五中郎将、右林左右監、虎賁、武騎都の五官の武士である（周錫保著『中国古代服飾史』、北京、戯劇出版、一九八四年、一二九ページ、軍図六―2、『漢官儀』載、虎賁中郎将）。鶡は死に至るまで闘いを止めないので、武士はその尾羽根を冠の左右に付けて自らの勇を示したのだという。鶡冠の制は南朝の宋（四二〇―四七九）でも採用されたが、南朝史の記者は、高句麗での鶡冠の制についても言及し、これはわが国の古代のものと同じであり、高句麗ではこれでもってその貴賤を顕すと述べている。高句麗は一時入貢したことがあるとはいえ、ほとんど常に厳しく対峙した敵（後漢）から鶡冠の制を取り入れたのであろう（伊藤道治他著『図説　世界の歴史2　アジア国家の展開』、学習研究社、一九七九年、二七一ページ、武人狩猟図、中国、吉林省）。

隋・唐・宋の時代、中国の軍服に羽根飾りの制は見られない。ただし、敦煌壁画（晩唐）のウイグルの射手は鶻《くまたか》と推測されている鳥の羽根を一本帽子に付けている（前記『中国古代服飾史』二三四ページ、軍図五）。また、宋人明妃出塞図中の南匈奴の使者（同書巻頭の図20）は雉の羽根を二本冠に付けている。こちらは鶡冠の影響を受けた可能性が強い。『周礼』によると、漢土では雉は五色すなわちすべての色を有するため、天子の標章とされているが、南匈奴の使者の雉の羽根にはどのような意味があるのか正確には分からない。

この南匈奴の習慣を継承したのか、元代にはほとんどの場合雉の羽根が用いられた。親王や功臣には特別に衣冠が下賜されたというから、その際冠には雉の羽根飾りが付いていたと思われる。もっとも、ラシード・ウッ・ディーンの『集史』の挿絵を見ると、皇帝だけでなく、その側にいる者たちも皇帝と同じ形の羽根飾りをすることができたし、羽根の数や差し方もきちんと定まってはいなかったようである。イル汗国のフラグが、「楼蘭の美女」やウイグルの射手同様に、鷲の羽根を一本冠に差していたのは、中央アジア・イラン・近東一帯の古来の流儀にならったものではないだろうか。

明代の武官の制には翎《れい》羽の制があった。これは功績のあった武士に冠に飾る羽根を賞賜する制度だが、雉尾だったり鶡尾だったりで一定していなかったらしい。清朝も翎（羽）の制を維持したことが知られている。

近東での羽根飾りの流行はモンゴル軍の西征の影響と見てよさそうである。そしてこれは訳者の推測だが、十七世紀頃から西洋で羽根飾りが流行り出したのはオスマン・トルコの西洋進出の影響であろう。ウィーンまで包囲するに至ったオスマン・トルコ軍は、西洋人にとってこの上ない脅威であったが、同時に、堂々と行進する軍楽隊、勇者・功臣にのみ許された羽根飾りを多数身に帯びたイェニチェリ――「新兵」という意味の近衛兵および兵団。トルコが主に支配地域のキリスト教徒の子弟の中から優れた資質を持つ者を選抜して、徹底的に鍛え上げ、高い教養も身に付けさせたうえで編成した最精鋭部隊。その隊長はトルコ皇帝の姉妹を妃に迎え、宰相や大宰相になることもあった――の派手な服装・武器・旗指物、同様に華麗な身なりの高官たちの実用的ながら豪華絢爛たる装飾を施した武具や家具調度類は西洋人を大いに魅了したらしい。たとえばザクセン選帝侯アウグスト二世（強王、一六九四―一七三三、ポーランド王（一六九七―一七三三））は「トルコ狂《マニー》」と言えるほどトルコの物――西洋はウィーン解放（一六八三年）以後膨大な数量の戦利品を手に入れていた――を愛好し、トルコ風の物を作らせ、イェニチェリを主としたトルコ風行列を「トルコ行進曲」共々再現して、トルコ風の祝祭を催した。クラコフのチャルトリスキー伯爵家のトルコからの戦利品コレクションも有名である。

以上がユーラシア大陸における羽根飾りの流行の概観である。もう少し付け加えると、メソポタミアのラガシュの遺跡からは、「羽根飾りを付けた高官」（前二九〇〇―前二六〇〇年頃）の浮き彫り（『世界美術大全集　東洋編　第16巻　西アジア』No. 29）が出土しており、大英博物館所蔵の前八世紀のスタンプ印象（出土地不詳）の女神の頭上には羽根飾りの付いた角状冠が載っているのが見え（『アッシリア大文明展』図録、朝日新聞社、一九九六年、no. 191）、スーサ出土の前七世紀頃の浮き彫りの断片（『世界四大文明　メソポタミア文明展』、NHK・NHKプロモーション、二〇〇〇年、No. 252）では、ペルシャ人とも推測されている兵士たちが帽子に多数の鷲か鷹の羽根を並べて差しており、マケドニアのペライの貴族の墓の壁画（前四世紀）には、兜に羽根飾りを付けた兵士たちの姿が見える。また、時代は下るが、フランスの聖ルイ王（一二二六―一二七〇）も駝鳥の羽根を帽子に差していた（ジャン・ド・ジョワンヴィルの証言）。したがって、「楼蘭の美女」が象徴的に証明しているように、ユーラシア大陸の羽根飾りは必ずしも王と直結したものではなく、東アジア起源でもなく、多元的なものと見るべきだろう。ポリネシアや南北アメリカの風俗を見ても、同様のことが言えると思う。

本訳注では主として周錫保著『中国古代服飾史』（戯劇出版、一九八四年）を参考にした。ただしこの著者が『周礼』を文字通り周代の礼制として扱っていることには、わが国の専門家の見解にならって、不賛成である。

（八）　アルメニアの歴史家ハイトン Haiton の生没年は不詳。ゴリゴス公で、アルメニア王ハイトン二世に仕えて、一三〇五年頃辞任。キプロス島のある僧院に入り、プレモントレ会の修道士になった。後に教皇クレメンス五世によってポワティエの修道院長に任命され、フランス語で『大汗（チンギス・カン）の生涯』《Histoire du Grand Kan (Gengishkan)》（正確には『大汗と称されたタルタルの大皇帝の生涯』《Histoire du Grand Enpereur, nommé le Grand cam》を書き、後にローマ教皇の命令でラテン語に翻訳された。仏語版は一五二九年に出版された。彼にはほかに『年代記』とアルメニア語の著作があって、いまだに未刊である。ここで言及されている「アルメニア語文献」はこの『年代記』である可能性が強い。

（九）　モンケ（一二五一—一二五九）はモンゴル帝国第四代皇帝。チンギス・カンの嫡流末子トルイ（彼の死はチャガタイ、オゴディ兄弟の謀略による）の嫡長子。廟号は憲宗。フビライ、フラグは同母弟。母はネストリウス派キリスト教徒。バトゥは父母系とも従兄弟。父トルイの金国遠征やバトゥの西征で活躍。第三代皇帝グユク（オゴディの庶長子）の死後、ジュチ家の代表者バトゥの支援を受けて即位に成功し、皇位継承で対立したチャガタイ、オゴディ一党を弾圧・粛清した。数カ国語を操り、ユークリッド幾何学その他の東西の学術・文化に通じた才人であったが、南宋親征中に四川で陣没した。

（一〇）　ホサイン・バイカラ（一四六九—一五〇六）はティムールの二番目の子オマル・シャイフの三代後の子孫。スルタン位に就くことなく、一五〇〇年にウズベク族によってサマルカンドが陥落し、ティムール朝が滅亡した後、一五〇五年頃没した。

（一一）　フィルドゥーシー（九二〇頃／九三五頃／九四〇頃—一〇二〇頃／一〇二五頃）の叙事詩『王の書《シャー・ナーメ》』には、諸王や英雄の龍退治、合戦、一騎討ち、ロマンスなど絶好の帝王主題が満ちているため、王侯貴族はこの作品に好んで細密画による挿絵を描かせた。旧『デモット』本（一三三〇—一三四〇）はその中の代表的なもので、イラン絵画史上の傑作とされている。ほかに『ゴレスターン』本（一四二九—一四三〇）、『ホートン』本（一五二七—一五四五）などがある。

（一二）　ニザーミー（一一四〇頃—一二〇三）は近世ペルシャ文学界最大の詩人の一人。慣例に反して、統治者に対する頌詩と仕官を避けたが、彼の叙事詩『ハムセ（「五部作」）』《Khamse》（テキストには《Khmasa》）は、『秘密の宝庫』『ホスローとシーリーン』『ライラーとマジュヌーン』『歴山書』『七惑星』からなり、それぞれ時の統治者に献じられた。『王の書《シャー・ナーメ》』同様、この『ハムセ（「五部作」）』にも、王侯貴族は好んで細密画による挿絵を描かせた。

なお、文頭の「十五世紀末の」というのは、叙事詩に挿絵が描かれた時期を指す。

（一三）　サンジャール（一一一七―一一五七）はセルジューク・トルコの最後の皇帝《スルタン》。長兄バルギヤールクがスルタンの時、ホラサンの大守に任ぜられたが、次兄ムハンマドが反旗を掲げ、帝国が幾つにも分裂し始めると、ムハンマドに味方し、サマルカンドの支配者バドルハーンと争って、これを滅ぼし、ガズナ朝のアルスラーン王（一一一五―一一一八）とも戦った。兄ムハンマドの没（一一一七／一一一八）後は、その子マフムードがスルタンと号したが、サンジャールはこれを認めず、大軍を繰り出して戦った。その結果、サンジャールはホラサンを統治し、マフムードはレイ以西のペルシャとクルディスタンとイラクを統治することとなったが、金曜日のフトバ（説法）にはまずサンジャールの名が唱えられる約束が成立したため、彼がセルジューク帝国のスルタンとされている。一一三二年には、マフムードの弟マスゥードを破って領土を広げ、ガズナ朝、ホワーリズム、グール朝と戦った。しかしカラ・キタイ（西遼）との戦いには敗れて全トランスオクシアナを失い、（オ）グズ族との戦いでは捕虜となり（一一五三年）、三年後に釈放された。彼の没後、帝国は崩壊した。なお、テキストではサンジャールの即位年を一一一八年としてあったので訂正した。

（一四）　ロスタムまたはルスタム（テキストではルステム Rustem）は、父ダスターン（別名ザール）共々、もとは東イランで語り伝えられていた古譚の英雄。後にフィルドゥーシーがこの古譚を『王の書《シャー・ナーメ》』に編入して、彼を神話時代のカイ王朝期に活躍する英雄とした。「イランのヘラクレス」とも称される彼の波瀾に満ちた物語は各時代の王侯貴族によって大いに愛好され、数多くの細密画の主題となった。

（一五）　巻末索引を見ると、J－P・ルーはこのホスローを伝説的なカイ王朝の始祖カイ・ホスローとしている。しかし頭に羽根を付けた姿で細密画や器に数多く描かれているのは、ニザーミーの『ホスローとシーリーン』（先の訳注（一二）を参照）の主人公の方である。間違いの可能性が強いので、ここではこれ以上言及しない。『ホスローとシーリーン』のモデルとなったホスロー二世については本章の訳注（六二）を参照。

（一六）　テキストではニザーミーとなっているが、明らかにニガーリーの間違いなので訂正した。ニガーリー（十六世紀）はもとは戦艦の艦長であり、画家としての経歴は不明だが、スレイマン大帝時代の大画家の一人となった。スレイマン大帝の有名な立像の作者であり、その子セリム二世のきわめて写実的な立像の作者でもある。本章の訳注（四一）参照。

（一七）　アッバース一世（大帝、一五八七―一六二九）はペルシャのサファヴィー朝の第五代の王。即位後、パールス地方の反乱を鎮め、北方からのトルコ族の侵入を防ぎ、オスマン・トルコ皇帝ムラト三世と講和し（一五九〇年）、ウズベク族を討伐して、国土の安全確保に努めた。また、即位の際に功績のあった部族の騎兵を半減して、新たに直属の軍隊を編成し、当時来朝した英国人から最新式の砲術や戦術を学んで、採用した。その結果、トルコ帝国との関係では、攻勢に出ることが可能となり、失地回復に成功した（一六二七年）。内政では、交通や通信のための設備を整え、商業を奨励し、宗教の自由を認めたため、新都イスファハーンは国際的な交易の一大中心地となり、莫大な富が蓄積することになった。

（一八）バーブル（一五二六―一五三〇）はムガール朝の創始者。父方でティムールの、母方でチンギス・カンの血を引く。父の死後、フェルガナの領主の地位を継承すると、サマルカンドを都とする帝国の建設を試みるが失敗し、その後インド侵入に全力を注いで、一五二五年、パンジャブ地方のラホールの奪取に成功する。翌一五二六年にはデリーのスルタンの軍隊を撃破して、デリーに入城、翌月インドの王と認められた。続いてヒンドスタン平原の平定を進めたが、アグラで病没した。

（一九）フマーユーン（一五三〇―一五五六）はムガール朝第二代の王。父バーブルの死の三日前に後継者に指名され、アグラで即位。父の意志を継いでグジャラートおよびマールワ連合王国の征服に着手するも、失敗し、そのうえ、アフガン系の勢力によって圧迫されたため、いったんイランに逃れた。その後、一五四五年、サファヴィー朝の支援を受けてカンダハールを、一五四七年、カーブルを奪取。そして一五五五年、アフガン軍を破ってラホールを占領し、続いてデリー入城にも成功した。しかし復位して半年後に書斎の階段から転落してその生涯を終えた。

（二〇）ラジープトはインド西部の現ラジャースタンで、ムガール帝国時代はその属国となっていた。十八世紀にムガール帝国が急速に勢力が衰えると、その南西に隣接する形で独立したが、その後イギリスの支配下に入った。

（二一）『世界シンボル大事典』（大修館書店）の「帯（ベルト）」の項によると、帯の象徴体系はかなりの広がりを持っている。ここでは一般的に帯が象徴するものを列挙するのは止めて、この後の、ヘロドトスが伝えるスキュティア（スキタイ）の帯――これについては前記『世界シンボル大事典』では言及されていない――は、弓と同様特別なもので、神の力ないし権力の象徴と見ることができることを指摘しておきたい。

（二二）この話はスキュティア（スキタイ）民族の起源神話の一つで、ヘロドトスはこれを黒海地方居住のギリシャ人が伝えているものとして紹介している（『歴史』巻四、八―一〇）。この話が遊牧民族系の末子相続の伝統に基づいていることは言うまでもない。

（一二三）　これはもともとはインド‐イラン系共通の通過儀礼――十五歳で迎える一種の成人式――として行われていたことである。
（一二四）　古代紫とも言われるこの緋色＝真紅はアクキガイから抽出された液を染料として用いられることによって生じる。古代地中海周辺地域では、緋色の布は富や権力の象徴とされ、王位、帝位、さらにはカトリックの枢機卿の地位の代名詞となった。
（一二五）　ルーヴル美術館には、前二五〇〇年頃、ラガシュの王エアンナトゥムが近隣の都市の一つウンマとの戦いに勝った時の記念碑「禿鷹の碑」があり、その断片の一つで、王は戦車に乗って徒歩の兵士たちを指揮している（ＮＨＫ　ルーヴル美術館　文明の曙光Ｉ　古代エジプト／オリエント　一〇五ページ）。したがってここは「前三千年紀」とすべきであろう。
（一二六）　テキストでは「脚をぶらぶらさせた状態で」«les jambes pendantes» とあるが、明らかに間違いなので、「交脚して」とした。
（一二七）　アレクサンドリアのフィロン（前一三〜二〇―後五〇頃）はユダヤ人哲学者。ユダヤ思想とギリシャ哲学、特にプラトンの哲学を融合させた。
（一二八）　これは間違いである。聖書（創世記、第三章、第二十四節）には、「神は人〔アダム〕を追い出し、エデンの園の東にケルビムと、回る炎のつるぎとを置いて、命の木の道を守らせられた」とある。フィロンはまず最初に回る炎の剣を持った二人のケルビム――フィロンは出エジプト記（第二十五章、第十八―十九節）の「二つの金のケルビム」を根拠にそう考えた――を宇宙の運動、天球全体またはその両半球の永遠の運動を表す、という解釈を提示した（『ケルビムについて』21―26）。そしてそれに次いで、「彼自身の魂の声」が告げたこととして、ケルビムは神の至高の二属性である全能（力）と全善（慈愛）を象徴しており、太陽と関連がある「回る炎のつるぎ」は神の両属性を結び付ける理性である、と述べている（『ケルビムについて』27‐28、29）。
　Ｊ‐Ｐ・ルーは前記『世界シンボル大事典』（大修館書店）の「剣」の項を参照していると思われるが、そこの記述も上記の通りになっている。にもかかわらず、このように書き換えられて、この文脈の中に組み込まれているのは、訳者には全く理解しがたいことである。

ちなみに、現代の神学者たちの間では、フィロンの解釈は重視されていないようだ。『旧約聖書略解』（日本基督教団出版局、一九五七年、一七ページ）では、「神の護衛兵」であるケルビムと回るつるぎは「人間の近づくことのできない清浄と力との象徴」と解されている。

（二九）天から白い馬に乗って地上に降りて来た「神の御言葉《ロゴス》と呼ばれる方」は「初めであり、終わりである者、死んだことはあるが生き返った者」（ヨハネの黙示録、第二章、第八節）であり、「『忠実で真実なる者』と呼ばれ、義によって裁き、また戦う方である」（ヨハネの黙示録、第十九章、第十一節）。したがって、イエス・キリストに同定されるこの「神の御言葉《ロゴス》」と呼ばれる方の口から出るつるぎは裁きのつるぎである。

なお、黙示録の著者ヨハネは使徒ヨハネとは全く関係がない別人であることは確認されているが、詳細は不明である。黙示録では、ゾロアスター教起源の善悪二元論を前提として、終末期の開始が告げられ、復活したキリストが悪を滅ぼして、神による世界支配を再び確立し、迫害にも耐えた忠実な信徒を至福の生活へ導くと説かれている。

（三〇）ロランはフランス中世の武勲詩「ロランの歌」の主人公。王の遠征の帰途、敵の攻撃を受け、殿《しんがり》を務めて、名剣デュランダルを振るって敵と闘い、壮絶な最期を遂げる。Durandal は dur coup en donne（「それの強い一撃を与える」の意か）が縮約したものである。

（三一）アーサー王（五―六世紀頃）は半ば伝説的なブリトン人の首領。大ブリテン島のケルト諸族を結集してアングロ・サクソン人の進入を撃破したとされる。彼の宮廷と円卓の騎士をめぐって『聖杯物語』など数多くの文学作品が生まれた。

（三二）テキストにはバルタズ Bartas とあるが、バトラズ Batras が正しいので、訂正した。以下の記述は、叙事詩『ナルト（族）』を知らないと、難解であろう。

ナルト族は、カフカス山脈中央部に避難したインド・ヨーロッパ語族の小グループであるオセット人、アディゲ人、イングーシ人、チェチェン人、アブハズ人などの間で語り伝えられる――その起源はオセットと考えられている――長大な叙事詩中の民族で、最後は自らの意志で滅びへの道を選ぶ。

バトラズはナルトの最高の大英雄の一人ヘミュッツと小さな蛙女との間に生まれた、雷を発する半神。バトラズは鉄で出来ており、生まれるとすぐ鍛冶の神クルダレゴンによって完全に「鍛えられ」、波瀾に満ちた幼年時代を過ごした後、天に上る。バトラズが天から地上に降りるのは、危機に陥ったナルト族を助けるためか、逆に、明確な動機もなしに彼らを残酷に殺すために、時々、雷のように「落ちて」くる時だけである。しかしかなり後のある時からは、バトラズはわけもなく激しい怒りにとらわれて、ナルト族を際限なく殺し、拷問にかけるようになる。そしてついに生きるのに飽きて、死ぬ決意をし、ナルト族に命じて、六組のふいごを据えつけた巨大な火葬台を作らせ、自らおきの上に登る。しかし鋼鉄の体が白熱しても、バトラズは死ぬことができない。死はバトラズの剣が海に落ちる時に初めて彼を襲うことになっているからである。そこでバトラズは剣をおきの上に置く。ナルト族は二百頭の馬にその剣を引かせて、黒海まで行き、それを水に投げ入れる。と、同時に、バトラズはついに大嵐の真ん中で死ぬ。「剣はいまもある、とオセット人は考えている。稲妻が西の方から発するのが見えると、そのきらめきは海から天に飛び上がるバトラズの剣が出しているものだとオセット人は考える」（G・デュメジル著『神話と叙事詩』1、五七三ページ）。以上は『世界神話大事典』（大修館書店）「カフカスの神話・宗教」の項を参照。

『ナルト』にはスキタイやアランの伝説的要素とインド・ヨーロッパ系の「王権・軍事・生産」の三機能的思考が反映されている。また、ギリシャの口承文芸のテーマとも共通するものが見られ、アーサー王伝説や日本神話のモチーフとの類似も指摘されている。

（三三）　なんとも曖昧な記述である。これは剣は昔蚩尤《しゆう》が作ったという伝説（『管子』ほか数編）に基づいているのではないかと思われるが、この伝説と結び付けられた剣が各王朝の間で継承されたということはなく、また、各王朝が独自にはるか古代のものとされる剣を見つけ出して、それを継承したという事実も見当たらない。この後の記述に合致する中国の剣としては、漢の高祖劉邦の斬蛇剣を挙げるべきであろう。しかしこの剣について述べる前に、即位儀礼における剣の役割・意味を念頭に置いて、歴史を振り返っておく必要がある。

すでに述べたように（第二章の訳注（三〇）参照）、王という文字は力の象徴である鉞（斧）の象形文字である。このことは周の武王が諸侯の前で宣言し、命令する際、鉞を手にしていたという『書経』の記述とも符合する。つまり、はるか古代の中国では、王権の象徴は剣・刀ではなかったのである。『詩経』『書経』『論語』はもちろん、『礼記』『周礼』などでも、特定の剣を神聖視して、王や王権と結び付けるような記述は全く見当たらない。しかしながら、戦国時代（前四〇三―前二二一）以降、道家によって、鏡同様、剣には神秘的な霊威が宿るという考え方が広まり、歴代の帝王の変遷を五行（木・火・土・金・水）に充てて説いた五行五徳説も支配者たちの間に浸透していった。漢の高祖劉邦の斬蛇剣説話はこうした時代背景の中で生まれた。

『史記』高祖本紀や『漢書』高帝紀によると、劉邦がまだ微賎だった時、酔って沢中の夜道を行く途中、大蛇を斬り、少し進んだところで眠った。遅れていた彼の伴の者が蛇のところまで来ると、一人の老嫗が哭していた。わけを聞くと、白帝（季節は秋、方角は西を治めるとされる）の子であるわが子が赤帝の子に切られたと言って、忽然と姿を消したという。高祖を赤帝（季節は夏、方角は南を治めるとされる）の子に比定させたこの説話から、漢王朝の宝剣が発生した。『西京雑記《せいけいざっき》』（漢の劉歆《りゅうきん》の書いたものを、晋の葛洪《かっこう》が集めたという）によると、この斬蛇剣は、伝国璽《こくじ》と共に、漢王朝の歴代の皇帝が即位する時必ず伝授されたことになっている。しかしながら、現代の研究者の論考によると、漢王朝が斬蛇剣を宝器としたのは後漢時代かららしい。そして斬蛇剣は晋の恵帝の時、武器庫の火災で失われた（二九五年）。以後、各王朝が名剣、宝剣を作らせ、保持した記録はあっても、それらが皇帝の即位式で伝授されたという記録はないようだ。これに対して、天命が下ったしるしと見なされている伝国璽（通説によると、始皇帝が創ったとされている）は、その伝授が必要不可欠なこととして、常に記録されている。

この主題については、西嶋定生著『中国古代国家と東アジア世界』（東京大学出版会、一九八九年）「第二篇　古代東アジア世界の形成　第四章　草薙剣と斬蛇剣」、井上光貞、西嶋定生他編集『東アジアにおける儀礼と国家』「二、即位儀礼　a、中国の即位儀礼……尾形勇」、尾形勇「中国古代における帝位の継承――その正当化の過程と論理」（『史学会雑誌』第八十五編第三号、一九七六年）、金子修一「唐の大宋・粛宋等の即位について――譲位による即位の手続きの検討」（『山梨大学教育学部研究報告』第四十四号、一九九四年）、福永光司「道教における鏡と剣――その思想の源流」（『東方学報』第四十五冊、昭和四十八年）ほかを参照した。

ちなみに最初の論考では、わが国の草薙剣が漢王朝の斬蛇剣を原案として創出された可能性が高いことが指摘されている。

（三四）　専門家の研究によると、シャルルマーニュの剣としてフランスの新王の即位式に用いられていたのは三本あり、最も古い物でも一一八〇年の作であることが分かっている。Blaise de Montesqieu-Fezensac: *le Trésor de Saint-Denis-documents divers*. Paris, édition A et J. Picard. 1977. II, p. 16.

（三五）　フランス語に依拠したこのような解釈がどれだけ普遍的な説得力を持つか、疑問である。たとえば、古代中国では、虹は虫のなせる業と考えられていたというから、弓が直接天を連想させていたとは思えない。狩りの道具であり、武器であった弓矢は実にいろいろな物事の象徴となっている。ここでは『世界シンボル大事典』（大修館書店）の「弓」の項の参照を勧めるだけに止めたい。

（三六）　オグズ族（グズ族とも）はトルコ人の多数民族で、セルジューク朝とオスマン帝国を築いた人々の祖先。『オグズ・ナーメ』は神話的英雄オグズ・カンの功績を始め、民族の歴史を語り伝えた伝説集。第二章の訳注（二四）および本章の訳注（一三）も参照。

（三七）　マルキアヌス（四五〇—四五七）はもとはトラキア出身の軍人で、皇帝テオドシウス二世の死後、その姉プルケリアと結婚して、帝位を継いだ。フン族のアッティラへの朝貢を拒否し、財政再建に努め、教会政策を変えた。そして四五一年には、カルケドンの公会議を招集し、自らも第六会期に出席、「カルケドン信仰告白」の制定に貢献した。

（三八）　アッティラの出自であるフン族すなわち匈奴はモンゴル系ともトルコ系ともコーカサス系とも言われているが、一般的にはその中核はモンゴル系と見られている。「トルコ・イラン世界」という表現は原著者がコーカサス系説を重視していることを示す。

（三九）　ミスラダテス二世（前一二三頃—前八八）は強国としてのパルティアの地位を確立して、パルティアで初めて「諸王の王」と号した。東北方からのサカ族の侵入を撃退し、西方では、メソポタミア北部の諸王国やアルメニアに対して優位に立った。漢の武帝もこの頃メルヴに使者を派遣している。

（四〇）　これはアブル・ファラジュ（八九七—九六七）の『キタブ・アル・アガニ（歌の書）』であろう。実はこの作品は二重構造になっている。アッバース朝第五代のカリフ、ハルーン・アル・ラシッド（七八六—八〇九）のためにイスハーク・イブラーヒム・アル・マウシリー（七四二—八〇四）らが選んだという百曲の歌謡——これも『キタブ・アル・アガニ』と呼ばれている——を中心とし、イスラム以前からアッバース朝に至る有名な詩人や音楽家の伝記を集大成したものである。逸話、詩歌などが豊富に盛り込まれて、精彩あるアラブ民族の文化史となっており、一大叙事詩とも見られている。著者のアブル・ファラジュはアラブ系の文学者、詩人で、コライシュ族ウマイヤ家のカリフ、マルワーンの子孫である。ほかに『ターリブ家の人々の死と伝記集』も残した。

（四一）　セリム二世（一五六六—一五七四）は父スレイマン大帝のような英知も軍事的才能も持たない凡庸な君主で、その性格は放縦であった。そのため彼の即位と同時に、ソコルル・メフメト・パシャが大宰相として政治を司った。オスマン帝国はセリム二世の在位中に、サファヴィー朝の攻略準備に失敗した後、キプロス島をヴェネツィアより奪取したものの（一五七一年）、その二カ月後のレパントの海戦ではキリスト教国の連合艦隊に撃破された。

イスタンブールのトプカプ・サライ博物館にあるリアルさで有名なこの肖像画では、一本の矢を射たばかりのセリム二世が、次の矢を背後にいる従者から右手で受け取ろうとしている瞬間が描かれている。

（四二）　バル・ヘブラエウス（一二二六―一二八六）はキリスト教ヤコブ派の総主教。ユダヤ教からキリスト教に改宗したユダヤ人医師の父から高等教育を受けた。きわめて博学で、当時のシリアの神学、哲学、科学、歴史に関する多数の論文・著作を残した。なかでも『シリア編年史』と『教会編年史』は特に史料としての価値が高いとされており、『教会法』は東方教会で今日も用いられている。また誰に対しても友好的であったため、諸派のキリスト教徒だけでなく、イスラム教徒からも尊敬された。テキストには「バル・ヘブラエウス（十四世紀）」とあったので訂正した。

なお、J－P・ルーは、王・皇帝の図像では、「（オスマン・トルコ皇帝セリム二世（一五六六―一五七四））以前は、矢は常に弓につがえられていた」と言っているが、これは事実ではない。ペルシャやインドのコインを見ると、左手に弓、右手に槍を持つ王家の英雄または祖先神（アケメネス朝、発行者不詳、前五―前四世紀、銀一シグロス）、弓は前に置き、矢を調べるサトラップ（キリキア、ダタメス（前三八六頃―前三六二）、銀一スタティール）、弓のみを持つ祖先神アルサケス（アルサケス朝、フラーテス二世（前一三八頃―前一二七）、銀一ドラクマ）など――最初と三番目の図像を持つコインは複数ある――もある。また、グプタ朝のチャンドラグプタ二世（三八〇頃―四一四）発行のコインの一つには、左手に弓、右手に矢を持つ王像が刻まれている（金一スタティール）。以上は『平山コレクション　シルクロードのコイン』（田辺勝美編、講談社、一九九二年）を参照。

（四三）　トゥグリル・ベク（一〇三八―一〇六三）は大セルジューク朝の始祖。最初はガズナ朝の許可を得て、その領内でセルジューク族を率いていたが、一〇三八年、王位を宣言。ガズナ朝のマスゥードが殺され（一〇四〇年）、その子マウドゥードとの戦いにも勝って（一〇四三年）、カリフのカーイムに忠誠を誓った書簡を送り、王位を認められた。一〇五五年、トゥグリルはバグダッドに入り、姪をカリフに嫁がせ、いったん都を出た後、再度帰り、「東西の王者」という称号を受けた。一〇六一、二年に妻が没すると、カリフの娘に求婚し、カリフに承知させたが、彼女を自分の本拠地レイに迎える前に、七十歳で病没した。

（四四）　創世記（第十章、第八―九節）によると、クシの子「ニムロデは世の権力者となった最初の人である。彼は主の前に力ある狩猟者であった」。ニムロデはバベルすなわちバビロンの建設者と見られている（歴代志上、第一章、第十節、およびミカ書、第五章、第六節）。たぶん以上の理由から、J－P・ルーは記号論的に（？）解釈し、ニムロデが「天または宇宙樹に対して弓を射る儀式」を行ったと断定していると思われるのだが、どれだけの説得力を持つか、大いに疑問である。もちろん『旧約聖書略解』（日本基督教団出版局）や『旧約・新約聖書大辞典』（教文館）にはそのような解釈は見られない。

（四五）　まず、金（一一一五―一二三四）を建国した完顔氏も女真族であるから、この記述の冒頭部分が不適切であることを指摘しておかなければならないだろう。

ところで、ここで言及されているのは、柳の小枝に目印を付けて、それを的として矢で射る射柳のことと思われる。金朝の女真人はその習俗を契丹人（遼）から受け継いだ。射柳については、島田正郎著『遼朝史の研究――東洋法史論集　第二』（創文社、昭和五十四年）「第二　法制と禮制　第十八章　契丹の射柳儀」で説得力のある詳しい論考がなされている。その結論に拠れば、J－P・ルーの記述には次のような誤りがある。まず、契丹の名が抜けている。次に、契丹人が古来天に向けて矢を射ることを清祓の方法としていたため、射柳がある程度宗教的性格を帯びたのは事実だが、射柳はもともと契丹人の遊びないし競技であったと思われるから、この場合の柳には記号論的に「宇宙樹（天地の間にある神々と精霊、そして天子の通り道となる木）」と言えるほどの特別な観念上の意味は認められない。だから二百年以上の間遼帝国に飲み込まれていた女真人が、自ら金帝国を建設した時、射柳を拝天儀の余興として禮志に定めたのはごく自然なことであったのである。最後に、遼の皇帝が風師壇（風の神を祀った壇）に詣でる前に一人で射柳をしたのは例外で、瑟瑟儀（祈雨の儀式）の時も親王や宰執や子弟等が行っており、「遊行表」に単に「射柳」とだけ書いてある場合には、皇帝自身は行わず、従臣の射柳を観ただけだった可能性がある。したがって、射柳が天子だけが行う特別な行為だったという事実はない。

（四六）　チャタル・フユックはコンヤ（現トルコ）の南東五二キロメートルにある、近東、エーゲ海地方で最大の新石器および前期銅石器時代遺跡。前八―六千年紀にわたる十二層の遺跡が発見された。東丘の建築遺構では、多くの住居に牛頭の浮き彫りまたは丸彫りがあり、花、星、人間の手や人物、女神、狩りの様子、牡牛、禿鷲、豹、ライオン等の動物、火山の噴火その他の壁画が見られるという際立った特徴を持っていることでもよく知られている。

(四七)　原注(41)の『アエネーイス』(第五巻)のみならず、全巻を通じて、このような記述はない。『世界シンボル大事典』(大修館書店)の「星」の項を見ると、「ユピテルの名を持つ惑星である木星は、その大きさや位置から、太陽系の惑星の中では中心的存在である」と述べられている。J-P・ルーはこの説明を念頭に置いて、独自の記号論的解釈(?)を引き出したのだろうか。

(四八)　ここは「シヴァ神」とすべきだろう。シーターは『ラーマーヤナ』のラーマ王の妻である。シヴァ神はヒンドゥー教の三大神の一つ。破壊の神であると同時に創造の神でもある。多様な機能・性格を有し、ヒンドゥー教徒の熱烈な信仰の対象となっている。

(四九)　正確には次の通りである。「主はこう言われる。天はわが玉座、地はわが足台である。」(イザヤ書、第六十六章、第一節。テキストの出典注(42)に第六十一章とあるのは間違い)。

(五〇)　出典注(43)の歴代志下(第九章、第八節)にあるのは、ソロモンへのシバの女王の賛辞であるが、この通りの表現はない。彼女は「神があなた(ソロモン)を王とされた」と言っているだけである。解釈の問題ということなのだろうか。

(五一)　「御座にいます方の右(の)手」(ヨハネの黙示録、第五章、第一節)をイエス・キリストと判断した理由は、新約聖書にイエスが復活した後、父なる神の右の座に着いたという記述があることによる。「神は、〔中略〕御子《みこ》によって世界を創造されました。御子は、〔中略〕人々の罪を清められた後、天の高い所におられる方の右の座にお着きになりました」(ヘブライ人への手紙、第一章、第二―三節)。類似の記述はほかにもある。

(五二)　論理にやや明確さを欠くこの記述は、『世界シンボル大事典』(大修館書店)の「玉座」の項の「イスラム秘教の玉座(el arsh)は《宇宙の根源》の非公式な顕現、さらにその卓越性〔=超越性〕を示す「台」である」に相当すると思われる。この後の引用文――前半の二つは伝承――もほとんど同事典の「玉座」の項に見られる文章の簡略化したものである。

(五三)　コーラン(一一の九)では、「それから、玉座がまだ水上にあったころ、六日間で天を創り地を創り給うたあのお方」となっている。

(五四)　ヒッタイト人に征服されるまでアナトリア中部に住んでいた古代民族。ハッティ語の系統は不明。

(五五)　オセイ・トゥトゥはアシャンティ連合王国の初代の王(十七世紀末―十八世紀初頭)。即位前、周辺の強国の宮廷で、軍事・財政の技術を学び、アシャンティ族の弱小国家群の一つクマシの王に即位すると、同族の諸王国を糾合して、連合王国をつくり、周辺諸国を次々と破って、独立しただけでなく、その版図をさらに拡大した。王国は彼の死後も拡大し続け、十八世紀末までには、黄金海岸の森林地帯の大半を支配した。

〔五六〕 アニッタはカニシュの王（前十八世紀）。クシャラの王であった父ピトハナがカニシュを攻略し、後にアニッタはここを拠点として中央アナトリア、黒海地方の有力な都市を支配下に置き、覇権を確立していった。アニッタの業績はヒッタイト王国の都ハットゥッシャから出土した『アニッタ文書』（ヒッタイト語で書かれている）から知られているが、アニッタの王朝と後のヒッタイト王朝との関係はよく分かっていない。またアニッタが中央アナトリアの先住民族ハッティ系の王か、外部から移動して来たインド・ヨーロッパ語族系かについても議論が分かれている。以上は『古代オリエント事典』（岩波書店、二〇〇四年）を参照した。

〔五七〕 この記述はフレイザー（『金枝篇』第三巻、第一章「王者の重荷」、一「王のタブーと祭りのタブー」、三―四ページ。簡約版、岩波文庫（二）、五五ページ）を典拠にしているが、最後の部分はJ－P・ルーの文脈に合うように完全に書き換えられている。フレイザーは次のように述べている。

「彼〔天皇〕は毎朝何時間か王冠をいただいて玉座に正座していることを余儀なくされていたが、手も足も、頭も眼も、それから体のどの部分も動かさないで、像そのものの姿でいなければならないことになっていた。天皇はこのような姿でいることによって、その帝国の平和と安寧を維持することができる、と信じられていたのである。〔中略〕しかし後世になって、王冠そのものがその不動性のゆえに帝国内に平和を維持する守護物であることが分かるに及んで、そのやんごとなき身柄を煩わしい義務から解放して、ただ安逸と歓楽に耽溺せしめるのを怪しまなくなり、こうして、その王冠は毎朝数時間ずつ玉座の上に安置されるだけとなってしまったのである。」

天皇の代わりを務めたのは王冠であって、玉座ではなく、また、天皇以上に玉座が崇拝されるようになったという事実もない。不適切な書き換えと言わざるを得ない。

〔五八〕『世界シンボル大事典』（大修館書店）の「ドーム」の項には、「ドームは普通〈大空〉を表す。だから円天井を持つ建物の全貌は世界を映し出している。〔中略〕インドから朝鮮に分布しているさまざまな岩窟寺院はこのように、宇宙に広がるドームという一般的な意味を担う。〔中略〕仏教のストゥーパも同じ価値体系を持つ」とある。日傘の蓋の部分を天すなわちドームと解することには、訳者は同意できない。このことについては本章の訳注（一一八）を参照。なお、メール山（須弥山）については、第五章の訳注（四四）（一〇九）、第六章の訳注（三）を参照。

（五九）　この記述はかなり紛らわしい。百柱の間の南側入口の両側にある浮き彫り「玉座担ぎの図」では、アルタクセルクセス一世の玉座はそれぞれ三層（三列）計十四人の男たちによって支えられている。全部で二十八という数字は、アケメネス朝が征服した国の数に等しく、彼らはそれぞれ民族服を着用している。これより先に造られた三門宮（トリピュロン）のダレイオス一世座像の浮き彫り——玉座の背後にはクセルクセス（後の一世、この時点では皇太子）の立像が刻まれている——では、この一面のみで、三層（三列）に配置された二十八人の各国代表が玉座の台を支えている。

アルタクセルクセス一世（前四六五—前四二四）はアケメネス朝ペルシャの大王。前四四九年、ペルシャ軍がキプロス島の主要都市サラミスでアテナイ艦隊に敗れたため、翌年、アテナイといわゆるカリアスの和平を結び、勢力範囲を設定し（エーゲ海世界の放棄）、相互不可侵を約した。君主として賢明で、性格は温厚・寛大だったらしい。

（六〇）　ファラオ時代のエジプトでも同様である。たとえばツタンカーメンの玉座。

（六一）　「ソロモンの杯」は金の枠組みに水晶と赤、白、緑の色ガラスをはめ込んだ華麗な作品。直径二八センチメートル。カリフのハルン・アル・ラシッドからシャルルマーニュに献呈されたと伝えられるこの杯は、サン・ドニ修道院聖堂の至宝の一つで、フランスの歴代の王の即位式に用いられた。ソロモンの名が冠せられた歴史的背景としては、古代ローマ時代のユダヤ人は自分たちの祖先をバビロンから解放したペルシャ大王キュロスをソロモンと同一視する傾向があったことや、イスラム化されてまもなく（七世紀）、ペルシャは「ソロモン王国」と命名され、キュロス大王の墓もソロモンの母の墓とされたことなどが考えられる（アリ・マザヘリ著『イランの至宝』（一九七〇年）、一五四ページ。巻末の文献目録参照）。

（六二）　ホスロー二世（五九〇—六二八）は即位直後、反乱軍によって王位を追われたが、東ローマ皇帝マウリキオス（五八二—六〇二）の援助を得て、五九一年に復位した。その後、マウリキオスがフォーカス（六〇二—六一〇）によって帝位を奪われると、復讐と称して、ビザンティン軍と戦い、シリア、アルメニア、エジプトを一時支配し、「パルウェーズ（勝利者）」と号した。しかしその後東ローマ皇帝ヘラクレイオス（六一〇—六四一）の侵攻により、居城からの逃亡を余儀なくされ、最後は暗殺された。ホスローはその性、高慢かつ残忍で、贅沢を好み、その生活は華美だったが、後世、彼とキリスト教徒（アルメニア王女）の妻シーリーンとの恋物語はニザーミーの『ホスローとシーリーン』によって著しく美化・

潤飾され、細密画や各種の器などに刻まれた図像によっても今なお広く親しまれている。本章の訳注（一二）および（一五）参照。

（六三）　後ウマイヤ朝時代の九六八年、マディーナ・アッ・ザフーで王子ムギーラのために制作されたもので、精緻な浮き彫り装飾を持つ象牙作品の代表作。ムギーラは後ウマイヤ朝第八代カリフ、アブダル・ラハーマン三世（九一二―九六一）の子で、カリフ位を継承したハカム二世（九六一―九七六）の弟。

（六四）　インド世界に獅子像が初めて現れるのはマウリア朝時代で、第三代のアショーカ王が建てた四本の法勅柱の柱頭を飾るライオンはアケメネス朝ペルシャの意匠である。中でもサルナート出土の法勅柱は特に有名で、法輪を戴いた四頭のライオンは、仏陀が四方に向かって獅子吼《ししく》（説法）する姿を表している。こうしてライオンは仏教において、仏陀と強く関係づけられ（『スッタニパータ』第三・一一）、その結果、仏陀の玉座（台座）はすべて獅子座となった（『大知度論』第七）。現在知られている限り、インドで最古の獅子座はクシャン朝のウェーマ・カドフィセス（二世紀）の椅子型玉座（マトゥーラ博物館）である。以上の訳注は、『世界美術全集　東洋編15　中央アジア』（小学館）の巻末の特集「獅子座」（前田龍彦）を参考にした。そこでは獅子脚座の出現と展開の過程がバランスよく詳述されている。

なお、J－P・ルーは龍の顔を持つ獅子の像がどの地域のものか述べていないが、もしケララ州など南部沿岸地方のものであるなら、中国文化の影響が考えられる。中国人は早くからこの地域に香料を求めてやって来ており、この地域の支配者の現存する城館の内装に中国文化の影響が見られることは周知の事実だからである。

（六五）　ライオンと水の結び付きは、祭礼用水差しやリュトンなどもその範疇に入れるならば、西アジアではるか古代から見られる。水と結び付いた動物は必ずしもライオンだけではないが、あえてライオンと水の結び付きを考える場合、シュメール時代以来、メソポタミアで伝承され、早くから地中海世界や東アジアにも伝播した聖樹（生命の木）と怪獣（聖獣？）のモチーフも視野に入れる必要がありそうだ。なぜなら聖樹（ナツメヤシ、果樹、後には葡萄も）の根元からしばしば水が流れており、怪獣はライオンである場合が多いからである。このモチーフはササン朝ペルシャの特に織物の図柄に多用された後、そのままイスラム世界に受け入れられた。アテネのビザンティン美術館所蔵の浮き彫り「生命の樹とライオン」（十―十一世紀）（『大系世界の美術9』（学研、一九七五年、no. 114）はこのモチーフがさらにキリスト教世界にも受け入れられたことを如実に示している。

J－P・ルーはアルハンブラ宮殿のライオン（十二頭）のパティオの泉を念頭に置いているのかも知れないが、もしそうだとすると、これはムハンマド五世（一三五四―一三五九、一三六二―一三九一）によって造営されたものであり、他方、これとよく似たライオン（四頭）の泉がクレタ島のイラクリオンにある。これはモロシニ（制作当時のヴェネツィア総督の名）の泉と呼ばれるもので、聖マルコ大聖堂（一三〇三年建設）前の広場にある。両者の影響関係を検証するまでもなく、ライオン（その他の動物）と水のモチーフは、古代の多神教世界にはもちろんのこと、その後はイスラム教世界のみならず、キリスト教世界にも広く流布していたことは明白である。

（六六）　文脈からして、「人生の四つの時期」«les quatre âges de la vie»は「世界の四つの時代」とすべきであろう。『世界シンボル大事典』（大修館書店）の「玉座」の項には、「シヴァの座る獅子座《シンハーサナ》は『黙示録』の玉座と同じように、四匹の動物に支えられている。それは世界の四つの時代、または四つの色に対応する。四匹の動物はダルマ（正義）、ジュニャーナ（知恵）、ヴァーラージャ（離欲）、それにアイシュヴァリヤ（権力）と呼ばれる。この玉座は、宇宙の活力を支配して、《至高の認識》へ昇りつめる支えとなる」とある。ついでに「宇宙の四本柱」について補足すると、前記「玉座」の項に、「玉座はまた宇宙の縮図とみなされ、」「玉座は、東西南北を思わせる図像や、四本柱の上に置かれる」とある。

（六七）　カフラー王（前二五四七―前二五二一頃）はクフ王の息子で、エジプト第四王朝第四代の王。ギザの第二ピラミッドの建造で有名。誕生名として用いられ始めた「ラー神の息子」名がカルトゥーシュに囲まれるようになったのも、彼の治世からである。

（六八）　ハトシェプスト女王（前一五〇八―前一四八一）はトトメス二世の妃。夫の死後、始めは息子のトトメス三世との共同統治を行っていたが、後に単独統治を行った。プントへの貿易目的の遠征隊を派遣し、ヌビアとアジアに対して幾度も軍事遠征を行った。彼女が造営させた広壮華麗な葬祭殿は今日でも当時の姿をある程度留めている。しかし彼女の死後、義理の息子トトメス三世によって、彼女の名前や肖像はすべて削り取られ、王名表からもその名が抹消された。両者の関係については、最近異説も出ているらしい。

（六九）　すでに幾度か述べたように、J－P・ルーは、『世界シンボル大事典』（大修館書店）にならって、天は円、地は方という古代中国の象徴体系を、全世界共通の象徴体系として採用しており、それに基づいて玉座の形状に対してこのような解釈をしているのである。ちなみに、同『大事典』では、エジプトの玉座については言及されていないので、ここはJ－

P・ルーの独自の解釈が示されていると見てよいだろう。

（七〇） 西フランク王としてはシャルル二世（八四〇―八七七）、西ローマ皇帝（八七五―八七七）としてはカール二世。兄の東フランク（ドイツ）王ルートヴィヒと協力して、長兄ロタール一世を破り（八四一年）、ヴェルダン条約（八四三年）によってフランクの領土を三分割し、現在のフランスの基礎を築いた。メルセン条約（八七〇年）でロタリンギアをルートヴィヒと分割。ロタール一世の子の西ローマ皇帝ルートヴィヒ二世（八五五―八七五）の死によって、イタリアのカロリング朝が断絶したのを機に、イタリアに侵攻し、イタリア王となり、帝位にも就いた。

（七一） リュキアのクサントスの遺跡は現在でも多数のアケメネス朝の墓が残っていることで知られるが、当時ここの住民であったハルピ人については不詳。

（七二） ササン朝時代に玉座の外観・形状が完全に変わって、長椅子状の床座になったという見解には同意できない。次の訳注を参照。

（七三） たぶんこの推測は間違っている。床座は古代ギリシャ人たちが早くから宴会の席で用いていた。アッシリアでも、有名な浮き彫り「アッシュールバニパルと王妃の饗宴図」（前六四五年頃、ニネヴェ）に見られるように、床座は用いられていた。イランの地で床座が普通に用いられるようになったのは、アレクサンドロス大王の遠征後のことと思われる。シリアのセレウコス朝では、王侯貴族が宴会を催す場合、床座に男性が横たわっている様を浮き彫りにしたメダルを前もって招待客に渡していた。少し時代が下るが、パルミラ市民が床座を用いていたことはよく知られている。また、ハトラの第五神殿正面入口の楣《のき》（なげし）浮き彫り（イラク国立博物館所蔵、深井晋司著『ペルシャ古美術研究　第二巻　パルチア』、吉川弘文館、昭和五十五年、一四四ページ）にもヴォルガセスという銘のある人物が床座（これには脚がない。描くスペースがなかったか）の脇床またはクッションに横たわっている姿が描かれている。これがパルティア皇帝かハトラ王か断定はできないが、深井晋司はパルティア皇帝ヴォルガセス二世（七七／七八―一四六／一四七）と推定している。ここには有翼の勝利の女神像が描かれているので、この床座が皇帝または王の玉座そのものであることは間違いないだろう。ギルシュマン（『古代イランの美術　II』、五四ページ）が紹介しているタング・イ・サルワークの浮き彫り「二人の家臣に環を差し出している君主」（二〇〇年頃）も注目に値する。それはパルティアに従属する土侯国エリュマイスの君主を表すと見られるが、彼は両側をそれぞれ三羽の鷲が支える脇床（クッション）にもたれたまま、右手で権力の象徴である環を臣下に差し出している。アルサケス朝パルティアとササン朝ペルシャがメソポタミアで対峙していたローマ帝国では、皇帝のみならず、貴族、軍人、裕福な市民も床座を使用していたことは言うまでもない。

以上のようなことから次のように結論づけることができる。床座は中央アジアで考案されたものではなく、西方（ギリシャ世界かメソポタミア）から伝わったものである。また、イランにおける王の玉座としての床座はすでにパルティア時代から見られるものであって、ササン朝時代に全く突然に出現したわけではない。中央アジアでも、たとえばアフガニスタンのフンドゥキスタンで、脚のない（たぶんマット状の）床座の上に座っている王と王妃の彫刻（旧カーブル博物館所蔵、ギルシュマン著『古代イランの美術 II』、三二一ページ）が発見されているが、これは六―七世紀のものである。J－P・ルーはこのようなマット状の床座を脚付きの床座の原型と考えたのかも知れないが、太古のことはさておき、少なくとも現存する図像を見る限りでは、玉座としては脚付きの床座の方が古いのである。

（七四）　J－P・ルーの時系列を無視した論述の仕方には抵抗感があるが、それはさておくことにして、彼が出典としている列王紀下（第二章、第十九節）は次のようになっている。「バテシバはアドニヤのためにソロモン王に話すため、王のもとへ行った。王は立って迎え、彼女を拝して、王座につき、王母のために座を設けさせたので、彼女は王の右に座した。」ここで示されているのは王母の玉座であって、王妃の玉座ではない。また、王母の玉座が常設されていなかったことも明白である。一般的に、王妃の玉座は王の玉座の左側にあるが、聖書には王妃の玉座についての記述は見当たらない。

（七五）　ムラト三世（一五七四―一五九五）の即位後五年間は、父セリム二世時代の大宰相ソコルルの執政が続いた。そこでムラト三世の生母（ヴェネツィア出身）は自分と同郷のスルタンの愛人と組んで、ソコルルを暗殺させた。しかしスルタンに君主としての傑出した才能は認められず、有能な大宰相を失ったオスマン帝国はこの頃から停滞期入った。ムラト三世の時代の主な出来事は、チュニジアを併合し（一五七四年）、イギリス人に特恵的特権貿易を許し（一五八〇年）、イラク・ルリスタン等を占領したことなどであろう。

（七六）　ムラト四世（一六二三―一六四〇）も凡庸なスルタンだった。彼の治世には財政は完全に破綻し、ハーレムの介入は日常的となっており、スルタンの権威はさらに低下した。イランのサファヴィー朝との抗争では、バグダッドを取ったが、北方のエレヴァンは取られた（一六三八年）。

（七七）　アフメット一世（一六〇三―一六一七）はムラト四世の父。即位後九年間は特に業績と言えるものはなかったが、一六一二年からイランとの長期にわたる戦争を開始すると同時に、オーストリアをも攻撃した。しかし帝国の停滞期を脱するには至らなかった。

（七八）ギンバイカ（ミルト）はアプロディテの神木とされている。『世界シンボル大事典』（大修館書店）でもそうなっている。ちなみに、ディオニュソスの冠は葡萄、ケレスの冠は麦の穂で出来ている。

（七九）公民冠はもともとは自らの命をかえりみず、ローマ市民を救った兵士に与えられた冠である。

（八〇）たとえば、闘技場で殉死した小アジアのスミュルナの司教ポルカリュポス（七〇頃―一五五頃、一六一～一六九頃没とも）には、後に「不死の冠」という賛辞が贈られた。

（八一）原文 «comme celle d'Ohrmazd qui peut rappeler Mithra» をそのまま訳出したが、アフラ・マズダの図像に城壁冠はあっても、頭光や鋸牙状冠・放光冠はないので、この記述は不適切であろう。ミトラの図像に頭光または放光冠が付けられるようになったのは、ギリシャ・ローマの太陽神ヘリオス＝アポロン＝ソルと同一視されたり、併称されたりした結果であろう。二世紀以降の図像では、ソルやミトラだけでなく、ハトラの太陽神やパルミラの太陽神もローマ風の服装をして、放光冠を付けている。

（八二）ヘカト（ヘキト、ヘケト）は蛙の頭を持つ女性、または蛙として表現される。最初は地域神だった――ヘルウルの物神で、クースの聖域ではヘケトのみが王の母として崇められていた――が、深淵から出現する生命の神と考えられるようになり、出産の神にもなった（以上は、ステファーヌ・ロッシーニ／リュト・シュマン＝アンテルム著、大島文夫／吉田春美訳『エジプトの神々事典』（河出書房新社、一九九七年）による。したがって、本書のこの後の記述内容とは見解を異にする）。ヘカトは先王朝時代の族長を指したヘクから派生したという説もある。ギリシャ神話ではヘカテとして知られ、中世初期になると、カトリックの教会では「魔女たちの女王」と見なされるようになった。

（八三）J－P・ルーが典拠として挙げている出エジプト記（第二十八章、第三十六―三十八節）は次のようになっている。「あなた〔モーセ〕はまた純金の薄板を造り、印章に彫るように、その上に『主に聖なる者』と彫りなさい。次に、その両端に青紐を通して帽子に結び付け、それが帽子の正面にくるようにしなければならない。これは〔祭司長〕アロンの額になければならない。アロンは〔中略〕聖なる捧げ物について責任を持たなければならない。」モーセの時代、ヘブライ人はまだ王を持っていなかった。つまり、モーセが最高指導者で、祭司長アロンはその下にいた。したがって、この時代にへブライ人が王冠と祭司長の被り物を時として同一視していたというのは、論理的に成り立ち得ない。それゆえに、ヘブライ人の間では、まず大祭司が冠をかぶり、後に王たちも冠をかぶるようになった（サムエル記下、第一章、第十節、および列王紀下、第二章と第十一章、第十二節ほか）と言うべきであろう。

（八四）ナクシュ・イ・ロスタム（ナクシェ・ロスタムとも）のアルダシール一世（二二六―二四一）の帝王叙任図浮き彫り。

（八五）これはイランの聖地ターク・イ・ブスタンの洞窟にある。このすぐ側の別の浮き彫り（四世紀後半）では、アルダシール二世（三七九―三八三）がアフラ・マズダから環冠《ディアデム》（光輪、フワルナフ）を受け、その背後には、頭光を付け、神聖な束棹《バルソム》を手にしたミトラ神が蓮華台に立っている。

（八六）これはパルティアに従属する土侯国エリュマイスの君主であるとされている。床座についての訳注（七三）参照。

（八七）フラーテス四世（前三七―後二）の妃ムーサとされているこの「パルティアの王妃」の頭像（スーサ出土、テヘラン、考古博物館所蔵）は、ギルシュマン著『古代イランの美術 Ⅱ』（原本、邦訳共に九六ページ）で紹介されている。ムーサはローマ皇帝アウグストゥスから贈られたローマ人の女奴隷だったが、フラーテス四世との間に息子フラーテス（五世）をもうけたことにより、妾から王妃に格上げされた。その後、先の妃の子らがローマに滞在している間に、夫を毒殺して、息子を王位に就け、彼と結婚した。

（八八）「紀元前五千年紀」というのは間違いである。ウルの王墓群の年代については、まだ完全には確定されていないようだが、最近ではこれらを紀元前二五〇〇年頃以降のウル第一王朝――初期王朝時代の第三期――の第五代の王・王妃墓十基と見るのがほぼ定説となっているらしい（『古代オリエント事典』（岩波書店、二〇〇四年）、「ウル」および「ウルの王墓」の項参照）。メスカラムドゥグ王（彼の黄金の兜が出土）、プアビ王妃、メスアンネパダ王等の名が判明しており、これらの墓からは豊富な副葬品と多数の殉葬者の遺骨が発見されている。

（八九）ルイ九世（聖王、一二二六―一二七〇）は先代に続き、異端とされた南仏のアルビジョワ派を征伐する一方、学問、芸術、慈善事業の振興に努めた。ソルボンヌ神学校（後のパリ大学）の創設も彼の治世においてである。第六回十字軍に参加して、エジプトに遠征したが、敗れて捕虜となり（一二五〇年）、後に解放された。イングランド王ヘンリ三世とパリ条約を結んで、ノルマンディー、アンジューその他の地を得、代償として、南フランスの諸地を与えた。自ら十字軍を企て（一二六〇―一二七〇）、アフリカに渡ったが、チュニスで病没した。本書では、王の鑑として、これから幾度も言及されることになる。

（九〇） シャルル五世（賢明王、一三六四―一三八〇）は百年戦争中、父王ジャン二世がイギリスに囚われたため、若くして摂政となり（一三五六年）、貨幣改鋳に続き課税強化を行ったため、パリの商人で三部会の指導者エティエンヌ・マルセルの乱（一三五八年）や農民一揆ジャックリの乱（一三五八年）が起こったが、これを平定、イギリスとはブレティニの和を結んだ（一三六〇年）。父王の死後即位し、武勇と才知に長けた軍人デュ・ゲクランを重用して、イギリスの占領地の大半を奪還した。学芸を保護し、貴重本の蒐集に努め、バスティーユを造営した。

（九一） シャルル六世（一三八〇―一四二二）はシャルル五世の子。年少にして即位したため、四人の叔父が摂政となり（一三八〇―一三八二）、悪政を行ったため、諸方で反乱が起こった。親政して（一三八八年）、善政を施したが、まもなく間歇的に発狂するようになった。一四一五年、イギリス王ヘンリ五世と戦って、アザンクールで敗れ（一四一九年）、トロワの和約（一四二〇年）で、王女カトリーヌをヘンリの妃とし、ヘンリをフランスの王位継承者に指定した。J－P・ルーは、これから明らかになることだが、シャルル六世を受難者と見ており、この王の発狂について独特の解釈を行っている。

（九二） フィリップ六世（ド・ヴァロワ、一三二八―一三五〇）は四世の甥で、従兄シャルル四世の後を継いで即位し、ヴァロワ朝を興したが、これに対して、イングランド王エドワード三世が王位継承権を主張したため、百年戦争が始まった（一三三七年）。スロイスの海戦では英軍に敗れている（一三四〇年）。

（九三） これは新羅出土の六個の王冠を指していると思われる。そのうちの一つで、わが国でも二〇〇二年に公開された（「韓国の名宝」、東京国立博物館）金冠（五世紀、韓国、国立博物館、国宝八七号）は、冠帯《ディアデム》に三本の樹枝形の立飾《たちかざり》と二本の鹿角形《ろっかくがた》の装飾を付けた金冠の典型である。図録の解説によると、左右対称の三段の梢を持つ三本の木は、天と地上の王とを結ぶ聖なる木である。ところで、新羅の王はまず頭蓋帽《キャロット》に相当する冠帽（同国宝八七号）をかぶり、翼型の冠飾（国宝八七号）をその正面中央に差し（またはあてがい）、その上からこの冠をかぶっていた。J－P・ルーがこの事実を知っていたなら、新羅の冠については次の段落で言及していたのではなかろうか。しかしもちろんのことながら、この冠は「三つの国」を象徴するものではない。

ついでに言うと、中世までの朝鮮半島の王たちが自らを宇宙の中心と考えたかどうかはよく分からないが、仏教を排して儒教を重視した李朝は、ある時期から、昌徳宮の宣政殿の玉座の後ろに、陰陽五行説を視覚化した衝立「日月五獄図」（十七世紀後半、湖巌美術館）を置くことによって、天命を受けた王が森羅万象を司ることを示したことが知られている。朝鮮では、同じ祖先を持つ兄弟民族でありながら侮蔑の対象としていた女真族によって明王朝が滅びた後、朝鮮王朝こそが中国文化の正統な継承者であるという小中華思想が確立し、王が皇帝を称していた。この衝立はそのための「装置」であろう。

（九四）カトリックでは、教皇冠はティアラともレグヌム（ラテン語 regnum は「君臨、統治」の意）と呼ばれているが、その歴史は必ずしも明確ではない。ローマの司教である教皇は最初は他の司教と同様、優れた地位を示す白色の兜様の帽子をかぶっていたが、早くても九世紀、遅くても十一世紀までには冠の下の縁に宝石をちりばめた環（レグヌム）が加わり、ボニファティウス八世（一二九四―一三〇三）から環が二本（教権と俗権の二重権力の象徴）になり、ベネディクトゥス十一世（一三〇三―一三〇四）ないしクレメンス五世（一三〇五―一三一四）の代（異説あり）に第三の環が加わり、トリレグヌム（三重教皇冠）となった。この三つの環は、『カトリック大辞典』（上智大学編、冨山房、昭和十五年）によると、司祭権、司牧権、教導権を暗示する。したがって、教権と俗権と政権を指すというJ－P・ルーの見解とは異なる。一般的には、俗権すなわち政権だから、司祭権、司牧権、教導権と解するのが無理がないと思うが、その後の教皇とフランスのカペー朝との権力争いや、二重冠の暗示を考えると、どちらとも断定できない。

（九五）この記述には首をかしげる人が多いのではなかろうか。「イランの三重冠」とは、冠帯《ディアデム》、冠帽子《キャロット》、球体飾《コリュンボス》からなるササン朝の王冠を指しているのではないかと思われるが、もしそうだとすると、「三つの王国」は、この後でこれと対比されているエジプトの「二つの王国（上ナイルと下ナイル）」のように、具体的に示すことが可能な王国ではなく、三層または三重に区分できる抽象的な宇宙または世界の概念ということになるのかも知れない。しかしそのように解釈したとしても、エジプトの「二つの王国」に対して「三つの王国」と言うのはやはり強引すぎるような気がする。

（九六）ハンガリー王イシュトバーン（九九七―一〇三八）はアールバード家出身で、キリスト教に改宗し、教皇シルヴェステル二世から授けられた王冠を戴いて、ハンガリー初代の王となった。行政組織の整備、教区制の設置、国内異民族・異教徒の討伐・平定などの事業により、統一ハンガリー国家の樹立に成功した。聖王と呼ばれる。

（九七）ミカエル七世・ドゥカス（一〇七一―一〇七八）は、当時の軍事的・政治的危機の中、母エウドキアが呼び寄せた叔父ヨアンネス・ドゥカスを摂政として、帝位に就く。しかし軍事的無能が判明したため、宦官のニケフォリツェスが権力をのばして、ヨアンネスを罷免し、その権力の濫用により、帝国の財政を危機に陥れた。一〇七二年、バルカンで反乱が起こり、教皇グレゴリウス七世の介入によって、クロアティアおよびダルマティアが独立、一〇七六年に大飢饉が起きると、反乱は全軍に波及した。一〇七八年、ニケフォロス三世（簒奪者、一〇七八―一〇八一）が皇帝を宣したことによって降位を余儀なくされ、エフェソスの修道院に退いた。

（九八） le nimbe の訳語としてとりあえず最も一般的な「頭光」を選んだが、宗教、地域、時代によって、「光輪」や「後光」や「光背」とするのが図像上正しい場合もある。

（九九） テキストでは、（前一世紀）となっていたので、訂正した。J‐P・ルーが常に依拠しているR・ギルシュマン（『古代イランの美術 II』、翻訳監修者／新規矩男、岡谷公二訳、新潮社、一九六六年、七二ページ）は、この「三位一体」像は「パルミラ地方の三神――〔月神〕アグリボル、〔天空神〕バールシャミン、〔太陽神〕マラクベル」の像と推定している。ただし、中央のバールシャミンには頭光はない。

（一〇〇） J‐P・ルーのここの記述は正確さを欠いている。セルジューク朝の代表的な陶器として知られているのは、ミナイ陶器（ミナイ手とも。ミナイはエナメルのこと）とラスター彩陶器であるが、頭光はラスター彩陶器の人物絵にも見られる。歴史的経緯は次の通りである。

エジプトのファーティマ朝（九〇九―一一七一）の首都アル・フスタート（現在のオールド・カイロ）は十世紀後半から世界的な商業都市の一つとして大いに繁栄した。しかし一一六八年、十字軍が建設したエルサレム王国の軍隊がデルタ地帯に侵入すると、ファーティマ朝は自ら首都を破壊し、まもなく滅亡した。この時数多くの陶工たちがイランに逃れ、ラスター彩陶器の制作を再開した。近年、アル・フスタートの廃都から出土した大量の陶器片の中には、頭光付きの人物を描いたものもある（たとえば、『世界陶磁器全集　二一、世界（二）』（小学館、一九八六年）、no. 251、エジプトのラスター彩）。したがって、イランにおける頭光の使用は、まずファーティマ朝のラスター彩陶器の陶工たちによってセルジューク・トルコ時代のイランへもたらされ、ミナイ陶器の陶工たちがそれを採用した結果であることは間違いない。そしてエジプトのラスター彩陶器に見られる頭光のルーツはコプト教美術と見るのが妥当であろう。エジプトには、いまなお百万人のキリスト教徒がいるが、特にオールド・カイロには多数のコプト教会が残っている。

（一〇一） この「古典時代」の意味がよく分からない。一般的に、西洋人がこの語を用いる場合、「古代ギリシャ・ローマ時代」を指すが、ここでは「サラセン帝国時代」の可能性が強い。

（一〇二）アマラーヴァティーは南インド、アーンドラ・プラデーシュ州のクリシュナー川南岸の町。その南部にある仏教遺跡からは、一世紀から三世紀わたって制作された多数の優れた浮き彫りが出土した。浮き彫りの主題は仏教説話や蓮華などの装飾文様が主体であり、仏伝図では、仏陀の姿を表さない古式のものもある。

（一〇三）「極東」の範囲をどこまで広げるかによるが、頭光を付けた仏像の画像磚（レンガ）が、すでに三世紀末（二八八年）、西晋時代に江蘇省で製作されている。『中国国宝展』図録（東京国立博物館、朝日新聞社、二〇〇四年）No. 76参照。また、五世紀の中国の頭光付きの仏像は現在わが国にもある。『ブッダ展——大いなる旅路』（東武美術館、奈良国立博物館、名古屋市博物館、NHKほか主催、一九九八年）図録、七二—七三ページを参照。

（一〇四）頭光は後光、光輪、光背と共に、総合的にとらえる必要があると思うのだが、それぞれの起源と関連を明らかにするのは容易なことではない。

古代メソポタミアとエジプトでは、太陽（神）は大別して三通りの意匠で表された。まず、メソポタミアの図像を見ると、太古より、太陽神シャマシュは両肩から三本ずつ炎を立ち昇らせる人格神として表されていたが、中バビロニア時代からは、日輪＝円盤がそのシンボルとなった。一方、エジプトでは、古王国第五王朝時代（前二十五世紀）までには有翼日輪の表象様式が成立した。これは初期の王権の象徴で、ハヤブサの姿で表されていた天空神ホルスと太陽神ラーが結びつけられた図像である。そして新王国時代になると（たぶん）、頭の上に日輪＝円盤を載せた太陽神ラーやアトゥム神（世界創造神、夕暮れの太陽と同一視された）などの定型表現が成立した。ところで、エジプトの有翼日輪は前十九～前十八世紀頃までにシリアやアナトリアに伝わり（『世界美術大全集　東洋編16　西アジア』（小学館、二〇〇〇年）、久我行子「円筒印章」）、その後、シリアからアッシリアやバビロンに伝わった。最初、アッシリアでもバビロンでもこれをメソポタミアの太陽神のシンボルとして用いたと思われるが、やがてアッシリアで、有翼日輪から神が上半身を現した図像が生まれ——前記「円筒印章」（久我行子）および同書「メソポタミア（3）、新アッシリア時代から新バビロニア時代」（渡辺千香子、松島英子）はこの神をアッシュル神と見ているのに対し、『古代オリエント事典』（岩波書店、二〇〇四年）「アッシュル」の項（渡辺和子）は有翼日輪をアッシュルのシンボルとして認めていない——、この図像をアケメネス朝が借用してアフラ・マズダ神の像とし、有翼日輪そのものもアフラ・マズダ神のシンボルとした。二つ目の意匠は太陽の放射光を強調したものである。たとえば、有名な「ナラム・シンの戦勝碑」（前二十三世紀前半）の太陽（神名はシャマシュ）の図像は、八つの放射状光芒で光を、同じく八つの炎で熱を表している。三つ目の意匠は、円（盤）の中に放射状光芒と炎を描いたもの、すなわち第一と第二の意匠を組み合わせたものである。カッシートの「王メリシパク二世（前一一八五—前一一七一）のクドゥル（王による土地贈与証）」（『世界四大文明展　メソポタミア文明展』図録、NHK・NHKプロモーション、二〇〇〇年、No. 235）の太陽がその良い例である。同王の「大クドゥル」（同、No. 234）の太陽のように、八つの炎だけが描かれたものもある。

以上の三通りの太陽の象徴表現に加えて、光背《オーラ》（メランム）と焔肩を念頭に置いておく必要があるだろう。光背のある図像は比較的少ないが、アッシリア時代（前八世紀）のスタンプ印章の中に光背を持つ女神の像が見られる（『大英博物館・アッシリア大文明展』図録、朝日新聞社、一九九六年、No. 191）。羽根飾りの付いた角状冠を戴いたこの女神は、自分を取り巻く神々しい光背《オーラ》（メランム）を片手（右手）で握っている。光背は連珠の環からなり、先端に星形が描かれている。訳者が知る限り、メソポタミアで光背を持つのは、羽根飾りの付いた冠を戴いたこの女神だけ——図像は複数ある——である。シリアではこの女神と思われる図像を刻んだ前一千年紀前半の円筒印章（前記『世界美術大全集　東洋編16　西アジア』、No. 152）が出土しているから、光背という表現様式はシリア起源となるのかも知れない。メソポタミア・地中海で頭光という象徴表現が生まれた背景は以上のようなものである。

ところで、明確に頭光と言えるものを世界で最初に付けたのは、ギリシャの太陽神ヘリオスであろう。カール・ケレーニイ（植田兼義訳『ギリシャの神話——神々の世界』、中央公論社、昭和六十年、一三八ページ）が紹介している陶器画のヘリオス（南イタリア出土、前五世紀）は、頭から長短それぞれ八本の光芒を放っている。もっとも、ほぼ同時期（前四九〇年頃）のアッティカのアンフォラ（『世界神話大事典』、大修館書店、二〇〇一年、四四七ページ）には、ヘリオスが、エジプトのラー神と同じように、光円（盤）を頭に載せている姿も描かれている。周知のように、ヘリオスはたびたびその地位をアポロンに取って代わられる。そして前一世紀になると、コンマゲネ王国のアンティオコス一世（前六四—前三八）——彼にはセレウコス朝の王女の血が入っている——の墓所ニムルート・ダーでは、ヘリオス＝アポロン神とミトラ神が合体する。すなわちミトラ神が光芒（放射状光線）と光円（盤）よりなる頭光で荘厳《しょうごん》されるようになった（R・ギルシュマン著、岡谷公二訳『古代イランの美術　Ⅱ』、新潮社、一九六六年、No. 80）。このミトラ神の頭光と一世紀のパルミラの太陽神の頭光はほぼ同一形で、二世紀のハトラの太陽神の頭光は全く同一の形状になっている。ミトラ神は元来ゾロアスター教の契約・同盟の神だったが、勝利・正義・裁き・破邪・光・太陽の神、そして救世主としての属性を帯びて、ヘレニズム時代、特に小アジアとメソポタミアの地で、まずギリシャの太陽神と合体したのである。

一方、ガンダーラでは、仏像の出現以前は、礼拝の対象として、台座の上に鋸歯文（光芒）を周囲に付けた円輪光（『ブッダ展——大いなる旅路』NHK・NHKプロモーション、一九九八年、No. 5）を据えていた。これは太陽そのものではないが、光り輝く存在、または成道（知恵の完成）者としてのブッダを象徴するものと考えられている。そして一世紀後半、イラン系のクシャン朝とローマとの交易が始まる頃、仏像が出現すると、ガンダーラのこの円輪光が、マトゥーラその他でも、そのまま仏像の頭光として用いられた。そして二世紀になると、頭光付きの仏像が多数制作され、カニシカ王（正確な統治時期については諸説あり）が発行した多数のコインの裏面に刻まれたギリシャ系やイラン系の神々も、その多くが頭光付きで表された。ヘリオスと太陽神ミトロ（ミトラ）がその中に入っていることは言うまでもない。注目すべきなのは、次のフヴィシュカ王（?—一八二）のコインでは、王像にも付けられ、神人合一が強調されたことである。また、ヴェーマ・カドフィセス（七七—一〇一）のコインの同王像の肩からは火炎が立ちのぼっているが、王の聖性を表象するこの「焔肩」も、カニシカ王等の後の王像に受け継がれた。「焔肩」について、田辺勝美氏は、「本来はイラン系の火の神アータルのもの」と述べており（平山郁夫コレクション『シルクロード・コイン美術展』、オリエント博物館、一九九二年、「パルメット no. 4」ほか）、前田耕作氏も「クシャン朝独自のもの」と言っている（『世界美術大全集　東洋編15、中央アジア』（一九九九年）、小学館、一二八ページ）。しかしながら、「焔肩」はやはりメソポタミア起源で、その伝統が伏流水のように、この時期、ガンダーラで湧出したという見方もありそうな気がする。

ところで、西方には頭光の使用はどのような経緯で広まっていったのだろう。すでに述べたように、ギリシャの太陽神ヘリオスには早くから頭光があり、ローマ人はこのことを知っていたと思われる。正確なことは分からないが、ローマの兵士たちがミトラス教のミトラスまたはヘリオス＝アポロンと合体したミトラスと初めて接したのは、シリア王国の滅亡後、ローマが直接パルティアと対峙するようになった、前一世紀半ば頃のことだろう（訳者は図像を確認していないが、前一世紀にローマで発行されたコインの太陽神の像に頭光が付けられたことが分かっている）。以後、ミトラスはまず下級兵士たちに受け入れられて、ローマの太陽神ソルと習合し、次に指揮官クラス、そして最後はネロ帝を始めとする皇帝たちの信奉するところとなった。ミトラス＝ソル信仰が帝国全土に広がる中で、ウェスパシアヌス帝（六九―七九）とセプティミウス・セウェルス帝（一九三―二一一）は自ら発行したコインに頭光付きの肖像を刻ませた。そしてディオクレティアヌス帝の時代には、敗れざる太陽神ミトラス＝ソルはローマ帝国の守護神となっていた。コンスタンティヌス大帝はアポロンの信奉者だったが、三一三年から三二三年までの十年間に大量に鋳造された銅貨には、「敗れざる太陽」を讃える文字が刻まれ、太陽神の顕現として天馬が引く馬車を御す皇帝（父帝？）の肖像には太陽の光輝をかたどる頭光が付いている。

シリアのドゥーラ・ユーロポス――セレウコス朝が建設し、ササン朝ペルシャのシャープール一世によって陥落した――のミトラス神殿からは、このような歴史的経緯を推測させる三つの図像が出土している。いずれも神話を描いたもので、第一の図像では、ミトラ（ス）と太陽神が肩を並べていて、太陽神のみが円形頭光を付けている（フェルマースレン著、小川英雄訳『ミトラス教』、山本書店、一九七三年、図35）。ローマ帝国内の図像では、両者が並んでいる場合、どちらかが上位にいても、頭光を付けているのはほとんど常に太陽神のみである。第二の図像では、ギリシャのサトゥルヌス神（同、図41）が円形頭光を付けている。そして第三の図像では、ローマのユピテル神がやはり円形頭光を付けている（同、図42）。このように、必ずしも太陽神と合体しなくても、神聖性を強調するために、ミトラ（ス）神以外のギリシャ・ローマの神々にも頭光や光輪を付ける傾向は、その後珍しいことではなくなった。アルジェリアのコンスタンティヌス郊外から出土したモザイク「オケアノスとその妻アンフィトリーテの凱旋」（三世紀後半）（『大系世界の美術　6　ローマ美術』、学習研究社、一九七四年、No. 79）は最も見事な作例の一つである。また、コンスタンティヌス大帝が三二六年に建てたキリスト教会地下から出土した「女性寓意像」（同、No. 77）――皇妃ヘレナとも――にも白い頭光（光円）が付いている。キリスト教徒は、二世紀末か三世紀初頭から、異教徒の表現形式である頭光や光背を採用し始めた。ドゥーラ・ユーロポスのキリスト教集会所の礼拝室の壁画も、ほぼこの時期（遅くとも二二八年まで）のものと思われるが、そこに描かれている二人の人物には、必ずしも整っていない頭光（または光背）が付いている（ジェフリー・バラクラフ編、上智大学中世思想研究所監修、別宮貞徳訳『図説　キリスト教文化史』、原書房、一九九三年、一一八ページ参照）。そして四世紀初頭には、キリストが、ミトラ（ス）同様、太陽神でもあることを堂々と主張するようになった（『大系世界の美術　10　初期ヨーロッパ美術』（学習研究社、一九八〇年）、no. 90、「太陽神キリスト」、ローマ、サン・ピエトロ大聖堂地下、ジューリ家墓室穹窿）。このモザイク画で、長大な放射状光の頭光を付けたキリストは、コンスタンティヌス大帝のコインに見られる神格化されたローマ皇帝の図像同様、四頭立て（または二頭立て）の馬車に乗っている。こうしてクリストス・ソルまたはクリストス・ヘリオスとしての位格が獲得され、その後長い間、太陽は、十字架と並んで、イエス・キリストの標章となった。

最後に、頭光を付けたローマ皇帝を幾人か列挙しておこう。最初にウェスパシアヌス、次にセプティミウス・セウェルスがコインの自分の肖像に頭光を付け、その後、コンスタンティヌス大帝発行のコインの図像で皇帝に頭光が付けられていたことはすでに述べた。コンスタンティヌス二世（三三七—三六一）はキリスト教徒だったが、三四五年頃のローマ暦には、太陽神ソルの象徴としての頭光を付けて描かれている（前記『図説　キリスト教文化史』、九二ページ）。テオドシウス一世（三七九—三九五）は、治世十周年を記念して作られた「大銀盤」（ミッソリウム）で、円盤形頭光を付けた姿（倚像）で描かれている（クリス・スカー著、青柳正規監修『ローマ皇帝歴代誌』、創元社、一八六ページ）。象牙の飾り額に刻まれたホノリウス帝（三九五—四二三）の肖像にも、頭光（光輪）が付いている（同書、二八九ページ）。

結論。頭光の範疇に光背（オーラ）まで入れるならば、その歴史は非常に古い。しかし狭義に解釈すれば、頭光の出現は古代ギリシャ時代からである。そしてヘレニズム時代からローマ時代にかけて、太陽神ヘリオス＝アポロン＝ミトラス＝ソルの頭光が神聖性の象徴表現の主流となると、東方では仏陀の像に応用され、西方では諸神、ローマ皇帝、諸人物に続いて、キリスト、聖母、使徒の像にも付けられた。

（一〇五）　この記述は適切ではない。アケメネス朝の大王の像はいずれも臣下の像より大きく表象されているので、大王の笏杖は、臣下と比べれば、その背丈ほどあるが、大王と比べれば、特に長いものではないからである。

（一〇六）　フランス語の bâtonnier は「杖の保持者」の意。元来は、弁護士会を始め、同業者団体の長は権威の象徴としての杖を持っていた。

（一〇七）　テキストには crochet（鉤付き杖）とあるが、そのまま訳出すると、イシス神、アメン神が持つウアス杖（力のシンボル）になるので、訂正した。

（一〇八）　メンフィスの主神で創造神、工芸の神、新帝国時代には、軍隊の守護者にもなった。妻はセクメト女神、息子はネフェルテム神。ウアス杖を持つ。

（一〇九）　神聖ローマ皇帝はフリードリヒ一世もハインリヒ六世も、フランス王に対して、封臣となるよう強く迫っていたが、オットー四世の時、両者はついに激突した（一二一四年）。ドイツ王がイングランドのジョン（欠地王）およびフランドル伯と連合したのに対し、フランス王フィリップ二世（一一八〇―一二二三）は北部諸都市の民兵を主力として軍隊を編成し、北フランスのブヴィーヌの丘で連合軍を撃破した。この勝利は王国の連帯がもたらしたものだったので、フランスの王権の基盤はいっそう強固になり、フィリップ二世は尊厳王（オーギュスト）と呼ばれるようになった。一方、この敗北により、オットー四世は失脚し、ジョン欠地王は翌一二一五年、マグナ・カルタの承認を余儀なくされた。

（一一〇）ホメーロスの『イーリアス』第二巻、邦訳書　世界文学体系1、呉茂一訳、筑摩書房版、昭和三十六年、一八九、一九〇ページ。

（一一一）『イーリアス』第一巻の冒頭に登場するトロイア方のアポロンの神官。これは、ギリシャ方の総大将アガメムノンのもとに囚われの身となっている娘の身の代を持って、取り戻しに来た時の様子である。

（一一二）この引用文は、劇中、クレオンが初めて登場して、テーバイの長老たちよりなるコロスに語りかける言葉から抜き出して、繋いだもの。「ライオスの笏杖」は、呉茂一訳では、「ライオスの威権」となっている。ライオスは呪いの結果として息子オイディプスによって殺されるテーバイの王。

（一一三）フェイディアス（前四九〇頃―前四三一頃）はパルテノン神殿のアテナ像やオリュンピアのゼウス像――これは古代世界の七不思議の一つに入っていた――などを制作した、古代ギリシャの代表的彫刻家。ペリクレスの親友だったが、横領罪かその他の罪で処刑されたと推測されている。

（一一四）ここはアガメムノンの娘クリュソテミスが、凶夢の禍を避けるために母クリュタイムネストラが太陽神に向かって自分の夢の内容を明かした時のことを、姉のエレクトラに語っている条である。アガメムノンはトロイアからの帰還後、妻クリュタイムネストラとその愛人アイギストスによって暗殺されている。

（一一五）アステカの主神（の一つ）、羽毛の生えた蛇ケツァルコアトルを象徴するもの。第三章の訳注（一四四）ほか参照。

（一一六）「蛇は謎めいた人物であり、」からここまでの記述に含まれている論理と意味がよく分からない。創世記の楽園の蛇についての解釈と思われるが、モーセが投げたアロンの杖が変化《へんげ》した蛇もそのようなものであり、したがって、彼らの杖はそのような特性を象徴するものであると言いたいのだろうか。

（一一七）J–P・ルーのこのような記述に、記号論としてどれだけの整合性があるのだろうか。J・シュヴァリエ／

A・ゲールブラン著『世界シンボル大事典』（大修館書店、一九九六年）の杖と蛇の項を参照しても、よく分からない。が、それはともかく、J－P・ルーは、聖書の逸話を彼なりに解釈して、王杖は、王ないし王権には永遠の生命があることと、完全な知恵の体現者である王が公平に裁く者であることとを象徴している、と言いたいらしい。

（一一八）『周礼』『礼記』『独断』を始め、心当たりの文献は一通り調べてみたが、大略の日傘の文柱（柄）が王（皇帝）自身のシンボルであるとする「中国の非常に古い解釈」は見つけることができなかった。しかしこの「解釈」は前記『世界シンボル大事典』（大修館書店）の日傘の項にも、フランスのシンボル学会の共通認識として（たぶん）、示されている。思うに、この「解釈」が、『易経』天文篇の「天は円、地は方」という象徴表現と、王という字の三本の横棒線は天・地・人を示し、それらを貫く一本の縦棒線は宇宙軸としての王を示すという、董仲舒の「古い解釈」──これが付会すなわちこじつけ以外の何物でもないことはすでに述べた（第二章の訳注（三〇）参照）──に基づいていることは間違いない。J－P・ルーを含むフランスのシンボル学者たちは、大略の方形の座の中央に立ててある日傘の図像を見て、直観的に「中国の非常に古い解釈」の正しさと普遍性とを確信したのだろう。そして時空を超えて、他の地域のすべての日傘にも、中国の日傘が明示している──と、彼らが信じた──シンボル学的意味を認めたのだろう。本訳注では、この「古い解釈」とその普遍化がいかにナンセンスであるかを、証拠を示しながら、明らかにしていきたい。

まず、ユーラシア大陸の傘の歴史を概観しておこう。訳者が知る限りでは、日傘の最も古い図像はルーヴル美術館所蔵の「サルゴン王の石碑断片」（前二十四─前二十三世紀、イラン、スーサ出土）（『世界美術大全集　東洋編　第16巻　西アジア』、小学館、二〇〇〇年、No. 45）である。これでは、専門家も指摘しているように、歩行するサルゴン王に背後から臣下が日傘を差しかけている。サルゴン王が馬車に乗っていないことに留意する必要がある。次に古いのがアッシリアの諸王の図像である。たとえば、ニムルド出土のアッシュールナシルパル二世（前八八三─前八五九）の行軍の図像（前八七五─前八六〇頃制作）（『大英博物館　アッシリア大文明展』図録、朝日新聞社、一九九六年、No. 002）では、馬車に乗った国王の背後から、同乗の臣下が王に日傘を差しかけている。そして別の図像「狩りの後の儀式」（前八七五─前八六〇頃制作）（同、No. 007）では、同王は地上に立ち、臣下は長い柄の日傘を後ろから差しかけている。前者と同形の図像としては、ティグラトピレセル三世（前七四四─前七二七）の「行軍の図」（前七四〇年頃または前七三〇─前七二七年頃制作）（同、No. 013）が、そして後者と同形の図像としては、シャルマネセル三世（前八五八─前八二四）の「黒いオベリスク」（前八二五年頃制作）（同、一一ページの挿図3）がある。「人面有翼雄牛の巨像を王宮に輸送する労働者たちの姿を描いたセンナケリブ（前七〇四―前六八一）の浮き彫り。F・C・クーパーの模写に基づく銅版画」（同、三五ページの挿図1）では、王は馬を外し、人力で高台に固定された戦車から作業を指示しており、地上に立つ宦官によって戦車の後から王に差しかけられている日傘はこれまでのものより一回り大きい。そしてこれより三、四十年後の浮き彫り「アッシュルバニパルの検閲（部分）」（前六六八―前六三一年頃、ニネヴェ出土、大英博物館所蔵、『世界美術全集　東洋編16　西アジア』（小学館、二〇〇〇年）、第三章「メソポタミア（3）」挿図81）に見られる日傘は非常に大きなもので、アッシュルバニパル王と御者と同乗した傘持ちの三人が完全に傘蓋の下に収まっている。そのうえ、傘蓋の後部に布を付けて垂らすことによって、王の背後からの太陽の光線と熱を遮っている。日傘を使用するアッシリア王家の伝統はアケメネス朝ペルシャに受け継がれた。ただしアケメネス朝時代の図像には、馬車に乗った大王の姿は見られず、ペルセポリスの三面の浮き彫りに見えるのは、いずれもさほど大きくない日傘の下を歩行するダレイオス一世（前五二一―前四八六）とクセルクセス一世（前四八六―前四六五）の姿――前者が二カ所、後者が一カ所――である。帝都スーサにダレイオス一世とアルタクセルクセス二世が建てた宮殿にも同形の図像があった可能性はきわめて高い。アケメネス朝の浮き彫りとほぼ同時期（前五世紀）のものと思われる図像（「知の再発見」双書Ⅱ　ピエール・ブリアン著、桜井万里子訳『アレクサンダー大王』、創元社、一九九一年、三〇ページ）が、リュキアのクサントスの遺跡で発見されている。ここでは、この地域の総督（サトラップ）がペルシャ大王の真似をして、従者に日傘――柄が曲がっていることに注意――を差しかけさせている。さらに西方のイタリア半島中部でも、ほぼ同時期に日傘の図像が描かれた。キウーシの「猿の墓」のタイルにあるこの庶民の葬式の図（ヴェルナー・ケラー著、坂本明美訳『エトルリア――ローマ帝国を奪われた民族』、佑学社、一九九〇年、二一一ページ）では、死者の女性は青銅の長椅子に腰掛け、足台に両足を置き、両手で日傘の柄を持って、自分のために催される祭りを眺めている。イタリア半島での日傘の使用は、近東からギリシャ経由で伝わったと見て間違いないだろうが、訳者が調べた限りでは、ギリシャには日傘の図像は見当たらない。この図像で留意すべきは、日傘がすでに庶民のものになっているということである。

　東方に目を転じると、アフガニスタンのアイ・ハヌム出土の「キュベレ女神像円盤」（グレコ・バクトリア（前三―前四世紀））（『世界美術大全集　東洋編　第15巻　中央アジア』、小学館、一九九九年、No. 80）がまず目につく。この円盤では、二頭の獅子が引く二輪馬車にキュベレとニケが乗っており、その後ろから地面に立つ神官と思われる男性が日傘を差しかけている。彼らの前方では、もう一人の神官が香をたいていて、中空には旭日状の頭光を付けた太陽神ヘリオスの胸像が浮き彫りされている。セレウコス朝の影響下に成立したと見られるこの図の日傘は、図像構成上デフォルメされたものと思われるが、写実的なものである可能性も否定できない。インド世界では、日傘の図像は仏教画像と共に出現すると言ってよいだろう。ペルシャ・ギリシャ文化の影響が強いガンダーラの仏画像を始め、南部の仏画像も、最初期のもの（『パキスタン・ガンダーラ彫刻展』図録、NHK・NHKプロモーション、二〇〇二年、No, 103）に見えるのはいずれも釈迦のための長柄の日傘である。しかし早くも二世紀には、南インドのアマラーヴァティーのジャータカ（釈迦の前生物語）の浮き彫り（『ブッダ展――大いなる旅路』図録、NHK・NHKプロモーション、一九九八年、No, 76）その他の中に、短い柄の日傘が現れる。この図は有徳のヴィシュヴァンタラ（布施太子＝釈迦の前生）が国宝の象をバラモン僧に布施しているところだが、中央の太子は宝冠を付けているだけで、日傘を使用していないのに対して、布施を請い願う二人のバラモン僧の方が柄の短い日傘をさしている。そしてアジャンタの石窟寺院の壁画（六世紀）（『アジャンタ壁画Ⅲ』、日本放送出版協会、一九九九年、第17窟、C、17―5、未詳図、正面廊左部）には、王や王妃に差しかけるための長柄の日傘と、私用の短柄の日傘が同一画面に描かれている。王宮内の情景とはいえ、インドでは、かなり早くから日傘はブッダや王のみのものではなくなっていたのである。

最後に、問題の中国および日本の日傘を見てみよう。まず、中国の大輅（玉輅とも）だが、これは天子が乗るための日傘を立てた特別豪華な馬車のことである。日傘――「傘」字は紀元後に出来た（たぶん）象形文字で、傘を指す本来の字は「簦《とう》」であるが、ここでは原則として「日傘」を用い、必要に応じて「蓋」も用いる――が中国でいつ頃から使用されたのか、西方から伝来したものか、それとも中国で創られたものか、また、いつ頃から日傘が馬車に立てられるようになったのか、正確なことは何も分からない。『周礼』考工記、輪人には、馬車の車箱に立てる日傘の柄の高さや大きさなどが定めてあるから、現代中国の研究者のように、『周礼』を文字通り周の礼書と解するならば、日傘＝車蓋は西周時代から、すなわち紀元前一〇〇〇年以上前から馬車に取り付けられていたことになる。しかしすでに述べたように、わが国の専門家の多くは、様々な理由から、現存する『周礼』は、古い部分を含んではいるものの、前漢か新の頃までに成立したと見ているようなので、訳者もそれに従い、車蓋の歴史に関しては、他の文物に依拠したい。周知のように、秦の始皇帝陵付近から、実物を二分の一に縮小したきわめて精巧な銅馬車が二輌出土した。一号銅馬車（『世界美術大全集　東洋編　第2巻　秦・漢』、小学館、一九九八年、No. 15）には傘蓋がついており、安車と見られている二号銅馬車（同、No. 45）には室と屋根が付いている。前三世紀にこれほど完成度の高い日傘＝車蓋が出来上がっている以上、その歴史はかなり遡れそうなものだが、図像を見る限りでは、最も古いものでも戦国時代末期がいいところで、我々が今日よく目にする傘蓋の図像は秦・漢以降のものばかりである。一方、文献を見ると、斉侯の管仲（?—前六四五）は朱蓋を使ったとあり（『韓非子』）、孔子と程子（博学で知られていた晋の学者）は、道で出会った時、「傾蓋して」語り合ったという（『墨子』公孟、『孔子家語』觀思）。これらが史実だとすると、前七世紀にはすでに斉侯が使用していたことと、前六—前五世紀には、二人の学者が——孔子は短期間魯の大司寇となったが、程子は誰にも仕えなかった——共に馬車に日傘すなわち車蓋を立てていたことになる。「蓋《かさ》を傾《かたむ》けて」を「片方が自分の蓋を抜き取り、相手に差しかけて」と解する専門家もいる（尚秉和著、秋田成明編訳『中国社会風俗史』、東洋文庫151、平凡社、一九六九年、一三八ページ）。しかしこれはたぶん間違っている。なぜなら『史記』鄒陽伝にある「傾蓋如故」は「途中で出会った人たちが互いに車の蓋を交えて、古い友人同士であるかのように親しく語り合うこと」という伝統的な解釈以外は受け付けそうにないからである。次に、後漢時代（一七六年）の地方長官クラスの墓室の壁画「君車出行図」（同、No. 63）を提示しよう。四層の壁画は一千石の県令以上だったと思われる墓主の生前の各時期の車馬行列を描いたものである。皇帝の権威を示す斧車《ふしゃ》（斧＝鉞をかかげた車）を配したこれらの行列には白蓋付きの軺車《しょうしゃ》（元は四方が見渡せる物見車で、後に最も一般的な小車《おぐるま》となった）が多数並んでいるが、これらに乗っているのは県令とその部下たちにほかならない。すでに前漢時代から、ある程度以上の位の官人たちは、数人の供の者を従えて、白蓋付きの軺《しょう》車《しゃ》に乗って出行するのが普通になっていた。このことはあちこちの墓の壁画によって明らかである。そしてたぶん最下級の官人たちでさえ、日傘を使っていた。その良い例が前漢時代の「載人載鼎陶鳥《たいじんたいていとうちょう》」（『世界四大文明　中国文明展』図録、NHK・NHKプロモーション、二〇〇〇年、No. 64）である。鳩の翼に鼎と三人の人物が載っているこの陶像は、やはり死者と共に埋められたものと思われるが、二人は官人、一人が従者で、彼は二人に日傘を差しかけている。冠を付けているとはいえ、官人たちの服装は質素であり、また、この陶像全体の素朴で稚拙な作り方からして、墓の主人は位の低い官人だったに違いない。訳者が知る限り、これは漢代までの図像の中で、日傘を人が直接手で支えている図像の唯一の作例でもある。そしてもう一つ、これよりかなり時代は下るが、北宋時代に描かれた有名な「清明上河図巻《せいめいじょうかずかん》」（伝張択端作、一一世紀後半—一二世紀前半）（図3、『世界美術大全集　東洋編　第5巻　五代・北宋・遼・西夏』、小学館、一九九八年、No. 47–50）

をよく見ていただきたい。この絵では、あちこちで露天商が大きな日傘を地面に（たぶん）立てて、商いをしている。これらの日傘は商品を保護したり、客を引きつけたりするためのものであって、王・皇帝の権威とは全く関係がない。もし日傘が王・皇帝の御物であり、象徴であると定めてあったなら、このような光景は出現するはずがないだろう。

そもそも『史記』や『漢書』には天子の車駕についての記述はなく、『周礼』には、車蓋としての日傘の各部分のサイズの規定は記されているが、傘蓋や柄のシンボル学的な意味など全く述べられていない。後漢の学者鄭玄は、天子の服の紋章の意味については詳細に解説しているのに、車蓋については、ただ一言、主として雨のために設くるなり、と述べているにすぎない（本田二郎著『周禮通釈　下』、秀英出版、昭和五十二年、四四九ページ）。また同じく後漢の蔡邕《さいよう》も、その著書『独断』で天子の車駕について詳述し、車箱の蓋（日傘）は堅く織った青絹でつくった、と述べてはいるが、車蓋と柄のシンボル学的な意味についてはやはり一言も述べていない（『独断』23、福井重雅訳注『西京雑記《せいけいざつき》・独断』、東京書店、二〇〇〇年）。この事実は何を意味するのだろうか。思うに、中国の日傘は中国で考案されたものではなく、時代の特定は困難だが、周（西周）代末期か春秋時代初期頃——前八世紀初め頃——までに、西方から伝来したものではなかろうか。つまり、西方の者たちを介して伝来したために、日傘＝車蓋を中国の王のみの持ち物と規定することができず、これに何一つ王の権威を示すものとしての特別な意味付けをすることができなかったのではなかろうか。それで伝来した当初から、ある程度の社会的地位と財力のある者は誰でも日傘の使用が可能であり、その結果、宋代までには全く庶民的なものになっていたのではなかろうか。そんな気がしてならない。

補。雲南省の古代の滇《てん》人の遺跡からはスプーン形の日傘の青銅製ミニチュア（前三—前一世紀）（『世界美術大全集　東洋編　第2巻　秦・漢』、小学館、一九九八年、No, 220）が複数出土している。これは他に類例を持たない、滇《てん》国起源のものと思われる。

では、日本における日傘の歴史はどのようなものだったのだろうか。わが国の日傘の考古学的資料としては、まず埴輪を挙げることができる。蓋《きぬがさ》形埴輪は四世紀後半から始まって六世紀まで作られた。上は天皇陵から下は地方の有力者の古墳に至るまで、地理的には、九州から東北地方（福島県）まで、「おびただしい数の」蓋形埴輪が出土している。その中には、（死者をあの世に運ぶ）船形埴輪に立てられた長柄の蓋形埴輪——きわめてリアルな作りである——や、木製の長柄の蓋形埴輪もある（『考古資料大観　第4巻　弥生・古墳時代　埴輪』、一瀬和夫・車崎正夫責任編集、小学館、二〇〇四年）。この事実によって次のようなことが推測できるだろう。たぶん朝鮮半島経由で伝わった日傘（蓋《かさ》、衣笠《きぬがさ》）は、各地の支配者階級によって、権力の標章の一つとして用いられ、大和朝廷もこれに習った。つまり日傘は権力者の持ち物の一つではあったが、もともと天皇の独占物ではなかったから、日傘の使用は、その後も、東国の有力者たちの間にまで広まった。日傘の最古の絵は高松塚古墳の壁画（七世紀）に描かれた絹傘であろう。これ以後も大和朝廷では、天皇および皇族の権威を示すための装置の一部として、特に公の場での日傘の使用は途切れることなく続いたと思われる。しかしわが国でも、中国同様、日傘に特別な意味は付与されず、そのため日傘は天皇の独占的な持ち物とはならなかった。平安時代、皇族や貴族たちが各自日傘――当然、雨傘にもなった――を日常的に使用していたことは、源氏物語絵巻（十一世紀末）や貴族を描いた絵、たとえば「久能寺経」薬草喩品《ゆほん》見返し（十二世紀）（『日本美術全集　王朝の美術　第9巻　源氏物語絵巻と三十六人歌集』、学習研究社、一九七七年、No. 38）などによって明らかである。そして鎌倉時代頃までには、日傘（雨傘）は巷間に広く普及し、たとえば「一遍上人絵伝」（一二九九年）を見ても、一般庶民の底辺の者たちでさえ日傘を使用していたことがよく分かる。その後の「洛中洛外図」その他の都市の風俗を描写した絵画には、日傘を持つ町家の女性や見すぼらしい姿の僧侶や聖たちが多数描かれている。また、名古屋城の十八世紀の襖絵（『原色日本の美術　第24巻　風俗画と浮世絵師』、小学館、一九七一年、一四九ページ、No. 1。風俗図　名古屋城）には、道端の方形の台の後の端にではあるが大日傘を立てて、田楽差しにしたこんにゃくか豆腐のようなものを売っている男が描かれているが、フランスのシンボル学者たちの日傘の記号学を適用するならば、この男はまさに王でなければならない。これ以上の例証は不要だろう。

　結論。日傘はメソポタミアやペルシャでは王だけが持つことのできるものであり、その意味で、王の権威の象徴であり、王の標章であった。また、アケメネス朝かセレウコス朝を介して伝わった可能性が強いインドでも、日傘は、証拠となる図像こそ見つからないが、最初の間はたぶん王たちだけのもので、その後ブッダや神々の図像にも用いられるようになったとはいえ、早くも二世紀頃までには、王やブッダや神々の権威を示すための長柄の日傘とは別に、私用の短柄の日傘が考案され、バラモンもこれを使用した。このことは日傘の蓋や柄そのものに特別な意味など何もなかったことを示しているのではなかろうか。そして肝心の中国では、伝来した（たぶん）当初から、日傘には、使用者の単なる権威づけという以外のいかなる特別な意味もなく、その使用も全く自由だった。そのため、少し時代が下ると、王や皇帝だけでなく、ある程度以上の社会的地位と富を有する者は誰でも日傘を差し、馬車にも立てることができた。宋代の街中の風景はそのことを如実に示している。日本の場合も、時代的なずれこそあれ、日傘の歴史は中国のものとほぼ同じである。しかるにフランスのシンボル学者たちは、『易経』の「天は円、地は方」という象徴表現を念頭に置いて、日傘が立てられた馬車は王という字についての董仲舒の「古い解釈」を具現したものであり、ゆえに日傘の柄は宇宙軸としての王そのものの象徴である、という「日傘の記号論」を確立した。当然のことながら、記号とは普遍性を持つものである。そこでこの理論を、時空を超えて、すべての日傘に適用した。このことの馬鹿ばかしさは明白である。なぜならば、「日傘の記号論」をすべての日傘に適用した場合、理論上、前二十四―前二十三世紀のメソポタミアの地を歩行するサルゴン王や前八世紀のアッシリアの王たちはもちろん、大地は円錐形のメール山（仏教では須弥山）を中心に円形に広がっていると考えていたインドの王たちでさえも、「天は円、地は方」という象徴表現や王字の「シンボル学的意味」を知っていて、自分は天・地・人を貫く宇宙軸であると自覚していたことになり、また、極論すると、前五世紀のイタリアの女性の死者を始め、中国や日本の無数の下級の役人や庶民までもがことごとく王として認められることになってしまうからである。フランスのシンボル学者たちの犯したこの過ちは、自分たちのシンボル学・記号論を過信して、実証主義に立脚した考古学、文献学、歴史学といった学問を軽視した結果にほかならない。前記『世界シンボル大事典』（大修館書店）の「日傘」の項も、本書のこの項もその記述を大幅に修正する必要があるだろう。

（一一九）ここでは君主のシンボルとしての日傘が過度に強調されているように思う。この記述の歴史的背景は実に複雑である。すこし長くなるが、説明しておこう。

一四九七年当時のミラノ公はルドヴィーコ・スフォルツァ（あだ名はイル・モーロ、摂政一四八〇―一四九四、公位一四九四―一四九九／一五〇〇）である。一四九四年、摂政ではあるが、すでに公国の実権を握っていた彼は、自己の野心達成のために、フランスのシャルル八世（一四八三―一四九八）にナポリ遠征を促し、実行に移させた（八月）。そして同年、彼はついに公位の簒奪に成功したが、しかし今度はフランス軍の勝利に恐怖を覚えた。フランス王家とスフォルツァ家とは血縁関係にあり、フランス王がミラノ公位を要求する可能性があったからである。そこで彼は、翌一四九五年三月、教皇、神聖ローマ皇帝、スペインの両王（フェルナンドとイザベル）、ヴェネツィアと共に対仏同盟を結成した。そのためシャルル八世は退路を断たれた状態に追い込まれ、あわててナポリから陸路を北上し、十月にはフランスへ帰国した。

ところでジェノヴァは、シャルル七世（一四二二―一四六一）の時代には、フランス領になっていたこともあったが、当時はミラノ公国の勢力下にあった。そこでミラノ公（実際は摂政ルドヴィーコ）は、シャルル八世にナポリ遠征を実行させるために、ジェノヴァをフランスの封土とし、必要なだけの艦船の調達を容認した。ところがフランス王のナポリ遠征の結末はすでに述べた通りとなった。ルドヴィーコはシャルル八世と和平条約を結び、二年後にはフランスに引き渡すことを約束した。こうしてジェノヴァ城塞は、二年間、ルドヴィーコの岳父であるフェラーラ公エルコーレに委託されることとなった（一四九七年）。そして一四九七年の暮れ、フェラーラ公がジェノヴァ城塞をフランス国王に引き渡すための交渉を開始すると、ミラノ公ルドヴィーコは、ヴェネツィアの同意を得て、フェラーラ公に対して、ジェノヴァ城塞をフランス王にではなく、自分に返還するように強要した。ミラノ公はフェラーラ公の息子のイポリット枢機卿にミラノの大司教座を与え、城塞の管理費を全額払い、ヴェネツィアもフェラーラ公のもう一人の息子を隊長として雇ったので、フェラーラ公は娘婿ルドヴィーコの要求を受け入れた。

ミラノ公ルドヴィーコ・イル・モーロが一四五七年暮れにジェノヴァに入城するまでにはこのような経緯があった。この頃ミラノ公は、ミラノでは非常に高い税のために市民から憎まれていたが、ヴェネツィア人と共に、外敵を排除した最大の功労者として、イタリア全土から称賛されており、その権力と威光は並ぶ者がなかった。したがって、ミラノ公がジェノヴァで市民から大歓迎されたのは当然のことであり、日傘が彼の権威を高め、彼に神聖さを付与したわけではない。もしもJ－P・ルーが言うように、日傘そのものに神器とでも言えるような特別な効力があるのなら、ミラノ公は、二年後のルイ十一世（一四九八－一五一五）のミラノ遠征とイタリア諸侯の離反によって、ドイツに逃亡する（一四九九年）ことはなかっただろうし、翌一五〇〇年、ミラノ公国を再征服した際、ジェノヴァ人が、ミラノ公の切なる嘆願にもかかわらず、その支配下に復帰するのを拒否することもなかっただろう。

（一二〇）　これは先の訳注（一一八）で取り上げた、フランスのシンボル学会の共通認識として確立されている（たぶん）「日傘の記号論」に基づいた、J－P・ルーの解釈であろう。すなわち、日傘の蓋は天を意味し、柄は宇宙軸としての王を意味するから、釈迦出城図に時として見られる曲がり柄の日傘は、釈迦が王権を自ら捨てたことを意味するというわけである。しかし「日傘の記号論」が史実に反した錯誤である以上、曲がり柄は王権の中断を意味するというJ－P・ルーの解釈もナンセンスであることは言うまでもない。前もって結論を述べておこう。従者が日傘を王に差しかける場合、よほど大きな日傘でない限り、従者は王（主君）にかなり身を寄せなければならない。そこで従者が王と体を接することなく傘を差しかけることができるように考案されたのが曲がり柄の日傘である。具体的に例証しよう。ニムルド南西宮殿出土の戦車に乗ったアッシリア王ティグラトピレセル三世（前七四四—前七二七）像の浮き彫り（『大英博物館 アッシリア大文明展』図録、朝日新聞社、一九九六年、No, 13）で、従者が王に差しかけているのは明らかに曲がり柄の日傘である。一方、それとほぼ同時期のウラルトゥの王ラルサ二世が使用した三つの円筒印章のうち、最初のものに描かれているのは普通の日傘だが、二つ目と三つ目に描かれているのは、真っ直ぐな柄を傘蓋に斜に固定した日傘である（ドミニク・コロン著、久我行子訳『円筒印章——古代西アジアの生活と文明』、東京美術、一九九六年、No, 401, 13i, 556）そして訳注（一一八）で言及した、アケメネス朝時代のキリキアの総督（サトラップ）の図像を見ると、ここでも曲がり柄の日傘が用いられている。たぶんこのアイディアが東方に伝わったのだろう。釈迦出城図の曲がり柄の日傘の中にも、柄がやや曲がったもの（『ブッダ展——大いなる旅路』図録、NHK・NHKプロモーション、一九九八年、No, 88）と真っ直ぐな柄を斜めに傘蓋に固定したものがある（『世界美術大全集 東洋編 第13巻 インド（1）』、小学館、二〇〇〇年、No, 137）。後者は画面構成上つまり傘蓋を傾けないためにこのように描かれた可能性が強いが、このような日傘が実際に考案された可能性も否定できないだろう。時代はかなり下るが、十八、九世紀のインドの挿絵では、ブラフマー神もラーマも曲がり柄の日傘を使っている（レイチェル・ストーム著、山本史郎／山本泰子訳『ヴィジュアル版 世界の神話百科〔東洋編〕』、原書房、二〇〇〇年、二四一、二四九ページ）。中国の図像では、トルファン地区のアスタナ古墳出土の紙に描かれた最古の絵にたぶん最も早い時期の同様の曲がり柄の日傘が描かれている（『新疆文物古迹大観』、新疆美術撮影出版社、一九九九年、No, 0334。墓主人生活図）。これは三世紀から五世紀頃のものと思われるが、傘の柄は土地の有力者または支配者と思われる墓主の馬の背に立てられた恰好になっている。同じく甘粛省のほぼ同時代の墓室に描かれている、西王母の日傘の柄の曲がり方はもう少しゆるやかである（『世界美術大全集 東洋編 第3巻 三国・南北朝』、小学館、二〇〇〇年、No, 59）。四川省博物館所蔵の「須弥山図浮き彫り」（六世紀）の左側面の図像（『中国国宝展』図録、朝日新聞社、二〇〇〇年、No, 120の左側面3）に見える日傘の柄もほぼ直角に二カ所が曲がっている。日傘を差しかけられている人物は釈迦でも菩薩でもなく、やはり一人の貴人である。同じ梁代の日傘で、柄の曲がり具合が前記西王母のものよりさらにゆるやかなものもある（同、No, 119。二菩薩立像の左側面5）。中国の二通りの曲柄の日傘は、五世紀初期から後期の高句麗の古墳壁画（『世界美術大全集 東洋編 第10巻 高句麗・百済・新羅・高麗』、小学館、一九九八年、No, 13, 19）にも見られる。壁画に描かれているのはいずれも墓主の生前の姿であるから、曲柄の日傘（絹傘）は、直柄の日傘と共に、四、五世紀の高句麗でも貴族たちの間で使用されていたことを示している。しかしながら中国では、すでに漢代に、長い直柄の先に傘蓋を吊り下げて差しかけることによって、王・主君と従者との距離を大幅に保つというもっと合理的な方法が採用されている。これはわが国にも伝わった。そしてつい先年の今上天皇の即位式では、への字形の柄の先端に傘蓋を吊り下げたものが使用された。日傘の曲柄が王権の中断を意味するものであるならば、メソポタミアやインドや極東アジアで実際に使用されるはずがない。曲柄の日傘についてのJ－P・ルーの解釈もまたナンセンスであると言わざるを得ないのである。

なお、日傘と天蓋の区別の問題については、この後の訳注（一二九）を参照。

（一二一）これまでの訳注で述べたように、中近東では、現存する図像による限り、アッシリアが最も多数の日傘の図像を残しているが、中国の日傘の図像は、貴族たちの使用例も含めれば、それとは比較にならないほど多い。

（一二二）原著者はこの図の意味が分かっていないらしい。メソポタミアでは、古来、王の狩猟には宗教的な意味もあったと考えられている。特にライオン狩りは、王がライオンを倒すことによって、王の力を臣民に示すだけでなく、ライオンの霊力を得るという意味合いもあったらしい。我々が数多くの図像によって王の狩りの様を具体的に知ることができるのはアッシリア時代以降だが、アッシリア、アケメネス朝、ササン朝の大王狩猟図を見ると、いずれも音楽の演奏を伴った宗教儀式が描かれている。ターク・イ・ブスタンの大王狩猟図中、日傘が描かれている部分はまさにこの儀式の場面である。当然、大王は弓に矢をつがえることなく、馬を静止させ、楽人たちの演奏に耳を澄ませている。そして従者はその背後から日傘を差しかけている。大王の行動はまさにこの通りでなければならないのである。

ついでに、というよりあえて補足すると、ペルシャ王室のこのお狩場がパイリ・ダエザ《pairi-daeza》（「壁で囲われたところ」の意）で、バビロンで捕囚となっていたユダヤ人たちは、自分たちを解放してくれたアケメネス朝のお狩場パイリダエザを「素晴らしいところ」すなわち「パラダイス」として聖書の創世記の記述に採用した。

（一二三）バーインソンゴル・ミルザー（一三九七―一四三三）はティムール朝第三代のシャー・ルフ（一四〇九―一四四七）の長子。一四二〇年、父に従ってカラ・クユンル（黒羊朝）征討に行き、一四三一年、アストラバード（グルガーン）の大守となった。書籍を愛し、能書家で、詩、絵画、音楽に長じ、これらの芸術を保護したために、ヘラートの宮廷には学者、文人、書家、画家、書籍装丁者が集まった。彼は新しく創設した書画院で、豪華で優雅な写本を数多く作らせたが、彼自身も『王の書《シャー・ナーメ》』の有名な校訂本を後世に残している。父帝より先に没したので、帝位には就いていない。

（一二四）　オクサス川（現アム川）の向こう側の意で、ティムールの出身地であるサマルカンドとその周辺地域。

（一二五）　すでに述べたように、インドでは日傘ははるか古代から使用されていた。

（一二六）　バトゥ（一二二七―一二五六）はチンギス・カンの長子ジュチの第二子で、モンゴル軍のヨーロッパ遠征では、総帥として東ヨーロッパを席巻した。後に、ヴォルガ河口に、サライを首都とするキプチャク・汗国を創建。モンゴル人、イスラム史家にはサイン・カン（「善君」）と呼ばれた。なおテキストには在位期間を（一二二七―一二五一）とあったので訂正した。

（一二七）　本名はマルコまたはマルコスとして知られる景教徒（中国のネストリウス派のキリスト教徒）。ウイグル人（あるいはモンゴル人）で、現内蒙古自治区の綏遠《すいえん》の東勝で生まれ、一二七五年頃ソウマ（北京の近くで生まれた景教徒の修道士）と聖地巡礼の旅に出たが、戦乱のためにエルサレムに到達することができず、バグダッドに引き返した。一二八〇年、バグダッドで中国教区の総主教に任命されると、自ら景教の教皇に就任し、マール・ヤワアラー三世と称した。一時、イル・汗国の三代目カン、アフマッド＝タクダル（次の訳注参照）に投獄されたこともあるが、四代目のアルグン・カン（一二八四―一二九一）がソウマをローマに派遣した際は、カン同様、ローマ教皇に親書を送った。

（一二八）　テキストにはアブ・ダラー Abd Allah とあるが、この後の出典注（124）にある原著者の『モンゴル帝国の歴史』――原史料はラシード・ウッ・ディーンの『集史』である――には、アブダル・ラーマン Abd al-Rahman とあるので、こちらに従って、訂正した。

元建具職人の解放奴隷アブダル・ラーマンは、その手品の才によって、イル・汗国の第二代のアバガ・カンに気に入られ、アバガの第六番目の弟タクダルをキリスト教からイスラム教へ改宗させ、アフマッドという名を得させたため、タクダルは彼を「私たちのお父さん」とか「よき名づけ親」とか呼んで、慕っていた。それでアフマッド＝タクダルは、一二八二年にカン位に就くと、彼に大きな権限を与えて、原則として王子たちにしか与えられない日傘を使用する特権も認めた。そしてそのうえで、彼を長い間戦い続けているエジプトのマムルーク朝との和平交渉の大使に任命した。アフマッド・カン（一二八二―一二八四）の即位一カ月後のことである。ところがアブダル・ラーマンは首都メラガからダマスカスまで行くだけでも十カ月間かかった。夢のような大出世にのぼせ上がり、虚栄心を限りなく増大したため、彼は大量の金や多数の宝石で飾られた服を身にまとった自分の姿を国民に見せびらかしたかったのである。当然、彼がエジプトとの国境に達した時、マムルーク朝側の対応は厳しかった。彼に対して、エジプト領内での日中の旅行を認めず、武器の携帯と日傘の使用も禁止した。それで彼は国境から引き返し、エジプトとの和平交渉は失敗に終わった。このことは本国に通報され――マール・ヤワアラー三世はこの時アフマッド・カンに疑われた――、激怒した大汗フビライはアバガの息子でホラサン地方の支配者だったアルグンにカン位――帝国の制度上、イル・カンは依然として大汗の副王であった――の叙任証書を与えた。アフマッドは攻め寄せて来たアルグンとの戦いに敗れ、二十三歳の若さで処刑された。

日傘は、すでに述べたように、中国では庶民のものになっていた。しかし中近東ではその使用は一般的にはなっていなかったため、モンゴル人は日傘を権力者の象徴として用いたようである。

（二一九） 本項では、日傘と天蓋は区別されていない。たしかに、時として、特に仏教美術において、日傘が天蓋の代わりになっている場合がある。しかしながら、あえて訳者の私見を述べると、日傘と天蓋は原則的には区別すべきものであり、区別できると思う。日傘はもともと日差しを避けるためのものであるから、傘蓋の上方や内側に天上界を示すしるしが何もない。これに対して、天蓋には、時にはその上方や上部や側面に、天上界のしるしが必ずと言ってよいほど付いている。天蓋は、メソポタミアでもエジプトでも、玉座の背後や天上に守護神のシンボルや神像を描いたり置いたりしたことから生まれたと見てよさそうだ。したがって、仏陀の背後に日傘が立てられている場合も、それは原則的には仏陀に縁の深い日傘そのものであり、特別なしるしのない傘蓋は直接天上界を意味しない。移動天蓋について言えば、原則として、方形または多角形のものは天蓋、円形のもので、日傘の傘蓋そのものが使用されている場合は吊り日傘、ただし傘蓋に何かしるしがあれば天蓋としてよいのではなかろうか。なお、本訳注では、「天蓋」を宗教的な天上界を意味するものとして用いているが、これがこの漢字の本来の意味そのものでないことは言うまでもない。もう一つ補足すると、西洋キリスト教聖堂の円形ドームのルーツがアルメニア教会の聖堂にあるということは聞いているが、後者のドームのルーツがどこにあるのか、仏塔と何らかの関係があるのかないのか、訳者には分からない。

（二二〇） ケレスはギリシャの大地母神デメテルに相当する古代ローマの大女神で、農業、特に収穫を司る。大地の支配者ケレスは、天界の女王ユノ、冥界の女王プロセルピナと組んで、三相をなした。本項で述べられていることはこのことと関係があるのかも知れない。なお、テキストには Cœlus とあり、dieu と男神扱いになっているが、訳者はこれを女神 Ceres

のことと解し、訂正した。

（一三一）　これは有名なツタンカーメン王と王妃の図像（金板浮彫り）で、夫妻の頭上の天蓋中央に位置する太陽から延びた十二条の光線の先端が手の形になっていることを指している。

（一三二）　J－P・ルーは本項で、角杯（リュトン）と杯（カップ、ゴブレット）をはっきりと分けている。これは象徴体系において、両者の意味が全くと言ってよいほど異なるからであろう。『世界シンボル大事典』（大修館書店）でも、角杯は杯の項では取り扱われておらず、角の項に図があるのみで、力のシンボルである角そのものと見なされている。しかしながら、このような明確な区別・切り離しが常に妥当なのだろうかという疑問も湧いてくる。この問題については、本項最後の訳注（一四七）で再度言及したい。

（一三三）　テキストではチムヌー Chimnu となっているが、Chimu の間違いと判断して、訂正した。

（一三四）　ギヨーム・ド・ルブルク（リュブリュキとも、一二二〇頃―一二九三、異説あり）はフランスのフランシスコ会修道士。フランス王ルイ九世から南ロシアにいたモンゴル軍の実力者バトゥの子サルダクへの親書を託され、また布教の使命も帯びて派遣された（一二五三年）。が、彼はクリミア海岸のソルダイアからさらにモンゴルまで五〇〇〇マイルの旅行を続けた後、カラコルムの憲宗（モンケ）の大汗宮に達し、任務を終えて、無事トリポリに帰着した（一二五五年）。東洋各地の地理、風習、宗教、言語等を記した彼のルイ九世への復命書すなわち旅行記は、ジョバンニ・デル・プラノカルピニの著作（第五章の訳注（一四二）参照）と共に、ヨーロッパのモンゴル人・中央アジアに関する知識をさらに正確なものにするのに貢献した。カルピニ／ルブルク著、護雅夫訳『中央アジア・蒙古旅行記』（桃源社、一九六五年）参照。

（一三五）　これらの石像の多くは、モンゴル人によって滅ぼされ、支配下に置かれたトルコ（突厥）系ポロヴェッツ人――ルブルクはクマン人と呼んでいるが、キプチャク人とも呼ばれる――のものと見てよいだろう。墳墓の頂に――ルブルクによると、「死者を記念して」――東向きに据えられていたこれらの「石人（カーメンナヤ・バーバ）」の男性像は――女性像もある――必ずと言ってよいほど武器・武具も表現されていた。そのため「石人」は神格化された英雄、すなわち祖先神ではないかとも考えられている。この「石人」が持っているのはすべて（たぶん）杯《カップ》である（『南ロシア騎馬民族の遺宝展――ヘレニズム文明との出会い』図録（朝日新聞、一九九一年）、一五〇―一五一ページのY・N・カミンスキー「中世の北コーカサス」および一五八、一五九、一六一ページの写真参照。思うに、原著者の石人についての知識は七世紀から十三世紀までのトルコ系のものに限られているようだ。しかしながら実は石人はそれより千年以上も前から南ロシアのスキタイ人や新疆アルタイ地区の古代住民によっても作られていた。スキタイの石人（前七―前三世紀）は北コーカサスから黒海北岸・西岸に広まった。王か族長クラスのクルガン（墳墓）の頂に立てられていることから、スキタイ人の神話上の祖先または墓主を表現したものと見られている。一般的に石像には、冑、首輪、帯、戦斧、鞭、ゴリュトス（弓矢を入れる袋）と共に角杯《リュトン》が浮き彫りされている。サルマタイの石人（前4世紀末―前二世紀）はカスピ海北東のウステュルト台地でのみ発見される。兜、首輪、腕輪、帯、長剣、短剣、ゴリュトスが浮き彫りされているようだが、角杯《リュトン》の有無は分からない（残念ながら、訳者はサルマタイの石人の図像を見ていない）。トルコ（突厥）系の石人はモンゴル高原から天山北方（アルタイ、ジュンガリア）、カザフスタン、そして時代が下ると（十―十三世紀）、南ロシアのキプチャクにも分布する。この系統の石像は、古ければ古いほど、その姿形が多様であり、身に帯びている物も必ずしも一定していないが、容器を手に持っている場合、それは必ず杯《コップ》である。女性の像も少なからずあることから、これらの石人は墓主と見られている。『中央アジアを知る事典』（平凡社、二〇〇一年）の「石人」の項によると、年代が確定しているトルコ（突厥）系の最古の石人は天山山脈中のイリ地区にある六世紀後半のものである。しかし突厥の本拠地であったモンゴル高原では、第一可汗（王）国時代（五五二―六三〇）の可汗クラスの遺跡に石人はなく、第二可汗国時代（六八〇―七四四）の遺跡に見られる。そして次の東ウイグル汗国時代（七四四―八四〇）の可汗の遺跡には石人はないが、それ以降もトルコ（突厥）系が進出したモンゴル高原西北部、天山北方、カザフスタン、さらにはクマニ―キプチャクで石人は立てられた。以上のようなことから言えるのは、石人は丁零として漢代から知られていたトルコ族固有の風習ではなさそうだということである。

六世紀以前の石人について考察するためには、別の資料を参考にする必要がある。『新疆文物古迹大観』（新疆美術撮影出版社、一九九九年）によると、アルタイ地区では、前十二―前七世紀、前十―前六世紀、前七―前二世紀、前五―前二世紀等の大変古い石人が発見されている。そしてその内の前五―前二世紀の石人の一人は両手で弓を持ち、もう一人の男性の石人は左手で弓を持っている（彼の右手がどうなっているのか、残念ながら確認することが出来ない）。確定年代にかなりの幅があるのが気になるが、それはともあれ、これらの石人はどのような民族が作ったのだろうか。実は、前記『中央アジアを知る事典』の「スキタイ」の項によると、アルタイ地区トゥバのアルジャン古墳から、黒海北岸にスキタイ時代直前に出現した馬具や鏃と、初期スキタイ美術に典型的な動物文様とが同時に発見され、墓の木材の年代も前九―前八世紀のものと判明した。このことによって、イラン系と見られるスキタイ人の故地を南ロシアとする説より東方のアルタイ地区とする説が有力になってきた。そこで考えられるのが、アルタイ地区の原始石人もここを拠点としたスキタイ人が立てたものではないかということである。「楼蘭の美女のミイラ」（前一八〇〇年頃）が証明しているように、イラン系の人々は早くから現在の新疆ウイグル自治区一帯に居住していた。だからアルタイ地区のスキタイ人が勢力を増し、その一部が百年か二百年かけて南ロシアまで西進し、同時に石人の習俗も伝わったということは十分にあり得ることだろう。本訳注の目的は、スキタイの石人とトルコ（突厥）系クマン―ポロヴェッツの石人の関係の密接さ（またはその可能性）を指摘することであった。前者が手にしている角杯《リュトン》と後者が手にしている杯《コップ》については、この後のの訳注（一四六）を参照。本訳注はその「序」のようなものである。

（一三六）　十世紀頃からイスラム世界で組織された主としてトルコ系の白人奴隷兵。彼らが後にエジプトを中心に支配したスンナ派のマムルーク王朝（一二五〇―一五一七）を樹立したことはよく知られていることだが、すでに述べたように、インドでも、ムガール帝国が興る前にマムルークの王朝が出現した。『タバカート・イ・ナースイリー』についての第二章の訳注（二七）参照。

（一三七）　これは明らかにヘロドトスの記述とはニュアンスを異にしている。ヘロドトス（第四巻、六四、六五）によると、スキュティア（スキタイ）人は最初に倒した敵の血を飲んだ〔ケルト人もそうだった〕。また戦闘で殺した敵の首級はすべて王のもとへ持参して、それ相応の捕獲物の分配に与かった。その後で、彼らはすべての首級の頭皮をはがして、なめし、一種の手巾を作り、それを自分の乗馬の馬勒に掛けて、自分の強さを誇った。さらにこの皮を縫い合わせて自分の服を作る者も少なくなく、敵の死体の右腕の皮で矢筒の被いを作る者も多かった。そして最も憎かった敵の首級からのみ杯を作った。貧しい者はただ牛の生皮を外側に張ってそのまま使用するが、金持ちはさらに内側に黄金を張り、杯として使用した。このように、頭骨杯についてのヘロドトスの記述をもう少し前から素直に読む限り、黄金を張った頭骨杯は王のみの御物ではない。また頭骨杯は、この後で原著者が主張しているような、倒置されたドームすなわち天上界をイメージさせるものでもなく、何らかの呪術的な意味合いがあったにせよ、それ以上に、敵に勝利した記念品であり、優越感を満喫するための勲章である。

（一三八）　ローマの史家ティトゥス・リウィウス（23―24）によると、この将軍（執政官ルキウス・ポストミウス）の頭蓋骨は祭りで神酒を奉納するための神聖な器として、また、祭司や神殿奉仕者たちの杯として用いられた。ケルト人は、頭部は生命の本質である霊魂のすみかであり、誰のものであれ、等しく神性と庇護力をそなえていると思っていた。それで彼らは敵の首級を、単に戦勝記念としてだけでなく、共同体をよりよく守るためにも、公の晴れがましい場所や自分の家の門などに飾っていた。彼らが敵将の頭骨杯を神聖なものとして大事に扱ったのは、こうした首級崇拝の風習に基づいた当然の行為であった。なお、『世界シンボル大事典』（大修館書店）は「頭蓋骨」の項で、頭骨杯を戦勝記念の賞杯と見ると同時に、杯同様のいろいろな象徴的意味を持つとしており、J－P・ルーもその見解に依拠している。

（一二三九）　テオファネス（七五二頃―八一八頃）はギリシャ正教会（およびローマ教会）の聖人、年代記作者。貴族の出で、一旦結婚したが、修道院を創設して、修道士となった。皇帝レオ五世の聖画像破壊政策に反対して、サモトラケ島に追放され、そこで没した。『テオファネスの年代記』（八一〇―八一四）は、コンスタンティノポリス総主教ニケフォロスの年代記と共に、七、八世紀の重要な史料となっている。

（一二四〇）　東ローマ皇帝ニケフォロス（八〇二―八一一）は女帝エイレーネー（七九六―八〇二）のもとで大蔵大臣。八〇二年、貴族や宦官に推されて、エイレーネーを廃し、帝位に就いた。しかし重税を課したため国民の人気はなく、聖画像破壊派を支持したので、聖職者との関係も悪かった。カール大帝（シャルルマーニュ）とは、二度支配区域を定める協定を結んで、和平を維持したものの、サラセンとの戦いでは敗北した（八〇六年）。そして八〇九年から東ローマに侵寇を開始したブルガル汗国の王クルム（八〇二―八一四）を撃退するために戦ううち、八一一年に戦死した。

（一二四一）　これはアヴァール人のことであろう。アヴァール族はゲピダエ王国の滅亡後、モルダヴィアを中心とするアヴァール王国（ダキア王国とも）を建設した（五六七年）。アヴァール族は中国の正史にあるモンゴル語を使う蠕蠕《ぜんぜん》（柔然）と見られる部族で、中国でも、かつて匈奴の老上単于（前一七四―一六〇）が月氏王の頭蓋骨で頭骨杯を作ったように（『漢書』匈奴伝）、豆羅《とうら》伏跂《ふくはつ》豆伐《とうばつ》可汗《かがん》（五〇八―五二〇）が、討ち取った高車王の頭蓋で杯を作ったことが知られている（『魏書』高車伝）。なお、アヴァール族と組んでゲピダエ族を滅ぼしたランゴバルド族も同様の風習を持っていた。さらに時代が下って、一五一〇年、サファヴィー朝の開祖、イスマイール（一五〇二―一五二四）と中央アジアから南下したシャイバニ朝の創始者、シャイバニ・カン（一五〇〇―一五一〇）が戦って、イスマイールが勝った時、やはり同じことが行われた。補足すると、中国でも鄭州殷中期（前一四五〇頃―前一三〇〇頃）の遺跡から、頭骨杯を作った形跡を示す大量の人骨が出土している。殷代の頭骨杯――犠牲者は奴隷だったと思われる――にどのような意味があったかは定かでないが、この風習は周代にはなくなった。また、日本でも人を呪咀するとき、頭骨杯で酒を飲み、みせしめとして対立・反抗する者の頭骨で杯を作ったらしい（伊藤道治著『図説・中国の歴史・1　よみがえる古代』、講談社、一九七六年、八―九ページ）。

（一四二）　タントラはシャクティ（性力）を教義の中心に据えたヒンドゥー教・仏教などの教典の総称で、タントラ派はタントラを聖典とする秘儀的宗教。チベットの仏教寺院には、金も皮も張ってない古い頭骨杯（碗）が今でも存在する。『世界シンボル大事典』（大修館書店）の「杯」の項によると、タントラ派の頭骨杯とキリストの血を受けた〈聖杯〉の象徴的意味は近い。「これも〈不死〉、または現在の状態の「死」を代価に払って得られる「知」、したがって秘儀的、あるいは超人間的「復活」の表現である。」

この表現は抽象的すぎるので、その意味を明確に理解するために、かつてインドでは、頭骨杯がどのような状況で作られ、使用されていたか、見ておきたい。ソーマ・デーヴァのインド古典説話集『カター・サリット・サーガラ』――岩波文庫版は抄訳――の挿話「屍鬼《ヴェーターラ》二十五話」の完訳本（上村勝彦訳、東洋文庫（323））および巻末の解説を参考にすると、おおよそ次のようなことが分かる。

古代インドの土俗宗教では、呪文（真言《マントラ》）の助けを借りて、死者を再び起き上がらせる一種の復活の呪法が行われていた。その時死者に憑くのが屍鬼《ヴェーターラ》で、これが犠牲を要求していたらしい。後に仏教（密教）やシヴァ教やタントラ教と結び付いたこの呪法は、深夜の墓地で執り行われた。人骨の粉で描かれた曼陀羅の内部の地面には、人間の血がまかれ、その四隅には血の入った瓶が置かれ、中央は人間の脂肪の燈明で照らされていた。呪術者はその間に死者を置き、屍鬼を請じ入れたが、彼がそこで用いる阿枷水は頭蓋骨の器に盛った血であり、香として火にくべるのは人間の眼球であり、供えるのは人間の肉だった。この時、もし屍鬼がこの供養に満足すれば、行者の願いを聞き届けるが、行者が呪法に失敗すれば、彼は死ぬ。このような呪法が仏教（密教）やシヴァ教やタントラ教とどのような形で結び付いたのか、具体的なことは訳者には分からない。しかしそれにしても、この呪法をルーツとするタントラ派の頭骨杯とキリストの血を受けたとされる聖杯の象徴的意味が近いとは訳者にはどうしても思えないのだが…

（一四三）　J－P・ルーはこの引用文の真の出典を明らかにしていないので、断定はできないが、イスラム神秘主義文学に属する詩の一節であろう。『世界シンボル大事典』の「杯」の項によると、楽園では、特に選ばれた聖人たちに、「愛の杯」または「歓喜の酒」が授けられる。彼らはそれを飲むことによって、神との交感を成就するのである。

（一四四）この記述は明らかにおかしい。訳文を「アイルランドのコン王にも、ルフ神の前で、とても美しい処女によってその杯が渡された。するとルフ神は、コンの一族が幾世代にもわたって統治し続けるだろう、とこの新王に告げた」と変えれば、前文との論理的な整合性は出てくるが、しかしそれでも依然としてこの記述には修正しようのない決定的な誤りがある。

まずコン王について、『ケルト事典』（ベルンハルト・マイヤー著、鶴岡真弓監修、平島直一郎訳、創元社、二〇〇一年）は次のように述べている。コン王は「歴史物語群」とも「王の物語群」とも呼ばれるアイルランドの古譚に登場する王で、二世紀頃生きたとされる。最初、コンは都テウィル（タラ）にいて、アイルランドの北半分を治めていたが、南半分の支配者エオガーン・モール王がマグ・レーナの戦いで戦死した後、全土を掌握するに至った。

ところで、J－P・ルーが本書で言及しているのは『幻の予言』の一部で、この古譚の現存する形は十一世紀に成立し、十五世紀と十六世紀の二つの写本に残されている。前記『ケルト事典』によると、主人公コン・ケードハタハ（百戦の）王はある日タラの王城で霊石ファールを踏んだ。すると石は突然叫び声を発した。コンの詩人（フィリ）は、石の叫ぶ回数は将来アイルランドを支配することになる王の子孫の数となろう、と告げた。その時急に辺りに魔法の霧が立ち込め、やがて王と詩人は一本の黄金の木が立つ野原にいた。そこへ謎の騎士が〔雲に乗って〕現れ、二人を館に連れていくが、そこではアイルランドの「支配」（flathius）の化身である乙女が水晶の玉座に座っていた。騎士－妖精はルグ（ルフ）・マク・エトネン――J－P・ルーが原注（144）で提示しているフランス語文献では「エトネンの息子ルグ（ルフ）」と解されている――と名乗り、「支配」が黄金の杯にビールを注ぐ間に（支配権委譲の象徴か？）、未来のアイルランド王たちの名前を予言する。コンの詩人がそれらの名前をイチイの棒にオガム文字で書きつけた後、幻は忽然と消え去った。

一方、原注（144）のフランス語文献によると、コン王とドルイド僧を館に連れてきた騎士は自分の名を名乗り、自分はコン王とその後の支配の運命を告げるために来た、美しい乙女は「アイルランドの永遠の支配（または主権）」（la souveraineté éternelle d'Irland）である、と伝えた。そして彼女がコンとドルイド僧の側に来て、「この杯は誰に与えられるのでしょう」と言うと、騎士ルグ（ルフ）は、コンから末代までの各支配者に与えられるでしょう、と答えた。そして幻が消え去った後には、黄金の壺と杯が残された。

この二つの記述の間には幾つかの相違点がある。それらはおそらくぞれぞれが依拠している写本に起因したものであろう。しかしながら乙女が「支配（力）・主権」であるという点では完全に一致している。ところがJ－P・ルーの記述を見ると、この処女はコン王と同じ人間界の巫女そのものであり、ルグ（ルフ）神と共に別世界にいる――または別世界から来る――特別なものではない。この大きな乖離はJ－P・ルーの解釈によって生じたのであろうが――単純な錯誤の結果とは思えない――、訳者にはとても理解できないものである。

（一四五）「悲劇的な」という表現は大げさすぎて、かえって誤解を招くような気がする。ヘロドトスが伝えるスキュティア（スキタイ）の誓約の儀式は特に「悲劇的な」ものではない。まず、土製の大杯に酒を注ぎ、これに当事者の血を混ぜる。血は錐か刀で体に小さな傷をつけて取る。次いで、大杯の中に短剣と矢と戦斧を浸す。それから長い祈願の文句を唱え、誓約を交わす当事者だけでなく、双方の随行者中、主だった者たちもそれを飲む。『歴史』第四巻七〇参照。

（一四六）ソーマとハオマは「ジュース」の意。別の表現としては、「不死」の意のギリシャ語のアンブロシアとサンスクリット語のアムリタがある。これらはいずれも「不死の飲み物」で、ギリシャ語のネクタル（「甘露」）も全く同種のものである。

ところで、この文脈でこのように取り上げると、ソーマやハオマを飲んだのは、神々と王だけであるかのような印象を与えるかも知れない。しかし王国成立後、特にインドでは、祭司階級、貴族・騎士階級の者もソーマの供儀に参加して、それを飲んでいたと考えられている（『世界シンボル大事典』（大修館書店）、六一八―六一九、九九四―九九五ページ参照）。

（一四七）最後に本項の言説に対する訳者の疑問を表明しておきたい。

一つはスキタイの角杯《リュトン》と杯《カップ》の関係について。南ロシアのスキタイ人の様々なランクの族長たちの墳墓に時々立てられていた「石人」がすべて角杯を持っていたわけではない。たとえば前期スキタイ美術（前七―前六世紀）に属するある石人（スタブロポリ博物館所蔵、『南ロシア騎馬民族の遺宝展』図録、No, 20）は両手を互い違いに腹にあてがっているだけだし、ドミートリー・ラエフスキー著『スキタイ神話』（Domitry Raevskiy, Scythian Mythology, Balkan Printing Corporation, Sophia, 1994, p. 93）が載せている図像の中には、両手を組んでいるだけの石人や、左手で鞭か杖を持っている石人もいる。しかし大半のスキタイの石人が角杯を持っていることは事実のようである。そして一般的にそれらはその神話上の祖先または墓主を表していると見られている。だとすると、角杯を持ったスキタイの石人と杯を持ったトルコ（突厥）系クマン－ポロヴェツツの石人（先の訳注（一三五）参照）は、墓制において基本的に同一の象徴的意味を持つことになり、角杯と杯の象徴的意味も、シンボル学者たちが主張しているほどの明確で大きな差異はないのではなかろうか。この疑問は「義兄弟盟約文飾《ぎきょうだいめいやくもんかざ》り板」（前四世紀後半）（『世界美術大全集　東洋編　第15巻　中央アジア』、小学館、一九九九年、挿図44）――これはスキタイの王侯貴族の注文を受けて、ギリシャ人の職人の手によって作られたものと見られている――を見ると、さらに強くなる。これはスキタイ人が誓約を交わす場面で、この場合は、しばしば図像のテーマとして取り上げられる義兄弟の契りを結ぶ儀式と解釈されている。ヘロドトスはスキタイ人は、誓約を交わす際、「土製の大杯」を用いると伝えているが、実際には、この彫像が示すように、角杯も使われていた可能性が高いのである。したがって、J－P・ルーがこの後で、シンボル学会の共通認識に基づいて、杯と角杯の象徴的意味を明確に区別して、誓約はスキタイ人も当然杯で行っていたと述べているのは、史実に合致していないと言えるのではなかろうか。

　次に、本項の言説全体から受ける違和感について。J－P・ルーは本項を前記『世界シンボル大事典』の「杯」の項と「頭骨」の項に依拠して組み立てている。しかしながら『大事典』が、特に「杯」の項で、様々な杯の様々な象徴的意味を可能な限り関連づけつつ、列挙しているのに対して、J－P・ルーは、そこに列挙されたすべての象徴的意味を「王の杯」一つに注ぎ込んでいる。その結果、「王の杯」は数多くの象徴的意味で満ち溢れてしまって、他の杯との区別と関連が理解しにくいし、また、他の杯同士の区別と関連も理解しにくくなっている。本項の言説からかなり強引な印象と同時に雑然とした印象を受けるのは、たぶん訳者だけではないだろう。

第七章　キリスト－王

（一）　ニコデモはパリサイ派に属する最高議会（サンヘドリン）の議員で、立法学者。彼は　、イエスが行った奇蹟がきっかけとなって、ある夜、ひそかにイエスのもとを訪れて、対話をする。イエスの新生についての教えを十分に理解するには至らないが、その後は、イエスに好意を持ち、同僚の前でイエスを弁護し、イエスの埋葬にも協力した（ヨハネによる福音書、第三章、第一―十七節、および第七章、第五十―五十一節、および第十九章、第三十九節）。パリサイ派については本章の訳注（四二）を参照。

(二) イザヤは旧約聖書の三大預言者の一人。前八世紀にエルサレムで四十年間以上預言活動を続けた。ウジヤ王の時代、経済的繁栄の中で不信仰と社会悪が蔓延するのを見て、神への信頼を主張し、アハズ王の時代、シリアとエフライムの連合軍が攻めて来た時は、アッシリアに頼ることに反対し、ヒゼキア王の時代、アッシリアに抵抗するためにエジプトの援助を得ることに反対し、「神のみを恐れ、神のみを頼れ」と説いた。新約聖書では、イエスの誕生がイザヤのメシア預言の成就と理解されている。

(三) アリウス(二五〇頃—三三六頃)はアレクサンドリアで聖職に就くと、三一九年頃からイエス・キリストの神性について自分の見解を述べ始めた。父と子との同質を説く正統的三位一体論に対して、彼は、キリストは神の意思により無から創造された被造物であり、父なる神と子なるキリストは異質的であると説いた。そのため彼はアレクサンドリアの主教会議で破門され(三二一年)、その教説はニカイア公会議で異端とされた(三二五年)。それでも特に帝国の東部では、コンスタンティヌス大帝の支持もあって、アリウス派はニカイア派を圧迫するほどの勢力を持っていたが、アリウスの死後、しだいに分裂していった。ゴート族が最初に受け入れたキリスト教もこのアリウス派だった。

(四) ネストリウス(?—四五一頃)はコンスタンティノープル主教の地位にあって、キリストにおける神性と人性の区分を明確にするために、聖母マリアを「神の母」と呼ぶことに反対した。しかしこれが聖母に対する冒瀆として受け取られ、ネストリウスの教説は他の地域の主教やローマの司教らから異端と断定された。エフェソス公会議(四三一年)は分裂会議となったものの、ネストリウスは罷免され、追放に処され、上エジプトで没した。正確に言えば、ネストリウス派とは彼の教えをさらに発展させた教団で、彼の死後成立したものである。ネストリウス派はイスラムの支配下でも繁栄を続け、その布教活動はペルシャ、アラビア、インド、中央アジア、中国にまで広がった。

(五) キリストは神性と人性が一体に結合した単一の性とする説で、これに対して、神人両性一人格という両性論がある。

(六) 引用文の最後の部分(第四十五章、第五節)「征服者たれ。戦車に乗れ。」は、プレイアッド版では、「弓を引け、飛びかかれ、騎行せよ。」となっている。日本語訳は叙述の輪郭がかなりぼやけているので、それに続く部分も、J-P・ルーによって多少書き換えられているが、プレイアッド版を念頭に置いて、テキストをそのまま訳すことにした。なお、出典注の「詩篇、第四十五章、第三—六節」は「第三—五節」とするのが正確である。

(七) プレイアッド版と日本語訳(共同訳)は「救いの角」となっている。

(八) 擬娩 couvade は民族学用語で、一般的には、夫が産褥にある妻の胎内の子の状態を模す風習と説明されている。

(九) 原注(18)に、ヨハネによる福音書、第十九章、第二十九節とあるのは間違いで、正しくは第二十六—二十七節である。そしてそこでは「この時以来、この弟子(ヨハネ)はイエスの母を自分の家に引き取った」と述べられているだけである。したがって、「この時キリストは自分の弟子を介して、全人類を聖母マリアに託した」というのは、聖母マリアを崇敬するカトリック教徒J-P・ルーの解釈と見てよいだろう。

最古の福音書伝承では、マリアは決して崇められていなかった。しかし中期以後はマリアは復活者イエスとの関連で理解されるようになり、「われわれと共に現存する主」の母(マタイによる福音書、第二十八章、第二十章)、「神の子」の母(ルカによる福音書、第一章、第三十五章)とされた。そしてマリアの終生処女説の成立を経て、五世紀になると、受肉においてイエス・キリストの人性と神性は一つに融合し、新しい一つの神人性になったとして、キリストの人格の統一性を主張するアレクサンドリア学派によって「神の母(テオトコス)」というマリアの称号が提案され、カルケドン公会議(四五一年)で認められた。これによってマリア崇敬はさらに推進され、同世紀末には、マリアの不死・被昇天伝承が成立。中世のラテン・キリスト教世界では、キリストが厳格な審判者であるのに対して、聖母マリアは恩寵と赦しを取り次ぐ者とする熱烈なマリア崇拝が生まれた(以上は主として『世界宗教事典』(平凡社、一九九一年)を参照)。特にフランスでは、熱烈な聖母崇敬集団として知られるシトー会—歴史上有名な指導者としてはクレルヴォーの聖ベルナール(一〇九一—一一五三)の名が挙げられる—の活動が精力的であったことから、各地にノートル・ダム(「われらの貴婦人」すなわち「聖母マリア」)の名を冠した大聖堂・教会が建立された。

本書の主題との関連で補足すると、熱心なカトリック教徒の国ポーランドは、スウェーデン軍の侵略(一六五五—一六五八年)に対して、一六五五年末のチェンストホヴァ修道院の英雄的防衛をきっかけに生まれた国民的な抵抗によって危機を脱したが、その際、国を守ったとされる「黒いマドンナ(黒い聖母)」(これの起源については、田中仁彦著『黒マリアの謎』(岩波書店、一九九三年)を参照)を讃え、聖母マリアを女王にした。また、最近も、ポーランドでは、宗教的価値を重視する与党の「法と正義」の国会議員四十六人が、キリストを国王にするための決議案の採決を目指して活動中であるという(二〇〇六年、十二月二十八日、朝日新聞、朝刊)。

(一〇) イエスは王であり、死んでも復活するためには、洞窟で生まれ、洞窟に埋葬されなければならなかった、という解釈は、無論、神学者のものではなく、シンボル学者で、キリスト教徒の王制主義者のものである。しかしこの解釈には問題があると思う。

古来、世界のあちこちで、天然または人工の洞窟は住居として使用される一方で、死者の安置・埋葬の場所になっていたことは事実である。他方、『世界シンボル大事典』（大修館書店）の「ほら穴・洞穴」の項が指摘しているように、ほら穴がいわば子宮の原型として、多くの民族の起源神話、再生神話、秘儀伝授神話に現れることも事実である。問題はここに根ざしているようだ。つまりイエスが生まれたのも「ほら穴」であり、イエスが埋葬されたのも「洞窟」であるが、両方を同一視して、両方に同一のシンボル学的意味を見出すことが可能かどうかという問題である。たしかに『大事典』の同項は「キリストはほら穴に生まれ、ほら穴から《言葉》と《贖罪》の光が輝く」と述べており、J－P・ルーもこの認識を共有していることは間違いない。しかしながらイエスが生まれたのは住居の一部としての「ほら穴」であり、イエスが埋葬されたのは墓穴としての「洞窟」である。もし両方を同一視したら、論理的におかしなことになりはしないだろうか。たとえば、ベツレヘムの近くには、住民のほとんどが今日でも天然のまたは人工的な（半）洞窟を家畜小屋として用い、住居はその上に築いている村があるが、考古学者たちの多くはイエスが生まれたベツレヘムの宿屋もこのような構造の建物だったのではないかと考えているようだ。だとすると、このような人工の洞窟を「啓示や超自然的幻視や瞑想に適し」ていて、「人が死者たちを蘇らせるために子宮に返すつもりで、彼らを置いて行きたがる」洞窟と同一視するのは、余りにも不自然で、理屈にも合わないのではなかろうか。

次に言いたいのは、古代人にとって、洞窟は必ずしも復活・再生のための必要条件ではなかったということである。たとえば、バビロニアでは、死者の復活・再生を祈願するのに、セックスをしている一対の男女像（ルーヴル美術館所蔵）を墓に収めていたし、エトルリアでは、テラコッタ製の男根や子宮を死者の側に置いていた。またケルト以前のガリア（前三〇〇〇―前二〇〇〇年）では、たぶん同様の目的で、（聖）母子像――フランスの国立考古博物館が多数所蔵するこれらの像は、奇しくもエジプトの聖母子像（「神の母」イシスと「全能の神」ハトホル）や、それを原型とするキリスト教の聖母子像と全く同形である――が死者と共に埋められていた。インドでは、死者を生き返らせるためにタントラの呪法が行われていた。したがって、復活・再生について語る時、洞窟のシンボル学的意味を強調しすぎるのは適切とは思えないのである。

もう一つの問題点は、先に挙げた問題点を別の角度から見ることになるのかも知れないが、J－P・ルーのシンボル学・

記号学的解釈は、特殊と一般の恣意的な——または無自覚的な（？）——混同に基づいたものであるということである。言うまでもなく、イエス・キリストは特殊中の特殊である。一方、イエスが生まれたような住居の一部としての「洞穴」は、当時のパレスチナでは特殊というほどのものではなく、世界を見渡せば、純然たる洞窟住居さえも多数存在する。たとえば、カッパドキア、南イタリアのマテラ、スペインのグアディックスとプルリエーナ、イラン（ケルマン州）のメイマンド村（二千—三千年の歴史）、中国の黄土地帯、それに多数のキリスト教徒の修道士や仏教徒の修行僧たちの住居があるあちこちの谷筋の断崖等々。そしてそのようなところで生を受け、生涯を終えた人の数は膨大な数になる。しかしJ-P・ルーは、そうした人々の「一般的な復活」の問題はさておき、シンボル学として確立した「洞窟の記号学」に基づいて、イエス・キリストという特殊中の特殊を「論理的に」説明しようとする。どうやらJ-P・ルーは、他のいかなる王、いかなる聖者の場合とも異なった意味を持つイエスの誕生と死と復活を、シンボル学の一般論である「洞窟の記号学」で説明し始めた瞬間から、イエス・キリストの特殊性が一般化するという矛盾に気がついていないらしい。

（一一）　エレミヤ（「ヤハウェは高くする」または「ヤハウェは解き放つ」の意）はユダ王国末期（前六二六—前五八六頃）にエルサレムで活躍した預言者。人々のエルサレム神殿に対する迷信を攻撃して、神殿の滅亡を預言したために人々にも憎まれ、彼の預言の書の内容を知ったエホヤキム王をも激怒させた。ゼデキヤ王の時、ネブカドネツァル王に服従することを主張したが、聞き入れられず、エルサレムはついに滅亡した。

（一二）　ゾロアスター（ペルシャ語名はザラスシュトラ）とゾロアスター教について。

ゾロアスターは古代イランの預言者で、アフラ・マズダのみをあがめよ、という彼の教えは一神教的性格の強いものだった。年代は一般的には前六三〇—前五五三年頃とされているが（伊藤義教著『古代ペルシャ』（岩波書店、昭和四十九年）一四五—一四六ページには、他に三通りの年代が提示されている）、前千二百年頃まで逆上る専門家もいて（たとえばメアリー・ボイス）、いまだに確定されていない。伝承によれば、三十歳の時、アフラ・マズダの啓示を受け、四十二歳で東イランのカイ（「君主、王」の意）・ウィシュタースパを入信させ、宮廷の支持を得て教団の基礎を確立したが、七十七歳で敵対するトゥランの祭司に襲われて殉教したという。彼の存在は、前五世紀以来、ギリシャでも知られ、ピタゴラスの師と称された。また、聖書の諸人物と同一視されたり、キリスト誕生の告知者とされたりもした。護教家の間では、キリスト教の真理を外から確証するものとして尊重されたこともあった。

ゾロアスター教は、本来、イランの在来の多神教を改革した、アフラ・マズダ一神教とでも言うべきものである。そのためマズダ教とも呼ばれる。ゾロアスターによると、最高神アフラ・マズダ（「全知の主」）は宇宙の森羅万象を統括する理法「アシャ」すなわち「天則」を創成し、自らもこれによって律せられている。この天則にかなうものは義者であり、これに反する者は虚偽者すなわち不義者である。天則は光寿無量の天国にあり、善思善行善語してアフラ・マズダの意に適う者は天国の果報を約束されるが、まだその段階に達しないものは一層の努力が必要である（以上、主として前記『古代ペルシャ』を参考）。この世はアフラ・マズダ率いる善とアンラ・マンユ率いる悪の絶えざる戦いの場であり、各人はそのどちらかを選択しなければならないが、この永遠の戦いの終末時には、サオシュヤント（救世主）が出現して、スパンタ・マンユ（聖霊）を選んだ義者は神の王国に迎えられ、アンラ・マンユ（悪霊）を選んだ者には破滅がもたらされる。

このような思想を核とするゾロアスター教が、アケメネス朝以前の古代イランにおいて、どのようにして護持されたか、またどのように変様したかは不明である。ただ史料によって明らかなことは、アケメネス朝が創建された時点で、ゾロアスター教がメディアの祭司階級（部族）であるマゴス（マギ）によって維持されており、アケメネス朝がこれを受け入れたこと、クセルクセス一世（前四八六—前四六五）がいわゆるダイワ（諸悪魔）崇拝禁止令を発布し、アフラ・マズダ以外の在来の諸神崇拝を厳に禁じたこと、アルタクセルクセス二世（前四〇四—前三五九）がミトラス神とアナーヒター女神を王室の宗教に迎え入れたこと、そしてアルサケス朝やササン朝の時代には、ゾロアスター教は完全に多神教となったことである。

ゾロアスター教が周辺地域の宗教に及ぼした影響について言えば、旧約聖書のヨブ記に見られる悪魔の概念および善悪の二元論、新約聖書の終末思想、最期の審判時の救世主待望論、アフラ・マズダの属性が独立して神格化したと見られている「契約」の神ミトラ（ス）に対する信仰（ミトラス教）のローマ世界への伝播と東方の仏教への浸透（弥勒菩薩）等が挙げられる。ミトラス教がどのようにしてローマ世界に浸透・伝播し、キリスト教と融合したかについては、本書の幾つかの訳注（第二章の訳注（三四）、第三章の訳注（四）（七〇）（一一七）ほか）である程度詳しく説明しているので、ここではこれ以上言及しない。また、ゾロアスター教と王権神授思想との関係についても、同様である。

（一三）　ヘロデ一世（大王、前四〇／三七—前四）の父はイドゥマヤの有力者（長官）アンティパトロスで母はナバテア人。カエサルによって父がユダヤ総督に任命されると、父によってガリラヤの長官に任命され、反ローマ勢力を鎮圧した。父の死後、アントニウスによって兄と共に「テトラルケース（地方支配者）」に任命されたが、パルティア人の侵入によって、兄は自殺し、王族であるハスモン家のアンティゴノスが即位宣言したため、ローマに逃れ、アントニウスとオクタウィアヌスの推薦で、元老院より王位を与えられた。そしてローマの援助を受けて、アンティゴノスと長い間戦った後、前三七年に勝利して、実質的に初めて王として統治を開始した。その後は大動乱の時代にありながら、ヘロデは軍事的・政治的な成功によって、領土を広げ、都市や劇場・宮殿などの建設事業に力を注いだ。しかしながら、ヘロデは絶えず前の王族の影におびえ、また実際に陰謀も渦巻いていたため、しばしば疑心暗鬼に陥って、正常な判断力を失い、次々と身近にいる者たちを死に至らしめた。義弟、深く愛していた二人目の妃マリアムメ、義母、マリアムメが産んだ二人の息子、そして最初の妃が産んだ長男が様々な理由で処刑された。ヘロデは長男を処刑した五日後に死んだ。

（一四）多くの歴史家たちがヘロデ大王によるこの嬰児虐殺を史実とは見ていない。理由は、イエスの死から数年後に生まれ、第一次ユダヤ戦争では、ローマに対する反乱軍の指揮官の一人でもあったヨセフス（三七／三八―一〇〇頃）が書き残した『ユダヤ古代誌』に、嬰児虐殺についての言及が全くないからである。この『古代誌』は記述態度が申し分なく客観的で、しかもその内容はきわめて詳細であるため、資料として歴史家たちが大きな信頼を寄せているものである。

（一五）エビオン派（「貧しい人たち」の意）は初期のユダヤ人キリスト教徒の一派。第一次ユダヤ戦争勃発後、エルサレムからヨルダン川東岸に移り、その後は主にシリアとキプロスに居住していたが、やがて消滅した。この派の著作は現存せず、その思想はサラミスのエピファニオスによってその一部が知られるだけである。そのキリスト論は、イエスの処女降誕を否定し、イエスはマリアとヨセフの子であり、受洗の時にキリストが鳩の形で下って、イエスに宿り、十字架の処刑の前にキリストは天に帰り、イエスのみが死に、復活してキリストとされた、というものである（『旧約・新約聖書大事典』（教文館）「エビオン派」参照）。

（一六）これは第一の誘惑で、第二の誘惑は、エルサレムの神殿の屋根から飛び下りて、神の命を受けた天使たちが手でイエスを支えてくれるかどうか試してみよ、というものであった（マタイによる福音書、第四章、第五―七節）。

（一七）ポンス・ピラトはユダヤ、サマリア、イドマヤを治めたローマの第五代総督（二六―三六）。残忍・横暴な政策で民衆を苦しめ、逆う者は法的審査を経ずに虐殺・処刑したといわれる。イエスに対しては、その無罪を認めながら、民衆の暴動と皇帝の不興を恐れて磔刑にした。その後、サマリア人虐殺事件のため、本国に召還され、自殺したと伝えられる。ピラトがキリスト者になったかどうかという問題については、本章第12項と訳注（四九）（五二）を参照

（一八） ヨハネによる福音書、第十八章、第三十六節。

（一九） 「ヤハウェ」とは、出エジプト記（第三章、第十四節）で、神がモーセに言った言葉で、「わたしは在《あ》る（者）」の意。神は「わたしは、あってある者」とも言っている。J-P・ルーは自分の文に合うように、主語を「彼」にしている。

（二〇） 引用文は次のように続いている。「あなたがたの上に精霊が降るとあなたがたは力を受ける。そしてエルサレムばかりでなく、ユダヤとサマリアの全土で、また地の果てに至るまで、わたくしの証人となる。」

（二一） ここは、十二年間も患って出血が続いていた女がイエスの服に触れただけで癒されたという奇蹟を指していると思われる。マタイによる福音書（第九章、第二十節）、マルコによる福音書（第五章、第二十五―三十四節）、ルカによる福音書（第八章、第四十三―四十八節）を参照。

（二二） 友人であるラザロ（後出）と下記の二人である。

（二三） イエスがエルサレムに入る時、大勢の群衆が自分の服を道に敷き、またほかの人々は木の枝――一般的には、棕櫚（なつめやし）と考えられているが、J-P・ルーはオリーブの小枝と考えている。この件については、本章の訳注（三九）を参照――を切って道に敷いたことから、棕櫚の日曜日とも言う。復活祭直前の日曜日に当たり、イエス・キリストが受難の前にエルサレムに入った記念日となっている。

（二四） 過越の祭りは出エジプトを記念するユダヤ人社会最大の年中行事。もともとは遊牧民が毎年家畜を連れて遊牧地へ出発する際、幕屋の出入口に家畜の血を塗り付けることによって、生命の担い手である血の保護を確保し、家族がその家畜を食べることによって結束を強めるという儀式で、この時ベドウィンの種入れぬパンと苦菜が食べられた。ユダヤ人はヤハウェ信仰の中に早くからこの儀式を取り入れて、エジプトからの脱出と結び付けて歴史化し、出エジプトの記念祭とした。なお、共観福音書伝承では、イエスの「最後の晩餐」を過越の食事としてあるが、今日の聖書学では、イエスの死の時は過越の祭りの直前の準備の日だったというヨハネ伝承（ヨハネによる福音書、第十八章、第二十八節、および第十九章、第十四、三十一、四十一節）の方が史実により近く、「最後の晩餐」は過越の食事ではなかった可能性が高いとされている。しかしながらJ-P・ルーは共観福音書伝承をそのまま受け入れている（次の項を参照）。

（二五） この記述はヨハネによる福音書（第十二章、第一―八節）に拠っている。原注のマタイによる福音書（第二十六章、第六―十三節）とマルコによる福音書（第十四章、第三―九節）の記述はほとんど同じで、イエスがエルサレムの近くのベタニアで癩病の人シモンの家におられた時、一人の女がきわめて高価な香油の入った石膏の壺を持って近寄り、食事の席に着いておられるイエスの頭に香油を注ぎかけた、とある。

（二六）マタイによる福音書（第二十六章、第八―九節）では、女の行為に憤慨して「なぜこんな無駄遣いするのか。高く売って貧しい人々に施すことができたのに」と言うのは、弟子たちであり、マルコによる福音書（第十四章、第四―五節）では、「そこにいた何人か」であり、ヨハネによる福音書（第十二章、第四―五節）では、ユダとなっている。

（二七）マタイによる福音書、第二十六章、第十二節。

（二八）ヨハネによる福音書、第四章、第七―二十六節。

（二九）この記述は主にヨハネによる福音書（第十一―十二章）に拠っている。マタイによる福音書では、イエスは枝の主日（棕櫚の日曜日）にエルサレムに入城し（第二十一章、第一―十一節）、神殿から商人たちを追放し、多くの病人を癒した後、都を出て、ベタニアに行き、そこに泊まっている（第十二―十七節）。そして翌日、ベタニアから無花果の木のある所を経て、エルサレムに再度入城し、ユダヤの祭司長たちと議論を戦わしている。これに対して、マルコによる福音書（第十一章、第一節）では、エルサレム入城⇩ベタニア泊。翌日、ベタニア⇩（無花果の木）⇩エルサレム（神殿から商人の追放）となっている。

（三〇）これは正確な引用文ではないが、同じ内容の記述がヨハネによる福音書（第十八章、第十四節）に見られる。カイアファ（カヤパ）は義父のアンナスの解任後、三年目に総督ウァレリウス・グラトゥスによって大祭司に任命され、一八年から三七年までその職にあった。イエスを始め、使徒たちの審理についてはきわめて重要な役割を果たした。最高議会（サンヘドリン）がイエスに有罪の判決を下したのは、彼の介入と助言・提案によるところが大きかった。

（三一）ユダヤの大祭司の「イエスという異物排除の論理と表現」に、J‐P・ルーは「降臨したイエスの真の意義」を見出している。

（三二）ここは原文をそのまま訳したが、ろばの数が前半と後半では一致しない。プレイアッド版や邦訳（新共同訳）を見ると、マタイによる福音書（第二十一章、第六―七節）には、弟子たちは雌ろばと子ろばを引いて来て、その上に服をかけた、とある。しかしマルコによる福音書（第十一章、第七節）とルカによる福音書（第十九章、第三十、三十五節）では、イエスは「まだ誰も乗ったことのない子ろば」だけについて話しており、弟子たちが連れて来たのもその子ろばのみである。そういうわけで、本書のこの部分はあまり気にせずに読み進めるしかなさそうだ。

（三三）『世界シンボル大事典』（大修館書店）「ロバ」の項には、「中国では白いロバはときに仙人の乗り物になることがある」と記されているだけである。

（三四）ここはプレイアッド版でも「白い雌ろば」だが、邦訳（新共同訳）では、「栗毛の雌ろば」になっている（士師記、第五章、第十節）。

（三五）J-P・ルーが使っている聖書のこの箇所は邦訳ともプレイアッド版ともウルガタ訳（カトリックの典拠）——以上の三つの訳文は基本的に同一と見てよい——とも異なっていて、どちらかと言えば、十七、八世紀に広く読まれたサシ（一六一三—一六八四）訳に近いようだ。念のため、邦訳とプレイアッド版とサシ訳と本書の原文を併記して、検証しよう。

（一）邦訳「彼は神に従い〔＝義なる者〕、勝利を与えられた者。高ぶることなく、ろばに乗って来る。雌ろばの子である〔子〕ろばに乗って。」

（二）プレイアッド版«il est juste et victorieux, humble et monté sur un âne, sur un ânon, petit d'une ânesse.»

（三）サシ版«ce roi juste qui est le sauveur: il est pauvre, et il est monté sur une ânesse et sur le poulain de l'ânesse.»「この義なる王は救世主である。彼は貧しく、それで雌ろばと雌ろばの子ろばに乗って来る。」

（四）本書の原文«humble et doux, il apporte le salut. Pauvre, il est monté sur une ânesse et son ânon.»

現代の多くの訳が「謙虚な」«humble»としているのに対して、サシ訳は、本書の原文同様、「貧しい」«pauvre»としており、サシ訳からも、J-P・ルーが主張するような、王者にふさわしい栄えある乗り物としてのろばのイメージは特に感じられない。どうやらJ-P・ルーは、現代の訳ではなく、古いサシ訳をわざわざ取り上げて、批判しているようである。なお、「雌ろばとその子ろばに乗って」は、邦訳「雌ろばの子であるろばに乗って」の方が合理的である。

『旧約・新約聖書大事典』（教文館）の「ろば」の項は、ろばはかつては高貴な身分の徴表であり、とりわけ新しい王やメシアが入城する時の乗り物であったと述べたうえで、「その場合、ユダヤの伝承はろばの平和な性質を強調している。イエスがろばに乗って首都エルサレムへ入ったのもこれを意味している」と付け加えている。また、『世界シンボル大事典』（大修館書店）「ロバ」の項は、聖書における雌ろばは、平和、貧困、謙譲、忍耐勇気の象徴であると述べている。

ゼカリアはもう一人の預言者ハガイと全く同時期、すなわちアケメネス朝のダレイオス一世の第二年目に活動を開始した。

二人は第二神殿の建立を共同の課題とした。ゼカリアの活動は、ハガイがわずか四カ月たらずで活動を終えたのに対して、二年と一カ月に及んでいる。ゼカリアは当時燃え上がっていたダビデ王統の回復——メシア待望——の機運の中で、王家の血筋のゼルバベルを君主とし、ヨシュアを大祭司とする理想王国の出現を期待した。本書で取り上げられているのは、ゼカリアのそのような期待を預言の形で表明したものである。

(三六) この際の群衆は、マタイ、マルコ、ルカによる福音書では、イエスと共にエルサレムに上る巡礼者として描かれているが、ヨハネによる福音書ではエルサレムから出て来て、イエスの入城を迎えたことになっている。

(三七) イエスは総督のピラトとヘロデ王の質問にいっさい答えず、彼らの前でしるしを全く行わなかった。

(三八) ティトゥスはローマの将軍で、ウェスパシアヌス帝(六九—七九)の長子。後に皇帝となった(七九—八一)。第一次エルサレム暴動(六六—七〇年)が起きると、父ウェスパシアヌスに従ってパレスチナへ赴き(六六年)、ユダヤ戦争に功をたてた。父が帝位に就くためにローマに向かうと、彼はユダヤ戦争の総指揮を委ねられ、エルサレムを陥れて破壊し、マサダ要塞の反乱軍も玉砕に追い込んだ。父の死後帝位に就き、同年のヴェスヴィオス火山の噴火、翌年のローマ市の疫病と大火に際しては、罹災者の援護に努めた。短い治世にもかかわらず、コロセウム、凱旋門、浴場等を建設し、仁政を施したので、「人類の寵児」と讃えられ、死後、元老院から神にまつられた。

(三九) ウルガタ訳、サシ訳など幾つかの訳書を調べてみたが、この時の「木の枝」を「オリーブの小枝」としてあるものは見つからなかった。たしかに、マタイによる福音書では「木の枝」、マルコによる福音書では「葉のついた枝」——ルカによる福音書には「上着」はあるが、「木の枝」はなし——と、木の名は示されていないが、ヨハネによる福音書では「なつめやしの枝」と明示されている。『旧約・新約聖書大事典』(教文館)の「シュロ」の項もそのことを示しているし、『カトリック大事典』(上智大学編、冨山房、昭和十五年)の「シュロ」の項でも、「枝」はなつめやしの枝であるとして、現在では、この祭りに、信徒はなつめやしまたはびんろうの枝を聖堂に持参すると説明している。そして傍証を挙げると、前一四二年にエルサレムの要塞が解放された時、人々はなつめやしの枝を持って、歌い、踊り、音楽を演奏しつつ、入って行った(第一マカベア書、第十三章、第五十一節)。またヨハネの黙示録(第七章、第九節)は、大群衆が手になつめやしの枝を持って玉座の前に立つ、と述べている。思うに、J-P・ルーは、イエスがろばに乗ってオリーブ山を行く時から、「木の枝」が道に敷かれ始めた、とマタイ、マルコによる両福音書に書いてあるため、「木の枝」を「オリーブの枝」と思い込んでしまったのではないだろうか。

（四〇）　オルペウスはトラキアの王オイアグロスとムーサイの一人カリオペの間に生まれた。詩人であり、音楽家であった彼の歌と竪琴の妙なる調べは、近づく人のみならず、木々や岩の心さえ動かした。それでアルゴナウタイの遠征では、歌声で波を鎮め、セイレンの魔力を減じた。また、熱愛していた妻エウリュディケが蛇に噛まれて死ぬと、彼は冥界まで彼女を探しに行った。彼の歌声に心うたれたハディスとペルセポネからエウリュディケを地上に連れ帰ることを許されたが、途中で決して後ろを振り返ってはならぬという条件を守ることができなかったため、彼女を永久に失った。以後、彼は少年しか愛せなくなり、彼にないがしろにされたトラキアの女たちによって八つ裂きにされた。オルペウスの冥界下降と死の伝説には、メソポタミアやシリアの植物神＝豊饒神イナンナ（イシュタル）の冥界下降すなわち死と復活・再生の神話と、太古の母権制社会における「神聖王」を殺す儀式の名残があると見る神話学者たちもいる。

（四一）　これは一般的には一度の出来事と考えられている。しかしイエスが神殿から商人たちを追い出した時の記述は、福音書によって差異がある。マタイによる福音書（第二十一章、第十二―十三節）とルカによる福音書（第十九章、第四十五―四十六節）では、それはイエスが都入りした翌日のことであり、マルコによる福音書（第十一章、第十五―十七節）では、「枝の主日」の翌日のことであり、ヨハネによる福音書（第二章、第十三―十六節）では、「枝の主日」よりだいぶ前のこととされており、カナでの婚礼の次に置かれている。J‐P・ルーが「イエスが二度目に神殿から商人たちを追い出した時」と言っているのは、福音書の記述の不一致に惑わされた結果なのかも知れない。

（四二）　パリサイ派はユダヤ教内の平信徒からなる教派で、その運動は前二世紀から始まった。律法を守ること、特に安息日や断食、施しを行うことや宗教的な清めを強調した。他方、モーセ五書以外に口伝律法や預言書を受け入れただけでなく、ダビデの家系のメシア待望、復活信仰、最後の審判など旧約聖書の枠を越える教義も有したと見られている。イエスが活動した当時の革新派であり、立法学者はこの派に属する者が指導的な位置を占めていたため、しばしば併記される。イエスと対話したニコデモ（本章の訳注（一）参照）がそうであったように、実際のパリサイ派は宗教的に真摯だったようだが、それだけにイエスとパリサイ派の論争は熱を帯びたものになったということらしい。

（四三）　新興のヘロデ王家を支持したユダヤ人たち。ヘロデ家のユダヤ王国の王権はローマから与えられたものであるため、ローマとの関係を常に重視していた。

(四四) サドカイ派はパリサイ派と共にイエスの時代の二大勢力の一つで、上流階級を代表していた。エルサレム神殿を中心として多くの特権を独占し、政治的には親ローマ派だった。宗教的には保守的で、モーセ五書のみを認め、死者の復活の信仰を拒絶し、霊や天使も否定した点などでパリサイ派と対照的であった。しかしイエスの思想との隔たりの大きさゆえに、イエスの論敵としての比重はパリサイ派よりも軽くなっている。

(四五) イスカリオテ(「ケリオテの人」の意)のユダは、十二使徒の中でただ一人の南部出身者。イエス一行の会計を任されていたというから、人に信頼される資質はあったと思われる。ユダの裏切りの真の理由は不明。近年、ユダは単なる裏切り者ではなかったのではないかという別の角度からの研究・解釈が出て来ている。初出は四四ページだが、ここで訳注をつけることにした。

(四六) アンナスはこの時点ではエルサレムの元大祭司(六—一五)。四つの福音書はすべて「大祭司」としているが、これは間違いである。しかし退任後も最高議会(サンヘドリン)の実力者であり続け、時の大祭司カイアファ(カヤパ)の上に立って、イエスの審理だけでなく、ペテロとヨハネの審理でも重要な役割を果たした。アンナスの権勢のほどは、彼の五人の子供が次々と大祭司職に就いたことによっても、よく分かる。

(四七) J－P・ルーがバラバを「二人の悪党」の一人としているのは納得がいかない。この場面では、イエスとバラバ(暴動の際、人殺しをした凶悪な囚人)の二者択一が主題であり、バラバが釈放された後に、別の二人の強盗がイエスと共に十字架にかけられる(マタイによる福音書、第二十七章、第三十八節)からである。J－P・ルーの錯覚であろう。なお、バラバはイエス・バラバだったとも言われているが、イエス(ヨシュアのギリシャ語名)という名は正確には「ヤハウェは救いである」という意味である(『旧約・新約聖書大事典』(教文館)「イエス」の項参照)。

(四八) ルイ十六世(一七七四—一七九二)はルイ十五世の孫。在位の初期は啓蒙的専制主義をとり、テュルゴー、マルゼルブらによって自由主義的改革が行われたが、封建的反動勢力により挫折した。ネッケルが財政総監となるが、イギリスとの対抗上、アメリカ独立戦争を援助したため、財政危機に陥り、後任のカロンヌらも成果をあげることができなかった。高等法院が貴族やブルジョワの反政府運動を指導し、多くの国民が飢餓に苦しむ中、三部会が招集され、憲法制定会議が開かれ、ついに大革命が勃発した。ルイ十六世は国民議会に対してクー・デタを試みたが、失敗。王妃と共に国外逃亡を図り、これも失敗。憲法を守ることを誓約したが、その後、戦争によって革命弾圧を図ったため、タンプル監獄に入れられた。国民公会は廃位を決議して、共和制を布き（一七九二年）、ルイ十六世は翌年一月二十一日に、国民に対する反逆の罪で、処刑された。

第八章と第九章でさらに明らかになるが、J－P・ルーはこのルイ十六世を、イエス同様、人々の救済のために、生け贄として、断頭台に登ったと考えている。

（四九）ここは邦訳では「この人の血」、プレイアッド版では「この血」«ce sang» となっている。テキストの「この義なる者」または「神に従う者」«ce juste» という表現だと、ピラトはイエスを「義なる者＝神に従う者」「真の王」と正確に認識していたことになる。この後の訳注（五二）参照。

（五〇）フレイザーはバビロンで催されていたとされるサカイア祭とローマのサトゥルヌス祭とキリスト教時代の謝肉祭《カーニバル》を結び付けた。そして、かつては普遍的に毎年、穀物神として、または近づく春の前に消え去るべき「死の王」として、それに擬せられた者が真の王の身代わりとなって殺されていたと断定した。しかしすでに明らかになったように、サカイア祭はそのようなものではなかったし、サトゥルヌス祭ではかつて「身代わりの王」が実際に毎年殺されていたということを裏づける資料も、フランツ・キュモンによって提示された（Franz Cumont, "Les Actes de S.Dasius," *Analecta Bollandiana*, xvi. (1897) pp. 5–16. Messrs, Parmentier and Cumont, "Le Roi des Saturnales," *Revue de Philologie*, xxi. (1897) pp. 143–153）、キリスト教時代のローマ帝国北部の辺境の地で行われた謝肉祭の一例があるのみで、イタリア半島はもちろん、その他の地域では、皆無である。したがって、その一例は人形の「謝肉祭の王」の原型ではなく、逆に、初期の人形の「謝肉祭の王」を原型として生じた特異な例だったと見た方がむしろ自然ではなかろうか。冬を象徴する「死の王」を退治・追放するという類似の行事は広い範囲で行われている（または「いた」）ことが知られているが、それらの地で、自然神に捧げる普通の生け贄として以外に、かつては毎年「王」が実際に殺されていたという伝承があるとは聞いていない。

ところで、J－P・ルーのこのような言説に接して気になるのは、原罪の問題である。フレイザーが想い描いていたバビロンのサカイア祭やサトゥルヌス祭は儀式宗教の祭礼だから、原罪および倫理・道徳とは直接関係がない。したがって、イエス・キリストの受難と復活を太古からあった穀物神の死と復活と同一視する（または同系列に置く）ことは、キリストの教え（またはキリスト教神学）の革新性と個性を軽視することにならないか、ということである。ここでもイエス・キリストという特殊を太古からの伝統という「一般」で説明することによって生じる矛盾が感じられる。

（五一）　テキストに《seigneur》とあるので、そのまま「主よ」と訳したが、共同訳でもプレイアッド版でも「イエスよ」となっている。この次の訳注（五二）も参照。

（五二）　確かに、ピラトは——たぶんこの時——キリスト者になったという見方があり、コプト教会、アビシニア教会では、彼を聖人としている（『旧約・新約聖書大辞典』（教文館）。原著者もこのことを念頭に置いて、彼独自の解釈をしているのだろう。しかしそれにしても、この時、ピラトは、原著者と同じ認識の仕方で、イエスの死の真の意味を理解し、イエス・キリスト信仰に目覚めていた、という原著者のこの確信を共有する人がどれくらいいるだろうか。

（五三）　テキストでは「アラム語で」となっているが、共同訳、プレイアッド版では「ヘブライ語で」となっており、しかも真先に置かれている。後者の方が理にかなっていると思う。

（五四）　共同訳とプレイアッド版では、「わたしが書いたものは、書いたままにしておけ」となっている。

（五五）　アリマタヤ出身のヨセフは金持ちで、善良で、最高会議（サンヘドリン）の議員だった。ひそかにイエスの弟子になっていて、ニコデモと共に、イエスの遺体を自分のために掘らせていた墓に埋葬した。

（五六）　これは明らかに間違い。「マルタの姉妹マリア」または「ラザロの姉妹マリア」とすべきである。

（五七）　共同訳、プレイアッド版のヨハネによる福音書（第十九章、第四十節）には、「彼らはイエスの遺体を受け取り、ユダヤ人の埋葬習慣に従い、香料を添えて、亜麻布で包んだ」とある。ただし『旧約・新約聖書大事典』によると、「王の埋葬の際には、香油や香料を副葬に用いることがあった」（歴代志下、第十六章、第十四節）。

第八章　キリスト教徒の王

（一）　「キリストは彼に十字架を指し示しながら、このように約束した」というのは資料から逸脱した記述と言うべきだろう。この出来事は教会史の父エウセビオス（二六〇頃—三三九）——主著に『教会史』『コンスタンティヌス大帝伝』等がある——がコンスタンティヌス帝から後年聞いたこととして伝えている「奇蹟」だが、コンスタンティヌスが強敵マクセンティウスと戦う前に、中空に光り輝く十字架が現れ、それには「このしるしにて、汝は勝つ」と書いてあったという。

（二）　ペテロはシモン・バルヨナ（ヨナの息子シモン）のあだ名である。イエスはシモンの信仰心が非常に堅かったので、

「岩（または石）」という意味のあだ名を付けた。

（三）「自分の使徒たちに」というのは間違い。イエスが「命じた」――実際は、質問に「答えた」――相手は、イエスを罠にかけようとするパリサイ派の弟子たち（マタイによる福音書、第二十二章、第十五―十六節）、またはパリサイ派やヘロデ党の人々（マルコによる福音書、第十二章、第三節）、または律法学者たちや祭司長たちの回し者（ルカによる福音書、第二十章、第十九―二十四節）である。

（四）ユスティノス二世（五六五―五七八）は東ローマ皇帝。ユスティニアヌス一世の妃テオドラの姪を妻とし、同帝の養子となる。近衛隊長となり、同帝の没後即位し、前帝から引き継いだ財政状態を回復した。五四五年以来休戦していたササン朝ペルシャ（ホスロー一世）との戦いを再開（五七二年）。しかし二年後には精神錯乱に陥り、将軍ティベリオス二世（五七八―五八二）を養子とし、後継者に定めた（五七四年）。宗教政策では、コンスタンティノープル総主教ヨアンネス三世に同調して、キリスト単性論者を厳しく弾圧しつつ（五七一年―）、一方ではその指導者と折衝したが、東方教会を一つにまとめることはできなかった。治世中にアヴァール族はドナウ川南岸に侵入し、ロンバルド族は北イタリアに侵入、定住した。

（五）テオフィラクト・シモカッタ（五七〇頃―六四〇）はビザンティンの歴史家。コンスタンティノープルに出て、ヘラクレイオス（子）帝（六一〇―六四一）の治世に公職に就く。『マウリキオス帝伝』（八巻）、『物理学の問題』（二十章）、『道徳的で田園的で愛情に満ちた書簡集』（八十五通）を著した。

（六）ルートヴィヒ一世（敬虔王、八一四―八四〇）はカロリング朝の西ローマ皇帝。シャルルマーニュ（カール大帝）の第二の妻の第三子。大帝の在位中に皇帝兼共同統治者となる（八一三年）。信仰心は篤かったが、統治者としては無能で、即位後まもなく、不慮の事故に遭ったのを機に、領土をロタール一世、ピピン（アクイタニア王）、ルートヴィヒ（二世）の三子に頒った（八一七年）。しかし再婚して（八一八年）、末子カール（二世、シャルル二世禿頭王）が生まれると、領土の再分割をしようとして、前妻の三子とそれを支持する貴族の反抗にあい、戦いに敗れて一時譲位し（八三三年）、翌年復位した。彼の治世中には、二度にわたる家族戦争とは別に、アラブ人、デーン人の侵入もあった。国王としての資質を欠いてはいたが、カロリング・ルネッサンスの有力な擁護者で、多くの優れた学者が輩出し、教会の改革も援助した。

（七）この記述の仕方は批判されるべきだろう。原著者が出典として挙げているトゥールのグレゴリウスの『歴史十巻ランク史）Ⅰ』（第二巻、31）には、鳩が聖香油瓶をくわえて持って来たとは書いてない。これは後世に付け加えられたものであることは分かっている。グレゴリウスの記述は次の通りである。「広場は色とりどりの覆いでおおわれ、教会は白い幕で飾られた。洗礼堂は整備され、芳香がただよい、かぐわしい香を出すろうそくが輝いた。そして洗礼堂の聖域一杯に神のごとき芳香が満ちた。そして神は、そこに出席した人々に非常に恩寵を与えたので、かれらは天国の芳香の中に置かれたと感じた」（兼岩正夫・臺幸夫訳、東海大学出版会、昭和五十年、一四九ページ）。

（八）　聖マルタンすなわちマルティヌス（トゥールの）（三一六／七―三九七）はローマ帝国時代のトゥールの司教。フランスの守護聖人。十五歳でローマ騎兵となり、十八歳の時受洗、ただちに、あるいは三五六年（四十歳頃）に退役し、ポワティエの司教ヒラリウスにより司祭に叙階され、イタリア各地で隠修道士生活を送り、三六〇年頃ガリアに行き、リギュジェにヨーロッパ初の修道院を創設、多くの弟子たちと共に祈りと労働と布教に従事した。三七〇（三七一）年、トゥールの第三司教に選ばれるが、修道生活は継続し、その運動は各地に広まった。司教としては、ガリア各地を巡回説教し、病人を治癒し、異教の偶像を壊し、行政上の不正を正し、各階層の信頼を集めた。「ゴール（ガリア）の使徒」と言われる所以である。

（九）　アンリ・ド・ブルゴーニュが「神の恵みにより、伯にして全ポルトガルの領主」を称するに至る経緯は、当時のイベリア半島情勢の推移そのものである。
　サラセン帝国によって一度はほぼ全域を制圧されたイベリア半島では、北部辺境のキリスト教徒の幾つかの王国を拠点にして、十字軍よりもかなり以前からいわゆる国土回復運動（レコンキスタ）が行われていた。そして十一世紀になると、特にアルフォンソ六世治下のカスティーリャ・レオン王国の支配は、半島中央部のトレドに迫る勢いを得た。しかし同じ頃、アフリカから新興のアルモラヴィド帝国が強力な軍隊を送り込んで、イベリアの後ウマイア朝を吸収した。そこでイベリアのキリスト教徒は諸外国に支援を求め、それにフランスの諸勢力が反応した。十字軍同様、レコンキスタもローマ教皇によって聖戦と認められていたこともあって、とりわけクリュニー修道院はフランスの騎士と武装した従者たちに対し、レコンキスタへの参加を呼びかけた。この時、カペー朝の血を引くブルゴーニュの二人の貴族、レイモン（ライムンド）とアンリ（エンリケ）が馳せ参じ、トレド攻略（一〇八五年）に目覚ましい武勲をたてた。その功によって、レイモンはアルフォンソ六世――彼には息子がいなかった――の跡継ぎの王女ウラカと結婚し、アンリは妾腹のテレサと結婚して、「港（ポルト）の地」すなわちポルトカーレとして知られていたドーロ川一帯（現在のポルトガルの北半分）をカスティーリャ・レオン王国の属領として与えられた。

こうしてポルトカーレ伯爵となったアンリすなわちドン・エンリケは、ギマランエスを首都とし、独力でレコンキスタを進めた。やガて彼はカスティーリャ・レオン王国からの独立を夢見て、ガリシアに攻め込み、ライムンドとウラカの息子アルフォンソ（後の七世）と戦うが、独立を果たせぬまま世を去った（一一一二年）。ポルトカーレ伯爵領が完全に独立して、ポルトガル王国となるのは、エンリケの息子アフォンソ・エンリケス（伯在位一一一二から、王在位は一一四三―一一八五）の代になってからのことである。エンリケスは今日のポルトガルの領土の大半を平定した偉大な征服者であった。

（一〇）この訳注では、イヴァン四世（雷帝、恐怖帝、一五三三―一五八四）、クールプスキー公、ステファン・バトーリの三人を一緒に取り扱う。理由は三人が密接な関係にあるからである。またイヴァン雷帝については、その生涯を少し詳しく述べることにしたい。その後長く――たぶん、形を変えて今日まで――続くことになるロシア皇帝の専制主義、いわゆるツァーリズムがイヴァン雷帝の時代に確固たるものになったからである。クールプスキー公とステファン・バトーリについては、この後のそれぞれの訳注で補足したい。なお、イヴァン四世の父ワシリー三世については、この後の簡略な言及で十分だろう。

イヴァン三世（一四六二―一五〇五）の治世に自立を達成したモスクワ大公国は、その子ワシリー三世（一五〇五―一五三三）を経て、イヴァン四世が即位するまでに、周辺の諸侯国を次々と併合していった。ワシリー三世の死後、一五三三年から一五三八年までは母后エレナの摂政が続いたが、母后の死後は貴族諸党派間の抗争が激化した。そして一五四七年、十六歳の時、イヴァン四世はロシア史上初めてツァーリ（皇帝）として戴冠し、親政を開始した。実は、カエサルに由来するツァーリの称号をロシアで最初に使ったのはイヴァン三世である。ロシアでは、ツァーリは本来東ローマ（ビザンティン）帝国皇帝を指していたが、やがてキプチャク・カンその他の東方諸国の支配者をも指すようになった。そのためこの称号は、当時、独立国の君主というような意味で使われていたらしい。イヴァン三世自身は内政の場ではなく、外交の場でこれを用いていた。ツァーリを内外に高唱して、それに実質的に皇帝の意味を初めて持たせたのがイヴァン四世だったのである。

イヴァン四世は親政を開始したその年、主に士族階層の代表から成る「選抜会議」（年代記に見える側近会議か）を設けてこれを重んじる一方、貴族会議の構成員を増やして、特定家門の影響力を弱めた。その後も、イヴァン四世は中央集権化を第一の目的とする行政と軍政の改革を強力に推し進めた。

この国政の改革と並行して、イヴァン四世は東西両方面に領土拡張を試みた。まず、東のカザン・カン国（一五五二年）、アストラ・カン国（一五五六年）を併合した後、一五五八年には、西方のリヴォニアに侵入し、東半分を占領した。リヴォニアは周辺国に援助を求めたが、結局、リトアニア、スウェーデン、デンマークそしてロシアに分割された。その後、スウェーデンとデンマークはロシアとそれぞれ休戦条約と友好条約を結んだので、リトアニアは一五六九年にポーランド王国と合併して、ロシアに対抗し続けた。すると、翌一五七〇年には、スウェーデンが再びロシアに出兵した。そのうえ、南方からは、クリミア・カン国とオスマン帝国の連合軍が旧アストラ・カン国の奪回を企図して、侵入を開始しており、一五七一年にはクリミア・カン軍がモスクワを急襲・炎上させ、六万とも十二万とも言われる市民が殺され、数万人が捕虜になった。

ところで、ポーランドはジグムント二世（一五四八―一五七四）の没後、選挙王制となり、フランスからアンジュー公アンリすなわちヘンリク（一五七三―一五七四）が選ばれたが、まもなく母国の王位に就く（アンリ三世）ために、帰国した。そこで次に王に選ばれたのが、トランシルヴァニア公イシュトヴァン・バートリすなわちステファン・バトーリ（一五七六―一五八六）である。彼は、一五七八年、クリミアと和を結んだ後、翌一五七九年から一五八一年にかけて、三度ロシア遠征を行った（本書で言及されている書簡はこの頃のものである）。ロシアは本来の国境で辛うじてポーランド軍を撃退し得たが、両軍の消耗は激しく、両国はついに教皇庁の仲介を得て、一五八二年、休戦条約を結んだ。この条約でロシアはリヴォニア戦争によって獲得した領土のすべてを失った。またスウェーデンとの戦争でも失敗し、一五八三年の休戦条約で、北エストニアだけでなく、幾つかのロシアの都市も失った。

クールプスキー公について述べるためには、一度時代を遡る必要がある。イヴァン四世はリヴォニア戦争開始後まもなく、怒って、選抜会議のメンバーの多くを追放した。理由は、彼らがイヴァン四世の意向に反して、リヴォニア戦争よりもクリミアとの戦争を急ぐよう主張したからとされているが、真相はよく分からない。とにかく選抜会議は解体した。そしてツァーリ政府は、故皇妃アナスタシヤの出身家門であるザハリン家によって指導されるようになった。ザハリン家政府による貴族会議の一部指導者や諸公への弾圧は一五六一年から始まり、翌年、諸公、門閥貴族の土地所有を厳しく規制する法令が発布された後、政府と貴族会議の対立はさらに深まった。そして一五六四年にはついに有力な諸公たちが処刑されるまでになった。政府による弾圧は、政府内部に急進派が台頭したことによってさらに激化した。このような状況下で、一五六四年四月三十日夜半、軍司令官クールプスキー公が国境の要塞からリトアニアに亡命した。クールプスキー公はイヴァン四世が信頼していた人物で、改革政府の有力な一員でもあったので、彼の「裏切り」はイヴァン四世に大きな衝撃を与えた。クールプスキーは亡命直後にイヴァン四世の圧政、特に「聖なるルーシの地を守る高貴な家柄」――貴族たちも神との緊密な関係を認識していたのである――の人々に対する迫害を弾劾する書簡を送りつけ、イヴァン四世も貴族の裏切りを非難する長大な返書をしたためた。本書で引用されているイヴァン四世の称号はこの『往復書簡』に見られるものである（栗生沢猛夫「イヴァン雷帝とクールプスキー公の往復書簡試訳」（Ⅰ）（Ⅱ）（Ⅲ）『人文研究』（小樽商科大学）七二―七四（一九八六―一九八七））。

この年の十二月、イヴァン四世は、ツァーリからの退位とモスクワからの退去という術策を用いて、ロシアにおける絶対的な支配権を獲得した。そして翌一五六五年、きわめて広大なツァーリの「特別領（オプリーチニナ）」を設定し、その経営をオプリーチニキと呼ばれるツァーリの親衛隊員に任せた。また、イヴァン四世はこのオプリーチニキを使って、密告により「裏切り者」とされた者たちを容赦なく処罰・弾圧した。対象となったのは、多数の政府の高級官僚、諸公、貴族のみならず、府主教以下の聖職者たち、ノヴゴロドの市民たち――彼らは明らかに無実である――だった。その結果、政治は混乱し、経済は疲弊して、亡命者・逃亡者が続出したことは言うまでもない。オプリーチニキによるすさまじいテロルの嵐は、イスラム教徒の軍隊によってモスクワが攻略され、オプリーチニナ体制が廃止される一五七一年まで続いた。

このようなことがあったにもかかわらず、一五七三年には、次期ポーランド王候補としてイヴァン四世の名もあがっていた。そこで亡命者クールプスキー公は、ポーランド王への選出を阻止する目的で、ツァーリによる圧政を詳細に記録した『モスクワ大公の歴史』を著した。たぶんそのこともあって、イヴァン四世はポーランド王に選出されなかった。感情の起伏が激しく、過度の臆病さと冷酷さを兼ね備えていたイヴァン雷帝は、オプリーチニキ解散後は、「宮廷」と呼ばれる親衛隊を使って、次々と「裏切り者」を処罰し続けた。一五八一年には、二十七歳の息子イヴァンを、口論中に激昂して、鉄鋲付きの杖でなぐり殺している。

最後に、イヴァン四世が外交交渉の場でツァーリという称号の承認を求めた時の各国の反応を紹介しておきたい。ポーランド＝リトアニアはこれに強く抗議した。理由は、「全ルーシのツァーリにして大公」を承認することは、一世紀近く前からリトアニア公国となっていたキエフに対するモスクワの要求を認めることになるからである。ローマ教皇も自ら関与しないツァーリの戴冠を認めなかった。神聖ローマ皇帝もう一人の皇帝ツァーリをなかなか認めようとしなかった。そしてようやく一五七六年、反オスマン・トルコ同盟へのロシアの参戦を期待しつつ、妥協策として、イヴァン四世に「東方皇帝」の称号を贈ることを提案した。しかしイヴァン四世はこの称号に全く関心を示さなかったという。イヴァン四世の要求に逸早く応えたのは、エリザベス女王治下のイギリスと、オスマン・トルコ帝国内で孤立状態にあったコンスタンティノープル総主教だけだった。後者は財政的援助を求めてのことだった。

多くの国が、国家統一と中央集権化へ向かう過程で、程度の差こそあれ、「惨劇」を経験している。しかしロシアの「惨劇」はその最たるものの一つであろう。J－P・ルーはキリスト教世界の君主たちがいずれも神ときわめて緊密な関係にあることを強調しているが、イヴァン雷帝の恐怖政治も神の意思を汲んだうえで行ったことになるのだろうか。彼の生涯をたどると、神と君主との関係について多くのことを考えさせられる。なお、本訳注はこの後の訳注（一七）と対にしてまとめたつもりである。

（一一）　クールプスキー（一五二八―一五八三）はロシアの将軍、モスクワの公で大貴族（ボヤーリン）の代表者。イヴァン四世のカザン遠征に従軍し、裏切りの嫌疑を受けて、リトアニアに亡命し（一五六四年）、ポーランド王ジグムント二世に仕えた。イヴァン雷帝との往復書簡には、皇帝の専制主義に反対する敬神の念篤き封建的大貴族としての彼の思想が堂々と述べられている。

（一二）　ステファン・バトーリ（一五七六―一五八六）はポーランド王になる前はトランシルヴァニア公（一五七一―一五七六）、イシュトヴァン・バートリと呼ばれていた。ティサ地方の大貴族の出で、青年時代はイタリアのパトヴァ大学や、ハンガリー・ボヘミア王フェルディナント一世（一五二六―一五六四、一五五六―一五六四は神聖ローマ皇帝）の宮廷で教育を受けた。ハンガリー王ヤーノシュ・ジグモンド（一五四〇―一五七〇、トランシルヴァニア公位は一五七〇―一五七一）に仕え、一五六〇年代は特に対ハプスブルク外交使節として活躍。ヤーノシュ・ジグモンドの死後、トランシルヴァニア公に選出された（一五七一年）。その後、ポーランド国王に選出されると、公位を兄クリュシュトーフに委ねた。ポーランド王としては、財政と軍制の改革に努め、ロシアのイヴァン四世と戦った。内政面では、トランシルヴァニア、ポーランド両国の中央集権化に尽力し、外交面では、オスマン、ハプスブルク両帝国に対抗するために、ポーランド、トランシルヴァニア、ハンガリーの三国より成る国家連合の形勢を目指したが、実現には至らなかった。

（一三）ピピン（ペパン）三世（短躯王、七五一―七六八）はフランク王国カロリング朝の創始者。シャルルマーニュ（カール大帝）の父。フランク王国の宮宰だったが、七五一年。メロヴィング朝最後のフランク国王ヒルデリヒ（シルデリク）三世（二世とも）（七四一―七五一）を退位させ、王となる。ランゴバルド族のイタリア侵入で窮地に立たされていた教皇ステファヌス二世をフランク王国へ招き、領土の奪回を約束したため、教皇はピピンに戴冠式を行った（七五四年）。同年、ピピンは教皇の要請を受けてイタリアに出兵、ランゴバルド王アイストゥルフ（七四九―七五六）を破り、ビザンティン領ラヴェンナを教皇に寄進し（七五六年）、これが教皇領の基礎となった。教皇はピピンに「ローマ人の保護者」の称号を贈った。ピピンはフランク王国内で幾度か改革的教会会議を開催し、自分がキリスト教会の統治者であることを示そうとした。

（一四）ジャンヌ・ダルク（一四一二頃―一四三一）はフランスの国民的英雄、聖人。百年戦争の最中、フランス東部で珍しくシャルル七世に忠誠を誓っていたヴォークルールの近くの村ドムレミで、農民の子として生まれた。十三歳の夏以降、幾度も天使や聖女の声を聞き、自分の使命は国王の救出とフランスの解放にあるという確信を持った。三度目の訴えで、ヴォークルールの隊長の紹介を得て、シノンにいたシャルル七世に謁見し、軍隊を委ねられると（彼女は部隊長だった）、英軍に七カ月間包囲されていた要衝オルレアンの救出に成功した（一四二九年）。同年、ランスでのシャルル七世の戴冠式を見届けると、パリ解放に向かうが、これには失敗。翌一四三〇年、わずかな軍隊を率いてコンピエーニュを支援中にブルゴーニュ軍に捕らえられ、英軍に引き渡され、ルーアンで宗教裁判にかけられ、異端宣告の後、火刑に処せられた。しかしその後、再審査により彼女の汚名はそそがれ（一四五六年）、フランスの守護聖人とされた。

（一五）シャルル七世（一四二二―一四六一）はシャルル六世の第五子。皇太子の時、親英派のブルゴーニュ公ジャンを殺させたこともあって（一四一九年）、トロワの和約で王位継承者から外されていた。父王が没した後、シャルルは国王を名乗ったが、その支配地域はほとんど南部に限られていた。彼には十分な資金も軍隊もなく、母親イザボの乱行のせいで。自分の血統にも自信が持てないでいた。彼は信心家だが優柔不断な性質だった。しかしジャンヌ・ダルクの奇蹟的な活躍により、ランスで戴冠すると、統率力を発揮し始め、英軍を次第に後退させつつ（一四二九―一四三六年）、ブルゴーニュ公フィリップとアラスの条約を結んで和約し（一四三五年）、ついにパリ入城を果たした（一四三六年）。以後も英軍の駆逐に努め、ノルマンディーを奪回し（一四五〇年、カレーを除く全フランスから英軍を撃退し、百年戦争を集結させた（一四五三年）。商人ジャン・クールに財政を担当させ、常備軍を編成して、貴族の反乱を平定し（一四四六年）、王権の確立に努めた。また、ガリア教会の自由を認めた。

（一六）　アルフォンソ十世（賢王、一二五二―一二八四）はレオン・カスティーリャ王。父は国土回復運動の英雄フェルナンド三世。イスラム教徒との戦いでは、ムルシア、カルタヘナを奪還したが、アフリカ遠征（一二六〇年）は成功せず、逆に国内のイスラム教徒の反乱（一二六四年）とアフリカからの新たな武力干渉（一二七五年）を引き起こした。大空位時代（一二五六―一二七三年）に入っていた神聖ローマ皇帝に選ばれたが（一二五七年）、国内の反発と教皇の反対にあい、断念。彼が編纂を指揮した『七部法典』は王権強化と中央集権を主目的としていたため、貴族、教会だけでなく、広く社会の不評をかった。こうした状況下で、貴族の一部と王弟フェリペが背き、王位継承問題では、最終的に次男サンチョ（四世、一二五八―一二九五）と対立し、国内の貴族・教会・騎士修道会・都市のほかにポルトガル王とアラゴン王の支援を取り付けた同王子によって廃位された。政治面では失敗の連続だったが、学芸の保護・奨励者としては卓越していた。学者を集め、セビーリャ、ムルシア、トレドに学校を建て、文化の振興を図り、自らも『七部法典』のほかに『大年代記』『サンタ・マリアの讃歌集』を著している。そのため彼は「賢王」と称された。

（一七）　本訳注では、チャールズ一世がピューリタン革命によって処刑されるまでの経緯を追うだけでなく、ケンブリッジ大学――チャールズ一世が高唱した王権神授説の提唱・支持者――とは対局にある（たぶん）当時のもう一つの神学的君主論・神学的政治思想も併記しておきたい。イヴァン雷帝についての訳注（一〇）を思い起こしながら、読んでいただけたら幸いである。

チャールズ一世（一六二五―一六四九）――テキストでは（一六二五―一六四五）とあったので訂正した――はスペインのカディス遠征（一六二五年）とフランスのラ・ロシェルの新教徒救援（一六二七年）に失敗。戦費調達のために臨時課税を繰り返し、また意に従わない者の投獄をほしいままにしたため、議会の反発を招き、「権利請願」を突きつけられた（一六二八年）。しかし翌一六二九年に第三議会を解散した後は、十一年間も招集せずに、専制的に次々と不法な課税を行い、清教徒を弾圧した。そして国教の強制がスコットランドに及んだ時、反乱が起き、反乱鎮圧のための戦費調達に困ったチャールズ一世はやむなく議会を召集した（一六四〇年）。議会はこの機に王直属の裁判所である王室庁と最高裁判所を廃止させ、関税徴集は議会の同意を得てからにすることを約束させた。国王と議会の反目が続く中、一六四一年、今度はアイルランドで反乱が起きた。チャールズ一世はこの時議会に分裂が生じたのを見て、反国王派の逮捕を企てたが、失敗した。議会はこれに強く反発し、ロンドン市民が暴動を起こしたので、チャールズ一世は北方へ逃れた。そこで議会は「イングランドとウェールズの安全と防衛のために」「義勇軍法」を採択し、独自に軍備を整えた。これで国王の大権を侵されたと思ったチャールズ一世は、軍隊を徴集し、ノッティンガムで挙兵した。この内乱は議会派クロムウェルらの活躍により国王軍の完敗に終わり、チャールズ一世は議会派と同盟関係にあったスコットランド軍に降伏し（一六四六年）、議会側に引き渡された（一六四七年）。その後もチャールズ一世は王権を回復すべくいろいろ画策するが、スコットランドと密約を結び、スコットランド軍の介入を招いたことから、再び内乱が起きた（一六四八年）。結局、第二次内乱は、クロムウェルの軍隊がスコットランド軍を破った後、親国王派の議員が議会から追放され、国王が大逆罪のかどで裁かれることで、終結した。一六四九年一月三十日、国王チャールズ一世は「暴君、反逆者、虐殺者、国民の敵」として処刑された。王政復古が成るのは、十年間のピューリタンの軍事独裁が終わった後のことである。

ところで、ヘンリ八世の治世にローマ・カトリックと決別したイギリスでは、この頃までに各人が神との合一を目指す神秘主義思想が一般市民レベルまで流布・浸透していた。思想家の間に多少の差異はあったとはいえ、多くの平信徒が、神の代理人（教皇）および聖職者たちを通してではなく、自ら聖書を読むことによって、神＝キリストと直に接することができる、神＝キリストは人に内在する、と考えていた。したがってこの時代、神は王権神授説を掲げて暴政を行ったチャールズ一世の側にもいたかも知れないが、国王の不法と対決し、国王を裁き、処刑し、共和国を樹立したクロムウェル率いる議会の側にもいたのである。一六四一年、内戦の危機が迫る中、議会が出した「十九条提案」に対する国王の回答を批判する文書で、ヘンリ・パーカーは次のように主張している。「権力とは本来人民のうちにある」ものであり、国王の権力も「人民が与えたものにすぎず、条件的で、信託的である。」国王の大権も至上の法である「人民の幸福」《Salus Populi》に従属するものであって、これを侵す場合には、人民は自己存続のために反抗することを合法化されることになる。」また、内戦が始まった直後には、ジョン・グドウィンが、国王の不当な命令に対しては「力を用い、武力による抵抗で、国王に対する服従を拒むことが合法的であるばかりでなく、神に対する義務でさえあり、神に対して服従することにさえなる」と説明した。さらにアーチャーは、同年、『キリストの地上支配』で、「キリストはすべての国王の権力を飲み下す目的を持っている。……前世界が国王の専制と抑圧の下で苦しんでいる時、彼はすべての王冠を打倒しにやって来るであろう」と予言した。同年、ジョン・ミルトンも、キリストのことを「地上のあらゆる暴政に終止符」を打つために、「ほどなく現れると待望されている王」であると述べた。これらの言説にあるのはまぎれもなく「キリストの王国」「聖徒の統治」の理念である。

国王処刑の後では、ジョーゼフ・サモンが議会派の「軍の指揮権者たちに」「あなたがたは神の杖だ」と告げ、マーヴェルがクロムウェルを「逆らったり非難したりするのは狂気の沙汰である」「怒れる天の炎の力」と形容した。そして議会派は、「新型軍《ニュー・モデル》」を創出し、チャールズ一世を処刑したのは、人ではなく、神であったと述べ、第五王国派（急進的ピューリタン諸教派の一つ）やクエイカーの指導者たちはイングランドの解放の中に「神の指」を見、スコットランド長老派のロバート・ベイリーは「主はその手をもって我々を導き」、高位聖職者に対抗して「我々の前を進まれた」と語った。ちなみに王党派でさえ「あの一族〔スチュアート家〕に一貫して敵対する神の驚異的摂理に驚嘆したという。

以上のようなことから、当時の人々の多くは、たとえ王室の御用司祭の養成機関だったケンブリッジ大学が王権神授説をどれだけ声高に唱えようと、少なくともチャールズ一世からは神の恵みは離れている、と考えていたと見てよいだろう。J-P・ルーはこのようなイギリスのもう一つの神学的君主論、神学的政治思想を一顧だにしていない。確かに、彼は孟子の革命論には言及した。しかしただ王権神授説が唱えられた例を並べるだけでは、彼自身が容認している民主主義との共存の形が見えてこないのである。本訳注では、田村秀夫著『イギリス革命とユートピア』（創元社、昭和五十年）、クリストファー・ヒル著、小野功生訳『十七世紀イギリスの宗教と政治』（法政大学出版局、一九九一年）その他を参照した。

（一八）　本訳注では、ピピン短躯王の即位に至る経緯と彼の即位の意味について少し詳しく述べることにしたい。

八世紀前半、内乱状態にあったフランク王国を平定したのはメロヴィング朝の宮宰カール・マルテルだった。七四一年、彼が「プリンケプス（大公）」の称号のままパリで没した後、長子カールマンと次子ピピン（ペパン）は王国を二分割し、それぞれ「プリンケプス」として支配した。そして七三七年以来空位となっていた国王の座に、メロヴィング朝のヒルデリヒ三世——クロヴィスの父のヒルデリヒ（シルデリク）を一世とせず、このヒルデリヒを二世とする場合もある——を就けた。しかし七四七年、カールマンが突如引退すると、全王国を掌握したピピンは、ヒルデリヒ三世を廃位して自ら王位に就こうと考えた。ピピンはローマ教皇の内諾を得た後、七五一年十一月、ソワソンで召集された「フランク人」たちによって王に推戴され、その場で司教たちにより塗油された。ピピン三世は即位の際、神によって選ばれたことを意味する塗油の儀式を受けた最初のフランク人の国王だった。塗油による聖化はメロヴィング朝を自分の手で断絶し、僭主したピピン三世にとって、正統性を獲得するために不可欠な手段だったのである。しかし一度ではまだ胸につかえるものがあったのか、七五四年、パリ北郊のサン・ドニ修道院で、ピピン三世は、息子のシャルル（マーニュ）とカールマンと共に、教皇ステファヌスの手によりフランス国王としての塗油を再度受けている。

（一九）　シャルル四世美王（一二九四―一三二八）はカペー朝最後のフランス国王。フィリップ四世の第三子。貨幣鋳造、重税などの方法で王権の強化を図ったが、一女を残しただけで没したため、王統はヴァロワ家に移った。

（二〇）　テキストではフィリップ五世となっているが、彼は「長身王」なので、訂正した。フィリップ四世美王は既出（第一章、第9項および同訳注（五二））。

（二一）　ジャン・フロワサール（一三三三―一四〇五、一三三七頃―一四一〇頃とも）はフランスの歴史家、年代記作者。エノーに生まれる。博学な聖職者としてイングランド、スコットランド、イタリアなどを遍歴、王室や貴族と交際しながら資料を集め、『年代記』第一巻を執筆した。その後、フランドル、イングランドへ遍歴し、第二巻から第四巻までを段階的に執筆した。この書は、百年戦争のただ中で、十四世紀の騎士道社会を作者の見聞に基づいて描写したものである。

（二二）　これはフランスで最も有名な武勲詩『ロランの歌』の一場面で起きた「奇蹟」である。シャルルマーニュはスペインのサラセン人征討からの帰途、甥で勇猛な武将ロランを二万人の殿軍の指揮官に任じた。その殿軍に四十万のサラセン軍が襲いかかって来た。強情なロランは救援の角笛を吹くのをいさぎよしとせず、ひたすら奮戦し、全滅が確実になってからようやく角笛を手に取った。瀕死のロランが吹いた角笛の音を聞き、シャルルマーニュは急ぎ引き返したが、間に合わなかった。ロラン以下フランス軍には一人として生存者はいなかった。すでに日は西に傾き、夕暮れが迫っていた。とその時、神が奇蹟を行った。太陽は動きを止め、シャルルマーニュにサラセン人を追撃するに足る時間を与えた。こうしてシャルルマーニュはサラセン軍を殲滅することができた。

しかしこの「奇蹟」はもちろん史実ではない。『ロランの歌』はシャルルマーニュのスペイン遠征（七七八年）に基づいているようだが、この物語の核になったのはバスク人の襲撃らしい。

（二三）　ルイ六世（肥満王、一一〇八―一一三七）はフィリップ一世の子。淫蕩で食道楽だったが正義感は強かったらしく、長年にわたりパリ周辺（イル・ド・フランス）の傲慢で乱暴な貴族たちと戦いこれを従えた。神聖ローマ皇帝ハインリヒ五世、イングランド王ヘンリ一世とも戦いを交えた。治世中に盛んに発生した都市の自治権の要求運動を支持し、都市に特権を与え、「コミューンの父」と呼ばれた。彼は教会を保護し、貧者と不幸者を助け、平和に注意を払ったと言われる。

（二四）　百年戦争初期、フランス軍はノルマンディーに上陸して来たイギリス軍にクレシの戦い（一三四六年）で大敗した。原因は、イギリス軍が平民主体の弓兵隊を重視した集団戦を行ったのに対し、フランス軍が封建的騎兵隊を主力としてあくまでも個人的武勲を重んじた戦い方をしたからである。この戦いに続いてカレーが占領された後、両国は教皇の仲介で休戦した。そして戦争が再開した時、フランスの国王には新王ジャン二世（一三五〇―一三六四）が就いていた。彼は父王フィリップ六世同様凡庸で、お人好しと呼ばれていた。エドワード黒太子に率いられたイギリス軍はボルドーに上陸して、転戦しつつノルマンディーを目指し、北上した。ジャン二世はポワティエで敵の四倍の数の軍隊で迎え撃った（一三五六年）。結果はまたもや惨敗で、総指揮をとっていたジャン二世自身が捕虜になった。原因はクレシの戦いの時と全く同じだった。ジャン二世は身代金の額が折り合わず、捕囚中没した。

（二五）　一四一五年、英国のヘンリ五世は、フランスがオルレアン派とブルゴーニュ派とに分裂し、王は狂気の発作に悩まされているのを見て、無理難題を持ち出した。シャルル六世の娘カトリーヌ・ド・フランスとの結婚とフランスの最も美しい諸州の譲渡を要求したのである。当然、フランスはこれを拒絶した。するとそれを口実に、ヘンリ五世は総勢三万弱の軍隊を率いて、ノルマンディーに侵攻した。両軍はアザンクールで激突した。貴族を主体とするフランス軍はここでも大敗し、一万人のフランス人が討ち死にした。この敗戦は、その後シャルル六世が屈辱的なトロワの和約（一四二〇年）を受け入れた最大の要因となった。

（二六）　ルイ十一世（一四六一―一四八三）はシャルル七世の子。その性格はなかなか複雑で、皇太子時代は父王に対する謀叛に加わり、王室の最大のライバルであるブルゴーニュ公のところにかくまわれたこともある。即位後はすぐに父王の顧問たちを追い出し、側近にブルジョワのプチ・ジャンと庶民と下層民を置き、王国の防衛費調達のために重税を課した。そのため貴族たちは王と戦うべく、秩序回復と貧民保護を大義名分とする公益同盟（ビヤン・ピューブリック）を結成した。しかしルイ十一世は分断作戦を用いてこれに対抗し、ブルゴーニュのシャルル豪胆公との戦い（一四六七―一四七七年）にも勝ち、アラスの条約でブルゴーニュの大半を得、さらにアンジュー、メーヌ、プロヴァンス等を併合して、フランス王国の絶対的支配の基礎を固めた。

なお、一四六五年のモンテリーの戦いでは、ルイ十一世はブルゴーニュ公の息子シャルル（後の豪胆公）率いる公益同盟軍に敗れている。

（二一七）　ヘンリ六世（一四二二―一四六一、一四七〇―一四七一）はランカスター家の出で、ヘンリ五世の子。生後九カ月で即位、ベドフォード公ジョンが摂政となる。フランス王にもなったが（一四三一年）、英軍の大陸からの退去により、実質的には無効となる。アンジュー家のマーガレットと結婚。ケードの乱が起こり、財政的にも不安な状態に陥った。まもなく薔薇戦争（一四五五―一四八五年）が起こり、ランカスター家が劣勢となり、捕えられて（一四六一年）、幽閉された（一四六五―一四七一）。その後救出され、いったんは復位したが、再度捕われてロンドン塔で殺害されたという。王位はヨーク家のエドワード四世によって継承された。なお、テキストでは、ヘンリ六世が載冠した年を一四二九年十一月六日としてあったので訂正した。

（二一八）　フィリップ・ジャック・ルール（？―一七九五没）はストラスブールの近くで生まれ、同市で神学を学び、デュルクハイムの高等中学校の校長となり、同地の伯爵家に出入りし、同家のために家系を調べて、本にまとめた（一七八九年）。フランス革命が勃発すると、フランスに帰り、まもなくバ゠ラン県の行政官に任命された。そして県議会により代表として立法議会、次いで国民公会に派遣され、熱心な共和主義者として活動した。ルイ十六世の処刑（一七九三年）に賛成し、その後公安委員会会員、同委員会書記、保安委員会会員を経て、一七九四年三月には国民公会議長になった。その前年、彼は使節団の一員（たぶんリーダー）としてランスに赴き、公共広場に老人たちを集めさせて「暴君」を憎むようにと説き、クロヴィスが改宗した際、鳩がくわえてきたとされる大聖堂所蔵の聖香油瓶を破壊して、人々の拍手喝采を浴びた。しかしテルミドール九日（一七九四年七月二十七日）の反動により失脚した。拘禁中にピストルか短剣で自殺したと言われている。

（二一九）　ボードワン二世（一二二八―一二六一）はラテン帝国最後の皇帝。ボードワン一世の甥。エルサレム王ブレエンヌ伯ジャン一世（一二一〇―一二二五）の摂政（一二二八―一二三七年）の下に皇帝となったが、ニカイアとブルガリアの両君主が同盟を結んで侵攻を繰り返したため、領土は減少し、財政は破綻して、聖遺物や聖職さえも売らざるを得なくなるほど困窮した。そこで皇帝が西欧諸国に支援を要請したところ、聖王ルイ九世がこれに応えてくれたので、皇帝は聖棘《せいきょく》を聖王ルイに贈呈した。しかしジャン一世が没し、ルイ九世もエジプト遠征の準備で余裕がなくなると、ラテン帝国の衰退はもはやいかんともしがたく、ボードワン二世はニカイア帝国のミカエル八世にコンスタンティノープルを追われた。その後、一二七〇年、ボードワン二世はイタリアでコンスタンティノープルを目指す十字軍の編成を企図するが、彼が頼みとする聖王ルイの崩御によって、彼の夢は実現しなかった。

（三〇）　サント・シャペルはパリのシテ島のパレ・ド・ジュスティス（現最高裁判所）の構内にある二階建ての礼拝堂。フランス王国を守護する「盾」と見なされた。十三世紀に建立、十九世紀に改修。ゴシック・レイヨナン（放射状）様式のステンドグラスが有名。

（三一）　フェルナンド三世（一二一七―一二五二）はカスティーリャ・レオン王。アルフォンソ十世（賢王）の父。母からカスティリャーの王位を、父からレオンの王位を継承すると、一二三〇年、二国を永久に合一する法令を発布した。統合に抵抗する一部の貴族を封じ込めた後、彼は国土回復運動に全力を傾注した。そしてその生涯を終える時までに、イベリア半島の大半を奪回し、イスラム教徒の領土はグラナダ王国を残すのみとなった。一六七一年（テキストに一六七七年とあるのは間違い）、ローマ教皇庁は彼を聖人に列した。

（三二）　インノケンティウス三世（一一九八―一二一六）はローマ教皇。ローマの貴族の出身、パリで神学を、ボローニャで市民法・教会法を学び、ローマで教会の職を歴任した後、三十七歳で教皇に選ばれた。彼は教皇権の強化と教皇領の回復を自己の目標とした。ペテロには世界教会のみならず全世界の統治が託された。教皇は神と人との間に、神よりは低いが人よりは高い地位を与えられ、あらゆるものを裁くが、みずから裁かれることは決してない。月が太陽の光を受け、太陽に量も質も、位置も力も劣るごとく、君主は教皇の権威からその威光の輝きを受けている。これがインノケンティウス三世の理念であり主張であった。それでドイツ人傭兵をイタリアから追い出し、ハインリヒ六世没後の皇帝位争いに介入し、自分が支持して戴冠させたオットー四世が意に反した行動をとると、これを破門し、ハインリヒ六世の子フリードリヒ二世を即位させた。フランスではフィリップ二世を結婚問題で破門に処して、赦しを請わせ、イギリスではカンタベリ大司教の叙任問題でジョン欠地王を破門して、臣従の誓約をさせてから赦した。彼の代に教皇権は頂点に達した。第四回ラテラノ公会議（一二一五年）では教会法規に改革を加え、新しい修道会（フランシスコ会とドミニコ会）を承認し、第四回十字軍も遂行された。また多数の著作、教令、説教、書簡を残した。

（三三）　フィリップ二世（尊厳王《オーギュスト》、一一八〇―一二二三）はカペー家の出でルイ七世の子。十四歳で即位。イングランド王リチャード一世獅子王と共に第三回十字軍に参加したが（一一九〇年）、シチリアおよびシリアで不和になり帰国（一一九一年）。ノルマンディーの領有をめぐってリチャードと争い（一一九四―一一九九年）、次王ジョン（欠地王）の時ノルマンディー、ブルターニュ等を奪って、イングランド軍を大陸から駆逐した。この前後に行われた第四回十字軍（一二〇二―一二〇四年）とアルビジョワ－ワルドー派に対する十字軍（一二〇八―一二二九年）には関与せず。その後ジョン王、ドイツ皇帝オットー四世、フランドル伯フェランその他の大諸侯がフランドルに集結すると、フィリップ二世は教会と人民を味方に付け、同盟軍をブヴィーヌで破った（一二一四年）。それまでドイツやイングランドから一段低く見られがちだったフランスは、この勝利によって大国としての基礎を定めた。フィリップ二世は代官制度を設け、様々な種類の税を案出し、商工業を奨励して、財政を堅実なものにする一方、教会や学校を創設して、文運を促進した近代的な君主だった。

（三四）この教皇勅書「尊き兄弟を介して」（一二〇二年）は、世界制覇の野望を持ち続けて教皇と対立し、フランスを下位の王国と見下していた神聖ローマ帝国に対抗して出されたものである。なお、テキストには一二〇四年とあったので、訂正した。

（三五）ゲラルドゥス（アブヴィルの）（一二二〇頃―一二七二）はフランスの神学教師。アミアン近郊の現アブヴィルに生まれる。一二五四年、パリで副助祭、一二六二年、ポンテューで助祭長となり、厳格な托鉢修道士の大学からの追放運動を指導した。この頃の著書『キリスト者の完全さへの敵対者を駁する』（一二五六年）で、彼はフランシスコ会厳格派の絶対清貧の概念を攻撃しており、彼に対するフランシスコ会の反駁文も知られている。

（三六）これはカール四世（一三四七―一三七八）である。彼はベーメン王ヨハン（ルクセンブルクの）の子で、帝国の版図の拡大を目指さず、外交を重視して、ベーメンの統治に力を注いだ。金印憲章を定めて七人の選帝侯によるドイツ王選出の道を定めた。若くしてパリに学び、高い教養を有し、英君の誉れが高かった彼の宮廷は初期ヒューマニズムの一中心をなした。また、プラハにドイツ最初の大学を建てた。

（三七）ヒルデリヒ（シルデリク、キルデリクス）一世（在位四三七?―四八二?、四五七／八―四八一／二）はフランク族の王。メロヴィング朝の名の由来となったメロヴィスの子で、クロヴィスの父。若くして即位し、放埒で堕落した生活を送っていたが、やがて娘たちの略奪を始めたため、貴族たちの怒りをかい、チューリンゲンに逃亡した。そこでフランク族は、ローマ帝国からガリアに派遣されてほぼ独立状態にあった司令官、エギディウスを自分たちの王として迎えた。ヒルデリヒはエギディウスの死後、すでに怒りを和らげていたフランク族のところに帰ってきた。その際、チューリンゲンの王ビシヌスの妻だったバシナがついてきたので、彼女と結婚して、後のフランク王国の創始者クロヴィスをもうけた。四六三年のオルレアンでのローマ軍と西ゴート族との戦いでは、ローマ軍の傭兵として戦ったと思われる。ただしトゥールのグレゴリウス（『歴史十巻（フランク史）I』は彼が四歳で王になったということは書いていない。

（三八）　これはヴィシー体制（一九四〇―一九四四）下のフランスの状況を指していると思われる。カトリック教会、保守派、極右・王党派だけでなく、かつての左翼政党や労組出身者等らも加わったヴィシー体制は、「多元的な独裁制」と言われるように、一本化された統治理念を持っていたわけではないが、いわゆる国民革命によって共和主義的社会秩序を一掃し、戦勝国ドイツとの協調によって、フランスの状況の悪化を防ぐことを目指していた。ヴィシー体制の第一期の中心には、極右・王党派アクション・フランセーズのような伝統的右翼がいて、社会改造を行うべく反動的な国民革命を推し進めた。第二期には国民革命の思想は薄れ、対独協力体制がさらに強化されたが、しかしそれでも国家首席ペタン（一八五六―一九五一、第一次世界大戦時の元帥、英雄）の人気は高く、連合軍のノルマンディー上陸の四十日前でも、多くのパリ市民の歓迎を受けた。戦後、ペタンはドイツに協力した反逆者として終身禁固刑に処され、フランスではヴィシー体制について語ることはタブーとされた。しかしながら最近は、フランス史上最大の汚点としてこれから目を背けるのではなく、厳然たる史実としてこれを直視しようとする動きも出て来ているようだ。もっとも本書の原著者のように、この時代を王党派とカトリック教会が一体となって国を導いた良き時代と評価する歴史家はほとんどいないだろう。

（三九）「一四六四年に書いている」ピエール・ル・グロ Pierre le Gros またはピエール・ド・グロ Pierre de Gros（巻末索引）という名は、古い歴史事典にも、フランス国立図書館が刊行している著作者の総合目録にも載っていない。この人名表記は原著者の錯誤に基づいたものであろう。

（四〇）　イサキオス二世（天使帝、一一八五―一一九五、一二〇三―一二〇四）は小アジア出身の新貴族の出で、即位前、アンドロニコス一世によって差し向けられた暗殺者を逆に殺して、聖ソフィア大聖堂に逃げ込み、かくまわれていた。アンドロニコス一世がその暴虐さゆえに首都で市民によって八つ裂きにされた後、推挙されて、帝位に就いた。しかし彼には統治能力も徳も備わっていなかった。内外の状況はきわめて厳しかったにもかかわらず、怠惰で、無気力で、享楽的で、贅の限りを尽くして、玉座の名誉を傷つけた。ノルマン人は領内から撃退したが、国民を重税で圧迫し、周囲の要望に応じて、先帝の改革をことごとく撤回した。バルカンのブルガリア人、セルビア人が独立の動きを見せ、キプロスもそれに続いた。この機に、弟のアレクシオス三世（一一九五―一二〇三）がコンスタンティノープルで蜂起して、彼は捕えられ、両目をえぐり取られて、投獄された。その後十字軍のコンスタンティノープル占領（一二〇三年）によって解放され、逃亡した弟に代わって、十字軍と共に乗り込んだ息子のアレクシオス四世（一二〇三―一二〇四）と共に即位した。しかし十字軍に約束した費用の支払いに関して、親西欧派の両帝に対して市民が反乱を起こし、彼らに推されたアレクシオス五世（一二〇四年没）によって、アレクシオス四世は殺され、イサキオス二世は再び投獄され、獄死した。なお、テキストでは、イサキオスの在位期間は（一二〇一―一二〇四）とあったので訂正した。

（四一） アンドロニコス一世コムノネス（一一一八三―一一八五）はヨアンネス二世（一一一八―一一四三）の子。従兄弟マヌエル一世（一一四三―一一八〇）と不和になり、入獄、脱出、亡命の後、シノペで挙兵（一一八二年）。コンスタンティノープルに入城し、幼少のアレクシオス二世（一一八〇―一一八三）の側近を排除して実権を掌握、次いで同帝を殺害して即位した（一一八三年）。多くの抜本的改革を行ったが、その暴虐さのために国民の反感を買い、シチリア王グリュエルモ二世（一一五四―一一八九）の侵入で大混乱の中、首都で市民によって虐殺された。

（四二） ロベール・ド・クラリ（一一七一頃―一二一六）はフランスの年代記作者。アミアンの伯爵家の出で、第四回十字軍に参加して、小貴族の考えを反映した『年代記』（邦訳名は『コンスタンチノープル遠征記』（伊藤敏樹訳、筑摩書房、一九九五年）を書いた。彼の作品では、物事が詳細に活写されており、彼の見解はヴィルアルドゥアン（一一四八―一二一三、軍人、歴史家。第四回十字軍に参加。その記録『コンスタンティノープル征服記』はフランス語散文による最初の記録である）の作品で述べられているような、遠征の指揮官たちの見解からしばしば離れている。それゆえ彼の証言は第四回十字軍に関する大変貴重な史料となっている。

（四三） これはフランスの王崇拝者の歴史解釈であろう。シャルル六世についてはすでに略述した（第六章の訳注（九一）参照）が、彼の生涯をもう少し踏み込んで見てみよう。

シャルル六世は父シャルル五世の突然の死によって、十二歳で即位した。単独統治権を得たのは一三八九年、彼が二十一歳になってからのことである。ところが、三年後の一三九二年八月に発狂し、その狂気の発作は、一四二二年、彼が死ぬまで彼を苦しめた。国王の統治能力が失われた結果、フランスの貴族たちは再び二大党派に別れて、対立抗争を開始した。ブルゴーニュ派は国王の叔父に当たるブルゴーニュ公やベリー公に率いられ、オルレアン派は王弟オルレアン公ルイ一世が旗頭になった（こちらはルイの暗殺後はアルマニャック派と呼ばれるようになる）。両派は、一四〇七年から一四一〇年にかけて、暗殺・抗争を繰り返し、双方がイングランドに支援を仰いだため、イングランドがフランスに侵攻して、百年戦争の再開となった。とはいえ、実際はイングランドとブルゴーニュ派が手を結んで、玉座を継承・維持しているアルマニャック派と戦った。そして一四二〇年のトロワの和約――アザンクールでの惨敗（一四一五年）以後、窮地に陥っていたフランス王室では、妃イザボーがシャルル六世に受諾を強く迫ったという――により、イングランド国王ヘンリ五世はフランスの王女カトリーヌと結婚し、シャルル六世の摂政を務め、フランス王の後継者とされた。一四二二年、シャルル六世が没した後、フランス国内で続いた対立と混乱の状態は、ジャンヌ・ダルクの出現とシャルル七世の即位（一四二九年）を経て、イングランド軍の撤退（一四五三年）によって、ようやく終止符が打たれた。

シャルル六世の生涯はこのようなものである。どうやらJ－P・ルーは、敗色濃い中、シャルル六世が王女カトリーヌを敵であるヘンリ五世に嫁がせ、彼をフランスの王位継承者としたことを「臣下の救済のために遂行された王の自己犠牲」と見ているようだ。しかしこのような歴史的事実がキリストの自己犠牲に通じると言えるのだろうか。

（四四）　ヴェンツェスラウス（九二一―九二九）はベーメン（ボヘミア）の大公、聖人。ルートミラの孫。キリスト教に改宗し、ベーメンに布教しようとして、反キリスト教的な弟ボレスラフ（九二九―九六七）等の煽動によって暗殺された。チェコ人の国民的英雄となっている。

（四五）　ヴラジーミル一世（九七八頃―一〇一五）はキエフおよびロシアの大公、聖人。辺境の東スラヴ諸部族を征服し、ブルガル人を攻め、東ローマ皇帝の妹アンナとの結婚を機に、ギリシャ正教の採用を決定し、住民に集団的洗礼を行い、ロシアのビザンティン化に大きな影響を与えた。

（四六）　救世主・解放の英雄の喪失を認めようとしないのは、キリスト教徒だけではなく、世界各地の民間伝承にしばしば見られる現象である。

（四七）　フリードリヒ赤髭帝は第三回十字軍を編成してパレスチナへ向かう途中、小アジアのキリキアの小川で沐浴中に、卒中で死んだ。

（四八）『世界神話大事典』（大修館書店、六五四ページ）によると、「十二世紀には、コルヌアーユでもウェールズでも、そしてブルターニュでも、アーサー王は相変わらず生きていて、戻って来るという信仰が広がっていた」。

（四九）　ボードワン一世（一一七一―一二〇六、東ローマ皇帝在位一二〇四―一二〇五）はエノー（ベルギー南部）伯ボードワンの子、母はフランドル伯フィリップの娘マルグリット。フランス王の姪マリ・ド・シャンパーニュと結婚、一一九五年にはフランドル・エノー伯となった。第四回十字軍（一二〇二―一二〇四年）に参加し、コンスタンティノープルを占領して（一二〇四年）、東ローマ皇帝に即位した。その際、フランスから来た他の諸侯もギリシャ各地の支配者となったため、これに怒ったギリシャ人がブルガリア人と手を結んで反乱を起こし、ボードワン一世はブルガリア人の王によってアドリアノープルで捕えられ、投獄された（一二〇五年四月十四日）。彼は翌一二〇六年頃死んだと考えられているが、どのようにして死んだかは不明である。

（五〇）　ブルゴーニュ公ジャン無畏公（一四〇四―一四一九）はブルゴーニュ公フィリップ（豪勇公）の子。オルレアン公（ルイ一世）を暗殺し（一四〇七年）、百年戦争中はブルゴーニュ派の頭領としてイギリスと手を結び、パリのカボシアン党と連合して、同市を占領、フランス王室を支持するアルマニャック派に対抗した。後にはイギリスと決裂し、皇太子（後のシャルル七世）と和解しようとしたが、廷臣に殺された。

（五一）　聖レミすなわちレミギウス（ランスの）（四三七／八―五三五頃）は「フランク人の使徒」と呼ばれたランスの司教、聖人。ラン（Laon）の敬虔な貴族の家に生まれた。母も弟も列聖されている。ランスで教育を受け、豊かな教養と高潔な人格のゆえに、二十二歳で司教に選ばれた。アリウス派の勢力が強かったガリアでの伝導活動に専念し、フランク王クロヴィスのカトリックへの改宗に影響を与えた。四九八年または翌年のクリスマスにクロヴィスとその部下三千人に洗礼を授けた。

（五二）　ヒンクマル（ス）（ランスの）（八〇六頃―八八二）はフランクの貴族の出で、サン・ドニ修道院で学び、ルートヴィヒ（ルイ）敬虔王、シャルル（カール）二世禿頭王に仕え、後者の尽力でランスの大司教に選ばれると（八四五年）、ただちに教区の再編に着手した。ローマ教皇に対しては、フランク（ガリア）教会の独立を主張し、司教たちに対しては、首都大司教としての特権の拡大に努めた。そのため、教権の首位性を唱えるニコラウス一世と対立し、国内では司教たちと争い、教理に関しても二重予定説を否定して、論争を引き起こした。

（五三）　J－P・ルーはこの言葉が早くから述べられていたかのように書いているが、「篤信王」《le très-chrétien roi》、一般的には Le Roi Très Chrétien または Sa Majeste Très Chrétienne）は十五世紀以降のフランス王の名誉称号である。

（五四）　コミーヌ（一四四五頃—一五〇九）はフランスの歴史家、政治家。シャルル豪胆公、ルイ十一世、シャルル八世に仕え、一時追放されたが、また復帰し、ヴェネツィアに使節として派遣された。年代記風の『回想録』は当時の重要な史料となっている。

（五五）　ヴィルアルドゥワン（一一五〇頃—一二一八頃）はフランスの歴史家、政治家。ヴェネツィアに使節として赴き、十字軍への援助求め（一二〇一年）、自らも第四回十字軍に参加して、『コンスタンティノープル征服記』を書いた。これはフランス語の散文による記録としては最古のものの一つで、年代記としての価値も高いが、第四回十字軍について貴族の立場から弁明している。

（五六）　ジャン・ド・ジョワンヴィル（一二二四頃—一三一七）はフランスの年代記作者。フランス王国最大の封建領主シャンパーニュ伯を補佐する大家老職（セネシャル）にあり、聖ルイ王のエジプト遠征（第六回十字軍）に、主君に代わってシャンパーニュ勢を率い従軍した。王に気に入られ、直臣なみに王に仕えたが、エジプトでは捕虜となる（一二四八年）。後に帰国して（一二五四年）年代記『聖ルイ王伝』を著した。

（五七）　ルイ七世（若年王、一一三七—一一八〇）はルイ六世の子。若くして、父の意思によりアキテーヌ公の娘エレオノールと結婚した。騎士気質で敬虔だった彼は第二回十字軍に妻を伴って参加した。しかし妻は聖地で不浄な振る舞いをし、サラセン人の奴隷と不貞をはたらいた。帰国後、二人は離婚し、エレオノールはアンジュー伯アンリ・プランタジネット（後のイングランド王ヘンリ二世）と再婚した。そのためフランスでもアンリ（ヘンリ二世）の支配地域の方がルイのそれより広くなり、フランスはドイツからもイングランドからも見下されるようになった。

（五八）　これは「コンスタンティノープルのラテン人皇帝」の間違いで、この「皇帝（単数）」はフランドル伯ボードワン一世であろう。前の訳注（四九）と（五五）を参照。

（五九）　ペドロ三世（一二七六—一二八五）はアラゴン連合王国国王。ハイメ一世の子。シチリア征服の功績から「大王」と呼ばれる。一二八二年、「シチリアの晩禱」で知られる蜂起で、従来のアンジュー家の支配を拒否したシチリア島民は、妃がシチリアの王位継承権を持っていたペドロ三世に統治を要請した。外に向けての発展の可能性を模索していたペドロ三世はただちに出兵して、パレルモに入城した。これによってアラゴン家は地中海進出の糸口をつかんだが、その結果、必然的に、西地中海の覇権をめぐって、フランス、ジェノヴァ、時には教皇庁と深刻な対立関係に入ることになった。

（六〇）　ロマノスとあるのはテオドシウス二世（三七九―三九五）の間違い。テオドシウス二世はアルカディウス帝の子。父帝の死去により、幼くして帝位に就き、最初は近衛都督アンテミウスが（四〇八―四一四）、次いで姉プルケリアが（三九九―四五三）後見人となった。結婚（四二一年）後は、妃エウドクシアに指導権を握られ、自らは絵画、筆写に親しみ、「写字生」と呼ばれた。バルカン半島に東ゴート、次いでアッティラ率いるフン族が侵入すると、貢納金を与えて対処した。コンスタンティノープルに大学を設置し、同市の城壁を築き、『テオドシウス法典』を編纂させた。

（六一）　エウドクシア（四〇一頃―四六〇頃）はアテナイの学園《アカデメイア》の講師レオンティオスの娘。その優れた才色を認められて、テオドシウス二世の妃となり（四二一年）、それまでのアテナイからキリスト教的なエウドクシアに改名した。その後、皇帝を凌ぐほどの権勢をふるうようになったため、後見人だった皇帝の姉プメケリアと衝突し、やがて皇帝の寵愛も失うと、エルサレムに引退して（四四四年）、聖書やキリスト教聖人伝の詩作化などで余生を送った。

（六二）　ワムバ（六七二―六八〇）は王位に就くのを強く拒んだので、喉に剣を突きつけられて即位したが、その際、聖職者によって聖別された最初の西ゴート国王となった。ワムバは各地で次々と起きる反乱をすべて平定し、降伏した反逆者をすべて寛大に扱った。顕著だったアフリカのアラブ人の侵入も撃退した。しかしながらワムバは彼によって野望を押さえ込まれた貴族や司教たちから恨まれていた。ある晩、一人の伯爵が、毒で眠っているワムバの髭を剃り、彼に修道服を着せた。当時の慣習では、一度着た修道服を脱ぐことは許されていなかった。ワムバはいさぎよく退位の署名をした。その後、彼はトレド大司教によって修道院に押し込められたと言われている。

もともと西ゴート族には選挙王制の伝統があり、血統より実力が重視された。そのため君主の廃位・暗殺が相次いでいたが、こうした状況はカトリックへ改宗した後も変わらなかった。六〇三年のリウヴァ二世の廃位、六二一年のシセプート王の死（暗殺説あり）、六三一年のスインティラ王の廃位、六四二年のトゥルガ王の廃位、そして六八〇年のワムバの廃位もそうした「伝統」の上にあるものだった。西ゴートの王位にはまだ不可侵の聖性はなく、ワムバが即位を固辞した理由もそこにあったと思われる。

（六三）　クリスティーヌ・ド・ピザン（一三六四―一四三〇頃）はフランスの女流詩人。ヴェネツィアに生まれ、パリで教育を受け、結婚後十年で夫を失い（一三八九年）、後に修道院に入った（一四一八年）。バラード、ロンド等多くの定型詩を作ったほか、ジャン・ド・マンの『薔薇物語』に代表される当時の女性蔑視の風潮に対抗する『愛の神への献辞』『いわゆる薔薇について』を書き、また散文で『婦女の都』（一四〇五年）を書いた。

（六四）　オルレアン公ルイ・フィリップ（一七八五―一七九三）は七月王政のルイ・フィリップ（一八三〇―一八四八）の父。ブルボン王家の支流に属する裕福な自由主義貴族。アメリカ独立戦争を支持（一七七八年）、名士会では反政府の立場に立ち、「貴族の反乱」の指導者となった。大革命が起きると、邸宅パレ・ロワイヤルを市民の集会場として開放。三部会に選出され、立憲君主制をとったが、ルイ十六世には反対した。一時イギリスに使節として派遣され（一七九〇年）、ミラボー、ダントンらを買収して状況の好転を画策（一七九一―一七九三年）。貴族の称号が廃止されると、自らを「フィリップ平等」と称した。国民公会ではルイ十六世の処刑に賛成（一七九三年）、デュムリエの裏切りにより共和制転覆の嫌疑を受け、財産を没収され、マルセイユで投獄され、パリの革命裁判所で死刑に処された。

なお、オルレアン派は七月王政で権力を掌握した後、第三共和制の初期にも王位をうかがったし、二十世紀になっても、いわゆる王党派の核の一つとして存続していたから、今日でもたぶん存続していると思われる。

（六五）　マルゼルブ（一七二一―一七九四）はフランスの政治家。始め司法官となる。啓蒙主義に傾倒し、官憲が危険人物と見るような哲学者や文学者とも交わり、『百科全書』の刊行（一七五一―一七七二年）にも尽力した。ルイ十五世に新税制を具申して追放されたが（一七七一年）、ルイ十六世により復帰を許され（一七七四年）、内相（一七七五―一七七六年）、国務相（一七八七―一七八八年）を歴任する。革命が勃発すると海外に亡命したが（一七九〇年）、事態が重大な局面に向かいつつあることを懸念してあえて帰国、ルイ十六世を擁護して（一七九二年）、逮捕され（一七九三年）、処刑された。

（六六）　エベール（一七五七―一七九四）はフランスの政治家。地方からパリに出て（一七八〇年）困窮生活を送っていたが、革命が起きると大衆紙『ペール・デュシェーヌ』を創刊して（一七九〇年）、急進的な論調で市民大衆を引きつけ、「八月十日の革命」（一七九二年）では指導的な役割を果たし、コミューンの幹部として検察官代理（同十二月）の地位に就いた。そしてジロンド党打倒、徹底的抗戦、最高価格設定などを主張して、急進的小市民、無産派階級を中心にエベール派を結成（一七九三年）、ジャコバン独裁、恐怖政治の成立の推進力となった。しかしその急進性ゆえにまもなくロベスピエール派と対立、キリスト教廃止運動の開始によってさらにこの対立を深めた。事態を打開しようと、公安委員会に対する反乱を計画（一七九四年、三月）、コルドリエ・クラブと共同戦線を張ろうとして失敗、サン・ジュストの告発により逮捕され、パリで処刑された。

（六七）　マタイによる福音書（第二十七章、第二十五節）ほかにある言葉。

（六八）　エチオピアの正統ソロモン王朝が保持する神話によると、ソロモンとシバの女王の間に生まれたメネリク一世が、エチオピアに歴史上最初に登場するアクスム王国の開祖ということになっている。アクスム王国は女王エザナの時代にキリスト教化が始まり（四世紀半ば頃から）、領土を最大限に拡大したが、六世紀末には、ササン朝ペルシャのホスロー一世の遠征によって、王国のもともとの根拠地であったイエメンでの支配権を失い、九世紀以降は、海を渡って来たイスラム教徒のために衰退の一途をたどった。そしてイスラム教徒の支配を受けた後、十二世紀半ば（一一三七年または一一五〇年）以降は、南方にあったザグエ王朝が北部も支配するようになった。伝承では、ザグエ朝の開祖マララが、十世紀前半、アクスム王朝（ソロモン王朝）の王を始め一族のほとんどを殺害したことになっているが、これはそのまま信じるわけにはいかない。なぜなら、その当時はエチオピア南部までスルタンの支配下にあったからである。ザグエ朝は一二六八年に倒され、一二七〇年にイェクノ・アムラクによってソロモン王朝が復興した。神話・伝説を基礎にしたエチオピアの歴史書『国王頌栄《ケブレ・ネガスト》』（十四世紀初頭成立）はこの復興ソロモン王朝によって編纂されたものである。

（六九）　クシュはナイル川中流域の上ヌビアを指す地域名で、ここにエジプト第十二王朝（前一九九一―前一七七八）時代、すでにクシュ侯国が成立していた。第二中間期（前一七七八―前一五七〇）に下ヌビア（エジプト南部）を占領し、エジプト北部のヒクソスと手を結んだが、逆に、第十七、十八王朝の攻撃を受けて、滅亡し、エジプトの属州となった。その後、新王国時代（前一五七〇―前七一五）末期までには、エジプトの支配を脱し、ナパタを本拠とするクシュ王国を形成、エジプトを征服して、第二十五王朝を樹立するが、アッシリアに敗れて、ヌビアに退いた。ナパタ、次いでメロエを本拠としたクシュ族の王国は後四世紀中頃まで存続した後、エチオピアのアクスム王国のエザナ女王によって滅ぼされた。

（七〇）　ザラ・ヤクブ（一四三四―一四六八）は復興ソロモン朝の第十五代の王――したがって、この直前の記述「その後の王朝でも、同じ主張が繰り返された。」は削除した方がよい――で、沿岸部周辺のイスラム教徒と戦いつつ、国力を充実させ、一四四九年、海への出口として、現在のエリトリアに当たる地域を軍事占領することに成功した。また、ザラ・ヤクブはフィレンツェ、ローマ、ビザンティンとも宗教上の交流を持った。

（七一）　この時の皇女アンナは一般的には「バシレイオス二世の妹」と記述されている。その理由は彼女の降嫁が以下のような歴史的経緯及び政治状況下でなされたからである。

ロマノス二世（九五九―九六三）は皇帝としての資質に欠けた、意志薄弱で、軽薄な若者だった。彼は、絶世の美女だったが、道徳観念の全く無い居酒屋の主人の娘アナスタソを皇后に迎え、テオファノと名乗らせた。彼は彼女との間にもうけた二人の幼児皇帝バシレイオス二世とコンスタンティノス八世および皇女アンナを残して、早世した。皇后テオファノは軍の推載に応えて帝位に就いた老将軍ニケフォロス（二世）と再婚、しかしまもなく、若くて有能な軍司令官ヨハネス・チミスケスの愛人となり、自ら寝室での夫殺しを計画し、チミスケスと彼の友人たちがこれを実行した。新皇帝にして二人の皇太子の庇護者ヨハネス一世チミスケス（九六九―九七六）は、総主教ポリュエウクテスによって戴冠式を挙行してもらうために、皇后テオファノを追放し、先帝の殺害犯人を処罰した。そして若年の二人の皇太子（皇帝）の叔母にあたる、かなり年上のコンスタンティノス七世の娘テオドラと結婚することによって、皇帝としての正統性を確保した。優秀な軍人だったこの皇帝が在位六年でたぶんチフスで病没した時、バシレイオス二世（九七六―一〇二五）は十八歳、コンスタンティノス八世は十六歳だった。二人は、大叔父の宦官バシレイオスの強力な支援のもとに、支配権を行使し始めたが、弟の方が自堕落で、政治に無関心だったため、実際の政権は兄のバシレイオス二世が一人で掌握することとなった。数年後、自立心と支配欲が強くなったバシレイオス二世は今やその存在が煩わしいだけの大叔父を失脚へと追い込み、実質的な単独政権を獲得した（九八五年）。しかしながら、その直後に、マケドニア地方で反乱が起こり、皇帝自ら鎮圧に向かうも、敗戦。これを機に、帝国内で大規模な内戦が勃発した。やがて帝位を狙う有力者たちが連携したため、正統皇帝の地位は絶望的なものとなった。バシレイオス二世はこの危機的状況を打開するために、キエフ公国のヴラジーミル〔一世〕に救援を求めた。九八八年春、六千人のヴァイキング・ルーシ族の戦闘部隊が到着すると、皇帝自らこれを指揮して、反乱軍を大破。その後はこの部隊を皇帝軍に編入して連戦連勝し、反乱を鎮圧するのに成功した。ヴラジーミル公は、この救援活動の報酬として、彼と彼の部族の洗礼を条件に、緋衣の間で誕生した皇女アンナを妃とすることを認められた。内戦を集結させ、大貴族の力を削いだ後、バシレイオス二世はバルカン全土を支配下に置き、シリア遠征を行い、アルメニアを併合するなど、彼の治世に東ローマ帝国は最盛期を迎えた。

（七二）　もちろん、ウェルギリウスの『アエネーイス』にはなく、フランク人が創作した名前である。

（七三）　偽フレーデガル（七世紀頃）は『フランク王国年代記』の著者に擬せられている人物。この『年代記』はラテン語で書かれた大部の編著で、六四二年までを含み、数名によって書かれたものらしい。後に七六八年までを補充された。七

―八世紀の貴重な資料となっている。

（七四）　前の訳注（七三）参照。

（七五）　古代の歴史家によると、ファラモンドはフランク族の最初の王。マルコメルの息子で、クロディオまたはクロギオの父。四二〇年から四二八年の間に、ファラモンドがフランク族を率いてライン川を渡って来たとされている。しかしトゥールのグレゴリウスは、フランク人の最初の王の名は分かっていない、と言っている（第二巻、9）。

（七六）　ビザンティン（東ローマ）皇帝は神聖ローマ帝国 le Saint Enpire roman germanique の神聖さ Saint を認めていなかったので、単に「ゲルマン人のローマ帝国」«l'Enpire romain germanique» と呼んでいた。

（七七）　サリカ法はフランクの中心勢力だったサリ族の部族法で、他のゲルマン部族法典と比べてゲルマン古来の伝統が最も強く残っており、成立はクロヴィスの死（五一一年）以前とされている。ラテン語で書かれ、後代のヨーロッパの諸法にも大きな影響を及ぼした。スペインでも長い間採用されていた。

（七八）　ヘンリ五世（一四一三―一四二二）はランカスター家二代目のイングランド王。彼はフランスの王位継承権を持ち出して、フランスに出兵し、アザンクールの戦い（一四一五年）で勝利し、シャルル六世にトロワの和約（一四二〇年）を受諾させた。彼はこれによって、シャルル六世の娘カトリーヌと結婚し、フランスの王位継承権を得た。

（七九）　フェリーペ四世の子カルロス二世（一六六五―一七〇〇）は四歳で即位した。彼の治世中、ヨーロッパの覇者たらんとするフランスによってスペイン帝国の領土（フランドル諸都市、フランシュ・コンテ、カタルーニャ）が次々と奪われた。しかし一六九七年のライスワイク条約では、ルイ十四世はスペインに領土の割譲は求めなかった。これは病弱なカルロス二世が嗣子を残さぬまま遠からず死ぬことを見越して、スペイン王位をブルボン家が継承するための懐柔策だったと見られている。ルイ十四世の母親アナはフェリーペ四世の妹で、妃のマリア・テレサはフェリーペ四世の最初の妃イサベル（ブルボン家）の娘であり、カルロス二世は二番目の妃（ハプスブルク家の）の子であるというのがフランスとスペインの王室の血縁関係である。

カルロス二世の衰弱が進む中で、親ブルボン派と親オーストリア・ハプスブルク派の対立が激化し、最終的に親ブルボン派が優位に立った。一七〇〇年十月、カルロス二世はルイ十四世の孫フィリップをスペインの王位継承者とすることを遺言して、世を去った。この時、オーストリアは遺言を無効として、カール大公を対立候補者に立てたが、その他の周辺諸国はフィリップすなわちフェリーペ五世（在位一七〇〇―一七二四、復位一七二四―一七四六）の即位を承認した。しかし野望に燃えるルイ十四世はこれだけでは満足せず、場合によってはフェリーペがフランス国を兼ねることもあり得る、と述べた後、フェリーペの名においてフランスの軍隊をスペイン領ネーデルラントへ進め、占領した。そこで一七〇一年、イギリスとオランダはオーストリアと「大同盟」を結成し、翌一七〇二年にフランスとスペインに宣戦布告して、十三年間にわたるスペイン継承戦争（一七〇一―一七一四）が始まった。ヨーロッパ諸国を巻き込んだこの世界戦争は、オーストリアのヨーゼフ一世（一七〇五―一七一一）が没して、弟カール大公が帝位に就いたことによって、状況が一変した。今度はイギリスが、カール六世（一七一一―一七四〇）がオーストリア・スペイン両国の支配者となるのを嫌って、かねてよりルイ十四世から提案されていた和平交渉に応じることにした。こうしてさしもの大戦争もユトレヒト条約（一七一三年）とラシュタット条約（一七一四年）によって終息した。結局、フェリーペ五世はフランスの継承権を放棄するという条件で、スペイン国王として改めて列強の承認を得たが、その際フランスは、アメリカ大陸のアケイディア、ニューファンドランド、ハドソン湾をイギリスに割譲し、スペインはメノルカ島、ジブラルタル、ヨーロッパ大陸における領土を失った。

J－P・ルーはこの時のルイ十四世の主張と行動を正当なものだったと理解しているのである。

（八〇） 初代アンジュー家はイギリスのプランタジネット朝の開祖ヘンリ二世（一一五四―一一八九）となったアンリを出している。第二代アンジュー家はカペー朝の聖王ルイ九世（一二二六―一二七〇）の弟シャルル・ダンジューに始まるが、彼はシチリア王位に就いてカルロ一世（一二六六―一二八五）と名乗り、その子孫からは、シチリア（ナポリ）王だけでなく、婚姻関係によってハンガリー国王になる者も出た。しかしながら、J－P・ルーがここで直接念頭に置いているのはブルボン朝の第三代アンジュー家であると思われる。前の訳注（七九）で述べたように、ルイ十四世（一六四三―一七一五）の妃はフェリーペ四世（一六二一―一六六五）の長女であったことから、ハプスブルク家のカルロス二世（一六六五―一七〇〇）の没後、ルイ十四世の孫アンジュー公フィリップがスペインの王位継承権を得た。このフィリップすなわちフェリーペ五世（一七〇一―一七二四、一七二四―一七四六）の即位以来、スペイン・ブルボン朝は、ナポレオンの占領、二度の共和制、フランコの独裁による中断はあったが、J－P・ルーが本書を献じている現国王フアン・カルロス一世（一九七五―）まで存続している。なお、イタリアでも、フェリーペ五世の子カルロス（後の三世（一七五九―一七八八））が一七三四年にシチリアとナポリの王となって以来、一八六〇年まで、これらの地でブルボン家の支配が続き、パルマ公国では、カルロスの弟フェリーペ（一七四八—一七六五）以来、一八五九年までブルボン家が支配した。

一方、初代オルレアン家は、フィリップ六世（一三二八—一三五〇）の四番目の息子フィリップによって一三四四年に成立した後、七五年に一代限りで断絶する。第二代オルレアン家はシャルル五世（一三六四—一三八〇）の第二王子ルイに始まり、その子シャルルに継承されるが、シャルルの子がルイ十二世（一四九八—一五一五）として王位に就いたため、オルレアン公領は王領に統合された。第三代オルレアン家はルイ十三世（一六一〇—一六四三）の弟ガストンの一代限りで断絶。二十世紀まで続く第四代オルレアン家は、ルイ十四世（一六四三—一七一五）の弟フィリップに始まる。それから四代後の領主がフィリップ・エガリテ（平等公）で、彼は革命を支持する国民公会議員としてルイ十六世の処刑に賛成した。それで彼の立憲君主制の思想を継承したオルレアン王党派は、王政復古期には自由主義的反対派として政府と対立した。そして一八三〇年の七月革命の結果、ブルボン本家のシャルル十世（一八二四—一八三〇）に代わって、「平等公」の息子ルイ・フィリップ（一八三〇—一八四八）が王位に就いた。もっとも、このオルレアン家の支配は一八四八年の二月革命によって終わった。

その後、ナポレオン三世の第二帝政（一八五二—一八七〇）を経て、第三共和制（一八〇—一九四〇）が始まると、両王党派による王政復古運動が活発になった。国会では六百五十名の代議士中四百名が王党派で占められており、両派が団結しさえすれば、すぐにでも王政復古は実現できる状況にあった。両派の間で、相続者がいないブルボン家のシャンボール伯すなわちアンリ五世の後をルイ・フィリップの孫のパリ伯が継ぐということで、話がまとまった。しかしアンリ五世が、国旗を、フランス革命の理念を示す三色旗ではなく、ブルボン家の白旗にすることにこだわったため、オルレアン王党派の中央右派も—左派は共和派を支持していた—王政復古を断念し、結局、アンリ五世が即位拒否の宣言をするに至った（一八七三年）。そして一八七七年には、王党派のマクマオン大統領（一八七三—一八七九）が強引に王政復古運動を押し進めたが、逆に共和派の巻き返しにあい、やがて辞職に追い込まれた。これ以後、王党派の勢力は衰退の一途をたどった。

（八一）　テキストでは「憲法制定議会」«l'Assemblée constituante» となっていたので、訂正した。

（八二）　ラス・パルティダス（『七部法典』）はカスティーリャ王アルフォンソ十世（賢王、一二五二—一二八四）の立法の一つ。内容はユスティニアヌス法典と教会法が中心で、法一般・教会法、公法、訴訟法・所有権、親族関係、債券法・海法、相続法、刑事法の七部からなっている。この法典によって、カスティーリャは中世イベリア諸国の中で最初に普通法を持つことになった。実際の運用は次のアルフォンソ十一世（一三一一―一三五〇）からである。

（八三）　ルイ十四世の孫であるフェリーペ五世（一七〇〇―一七二四、一七二四―一七四六）がスペインの王位を確保するまでの経緯は、訳注（七九）ですでに述べた。その後の彼の政治は、一七一四年に再婚した二人目の妃パルマ公女ファルネーゼと宰相アルベローニに左右された。放棄を公約したものの、決して諦めてはいなかったフランス王位を狙って（まだ幼い国王ルイ十五世は病弱で、将来が案じられていた）、いったんは息子のルイスに王位を譲ったが（一七二四年）、ルイスがすぐに病没したため、復位した（同年）。パルマ（一七三一年）、両シチリア（一七三五年）を回復して、国力を強化し、ポーランド継承戦争（一七三三―一七三五年）、オーストリア継承戦争（一七四〇―一七四八年）に参加し、イギリスとも戦った（一七三九―一七四七年）。内政について言えば、王位継承戦争中に地方的特権・自治を維持しようとするカタルーニャ地方との内戦に大勝したことにより、中央集権化政策にはずみがついた。彼は軍事・行政各方面の改革に着手し、経済を建て直して、社会を活性化した。また、啓蒙主義の影響を受け、アカデミーや王立図書館を創設した。

（八四）　フェルナンド七世（一八〇八、復位一八一四―一八六八）はスペイン王。カルロス四世の子。一八〇八年三月のアランフェス暴動により父カルロス四世から王位を譲られたが、スペインに侵略し始めていたナポレオンがこれを返還させた上で、自分に譲渡させ、自分の兄ジョゼフをホセ一世として王位に就けた。一八一四年、ナポレオン軍が敗退すると、幽閉地から帰って来たフェルナンドは、一八一二年に制定された自由主義憲法を廃止し、絶対主義君主として政治を行った。その後（一八二〇年）、自由主義的軍人を中心とした蜂起があり、議会で憲法宣誓をさせられたが、三年後には神聖同盟に義勇軍の派遣を要請して、反対勢力を残虐に弾圧した。晩年の四度目の結婚で初めて二人の娘に恵まれると、男子の王位継承を定めたサリカ法典を廃止し、長女に王位を譲渡できるようにした。一八三三年七月三十日、議会が彼女を王位継承者として認めたため、第一次カルリスタ戦争が起き、その二カ月後にフェルナンド七世は没した。

（八五）　イサベル二世（一八三三―一八六八）はスペイン女王。母后マリア・クリスティナを摂政として、三歳で即位した。しかし王位継承を無効とする勢力との戦い（カルリスタ戦争）が起き、六年間も続いた。一八四三年から親政となり、一八四六年には従兄のフランシスコ・アシスと結婚。穏健党（一八三三―一八四〇、一八四四―一八五四）と進歩党（一八五四―一八五六）が政権を担当している間、暴動とクー・デタ宣言が絶えなかった。また、新法によって永代所有権を失うことになった教会とも亀裂が生じたため、これにはバチカンと和親条約を結んで対処した。在位末期には、女王のスキャンダルが明るみになって、国民の信を失った。一八六八年、革命が起きると、女王は長男のアルフォンソ（十二世）に王位を譲って、フランスに亡命した。

（八六） カルロス・ド・ブルボンすなわちドン・カルロス（一七八八―一八五五）は、兄フェルナンド七世がサリカ法を廃止したことによって、王位継承権を失ったが、カルロス五世を名乗り、彼の支持者たちと共に、イサベル二世と摂政の皇太后を相手に蜂起した。これが第一回カルリスタ戦争（一八三三―一八四〇年）である。第二回戦争（一八四六―一八四九年）では、ドン・カルロスの長男モンテ・モリン伯がカルロス六世を名乗って蜂起したものの、一八四九年には、フランスへ亡命。翌年、再入国したところを捕えられ、王位継承権の放棄を表明した後で釈放された。第三回の戦争（一八七二―一八七六）――テキストでは一八七九年とあったので、一八七二年に訂正した――では、同伯の甥がカルロス七世を名乗って蜂起し、よく戦ったが、すでにアルフォンソ十二世を王に戴いていた政府はこれを殲滅した。カルリスタ戦争は、最初は王位争いの色彩が濃かったが、次第に、自由主義・中央集権主義の立場に立つ政府側と専制主義・伝統主義・地方の特権や自治を擁護するカルリスタ側との戦いとなっていった。カルリスタはその後も一つの保守勢力として存続し、共和制に反対し、スペイン内乱ではフランコ将軍の反乱側についた。

（八七） テキストにはジャン・ド・サント‐アガタ Jean de Sainte-Agatha とあるが、原注（83）に示されている Laband-Mailfert (Y), *Charles VIII*, Paris, Fayard, 1986, P. 463 にはジャン・ド・サン‐ジュレ Jean de Saint-Gelais とあるので、訂正した。

ジャン・ド・サン‐ジュレ（生没年不詳）はモンリューの領主。ルイ十二世の治下（一四六二―一五一五）に生き、同王の伝記を著した。その中では、一五一〇年までにフランスとイタリアで起きた出来事が記録されている。

（八八） ルイ十二世（一四九八―一五一五）は詩人でもあったシャルル・ドルレアンの子。シャルル八世に嗣子がなかったため即位。シャルル八世が失敗したイタリア遠征を再度決行し、ミラノを占領（一四九九年）、ナポリを征服した（一五〇〇―一五〇一年）。しかしピサの宗教会議を招集した（一五一一年）ことや、ヴェネツィアを危機的状況に追い込んだことから、教皇の翻意を招き、新たな神聖同盟（英、独、スペイン、ヴェネツィア、スイス）と対決することになった。ノヴァラで敗れ（一五一三年）、ギンガトでもドイツ皇帝マクシミリアン一世に敗れ（同年）、帰国して和平を結び、ミラノを放棄した。ルイ十二世は諸侯に対して農民を保護し、徴用権と賦役権を修正し、タイユ税を逓減するように努めたので、「人民の父」と呼ばれた。

（八九）　シャルル八世（一四八三―一四九八）はルイ十一世の子。ブルターニュ公女アンヌ・ド・ブルターニュと結婚して、ブルターニュを併合した（一四九一年）。ナポリに対するアンジュー家の権利を回復しようとして、イタリア遠征を行い（一四九四―一四九五）、ミラノのルドヴィコ（・イル・モーロ）・スフォルツァの全面的な支援もあって、始めは万事順調だったが、後に背かれ、対仏同盟を結成されて、失敗に終わった。帰国後、わずか二十八歳の若さで事故によって死んだ。直系ヴァロワ家は彼を最後に断絶し、ヴァロワ・オルレアン家が継承した。

（九〇）　ユスティニアヌス一世（五二七―五六五）は東ローマ皇帝。伯父ユスティヌス一世の養子で、その後継者として執政となる（五二一年）。同帝の死の直前アウグストゥスの称号を受け、妻テオドラと共に加冠さる。即位後、ペルシャの二度の侵入を撃退し、アフリカのヴァンダル族と戦い、サルディニア、コルシカを奪回、西ゴートと戦ってスペインの一部を領有し、東ゴート王国を破ってイタリアを得た。内政では専制的中央集権制の確立を企図し、行政機関の改革を行い、戦費のほかにも教会や大宮殿等の建設費用を調達するために重税を課した。彼の宗教政策は皇帝教皇主義の最も徹底したもので、教皇や総主教を皇帝の従属者と見なし、教会制度や教義上の問題にまで干渉した。他方、アテナイの学園（アカデメイア）を閉鎖し、大規模な異教徒の迫害、および異教文書の焼却を行った。ただし彼が編修させた『ローマ法大全』は後世に多大の影響を与えた。

（九一）　四五一年のこの第四回公会議でキリスト単性説が退けられた。当時の東ローマ皇帝はマルキアヌス（四五〇―四五七）。カルケドン信条によると、「唯一かつ同一の」イエス・キリストは「真の神であり、真の人間」であり、「神性において父と同一本質の者」であり、かつまた人性において我々と同一本質の者であり、「二つの本性において混合されることなく、変化することなく、分割されることなく、分離されることがない。」この後の訳注（一一〇）参照。

（九二）　「天に二日なく、地に二王なし」という思想は中央アジアの遊牧民起源ではなく、孔子（または孟子）のものであること、そして遊牧民の宗教は一神教とは言えないことはすでに述べた通りである（第二章の訳注（一〇）、（一一）参照。

（九三）　レカレド一世（五八六―六〇一）は西ゴート王。王国のカトリック改宗を宣言し、アリウス派の反乱を平定、スペインの宗教統一を実現した。改宗の儀式は第三回トレド教会会議で行われた（五八六／五八七）。その結果、トレド教会会議が西ゴート王国統治の最も重要な決定機関にもなった。

(九四) テキストでは(一二〇四年)とあったので、訂正した。

(九五) 『世界シンボル大事典』(大修館書店)の「指輪」の項には、メソポタミアの指輪については言及されていないが、前二千年紀のエラム(現イランのスーサ)では、指輪には印爾が付いていた。女性にも相続権が認められていたので、当然女性もこの印爾付き指輪を持っており、壺などに粘土で封をする時などは印爾を押し当てていた。したがって、印爾付き指輪は身分証・権利証であり、ひいては権力の象徴であった。その後指輪は広い範囲で使用され、その意味にも差異が出てきたが、キリスト教ヨーロッパの君主が即位する時にはめる指輪は、司教指輪と同じように、神への誓約ないし神との絆を表すものとして理解するのが妥当ではなかろうか。キリスト教徒の国王が即位式でいつから指輪を付けるようになったのか特定できないので、断定するつもりはないが、原著者の主張はこじつけのような気がする。

(九六) 領主の禁猟区では特にウサギを放し飼いにしていたため、増殖しすぎて、周辺の農作物に被害を及ぼすことが多かったらしい。

(九七) カール五世(一五〇〇—一五五八)は神聖ローマ皇帝(一五一九—一五五六)、カルロス一世としてスペイン王(一五一六—一五五六)、オランダ王、シチリア王も兼ねた。キリスト教から諸悪を除き、異教徒と戦うという理念を掲げて、キリスト教統一世界の確立を目指した。教会改革の主導権を握ろうとして、しばしば教皇と対立、失地回復を企図してフランソワ一世と争い、トルコとも戦った。一五二一年にはヴォルムス国会にルターを召還し、勅令で異端を宣告し、出版活動を禁止した(一五二一年)。以後カトリックとプロテスタントの調停を試みたが成功せず、教会統一の理想は挫折した。その後プロテスタントとの戦いに敗れ、アウグスブルク講和(一五五五年)により、ルター派の自由を公認、翌一五五六年、退位した。

(九八) ウイリアム一世征服王(一〇六六—一〇八七)はイングランドのノルマン王朝の開祖。フランス語名はギヨーム。ノルマンディー公ロベール一世悪魔公の庶子。ハロルド二世がイングランド王になった時、先王から王位継承を約束されていたと称して、イングランドに侵入、ハロルドを敗死させて、即位。ノルマン人を国家の要職に就け、教会に対しても主導権を握った。

(九九) アダルベロン(生没年不詳)については、ここに述べられているように、ユーグ・カペーの即位に重要な役割を果たしたこと以外はほとんど知られていない。

（一〇〇）　カール三世肥満王（八三九―八八八）は東フランク王（八七六―八八七）、西フランク王（八八四―八八七）。東フランク王ルートヴィヒ（ドイツ王）の第三子。二人の兄の逝去により即位。八八一年には教皇ヨハネス八世から皇帝として戴冠され、八八四年からは西フランク王も兼ねた。しかし彼にそれを保持する力量はなく、ノルマン人の侵入に苦しめられた後（パリ包囲は八八五年）、甥のアルヌルフのクー・デタによって廃位され（八八七年）、帝国は再び分裂した。この時アルヌルフは東フランク王となり（八八七―八九八）、西フランクの王位には、パリ伯ウード（八八八―八九八）が選ばれた。彼は約一年間にわたってパリを包囲したノルマン人と戦って駆逐した英雄だったが、彼の血統はカロリング朝とは無縁で、父はアンジュー伯ロベール豪胆公（八六六年没）で、弟は後のロベール一世ネウストリア大公である。そしてカペー朝の祖カペーはこのロベールの孫にあたる。次の訳注も参照のこと。

（一〇一）　シャルル三世単純王（八九八―九二三）はカロリング朝のフランス王。ルイ二世の子。パリ伯ウードと分治（八九三―八九八）の後、単独統治した。ノルマン人の侵略には首領ロロにノルマンディーを与えることによって対処した（九一一年）。しかしその後、彼は紛争地となっていたロレーヌ問題に深入りしたために、西フランクの貴族の反発を招いた。九二二年、彼らはついに反乱を起こし、ネウストリア大公ロベール（一世）を国王に推戴した。ロベールは翌九二三年にシャルルとの戦いで戦死するが、貴族たちの意思によって、王位はロベールの娘婿でブルゴーニュ公のラウルに行き、シャルルは幽閉された（九二三年）まま、九二九年に没した。ラウルが継承者のないまま没した後は、最大の実力者だったユーグ・ル・グランの働きかけにより、シャルル単純王の息子ルイ（四世）が即位した。

（一〇二）　フーゴ・ド・バルゼル（十三世紀）はフランスのシトー会初期の修道士。バルゼル河畔の修道院の創設者の一人で、修道院長ではなかった。多くの著作を残したが、『共修生活について』は特に有名。

（一〇三）　ジャン・ド・マン（一二四〇頃―一三〇五頃）はフランスの詩人。ギヨーム・ド・ロリスの『薔薇物語』の続編を書き、反宮廷風、反女性的な一種の自然哲学を披瀝した。古典の仏語訳のほかに『遺言』などの著作がある。

（一〇四）　これはルートヴィヒ（ルイ）一世敬虔帝に対する子供たちの二度目の反乱（八三三年）が起きた時のことである。敬虔帝は翌八三四年、子供たちの間に生じた警戒感のおかげで、大聖堂から出て再度復位することができた。その後敬虔帝は、ライン川以東の支配権を要求する息子ルートヴィヒの反乱を鎮圧するために進軍する途中、急死した。

（一〇五）　この事件はドイツ皇帝対ドイツ諸侯の軋轢と、聖職叙任権をめぐる皇帝対教皇の争覇という二つの要因によって起きた。ハインリヒ三世が推し進めた中央集権化政策に不満をつのらせていたドイツ諸侯は、ハインリヒ即位直後、反乱を起こした。これはいちおう鎮圧されたが、諸侯はその後ローマ教皇に調停を願い出た。グレゴリウス七世はこれを帝権抑制の好機と見て、ハインリヒ四世をローマに召還し、その命令に従わない皇帝を破門した（一〇七六年）。皇帝はこれに対抗して、ウォルムスの国会で、教皇の廃位の決議をした。しかしドイツ諸侯が再び反旗を翻し、満一年以内に破門が解除されない場合は皇帝を廃位にすると決議した。窮地に陥ったハインリヒ四世は、破門解除を乞うべく、北イタリアへ行き、教皇が滞在するカノッサ城門前で、一月末の寒風の中、麻の懺悔服を身にまとい、食事も取らずに、裸足のまま、雪中に立ち続け、三日後にようやく教皇から破門を宥された。

しかしながら破門解除後のドイツでは、ドイツ皇帝支持派に戻る者も多く、情勢は皇帝に有利に傾き、まもなく反乱諸侯は鎮圧された。以上のようなことから、カノッサ事件は教皇の権威を高めたことは事実だが、皇帝の戦術的勝利だったというのが歴史家の一般的な見方である。

（一〇六）　フリードリヒ一世赤髭帝が教皇と対立するに至った経緯はすでに述べている（第四章の訳注（八一）参照）ので、ここでは両者の対立から和平までを少し詳しく述べたい。フリードリヒは、神聖ローマ帝国は教会と対等であると主張しつつ、北イタリアの諸都市を制圧した。これに対して北イタリア諸都市の住民たちは教皇と提携して、一一六八年、ロンバルディア同盟を結成した。この動きに対する反撃として、フリードリヒは別に教皇を擁立して、教皇アレクサンデル三世を一時期フランスに追放した（一一六二―一一六五年）。しかし北イタリア諸都市の勢力の回復は著しく、完全に破壊されていたミラノも再建された。一一七四年から、フリードリヒは比較的小規模の軍隊を率いて、最後のイタリア遠征を行ったが、成功せず、一一七六年にはレニャーノの戦いで大敗した。ついに万策尽きたフリードリヒは教皇と和平を結び、自分が推していた対立教皇を退かせた。そして一一八三年にはロンバルディア同盟とも和平を結んだ。

（一〇七）　エンリケ四世（一四五四―一四七四）は優柔不断で知られ、また不能王と呼ばれたカスティーリャの王。エンリケ四世の時代、カスティーリャ王国では国王顧問会議の大部分を占めていた下級貴族や文官ら国王側近と、大貴族との対立が再燃した。有力貴族たちは国王顧問会議を再編して、王権を制約しようとした。彼らは、一四六五年、エンリケを廃位し、王女フアナを嫡子ではないとして、王弟アルフォンソを新王に推戴した。本項で言及されているトレド大司教や大貴族たちの行為は、この時の出来事の一つであろう。しかしこの政変には反動が起きた。貴族権力の強化によって都市の自治権が侵害されるのを恐れた諸都市とエルマンダー・ヘネラル（フアン一世（一三七九―一三九〇）が各都市から民兵を供出させて発足させた治安維持機構）、そしてさらにはローマ教皇パウルス二世がエンリケ四世を支持した。結局、再度戦いが起き、有力貴族たちが敗退し、アルフォンソも和平の直後急逝した（毒殺だとも言われている）。エンリケ四世は反対派の貴族たちと和解し、王権の安定を図るため、反乱派との人脈も持っていた異母妹イサベルを王位継承者に指名した。イサベルがアラゴンのフェルナンド王と結婚し（一四六九年）、このカトリック両王（教皇から授けられた称号）がスペイン王国を成立させたのは周知の通りである。

（一〇八）　これはレカレド一世（五七三、五八六―六〇一）のことである。本章の訳注（九三）参照。

（一〇九）　コンスタンティノス七世（九〇五／六―九五九、在位九一一／九一三―九五九）はビザンティン皇帝。幼くして即位したためにこのようなあだ名が付いた。父、叔父、母と総主教、舅ロマノス一世が順に共同統治者となり、単独統治を始めたのは三十八歳からである。小自由農民を保護し、イスラム教徒と戦い、北方領域は外交によって守った。帝国内の文献を収集・整理し、『歴史百科』『儀式の書』『帝国行政論』『農業百科』『医学百科』などを著し、『聖誌百科』の編纂を助成し、コンスタンティノープルの大学を整備した。なおテキストでは在位期間が（九一二―九五九）となっていたので訂正した。

（一一〇）　単意説とはキリスト単性説に基づき、キリストに神の意志のみを認める異端説。これに対して両意説は、キリストには神の意志と人間の意志が存在すると主張するものである。本章の訳注（九一）を参照。

（一一一）　ハインリヒ二世（聖王、一〇〇二―一〇二四）はザクセン朝最後のドイツ王、神聖ローマ皇帝。即位直後から長くポーランド王と争い、イタリアへも二度遠征して、ドイツの権威を高めた。スラヴ人教化のためにバンベルクに司教座を開設し、修道院の改革、教会経営にも尽力した。篤信にして実行力に富み、理想的なキリスト教徒として死後、妻クニグンデと共に、聖人に列せられた。

（一一二）　この説明は本書における原著の言説に合致しないのではなかろうか。球体で表されるヨーロッパの四つの地域は、あくまでも訳者の推測だが、神聖ローマ帝国が創始者オットー一世（ドイツ国王九三六―九七三、神聖ローマ皇帝九六二―九七三）以来、直接支配するか影響力を及ぼしたブルグンド王国、イタリア（ローマ）、ロートリンゲン種族侯領（ロレーヌ地方）、そしてフランス――オットー一世は妹がルイ四世の妃であるという関係を利用して、フランスの内政に干渉した――であろう。したがって、この写本画は、ヨーロッパの覇者たらんとする神聖ローマ皇帝オットー三世の権威を讃えるために、ドイツ人画家の手によって描かれたものと思われる。だとすれば、J - P・ルーはフランスが神聖ローマ皇帝に進んで臣従したことを史実として認めたことになり、これまでの彼の言説と全く矛盾するのである。

オットー三世（九八三―一〇〇二）――テキストの（九九六―一〇〇二）は皇帝在位期間――は三歳で即位したため、母后、祖母后およびマインツ大司教が国政にあたったが、諸侯の独立化を抑え得なかった。彼は古典的教養の持ち主で、宗教的情熱も有したが、空想癖も強く、自分はドイツ人であるという以上にローマ人であるという意識を持ち、ローマを帝国の首都として、ここから全帝国を統治しようとさえした。彼は自ら任命したドイツ人教皇グレゴリウス五世により皇帝に戴冠せられると（九九六年）、次の教皇シルヴェステル二世（元ランスの大司教）も自ら任命し（九九八年）、教皇権に対する支配を確実にして古代ローマ帝国を復興することを夢見たが、ローマ市民の反乱（一〇〇一年）によってローマを逐われ、回帰を企図しながら、一〇〇二年に没した。

要するに、J - P・ルーが提示している写本画は、一般的な意味での、君主の国家建設ないし経営に家臣たちが協力する図というようなものではなく、神聖ローマ皇帝が西ヨーロッパの覇者であることを示す定型化された――少なくとも概念上は――図像であると見るべきだろう。この図像が皇帝の野望または願望を表したものであって、現実を正確に反映していないことは言うまでもない。

（一一三）　アンヌ・ド・ブルターニュ（一四七七―一五一四）はフランスの王妃。ブルターニュ公フランソワ二世の長女で、父の死（一四八八年）後、シャルル八世の侵入に屈し、彼と結婚（一四九一年）、王のイタリア遠征中は貴族の反抗を抑え、王の死後は、ルイ十二世に請われて再婚した（一四九九年）。彼女が二人の娘を残して死んだ後、ブルターニュはフランスの領土となった。

（一一四）　フェルナンド二世（一四七九―一五一六）はアラゴン王。一四六九年にカスティーリャのイサベル一世と結婚、妻の即位（一四七四年）後はカスティーリャ王フェルナンド五世とも呼ばれた。グラナダ王国を征服した功績により、教皇庁から「カトリック王」の称号を授与された。長年地中海地域の権益をめぐって対立していたフランスには、娘たちの結婚により反仏同盟を結成して、対抗した。内政面では、アラゴンの農民には過酷な領主支配をする一方、カタルーニャでは農民の側に立って、内戦を収拾した。一五〇四年に妻が死ぬと、アラゴンに退いたが、要請を受けて、摂政としてカスティーリャに戻り、フランスとの紛争に乗じて、ナバラを征服し、カスティーリャに併合した。

（一一五）　イサベル一世（一四七四―一五〇四）はカスティーリャの女王。アラゴンのフェルナンド二世との結婚により、アラゴン・カスティーリャ連合王国が成立、近代スペインの基礎が固まった。本来、王位継承権がなかった彼女が即位するに至った経緯は、先のエンリケ四世の訳注（一〇六）を参照。イサベルは即位後、王権の強化を図り、貴族その他の国内の対抗勢力を巧みに王権に従属させた。また教会改革を進め、厳しい異端審問を行い、異教徒を追放した。グラナダ王国征服の功により、夫と共に「カトリック王」の称号を与えられ、二人いっしょに「カトリック両王」と称される。

（一一六）　ファナ（一五〇四―一五五五）はカスティーリャ・アラゴン王。カトリック両王の次女で、スペイン・ハプスブルク朝初代のカルロス一世（カール五世）の母。結婚直後から女性問題が絶えなかった夫フィリップへの嫉妬で、まもなく精神に異常をきたし、狂女ファナ（ファナ・ラ・ロッカ）の名で呼ばれるようになった。夫の死で病状はさらに悪化し、一五〇九年以後は城に閉じこもり、そこで没した。

（一一七）　フェリペ（フィリップ）一世（美王、一五〇四―一五〇六）はカスティーリャ王。オーストリア大公。神聖ローマ皇帝マクシミリアン一世とマリ・ド・ブルゴーニュの子。母の死後ブルゴーニュ公位とネーデルラントを相続（一四八二年）、ファナと結婚（一四九六年）、イサベル一世の死後、ファナとカスティーリャを共治した。オランダからスペインに帰国して三カ月後に死去、毒殺されたと見られている。ファナとの間にカール五世、フェルディナンド一世などをもうけ、スペイン・ハプスブルク家の祖となった。

（一一八）　神聖ローマ皇帝カール五世（スペイン王としてはカルロス一世）（一五一六―一五五六）はフェリペ（フィリップ）一世とファナの長子。一五一六年、十六歳でスペイン王に即位。さらに一五一九年、祖父マクシミリアン一世の死後、皇帝に選ばれた。しかしハプスブルク家の勢力の強大化を恐れるフランス王フランソワ一世、教皇、北イタリア諸都市が結束し、さらにはオスマン・トルコも加わって、神聖ローマ帝国に対抗した。幸い、四次にわたるイタリア戦争では勝利を得、ウィーンを包囲していたオスマン・トルコも撃退したが、北アフリカのスペインの拠点はほとんど奪われ、国内では諸侯が独立を求めて反乱を起こし、プロテスタントによる宗教改革運動は抑制不可能な状況になった。晩年、アウグスブルクの宗教講和（一五五五年）で信仰の自由を認め、帝位を弟フェルディナンド一世に、ナポリ、オランダ、スペインをその子フェリーペ二世に譲って、スペインの修道院に引退した。

（一一九）　イギリス王妃イザベル・ド・フランス（一二九〇―一三五七）はフランス王フィリップ四世の娘。イギリスのエドワード二世と結婚するが（一三〇九年）、才色兼備の彼女は優柔不断な夫とは反りが合わず、一子エドワード（三世）をもうけたものの、モーチマーという愛人を持った。その後英仏両王家にあった諸問題を解決するという口実のもと、彼女は息子と愛人を伴ってフランスへ渡り（一三二五年）、大陸にある英王室のすべての領地を息子に譲るよう夫に認めさせた。そして翌一三二六年、軍隊を率いて帰国した彼女は夫を廃位させ、息子エドワード三世を即位させ、自ら摂政となった後、夫を殺害させた。しかしながら母后の傲慢さ・横暴さとその愛人の増長ぶりはエドワード三世にとって絶えがたいものとなり、裁判の結果、イザベルの愛人は死罪とされ、イザベル自身は死ぬまでライジングズ城に幽閉された（一三三〇―一三五七）。

（一二〇）　グレゴリウス一世（五九〇―六〇四）はローマ教皇、聖人。帝国の基礎にカトリック信仰をおくことを主張し、教会における教皇の首位権を力説した。ローマを占領したランゴバルド族と和平を図り、人々の救済に努めた。教会の規律を重んじ、聖職の売買を禁じ、聖職者の修道を勧め、霊性と道徳を説き、聖歌を定めた。彼の宣教活動は教皇権の強化と教皇領の拡大をもたらし、西欧キリスト教団体の基礎となり、中世社会の実現に大きく影響した。古代と中世の間に位置する人物で、「大教皇」と称される。

（一二一）　ヨーナス（オルレアンの）（七八〇頃―八四二／三）はフランクの司教。八一八年、フランクのルートヴィヒ（ルイ）一世敬虔帝によってオルレアンの司教に任ぜられ、ルートヴィヒの宮殿におけるカロリング・ルネッサンスの指導者の一人となった。王国教会の指導に携わり、国政や宮廷内の争いにも関与した。ここに引用されているのは、教会改革会議（八二五―八三七）で彼が起草した決議文である。『信徒の指針』『君主の指針』『画像崇敬論』などの著作がある。

（一二二）　ベルナドット（一七六三―一八四四）はフランスの元帥。ナポレオンの副官、陸軍大臣などを務め、アウステルリッツの会戦（一八〇五年）で勝利し、以後北ドイツ方面の司令官に任ぜられ、ポンテコルヴォ公となる（同年）。そして一八一〇年、スウェーデンの王位継承者に選ばれ、カール十四世（在位一八一八―一八四四）となった。ロシア皇帝アレクサンドル一世と同盟し（一八一二年）、同盟軍を指揮してナポレオンと戦い、ライプツィヒの戦い（一八一五年）を勝利に導いた。現スウェーデン王家の始祖である。

（一二三）　アンリ四世（一五八九―一六一〇）はブルボン朝の祖。新教徒の首領としてユグノー戦争で活躍し、サン・ジエルマンの講和（一五七〇年）後、シャルル九世の妹マルグリット・ド・フランスと結婚（一五七二年）。その直後、サン・バルテルミーの虐殺にあい、旧教に改宗して、死を免れ、四年の監禁の後脱出した。再び新教に改宗し、アンリ三世らが率いるカトリック同盟との戦いで勇名をはせた。やがてアンリ三世に接近し、その死後即位して（一五八九年）、ブルボン朝を創始した。しかしパリ市民や旧教徒は彼を認めず、転戦していたが、スペインの侵攻の可能性も出てきたため、再度旧教に改宗して（一五九三年）翌年パリに入った。「ナントの勅令」（一五九八年）により信仰の自由を認め、シュリを起用して財政の建て直しを図り、農業を奨励し、商工業貿易の保護振興に努めた。永久平和を目的とする一種の国際連盟を構想したが、一旧教徒のために路上で刺殺された。マルグリットとは離婚し（一五九九年）、翌年イタリアからマリー・ド・メディシスを王妃に迎えている。

（一二四）　シャルル八世については、本章の訳注（八九）で略述した。ここでは彼のイタリア遠征についての原著者の記述内容を明確にするために、史実を少し詳しく説明しておきたい。

十五世紀のイタリアでは、ローマ、ヴェネツィア、ナポリ、ミラノ、フィレンツェが表面上は同盟関係にありながら、実際は相互に陰謀を行っていた。イタリアに関心を持っていたシャルルは特にナポリに目をつけた。ここでは二百年来、フランスのノルマンディー・アンジュー家を宗家とする一族とアラゴン家が争っていた。当時のナポリ王はアラゴン家のフェルディナンドで、教皇とミラノのルドヴィコ・イル・モーロにそれぞれの理由で嫌われていた。一方、フィレンツェはピサとの争いに決着をつけるため、フランスの援助を期待していた。こうした状況下で、シャルル八世はルドヴィコ・イル・モーロと教皇に促されて、ナポリ奪還のために三万を越す軍隊を率いて、アルプスを越えた。

フィレンツェでは、ドミニコ会派のサヴォナローラが、教皇の苛斂誅求からイタリアを解放するために、フランスから天使の一群が来るだろう、と予告していたこともあって、当初はフランス王とその軍隊に大きな期待を寄せていた。しかし彼らがフィレンツェに入城した時にはすでに敵意と不信を抱いていた。軍規が乱れて、手癖の悪い兵士の多いフランス軍は評判が悪かった。ローマでは、教皇はカステル・サン・タンジェロ（聖天使城）に避難して防壁を築き、異教徒のオスマン・トルコ皇帝にすら助けを求めた。唯一、ナポリ市民だけは、計画通り、フランス軍の出現に合わせて決起し、アラゴン家に反旗を翻した。シャルル八世は易々とナポリに入城し、反対派を打倒した（一四九五年）。しかしフランス軍とナポリ市民の良好な関係は長続きしなかった。ナポリ人にとってフランス軍は解放者から征服者に変わり、激しい憎しみの対象になったからである。また、外部では、翻意したルドヴィコ・イル・モーロの巧みな働きかけにより、ミラノ、ヴェネツィア、教皇、そしてアラゴンのフェルディナンドが反仏同盟を結成した。退路を絶たれる前に、シャルルはナポリで皇帝の入場式――緋色のマントをまとい、手には帝権のシンボルである金球を持って――を挙行した後、フランスへ向けて、退却を開始した。守備兵としてナポリに残されたフランス兵はすべて捕虜になった。

（一二五）　シャルル豪胆公（一四三三―一四七七、公位一四六七―一四七七）はルイ十一世の強引な領土拡大に抵抗して戦った最後のブルゴーニュ公。妻はイングランド王エドワード四世の妹ヨークのマーガレット。戦略にも優れた才能を有する野心家で、ルイ十一世にとって最も手ごわいライバルだった。彼の生存中、ブルゴーニュ公国は政治、経済、文化の各面で最も隆盛をきわめた。彼がナンシーで戦死した後、彼の一人娘マリがオーストリア大公マクシミリアンと結婚したため、ブルゴーニュ公家の北方領だったネーデルラントとフランシュコンテはハプスブルク家が所有することとなった。

（一二六）　ニケフォロス三世（簒奪者、一〇七八―一〇八一）はミカエル七世（一〇七一―一〇七八）の舅で、摂政をしていたが、実権を握ると、皇帝として振る舞った。しかし三年後、大臣たちの讒言を受け入れ、功績のあった将軍アレクシオス・コムノネス（後のアレクシオス一世（一〇八一―一一一八）を排除しようとして、逆に帝位を奪われ、修道院に隠遁した。ここで述べられているのは、その徳が一定の評価を得ていた摂政時代に彼が行ったことである。なお、ボタネイアテスは彼が即位する前の名であり、簒奪者と見られているため、即位後の行状を説明する際にもしばしばこの名が用いられる。

（一二七）　イシドールス（セビーリャの）はセビーリャ大司教。カルタヘナ出身の貴族の家に生まれ、兄の後を継いでセビーリャの大司教になった（六〇〇年）。第四回トレド教会会議（六三三年）その他の公会議を通じて、西ゴート族およびユダヤ教徒のカトリックへの改宗に尽力し、教育制度の整備に努め、スペインのカトリック教会の基盤を不動のものにした。学者としても、神学、歴史、文学、科学など多方面にわたって多数の著作を残し、当代だけでなく、後代までも大きな影響を与えた。主著『語源録または事物の起源』は一種の百科事典である。

（一二八）　ウイリアム三世（一六八九―一七〇二）はオランダ頭領ヴィレム二世とチャールズ一世の娘メアリの子として、父の死の一週間後にハーグに生まれた。大変早熟で、ルイ十四世のオランダ侵略が始まると、十二歳で頭領兼陸海軍総司令官に推戴され（一六七二年）、フランス軍に頑強に抵抗しつつ、周辺諸国と同盟を結んで対抗した。ヨーク公（後のジェームズ二世）の長女メアリ（後のメアリ二世）と結婚（一六七七年）、後にジェームズ二世が対仏同盟への参加の意志がないのを知ると、その反対派を支持し、圧政に苦しむ彼らの要請を受けて、イングランドに一万二千の軍隊を率いて上陸、ジェームズ二世を逃亡させ、議会が出した「権利宣言」を承認したうえで、メアリと共にイギリス王位に就いた。彼は議会を尊重し、その治世に議会政治と政党内閣の基礎が出来た。スペイン継承戦争が起きると、対仏大同盟を結成して、ルイ十四世に対抗した。なお、テキストではウイリアム三世の在位は（一六八一―一七〇二）となっていたので、訂正した。

（一二九） 原著者のこの記述は正確ではない。ウイリアム三世の瘰癧患者への対応については、フレイザー著『金枝篇』の簡約版（岩波文庫（一）二〇二ページ）でも確認することができる。つまりこの部分の記述は決定版（第一巻、三六七―三七〇ページ）と簡約版は同一で、次のようになっている。「冷静なウイリアム三世は、このような手品を使うことを軽蔑し、それを拒絶した。そして宮殿がこのような不快な群衆に包囲された時、施し物をもらって早く退散せよと命じた。ただ一度だけ、ある病人から手を触れることを執拗に迫られた時、彼は病人に向かって『神が汝により良き健康とより良き常識とを与えられんことを』と言ったと伝えられている。」フレイザーはこれに続いて、しかしこの行為は「まことに情けないことながら、愚鈍な偏屈者ジェームズ二世とその愚鈍な娘アン王女によって継続されたのである」と述べている。J－P・ルーは王の奇蹟に対するフレイザーの否定的な態度に怒りに近い憤懣を持っている。その憤懣が彼に原文の微妙な書き換えをさせたものと思われる。「正真正銘の学者」と言うのも、J－P・ルー流の皮肉であることは言うまでもない。付け加えておくと、「盛大な茶番劇」にかかった、王の手による癒しを求めて宮殿に押し寄せる群衆に配られた施し物の費用は、当時の金で、年に一万ポンドほどだったという（決定版、第一巻、三六九ページ）。このことからも「王の奇蹟」が群衆に渇望されていた理由がよく分かるような気がする。

（一三〇） 聖マクトゥス（？―六四〇頃）はブルターニュの聖人、マロ、マクルーなどとも呼ばれる。ウェールズ人かブルターニュ人で、聖ブレンダーヌスの指導を受け、アレトに定住して修徳生活を送り、説教によって多くの人々を回心させ、周辺地域に幾つかの修道院を建てたと言われる。

（一三一） エルゴー Helgaud（ヘルガルト Helgald とも。ラテン語名はハルゲルドゥス Halgeldus; ヘルガキドゥス Helgacidus）（一〇四八年頃没）は、最初、フルリー・シュル・ロワール修道院に入り、その後パリに出てロベール二世敬虔王（九九六―一〇三一）に気に入られ、自由に王の側に行くことが許された。彼が書いたロベール二世の伝記《*Epitome vitæ Roberti regis*》は王への賛辞に満ち、その文体はきざで、冗長だが、当時の風俗を知るための資料となっていると評されている。

（一三二）　ロベール二世敬虔王（九九六―一〇三一）はユーグ・カペーの息子で、フランスのカペー朝第二代の王。政略結婚による最初の年上妻（フランドル伯の未亡人）を離縁し、従妹のベルタと結婚したため、教皇グレゴリウス五世に破門された（九九八年）。結局、この結婚は無効とされ、晩年は、三人目の妻との間にもうけた子供たちの反乱に悩まされた。彼の治世の初期には奴隷の反乱（九九七年）も起きている。

（一三三）　エドワード懺悔王（一〇四二―一〇六六）はエセルレッド二世の子、サクソン系の最後のイングランド王。デンマーク王クヌートの治世（一〇一四―一〇三五）にノルマンディーに逃れて育てられ、即位後、ノルマン人の勢力を王宮に受け入れたため、ノルマン人による征服の遠因をなしたと言われる。後に、外来王室と人民との対立の過程で、自由なイングランドの象徴として理想化され、敬慕された。非常に敬虔だったので、懺悔王と呼ばれ、列聖された。なお、テキストではエドワード王の在位を（一〇四四―一〇六八）としてあったので、訂正した。

（一三四）　シャルル十世（一八二四―一八三〇）は王政復古期のフランス国王。アルトワ伯。フランス革命が勃発すると亡命（一七八九年）、オーストリア皇帝が主催するピルニッツ会議に参加（一七九一年）、亡命貴族の反革命運動を指揮してフランスに侵入（一七九二年）、ブルターニュ地方の王党反乱援助のため上陸作戦を決行したが失敗（一七九五年）、イギリスに引退（同―一八一四年）。第一次王政復古がなると、パリに帰り、ルイ十八世の没後即位（一八二四年）、ランスで戴冠する。民意を無視して、絶対制復活を図り、亡命貴族を優遇する政策を行い、アルジェリアに出兵（一八三〇年）。同年、議会を解散し、選挙で敗北すると、七月勅令でもって、未召集議会を解散、出版の自由を禁止したこと等により、ついに七月革命が勃発したため、退位して再度イギリスに亡命した。

（一三五）　デンマーク王ヴァルデマール一世（一一五七―一一八二）は即位するとすぐドイツ皇帝フリードリヒ一世赤髭のもとを訪れて、臣従の誓いをたて、叙任権闘争では皇帝側を支持し、教皇派のルンド大司教エスキルを追放した。そして一一六五年、息子クヌート（クヌーズ）を慣行の選挙を経ずに後継者として認知させ、一一七〇年、追放からもどったばかりのエスキルに戴冠させた。その後は、パリ留学を終えて帰国した若くて才能豊かなロスキレ司教（後にルンド大司教）アプサロンを側近として重用し、教会の諸改革のみならず、政治、軍事、文化の面でも改革や新規の計画を次々と実行に移させた。その業績の一部を挙げれば、コペンハーゲンを始め、全土に城砦を築き、活発に海賊行為を働いていたヴェンド人の拠点リューゲン島を征服した。これ以後の大王の治世は比較的平穏だったが、一一八二年に急死した。

（一二六）　フレイザーは次のように述べている。「中世の頃、デンマーク王ヴァルデマール一世がドイツを旅行した時、王に手を触れてもらうために母親は子を農夫は種を持ってやって来た。これは王に触れてもらうことによって子供がいっそう丈夫に育つと考えてのことであり、同じ理由で農夫は種を投げてもらうこともあった」（決定版、第一巻、三六七ページ、簡約版、岩波文庫（一）、二〇一ページ）。

原注（130）はテキストでは、次のハンガリーの聖イシュトバーン王に関する記述の末尾に付けてあるが、『金枝篇』の決定版には——もちろん簡約版にも——ハンガリーの聖イシュトバーン王（九九七—一〇三八）の名は見当たらないので、この位置に移動した。さらに言えば、原注（125）（p. 210）、（130）（p. 139）、（132）（p. 233）の『金枝篇』（仏訳、全四巻）の出典箇所のうち、二つは間違っていると思われる。英語の決定版（全十二巻、追補一巻）では、これら三つの記述は四ページ以内に納まっているからである。

（一二七）　チャールズ二世（一六六〇—一六八五）は父チャールズ一世の刑死後、スコットランドで王として宣言されたが、戦いに敗れて、母アンリエッタ・マライア（アンリ四世の娘）の祖国フランスに逃れ、王政復古により帰国（一六六〇年）、戴冠した（一六六一年）。その治世初期には、「クラレンドン法典」の制定により、非国教徒に対して迫害が行われ、第二回オランダ戦争（一六六五—一六六七年）、大疫病（一六六五年）、ロンドン大火（一六六六年）などがあった。クラレンドン失脚後は自ら国政をとり、王権を議会の権力の上に置くための陰謀を行った。またルイ十四世と密約を結んで、多額の補助金を受けて、フランスのオランダ侵略を助け、イギリスにカトリックを再興することを約束した。しかしカトリック再興は世論の強い反対にあって、撤回せざるを得なかった（一六七三年）。その後シャフツベリ派がカトリックである王弟ヨーク公（後のジェームズ二世）を王位継承から排除する法案を提出し、これを機にホイッグ党、トウリ党という二大政党が誕生した。もっともホイッグ党の衰退により、王は晩年議会を召集しないで、統治した（一六八一—一六八五年）。臨終の際に、彼はカトリックであることを告白した。チャールズ二世がきわめて多数の瘰癧患者を「癒した」のは、母の祖国フランスのカトリックの歴代の王たちから受け継いだ「神聖な血の力」だったのかも知れない。

第九章　王と教会と貴族

Ｉ　教会と王

（一）　イグナティウス（アンティオキアの）（三五頃―一一〇以降）は使徒教父の一人に数えられるシリアのアンティオキアの主教、聖人。トラヤヌス帝の治世に死刑を宣告され、シリアからローマに護送されたが、その途上、七つの書簡を書き残した。スミュルナからエフェソス（エペソス）とマグネシアとローマの教会に、トロアスからフィラデルフィアとスミュルナ教会に、そしてスミュルナの主教ポリュカルポス個人に宛てたこれらの書簡は『使徒教父文書』中に修められている。彼はこれらの書簡を通して、司教（主教）の権威を強調し、司教（主教）の承認する教えのみが正統であるとし、典礼も司教（主教）の許可したもののみが有効とした。「公同の教会」（ヘー・カトリケー・エクレーシア）という語を最初に用いたのも彼である。

（二）　イレナエウス（エイレナイオス）（一三〇頃―二〇〇頃）は小アジア出身のリヨンの司教。ローマ皇帝マルクス・アウレリウス・アントニヌス（一六一―一八〇）の治世末期、キリスト教徒への迫害が起こった頃、教会内部ではモンタヌス派（モンタヌス（二世紀）は小アジアのフリュギアでキリストの再臨を預言し、禁欲を説いた熱狂的終末論者、預言者。モンタヌス派は三世紀になってからも多くの支持者を得た。テルトリアヌスもその一人であった）の扱いをめぐる論争・対立が激しさを増していた。当時リヨンで司祭をしていたイレナエウスはこのモンタヌス派への寛容を求めてローマへ派遣されたが、その間に、司教フォーティウスが殉教し、その後継者に選ばれた（一七七／一七八年）。伝統的に殉教者とされているが、教会史の父エウセビオスはそのことに言及していない。主著に『異端反駁』（五巻）がある。キリストのわざを「壊された創造の再創造」と考え、世界を進歩する救済史の枠組みで総合的に理解し、人間を魂としてではなく、神化されていくべき身体としてとらえている。

（三）　テルトゥリアヌス（一五〇／一六〇―二二〇以降）はアフリカ出身の教父、三世紀最大の神学的著作家。アフリカ総督直属の百人隊長の子としてカルタゴに生まれ、弁護士をしていたが、殉教者の死を目撃して、回心、教会生活に入った。聖職者ではなく、平信徒だったようだが、道徳的厳格主義の立場からモンタヌス派（前の訳注参照）の運動に加わった。代表的著作として『護教論』『ウァレンティヌス派反駁』『キリストの肉体について』『霊魂論』などがある。
（四） キュプリアヌス（二〇〇／二一〇―二五八）はカルタゴの司教、聖人。カルタゴの裕福な異教徒の出身。長老カエキリアヌスによりキリスト教へ導かれ、二四六年、受洗し、二年後にはカルタゴの司教（二四八年―）に推された。テルトゥリアヌスから大きな影響を受けた。二五〇年に始まった皇帝デキウスの迫害に際しては、身を隠し、手紙により教会を指導した。翌春の迫害終了後、教会に帰り、棄教者の処遇問題に教会会議を開いて対処したが、以後、この方法は北アフリカ教会の伝統となった。晩年、二五五年と二五六年に教会会議を開き、異端者による洗礼を無効とし、再洗礼を要求したことにより教皇と対立。二五七年にウァレリアヌス帝の迫害が始まると、今度は逮捕され、処刑された。代表作『カトリック教会の一致について』のほかに、『ドナトゥスへの書』『背教者について』『書簡』等の著作がある。
（五） ディオニュシオス（アレクサンドリアの）（一九〇／二〇〇―二六五）はアレクサンドリアの司教。デキウス帝の迫害の際には逃れたが、ウァレリアヌス帝の迫害の際にはリビアに追放された（二五七年）。彼は迫害と教義・規律についての論争に悩む教会を適切に指導し、その結束を守ることに尽力した。迫害による棄教者を受け入れ、厳格主義をとる派に対して調停者の役割を果たした。『反駁と弁明』（四巻）など数多くの著作があるが、断片しか残っていないものもある。
（六） すでに述べたように（第三章の訳注（一一六）（一一七）参照）、コンスタンティヌス大帝の改宗は死の直前であり、ミラノ勅令より四半世紀近く後のことである。
（七） テオドシウス一世（大帝、三七九―三九五）はローマ皇帝。将軍テオドシウスの子としてスペインに生まる。軍事に優れ、ウァランス帝の戦死後、帝国東部の正帝に選出されると（三七九年）、侵入してきたゴート族を帝国の同盟軍に編入した。西部の正帝グラティアヌスの死後（三八三年）、テオドシウスはブリタニアで帝を称したマクシムスをその後継者と認めたが、マクシムスがイタリアとアフリカを保持するウァレンティアヌス二世と対立して、イタリアに侵入すると、これを討って、彼を捕えて処刑した（三八八年）。その後、ウァレンティアヌスがフランク人に殺されると（三九二年）、再びイタリアに進撃し、勝利して、ローマ帝国を統一した（三九四年）。しかし東ローマ帝国をアルカディウスに、西ローマ帝国をホノリウスに分けて譲ったため、帝国は分離し、それ以後は二度と一つになることはなかった。テオドシウスは三八〇年にキリスト教に帰依し、三九二年にこれを国教とした。テッサロニカ（ケ）で住民虐殺を行ったことについてはこの後の二つの訳注（八）（九）を参照。なお、テキストではテオドシウス大帝の在位期間を（三七五―三七九）としてあったので、訂正した。

（八）　アンブロシウス（三三四—三九七）はミラノの司教、聖人。西方教会の確立に貢献、「四大教会博士」の一人とされる。父はガリア総監で、トリーアで生まれた。三七〇年、ミラノで執政官になり、ミラノ司教アリウス派のアウクセンティウスの没後、三七四年、カトリックとして受洗後八日で司教職に就いた。以後、アリウス派側に立つミラノの宮廷の圧力に屈することなく、教会の自立性を確保し、「皇帝は教会の中にあり、教会の上にはいない」と主張して、いわゆる「皇帝教皇主義」への傾向を批判した。三位一体論ではニケーア信条に立脚してアリウス派に反対し、また、典礼の重要性を説き、ミサという用語を初めて礼拝のために用い、さらに告解、聖餐、賛美歌の意義の明確化に努めた。特に賛美歌の作詩作曲をし、「西洋教会音楽の父」と見られている。『秘蹟』『教役者の職務について』などの著作のほかに、聖書注解や説教——アウグスティヌスをキリスト教に導いたのも彼の説教である——が残っている。

（九）　以下はこの段落全体のための訳注である。ここではキリスト教が国教となった直後にローマ帝国内で起きた二つの事件（異端派弾圧と突発的な正教派の大虐殺）を詳述しておきたい。

テオドシウス帝は三八〇年二月に三位一体を信じる正教派の洗礼を受け、その直後にこの宗派にカトリック（普遍的な）・キリスト教の称号を認め、他のあらゆる宗派を、格外の狂信の徒すなわち呪うべき異端とする勅令を発布した。そして翌三八一年五月、コンスタンティノポリスで宗教会議（公会議）を開き、ローマ帝国内におけるカトリック派の地位を不動のものにした。テオドシウス帝が発布した異端・異教抑圧の勅令は、三八〇年から彼が没する三九五年までの間に、少なくとも十五回はあると見られているが（ギボン著、村山勇三訳『ローマ帝国衰亡史』（岩波文庫）（四）一二三五ページ）、これによって、伝統的なローマの多神教徒・偶像崇拝者は神殿を奪われ、集会・祭祀を禁じられ、メソポタミアから迫害を逃れて来ていたマニ教徒や、復活祭を独自に定めた日に行うアウディウス派すなわち十四日派は死罪に相当すると宣告され——もっとも、テオドシウス帝の真の狙いは威嚇であり、実際にはめったに実行されなかった——、その他の異端派も、追放、財産没収、罰金、諸権利の剝奪等ありとあらゆる方法で徹底的に迫害・弾圧された。

しかしながらそれより前に、コンスタンティヌス帝やヴァレンス帝は三位一体を認めないアリウス派の洗礼を受け、後者は正教派を厳しく弾圧していた。そのためテオドシウス帝が即位した当時、東部の帝都コンスタンティノポリスを始めシリアの州都アンティオキアではアリウス派が圧倒的に優勢で、当然市の要職もアリウス派が占めていた。テオドシウス帝はこれらの都市のアリウス派から教会を奪ったのみならず、ヨーロッパでの対ゴート族戦および彼らとの講和締結の費用をまかなうため、アジア諸州に重税を課した。これを機に、アンティオキア市民の怒りが爆発し、群衆は皇帝一家の彫像を破壊し、侮辱して、反乱の意志を表明した。この騒乱は一隊の射撃隊の到着でただちに鎮圧されたが、激怒したテオドシウス帝はこの都市と市民に過酷な刑罰を与えることに決めた。幸い、皇帝の命令を実行すべく派遣された将軍と大臣の執り成しにより激怒が鎮まった皇帝は、市民代表の陳謝と改悛の情を受け入れ、アンティオキアの都市および市民に自由放免の大赦を行った（三八七年）。

本項で言及されているテッサロニカ（ケ）の騒乱は、もっと卑しむべき原因から発生した。対ゴート戦の防衛の要であったこの都市にはテオドシウス帝の信任あつい司令官ボテリック（蛮族出身者と思われる）と守備隊によって治安が守られていた。ボテリックは奴隷の中に一人の美少年を持っていたが、サーカスの一御者が彼に不倫の欲情をそそられ、無謀にも執拗に求愛した。それで怒ったボテリックの命により、この御者は牢屋に放り込まれた。すると公演当日、市民は人気者のこの御者を釈放するようボテリックに要求した。ボテリックが断固拒絶すると、市民たちは激昂し、暴徒と化した。折りから大部分の兵士がイタリア戦争に分遣されていたこともあって、守備隊は暴徒を鎮め得ず、司令官のボテリックと数名の高級将校は虐殺され、切り刻まれた彼の死体は街中を引き回された。この報知を受けたテオドシウス帝は、一時の躊躇の後、残忍で峻厳な刑罰を発令した。テッサロニカ市民は君主の名前で偽りの招待を受けて、サーカス場を埋めた。周囲にはひそかに蛮族の兵士によって構成された軍隊が配備されていて、合図と共に始まった「外来人と土着人の区別なく、老若男女を論ぜず、有罪無罪を問わず、無差別な虐殺が二時間続いた」（三九〇年）。この時虐殺された者は七千人とも一万五千人以上とも言われている。

ここで指摘しておきたいのは、この騒乱と虐殺はテオドシウス帝の宗教政策とは無関係であるということと、テオドシウス帝に洗礼を授けたのがテッサロニカの正教派司教アコリスであったことを考えると、虐殺された市民のほとんどが正教派だったと思われることである。したがって、キリスト教が国教になった直後の異端派の弾圧に言及するのであれば、テッサロニカの事件ではなく、アンティオキアの事件を取り上げ、テッサロニカ事件は、皇帝が教会に文字通り屈伏した最初の事例として、別個に取り上げるのが適切であろう。

ところでミラノの大司教アンブロシウスは、皇帝はキリスト教の信仰の要請に合致した統治者でなければならない、という信念を持っていた。それでテッサロニカの虐殺の報に接すると、皇帝の罪が法外に大きいことを指摘し、「一種の間接的な破門を宣言」した。良心の呵責に苦しんでいたテオドシウス帝はアンブロシウスの叱責に深く感動して、ミラノの大聖堂にやって来た。大司教は皇帝が中に入るのを制止して、天なる神の怒りを宥めるには、ひそかな悔悟では不十分で、公式苦行が必要であると宣言した。こうして「皇帝はあらゆる皇帝標章を脱ぎ捨てて、殊勝な悲願の態度をもって公衆の前に現れ、ミラノ大聖堂の中で悔恨の涙を流しながら罪の赦しを謙虚に神に哀願」した。本訳注では、前記ギボン著『ローマ帝国衰亡史』のテオドシウス帝の項を参照した。

（一〇）　オドアケル（四三四頃―四九三、在位四七六―四九三）はゲルマン系出身のイタリアの王。三十歳頃西ローマ帝国の軍隊に入り、戦功により昇進。四七五年、傭兵隊長オレステスが皇帝ネポスを追い、自分の子ロムルスを帝位に就けた時、機略により傭兵隊長になり、翌年、ゲルマン人の王を称して、オレステスを殺し、ロムルス・アウグストゥルスを退位させた。オドアケルはイタリア人に対しては「主君」《dominus》と呼ばせたものの、東ローマに対しては元老院を介してその宗主権を認め、四七八年、単独統治者となった皇帝ゼノンから「貴族・元老」《patricius》の称号を受け、「管区」の行政権を付与された。以後、オドアケルは周辺のゲルマン諸族の制圧を進めたが、東ゴート族のテオドリックと戦うことになり、これに連敗して追い詰められ、最後はだまされて、殺された。

（一一）　実際、当時のローマは荒廃しきっていて、人口は盛時の十分の一程に減り、通りは村と変らない状態になっていたらしい。

（一二）　クロティルド（四七五頃―五四五）はブルグンド族の王家の出で、グンデヴェック王を祖父に持つ。父ヒルペリヒと母は伯父グンドバッドに殺され、追放された彼女と姉はカトリックの修道院に入れられた。後にその美貌と聡明さがクロヴィスの知るところとなり、求められて結婚し、多神教徒だったクロヴィスにキリスト教への改宗を勧めた。クロヴィスの改宗の直接の契機は、アラマン族との戦いで自分の軍隊が全滅に瀕した時、妻が信仰する神に救いを求め、奇蹟的に勝利したことであった。

（一三）　「キリスト教を」というのは「カトリックを」という意味であろう。ゴート族は四世紀末、ブルグンド族は五世紀半ば頃までにはアリウス派を受け入れている。オドアケルもアリウス派だった。

（一四）　アヴィトゥス（四五〇頃―五一八）はヴィエンヌの司教をしていた父の後を継いで司教になった。当時、ヴィエンヌに中心を置き、フランス南東部を支配していたブルグンド王国をアリウス派からカトリックに転向させるのに貢献した。後の王シギスムンド（五一六―五二四）との親しい関係が役に立ったらしい。五一七年の司教会議では議長を務めた。彼の書簡は神学的内容と当時の文化・言語の状況を伝える資料としても貴重である。論文、説教のほかに、詩文『救世史』（五巻）がある。

（一五）ブルグンド族はグンデヴェック王（四四三―四七三）の時代は首都をジュネーヴに置いていたが、その没後、王国はゲルマン法に従って三子に分割統治された。やがて長子グンドバッド（四七三―五一六）が弟たちを殺して――前の訳注（一二）を参照――三国を統一し（五〇一年）、かなり南のヴィエンヌを中心とし、次の王シギスムンドの代にカトリックに回心した。

（一六）この説明は明らかに間違っている。四一〇年はアラリック（アラリコ）（在位三九五―四一〇）率いる西ゴート族がローマを占領した年である。J-P・ルーが言おうとしているのは、たぶん、次の王アドルフス（アタウルフォ）（在位四一〇―四一五）のことであろう。彼は先王の義弟で、やはり勇敢だったが、ラヴェンナの西ローマ帝国政府（皇帝はテオドシウス帝の子ホノリウス）と講和条約を結んだ。彼は皇帝の妹プラキディアと結婚し、ローマの将軍という資格を得て、反逆の状態にあると見られていたガリア（ゴール）へ軍を進めた。そして複数の皇帝僭称者を討ち取って、〔南〕ガリア王の地位に就き（四一二年、首都はトゥールーズ）、四一四年には、皇帝の提案を受諾して、イスパニアに先行していた諸蛮族（シリング、アラン、スエヴィ、ヴァンダル）討伐に向かった。彼はバルセロナ攻略には成功したが、その宮殿で、かつて彼が殺した敵将の部下で、彼の臣下として受け入れていた者に暗殺された（四一五年）。

J-P・ルーはこのアドルフスを「スペインの西ゴート王国の建設者」と言いたかったのだろうが、しかしアドルフスよりむしろ次の王ワルワリア（四一五―四五一）の名を挙げるべきかも知れない。ワルワリアは王族とは無縁だったにもかかわらず、蛮族同士の激烈なイスパニア戦争に連勝して、イベリア半島をほぼ制圧した後、ピレネーを越えて北上し、ロワール川の南側すなわちアキテーヌを再占領して、広大な西ゴート王国を建設した。

（一七）テキストには「五八一年」とあったので、訂正した。

（一八）カール・マルテル（六八九―七四一）はフランク王国の宰相。フランクの分国アウストラシアの宰相ピピンの庶子。七一四年に父の地位を継ぎ、七一九年に全フランクの宰相となり、実質上の支配者となった。さらにフリジア、サクソニア、アラマンニア、バヴァリアの諸族を征服し、七三二年にはサラセン人をトゥール・ポワティエの戦いで破ると、その後はほぼ毎年、彼のもとで生まれた職業的戦士集団を率いて南フランスへ遠征し、打撃を与えた。彼は「プリンケプス（君主）」の称号を用いた。教皇がドイツ宣教に派遣した（聖）ボニファティウスを保護し、その司教管区創設や修道院の建設を可能にしたことにより、教皇庁との関係は良好だった。しかしその一方で、メロヴィング朝の歴代の王が教会に寄進した領地を自分の家臣団に分配して、フランク王国内の教会と修道院の財政を圧迫した。彼の権力が彼の子ピピンがカロリング朝を創始する基礎となった。

（一九）　六世紀前半、ローマは、というよりイタリア半島全域がアリウス派を信奉する東ゴート族の支配下にあり、ローマ・カトリック教徒は活力を失っていた。一方、カトリックに改宗したフランク族の王クロヴィスは、五〇七年、ポワティエの近くで、アラリック二世率いる西ゴート軍に決戦を挑み、大勝利を収めると、一気に南進し、西ゴート王国の首都トゥールーズまで攻め落とし、ガリア全域を支配下に置いた（五〇八年）。この時、東ローマ皇帝アナスタシウス一世（四九一―五一八）はクロヴィスに西ローマのコンスル職への任命状を送付した。その結果、実際はすでに消滅していた西ローマ帝国の政治的・経済的枠組みが、形式上、フランク王国において維持されることになり、それと同時に、ローマ・カトリックの西洋における命脈がフランク王国によって確実に保証されることになった。J－P・ルーはたぶんこのことを言っていると思われる。

（二〇）　フルラド（七八四年没）は当時のサン・ドニ修道院長。ピピンは彼をヴュルツブルクの司教ブルハルトと共に教皇とロンバルディアの諸王のもとに派遣した。フルラドがピピンの「昇進」に貢献したことにより、その報償としてサン・ドニ修道院は諸特権を王室から与えられた。ここが歴代の王の墓所となったのもこの時からである。

（二一）　ザカリアス（七四一―七五二）は南イタリア出身のローマ教皇で、聖人。全盛期にあったランゴバルド族の王リウトプラント（七一二―七四四）と交渉して、二十年間の休戦を実現し、その一方で、ピピン三世の王位を承認して、フランク族の支援を取り付けた。また、東ローマ皇帝にも友好関係の保持を呼びかけた。ボニファティウスの教会機構確立を支持し、教会改革のためにローマ教会会議を二度開催した。ローマ近郊に貧民のための住宅を建て、農業を奨励した。

（二二）　この時、即位塗油式を執り行ったのは、教皇から絶対的な信頼を得ていたマインツの大司教（聖）ボニファティウス（前の訳注（一八）参照）である。彼はピピンと親交を結び、ピピンからフランク王国内の教会改革を依頼されていた。

(一一三)　レオ三世（七九五—八一六）はローマ教皇、聖人。即位後まもなく、教皇選出報告と使徒ペテロの墓の鍵とローマの旗をフランク王シャルル（カール、後の大帝）に送ったため、七九九年、ローマ貴族に襲撃されて負傷し、シャルルのもとへ逃れた。貴族たちが教皇を姦通罪と偽証罪で告訴したので、シャルルは自らローマに赴き、ローマとフランクの高位聖職者を聖ペテロ（サン・ピエトロ）大聖堂に招集して、教皇の裁判を行い、無罪を宣告した。そこで教皇は、二日後のクリスマスのミサで、シャルルに皇帝冠を戴冠し、こうして皇帝シャルルマーニュ（カール大帝）が誕生した。宗教的な事柄でシャルルマーニュの裁決に従うことも多かったが、教義上の重要な点では妥協せず、教皇としての信念を堅持した。

(一一四)　ニコラウス一世（八五八—八六七）はローマ教皇、聖人。『偽イシドルス文書』を盾として、教皇権の独立と強化に努め、綱紀を粛正した。イタリア（ロートリンゲン）の王ロータル二世（八五五—八六九）の離婚を認めず、教皇庁の財産権を侵害したラヴェンナの大司教ヨハネス八世を処分し、ランスの大司教ヒンクマルに教皇の権威に従うことを誓わせた。また、教会法を無視してコンスタンティノープルの総主（司）教になったフォティオスを罷免に追い込み、東ローマ皇帝ミカエル三世に対して、教皇権を守り通した。

(一一五)　ロタール一世（八四〇—八五五）はルートヴィヒ（ルイ）一世敬虔帝の長子。帝位の継承者と定められた後、父帝を二度廃位するが、いずれも他の兄弟の反対で失敗。結局、父帝の死後帝位に就いた。一帝（王）国の三分割を定めたヴェルダン条約（八四三年）により、中フランク王国を受け取り、死に臨んで、王国を三人の息子に三分割した。

(一一六)　ルートヴィヒ二世ドイツ王（八四三—八七六）はルートヴィヒ一世の第二子。自尊心が強く、父帝に対して反抗的だったが、ヴェルダン条約によって、ドイツ王となり、その後の王国の発展の基礎を築いた。

(一一七)　本項の記述は適切ではないが、この後、本章Ⅱの「3　カロリング朝」で、同じ内容のより長い記述があるので、そこの訳注（一一三）（一一四）でヴェルダン条約に至る経緯を正確に述べることにしたい。

(一一八)　ベレンガーリョ一世はイタリアのウルフーリ辺境伯（八七三年）、イタリア王（八八八—八八九、八九八—九二四）、イタリア皇帝（九一五—九二四）。皇帝ルートヴィヒ一世の孫で、その治世はまさに動乱の時代であった。王国西部では、南ブルグンド王国（八七九年）に続いて、北ブルグンド王国（ユラ伯ルドルフが即位）が独立を宣言し（八八八年）、マジャール人が幾度も侵攻し（八九九年、九一〇年、九二二年）、イタリア諸侯は互いに王を称して並立した。そして西フランク（フランス）王国のロドルフ（九二三—九三六）によって侵攻された直後、暗殺された。

（二九）　オットー一世（大帝、九六二―九七三）はドイツ国王（九三六―九七三）、神聖ローマ皇帝（九六二―九七三）。ザクセン朝初代ドイツ王のハインリヒ一世の子。父の国内統一の覇業を継承し、諸侯の反乱を抑え、公国をザクセン家の一族に与え、司教、修道院長に近親者を配して、多くの権限を与え、宗教政策の面からも中央集権化を図った。そして三度イタリア遠征を行い、イタリア王ロータル二世の未亡人アーデルハイトとの婚姻によりイタリア王を兼ねた（九五一年）。東方のスラヴ人、マジャール人、デーン人を破って、版図を広げた。また、カール大帝（シャルルマーニュ）と同じように、教皇ヨハネス十二世によって皇帝としての戴冠を行い、神聖ローマ帝国を創始した。その後不和になったヨハネス十二世を廃位して、新教皇レオ八世（九六三―九六五）を立て、高位聖職者の叙任権を獲得し、皇帝教皇主義を展開した。学問と文化の擁護・振興に努め、いわゆるオットー朝ルネッサンスをもたらした。

（三〇）　聖職者独身制を拒否し、妻帯を認める思想。その源流は初期キリスト教時代にあって、小アジアのペルガモンやエペソスなどで特に流布し、教会を揺るがしていた。その名称は異端の創始者ニコラオスなる人物に由来するとされているが、正確なことは何も分かっていない。フランスでは、ルートヴィヒ（ルイ）一世敬虔帝（八一四―八四〇）の時代に、「ニコライ主義」を容認する司祭、助祭、副助祭の存在が明らかとなり、その後、教皇ウルバヌス二世（一〇八八―一〇九九）の在位期間にこれが問題視され、一〇九五年のプレザンスの教会会議で罪とされた。しかしながら東方教会では、今日に至るまで、独身を要求されるのは修道司祭から登用される主教（司教）だけで、在俗司祭は輔祭（助祭）の段階で妻帯が認められている。

（三一）　レオ九世（一〇四九―一〇五四）はローマ教皇、聖人。従兄弟の皇帝ハインリヒ三世によって教皇に任命された。それまでもトゥールの司教として多くの修道院を改革していたが、即位すると、改革運動の有能な指導者たちを招いて「枢機卿団」を組織し、運動の具体的実施を目指した。俗権の介入から教会を守り、聖職売買の絶滅を説いて各地を回り、計十二回の教会会議を開催して教会改革を押し進めた。南イタリアのベネヴェントの教皇領を侵しつつあったノルマン人との戦いに敗れ、捕虜となり（一〇五三年）、ローマ帰還後、まもなく病を得て没した。

なお、テキストでは「レオ十世」とあったので、訂正した。巻末索引も同様に訂正した。

（三二）　ニコラウス二世（一〇五九―一〇六一）はフランス生まれのローマ教皇。当時、ローマを牛耳っていたトゥスクラーニ一族のベネディクトゥス十世（一〇五八―一〇五九）追放の気運が高まる中、ヒルデブラント（後のグレゴリウス七世）はドイツ皇帝ハインリヒ四世の了解を得て、改革派のフィレンツェ司教ニコラウス（二世）を次期教皇に選んだ。そして前教皇追放後の一〇五九年一月、即位。ところが同年四月、ラテラノ公会議で、皇帝を排除する形での教皇選出方式が採択されると、これを教皇令として発布した。この方式は、皇帝の反対と一〇六一年のドイツ地方議会での否決により、実際の効力を失ったが、これはグレゴリウス七世の改革の前触れとなった。短い在位期間中に、南イタリアのノルマン人との関係も改善され、同地方も教会領となった。

（三三）ボレスワフ一世（九九二―一〇二五）は「勇敢王」と称されたポーランド王。ポーランドは父王ミシェンコ（九六〇頃―九九二）の時にキリスト教化された。ドイツを始め、近隣諸国と戦って領土を拡張して、強大な国家の建設に成功。これを背景に、一〇二四年、教皇により加冠された。

（三四）ジョン欠地王《ラックランド》（一一九九―一二一六）はヘンリ二世の末子。彼のあだ名「欠地王」は、ヘンリ二世が息子たちに最初に領地を配分した時、彼は何も与えられなかったことに由来する。兄リチャード獅子王の死後即位。フランス王フィリップ二世との争いに敗れ、大陸に所有していたノルマンディー、アンジュー、メーヌ、トゥレーヌ等を失った。教皇インノケンティウス三世とカンタベリ大司教の叙任権をめぐって争い、破門され、屈伏し、イングランドを封土として受け、朝貢を約束した（一二一三年）。フランスに侵攻するが、敗れて帰国、諸侯が出した「マグナ・カルタ（大憲章）」に署名（一二一五年）、これによってイギリス国民の政治的、人間的自由の基礎が確立した。が、まもなく、ジョン王はこれを廃棄せんとして諸侯との戦いを開始し、交戦中に没した。

（三五）ヨハニッツァ一世（一一九七―一二〇七）はクマン系ブルガリア人貴族によって樹立された、第二次ブルガリア帝国アセン朝の第二代皇帝。通常、即位前の名カロヤンで呼ばれている。第四回十字軍によるビザンティン帝国の解体に乗じて、南に勢力を広げた。

（三六）本訳注はこの段落の言説に対する批判と補足を兼ねており、次の訳注へと続いている。

アラゴン王国は初代国王ラミーロ一世（一〇三五―一〇六三）の時からクリュニー会やローマ教皇庁の保護を受けて勢力を拡大し、次の王サンチョ・ラミレス（アラゴン王位一〇六三―一〇九四、ナバーラ王位一〇七六―一〇九四）はアラゴンをローマ教皇庁の直属としたうえで、レコンキスタ運動を継続した。その後の王もローマ教皇とは緊密な関係を維持していた。したがって、バルセローナ伯領と共に連合王国を形成して（一一三七年）、一種のナショナリズムが高揚していたとしても、ペドロ二世が聖座の封臣であると認め、租税を払ったのは、むしろアラゴン王国の伝統に従った政策だったのである。なお、タラゴーナの大司教座はカタルーニャ独立（イスラム教徒からの）のシンボルとして一一二九年に再建された。

ところで、教皇との関係が主題である以上、ペドロ二世が最晩年にとった教皇の意に反する行動に言及しないわけにはいかないだろう。事の発端はアルビジョワ十字軍である。アルビジョワ（カタリ）派はキリストの神性を否定する南フランスの異端派であり、教皇インノケンティウス三世はこれを根絶すべく、北フランスの貴族を中心にした十字軍を組織させ、カペー朝に南フランスの領有を認めた。そのためアルビジョワ十字軍は、単なる異端派撲滅のための戦いではなく、カペー朝・北フランス貴族対南フランス貴族の戦争へと変質した。ペドロ二世は、多数の南フランス貴族を封臣にしていたこともあって、この機に、義理の兄弟でありながらそれまで敵対していたトゥールーズ伯と手を結び、カペー朝の南進を阻止しようとした。そして劣勢の南フランス諸侯からの軍事援助の要請に応えて、自ら出陣し、南フランスのミュレで戦死した。アラゴン王国はこれ以後南フランス支配を断念した。ペドロ二世のこの時の行動は、カペー朝の南進阻止の一念から出たものであろうが、結果的には教皇に対する反逆となった。

ペドロ二世はバルセローナ伯家の出であるアルフォンソ二世の子で、アラゴン、ルシヨン、カタルーニャから成る連合王国の王として、一一九六年に即位。当時広まりつつあった異端のヴァルドー派に対しては厳しい態度を示した。一一九八年、カタルーニャで起きていた貴族同士の争いを静め、翌年、カスティーリャ王アルフォンソと連合して、ナバラ王のサンチョ七世と戦った。その後、モンペリエ伯ギヨームの娘で後継者であるマリとの結婚によってこの都市の領主となると、そこからローマに赴き、教皇インノケンティウス三世によって戴冠され、聖座に永久に租税を払うことを誓約した。しかし連合王国の貴族たちはこの貢税に抵抗した。一二〇五年、ペドロ二世はプロヴァンス遠征を行い、フォルカリキエ伯によって誘拐され、ある城に閉じ込められていた弟のプロヴァンス伯アルフォンソを救出した。次いで、カスティーリャ王、ナバーラ王と連合して、イスラム教徒と戦い、一二一二年には大勝利をおさめた。しかし翌一二一三年、アルビジョワ派の首領だった義理の兄弟トゥールーズ伯に味方して自ら出陣し、同年九月十七日にミュレの戦いで戦死した。

（三七）　当時のスペインの貴族たちの王に対する感情は決して単純なものではなかったとしても、ペドロ二世の時代には一種のナショナリズムが高揚していて、そのために貴族たちが教皇に対する王の「伝統的な」姿勢を批判したというのが一般的な見解ではなかろうか。この記述には、貴族を王の敵対者と位置づけている原著者の貴族に対する侮蔑と猜疑心が強く感じられる。

（三八） 訳者にはこの文章の記述内容がよく分からない。まず、「ベーラ四世（一一七二―一一九六）――この在位期間はベーラ三世のもので、正しくは（一二三五―一二七〇）――の治下に最初のカトリック政権になろうとしていたハンガリー」というのがおかしい。原著者自身が本書で言及しているように、ハンガリーでは、ベーラ四世と同じアールパード朝のイシュトバーン王（九七〇頃―一〇三八）がすでに最初のカトリックの政権を樹立し、ハンガリー全体を力ずくでキリスト教化するのに成功しているからである。次に、「ローマの保護領にクマニを譲渡し」た«céder la Comani au protectrat romain»というのが全く理解できない。「クマニ」とは突厥（トルコ）系「クマン族の支配地」のことであり、一二二九年――そもそも、この年はベーラ四世の治世ではなく、その父アンドラーシュ二世（一二〇五―一二三五）の治世である――にはクマニはハンガリーの支配下に入っていなかった。また、この近くに「ローマ――教皇庁であろう――の保護領」は存在していなかった。仮に「ローマの保護領として」と訳してみても、異教徒のクマン人の支配地にそのようなものが存在し得るはずがない。さらに付け加えると、アールパード朝の歴代の王は、教皇がハンガリー国内の混乱に乗じて介入しては、その宗主権を得ようとするのを幾度となく拒否してきたが、ベーラ四世も教皇宛の最後の書簡で、教皇から一度として援助を受けたこともないし、受けようとも思わない、と明言している。

ちなみに、アンドラーシュ二世（一二〇五―一二三五）はロシアのハリチ公国征服に失敗した後、教皇の要請を受けて総指揮をとった十字軍遠征（一二一七―一二二一年）でも、その指揮のまずさから教皇の不興をかい、翌一二一八年末には傷心のうちに帰国した。凄まじい不満と反抗が渦巻く中で、一二二二年、国王は金印憲章として知られる勅令を発して、家臣騎士《セルヴィエンテス》や城臣《ヴァールヨッバージュ》の免税特権を認め、大領主の締めつけからの保護を明確にし、国王が宣誓を破った場合の大貴族の武力抵抗権を認める一方、教会への十分の一税の金納を禁じ、教会の塩専売による収入額を制限した。しかしその後、教会の巻き返しにあうと、一二三一年の改訂金印憲章では、大貴族の抵抗権と共に、教会の利益を侵害する条文はすべて削除され、教会裁判が世俗裁判の一部にまで拡大されただけでなく、国王を協定違反のかどで首都エステルゴムの大司教が破門できることになった。そしてその翌年、実際に国王は破門され、協定の遵守を確約して赦されている。

ベーラ四世（一二三五―一二七〇）はアンドラーシュ二世の子。ニカイア皇帝テオドロス一世の娘を娶る。セルビア、ダルマチアに次いでトランシルヴァニアの首長となった後、国王に即位した。王城県制の回復をめぐって貴族たちと対立している最中に、モンゴル人に圧迫されたクマン族の移住（一二三九年）とそれに続く大混乱、モンゴル人の襲来（一二四一―一二四二）があった。その後ブダに遷都し、旧都エステルゴムを大司教に譲り、大貴族を抑えるためにクマン族をバルカンから呼び戻し、ドナウ・ティサ両河間地域に土地を与え、皇太子イシュトバーンをクマン族長の娘と結婚させて、王国の復興を図った。

（三九）　これはグレゴリウス七世が初めて唱えた主張で、教皇告諭の中にも書き込まれている。

（四〇）　一〇八四年のことである。ハインリヒは対立教皇クレメンス三世（一〇八四―一一〇〇）を立て、この教皇から帝位を授かった。グレゴリウス七世はカステル・サンタンジェロからノルマン人のロベール・ギスカルに救出され、モンテ・カッシーノに逃れ、翌一〇八五年にサレルノで憤死した。

（四一）　ベルナール（ベルナルドゥス、クレルヴォーの）（一〇九〇頃／九一―一一五三）はフランスの神秘主義思想家、修道院長、聖人。ディジョンに生まれ、シトーのベネディクト修道院に入り（一一一二年）、二年後、十二人の修道士と共に「クレル・ヴォー（明るい谷）」に分会としての修道院を創立した。その厳格な生活と卓越した説教によってクレルヴォーの名声は高まり、フランスとイギリスに多数の新修道院が設立され、諸国の君主・貴族が彼のもとへ霊的指導を乞いに来た。教皇ホノリウス二世の死去後、新教皇インノケンティウス二世に対立教皇が立てられた際には、自分の意思を明確に示すことで教会の分裂を回避した（一一三〇―一一三七年）。弟子の中から教皇エウゲニウス三世が誕生すると、キリスト教世界特に教皇庁に大きな影響を及ぼし、第二回十字軍の実現のために奔走し、大きな役割を果たした。合理主義的傾向のある他の神学者を批判し、神との神秘的一致をキリストとの「霊的結婚」と説いた。多数の著作があり、邦訳（全五巻）もされている。

（四二）　ロタール三世（一一二五―一一三七）はドイツ王、神聖ローマ皇帝。まずザクセン公となり（一一〇六年）、皇帝ハインリヒ五世に背き（一一一二年）、これを破り（一一一五年）、その死後（一一二五年）、選帝侯たちによって皇帝に選出され、ドイツ王位も得た。グレゴリウス七世の改革と「ヴォルムス協定」（一一二二年）――君主たちが教会権力に干渉しない限りにおいて、司教任命権は君主にあるとする協定で、後のインノケンティウス二世がその成立のために尽力したが、彼が教皇に選出された時、改革強行派は対立教皇を立てた――を受け入れ、教皇の教会改革を積極的に支援した。エルベ川以東への植民に力を入れ、スラヴ各地への宣教と発展に貢献した。第一次イタリア遠征（一一三二―一一三三年）の際は、教皇庁内の二重選挙（対立教皇の選出）の混乱の中で、インノケンティゥス二世を支持し、ラテラノ宮殿（聖堂）で、教皇より皇帝冠を授かった（一一三三年）。本項で言及されている壁画はこの時の様子を描いたものである。第二次イタリア遠征（一一三六—一一三七年）は最晩年に行われた。

（四三） フリードリヒ二世（一一九四—一二五〇）は神聖ローマ皇帝と両シチリア王ハインリヒ六世の子。教皇インノケンティウス三世を後見人としてシチリア王（一一九八年）、一二一一年にオットー四世の対立王として即位し、オットーの退位により、一二一五年に名実共にドイツ王となる。そして一二二〇年、サン・ピエトロ大聖堂でホノリウス三世によって神聖ローマ皇帝として戴冠された。しかし教皇の主導で計画された十字軍に即座に応じることなく、聖地居住者のみがエルサレム王になり得るという現地法を無視して、エルサレム王女イザベラをイタリアに招いて結婚し、エルサレム・ラテン王国の王位継承を主張した。ホノリウス三世没後は、グレゴリウス九世およびインノケンティウス四世との不和・抗争となるが、これについてはこの後の二つの訳注（四四）（四五）で詳述する。フリードリヒ二世は優れた才能に恵まれ、学問・芸術に多大の関心を持ったが、シチリアで育ち、もっぱらイタリアに居住したため、後のドイツ分裂の原因をつくった。

（四四） インノケンティウス四世（一二四三—一二五四）はジェノヴァ出身で、枢機卿を経てローマ教皇となる。インノケンティウス三世の教会至上主義を受け継ぎ、ドイツ皇帝フリードリヒ二世と対立し、フランスのリヨンに逃れた。リヨンでの彼の活動は本項で述べられている通りである。一二五〇年、皇帝の死後、ローマに帰還。ドイツの力を殺ぐためにシチリアをフランスに与えたが、これは後々までフランスがイタリアに関心を持つようになる契機となった。一二四八年、ルイ九世に東方教会救援のための十字軍を編成させ、各地に布教団を派遣した。また、世俗の権威と教会との関係を厳密に規定し、教書で異端尋問の際の拷問を許可した。ヨーロッパに侵攻したモンゴルにも関心を持ち、使節を派遣した。この後の訳注（四九）、第五章の訳注（二四二）を参照。

（四五） この記述は三つの理由で不適切である。まず、フリードリヒ赤髭帝が直接対峙した教皇はハドリアヌス四世（一一五四—一一五九）とアレクサンデル三世（一一五九—一一八一）である。次に、フリードリヒ二世が対峙した教皇としてはグレゴリウス九世（一二二七—一二四一）を加えるべきである。そして、フリードリヒ二世とインノケンティウス三世との関係は良好だった。たしかに、インノケンティウス三世はフリードリヒ一世とハインリヒ六世によって侵害されていた教皇権を回復させた大教皇だったが、フリードリヒ（二世）の庇護者であり、一二一五年、フリードリヒを神聖ローマ皇帝に推挙した後、翌一二一六年没した。

フリードリヒ二世が対峙したのはホノリウス三世（一二一六―一二二七）とグレゴリウス九世とインノケンティウス四世で、特に厳しい対立関係にあったのは後の二人である。インノケンティウス四世との関係については、本項でこの後言及されているので、この訳注では、本書でまったく言及されていないグレゴリウス九世との関係についてのみ説明しておきたい。

グレゴリウス九世は八十歳を過ぎてから聖座に就いたが、精力的で、若いフリードリヒ二世に対して厳しい態度で臨んだ。老教皇は皇帝がインノケンティウス三世やホノリウス三世に約束していた十字軍遠征の実行を迫った（一二二七年）。皇帝はようやく遠征に着手したが、船団に熱病が流行したため遅延した。すると教皇は実行の意志なしと断じて皇帝を破門した。そして皇帝がこの破門の取り消しを得ずに第五回十字軍遠征（一二二八―一二二九年）に行くと、再度皇帝を破門した。皇帝は交渉によってイスラム教徒からエルサレムを取り戻し、自らエルサレム国王――この称号は一二四五年まで保持された――となった。その間に教皇は軍隊を送って、皇帝が放棄を約束しながら実行を延ばしていたシチリア王国を攻撃した。皇帝は一二三〇年に帰国して、教皇の軍隊をシチリアから撃退し、教皇に破門を取り消させた。翌一二三一年、皇帝はメルフィ法典を発布し、シチリアに絶対主義的体制を樹立し、商工業の促進を図ると、同年、今度は北イタリアを支配下に置こうと計画した。老教皇はこれに対して、フリードリヒ一世の時同様、ロンバルディアの都市同盟の復活を図り、その結果、北イタリア諸都市はドイツで反乱を起こした皇帝の息子ハインリヒ王子と共に反旗を翻した。しかし皇帝はこの反乱の鎮圧に成功し、北イタリアのほとんどの都市と貴族を服従させた（一二三七年）。教皇はそれでもなお皇帝の北イタリア支配を容認せず、三度目の破門で応じたが、まもなく没した（一二四一年）。

（四六）　ハドリアヌス四世（一一五四―一一五九）はただ一人のイギリス人ローマ教皇。アヴィニョン近郊のリュフ修道院の大修道院長の時、教皇エウゲニウス三世に才能を認められ、枢機卿に叙任された（一一四九年頃）。教皇に選出されると、エウゲニウス三世によって解任されていたブレーシアのアルノルドスとその一派を弾圧し、ルートヴィヒ一世に頼んで、アルノルドゥスを処刑させた（一一五五年）。そしてその直後、フリードリヒ一世の皇帝戴冠式をサン・ピエトロ大聖堂で行った（一一五五年）。しかしやがてこの赤髭帝がローマにおける皇帝権を主張し始め、ハドリアヌス四世は教皇の首位権を主張して譲らなかったため、両者の関係は緊張したものになった。

（四七）　アレクサンデル三世（一一五九―一一八一）は枢機卿を経て、彼が補佐していたハドリアヌス四世の没後、教皇に選出された。しかしこれを不服とするフリードリヒ一世と皇帝派は対立教皇を立てたため、一時はフランスへ逃れたが（一一六二―一一六五年）、一一七六年、ミラノを中心とする教皇派のロンバルディア軍がレニャーノで皇帝軍を破り、翌年、ヴェネツィアで行われた和平会談で十七年間に及ぶ分裂が終結した。一一七九年、ラテラノ公会議を招集し、枢機卿の三分の二以上の得票によって教皇が選出されるという選挙法を採択し、教皇権の確立を推進した。しかしまもなくローマ貴族の反抗によりローマを追われ、三人目の対立教皇を立てられたが、これを退位させ、ローマに戻ることなく、没した。

（四八）　ヴィクトル四世（一一五九―一一八一）は皇帝派がアレクサンデル三世に対して立てた最初の対立皇帝。一一六〇年のパヴィアの教会会議では皇帝派のドイツ司教団によって正統教皇と認められたが、イギリス、フランス、ドイツでは否認されたため、実質的な活動はできなかった。

（四九）　モンゴル人が「ハンガリーに定住した」«établis en Hongrie» というのも、ハンガリーからフリードリヒ二世に服従するよう命じたというのも間違いであろう。バトゥ率いるモンゴル軍がヨーロッパについてかなり正確な情報を持ち、大西洋に至る全域の征服を念頭に置いてロシアに侵攻し、各地に大災難をもたらした時（一二三七年）、西ヨーロッパはそのことにほとんど関心を持たなかった。カトリックの西ヨーロッパにとって、ロシアは東方教会に帰依している、自分たちとは無縁の国であり、そしてそれより東方のアジアは全くと言ってよいほど無知の世界、奇怪な生き物が棲む空想の世界でしかなかった。

ただ一人、ハンガリー国王ベーラ四世だけは、祖先の故地でもある東方から――七世紀の王族か貴族の墓から匈奴の剣と同形のものが発見されている――侮りがたい脅威が近づいて来るのを敏感に察知した。一二三七年、ベーラはドミニコ会修道士ユリアンを東ロシアに送り込み、モンゴル軍について情報を収集させた。ユリアンは正確な情報とバトゥのメッセージを持って帰国した。バトゥはベーラに、彼が保護しているコマン（クマン）人四万人は自分の臣下であるから譲り渡せ、と要求した。フリードリヒがバトゥから服従せよという特別命令を受け取ったのも、この時のことだったらしい。ユリアンの報告書は教皇グレゴリウス九世（一二二七―一二四一）も受け取った。「モンゴルの嵐」にほとんど関心がなかったフリードリヒ二世がかなりふざけた返書を送ったという記録が残っている。しかし教皇もフリードリヒとの闘争で頭が一杯で、迫り来る東方からの脅威にはほとんど関心が持てなかった。教皇庁はグルジア女王ルスダン（一二三六年に逃亡）の救援要請にも、その後（一二四一年）のカトリック国家ポーランドとハンガリーの救援要請にも、全く応じなかった。

西ヨーロッパが「モンゴルの嵐」の恐ろしさ・すさまじさを知り、実感するのは、ポーランド（特に一二四一年のリグニッツの戦い）とハンガリー（モヒーの戦い）その他の軍隊が壊滅し、諸都市が灰塵に帰した後のことである。高齢の教皇グレゴリウス九世はようやくモンゴルに対する十字軍を宣言し、フリードリヒ二世が、全ヨーロッパの団結を訴えつつ、自ら十字軍を率いることに同意した。しかし実際には、皇帝にそれだけの力量はなく、対モンゴル十字軍が編成された形跡はない。全ヨーロッパは聖書の黙示録が予告した世界の終末の到来を確信しつつあった。と、そんな時（一二四二年五月）、大カン・オゴタイ逝去の知らせがモンゴル軍の陣営に届いた。オゴタイの健康悪化の報を受け、グユクとモンケはすでに帰っており、大カン位への野望はなかったが、バトゥもただちに帰国の途についた。こうしてヨーロッパは一種の「奇蹟」によって、「モンゴルの嵐」による壊滅を免れた。

したがって、一二四五年に教皇インノケンティウス四世がリヨンで公会議を開いた時点では、モンゴル軍はすでに南ロシアの駐留地まで引き上げており、ハンガリーとポーランドには一兵もいなかった。もちろん、西ヨーロッパはモンゴル軍が突然撤退した理由など知るよしもなく、「モンゴルの嵐」の再来を恐れていたことは事実だが……。

ところで、教皇は公会議を招集する前年、すなわち一二四四年、ロシア、ポーランド、ハンガリーからモンゴル人のことをよく知っている者たちを呼び集め、モンゴル対策を練った。そしてその一つとして、実地調査を兼ねた幾組かの教皇使節団をモンゴル宮廷に派遣することに決めた。そのうちの一人がジョバンニ・デル・プラノ・カルピニ（一二〇〇頃―一二五八）である（第五章の訳注（一四二）参照）。彼は公会議が開催される数カ月前にリヨンを出発して、東方に向かっている。教皇インノケンティウス四世はそれなりにモンゴル問題に正面から取り組もうとしていたと言えるだろう。

（五〇）　回勅とはローマ教皇が社会・政治問題などで教会の統一見解を知らせるため、世界または一国の全司教に送る手紙のことである。題名には冒頭のラテン語の語句がそのまま用いられる。

（五一）　教皇はドイツ王位とシチリア王位をフランスのルイ九世に提供して、断られている。ルイ王は破門された皇帝とも友好関係を保つ一方、皇帝がリヨンにいる教皇を襲撃しようとした時は、事前に阻止している。

（五二）　コンラディン（一二五二―一二六八）はシュヴァーベン公（一二六二―一二六八）。ドイツ王コンラート四世（一二五〇―一二五四）の子。イタリアに遠征し、シャルル・ダンジュー（アンジュー家のシャルル）からナポリ・シチリア王国を奪還しようとして、タリアコッツォで敗れ（一二六八年）、捕えられて、斬首された。彼の死によってホーエンシユタウフェン家は断絶し、大空位時代（一二五四／一二五六―一二七三年）の後、ハプスブルク家が登場する。

（五三）　シャルル・ダンジュー（アンジュー家のシャルル）（一二六五―一二八五）はシチリア・ナポリ王。フランス王ルイ九世の弟でアンジュー伯にしてプロヴァンス伯。教皇ウルバヌス四世（一二六一―一二六四）は教皇庁の封土（知行地）としてシチリアを回復するため、シチリア王位の提供をルイ九世に再び持ち出した。すると、ルイ九世の弟シャルル・ダンジューがこの件に関心を持ち、次の教皇クレメンス四世（一二六五―一二六八）の時、その提供に応じた。シャルルは大群を率いてイタリアに向かい、一二六六年、ベネヴェントでフリードリヒ二世の庶子マンフレーディを破り、シチリア王に即位した。そしてフリードリヒ二世の孫コンラディンを一二六八年にタリアコッツォで迎え撃ち、彼を破り、処刑した。

シャルルは南フランス出身のクレメンス四世からトスカーナにおける皇帝代理の称号を受け、ローマ市民からは元老院議員に選ばれた。シャルルの野望はイタリア半島内に止まっていなかった。一二七二年にはアルバニア王を称し、一二七七年にはエルサレム王位を獲得し、兄のルイ九世にチュニス遠征の十字軍を実行させ、ハンガリー王家とも婚姻関係を結んだ。そして一二八一年、フランス王家と深い関係がある教皇マルティヌス四世（一二八一―一二八五）が即位すると、かねてよりの計画であったコンスタンティノープル征服を決行しようとした。しかしその直前の一二八二年三月、シチリア島民による大反乱「シチリアの晩禱」事件が起き、この反乱によってシャルルの壮大な野望は砕かれた。島民はアラゴンのペドロ三世に救援を依頼し、シチリア島はアラゴンの領土となり、シャルルはナポリ王国のみの王となった。

（五四）　この教皇はボニファティウス八世（一二九四―一三〇三）である。彼は『ウナム・サンクタム』（一三〇二年）を発布した翌年、アナニの屈辱を受けている。この後の訳注（六七）を参照。

（五五）　ルートヴィヒ四世バイエルン公（一三一四―一三四六）は神聖ローマ皇帝、ドイツ王（一三一四―一三四七）、バイエルン公（一二九四―一三四七）。皇帝選出の時オーストリアのフリードリヒ美王と争い（一三一四―一三二二年）、彼をミュールドルフで破って、捕虜にした。教皇至上権を主張するヨハネス二十二世（一三一六―一三三四）と争って、破門され（一三二四年）、イタリアに侵入して、パドヴァのマルシリウスの唱えた主権在民の説に基づいて、ローマ市民会の名において皇帝冠を受けた。選挙侯のレンゼ会議は、神聖ローマ皇帝は教皇の干渉を受ける必要がないことを決議し、対立教皇を立てるなどしてヨハネス二十二世と対立し続けた。

（五六）　カール四世ルクセンブルク公（一三五五―一三七八）は神聖ローマ皇帝、ボヘミア王（一三四七―一三七八）。

ベーメン王ヨハン（ルクセンブルクの）の子。帝国の版図の拡大を目指さず、外交を重視してベーメン（ボヘミア）の統治に力を注いだ。「金印憲章」を定め、七人の選帝侯によるドイツ王選出の方式を確立した。若くしてパリに学び、高い教養を有し、英君の誉れ高かった彼の宮廷は初期ヒューマニズムの一中心をなした。またプラハにドイツ最初の大学を建てた。

（五七）　フェリペ二世（一五五六—一五九八）は神聖ローマ皇帝カール五世（イスパニア王カルロス一世）とポルトガルのイサベルの子。父王からミラノ（一五四〇年）、ナポリ、シチリア（一五五四年）、ネーデルラント（一五五六年）に続いて、広大な植民地とスペイン王位を相続した。イタリア戦争（一五五六—一五五九年）ではフランスおよび教皇パウルス四世と戦い、カトー・カンブレジの条約を有利に締結。絶対主義支配とカトリック教堅持を基本政策としたが、カルヴィニズムが浸透したフランドルでは独立戦争（一五六八—一六四八年）が起き、結局、北部七州が独立した。トルコとはヴェネツィア、教皇ピウス五世と共に戦い、レパントの海戦（一五七一年）で勝利した。カトリック教徒のためにフランスのユグノー戦争（一五六二—一五九八年）に干渉して失敗。一五八〇年にはポルトガル王を兼ねたが、イギリスとの交戦（一五八七—一五八九年）で無敵艦隊が全滅し（一五八八年）、制海権がイギリスに移り始めた。父王の代からすでに厳しくなっていた国家財政は、農業の衰退と多戦によって破綻をきたし、スペイン帝国衰退の端緒となった。

（五八）　フェルディナンド一世（一五五六—一五六四）はカール五世の弟。ボヘミア・ハンガリー王（一五二六—一五六四）、ローマ王（一五三一年）。カール五世の退位後、皇帝に即位し、ハプスブルク家の領土を甥のフェリペ二世と二分した。新教徒に対しては積極的に宥和策をとり、帝位に就いた後も、ルター派の自由が公認された一五五五年のアウグスブルクの和議を維持した。対外的には、トルコに対してハンガリーの防衛に努めたが、その大半を奪われ、北方のドイツ騎士団領もポーランドによりほとんど奪われた。

（五九）　パウルス四世（一五五五—一五五九）はナポリ生まれのローマ教皇。叔父の枢機卿の手引きで教皇庁に入り、キエーティー司教（一五〇五—一五二四年）となり、一五一三年以後はレオ十世、ハドリアヌス六世、クレメンス七世の下で、教会の内部改革を進め、外交でも活躍した。一時退いて修道会を創設した後、ローマに戻り、パウルス三世の下で教会改革委員会に加わり、有名な「教会改善建白」を作成した。一五三六年に枢機卿に推挙され、ナポリ大司教（一五四九—一五五五年）を経て、教皇に選出されると、対抗宗教改革の推進者として厳しい態度を取り続けた。即位後、当時イタリアを支配していたスペインのフェリペ二世に敵対して、フランスのアンリ二世と共にイタリア戦争（一五五六—一五五九年）を戦ったが、すぐに屈伏させられた。しかし即位前からの反スペイン・ハプスブルクの強硬路線はその後も変えず、新教徒に対して宥和策をとるドイツ皇帝フェルディナンド一世との対立関係は続いた。

（六〇）　クレメンス七世（一五二三―一五三四）はメディチ家出身のローマ教皇。在位中、フランスのフランソワ一世とドイツ皇帝カール五世が対立した時は皇帝側に立っていたが、皇帝が大勝利を収めると（一五二五年）、その勢力の拡大を恐れて、フランス、ミラノ、フィレンツェ、ヴェネツィアと同盟を結び（一五二六年）、かえってドイツ軍のローマ占領を招き（一五二七年）、後に皇帝と和解して、ボローニャで皇帝に戴冠した（一五三〇年）。ヘンリ八世の離婚問題に際しては、その妃がカール五世の姪だったために裁定を遅らせ、英国教会の分離をもたらした。新教徒による宗教改革を理解できず、適切な策をとらなかった。

（六一）　ヘンリ八世（一五〇九―一五四七）はヘンリ七世の次子、亡兄アーサーの妻カサリン（アラゴンの）と結婚（一五〇九年）。神聖同盟に加わってフランスに対抗し、自ら軍を率いてフランス軍を破り（一五一三年）、同年、スコットランド王ジェームズ四世を敗死させた。枢機卿ウルジーを宰相に任じ、教皇レオ十世から「信仰保護者」の称号を贈られた。しかしやがてカサリンとの離婚を企て、ウルジーが教皇の許可の取得に失敗すると、トーマス・モーアを大法官に任じ、ひそかにアン・ブリアンと結婚した（一五三三年）。そして後のエリザベス一世が生まれると、首長令を発して、自ら英国教会の首長となり、ここに英国国教会が誕生した（一五三四年）。その後アン・ブリアンを姦通罪のかどで斬首の刑に処し、さらに四度結婚した。スコットランド問題でフランスの干渉に対抗するため、ルター派の諸王と手を結びはしたが、プロテスタントに対しては終始嫌悪感を抱いていた。

（六二）　インノケンティウス十一世（一六七六―一六八九）はイタリア、コモ生まれのローマ教皇。教皇庁に仕え、枢機卿（一六四五年）、ナヴァラ司教（一六五〇年）を経て、教皇に選出される。ルイ十四世とボシュエが指導するフランスのガリカニスム（フランス教会主義＝教皇権制限論）と厳しく対決し、教皇庁の権威の高揚に貢献した。また、ネポティスム（縁故による人材登用）を禁じ、静寂主義とイエズス会の蓋然主義に反対する一方で、プロテスタント弾圧を意味する「ナントの王令廃止」（一六八五年）やイギリス王ジェームズ二世の強引なカトリック復興を示す「信教自由令」（一六七八年）を否認した。

（六三）　ガリカニスムすなわちガリア主義とはフランス教会独立強化主義であり、ローマ教皇の絶対権からフランスのカトリックを独立させようとする運動である。

（六四）　ウルバヌス二世（一〇八八—一〇九九）はフランス人教皇。クリュニー修道院長をしていて、グレゴリウス七世のもとで枢機卿に選ばれ、次の教皇ヴィクトル三世（在位二年）の没後、後任に選出された。始めは対立教皇クレメンス三世（一〇八〇—一一〇〇）のためにローマに入れず、ティベレ川の島で居住していたが、一〇九三年に対立教皇をローマから追放すると、皇帝ハインリヒ四世に対してその子コンラート三世を皇帝として対立させた。一〇九五年、クレルモンの教会会議で俗人による叙任権禁止を確認し、また、ビザンティン皇帝アレクシオス一世の要請に応えて、聖戦としての十字軍を呼びかけ、翌年、第一回十字軍遠征が実現した。

（六五）　ペトルス（ピエール、アミアンの）（一〇五〇頃—一一一五）は雄弁と精力的な活動で知られるフランスの巡回説教者、隠修士。十字軍に参加して、聖地エルサレムへ巡礼するよう説教し、五—七万の農民や市民を動員した。そのほとんどは途中で略奪にあい、ハンガリーで壊滅したが、一部はエルサレム入城を果たした。帰国後はフランドルで副修道院長として生涯を終えた。死後、多くの伝説が生まれた。

（六六）「二十年間」というのは明らかに間違いで、この後の引用文も誤解を与えかねないものになっている。

フィリップ二世（一一六五年生まれ）は一一七九年、父王ルイ七世の存命中にランスで最初の戴冠式を行い、シャルルマーニュ直系のエノー伯の娘イザベル——彼女はフランドル伯領の相続権の所有者だった——と結婚した。そして翌一一八〇年五月、サン・ドニで妃と共に二度目の戴冠式を行い、病の床に伏していた父王が逝去した九月から単独統治者となった。フィリップと妃の仲は数年後に危機的状況を迎えた。フィリップとフランドル伯との間に軋轢が生じ、妃が叔父の側に立ったのである。怒ったフィリップは妃に宮廷から去るよう命じ、離婚手続きをするために教会会議を招集した。と、その後まもなく、妃は男児（後のルイ八世）を出産した（一一八七年）。これによって国中が喜びに満ち、王と妃の仲も元通りになった。しかしその翌年、妃は双子の男児を産んでから逝去し、双子も揺り籠の中で死んだ。

一一九三年、フィリップはデンマーク王クヌートの妹インゲボルグを妃に迎えた。大陸側のイギリス領を奪回するための戦いで、デンマーク王の援助を期待してのことだった。しかしクヌートからはイングランドと戦うことを拒否された。フィリップはこれを恨みに思い——とそう考えられている——、妃が大変美しくて高い婦徳をそなえていたにもかかわらず、彼女を疎んじたため、二人の間に子供はできず、やがて別の女性アニェス・ド・メラニとの間に一男一女をもうけた。そして一一九九年、フィリップはアニェス・ド・メラニと結婚するために、インゲボルクに離婚を申し渡した。これに驚いたデンマーク王は教皇インノケンティウス三世に訴え、フィリップの離婚を認めない教皇は枢機卿を特使として派遣して、フィリップを破門し、フランス全土での秘蹟(洗礼と聖餐)の授与を禁止した。フィリップはこの裁定に抵抗し、強い態度に出たが無駄だった。秘蹟停止が八カ月間続き、国民の不満が高まり、公会議で断罪されるのが避けられなくなると、教皇に屈伏せざるを得なかった。フィリップはエタンプに幽閉していたインゲボルクを改めて正妻として迎え、アニェス・ド・メラニを王宮から退去させると宣言した。そしてそれが実行に移された時(一二〇一年)、フィリップの離婚騒ぎは最終的に決着した。が、アニェス・ド・メラニはこの年の内に悶死した。以上のような経緯から明らかなように、フィリップ二世が破門されていたのは長くて二年間である。

次に、引用文について。ほとんどの読者がこれはフィリップ二世が、自分の離婚問題について教皇の指図は受けない、と言ったものと理解するのではなかろうか。しかしながらフィリップ二世の離婚問題は二年前に決着している。したがってこの引用文の主題は別のものでなければならない。

後顧の憂いがなくなったフィリップ二世は、教皇の第四回十字軍への参加要請も断ってイングランド王ジョン(欠地王)との抗争に専念した。ジョン王はそれまでにも君主としての資質を疑わせるようなことをしていたが、一二〇二年には、フランスの貴族同士の婚姻の約定を無視するかたちで、自らの結婚を強引におし進めたため、告訴され、国王の法定に呼び出され、そして欠席した。当時のイングランド王はフランスでは王の封臣の一人だった。そこでこの機を逃さず、国王の法廷は大陸にあるジョン王の全財産を没収すると裁決した。これに対して、ジョン王はフィリップ二世から西フランスを委ねられていたブルターニュ伯のアーサー(アルチュール)——彼はジョン王の兄ジェフリの死後に生まれた子で、イングランドの王位継承権を持っていた——を捕え、殺害した。しかしジョン王はフィリップの進撃には対抗できず、退却した(一二〇三年)。こうしてフィリップ二世は大陸のイングランド王の全財産を合法的に奪取することに成功した。この頃教皇はフィリップ二世とジョン王の対立に介入しようとした。しかしフィリップは、これは封建関係についての争いであり、教皇には介入の権利はないと突っぱねた。本書の引用文はこの時のフィリップ二世の言葉の一部であろう。

(六七) ボニファティウス八世(一二九四—一三〇三)はイタリアのアナニの貴族出身のローマ教皇。彼は教皇至上権を主張し、王も諸侯も教皇の補佐にすぎないという思想に従って行動した。しかし聖職者への賦課税を国王たちに禁じた回勅

「クレリキス・ライコス」はイングランド王エドワード一世とフランス王フィリップ四世から無視された。特にフランス王は教皇庁への献金を禁止するという反撃に出たため、教皇は譲歩案を提案して、それで和解がなるかと思いきや、王は聖職者課税を続行し、それに従わない聖職者を逮捕した。そこで教皇は王に悔い改めるよう回勅を出したが、フランス国会も王を支持したため、回勅「ウナム・サンクタム」を発して、「世俗権力は霊的権威に従うべし」と宣言した。これに対して、王は教皇の罪状を他国の王たちにに告知して、裁判官ギヨーム・ド・ノガレをアナニに派遣して、教皇を捕えさせた。教皇はアナニ市民によって奪い返されたが、一カ月後に憤死した。

（六八）　ギヨーム・ド・ノガレ（一二六〇―一三一三）はフランスの政治家、裁判官。ボニファティウス八世の「アナニの屈辱」の後、フィリップ四世の宰相（一三〇七―一三一三年）となり、王権の拡張に力を尽くした。

（六九）　クレメンス五世（一三〇五―一三一四）はボルドーに生まれ、コマンジュの司教（一二九五年）、ボルドーの大司教（一二九九年）を経て、フランスの国王および枢機卿によって教皇に選出された。戴冠はリヨンでフィリップ四世の臨席の下に行われ、以後、フランス国王に全面的に依存しながら、その意に沿って行動した。居所もポワティエ（一三〇七―一三〇八年）からアヴィニョンに移し（一三〇九年）、いわゆるアヴィニョンの幽囚が始まった。ウィーンの公会議を招集し（一三一一年）、十字軍遠征を呼びかけたが、実現せず、翌年、同会議で国王の要請によりテンプル騎士団を解散させ（団長は処刑）、その所領をフランス国王のものとした。ボニファティウス八世が下した国王とノガレの罪を撤回し、同教皇に軟禁されたケレスティーヌス五世（フランス人教皇。在位は一二九四年七月五日から十二月十三日まで。ナポリ王カルロ（シャルル、アンジュー家の）二世の傀儡となったことを嫌って、自ら辞職し、軟禁されていたフモネ城で没した）を列聖した（一三一三年）。その他、縁故登用、増税、職位譲渡などを容認して教皇庁への不信を高めたが、学術面での貢献は小さくなかった。

（七〇）　グレゴリウス十一世（一三七〇―一三七八）はアヴィニョン幽囚期の最後のローマ教皇。おじの教皇クレメンス五世により枢機卿に叙任され（一三四八年）、教皇即位後は教会改革に取り組み、英仏百年戦争の和平に努力した。そしてフランスと一部枢機卿の反対の中、教皇庁のローマ再移転を断行したが（一三七七年）、それから一年余り後に急死した。彼の死と共に再びアヴィニョン派が動きだし、ローマでウルバヌス六世（一三七八―一三八九）が選ばれたのに対抗して、アヴィニョンでもクレメンス七世（一三七八―一三九四）が立てられた。フランス王シャルル五世は当初中立の立場をとったが、後にクレメンス七世を支持し、各国も二派に別れて、教会の大分裂《シスマ》の時代（一三七八—一四一七年）がやって来た。

（七一）　これは東ローマ帝国と東方教会が「司教会議首位説」«theorie conciliaire»、すなわち司教会議の方が教皇の権威に優先すると見なす説をとったことを意味する。

（七二）　バシレイオス一世（生没年八一二頃—八八六、在位八六七—八八六）はアルメニア系の貧しい職人の家庭に生まれ、長年馬丁として過ごした後、八五八年頃、東ローマ皇帝ミカエル三世（八四二—八六七）に見出され、急速に昇進し、皇帝の側近となり、皇帝の愛妾と結婚した。やがてミカエル三世のおじで副帝のバルダス（八六六年没）を暗殺させ、ミカエル三世の後継者と定められた（八六六年）。するとその翌年、皇帝の気まぐれを恐れて皇帝を殺し、自ら即位してマケドニア王朝を樹立した。アラブ人の侵攻によりシチリアは失ったが、イタリア半島南部は確保し（八八〇年）、クレタ島のアラブ人には海戦で打撃を与え、一時はキプロスも占領した。東方では、アルメニアに宗主権を認めさせ、アラブ軍の侵攻はキリキアで押し戻した。北方では、ロシア、モラヴィア、ブルガリアなどにキリスト教の宣教を推進し、帝国の影響力を拡大した。ユスティニアヌス法を改定し、ビザンティン法律手引き書を作り、法解釈書『バシリカ』（六十巻）の編集を準備した。

（七三）　レオ六世哲人帝（八八六—九一二）はバシレイオス一世の子。後の総主教フォーティオスのもとで教育を受け、学者皇帝であったため、「哲人」と呼ばれた。彼の治世でもブルガリア人やアラブ人の侵攻があったが、父とは違って、軍事的対決を避け、外交的手段を用いて対処した。内政面では、ローマ法と行政機構の改革を遂行した。四度目の結婚で後継者コンスタンティノス（七世）を得た。法律、宗教詩、説教集、父の追悼演説などの著作を残した。

（七四）　コンスタンティノス五世（七四〇—七七五）はレオ三世の子。父の死後、帝位を僭取した義弟を退けて即位した。アルメニア、小アジアへ数回遠征し、イスラム教国に対する防備にも力を注いだ。ブルガリア人とは九度戦い、その勢いを弱めた。しかしイタリアでは、ランゴバルド族の侵攻によりラヴェンナを失い、さらにフランク王ピピンがイタリア王を兼ね、ラヴェンナをローマ教皇に与えたことにより、影響力は弱まった。父の聖画像崇拝禁止政策を継承し、宗教会議を招集して（七五四年）、この政策を公布した。そして反対者には徹底的な弾圧・迫害を加え、修道院の閉鎖、財産の没収を行った。この迫害は七六五年から激しさを増し、七六七年には総主教コンスタンティノスが処刑された。こうした状況を見て、ローマ教皇はラテラノ公会議を開いて（七六九年）、皇帝が先に開催した会議を無効としたため、両者の対立は深まった。

（七五）　聖画像破壊運動（イコノクラスム）は東ローマ皇帝レオ三世（七一七—七四一）が七二六年、コンスタンティノポリスで特に崇拝を集めていたキリスト像を撤去させ、七三〇年に勅令（偶像破壊令）を発布して、イコンの崇拝を禁止した時から始まった。以前から、ユダヤ人やキリスト教異端パウルス派による偶像崇拝批判があったが、直接的な契機としては、ウマイヤ朝カリフ、ヤジード二世の同趣旨の法令発布だったと見られている。その後イコノクラスムは、コンスタンティノス六世の母である摂政エイレーネーの治世に一時中断するが（ニカイア公会議（七八七年）でイコン礼拝が容認）、レオ五世（八一三—八二〇）が再び再開し（八一五年）、八四三年、ミカエル三世（八四二—八六七）の母である摂政テオドラが終息させるまで続いた。

（七六）　この言葉は十八世紀以来使用され、幅広い対象を持つに至ったが、本来、四世紀以降のビザンティン帝国を対象としている。それはキリスト教を精神的統一基盤にしようとしたコンスタンティヌス大帝が教義をめぐる争いで、「正しい教義（オルトドクシー）」についての裁定者の地位に立たされたことに起因すると言われている。したがって、それは皇帝が「正しい教義」を自ら決定し、自らの権力でそれを実現するという体制を意味すると言えるだろう。十九世紀のカトリック史家が中世ヨーロッパの叙任権問題に関してしばしば用いた、教皇皇帝主義と対をなす皇帝教皇主義——この場合の皇帝はドイツ皇帝である——とは意味合いが異なっていることに留意すべきである。

（七七）　グレゴリウス三世（七三一—七四一）はシリア人のローマ教皇、聖人。前教皇グレゴリウス二世同様、東ローマ皇帝レオ三世が発布した「聖画像禁止令」に反対し、ローマ教会会議で、皇帝の破門を宣言した（七三一年）。当時ドイツで宣教活動と教会改革を推進していたボニファティウスを大司教に任命し、フランク王国のカール・マルテルにランゴバルド族の攻撃に対する援助を求めたが、これは実現しなかった。

（七八）　歴史的には、ローマ教皇は四人の総主教の一人で、東ローマ皇帝に臣従していた。

（七九）　「フィリオクエ（「と子より」）」は第三回トレド公会議（五八七年）で採択された。ニカイア・コンスタンティノポリス信条の一節「聖霊は父より発出し」への追加の語句。「フィリオクエ」を追加することによって、「聖霊は父と子より発出し」となった。しかし八世紀以降、この聖霊複数発出説をとる西方教会とこれを認めず、「聖霊は子を通して父より発出し」とする東方教会との間で神学論争が生じた。そしてフォーティオス（在位八五八—八六七、八七八—八八八）がコンスタンティノポリスの総主教になった頃から、東方教会の神学者たちは「フィリオクエ」の追加をめぐって、西方教会を一段と激しく非難した。この神学論争は東西教会の分離の大きな要因となった。

（八〇）　ミカエル・ケルラリオス（一〇四三―一〇五八）は始め政治家だったが、兄の自殺（一〇四〇年）を転機にして修道士となり、総主教に選ばれた後も反ラテン主義の立場を堅持した（次の訳注を参照）。晩年、政治的陰謀に加わり、ミカエル六世を退位させ、イサキオス一世を推したが、やがてこれも退位させようとして、捕えられ、追放されて、亡命中に没した。

（八一）　この二人の破門の順序は逆である。この出来事の背景には、十一世紀にフランスから来たノルマン人が南イタリアを完全に支配下に置いたことにある。当時、南イタリアにはギリシャ正教徒が多くいたため、ビザンティンの民衆は、イタリアをカトリック教徒のノルマン人が政治的のみならず宗教的にも侵略していることを知って、反発した。そしてミカエル・ケルラリオス総主教は、ローマ・カトリックではミサ聖餐にパン種の入っていないパン――ユダヤ人が出エジプト記の故事にならって、過越祭で使うもの――を使うと非難した。当時の教会では、パン種は新約聖書の象徴だったのである。そこで教皇レオ九世（一〇四九―一〇五四）は、一〇五四年、東西教会の分裂を回避するためにフンベルトゥス枢機卿（一〇〇〇頃―一〇六一）を特使として派遣した。しかしフンベルトゥスは総主教と和解するどころか逆に衝突し――この時点でレオ九世は死去していた――、聖ソフィア大聖堂の祭壇にケルラリオスならびに東方教会の破門状を置いた。これに対して、ケルラリオスもローマ教会の破門の回勅を宣し、皇帝も国内のラテン教会を閉鎖した。後世、一般的にはこの年（一〇五四年）が東西教会が完全に分離した年として認識されるようになった。

Ⅱ　王と貴族

（一）　使徒言行録（第一章、第十五―二十六節）によると、使徒たちはヨセフ（バルサバともユストとも呼ばれていた）とマッテヤの二人を立てて、主に問いかけた後、二人のためにくじを引いたところ、マッテヤに当たった。

（二）「五四九年」はアギラ王（五四九―五五四）が即位した年であるが、彼は有力者アタナギルド（五五四―五六八）の蜂起によって廃位された。五〇七年から五五四年の間に七人の王が立ち、そのうちの五人が暗殺または廃位されている。この「伝統」は王国がカトリックへ改宗した後も存続した。第八章の訳注（六二）参照。

（三）　この曖昧な記述は西ゴート王国の滅亡時の混乱を指していると思われる。西ゴート王国では、七一〇年に独裁的なウィティザ王が死去すると、再び王位継承問題が起きた。ロデリック（ロドリゴ）（七一〇―七一一）が王に選ばれたが、それに承服できずに、有力者アキラも王位を主張して対立した。イスラム教徒はこの混乱期にジブラルタル海峡を渡って、イベリア半島に攻め込んだ。伝承によると、ジブラルタル対岸の町セウタの総督ユリアヌス（フリアン）が、ロデリック王に娘を辱められた恨みをはらすために、イスラム教徒と手を結んで攻め上ったという。J - P・ルーが言う「一人の不満を持つ人物」とはこのユリアヌス（フリアン）のことであろう。しかしながら史実はたぶん次のようなことだったと考えられている。七一一年、ロデリック王がスペイン北部でバスク人を鎮圧している間に、反ロデリック派の貴族たちは、北アフリカのイフリーキーヤ総督に応援を要請した。そこで同総督がウマイヤ朝カリフに相談した結果、ターリク率いる約七千人のイスラム軍がイベリア半島へ侵攻することになった。

（四）イヴァン三世（一四六二―一五〇五）はモスクワ大公、初めてツァーリ（皇帝）の称号を外交文書で用いた。ノヴゴロドを始め、諸公国を征服、買収、婚姻によって獲得し、キプチャク・汗国の解体により独立を達成した。貴族権力を抑えて中央集権化を図り、「全ロシアの君主」として統治するための最初の法令集を作った。東ローマ帝国最後の皇帝の姪ソフィア（ゾエ）と結婚し（一四七二年）、これがロシアに東ローマの専制君主制を導入する契機となったと見られている。

（五）もちろんこれは荒唐無稽な作り話である。モスクワ公国の初代の公はアレクサンドル・ネフスキーの末子ダニール（一二八三―一三〇三）であり、リューリク王朝の祖リューリク（八六二？―八八二）は、『過ぎし歳月の年代記』（『原初年代記』）によると、スカンディナヴィア半島から招かれて来たノルマン人（「ルース」とはギリシャ語で、フランス語の「ノルマン人（北方の人間）」の意）である。ノルマン人は古ゲルマン人であるから、ゲルマン人と戦っていたアウグストゥスの弟プルスまたはその子孫がゲルマン人になり、スカンディナヴィア半島に行ったというおかしなことになる。

（六）ヨハン三世（一五六八―一五九二）はグスタヴ一世の子、フィンランド公（一五五六年）。兄王エーリクのために一時監禁されたが（一五六三―一五六七）、弟カール（後の九世、一六〇四―一六一一）の支援を得て、エーリクを退位させ、即位した。カトリックに改宗。スウェーデンをカトリック化しようとしたが失敗した。また、拡大路線を突っ走るロシアのイヴァン四世雷帝に対抗して、ポーランドと手を結んで戦った。第八章の訳注（一〇）参照。

（七）ミカエル三世（生年八三六頃、在位八四二―八六七）はビザンティン皇帝。テオフィロス一世の子。母テオドラの摂政の下、六歳で即位。テオドラは聖画像破壊主義を一掃し、聖画像崇拝に批判的な小アジアのパウロ派《パウリキア》を抑圧して、教会の平和を回復した。彼女は宰相テオクティストスに命じて、イスラム教徒やバルカンのスラヴ人の撃退・排除を図るが、戦況は好転せず、弟のバルダスに失脚させられた（八五六年）。そしてその後十年間は摂政バルダスが実質的支配者となった。やがてロシア人も参戦し、状況はますます厳しくなった。ミカエルは側近のバシレイオスと共にバルダスを殺し（八六六年）、バシレイオスを共同統治者にしたが、翌年バシレイオス（一世）に殺され、アモリア王朝は滅亡した。第九章Ｉの訳注（七二）を参照。

（八）　これはミカエル八世（一二二四頃―一二八二、在位一二五九―一二八二）である。東ローマで最も有力な貴族だったミカエルは小アジアのニカイア帝国の幼少皇帝ヨハネス四世・ラスカリス（一二五八―一二六一）の後見人となり、後に帝位を奪取して（一二五九年）パライオロゴス朝を樹立し、一二六一年、コンスタンティノポリスを占領した。そして巧みな外交手腕を駆使してラテン人の排除を図り、教皇グレゴリウス十世と交渉し、東西両教会の統合（東方教会の屈伏）を条件に、コンスタンティノポリスの覇権を狙うシチリア王シャルル・ダンジュー（アンジュー家のシャルル）の勢力をシチリアに封じ込めようと画策した。長い外交努力の結果、一二七四年、リヨン第二教会会議において、教皇の主権を認める形での両教会の統合が宣言された。しかし東方の総主教たちがこれを欺瞞として反対の声をあげたので、シャルルはこの機に乗じて巻き返しを図り、自分の勢力下にあったマルティヌス四世（一二八一―一二八五）の教皇選出に成功。新教皇は即刻ミカエルの追放と「分派的な」ギリシャ人に対する十字軍を宣言、シャルルはこれによって教皇庁とヴェネツィアを含む一大連合を組織した。ところが翌一二八二年三月三十日にシチリアで大反乱（「シチリアの晩禱」）が起きたため、シャルルはその対応に追われ、結局ビザンティン帝国征服の野望を断念した。こうして最大の危機を逃れたパライオロゴス朝は、一四五三年にオスマン・トルコ帝国に滅ぼされるまで、ビザンティン帝国の命脈を維持することになった。

（九）　これは東ローマ帝国中興の皇帝アレクシオス一世コムネノス（一〇八一―一一一八）である。家系としては、イサキオス一世（一〇五七―一〇五九）の甥にあたる。トルコの侵入、国内の混乱の中でのニケフォロス三世簒奪者（一〇七八―一〇八一）の死後、即位。同年、イコニオンでセルジューク・トルコ軍を打破した。第一回十字軍（一〇九六―一〇九九年）の要求に応じてシリア・パレスチナを譲り、代わりに、十字軍の勢力を利用して、小アジアの失地をトルコ人から取り戻した。また、ヴェネツィアの援助を受けてノルマン人を撃退した（一一〇五年）。国内の統制を強化し、宗教政策では、異端のボゴミール派――彼らの思想には、南仏のアルビ派＝カタリ派同様、マニ教の教えが含まれていた――を弾圧して、に追い込まれた。国家の安定を得た。しかしヴェネツィアの海軍力を借りるために通商上有利な特権を与えたことにより、財政は厳しい状況

（一〇）　クラウディウス（四一―五四）はローマ皇帝。ローマの将軍ドルススの子で、名将ゲルマニクスの弟。ティベリウス帝の甥。兄ゲルマニクスの子カリグラ帝の死（暗殺）後、即位した。生来病弱で、臆病で、自信がなく、そのため周囲から軽視されていたが、即位後は冷酷で残虐な面も露出した。官僚制を始め様々な改革を行ったものの、元老院との関係は円滑ではなかった。ただ一度の遠征では、ブリタニアを従え、ライン辺境を鎮め、植民市や自治都市を設け、市民権を広げた。妃のアグリッピナは兄ゲルマニクスの娘で、叔父と姪の結婚は当時では近親相姦と見なされていたが、クラウディウスはこれを合法として、強行した。ネロはアグリッピナと死別した先夫との間に生まれた子である。クラウディウスはネロを即位させたいアグリッピナによって毒殺された。

（一一）　ハドリアヌス（一一七―一三八）はローマ皇帝。トラヤヌス帝の甥で伯父の下で各地に従軍。パルティア遠征の帰途、トラヤヌス帝がハトラで受けた矢傷が悪化してキリキアで没した時、トラヤヌス帝の意向とその側近たちの推戴により即位。先帝とは逆に、パルティアを始め、帝国周辺の諸国・諸部族に対して努めて平和政策をとり、全領土を巡幸し（一二〇―一二三年）、治安と民意に意を用いた。また、法学者を重用して法学興隆時代の基を築き、文芸・美術を奨励した。

（一二）　この記述の仕方は一般的ではないだろう。クロヴィスは四八一年、父ヒルデリヒの死去により、十五歳で「フランク人の王」となった。その頃カンブレ地方からロワール川までの地域を支配していたのは、ローマのガリア司令官アエギデウスの息子シャグリウスであった。父親同士は友好関係を保っていたが、クロヴィスとシャグリウスはシャグリウスの本拠地ソワソンの近郊で対決し、クロヴィスが勝利を得た（四八六年）。こうしてクロヴィス率いるフランク勢はロワール川まで支配地域を拡大して、直接西ゴート族と対峙する一方、ライン地方のテューリンゲン人を破って服属させ（四九一年）、スイス地方のアラマニ人と戦って打撃を与えた（四九六年）。クロヴィスはこうしてフランク王国の領土を拡大していく過程で、かつては同等の同盟者であった諸王を次第に排除して、ガリア地方を支配する一大君主となった。

（一三）　原著者は大変複雑な状況を簡略に説明するために「三人」としたのであろうが、これはやはり乱暴すぎるだろう。ルートヴィヒ（ルイ）一世敬虔帝には、最初の妻との間に三人、二番目の妻との間に一人、計四人の息子がいた。次の訳注（一四）を参照。

（一四）　フランク王国が後の仏・独・伊三国に分離するに至るその分岐点となるヴェルダン条約の成立前後の状況は以下の通りである。これまでの訳注と重複する部分もあるが、その経緯は大変複雑なので、ここで一括して述べることにする。

八一七年、ルートヴィヒ（ルイ）一世敬虔帝は、宮廷内で自分が遭遇した事故を不吉な予兆と見て、帝国の相続を定め、布告した。帝国分割令として知られる「オルディナツィオ・インペリアル」によって、長子ロタール（一世）は共同帝となり、次子ピピンはアキテーヌ王、末子のルートヴィヒはバイエルン王となった。ルートヴィヒ敬虔帝の死後は、二人の弟は長子ロタールに服属すべきこと、すなわち帝国の不可分も定められた。ところがそれから六年後の八二三年、ルートヴィヒ敬虔帝の二番目の妃ユーディットがシャルル（後の禿頭王）を産んだ。バイエルンの名門ヴェルフェン家出身の彼女はわが子のために領土を求めた。これはすでに定まっていた分割線の変更を意味した。そのため、ルートヴィヒ敬虔帝が自分の分国であったアキテーヌから抜擢した者たちと主導権を奪われた北部貴族との反目に、ヴェルフェン家とシャルルマーニュに仕えたことのあったロタールの単独支配を主張する貴族層との対立が加わり、帝国内の緊張がいっそう強まった。そして八三〇年、ロタールが、反乱を起こした自軍に推されて、父ルートヴィヒ敬虔帝から帝位を奪い、これを独占した。しかしピピンとルートヴィヒが動いて、ルートヴィヒ敬虔帝を復位させた。三年後に全く同様のことが起きたが、やはり同様の結果になった。

そうこうするうちに、ユーディットの子シャルル（禿頭王）が成人（十五歳）する日が近づいてきた。ユーディットはロタールの同意を得たうえで、フリーセン地方からミューズまでの地域とブルゴーニュ地方をシャルルに与えることを夫に認めさせた（八三七年）。この翌年、ピピンが死に、ピピン二世（アキテーヌ王）が後を継いだ。ルートヴィヒ敬虔帝は、八四〇年六月、反乱を起こしたルートヴィヒを制圧しに行く途中急逝した。それでこんどはロタールがライン川の東側を占めるルートヴィヒとセーヌ川の西側のネウストリアを占める十七歳のシャルルの双方と対決した。ロタールにはシャルルの領土と境が接していたアキテーヌ王ピピン二世が付いた。ロタール・ピピン連合軍とルートヴィヒ・シャルル連合軍の決戦は、八四一年、フォントノワで行われた。結果はロタール・ピピン軍が敗北した。首都エクス・ラ・シャペル（現アーヘン）に逃れたロタールはヴァイキング（ノルマン人）やザクセン人や異教徒のスラヴ人とまで手を結ぶことを考えた。それが実行された場合、帝国がどういう状況に陥るかは明白だった。それで八四二年、両陣営の間で和解が成立し、ロタール、ルートヴィヒ、シャルルの三人が——ピピン二世は外された——それぞれ四十人の有力な家臣たちを「委員会」に送り、条約の立案作成に当たらせた結果、翌八四三年、ヴェルダンで帝国の三分割が最終的に承認された。ロタールが皇帝としてフランク帝国の中間部分（中核都市はローマとエクス・ラ・シャペル）を、ルートヴィヒが東部を、シャルルが西部を統治する――ピピン二世のアキテーヌはシャルル二世の領土に飲み込まれる形になった――この「兄弟支配体制」は帝国の一体性という理念によって維持された。三人は必要に応じて協議するために全司教の出席のもと、会合を持っていた。

この協調体制は、八五五年、ロタールが死の直前に三人の息子に自分の領土を分割して相続させることにした時、終焉した。長子ロドヴィコ（ルイ）二世は皇帝の称号とイタリアの統治を継承し、次子のロタール二世は北部のいわゆるロタランジー（ロートリンゲン、ロレーヌ）を得、三男のシャルルはブルゴーニュとプロヴァンス（プロヴァンス王国）を得た。しかしシャルルには相続人がいなかったので、八六三年に彼が死ぬと、プロヴァンス王国は西半分をロタール二世のロレーヌ王国に、そして東半分をロドヴィコ二世のイタリア王国に分割吸収された。続いてロタール二世も正嫡の後継者がいなかったので、ロレーヌ王国は彼の死（八六九年）後、叔父のシャルル禿頭王とルートヴィヒドイツ王によって分割・吸収された。それから五年後の八七五年、イタリア王ロドヴィコが死去すると、シャルル禿頭王はイタリア王国を獲得して、クリスマスに教皇ヨハネス八世によって皇帝として戴冠された。そして翌年、ルートヴィヒが没するとすぐに、その幼い後継者の存在は無視して、東フランク王国をも併合しようとして軍を進めた。しかし大帝国の復興というシャルル禿頭王の野望は敗戦によって砕かれ、彼はイタリアからの帰途、サヴォワで病死した。貴族たちはこの激動の中で存在価値を高め、自分たちの主張を強めていった。以上は主に、柴田三千雄、樺山紘一、福井憲彦篇『世界歴史大系　フランスI――先史～15世紀』（山川出版社、一九九五年）を参照した。

（一五）これは「八四三年」の間違いだろう。前の訳注参照。

（一六）アストゥリアスはスペイン西北部、ビスケー湾に面する地方。アストゥリアス人はバスク系の異教徒で、アストゥリアス王国は、西ゴート王国崩壊後、イスラム軍の支配を拒否してこの地に逃れて来た西ゴートの貴族ペラーヨ（在位七一八―七三七）がアストゥリアス人の首長と親族関係を結んで国王に選出された時に始まる。まもなく、イスラム軍との戦いに勝ち、以後、王国は国土回復戦争の拠点となった。ただし、当時のアストゥリアス人は母系制に基づく氏族社会を維持していて、王位継承の際にも、九世紀までは母系制的原理が機能していた。その後、キリスト教化が進み、九世紀後半までに領土が大いに拡大したので、オビエドからレオンに遷都し（九一四年）、レオン・アストゥリア王国となった。しかし王国内のカスティーリャ伯が王国を樹立して、レオンを占領したため、アストゥリアはカスティーリャ・レオン王国に併合された。一三八八年、フアン一世（一三七九―一三九〇）が王子エンリケに「プリンシペ・デ・アストゥリアス」の称号を与えて以来、今日でもこれが皇太子の呼称となっている。

（一七）　コンラート一世（九一一―九一八）はドイツ王、西ローマ皇帝。フランケン公だったが、カロリング朝の後継者としてドイツ王に選ばれた。中央集権化を図り、大諸侯に対抗するため、司教の支持を求めた。彼の治世に初めてマジャール人の侵攻があった。後継者にはザクセン公ハインリヒ（一世）を推挙し、以後、百年余りサクソニア朝が続くことになった。

（一八）　この文章には二つの誤りがある。まずフランコニア朝の最後の皇帝はハインリヒ四世ではなく、五世（一一〇五―一一二五）である。次にドイツに限って言えば、ハインリヒ四世の時代までに選挙制度と言えるものは確立していなかったので、「選挙制に回帰せざるを得なくなった」というのは適切な表現ではない。ハインリヒ四世の晩年、ハインリヒ五世が「選挙によって」誕生し、その後「大空位時代」に「選帝侯」と呼ばれる諸侯が出現するまでの経緯は以下の通り。

大教皇グレゴリウス七世との闘争に勝利したハインリヒ四世は、一〇八五年、マインツで大宮廷会議を開き、帝国平和令を布告した。クレメンス三世が教皇として確認され、グレゴリウス派の司教が罷免され、長子コンラートにドイツ王の冠が与えられた。しかし三年後、フランス人の新教皇ウルバヌス二世（一〇八八―一〇九九）はグレゴリウス七世の改革を継承した。そこでハインリヒ四世は、一〇九〇年、大軍を率いてイタリアに遠征し、教皇を再び支配下に置こうとしたが、この企図は無残な失敗に終わった。一〇九二年にはカノッサでトスカナ女伯マティルダの軍との戦いに敗れ、翌一〇九三年には、皇帝の長子コンラートと帝妃プラクセーディスが離反して、教皇の側に付いた。また同年、ミラノを中心とするロンバルディア四都市同盟が成立した。こうして完全に孤立した皇帝は一〇九六年まで、ヴェローナ近くの城に立てこもるよりほかはなかった。一方、ウルバヌス二世は一〇九五年に帝息コンラート王に接見した後、フランスに行き、フランス王を味方に付けると、同年十一月、クレルモンで公会議を招集した。この公会議では、聖地奪還のための十字軍が宣言され、俗人による司教叙任が改めて禁止された。

ハインリヒ四世は一〇九七年にようやくドイツに帰ることができた。皇帝派と反対派との争いはようやく鎮静化したものの、今やドイツ全域で、聖俗諸侯爵が各々領域支配を確立して、帝国の秩序をになうようになりつつあった。バイエルンとシュヴァーベンの大公位をめぐる争いはそうした状況で起きた。ハインリヒ四世はこれを機に、一〇九八年、マインツで王国会議を開催し、自らがかかえる王位継承問題も解決した。長子コンラートの王位は剝奪され、十三歳の第二子ハインリヒ（五世）に授けられた。新教皇パスカリス二世（一〇九九―一一一八）には破門されたが、皇帝の権力は安定したと思われた。ところが一一〇四年、ミニステリアーレン（皇帝が採用した王城の守備兵、王領の管理人）が嫌われ者のある貴族の館を襲撃して、彼を斬首するという事件が起きた時、彼らの不法行為を放任した皇帝に対して、統治権が全く与えられていなかったハインリヒ六世が諸侯と共に反逆した。教皇も彼が皇帝にした「父の存命中は統治せず」という誓約を解除した。

こうしてハインリヒ五世は一一〇五年末、マインツに王国会議を招集し、父帝の自由を拘束したうえで、統治権の委譲を公式に確認させようとした。これが議決されたのが、翌一一〇六年の初めであった。五十名以上の諸侯が集められた王国会議は、ハインリヒ五世が唯一正当な国王であると宣言した。マインツから逃れたハインリヒ四世は同年、破門のまま没した。

以上がハインリヒ五世が皇帝＝国王に選出されるまでの経緯である。この国王選挙は、一〇七九年、ハインリヒ四世の反対派の諸侯（十五人ほど）が「自由な選挙」によって対立国王を選出した――この時、彼は息子への王位の相続権を否定させられている――のに続いて、ドイツでは二回目であった。三回目の国王選挙は、ハインリヒ五世が男子の後継者を残さずに死去した時行われた。まず、葬式に集まった聖俗の有力諸侯が集会を開き、バイエルン人、ザクセン人、シュヴァーベン人、フランケン人のグループからそれぞれ十人ずつの選挙人を出し、彼らの間で三人の候補者が示され、そのうちの一人ザクセン公が国王に選ばれた。ところがこのロタール三世（一一二五―一一三七）も後継者を残さなかったため、選挙集会が開かれ、シュタウフェン家のコンラート三世（一一三八―一一五二）が決まった。これ以後、コンラート四世（一二五〇―一二五四）までは直系の子孫であるが、いずれも諸侯の「自由選挙」によって選出されている。そしていわゆる「大空位時代」（一二五六―一二七三）には、マインツ、ケルン、トリーアの三大司教、ベーメン王、ライン宮中伯、ザクセン大公、ブランデンブルク辺境伯からなる「選挙侯（選帝侯）」と呼ばれる諸侯グループが出現し、これ以後はこの七人が国王＝皇帝を選出することになった。

（一一九）　ルイ五世（無為王、生年九六六、在位九八六―九八七）はロテール三世（九五四―九八六）の子で、カロリング朝最後の王。この王朝はすでに父王の代からパリ伯・フランス公ユーグ・カペー（在位九八七―九九六）に実権を握られていたが、ユーグ・カペーの支持により即位し、その十四カ月後、ユーグ・カペーの示唆によって毒殺されたと言われている。

（二一〇）　ユーグ・ル・グラン（大公）（八九七頃―九五六）はパリ伯・フランス公。シャルル三世単純王がロレーヌ問題に深入りしたことに反発した貴族層によってフランス王に推戴されたネウストリア大公ロベール（九二二―九二三）の子。シャルルとのソワソンの戦いで父王が戦死した後、シャルルに勝利するが、王位は、義兄で、ブルゴーニュのリシャール判官公の息子ラウル（九二三―九三六）に譲った。そしてラウル（ロドルフ）が継承者を残さずに没すると、他の貴族たちを説得し――大貴族間の牽制もあったらしい――、シャルル単純王の子ルイ（四世）を亡命先から呼び戻して、即位させた。しかしその一方で、戦いと陰謀と裏切りによって自分の領土の拡張に努め、多大な権力を握って、息子ユーグ・カペーがカロリング朝に代わって王位に就く基礎を築いた。

（二一一）　ルイ四世（九三六―九五四）はシャルル三世単純王の子。父王が失脚したため、イングランドのウェセックス王アセルスタンの宮廷に亡命していたが、ユーグ・ル・グランの支持により、十五歳で即位した。この若き「渡海王（海の彼方から来た王）」は後見人たちの予想以上に精力的で、その軛を振り払おうと積極的に行動した。しかし封建諸侯の力は強く、決まって手痛い反撃を受けた。父王同様、ロレーヌ地方を併合しようとして、義兄であるドイツのオットー一世と争い、自国の諸侯をも敵にしたため、結局断念。ノルマンディー公と争い、ルーアンでヴァイキングに捕えられ、ランを手放すという条件で、ユーグ・ル・グランによって解放された（九四五年）。その後、オットー一世の支援を受けて、教会会議を開催し、ユーグ・ル・グランを破門して、彼からランスとランを取り戻したが、強烈な反撃を受けたため、和平を結ぶことになった。ロテール（三世）とシャルル（ド・ロレーヌ）を残して、落馬により死去した。

（二一二）　ロテール三世（九五四―九八六）はルイ四世の子。父王同様、パリ伯・フランス公カペー・ル・グランの支持で、即位した。彼も祖父シャルル三世と父ルイ四世の意志を継いで、ロレーヌ（ロートリンゲン）に侵攻するが、ドイツ王オットー二世（九七三―九八三）に撃退されただけでなく、パリまで軍を進められ、和平を結んだ。彼の治世には、カペー家を始め、有力な封建諸侯がすでにその権力基盤を固めており、王家の権威を高めるための手段は残されていなかった。

（二一三）　シャルル・ド・ロレーヌ（ド・フランスとも）（九五三―九九二／三）はルイ四世の子で、ロテール三世の弟。ロレーヌ公。父王からは何も相続せず、義理の伯父オットー一世（大帝）から封臣としてロレーヌの低地地方ロレーヌ公国を継承。甥のルイ五世の死後、シャルルマーニュの直系としてフランク王位の継承権があった。それで、ユーグ・カペーの簒奪に対して頑強に抵抗し、ランとソワソンとランスを不意を突いて占領し、ランスで即位しようとした。しかしランの司教アダルベロン——九八七年にユーグ・カペーの戴冠式で彼を聖別した同名のランスの大司教とは別人（十九世紀ラルース大百科事典による）——に裏切られ、ユーグ・カペーに引き渡され（九九一年）、オルレアンの塔に幽閉され、翌年死んだ。彼の二人の息子は二十年間を獄中で過ごした後、ドイツに逃れ、その領地は一二四八年まで存続した。三人目の息子はロレーヌ公となったが、男子の継承者がなく、二人の娘はナミュール伯とエノー伯に嫁いだ。

（二四） ロベール一世（九二二―九二三）はパリ公・アンジュー伯ロベール豪勇（八六六年没）の子。シャルル三世単純王に気に入られ、その顧問となり、ケルティカ公と命名された。九二一年には、フランス公領に侵攻して来たノルマン人に対して目覚ましい戦功を立てた。そしてその翌年、シャルル三世がロレーヌ問題に介入したため、諸侯が反乱を起こし、彼らによってソワソンで国王に選ばれた（九二二年）。しかしその翌年、シャルル軍とのソワソンの戦いで殺され、彼の王位はブルゴーニュ公ラウルに継承された。

（二五） ウード（八八八―八九八）はフランス王。パリ公・アンジュー伯ロベール豪勇の長男。ロベール一世の兄。パリ伯時代、ノルマン人からパリを守り抜き（八八五年）、モンフォーコンでは大勝利を収めた。一時はかつてのフランク帝国を統一したカール三世肥満王（八七六―八八七）——フランス王としてはシャルル二世（八八四―八八七）——の廃位の後、ガリアの北部諸侯によってフランス王に選ばれた。しかし彼が実際に支配していたのは西フランクのごく一部であり、しばしば大諸侯と戦わなければならなかった。彼の在位中に、ユラ伯ルドルフが独立を宣言し、北ブルグンド王国の王になった。彼の死後、王位はカロリング朝のシャルル三世単純王に継承された。

（二六） セティ一世（前一三一八―前一三〇四、異説あり）はエジプト第十九王朝第三代の王。ラメセス一世の子。即位の年、カナン地方のベドウィン族を制圧して、カナンを回復した。ヒッタイト王ムルシリ二世と戦ってその南侵を防ぎ、次の王ムワタリと平和条約を結びテュロス以南を領有した。ヌビア人やリビア人に対しても勝利し、地中海海上民族の侵入を退けた。紅海地方の金鉱採掘により国庫を豊かにし、カルナックに大殿堂を、アビュドスに壮大なオシリス神殿を建てた。

（二七） コンスタンス（アルルの、またはアキテーヌの）（一〇三二年没）はアルル伯ギヨーム五世の娘ともトゥールーズ伯タイユフェールの娘とも言われている。一〇〇六年にロベール二世敬虔王の三度目の結婚相手となる。しかし夫が大変優しくておだやかなのに対して、彼女は大変冷酷で横暴だった。自分の計画に反対した大臣ユーグを暗殺させ、自分のお気に入りの末子を王座に就けるために反乱をそそのかした。また、異端だと非難された自分の聴罪司祭の目を自らの手でえぐり取った。彼女は夫が死去して一年後に没した。

（二八）　アンリ一世（一〇三一―一〇六〇）はロベール二世敬虔王とコンスタンス（アルルの）の長子。母の意向に反して、ノルマンディー公ロベールの支援を得て即位することができた。大貴族たちだけでなく小領主たちの間でも間断なく起きた数々の戦い、大貴族たちの王に対する反乱、モントメールの戦い（一〇五四年）の後のノルマンデイー公の自立、フランスの人口を大幅に減少させたひどい大飢饉（一〇三〇―一〇三二）、これらがアンリ一世の治世末期に押し寄せてきたが、彼はそれに適切に対処する能力も精神の強靭さも持ち合わせていなかった。一〇五一年、彼は二度目の結婚でロシア大公の娘アンヌを妃に迎え、彼女との間に三人の息子が生まれ、長子フィリップ（一世）が彼の後継者になった。

（二九）　アンヌ（キエフの、またはロシアのとも）（生没年不詳）はロシア大公ヤロスラフの娘ということになっている。しかし彼女の素性には不確かなところがある。と言うのは、ロシアの年代記作者はロシア大公の娘がフランス王と結婚したと述べていないからである。ともあれ、彼女はアンリ一世と死別した後、ラウル・ド・ペロンヌと再婚した。

（三〇）　フィリップ一世（一〇六〇―一一〇八）はフランドル伯ボードワン五世の後見のもと、七歳（または八歳）で即位。一〇七一年、フランドル遠征失敗に終わる。軟弱で無気力ではあったが、イングランドを征服したノルマンディー公ギヨーム（ウイリアム）からブルターニュを防衛した。最初の妻を離婚し、アンジュー伯フルクの妻と結婚したため、一〇九五年のクレルモンの公会議で、教皇ウルバヌス二世から、離婚と不義のかどで破門された。晩年、自分の息子ルイ（六世肥満王）を共同統治者とすることに反対した封建諸侯と戦い、王領の拡大に成功した。彼の治世に、ノルマンディー公ギヨームによるイングランド征服、第一回十字軍遠征、イベリア半島の国土回復運動（レコンキスタ）、ノルマン人によるシチリアおよび南イタリア征服等があったが、彼自身はこれらの大事件にはいっさい関与しなかった。

（三一）　アルフォンソ五世（一四一六―一四五八）はアラゴンのトラスタマラ朝第二代の王。シチリア王（一四一六―一四五八）、ナポリ王（一四四三―一四五八）としてはアルフォンソ一世。即位当初から王権の強化を図ってアラゴン諸国の議会と対立したため、もっぱら地中海での覇権拡大と自国権益の防衛に努めた。シチリアとサルディニアの支配を強固にし、コルシカをめぐってジェノヴァと戦った。また、一四二一年には後継者のいないナポリ女王ジョヴァンナ二世（一四一四―一四三五）に請われてその養子となり、アンジュー家のルイ三世（一四一七―一四三四）に対抗した。まもなく女王との間には溝が生じたが、彼女の死後もアンジュー家とナポリの相続を争って、一四四二年にはついにナポリ入城を果たした。アルフォンソは文武両道に優れ、学芸を愛し、多くの人文学者や芸術家を厚遇し、図書館を建てたので、その度量の大きさを讃えて「寛大王」と呼ばれた。

（三二）　エドワード二世（一三〇七―一三二七）はプランタジネット家のイングランド王。プリンス・オヴ・ウェールズの称号を帯びた最初のイングランド皇太子。柔和な性格で、諸侯の勢力を抑えることができず、スコットランドのロバート一世との戦いにも敗れ（一三一四年）、スコットランドの独立を承認した。フランス王シャルル四世の妹である妃イザベルとは不和になり、フランスに走られ、やがて彼女が率いてきたフランス軍と諸侯によって捕えられ、廃位され、幽閉の後、殺された。第八章の訳注（一一九）参照。なお、テキストでは、エドワード二世の在住は（一三〇七―一三二六）とあったので訂正した。

（三三）　百年戦争末期、休戦期間（一三九六―一四一六年）が終わりに近づいた一四一三年、ヴァロワ王家が北フランス三部会を開いて軍資金をまかなおうとした際、行政改革が問題となり、パリの民衆層を中心とし、牛の皮剝ぎ職人シモン・カボシュを首領とするブルゴーニュ派内の急進的集団がパリで起こした民衆蜂起。最初は同盟関係にあった市民階級とパリ大学も「カボシュ党」の乱暴さに愛想を尽かして離反し、対立関係にあったアルマニャック派に移ったため、カボシュ党は完全に押さえ込まれ、ブルゴーニュ公もパリから退去した。こうしてパリと王政府はアルマニャック派諸侯によって牛耳られることになった。もっとも百年戦争再開後の一四一八年にはパリは再びブルゴーニュ派によって奪回され、アルマニャック派は虐殺された。

（三四）　ルイ十世喧嘩王（または強情王）（一三一四―一三一六）はフィリップ四世の子。始めナヴァル王（一三〇五―一三一六）。父王の最高顧問アンゲラン・ド・マリニィを粛清。父王の治世最末期にフランドル戦争のための課税に反対する貴族・市民の「封建同盟」が全国的に結成されたが（一三一四年秋）、即位後高い税金を課し、フランドル遠征を決行して失敗した（一三一五年）。彼は不義をはたらいた妃マルグリット・ド・ブルゴーニュを絞め殺させて再婚した。そして彼が悪寒により死去した時、二人目の妃で従妹にあたるクレマンス（ハンガリーの）は妊娠していて、まもなく生まれてきたジャン一世は五日後に死に、その間摂政を務めたルイ十世の弟フィリップ（五世、一三一六―一三二二）が王位に就いた。

（三五）　ロベール三世・ダルトワ（一二八七―一三四三）はアルトワ伯。ロベール二世・ダルトワの孫、フィリップ・ダルトワの子。父フィリップが祖父より先に死去した後、アルトワ伯領は叔母マオに継承され、彼女がブルゴーニュ伯オットー四世と結婚、彼らの娘ジャンヌ・ド・ブルゴーニュが国王フィリップ五世と結婚、彼らの二人の娘の一人ジャンヌが女宮中伯（ド・ブルゴーニュ・エ・ダルトワ）となり、ブルゴーニュ公ウードと結婚（一三一八年）、もう一人の娘マルグリット（ド・ブルゴーニュ）はフランドル伯ルイ二世と結婚した（一三二〇年）。このような状況にあって、ロベール三世はアルトワ伯領を自分の当然の権利として奪い取るが、認められず、代わりに、国王フィリップ六世は別の場所を所領として彼に与えた。それでもアルトワ伯領を諦めきれなかった彼は、優位に立つために、叔母マオを国王暗殺の意図を持つとして投獄させた。しかし同輩衆の裁きにより、彼は追放され、イングランドに亡命した。折りからエドワード三世は自分の要求（フランス王位）が入れられなかったのを口実にして、フランスに攻め込んだ（百年戦争の始まり）。ロベール三世もイングランド軍に加わり、サントメールの攻略には失敗したものの、ヴァンヌの占領には成功した。しかしここで深手を負って、ロンドンに帰り、まもなく死んだ（一三四三年）。

（三六） ゴドフロワ・ダルクール（一三五六年没）はノルマンディーのコタンタン半島のサンソーヴール・ル・ヴィコントの領主。ノルマンディーで最も強力な領主の一人だったが、ライバルとの抗争や彼が高位聖職者に対して振るった「ちょっとした」暴力に対する国王の裁定が厳しすぎると反感を抱き、百年戦争が始まってから、王に忠実な数人の領主の城を攻撃した（一三四三年）。それで財産没収・国外追放処分となり、最終的にイギリスに亡命した。そしてエドワード三世の側近となり、イギリス軍をかつての自分の領地に上陸させ、自分が率いる部隊でもってシェルブール、ヴァローニュ、サン・ロー等の都市を次々と占領し、クレシーの戦いでの大勝利に貢献した。しかしフランス兵の死者の中に自分の兄弟を見つけて、悔恨の念を抱き、フランス王の赦しを得た。その後彼の甥が裏切りの罪で処刑されたのを機に、イギリス軍から離反して、フランス王の味方をして戦ったが、再び寝返って、イギリス軍に加わり、フランス軍と戦っている時に戦死した。

（三七） エドワード三世（一三一二―一三七七）はエドワード二世の子。即位後しばらくして、実権を握っていた母后イザベルとその寵臣モーティマーを排除し（後者は処刑）、王権を回復（一三三〇年）、スコットランド軍との戦いに勝って（一三三三年）、イングランド王の主権を認めさせた。フランスのカペー朝の断絶（一三三八年）後、フランドル地方での商業権益を争い、フランス王フィリップ四世の孫としてフランス王位継承権を主張し、フランスに侵攻、これが百年戦争の始まりとなった。連戦連勝して、プラティニーの講和（一三六〇年）でフランス王フィリップ六世に西南フランスとカレーの割譲を承認させ、代償としてフランス王位継承権を放棄した。しかしその後戦争を再開したため、戦費が増大し、課税審議権を持つ議会の勢力が拡張した。宗教政策では、教皇の干渉に対抗して、教会改革論者ウィクリフを擁護した。

（三八）　これはシャルル七世時代、百年戦争の休戦（一四三六―一四四八年）中に起きた大貴族層の反乱（一四四〇年）。プラーグ（プラハ）のフス党の反乱（一四一九―一四三六年に起きた宗教的民族的運動）への暗示から「プラーグの反乱」と呼ばれた。シャルル七世は即位後豹変して、内政を改革し、反乱を起こした。大商人ジャック・クールを重用して財政を建て直し、王権の強化を図ったが、これに対して大諸侯たちは反発し、反乱を起こした。王太子ルイ（十一世）はこれを利用して、父から王位を奪い取ろうとした。彼の反乱加担の名目は父王から疎んぜられた母のために復讐するというものだった。しかしその裏には彼の権力への激しい渇望があったと見られている。反乱失敗後、流罪となり、ドーフィネの親王領で十五年以上を過ごした。その間彼は独立君主のように振る舞い、グルノーブルに高等法院をつくり、ヴァランスに大学を建てた。また、自分の権勢を増すために、父王の反対を無視して、ヴァロワ公の娘シャルロットと結婚した。やがて百年戦争終了後の一四五六年、父王が兵を送ったため、ルイはブルゴーニュ公領に逃げ込み、翌年から父王の死まで四年間、ブリュッセルの近くに庇護された。当時、ブルゴーニュ公は婚姻によってオランダ全土をも支配していて、国王に対して臣下の礼をとることも免除されていた。首都ディジョンには宮廷が営まれ、多くの人文学者が招かれていたので、その教養はパリを凌いでいた。

（三九）　モンティ・レ・トゥールの王令（一四五四年）は百年戦争終結（一四五三年）後最初にシャルル七世によって出された王令。アンドル川とロワール川の間にあるこの地にはシャルル七世の城があった。

（四〇）　オリヴィエ・ル・ダン（生没年不詳）はルイ十一世の理髪師で、腹心の部下。ルイ十一世は貴族を恐れて庶民《ブルジョワ》と下層民《プチ・ジャン》を側近に置いていたが、オリヴィエ・ル・ダン（しゃれ者）もその一人だった。

（四一）　このシャルル・ド・フランス（生没年一四四六―一四七二）はシャルル七世の第四子。最初はベリ公、後にギュイエンヌ公となる。それで一般的にはこの二つの呼び名が用いられている。ベリ公シャルルは自分の領地がわずかであることと、兄のルイ十一世の宮廷内で捕虜状態に置かれていることに強い不満を持っていた。そして他の大諸侯たちはルイ十一世から何らかの口実で土地や権益を奪われていた。それで彼らは気脈を通じ、ベリ公が宮廷から脱出したのを機に、「公益同盟《ビアン・ピュブリック》」――実はこの場合の「ピュブリック」は貴族のことである――を結成し、ブルゴーニュ軍を主体とする五万余の兵で反乱を起こした。同盟軍はパリ南郊モン・ル・エリの会戦で勝利を収め、ルイ十一世は反乱諸侯の要求をすべて受け入れた。ベリ公シャルルはギュイエンヌをもらい、ブルゴーニュ公はソンム川流域の領土を取り戻し、ブルターニュ公は貨幣特権の確認を得た。ギュイエンヌ公シャルルは宮廷に戻り、兄王と和解した。しかし彼はその後側近にそそのかされて、ブルゴーニュ公やカラブリア公と盟約を結び、兄王に戦いをしかけて玉座を奪い取ろうと企んだ。そしてこれが露顕し、兄王の命令で投獄され、ボルドーで急死した。

（四二）　フランソワ一世（一五一五―一五四七）はフランス国王、父はシャルル・ドルレアン、母はルイーズ・ド・サヴォワ。従兄のルイ十二世を継いで即位。イタリア戦争を続け、マリニャーノの戦いで大勝した（一五一五年）。スペイン国王カルロス一世（後のカール五世）とドイツ皇帝の位を争って敗れ（一五一九年）、イタリア戦争を始めたが（一五二一年）、パヴィアで大敗して捕虜となり（一五二五年）、マドリード条約で釈放された（一五二六年）。帰国すると条約を破棄し、諸国と同盟してカール五世とのイタリア戦争を再開、カンブレ条約（一五二九年）で休戦した後、トルコと組んで第三、第四次イタリア戦争を続行し、結局クレピ条約でイタリアに対する要求を放棄した。彼の治世に王権は強化され、国内の聖職者に対する支配権を獲得した。また学問芸術の保護奨励により、フランスのルネッサンス文化が始まった。レオナルド・ダ・ヴィンチをフランスに招いたのも彼である。宗教面では、「プラカード事件」（一五三四年）を境に、新教徒弾圧策をとった。

（四三）　フランソワ一世はミラノとの間でイタリア戦争を開始した際、ミラノ側に付いていたスイスの西部諸州を莫大な金額で買収した。それでアルプス越えをするフランス軍を待ち構えていたのは東部諸州の兵士だけだった。しかし当時のスイス兵は驚異的な強さを誇っており、ミラノ攻略は難渋するかと思われた。一五一三年九月十三日、マリニャーノの戦いで、フランス軍は砲兵の攻撃によりスイス軍に大打撃を与え、それに続いてミラノの占領に成功した。その結果、スイスはフランスと和平条約を結び、フランスもスイス兵を随時必要なだけ雇うことができるようになり、北イタリアにおけるフランスの優勢は決定的となった。このマリニャーノの勝利は時のローマ教皇レオ十世（一五一三―一五二一）の計画を挫折させた。メディチ家出身のこの教皇は自分の弟と甥を南北イタリアの支配者にしようと考えていた。やむなく教皇はフランソワ一世と宗教的協約を結んで和睦したが（一五一六年）、フランスの勢力増大を抑制するため、その後、新しいドイツ皇帝カール五世（一五一九―一五五六）と手を結んだ。こうしてフランソワ一世はイタリアで教皇と組んだカール五世と戦うことになった。

（四四）　テオドール・ド・ベーズ（一五一九―一六〇五）はフランスの宗教改革者。カルヴァンの協力者、後継者。詩人として出発するが、福音主義に回心（一五四八年）、ローザンヌ・アカデミー教授（一五四九―一五五八）を解雇された後、ジュネーヴに行き、宗教劇やカルヴァン擁護論などを発表し、カルヴァンの片腕となり、一五五九年、ジュネーヴ・アカデミーの初代学長となる。カトリック側との対立やプロテスタント同士の内紛を静めるために東奔西走する。一五六一年のポワシー会談では信教側の代表として国王の前で論陣を張った。サン・バルテルミの虐殺後、『為政者の臣下に対する権利』（一五七四年）を匿名で出版し、臣民の抵抗権の理論を樹立した。J－P・ルーが言及しているのはこの著作である。ほかに『カルヴァン伝』（一五六四年）、『フランス改革派教会史』（一五八〇年）などの著作がある。

（四五） ファン・デ・マリアナ（一五三六―一六二四）はスペインの歴史家、神学者。一五五四年にイエズス会修道士となりローマ、シチリア、パリ、トレドで教えた。彼の『王制起源論』三巻（一五九九年）は暴君弑逆を容認する論旨を含んでいたためアンリ四世の暗殺を招いたとして批判され、一六一〇年に禁書となった。『スペイン史』二十巻（一五九二年）、『スペイン通史』一巻（一六〇一年）は傑出した歴史書として知られている。ほかに『旧約・新約聖書注解』等がある。

（四六） プロテスタントが出現する前にも「王殺し」はあった。たとえばイタリア皇帝ベレンガーリョ一世の暗殺（九二四年）と東ローマ皇帝ニケフォロス二世の暗殺（九六九年）はいずれも敵対勢力によるものである。

（四七） アンリ三世（一五七四―一五八九）はアンリ二世とカトリーヌ・ド・メディシスの第三子。母后の寵愛を受け、サン・バルテルミーの虐殺（一五七二年）にはアンジュー公として加担した。ポーランド国王となるが（一五七三年）、兄シャルル九世の死去により、ユグノー戦争の真っ只中に帰国して即位、カトリック同盟の中心に据えられた。しかし彼は宗論よりは政治的妥協によってユグノー戦争を収拾しようとして、三部会を開いて新教徒への融和策をとったため、旧教徒の反発を招いた。特にパリ市民は旧教徒の首領ギーズ公（アンリ・ド・ロレーヌ）を中心として国王に反抗した。そこで新教徒と組んでギーズ公を暗殺させ、嗣子がないため、アンリ・ド・ベアルン（後のアンリ四世）を後継者に定め、共にパリ攻略を図ったが、自分も修道士ジャック・クレマンによって暗殺され、ヴァロワ家は断絶した。彼の在位中、人民は重税に苦しみ、対外的にはオランダ独立を助けて、スペインに敗れた。

（四八） ラヴァイヤック（一五七八―一六一〇）は熱狂的なカトリック教徒。アングレムの近くの小さな村に生まれ、貧しい家庭に育ち、長じて、読み書きと祈禱を教えていた。国王暗殺の直接の動機は、アンリ四世が教皇に戦いをしかけ、教皇の玉座をパリに移そうとしていると人々が話しているのを聞いたことだったらしい。

（四九） クロムウェル（一五九九―一六五八）はイギリスの軍人、政治家。父はハンティンドンの郷紳。地元の学校およびケンブリッジ大学で清教主義の影響を受け、結婚後、下院議員となる（一六二八年）。内乱が勃発すると議会側に立ち、最初の戦いには騎兵隊長として、次の戦いには強力な騎兵連隊を編成して勝利に貢献した。長老派および貴族勢力を軍隊から追放し、独立教会派の首領として「新型軍《ニュー・モデル》」の実権を握り、これを率いてネーズビの戦いに大勝し（一六四五年）、国王軍に決定的な打撃を与えた。その後、内乱が再発すると（一六四八年）、ウェールズを征討し、スコットランド軍を破り、誠意のない王を部下に促されて処刑した（一六四九年）。こうして成立した共和制のもと、クロムウェルはジェントリ階級の代表者として左派のレヴェラーズを弾圧し、アイルランドに出征したが、亡命していたチャールズ二世がスコットランドに帰ったのを機に、またもや内乱が起こったので、急遽帰国してこれを鎮圧した。議会が軍隊に対する彼の権力の縮減を図ると、力ずくで議会を解散し（一六五三年）、軍隊から推されて護国卿となり、一院および国務会議の制度によって統治した。議会は彼に王位を薦めたが（一六五七年）、共和派将兵の反対により辞退した。上院復活後、両院が衝突すると、これを解散し（一六五八年）、以後軍隊の支持による完全な独裁政治を行うことになり、同年、病没した。彼は厳格な清教徒ではあったが、宗教寛容策をとり、実質上独裁者であったが、常に立憲政治を望んでいた。王政復古後、国王処刑の満十二年の記念日に、ウエストミンスター寺院にあった彼の墓はあばかれ、死骸と首はさらしものにされた（一六六一年）。

（五〇）　このギーズ公はアンリ・ド・ロレーヌ（一五五〇―一五八八）。ギーズ公フランソワ・ド・ロレーヌの子。父と同じく「向こう傷」というあだ名があった。摂政カトリーヌ・ド・メディシスに対して強い影響力を持ち、ユグノー派首領の一人コリニーの暗殺、サン・バルテルミーの虐殺（一五七二年）を煽動した。そしてカトリック同盟の指導者となると（一五七六年）、嗣子なきアンリ三世後の王位を狙っていた彼は、国王アンリと新教徒のアンリ（四世）と三つ巴の戦いを展開した。彼は国王の新教徒への融和策に反発したパリ市民の絶大な支持を得ていたが、結局、国王によってブロワの三部会に誘い出されて暗殺された。

（五一）　マリ・ド・メディシス（一五七三―一六四二、在位一六〇〇―一六三〇）はメディチ家出身のフランス王妃。アンリ四世の第二妃となり（一六〇〇年）ルイ十三世を産んだが（一六〇一年）、その後は艶福家の王に顧みられなくなった。夫の死後、ルイ十三世の摂政となり、イタリア人のコンチニ（アンクル侯）を重用して、コンデ親王アンリら大貴族の反抗を招き（一六一四年）、全国三部会を開くことでこれに対処し、その二年後からリシュリューを登用した。しかし親政を始めたルイ十三世と対立し（一六一七年）、コンチニを暗殺され、ブロワに逃亡。政府に不満を持つ大貴族らと共に王に反抗するが、失敗（一六二〇年）、リシュリューの仲介で赦されて、宮廷に帰る（一六二一年）。後に、権力を増したリシュリューの追放を計画して、失敗（一六三〇年）、ネーデルラントに亡命し（一六三一年）、ケルンで没した。

（五二）　リシュリュー（一五八五―一六四二）は元ルソンの司教。三部会で頭角を現し、母后マリ・ド・メディシスの寵を受け、王妃アンヌ・ドートリッシュの宮中司祭（一六一五年）、ルイ十三世の顧問官（一六一六年）となった。その後国王と母后の不和を調整して（一六二〇年）、枢機卿となり（一六二二年）、次いで首席顧問官（一六二四年）となり、実質的に宰相として国政を取り仕切った。彼の目標は、ユグノー派の政治勢力と貴族の専横を抑えて、国王中心の中央集権を確立し、フランスをヨーロッパに君臨させることであった。そのため、彼はユグノーの反乱（一六二〇―一六二九）を鎮圧・平定し、母后マリ・ド・メディシスを追放し（一六三〇年）、反抗的な貴族モンモランシー（一六三二年）やサン・マール（一六四二年）らを処刑して、彼らの野望を砕いた。一方、ハプスブルク家の勢力を殺ぐために、三十年戦争に介入し（一六三一年）、ドイツの新教徒やドイツに侵攻したスウェーデン王を助けていたが、一六三五年には、ドイツとスペインに宣戦布告をし、スウェーデンと呼応してドイツに軍を進め、スペインとも戦った。その結果――リシュリューの没後になるが――、両ハプスブルク家は敗退し、ブルボン家のフランスがヨーロッパの雄としての地位を確立した。内政では、封建的な地方議会から財政的特権を奪い、有力貴族の城郭を破壊し、高等法院の権限を縮小して中央集権化を推し進め、財政、軍制、法律の改革を行い、商工業を奨励し、植民地開拓にも意を注ぎ、文学者、美術家を保護し、「アカデミー・フランセーズ」を創設した。数多くの著作も残している。

（五三）　フロンドの乱――この名称は当時流行した玩具の石投げ機で、反乱が続出したことからそう呼ばれたのだという――は中世以来の貴族が王権に対して行った最後の反乱で、二回起きた。原因としては以下の三つが挙げられる。（一）スペイン人の母后アンヌ・ドートリッシュとイタリア人の宰相マザランに対する不信。（二）三十年戦争後の国民生活の困窮とレッスら陰謀家の煽動。（三）ナポリやイギリスにおける革命の成功。

第一回の乱（一六四八―一六四九）は高等法院から始まった。一参議官が政府の増税案を無効だと発言したことから、法官たちの間に反王権の気運が一気に広まり、逮捕者が出ると、枢機卿レッスの煽動でパリ市民が蜂起した。そこで王は法官を釈放し、サン・ジェルマンへ身を避けたが、高等法院はマザランの追放を要求し、パリを固めた。しかし反乱軍は統率が取れておらず、指導者の一人テュレンヌがスペインに援助を求めて部下の不信を買ったこともあり、国王軍によってあっけなく打ち破られた。

第二回の乱（一六四九―一六五三）は「貴族のフロンド」と呼ばれる。今度は攻守所を替え、名将テュレンヌが王側に付き、マザランに激しい敵意を抱くもう一人の名将コンデ公が反乱の首謀者となった。これに対してマザランは高等法院派を味方に付け、レッスとも結び、姦計を用いてコンデ公を約一年間監禁した。しかしその後コンデ公が自分の根拠地ボルドーから軍を率いて北上すると（一六五二年）、パリ郊外でテュレンヌ率いる国王軍に敗れたにもかかわらず、パリ市民が彼とその軍に城門を開いたので、王はパリを出てポワティエに難を避け、マザランはドイツに逃れ、母后は拘留された。パリから始まったこの動乱は一時フランス全土に及び、スペインの干渉を招いたが、まもなくこの無政府状態の中でフロンド側の足並みに乱れが生じ、民衆は乱に疲れ、飽きて、コンデ公から離反し、裕福な商人たちも王の帰還を願うようになったため、コンデ公はフランドル方面に逃亡した。そして一六五二年十月、ルイ十四世は無事にパリ帰還を果たし、さしもの大乱もその後地方で二、三度抵抗の動きを見せただけで消滅した。マザランはその翌年、今度はパリ市民の歓迎を受けて復帰した。

（五四）　アンヌ・ドートリッシュ（一六〇一―一六六六、摂政一六四三―一六六一）はスペイン王フェリペ三世の長女でフランス王ルイ十三世の妃となり、ルイ（十四世）を産んだ。しかし王および宰相リシュリューと仲が悪く、リシュリュー追放の陰謀にも加わった。王の死後摂政となり、イタリア人マザランを寵愛して国政を委ね、彼との「秘密の結婚」が疑われていたこともあって、多くの貴族や人民の反感を買った。ルイ十四世の親政が始まってからは、政務から手を引き、修道院に引退した。

（五五）　マザラン（一六〇二―一六六一）はイタリア出身のフランスの政治家。始め軍人、後にウルバヌス八世の外交使節となり、教皇特使としてパリに派遣された際（一六三四―一六三六）、リシュリューの信任を得て、フランスに帰化し（一六三九年）、枢機卿となる（一六四一年）。リシュリューの死後、その後を継いで宰相となり、ルイ十三世の没後、幼王ルイ十四世の母后で摂政のアンヌ・ドートリッシュの寵を受け、王権の強化を押し進めた。彼はリシュリューから引き継いだ三十年戦争の終結として、巧みな外交手腕でウェストファリア条約（一六四八年）を結び、アルザスの主権を得、ドイツを多数の領邦国家に分け、両ハプスブルク家の勢力を殺ぐことに成功した。内政でもリシュリューの政策を継承し、その結果、二度のフロンドの乱を起こされたが、結局は封建勢力を完全に制圧して、ルイ十四世の絶対王政への道を開くのに成功した。またライン同盟を結んで、さらにドイツに勢力を延ばし、イギリスのクロムウェルと同盟してスペインに対抗し、領土の割譲を含むピレネー条約を承認させ（一六五九年）、スペイン王女マリア・テレサとルイ十四世との結婚を成立させた。

（五六） テュレンヌ（一六一一―一六七五）はフランスの軍人、元帥。ブイヨン公の第二子。三十年戦争に従軍してフランスとイタリアで戦功を立て（一六三五―一六四〇年）、カサレ・モンフェラートでスペイン軍を破り（一六四五年）、同年、コンデ公と共にネルトリンゲンで皇帝軍を破った。その後単独でゾンメルスハウゼンの勝利を収め（一六四七年）、三十年戦争の終結を早めた。彼が参加した二度のフロンドの乱で果たした役割についてはこの前の訳注（五三）を参照。晩年、再びドイツ皇帝軍とライン川下流で戦って、一度は勝利したものの、次の戦いで砲弾に当たって戦死した。近代フランス最大の将帥で、最も優れた戦略家だったと評されている。

（五七） 法服貴族《ノブレス・ド・ローブ》は有産階級《ブルジョワジー》が法を駆使する官職を買うことによってなった新貴族。これに対して、古い家柄の貴族は帯剣貴族《ノブレス・デペ》と呼ばれていた。法服貴族の拠点は主要都市の高等法院で、ここは反王権的な気運が強く、しばしば政府と対立した。法服貴族の最大の反抗が第一回のフロンドの乱であった。

（五八） モリエール（一六二二―一六七三）はフランスの喜劇作家、俳優。旅回り一座の俳優として南仏巡業中に劇作を始めた。彼の作品をルーアンで興行中（一六五八年）、ルイ十四世の弟オルレアン公フィリップ一世の保護を受け、ルイ十四世の御前でコルネイユの『ニコメード』と自作の笑劇『恋の医者』を上演した。次いで風俗喜劇の傑作『才女きどり』（一六五九年）によって名声を確立し、彼の劇団は「パレ・ロワイヤル劇場」に移った（一六六〇年）。そして『女房学校』（一六六二年）で大当たりをとったが、宗教を食い物にする偽善者を主人公にした性格喜劇『タルチュフ』（一六六四年）を上演すると、宗教団体から激しい攻撃を受け、パリでの上演は禁止された。翌年『ドン・ジュアン』（一六六五年）が上演され、彼の一座は「国王の劇団」の称号を与えられた。さらにその翌年、最高の性格喜劇とされる『人間嫌い』（一六六六年）および笑劇『心ならずも医者にされ』（一六六六年）を上演、改作された『タルチュフ』の上演も許可されて、大成功を博した。モリエールは鋭い観察眼と風刺によって当代の風俗を舞台上に再現すると共に、心理の深奥にまで光を当てた性格喜劇を完成した、彼の作品は後世に多大の影響を与え、その多くが今日でもしばしば上演されている。

（五九） この引用文は、この後のもの同様、コルネイユの『ル・シッド』の第一幕第三場の台詞と思われる。カスティーユ（カスティーリャ）国王の信頼があつく、王子の養育係に任命された老騎士ドン・ディエーグは、かつては自分の部下でもあった伯爵から、こう皮肉られた。「王がどんなに偉大であられても、所詮は我々と同じ人間。他の人間と同じように間違いをなさることもある。」そこでドン・ディエーグはこう言ってたしなめた。「王がそう欲せられた以上、絶対権限に対してはとやかく言わない敬意が肝要。」J－P・ルーがこの台詞を書き換え、このような形で用いたことは間違いないだろう。

（六〇） コルベール（一六一九―一六八三）はフランスの政治家。ランスの商家の出で、リヨンの商店勤務時代に宰相マザランに見出され（一六五一年）、財務卿フーケの横領罪を摘発、ルイ十四世の信を得て、財政改革を断行し、その功により財政総監（一六六五年）、次いで宮相、海相（一六六九年）を兼任し、事実上宰相として政治に当たった。国力の増強を図って、東インド会社を設立し、植民地の獲得に力を入れ、強化した海軍力により貿易を保護して、重商主義の政策を実現した。また国内産業の振興を図り、技術者養成と王立マニュファクチュアを設立し、農民の負担を軽減するための施策を行った。またその一方で、科学・芸術を愛し、アカデミー・フランセーズを援助し、多くの作家に奨励金を与えた。しかし晩年には、ルイ十四世の財政の乱れによって自分の努力が焼け石に水となっていくのを見ながら、失意のうちに没した。

（六一） ルイ十五世（一七一五―一七七四）はルイ十四世の曾孫。幼年期にはオルレアン公フィリップ二世が摂政（一七一五―一七二三年）となるが、財務長官J・ローの経済政策が破綻し、金融恐慌が起こる（一七二〇年）。ポーランド王女マリー・レクザンスカと結婚（一七二五年）。冒険主義的なブルボン公（一七二三―一七二六）が追放され、聖職者でルイ十五世の養育係だったフルーリが宰相となり（一七二六―一七四三）、一時国力は回復した。しかしポーランド継承戦争（一七三三―一七三五年）、オーストリア継承戦争（一七四〇―一七四八年）に介入し、ウィーン条約（一七三五年）でロレーヌを得た。その後イギリスとの植民地戦争（一七五六―一七六三年）に突入し、翌一七五七年、ルイ十五世の暗殺未遂事件が起きた。この事件の政治的背景は明らかではなかったが、犯人ダミアンが反王権の気運がみなぎっていた高等法院の召使いであったことから、いろいろと憶測された。一七五八年、ポンパドゥール夫人の推挙でショワズール公が外相となり、やがて陸相を兼任（一七六八―一七七〇年）して、指導的位置を占めた。しかし植民地戦争に敗れて、インド、カナダの仏領を失った。彼が「ブルターニュ事件」との関連で失脚した後は、大法官モプー、財務長官テレ、外相デギュイヨンの三頭政治が行われた。ルイ十五世の宮廷は依然として華麗な文化を誇ったが、すでに財政は破綻に瀕し、多額の負債が残された。啓蒙思想は彼の治世に形成され、一気に影響力を強めていった。

（六二） 当時はこの「自由思想家《リベルタン》」という語は「反教会・反王権を唱える危険思想家」という意味で用いられていた。

（六三） モンテスキュー（一六八九―一七五五）はフランスの哲学者、政治学者。法服貴族でボルドー高等法院判事、同院長を務めた。その著『ペルシャ人の手紙』(一七二一年)は専制政治を否定して立憲政治を暗示しつつ当時の社会・政治を批判したもの。ヨーロッパ諸国に遊学した後に書いた主著『法の精神』(一七四八年)は歴史哲学書で、諸国の法律制度の原理を追求・解明するに当たって、地理的社会的条件を重視したことから、後世の社会学的研究に刺激を与えた。また専制を予防する有効な手段として、三権分立を提唱し、国王、貴族(上院)、平民(下院)の三つの社会勢力の間に権力が分散していた当時のイギリスの議会君主制を讃えた。彼の三権分立論はアメリカ合衆国憲法を始め、諸国の憲法および政治社会思想に多大の影響を与えた。しかしモンテスキューは自国のフランスに関してはイギリス流の政治制度の導入を主張せず、貴族、高等法院などの最高諸院、聖職者、都市といった伝統的に特権を与えられてきた「中間団体」ないし仲裁的権力に、王権の専制化を防ぐと同時に、民衆の反抗から王を守るという役割があると考えた。したがって、彼は決して平等主義者ではなく、彼が唱えた「自由」は、ルソーが考えていたような全市民が参政権と共に有するべき自由とは違って、かなり制限された自由だった。しかし彼の思想はその穏健さと超党派的性格ゆえに幅広い階層に受け入れられ、フランス革命へと続く十八世紀の立憲運動の大きな推進力となった。もっとも、革命が進展し、右派の貴族層が失脚するにつれて、彼の政治思想は三権分立論以外は影響力を失った。

(六四) ドルバック男爵(一七二三—一七八九)はフランスの哲学者。ドイツ生まれで、若くしてパリに来て、おじの貴族の称号と遺産を継承し、ディドロ、ルソー、ラ・メトリ、ラグランジェ等進歩的な思想を持った著名な作家や哲学者と交わった。そして『暴露されたキリスト教』(一七六七年)、『自然の体系』(一七六七年)、『良識論』(一七七二年)、『社会体系』(一七七二年)、『自然政治』(一七七三年)等二十冊以上の著作を通じて、反宗教的・無神論的・唯物論的思想を展開した。彼は、「無知と恐怖がすべての宗教の二つの要素である」と言い、人類の悲惨のほとんどすべては宗教に根ざしており、宗教は人間の幸福の敵であり、道徳は宗教なしでも完全に存在し得る、と主張した。彼の唯物論はこの強烈な反宗教的情熱から生まれたと考えられている。彼は永遠かつ必然的に運動する物質の総和を自然と見なして、いっさいのスコラ的自然学を拒否し、自然学を形而上学から独立させた。また、コンディヤックの感覚論に基づく認識論を確立し、エルヴェシウス同様、人間の行動の唯一の動機を快・不快および利害関心によって説明した。このように機械論的唯物論に徹したため、認識論では、彼は人間の自由意志を否定して、極端な一元論に陥り、道徳論および政治論では、人間の社会性・歴史性を真に把握し得なかった。しかし挑発的な自由思想家、偶像破壊者として彼が果たした役割は大きかったと評されている。『百科全書』には、科学および鉱物学に関する多くの項目を執筆した。

（六五）ビュフォン（一七〇七—一七八八）はフランスの博物学者、哲学者。イエズス会の教育を受け、ロンドンで数学、物理学、博物学を学んで、帰国後ニュートンの著作等を翻訳・紹介した。パリの王立植物園の園長（一七三九年来）となり、ドーバントン等の助力を得て『博物誌』三十六巻（一七四九—一七八八）を刊行した。この著作および他の著作に生物進化の思想が現れている。また地球の変化や生成に要した時代が非常に長いことも述べられている。聖書では、天地創造から今日まで、約六千年、最大七千五百年しか経っていないことになっているので、ビュフォンの見解は聖書の記述を否定するものとして、神学者の反論を惹起した。

（六六）ヴォヴナルグ（一七一五—一七四七）はフランスのモラリスト。軍人生活に絶望して、外交官になろうとした時、天然痘にかかって、顔は歪み視力もほとんど失った。以後、パリでミラボー、ヴォルテール等の友人に慰められつつ、不遇な余生を送った。軍隊生活中にノートに書きつけていたものをまとめ、『省察』と『箴言』として匿名で出版した（一七四六年）。彼の哲学は楽観的で、ラ・ロシュフーコーと反対に、パスカルのように神の恩寵によらずに、各人が生来持っている情念を美徳の原動力として評価して、人間自身の立場から人間の名誉を回復した。

（六七）デファン侯爵夫人（一六九七—一七八〇）はシャンロン伯爵の娘。才媛として知られ社交界の花形となり、そのサロンにはフォントネル、ヴォルテール、モンテスキュー、ダランベール、テュルゴー、ヒューム等内外の名士が足しげく通った。後に失明。晩年はイギリスの政治家ウォルポールを熱愛し、彼やヴォルテールその他多くの人々との書簡集がある。

（六八）マルモンテル（一七二三—一七九九）はフランスの作家、劇作家。トゥルーズのイエズス会士だったが、ヴォルテールに詩才を認められ、パリに招かれ、悲劇『暴君ドニス』（一七四八年）、『アリストメーヌ』（一七四九年）を発表。デファン侯爵夫人その他のサロンに通い、『教訓小話集』二巻（一七六一年）を書いて、ドモン公を侮辱したかどで投獄された。ほかに叙事詩や喜歌劇があり、大革命時代に書いた『回想録』二巻（一八〇〇—一八〇七）は当時の社交界や文芸の動向、革命の裏面を詳細に伝えている。

（六九）フォントネル（一六五七—一七五七）はフランスの思想家、文学者。十八世紀啓蒙思想の先駆者。コルネイユの甥。多くの恋愛詩、悲劇、喜劇等を書き、後に科学的進歩思想家として活躍した。『宇宙の多様性に関する対話』（一六八六年）では、それまで一般に知られていなかったコペルニクスやガリレイやケプラーの天体物理学を平易に解説し、神学的宇奇蹟に合理主義的批評を加え、神話や宗教によって歴史がどのように歪められてきたかを暴露した。また「古代人近代人優越論争」では、ボワローを筆頭とする古典主義陣営を相手に、ペローらと共に近代文学の優越性を主張した。科学の大衆化を目指した彼のジャーナリストとしての活動と業績は高く評価されている。

宙創造説や地球中心の宇宙観を否定した。『寓話の歴史』や『神託の歴史』（一六八七年）では、古代の神託やキリスト教の

（七〇）　コンドルセ（一七四三―一七九四）はフランスの数学者、哲学者、政治家。若くして数学において優れた業績をあげ、二十六歳でアカデミー・フランセーズに迎えられた。ヴォルテール、ダランベール、テュルゴーらと交わり、『百科全書』に執筆した。革命が起きると代議士に選出され（一七九一年）、立法議会の教育委員会、国民議会の憲法委員会で多数の重要法案の起草に参画したが、ジロンド党系に属し、ジャコバン政府に反対したため、死刑を宣告され、獄中で服毒自殺した。逮捕されるまでの八カ月間に書かれたのが『人間精神進歩の史的展望の素描』（一七九五年）で、この書において彼は人類の無限の進歩を確信し、フランス革命を理性支配のイデーの実現、すなわち財産や人権や教育が平等に与えられるべき理想社会を目指すものととらえている。教育改革草案に見られる彼の理想もこの信念に立脚したものである。彼はサン・シモンやコントの社会論に影響を与えた。

（七一）　ダルジャンソン侯爵（一六九六―一七六四）はパリ警視総監（一七二〇年）、トゥール地方の監察官（一七二一年）を経て陸相（一七四二年）となり、軍隊の再建に力を注いだ。他方、学芸を好み、ディドロ、ダランベールらの進歩的哲学者と交わり、彼らを保護し、生活を援助したので、ディドロは感謝のしるしに『百科全書』を彼に捧げた。

（七二）　ポンパドゥール夫人（一七二一―一七八二）は微賤の出ながら、その美貌と才能と野心によってルイ十五世の愛人となり（一七四五―一七五〇年）、その後も公爵夫人（一七五二年）、王后侍従（一七五六年）の肩書を得て、国政を動かした。莫大な国費を使って贅沢な生活を楽しむ一方で、文学者や哲学者にも理解を示し、司法界や聖職者たちが『百科全書』派に対して加える打撃を弱めるようルイ十五世に執り成した。

（七三）　ディドロ（一七一三―一七八四）はフランスの哲学者、劇作家、小説家。地方の刃物職人の親方の子として生まれたが、勉学にいそしみ、パリ大学で教授資格を獲得した後、三十三歳の時（一七四六年）、ル・ブルトンという本屋が企画した『百科全書』の編集責任者に選ばれた。執筆者には、ディドロ、ダランベールを始めとして、当時の最も進歩的な知識人、ヴォルテール、ドルバック、エルヴェシウス等が選ばれ、グリム、デュクロワ、ルソー等もこれに係わった。ディド

ロらは、未来の人間にとっても価値を失わないような知識の集大成、科学・芸術、技術に関する合理的な——したがって教会の権威を認めない——全く新しい辞典を目指していた。しかし一七五一年にダランベールの序論と第一巻が刊行されると、精神界の目付役を自認していたイエズス会を始めとする神学者らの激しい攻撃にあった。神学の諸項目を執筆したアベ・ド・プラードは博士号を取り消され、国外に亡命した。そして翌一七五二年に第二巻が出ると、二冊とも発禁書分を受けた。しかし予約者や出版の協力者が増加したため、まもなく宮廷はディドロとダランベールに事業の継続を求めた。その後、ダミアンによる国王暗殺未遂事件(一七五九年)を機に、言論統制が厳しくなり、一七五九年には、国王顧問会議によって再び出版特許が取り消された。それでもディドロらは『百科全書』の執筆と出版を続け、一七六五年に最終巻(第十七巻)が刊行された。この頃には反動勢力はやや衰え、当局もこれをあえてとがめようとはしなかった。

ディドロは『百科全書』に係わる一方で、『哲学書簡』(一七四六年)、『盲人書簡』(一七四九年)などを発表したが、宗教を中心テーマにしたこれらの作品を著す過程で、彼の考えは有神論から無神論へと変わっていった。そのため彼は当局から非常に危険な思想家と見られ、一七四九年には三カ月余り投獄された。釈放後に発表した著作では、彼は自分の思想の攻撃性が目立たないように気を配ったものの、この頃書いた未発表作品では、依然として唯物論や反宗教論が述べられている。

『百科全書』の政治に関する項目には、非常に保守的なものからルソーやドルバックのような急進的なものまで、幅広い思想が含まれているが、ディドロの見解は次のように要約できるだろう。主権は本来人民にあったが、人民は自然状態において享受していた自然権の保護と引き換えに、主権の一元的な行使を君主に委ね、君主に服従を約している。この服従は絶対的なものであって、君主の権力を制限するような他の政治集団の存在も認められない。君主の怠慢や専横に対する安全弁は哲学者たちの助言と世論である。ディドロは『百科全書』では、一応このような論理で絶対的な君王政を擁護した。その後は、プロイセンやロシアの啓蒙君主に対する批判を強めていき、生前発表しなかったロシアに関する論考では、国家と宗教の分離、農奴の廃止、課税の平等などの改革の必要を説くに至ったが、それでもフランスの政治に関しては、最後まで慎重な態度を取り続けた。

(七四) シャトレー侯爵(一七〇六—一七四九)はフランスの名門貴族。妻ガブリエル・エミールと共にヴォルテールをかくまったが、妻はヴォルテールと意気投合し、その愛人となり、シレ城で同棲し(一七三四—一七四八)、ヴォルテールの影響を受けて自然科学の入門書を著し、ニュートンの著作を仏訳した。

（七五）　ジャン゠ジャック・ルソー（一七一二―一七七八）はジュネーヴ生まれのフランスの啓蒙思想家、文学者。彼は『学問芸術論』（一七四九年）を書いたのを機に、現実の社会における人間の「支配と従属の関係」すなわち「不平等」を意識するようになり、『人間不平等起源論』（一七五三年）でこの問題をさらに追求した。ルソーの考えでは、人間が「自然状態」にあった時は存在しなかった不平等は、私有財産とこれを公認する社会の形成過程で生じ、国家の形成によって固定化され、増大した。次いでルソーは『社会契約論』（一七六二年）で、「自然状態」にあった人間が享受していた「自由」を、すでに発達した現代社会ないし未来社会でどのようにして取り戻すかを主題にした。ルソーによると、各人は自分の身体と財産を共同の力で相互に保護するような共同体を実現するため、その一員となる共同体（社会）と契約を結ぶ必要がある。個人はこの契約を通じて、すべての自然権と共に自らを共同体に全面的に譲渡し、その後すべてを取り戻す。すなわち、各人は自らを全体に与えながら、結局は「市民的自由」を確保する。こうして社会契約によって出現した市民は自ら主権を行使する。したがって、政府というものは、遵法者としての人民と立法者すなわち主権者としての人民との仲介者にすぎない。政府の目的は、市民の一般意志を表す法律が実際に施行されるよう見守ることによって人民に奉仕することである。ルソーはこのように述べて、主権在民の理想的な共和制こそが人間を不平等から解放し、人間に真の自由をもたらすとした。もっとも、ルソーの人民主権の思想はきわめて急進的で、直接民主制を要求するものだったので、都市国家かそれに近い極小国家以外では実現の可能性がきわめて低いものだった。ルソーもその点が気になったらしく、選択肢として連邦国家を提案している。

ルソーは『社会契約論』で理想的な政治制度を提示する一方、それを支えるべき理想的な魂の持ち主を小説形式で創造した。『エミール』は小説形式の教育論であり、この中でルソーは、社会的地位や職業に応じた教育（ジョン・ロック）ではなく、万人のための単一の教育、「自然の善性」を前提とした、人間が人となるための教育が重要であること、教育は子供の成長段階に応じてなされるべきこと、青年期までは子供を教会の教義から完全に切り離して教育し、その後初めて宗教心を植えつけるべきであること等を唱えている。

ルソーは神の存在は認めていた。一七六二年、五十歳の時、彼は牧師モンモランに信仰告白をしている。

ともあれ、ルソーが当時のフランスおよび他の国々に与えた影響は決定的だった。彼は一七七三年、パリ郊外のエルムノンヴィルで孤独のうちに死んだが、一七九四年十月には、大革命の思想上の父として、彼の遺骸はパンテオンに移された。

(七六) デピネー夫人(一七二六―一七八三)はフランスの貴婦人、作家。本名はタルデュー・デスクラヴェル。グリム、ディドロ、ルソー等の友人でその保護者。彼女のサロンにはほかにデュクロ、ヴォルテール、ドルバック、ダランベール等が出入りした。代表作『回想録と書簡』三巻(一八一八年)のほか、わが子への書簡集等がある。

(七七) リュクサンブール元帥(一七〇二―一七六四)はフランスの名門貴族(公爵)。一七五九年四月、モンモランシーの自分の城に滞在しに来た時、近くのモン・ルイに住んでいたルソー(四十七歳)を訪問し、ルソーの住居の修理期間中、自分のプチ・シャトーの使用をルソーに勧めた。ルソーは五月六日にここに移り、『告白』、『エミール』の第五巻を書き、七月に自宅に戻った。その後もルソーとリュクサンブール公夫妻との交際は続いた。

(七八) ジラルダン侯爵(一七三五―一八〇八)はフランスの貴族。将軍、元帥、代理官(国王軍総司令官補佐)で文学者。一七七七年末、ルソー(六十五歳)が『孤独な散歩者の夢想』を執筆中にパリを去る決心をすると、方々から招待の手紙が来た。そこでルソーは、翌一七七八年五月二十日、すでに軍務から退いていたジラルダン侯爵の招待を受けるため、「第十の散歩」は未完のまま、『夢想』の原稿を知人に託して、パリを発った。侯爵の城館はパリから三十マイルのエルムノンヴィルにあり、ルソーは二十二日にそこに着き、七月二日に侯爵の城館で没し、庭園内の「ポプラの島」に埋葬された。早くからルソーに私淑し、ルソーの弟子を自認していたジラルダン侯爵は、大革命の最初の数年間は積極的に活動した。長男は立法議会に席を占め、侯爵自身は地元の国民軍部隊を率いて、シエイエス、ミラボー、ヴェルニョー等と付き合っていた。そして幾つものクラブに顔を出し、心の片隅では君主制と宗教を名残惜しく思いつつ、『社会契約』に述べられているような直接民主主義のために行動した。しかしながら夢は一七九二年の「九月の虐殺」で引き裂かれた。翌年、息子たちの内の三人と娘の一人が投獄され、侯爵自身は自分の城館に監視付きで蟄居させられた。一七九四年、庭園が洪水に見舞われたため、八月、ルソーの遺骸はパリのパンテオンに移された。そしてルソーの保護者であった侯爵は、自由の身となると、ヴェルヌイエの友人の邸宅に避難して、没するまで、そこで文字通りの隠遁生活を送った。

(七九) 一七二六年、ヴォルテールは名門貴族の一員シュヴァリエ・ド・ロアンから、市民階級出身であることや名前を変えたこと――元の名アルーエは「車刑に処す《アルエ》」や「道楽者《ルエ》」という言葉に通じ、ヴォルテールは「翼付肘掛椅子」の意味を持つ――をからかわれたため、機知を用いて痛烈に反撃した。するとロアンは無頼の徒を雇ってヴォルテールを殴らせた。ヴォルテールはロアンとの決闘を望んだが、ロアンの当局への働きかけで、再びバスティーユに投獄され――一度目は一七一七年に有力な貴紳に対する風刺詩を書いたかどで投獄されている――、国外退去を条件に釈放された。ヴォルテールをフランスの不正と破廉恥の犠牲者として快く迎え入れたのはイギリスであった。彼は三年間の滞在中に、特にロックとニュートンの思想をよく摂取したが、これらはその後の彼の思索の強固な基盤となった。

(八〇) ショーヌ公(一七四一―一七九三)は、フランス十二大貴族の一人で科学アカデミーの名誉会員だった父(一七六九年没)の血を受け継ぎ、化学を非常に愛していたが、二十四歳の時に余りの不行跡のためエジプトに五年間追放され、帰国に際しては、数々の博物学上の貴重品と共に猿を一匹連れて帰り、その猿を毎日叩いていたという。彼の性格は才気、判断力の欠如、高慢さ、己れの身分を顧みない無分別、膨大だが支離滅裂な記憶、旺盛な知識欲、強い放蕩癖、驚くべき体力、粗暴さ等から成っており、一言で言って、彼は奇矯な人物だったが、ボーマルシェとは友人関係にあった。彼らの間に起きた「大事件」については次の訳注を参照。

(八一) ボーマルシェ(一七三二―一七九九)はフランスの劇作家。パリの裕福な時計商の家に生まれ、時計師、音楽教師、建築家、官吏などの職業を経験し、その才気と精力を駆使して波瀾万丈の生涯を送った。妹の名誉のためにスペインで巻き起こした「クラビホ事件」(一七六四年)、有名な訴訟事件である「ゲーズマン事件」(一七七〇―一七七四年)、ルイ十六世と大臣に直訴して行ったアメリカ独立援助のための武器購入、ヴォルテール全集の出版計画等が知られている。劇作では『セビーリャの理髪師』(一七七五年)と『フィガロの結婚』(一七八四年)で大成功を博した。豊富な才気、連発される諧謔、特に貴族階級に対する第三階級の痛烈な風刺と反抗心、奔放な作劇術が爆発的な大成功の理由だが、彼自身には大革命の予感は全くなかったらしい。

大革命は彼がバスティーユ監獄の向かいに豪邸を建てた直後に勃発し、暴徒に二度も押し入られた。気を取り直して、彼も正義と真実のために戦おうとしたが、時代はすでに彼を追い越していた。彼は讒言され、革命家マラーによって告発され、一七九二年には投獄された。運良く「九月虐殺」の前夜に釈放されると、革命政府のために小銃購入に奔走したものの、うまくいかず、再度疑われて、そのままオランダに留まった。そして恐怖政治が終わり、一七九五年十月に総裁政府が樹立された後に帰国したが、すでに彼の財産は接収されており、無一物になっていた。一七九九年、彼は脳卒中で急死した。

ショーヌ公とボーマルシェとの間に起きた「大事件」の顛末は以下の通りである。ショーヌ公にはメナール嬢という愛人がいた。彼女は大変魅力的な女優で、その優しさと才気でパリ中の注目の的になっていた。多数の大貴族や宮廷貴族や高官らが競って彼女に貢ぎ物を贈り、彼女がその中の十人余りを満足させた頃、ショーヌ公がこの競争に加わり、彼女を独占することに成功した。やがて二人の間には女の子も生まれたが、メナール嬢はショーヌ公の嫉妬と暴力に絶えず苦しめられていた。そんな時、ショーヌ公がボーマルシェを含む親しい友人たちをメナール嬢の家に招待した。美女のメナール嬢と美男で女好きで三年前に妻と死別していたボーマルシェは互いに一目で気に入り、恋に落ちた。そしてまもなく（一七七三年二月上旬）、ボーマルシェは軽率にも書簡で自分たちの関係をショーヌ公に告白して、態のいい三角関係の提唱を行った。ショーヌ公はこれに激怒してボーマルシェの家で彼に切りかかり、二人は家人や友人を巻き込んだ大立ち回りを演じた。数日後開かれた軍司令官法廷はショーヌ公に非ありとし、ボーマルシェの行動を正当防衛と認めた。その結果、公爵はヴァンセンヌの獄に繋がれ、ボーマルシェは自由の身となったが、その五日後には、宮内大臣の判断によって彼も別の牢獄に入れられた。二人は五月上旬に出獄が許され、後日、共通の友人の執り成しによって和解した。本訳注と前の訳注では鈴木康司著『闘うフィガロ―ボーマルシェ』（大修館書店、一九九七年）を参照した。

（八二）　英仏間の植民地七年戦争を終結させたこの条約により、フランスはカナダとルイジアナ東部とセネガルを失った。

（八三）　ノアイユ（一七五六―一八〇四）はフランスの軍人、政治家、子爵。若くして軍隊に入り、アメリカ独立戦争が始まると、義兄弟のラファイエットと共に渡米し、独立軍に参加して戦功を立てた。帰国して三部会議員となり（一七八九年）、国民議会が成立するとこれに合流し、同じく自由主義貴族であるデギヨン公爵と共に貴族・聖職者の特権廃止を発言し（同）、また国民軍の組織を提案した（一七九〇年）。対仏ヨーロッパ諸同盟（一七九三―一七九七年）との戦いに司令官として従軍したが（一七九二年）、敗れてイギリスに行き、さらにアメリカに渡った。英仏戦争が起きると（一八〇三年）、ロシャンボーの配下で英軍と戦い、サント・ドミンゴの戦いに参加し、陣没した。

（八四）　エギヨン公（デギヨン公とも）（一七五〇頃―一八〇〇）は政治家。アジャンから派遣された三部会貴族議員。大革命では自由主義貴族として活動。特に一七八九年の八月四日、ノアイユ子爵と共に貴族の封建的諸特権の廃止を発言して、指導力を発揮した。その直後、ライン方面軍の司令官になったキュスティーヌ将軍を他の地域の軍隊に転属させた。八月十日後、自分に対して起訴状が発せられたのを知り、ロンドンへ逃れ、次いでハンブルクに移り、そこで没した。

（八五）　ラ・ファイエット侯（一七五七―一八三四）はフランスの軍人、政治家。軍に入り、アメリカ独立戦争に参加し、帰国（一七八一年）後、自由主義貴族を率いて旧制度に批判的な態度を取るが、三部会には貴族議員として参加して（一七八九年)、「人権宣言」を起草。バスティーユ襲撃後、パリ国民軍司令官となり、十月事件では国王を守った(同年)。フイヤン党を創設(一七九〇年)、立憲君主制を主張。しかしシャン・ド・マルス事件にはパリ市民に発砲して人望を失い、国民軍司令官を辞任。国王の大権を守るために活躍し、議会圧迫の意図を持って対オーストリア開戦論を説き、アルデンヌ方面軍司令官として出征(一七九二年)。民衆がテュイルリー宮に侵入した六月二十日事件後、共和派圧迫のために議会に現れたが、急進派による八月十日革命が起きると、逮捕を恐れてオランダに入り、捕虜となる。帰国(一八〇〇年)後は所領地にいて、反ナポレオンの姿勢を示し、彼が没落した時は、下院議長として退位を主張した。王政復古下には下院議員として反政府派の態度を取り、七月革命には国民軍司令官となり、ルイ・フィリップ王政下でも反政府派であった。

(八六) ブリエンヌ(一七六九—一八三四)はフランスの外交官、政治家。士官学校でナポレオンと同窓。イタリア遠征に従軍、ナポレオンの私設秘書となり(一七九七—一八〇二年)、オーストリアとのカンポ・フォルミオ条約締結のための実務を果たす。ナポレオンのエジプト遠征に従軍、一時ナポレオンの不興を招いたが、ハンブルク駐在公使(一八〇四—一八一三年)に任ぜられ、王政復古後、ルイ十八世よりパリ警視総監(一八一四年)、国務相(一八一五年)に任命され、反動的立場の議員となる(一八一五—一八二一年)。七月革命(一八三〇年)で財産と地位をすべて失い、精神を病んで没した。彼が残した『回想録』(一八二九年)にはナポレオンに対する気遣いがほとんどなく、苦情・抗議が多いが、様々な興味深い真実が記されている。

(八七) マリー・アントワネット(一七五五—一七九三)はドイツ皇帝フランツ一世とマリア・テレジアの間の第九子。ルイ十六世と結婚(一七七〇年)。宮廷内の反オーストリア勢力と対立しつつ、宮廷儀礼を無視し、快楽追求に走った。皇太子誕生後は政治にも口出しし、テュルゴーの自由主義的改革を挫折させた。奢侈、浪費癖、下層階級蔑視により、国民の反感を買った。大革命が起きると、反革命的努力を続け、それらがすべて裏目に出た結果、革命裁判にかけられ、夫に続いて処刑された。

(八八) ランバル公妃(一七四九—一七九二)はマリー・アントワネットの親友。一七九二年九月の虐殺の犠牲となった。前々からパリ市民を不安にさせるデマゴーグが広がっていたことと、ヴェルダン要塞が陥落したというニュースが九月二日に届いたことから、市民が暴徒化し、市内の九つの監獄を襲撃して、そこに収監されていた者たちを、彼女も含めて千数百人「処刑」した。

（八九）　まず「ふくろう党」と「ヴァンデの反乱」について略述すると、フランス革命下に西部のヴァンデ地域を中心にして起きた最大の反革命農民反乱が「ヴァンデの反乱」で、それが鎮圧・殲滅された後に、王党派を結成して、ゲリラ戦を継続した残党が「ふくろう党」である。反乱の直接のきっかけは、一七九三年二月、国民公会が可決した三十万人の抽選による動員令であった。フランス各地で徴兵拒否の騒乱が起き、ブルターニュとロワール川以南のヴァンデ地方の蜂起は特に強力な反革命運動となった。ブルターニュの蜂起は一カ月以内で鎮圧されたが、ヴァンデの反乱は共和派ブルジョワの拠点である諸都市を次々と襲撃して、支配地域を広げ、国境全域から侵入する外国軍と共に、共和国を大いに脅かすまでになった。しかし革命政府も鎮圧のために新たに部隊を投入してこれに当たったので、その年の末までには反乱軍は殲滅された。以後、残党が王党派を結成して、ゲリラ活動を続けた。その後、王党派は、一七九九年秋、反仏同盟軍の攻勢に呼応してヴァンデとその周辺で再び蜂起したが、同年十一月、クー・デタによってナポレオンが政治の実権を握ると、ただちにこれを攻撃し、鎮圧した。

ブールモン伯（一七七三―一八四六）はフランスの元帥。王党派の指導者として、革命時代も、ナポレオン時代も巧みに生き抜き、ワーテルローの戦い（一八一五年六月十八日）の四日前に、自分の軍を捨てて、連合軍側にいるルイ十八世のところに走った。そしてナポレオン失脚後、ルイ十八世によって北部戦線の司令官に任ぜられた。

（九〇）　ラ・ルエリ侯（一七五六―一七九三）はブルターニュ貴族。二十代前半には王と宮廷を軽蔑していたが、ルイ十六世が投獄された後は、熱烈な王党派となり、フランス西部のブルターニュ、ヴァンデ、アンジュー、ポワトゥ、メーヌ等に大勢の王党派からなる委員会を結成した。そして一七九三年二月に決起し、翌三月から政府軍との戦いが始まろうとする時、病弱だった彼は逝去した。

（九一）　ラ・ロシュジャクラン（一七七二―一七九四）はヴァンデ地方の王党派貴族。革命が起きた時、十六歳だった彼は、ルイ十六世の近衛兵となり（一七九一年）、八月事件により王が逮捕されると（一七九二年）、パリを去り、親兄弟がいるヴァンデに帰った。そして仲間と共にヴァンデ農民の反乱を指導し（一七九三年）、まもなく反乱農民軍の総司令官に推された（同）。蜂起後暫くは快進撃を続けたが、やがて政府軍の反撃を受け、指導者仲間と農民兵を次々と失っていく中で、なんとか態勢を立て直そうとした時に戦死した。彼の二人の弟も王党派で、特に下の弟は、一八一五年のヴァンデの反乱を指揮し、王政復古期に元帥となった。

（九二）　モルトマール公（一七五二―一八一二）はフランスの軍人、政治家。軍人として元帥代理になった（一七八八年）後、三部会議員に任命されるが、すぐ辞退して、亡命し、一七九二年から反仏運動を開始した。次いでイギリスに行き、イギリス政府の費用負担で亡命貴族を中心とした軍隊を編成し、一七九四年には大陸に反攻した。しかし成功せず、一七九六年から一八〇二年までポルトガル軍に仕えた。帰国後の一八一二年、少しの間セーヌ県議会議員の職に就いた。

（九三）　フランスの第二帝政は、一八七〇年九月二日にナポレオン三世がプロイセンに降伏した直後の同月四日、第三共和制（一九四〇年まで）の宣言によって終わっているが、J－P・ルーの意識は、第三共和国憲法が発布された、一八七一年に向けられているようだ。

訳者後書き

本訳書の原本はJean-Paul Roux, *Le roi—Mythes et symboles*, Fayard, Paris, 1995である。原著者Ｊ－Ｐ・ルーは、本書の出版時には、国立科学研究センター（ＣＮＲＳ）研究主任、ルーヴル学院教授（トルコ・モンゴル語族）で、現在は同センターの名誉研究主任である。イヴ・ボンヌフォワ編『世界神話大事典』（大修館書店、二〇〇一年、原著は一九八一年）の執筆陣にも加わっており、これまでの主な業績は以下の通りである。

La Mort chez les peuples altaïque anciens et médiévaux, Adrien-Maisonneuve, 1963.
Islam, Rencontre, Lausanne, 1964.
Faune et flore sacrées dans les sociétés altaïques, Adrien-Maisonneuve, 1966.（Thèses pour le doctrat d'Etat.）
Les Traditions des nomades de la Turquie méridionale, Bibliothèque de l'Institut français d'archéologie d'Istanbul, Adrien-Maisonneuve, 1970.
Turquie, Arthaud, 1979.
La Chaussure, Atelier Hachette-Massin, 1980, 2e éd., Hachette, 1986.
Etudes d'iconographie islamique, Peeters, Louvain, 1982.
Les Barbares, Bordas, 1982.

La Religion des Turcs et des Mongols, Payot, 1984.
Les Explorateurs au Moyen Ages, Fayard, 1985（nouvelle édition）.
Babur. Histoire des Grands Moghols, Fayard, 1986.
Le Sang. Mythes, symboles et réalités, Fayard, 1988.
Jésus, Fayard, 1989.
Tamerlan, Fayard, 1991.
Histoire de l'Empire mongol, Fayard, 1993.

トルコ・モンゴル学者としての原著者の存在はわが国でも早くから知られていた（村上正二訳『モンゴル秘史』（全三巻）、東洋文庫、平凡社、一九七〇―一九七六年、訳注参照）。原著者が現代フランスを代表する東洋学者の一人であることは間違いないだろう。しかしながら本書の主題は文字通り全世界を視野に入れた「王権の考古学」である。使用されている資料の膨大さと、原著者の王制に対する堅い信念と熱い情熱から察するに、本書が上梓されるまでには相当長期間の準備を要したことだろう。原著者はこれまでの考察および研究の集大成として本書をまとめたのではなかろうか。

本書の主題は一言で言えば「王権の考古学」であるが、もう少し具体的に言えば、唯物史観が崩壊した――少なくとも影響力を失った――今、全世界の王権および君主制を起源からたどり直して、その本質を新たに把握し直すことである。

本書における論究の方法およびその展開は大略以下の通りである。

まず第一に、原著者はフレイザーの『金枝篇』にならって、世界を俯瞰している。時々は批判も見られるが、項目の設定の仕方や引用文の多さを見ても、原著者が『金枝篇』から出発していることは明白である。

次に、フレイザー後の、つまり二十世紀後半の膨大な数量に上る文化人類学、社会学、神話学、考古学、歴史学等広い範囲の研究成果が用いられている。その中には、デュメジルやエリアーデ等の碩学のものも含まれる。

第三に、構造主義に立脚した現代シンボル学＝記号学が導入されている。

第四に、王権と宗教との関係の重視。神話および聖典に基づいた「真正の」王権観念の提示。神統と直結する王統または王権神授説の強調。

第五に、貴族の反抗。そして有産階級《ブルジョワジー》の主導による共和主義革命への流れ。

本書の評価できる点は、あくまでも訳者の主観に基づくものだが、おおよそ以下の三点に要約できるのではないかと思う。

(一) 唯物史観の呪縛から解放された今、太古から世界中の共同体で形成され、維持されてきた君主制＝王制を根本から見直し、その本質を究明するという原著者の意図。

(二) 現代シンボル学＝記号学の導入による王権イデオロギーの分析・解明の試み。

(三) 特にキリスト教諸国の王権イデオロギーと王崇拝の実態の明示。

しかしながら本書には大小深浅の多数の瑕疵がある。その原因および理由として、以下のようなことを挙げることができるだろう。

（一）フレイザーの『金枝篇』への依拠。フレイザーは膨大な資料を駆使しているが、その言説は時として——またはしばしば——史実から乖離している。たとえば、太古、穀物霊と見なされていた王は毎年殺されていた、という自説の根拠としてフレイザーが重視しているバビロンのサカイア祭に関する資料（ベロッソスおよびクテシアス）は、その信憑性が疑わしく、今日の考古学の研究成果に照らして見れば、この奇祭を史実と見ることは不可能である。

フレイザー自身の問題だけではない。原著者のフレイザーの援用の仕方にも時として問題がある。たとえば、サカイア祭についても、原著者はフレイザーの言説の核心部分を自分の言説に合うよう書き換えて援用している。

（二）フランスのシンボル学会の共通認識（たぶん）の誤り。原著者が全面的に依拠しているジャン・シュヴァリエ、アラン・ゲールブラン共著『世界シンボル大事典』（原著一九八二年、大修館書店、金光仁三郎他訳、一九九六年）の「王」や「日傘」等の項目には、文献学や考古学が示す史実と乖離した決定的な誤りがある。

（三）原著者自身のシンボル学的解釈の誤り。

（四）史実、物事、人名、君主の在位期間等の誤認。

以上のようなことのほかに、原著者自身の思想信条（カトリック、親王制派）に基づいた独特の歴史解釈、神話・伝説と史実を一体化した王（権）論等の問題もある。原著者は序文で「君主制らしく見える彩色を施」すために、「民族と国家が君主制を是として」「自分たちの運命を委ねている者、神によって選ばれた者、自分たちの代表と見なしている者に対して」抱いていた「深い信頼と尊敬と畏敬の念」についても説明したと述べている。しかしながら、そのことを十分考慮しても、なお、わが国には原著者の姿勢と方法論に違和感を覚える読者が少なからずおられるのではなかろうか。

あえて私的なことを記させていただくと、私の母方の実家では、仏壇と神棚の横の鴨居の上に、昭和天皇の御真影と戦死した二人の叔父の遺影が掲げられていた。上の叔父はフィリピンのレイテ島で死に（享年二十歳）、下の叔父は徴用で長崎の三菱造船所に行っていて、召集令状を受け取った直後に原子爆弾に遭い、一週間後に死んだ（享年十七歳）。祖父母は私が遊びに行くといつもよく可愛がってくれたが（私が物心ついた頃は叔父たちの死からまだ三、四年しか経っていなかった）、座敷の二人の息子の遺影の前に座って手を合わせる時の姿は、いつ見ても、実に辛そうだった。祖父母のこの様子は、私が小学校、中学校、高校、大学と進学して行っても、ほとんど変わらなかった。そして昭和天皇の御真影も、二人の叔父の遺影と共に、祖父母が亡くなるまで、戦後二十数年間掲げられていた。私は高校生、大学生時代、帰省して祖父母に会いに行く度に、なぜ御真影をいつまでも掲げているのだろうと思っていた。今にして思えば、祖父母は一年足らずの間に息子たちを二人とも戦争で失ったという辛い現実を、現人神だった天皇陛下に対する特別な思いと結び付けることで、辛うじて納得し、耐えていたのではなかろうか。そんな気がしてならない。ともあれ、母方の祖父母と三枚の写真が私が天皇制と諸外国の君主制について関心を持ち、考えるようになった原点であることは間違いない。

しかしながら、非力非才のくせに気ばかり多い私は、その後、音楽や美術という道草を食いながら、フランス文学、日本民俗学、文化人類学等を少しずつかじっては放棄し、四半世紀ほど前からは、メソポタミア・アッシリア学、ギリシャ－ペルシャ関係史、聖書考古学、エジプト考古学などを、これまた少しずつ、気が向いた時だけかじってきた。そのため視野は少し広がったかも知れないが、当然、すべての分野で素人の域から出られる可能性は全くない。恥ずかしい限りである。

本書の翻訳の話が野沢協先生を介してあったのは、ほぼ十年前のことで、当時の編集長は故人となられた稲義人氏である。本書を手にした時は、序文にざっと目を通しただけで、「王権の考古学」という言葉に好奇心をそそられて、引き受けることにした。ところが、少し読み始めるとすぐに、本書の翻訳には大変な困難が伴うことに気がついた。そしてその確信は、読み進めるにつれて、どんどん強まり、困惑し、途方に暮れることしばしばだった。

まず、フレイザーの『金枝篇』が立ちはだかった。それでフレイザーと取り組むために、考古学（主として地中海・オリエント考古学）、ギリシャ・ローマ神話を始めとする世界中の王朝神話、諸民族・諸部族の風俗・習慣を改めて勉強する必要があった。次にフランスのシンボル学＝記号学と、これに全面的に立脚した原著者のシンボル学的言説・解釈が来た。私はこれまで構造主義から派生した記号学すなわち現代のシンボル学にほとんど接触していなかった。シンボル学を念頭に置いた二、三の著作、論文に目を通したにすぎない。幸い、前記『世界シンボル大事典』がすでにあった。今日の私のシンボル学的知識はほとんどすべてこの『大事典』から得られたものである。が、これは、少なくとも「王」「日傘」などの項では、記号学的論理が走りすぎていて、その言説・解釈が考古学や文献学が示す史実から乖離していることが明らかだった。とはいえ、実際にそれらの項を検証する際には、主として古代中国の文献およびユーラシア大陸の考古学資料を駆使する必要があった。その後に、地上における神の王国の実現のために受肉・降臨したイエス・キリストの意を体したキリスト教徒の王を理想の王とし、その王国を理想の王国とする原著者の言説・歴史解釈が待っていた。この段階では、なるべく史実認識の誤りの有無や記述内容の適否を検証するに止めた。それでも全ヨーロッパ史を通読する必要があった。

歴史解釈がびっしり詰め込まれた本書の翻訳では、訳注をどのようなものにするかということが最大の問題であった。訳者の批判・異議・解説を実証的に記述しようとすれば、訳注は多数かつ長大になることは目に見えていた。逆に、例証抜きで、断定的に記述すれば、短くはなるが、一般読者にはよく理解できない場合が多くなることが予測できた。そのため決断がつかず、最初の三年間ほどは迷いに迷っていた。そこで野沢先生にお聞きしたところ、思う存分にやるべきだという意味のお言葉をいただいた。その後、編集長の平川俊彦氏にも本書の特殊性を説明したところ、必要と思うだけの訳注を付けることを認めて下さった。こうして原書の倍の量の訳注が付いた本訳書が上梓されることになったのである。とはいえ、少し踏み込んで検証しようとしては、浅学のために立ち往生することもしばしばだった。それでも幸いなことに、もたついているうちに、欲しかった知識・情報を提供してくれる事（辞）典や本がぽつぽつと出て、最終的にはほとんどの検証をなんとかすませることができた。訳者の非力が幸いしたということもあったのである。

本書の訳注の中で、私が最も精力を注ぎ、神経を使ったのは、原著者がほぼ全面的に立脚しているフレイザーの『金枝篇』と前記『世界シンボル大事典』の検証である。『金枝篇』は出版された直後から世界中で多方面に大きな衝撃と影響を与える一方、多くの専門家から批判も続出したと聞く。わが国でも、フレイザーは多くの知識人にとって、程度の差こそあれ、気になる存在であり続けたと思われる。が、残念ながら、正真正銘の門外漢である私は、これまでのその経緯、その流れを全く把握していない。特にわが国の民族学者や文化人類学者たちがフレイザーの言説をどのように検証してきたのか、寡聞にして知らない。そのことを前もってお断りしたうえで言うのだが、私は本訳書の訳注で、『金枝篇』の土台となっているフレイザーの第一の仮説「太古、王は穀物霊の化身として、毎年殺されていた」を、少々手際は悪くても、訳者なりに検証し、その結果として、これが全く無意味で、無効であることを証明し得たのではないかと思っている。もっとも、私は考古学の専門家たちの研究成果を利用したにすぎないのだが……『世界シンボル大事典』は現在日本全国のほとんどの図書館に置いてある。欧米でも同様ではなかろうか。これが構造主義から派生した記号学＝現代シンボル学の大きな結実の一つとして評価されているのは間違いなさそうだ。しかしこの中にぎっしりと詰め込んである諸々の言説・解釈を誰がどのように検証したかということについては、ここでも門外漢である私は全く知らない。そこで私は、私なりのやり方で、この『大事典』の「王」や「日傘」を始め、幾つかの項の検証を実施した。そしてその結果、『大事典』の記号学＝シンボル学では、記号学的論理に対する過信と考古学および文献学についての知識不足のために、幾つかの言説・解釈は史実から乖離していることを証明した。少なくとも私は、現代の記号学＝シンボル学の弱点・問題点がそこにあることを指摘し得たという確信を持っている。以上に述べた二つのことが本訳書の付加価値として認めていただけたなら幸いである。

私は本書とほぼ十年間文字通り取っ組み合いをしてきた。そして多くのことを学び学ばされた。すでに述べたように、本書には数多くの瑕疵と問題がある。しかしその中には、同時に、本書の価値・魅力と連動しているものもある。ヨーロッパの（特にフランスの）王権イデオロギーの深奥部を本書ほど鮮やかに、つまり生々しい形で、提示した著作は他にないのではなかろうか。思うにそれは、宗教と王権との緊密な関係が正確に把握されているからであろう。原著者は本書において、王権は神授権であり、神聖にして不可侵であることを証明するのに成功した。が、その一方で、王制は民主主義と共存し得るとも述べている。有史以来、地球上のほとんどすべての共同体で成立した君主制と、現在、多くの国と地域でその絶対的価値が認められている民主主義は、理論的には矛盾する。にもかかわらず、立憲君主制をとって、多くの問題を抱えながらではあるが、うまく共存させている国も少なくない。本書で述べられている言説は民主主義を受け入れる以前の王権イデオロギーに限定されたものであり、両者はどう折り合いを付けるべきかという現在から未来にかけての問いには、本書は具体的には何も答えていない。その責務はそっくりそのまま読者諸賢に委ねられている。

言うまでもなく、人間の心は非常に複雑微妙・摩訶不思議なので、合理的だが単純な解釈はしばしば空を切る。特定の宗教・神話に拠らずに、純粋に科学的な宇宙観・人間観を確立しようとした啓蒙主義者たちの功績は大きいが、近年の唯物史観・共産主義思想の影響力の後退を見ると、その根本的な原因として、人間の欲望と活力・向上心との関係および宗教（心）の軽視が考えられるのではなかろうか。広く世界の動向を見渡せば、人々の宗教心は決して衰えることはなく、君主制の支持者もさほど減っていないような気がする。ポーランドでは、最近、一部の国会議員たちが、イエス・キリストを王として、ポーランドを地上における神の国にしようと働きかけているらしい。ロシアでは、一九一七年に共産主義革命が起きた際に殺害された皇帝ニコライ二世が最近聖人に列せられて、ロシア正教徒の尊崇の念を集めている。イスラム教原理主義者の間では、全アラブを神の国として一つにまとめる構想が出来上っているという。アフリカのある国では、国民の強い要望により、政治権力こそないが、国家の象徴としての国王が旧王族の中から選出された。社会主義を掲げている国でさえも、王朝が成立する可能性がある。人間の心は今後どのような状況でどのように変わるか、明確に予想できるものではない。本書の訳者として、私は本訳書が今後の君主制と民主主義のあり方について、さらには宗教について、そして何よりも人間の心について考える資料の一つになることを願って止まない。

本書を訳するに当たって、今回も野沢協先生に大変お世話になった。先生は『ピエール・ベール著作集』（全八巻、日仏翻訳文学賞、日本翻訳文化賞受賞）の「補巻・宗教改革史論」と『ピエール・ベール伝』、『ドン・デシャン哲学著作集』（いずれも法政大学出版局刊）の翻訳その他のお仕事を進めながら、非力な私のために多くの時間を割いて下さった。先生の数えきれないほどのご教示と適切なご指導がなかったならここまでたどり着けなかっただろう。ふらふらとしてなかなか定まらない腰を支えていただいたというのが私の実感である。感謝の気持ちをうまく表現できないのがもどかしくてならない。

私の非力のせいで、原著者および法政大学出版局には多大のご迷惑をおかけした。前編集長の平川俊彦氏には、大変申し訳なく思うと同時に、このように特異な形の翻訳書の上梓を認めて下さったことに対して、深い感謝の念と敬意を表したい。また、本書を担当された藤田信行氏にもいろいろとお手数をかけてしまい、やはり大変に申し訳なく思っている。私の仕事の遅さにさぞかし歯がゆい思いをされたことだろうが、いつも優しく、誠意をもって、適切に対応して下さった。感謝に堪えない。最後に、最終的に本書の上梓に立ち会っていただくことになった編集部の秋田公士氏と郷間雅俊氏にも深い謝意を表したい。

二〇〇八年十二月五日

浜崎設夫

著者

ジヤン＝ポール・ルー
（Jean-Paul Roux）
フランスの社会学者．専門分野はトルコ・モンゴル語族．本書の執筆当時はルーヴル学院教授，国立科学研究センター（CNRS）の研究主任で，現在は同センターの名誉研究主任．研究対象は多岐にわたっており，『古代および中世のアルタイ系民族における死』（1963），『トルコ』（79），『靴』（80），『イスラム教の図像研究』（82），『バーブル――ムガール王朝史』（86），『血――神話と象徴と実態』（88），『イエス』（89），『ティムール』（91），『モンゴル帝国史』（93）等の著書〔いずれも未訳〕がある．

訳者

浜崎設夫（はまさき　せつお）
1944年生まれ．早稲田大学文学部フランス文学科，同大学院修士課程修了．現在駒澤大学非常勤講師．専門領域は十九世紀フランス文学で，特にスタンダール．訳書にモーリス・オランデール『エデンの園の言語』（法政大学出版局，1995）がある．

《叢書・ウニベルシタス　908》
王——神話と象徴

2009年2月20日　　初版第1刷発行

ジャン＝ポール・ルー
浜崎設夫 訳
発行所　財団法人　法政大学出版局
〒102-0073 東京都千代田区九段北3-2-7
電話03(5214)5540／振替00160-6-95814
製版，印刷　三和印刷／誠製本

Printed in Japan

ISBN 978-4-588-00908-2

索引（一）君主〔教皇を含む〕および王朝

（1）（　）内の数字は原則として在位期間を示す.
（2）〔　〕は訳者による補足であることを示す.
（3）＊は在位年代，説明，人名，ページのいずれかの誤りを訂正したことを示す.

◆あ　行

アイギストス：ミュケナイの伝説的な王　199,200,278.
アイゲウス：アテナイの伝説的な王　198.
＊アイネイアス（アエネーアス）：トロイヤの伝説的な英雄　41,130–132,217,218,307.
＊アウグストゥス（オクタウィアヌス）（前27–後14）：ローマ皇帝　41,42,133,186,203,239,269,293,402,403.
アウレリアヌス(270–275)：ローマ皇帝　134.
アガメムノン：ギリシャの伝説的な王　14,37,129,172,200,218,277.
〔アギルモルド〕：　58.
アキレウス：ギリシャの英雄　129.
＊アクエンアテン（アメンヘテプ４世）(前1350–前1334)：ファラオ　162,167.
アクバル(1556–1605)：インドのムガール朝の皇帝　141,167.
アケメネス朝：〔古代イランの王朝〕　36,119,120–122,157,159,162,192,237,252,253,257,262,266,271,275,280,282.
＊アーサー(５世紀末)：ブルトン人の伝説的な王　255,334.
＊アショーカ(前268–前232頃)：〔インドのマウリア朝のマガダの王〕　68,136.
アスカニウス（ユリウス）：アイネイアス（アエネーイス）の息子，カエサルの伝説上の祖先　131,132.
アッティラ(434頃–453)：フン族の王　30,51,255,257.
アッバース朝：〔イラクを中心とした東方イスラム王朝〕　120,139,140,227,251,253,284.
＊アッバース〔１世〕(1587–1629)：イランのサファヴィー朝の皇帝　251.
＊アデミリュイイ(1930没)：西アフリカ，イフェの王　228.
アトレイデス：ギリシャの伝説的な王朝　130,198.
アトレウス：ミュケナイの伝説的な王　198–200,218,221,277.
〔アハズ：ユダヤ王〕　94.
〔アビメレク：ゲラルの王〕　73,74.
アフメット１世(1603–1617)：オスマン・トルコ皇帝　267.
＊アマシス（アハメス，イアフメス２世）(前570–前526)：ファラオ　73
＊アメンヘテプ２世(前1427–前1400)：ファラオ　168.
＊アメンヘテプ３世(前1390–前1352)：ファラオ　221,267
アメンヘテプ４世：アクエンアテンを参照
アルケラオス(前413–前399)：〔マケドニア王〕　221,267.
アルサケス朝：イランのパルティア王朝〔パルティアは（二）「民族と地理」索引のイランの項参照〕　56,122,248,257,273,345.
＊アルシノエ〔２世〕(前276頃–前270)：エジプト女王　118.

アルタクセルクセス1世(前465-前424)：イランの皇帝　267,275.
＊アルタクセルクセス2世(前405-前359/8)：イランの皇帝　121.
＊アルダシール1世(226-241)：イランの皇帝　56,81,122,155,159,160,162,212,214,227.
アルダシール2世(379-383)：イランの皇帝　213.
＊アル・ハーキム(996-1020)：エジプトのカリフ　142.
アルフォンソ5世寛大王(1416-1458)：アラゴン・シチリア王　411.
アルフォンソ10世賢明王（学者王）(1252-1284)：カスティーリャ王(1254)，ドイツ皇帝(1267)　324,326.
＊アレクサンドロス大王(前336-前323)：〔マケドニアの王〕　27,29-33,60,118,128,129,185,188,191,192,227,230,236,239,251,410.
アレクサンデル3世(1159-1181)：教皇　391.
＊アンキセス：トロイアの英雄でアエネーアス（アイネイアス）の父　131,218.
〔アンジュー家：フランスの王家の一つ〕　348,349.
＊アンティオコス1世(前280-前261)：シリア王国セレウコス朝第2代　183.
〔アンティゴノス（マケドニアの）(前306-前301)：マケドニア王〕　73,183.
アントニヌス朝：ローマの王朝　134,402.
アンドロニコス1世(1183-1185)：ビザンティン皇帝，アンジュー家　333.
アンヌ・ド・キエフ(1024-1075以降)：フランス王妃　410.
アンヌ・ドートリッシュ(1643-1661)：フランスの摂政　418.
〔アンリ・ド・ブルゴーニュ(1097頃-1112頃)：ポルトガル伯〕　323.
アンヌ・ド・ブルターニュ(1488-1514)：フランス王妃　363.
アンリ1世(1031-1060)：フランス王　410.
＊アンリ3世(1574-1589)：フランス王　417.
＊アンリ4世(1589-1610)：フランス王　366,417.
イヴァン3世(1462-1505)：モスクワ大公，皇帝（ツァーリ）　402.
イヴァン4世(1533-1584)：ロシア皇帝　323,402.
〔イオカステ：テーバイの伝説的な王妃〕　199.
イサキオス〔2世〕天使帝(1185-1195)：ビザンティン皇帝　333.
＊イザベル・ド・フランス(1292-1358)：イギリス王妃　364.
イサベル（カトリックの女王）(1474-1504)：スペイン王妃　197,363.
イサベル2世(生没年1830-1904，在位1833-1868)：スペイン王妃　349.
イスマイール〔1世〕(1502-1524)：イランのサファビー朝の皇帝　142,187.
＊イシュトバーン1世(997-1038)：ハンガリー王　272,339,371,387.
イーラジュ（イーラージュ)：イランの〔伝説的な〕王　56,57.
インノケンティウス3世(1198-1206)：教皇　330,387,391.
インノケンティウス4世(1243-1254)：教皇　391,392.
インノケンティウス11世(1676-1689)：教皇　395.
禹：中国の伝説的な皇帝　103,169,194,195.
ヴァルデマール(1157-1182)：デンマ

ルク王　371.
ヴァロワ家：〔フランスの王家の一つ〕 353,414.
＊ヴィクトリア(1837–1901)：イギリス女王　197.
ヴィクトル4世(1159–1164)：対立教皇　391.
＊ウィリアム（ギヨーム）征服王：ノルマンディー公(1035)，イギリス王(1066–1087)　357,366.
＊ウィリアム3世(1689–1702)：イギリス王　369.
ウェスパシアヌス(69–79)：ローマ皇帝　133,182,193,409.
ヴェンツェスラウス（聖公）(921–929)：ベーメン大公　334.
ウォロゲセス3世(148–192)：〔パルチア王〕 217.
＊ウード(888–898)：フランク（フランス）の王　409.
ウマイヤ朝：アラブ人のカリフの王朝 120,139,140,227.
ウマイヤ朝（スペインの）：アラブ人の王朝　139.
＊ヴラジーミル1世（聖公）(978頃–1015)：キエフ〔およびロシア〕の大公　334,345,352.
＊ウル・ナンム(前22世紀末)：シュメールの王　238.
ウルバヌス2世(1088–1099)：教皇 395.
エウドクシア(401頃–460頃)：東ローマ皇帝テオドシウス2世の妃　340.
エカテリナ2世(1762–1796)：ロシア女帝　197.
＊エドワード懺悔王(1042–1066)：サクソン系イギリス王　371.
エドワード2世(1307–1327)：イギリス王　411.
エドワード3世(1327–1377)：イギリス王　414.
＊エリザベス1世(1558–1608)：イギリス女王　92.
エレクトラ：ギリシャの伝説的な王女 37.
＊エンリケ4世(1454–1474)：カスティーリャ王　359.
オイディプス：ギリシャの伝説的な王 37,96,198,218,220,221.
〔オイノマオス：エリスの王〕 198.
〔オクタウィアヌス：アウグストゥスの項を参照.〕
オセイ・トゥトゥ(17世紀)：ダホメーの王　260.
＊オスマン〔1世〕(1307–1326)：オスマン・トルコ帝国皇帝〔開祖〕 54,140,141.
オスマン朝：トルコ帝国王朝　140,141,181.
＊オットー1世大帝(962–973)：神聖ローマ皇帝．ドイツ王(936–973)　385.
＊オットー3世(996–1002)：〔神聖ローマ〕皇帝．〔ドイツ王(983–1002)〕 362.
オドアケル(434頃–493)：ゲルマン・メルル族の王．〔イタリア君臨(476–493)〕 376.
＊オラフ〔1世〕(995–1000)：スウェーデン王　89.
オルレアン家：〔フランスの王家の一つ〕 348.

◆か　行

夏：中国の王朝　103,195.
＊カイ・ホスロー：イランの伝説的な皇帝　240.
＊カエサル（ユリウス）：〔ローマの〕独裁官(前102–前44)　41,42,44,49,102,133,134,402.

ガズナ朝：アフガニスタンのトルコ系皇帝の王朝　54.
＊カニシカ(1世紀)：クシャン朝の王　49,114.
カフラー(前2547-前2521頃)：ファラオ　264.
カペー朝：フランスの王朝　197,201,226,272,324,325,327,330,346,378,387,407,409,410,412,414.
カリグラ(37-41)：ローマ皇帝　42,117,133,183.
＊カール3世〔肥満王〕(881-887)：西ローマ皇帝．東フランク王としてカール3世(876-887)，西フランク王としてシャルル2世(884-887)　357.
＊カール4世(1374-1378)：神聖ローマ皇帝．ボヘミア王としてはカレル1世(1346-1378)　357.
＊カール5世(1519-1556)：神聖ローマ皇帝．〔イスパニア王としてはカルロス1世(1516-1556)〕　356,363,394.
ガルバ(68-69)：ローマ皇帝　193.
カール・マルテル〔生没年〕(688頃-741)：フランク公．〔宰相（714-741)〕　380,381.
〔カールマン(887没)：ピピン3世短躯王の息子〕　405.
〔カルロス・ド・ブルボン(生没1788-1855)：フェルナンド7世の弟〕　349.
カロリング朝：〔フランスの〕王朝　322-324,327,341,346,362,378,383-385,399,405,406,408.
＊漢：中国の王朝　150,169.
カンダウレス(前735-前685)：リュディア王　218,247.
＊キュロス2世〔大王〕(前559-前530)：ペルシャの皇帝　120,121.
＊ギュゲス(前650頃)：リュディア王　218,247.
堯：中国の伝説的な皇帝　152,194.
〔キョル・テギン：突厥族の可汗〕　184.
金：女眞族の王朝　70,258.
＊〔虞：晋王朝の祖〕　169.
〔クシャン朝：北インドの王朝〕　114,273.
〔クメール朝：カンボジアの王朝〕　105,
クラウディウス(41-54)：ローマ皇帝　403.
クリュタイムネストラ：ギリシャの伝説的な王妃　37,200,201,218,278.
＊クレオパトラ7世(前51-前30)：エジプト女王　196.
クレオン：テーバイの伝説的な僭主　96.
＊グレゴリウス1世(590-604)：大教皇　364,380.
グレゴリウス3世(731-741)：教皇　399.
グレゴリウス7世(1073-1085)：教皇　359,386,389,390.
グレゴリウス11世(1370-1378)：教皇　397.
＊クロイソス(前561-前547)：リュディア王　36,173.
クレメンス5世(1305-1314)：教皇　397.
クレメンス7世(1523-1534)：教皇　359,386,389,390.
クロヴィス(481頃-511)：フランク王　4,322,327,337,338,346,352,370,377,378,380,403.
＊クロタール（クロテール）2世(613-629)：フランク王　55,336,381.
クロティルド(475頃-545)：フランク王妃　378.
〔クン・ボロム：ラオスの建国神話に登場する王国の開祖〕　137.

ケサル：チベットの伝説的な英雄　188,250.
桀：中国の神話的な皇帝　194,195.
〔黄帝：中国の伝説的な皇帝〕　100,103,239.
コムノネス朝：ビザンティン帝国の王朝　403.
〔コラクサイス：スキュティア（スキタイ）の王〕　115.
〔コン：アイルランドの伝説的な王〕　286.
コンスタンス（アルルの）（1032没）：フランス王妃　410.
＊コンスタンティヌス1世大帝（324-337）：ローマ皇帝　134,179,265,280,318,319,330,332,335,376,377,399.
＊コンスタンティノス5世（741-775）：ビザンティン皇帝　398.
＊コンスタンティノス〔7世〕（緋御殿生まれの）（911-959）：ビザンティン皇帝　361.
コンラディン（コンラート5世）（1254-1268）：シチリア王　392.
＊コンラート1世（911-918）：ドイツ皇帝　407.

◆さ　行

＊サウル（前1020頃-前1000頃）：イスラエルの王　69,95,125,154,161.
ザカリアス（741-752）：教皇　381.
ザグウェ朝：エチオピアの王朝　345.
ササン（2世紀末）：イランの王　160,173,266.
ササン朝：イスラム以前のイランの王朝　56,81,122,155,159,162,173,180,191,212-214,254,270,271,273,280,284.
サトアメン（前14世紀）：エジプトの王妃　267.
〔サトゥルヌス：ローマの農耕神で伝説的な王〕　186.
サファビー朝：イランのイスラム教時代の王朝　142,251.
ザラ・ヤクブ（1436-1468）：エチオピア皇帝　345.
＊サルゴン1世（前1915頃-前1870頃）：アッシリアの王〔正しくはサルゴン（前2340-前2284）：アッカドの王〕　119.
サンジャール（1118-1157）：イランのセルジューク朝のスルタン　251.
始皇帝（前221-前210）：中国の皇帝　234.
＊シーター：ラーマの妃，インドの伝説的な王妃　108,109,(258).
〔シバの女王：旧約聖書に登場する女王〕　125,196,345.
＊シャープール1世（240-270）：ササン朝ペルシャ皇帝　162,214.
＊シャープール2世（309-379）：ササン朝ペルシャ皇帝　162.
シャルルマーニュ〔カール1世，大帝〕（768-814）：フランク王，西ローマ皇帝（800-814）　30,33,188,248,255,256,272,322,324,326,327,334-337,382-385,399,405,406.
＊シャルル〔2世〕禿頭王（840-887）：フランク王．皇帝としてはカール2世（875-877）　265,339,384,406.
＊シャルル3世単純王（898-923）：フランク王　357.
シャルル4世美王（1322-1328）：フランス王　325.
シャルル5世（1364-1380）：フランス王　326,331,356,370.
シャルル6世（1380-1422）：フランス王　272,333,342,348,350,351,353,357.
シャルル7世（1422-1461）：フランス王　324,328,331,358,364.
＊シャルル8世（1483-1498）：フランス王　351,367,368,371.
シャルル10世（1824-1830）：フランス

王　371.
シャルル豪胆公(1467-1477)：ブルゴーニュ公　367.
*シャルル・ダンジュー(1266-1285)：〔ナポリおよび〕シチリア王　392.
〔シャルル・ド・フランス：ルイ11世の弟，ベリ公，後にギュイエンヌ公〕 416.
シャルル・ド・ロレーヌ(953?-992)：〔ロレーヌ公〕 408,409.
ジャン無畏怖公(1404-1419)：ブルゴーニュ公　336.
周：中国の王朝　154,206.
舜：中国の伝説的な皇帝　65,151,152,194,195.
商または殷：中国の王朝　103,153,194,195.
ジョン欠地王(1199-1216)：イギリス王　387.
晋：中国の王朝　169.
秦：中国の王朝　234.
清：中国の満州族の王朝　30,103,424.
神武天皇：日本の伝説的な君主　107.
*ステファン・バトーリ(1575-1586)：ポーランド王　323.
スチュアート朝：イギリスの王朝　417.
スレイマン〔1世〕大帝(1520-1566)：オスマン帝国皇帝　51,251.
*セティ1世(前1290-前1279/78)：ファラオ　409.
*ゼノビア(生没年不詳)：パルミラの女王　196.
*セミラミス：伝説的な〔バビロンの〕女王　196.
セリム2世(1566-1574)：オスマン・トルコ皇帝　257.
セルウィウス・トゥリウス(前6世紀)：ローマの王　217,273.
セルジューク朝：近東のトルコ人の王朝　54,88,140,178,251,257.
セレウコス1世(前305-前280)：シリア王　183.
*ソロモン(前967頃-前928頃)：イスラエルの王　125,161,168,194,227,262,266,329,345.

◆た　行

〔ダシャラタ：インドのアヨーディヤーの王．ラーマの父〕 108,109.
〔タティウス：ローマの伝説的な王〕 217.
ダビデ(前1010頃-前970?)：イスラエルの王　24,54,69,74,88,95,115,125,137,161,194,212,210,291-294,306,319,331,346,360,400.
タルギタウス：スキュティア（スキタイ）人の伝説的な王　115.
タルクイニウス（アンシャン人）：ローマの伝説的な王　217.
*ダレイオス1世(前522-前486)：アケメネス朝の王　115,121,180,192,193,227,237,275.
タンタロス：ギリシャ神話の〔リュディア・プリュギアの〕王　130,198,217.
*チャールズ1世(1625-1649)：イギリス-スコットランド-アイルランド王　325,371,417.
チャールズ2世(1660-1685)：イギリス王　371.
紂〔辛〕：中国の殷の皇帝　154,194,195.
チンギス・カン(1206-1227)：モンゴル皇帝　30,32,51,77,78,105,135,141,165,166,188,195,203,227,236,239,250,281,283.
チンギス・カン王朝：モンゴル人の王朝　250.

＊ツタンカーメン（トゥトアンクアメン）（前1333–前1323）：ファラオ　203,221,236,264,267,282.
ディオクレティアヌス（284–305）：ローマ皇帝　80,134,335.
デイオケス：メディアの王　79.
ティトゥス（79–81）：ローマ皇帝　306,409.
ティベリウス（14–37）：ローマ皇帝　78,117,193,403.
＊ティムール（1369–1405）：中央アジアのトルコ人皇帝　30,32,51,141,188,204,251.
ティムール朝：中央アジアのトルコ人の王朝　204,280,281.
＊テオドシウス〔1世〕大帝（379–395）：ローマ皇帝　376.
テオドロス2世（1855–1868）：エチオピア皇帝　203.
テセウス：ギリシャの英雄　37,198,227.
テュエステス：ギリシャの英雄，ミュケナイ王　130,198–200,221,227.
＊トゥグリル・ベク（1037–1063）：セルジュク・トルコのスルタン　257.
＊トトメス4世（前1397–前1388）：ファラオ　168.
ドマルデ（在位年代不詳）：スウェーデン王　89.
トラヤヌス（98–117）：ローマ皇帝　216,403.

◆な　行

ナポレオン1世（1804–1814）：フランス皇帝　27,30,32,203,226,365,383,424.
〔ナポレオン3世（1852–1870）：フランス皇帝〕　32.
＊ナラム・シン（前2254–前2218）：アッカド王　119.
＊ナルセ（フ）（293–302）：イランの王　213.
ニケフォロス1世（802–811）：ビザンティン皇帝　284.
〔ニケフォロス3世（1078–1081）：ビザンティン皇帝〕　368.
ニコラウス1世（858–867）：教皇　384,386.
ニコラウス2世（1059–1061）：教皇　386.
〔ニムロデ：旧約聖書の創世記に見られる伝説的な王〕　14,258.
ヌマ（前8世紀頃）：ローマの王　131.
ヌミトル：アルバ・ロンガの伝説的な王　131,217.
＊ネブカドネツァル2世（前604–前562）：バビロニアの王　194.
ネロ（54–68）：ローマ皇帝　239,403.
〔ノルマン王朝：イギリスの王朝〕　411.

◆は　行

バーイン・ソンゴル（1434没）：ティムール朝の王子　280.
ハイレ・セラシエ（1930–1974）：エチオピア皇帝　203.
＊ハインリヒ2世（1002–1024）：神聖ローマ皇帝　326.
＊ハインリヒ4世（1056–1106）：神聖ローマ皇帝　359,386,388–390,407.
パウルス4世（1555–1559）：ローマ教皇　394.
バオ・ダイ（1932–1955）：安南皇帝　158.
＊パカル（1526–1530）：マヤの王　237.
バシレイオス1世（867–886）：ビザンティン皇帝　397,403.
＊バトゥ（1227–1255）：ロシアのモンゴ

ル人皇帝　281.
＊ハトシェプスト(前1479/73-前1458/57)：エジプト女王　264.
ハドリアヌス(117-138)：ローマ皇帝　403.
〔ハドリアヌス4世(1154-1159)：ローマ教皇〕 391.
＊パーパク(3世紀)：イランの王　122,160,173.
バーブル(1526-1530)：インドのムガール朝の皇帝　251.
パライオロゴス朝：ビザンティン帝国の王朝　403.
ピッテウス：ギリシャの伝説的な王　198.
ピピン〔ペパン〕短軀王(751-768)：フランクの王　324,325,337,381,382,405.
＊ピリッポス2世(359-336)：マケドニア王　37,191,192,345,410.
ビルゲ・カガン(716-734)：モンゴル平原の突厥族の王　62.
＊ヒルデリヒ（シルデリク）1世(459頃-482頃)：フランク王　331.
裕仁(1926-1989)：日本の天皇　64,204.
ファーティマ朝：エジプトのイスラム教徒の王朝　142.
＊フアナ狂王妃(1504-1555)：カスティーリャ王妃　363.
ファラモンド：〔伝説的な〕フランクの王　346.
＊フィリップ1世(1060-1108)：フランス王　410.
＊フィリップ2世オーギュスト(1180-1223)：フランス王　330,331,353,360,396,413.
フィリップ4世美王(1285-1314)：フランス王　35,325,358,396,413.
フィリップ5世長身王(1316-1322)：フランス王　325,350,353.
フィリップ6世（ヴァロワ家の）(1328-1350)：フランス王　272,414.
＊フェリーペ〔1世〕美王(1504-1506)：オランダとスペイン王　363.
フェリーペ2世(1556-1598)：スペイン王　394.
＊フェリーペ5世(1700-1724，1724-1726)：スペイン王　349,365.
フェルディナント1世（ハプスブルク家の）(1556-1564)：神聖ローマ皇帝，ドイツ王(1526)　394.
フェルナンド2世〔カトリック王フェルナンド5世とも〕：シチリア王(1468)，アラゴン王(1479)，カスティーリャ王(1474)，ナポリ王(1504-1516)　363.
＊フェルナンド3世(1217-1252)：カスティーリャ－レオン王　330.
＊フェルナンド7世(1808，1814-1833)：スペイン王
＊武王(生没年不詳，ほぼ前11世紀の人)：〔周の文王の子，実質的な周の開祖〕 154,169,206.
＊武帝(前141-前87)：〔前漢の皇帝〕 154.
プトレマイオス朝：エジプトの王朝　183,221.
＊プトレマイオス1世(前305-前285)：エジプトの王　118.
＊プトレマイオス2世(前285-前246)：エジプトの王　118.
＊プトレマイオス3世(前246-前222)：エジプトの王　118.
＊プトレマイオス9世(前116-前81)：エジプトの王　221.
フマーユーン(1530-1534，1555-1556)：インドのムガール朝の皇帝　251.
フラウィウス朝：ローマの王朝　402.
＊フラグ(1258-1265)：イランのモンゴル人皇帝　135,250.

〔フラーテス4世(前38頃–前2)：イランの皇帝〕 271.
フランコニア朝：神聖ローマ皇帝の王朝 407.
フランソワ1世(1515–1547)：フランス王 416.
プランタジネット朝：イギリスの王朝 413,414.
プリアモス：トロイヤの王 413,414.
フリードリヒ〔1世〕赤髭帝(1152–1190)：神聖ローマ皇帝 188,329,330,334,359,391.
＊フリードリヒ2世(1215–1250)：神聖ローマ皇帝 391,392.
〔フリードリヒ3世(1440–1493)：神聖ローマ皇帝〕 52.
〔ブルゴーニュ公家：フランスの王族〕 330.
ブルボン朝（スペインの)：〔フェリーペ5世に始まる〕王朝 348,349.
＊プルーラヴァス：インドの伝説的な王 107.
フレデグンデ(545頃–597)：フランク王妃 55.
〔フレードーン：イランの伝説的な王〕 56.
＊文王：〔周王朝の開祖〕 206.
ヘクトール：トロイヤの伝説的な王 129.
ペドロ2世（アラゴンの）(1196–1213)：アラゴン王 387,388.
ペドロ3世（アラゴンの）(1276–1285)：アラゴン王 339.
＊ベーラ4世(1235–1270)：ハンガリー王 388.
ベルナドット(1818–1844)：スウェーデンの皇太子，後に王 366.
ヘレネ：スパルタの伝説的な王妃 14,37,200,218.
ベレロポンテス（ベレロポン)：リュキア王になったギリシャの英雄 218.
＊ベレンガーリョ1世(915–924)：神聖ローマ皇帝 385.
ベン・ハダド：アラム人の王，聖書中の人物 114.
＊ペーローズ〔フィールーズ〕(459–484)：イランの王 213,270.
＊ヘロデ1世大王(前30頃–前4)：ユダヤ王 259,310.
＊ペロプス：ギリシャの英雄 130,198,199,217,218,277.
＊ヘンリ5世(1413–1422)：イギリス王 348.
＊ヘンリ6世(1422–1461)：イギリス王 327,328.
ヘンリ8世(1509–1547)：イギリス王 394.
ホーエンシュタウフェン朝：ドイツ神聖ローマ帝国の王朝 390.
＊ホーコン・ホーコンソン〔ホーコン4世〕(1217–1263)：ノルウェー王 390.
ホサイン・バイカラ(1469–1509)：ティムール朝の王 251.
＊〔ホスロー（ホスロエス)：イラン（パルティア）の皇帝〕 216.
ホスロー1世(531–579)：イランの皇帝 122.
＊ホスロー2世(590–528)：イランの皇帝 251,262,266,270.
＊ボードワン〔1世〕(フランドル伯)(1204–1205)：オリエントのラテン人〔ラテン帝国〕皇帝 326.
＊ボードワン2世(1228–1261)：オリエントのラテン人〔ラテン帝国〕皇帝 328,335.
ボニファティウス8世(1294–1303)：教皇 396.
＊ボレスワフ1世(1024–1025)：ポーラ

ンド王．ポーランド大公(992)　387.

◆ま　行

＊マウソロス(前377–前353/2没)：カリア王　237.
マウリア朝：インドの王朝　136.
マケドニア朝：ビザンティン帝国の王朝　406.
＊マナセ(前696–前642，異説あり)：ユダヤの王　94.
＊〔大〕マフムード（ガズナ朝の）(998–1030)：アフガニスタンの王　54.
〔マリー・アントワネット：フランス王妃〕　422.
マリー・ド・メディシス(1600–1630)：フランス王妃および摂政．〔生没年(1573–1642)，亡命(1610–1616)〕　418.
マルキアヌス(450–457)：ビザンティン皇帝　257.
マルクス・アウレリウス(161–180)：ローマ皇帝　217.
ミカエル3世(842–867)：ビザンティン皇帝　403.
ミカエル7世(1071–1078)：ビザンティン皇帝　272.
〔ミカエル・ケルラリオス(1043–1058)：東方教会総主教〕　399.
＊ミスラダテス2世(前123頃–前91?)：イラン〔パルティア〕の王　257.
＊ミトリダテス〔6世〕(前120–前63)：ポントス王　102.
〔ミノス：クレタの王〕　199.
ムガール朝：インドのトルコ系〔ティムール朝系〕王朝　29,30,82,141,195,204,237,251,274,280,281.
＊ムラト3世(1574–1595)：オスマン・トルコ皇帝　267.
ムラト4世(1623–1640)：オスマン・トルコ皇帝　267.
＊ムルシリ2世(前14世紀末)：ヒッタイト王　76,88.
メネラオス：トロイヤの伝説的な王　200,218.
＊メフメット2世(1451–1481)：オスマン・トルコ皇帝　51.
メルキゼデク：聖書中のサレム王　179.
メロヴィング朝：フランク人の王朝　325,346,378,380,381,401,403–405,409,415.
＊モクテスマ2世(1502–1520)：アステカ皇帝　88.
モンケ〔憲宗〕(1251–1259)：モンゴル皇帝　250.

◆や　行

ヤズデギルド〔3世〕(632–651)：イランの皇帝　81.
ユーグ・カペー(987–996)：フランク〔フランス〕王　34,326,328,357,362,407–409.
ユーグ・ル・グラン(956没)：フランク〔フランス〕公　407.
ユスティニアヌス〔1世〕(527–565)：ビザンティン皇帝　351,367,377.
〔ユスティノス2世(565–578)：ビザンティン皇帝〕　322.
ユリウス・クラウディウス朝：ローマの王朝　402.
ヨハニッツァ1世(1197–1207)：ブルガリア王　387.
ヨハン3世(1568–1592)：スウェーデン王　402.

◆ら　行

〔ライオス：ギリシャのテーバイの伝説的な王〕 96,277.
ラゴス朝：エジプトのプトレマイオス朝〔の別称〕 118,198.
〔ラブダコス朝：テーバイの伝説的な王朝〕 198.
ラーマ：インドの伝説的な王　108,109,249.
*ラメセス2世(前1279-前1213)：エジプトのファラオ　221,409.
*ラメセス4世(前1166-前1160)：エジプトのファラオ　68.
ラリベラ(1180-1225)：エチオピア皇帝　203,260,338,345,360.
*リピト・イシュタル(前1934-前1924)：メソポタミアの王　178.
ルイ4世(936-954)：フランク（フランス）王　407.
ルイ5世(986-987)：フランク（フランス）王　407.
ルイ6世(1108-1137)：フランス王　328,353,412.
ルイ7世(1137-1180)：フランス王　339,412.
ルイ9世聖王(1226-1270)：フランス王　272,328,330,331,339,343,346,358,366,367,371,395,396,413.
ルイ10世(1314-1316)：フランス王　413.
ルイ11世(1461-1483)：フランス王　327,415.
ルイ12世(1498-1515)：フランス王　351.
ルイ14世(1643-1715)：フランス王　4,32,197,395,413,418,419.
ルイ15世(1715-1774)：フランス王　419,420.
*ルイ16世(1774-1792)：フランス王　311,327,328,333-344,421.
ルートヴィヒ〔ルイ〕1世敬虔帝(814-840)：〔西ローマ〕皇帝　322,323,358,359,365,383,384,405.
ルートヴィヒ2世ドイツ王(843-876)：ゲルマン人の王　384,406.
*ルートヴィヒ4世（バイエルン家の）(1314-1346)：神聖ローマ皇帝　393.
レオ3世(795-816)：教皇　382,383.
レオ6世(886-912)：ビザンティン皇帝　397.
*レオ9世(1049-1054)：教皇　386.
〔レムス：ロムルスの兄弟〕 101.
レカレド1世(586-601)：西ゴート王　352,379.
ロタール〔1世〕(840-855)：皇帝〔ルートヴィヒ1世の長子〕 384,406.
*ロタール〔3世〕(1125-1137)：神聖ローマ皇帝　390.
ロテール〔3世〕(954-986)：フランク（フランス）王　407.
ロベール1世(922-923)：フランク王　409.
ロベール2世敬虔王(996-1031)：フランス王　370,371,409.
ロマノス2世(959-963)：ビザンティン皇帝　340,345.
ロムルス：ローマの建国者　38,40,41,101,105,130-132,216,227.

◆わ　行

〔ワシリー3世(1505-1533)：ロシア皇帝〕 323.
ワフラーム〔バフラーム，ワルフラーン〕1世(273-276)：イランの皇帝　212.
ワムバ(672-680)：西ゴート王　340.

索引（二）民族と地理

＊は名称または記載ページの訂正を行ったことを示す。
〔　〕は訳者による補足であることを示す.

◆か 行

◆さ　行

◆た 行

◆な 行

◆は 行

◆ま　行

◆や　行

◆ら　行

◆わ　行

索引（三）著者および原資料

＊は人名，生没年，ページのいずれかを改めた印である．
〔　〕は訳者による補足であることを示す．

◆あ　行

アイスキュロス(前525頃–前456)：ギリシャの悲劇詩人　37.
アヴィトゥス(450頃–5181)：ガロ－ローマン時代の高位聖職者，聖人　378.
〔アウグスティヌス(354–430)：初期キリスト教会の教父，教会博士，著作家〕　35,374.
『アヴェスター』(前7世紀–前6世紀)：編集しなおされたペルシャ語古文献　283.
〔『アエネーイス』：ウェルギリウスの叙事詩〕　52,133,186,239,286.
アダルベロン(988没)：ランスの大司教　357,408.
＊アプレイウス(125頃–180頃)：ローマの著作者　185.
アボン・ド・フルーリ(945頃–1004)：大修道院長，著作家　34,326,336,352,365.
アミアヌス・マルケリヌス(330頃–400頃)：ローマの歴史家　84.
アリストテレス(前384–前322)：ギリシャの哲学者　130.
アル・ファラビー(872–950，異説あり)：アラブの哲学者　139.
〔『アンティゴネ』：ソポクレスの悲劇〕　277.
〔イグナティウス（アンティオキアの）(35頃–110頃)：使徒教父の一人，聖人〕　375.
〔イレナエウス(130頃–110頃)：リヨンの司教〕　375.
イシドールス（セビーリャの）(560頃–636)：司教，学者，著作家　368,379.
イソクラテス(前436–前338)：ギリシャの雄弁家　36.
〔イ・プ・ウェル：古代エジプトの予言者〕　69.
〔『イーリアス』：ホメーロスの叙事詩〕　14,37,50,277.
ヴァン・ビュルク：現代のアフリカ研究者　222.
ヴァンスタン，ジル：現代フランスのトルコ学者，歴史家　28,51.
ヴィデングレン，G.I.：現代オランダのイラン学者　56,192.
ヴィルアルドゥワン(1150頃–1213頃)：フランスの年代記作者　339.
〔『ヴェーダ』：古代インドのバラモン教の根本聖典〕　286.
ウェルギリウス(前70–前19)：ローマの詩人　186,307.
ウェルナー，K.F.：現代ドイツの中世研究家　80,274,383,404.
ヴェルナン，ジャン＝ピエール：現代フランスのギリシャ学者　92.
〔ヴォヴナルグ(1715–1747)：フランスのモラリスト〕　420.
ヴォルテール(1694–1778)：〔フランスの啓蒙主義思想家〕　14,420.
エウリピデス(前480–前406)：ギリシャの悲劇詩人　37.
エヌマ・エリシュ(前19世紀？)：メソポタミアの古文書　19.

エリアーデ，ミルチャ(1907–1986)：ルーマニアの宗教史学者，作家　7,15,57,126,128,154,186,205,240,247,273,337,360.
〔エルゴー(1048頃没)：ロベール2世の伝記作者，聖職者〕 370.
エルドマン：現代ドイツの東洋学者　213.
〔『エレクトラ』：ソポクレスの悲劇〕 277.
*『王の書（シャー・ナーメ)』：〔フィルドゥシーの叙事詩〕 178,280.
〔『王の書（シャー・ナーメ)』デモット本〕 251.
『オグズ・ナーメ』(1300頃)：トルコの叙事詩　256.
オストロゴルスキー：現代のビザンティン史学者　324.
オットー・フォン・フライジンク(1158没)：ドイツの年代記作者　43.
オートラン，フランソワーズ：現代フランスの中世研究者　342.
オボワイエ(1912–1980)：現代フランスのインド学者　261.

◆か　行

カズダン，A.：現代のビザンティン史家　324.
*カリマコス(前305頃–前240頃)：ギリシャの詩人，碩学　18.
キケロ(前106–前43)：ローマの雄弁家　38.
〔『キタブ・アル・アガニ』：アブル・ファラジュの詩人・音学家の伝記集〕 257.
ギルシュマン，R.(1895–1979)：フランスの考古学者，イラン学者　174,257.
クセノポン(前430頃–前352頃)：ギリシャの歴史家，哲学者　36,81.
グラネ，M.(1884–1940)：フランスの中国学者　156.
グラバル：現代フランスのビザンティン史家　335.
クリスティーヌ・ド・ピザン(1363頃–1430頃)：フランスの女流文学者　342.
クリステンセン：現代のイラン学者　214.
グリニャスキ：現代のイラン学者　82.
〔クリュソストモス，ディオン(40頃–112頃)：ギリシャの弁論家，哲学者〕 162.
*グレゴリウス1世(590–604)：〔教皇〕，聖人　180.
グレゴリウス（トゥールの）(538頃–594頃)：高位聖職者，歴史家　352.
〔ゲラルドゥス（アブヴィルの）(1220頃–1272)：フランスの神学教師〕 331.
*孔子(前552頃–前479頃)：中国の思想家　53.
コミーヌ(1447頃–1551頃)：フランスの年代記作者　339.
コーラン(7世紀)：イスラム教の聖典　137,138,219,259.
ゴルドン，P.：現代の社会学者　223.
*コルネイユ，ピエール(1606–1684)：〔フランスの悲劇作家．本文中に彼の名はなく，本書の419ページに『ル・シッド』からの引用文があるのみ．テキストの巻末索引にはp.395とあるが，p.319が最終ページである.〕
コルバン，アンリ(1903–1978)：フランスの東洋学者　56.
ゴンダ，J.：オランダのインド学者，歴史家　247.
〔コンドルセ(1743–1794)：フランスの

数学者，哲学者，政治家〕 420.

◆さ　行

サクソ・グラマティクス(1150頃-1216)：デンマークの歴史家　216.
サシエ，イヴ：現代フランスの中世史学者　326.
サルスティウス(前86頃-前35)：ローマの歴史家　39.
＊サルトル，ジャン＝ポール(1905-1980)：フランスの作家，〔哲学者〕　61.
シェークスピア，ウィリアム(1564-1616)　370.
ジェイムズ，E.O.：イギリス宗教史家　207.
ジェルベール(938頃-1003)：神学者，学者，教皇〔としてはシルヴェステル２世(999-1003)〕　34,336.
＊シモン・ド・サンカンタン(13世紀)：修道士，旅行家　135.
＊〔ジャン・ド・サン＝ジュレ(生没年不詳)：ルイ十二世の伝記作者〕　351.
＊ジャン・ド・マン(1240頃-1305)：フランスの詩人　358.
〔『十王子物語』：インドの物語〕　210,219.
＊『シュクランイーティサーラ』：中世インドの文献　61.
シュミット，P.W.：オーストリアの文化人類学者　17.
〔『書経』：古代中国の最初の歴史書〕　152,154.
ショーモン，M-L.：現代フランスのイラン学者　121.
ジョワンヴィル(1224頃-1317)：フランスの年代記作者　339.
ジラール，R.：現代フランスの社会学者　222-224.
シルド，ゴルドン：社会学者，歴史家　64,148,149,275.
＊スエトニウス(70頃-128頃)：ローマの歴史家　31,78,102,132,133,182,193.
スーステル，ジャック(1912-1990)：現代フランスのアメリカ学者　184.
聖書　17,24,86,95,126,137,168,170,201,212,221,258,268,278,279,318,319,329,331,341,345,401,416.
ストゥール(1909-？)：スウェーデンの神学者，文化人類学者　48.
ソポクレス(前496/494-前406)：ギリシャの悲劇詩人　37,129,277,232.

◆た　行

タキトゥス(54/56-115/120)：ローマの歴史家　30,43,173,182,196.
タイラー(1832-1917)：イギリスの人類学者　223.
タキザデ：現代イランのイラン学者　214.
ターン：現代のギリシャ学者　128.
ダンステイマー：現代の中国学者　153.
＊ダンテ(1265-1321)：〔中世イタリアの詩人〕　44,52,365,393.
チェスタートン(1874-1936)：イギリスの作家　15.
＊ディオドロス（シチリアの）(前90頃-前20頃)：ギリシャの歴史家　78.
ディーテルラン，G.：現代フランスのアフリカ学者　145.
ティトゥス-リウィウス(前60頃-後17)：ローマの歴史家　38,284.
〔ディドロ（1713-1784）：フランスの啓蒙主義思想家〕　420.
〔ティマイオス（ロクリスの）(前356頃-前260頃)：ギリシャの歴史家〕　84.
テオドール・ド・ベース(1519-1605)

：神学者，作家　417.
テオファネス(752頃-818頃)：中世のビザンティン史家　284.
テオフィラクト・シモカッタ(570頃-640)：ビザンティンの年代記作者　322.
デシャン：現代フランスのアフリカ学者　66.
デュメジル，ジョルジュ(1898-1986)：フランスの言語学者，歴史家　38,72,115,116,230,255,282.
テュラール，ジャン：現代フランスの歴史家　421.
*董仲舒(前179/170-前120,176-104)：儒学者　55.
トインビー(1879-1968)：イギリスの歴史家　13,29,73,94,120.
〔ドルバック(1723-1789)：フランスの哲学者　420.

◆な　行

〔『ナルト（族）』：オセット人の叙事詩〕 255.
〔ニガーリー(16世紀)：オスマン・トルコの画家〕 257.
〔ニコラウス（ダマスカスの）（1世紀頃）：ギリシャの哲学者，歴史家〕 69.
〔ニザーミー(1140頃-1203)：ペルシャの詩人〕 251.
*ニザーム・アル・ムルク(1018-1092)：イランの大宰相，著作家　88,140,178,187.

◆は　行

ハイトン(13世紀)：フランス語によるアルメニア史の著者，アルメニア人　250.
*バガヴァッド・ギーター(成立年不詳)：サンスクリット語文献　102.
バスティド，ロジェ(1898-1974)：フランスの社会学者　223.
〔『ハディース』：予言者ムハンマドと初期の信徒たちの言行録〕 137.
〔パトリック（聖人）（?-460頃)：アイルランドへのキリスト教布教者〕 68.
〔『ハムレット』：サクソ・グラマティクスが伝える物語〕 219.
バル・ヘブラエウス(1222-1286)：シリアの著作家〔，ヤコブ派の総主教〕 257.
パロ・マルティ，モンセラ：現代フランスのアフリカ学者　90,148,149,249.
バンヴニスト，エミール(1902-1976)：フランスの言語学者　115,116.
ビアンキ，ウゴー：現代イタリアの歴史家　37,261.
*ピエール・ル・グロまたはピエール・ド・グロ〔その存在は確認できない〕 333.
〔ビュフォン(1707-1788)：フランスの博物学者，哲学者〕 420.
*ヒンクマル(806頃-882)：大司教，著作家　337,357,394.
ファン・デル・レーヴ(1880-1950)：オランダの歴史家　4,7,14,98,164,324,336,362.
ファヴィエ，ジャン：現代フランスの歴史家　35,412.
フィッセル：現代のギリシャ学者　128.
フィルドゥーシー(940頃-1020頃)：イランの叙事詩人　56,213,252,276.
フィロン(前15頃-後50)：ユダヤ人哲学者　255.

〔フォール，ポール：現代のアレクサンドロス大王の伝記作者〕 30.
〔フォントネル(1657–1757)：フランスの思想家，文学者〕 420.
＊福音書・新約聖書(1世紀) 17,68,292,301,302,305.
ブシュリ，P.：フランスの文化人類学者 25.
プラノ・カルピニ，ジョバンニ・デル(1182頃–1251)：修道士，旅行家，著作家 240,281.
プラトン(前428–前347)：ギリシャの哲学者 7,34,36,139,140,172,218.
〔プリニウス(23–79)：ローマの著作家〕 83.
＊ブルジョワ・ド・パリ：中世の年代記作者 336.〔固有名詞とされている意味は不明．本文中では，「パリのある市民」と訳してある．〕
プルタルコス(50？–125)：〔ギリシャの著作家〕 31,60,117,121,129,218.
フレイザー，サー・ジェイムズ・ジョージ(1854–1941)：イギリスの文化人類学者 7,15,16,25,78,80,81,83,84,86,88,90,93,95,145,157,183,209,217,223,235,246,247,369,
ブレーケル(1898–？)：オランダの哲学者，歴史家 20,21,66,215,216,223.
フレーヌ：ベルギーの神学者，歴史家 161.
フロイト，ジグムント(1856–1939)：オーストリアの精神医学者，著作家 74,79,172,182.
フロベニウス(1873–1938)：ドイツの文化人類学者 265.
＊フロワサール，ジャン(1333/1337–1400)：年代記作者 325,364.
ブロンデル，モーリス(1861–1949)：フランスの哲学者 94,102.
ベグベデール：フランスのシンボル学者 274.
＊ヘシオドス(前8世紀頃)：ギリシャの詩人 18,67.
ベルディスアニュ，N.：現代のルーマニア系フランス人のオスマン・トルコ学者 28.
ベルニエ，フランソワ(1620–1688)：フランスの旅行家 82.
＊ヘロドトス(前484–前425)：ギリシャの歴史家 79,81,115,173,175,192,218,235,252,283,284.
ボシュエ，ジャック・ベニーニュ(1627–1704) 12–14,259,350,395,419.
ボダン，ジャン(1529–1596)：フランスの哲学者，経済学者 35.
〔ボーマルシェ(1732–1799)：フランスの劇作家〕 421.
ホメーロス(9世紀)：ギリシャの詩人 36,67,129,249,276.
ボワイエ：現代フランスのインド学者 58.
ポンポニウス・メラ(1世紀)：ローマの著作家 84.

◆ま 行

『マハーバーラタ』(前4世紀頃–後5世紀)：サンスクリット語叙事詩 82,108,156,163.
『マヌ法典』：〔インドの古法典〕 68,98,181.
マリアナ(1536–1621)：スペインのイエズス会士 417.
マルコ・ポーロ(13世紀末)：ヴェネツィア人旅行家 174.
〔マルモンテル(1723–1757)：フランスの作家，劇作家〕 420.
マルタン，アンリ(1810–1883)：フランスの歴史家 364,371.
ミークス，D.：現代フランスのエジプ

ト学者　247.
メスラン，M.：現代フランスの宗教史学者　79,100,179,181.
＊メーダーティティ（9世紀）：インドの法学者　61.
＊孟子（前372–前289）：中国の儒家　12,50,60,63,89,150–153,194,195.
モース，マルセル（1873–1950）：フランスの文化人類学者，社会学者　16,94.
『モンゴル秘史』（1240頃）：〔モンゴルの歴史書〕　103,239.
〔モリエール（1622–1672）：フランスの劇作家〕　419.
＊モンテスキュー，シャルル・ド（1689–1755）　38,420.

◆や　行

ユベール：現代フランスの社会学者　16.
ヨセフス，フラウィウス（37–100）：ギリシャ語で書いたユダヤ人歴史家　114.
＊ヨハネの黙示録　255,300.
ヨルダネス（6世紀）：ゴート族史の著作者　57.

◆ら　行

ラシッド・ウッ・ディーン（1247？–1318）：イランの歴史家　54,250.
ラスパイユ，ジャン：現代の小説家　339.
ラッジェ，L.de：現代ベルギーのアフリカ学者　91.
ラディン，P.（1883–1959）：アメリカのアメリカ学者　144.
『ラーマーヤナ』（前4世紀–後5世紀）：サンスクリット語で書かれた叙事詩　108,249.
ラバンド－マイユフェル，Y.：現代フランスの中世史家　368.
ラムヌー，C.：現代の文化人類学者　205.
＊リシェール（970頃–？）：年代記作者　34,336,357,407.
ルカヌス（39–65）：ローマの叙事詩人　239.
〔ルソー（1712–1778）：ジュネーヴ生まれのフランスの啓蒙思想家，文学者〕　420.
ルブルク，ギヨーム・ド（1220頃–1293）：修道士，旅行家，著作家　284.
ルメルル，P.：現代フランスのビザンティン学者　335.
レーマン，H.：現代フランスのアメリカ学者　223.
ロシュディユー，E.：現代スイスの歴史家　11,27.
ローズ，H.J.：現代イギリスのギリシャ学者　129.
ロベール・ド・クラリ（1170–1216）：フランスの年代記作者　333,335,340.

◆わ　行

ワイルド，H.：現代のエジプト学者　282.

索引（四）主　題

テキストでは，以下に挙げられている語がない場合でも，主題として同一の内容が取り扱われていれば，そのページを示してある．しかしその選択や範囲確定の基準は必ずしも明確ではなく，恣意的な要素もありそうだ．そこで本訳書では，原則として，語があるページのみを示すことにした．また，それとは逆に，テキストにはページの記載がなく，訳者が見つけて追加した場合も少なくない．その結果，語によっては，テキストに記されているよりも数倍になったり，半減したものがある．追加や削除の必要がありそうな場合とそうでない場合の区別は難しく，不確定要素があることは否定できない．ともあれ，＊印はそのような意味でテキストとの差異がある場合と単純ミスがある場合を示している．ただし，主題としてわざわざ一項が設けてある場合やきわめて明確にその主題が取り扱われている場合は，テキスト同様，その語のあるなしにかかわらず，そのページを表記している．複数の語が併記してあるのは，同一のフランス語を複数の日本語に訳した場合ともともと複数のフランス語が併記してあった場合である．なお，〔　〕が付いた語は，テキストになく，訳者の判断で補足したものである．

◆あ　行

◆か　行

◆さ　行

◆た　行

◆な　行

◆は　行

◆ま　行

◆や　行

◆ら　行

原　注

原注は出典注のみである．作品の題名は簡約化されているので，正確な題名を知るためには，文献目録を参照する必要がある．なお，以下のような略記を行った．

Akoun : *Mythes et croyances du monde entier*, Lidis.
Atti : Atti dell'VIII Congresso internazionale di storia delle religioni.
Bonnefoy : *Dictionnaire des mythologies*, Flammarion, vol. I et II.
Eliade, I, II, III : *Histoire des croyances et des idées religieuses*, 3 vol., Payot, Paris, 1976-1983.
Grimal, I : *Mythologies de la Méditerranée au Gange*, Larousse.
Grimal, II : *Mythologies des steppes, des forêts et des îles*, Larousse.
J.A. : Journal asiatique, Paris.
Puech : *Histoire des religions*, sous la direction de H.-C. Puech, « Bibliothèque de la Pléiade », Gallimard, 3 vol., notés ici I, II et III.
S.O. : Sources orientales, 8 vol., Seuil, Paris, notés avec un mot clef du titre.

序　文

1. Van der Leeuw, *La Religion dans son essence et ses manifestations*, p. 122.
2. Frazer, *Le Rameau d'or*. En particulier : « Le roi magicien dans la société primitive », vol. I, p. 15-480 ; « Tabou et les périls de l'âme », vol. I, chap. I, p. 483-499 ; « Le dieu qui meurt », vol. II, chap. III et VI.
3. Frankfort, *Kingship and the Gods*, Chicago, 1948 (trad. française, *La Royauté et les dieux*, Paris, 1951).
4. Résumés des communications dans *Atti* (= Actes) du congrès et publication *in extenso* des textes dans *La Regalita sacra*. Nos références renvoient aux Actes.

第一章　君主制

1. Rochedieu, « Le caractère sacré de la souveraineté », *Atti*, p. 458.
2. Bossuet, *Politique*, II, 4, 3.
3. Meng-tseu. II, 1, 5. Voir Pauthier, *Doctrine de Confucius*, p. 333.
4. Paulme, *La Civilisation africaine*, p. 69.
5. Genèse, XXIII, 6.
6. Bossuet, *Politique*, II, 1, 4.

7. Toynbee, *La Religion*, p. 37.
8. Genèse, XIV, 1, 9.
9. Josué, XII, 2-24.
10. Genèse, X, 8-10; Bossuet, *Politique*, II, 1-4.
11. Voltaire, *Mérope*, I, 3.
12. Servier, *L'Homme et l'invisible*, p. 319.
13. *Iliade*, chant III.
14. Van der Leeuw, *La Religion*, p. 107.
15. Chesterton, *The Everlasting Man*, p. 67.
16. Van der Leeuw, *La Religion*, p. 213.
17. Bleeker, « La fonction sacerdotale du roi », *Atti*, p. 74.
18. James, « The sacred kingship », *Atti*, p. 469.
19. Frazer, *Le Rameau d'or*. Voir aussi id., *The Magical Origin of Kings*.
20. Eliade, *Histoire des croyances*, vol. III, p. 273.
21. Frazer, *Le Rameau d'or*, I, p. 211.
22. *Ibid.*, I, p. 209.
23. *Ibid.*, I, p. 212-213.
24. *Ibid.*, I, p. 486; II, p. 217.
25. Hubert et Mauss, *Mélanges d'histoire des religions*, p. XVIII-XIX.
26. Voir Schmidt, *Origine et évolution de la religion*, qui peut être pris comme un abrégé de son *Ursprung*.
27. Vian, « La religion grecque », in Puech, I, p. 528.
28. Manuscrit I.344 de la bibliothèque de Leyde.
29. Zandee, « Le roi-dieu », *Atti*, p. 233.
30. *Ibid.*, p. 234.
31. Vieyra, « La naissance du monde », in *S.O., Naissance*, p. 161.
32. Garelli et Leibovici, « La naissance du monde », in *S.O., Naissance*, p. 117-127; Bonnefoy, I, p. 234.
33. Bonnefoy, I, p. 234.
34. Vries, *Alt-Germanische Religion*, II, p. 84-86; Dumézil, *Dieux souverains*, p. 190.
35. Vries, *ibid.*, p. 49, 78.
36. Grappin, « Mythologie germanique », in Grimal, II, p. 47.
37. Archaimbault, « La naissance », in *S.O., Naissance*, p. 389 sq.
38. Stöhr et Zoetmulder, *La Religion indonésienne*, p. 31.
39. Psaumes, XVIII, 29.
40. Psaumes, XLVII, 8.
41. Bleeker, « La fonction sacerdotale », *Atti*, p. 70.
42. *Ibid.*, p. 75.
43. Voir Servier, *L'Homme*, p. 220.
44. II Samuel, V, 2.
45. Psaumes, XXIII, 1-2.
46. Lehmann, *La Civilisation précolombienne*, p. 97-98.
47. Bouchery, « Le système politique », *J.A.*, 1988, p. 291-298.
48. *Ibid.*, p. 294.
49. *Ibid.*, p. 295.
50. Frazer, *Le Rameau d'or*, I, p. 211-212.
51. Maquet, *La Civilisation de l'Afrique noire*, p. 72.
52. Rochedieu, « Le caractère », *Atti*, p. 458.
53. Beldiceanu, in Mantran, *Histoire de l'Empire ottoman*, p. 138.
54. Veinstein, *ibid.*, p. 170-171.
55. Toynbee, *La Religion*, p. 55.

56. *Ibid.*, p. 53.
57. Tacite, *Agricola*, 30.
58. Faure, *Alexandre*, p. 311.
59. *Ibid.*, citant Plutarque, *Vies*, 59, 6-7.
60. Sassier, *Hugues Capet*, p. 268.
61. Favier, *Histoire de France*, II, p. 250.
62. Meyer, *Histoire de France*, sous la direction de Favier, III, p. 178-179.
63. Bianchi, *The History of Religion*, p. 133.
64. Dumézil, *Les Dieux souverains*, p. 158.
65. Tite-Live, IV, 4; Montesquieu, *Considérations*, p. VIII.
66. Salluste, *Catilina*, VI.
67. Bloch, « La religion romaine », in Puech, I, p. 917.
68. Van der Leeuw, *La Religion*, p. 116.
69. Bloch, « Religion romaine », in Puech, I, p. 917; Kerenyi, *La Religion antique*, p. 110; Eliade, *Histoire*, II, p. 121.
70. Que dénonce Salluste, *Catilina*.
71. *Ogam. Traditions celtiques*, V, 225 sq.; VI, 209-214; X, 67-80.
72. Tacite, *Agricola*, XIII.
73. Cité dans Pacaut, *Frédéric Barberousse*, p. 56.
74. Voir par exemple Cloulas, *Laurent le Magnifique*, p. 13 sq.
75. Dante, *Enfer*, XXXIV, 61-69.
76. Masseron, notes à la *Divine Comédie, Enfer*.

第二章　王－人間

1. Per Kvaerne, « Tibet », in Akoun, p. 165.
2. Bernard-Thierry, « Magadascar », in *S.O.*, *Pèlerinages*, p. 289.
3. Grappin, « Mythologie germanique », in Grimal, II, p. 43.
4. Stöhr et Zoetmulder, *Religions indonésiennes*, p. 39.
5. Mgr Cerfaux, « Le conflit », *Atti*, p. 397-398.
6. Maricq, « L'inscription », *J.A.*, 1958.
7. Meng-tseu, II, 3, 4; Pauthier, p. 371.
8. *Iliade*, chant I.
9. Frankfort, *Kingship*, p. 227 sq.
10. Roux, *Le Sang*, p. 250.
11. Psaumes, LXXII, 8. Voir Puech, I, p. 417.
12. Psaumes, XXXII, 8. Voir Puech, I, p. 417.
13. Meyvaert, « An unknown letter », *Viator*, p. 11.
14. Veinstein, in Mantran, *Histoire de l'Empire*, p. 163.
15. *Énéide*, chant I.
16. Dante, *Paradis*, VI; id., *Monarchie*, I, 13.
17. Paulme, *Civilisation*, p. 97.
18. Bouiller, « Népal », in Akoun, p. 146.
19. Dunstheimer, « Chine », in Puech, III, p. 400.
20. Lun-yu, II, 1; Pauthier, 79.
21. Derchain, « Religion égyptienne », in Puech, I, p. 140.
22. Köprülü, *Les Origines de l'Empire ottoman*, p. 11-12.
23. *Ibid.*
24. *Ibid.*, p. 11.
25. Zandee, « Le roi-dieu », *Atti*, p. 234.
26. *Dictionnaire des symboles*, p. 819.
27. Blondeau, « Tibet », in Puech, III, p. 243; Eliade, III, p. 275.

28. *Dictionnaire des symboles*, p. 620.
29. Van der Leeuw, *La Religion*, p. 108.
30. Molé, « Le partage du monde », *J.A.*, 1953, 2, p. 273.
31. Corbin, *Terre céleste et corps de résurrection.*
32. Widengren, *Atti*, p. 124.
33. Ménasce, « Mythologie de la Perse », in Grimal, I, p. 203.
34. Molé, *J.A.*, 1953, p. 273.
35. Roux, *La Religion*, p. 158-161.
36. Jornandès (Jordanès), *Histoire des Goths.*
37. Eliade, III, p. 98.
38. Pirenne, *Religions de salut*, p. 29.
39. Meeks, *S.O., Génies*, p. 61.
40. Sauneron, *S.O., Sorcier*, p. 32.
41. *Ibid.*
42. Ries, *Homo religiosus*, p. 107 ; Van der Leeuw, *La Religion*, p. 108.
43. Deschamps, *Religions de l'Afrique noire*, 7.
44. Van der Leeuw, *La Religion*, p. 108.
45. Stöhr et Zoetmulder, p. 213.
46. *Ibid.*, p. 212.
47. Van der Leeuw, *La Religion*, p. 107.
48. Blondeau, « Religion du Tibet », in Puech, III, p. 243.
49. Tucci et Heissig, *Religions du Tibet*, p. 301.
50. Lehmann, *Les Civilisations précolombiennes*, p. 107.
51. Meslin, *Le Merveilleux*, p. 14.
52. Plutarque, *Vies*, 52, 5.
53. Meng-tseu, II, 1, 9 ; Pauthier, p. 336.
54. Confucius, *Ta Hio*, X, 5 ; Pauthier, p. 20.
55. Maquet, *Civilisations*, p. 163 ; Bonnefoy, I, p. 310 ; Palau-Marti, *Le Roi-dieu*, p. 136 ;
56. Dunstheimer, in Puech, III, p. 382.
57. Naudou, « L'autorité royale », *J.A.*, p. 219.
58. *Ibid.*, p. 219.
59. Wijayaratna, in Delumeau, *Le Fait*, p. 496.
60. Sartre, *Les Mouches*, III, 6.
61. Derchain, « Religion égyptienne », in Puech, I, p. 196.
62. Roux, *La Religion*, p. 110.
63. Bonnefoy, II, p. 390.
64. Paulme, *La Civilisation africaine*, p. 98.
65. Frazer, *Le Rameau d'or*, II, 45.
66. *Ibid.*.
67. Palau-Marti, *Le Roi-dieu*, p. 134.
68. Meng-tseu, I, 2, 4 ; Pauthier, p. 233.
69. Childe, *La Naissance*, p. 135.
70. Bastide, « Mythologies africaines », in Grimal, II, p. 251.
71. Yoyotte, *S.O.*, *Jugements*, p. 211 ; Derchain, in Puech, I, p. 104.
72. Bonnefoy, II, p. 325.
73. Widengren, « The sacred kingship », *Atti*, p. 213.
74. Kaltenmark, « La Chine antique », in Puech, I, p. 947.
75. Lemoine, « Mythes d'origine », in Akoun, p. 279.
76. Kaltenmark, in Puech, I, p. 948.
77. Eliade, II, p. 121.
78. Palau-Marti, *Le Roi-dieu*, p. 171.

79. Bleeker, *Atti*, p. 73-74.
80. Widengren, *The King*, p. 29 sq. et 52 sq.
81. Van Gennep, *Tabou*, p. 112.
82. Tucci et Heissig, *Les Religions*, p. 301.
83. Bonnefoy, I, p. 217; Gonda, *Atti*, p. 173; Frazer, *Rameau*, I, p. 212.
84. Deschamps, *Religions de l'Afrique*, p. 69.
85. Bonnefoy, I, p. 462.
86. Vernant, in Girard, *La Violence*, p. 156-157.
87. Ringreen, « Some religious aspects », *Atti*, p. 433-434.
88. Gonda, « The sacred character », *Atti*, p. 173.
89. Veinstein, in Mantran, *Histoire*, p. 170.
90. Lescot, *Les Yezidis*, p. 164.
91. Eliade, III, p. 99.
92. *Odyssée*, XIX, 103.
93. Cité dans Frazer, *Rameau*, I, p. 231.
94. Schlumberger, *J.A.*, 1958, p. 1.
95. Erman, *Die Literatur*, p. 347; Van der Leeuw, *Religion*, p. 114.
96. Psaumes, LXXII, 6 et 16-17.
97. Frazer, *Rameau*, I, p. 225.
98. Eliade, I, p. 114.
99. II Samuel, XXI, 1-2.
100. Caquot, *S.O., Songes*, p. 105-106.
101. Frazer, *Rameau*, I, p. 224.
102. Martzel, « Le Japon », in Akoun, p. 424.
103. Harlez, *Histoire des Kin*, p. 110.
104. Bleeker, *Atti*, p. 73-74.
105. Frankfort, *Royauté*, p. 260.
106. Meng-tseu, II, 6, 7; Pauthier, p. 434.
107. Blondeau, « Tibet », in Puech, III, p. 241.
108. Martzel, « Japon », in Akoun, p. 440; Saunders, « Japon », in Grimal, p. 143.
109. Thierry, « Cambodge », in Akoun, p. 231.
110. Frazer, *Rameau*, I, p. 38.
111. Le Roux, « Celtes », in Puech, I, p. 815.
112. Eliade, II, p. 146.
113. Dumézil, *Romans de Scythie*, p. 138-139.
114. Toynbee, *La Religion*, p. 56.
115. Plutarque, *De Iside*, 24.
116. Genèse, XX, 2-12.
117. II Samuel, 24.
118. Roux, *La Religion*, p. 119-120.
119. Freud, *Totem et tabou*, p. 72.
120. Deschamps, *La Religion*, p. 20-22.
121. Psaumes, XLV, 3.
122. Porcher, « La princesse », *J.A.*, 1986, p. 121.
123. Bonnefoy, II, p. 385; Bulck, « La place », *Atti*, p. 143.
124. *Dictionnaire des symboles*, p. 82.
125. Tucci et Heissig, *Religions*, p. 301.
126. Deschamps, *Religion*, p. 54.
127. Frazer, *Rameau*, II, 382.
128. Bernard-Thierry, *S.O., Pèlerinages*, p. 294-296.
129. Vieyra, *S.O., Songes*, p. 92.

130. Psaumes, LXXXI, XX, LXI, LXXX, XXI, LXXII.
131. Sauneron, *S.O.*, *Sorcier*, p. 32.
132. Vieyra, *S.O.*, *Sorcier*, p. 104.
133. Martzel, « Japon », in Akoun, p. 436.
134. Roux, *Histoire de l'Empire mongol*, p. 351-352.
135. Palau-Marti, *Le Roi-dieu*, p. 55.
136. Frazer, *Rameau*, I, p. 489.
137. Diodore, I, 70.
138. Frazer, *Rameau*, I, p. 493.
139. Hérodote, I, 96-100.
140. Palau-Marti, *Le Roi-dieu*, p. 135.
141. Freud, *Totem*, p. 51.
142. Meslin, *Le Merveilleux*, p. 22.
143. Eliade, *From Primitive to Zen*, p. 448.
144. Werner, *Histoire de France*, sous la dir. de Favier, I, p. 235.
145. Plutarque, *Œuvres morales, Agis*, 19.
146. Frazer, *Rameau*, I, p. 487 et 491.
147. Maquet, *Les Civilisations*, p. 167.
148. Xénophon, *Anabase*, V, 4, 26.
149. Deschamps, *Religions*, p. 20.
150. Eliade, *From Primitive*, p. 448.
151. Hultkrantz, in Puech, III, p. 810.
152. Pellat, *Le Livre de la couronne*.
153. Le Chartier, *La Nouvelle-Calédonie*, p. 441.
154. Frazer, *Rameau*, IV, p. 8.
155. Paulme, *Civilisation*, p. 88 ; Dieterlen, *Atti*, p. 148.
156. Frazer, *Rameau*, IV, p. 8.
157. Naudou, « L'autorité royale », *J.A.*, p. 221.
158. Grignaschi, « Quelques spécimens », *J.A.*, 1966, p. 13.
159. Tucci et Heissig, *Religions*, p. 301-302.
160. Blondel, *La Mentalité primitive*, p. 15 ; Lévy-Bruhl, *L'Ame primitive*, p. 273.
161. Frazer, *Rameau*, II, p. 27 sq.
162. Strabon, X, I.
163. Dumézil, *Romans*, p. 269.
164. Murray, « The divine king », *Atti*, p. 378.
165. Tucci et Heissig, *Religions*, p. 301.
166. Palau-Marti, *Le Roi-dieu*, p. 91.
167. Frazer, *Rameau*, II, p. 33.
168. *Ibid.*, II, p. 31-34.
169. Psaumes, LXXXIV.
170. Frazer, *Rameau*, II, p. 109-110.
171. *Ibid.*, II, p. 63 sq.
172. Palau-Marti, *Le Roi-dieu*, p. 92.
173. Liu, *Die chinesischen Nachrichten*, II, p. 8 ; Dunlop, *The History of... Khazars*, p. 97.
174. Meslin, *Le Merveilleux*, p. 147.
175. *Ibid.*, p. 145.
176. Nizam al-Mulk, *Traité de gouvernement*, chap. II, p. 44.
177. Dunstheimer, in Puech, III, p. 383.
178. Vieyra, in Puech, I, p. 280, 287.
179. II Samuel, XXIV, 17.

180. Séjourné, *La Pensée*, p. 45.
181. Frazer, *Rameau*, II, p. 46.
182. Meng-tseu, II, 1, 3 ; Pauthier, p. 332.
183. Frazer, *Rameau*, II, p. 146 ; Bonnefoy, I, p. 462.
184. Eliade, *From Primitive*, p. 446.
185. Frazer, *Rameau*, II, p. 46.
186. Roux, *Le Sang*, p. 46-49, avec de nombreuses références.
187. Frazer, *Rameau*, I, p. 623-624.
188. Palau-marti, *Le Roi-dieu*, p. 51.
189. Eliade, *From Primitive*, p. 446.
190. Roux, *Histoire de l'Empire mongol*, p. 340-341.
191. Lagger, *Rwanda*, p. 209-210.
192. Gardner, *Atti*, p. 380.
193. Vernant, in Girard, *La Violence*, p. 156-157.
194. Frazer, *Rameau*, II, p. 42.
195. *Ibid.*, I, p. 490.
196. Labat, *Caractère religieux*, p. 352 sq. ; Frankfort, *Royauté*, p. 742 sq.
197. Frazer, *Rameau*, II, p. 88-89.
198. II Rois, III, 27 et Chroniques, xxviii, 3.
199. Blondel, *La Mentalité*, p. 115.
200. Mauss, *Manuel d'ethnographie*, p. 160.
201. Toynbee, *La Religion*, p. 58.
202. Frazer, *Rameau*, II, p. 38.
203. II Rois, xvi, 3 ; II Chroniques, xxxiii, 6 ; II Rois, xxi, 6.
204. II Samuel, iii, 28 ; xvi, 7 ; I Rois, ii, 30.
205. Sophocle, *Œdipe roi*, prologue.

第三章　神聖な王

1. Van der Leeuw, *La Religion*, p. 114.
2. *Lois de Manou*, I, 252.
3. Meslin, *Le Merveilleux*, p. 14.
4. Bonnefoy, II, p. 378.
5. Schul, *La Fabulation platonicienne*, p. 55-59.
6. Van der Leeuw, *La Religion*, p. 386.
7. Bachelard, *La Terre et les rêveries*, p. 202.
8. Widengren, « The sacred kingship », *Atti*, p. 123.
9. Saintyves, *Les Vierges mères*, p. 178.
10. Blondel, *La Mentalité*, p. 95.
11. Mokri, *L'Idée de l'incarnation*, p. 427 ; id., *Le Chasseur de Dieu*, p. 34 ; id., *Kalam*, p. 365.
12. Bonnefoy, II, p. 373.
13. Lemoine, « Mythes », in Akoun, p. 289.
14. Kaltenmark, « Religion chinoise », in Puech, I, p. 932.
15. *Ibid.*
16. Roux, *Faune et flore*, p. 293-294, avec références nombreuses.
17. Eberhard, *Kultur und Siedlung*, p. 21.
18. Ma Touan Lin, *Histoire*, I, p. 41.
19. Saintyves, *Les Vierges mères*, p. 155-156.
20. Radlov, *Proben der Volksliteratur*, I, 201.
21. Palau-Marti, *Le Roi-dieu*, p. 71.
22. *Ibid.*, p. 116.

23. Porée-Maspero et Thierry, *S.O.*, *Lune*, p. 270.
24. Thierry, « Mythes du Cambodge », in Akoun, p. 224.
25. Tung Nguyen, « Les Vietnamiens », in Akoun, p. 258.
26. Roux, *Faune et flore*, *passim*; *Histoire secrète des Mongols*, I, 1 ; Even et Pop, p. 41.
27. *Histoire secrète des Mongols*, 20-21 ; Even et Pop, p. 41.
28. Radin, « The sacred chief », *Atti*, p. 127 ; Hultkrantz, in Puech, III, p. 804.
29. Lehmann, p. 88-89.
30. Varenne, *S.O.*, *Lune*, p. 241.
31. Gonda, « The sacred character », *Atti*, p. 173-174.
32. Voir par exemple Bonnefoy, II, p. 317-322.
33. Lemoine, « Mythes », in Akoun, p. 284.
34. Bonnefoy, I, 385.
35. Saunders, « Mythes du Japon », in Grimal, II, p. 151.
36. Guillimoz, « Croyances populaires en Corée », in Akoun, p. 414.
37. Pottier, « Mythologie thaï », in Akoun, p. 236.
38. Macdonald, *S.O.*, *Naissance*, p. 422.
39. Blondeau, in Puech, III, p. 242 ; Kvaerne, in Akoun, p. 161.
40. Macdonald, *S.O.*, *Naissance*, p. 427.
41. Bonnefoy, II, p. 383.
42. Blondeau, in Puech, III, p. 243 ; Pottier, in Akoun, p. 253.
43. Maricq, « L'inscription », *J.A.*, 1958, p. 371.
44. Palau-Marti, *Le Roi-dieu*, p. 149.
45. Chaney, *The Cult of Kingship*, p. 33 sq.
46. *Énéide*, chant I ; Ézéchiel, XXVIII, 2-5.
47. Flavius Josèphe, *Antiquités judaïques*, IX, 4, 6.
48. II Samuel, XII, 26-30.
49. Hérodote, IV, 507.
50. Benveniste, « Raisons philologiques », *J.A.*, CCXXX, p. 532-534.
51. Dumézil, « La préhistoire », *J.A.*, CCXVI, p. 114, 124 ; id., *Romans*, p. 175 et 181.
52. Van de Walle, « Mythologie égyptienne », in Grimal, I, p. 43.
53. Bonnefoy, II, p. 330.
54. Zandee, « Le roi-dieu », *Atti*, p. 234.
55. Eliade, I, p. 104.
56. Frankfort, *Royauté*, p. 202.
57. Plutarque, *De Iside*.
58. Pirenne, « L'au-delà », in *Religions de salut*, p. 28.
59. Eliade, I, p. 89-92.
60. Frankfort, *Kingship*, p. 302.
61. James, « The sacred kingship », *Atti*, p. 466.
62. Frankfort, *Kingship*, p. 302.
63. Eliade, I, p. 82.
64. Leibovici, *S.O.*, *La Lune*, p. 101.
65. *Ibid.*
66. Sjöberg, *Prayers for King*, p. 60.
67. Herzfeld, in Palou, *Perse antique*, p. 28.
68. Ghirshman, *Perse*, p. 350.
69. Grillot-Susini, « Texte de fondation », *J.A.*, 1980.
70. Ghirshman, *Perse*, p. 156-157.
71. Bonnefoy, I, p. 574.
72. Chaumont, « Recherche », *J.A.*, 1961, p. 298.

73. *Ibid.*.
74. Ghirshman, *Perse*, p. 304.
75. *Ibid.*
76. Id., *Parthes et Sassanides*, p. 29.
77. Chaumont, « Papak », *J.A.*, 1959, p. 179.
78. Juges, XVII, 6.
79. Juges, VIII, 23.
80. Coppens, *La Royauté*, p. 215-219.
81. Psaumes, XVII, 29 ; XLII, 8.
82. Renaud, « Pouvoir royal », p. 441.
83. Exode, XII, 23 ; II Samuel, XXIV, 16.
84. Deutéronome, XVII, 15.
85. I Samuel, VIII, 4-9.
86. I Samuel, VIII, 20.
87. I Samuel, VIII, 20.
88. Renaud, « Pouvoir », p. 78 ; Clavier, *Atti*, p. 395.
89. Renaud, *ibid.*, p. 97.
90. I Samuel, XV.
91. Psaumes, LXXX, 9, 4.
92. Renaud, « Pouvoir », p. 87.
93. I Rois, XIV, 7.
94. II Chroniques, IX, 8.
95. Exode, IV, 21, 23.
96. Fraine, *Atti*, p. 271.
97. Psaumes, LXXXIX, 28.
98. Caquot, « Religion d'Israël », in Puech, I, p. 417.
99. Mowinckel, *Atti*, p. 255-256.
100. Clavier, « Théocratie et monarchie », *Atti*, p. 396.
101. Psaume, CX ; I Chroniques, XXVIII.
102. Eliade, I, p. 348.
103. Vieyra, *S.O.*, *Songes*, p. 91.
104. Cité dans Eliade, I, p. 155.
105. Vieyra, « La religion », in Puech, I, p. 278.
106. Eliade, II, p. 199.
107. Visser, « The divinity of Alexander », *Atti*, p. 321-322.
108. *Ibid.*
109. Bloch, « Religion romaine », in Puech, I, p. 902.
110. Plutarque, *Vies*, II, 3 ; III, 1.
111. Faure, *Alexandre*, p. 391.
112. Vian, « Crète minoenne », in Puech, I, p. 485.
113. Jeanmaire, « La naissance », *Atti*, p. 299.
114. Pausanias, III, 1, 5 ; Hérodote, V, 751.
115. Aristote, *Politique*, III, 13.
116. Dumézil, *Dieux souverains*, p. 160
117. *Ibid.*, p. 166.
118. *Ibid.*, p. 166 ; *Énéide*, I ; Tite-Live, I, 206.
119. Bianchi, *History of Religion*, p. 134.
120. Bloch, « Religion romaine », in Puech, I, p. 917.
121. Bonnefoy, II, 348.
122. Werner, *Histoire de France*, I, *Les origines*, p. 224.
123. Roux, *La Religion*, p. 111 ; id., *Histoire de l'Empire mongol*, p. 142 ; voir aussi p. 335.

124. Wijayaratna, in Delumeau, *Le Fait religieux*, p. 496-497.
125. Bareau, in *Myths and Symbols*, p. 16.
126. Pottier, « Mythes... thaï », in Akoun, p. 339.
127. Thierry, « La personne sacrée », *Atti*, p. 188.
128. Archaimbault, *S.O.*, *Naissance*, p. 389.
129. Hamidullah, *Le Prophète*, I, p. 557.
130. Coran, III, 26.
131. Coran, II, 251.
132. Coran, XXXVIII, 19.
133. Bousquet, *Hadith*, 96, 6.
134. *Ibid.*, 93, 3.
135. Charles, *L'Ame musulmane*, p. 167.
136. Arkoun, *Autorité et pouvoir*, p. 165.
137. *Ibid.*, p. 159.
138. Ringgren, « Some religious aspects », *Atti*, p. 430.
139. Abel, « Roi des rois », *Atti*, p. 434.
140. Ringgren, *Atti*, p. 433.
141. *Ibid.*
142. Abel, « Le khalife », *Studia islamica*; id., *Atti*, p. 436.
143. Farabi, in Corbin, *Histoire de la philosophie*, p. 230.
144. Nizam al-Mulk, chap. I, p. 38.
145. Quarchi, in *Cambridge History of Islam*, II, p. 52.
146. Beldiceanu, in Mantran, *Histoire*, p. 29.
147. Veinstein, in Mantran, *ibid.*, p. 168.
148. *Ibid.*
149. Aubin, *Le Chiisme imamite*, p. 237.
150. Séjourné, *La Pensée*, p. 26.
151. Hultkrantz, in Puech, III, p. 823 ; Séjourné, *ibid.*, p. 46 et 58.
152. Radin, « The sacral chief », *Atti*, p. 126.
153. Séjourné, *ibid.*, p. 45.
154. C'est le titre du livre de M. Palau-Marti. Voir en particulier p. 133.
155. Frazer, *Rameau*. Voir son chapitre « Dieux humains incarnés », I, p. 235-263.
156. *Ibid.*, I, p. 249.
157. *Ibid.*, I, p. 249.
158. Van Bulck, « La place du roi », *Atti*, p. 143 ; Dieterlen, « Le caractère religieux », *Atti*, p. 147 ; Frazer, *Rameau*, I, 251.

第四章　人間－神

1. Bonnefoy, II, p. 390.
2. Derchain, « Religion égyptienne », in Puech, I, p. 105-106.
3. Palau-Marti, *Le Roi-dieu*, p. 48.
4. *Ibid.*, p. 222-223.
5. Girard, *La Violence*, p. 350.
6. Bonnefoy, II, p. 371.
7. Meng-tseu, II, 1, 6 ; Pauthier, p. 334.
8. Confucius, *Ta Hio*, X, 5 ; Pauthier, p. 20.
9. Dunstheimer, « Religion officielle », in Puech, III, p. 383.
10. Schipper, *S.O.*, *Pèlerinages*, p. 311.
11. *Ibid.*
12. *Ibid.*, p. 314-315.

13. Dunstheimer, in Puech, III, p. 382-383.
14. Meng-tseu, III, 5 ; Pauthier, p. 373.
15. *Chou king*, III, 5 ; Pauthier, p. 273.
16. Dunstheimer, in Puech, III, p. 384.
17. Vandier-Nicolas, *S.O., Jugement*, p. 233.
18. Eliade, II, p. 15.
19. Roux, *Religion*, p. 119-120.
20. Naudou, « L'autorité royale », *J.A.*, 1963, p. 266.
21. *Ibid.*, p. 227.
22. I Samuel, xv, 23.
23. Hamidullah, *Le Prophète*, II, p. 555.
24. *Ibid.*, p. 559.
25. Stöhr et Zoetmulder, *Les Religions*, p. 39.
26. Chaumont, « Où les rois », *J.A.*, 1964, p. 71.
27. Varenne, « Religion védique », in Puech, I, p. 594.
28. Bonnefoy, II, p. 329.
29. Mauclaire, « L'être, l'illusion », *J.A.*, 1991, p. 333.
30. Bleeker, « La fonction sacerdotale », *Atti*, p. 73.
31. Granet, *La Féodalité chinoise*, p. 93, 112, 116.
32. Robson, *Médiation en islam.*
33. Frazer, *Rameau*, I, 38.
34. Eliade, I, p. 88 et 155.
35. Derchain, « La religion égyptienne », in Puech, I, p. 126.
36. Eliade, III, p. 98-99.
37. Bleeker, « La fonction », *Atti*, p. 75.
38. Lehmann, *Civilisation*, p. 102.
39. Ghirshman, *Perse*, p. 261.
40. Vieyra, « Religions d'Anatolie », in Puech, I, p. 271.
41. Derchain, in Puech, I, p. 105.
42. Van de Walle, in Grimal, I, p. 29.
43. Eliade, *Aspects du mythe*, p. 55.
44. Derchain, in Puech, I, p. 104.
45. Van de Walle, in Grimal, I, p. 29.
46. Ellegiers, *La Notion de salut*, p. 212.
47. Kaltenmark, in Puech, I, p. 247.
48. Dunstheimer, in Puech, III, p. 405.
49. Van der Leeuw, *La Religion*, p. 209.
50. Dhavamony, *Phoenomenology*, p. 222.
51. Vian, « Crète », in Puech, I, p. 484.
52. Dumézil, *Romans*, p. 197.
53. Burridge, « Religions d'Océanie », in Puech, III, p. 703.
54. Hultkrantz, in Puech, III, p. 810.
55. Chaumont, « Papak », *J.A.*, 1959, p. 175.
56. Chaumont, « Où les rois », *J.A.*, 1964, p. 70.
57. II Samuel, xx, 8.
58. Van der Leeuw, *La Religion*, p. 213.
59. II Samuel, xiv, 18-19.
60. II Samuel, vi. Sur les danses royales, voir *S.O., Danses*, p. 162 sq.
61. Fraine, *Aspects religieux*, p. 327.
62. Renaud, « Pouvoir royal », p. 85.
63. Vieyra, *S.O., Pèlerinages*, p. 83.
64. Ézéchiel, xliii, 8.

65. Chaumont, « Recherches », *J.A.*, 1961, p. 309 et 319.
66. Dion Chrysostome, *Oratio*, p. 49.
67. Le Roux, « Religion des Celtes », in Puech, I, p. 808.
68. Kvaerne, « Croyances populaires », in Akoun, p. 165.
69. Deleury, « Rites et mythologie », in Akoun, p. 121.
70. *Ibid.*
71. Naudou, « Cachemire », *J.A.*, 1963, p. 222-227.
72. Van der Leeuw, *La Religion*, p. 213.
73. Burridge, « Religions d'Océanie », in Puech, III, p. 703.
74. Roux, *Histoire de l'Empire mongol*, p. 152-156.
75. Daumas, *L'Expression du sacré*, p. 302.
76. *Ibid.*, p. 292.
77. James, « The sacred kingship », *Atti*, p. 466.
78. Caquot, *S.O., Songes*, p. 105-106.
79. Vieyra, *S.O., Songes*, p. 92.
80. Meslin, *Le Merveilleux*, p. 146.
81. I Rois, III, 4-5 ; Caquot, *S.O., Songes*, p. 106.
82. Sauneron, *S.O., Songes*, p. 22-24 et Daumas, *L'Expression du sacré*, p. 291.
83. Sauneron, *ibid.*, p. 22.
84. Soymié, *S.O., Songes*, p. 280.
85. *Ibid.*, p. 282-283.
86. Genèse, IX, 4.
87. Roux, *Le Sang*, en particulier p. 99 sq.
88. Selon la terminologie de Mauss, *Manuel*, p. 47.
89. Isocrate, *Panathénaïques*.
90. Faure, *Alexandre*, p. 162.
91. Boyle, Juvaini, *The History*, I, p. 28.
92. Freud, *Totem et tabou*, p. 188.
93. Platon, *Lois*, 823.
94. Granet, *La Pensée chinoise*, p. 393.
95. Tacite, *Germanie*, XIV.
96. Chaumont, « Papak », *J.A.*, 1959, p. 175.
97. *Odyssée*, XIX, 429.
98. Hérodote, I, 36.
99. Ghirshman, *Perse*, p. 231.
100. Id., *Parthes et Sassanides*, p. 209.
101. Marco Polo, XCIV.
102. Roux, *Le Sang*, p. 108-112.
103. Hérodote, IV, 172.
104. Psaumes, XLV, 8.
105. Proverbes, XVI, 12.
106. Grignaschi, « Quelques spécimens », *J.A.*, 1966, p. 131 ; Christensen, *L'Iran*, p. 293.
107. *Ibid.*
108. Nizam al-Mulk, p. 43.
109. Clot, *Soliman le Magnifique*, p. 104.
110. Eliade, I, p. 88.
111. Ries, *L'Expression*, p. 100.
112. Genèse, XIV, 18-19.
113. Meslin, *Le Merveilleux*, p. 183.
114. Psaumes, LXXII, 1-4. Voir aussi XLV, 8 ; LXXII, 11.
115. Daumas, *Expression du sacré*, p. 303.

116. Ghirshman, *Perse*, p. 350.
117. Thierry, « La personne sacrée », *Atti*, p. 187.
118. Palou, *Perse*, p. 107; Grignaschi, *J.A.*, 1966, p. 171.
119. Veinstein, in Mantran, *Histoire*, p. 169-171.
120. Meslin, *Le Merveilleux*, p. 184.
121. Freud, *Totem*, p. 63.
122. Matthieu, VIII, 1-4.
123. Actes, VIII, 17.
124. Eliade, III, p. 99.
125. Meslin, *Le Merveilleux*, p. 15.
126. Frazer, *Rameau*, I, p. 234.
127. Roux, *La Religion*, p. 111-112, avec les références.
128. Soustelle, *La Vie quotidienne*, p. 124.
129. Lucain, *Pharsale*, I, 312-313.
130. Moret, cité par Pirenne, « L'au-delà », in *Religions de salut*, p. 28.
131. Faure, *Alexandre*, p. 362.
132. Porcher, « La princesse », *J.A.*, 1989, p. 204.
133. Bonnefoy, II, 393.
134. *Énéide*, VI.
135. Eliade, I, p. 349.
136. Daniel, VII, 13-14.
137. Michée, V, 34.
138. Zacharie, IX, 9.
139. Aubin, *Politique*, p. 239.
140. Nizam al-Mulk, p. 225.
141. Van der Leeuw, *La Religion*, p. 131.
142. Kvaerne, « Croyances populaires », in Akoun, p. 157-158.

第五章　王の生と死

1. Grignaschi, « Quelques spécimens », *J.A.*, 1966, p. 75.
2. Bonnefoy, I, p. 462.
3. *Dictionnaire des symboles*, p. 820.
4. Palau-Marti, *Le Roi-dieu*, p. 21.
5. *Ibid.*, p. 89.
6. *Ibid.*, p. 50, 52, 55.
7. Faure, *Alexandre*, p. 31.
8. Platon, *Gorgias*, 471.
9. Faure, *Alexandre*, p. 404.
10. *Ibid.*, p. 405-406.
11. Widengren, « The sacral kingship », *Atti*, p. 121-123.
12. Hérodote, II, 84.
13. Meslin, *Le Merveilleux*, p. 14.
14. Stöhr et Zoetmulder, *Religions*, p. 21.
15. Psaumes, XLV, 17-18; II Samuel, VII.
16. Caquot, « La religion d'Israël », in Puech, I, p. 416.
17. Bonnefoy, II, p. 375-376.
18. Meng-tseu, III, 6; Pauthier, p. 377.
19. Paulme, *La Civilisation africaine*, p. 76.
20. *Ibid.*, p. 24, 103.
21. *Ibid.*, p. 103; Frazer, *Rameau*, I, p. 416.
22. Lehmann, *Les Civilisations*, p. 114.

23. Maquet, *La Civilisation*, p. 133.
24. Tacite, *Agricola*, XVI.
25. Frazer, *Rameau*, II, p. 132.
26. Bonnefoy, II, p. 241-242.
27. I Samuel, x, 6.
28. Dieterlen, « Le caractère religieux », *Atti*, p. 148 ; Paulme, p. 74.
29. Widengren, « The sacral kingship », *Atti*, p. 123.
30. Vian, « Les religions de la Crète », in Puech, I, p. 475.
31. Palau-Marti, *Le Roi-dieu*, p. 34.
32. *Ibid.*, p. 215 et 221.
33. *Ibid.*, p. 111.
34. Bonnefoy, I, 385.
35. Widengren, « The sacral kingship », *Atti*, p. 123.
36. Gurney, *The Hittite Kingship*, p. 115.
37. Palau-Marti, *Le Roi-dieu*, p. 129.
38. Frazer, *Rameau*, I, p. 696 ; Palau-Marti, *Le Roi-dieu*, p. 20 et 38.
39. Doresse, *Histoire de l'Éthiopie*, p. 42, 51, 62.
40. Palau-Marti, *Le Roi-dieu*, p. 129.
41. Moret, *Du caractère religieux*, p. 306.
42. De Groot, *Die Hunnen*, p. 280-285.
43. Beigbeder, *La Symbolique*, p. 131.
44. Van der Leeuw, *La Religion*, p. 118.
45. Posener, Yoyotte et Sauneron, *Dictionnaire*, p. 218-219.
46. Frankfort, *Royauté*, p. 150 ; Eliade, *Aspects du mythe*, p. 55.
47. Eliade, *Aspects du mythe*, p. 54 ; id., *L'Éternel Retour*, p. 30 sq.
48. Tucci et Heissig, *Les Religions*, p. 309.
49. Blondeau, « La religion du Tibet », in Puech, III, p. 242.
50. Eliade, II, p. 144 ; Draak, *Atti*, p. 375.
51. Ramnoux, *La Mort sacrificielle*, p. 217.
52. Kalkenmark, *S.O., Danses*, p. 423-424.
53. Eliade, I, p. 235-236 ; id., *Méphistophélès*, p. 192-194.
54. Stein, *Leao-tche*, p. 697.
55. Tucci et Heissig, *Les Religions*, p. 304.
56. Wild, *S.O., Danses*, p. 45-46.
57. Morgenstern, « The King-god », *Atti*, p. 259.
58. Eliade, I, p. 86.
59. Thierry, *S.O., Pèlerinages*, p. 295.
60. Palau-Marti, *Le Roi-dieu*, p. 88.
61. Bonnefoy, III, p. 387-389.
62. Frazer, *Rameau*, II, p. 108-109.
63. *Ibid.*
64. Palau-Marti, *Le Roi-dieu*, p. 282.
65. Dieterlen, *Atti*, p. 148.
66. Deschamps, *Religions*, p. 21.
67. Frazer, *Rameau*, II, p. 35.
68. Eliade, I, p. 155.
69. Lehmann, *Civilisations*, p. 108 ; Hultkrantz, in Puech, III, p. 810.
70. Boer, « Vive le roi », *Atti*, p. 275.
71. Palau-Marti, *Le Roi-dieu*, p. 111.
72. Brunschvig, « La prosternation », *Atti*, p. 437-439.
73. Psaumes, II, 6 ; II Samuel, XII, 7.
74. I Samuel, XVI, 1-13.

75. II Rois, XI, 12.
76. Ghirshman, *Parthes et Sassanides*, fig. 131, 167, 133, 168.
77. *Ibid.*, fig. 211, 293, 192, 218.
78. Discussion dans Chaumont, « Recherches », *J.A.*, 1961, p. 311.
79. Id., « Où les rois », p. 71.
80. *Ibid.*, p. 301-308 ; « Recherches », *J.A.*, 1961, p. 301-308.
81. Christensen, *L'Iran*, p. 90.
82. Chaumont, « Où les rois », *J.A.*, 1964, p. 60.
83. Hultkrantz, in Puech, III, 823.
84. Bonnefoy, II, p. 385.
85. Palau-Marti, *Le Roi-dieu*, p. 21-22.
86. *Ibid.*, p. 59.
87. Bleeker, « The position of the queen », *Atti*, p. 227-228.
88. Palau-Marti, *Le Roi-dieu*, p. 201 et 206.
89. Frazer, *Rameau*, I, p. 419.
90. Mazaheri, *Les Trésors*, p. 103.
91. Frazer, *Rameau*, I, p. 413.
92. *Ibid.*, p. 418.
93. Hérodote, I, 12-13. Voir Platon, *République*, II, 350-360 ; Plutarque, *Questions grecques*, 45.
94. Caquot, « Mythologie des Sémites », in Grimal, I, p. 91.
95. Bonnefoy, II, p. 391.
96. Coran, II, 223.
97. Porcher, « La princesse », *J.A.*, 1985, p. 188-190.
98. Genèse, XIX, 30, 38.
99. Girard, *La Violence*, p. 150.
100. Van Bulck, « La place du roi », *Atti*, p. 143-144.
101. Paulme, *La Civilisation*, p. 36.
102. Bonnefoy, II, p. 387.
103. Palau-Marti, *Le Roi-dieu*, p. 83.
104. Girard, *La Violence*, p. 153.
105. *Ibid.*, p. 161.
106. Frazer, *Rameau*, II, 239.
107. Bastide, *Sociologie*, p. 220 ; Gordon, *L'Initiation sexuelle*, p. 166.
108. Bleeker, « The position of the queen », *Atti*, p. 227-228.
109. Lehmann, *Civilisation*, p. 98.
110. *Ibid.*, p. 91-92.
111. Maquet, *Civilisations*, p. 133 sq.
112. Le Chartier, *Nouvelle-Calédonie*, p. 46.
113. Lescot, *Enquête sur les Yezidis*, p. 163-164.
114. Lehmann, *Civilisation*, p. 59.
115. *Ibid.*, p. 36-37.
116. Ghirshman, *Parthes et Sassanides*, p. 122-123.
117. Palau-Marti, *Le Roi-dieu*, p. 20.
118. L'Orange, « Expression of cosmic kingship », *Atti*, p. 337.
119. Palau-Marti, *Le Roi-dieu*, p. 27.
120. *Ibid.*, p. 27.
121. Bouiller, « Mythes et croyances », in Akoun, p. 146.
122. Bonnefoy, II, p. 231.
123. Saunders, « Mythologie du Japon », in Grimal, I, p. 144.
124. Varenne, « La religion védique », in Puech, I, p. 529.
125. Vian, « La religion de la Crète », in Puech, p. 472-473.

126. Vian, « La religion grecque », in Puech, I, p. 529.
127. Dumézil, *Religion romaine archaïque*, p. 576.
128. Le Chartier, *Nouvelle-Calédonie*, p. 49.
129. Widengren, « The sacral kingship », *Atti*, p. 124.
130. Palau-Marti, *Le Roi-dieu*, p. 126.
131. *Ibid.*, p. 126.
132. *Ibid.*, p. 33.
133. *Ibid.*, p. 84.
134. Hérodote, VI, 52.
135. Roux, *Jésus*, p. 403. Voir Jean, XIX, 40.
136. Roux, *La Mort*, p. 157-158, avec les références.
137. Spencer et Gillen, *Across Australia*, II, p. 424 sq.
138. Cité dans Cazeneuve, *Les Rites*, p. 301.
139. Le Chartier, *Nouvelle-Calédonie*, p. 54.
140. Vieyra, « La religion de l'Anatolie », in Puech, I, p. 280.
141. Ms. Pelliot, Tibet 1042 ; Lalou, « Rituel bon-po », *J.A.*, 1952, p. 341.
142. Pirenne, « L'au-delà », p. 32 ; Textes des Pyramides, 752, 763, 903.
143. Roux, *La Mort*, p. 166-168, avec les références.
144. Hérodote, VI, 58.
145. Palau-Marti, *Le Roi-dieu*, p. 126.
146. Lalou, « Rituel », p. 34.
147. Roux, *La Mort*, p. 269-270.
148. *Ibid.*, p. 108 ; id., *La Religion*, p. 274, et surtout « La veuve », in *L'Homme*, 1969.
149. Palau-Marti, *Le Roi-dieu*, p. 126.
150. Frazer, *Rameau*, II, p. 104.
151. Defremery, « Fragments de géographes », *J.A.*, 1833, p. 497.
152. Palau-Marti, *Le Roi-dieu*, p. 34.
153. *Ibid.*, p. 126.
154. Widengren, *Atti*, p. 124.
155. Hultkrantz, « La religion des grandes civilisations », in Puech, III, p. 810.
156. Hérodote, IV, 71-72.
157. Roux, *La Mort*, p. 85-87 ; *id.*, « Une tradition religieuse ».
158. Tucci et Heissig, *Les Religions*, p. 287.
159. Ghirshman, *Perse*, p. 234, fig. 279 et p. 320.
160. Aynard, *S.O.*, *Jugement*, p. 95.
161. Vandier-Micolas, *S.O.*, *Jugement*, p. 234-235.
162. *Histoire secrète des Mongols*, § 268 ; Even et Pop, p. 234.
163. Roux, *La Religion*, p. 257-258.
164. *Énéide*, chant I.
165. Lucain, *Pharsale*, I, 40-52.
166. Faure, *Alexandre*, p. 394.
167. Tucci et Heissig, *Les Religions*, p. 302.
168. Bonnefoy, II, p. 374.
169. Roux, *La Mort*, p. 258 ; *La Religion*, p. 258 ; J. de Plan Carpin, *Histoire*, III, 9 ; Becquet et Hambis, p. 40.
170. Bernard-Thierry, *S.O.*, *Pèlerinages*, p. 293-295.
171. Van de Walle, in Grimal, I, p. 36.
172. Eliade, I, p. 107.
173. Van de Walle, in Grimal, I, p. 36 ; Pirenne, *Religion*, p. 31.
174. Yoyotte, *S.O.*, *Jugement*, p. 23.
175. Mokri, « Un kalam », *J.A.*, 1969, p. 317.

176. Paulme, *Civilisation*, p. 74.
177. Bastide, « Mythologie », in Grimal, II, p. 251.
178. Maquet, *Civilisations*, p. 125.
179. Palau-Marti, *Le Roi-dieu*, p. 231 ; Maquet, *Civilisations*, p. 125 ; Bastide, in Grimal, II, p. 251.
180. Bonnefoy, II, p. 390.
181. Palau-Marti, *Le Roi-dieu*, p. 126.
182. Murray, « The divine king », *Atti*, p. 378.
183. Gurney, *Hittite Kingship*, p. 115.
184. Palau-Marti, *Le Roi-dieu*, p. 81, 85.
185. Hultkrantz, « Les religions », in Puech, III, p. 810.
186. Deschamps, *Religions*, p. 17, 19 et 43.
187. Bernard-Thierry, *S.O.*, *Pèlerinages*, p. 293-295.

第六章　王の御物

1. Frazer, *Rameau*, I, p. 229.
2. *Ibid.*, p. 250.
3. *Ibid.*, p. 229.
4. *Ibid.*, p. 231.
5. *Ibid.*, II, p. 305.
6. Eliade, I, p. 73-74.
7. Gonda, « The sacred character », *Atti*, p. 173.
8. Meeks, *S.O.*, *Génies*, p. 61.
9. *Dictionnaire des symboles*, p. 91.
10. *Ibid.*, p. 380.
11. Chaumont, « Recherche », *J.A.*, 1961, p. 300.
12. Palau-Marti, *Le Roi-dieu*, p. 187.
13. Roux, *La Chaussure*, p. 51.
14. Id., *Études d'iconographie*, p. 27-57, photos 1-10.
15. *Ibid.*, Références iconographiques et compléments.
16. *Ibid.*, p. 9-26.
17. Hérodote, IV, 10.
18. Mokri, *Le Chasseur de Dieu*, p. 12-13.
19. Chaumont, « Où les rois », *J.A.*, 1964, p. 61.
20. Frazer, *Rameau*, I, p. 243.
21. Roux, *Études d'iconographie*, p. 12.
22. Bonnefoy, II, p. 233.
23. Voir *Catalogue Exposition Toutankhamon*, 73.
24. Ghirshman, *Perse*, p. 131, fig. 167.
25. Palau-Marti, *Le Roi-dieu*, p. 137.
26. *Ibid.*, p. 136.
27. Lehmann, *Civilisations*, p. 90.
28. Genèse, III, 24.
29. Apocalypse, I, 16 ; II, 12 ; XII, 15.
30. Dumézil, *Romans*, p. 32.
31. Hérodote, IV, 62.
32. Jordanès, XXXV, 183.
33. *Oghuz name*, XXXV.
34. Jahn, *Geschichte*, p. 43.
35. Jordanès, XLIX, 255.
36. Ghirshman, *Perse*, p. 269.

37. *Ibid.*, p. 100, fig. 130.
38. Pour cela et tout ce qui touche à l'arc turco-mongol : Roux, *Études*, p. 62-63.
39. Eliade, *De Zalmoxis*, p. 44.
40. Akurgal, *Civilisations et sites*, p. 4.
41. *Énéide*, chant V.
42. Psaumes, IX, 8-9 ; Isaïe, LXI, 1.
43. II Chroniques, IX, 8 ; Bossuet, *Politique*, III, 1-2.
44. Matthieu, V, 34 ; Apocalypse, V, 1.
45. Fahd, *S.O.*, *Naissance*, p. 247.
46. *Ibid.*, p. 246-247.
47. Coran, III, 9.
48. Coran, II, 2, 32, 57, 4, etc.
49. Fahd, *S.O.*, *Naissance*, p. 246.
50. Vian, « Religion de la Crète », in Puech, I, p. 473.
51. Lebrun, *Le Sacré*, p. 161.
52. Maquet, *Civilisations*, p. 170.
53. Doresse, *L'Empire*, II, p. 54.
54. Roux, *Le Sang*, p. 65.
55. Paulme, *Civilisation*, p. 74.
56. Palau-Marti, *Le Roi-dieu*, p. 178.
57. Vian, « La religion », in Puech, I, p. 479.
58. Lebrun, *Expression du sacré*, p. 162.
59. Palau-Marti, *Le Roi-dieu*, p. 21-22.
60. Frazer, *Rameau*, II, p. 487.
61. Perrigeaux, *Chez les Achantis*, p. 140.
62. Auboyer, « Le caractère divin », *Atti*, p. 175-176.
63. Auboyer, *Symboles cosmiques*, p. 44.
64. Bianchi, *History*, p. 133.
65. Auboyer, *Symboles*, p. 66.
66. Ghirshman, *Perse*, p. 216.
67. *Ibid.*, p. 206.
68. Sur tout cela : Roux, *Études d'iconographie*, pl. VII, VIII et IV.
69. Auboyer, *Le Trône et son symbolisme*.
70. *Catalogue Toutankhamon*, 14.
71. *Ibid.*, 40.
72. Sterckx et Champeaux, *Symboles*, p. 384-386.
73. Frobenius, *Histoire*, p. 151-152.
74. Voir les dessins de ces œuvres in Sterckx et Champeaux, *Dictionnaire des symboles*, p. 383-385.
75. Nombreux exemples dans Ghirshman, *Perse*, fig. 246, 254, 255, etc.
76. *Ibid.*, fig. 444.
77. Ghirshman, *Parthes et Sassanides*, p. 245, fig. 244.
78. I Rois, II, 19.
79. I Rois, X, 18-20.
80. Beigbeder, *Symbolique*, p. 97.
81. Représentations nombreuses. Voir par exemple S. Lloyd, *L'Art ancien du Proche-Orient*, Larousse, 1964, p. 187.
82. Tucci et Heissig, *Les Religions*, p. 302-303.
83. Palau-Marti, *Le Roi-dieu*, p. 187.
84. Duchesne-Guillemin, « L'Église sassanide », in Puech, II, p. 18.
85. Loeffler-Delachaux, *Le Cercle*, p. 50-51.

86. Frazer, *Rameau*, I, p. 330.
87. Palau-Marti, *Le Roi-dieu*, p. 187.
88. Ézéchiel, XVI, 12; Isaïe, LXII, 3.
89. Exode, XXVIII, 36-38.
90. Ghirshman, *Parthes et Sassanides*, p. 131 et fig. 167, p. 166 et fig. 24.
91. *Ibid.*, p. 193 et fig. 235.
92. *Ibid.*, p. 54-55.
93. Chaumont, « Recherches », *J.A.*, 1961, p. 300.
94. Hultkrantz, in Puech, III, p. 824.
95. Tucci et Heissig, *Les Religions*, p. 173.
96. Ghirshman, *Parthes et Sassanides*, p. 173.
97. *Ibid.*, p. 96.
98. L'Orange, « Expressions of cosmic kingship », *Atti*, p. 339.
99. Sterckx et Champeaux, *Symboles*, p. 377.
100. Meeks, *S.O.*, *Génies*, p. 24.
101. Eliade, I, 87.
102. Meslin, *Le Merveilleux*, p. 12.
103. Werner, *Histoire de France*, I, *Les origines*, p. 224.
104. Beigbeder, *Symbolique*, p. 72.
105. Sterckx et Champeaux, *Symboles*, p. 378, fig. 160.
106. Ghirshman, *Perse*, p. 246.
107. *Ibid.*, fig. 248.
108. Childe, *La Naissance*, p. 123.
109. Sterckx et Champeaux, *Symboles*, p. 377.
110. *Catalogue Toutankhamon*, p. 90, n° 17.
111. Chaumont, « Où les rois », *J.A.*, 1961, p. 61.
112. *Iliade*, chant I et II.
113. *Ibid.*, chant II.
114. Pausanias, IX, 40, 11 sq.; Frazer, *Rameau*, I, p. 231.
115. Psaumes, XLV; Exode, VII, 8-13.
116. Exode, VII, 8-13.
117. Sterckx et Champeaux, *Symboles*, p. 61.
118. Labande-Mailfert, *Charles VIII*, p. 451.
119. Sterckx et Champeaux, *Symboles*, p. 27.
120. Auboyer, *Les Arts de l'Inde*, pl. XXXV.
121. Ghirshman, *Perse*, fig. 214 et 233.
122. Id., *Parthes et Sassanides*, p. 169, fig. 237, p. 199, fig. 236-238.
123. Plan Carpin, VIII, 17, Becquet et Hambis, p. 111; voir aussi VIII, 34, p. 121.
124. Roux, *Histoire de l'Empire mongol*, p. 406.
125. Palau-Marti, *Le Roi-dieu*, p. 137-138.
126. Ghirshman, *Perse*, fig. 246.
127. Wild, *S.O.*, *Danses*, p. 44.
128. Roux, *Études d'iconographie*, p. 83.
129. Dumézil, *Jupiter, Mars, Quirinus*, p. 52.
130. Eliade, III, p. 116.
131. Lehmann, *Civilisations*, p. 90.
132. Hérodote, IV, 8-10.
133. Artamonov, *Les Trésors d'art*, fig. 97 et 331.
134. Roux, *Études d'iconographie*, p. 96-100, fig. 6 à 11.
135. Rubrouck, VIII, Kappler, p. 104.
136. Roux, *Études*, p. 84-92.
137. Hérodote, IV, 65.

138. Tite-Live, XIII, 24, 12.
139. Rambaud, *L'Empire grec*, p. 320.
140. Roux, *Études*, p. 103.
141. Matthieu, XXVI, 26-29.
142. Roux, *Le Sang*, p. 316-318, pour ce texte et quelques autres.
143. Vieyra, *S.O.*, *Naissances*, p. 161.
144. *Ogam*, 1948, XIV, p. 365-366; *Dictionnaire des symboles*, p. 301.
145. Hérodote, IV, 70.
146. Roux, *Le Sang*, p. 315 et la bibliographie.
147. Boyle, *The Successor*, p. 31 et 189; id., *The History*, I, p. 252 et II, p. 56; Jahn, *Geschichte*, p. 52.

第七章　キリスト－王

1. Isaïe, LIII, 2-3.
2. Roux, *Jésus*. Bien que mon optique diffère sur certains points, je reprends sur d'autres ce que j'ai déjà écrit.
3. Psaumes, II, 7-8.
4. Psaumes, II, 9; XC, 6; XVIII, 38-43.
5. Daniel, VII, 13-14.
6. Psaumes, XLV, 3-6.
7. Isaïe, LII, 7.
8. Zacharie, IX, 9-10.
9. Isaïe, LIII, 4-5.
10. Isaïe, XI, I.
11. Luc, I, 68-69 et 76-77.
12. Luc, I, 28-38.
13. Matthieu, I, 19-25.
14. Freud, *Totem et tabou*, p. 115.
15. Marquès-Rivière, *Amulettes, talismans*, p. 144.
16. Durkheim, *Les Formes élémentaires*, p. 190.
17. Bouthoul, *Traité de sociologie*, p. 284.
18. Jean, XIX, 29.
19. Michée, V, 1.
20. Luc, II, 1-6.
21. Schul, *La Fabulation platonicienne*, p. 58-59; Bachelard, *La Terre*, p. 203.
22. Luc, II, 8-20.
23. Psaumes, XXIII, 1; Jérémie, XXXI, 10, etc.
24. Isaïe, XI, 11.
25. II Samuel, VII, 8.
26. II Samuel, XXIV, 17.
27. Jean, X, 11-14.
28. Jean, I, 29.
29. Matthieu, II, 1-2.
30. Matthieu, III, 16-17.
31. Matthieu, II, 10-11.
32. Matthieu, IV, 12; Marc, I, 12-13; Luc, IV, 1-2.
33. Jean, VI, 15.
34. Jean, IV, 25-26.
35. Marc, IV, 26-29, 31-32; X, 14; Matthieu, XIII, 33, 44, 48; XIX, 25; VI, 33; XXV, 34, etc.
36. Actes, I, 6-7.

37. Jean, XX, 30-31.
38. Jean, VI, 27.
39. Genèse, I, 2.
40. Jean, VI, 35.
41. Roux, *Jésus*, p. 216-219.
42. Marc, XI, 20; Matthieu, XXI, 19-22.
43. Jean, XII, 1-8; Matthieu, XXVI, 6-13; Marc, XIV, 3-9.
44. Jean, XI, 51-52.
45. Matthieu, XXI, 1-7; Marc, XI, 1-7; Luc, XIX, 29-35.
46. Juges, V, 10.
47. Zacharie, IX, 9.
48. Luc, XIX, 41-44.
49. Marc, XI, 9-10; Jean, XII, 13; Matthieu, XXI, 9; Luc, XIX, 28.
50. Matthieu, XXI, 8.
51. Luc, XXII, 14-18.
52. Matthieu, XXVI, 26-29; Marc, XIV, 22-25; Luc, XXII, 19-20.
53. Matthieu, XXVI, 39; Marc, XIV, 30; Luc, XXII, 47.
54. Matthieu, XXVI, 63-64; Marc, XIV, 61-62.
55. Luc, XXIII, 2.
56. Jean, XIX, 10-11.
57. Jean, XIX, 12.
58. Jean, XVIII, 32-39; Luc, XXIII, 4.
59. Luc, XXIII, 5.
60. Matthieu, XXVI, 19.
61. Matthieu, XXVII, 15-17.
62. Matthieu, XXVII, 24-26.
63. Matthieu, XXVII, 36; Marc, XV, 15; Luc, XIX, 1.
64. Jean, XIX, 14.
65. Frazer, *Rameau*, III, p. 607.
66. Matthieu, XXVI, 27-31; Marc, XV, 16-20; Luc, XIX, 2-3.
67. Matthieu, XXVI, 31.
68. Luc, XXIII, 40-43.
69. Jean, XIX, 21-22. Voir aussi Marc, XV, 26; Matthieu, XXVII, 32.

第八章　キリスト教徒の王

1. Remarque d'Eliade, II, p. 169.
2. Werner, *Les Origines*, p. 234-235.
3. *Ibid.*
4. Matthieu, XV, 18.
5. Jean, X, 11-14 et XII, 15.
6. Cerfaux, « Conflit entre Dieu », *Atti*, p. 397.
7. Épître aux Romains, XII, 1-2.
8. Clavier, « Théocratie et monarchie », *Atti*, p. 395.
9. Höfler, *Germanische Sakralkönigtum*, p. XII sq., p. 350 sq.
10. Kazhdan, *Prédication et propagande*, p. 19.
11. Martin, *Histoire*, II, p. 339.
12. Werner, *Les Origines*, p. 385.
13. Grégoire, *Histoire*, II, 31.
14. Benson, « Provincia = Regnum », in *Prédication*, p. 45.
15. *Lettres* d'Ivan IV, p. 113.
16. *Ibid.*, p. 47.

17. *Ibid.*, p. 229.
18. Van der Leeuw, *La Religion*, p. 107.
19. Kazhdan, *Prédication*, p. 17.
20. Ostrogorsky, *Zur Kaisersalbung*, p. 148-152.
21. Werner, *Les Origines*, p. 26.
22. *Ibid.*, p. 367.
23. Obolensky, *The Byzantine Commonwealth*, p. 354.
24. Van der Leeuw, *La Religion*, p. 115.
25. Labande-Mailfert, *Charles VIII*, p. 57.
26. Sassier, *Hugues Capet*, p. 47.
27. *Ibid.*
28. Autrand, *Charles VI*, p. 24; Sassier, *Hugues*, p. 273.
29. Bossuet, *Politique*, Dédicace au Dauphin.
30. Werner, *Les Origines*, p. 27-28.
31. Guillaume de Nangis, *Gesta*, IX.
32. Doresse, *L'Empire*, p. 54.
33. Id., *Histoire*, p. 41.
34. Obolensky, *The Byzantine*, p. 398.
35. Van der Leeuw, *La Religion*, p. 115.
36. Richard, *Saint Louis*, p. 429.
37. *Ibid.*, p. 430.
38. *Ibid.*
39. Labande-Mailfert, *Charles VIII*, p. 449.
40. Autrand, *Charles VI*, p. 416.
41. Robert de Clari, XXIII.
42. Obolensky, *The Byzantine*, p. 401-402.
43. Pacaut, *Frédéric Barberousse*, p. 301.
44. *Ibid.*, p. 304.
45. Lemerle, *Le Style byzantin*, p. 23.
46. Grabar, *L'Empereur dans l'art*, pl. v et p. 231.
47. Robert de Clari, XCVII.
48. Pacaut, *Frédéric*, p. 48 sq.; Martin, II, p. 339.
49. Sassier, *Hugues Capet*, p. 270.
50. Autrand, *Charles VI*, p. 467.
51. Van der Leeuw, *La Religion*, p. 209.
52. Sassier, *Hugues Capet*, p. 270.
53. Eliade, I, p. 99.
54. Werner, *Les Origines*, p. 27.
55. Doresse, *L'Empire*, p. 62.
56. Labande-Mailfert, *Charles VIII*, p. 55.
57. *Ibid.*, p. 44.
58. Commynes, 28; Joinville, 15; Villehardouin, 58.
59. Sterckx et Champeaux, *Symboles*, p. 383.
60. Kazhdan, *Prédication*, p. 15.
61. Labande-Mailfert, *Charles VIII*, p. 56.
62. Robert de Clari, XXII.
63. Labande-Mailfert, *Charles VIII*, p. 56.
64. Psaumes, CXLIX et II, 17; Matthieu, XXI.
65. Autrand, *Charles VI*.
66. *Ibid.*, p. 324.
67. *Ibid.*, p. 325.
68. *Ibid.*, p. 298.

69. *Ibid.*, p. 411.
70. *Ibid.*, p. 321.
71. Richard, *Saint Louis*, p. 419.
72. Roux, *Le Sang*, p. 321-324.
73. Aubry, *La Révolution française*, I, p. 433.
74. Robert, *Louis XVI*; voir p. 89-90, 182, 189.
75. *Ibid.*, p. 200.
76. Doresse, *Histoire*, p. 41.
77. *Ibid.*, p. 50.
78. Werner, *Les Origines*, p. 22, 30-31 et 36.
79. *Ibid.*, p. 498.
80. Obolensky, *The Byzantine*, p. 354.
81. Bossuet, *Politique*, II, 1-10.
82. *Ibid.*, Dédicace.
83. Labande-Mailfert, *Charles VIII*, p. 463.
84. Autrand, *Charles VI*, p. 600.
85. Clément, « L'Église orthodoxe », in Delumeau, *Le Fait religieux*, p. 173.
86. Sassier, *Hugues Capet*, p. 275.
87. Martin, *Histoire*, IV, p. 549.
88. Michelet, IV, p. 247; Martin, *Histoire*, V, p. 537.
89. Autrand, *Charles VI*, p. 24.
90. *Ibid.*, p. 66.
91. *Ibid.*, p. 171.
92. Obolensky, *The Byzantine*, p. 398.
93. Sassier, *Hugues Capet*, p. 195-196.
94. Joinville, 132. Voir Richard, *Saint Louis*, p. 303.
95. Martin, *Histoire*, V, p. 576.
96. Guillot, *L'Exhortation au partage*, p. 101.
97. Paquis et Dochez, *Histoire d'Espagne*, II, p. 192-193.
98. Eliade, III, p. 99.
99. Doresse, *Histoire*, p. 64.
100. Benson, « Provincia = Regnum », p. 44.
101. Martin, *Histoire*, IV, p. 8.
102. Labande-Mailfert, *Charles VIII*, p. 449.
103. *Ibid.*, p. 56-58.
104. Lemerle, *Le Style*, p. 24.
105. Kazhdan, *Prédication*, p. 16.
106. Bompaire, « A propos des préambules », in *Prédication*, p. 139.
107. Van der Leeuw, *La Religion*, p. 113.
108. Sterckx et Champeaux, *Symboles*, p. 379, fig. 161.
109. Paquis et Dochez, *Histoire d'Espagne*, II, p. 414.
110. Froissart, IV.
111. Martin, *Histoire*, IV, p. 537.
112. Labande-Mailfert, *Charles VIII*, p. 446.
113. Arquillière, *Histoire de l'Église*, p. 320.
114. Sassier, *Hugues Capet*, p. 269.
115. Labande-Mailfert, *Charles VIII*, p. 56.
116. Dante, *Monarchie*, I, 19.
117. Autrand, *Charles VI*, p. 10.
118. Labande-Mailfert, *Charles VIII*, p. 297.
119. Paquis et Dochez, *Histoire d'Espagne*, II, p. 220.
120. Kazhdan, « Certain traits », p. 18.

121. *Ibid.*, p. 183.
122. Chaney, « The cult of kingship », *Atti*, p. 257.
123. Guillot, « Exhortation au partage », in *Prédication*, p. 101.
124. Labande-Mailfert, *Charles VIII*, p. 48.
125. Frazer, *Rameau*, I, p. 210.
126. Shakespeare, *Macbeth*, IV, 3.
127. Labande-Mailfert, *Charles VIII*, p. 48. Voir aussi, sur la question, Van der Leeuw, *La Religion*, p. 110 ; Freud, *Totem et tabou*, p. 64 ; Eliade, II, *passim*.
128. Sassier, *Hugues Capet*, p. 270.
129. Martin, *Histoire*, VII, p. 265.
130. Frazer, *Rameau*, I, p. 139.
131. Labande-Mailfert, *Charles VIII*, p. 279.
132. Frazer, *Rameau*, I, p. 233.

第九章　王と教会と貴族

1. Arquillière, *Histoire*, p. 146.
2. Werner, *Les Origines*, p. 307.
3. Grégoire de Tours, III, 50. Voir Martin, *Histoire*, I, p. 421.
4. Arquillière, *Histoire*, p. 104.
5. Isidore de Séville, *Historia Gothorum*, 11, 267.
6. Paquis et Dochez, *Histoire d'Espagne*, I, p. 192.
7. Werner, *Les Origines*, p. 369.
8. Ganshof, *The Imperial Coronation*, p. 26 ; Folz, *Le Couronnement*, p. 177.
9. Matthieu Paris, *Grandes Chroniques*, p. 169.
10. Paquis et Dochez, *Histoire d'Espagne*, II, p. 66.
11. *Ibid.*, II, p. 66.
12. Pacaut, *Frédéric Barberousse*, p. 31.
13. *Ibid.*, p. 130.
14. Roux, *Les Explorateurs*, p. 92-93 ; id., *Histoire de l'Empire mongol*, p. 293.
15. Arquillière, *Histoire de l'Église*, p. 206.
16. Favier, *Histoire*, *Le temps des principautés*, p. 249-250.
17. Dante, *Monarchie*, cap. ultima.
18. Dante, *Purgatoire*, XVI, 108.
19. Werner, *Les Origines*, p. 412.
20. Voir Richard, *Saint Louis*, p. 578. Voir Favier, *Histoire*, p. 201.
21. Werner, *Les Origines*, p. 34.
22. Voir *ibid.*, p. 368.
23. Clément, « L'Église orthodoxe », in Delumeau, *Le Fait*, p. 173.
24. *Ibid.*, p. 175.
25. *Ibid.*, p. 173.
26. *Lettres* d'Ivan IV, p. 168.
27. Werner, *Les Origines*, p. 313.
28. *Ibid.*, p. 44 et *passim*.
29. *Ibid.*, p. 237.
30. Sassier, *Hugues Capet*, p. 290-291.
31. *Ibid.*, p. 194.
32. *Ibid.*, p. 195.
33. *Ibid.*, p. 267 ; Favier, *Histoire*, p. 196.
34. *Ibid.*, p. 196.
35. Sassier, *Hugues Capet*, p. 267-268.
36. Favier, *Histoire*, p. 66.

37. Paquis et Dochez, *Histoire d'Espagne*, II, p. 240.
38. Favier, *Histoire*, p. 65.
39. *Ibid.*, p. 268.
40. *Ibid.*, p. 268.
41. *Ibid.*, p. 275.
42. *Ibid.*, p. 377.
43. Raspail, *Sire*, p. 55 (éd. Livre de Poche).
44. Meyer, *Histoire de France*, III, *La France moderne*, p. 147.
45. *Ibid.*, p. 295.
46. Corneille, *Le Cid*, I, 3.
47. Meyer, *La France*, p. 409.
48. Marmontel, *Mémoires*, VII.
49. Beaumarchais, *Le Mariage de Figaro*, V, 3.
50. Tulard, *Histoire de France*, IV, *Les révolutions*, p. 41.

文献目録

文献について言えば，私は，例外を除いて，一つの版や一つの翻訳だけに拠らずに，大抵の場合，他の多くの版や翻訳も参照した．聖書（旧約聖書）は大体前 8 世紀から前 2 世紀の間に成立した．四福音書と使徒行伝（新約聖書）は 1 世紀に書かれた．コーランは，ムハンマドが7世紀初頭に述べたことがその都度書き留められ，数十年後，本にまとめられたものである．ピラミッド文書は前2500—前2300年頃に記されている．バビロニアの天地創造神話の成立は前19世紀まで逆上ると思われるが，それが記述された現存の粘土板文書の断片はもっと後（前 9 —前 2 世紀）のものである．『ヴェーダ』はインドで前1800—前800年の間に成立した．『マハーバラタ』と『ラーマーヤナ』は前 4 世紀から後 4 世紀の間に成立した．『書経』は中国の最も古い書物（前 9 — 8 世紀）である．孔子は前552年頃に生まれ，前479年頃に死んだ．彼の教義は『論語』『大学』『中庸』といった古典および孟子の著作によって知られている．孟子はほぼ前371年から前289年までの人である．本書で使用された古代ギリシャ・ローマおよび中世の著者と作品にはそれぞれの年代を括弧の中に記した．

〔以下の 5 つの文献は次のように略記した〕

Atti : *Atti dell'VIII Congresso internazionale de storia delle religioni.*

GRIMAL, I et II : *Mythologies de la Méditerranée au Gange* et *Mythologies des steppes, des forêts et des îles.*
J.A. : *Journal asiatique*, Paris.
PUECH : *Histoire des religions*, « Bibliothèque de la Pléiade ».
S.O. : *Sources orientales.*

ABBON DE FLEURY (v. 945-1040), *Patrologia.*
ABEL (A.), « Le khalife, personnage sacré », *Studia islamica*, 1967.
—, « Roi des rois ou khalife (du Prophète) de Dieu », *Atti*, p. 434-437.
ADALBERON (mort en 988), *Carmen ad Robertem Regem*, éd. Carozzi, 1979.
AIMOIN (mort v. 1008), *Histoire des Francs.*
AKOUN (A.), voir *Mythes et croyances.*
AKURGAL (E.), *Civilisations et sites antiques de Turquie*, Istanbul, 1936.
AMMIEN MARCELLIN (v. 330-400), *Res gestae*, éd. Nisard, Paris, 1849.
ARCHAIMBAULT (C.), « La naissance du monde dans la tradition lao », *S.O.*, 1, p. 383-415.
ARQUILLIÈRE (chanoine), *Histoire de l'Église*, Paris, 1941.
ARISTOTE (384-322), *Éthique à Nicomaque.*
—, *Politique.*
ARKOUN (M.), « Autorité et pouvoir en Islam », in *Pouvoir et vérité*, p. 145-182.
ARTAMONOV, *Les Trésors d'art des Scythes*, Paris, 1963.
Atti dell'VIII Congresso internazionale di storia delle religioni (Rome 17-23 avril 1955), Florence, Sansoni, 1956.
AUBIN (J.), « La politique religieuse des Safavides », in *Le Shi'isme imamite*, Paris, P.U.F., 1970, p. 235-244.
AUBOYER (J.), *Le Trône et son symbolisme dans l'Inde ancienne*, Paris, 1940.
—, *Les Arts de l'Inde et des pays indianisés*, Paris, P.U.F., 1958.
—, « Le caractère divin et royal du trône dans l'Inde ancienne », *Atti*, p. 174-175.
—, « Symboles cosmiques », in *Le Symbolisme cosmique*, Annales du Musée Guimet, I, Textes Paris, 1953.
AUBRY (O.), *La Révolution française*, Paris, Flammarion, 1942.

AUTRAND (F.), *Charles VI*, Paris, Fayard, 1986.
AYNARD (J.-M.), « Le jugement des morts chez les Assyro-Babyloniens », *S.O.*, 4, p. 81-102.
BABUR, *Le Livre de Babur*, trad. du turc par J.-L. Bacqué-Grammont, Paris, U.N.E.S.C.O., 1980.
BACHELARD (G.), *La Terre et les rêveries du repos*, Paris, 1945.
BAREAU (A.), « The superhuman personality of Buddha », in *Myths and Symbols*, p. 9-21.
BAR HEBRAEUS (1226-1286), *The Chronography of Gregory Abu'l Faradj*, trad. E.A. Wallis Budge, Londres, 1932.
BASTIDE (R.), *Sociologie et psychanalyse*, Paris, P.U.F., 1950.
—, « Mythologies africaines », in GRIMAL, II, p. 230-255.
BEAUMARCHAIS, *Le Mariage de Figaro*.
BEIGBEDER (O.), *La Symbolique*, Paris, P.U.F., 1957.
BELDICEANU, in *Histoire de l'Empire ottoman*, sous la dir. de Mantran, p. 15-36 et 117-132.
BELMONT (N.), Introduction au *Rameau d'or* de FRAZER : voir sous ce nom.
BENSON (R.L.), « Provincia = Regnum », in *Prédication et propagande*, p. 41-69.
BENVENISTE (E.), « Raisons philologiques », *J.A.*, CLXIII.
BERNARD-THIERRY (S.), « Le pèlerinage des hauts plateaux malgaches », *S.O.*, 3, p. 303-341.
BIANCHI (U.), *The History of Religion*, Leyde, Brill, 1975.
BLEEKER (C.J.), « La fonction sacerdotale du roi-dieu », *Atti*, p. 69-75.
—, « The position of the queen in Ancient Egypt », *Atti*, p. 227-228.
BLOCH (M.), *Le Roi thaumaturge*, Strasbourg, 1922, n^lle^ éd. Paris, 1983.
BLOCH (R.), *La Religion romaine*, in PUECH, I, p. 874-926.
BLONDEAU (A.-M.), « La religion du Tibet », in PUECH, III, p. 233-329.
BLONDEL (C.), *La Mentalité primitive*, Paris, 1926.
BOER (P.A.H.), « Vive le roi ! », *Atti*, p. 275.
BOMPAIRE (J.), « A propos des préambules des actes byzantins des Xe-XIe siècles », in *Prédication et propagande*, p. 137-147.
BONNEFOY, voir *Dictionnaire*.
BOSSUET, *La Politique tirée de l'Écriture sainte*.

BOUCHERY (P.), « Le système politique naga », *J.A.*, 286, 1988, p. 263-334.
BOUILLER (V.), « Mythes et croyances du Népal », in AKOUN, *Mythes et croyances*, p. 141-156.
BOUSQUET (G.-H.), *Les Grandes Pratiques rituelles de l'islam*, Paris, P.U.F., 1949.
—, *L'Authentique Tradition musulmane*, Choix de hadith, Paris, Fasquelle.
BOUTHOUL (G.), *Traité de sociologie*, Paris, 1946.
BOYLE, voir DJUVAINI.
BRUNSCHVIG (R.), « La prosternation devant le souverain et la doctrine de l'islam », *Atti*, p. 437-439.
BURRIDGE (K.), « La religion de l'Océanie », in PUECH, III, p. 54-710.
Cambridge History of Islam (The), 2 vol., Cambridge, 1970.
CAQUOT (A.), « Mythologie des Sémites orientaux », in GRIMAL, I, p. 84-96.
—, « La religion d'Israël », in PUECH, I, p. 359-461.
—, « Les danses sacrées en Israël et alentours », *S.O.*, 6, p. 119-143.
—, « Les songes et leur interprétation selon Canaan et Israël », *S.O.*, 2, p. 99-134.
Catalogue Toutankhamon et son temps (Exposition du Petit-Palais), sous la dir. de C. Desroches-Noblecourt, Paris, 1967.
CAZENEUVE (J.), *Les Rites et la condition humaine*, Paris, P.U.F., 1968.
CERFAUX (Mgr L.), « Le conflit entre Dieu et le souverain divinisé dans l'Apocalypse de Jean », *Atti*, p. 397-399.
CÉSAR, *La Guerre des Gaules* (composée vers 52-50).
CHAMPEAUX et STERCKX, *Introduction au monde des symboles*, Paris, Zodiaque, 1972.
CHANEY (W.A.), *The Cult of Kingship in Anglo-Saxon England*, Berkeley et Los Angeles, 1970.
CHARLES (R.), *L'Ame musulmane*, Paris, Flammarion, 1958.
CHAUMONT (M.-L.), « Papak, roi de Stoxr et sa cour », *J.A.*, 247, 1959, p. 175-191.
—, « Recherches sur les institutions de l'Iran ancien et de l'Arménie », *J.A.*, 249, 1961, p. 297-320.
—, « Où les rois sassanides étaient-ils couronnés ? », *J.A.*, 253, 1964, p. 58-75.

CHAVANNES (E.), *Les Mémoires historiques de Se Ma Tsien*, trad. du chinois, 6 vol., Paris, 1895-1906.
CHESTERTON (G.K.), *The Everlasting Man*, éd. de Londres, 1927.
CHEVALIER et GHEERBRANT, *Dictionnaire des symboles*, Paris, Laffont, « Bouquins », éd. de 1982.
CHILDE (V.G.), *La Naissance de la civilisation*, Paris, Méditations, 1964.
CHRISTENSEN, *L'Iran sous les Sassanides*, Paris, 1941.
CICÉRON (106-43), *De officiis*.
CLAVIER (M.), « Théocratie et monarchie dans l'Évangile », *Atti*, p. 395-397.
CLOT (A.), *Soliman le Magnifique*, Paris, Fayard, 1983.
CLOUAS (I.), *Laurent le Magnifique*, Paris, Fayard, 1982.
COMMYNES (v. 1447-v. 1511), *Mémoires*.
CONFUCIUS, *Doctrine de Confucius ou le Livre de philosophie morale et politique de la Chine*, trad. Pauthier, Paris, Garnier, s.d. (1921).
CONSTANTIN PORPHYROGÉNÈTE (905-959), voir RAMBAUD.
COPPENS (J.), *La Royauté, le règne, le royaume de Dieu dans le cadre de la révélation apocalyptique*, Louvain, 1979.
CORBIN (H.), *Histoire de la philosophie islamique*, Paris, 1960.
—, *Terre céleste et corps de résurrection*, Paris, 1960.
CORNEILLE, *Le Cid*.
Danses sacrées (Les), voir *S.O.*
DANTE, *La Monarchie*.
—, *La Divine Comédie*.
DAUMAS (F.), « L'expression du sacré dans les religions égyptiennes », in *L'Expression du sacré*, p. 287-337.
DEFREMERY (C.), « Fragments de géographes et d'historiens arabes et persans », *J.A.*, 1833, XIII-XIV.
DE GROOT, *Die Hunnen der vorchristlichen Zeit*, Berlin-Leipzig, 1821.
DELEURY, « Rites et mythes de l'Inde », in AKOUN, *Mythes et croyances*, p. 103-140.
DELUMEAU (J.), *Le Fait religieux*, Paris, Fayard, 1993.
DERCHAIN (P.), « La religion égyptienne », in PUECH, I, p. 63-140.
DESCHAMPS (H.), *Les Religions de l'Afrique noire*, Paris, P.U.F., 1965.
DE VRIES (J.), *Alt-germanische Religionsgeschichte*, 2 vol., Berlin-Leipzig, 1935-1939.

DHAVAMONY (H.), *Phaenomenology of Religion*, Rome, 1978.
Dictionnaire des mythologies, sous la dir. de Y. Bonnefoy, 2 vol., Paris, Flammarion, 1981.
Dictionnaire des symboles, voir CHEVALIER et GHEERBRANT.
DIETERLEN (G.), « Le caractère religieux de la chefferie au Soudan », *Atti*, p. 146-148.
DIODORE DE SICILE (v. 90-v. 0), *Bibliothèque historique*.
DION CHRYSOSTOME (v. 30-117), *Discours*.
DJUVAINI (Ata Malik) (1226-1283) : BOYLE, *The History of the World-Conqueror*, 2 vol., Manchester, 1958.
DORESSE (J.), *Histoire de l'Éthiopie*, Paris, P.U.F., 1970.
—, *L'Empire du Prêtre Jean : l'Éthiopie médiévale*, Paris, Plon, 1957.
DRAAK (M.E.), « Some aspects of kingship in pagan Ireland », *Atti*, p. 375-376.
DUCHESNES-GUILLEMIN (J.), « L'Église sassanide et le mazdéisme », in PUECH, II, p. 3-32.
DUMÉZIL (G.), *Les Dieux souverains des Indo-Européens*, Paris, Gallimard, 1977.
—, *Romans de Scythie et d'alentours*, Paris, Payot, 1978.
—, *Jupiter, Mars, Quirinus*, Paris, 1941.
—, *La Religion romaine archaïque*, Paris, 1966, éd. de 1974.
—, « La préhistoire indo-iranienne des castes », *J.A.*, 216, 1930, p. 116-125.
—, « Le *rex* et les *flamina maiores* », *Atti*, p. 118-120.
DUNLOP (D.M.), *The History of the Jewish Khazars*, Princeton, New Jersey, 1964.
DUNSTHEIMER (G.), « Religion officielle, religion populaire et sociétés secrètes en Chine depuis les Han », in PUECH, III, p. 371-448.
DURKHEIM (E.), *Les Formes élémentaires de la vie religieuse*, Paris, 1937.
EBERHARD (W.), *Kultur und Siedlung der Randvölker Chinas*, Leyde, 1942.
EDSMAN (C.M.), « Zum Sakral Königstum », *Atti*, p. 471-474.
ELIADE (M.), *Histoire des croyances et des idées religieuses*, 3 vol., Paris, Payot, 1976-1993.
—, *Le Mythe de l'éternel retour*, Paris, Gallimard, 1949, 2ᵉ éd., 1969.
—, *Aspects du mythe*, Paris, Gallimard, 1963.

—, *From Primitives to Zen. A Thematic Source Book*, Londres, Collins, 1967.
—, *Méphistophélès et l'androgyne*, Paris, Gallimard, 1962.
—, *De Zalmoxis à Gengis Khan*, Paris, Payot, 1970.
Ellegiers (D.), « La notion de salut dans le bouddhisme chinois », in *Religions de salut*, p. 203-216.
Engnell (I.), *Studies in Divine Kingship in the Ancient Near East*, Uppsala, 1943.
Erman, *La Religion des Égyptiens*, Paris, 1937.
—, *Die Literatur der Aegypter*, trad. anglaise 1927 (*The Ancient Egyptians*) ; n[lle] éd., New York, 1966.
Esnoul (A.-M.), « L'hindouisme », in Puech, I, p. 995-1104.
Eusèbe (265-340), *Préparation évangélique.*
Even et Pop, voir *Histoire secrète des Mongols.*
Expression du sacré dans les grandes religions (L'), Louvain, 1983.
Fahd (T.), « La naissance du monde selon l'islam », *S.O.*, 1, p. 237-277.
Faure (P.), *Alexandre*, Paris, Fayard, 1985.
Favier (J.), *Histoire de France*, sous la dir. de J. Favier. Voir Meyer, Tulard, Werner.
—, *Histoire de France*, II, *Le temps des principautés*, Paris, Fayard, 1984.
Flavius Josèphe, voir Josèphe.
Folz (R.), *Le Couronnement de Charlemagne*, Paris, 1964.
Fraine (J. de), *L'Aspect religieux de la royauté israélite*, Rome, 1954.
—, « Quel est le sens exact de la filiation divine dans le Ps. 2, 7 ? », *Atti*, p. 270-272.
Frankfort (H.), *Kingship and the Gods*, Chicago, 1948. Trad. franç., *La Royauté et les dieux*, Paris, Payot, 1951.
Frazer (Sir J.G.), *Le Rameau d'or*, Paris, Laffont, « Bouquins », 4 vol., 1981-1984 (éd. anglaise, *The Golden Bough*, 12 vol., Londres, 1911-1915).
—, *The Magical Origin of King*, Londres, 1920.
Freud (S.), *Totem et tabou*, Paris, Payot, 1951.
Frobenius (L.), *Histoire de la civilisation africaine*, 5e éd., Paris, Gallimard, 1936.
Froissart (v. 1335-v. 1400), *Chronique.*

GANSHOF (F.L.), *The Imperial Coronation of Charlemagne*, Glasgow Univ. Publications, 1949.
GARDNER (G.B.), « The religion of the Wica, commonly called witchraft », *Atti*, p. 376-380.
GARELLI et LEIBOVICI, « La naissance du monde selon Akkad », *S.O.*, 1, p. 117-152.
GARPARINI, *Il Matriarco Slavo*, Florence, 1973.
Génies, anges et démons, voir *S.O.*
GERBERT, *Lettres*, éd. J. Havet, 1889.
GHIRSHMAN (R.), *Perse*, Paris, Gallimard, 1963.
—, *Parthes et Sassanides*, Paris, Gallimard, 1962.
GIRARD (R.), *La Violence et le sacré*, Paris, Grasset, 1972.
GONDA (J.), *Ancient India Kingship from the Religious Point of View*, Leyde, 1952.
—, « The sacred character of kingship in Ancient India », *Atti*, p. 173-174.
GORDON (P.), *L'Initiation sexuelle et l'évolution religieuse*, Paris, P.U.F., 1946.
GRABAR, *L'Empereur dans l'art byzantin*, Paris, 1936.
GRANET (M.), *La Pensée chinoise*, Paris, Albin Michel, 1934.
—, *La Féodalité chinoise*, nlle éd. Paris, Imago, 1981.
GRAPPIN (P.), « Mythologie germanique », in GRIMAL, II, p. 35-81.
GRÉGOIRE DE TOURS, (v. 538-v. 594), *Histoire des Francs*.
GRIGNASCHI (M.), « Quelques spécimens de la littérature sassanide », *J.A.*, 259, 1966, p. 1-142.
GRILLOT-SUSINI, « Le texte de fondation du palais de Suse », *J.A.*, 278, 1980, p. 213-222.
GRIMAL (P.), « Mythologie grecque », in GRIMAL, I, p. 95-138.
—, « Mythologie romaine », in GRIMAL, I, p. 189-199.
—, voir *Mythologies*.
GUILLAUME DE NANGIS (mort en 1300).
GUILLIMOZ (A.), « Les croyances populaires en Corée », in *Mythes*, p. 413-418.
GUILLOT, « L'exhortation au partage des responsabilités », in *Prédication et propagande*, p. 87-110.
GURNEY (O.R.), « Hittite Kingship », in *Myths and Rituals*, p. 105-121.
HAMIDULLAH (M.), *Le Prophète de l'islam*, 2 vol., Paris, Vrin, 1959.
HARLEZ (G. DE), *Histoire de l'Empire des Kin ou d'Or*, Paris, 1886.

HÉRODOTE (v. 483-420), *L'Enquête.*
Histoire des religions, sous la dir. de H.-C. Puech, « Bibliothèque de la Pléiade », 3 vol., Paris, Gallimard, 1970-1976.
Histoire secrète des Mongols (v. 1240), traduite et présentée par M.-D. Even et R. Pop, Paris, Gallimard, U.N.E.S.C.O, 1994.
HOCART (A.M.), *Kingship*, Oxford, 1937 (Londres, 1927).
HÖFLER (O.), *Germanische Sakralkönigstum*, Tübingen, 1964.
HOMÈRE (IXe siècle av. J.-C.), *L'Iliade.*
—, *L'Odyssée.*
HOOKE (S.H.) (éd.), *Myths, Rituals and Kingship*, Oxford, 1958.
HUBERT et MAUSS, *Mélanges d'histoire des religions*, Paris, Alcan, 1929.
HULTKRANTZ (A.), « Les religions des grandes civilisations précolombiennes », in PUECH, III, p. 803-825.
ISIDORE DE SÉVILLE (v. 560-636), *Historia Gothorum.*
ISOCRATE (436-328), *Panathénaïques.*
IVAN LE TERRIBLE, *Épîtres*, trad. D. Olivier, Paris, Seghers, 1959.
JACOBSON (H.), *Die dogmatischen Stellung des Königs in der Theologie des alten Aegypten*, 1939.
JAHN, voir RACHID AL-DIN.
JAMES (E.O.), « The sacred kingship and the Priesthood », *Atti*, p. 465-467.
JEANMAIRE, « La naissance d'Athéna », *Atti*, p. 299-301.
JOINVILLE, (v. 1224-1317), *Histoire de Saint Louis.*
JORDANÈS (VIe siècle), *Histoire des Goths*, éd. Nisard, Paris, 1849.
JOSÈPHE (Flavius) (37-100), *Antiquités judaïques.*
Jugement des morts (Le), voir *S.O.*
KALTENMARK (M.), « Les danses sacrées en Chine », *S.O.*, 6, p. 441-449.
—, « Les religions de la Chine antique », in PUECH, I, p. 927-937.
KAPELRUD (A.S.), « King David and the sons of Saül », *Atti*, p. 263-265.
KAZHDAN (A.), « Certain traits of imperial propaganda in the byzantine Empire », in *Prédication et propagande*, p. 13-28.
KERENYI (C.), *La Religion antique*, Genève, 1957.
KÖPRÜLÜ (M.F.), *Les Origines de l'Empire ottoman*, Paris, 1936.
KVAERNE (P.), « Croyances populaires et folklore au Tibet », in AKOUN, *Mythes et croyances*, p. 157-169.
LABANDE-MAILFERT (Y.), *Charles VIII*, Paris, Fayard, 1986.

LABAT (R.), *Le Caractère religieux de la royauté babylonienne*, Paris, 1939.
LAGGER (L. DE), *Rwanda, I, Le Rwanda ancien*, Namur, 1939.
LALOU (M.), « Rituel bon-po des funérailles royales », *J.A.*, 240, 1952, p. 339-369.
LEBRUN (R.), « Le sacré dans le monde hourrite », in *L'Expression du sacré*, p. 143-164.
LE CHARTIER, *La Nouvelle-Calédonie et les Nouvelles-Hébrides*, Paris, s.d. (1884).
LEHMANN (H.), *Les Civilisations précolombiennes*, Paris, P.U.F., 1965.
LEIBOVICI (M.), « La lune à Babylone », *S.O.*, 5, p. 93-113.
LEMERLE (P.), *Le Style byzantin*, Paris, Larousse, 1943.
LEMOINE, « Mythes d'origine et croyances », in AKOUN, *Mythes*, p. 263-335.
LE ROUX (F.), « La religion des Celtes », in PUECH, I, p. 781-810.
LESCOT, *Enquête sur les Yezidis de Syrie et du djebel Sindjar*, Beyrouth, 1938.
LÉVY-BRUHL, *L'Ame primitive*, Paris, 1922.
LIU MAU-TSAI, *Die chinesiche Nachrichten zur Geschichte der Ost-Türken (Tuküe)*, 2 vol., Wiesbaden, 1948.
LOEFFLER-DELACHAUX, *Le Cercle*, Genève, 1947.
L'ORANGE (H.P.), « Expressions of cosmic kingship in the ancient world », *Atti*, p. 337-339.
LUCAIN (39-65), *La Pharsale*.
Lune (La), mythes et rites, voir *S.O.*
MACDONALD (A.), « La naissance du monde au Tibet », *S.O.*, 1, p. 417-452.
MAKARIUS (L.), « Du roi magique au roi divin », *Annales*, 1970, p. 668-699.
MANTRAN (R.) (sous la dir. de), *Histoire de l'Empire ottoman*, Paris, Fayard, 1989.
MAQUET (J.), *La Civilisation de l'Afrique noire*, Paris, Horizons de France, 1962.
MARICQ (J.), « L'inscription de Surkh Kotal (Baghlam) », *J.A.*, 246, 1968, p. 346-440.
MARMONTEL, *Mémoires*.
MARQUES-RIVIÈRE, *Amulettes, talismans et pantacles*, Paris, Payot, 1948.

MARTIN (Henri), *Histoire de France*, 17 vol., Paris, éd. de 1883.
MARTZEL, « Le Japon : l'univers symbolique traditionnel », in AKOUN, *Mythes*, p. 420-440.
MASSERON, Introduction et notes à la *Divine Comédie*, éd. du Club français du Livre, Paris, 1963.
MATTHIEU (DE) PARIS, *Grandes Chroniques*, 9 vol, Paris, 1840-1841.
MAUCLAIRE (S.), « L'être, l'illusion et le pouvoir », *J.A.*, 280, 1991, p. 307-400.
MAUSS (M.), *Manuel d'ethnographie*, Paris, Payot, 1947.
MAZAHERI (Ali), *Les Trésors de l'Iran*, Genève, Skira, 1970.
MEEKS (D.), « Génies, anges et démons en Égypte », *S.O.*, 8, p. 17-84.
MÉNANDRE (v. 342-v. 292), *Excerpta de legationibus*.
MÉNASCE (J. DE), « Mythologie de la Perse », in GRIMAL, I, p. 200-220.
MENG-TSEU, voir PAUTHIER.
MESLIN (M.) (sous la dir. de), *Le Merveilleux*, Paris, Bordas, 1984.
MEUNG (Jean DE), *Le Roman de la Rose* (v. 1277).
MEYER (J.), *Histoire de France*, III, *La France moderne*, Paris, Fayard, 1985.
MEYVAERT (P.), « An unknown letter of Hülegü... », *Viator*, 11, 1980, p. 245-259.
MICHELET, *Histoire de France*.
MINNS (E.H.), *Scythians and Greeks*, Cambridge, 1913.
MOKRI (M.), « Un kalam gourani sur les compagnons des Rois des rois », *J.A.*, 257, 1961, p. 317-359.
—, *Le Chasseur de Dieu et le mythe du roi-aigle*, Wiesbaden, 1967.
—, « L'idée de l'incarnation chez les Ahl-e Haqq », in *24 Orient. Int. Kongress*, Wiesbaden, 1959.
MOLÉ (M.) « Le partage du monde dans la tradition iranienne », *J.A.*, 1952, p. 455-463 ; 1953, p. 271-273.
Monde du sorcier (Le), voir *S.O.*
MONTESQUIEU, *Considérations sur les causes de la grandeur et de la décadence des Romains*.
MORET, *Du caractère religieux de la royauté pharaonique*, Paris, 1902.
MORGENSTERN (J.) « The King-god among the western Semites », *Atti*, p. 257-260.

MOWINCKEL (S.), « General oriental and specific israelite elements in the israelite conception of the sacral kingdom », *Atti*, p. 255-257.
MURRAY (M.A.), « The divine King in England », *Atti*, p. 378-380.
Mythes et croyances du monde entier, sous la dir. de A. AKOUN, Paris, Lidis-Brepols, vol. IV, 1985.
Mythologies de la Méditerranée au Gange, sous la dir. de P. GRIMAL, Paris, Larousse, 1963.
Mythologies des steppes, des forêts et des îles, sous la dir. de P. GRIMAL, Larousse, 1963.
Myths and Symbols. Studies in Honor of M. Eliade (éd. Kitagawa et Long), Univ. Chicago Press, 1969.
Naissance du monde (La), voir *S.O.*
NAUDOU (J.), « L'autorité royale et ses limitations au Kashmir médiéval », *J.A.*, 251, 1963, p. 217-226.
NIZAM AL-MULK, *Traité de gouvernement* (composé en 1091), trad. du persan par C. Schefer (1893), rééd. Paris, Sindbad, 1984.
OBOLENSKY (D.), *The Byzantine Commonwealth. Eastern Empire 500-1453*, Londres, 1974 ; n[lle] éd., New York, 1982.
Ogam. Traditions celtiques, Rennes, 1948 et 1954.
Oghuz name (v. 1300) : NOUR (Riza), *Oghuz name, épopée turque*, Alexandrie, 1928.
OSTROGORSKY (G.), *Zur Kaisersalbung und Schilderhebung im Spätbyzantinischen Krönungszeremoniell*, Darmstadt, 1979.
PACAUT (M.), *Frédéric Barberousse*, Paris, Fayard, 1969.
PALAU-MARTI, *Le Roi-dieu au Bénin*, Paris, Berger-Levrault, 1964.
PALOU (C. et J.), *La Perse antique*, Paris, P.U.F. 1967.
PAQUIS et DOCHEZ, *Histoire d'Espagne*, 2 vol., Paris, 1844.
PAULME (D.), *La Civilisation africaine*, Paris, P.U.F., 1968.
PAUSANIAS (IIe siècle ap. J.-C.), *Dissertation de la Grèce*.
PAUTHIER, *Doctrine de Confucius ou les Quatre Livres de philosophie morale et politique de la Chine*, Paris, Garnier, s.d.
Pèlerinages (Les), voir *S.O.*
PELLAT (P.), *Le Livre de la couronne du pseudo-Djahiz*, Paris, 1954.
PELLIOT (P.), *Notes sur l'histoire de la Horde d'Or*, Paris, 1950.
PERRIGEAUX (E.), *Chez les Achantis*, Neuchâtel, 1908.
PIETTRE (A.), « Le thème de la fille du roi », *Études*, mars 1964, p. 193-200.

PIRENNE (J.), « L'au-delà dans la religion égyptienne », in *Religions de salut*, p. 27-38.
PLAN CARPIN (Jean DU) (1182-1252), *Histoire des Mongols*, trad. et annotée par dom J. Becquet et L. Hambis, Paris, 1965.
PLATON (v. 427-348), *Les Lois*.
—, *La République*.
—, *Gorgias*.
PLUTARQUE (50-125), *Vies*.
—, *Questions grecques*.
—, *Isis et Osiris*.
POLO (Marco) (voyage de 1271 à 1295), *La Description du monde*, trad., introduction et notes de L. Hambis, Paris, 1955.
PORCHER (M.-C.),« La princesse et le royaume », *J.A.*, 273, 1989, p. 183-206.
PORÉE-MASPERO (E.) et THIERRY (S.), « La lune : croyances et rites du Cambodge », *S.O.*, 5, p. 261-287.
POSENER, SAUNERON et YOYOTTE, *Dictionnaire de la civilisation égyptienne*, Paris, 1959.
Pouvoir et vérité, Paris, Cerf, 1981.
Prédication et propagande au Moyen Age. Islam, Byzance, Occident, Paris, P.U.F., 1983.
PUECH, voir *Histoire des religions*.
RACHID AL-DIN (1247-1318) : BOYLE, *The Successors of Gengis Khan*, Columbia Univ. Press, 1971. JAHN, *Die Geschichte der Oguzen des Rasid al-Din*, Vienne, 1969 (ouvrage achevé en 1310-1311).
RADIN (P.), « The sacral chief among the American Indians », *Atti*, p. 125-127.
RADLOV (W.), *Proben der Volksliteratur*, 8 vol., Saint-Pétersbourg, 1859.
RAMBAUD, *L'Empire grec au xe siècle : Constantin Porphyrogénète*, Paris, 1870.
RAMNOUX (C.), « La mort sacrificielle du roi », *Ogam*, VI, 1954, p. 209-218.
RASPAIL, *Sire*, Paris, De Fallois, 1991.
Regalita sacra (La), éd. Giunto Centrale per gli Studi Istoria, Rome-Leyde, 1959.
Religions de salut, Annales du Centre d'études des religions de Bruxelles, 1962.

Renaud (B.), « Pouvoir royal et théocratie », in *Pouvoir et vérité*. p. 71-97.
Richard (J.), *Saint Louis*, Paris, Fayard, 1983.
Richer, *Histoire des Francs (888-985)*, Paris, 1930-1937.
Ries (J.), « L'expression et la signification du sacré dans la religion des anciens Germains et Scandinaves », in *L'Expression du sacré*, p. 87-116.
Ringgren (H.), « Some religious aspects of the Califate », *Atti*, p. 433-434.
Robert (L.), *Louis XVI*, Paris, Flammarion, 1928.
Robert de Clari (v. 1205), *La Conquête de Constantinople*.
Robson (J.), « Mediation in Islam », in Brandon, *Dictionary of Comparative Religion*, New York, 1970.
Rochedieu (E.), « Le caractère sacré de la souveraineté à la lumière de la psychologie collective », *Atti*, p. 458-460.
Rose (H.J.), « Divine Kings in Ancient Greece », *Atti*, p. 295-296.
Roth (G.), « Les Celtes insulaires », in Grimal, II, p. 20-31.
Roux (J.-P.), *Le Sang. Mythes, symboles et réalités*, Paris, Fayard, 1988.
—, *Jésus*, Paris, Fayard, 1989.
—, *Les Explorateurs au Moyen Age*, Paris, Fayard, 1985.
—, *Histoire de l'Empire mongol*, Paris, Fayard, 1993.
—, *La Religion des Turcs et des Mongols*, Paris, Payot, 1984.
—, *Faune et flore sacrées dans les sociétés altaïques*, Paris, Maisonneuve, 1966.
—, *La Mort chez les peuples altaïques anciens et médiévaux*, Paris, Maisonneuve, 1963.
—, *La Chaussure*, Paris, Atelier Hachette-Massin, 1980.
—, *Études d'iconographie islamique*, Louvain, Peeters, 1982.
—, « Une survivance des traditions religieuses séfévides », *Rev. hist. des relig.*, 1989, p. 11-18.
—, « La veuve dans les sociétés turques et mongoles », *L'Homme*, IX, 1969, p. 51-78.
Rubrouck (Guillaume de) (v. 1215- ?), *Voyage dans l'Empire mongol*, trad. et commentaires de C. et R. Kappler, Paris, 1985.
Sacres royaux (Les), Colloque de Reims, 1975, Paris, P.U.F., 1985.
Saintyves, *Les Vierges mères et les naissances miraculeuses*, Paris, 1908.
Salluste (86-v. 35), *Conjuration de Catilina*.

SARTRE (J.-P.), *Les Mouches.*

SASSIER (Y.), *Hugues Capet*, Paris, Fayard, 1987.

SAUNDERS, « Mythologie du Japon », in GRIMAL, II, p. 138-175.

SAUNERON (S.), « Le monde du magicien égyptien », *S.O.*, 7, p. 27-60.

—, « Les songes et leur interprétation dans l'Égypte ancienne », *S.O.*, 2, p. 17-66.

SCHIPPER (K.), « Les pèlerinages en Chine », *S.O.*, 7, p. 303-349.

SCHLUMBERGER (D.), « Une bilingue gréco-araméenne d'Asoka », *J.A.*, 246, 1958, p. 1-6.

SCHMIDT (P.W.), *Origine et évolution de la religion*, Paris, 1931.

—, *Der Ursprung der Gottesidee*, Fribourg, 1949.

SCHUL, *La Fabulation platonicienne*, Paris, P.U.F., 1949.

SÉJOURNÉ (L.), *La Pensée religieuse des anciens Mexicains*, Paris, Maspero, 1966.

SERVIER (J.), *L'Homme et l'invisible*, Paris, Laffont, 1964; Payot, 1980.

SHAKESPEARE, *Macbeth.*

SIEFFERT, « Les danses sacrées au Japon », *S.O.*, 6, p. 451-485.

SIMONI (H.), « Mythologie de l'Amérique centrale », in GRIMAL, II, p. 186-204.

SJÖBERG (A.W.), « Prayers for King Hammurabi », in *Ex orbis religionum. Studia Geo Widengren oblata*, I, Leyde, Brill, p. 50-71.

Songes et leur interprétation (Les), voir *S.O.*

SOPHOCLE, *Œdipe roi.*

Sources orientales, ouvrages publiés par une équipe de chercheurs, 8 vol., Paris, Seuil, 1951-1971 :

1. *La Naissance du monde.*
2. *Les Songes et leur interprétation.*
3. *Les Pèlerinages.*
4. *Le Jugement des morts.*
5. *La Lune, mythes et rites.*
6. *Les Danses sacrées.*
7. *Le Monde du sorcier.*
8. *Génies, anges et démons.*

SOUSTELLE (J.), *La Vie quotidienne des Aztèques*, Paris, Hachette, 1955.

SOYMIÉ (M.), « Les songes et leur interprétation en Chine », *S.O.*, 2, p. 275-306.

SPENCER et GILLEN, *The Native Tribes of Central Australia*, Londres, 1899.
—, *Across Australia*, Londres, 1912.
STEIN (R.), « Leao-tche », trad. et annoté in *T'oung-Pao*, 35, 1939, p. 1-154.
STERCKX, voir CHAMPEAUX et STERCKX.
STÖHR et ZOETMULDER, *Les Religions d'Indonésie*, Paris, Payot, 1968.
STRABON (86-v. 135), *Géographie.*
SUÉTONE (v. 70-ap. 122), *Vie des Douze Césars.*
SÜNDEN (H.), « La notion psychologique du rôle du roi et l'expérience religieuse », *Atti*, p. 460-462.
TACITE (v. 55-v. 120), *Vie d'Agricola.*
—, *La Germanie.*
THÉOPHYLACTE SIMOCATTA (VIe siècle), *Histoire.*
THIERRY (S.), « La personne sacrée du roi dans la littérature cambodgienne », *Atti*, p. 187-188.
—, « Mythes et croyances du Cambodge », in *Mythes et croyances*, p. 224-234.
TITE-LIVE (v. 60 av. J.-C.-17 ap. J.-C.), *Histoire.*
TOYNBEE, *La Religion vue par un historien*, Paris, Gallimard, 1963.
TUCCI et HEISSIG, *Les Religions du Tibet et de la Mongolie*, Paris, Payot, 1973.
TULARD (J.), *Les Révolutions* (*Histoire de France*, t. IV), Paris, Fayard, 1985.
TUNG NGUYEN, « Les Vietnamiens et le monde surnaturel », in AKOUN, p. 249-260.
VAN BULCK, « La place du roi divin dans les cercles culturels de l'Afrique noire », *Atti*, p. 143-144.
VAN DER LEEUW, *La Religion dans son essence et ses manifestations*, Paris, Payot, 1948.
VAN DE WALLE, « Mythologie égyptienne », in GRIMAL, I, p. 26-56.
VANDIER-NICOLAS (N.), « Le jugement des morts en Chine », *S.O.*, 4, p. 231-264.
VAN GENNEP, *Tabou et totémisme à Madagascar*, Paris, Leroux, 1904.
VARENNE (J.), « La religion védique », in PUECH, I, p. 578-624.
VEINSTEIN, in MANTRAN, *Histoire de l'Empire ottoman*, p. 155-226 et 287-340.

VIAN (F.), « La religion de la Crète minoenne », in PUECH, I, p. 462-487.
—, « La religion grecque de l'époque archaïque et classique », in PUECH, I, p. 489-577.
VIEYRA (M.), « Les pèlerinages en Israël », *S.O.*, 3, p. 75-87.
—, « Le sorcier hittite », *S.O.*, 7, p. 24-125.
—, « La naissance du monde chez les Hittites et les Hourrites », *S.O.*, 1, p. 153-173.
—, « Les songes et leur interprétation chez les Hittites », *S.O.*, 2, p. 27-97.
—, « La religion de l'Anatolie antique », in PUECH, I, p. 258-306.
VILLEHARDOUIN (v. 1150-v. 1213), *La Conquête de Constantinople.*
VIRGILE (70 av. J.-C.-19 ap. J.-C.), *L'Énéide.*
VISSER (E.), « The divinity of Alexandre and the Proskynesis », *Atti*, p. 321-322.
VOLTAIRE, *Mérope.*
WERNER (K.F.), *Histoire de France*, I, *Les Origines*, Paris, Fayard, 1984.
WIDENGREN (G.), *The King and the Tree of Life in Ancient Near Eastern Religion*, Uppsala, 1951.
—, « The sacred kingship of Iran », *Atti*, p. 121-124.
WIJAYARATNA, « Le bouddhisme dans les pays du Théravada », in DELUMEAU, *Le Fait religieux*, p. 463-498.
WILD (H.), « Les danses sacrées de l'Égypte ancienne », *S.O.*, 6, p. 33-117.
XÉNOPHON (v. 430-v. 355), *L'Anabase.*
YOYOTTE (J.), « Le jugement des morts dans l'Égypte ancienne », *S.O.*, 4, p. 11-78.
ZANDEE (J.), « Le roi-dieu et le Dieu-roi dans l'Égypte ancienne », *Atti*, p. 233-234.